Encyclopedia for Peace and Security

# 平和と安全保障を考える事典

広島市立大学 広島平和研究所 編
Hiroshima Peace Institute, Hiroshima City University

法律文化社

# まえがき

　1945年8月の広島・長崎への原爆投下から70年が経過しました。その間，冷戦期のイデオロギー対立の下で米ソを中心に核兵器の開発競争が展開され，半世紀にわたって人類は滅亡の危機に直面しました。東側陣営の崩壊によって冷戦が終結し，核戦争の危機はいったん遠のいた感がありましたが，世界が安堵し，平和の配当が期待されたのも束の間のことで，その後，国際社会は平和でも安全でもない状況が続いています。核大国の米国とロシアの核弾頭数は大幅に削減されたものの，アジアでは新たにインド，パキスタン，そして北朝鮮と核開発が続きました。

　そのアジアでは相変わらず権力政治が横行し，なかでも東アジアは中国の海洋侵出，日ロ，日中，日韓の間の領土問題，日中，日韓の間の歴史問題，北朝鮮の核開発などによって世界で最も危険な紛争地帯のひとつになりました。しかもこの地域には平和と安全保障を目的とする地域国際機構も，平和に関する多国間国際政治対話メカニズムも構築されていません。また安全保障共同体創造の動きはおろか，紛争予防メカニズムの構築の動きすらみられません。それゆえに，平和維持と国家の安全保障を昔ながらの軍事同盟による勢力均衡に頼らざるを得ないのが現状です。こうした不安定な国際安全保障環境の下で日本は軍事力の均衡を維持するために日米安全保障体制の強化を図る一方で，集団的自衛権の行使の名の下に戦争を行うことができる「普通の国」になろうとしています。

　被爆70周年を迎えた今日，世界はどれだけ平和になったのでしょうか。国家はその国民にとってどれだけ安全な住処になったのでしょうか。冷戦が終結したものの，一方でグローバル化が進み，他方でエスニック政治の延長であるエスニック紛争が世界各地で勃発しています。戦後70周年にあたる2015年には国内避難民を含め世界の難民数がついに6000万人に達し，過去最高記録を更新しました。グローバル化の進展，科学技術の革新，情報伝達手段の飛躍的発達，さらには自由と民主主義イデオロギーの普及にも関わらず，国家というものは人々にとって必ずしも安全で住みやすい場所ではないようです。厄介なことに，核兵器の拡散に加え，独裁国家，国際テロ，地球温暖化，自然環境破壊，原発事故など人間の自由と安全を脅かす要因がこれまでになく多様化したことから，この茫洋とした平和と安全保障問題を読み解くことはとてつもなく困難な時代に突入していると言えます。

平和とは何でしょうか。平和を創造するにはどのような手だてがあるのでしょうか。安全保障とは何でしょうか。人間の安全を保障する安全保障政策はいかにあるべきでしょうか。こうした問題関心から被爆70周年記念事業の一環として広島市立大学広島平和研究所では『平和と安全保障を考える事典』の編纂に取り組むことにいたしました。もともと平和に関する研究は，体系化が進んでいる既存の学問領域とは異なり，いまだ形成途上にある学問領域です。また平和と安全保障を読み解くには学際的なアプローチが不可欠となります。そこで本事典で取り扱う領域は，①広島・長崎の被爆，②軍備・核兵器，③国際政治と安全保障，④国際政治史及び戦争の歴史，⑤紛争理論と戦争論，⑥平和運動及び平和思想，⑦平和構築，⑧法と人権，⑨原子力問題，⑩環境と開発，の10分野に絞り，それぞれの分野に造詣の深い専門家に執筆協力をお願いいたしました。

　私たちは後世の厳しい批判に耐えうる事典の編纂を目指しました。とはいえ，本事典の扱う領域の広さ，激動を続ける現下の国際情勢の下で漂泊を続ける平和と安全保障パラダイムを前にして，項目の選定及び項目の内容に関して至らぬ点が多々あろうかと不安でもあります。読者の皆様のご批判を仰ぎたいと思います。最後に，平和の創造に志をお持ちの方々の国際情勢へのご理解，平和創造の思索と行動，さらには平和政策の実践において，本事典が幾ばくなりとも貢献できるのであれば，まことに幸甚であります。

　なお，本事典の刊行に際して，広島で音楽を通じて平和をめざす活動を続けている特定非営利活動法人「音楽は平和を運ぶ」（松尾康二理事長）から一部出版助成をいただきました。事典の編集を通じて平和の創造を目指す研究者の活動にも広くご理解をいただき，ご支援を賜ったことに深く感謝いたします。

　その他，本事典の編纂にあたり，多数の皆様からご協力をいただきました。記して感謝申し上げます。

2016年2月

編集委員を代表して
広島市立大学広島平和研究所長

吉川　元

# 目　次

まえがき　　i

編集委員・執筆者・協力者　　iv

凡　　例　　vi

本　　文　　1〜654

英文コラム　　655

　［1］　The Asia-Pacific War and Japanese politics in Southeast Asia after 1945
　　　　（アジア・太平洋戦争と日本の戦後東南アジア政策）
　［2］　How the Atomic Bomb is Taught
　　　　（原爆投下と教科書）

和文索引　　661

欧文索引　　691

欧文略語表　　695

## 【編集委員】

| | | | | |
|---|---|---|---|---|
| 足立研幾 | 安達宏昭 | 蘭信三 | 石田淳 | 井上実佳 |
| 上村雄彦 | 宇野昌樹 | 梅林宏道 | 遠藤誠治 | 大庭千恵子 |
| 勝間靖 | ガネサン, ナラヤナン | 河上暁弘 | 川野徳幸 | 菅英輝 |
| 菊地昌廣 | 北村泰三 | 吉川元 | 木戸衛一 | 君島東彦 |
| 木宮正史 | 桐谷多恵子 | 国末憲人 | 倉科一希 | 黒崎輝 |
| 黒澤満 | 齋藤嘉臣 | ジェイコブズ, ロバート | 鈴木達治郎 | 孫賢鎮 |
| 竹本真希子 | 立山良司 | 朝長万左男 | 永井均 | 西田竜也 |
| 広瀬訓 | 福井康人 | 古澤嘉朗 | 水本和実 | 望月康恵 |
| 森川幸一 | 山田哲也 | 山根達郎 | 湯浅剛 | 吉岡斉 |
| 吉田晴彦 | | | | |

## 【執筆者】

| | | | | |
|---|---|---|---|---|
| 赤澤史朗 | 秋林こずえ | 浅田正彦 | 麻生多聞 | 阿部浩己 |
| 阿部達也 | 新井京 | 飯塚央子 | 伊香俊哉 | 石田勇治 |
| 石野耕也 | 石村修 | 礒章子 | 磯部裕幸 | 市川ひろみ |
| 市原麻衣子 | 稲角光恵 | 井上正也 | 井原伸浩 | ヴェール, ウルリケ |
| 臼井久和 | 内野正幸 | 内海愛子 | 浦田一郎 | 浦田賢治 |
| 卜部匡司 | 大串和雄 | 大芝亮 | 大島美穂 | 大津浩 |
| 大浜郁子 | 大平剛 | 大矢根聡 | 岡野英之 | 小川原宏幸 |
| 奥本京子 | 小倉亜紗美 | 小倉康久 | 長有紀枝 | 小沢隆一 |
| 柿木伸之 | 嘉指信雄 | 笠原十九司 | 片柳真理 | 金崎由美 |
| 我部政明 | 鎌田七男 | 上村直樹 | 茅原郁生 | 川喜田敦子 |
| 川口隆行 | 川崎哲 | 川島真 | 菊楽忍 | 北澤義之 |
| 金聖哲 | 金美景 | 草野大希 | 楠綾子 | 小池聖一 |
| 洪恵子 | 古賀衞 | 古城佳子 | 小杉泰 | 小沼史彦 |
| 小林武 | 小林元裕 | 小溝泰義 | 近藤敦 | 昆野伸幸 |
| 酒井啓子 | 坂元茂樹 | 佐々木寛 | 佐々木弘通 | 定形衛 |
| 佐藤潤一 | 佐藤丙午 | 佐貫浩 | 志賀賢治 | 篠原初枝 |
| 芝健介 | 清水奈名子 | 清水雅彦 | 首藤もと子 | シュトフ, ヤロスラブ |

| | | | | |
|---|---|---|---|---|
| 城秀孝 | 庄司克宏 | 白石仁章 | 白藤博行 | 申惠丰 |
| 杉原達 | 杉原泰雄 | 鈴木一人 | 須田 一則 | 妹尾哲志 |
| 副島英樹 | 高岡裕之 | 髙嶋陽子 | 高橋眞司 | 高原孝生 |
| 滝田賢治 | 武内進一 | 田崎真樹子 | 建石真公子 | 田中佐代子 |
| 田辺寿一郎 | 田邉朋行 | 玉井広史 | 玉井雅隆 | 田村将人 |
| 千葉功 | 辻村みよ子 | 辻山幸宣 | 蔦木泰宏 | 手嶋泰伸 |
| 寺島俊穂 | 戸﨑洋史 | 戸波江二 | 外村大 | 富田武 |
| 友次晋介 | 長崎原爆資料館 | 中里成章 | 中島清隆 | 中島正博 |
| 中園和仁 | 中西久枝 | 中西優美子 | 中村明 | 納家政嗣 |
| 西海真樹 | 西原博史 | 西本雅実 | 西山暁義 | 野田岳人 |
| 能登原由美 | 野宮大志郎 | 葉佐井博巳 | 波多野澄雄 | 初瀬龍平 |
| 林忠行 | 広島市原爆被害対策部調査課 | 福島在行 | 福永美和子 | 福間良明 |
| 藤野豊 | 藤原修 | 藤本博 | 別所裕介 | 星正治 |
| 堀尾輝久 | 前田哲男 | 牧野久美子 | 増田好純 | 松元雅和 |
| 真山全 | 三輪隆 | 三ツ井崇 | 三根眞理子 | 宮坂直史 |
| 宮脇昇 | 六鹿茂夫 | 村上正直 | 持地敏郎 | 森川泰宏 |
| 森茂樹 | 薬師寺公夫 | 安田佳代 | 柳原正治 | 山内敏弘 |
| 山田寿則 | 山田満 | 横田匡紀 | 横藤田稔泰 | 吉川圭太 |
| 吉村祥子 | 吉村貴之 | 劉成 | 渡邊啓貴 | 渡辺美奈 |
| 渡邊頼純 | | | | |

【協力者】

| | | | | |
|---|---|---|---|---|
| 坂本久美子 | 髙橋優子 | 曺賢順 | 野村美樹 | 山下慶枝 |
| 湯浅敏郎 | 吉原由紀子 | | | |

# 凡　例

1　項目見出し
① 項目は五十音順に掲載した。カタカナの長音はすぐ前の母音を読むものとして配列した。（例：カーター・センター＝かあたあせんたあ）
② 項目名は一般的に通用しているものを使用した。必要に応じて括弧で別名を記載した。条約名は通称に加え，本文中に正式名称を掲載したものもある。
③ 略称があるものは，項目名の後に記載した。
④ 項目名に続き，英語表記を記載した。必要な場合に限って，英語以外の言語も使用した。日本固有の事項で外国語の定訳が存在しないものについては，訳語を記載していない。

2　本　文
① 項目は内容に応じて大項目，中項目，小項目の3種類に分けた。
② 大項目及び中項目に限り，参考文献を掲載した。
③ 本文末に項目執筆者の氏名を掲載した。

3　表　記
① 項目見出しの人名は，姓と名のうちより一般的に通用しているものを使用した。（例：カント，ローザ・ルクセンブルク）
② 本文中の人名は原則として姓で表記した。姓だけでは判別しづらい場合は，ファーストネームの最初の文字を使用したり，フルネームで表記するなどしてわかりやすくした。
③ 国名はカタカナ表記と漢字表記を適宜使い分けた。（例：アメリカ合衆国，米国）
④ 単位記号の一覧は下記のとおりである。

| | | | |
|---|---|---|---|
| $\alpha$ | アルファ | kgU | キログラムウラン |
| $\beta$ | ベータ | tU | トンウラン |
| $\gamma$ | ガンマ | $\mu$g | マイクログラム |
| $\mu$ | マイクロ | kt | キロトン |
| Gy | グレイ | kW | キロワット |
| Bq | ベクレル | Mt | メガトン |
| Sv | シーベルト | MeV | メブ |
| mSv | ミリシーベルト | ppm | パーツ・パー・ミリオン |

# ア

## 愛国心教育　patriotic education

　愛国心とは国を愛する心のことであるが，そこで言う国とは何か，故郷や祖国と同じことか，それを愛することを学校教育でどこまで引き受けることができるのか。なぜ愛国心教育は常に政治的な対立的問題になるのかといったことが論点となっている。

　戦前日本では教育勅語を軸に帝国日本の国民（臣民）として，天皇と国家への忠誠心を養うこととしての愛国心教育が教育目的の中心に置かれていた。植民地支配と侵略を支えたのが愛国心教育であった。学校だけでなく社会全体がそのための役割を果たした。戦後は憲法教育基本法のもとで，戦前の国家主義的教育の反省の上に，人間尊重の教育が中心の理念となった。その上で故郷や祖国を愛することは自然の情であり当然のこととされていた。国のため，戦争のための教育ではなく，平和と人権，民主主義の教育が中心になり，愛国の意味は祖国への愛に変わった。

　しかしその理念は普遍的にすぎ国民としての自覚に足りないとする意見が次第に強まり，憲法9条を変え軍隊を持つべきだという主張がアメリカからの要請と重なって次第に強くなってくる。それは愛国心の教育の強調と重なっている。池田＝ロバートソン会談（1953年）は日本の再軍備の障害として憲法9条とともに平和教育を挙げ，「日本政府は教育と広報を通して愛国心の涵養を目指す」という覚書を交わした。戦後，愛国心の教育が政治と教育の問題となったのはこのようなコンテキストのなかのことであった。66年には中央教育審議会答申として「期待される人間像」が出され，「侵略」を「進出」に変更させるような教科書検定とも相まっ

て，愛国心と道徳教育を強めていく。改憲志向を強く持った中曽根康弘首相は「戦後政治の総決算」を唱え，靖国神社参拝を強行し内外からの批判を浴びて1回にとどめたが愛国心教育には強い関心を持っていた。60年代から指導を強めていた日の丸君が代が国旗国歌として法制化（99年）され，その学校現場への実質的強制が強まるなかで，それに従わない教師の裁判も起こり，愛国心とは何か，それは強制されることになじむのかが問われている。さらに2006年には47教育基本法が廃止され愛国心の涵養を目標とする改正教育基本法が制定された。「戦後レジームからの脱却」を唱える安倍晋三内閣の「教育再生」の軸には愛国心教育が据えられている。愛国心は祖国への自然の愛とは遠くかけ離れてみえてくる。

　フランス，ドイツでは国家主義（ナショナリズム）と愛国心（パトリオチズム）は区別され，前者は否定的に後者は祖国愛として肯定的に使われる。日本では愛国主義は国家主義と同義に使われ，もしそうであればそれとは区別される祖国愛―それは人間愛に支えられ，人類愛に広がる―を対置して考える必要があるのではなかろうか。

【関連項目】　教育の権利と自由
【参考文献】　堀尾輝久『教育に強制はなじまない』大月書店，2006年
〔堀尾輝久〕

## アイゼンハワー・ドクトリン　Eisenhower Doctrine

　アイゼンハワー大統領の要請で1957年3月に議会が採択した，アメリカ合衆国の中東政策である。中東諸国への経済・軍事援助と，共産主義勢力の攻撃があった際に米軍を派遣する権限を大統領に認めた。エジプトのナセル大統領らが称揚するナショナリズムが，イスラエルやイギリスの植民地権益と対峙するなかで，米国の新たな中東政策を示した。

　米国の従来の中東政策は，ソ連の封じ込めと

アラブ・イスラエルの和解を目指していた。しかし55年9月にエジプトがソ連に接近したため，新たな政策が必要になった。さらに翌56年のスエズ危機によってイギリスの影響力が後退し，新政策を喫緊の課題とした。

57年夏のシリアによるソ連接近，さらに翌58年にはイラク革命とレバノン危機が勃発して，中東情勢が大きく動いていった。これに対してアメリカ政府は，この政策を根拠に介入していく。その目的として共産主義勢力の封じ込めを掲げてはいたが，実際には親ナセル勢力の抑え込みを目指していた。

【関連項目】スエズ動乱（スエズ戦争）／中東戦争（アラブ・イスラエル紛争）　　　　　　　　〔倉科一希〕

## アイヌ民族　Ainu people

北海道，サハリン（樺太）南部，千島列島などに居住し，狩猟，漁労，採集を主な生業としてきた先住民族。人口約2万人弱の北海道アイヌは，北上してきた和人によって経済的，軍事的に抑圧された。18世紀以前の主な対和人戦争にコシャマインの戦い，シャクシャインの戦い，クナシリ・メナシの戦いがある。千島アイヌは，極東へ進出したロシア帝国にラッコなど毛皮の貢納を強要され数度の戦闘を交えた。一部の樺太アイヌは清の朝貢体制のなかでクロテンの毛皮を貢納した。ロシアがサハリンに進出した1850年代以降，樺太アイヌと千島アイヌの居住地では，日露和親条約，樺太千島交換条約，ポーツマス条約，サンフランシスコ講和条約等により日露（ソ）間の境界が変動し，集団レベルの（強制）移住が数度起こった。1945年ソ連が日本領樺太と千島を占領したため，樺太アイヌ約1200人と千島アイヌ約60人は北海道へ移住。ソ連に残留した者はごく少数。なお，全員が日本の戸籍に編入され，和人同様に徴兵された。

【関連項目】先住民族／ソ連の対日参戦／北海道旧土人保護法
〔田村将人〕

## アイルランド紛争　Ireland Conflict

アイルランド問題や北アイルランド紛争と呼ばれることが多い。アイルランド島の北東部（6州）のアルスター地方のカトリック系住民のイギリスからの自治・独立を巡る民族問題である。

第一次世界大戦後，アイルランドの対英自治・思想独立運動は激化し，1922年にアイルランド自由国が成立，北アイルランドはイギリス統治下にとどまり，多数派プロテスタント系住民はその存続を主張し，他方少数派のカトリック系住民はイギリスからの分離とアイルランド統合を求め鋭く対立した。69年以降，アルスター義勇軍（プロテスタントの民兵組織），カトリック系アイルランド共和国軍（IRA），それに治安維持のイギリス軍の3者を巻き込んだ武装闘争・流血事件が頻発した。

92年にイギリス政府は北アイルランドと協議を開始し，北アイルランド住民の自決を確認，米政府の仲介，ブレア政権の登場は和平交渉を加速し，98年4月に「ベルファスト和平合意」を達成した。同年，30年に及ぶ紛争の歴史に終止符を打った北アイルランドの政治家J.ヒューム（社会民主労働党党首）とD.トリンブル（アルスター統一党党首）にノーベル平和賞が授与されたが，その後の和平の歩みは必ずしも順調ではない。
〔臼井久和〕

## アインシュタインの手紙　Einstein's letter

1939年7月16日，米国亡命中の著名な科学者アインシュタインはルーズヴェルト大統領宛に原爆開発を促す手紙を連名で出した。ナチスドイツが先に原爆を手にしたら，世界制覇が現実になると危惧したためである。39年9月1日第二次世界大戦が勃発した。大統領はことの重大さを悟り，原爆製造計画に着手した。42年にはウラン濃縮に目途がたち，マンハッタン計画がスタートした。同時に原子炉でウランの核分裂によるプルトニウムの生成にも成功し，2種類

の原爆原料が入手可能となった。

　45年7月にはアラモゴードで世界初のプルトニウム原爆の爆発実験に成功した。8月6日には広島へウラン爆弾が，9日には長崎へプルトニウム爆弾が投下された。広島・長崎の惨状を見たアインシュタインはその端緒を自らが開いたことに，科学者としての良心の呵責に悩んだ。大戦終結まもなく英国の哲学者ラッセル卿と核兵器の廃絶を求める宣言を世界に向けて発表し，さらに著名な物理学者を集め，パグウォッシュ会議を創設した。日本からは初のノーベル賞受賞者の湯川秀樹博士が出席した。アインシュタインは湯川に原爆投下について謝罪したと言われている。　　　〔朝長万左男〕

## 秋月辰一郎の平和思想
peace thougths of Tatsuichiro Akizuki

　1916年長崎生まれ。京都帝大医学部卒業後長崎医科大学物理療法科助手の後，浦上第一病院医長に就任。間もなく8月9日の原爆に遭った。28歳であった。病院は浦上の原子野北東の丘にあり，爆心からは1.4km。ほぼ外壁を残して全壊し，残った地下室と病院敷地で診療を開始した。浦上地区の医療機関が壊滅したなかで唯一の救護所となり，傷ついた被爆者が続々と押し寄せる事態となった。不眠不休の救護活動が約1ヵ月続いた。

　被爆者は重症のやけどや急性放射線障害でバタバタと亡くなった。その極限状態で秋月医師は爆心から約2kmの距離によって，生死が分けられることに気づき，その著書「長崎原爆記」(66年)と「死の同心円」(72年)で赤裸々に描写して，朝日賞，吉川英治文化賞などを受賞した。

　秋月医師は人間がかくも非人道的な兵器を作り，しかも人間に対して使ったその惨さと非人間性を鋭く告発した。その舌鋒は鋭く，多くの被爆者と長崎市民の共感を呼び，原水爆禁止運動の先頭に立つようになった。長崎証言の会，長崎平和推進協会，核戦争防止国際医師会議など多くの反核団体の設立に尽力し，2005年死去した。　　　〔朝長万左男〕

## アジア欧州会議（ASEM）
Asia-Europe Meeting

　1996年に設立されたアジアと欧州間の対話と協力のプロセス。東南アジア諸国連合（ASEAN）の事務局及び加盟国，欧州連合（EU）及びその加盟国に加え，日本，中国，ロシア，インドなどが平等な立場で参加している。ASEMの発足は，東南アジアと北東アジアを包含した「東アジア」概念に基づく地域主義が活性化する契機にもなった。非公式な対話の場という位置づけから，多岐にわたるテーマで自由な意見交換がなされており，具体的には「政治」，「経済」，「社会・文化・教育」という3つの柱が掲げられている。安全保障問題としては，テロ対策，大量破壊兵器（WMD），移民，越境犯罪，環境などが取り上げられてきた。さらに，欧州諸国が軍政下のミャンマーによる反民主的政策を理由に，同国のASEM加盟に反対するなど，人権，民主主義及び法の支配に関してもしばしば議論されてきた。

【関連項目】　欧州連合（EU）／人権／大量破壊兵器（WMD）／地域主義／東南アジア諸国連合（ASEAN）／法の支配

　　　〔井原伸浩〕

## アジア主義　Pan-Asianism

　アジア主義は，「単なるアジア認識とは異なり，常に敵対あるいは撃退すべき他者を前提にして，内なるアジアを何らかの枠の下に一体のものとしてまとめあげ，他者への抵抗や闘争を呼びかける政治的言説である点に特徴がある」（山室信一）。岡倉天心は「アジアは一つ」と言うが，「内なるアジア」のアイデンティティのとり方は多様である。また，誰が主体となって，誰を対象として，抵抗や闘争を呼びかけるのか。さらに，その呼びかけはどのような修辞

をもって語られるのか。アジア主義は多様に分岐する。

アジア主義は、近代以降のアジア国際秩序の形成にからむ言説であるが、その根底を流れるのは、欧米のアジア進出（植民地化）に対抗して、アジア諸民族の独立をその諸民族間の協調と共同行動をもって、回復し実現しようとする心情、思想である。そこで連帯の行動に向けての主体論が必要となるが、それは、どこかの国家、民族を想定しての盟主論として展開されることが多い。

近代日本について言えば、アジアでいち早く近代国家の形成に成功した国家として、自らを盟主とするアジア主義の言説が、幕末以降、明治期から昭和期にかけて台頭した。初期の玄洋社、黒龍会にも連帯論の精神が含まれていたが、アジア主義は次第に日本盟主論に傾斜することになった。最後には、日本の東アジア・東南アジア支配とともに、大東亜共栄圏論が登場した。

国家間関係の外交の基本政策は遠交近攻であるが、アジア主義では、これを平等な連帯の関係にしようとする。この結果、どのアジア主義も理想となり、現実の対外関係で理想との距離をどのように説明するかで、苦しむことになる。アジア主義について「侵略を手段とする連帯」（竹内好）は、その陥穽を巧まず表現している。これに対して、孫文の大アジア主義は、平等な連帯主義の立場から、近代日本のアジア主義を批判するものとなっていた。

第二次世界大戦後、アジア各国は独立し、戦前の日本盟主論のアジア主義は過去のものとなっている。経済的には、近年の東アジア共同体などの論議は、アメリカの進出に抵抗しようとしている点で、アジア主義的であるが、中国の経済大国化などもあって、関係諸国の思惑は複雑である。市民レベルのアジア主義では、1970年代頃からアジア各地（ネパール、バングラデシュ、アフガニスタン、タイ、フィリピンなど）で日常的に人々の福祉、医療、教育などの向上を支援する日本（人）のNGO活動が目覚ましい。そこには、人権意識と、アジア人への親近感や、アジアの人と人の連帯精神が躍動している。

【関連項目】　大東亜会議／大東亜共栄圏／脱亜論／バンドン会議（アジア・アフリカ会議）／東アジア共同体構想

【参考文献】　竹内好編『現代日本思想大系9・アジア主義』筑摩書房、1963年／趙景達ほか編『講座東アジアの知識人2』有志舎、2013年／日本政治学会編『年報政治学1998　日本外交におけるアジア主義』岩波書店、1998年　　〔初瀬龍平〕

## アジア女性基金（AWF）
Asian Women's Fund

「慰安婦」問題への対応を迫られた日本政府が1995年7月に設置した民間基金（同年12月より財団法人）で、募金による「償い金」を「慰安婦」被害者に渡す「償い事業」等を実施した。2007年3月末に解散。

1994年8月、村山富市首相が戦後50年に向けた談話のなかで、「慰安婦」問題については「幅広い国民参加の道」を探るよう示したことを受け、与党三党（自民党、社会党、新党さきがけ）の「『従軍慰安婦』問題等小委員会」が検討し、法的には解決済みとして「道義的責任」を果たす民間基金の枠組が作られた。

「償い事業」対象国は5ヵ国。被害者が名乗り出ていた中国や北朝鮮、マレーシア等は対象とされず、対象国の事業も国ごとに異なる複雑なものだった。韓国、台湾、フィリピンでは募金による「償い金」200万円を受け取った被害者にのみ「総理の手紙」と日本政府資金による「医療・福祉支援」（韓国と台湾は300万円、フィリピンは120万円規模）を渡すもので、3ヵ国で計285人が受領した。オランダでは日本政府資金のみによる「医療・福祉分野の財・サービスの提供」が300万円規模で実施され、男性を含む79人が受領した。インドネシアでは被害者の認定がなされず、日本政府の援助（10年間で3億8000万円）で、69ヵ所の高齢者福祉

支援施設が建設された。

　募金を原資とした民間基金構想は，国家の責任を曖昧にするものとして発足前から各国の被害者・支援団体から激しい抗議がなされ，受け取り拒否が相次いだ。韓国と台湾の政府も反対する立場をとり，韓国では「償い金」を拒否した被害者に，台湾では日本政府が公式補償するまでの立替金として，「償い金」と同額が支給された。国連人権機関も被害回復措置として不適切との勧告を出している。

　同基金は他に，「歴史の教訓とする事業」として政府が認定した「慰安婦」関連公文書の書籍化や，今日的な女性の人権の啓発事業を実施した。正式名称は「女性のためのアジア平和国民基金」，略称には「国民基金」がある。

【関連項目】　従軍慰安婦問題／戦時性暴力
【参考文献】　アクティブ・ミュージアム「女たちの戦争と平和資料館」(wam) 編『日本軍「慰安婦」問題，すべての疑問に答えます。』合同出版，2014年／村山富市・和田春樹編『デジタル記念館 慰安婦問題とアジア女性基金』青灯社，2014年

〔渡辺美奈〕

## アジア太平洋安全保障協力会議（CSCAP）
Council for Security Cooperation in the Asia Pacific

　冷戦終結後，アジア太平洋地域が不安定化するのではないかという危惧の下，地域における信頼醸成と安全保障を目指して，研究機関や官僚の「個人」資格に基づくトラック2外交の場として，1993年6月にクアラルンプールにて設立された対話の場である。

　当初10ヵ国で発足したが，現在では21ヵ国がメンバーとなるまで拡大し，この地域の主要国はすべて加盟している。なかでも北朝鮮が正式加盟するとともに，オブザーバー資格として台湾の専門家が研究部会に参加している点は，安全保障対話のチャンネルを確保する上で重要である。

　単なる交流の場ではなく，政策志向性が強く，2年という年限が設けられた研究部会には成果提出が義務づけられている。信頼醸成に関する部会の提出した「アジア太平洋地域における予防外交の定義」は，アジア地域フォーラム（ARF）の「予防外交の概念と原則」の基となった。政策提言を通してトラック1外交を補完する役割を担っていると言える。

【関連項目】　東南アジア諸国連合（ASEAN）　〔大平剛〕

## アジア太平洋経済協力会議（APEC）
Asia-Pacific Economic Cooperation

　アジア太平洋を地理的範囲として，貿易や投資の自由化など経済協力を進めるための多国間枠組み。事務局はシンガポール。1989年，オーストラリア首相ホークが行った，同地域で閣僚レベルの会合を設立する提案から同年創設された。アジア太平洋地域諸国の多様性に鑑み，協議とコンセンサスを基礎とした非公式な協議の場という位置づけであり，その協力は漸進的なものとされる。

　設立当初は，アメリカ合衆国がAPECで安全保障問題や人権・民主主義を扱う姿勢を見せたが，加盟国の反発に遭い頓挫した。特に台湾と中国がともに加盟していることなどから，安全保障問題の協議は慎重に避けられていた。しかし，2001年9月11日の同時多発テロ事件から1ヵ月後に開催されたAPEC上海会合では，「テロ対策に関するAPEC首脳声明」が発表されている。また，人間の安全保障に関する取り組みもなされている。ただし，南シナ海問題などAPECでの安全保障問題協議に比較的積極的なアメリカと，他の参加国に温度差もみられる。

【関連項目】　同時多発テロ事件　〔井原伸浩〕

## アジア・太平洋戦争　Asia-Pacific War

　アジア・太平洋戦争とは，日本と主にアメリカ，イギリス，オランダ，中国，ソ連，オーストラリアなどとの戦争で，1941年12月8日に日本の真珠湾攻撃によって始まり，45年9月2日

に日本が降伏文書に調印したことによって終結した。この戦争はすでに展開されていた日中戦争やヨーロッパでの戦争と連動することによって、連合国対枢軸国という構図でなされる第二次世界大戦を形成することにもなった。

この戦争は他に「大東亜戦争」や「太平洋戦争」と呼称されることがある。「大東亜戦争」は当時の呼称をそのまま用いたものであるが、この戦争を大東亜共栄圏実現のための「聖戦」とするニュアンスが含まれており、適切とは言い難い。また、戦後長い間使用されてきた「太平洋戦争」という名称にも、中国で継続されていた戦争や、東南アジアでの植民地争奪戦が捨象されがちになってしまうという問題があった。そのため、現在では「アジア・太平洋戦争」と呼称することが一般的になってきている。

統計の取り方や範囲によってかなりの違いがあるが、3000万人前後の人命が失われており、戦後の社会・経済・文化・国際関係などに広範囲かつ多大な影響を与えた。特に、日本はこの戦争での敗戦をきっかけとしてアメリカ主導の占領統治下に置かれ、サンフランシスコ平和条約に調印するまでの間に、政治・経済体制も抜本的に改めることとなった。

そうした影響の大きさから、終戦から現在に至るまで、様々な角度から研究がなされており、この戦争に関する論点は多岐にわたる。それらは、戦争当事国内の国内政治過程や社会に及ぼした影響に関する研究、戦争責任研究、冷戦など戦後の国際秩序形成に関する研究、戦争全般にわたる兵器・作戦・戦略・戦場・兵士に関する軍事史研究などに大別される。また、ヨーロッパでの戦争がイデオロギー対立の側面を持っており、アジア・太平洋戦争中にも連合国によって大西洋憲章が出され、それに対抗する理念を打ち出すことを日本が模索していたことから、そうした側面はこの戦争においても認められる。この理念の側面とその内実との乖離

も、この戦争に関する重要な特徴である。

戦争そのものは、戦争最末期におけるソ連の対日参戦や原爆の投下によって、日本が45年8月14日にポツダム宣言の受諾を連合国に通告したことで、その後も一部の地域で多くの戦闘行為があったものの、終結している。その過程には、すでに戦後の東アジア地域をめぐる米ソ間の駆け引きが見出され、この戦争が戦後の冷戦という国際秩序の問題と切り離しては考えられないことを示している。つまり、この戦争は、戦前の日本の軍事大国としての歩みの帰結であると同時に、第二次世界大戦と同様に、戦後の米ソ対立の起点の1つとしての意味合いも持つ戦争であった。

【関連項目】 大西洋憲章／大東亜共栄圏／第二次世界大戦（WWⅡ）／日中戦争／冷戦

【参考文献】 江口圭一『十五年戦争小史（新版）』青木書店、1991年／波多野澄雄『太平洋戦争とアジア外交』東京大学出版会、1996年／細谷千博ほか編『太平洋戦争の終結』柏書房、1997年／吉田裕・森茂樹『アジア・太平洋戦争』吉川弘文館、2007年
〔手嶋泰伸〕

## アジア的人権
Asian values and human rights

冷戦が終結すると、欧米諸国は人権を用いて、急速な経済発展を遂げる東／南アジアに対する介入の契機を強めていった。ビルマ（ミャンマー）における民主化運動の弾圧や中国・天安門事件などを引き金に、経済援助の停止を含む様々な措置を発動してアジアの人権状況への不快感が表明された。欧米諸国のこうした外交攻勢を前に、リー・クアンユーやマハティールなど東南アジアの政治指導者を中心に唱えられるようになったのがアジア的人権である。

体系化されて提示されたわけではないものの、その要諦は、内政不干渉原則の重視、開発至上主義、人権相対主義に集約される。なかでも、文化の特殊性を用いて人権の普遍性を解体しようとする人権相対主義はアジア的人権論の中核と言うべきものであった。とりわけ強調さ

れたのは個人と共同体の関係を巡る文化的土壌の違いであり，さらに，人権遵守の認識は社会によって，時期によって異なり，超然たる判断権者になれる者などいない，という認識が強く打ち出された。こうした主張は，1993年の第2回世界人権会議アジア地域会合のバンコク宣言にも映し出された。

アジア的人権論は，文化を不変のものと捉え，しかもアジアの多様な文化を支配者の意向に沿って恣意的に切り取るなど，国権的色彩が濃厚であった。また，人権の尊重を訴えるアジアの内発的な声を押しつぶすものとして，民衆からも強い批判を浴びた。

他面において，アジア的人権論は人権の普遍性と特殊性との関係を根本から見つめ直す重要な契機を提供するものでもあった。人権の普遍性が実際には西洋の特殊性によって制約を受けてきたにもかかわらず，その内実がきちんと問われぬままにいた知的文脈の変容が促されていくことになる。文化人類学の知見は，他者の行為の善悪を判断する基準の設定が困難であること，そして強者が自らの基準を他者に押し付けがちであることを伝えるが，西洋主導の普遍的人権言説には常にこうした危険性が随伴してきた。アジア的人権論は，行き過ぎた普遍主義の発現を制御し，人類の一体性と多様性をいかに調和させるかについて考究するその後の人権論のなかに発展的に継承されている。

【関連項目】　アセアン政府間人権委員会（AICHR）／ミャンマー民主化運動
【参考文献】　阿部浩己『人権の国際化』現代人文社，1998年／大沼保昭『人権・国家・文明』筑摩書房，1998年〔阿部浩己〕

## アジア歴史資料センター
Japan Center for Asian Historical Records

日本の各機関が所蔵するアジア近隣諸国関係の歴史資料をインターネット上で公開するデジタルアーカイブ。国立公文書館が運営する。その発足は，1994年8月，村山富市首相が翌年の戦後50周年を記念した「平和友好交流計画」に関する談話のなかで，センター設立の検討を指示したことを契機とする。その背景には，「誠実に歴史に対峙しようとする我が国の姿勢」を内外に示す狙いがあった。95年以降，有識者会議を中心に検討が重ねられ，99年11月の閣議決定で設置が決まった。

開設の目的は，「我が国とアジア近隣諸国等との間の歴史に関し，国が保管する資料について国民一般及び関係諸国民の利用を容易にし，併せて，これら諸国との相互理解の促進に資する」ことに置かれた。2001年11月にオープンし，国立公文書館や外務省外交史料館，防衛省防衛研究所戦史研究センター所蔵の資料を対象に，デジタル化を終えた資料から順次公開を開始。時間や場所を問わず無料で資料を検索・閲覧・印刷できる有用な情報ツールとなっている。14年4月現在，約190万件，2810万画像が所蔵されている。　　　　〔永井均〕

## 芦田修正説　theory of Ashida amendment

日本国憲法9条は侵略戦争と侵略目的の戦力保持のみを禁止していると解する説（自衛戦力合憲説）の1つ。「芦田修正」とは事実上の憲法制定議会となった第90回帝国議会の憲法小委員会において，芦田均委員長が，憲法9条原案（当初は，1項に戦争放棄，2項に戦力不保持・交戦権否認のみが記されていた）の修正案として提示したものであり，1項の冒頭に「日本国民は，正義と秩序を基調とする国際平和を誠実に希求し」，また2項に「前項の目的を達するため」との字句を挿入する条文修正を言う。これにより，9条1項では，「国際紛争を解決する手段」としての戦争としての侵略戦争のみが放棄され，自衛戦争は認められると解することを前提として，2項については，「前項の目的を達するため」という文言により，戦力不保持に制限が加えられて，侵略戦争を行うための戦力のみを保持しない，つまり自衛戦力を

保持することは禁止されていないと解釈する。この説は，芦田が1950年代において，憲法制定時からそのことを考えて条文修正を行ったと主張するようになり一般に広まった。しかし，①憲法小委員会で，芦田は，他の委員とともに，「ただ戦争放棄・戦力不保持のみを記すのでは仕方なくそうなったみたいであるから9条の冒頭に平和への強い決意を記す文言をつけ加えるべきだ」という修正意見に賛同し，また，2項において同じことを二度繰り返すのを避けるために「前項の目的」云々という文言を加えたということが議事録からも明らかなこと，②修正条文の提案者とはいえ一議員の言葉に出さない思考は立法者意思とは言えず，むしろ議会審議ではあらゆる戦争・戦力保持が禁止された旨の政府答弁が繰り返されていること，③自衛戦力合憲論は解釈論として無理があり，自衛隊合憲論を採る政府解釈にも一貫して採用されていないことなどから，そうした説への批判は多い。

【関連項目】安保法制懇／憲法9条／日本国憲法〔河上暁弘〕

## アセアン政府間人権委員会（AICHR）
ASEAN Intergovernmental Commission on Human Rights

AICHRはASEAN憲章（2008年12月発効）の規定に基づき2009年10月に発足した。その背景には第二ASEAN協和宣言（03年）で民主主義や基本的人権等がASEANの規範として明記されるなど地域社会の変化があった。ただし，AICHRはASEAN外相会議への諮問機関であり，「主権尊重」や「内政不干渉」等ASEANの行動規範を踏襲しており，人権規範の遵守を担保する権限や強制力はない。

しかし，AICHRはASEANの他の委員会等と連携する一方，市民社会とも協力して人権に関する地域的な意識の啓発と規範の制度化に向けて活動している。特に，12年11月の第21回首脳会議で採択された「ASEAN人権宣言（AHRD）」は重要な成果である。AHRDでは「人権と基本的権利の促進と擁護，民主主義の原則，法の支配と良い統治」がASEAN共通の価値であると再確認し，「市民的自由権・政治的諸権利」「経済・社会・文化的諸権利」「発展の権利」「平和への権利」に関する人権の擁護と促進は加盟国の責務であると明記された。ただ，加盟国間の体制の相違や経済格差，ガヴァナンスの格差等が人権規範を制度化する上で障壁となっている。

【関連項目】東南アジア諸国連合（ASEAN）〔首藤もと子〕

## 新しい社会運動 new social movements

西ドイツで，1968年前後の議会外反対運動・学生運動を受け継いで，80年代初頭に高揚した様々な社会変革運動の総称。学生運動は，「古い」社会運動としての労働者運動と，反資本主義，革命的主体としての労働者階級，包括的な民主化などの立場を共有した反面，物質主義・進歩主義の価値観や垂直的・官僚的な組織構造に関して対立した。新しい社会運動は，反資本主義的・革命的性格を脱し，環境保護，反原発，軍縮平和，人権，女性解放，自主管理的な労働・生活形態，第三世界との連帯などをテーマ化し，ラディカルな民主要求を，連帯的で自己決定に基づく生活様式や，生活条件の向上と結びつけ，多様で分権的・水平的な組織形態を発展させた。彼らの活動は，現実のエネルギー政策・環境政策・女性政策などに変化を与え，西独政治文化の自由化に貢献するとともに，東独の異論派にも一定の影響を及ぼした。「ドイツ統一」後，90年代後半以降，グローバル化がもたらす諸問題の解決を目指し，新しい社会運動が掲げた古典的諸要求を，国境を超えて糾合する世界社会フォーラムや対抗サミットの運動が展開している。

【関連項目】世界社会フォーラム（WSF）／緑の党

〔木戸衛一〕

## 新しい人権　new alleged human rights

　新しい人権とは、日本国憲法の条文に明確な言葉としては出てこない人権である。一方で、条文に別の言葉がある場合として、「教育を受ける権利」（憲法26条1項）を言い換えた「学習権」というものがあり、さらに、憲法前文などを手がかりとした「平和的生存権」も挙げうる（ただし平和的生存権の語は多義的である）。他方に、条文に別の言葉があるとは言えない場合としては、「知る権利」、「アクセス権」、「環境権」などがある。このような二分類は便宜的なものであり、「プライバシーの権利」などは、どちらの場合に分類してもいい（なお「肖像権」はわきにおく）。ほかに、短い言葉ではないが、犯罪被害者の人権、消費者の人権、障害者の人権などが最近、注目されている。なお、新しい人権に属させなくても民法上保護に値する利益に属させれば十分である、と言えるものもある。その例としては宗教的人格権などが挙げられるが、前述の「環境権」や「プライバシーの権利」などもこの場で掲げられていい。ちなみに、「忘れられる権利」、「健康権」、「居住権」などは、新しい人権に属させるほどに定着した法的概念とは言えない。

【関連項目】　環境権／知る権利／人権／平和的生存権／忘れられる権利
〔内野正幸〕

## 新しい戦争（メアリー・カルドー）
## New War (Mary Kaldor)

　カルドーは、20世紀末からのアフリカ、東欧の内戦に注目して、グローバル化が進行する下で起こる民族、氏族、宗教、言語など特定のアイデンティティに基づく権力追求（アイデンティティ・ポリティクス）に伴う武力紛争を「新しい戦争」と規定する。この戦争は、従来のゲリラ戦が人々の「感情と理性」を掴もうとしたのに対し、人々の間に「恐怖と憎悪」を煽り、自己と異なるアイデンティティや意見の人々を排除し、大量虐殺、民族浄化、強制移住、住民追放に及ぶ。戦闘集団は、準軍事組織、民兵（ミリシア）、地方の軍事指導者、犯罪組織、警察部隊、傭兵集団、正規軍、正規軍離脱者、子ども兵など多様で分権化している。その間に一般住民の殺害や手足の切断など、残虐行為が行われる。

　戦闘では、カラコシニコフ自動小銃（AK47）が広範に使われた。この銃は、頑丈で安価で、操作が容易で、子ども兵でも操作することができる。アフリカの内戦では、ピックアップ・トラックやロケット砲の他に、ジェノサイドには、山刀、斧、棍棒なども使われた。

　戦争経済は、分権的であって、失業率は高く、外部資源に依存する（近代国家の総力戦とは対照的）。戦闘集団は、物理的破壊、交易（貿易）中断のもとで、略奪、闇市場、外部資金（国外離散民からの送金、人道援助への「課税」、周辺諸国からの援助）や、武器・麻薬・石油・ダイヤモンドの不法取引に依存するが、資金源を保つには、暴力の行使を絶やすことができない。隣国（単数もしくは複数）の軍事力が国内の戦闘集団を支援して介入してくると、内戦は一層泥沼化する（1990年代のシエラレオネ内戦）。

　旧ユーゴスラヴィアでは、冷戦終結後に、これまでの社会的諸価値（生命、食糧、安全、名誉など）の分配方式が崩壊し、そのなかで民族の分断線に沿う形で、分配の新方式が暴力的に作り出されようとした。シエラレオネ（かつては安定したイギリス植民地）でも、ルワンダ（かつては途上国の落第生でなかった）でも、政権の腐敗によって正当な分配方式が崩壊し、指導者の個人か小集団の利益に応じて、分配が暴力的に行われるようになった。そこでは、昨日まで一緒に生活してきた人々が、殺し合うまでに憎しみ合った。旧社会主義圏の内戦は、遅れてきた民族独立戦争（第一次世界大戦後の民族自決から大幅に遅れた）であり、アフリカの内戦のほうは破綻国家の分権的内戦であった。

両者は，歴史的位相は異なるが，社会的価値の配分方式を巡る紛争が，アイデンティティの闘争となっていた。

【関連項目】国際刑事裁判所（ICC）／コソヴォ紛争／子ども兵士／ジェノサイド／スーダン内戦
【参考文献】カルドー，メアリー（山本武彦・渡部正樹訳）『新戦争論』岩波書店，2003年／初瀬龍平『国際関係論』法律文化社，2011年　　　　　　　　　　　〔初瀬龍平〕

## アチェ戦争　Aceh War/Aceh Conflict

　本来は，1873年に始まり1914年頃まで続いたオランダの侵略に対するアチェ住民の戦争を指す。それは侵略に対する抵抗である面とスルタン制保持の戦争という面があった。インドネシア独立後の50年代にもアチェでは中央主導の世俗ナショナリズムに対する反発が強まった。さらに，スハルト体制期には中央への不満が嵩じて76年に自由アチェ運動（GAM）が結成され，国軍との紛争が長期化した。特に89年から98年までアチェは「軍事作戦地域」とされていた。

　スハルト体制の崩壊後，2000年に政府はGAMと秘密交渉を始め，02年12月にジュネーヴで「敵対行動停止の枠組み協定」が締結された。しかし，政府は対話路線を重視せず，GAMも独立要求を放棄せず，同協定は挫折した。03年5月アチェに軍事非常事態令が出され，軍事作戦が再開された。翌04年12月のスマトラ沖大地震と津波でアチェは壊滅的被害を受けた。その直後の05年1月に政府とGAMはヘルシンキで交渉を始め，8月に和平覚書が署名された。それにより，9月にGAMの武装解除が行われ，06年7月にアチェ行政法が成立した。GAMはアチェ党として12月の州知事選挙に勝利したが，元GAMは分裂した。

〔首藤もと子〕

## アトミック・ソルジャー　atomic soldiers

　アトミック・ソルジャーとは核実験に関わった兵士のことを指し，多くの場合，実験時に危険とみなされる量の放射線を浴びている。多くはアメリカ兵だが，ソ連，英国，フランス，中国の核実験に関わったアトミック・ソルジャーも存在する。核戦争時に戦場での戦闘に備える目的で，核実験中の軍事演習に参加させられた。

　初期のアトミック・ソルジャーは海軍関係者が多い。1946年にマーシャル諸島で行われた核実験では，4万人を超える米海軍兵士が演習に参加又は見学した。マーシャル諸島での2回目の実験では初めての水中核実験が行われ，ビキニ環礁に停泊していた海軍の艦船が高線量の放射線にさらされたため，乗員を避難させるために3回目の実験は中止になった。

　51年にネバダ核実験場が開設されてからは，数千人の兵士が核実験の爆心地からわずか3kmの至近距離に配置され，キノコ雲のなかを行進するなどの演習が行われた。こうした演習の目的は2つあり，1つは欧州でソ連との核戦争が勃発した際，核攻撃によって敵陣が崩れた隙を突くという想定演習をすること，もう1つは，核爆発の際の兵士の感情的，心理的反応をみることであった。アメリカ政府は大学の心理学の専門家に核実験に参加した兵士らが抱く恐怖感に関する研究を依頼し，爆心地の至近距離にあっても命令に従い演習を継続できるかどうかを確かめようとした。

　ソ連，英国，及び中国の核実験でも兵士が参加している。アトミック・ソルジャーの多くは，大気圏での核実験が禁止されて数十年後に，政府に対し核実験への参加を不当と認め補償するよう求めた。その結果，アメリカのアトミック・ソルジャーは少額の補償金を受け取り，英国の核実験に参加した英国及びオーストラリアのアトミック・ソルジャーは，2015年になって極めて少額の補償金を受け取ったがフランス，ロシア，中国では補償金は支払われていない。一方，これら5ヵ国では，アトミック・

ソルジャーに記念メダルが贈られた。

アトミック・ソルジャーの多くは退役する際，核実験への参加を口外しないとする声明書に署名しているため，公の場で核実験に関して発言することは国家に対する裏切り行為だと感じており，核爆発を経験したことからくるトラウマと相まって発言を一層困難にしている。近年ではアトミック・ソルジャーたちが国境を超えて繋がり，被曝による後遺症についての情報交換や相互支援組織の構築など，協力関係を築いている。

【参考文献】 Rosenberg, Howard L., *Atomic Soldiers*, Beacon Press, 1980／Walker, Frank, *Maralinga*, Hachette Australia, 2014／Wasserman, Harvey, *Killing Our Own*, Delacorte Press, 1982　　　　　　　　　〔ロバート・ジェイコブズ〕

# アトムズ・フォー・ピース　atoms for peace

「アトムズ・フォー・ピース」は，アイゼンハワー米大統領が1953年12月の国連第8回総会で，原子力技術を核兵器のためだけでなく平和目的のために開放すべきであるとの演説で提起した概念である。

原子力の研究開発は19世紀の後半から欧州を中心に進み，第二次世界大戦中には核分裂によるエネルギーの放出が確認され，核分裂の連鎖反応も確認された。このような物理的現象を軍事目的に使用した場合，大規模な破壊兵器となることを懸念したデンマークの物理学者ニールス・ボアは，早期にこのような物理的現象を公表し平和利用への道を創設すべきだと一部の政治家に提言していたが，戦争の激化とともに兵器開発が進み，広島・長崎で使用された。

原子力の平和利用への開放の動きは，第二次世界大戦終了の翌年，米国のリリエンソールらによる核エネルギーの国際的な管理に関する報告から再開された。この報告を受けてバルーク案が米国から国連原子力委員会（UNAEC）に提案された。バルーク案は，「国際原子力開発機構（International Atomic Development Authority）を創設し，その機構に，核エネルギーの開発と利用に関するすべての段階を委ね，世界の安全保障にとって潜在的に危険なすべての核エネルギー活動に関する運営管理権あるいは所有権を持たせ，核エネルギー活動の管理，査察及び認可権限を与え，核エネルギーの有益な利用のための育成の義務を課し，そして，調査研究の責務を課す」というものであった。この提案が出されたUNAECでは，米国と対立していたソ連が強く反対した。ソ連の主張は，国際管理についての議論より先に米国の核兵器を廃絶するべきだというものであった。

当時米国には，バルーク案のように核エネルギーの利用を開放し，国際管理下に置くというものと，核エネルギーは米国が独占すべきであるというものの2つの意見があり，UNAECでの議論が停滞していた46年7月に米国議会が「有効な保障措置が確立するまで核エネルギーを非公開とし，すべての平和目的の開発協力を禁止する」というマクマホン法を可決したことから，UNAECにおける議論は棚上げされた。

次に国連で核エネルギーの国際管理の議論が再開されたのは，ソ連と英国がそれぞれ49年と52年に核爆発実験を行い米国の核の独占が崩れた後の53年の先述のアイゼンハワー米大統領の演説がきっかけである。演説は，原子力を世界平和のために活用することとして管理のために国際機関を設立し，原子力先進国は平和利用のためのウランやその他の資機材をその機関に提供し，これを平和のために国際管理するという内容である。この演説を受けて57年に国際原子力機関（IAEA）が設立された。

【関連項目】　国際原子力機関（IAEA）／国連原子力委員会（UNAEC）／国連総会／バルーク案

【参考文献】 "A Report on the international control of atomic energy", prepared for the Secretary of State's Committee on Atomic Energy, Washington, D.C., March 16, 1946／United States Atomic Energy Proposals, presented to the United Nations Atomic Energy Commission by Bernard M. Baruch, the United States Representative, on June 14, 1946／Howlett, D.

A., *Euratom and Nuclear Safeguards*, Palgrave Macmillan, 1990／McMahon Act（AEA/46), 1946／Address before the General Assembly of the United Nations on Peaceful Uses of Atomic Energy, New York City, December 8, 1953／Public papers of President of the United States, Dwight D. Eisenhower, January 20 to December 31, 1953　　　〔菊地昌廣〕

## アナーキカル・ソサイエティ
anarchical society

　主権国家システムの重要な特徴として，主権国家より上位の権威（国内社会における中央政府の存在に相当する）が存在しないという無政府性（アナーキー）が挙げられる。国内社会における個人の経験を国際関係に類推（国内類推）すれば，政府がなければ社会は形成できないと考えられる。これに対して，英国学派とみなされるブルは，主権国家が一定の共通利益といくつかの共通価値についての合意に基づいて，一定の規則に拘束され共通の制度の機能に責任を負っていれば，国際社会は成立しているとみなし，主権国家システムはアナーキーであるにもかかわらず国際社会を形成しているアナーキカル・ソサイエティであると説いた。

　国際社会の構成員である主権国家は，国家主権・独立の確保，無制限の暴力の抑制などの共通価値を有し，共通価値を守るための制度を機能させてきた，とみなす。ブルによれば，国際社会の制度として，これまで，勢力均衡，国際法，外交，大国の管理，戦争などがあったとする。共通の価値や共通の利益が共有できなくなると，主権国家システムは国際社会ではなくなることになる。　　　　　　　　〔古城佳子〕

## アパルトヘイト（人種隔離政策）　apartheid

　アフリカーンス語で「隔離」を意味する言葉で，南アフリカでかつて行われていた一連の人種差別・隔離政策を指す。1948年に成立した国民党政権の下で，南アフリカの住人は人種ごとに分類され，少数派である白人の他人種に対する政治的・経済的・社会的優位を確保するために，居住地の人種別隔離，非白人の土地利用，経済活動，教育機会の制限などに関わる多数の法律が制定された。アパルトヘイト体制への抵抗は厳しく弾圧され，多くの活動家が逮捕・投獄され，あるいは国外亡命を余儀なくされた。60年のシャープビル事件，76年のソウェト蜂起のように，抗議活動の暴力的弾圧により多くの一般市民が死傷する事件もたびたび起きた。

　94年に初めての全人種参加総選挙により国民統一政府（GNU）が成立したことで，アパルトヘイト体制は終焉を迎えた。しかし，その後も依然として大きな人種格差や地域格差が残っている。

【関連項目】　対南アフリカ制裁／南アフリカ国民統一政府（GNU）　　　　　　　　　　　　　　〔牧野久美子〕

## アフガニスタン侵攻（ソ連の）
invasion of Afghanistan（by the Soviet Union）

　1979年12月，ソ連が社会主義陣営の勢力圏維持のためにアフガニスタンで実施した軍事介入。73年の共和制移行前後より不安定化していたアフガニスタンでは，社会主義政党である人民民主党（PDPA）が台頭。78年4月の軍事クーデタによってPDPAが政権掌握するも党内対立により政変が相次ぎ，また，親ソ的か非同盟中立の堅持かで対外政策も動揺。さらに，イラン革命など周辺諸国のイスラーム勢力の隆盛は，アフガニスタン国内にも影響し，過激勢力による社会主義路線への武力闘争が頻発した。ソ連指導部は，アフガニスタンの混乱を抑えるとともに，同国に対するアメリカの影響が強まることを懸念し軍事介入を実施。80年1月までに約8万人が投入された。国家保安委員会（KGB）も投入され，高度な警察行動によるイスラーム過激勢力（ムジャヒディーン）の掃討や，ソ連型の体制の定着も目指した。これに対しアメリカや隣国パキスタンはムジャヒディーン勢力を支援し，紛争は長期化。断続していた

和平交渉はゴルバチョフ政権発足後に本格化。88年4月締結の和平協定（ジュネーヴ協定）に基づくソ連軍の撤退は89年2月に完了。92年4月、旧PDPA系政権崩壊後も、アフガニスタンの混乱は長期化した。

【関連項目】アフガニスタン戦争／ターリバーン　〔湯浅剛〕

## アフガニスタン戦争　war in Afghanistan

2001年10月、ウサーマ・ビン・ラーディンを同時多発テロ事件の第一容疑者と見なしたブッシュ米政権が、ターリバーン政権がウサーマ・ビン・ラーディンの引き渡しに応じないことを理由に、NATO軍とともにアフガニスタンへの軍事攻撃を行った戦争。国連安保理決議1368号及び同1373号の決定に基づき、米軍を中心に有志連合軍が組織され、10月7日アフガニスタン空爆を開始、「不朽の自由作戦」と名づけられた。10月には反ターリバーン派のアフガニスタン・北部同盟が米軍の支援を受けて攻勢を進め、11月13日には首都カブールが、12月7日にはターリバーンの最後の砦となったカンダハールが陥落し、ターリバーン政権は崩壊した。

軍事作戦中からアフガニスタンの主要反ターリバーン勢力を集めてドイツのボンで戦後体制に向けての協議が進められ、2001年12月5日には暫定政権の設立や緊急ロヤ・ジルガの開催、新憲法承認など、戦後のロードマップを定めたボン合意が成立した。その結果同年12月22日に暫定政権が発足、翌02年6月には緊急ロヤ・ジルガが開催され、ハミド・カルザイ元外務次官を大統領とする移行政権が成立した。03年12月には制憲ロヤ・ジルガが開催され、翌1月には共和国憲法が採択されるなど、戦後の政治復興は順調に進められていたように見えた。しかし、05年頃からターリバーン派の巻き返しが強まり、新政権と衝突を繰り返し、治安は再度悪化した。駐留米軍の被害は、01年にわずか12人だったのに対して02〜04年には年間約50人、05年以降は100人を超え、10年には約500人まで急増している。その結果、09年に成立したオバマ米政権は、アフガニスタンからの撤退方針を固め、16年末までの撤退に向けて協議が重ねられている。14年末までにアフガニスタンで死亡した米兵は2356人、次いで多かったのがイギリス（453人）、カナダ（158人）である。

アフガニスタン戦争の背景には、ウサーマ・ビン・ラーディンと彼が率いるアルカイダがアフガニスタンで反米活動拠点を構築したことがあるが、その遠因には、ソ連のアフガニスタン侵攻（1979年）に対して西側諸国が反共イスラーム義勇兵を育成、支援したという、冷戦時代の遺恨がある。ソ連軍撤退（89年）後、アフガニスタンを離れたビン・ラーディンは、その後90年代に反米姿勢を強め、スーダンを経て96年にターリバーン政権下のアフガニスタンに拠点を移していた。2011年5月、オバマ政権はビン・ラーディンの死亡を発表した。

〔酒井啓子〕

## アフガニスタンの復興　reconstruction of Afghanistan

2001年12月5日にアフガニスタンの紛争を終結させるボン合意が著名されると、同国の復興に向けた国際社会による支援が本格化した。02年1月、アフガニスタン復興支援国際会議が東京で開催され、参加した国と国際機構によって、総額45億米ドル以上の支援額が約束された。復興のための重点分野として、行政能力の向上、教育、保健・衛生、インフラ整備、経済システムの再建、農業及び地方開発がアフガニスタン暫定政権側から表明された。そして、国際社会は、同国における治安の安定化を条件として、人道から復旧・復興に向けた切れ目のない支援の必要性を確認した。12年には「アフガニスタンに関する東京会合」が開催され、テロや麻薬問題を含む治安の維持に課題が残る同国における復興支援策が再検討された。また、14年には「アフガニスタンに関するロンドン会

合」が開催され，翌年からの「変革の10年」に向けた共同コミュニケが採択された。

【関連項目】　アフガニスタン戦争／アフガニスタン復興支援国際会議　　　　　　　　　　　　　　　〔山根達郎〕

## アフガニスタン復興支援国際会議
International Conference on Reconstruction Assistance to Afghanistan

2002年1月21日～22日，アフガニスタン復興支援のために東京で開催された国際会議。日本，米国，欧州連合，サウジアラビアが共同議長を務め，アフガニスタンに関心を寄せる61ヵ国，21の国際機関（国際連合や世界銀行など）が参加した。同会議は，01年12月に同国の紛争解決のために締結されたボン合意を受けて，国際社会の支援を結集する重要な国際会議となった。

アフガニスタン暫定政権の議長として，ハミド・カルザイ氏が参加し，同国の紛争後の復興にとって不可欠な要素として，行政能力の向上，教育，保健・衛生，インフラ整備，経済システムの再建，農業及び地方開発の諸点が重点課題であることを表明した。これを受けて，同会議では，アフガニスタンにおける復興を支援し，同国の平和と安定を支えるという主旨の，共同議長最終文書がまとめられた。

【関連項目】　アフガニスタン戦争／アフガニスタンの復興　　　　　　　　　　　　　　　　　　　〔山根達郎〕

## アブハジア紛争　conflict in Abkhazia/Abkhaz-Georgian conflict

ソ連末期より始まった，グルジアからの分離・独立を求める黒海沿岸地域・アブハジア（首都はスフミ）における紛争。ロシア革命後，アブハジアはロシア領内の自治共和国と位置づけられたが，ソ連邦成立時にグルジアに編入。複雑な歴史的経緯を背景に，グルジア人と現地民族アブハズ人との対立がソ連期より潜在していた。1989年，グルジア政府によるアブハジア内の高等教育改編方針をきっかけに，アブハズ人とグルジア人が衝突（スフミ事件）。92年7月，アブハジアが「共和国」宣言を行うと，グルジア政府がこれに反発し，スフミを攻撃・制圧。93年7月及び94年5月の停戦協定によって，国連並びに独立国家共同体（CIS）によるPKOが派遣され，事態は鎮静化し停戦合意は基本的に守られていたものの，武力衝突も散発。2000年代以降もアブハジアは住民の約8割がロシアの旅券を所持し，ロシアへの労働移民が増加傾向にあるなどロシアへの依存体質が強く，2000年代以降もグルジア政府の管轄が及ばない「未承認国家」として存続。08年8月のロシア・グルジア戦争ではアブハジアを経由してロシア軍がグルジアに侵攻した。08年8月26日，ロシアはアブハジアを国家承認している。

〔湯浅剛〕

## アフリカ人権憲章（バンジュール憲章）
African (Banjul) Charter on Human and Peoples' Rights

正式名称は，「人及び人民の権利に関するアフリカ（バンジュール）憲章」。アフリカにおける人権や基本的自由の保護，促進に関する地域合意。1981年にアフリカ統一機構（OAU，現アフリカ連合〔AU〕）で採択され，86年に発効した。本憲章の特徴は，通常の人権に加えて，人民の権利の保護・促進が謳われていることである。植民地主義への強い反発に基づき，アフリカ人民の権利として，平等，自決，天然資源の利用，経済・社会・文化的発展，平和と安全，発展のために望ましい環境などが挙げられている。一方，家族や国家への奉仕が個人の義務として強調されていることも本憲章の特徴である。家族は社会の基盤であり，その結束や尊敬のための勤労が義務とされている。さらに，国家の安全を脅かさないことや，社会的，国民的な結束を強めることも個人の義務として挙げられている。ここには，採択当時アフリカ

諸国を席巻していたナショナリズムの影響が看取される。

【関連項目】　アフリカ連合（AU）　　〔武内進一〕

## アフリカ統一機構テロ防止条約
OAU Convention on the Prevention and Combating of Terrorism

　1999年7月14日の第35回アフリカ統一機構（OAU）総会（首脳会議）で採択，2002年12月に発効。OAUでは，過激主義・テロリズムに対峙すべく，1992年の第28回総会でアフリカ諸国の協力・協調強化に関する決議を［AHG/Res.213（XXVIII）］，94年には第30回総会でアフリカ諸国間の行動規範に関する宣言を採択した［AHG/Del.2（XXX）］。本条約はこれらを基盤とし，OAU加盟国政府に対しテロ行為を国内法で犯罪として扱うよう求めるとともに，テロ行為に対する国家の管轄権，犯人引き渡しなどについて規定した。2002年9月にはアフリカ連合（AU）でテロ防止に関する行動計画が作成され，04年には第3回総会が本条約の追加議定書を採択。11年7月にはAU委員会が作成したテロ対策に関するアフリカモデル法を第17回総会が支持するなど，本条約の履行確保を図っている。　　〔井上実佳〕

## アフリカの経済協力共同体（RECs）
Regional Economic Communities in Africa

　RECsは，アブジャ条約（1991年6月）が掲げるアフリカの地域統合を追求する過程で形成されたサブリージョナルな機構である。アブジャ条約では，2028年までに欧州のような単一通貨の使用による経済統合を謳っている。RECsには，AUがウェブサイトで挙げるものだけでも，サヘル・サハラ諸国国家共同体（Community of Sahel-Saharan States; CEN-SAD），東南部アフリカ市場共同体（Common Market for Eastern and Southern Africa; COMESA），東アフリカ共同体（East African Community; EAC），中部アフリカ諸国経済共同体（Economic Community of Central African States; ECCAS），西アフリカ諸国経済共同体（Economic Community of West African States; ECOWAS），政府間開発機構（Intergovernmental Authority on Development; IGAD），南部アフリカ開発共同体（Southern African Development Community; SADC），アラブ・マグレブ連合（Union du Maghreb Arabe; UMA）がある。ほかにも，中部アフリカ経済通貨共同体（Communauté Économique et Monétaire de l'Afrique Centrale; CEMAC），大湖地域諸国経済共同体（Communauté Economique des Pays des Grands Lacs; CEPGL），協商会議（Conseil de l'Entente），西アフリカ経済通貨同盟（Union Économique et Monétaire Ouest Africaine; UEMOA），南部アフリカ関税同盟（Southern African Customs Union; SACU）などがある。一国家が複数のRECsに加盟していることも多い。RECsは経済・開発協力を目的としているが，ECOWASやSADCなどのように独自の平和維持部隊を展開するものや，IGADのように加盟国内・加盟国間の紛争の仲介や和平交渉に積極的な機構もあり，平和・安全保障分野でも重要なアクターとなっている。

【関連項目】　アフリカ連合（AU）
【参考文献】　片岡貞治「アフリカにおける地域統合」2012年度外務省国際問題調査研究・提言事業「地域統合の現在と未来」報告書，国際問題研究所，2013年3月　　〔井上実佳〕

## アフリカ非核兵器地帯条約（ペリンダバ条約）
African Nuclear Weapons-Free-Zone Treaty (Treaty of Pelindaba)

　本条約は，1996年4月11日にアフリカ諸国42ヵ国によりカイロで署名され，2009年6月22日にブルンディが批准したことにより，同年7月15日に発効した。実質的な合意がなされた南アフリカの地名を冠してペリンダバ（Pelindaba）条約とも呼ばれている。1964年7月、アフリカを非核兵器地帯とするカイロ宣言が採択されたが、南アフリカの核開発疑惑により進展が遅れていた。南アフリカが核兵器を放棄し、91年7月に核不拡散条約（NPT）に加盟したことにより条約化が促進された。条約は、締約国による核爆発装置の研究・開発・製造・貯蔵・取得・所有・管理・実験及び自国領域内における核爆発装置の配置・運搬・実験等を禁止する。また、議定書は、核兵器国による締約国に対する核爆発装置の使用及び使用の威嚇並びに域内における核爆発装置の実験等を禁止する（仏中英ロは批准済み、米国は署名のみ）。

【関連項目】 中央アジア非核兵器地帯条約（CANWFZ）／非核兵器地帯／ラテンアメリカ核兵器禁止条約（トラテロルコ条約）（LANWFZ）／ラロトンガ条約　〔小倉康久〕

## アフリカ連合（AU）　African Union

1963年5月設立のアフリカ統一機構（OAU）から改組し、2002年7月発足。本部はアディスアベバ（エチオピア）。「サハラ・アラブ民主共和国」を含む54ヵ国が加盟（モロッコは未加盟）（16年1月現在）。アフリカの国々・人々の統一と連帯、平和と安全・安定の促進（AU設立規約3条）などを目的として設立された。意思最高決定機関である総会（首脳会議）のほか、加盟国の閣僚が構成する執行理事会、執行機関としての委員会などを有する。AUは02年7月、安全保障分野の枠組みを示すアフリカ平和安全保障アーキテクチャー（APSA）、平和安全保理事会やアフリカ待機軍構想などを立ち上げ、域内の課題に積極的に取り組んでいる。これは、OAUの内政不干渉原則からの転換を示している。さらに、AUはブルンジ、スーダン、ソマリア、マリ、中央アフリカ共和国などへミッションを派遣し、平和維持・平和構築に従事してきた。国連やEUが人材育成、訓練、予算面などで支援している。

【関連項目】 アフリカの経済協力共同体（RECs）〔井上実佳〕

## アムネスティ・インターナショナル（AI）　Amnesty International

世界人権宣言や国際人権条約で規定された人権が世界中で遵守されるようにアドボカシー（政策提言）活動する非政府組織（NGO）。国際事務局はロンドンにある。1961年、英国のベネンソン弁護士が、政府と異なる政治的・宗教的な見解を理由に投獄された「良心の囚人」の釈放を新聞紙上で訴えたことを契機に設立された。69年から国連経済社会理事会（ECOSOC）の特別協議資格を持ち、国際人権規範の形成にも貢献してきた。活動分野は、90年代初めまで囚人の人権に焦点が絞られていたが、その後、深刻な市民的・政治的権利の侵害、さらに経済的・社会的・文化的権利の侵害まで含まれるようになった。活動資金については、政治的な独立性のため、政府からの資金を受けない方針で、会員からの会費、民間財団や企業からの協力や寄付に頼っている。法律家や専門家だけでなく、一般市民も国際人権に貢献できることを示してきた。77年にノーベル平和賞、その翌年に国連人権賞を受賞した。

【関連項目】 世界人権宣言／非政府組織（NGO/NPO）
〔勝間靖〕

## アメリカ一極支配　US unipolarity

1990年代から2000年代まで、軍事・経済などで圧倒的な優位にあったアメリカ合衆国が、国外の問題に積極的に介入したことを、批判的に称した表現である。イラク戦争後の混乱と経済不況によって米国の優位に疑問が呈されると、使われなくなった。

1991年にソ連が崩壊すると、米国が唯一の超大国として生き残ったと意識されるようになった。米国は、湾岸戦争で最新技術を用いた通常戦力の圧倒的優位を誇示し、核・通常兵器双方で軍事的な優位を確立した。また、IT化とグローバル化に適応した米国経済が急速に成長し、米国凋落論を払拭した。さらにグローバル

化によって米国の大衆文化も国外に伝播し，米国のソフトパワーも拡大した。

　軍事・経済・文化面でのパワーを背景に，クリントン・ブッシュ（父）両大統領は，積極的に国際問題へ介入した。世界各地で民族紛争が頻発し，深刻な金融危機も生じていたので，米国の介入が必要とされた面もある。その一方で米国の介入は，自ら提唱する理念よりも米国の国内政治や利益に左右され，不公正感を強く残した。

　米国の介入を正当化したのが民主化である。クリントン政権は「拡大と関与」政策を唱え，世界的な自由化と民主化の促進を掲げて，開発援助や軍事力を用いた。ブッシュ政権も，イラクの民主化を皮切りに中東の安定化を図るとして，2003年のイラク戦争を正当化した。

　01年の同時多発テロ事件は，米国が対外介入を一層拡大する契機となった。「対テロ戦争」の名の下にアフガニスタンとイラクへの軍事介入が行われ，民間人を含む多大の犠牲が生じた。武力を中心とする米国の政策は，他の国々から批判を招いた。ブッシュ政権は，自国の圧倒的な国力を過信して海外の批判を無視したが，イラクの治安回復に失敗した。増大する損害や08年のリーマンショックによって，米国の軍事的・経済的優位の自信は大きく揺らいでいった。

【関連項目】イラク戦争／対テロ戦争／同時多発テロ事件／民主主義の平和

【参考文献】ガードナー，ロイド・ヤング，マリリン編（松田武ほか訳）『アメリカ帝国とは何か』ミネルヴァ書房，2008年／中山俊宏『介入するアメリカ』勁草書房，2013年／山本吉宣『「帝国」の国際政治学』東信堂，2006年　　〔倉科一希〕

## アメリカの国家安全保障戦略
US national security policy

　第二次世界大戦後のアメリカ合衆国は，技術の進歩によって大洋が防壁にならないと認識し，従来の孤立主義を放棄した。代わりに核兵器を中心とする軍事力と，世界各地の同盟網によって，自国の軍事的な安全を確保しようとした。本項目では，同盟に焦点を当てる。

　大戦中の米国が，戦後の国際平和を維持する装置として期待していた国際連合であるが，ソ連との関係悪化に伴って期待されたような役割を果たせなかった。米国政府は代わりに，国連憲章でも認められた自衛権や地域的取極に基づいて各地に同盟を形成した。

　大戦後の米国が最初に締結した地域的取極が，1947年に調印されたリオ協定と，翌年のボゴタ憲章によって設立された米州機構である。米国にとって平時における初の同盟である米州機構は，西半球における平和と安全保障の維持を掲げ，米国とラテンアメリカ諸国の協力を制度化した。

　リオ協定を先例として，米国は西ヨーロッパ諸国と北大西洋条約機構（NATO）を結成した。49年に北大西洋条約を締結し，冷戦の激化に伴って軍事機構化を進めた。さらに米国は，フランスが主導するヨーロッパ統合を，西ヨーロッパ諸国の関係を安定させる装置として歓迎した。

　中南米及び西ヨーロッパで多国間条約による同盟をつくり上げた米国であったが，東アジアにおいては日本，韓国，台湾，フィリピンと2国間の軍事同盟を締結し，しばしば「ハブとスポークス」とも呼ばれる安全保障体制を構築した。ただし，米国政府が同盟国間の協力や役割分担を無視したわけではなかった。

　冷戦期に封じ込めの一端を担ったこれらの同盟は，冷戦終結後もほとんど存続した。東南アジア条約機構のように冷戦中に崩壊した同盟はあるが，冷戦終結を機に米国との同盟関係が急変した事例は少ない。その一方で，冷戦後に自国の優位が圧倒的になると，米国は必ずしも同盟国との協力に積極的でなくなり，同盟の不安定化も生じた。

【関連項目】アメリカ一極支配／集団的自衛権／封じ込め政策／ブッシュ・ドクトリン

【参考文献】 五十嵐武士編『アメリカ外交と21世紀の世界』昭和堂, 2006年／西崎文子『アメリカ冷戦政策と国連 1945-1950』東京大学出版会, 1992年／李鍾元『東アジア冷戦と韓米日関係』東京大学出版会, 1996年
〔倉科一希〕

# アラブの春(はる)　Arab Spring

2010年12月, 北アフリカのチュニジアで1人の野菜売りの青年が警官に暴行を受け, 抗議の焼身自殺を図ったことをきっかけに, 若者たちが路上に繰り出し抗議の声を上げた。「アラブの春」の始まりである。抗議のデモやストライキは瞬く間に全土に広がり, 翌11年1月には23年続いたベン・アリー政権が打倒された。この一連の反政府運動(ジャスミン革命)は瞬時のうちにアラブ世界へ広がり, 1月25日エジプトで大規模な反政府運動が起こり, 17日後30年続いたムバーラク政権が崩壊した(1月25日革命)。イエメンでは, 2月3日にサーレハ大統領の退陣を求め, 同様にリビアでは17日にカダフィ大佐の退陣を求める大規模なデモが発生し, 共に政府軍がデモ隊に対して無差別攻撃を行い, 多くの死傷者を出した。また, シリアでも4月15日民主化を求める反政府運動が発生し, アサド政権と反政府勢力が各地で武力衝突, その後内戦に発展した。このような民主化を要求する民衆運動は王制を敷くモロッコやサウジアラビアなどでも発生し, アラブ諸国全域に広まった。

これら一連の民衆運動「アラブの春」は幾つか共通の特徴を持っている。既存の政治体制への激しい怒りがあったこと, 運動の主体が若者であったこと, 特定のイデオロギーが希薄だったこと, ソーシャルメディアが重要な役割を果たしたことなどである。

この「アラブの春」の主要因は, 19世紀から20世紀前半にかけて西欧列強がオスマン帝国の解体を目論み(東方問題), この地域を帝国主義支配下に置くために, 分割支配, 換言すればアラブ諸国家体制を構築することに求めることができる。例えば, 東方アラブ地域では, 19世紀オスマン帝国支配下, 民族間, 宗教・宗派間で対立が激化するが, これに乗じて西欧列強が介入し影響力を強めた。そして, オスマン帝国が第一次世界大戦で敗北すると, 歴史的に緩やかな1つの生活圏を形成していたこの地域を国連委任統治下に置いて分割(1920年のサン・レモ会議), これが今日の国境線の原型になった。加えて, ユダヤ教, キリスト教, イスラームの聖地を抱え, 漠然とパレスチナと呼ばれていた地域を委任統治した英国は, ヨルダン川を境に地中海側の西岸と内陸部の東岸に分け, 西岸においてはヨーロッパ在住のユダヤ教徒の入植を認めて, 48年のイスラエル建国を帰結させた。パレスチナ問題の誕生である。地域の分割, そしてパレスチナ問題が, その後この地域に生起する諸々の紛争の根本的な要因になっている。

しかし, 民主化を求めた「アラブの春」は, その後各国で未曾有の混乱と破壊を生み出した。エジプトでは, 2012年5月大統領選挙が実施され, ムスリム同胞団出身のムルシーが選出されたが, 翌13年7月軍部がクーデターを起こしムルシー政権が崩壊, 翌14年5月前国防相のシーシが大統領に選出されたが政情不安が続いている。リビアではカダフィ体制崩壊後, 諸勢力が群雄割拠し内戦状態になり, シリアでは内戦による死者が20万人を超え(14年12月3日付AFP), 国内の混乱は「イスラーム国」の伸長に繋がった。このような内戦状態はイラクやイエメンでも起こっており, この地域の情勢はますます混迷化している。

【関連項目】 イスラーム国(IS／ISIS／ISIL)／エルサレム問題

【参考文献】 加藤博・岩崎えり奈『現代アラブ社会』東洋経済新報社, 2013年／田原牧『ジャスミンの残り香』集英社, 2014年
〔宇野昌樹〕

## アラブ連盟 League of Arab States

1945年にエジプト・シリア・レバノン・イラク・ヨルダン・サウジアラビア・イエメンがアラブ連盟憲章に調印し設立され、後にアラブ14ヵ国とパレスチナが加盟した。当初、連盟は諸国の主権維持と独立尊重を大前提として、経済的・政治的・文化的協力の推進を目的に掲げた。連盟の理事会では加盟国は各一票の投票権を有し、全会一致の場合は加盟国すべてが決議に拘束されるが、過半数の場合は、予算などの特定の場合を除き、賛成国のみが拘束される。また各分野での協力実現のため専門官僚理事会や専門機関が設けられている。1970年代まで連盟は、アラブナショナリズムの影響の下に、イスラエルに対してボイコットを実施し、レバノン内戦への調停を試みるなど、共通の戦略やアラブの秩序維持に一定の役割を果たした。しかし、イスラエルとの関係改善を巡って、エジプトが一時除名され、イラン・イラク戦争ではメンバー間の立場の相違が表面化し、湾岸戦争（1991年）ではイラクへの制裁を巡りアラブ諸国の関係調整に失敗するなど、本来の機能が必ずしも十分発揮されなくなった。湾岸戦争後、強いイデオロギー的スタンスを押し出すより、域内経済の発展のための調整や、域外大国及びイスラエルとアラブ諸国との仲介的役割が内外から期待されている。初代事務総長から第7代ナビール・アルアラビーまで事務総長のうち6人がエジプト人であり、アラブの大国が主導権を握っていた。しかし「アラブの春」の時期のアルアラビーの選出の事情はこのような文脈とは異なっている。当初対立候補を出していたアラブ首長国連邦は、ムバーラク政権と関わりの深い候補者に対抗して擁立されたアルアラビーへの支持を表明し、自らの候補者を取り下げた。大国ゆえの事務総長選出ではなく、民主化を巡るコンセンサスが影響した点が注目に値する。これは、2011年2月〜8月、アラブ連盟はリビアが同国内で反対運動への軍の投入を理由に、リビアの会議への参加を停止したことや、11月半ば、シリアに会議への参加停止を命令したことなどの流れと関係している。なお、アルアラビー事務総長は「イスラーム国」などのテロリストグループに対しては「アラブの集団的行動」が必要となると表明している。このような反テロの共同行動に関しては、国際社会の圧力だけではなく、1990年代からの新たな域内協力の主な課題として自発的に検討されてきた経緯がある。2015年現在、加盟国数22ヵ国。

【関連項目】 アラブの春
【参考文献】 北澤義之『アラブ連盟』山川出版社、2015年／吉川元ほか編『グローバル・ガヴァナンス論』法律文化社、2014年
〔北澤義之〕

## アルザス・ロレーヌ問題 Alsace-Lorraine question

独仏の国境地域にあるアルザスと（北東部）ロレーヌは、19世紀後半から20世紀前半にかけ、両国の間で繰返し争奪の対象となった。独仏戦争後のフランスからドイツへの割譲（1871年）を皮切りに、第一次世界大戦後（1918〜19年）、第二次世界大戦時には、ナチス・ドイツへの「事実上」の併合（40年）、末期（44〜45年）と四度、帰属する国家を替えている。

アルザス・ロレーヌの帰属は、その軍事的重要性も相まって、独仏関係の緊張要因であった。戦勝国ではアルザス・ロレーヌの統合・同化が課題となり、国境地域特有の多文化性も、尊重よりは克服の対象とされた。一方敗戦国においては、戦勝国による抑圧を強調する愛国的イメージが形成された。そのため、植民地との交換や中立国化といった「解決案」も、現実的な選択肢とはなり得なかった。

45年以降の独仏和解により、アルザス・ロレーヌはもはや「問題」ではなく、むしろヨーロッパ統合の象徴とみなされることになる。ただし、ナチ併合下の「対独協力」の過去は、フランスの国民的記憶の問題として残ることに

なった。　　　　　　　　　〔西山暁義〕

## アルメニア人虐殺
Armenian genocide／Armenian massacres

第一次世界大戦中にオスマン帝国（今のトルコ）で発生したキリスト教徒の少数民族アルメニア人に対してオスマン政府が行った強制移住と殺戮を指す。この事件が，ホロコーストに影響を与えたとの説もあることから，ジェノサイドに該当する事例については今もアルメニアとトルコの間で対立がある。

19世紀のアルメニア人社会はオスマン帝国とロシア帝国に分割されていた。世紀半ばにはロシア領内ではロシア人の革命運動の影響を受けたアルメニア民族主義運動が始まり，1890年のダシュナク党の成立に繋がった。

一方，オスマン政府は56年に改革勅令を発布してキリスト教徒とムスリム（イスラーム教徒）との法的平等を目指す。さらに，78年のベルリン会議では，列強から国内のアルメニア人社会の自治を一層推進するよう要求された。しかし，皇帝アブデュルハミト2世はこれを履行せず，ダシュナク党やフンチャク党など国外のアルメニア系政党が国内で民族主義運動を始めると，95，96年にはムスリムとアルメニア人との紛争を利用して，アルメニア系住民を多数殺害した（第一次アルメニア人虐殺）。

1908年に「統一と進歩」委員会（青年トルコ党）の憲政革命が起こり，これを支援したダシュナク党は政権与党となったが，アルメニア社会の自治は進展しなかった。バルカン戦争以降，「統一と進歩」委員会の独裁化が進む中で，政府はギリシャ系住民を迫害するなど，キリスト教徒が敵国の手先だと認識するようになる。14年に第一次世界大戦が始まると，タラート内相やエンヴェル陸相らは独断でドイツと同盟を組み，ロシアを攻撃した。しかし，オスマン軍はコーカサス戦線で敗北し，敵国に同胞が住むアルメニア系住民をロシアとの国境地帯から引き離す必要が生じる。15年4月24日に政府はダシュナク党関係者を逮捕したのを契機に，アナトリア東部のアルメニア系住民を殺害したり南部の砂漠に追放したりした。この作戦が終了する17年春までの犠牲者数は論争の的だが，60万人程度との推計が有力である。

【関連項目】ジェノサイド／第一次世界大戦（WWI）／帝国主義／トルコ・ギリシャの住民交換／ホロコースト
【参考文献】石田勇治・武内進一編『ジェノサイドと現代世界』勉誠出版，2011年／ナイマーク，ノーマン（山本明代訳）『民族浄化のヨーロッパ史』刀水書房，2014年／松村高夫・矢野久編『大量虐殺の世界史』ミネルヴァ書房，2007年
〔吉村貴之〕

## アンザス条約（ANZUS条約）
Security Treaty between Australia, New Zealand and the United States of America

1951年9月にサンフランシスコで締結されたアメリカ合衆国，オーストラリアそしてニュージーランドの間の相互防衛条約。4条で「いずれかの締約国に対する武力攻撃が，自国の平和及び安全を危うくするものであることを認め」，「共通の危険に対処するように行動する」としており，また7条では，条約の実施に関し理事会の設置を定めている。

同時期に締結された日米安全保障条約，米比相互防衛条約，また53年に締結された米韓相互防衛条約とともに米国のアジア太平洋地域でのハブ・アンド・スポークスの同盟システムの一翼を担う。

ただし，84年にニュージーランドが自国領域を非核兵器地帯とするラロトンガ条約に参加し，また，核兵器搭載艦の寄港を拒否したため，米国は86年以降ニュージーランドへの防衛義務を停止している。

【関連項目】日米安保条約／米韓相互防衛条約／ラロトンガ条約
〔西田竜也〕

## 安重根の歴史評価
historical evaluation of An Jung-geun

　大韓帝国の独立運動家・安重根に対する日本及び大韓民国・朝鮮民主主義人民共和国の評価は，前統監で枢密院議長の伊藤博文を1909年10月26日にハルビン駅頭で射殺した事実を巡って大いに異なる。互いのナショナリズムを背景にして，日本が安重根を，伊藤の射殺犯としてもっぱら捉える一方，韓国・朝鮮は民族の英雄として高く評価するからである。しかしその歴史評価として押さえるべきは，義兵中将を名乗った安の行為が，朝鮮植民地化を推し進めた伊藤を日韓連携ひいては東洋平和の阻害要因と明確に位置づけ，植民地化が進む韓国の現状を世界に知らしめようとするものであったことであり，当時展開された抗日武装闘争である義兵戦争の系譜に位置づけられる点である。

　さらに2000年代に入り，安が獄中で構想した「東洋平和論」が東アジア共同体構想と関わって注目を集めるようになった。未完に終わった「東洋平和論」の内容は断片的にしかうかがうことはできないが，それは，東洋各国が自主独立を保持した上で友邦観念を育成し，経済・軍事的側面において統合・協力しながら日中朝三国の連携を図ろうというものである。そのアジア連携構想は小国主義に基づいた積極的平和主義構想とも解される。その思想的核心は，帝国主義的現実を天賦人権論の立場から批判した上で道徳への回帰を図るものであり，それは当時の朝鮮の近代主義運動である愛国啓蒙運動が社会進化論を受容するなかで陥った，自ら帝国主義に転化するかあるいはそれに追従せざるを得なくなるという隘路を克服するものであった。

　その思想的転回は，もともと愛国啓蒙運動の系譜に連なる安が日本の侵略に直面して義兵へと転身するなかで成し遂げられたものであり，万国公法（国際法）に信義を見出し，日朝中三国連携を唱えた崔益鉉ら義兵の思想と通底する。そうしたオプチミスティックな文明観が，伊藤殺害の一方で，日本に反省を求めつつも日本にもなお道義を求めて連携の可能性を最後まで探ろうとする「東洋平和論」構想の思想的核心と言える。

【関連項目】　社会進化論／小国主義／積極的平和主義／東アジア共同体構想
【参考文献】　小川原宏幸「安重根と伊藤博文」趙景達ほか編『東アジアの知識人　1』有志舎，2013年／統一日報社編『図録・評伝 安重根』日本評論社，2011年　　〔小川原宏幸〕

## 安心供与　reassurance

　安心供与（外交）とは，約束という形で関係諸国に意図を伝達することによって，特定の価値配分に対するそれら諸国の同意を確保する外交を指す。これとは対照的に，意図の伝達形式が威嚇という形をとるのが，強制（外交）である。強制は，さらに，特定の価値配分を実現するために相手国に不作為を求める抑止と，作為を求める強要とに二分できる。

　関係諸国が武装して対峙する国際政治の世界で，利害対立が武力紛争化して不合理な戦争が生じる理由は大別して2つある。1つは，関係国の同意によることなく，価値配分の現状を一方的に変更する行為（典型的には武力攻撃）を自制するという約束に説得力がない場合であり，この場合の安全保障の処方箋が安心供与である。もう1つは，現状変更行為を排除するという威嚇に説得力がない場合であり，この場合の安全保障の処方箋は抑止型の強制である。

　価値配分の現状に対する脅威を削減して安全を確保することが容易ではないのは，現状維持の手段が現状変更の手段ともなりうるため，威嚇の説得力と約束の説得力との間にトレードオフの関係が生まれるからである。それゆえに威嚇と約束のいずれか一方を偏重しては，安全を確保できるものではない。

　対峙するいずれの国家にも，価値配分の現状を一方的に変更する意図がなくても，相手国による現状の変更を排除することを意図した当該

国の行動は，現状の変更を意図しないとする当該国の姿勢に関する相手国の誤解と不信を生み出しかねない。安心供与は，この安全保障のディレンマの解消策にあたる。

　安心供与の具体的な手段としては，軍事演習の事前通告，国防情報の公開などの信頼醸成措置がその典型であるが，一方的な軍縮を含む多様な行動も安心供与機能を果たしうる。

【関連項目】安全保障のディレンマ／信頼・安全醸成措置（CSBMs）／戦争原因論

【参考文献】坂本義和『権力政治を超える道』岩波書店，2015年／中西寛ほか『国際政治学』有斐閣，2013年／Jervis, Robert, Perception and Misperceptoin in International Politics, Princeton University Press, 1976. 〔石田淳〕

## 安全保障 security

　国や個人の安全を確保すること。国家や個人あるいは既得の価値に対する脅威が存在しないことを意味する。一般的には，国家安全保障（national security）を意味することが多い。その場合，国家の領土やアイデンティティの統一性の確保のために軍事的手段を用いて脅威に対処することを最重要価値とする考え方を含んでいる。しかし，概念の拡大（broadening）と深化（deepening）が進行中であり，安全保障の主体，客体，手段に関して，国家／軍事中心の観点から多様化と分節化が進んでいる。さらに「保護する責任」の受容によって，個人の安全を確保することを目的として国家が存在するとの規範が確立しつつある。

　安全保障は，語源学的には「～がない」という意味の接頭辞 se と「不安（cura）」が結びついてつくられた「心配事がない」「不安がない」（careless）状態を表す言葉であった。マクスウィーニーによれば，元来は，個々の人間が，自らを取り巻く世界に関する客観的な知を持ち予測可能性を高めることで，不安を取り除けるという考え方を基礎とし，個人の自由・秩序・連帯などの価値の実現と繋がる含意を持っていた。18世紀の終わり頃には，軍事・外交的手段を用いて達成する国家の状態という意味を持つようになったものの，個人の安全に対して国家が優先する，あるいは，軍事力で外敵から国家を守ることを最重要の価値とするという含意は，20世紀後半に入るまで確立しなかった。

　言葉遣いとして，「国防／防衛（defense）」から「安全保障」への転換が進んだのは冷戦期である。国防には軍事力による自国領土の防衛という含意が強いのに対して，冷戦期には，自由や民主主義など領土以外の価値を守ることや，地理的にも自国領土を越えた同盟国や陣営の安全を確保するという新たな課題が出てきたために，新しい概念が必要になったと考えられる。米国では，「安全保障」の思考方法は，国家安全保障評議会（National Security Council）や国家安全保障法（National Security Act）において公的に制度化された。

　米ソ間の軍事的対立とイデオロギー対立が結合した冷戦の状況下では，米ソ間のゼロサム的な対立が強調された。生活様式のような価値も争点となったため，潜在的には社会のあらゆる側面が，安全保障問題とされるようになった。また，1950年代には，現実主義的国際政治観が受容され，安全保障の概念と国益や国家理性が結合し，国家安全保障が至高の価値とされるとともに，手段についても軍事力が突出するようになった。この文脈では核抑止，同盟，軍備管理，軍縮，戦略研究などが安全保障研究の中心テーマであった。

　その後，とりわけ冷戦後，安全保障概念の拡大と深化が起こっている。エネルギー，食糧，環境，感染症，テロリズムなどが社会の存立を左右する安全保障問題だと理解されるようになった。また，国家の統一性を当然視せず，政治体制の安全保障，社会の安全保障（societal security），人間の安全保障などに分節化されることで，安全保障問題の立体性や複雑さが自覚されるようになった。欧州の安全保障研究で，こうした転換の端緒となったのは，ブザン

の『人民，国家，恐怖』であった。

　拡大と深化により，安全保障は個人の人権や自由という観点から再定義され，新たな課題や問題点の探求が進んでいる。それは，いわば語源への回帰とも言える。他方で，日本を含む東アジアでは，依然として国家安全保障の観点が強い持続性を示している。

【関連項目】　共通の安全保障／総合安全保障／人間の安全保障／保護する責任（R2P）

【参考文献】　遠藤誠治・遠藤乾編『安全保障とは何か』岩波書店，2014年／古関彰一『安全保障とは何か』岩波書店，2013年／Buzan, Barry, *People, States, and Fear*, Wheatsheaf, 1983／McSweeney, Bill, *Security, Identity, and Interests*, Cambridge University Press, 1999／Wolfers, Arnold, "National Security as an Ambiguous Symbol," *Political Science Quarterly*, Vol. LXVII, No.4, 1952　　　　　　　　　　〔遠藤誠治〕

## 安全保障化と脱（非）安全保障化
securitization and desecuritization

　コペンハーゲン学派が提唱した安全保障問題の成立に関するモデル。現実主義の政治観では，安全保障上の利益（国益）は国内の政治的対立から自律的に決定されると想定されている。これに対して，コペンハーゲン平和研究所（Copenhagen Peace Research Institute）に集まったO. ウィーバーやB. ブザンを中心して進められた研究プロジェクトでは，社会構成主義と言語行為論の立場から，特定の問題が安全保障問題に変化する過程とその政治的含意を分析しようとした。

　安全保障問題化は，以下のような過程で起こるとモデル化されている。社会のなかの問題の多くは非政治的な争点にとどまり，国家的課題とならないことが多いが，なかには重要な問題として政治化（politicize）されるものもある。政治化された問題は，公的な課題と認知され，取引や駆け引きなどを含む通常の政治過程で対処されることになる。しかし，さらにその問題の一部に関して，特定の政治勢力が国家の存立に関わる脅威を含む問題として位置づけようと世論に訴えかける場合がある。そのような活動は常に成功するわけではないが，「安全保障問題化」が成功すると，国家の存在に関わる危機が認定されたことになる。その結果，通常の政治過程の範囲を超えた主権的な権力の行使が正当化され，逆に，権力行使への反対や異論は困難となる。

　脱安全保障問題化の過程は，こうした政治的緊張の激化の反対を辿り，特定の問題が緊急事態を脱して通常の政治過程に回収されていくことを意味する。

　このモデルの特質は，安全保障問題が，対外的な脅威への国家全体の反応として成立すると考えるのではなく，特定の政治勢力の積極的な働きかけによって成立するとした点にある。つまり，安全保障に関する国家の一体性は，理論モデルとして否定され，社会的構築物と捉えられている。さらに，安全保障問題状況では，政治エリートが問題の定義や対処方法に関する議論を独占する傾向があることや，ある問題が安全保障問題化すると，妥協や取引は困難になるため，脱安全保障問題化することで紛争解決が容易になる場合があることなども含意されている。このアプローチは，安全保障研究の拡大と深化を進める上で大きな役割を果たした。

【関連項目】　安全保障／国家安全保障／平和研究

【参考文献】　遠藤誠治・遠藤乾編『シリーズ日本の安全保障1 安全保障とは何か』岩波書店，2014年／Buzan, Barry et al., *Security*, Lynne Rienner, 1997.　　〔遠藤誠治〕

## 安全保障共同体　security community

　安全保障共同体とは，1950年代，ドイッチュが中心となって理論化した概念である。国家や社会間に交流やコミュニケーションが高まることで，やがて構成員間の認識に質的転換が起こり，「われわれ意識（we feeling）」が醸成され，結果的に安全保障政策上，戦争や軍事的対応が不要となるような共同体を意味する。

　国際政治の狭義のリアリズムの伝統におい

て，アナーキーな国際社会における国際的な安全保障は，一般的に国家間の慎慮に基づく勢力均衡政策によって実現する。しかしドイッチュは，交流を通じた地域統合や国際統合の論理によって「不戦共同体（no war community）」が実現可能であると説いた。この理論は，例えば現在のドイツとフランスがもはや戦火を交える可能性がないという現実やヨーロッパ統合の原理を一部説明するものとして評価されたが，相互依存が進んだ20世紀初頭のヨーロッパでも第一次世界大戦を防ぎ得なかったように，歴史的にこれまで国家間交流の拡大が必ずしも不戦の規範や価値を生み出さなかったのではないかという批判もあった。

その後，この概念は安全保障理論としてはあまり顧みられることはなかったが，90年代，国際関係におけるアイデンティティや意味，相互認識の重要性に着目する，アドラーやバーネット，ウィーヴァーら構築主義（constructivism）学派の安全保障研究者たちによって再評価された。ドイッチュの「安全保障共同体」概念では，例えばアメリカ合衆国のように単一の政体に統合された融合型（amalgamated）の安全保障共同体と，個々の政府の法的自立性を前提とした多元的（pluralistic）な安全保障共同体とが区別されたが，例えば，欧州安全保障協力機構（OSCE）やASEAN地域フォーラム（ARF）にみられる「協調的安全保障（cooperative security）」のアプローチのように，主権国家がそれぞれ自立的な安全保障政策を追求しつつ，仮想敵を想定せず，長期的な地域的協力関係によって安全を実現しようとする試みは後者の例に当てはまる。また当概念は，政策決定者間のみならず，多層的なコミュニケーション経路も射程に入れるため，特に現在の東アジア地域のように，同質性が相対的に低く，信頼醸成措置（CBM）等の包括的な努力が必要とされている地域においては，依然として極めて有効な視点を提供していると言える。

【関連項目】 安全保障／欧州安全保障協力機構（OSCE）／協調的安全保障／共通の安全保障／信頼・安全醸成措置（CS-BMs）

【参考文献】 五十嵐暁郎ほか『東アジア安全保障の新展開』明石書店，2005年／Adler, Emannuel and Michael Barnett eds., *Security Communities*, Cambridge University Press, 1998.

〔佐々木寛〕

## 安全保障のディレンマ　security dilemma

一般に，国家間の価値配分の現状に対する脅威を削減する措置を安全保障政策と言う。安全を確保するには，関係国の同意によらずに価値配分の現状を一方的に変更する行為は自制するという約束と，現状を一方的に変更する行為を断固排除するという威嚇との双方に説得力が必要である。しかしながら，軍備や同盟のような現状維持の手段は，同時に，現状変更の手段ともなりうるため，攻撃には断固反撃するという威嚇の説得力と，政策の手段としての武力の使用や武力による威嚇は自制するという約束の説得力との間に二律背反の関係が生まれる。その結果，対峙するいずれの国家も実際には現状維持志向であったとしても，現状維持を意図した一方の行動が，現状変更を意図した行動として他方に誤認されうる。このように，他方の不安を掻き立てることなしには，一方の不安を拭いさることのできない状態を安全保障のディレンマと言う。

安全保障のディレンマについては，J. ハーツ，A. ウォルファース，H. バターフィールドといった英米の研究者による1950年前後の概念化がよく知られる。とは言え，冷戦の文脈において，互いに相手の膨張志向を疑う東西両陣営が，相手に対する恐怖から軍備増強という対抗策をとると，一方の恐怖からとられた行動が他方の恐怖に根拠を与えるという形で両陣営の相互不信が増幅するということは，H. モーゲンソーが『国際政治（初版）』（1948年）において夙に指摘するところでもあった。この意味では，安全保障のディレンマという用語それ自体

はともかく，それが意味するところは，冷戦初期のリアリストにとっては共有知であったと理解するべきであろう．

【関連項目】 安心供与／戦争原因論／同盟のディレンマ
【参考文献】 中西寛ほか『国際政治学』有斐閣，2013年／Herz, John H., "Idealist Internationalism and the Security Dilemma," *World Politics*, Vol.2, No. 2, 1950　〔石田淳〕

## 安定化部隊 (SFOR) Stabilization Force

安保理決議1031により北大西洋条約機構（NATO）がボスニア紛争を終結させた和平合意の軍事面を担うことになり，1995年12月20日に履行部隊（IFOR）を設立．任期1年のIFORを引き継いだのが安定化部隊（SFOR）である．安保理決議1088によって発足したSFORの活動は国連憲章第7章に基づく．敵対行為又は平和への新たな脅威の再発を予防し，和平プロセスが引き続き前進する環境を促進し，その能力の範囲内で文民組織に対して選別的支援を行うことを主な任務とする．部隊の規模は当初約3万2000人であったが，2003年初めには1万3000人まで縮小．IFORもSFORもNATO主導の多国籍軍であり，ロシアを含む非NATO加盟国も参加．安保理決議1575によってEU軍（EUFOR）の派遣が決定され，04年12月2日，SFORは7000人規模のEUFORに引き継がれた．

【関連項目】 北大西洋条約機構（NATO）／多国籍軍／ボスニア紛争　〔片柳真理〕

## 安保改定 amendment of the US-Japan Security Treaty

旧日米安全保障条約（1951年9月調印）の修正の試み．岸信介内閣が本格的に取り組み，日米交渉を経て新日米安保条約の成立に帰結した．

旧安保条約は内乱条項や期限の定めのないこと，米軍の基地使用に日本政府の意思を反映する仕組がないことなど，欠陥の多い条約であっ た．その上国連憲章との関係が明確でなく，条文上，米国には日本を守る義務がなかった．外務省はこれらを条約上の瑕疵とみなしてその是正を悲願とした．岸をはじめ右派の保守政治家にとっては，旧安保条約は日米の非対等な関係の象徴だった．

米国に対して初めて安保条約の改定を提起したのは1955年6月，鳩山一郎内閣の重光葵外相であった．アイゼンハワー政権はこの要請を峻拒したが，岸内閣が発足（57年2月）した頃から柔軟な姿勢に転じ始める．日本の中立化を阻止するには，条約の改定に応じて岸内閣を支えなければならないとの判断だった．58年10月からは全面改定に向けた交渉が始まり，60年1月に新安保条約が調印された．

新安保条約においては旧条約の欠陥はおおむね改善された．しかし，国会での批准手続に際して岸内閣の強引な政治手法が野党の反発を招き，国会は空転，国会議事堂周辺を連日数万人規模のデモ隊が取り囲む空前の騒動が生起した．新条約は批准された（60年6月23日）が，岸内閣は退陣に追い込まれる．新安保条約は日米関係の安定をもたらしたものの，短期的には日本国内に対決的な政治空間を残したのだった．

【関連項目】 事前協議制度／日米安保条約　〔楠綾子〕

## 安保再定義 redefinition of the US-Japan Security Treaty

日米安保「再定義」は，クリントン・橋本龍太郎両政権の下で取り組まれた，日米間の安全保障に関する役割分担を巡る協議を指し，1994年11月に公然化した．その背景には，冷戦終結とソ連の崩壊に伴い，ソ連の脅威に対処することを主目的としてきた日米安保条約の存在意義が問われるようになったことがある．93年8月に誕生した細川護熙連立政権の下で検討されていた首相の私的懇談会「防衛問題懇談会」の報告書が，細川内閣退陣後の94年8月，村山富市

首相に提出された。同報告は、「多角的安全保障協力」の必要性を強調していたが、日米安保との関係が明確にされていなかったこともあり、米側関係者の間には、日本が日米安保から離脱し始めたのではないかとの危機感を持って受け止められた。

95年2月に『東アジア戦略報告』が完成し、米国のアジア戦略が策定されたのを受けて、ナイ米国防次官補主導の下で日米協議が開始された。95年11月に新防衛計画の大綱が閣議決定され、96年4月のクリントン訪日の際発表された日米安保共同宣言は、78年策定の日米防衛協力の指針の見直しを謳い、97年9月に新ガイドラインが公表された。新ガイドラインは日米防衛協力の実効性の向上を主眼とし、その中心は周辺有事にあった。新ガイドライン実施に必要な法制度の整備も進み、日米物品役務相互提供協定（ACSA）が96年4月に、周辺事態法が99年5月にそれぞれ国会で成立をみた。

再定義の焦点は、①日本防衛に関する二国間問題、②地域安保の問題、③人道援助、平和維持活動などグローバルな問題に関する日米協力であったが、米国側の狙いは、日本の役割の①から②、③への拡大であった。具体的には、93年から94年にかけて北朝鮮の核開発「疑惑」が発生したことで、朝鮮半島有事に備えるための体制を整えておく必要性と、長期的には、中国のパワーの台頭をどう管理し、東アジアの国際システムに組み込んでいくかが重要であった。

安保再定義を通して、日本は米国の東アジア戦略の中に改めて組み込まれ、日本の役割分担は、日米安保条約5条の日本有事対応から6条の地域有事対応へと拡大することになった。

【関連項目】　周辺事態法（重要影響事態法）／日米安保条約
【参考文献】　秋元英一・菅英輝『アメリカ20世紀史』東京大学出版会、2003年／船橋洋一『同盟漂流』岩波書店、1997年
〔菅英輝〕

## 安保ただ乗り論
freerider on the US-Japan Security Treaty

相互の協力と安全保障を名称に持つにもかかわらず、現行の日米安保条約（日米間の相互協力及び安全保障条約）は米軍の日本駐留を認めている一方で、日本が米国防衛に協力することは定めていない。そのため、日本の対米協力を求める際に米国内では、米国負担により維持されている国際あるいは地域の秩序において、なんら負担をせず「ただ乗り」をする日本はその利益を増大しているとの批判が登場する。この批判が、安保ただ乗り論である。

日本がなんら負担をせずにきたのかを検討するとき、日本や沖縄にある米軍基地が米国の覇権維持を支えてきたことを考慮すべきである。ただ乗り論は、世界規模に展開する米軍の活動の拠点となっている在日米軍基地の存在価値を無視して成り立つ。

戦後の廃墟から復興し高度成長を遂げた日本と経済大国の陰りをみせた米国との間で、相対的な経済力変化が顕著になった1970年代に、安保ただ乗り論が登場する。米国負担による国際秩序に対する日本の負担増大を求めるための論理である。経済学で発展してきた公共財の費用と効果に関する研究が80年代に入り、国際政治学へ導入されるにつれて、日米の安全保障上の非対称的な役割に加えて、本来の分野での経済関係においても「日本バッシング」の論理として登場してきた。

湾岸戦争（90〜91年）に際して、米英を中心とする多国籍軍へ参加する代わりに、日本は復興費用の名目で財政支援を行った。しかし、イラクの侵略後、多国籍軍により奪還されたクウェートや周辺の湾岸諸国からの感謝表明対象国に日本は含まれなかった。またこれら有志連合に参加した国、特に米国からは資金のみの日本の貢献に対する批判を受けた。そのため、日本のなかで、安保ただ乗り論をみずから取り上げて、国際貢献の強化、具体的には対米支援の

中軸に据えた外交・安保政策を推すべきとの主張が登場した。

9.11同時多発テロ以降、米国の戦争として始まったアフガニスタン戦争（2001～14年）やイラク戦争（03～10年）への日本の貢献が問われた。米国を中心に編成された有志連合への参加問題である。前者の場合、「ショー・ザ・フラッグ」としてインド洋での自衛隊艦隊による米軍等への燃料補給活動が行われ、後者の場合、「ブーツ・オン・ザ・グラウンド」として陸上自衛隊や航空自衛隊がイラクへ派遣された。15年6月国会に提出された安全保障関連法案の背景にも、安保ただ乗り論解消があると考えられる。

これらは、日米双方が安保ただ乗り論を取り上げ、その解消を図るために日本の対米支援を高めようとする流れにある。だが、依然として、情報（諜報）収集のインテリジェンス能力や海外への軍事的展開能力における軍事分野での日米の非対称性が存在する。また、覇権国としての役割を担う米国とそのフォロワー（支持あるいは追随）の役割を担う日本という構造的な位置づけや、このような位置づけの継続を巡る周辺諸国の期待の程度も異なっている。

【参考文献】遠藤誠治・遠藤乾編『安全保障とは何か』岩波書店、2014年／我部政明『日米安保を考え直す』講談社、2002年／日本国際政治学会編『日米安保体制・持続と変容』有斐閣、1997年　　　　　　　　　　　〔我部政明〕

## 安保法制懇 <small>あんぽほうせいこん</small>　Advisory Panel on Reconstruction of the Legal Basis for Security

正式名は「安全保障の法的基盤の再構築に関する懇談会」。安倍晋三首相の下、「我が国周辺の安全保障環境が一層厳しさを増すなか、それにふさわしい対応を可能とするよう安全保障の法的基盤を再構築する必要があるとの問題意識の下、集団的自衛権の問題を含めた、憲法との関係の整理につき研究を行うため」に設置された私的諮問機関（座長は柳井俊二元外務次官）である。活動は2期。第1期は、第1次安倍政権の下、2007年4月17日に首相決済で設置され、08年6月24日に報告書提出（福田康夫内閣）。第2期は第2次安倍政権の下、13年2月7日に発足し、14年5月15日に報告書を提出した。報告書では①「芦田修正説」（自衛戦力合憲論）に立って、侵略のための戦力保持と武力行使のみ禁じられるとの憲法9条解釈から、個別的か集団的かを問わず、自衛のため武力行使や国連の集団安全保障措置への参加といった国際法上合法な活動には憲法上の制約はないという説と、②我が国の安全に重要な影響を及ぼす可能性があるときに限定的に集団的自衛権を行使することは許されるという2つの説を提示した。安倍内閣は後者の説を参照しつつ、与党協議も経て同年7月1日に集団的自衛権行使容認の閣議決定を行った。

【関連項目】芦田修正説／集団的自衛権行使容認の閣議決定
〔河上暁弘〕

## ■イージスシステム　Aegis System

イージス・システムは、RCA社（後に軍用エレクトロニクス部門はロッキード・マーチン社の傘下に入る）が開発したAN/SPY1という多機能フェーズドアレー・レーダー（位相配列レーダー）を中核とする兵器システムで、100以上の標的を同時に捜索、識別、判断し、誘導ミサイル攻撃システムの管制を行うシステムである。同システムはレーダー・システムと情報システムを攻撃システムと連結し、対空、対地、及び対潜戦などの多方面の作戦の同時遂行を可能とする。米国によるイージス・システムの導入は、敵対戦力が最高規模で攻勢に出た場合でも対艦防衛が成功することを重視したウェイン・マイヤー海軍提督の功績によるものである。最初にイージス・システムが搭載されたのは、1983年のUSSタイコンデロガ（CG47）である。

イージス・システムのイージス兵器システム

（Aegis Weapon System; AWS）は，SPYに加え，戦闘の指揮管制システム（Command & Decision; C&D），スタンダード・ミサイルなどの兵器管制システム（Weapon Control System; WCS），垂直発射システム（Vertical Launching System; VLS），ミサイル火器統制システム（Missile Fire Control System; MFCS）等から構成される。AWSを中核に構成される，対水上目標（艦砲，ハープーン）や対水中目標（魚雷，VLS発射アスロック）の戦闘システムを，イージス戦闘システム（Aegis Combat System; ACS）と言う。

イージス・システムは，タイコンデロガ級巡洋艦（USS）とアーレイ・バーク級駆逐艦（DDG）に搭載されており，船体の種類を示すフライト（Flight）とシステムの種類を示すベースライン（Baseline; BL）によって区別される。DDG51から71まではフライトⅠで，FY92に導入された駆逐艦よりフライトⅡと表記されている。94年に導入されたDDG79以降は，ヘリコプターの搭載型になり，DDG91以降はAN/SPY-1D (V)が導入されている。BLは7よりCOTS方式，そして9よりオープンアーキテクチャー化されており，汎用技術をシステムに組み込むことが促進されている。BL-9以降はミサイル防衛能力を強化するため，MMSP（Multi-Mission Signal Processor）等の新技術を導入し，IAMD（Integrated Air and Missile Defense）の実現が可能になった。

水上艦船での成功を元に，米国はスタンダード・ミサイル3（SM3）とイージスBMDを組み合わせて陸上に設置するイージス・アショアー（Aegis Ashore）計画を，欧州のミサイル防衛計画の段階的適合アプローチ（PAA）のⅡとⅢで進めている。

【関連項目】 安全保障
【参考文献】 Williams, Robert E. and Paul R., Viotti, *Arms Control: History, Theory and Policy*, Praeger, 2012

〔佐藤丙午〕

# EUの共通外交・安全保障政策（CFSP）
Common Foreign and Security Poilcy

リスボン条約による条約改正の結果，欧州連合（EU）の三本柱構造は解消されたが，EUの他の政策分野とは異なり，CFSPのみ「特別の規範及び手続に服する」（EU条約24条1項）とされている。CFSPの概念には，平和維持や平和回復を含む危機管理を行う戦闘部隊などの共通安全保障・防衛政策も含まれる。

EU外務・安全保障上級代表は，外務理事会とコミッション副委員長を兼任し，EU対外関係の調整及びCFSPの指揮を行う。上級代表を補佐する機関として「欧州対外関係庁」が設置されるとともに，第三国や国際機構においてEUを代表するEU代表部が置かれ，大使が任命されている。

CFSPの方針及び実施は，加盟国首脳級の欧州理事会，閣僚級の理事会及びEU上級代表によりもっぱら決定される。CFSP分野における決定方式は全会一致が原則である。CFSP分野においてEU立法を採択することはできない。CFSP分野におけるコミッション及び欧州議会の役割は限定的である。また，EU司法裁判所は，自然人又は法人に対する制限的措置及びCFSP以外の政策との境界の監視を除き，CFSP決定の適法性を審査する管轄権を有しない。

しかし，今日CFSPを全く政府間主義的な協力制度と捉えることはもはや適切ではないとみなされるようになっている。CFSPの規範的秩序は，伝統的な国際法とは明らかに異なり，加盟国の対外権限を抑制する手続的及び実体的ルールを含んでいるからである。CFSPはEUの対外的行動の不可欠かつ同等の構成部分であり，CFSP及びEUの他の対外的政策に同一の原則及び目標が適用される。

他方で，EU法秩序におけるCFSPの特別な地位は，一般に国家において外交・防衛問題には特別の扱いがなされているのと類似の現象と

みなすこともできる。

【関連項目】　欧州連合（EU）／共通安全保障・防衛政策（CSDP）／マーストリヒト条約

【参考文献】　植田隆子ほか編『新EU論』信山社，2014年／庄司克宏『新EU法　政策篇』岩波書店，2014年／辰巳浅嗣『EUの外交・安全保障政策』成文堂，2001年　〔庄司克宏〕

## EUの自由・安全・司法領域（AFSJ）
Area of Freedom, Security and Justice

欧州連合条約（マーストリヒト条約）で導入された司法・内務協力は政府間協力として人の自由移動（域内国境管理の廃止，欧州共通庇護制度，共通移民政策など）と警察・刑事司法協力から成っていたが，アムステルダム条約（1997年署名，99年発効）による条約改正で前者が超国家的統合の範囲に移行されるとともに，EU枠外にあったシェンゲン条約がEU法化された。また，リスボン条約（2007年署名，09年発効）による条約改正で後者も超国家的統合の対象となった。

AFSJはEUの目的の1つであり，EUは「その市民に対し，人の自由移動が域外国境管理，庇護，移民並びに犯罪の防止及び撲滅に関する適切な措置と結びついて確保される，内部に国境のない自由，安全及び司法領域を提供する」（EU条約3条2項）。第1にAFSJはEU市民に提供される。第2に「人」は加盟国国民のみならず，第三国国民も含む概念として使用されている。第3にAFSJは「内部に国境のない……領域」である結果，EU市民か第三国国民かにかかわらず，一旦AFSJ内に入るならば自由移動が保障されるため，域外国境管理及び第三国からの移民の規制が重視される。第4に「安全及び司法」という側面は，法を遵守する者の安全の権利は基本権として尊重され，安全を脅かす者の自由を制限することが伴う。また，「司法」の側面は，EU市民が国内司法制度の相違により自己の権利を行使することを妨げられないで司法アクセスを享受することを意味し，加盟国間の司法協力に基づく。

AFSJという目的の実現のため，EU機能条約に「第Ⅴ編　自由，安全及び司法領域」として「第1章　一般規定」，「第2章　国境管理，庇護及び移民に関する政策」，「第3章　民事司法協力」（国際私法，国際民事訴訟に関するEU内協力），「第4章　刑事司法協力」，「第5章　警察協力」が置かれている。

なお，イギリス，アイルランド，またデンマークは，AFSJへの不参加が認められている。

【関連項目】　欧州連合（EU）／シェンゲン条約／マーストリヒト条約

【参考文献】　庄司克宏『新EU法　政策篇』岩波書店，2014年／庄司克宏編『国際機構』岩波書店，2006年　〔庄司克宏〕

## 家永教科書裁判　Ienaga Textbook Trials

高等学校日本史教科書『新日本史』（三省堂）の執筆者である家永三郎が，主にアジア・太平洋戦争に関する記述を理由に条件付合格又は不合格とした教科用図書検定について，国を相手に起こした一連の裁判。第1次訴訟（1965年提訴），第2次訴訟（67年提訴），第3次訴訟（84年提訴）がある。97年，第3次訴訟の最高裁判所判決で，32年をかけた訴訟が終結した。

最初の判決が出された第2次訴訟（66年の検定における『新日本史』の不合格処分取消を求める行政訴訟）の東京地裁判決（杉本判決70年7月17日）は，子どもの学習権を軸とする国民の教育権論を展開して，教科書の記述内容の当否に及ぶ検定は教育基本法（旧法）10条に違反し，教科書検定は憲法21条2項が禁止する検閲に当たるとし，処分取消請求を認め，家永の全面勝訴となった。この判決は，憲法・教育基本法（旧法）の理念を発展させ，戦後の教育の民主化の到達点を踏まえた国家権力からの教育の自由宣言として，教育界に大きな影響を与え，その土台となった国民の教育権論もまた大きな注目を浴びた。しかし最終的には最高裁からの差し戻し判決で，東京高裁判決（丹野判決，89

年6月27日）で、学習指導要領の改訂により原告は処分取消を請求する利益を失ったとして、第1審判決を破棄、訴えを却下した。

次に、第1次訴訟（家永ら執筆の『新日本史』の検定不合格に対する国家賠償請求訴訟）東京地裁判決（高津判決74年7月16日）が出され、国家の教育権論を展開して憲法26条違反の主張を否定し、また、教科書検定は表現の自由に対する公共の福祉による制限であり受忍すべきものとして、憲法21条が禁じる検閲に当たらないとした。杉本判決と高津判決は全く対立し、国民の教育権論と国家の教育権論とが激しく論争する展開となった。第1次訴訟は最高裁で家永の全面敗訴となった。

第3次訴訟（82年検定を不服とした国家賠償請求訴訟）の最高裁判決（大野正男裁判長、97年8月29日）は、検定制度自体は合憲としたが、裁量権逸脱が争われた7件中、草莽隊の年貢半減の公約、南京大虐殺、中国戦線での日本軍の残虐行為、旧満洲731部隊の記述への検定を違法とし、国に40万円の賠償を命令した。また大野裁判長は、近隣諸国に与えた被害の記述の削除を批判する厳しい「少数意見」を述べた。

この裁判は、戦後日本の教育に関する権利を巡る論争の中心舞台となった。

【関連項目】　教育基本法／教育の権利と自由
【参考文献】　兼子仁『教育法（新版）』有斐閣、1978年／堀尾輝久『教育の自由と権利（新版）』青木書店、2002年
〔佐貫浩〕

## 域外共通関税（CET）
common external tariff

参加国間の貿易においてすべての関税（及び数量制限）を撤廃する点で自由貿易地域と関税同盟は同じであるが、前者では第三国からの輸入品に対してはそれらを自由に決定することができるのに対し、後者では第三国からの輸入品に対して域外共通関税が適用される。国家間で平和的な関係を創り出す一手段となりうる。

EUは物・人・サービス・資本の自由移動からなる域内市場を構成する。1968年7月1日に当時6ヵ国の間で発足した関税同盟は物の自由移動（非関税障壁の撤廃を伴う）に含まれる。第三国産品がEU内に輸入され、域外共通関税が支払われた後は域内産品と同様に扱われ、自由に流通することができる。EUはトルコなどとの間に関税同盟を形成しているが、域内市場をノルウェーなど3ヵ国に拡張した欧州経済領域協定には関税同盟は含まれていない。EUの他にも、ユーラシア経済連合、メルコスール、東アフリカ共同体などが関税同盟を設立している。

【関連項目】　欧州連合（EU）
〔庄司克宏〕

## 違憲合法論　theory on the Self-Defense Forces as unconstitutional but not illegal

憲法学者の小林直樹によって提起された自衛隊の法的地位に関する理論（初出『ジュリスト』1975年5月15日号）。憲法学界の通説では、自衛隊は憲法9条に違反する違憲の存在であるとされてきたが、違憲状態は解消するどころか、法律により合法と見なされ整備・強化されてきた。これに対して、自衛隊をただ違憲無効だと言うだけでは、今後、法律にさえ違反する活動や装備の拡大を批判して法律の枠内に統制することが困難となる。そこで同論では、自衛隊が「違憲」かつ「合法（正確には合法律）」という矛盾状態にあることを法理論上も直視しつつ、違憲の現状を少しずついかに理念に近づけるかという観点に立つ憲法政策論を提示することの必要性が主張された。

この理論提示の背景には、戦後、自衛隊が、「戦力に至らない必要最小限度の自衛力」「専守防衛」の理念の下、法律で統制されてきた面に着目し、自衛隊をいかにして法律・予算等によりいかに民主的かつ効果的に制御し、具体的な憲法政策の提示と段階的な軍縮により違憲性を

解消し憲法理念を実現してゆくか，という実践的な問題意識があったように思われる。

しかし，1984年1月に社会党・石橋政嗣執行部が「違憲の自衛隊が合法的に存在している」として現状の自衛隊を肯定する点に力点を置いた運動方針を採用しようとしたことで，同論は注目と（誤解を含む）批判を浴びた。

だが，違憲の軍事組織を直ちに解散することが困難な場合に，法律違反や軍拡等を放置すべきでないとするならば，違憲論者も違憲無効性を指摘するだけでなく，違憲性を解消する解決策や法理論を提示するべきだろう。また同論のような憲法完全実施までの過渡期を法的にどのように評価すべきかといった検討も必要であると思われる。

〔河上暁弘〕

## 移行期正義（いこうきせいぎ） transitional justice

民主的な体制への移行期に，過去の軍事体制や独裁体制下で行われた人権侵害行為への対処，援用される法規範やプロセス，メカニズム，活動，またそれを巡る分析や議論のこと。

移行期正義は3つの時代に区分される。第1段階は第二次世界大戦終了後である。世界大戦の終了に伴い，ニュルンベルク裁判及び極東軍事裁判において戦争犯罪行為者の訴追と処罰が行われた。これら裁判は，事後法による裁判など国際法上の問題を抱えながらも，戦争中に行われた犯罪行為について個人の責任の追及への途を開いた。

第2段階は，冷戦中の軍事独裁政権から民主的な政権への移行の時期である。ラテンアメリカ諸国や東欧諸国では，民主的な政権への移行に伴い，過去の政権下での人権侵害行為にどのように対処するのかについて問題となった。人権侵害行為者の訴追や処罰が求められる一方で，社会の安定化を優先させるために指導者の犯罪行為を不問にし，裁判の代わりに真実委員会を設立し事実を明らかにすることにより，新しい社会の構築を促したり，和解を促進したりする措置が強調された。あるいは身元調査に基づいて人権侵害行為者を公職から追放することにより，新しい政権の正当性を確保しようとした。このような取り組みは，他の国や地域にも用いられていったが，その背景には，人権諸条約の制定など，国際社会における人権規範の発表があった。またこの時期に，学問上の用語として「移行期正義」が用いられるようになる。

第3段階は，冷戦後の，国際社会における正義の追及の発展である。旧ユーゴスラヴィアやルワンダに関する刑事裁判所の設立は，国際法に基づく犯罪行為者の訴追や処罰を可能にした。さらに国際刑事裁判所の設立は，あらゆる地位にある者も重大犯罪行為について裁かれることを確認した。

このように，国内社会及び国際的なメカニズムによる取り組みが移行期正義の文脈で論じられ，国際法に基づいて正義の追及がなされ，裁判，真実委員会，補償，身元調査などが用いられている。また正義を追及する取り組みを通じて，重大犯罪が不処罰とならないことが確認されている。

正義の追及は，人権侵害行為を確認しながら将来の社会の構築を行う手段である。一方では人権侵害行為者に対して訴追や処罰を行い，他方で被害者や共同体に対しては過去の歴史を確認し，補償や謝罪などを行う。このような加害者，被害者双方にとっての正義の追及を通して，新しい体制や法制度の構築が試みられる。

移行期正義において様々な目標の達成が求められるが，政治的な文脈において，正義の追及は，以下の問題を有する。まず人権侵害行為について誰が責任をとるのかという点である。裁判による訴追や処罰は，過去の行為について特定の個人を選別し責任を負わせる。過去の政権における政治指導者の処罰は，新しい政権の正当性を含意する。さらには，被害者に必要とされる救済や補償などの措置が多様であることか

以上のとおり移行期の正義の議論は，紛争後の国家や社会のあり方に影響を及ぼすことから，平和構築や開発分野との関連においても論じられる。

【関連項目】 国際移行期正義センター（ICTJ）／国際軍事裁判／国際正義／真実糾明委員会（ラテンアメリカ）／真実和解委員会（TRC）

【参考文献】 杉山知子『移行期の正義とラテンアメリカの教訓』北樹出版，2011年／日本平和学会編『体制移行期の人権回復と正義 平和研究』38号，2012年／ミノウ，マーサ（荒木教夫・駒村圭吾訳）『復讐と赦しのあいだ』信山社，2003年／望月康恵『移行期正義』法律文化社，2012年　　〔望月康恵〕

## 石橋湛山の平和思想
peace thoughts of Tanzan Ishibashi

　石橋湛山（1884〜1973年）は日本のジャーナリスト，政治家。早稲田大学を卒業後，『東洋経済新報』を1つの砦として舌鋒鋭い批判を政府に向け，国民に対しても領土拡大・軍国主義の政治とそれを支える世論の一致に対して警告を発し続けた。

　戦前にもワシントン軍縮会議を前に，「朝鮮・台湾・満洲を棄てる，支那から手を引く，樺太も，シベリアもいらない」と「一切を棄つる覚悟」を持つことを政府に求め，また，「大日本主義の幻想」（1921年）では，日本が領土拡張という「大日本主義」に固執するから莫大な軍備が必要となるのであり，それを放棄すれば「警察以上の兵力は，陸海ともに，絶対に用はない」，「国防のため，朝鮮又は満洲を要すというが如きは，全く原因結果を顛倒せるもの」などと指摘した。

　戦後は政界入りし，内閣総理大臣も務めた（1956年）。数や組織や力に頼み，異論を認めぬ体質の官僚主義やそれを体現する吉田茂や岸信介などには抵抗を示し，「国に争臣なければ危ふし」という信念を行動で示したリベラルな政治家として知られる。　　〔河上暁弘〕

## イスラーム協力機構（OIC）
Organization of the Islamic Cooperation

　1971年5月サウジアラビアのジェッダに設立されたイスラーム国際組織。設立当初の名称は「イスラーム諸国会議機構」。2011年6月に現在の名称に変更された。15年1月現在の加盟国は57ヵ国。公式には，すべてのアラブ連盟加盟国（含PLO），多くのアフリカ諸国，東南アジア諸国が加盟している。OICは公式には，社会・経済・科学・文化における協力を通して，イスラームの連帯を強化することを目的としている。設立の直接のきっかけは1969年8月にエルサレムでモスクが急進的なユダヤ教徒に放火された事件であった。それ以降，パレスチナ問題の解決だけでなく世界のイスラーム教徒の人権を守り，イスラームの正しい理解を図るため，他の国際機関やNGOとも協力関係にある。特に国連総会は，毎年「国連とOICの協力」に関する決議を採択している。OICは穏健なイスラームの立場をとり，過激なイスラーム主義とは一線を画している。2015年2月のOIC緊急首脳会議は，テロリズムをいかなる国家・民族・宗派・文化などと結びつけることを強く拒否した。その一方，ヨルダン人の人質殺害事件に言及しそれが世界の規範だけでなくイスラームの教えにも反していることを指摘しつつ，「イスラーム国」によるイラクやその住民に対する野蛮な犯罪を非難するという声明を発出している。

【関連項目】　アラブ連盟／イスラーム国（IS/ISIS/ISIL）
〔北澤義之〕

## イスラーム国（IS/ISIS/ISIL） Islamic State

　イラク北部からシリア東部の国境地帯にかけてジハード主義グループが一方的に設立を宣言した。ISIS，ISIL，アラビア語ではダーエシュ等と呼ばれる。原義は「イラク・シリア地域のイスラーム・カリフ国」の意。ここでは以下，ISISで表記を統一する。ISISは国際法秩序を

完全に無視し独自の論理で「国家」を運営する。イラクのジハード主義者は、内戦下のシリアで勢いを得た。イラクで ISIS は 2013 年 4 月、「イラクのアルカイダ」（AQI）と袂を分かって成立した。数千から 1 万 5000 人規模で、「外国人戦士」（欧米諸国・アラブ諸国等の出身者）を擁し、アルカイダを凌ぐと言われる。元 AQI のイラク出身のアブー・バクル・アルバグダーディーが中心的指導者であり、カリフを名乗った。14 年 12 月の米軍の攻撃後、生死不明である。イラクにおいて ISIS が台頭した背景には、ISIS が①スンナ派地域の部族勢力の不満の利用、②ソーシャル・ネットワーク等による効果的な宣伝、③イラク政府軍の士気の低さ、④豊富な財源（油田確保や非合法活動による）がある。イラク・シリア・周辺地域の今後の安定のためには、シーア派中心のイラク政府へのスンナ派の不満の解消、反 ISIS ではあるが独自性を強めるクルド人の動向を視野に入れた国際社会の効果的な関与が必要となる。

【関連項目】　アラブの春／イラク戦争　　〔北澤義之〕

## イスラームの平和思想
Islamic peace thoughts

　イスラームは 7 世紀のアラビア半島で成立したときから、宗教と政治や社会・経済を分けずに、すべてをイスラーム法の下に統合して考える傾向が強い。他の宗教にみられるような現世の否定も非暴力の思想も希薄である。国家は、郷土を防衛して信教の自由を守り、社会の安寧を守って法の秩序を維持する上で不可欠とされ、軍事はそのような国家の機能の一部とされる。イスラーム法は平時と戦時の国際法を（自ら一方的に）定め、そのような国際法が支配している地域を「平和の世界」と呼んできた。近代以前には、非イスラーム世界では国家が戦争の自由を持ち、普遍的な秩序がない「戦争の世界」とされていた。近代に入ると、西洋列強によるイスラーム世界の植民地化、列強の覇権下での世界の一体化が起こり、このようなイスラームの世界認識は揺らぐことになった。20 世紀には「ジハード」を防衛戦争に限定し、イスラームを「平和の宗教」と呼ぶ思想も広がった。その一方で、中東では第二次世界大戦後も戦乱と紛争が続き、平和のためには軍事力が不可欠との認識が続いている。

【関連項目】　ジハード／中東戦争（アラブ・イスラエル紛争）　　〔小杉泰〕

## イスラーム復興運動
Islamic Revival Movements

　世界的なイスラーム共同体である「ウンマ」を現代に復興しようとする運動。具体的には、イスラーム諸国において政治・社会・経済・法などをイスラーム的な理念に基づいて改革し、イスラーム文明の再興を目指す様々な組織や運動がある。活動内容を見ると、モスク建設や礼拝の励行、巡礼の奨励などの宗教面を強調する団体、法制の再イスラーム化を目指す法曹的な活動、イスラーム銀行やザカート（喜捨）による慈善に代表されるイスラーム経済活動、さらに政治面でのイスラーム化を追求する運動などに分かれる。これらによって、イスラームは現代宗教として活性化し、イスラーム立憲主義、イスラーム民主主義などの現代思想も生まれた。その一方で近代西洋的な価値に反対する立場もあり、特に近代的な世俗国家を巡っては対立が起こることが多い。国内政治においては、穏健な改革派が主流で、政府側も左派などへの対抗勢力として彼らを容認または奨励する場合、復興運動が体制寄りになる傾向がみられる。逆に、イスラーム復興が急進的な改革を求め、体制側もそれを脅威と捉える場合、復興運動が野党となったり急進的な反体制派になることがしばしばある。

　大衆運動による王政打倒の革命運動が劇的な成功を収めたのは、1979 年のイラン・イスラーム革命であった。イスラエル占領下のパレスチ

ナでも，民族主義や社会主義のレジスタンス運動が限界を迎え，80年代にイスラーム的な闘争組織が生まれた。80年代のアフガニスタンでは，駐留するソ連軍に対するイスラーム的レジスタンスが行われた。その時に義勇兵を組織した諸集団は，その後のイスラーム世界各地での軍事紛争，武装闘争に参加，冷戦後の世界において大きな火種となった。特に，9.11事件以降，米国主導の反テロ戦争が起きると，これらの武装組織が西洋的価値を掲げる欧米の支配に対抗するものとなった。ある意味では，かつての反植民地主義運動が冷戦の終焉，ソ連の崩壊などで勢いを失った後に，イスラーム過激派が宗教的な衣を着て反帝国主義闘争を行っているといえる。少なくとも，イスラーム過激派が，グローバル化による世界的な貧困や経済格差の拡大を温床としていることは通説となっている。

【関連項目】アフガニスタン侵攻（ソ連の）／イラン・イスラーム革命（イラン革命）／同時多発テロ事件
【参考文献】小杉泰『現代イスラーム世界論』名古屋大学出版会，2006年／小杉泰『9・11以後のイスラーム政治』岩波書店，2014年　　　　　　　　　　　　　〔小杉泰〕

## イスラエルの核戦力　nuclear forces of Israel

一般的にイスラエルは150〜200発ほどの核弾頭を保有しているとみられている。運搬手段も航空機，中距離弾道ミサイル，潜水艦を保持している。しかし，イスラエル政府は核兵器保有を認めたことも否定したこともない。核拡散防止条約（NPT）にも未加盟で，小規模施設を除き国際原子力機関（IAEA）の保障措置下にない。1996年に包括的核実験禁止条約（CTBT）に署名したが未批准である。イスラエルのこうした核政策は「曖昧政策」「不透明政策」と呼ばれている。

イスラエルは50年代にフランスの協力で核開発を始め，60年代末までに核弾頭を保有したとされる。中東での核拡散を懸念した米国はイスラエルに査察を受けるよう圧力をかけた。しかし69年に米国は，イスラエルに核に関する情報開示もNPT加盟も求めないとの密約を結んだと言われる。この密約はオバマ政権も継承していると報じられている。イスラエルが曖昧政策をとり，米国も「見て見ぬふり」を続けているのは，①核兵器保有を明らかにすれば米・イスラエル関係に悪影響を及ぼす，②アラブ諸国の核開発努力を促進する，との問題を回避するためと考えられている。

95年のNPT再検討・延長会議で，中東を非核・非大量破壊兵器地帯とするよう呼びかけ，域内すべての国にNPT加盟を求める決議が採択された。しかしこれ以降も，イスラエルはNPTだけでなく，化学兵器禁止条約（CWC，署名のみ），生物兵器禁止条約（BWC）にも加盟していない。中東で真の和平が達成されない限り軍縮・軍備管理体制には参加せず，IAEAの保障措置なども信頼しないとの立場をとっているためである。

その一方で他の中東諸国による核開発は容認せず，81年にはイラクの原子炉を，2007年にはシリアの核関連とみられる施設を空爆・破壊した。またイランの核開発を最大の脅威と捉えており，核施設に対する武力行使も辞さないとの強い反対姿勢をとっている。だがイスラエル国内には，イランが核武装した場合，抑止力を高めるため核兵器保有を公然化すべきとの議論もある。

【関連項目】イラン核開発疑惑／核拡散防止体制／中東非核・非大量破壊兵器地帯
【参考文献】立山良司「中東における核拡散の現状と問題点」『アジア研究』，2007年7月　　　　　　　　　〔立山良司〕

## 一国平和主義　one nation pacifism

「一国平和主義」とは，湾岸戦争（1991年）前後の時期につとに唱えられたもので，「日本には憲法9条があるから軍隊は出せない，でよいのか」「日本だけが平和でよいのか」と述べ

る論者が，憲法9条に立脚する非戦・武力不行使政策を評した表現の1つである。しかし，①戦争をすること・武力行使によって人を殺すことが真の平和主義と言えるのか，②一国だけでも，あるいは一国からでも平和に徹するという覚悟がなくて真の平和は実現できるか，③「自分が死ぬのも人を殺すのも嫌だ」と言えない環境で戦争の大義や「正義」が議論される時こそ政策判断が誤りやすいのではないか，④日本の国際貢献が不十分だったという批判に対し，憲法9条の下でもできるはずの国際協力を十分にしなかったことが問題ではないか，といった応答（樋口陽一）も可能であろう。

憲法の前文は「全世界の国民が，ひとしく恐怖と欠乏から免れ，平和のうちに生存する権利を有することを確認する」と規定している。「恐怖」は戦争や専制政治などの恐怖，「欠乏」は飢餓や貧困などを指し，それらから免れ平和のうちに生きる権利（平和的生存権）を，全世界の国民がひとしく保障されなくてはならないという規定である。そして当該権利を実現するため，戦争・武力行使の放棄や戦力不保持，交戦権否認を規定しているのが第9条である。これは，戦争・武力行使がなければよいとする「消極的平和主義」にとどまらず，武力紛争の根本原因たる飢餓・貧困・差別・抑圧・搾取・生態系破壊等の「構造的暴力」の根絶・撤廃に向けた主体的努力や「全世界の国民」の平和的生存権の保障を宣言・規定したと解しうる点で，真の「積極的平和主義」と評価することも可能であろう。

【関連項目】憲法9条／構造的暴力（間接的暴力）／国際貢献／非武装平和主義／平和的生存権／湾岸戦争
【参考文献】樋口陽一「『一国平和主義』でなくて何を、なのか」『世界』8月号，1991年　　　　〔河上暁弘〕

## イラク暫定政権　Iraqi Interim Government

イラク戦争後，米軍が主導する連合国暫定当局（CPA）からイラクに主権を移譲するた

め，2004年6月1日に成立したイラク人による政権。同年3月に制定された戦後の国家再建プロセスと原則を定めた移行期国家施政法に基づき，CPAとイラク統治評議会の間で選定された。首相には，シーア派出身だが米英政府と密接な関係を持つ世俗派政治家が就任したが，大統領には親米亡命政治家の起用を企図していたCPAに対して，イラク統治評議会は地元の有力スンナ派部族出身者を選んだ。05年1月制憲議会選挙が実施され，それに基づき同年5月に移行政権が成立するまで存続した。

暫定政権時代，シーア派の聖地ナジャフや，スンナ派住民を多数とする西部のファッルージャで反米抵抗運動が激化した。ナジャフでの騒擾を平和的に鎮静化させる過程で，シーア派宗教界の影響力が高まり，その影響の下にシーア派社会を代表する政党連合が成立した。反対に，ファッルージャにおいては11月に米・イラク合同軍が大規模な掃討作戦を展開，西部スンナ派社会の反発が高まり，主要なスンナ派政党は05年1月の制憲議会選挙をボイコットした。このことにより，その後の政治過程からスンナ派勢力が排除されることとなった。〔酒井啓子〕

## イラク人道復興支援特別措置法
Act on Special Measures concerning Humanitarian Relief and Reconstruction Work and Security Assistance in Iraq

正式名称は，「イラクにおける人道復興支援活動及び安全確保支援活動の実施に関する特別措置法」（平成15年法律137号，改正平成19年法律101号）。イラク特措法とも呼ばれる。1991年の湾岸戦争以降，大量破壊兵器の存在が疑われていたイラクに対して，2003年3月から5月まで，米国主導の下で武力が行使された。戦闘終結後，国連の安全保障理事会決議1483において，イラクにおける安定と安全の環境整備への貢献，イラク国民への人道支援などが国連加盟国に求められた。また米英が設置した連合国暫

定施政当局（CPA）が，一時，統治権限を有した。

日本は，イラク国民による国家再建の支援を通じて，国際社会の平和と安全を確保することを目的に掲げ，イラク特措法を制定した。同法は4年間の時限立法であったが，2年間延長され，09年7月末まで施行された。

イラク特措法に基づき，人道復興支援活動（イラク住民など被災民の救援，イラクでの被害の復旧，復興支援のための措置）と安全確保支援活動（イラクにおける安全と安定を回復する活動）が，イラクとその周辺地域並びに公海で主に自衛隊によって行われた。

陸上自衛隊は，イラク南部のサマーワにおいて，医療，給水，学校など公共施設の復旧整備などを2006年まで行った。海上自衛隊は，04年に陸上自衛隊が利用する車両等の輸送にあたった。航空自衛隊は，陸上自衛隊への補給物資，人道復興関連物資などを輸送し，国連や多国籍軍の要請を受けて空輸を行い，08年に任務を終了した。

さらにイラク特措法に基づいて，2004年には民間人（イラク人道復興支援職員）による技術支援も行われた。

イラク特措法の下の活動に関しては，日本国憲法の禁止する武力による威嚇又は武力行使に当たるものではないこと，また戦闘行為が行われておらず自衛隊の活動期間に戦闘行為が行われないと認められる地域において実施されることが定められていた。ただし自衛隊の活動任務や武器使用，イラクでの戦闘地域と非戦闘地域の区別などについては論争となった。

イラク特措法に基づく自衛隊のイラク派遣については，差し止めを求める集団訴訟が全国で提起されるなど，イラク特措法の違憲性が争われた。

【関連項目】　イラク暫定政権／イラク戦争／自衛隊イラク派遣違憲訴訟／大量破壊兵器（WMD）
【参考文献】　自衛隊イラク派兵差止訴訟の会編『自衛隊イラク派兵差止訴訟』風媒社，2010年／ピット，ウイリアム・リッター，スコット（星川淳訳）『イラク戦争』合同出版，2003年／藤原帰一『「正しい戦争」は本当にあるのか』ロッキングオン，2003年
〔小林武〕

## イラク戦争　Iraq War/Invasion of Iraq

2003年3月20日，米軍を中心とした有志連合軍が，フセイン政権下のイラクを軍事攻撃し，その体制を解体した戦争。4月9日には地上軍が首都バグダードを制圧したため，フセイン政権は実質的に瓦解。同月半ばにはイラクのほぼ全土を制圧し，5月1日にはブッシュ（子）米大統領が「主要な戦闘」の終了宣言を行った。

ブッシュ政権は開戦事由に，フセイン政権の大量破壊兵器の保有を挙げたが，これはイラクの兵器保有を国連が監視するとの湾岸戦争時の停戦決議に基づくもので，米政府は度重なる国連査察団の査察活動に対する妨害を理由として，対イラク武力行使が正当化されると主張した。しかし他の国連安保理常任理事国の賛成が得られず，攻撃は新たな国連決議なしに，米国，イギリス，スペイン，オーストラリアなど攻撃に賛成する有志連合によって実施された。しかし，戦後有志連合軍の駐留・監視下においても大量破壊兵器は発見できず，04年9月，大量破壊兵器が存在した確証はなかったとの報告書を米調査団が公表した。

米軍によるイラク攻撃の背景には，同時多発テロ事件以降に米政策決定者の間で，中東の民主化の必要性が強く主張されたことがある。そのため戦後イラクを直接統治した米軍主導の連合国暫定当局（CPA）は，04年6月にはイラク暫定政権に主権移譲を行い，同年10月に新憲法の成立を認める国民投票を，05年1月には制憲議会選挙を実施した。しかし，選挙の結果シーア派イスラーム主義政党が主導する政党連合が権力を得，宗派間の勢力バランスが大きく変化したことにより，旧体制派を軸として反政府活動が激化した。戦後のイラク社会において

駐留米軍による人権侵害に反発が強まっていたことに加えて，外国からの反米戦闘員が多くイラクに流入し，05年12月の第1回国民議会選挙から正式政権が成立した翌5月の間に，シーア派聖廟の爆破事件が発生するなど治安が急速に悪化し，内戦とも言うべき状況（06〜07年）が生まれた。

ブッシュ米政権は07年1月，イラク駐留軍を増派して内戦に対応するとともに，イラク国内の地元部族を取り込んで外国人戦闘員の掃討に尽力した。09年6月にはオバマ政権はイラク駐留戦闘部隊の一部を都市部から撤退させ，11年12月には全軍撤退を完了，正式にイラク戦争が終了した。開戦から撤退までの間にイラクで死亡した米兵は4485人に上る。一方でイラク人民間人の死者は，民間団体イラク・ボディ・カウントの推計によれば14万7000人弱から15万5000人弱とされているが，イラク戦争中を含め多くが未確認のままであり，被害実態はより甚大なものと考えられる。

【関連項目】イラク暫定政権／シーア派／大量破壊兵器（WMD）／有志連合　　　　　〔酒井啓子〕

## イラン・イスラーム革命（イラン革命）
### Islamic Revolution

1979年2月11日に首都テヘラン及び主要都市で起こった，パフラヴィー王朝から権力を奪回する大規模な政治的，社会的変動を指す。イランは，パフラヴィー王朝下で，西欧流の近代化政策をとり，莫大な石油収入による急速な経済発展を遂げた。しかし，白色革命と呼ばれる，農地改革，国営工場の民間払い下げ，婦人参政権などの諸改革は，土地を失った農民の都市への大規模な流入，貧富の格差の拡大，バザール商人の経済的破綻など，様々な経済的，社会的問題を引き起こした。特に70年代からは，国王による強権的な支配体制への強い反発が国民の間に生じていたが，なかでも宗教指導者層のリーダーのホメイニー師は60年代に国外追放されていた。78年聖地コムで起こった神学校の学生デモに対する鎮圧で犠牲者を出したことが1つの契機となり，反国王デモが次第に全国に広がり，9月にはテヘラン広場で治安部隊と国民が衝突し数千人の殉教者を出す事件，10月には労働者のストなどが続いて発生した。国王の国外脱出の後，ホメイニー師がパリより帰還し，革命政府が権力を掌握した。革命後，イスラーム共和国が誕生したため，イスラーム革命と呼ばれる。
　　　　　　　　　　　　　　　　〔中西久枝〕

## イラン核開発疑惑
### Iran nuclear negotiations

2002年イランの反体制組織ムジャヒディーン・ハクル（MKO）が，イランが核兵器を開発していることを隠蔽していると宣伝したことが契機で起こった疑惑。イランはパーレヴィー国王の時代から，原子力エネルギー開発を手がけ，米国からも技術支援を受けてきたが，1979年のイラン・イスラーム革命後のアメリカ大使館人質事件以来，イランとアメリカは敵対関係となった。アメリカは，イランに対して，核開発やミサイルをはじめとする軍事技術の供与や石油，エネルギー関連分野への投資を禁止する制裁措置を数多く発動した。2001年の9.11事件後，ブッシュ政権のイランに対する「悪の枢軸国」発言で，両国関係はさらに緊張し，前述のMKOの宣伝活動がイランへの疑惑に拍車をかけた。その後，イランは国際原子力機関（IAEA）から核関連施設への査察を受け，ウラン濃縮も一旦停止したが，アフマディネジャド政権（05〜13年）が，濃縮を復活すると，イランの核開発能力に対する脅威論が欧米を中心に激化した。イランは1970年の核不拡散条約（NPT）の発足当時より加盟国であり，ウラン濃縮の権利を主張している。

他方，イランは革命以来，反シオニズム（事実上反イスラエル）の立場をとっているため，イスラエルは，イランがイスラエルを標的にす

る核兵器が近い将来開発されうるという懸念を表し，2005年以来，「開発をやめない限り，軍事攻撃もありうる」と威嚇してきた。疑惑に関しては，アメリカ，カナダ，EUをはじめとする二国間の制裁措置が02年以降次第に強化されたが，06年からは国連の安全保障理事会決議による経済制裁が6回にわたり発動された。しかし，実際には核兵器の開発の証拠はいまだに挙がっておらず，これまでのIAEAの報告書もCIAの報告書も「ウラン濃縮の高度化が将来の開発につながる可能性がある」という限定的な内容となっている。核交渉チームの6ヵ国（安保理常任理事国5ヵ国とドイツ）とイランの度重なる交渉により，13年11月，イランのウラン濃縮への制限や重水炉建設の中止などを含む「暫定合意」が実現し，開発疑惑は信頼醸成に基づく解決へと大きく動き出した。15年4月2日の「枠組合意」ではイランが10年間ウラン濃縮を停止することが決まった。15年7月14日の最終合意では，イランへの経済制裁の解除を条件にイランの原子力エネルギー活動に対する透明性と説明責任をイランが果たすことで合意した。

【参考文献】 Entessar, Nader and Kaveh Afrasiabi, *Iran Nuclear Negotiations*, Rowman & Littlefield Publishers, 2015

〔中西久枝〕

## イラン・コントラ事件 Iran Contra Affair

アメリカのレーガン政権中，イラン・イラク戦争（1980～88年）で当時アメリカが敵対していたイランに対して，アメリカからイスラエルを経由して武器売却を行い，その代金をニカラグアの反共産主義ゲリラであるコントラへの支援に流用した事件。86年に発覚した。79年のイラン革命以来，イランは反シオニズムを革命のスローガンとし，イスラエルと敵対した。さらに79年から81年にかけて444日続いたテヘランのアメリカ大使館人質事件以降，アメリカとイランは外交関係を断絶し，イランへの武器輸出は禁止されていた。84年，イランの支援するレバノンのヒズボッラーがアメリカ兵らを人質にとった際，その救出と引き換えに，イランに対して武器を売却する計画がアメリカで85年7月に浮上し，実行された。背景として，イランが兵器の輸入確保が国策上重要課題であったこと，またアメリカはイランとの関係改善を陰で模索していた点などがある。アメリカはイスラエル経由でTOW対戦車用ミサイル1000発などをイランに売却したとされている。86年の議会の公聴会でレーガン大統領は事件への関与を大方認めた。

〔中西久枝〕

## 医療用放射線 radiation for medicine

患者の診断や治療に用いられる放射線を医療用放射線という。診断に用いる放射線には，単純撮影，X線CT，骨量測定，骨シンチグラフィー，甲状腺ヨウ素摂取率測定などがある。治療に用いる放射線には，コバルト治療，電子線治療，陽子・重粒子線治療，密封小線源の挿入治療，ヨウ素131治療などがある。

医療に放射線を使用する場合，放射線防護とその責任が明確になっていなければならない。すなわち，行為の正当化と防護の最適化である。しかし，個人への線量限度は問われていない。なぜなら，放射線診断・治療に使われる放射線量に伴う損失に比べ，患者の便益がはるかに大きいことが明らかであるからであり，また，上限値を設けると患者にとって必要な医療行為を制限することになるからである。

患者に対する放射線診断が適切かどうかの判断は，①検査の必要性の程度，②検査から得られる医療情報，③検査結果が患者のその後の治療や予後に及ぼす影響，④放射線被曝を伴わない代替の検査の有無などが検討されなければならない。主なX線検査に際しての患者の被曝線量（実効線量当量，mGy/検査）は胸部単純で0.05，腰椎撮影で2.2，胃透視で3.8，注腸検査で7.7，X線CTで10となっている。アイソ

トープ検査に際し、骨テクネシウム・シンチで0.008、同じく肝シンチで0.014、甲状腺ヨウ素123で0.15となっている。

治療の対象となる疾病が主として癌・肉腫などの悪性腫瘍であり、外科的手術、化学療法、免疫療法等、一連の治療として放射線療法が使われることから、患者に対する放射線治療適応の判断は主治医、放射線治療専門医、本人や家族などによってなされている。

一般人の被曝については、「年間1mSv」を超えないことと規制されているが、医療用放射線に関しては規制がないということを認識しておく必要があろう。

【関連項目】放射線の健康影響
【参考文献】草間朋子ほか『放射線健康科学』杏林書院、1995年
〔鎌田七男〕

# インターナショナル・アラート
International Alert

インターナショナル・アラートはイギリス、ロンドンに所在する国際NGO。1986年に紛争の平和的解決の援助と平和構築を目的として創設され、世界25ヵ国以上で平和構築活動に従事している（2015年1月時点）。

グローバルレベルでの持続的な平和の構築を任務とする。持続的な平和を①暴力の脅威や恐怖からの解放／安全な生活の享受、②平等と人権の保障、③平等な政治参加の保障、④基本的欲求と幸福の平等な達成、⑤ジェンダー、民族などを超えた平等な雇用機会の促進と達成、と定義する。そして、その実現に向けて①市民権と透明性の高い政府の樹立、②犯罪、暴力、政情不安の改善、③地域に根差した公正な開発と経済活動の促進、④気候変動と紛争・貧困に関する意識の向上、⑤ジェンダー問題への意識向上と平和構築における男女の平等参加の促進、⑥国際機構との連携による地域のニーズを重視した平和構築の促進、以上6領域に取り組んでいる。

【関連項目】平和構築
〔田辺寿一郎〕

# インドの核開発
India's nuclear development program

インドの核開発の歴史はインド独立前の1945年にムンバイにおいてタータ基礎研究所（TIFR）が設立されたことに遡ることができる。また、インドは最初に核兵器実験停止を提唱した国であるものの、これまで1974年及び98年に核実験を実施しており、インドは核不拡散条約（NPT）を差別的条約であるとして加入せず、包括的核実験禁止条約（CTBT）についても同国の批准が発効要件として強制されている点等を問題視して署名・批准を拒否し続けている。SIPRI年鑑は2014年の時点でインドが90〜110発の核弾頭を保有していると推定しており、このため1998年にインドに対抗する形で核実験を実施した隣国パキスタンとともに南アジア地域情勢の不安定化要因の1つとなっている。さらに、インドにおける核開発の背景には隣国である中国との対峙関係もあげられ、62年の中印紛争以来インドの北方正面の脅威となり続けていた中国が64年10月に核実験に成功したことを契機に、具体的な核兵器開発に着手した。その結果が74年の「平和的核爆発」と称する核実験の実施であり、その後も核兵器開発が継続され、さらにCTBT署名開放後の98年には核実験を強行したため、国際社会からの強い非難を浴びた。

しかしながら、2001年には米国同時多発テロへの協力の必要性等様々な要因から、米国をはじめとする欧米諸国も当初の経済制裁等を解除した。その後、05年7月には、米国インド両首脳が両国の民生原子力分野における協力に合意した旨共同声明を発表し、さらにIAEA理事会及び原子力供給国グループ（NSG）総会での検討を経た結果、08年9月に「インドの例外化」が承認されて今日に至り、保障措置の下にない原子炉の存在が核不拡散の観点から懸念さ

れている。

なお，インドではトリウムが豊富に産出されることもあり，天然ウランを燃料として加圧重水炉（PHWR）で発電して使用済み燃料を再処理してプルトニウムを生産する第1段階，それを燃料として高速増殖炉（FBR）で発電するとともにウラン228とトリウム232の照射・再処理を経てプルトニウム239とウラン233を生産，さらにウラン233を燃料として高速増殖炉（FBR）で発電するとともにトリウム232を照射・再処理してウラン233を生産する三段階のトリウム・サイクル確立を目的とする研究開発が行われている。

【関連項目】 核不拡散条約（NPT）／原子力供給国グループ（NSG）／包括的核実験禁止条約（CTBT）
【参考文献】 福井康人「米印合意の功罪」『外務省調査月報』4号，2009年／Perkovich, George, *India's Nuclear Bomb, The Impact on Global Proliferation Updated, Edition with a New Afterword*, University of Californian Press, 1999

〔福井康人〕

## インド・パキスタン戦争（印パ戦争）
Indo-Pakistan Wars

インド・パキスタン戦争は，英国からの独立後にインド及びパキスタン二国間でこれまでに累次発生した一連の武力紛争である。

その背景要因としては英国統治時代からインドでの多数派のヒンズー教徒と少数派のイスラーム教徒の長年にわたる対立があった。第二次世界大戦終了後の1947年8月14日・15日に，当時の大英帝国インド領がインド連邦及び後にバングラデシュとして独立する東パキスタンを含めたパキスタンが分離する形で，2つの国家に分かれて分離独立を達成したため対立構造が先鋭化した。その結果，インド西方の英領時代のパンジャブ州は両国国境をまたぐ形でインド・パキスタン両国に分割され，東方のベンガル地方でも類似の状況が発生したため，武力紛争に至らない衝突や緊張状況も含め頻繁に生じており，インド・パキスタン両国による核兵器開発競争も含め両国間の二国間関係のみならず南西アジア全体の不安定要因の1つとなっている。

第1次印パ戦争はカシミール地方のジャンムー・カシミール藩国の帰属を巡り1959年に勃発したが，インドが英国からの独立後に強制的に編入したことに端を発している。同藩国ではイスラーム系民族が多数派を占める住民をヒンズー系領主が統治していたところに，パキスタンが介入したため戦争に繋がったものであるが，インドの要請により国連が調停し，1948年に安保理決議第47号が採択されるなどして両国間の管理ライン（停戦国境）が定められた。その後1965年にはパキスタンがカシミール地方の騒乱を意図したジブラルタル作戦を実施したため，第2次印パ戦争が勃発したが，わずか2週間の短期間の紛争であったものの大規模な武力衝突となったため，米国・ソ連及び国連が仲介し，最終的にタシケント宣言により終結した。

第3次印パ戦争は1971年に東パキスタン（現在のバングラデシュ）で勃発したが，度重なる洪水等のパキスタン中央政府の支配に不満を有したイスラーム系住民が独立運動を活発化したところをパキスタン軍が制圧したため（サーチライト作戦），大量の難民が隣国インドに流入したことを契機にインド・パキスタン間で戦争が発生した。その結果パキスタン軍は敗北し，1971年12月東パキスタンはバングラデシュとして独立した。その後も1999年にはカルギール地区での武力紛争が発生するなどしている。

【関連項目】 インドの核開発／パキスタンの核開発

〔福井康人〕

## ヴァージニア権利章典 Virginia Bill of Rights

1775年4月に北米のイギリス植民地で独立戦争が勃発し，ヴァージニア植民地でも年末までにイギリスの実効支配が終了した。独立派からなる革命協議会は，76年6月12日に権利章典を，同月29日に政府組織を決議した。この2つ

の文書をあわせて、ヴァージニア州憲法をなす。独立したアメリカ植民地のなかで、最初に成立した成文憲法である。

前文と16ヵ条からなる権利章典は、まず政治の基本原則を述べた後、人民が所有する諸権利を列挙している。基本原則としては、人民の基本的権利、政府改変の権利、特権身分の禁止などがある。人民の権利には、参政権、陪審員からなる裁判を受ける権利、言論出版の自由、信教の自由などが挙げられていた。ただし、参政権などは男性を想定しており、女性は除外されていた。ここで列挙された諸権利は、当時の北米植民地で広く議論されたもので、他の州で制定された憲法でも保障されることが多い。

【関連項目】　信教の自由／人権／フランス人権宣言

〔倉科一希〕

## ウィーン世界人権会議
World Conference on Human Rights in Vienna

1948年の世界人権宣言採択20年を記念して開催された世界人権会議（テヘラン68年）に続き、2回目の世界人権会議が開催されたのは93年であった。

91年からジュネーヴで始まった準備委員会では、国家主権、人権の普遍性、NGOの役割等を巡り激しい論争が繰り広げられた。チュニス、サンホセ、バンコクの準備会合では、人権の普遍性に対する懐疑、経済援助と人権の連携に対する批判が声高に主張された。例えば93年4月にアジア地域会合で採択された「バンコク宣言」では、「開発援助拡大のコンディショナリティとして人権を利用するいかなる試みも認めない」とし、「国家の内政不干渉」及び「政治的圧力の道具として人権を用いないこと」が強調され、「人権の履行における二重の基準の適用及びその政治化を回避することが必要」とされた。

これらの地域会議を経てウィーンでの会合で最終文書（「ウィーン宣言及び行動計画」）が合意され、翌年同文書は第48回国連総会でも決議48/121として採択された。ウィーン宣言では、人権及び基本的自由の「普遍的性格は疑うことができない」ものとして再確認し、人権と基本的自由の「保護及び助長は諸政府の第一次的責任である」とした。また文化相対主義に対する反論として、「国家的及び地域的独自性の意義、並びに多様な歴史的、文化的及び宗教的背景を考慮に」いれつつも「すべての人権及び基本的自由を助長し保護することは、政治的、経済的、文化的な体制のいかんを問わず、国家の義務である」とした。女性の権利、少数者の権利、先住民の権利、NGOの役割についても詳細に明記された。特にNGOについては「人権の助長並びに人道的活動において、NGOが果たす重要な役割を承認する」とし、「人権の分野において誠実に関与しているNGO及びその参加者は、世界人権宣言が認める権利及び自由並びに国内法の保護を享受すべき」でありNGOが「国内法及び世界人権宣言の枠内において、人権活動の実施にあたって干渉を受けることなく自由でなければならない」として、NGOの活動の評価と保護を高らかに宣した。人権保護のメカニズムとしては国連人権高等弁務官の設置を求め、実際に1994年に弁務官は活動を開始した。

【関連項目】　アジア的人権／人権／人権NGO／世界人権宣言
【参考文献】　田畑茂二郎ほか編『国際人権規約・宣言集（第2版）』東信堂、1994年／細谷千博監修、滝田賢治・大芝亮編『国際政治経済資料集』有信堂、1999年

〔宮脇昇〕

## ウィーン体制　Vienna System

18世紀末から19世紀初頭にかけヨーロッパはフランス革命とナポレオン戦争により混乱を極めたが、混乱を収束させ秩序をもたらすためにオーストリアのメッテルニヒ外相が英露仏普など主要大国を招聘して開いたウィーン会議（1814年9月～15年6月）や、その直後に成立した神聖同盟や四国同盟により形成された国際

体制をウィーン体制と呼ぶ。長期にわたる混乱への反省から、問題が発生するたびに国際会議を開いて解決を図り、大国間の勢力均衡を重視する紛争処理のメカニズムであり、「ヨーロッパ協調（Concert of Europe）」の基礎となり比較的長期にわたりヨーロッパに安定をもたらした。しかしフランス首相のタレーランがヨーロッパ諸国や国際関係をフランス革命以前の状態に戻す正統主義をこの体制の基本原則とすべきと主張し受け入れられ、高揚する自由主義・ナショナリズム運動を抑圧したため、反動的国際体制であったという評価が定着している。イギリスに続き1830年代にフランスや周辺諸国で第1次産業革命が進展して階級対立が顕在化するとともに、ナショナリズムのさらなる高揚や、これらも要因として発生した大国間の対立の激化により19世紀中葉には崩壊した。

〔滝田賢治〕

## ウィルソン十四ヵ条 Fourteen Points

1918年1月18日、アメリカ合衆国のウィルソン大統領が発表した、第一次世界大戦後の国際秩序構想である。14ヵ条からなるこの提案は、秘密外交の廃止、公海の自由、自由貿易、軍縮、植民地問題の解決、欧州の国境対立と民族問題の解決、及び政治的独立と領土保全を相互に保障する全般的な国際機構の設立からなる。

この提案の背景には、前年のロシア革命によって連合国が直面した政治的問題があった。ボリシェヴィキ政権がロシア帝国政府と連合国との秘密条約を公表し、連合国の領土的野心を暴露していた。連合国の戦争目的を改めて明確にし、戦争への支持を強化するため、14ヵ条が発表されたのである。

18年に降伏したドイツは14ヵ条の受け入れを表明し、ウィルソンによる公正な戦後処置を期待した。しかし他の連合国の反対を前にウィルソンは妥協し、ドイツに対して過酷なヴェルサイユ条約を課すことになる。

【関連項目】 ウィルソン主義／ヴェルサイユ体制／国際連盟（LN）

〔倉科一希〕

## ウィルソン主義 Wilsonianism

民主化や集団安全保障を重視する、国際政治に対するリベラルな思想の1つである。ウィルソン大統領が発表した「十四ヵ条」演説などに現れた原則や理想を基としているため、彼の名前をとって呼ばれる。

ウィルソン主義の要素として、民主主義、民族自決、自由貿易、集団安全保障などがある。ウィルソンは、民主主義国が平和を好み、戦争に消極的であるのに対して、専制国家は好戦的で世界平和の妨げになるとした。このような考え方は、ドイツに対する宣戦布告にみられる。さらに1917年1月の「勝利なき平和」演説で、ウィルソンは「人々は財産のように支配者から支配者へと譲渡されてはならない」と述べ、民主主義と民族自決をともに「被治者の合意」に関わる問題とした。

集団安全保障は、ウィルソン主義の重要な概念である。国際法によって戦争を違法化する一方、この合意を強制するために集団安全保障という制度を国際機関によって実施する点に特徴がある。この目的は、第一次世界大戦後の国際連盟樹立として実現する。

ウィルソン主義は後世に大きな影響を与えた。集団安全保障は、現在でも国際連合に継承されている。また、民族自決も世界各地の独立運動に大きな影響を与えた。例えば45年のヴェトナム独立宣言がアメリカ合衆国の独立宣言に言及したように、各地の民族独立運動がウィルソン主義の名の下に自らの運動を正統化したのである。

しかし、ウィルソン自身が民族自決の欲求に敏感であったとは言い難い。ウィルソンは非民主的な政権の排除を目指してメキシコ革命に介入するが、これを自決の侵害とみなしたメキシコから厳しい反発を受ける。またウィルソン

は，国内の黒人問題を抱え，人種平等を積極的に支持しようとはしなかった。ウィルソン自身とウィルソン主義の乖離を確認する必要がある。

【関連項目】ウィルソン十四ヵ条／集団安全保障／民主主義の平和／民族自決

【参考文献】西崎文子「ウッドロー・ウィルソンとメキシコ革命」『思想』2012年12月／Ambrosius, Lloyd E., *Wilsonianism*, Palgrave Macmillan, 2002／Manela, Erez, *The Wilsonian Moment*, Oxford University Press, 2007　　〔倉科一希〕

## ウェストファリア体制 Westphalian System

現代国際政治の原型と考えられているもので，西欧主権国家体系（Western Sovereign State System）と同義語として使われることもある。17世紀前半に戦われた30年戦争（1618~48年）を終結させるため開催されたウェストファリア会議（ミュンスターとオスナブリュックで開催）で締結された3つの条約から成るウェストファリア条約を基礎にして成立したと考えられる国際体系である。この条約により，明確な国境によって区切られた領域を所有し，この領域に住む人々をはじめすべてのモノを管理・管轄できる統治権（対内主権）を有する主権国家が国際政治の基本的アクターとして登場した。キリスト教の神の権威を背景とした皇帝権力に代わり，主権国家が国際政治を動かす権力主体となったのである。主権国家は領域の規模や国力の大小にかかわらず主権の名の下に平等であること（主権平等），相互に内政には干渉しないこと（内政不干渉）という原則を確認して相互の主権（対外主権）を尊重しながら，揺籃期の国際法と勢力均衡政策（バランス・オブ・パワー）により主権国家間に生じる問題を解決しようとしたものである。

「構成要素（component）」が存在し，この構成要素の間に「有機的関係」があるために，構成要素からなる全体が「機能」しているものを体系とか体制と言う。ウェストファリア体制の場合，構成要素は「主権国家」，相互間の有機的関係は「外交・通商関係」ということになり，この関係が維持されている場合には体制・体系が機能していることになる。体制・体系が安定的に機能している場合に，「国際秩序」が存在していると言うべきであろう。しかし実際には，革命や戦争により体制・体系が不全化して国際秩序が崩壊したり，構成要素が増大したり多様化して体制・体系が拡大・変容したりしてきた。フランス革命とナポレオン戦争により不全化したウェストファリア体制は，ウィーン体制として再生され，第一次世界大戦終結後にはヴェルサイユ・ロカルノ（条約）体制とワシントン体制として再構築された。第一次世界大戦後には非西欧のアメリカや日本が国際政治への影響力を強め，民族自決原則により新たに誕生した独立国もこの体制の構成要素となり，さらに史上初めて社会主義国家・ソ連が成立したため，この体制は拡大・変容を余儀なくされたのである。第二次世界大戦後は脱植民地化により主権国家が激増したため，さらなる変容に直面している。

【関連項目】国際秩序／勢力均衡　　〔滝田賢治〕

## ヴェトナム戦争 Vietnam War

アメリカが南の親米政権を支援しヴェトナム民主共和国（北ヴェトナム）及び南ヴェトナム解放民族戦線と対峙して戦った戦争。アメリカが戦闘部隊派遣と北ヴェトナムへの恒常的爆撃を開始した1965年3月から戦争が終結する75年4月までの時期の戦争と考えられているが，その起源は，50年にアメリカが再植民地化を目指すフランスを支援し，その後54年の仏敗北後にヴェトナムの南北分断を図ったことに遡る。「ドミノ理論」の下で共産化阻止のため延べ約260万人の兵力を投入して大規模軍事介入を行い，アメリカの冷戦政策を象徴する戦争となった。空爆と地上での「索敵撃滅」作戦の下で無差別攻撃が展開され，200万人以上のヴェトナム民間人の犠牲を生み出す史上未曾有の破壊的

戦争が展開された。戦争で使用された枯れ葉剤の人体への後遺症は現在でも大きな問題となっている。アメリカにとっては，約5万8000余の戦死者を出し，対外戦争での史上初の「敗北」を喫した戦争となり，その社会的影響は現在も続いている。
【関連項目】　ドミノ理論／冷戦　　　〔藤本博〕

## ヴェトナム反戦運動（はんせんうんどう）
anti-Vietnam War movement

　米軍の無差別的攻撃によるヴェトナム民衆の多大な犠牲と戦争長期化に伴う米兵犠牲者の拡大のため，アメリカや西欧・日本を含め史上最大規模の反戦運動が世界的に展開された。米国内の反戦運動は，米戦闘部隊派遣開始の1965年初頭に白人中産階級出身学生を中心に始まり，66年には米議会に及び，67年に入ると一層拡大して，戦争の道義性を根底から批判する議論も展開され，黒人公民権運動と結合するなど質的変化を生んだ。世界史上稀有なことに，ヴェトナムでの戦場体験を持つ米兵が組織的に反戦運動に加わった。米国の反戦運動は体制変革を生み出さなかったが，政策展開に一定の影響を与え，米国の社会的・文化的変容をもたらした。顕著なことは，「ラッセル法廷」（67年）や「冬の兵士」調査会（71年）など米国内外で「アメリカの戦争犯罪」告発の運動が国際的連携をもとに進展したように，反戦運動は国際的な運動の性格を持ち，このなかで日本においても米軍基地反対闘争と連動した運動や脱走米兵援助運動など多様な反戦運動が展開された。
【関連項目】　ヴェトナム戦争　　　　〔藤本博〕

## ヴェルサイユ体制（たいせい）　Versailles Treaty System
　第一次世界大戦後，敗戦国との講和条約であるヴェルサイユ条約及びその一部を形成した国際連盟規約を含めた戦後の国際秩序を1つの体制とみなし呼称する見解である。これは歴史学上の解釈枠組みであり，日本の学界では広く受け入れられてきた。1921年11月12日から翌22年2月6日にかけて開催されたワシントン会議で形成された国際的枠組みをワシントン体制と総称し，東のヴェルサイユ体制，西のワシントン体制といった解釈がなされてきたのであり，したがってヴェルサイユ体制という見方は，ヨーロッパを対象とする。

　第一次世界大戦後に新たに生み出された国際システムとしてのヴェルサイユ体制は，法秩序としては，戦勝国が敗戦国と結んだ一群の講和条約がもたらした取り決めと，普遍的国際秩序を志向した国際連盟規約という性格の異なる秩序を根幹としており，また政治的には，大国間協力によるドイツの封じ込めと，国際連盟による制度的安定を基盤としていた。講和条約は敗戦国に懲罰的な取り決めであり，多額の賠償金を課し，ドイツの再軍備及び独墺合併を禁止し，領土の縮小を定めていた一方で，後にドイツが国際連盟に加入したように，敗戦国を完全に排除するものではなかった。また，1925年に合意されたロカルノ条約によって，ドイツを取り込んだヨーロッパ協調が成立し，これによってヴェルサイユ体制がさらに強化されたとみなされた。

　ヴェルサイユ体制という視点から，第二次世界大戦の起源を考察する場合，ドイツやイタリアという国家アクターのみならず，国家を規制するシステムであるヴェルサイユ体制の欠陥やその弱点に焦点を当てることになる。したがって，なぜ国際連盟の集団安全保障体制が機能しなかったのか，ドイツに対するヴェルサイユ条約が峻厳すぎたのか，なぜ英米仏ソの大国間協調が機能しなかったのかといった論点が提示され，歴史学上の論争が行われてきた。
【関連項目】　国際連盟（LN）／第二次世界大戦（WWⅡ）／ワシントン体制
【参考文献】　入江啓四郎『ヴェルサイユ体制の崩壊』成文堂，1974年／斎藤孝『戦間期国際政治史』岩波書店，1978年／テイラー，A. J. P.（吉田輝夫訳）『第二次世界大戦の起源』講談社，2011年　　　　　　　　　〔篠原初枝〕

## 内村鑑三の非戦論と平和思想
Pacifism of Kanzo Uchimura

内村鑑三（1861〜1930年）は，聖書中心主義・福音主義信仰に基づく無教会主義を唱え，日本のキリスト者の「原型的人間」ともされる。

日清戦争時にこれを朝鮮独立を助ける義戦と考え，日本の参戦を支持したが，その戦争の実情が日本の領土拡張を目指す帝国主義的侵略であり，朝鮮の独立はかえって危うくなり，勝って奢れる日本人の精神・道義心は退廃したと感じて以来，徹底的な非戦論者となった。

当時彼は自らを日露非開戦論者であるばかりではなく「戦争絶対的廃止論者」であると位置づけ，戦争の本質は人を殺すことであり，また戦争の利益は強盗の利益にほかならず，そうした大罪悪をおかして個人も国家も永久に利益を収めることはできないと指摘した（『戦争廃止論』）。また，戦争の本質は，怨恨，嫉妬，忿怒，兇殺，放蕩等のすべての罪悪を一結したような最大悪であり，そうした戦争により無辜の人を殺さなければ達せられないような正義などどこにあるのかという疑問を提起し，平和は，戦争を通して来るのではなく，平和は戦争を廃して来ること，そして，まず「武器を擱くこと，是が平和の始まりである」（「平和の福音（絶対的非戦主義）」）とも述べている。その主張は極めて簡潔であり，しかも徹底した平和主義（pacifism）の思想であろう。

【関連項目】　キリスト教の平和思想／平和主義　〔河上暁弘〕

## 宇宙船地球号　spaceship earth

環境や資源の有限性に警鐘を鳴らすため，あるいは人類が運命共同体であることを象徴する表現として，地球を宇宙に浮かぶ閉鎖空間＝宇宙船に例えた表現。1960年代に建築家・思想家フラーや，経済学者K. ボールディングらによって広められた。かつて地球上の資源や環境は無制限に利用できることが暗黙の前提であ

り，また宇宙にまで進出するようになった人類の科学技術も，その無限の可能性を期待されていた。ところが，次第に環境汚染の深刻化や資源枯渇の可能性が指摘されるようになると，それをもたらした科学技術のあり方，あるいは既存の政治，経済，ライフスタイルのあり方を見直す動きがみられるようになる。60年代後半以降，実際に宇宙船から漆黒の宇宙空間に浮かぶ地球の姿が撮影され，70年代に入りメディアを通じて広く世界に普及するようになると，この言葉は一層実感のこもったものとして受け取られるようになっていった。

【関連項目】　地球環境問題　〔吉田晴彦〕

## 宇宙法　space law

宇宙空間における人間活動のあり方を定めた国内法と国際法の総称。宇宙空間における人間活動は，空間の一部を占有し，領域的な支配による管轄権の確立が困難な場所であり，月などの天体は物理的に占有することは可能でも，人間活動を継続する条件に乏しいため，伝統的な国際法の適用が難しい。

国際宇宙法はいわゆる「宇宙5条約」と様々な宣言等から成り立っている。宇宙条約（1967年発効）は米ソ冷戦期に大国によって宇宙が独占され，とりわけ月での領有権の主張がなされる可能性があったなかで宇宙活動の一般的な原則を定めた。南極条約をモデルにして宇宙空間及び天体の探査の自由，宇宙空間への大量破壊兵器の配備と天体の軍事利用の禁止を定め，宇宙を人類全体の共通資産としての宇宙という位置づけを確立した。ただし，宇宙活動は企業など非国家組織のものであっても，国家が責任を負うことになっている。

そのほか，宇宙飛行士が事故や遭難した場合に安全に返還することを義務づける宇宙救助返還条約（68年発効），ロケットや衛星によって被害が発生した場合の賠償を定めた宇宙損害責任条約（72年発効），打ち上げられた人工衛星

などの登録を義務づけた宇宙物体登録条約（76年発効）などがある。

また「宇宙5条約」の1つだが，主要な宇宙開発国が署名・批准していないため死文化しているとみられているのが月協定である。月協定は月及びあらゆる天体の資源を人類共有のものとすると規定しているため，将来的な国家・企業による天体の資源開発の制約になるとみる国が多く，今後締約国が増える可能性は低い。

79年に月協定が国連総会決議として採択されたのを最後に，条約による宇宙空間の秩序作りから，具体的な宇宙活動を調整する宣言などによる秩序作りへとシフトしていった。82年の直接放送衛星原則，86年のリモート・センシング宣言，2007年の宇宙デブリ低減ガイドラインなどがその例である。

国内宇宙法は各国ごとに様々であるが，1980年代頃から民間企業の宇宙開発への参入を踏まえ，企業の活動に国家が責任を負えるような仕組として宇宙活動法を設定する国が増えている。日本では2008年に宇宙基本法が制定され，従来の研究開発中心から宇宙利用を中心とした宇宙開発への転換が図られた。

【参考文献】　中央学院大学地方自治研究センター編『原典宇宙法』丸善プラネット，1999年／慶應義塾大学宇宙法センター編『宇宙法ハンドブック』一柳みどり編集室，2013年／Dunk, Frans Von Der and Tronchetti, Fabio, eds., *Handbook of Space Law*, Edward Elgar, 2015 〔鈴木一人〕

# ウプサラ紛争データ・プログラム（UCDP）
## Uppsala Conflict Data Program

ウプサラ紛争データ・プログラム（UCDP）はスウェーデンのウプサラ大学平和紛争研究科に設置された研究機関であり，1946年以降にみられた武力紛争の情報集積を目的としている。その研究対象は国内紛争・国家間紛争を問わず世界でみられたすべての武力紛争である。

行動科学論革命の影響を受けたUCDPは世界的な武力紛争の動向を数値として把握しようとする姿勢が強く，自らの扱う「武力紛争」（armed conflict）も量的に定義している。その定義とは以下の通りである。「政府及び領域についての争いで武力を用いて二者間で争われるもの。主体の1つは政府である必要があり，戦闘に関する死者数が年間25名以上でなければならない」。

UCDPによる情報集積の成果は数々のデータセットとしてホームページで公開されている。それらの中で最も有名なのが，UCDP/PRIO武力紛争データセット（UCDP/PRIO armed conflict dataset）である。このデータセットはUCDPがノルウェーのオスロ国際平和研究所（The Peace Research Institute Oslo; PRIO）と共同で2002年に公開したものであり，その後，毎年アップデートを重ねている。多くの定量的研究がこのデータセットを用いていることから，UCDPは武力紛争の定量的研究を支えてきた研究機関といっても過言ではない。

【関連項目】　オスロ国際平和研究所（PRIO）　〔岡野英之〕

# ウラン　（元素記号 U）　uranium

原子番号92，原子量238.0289の元素。周期律表の中で天然元素として広く存在する最後の元素である。天然に存在するウランの金属は密度19040kg/m³，融点1132.3℃，沸点3818℃。空気中で熱するとまばゆい光を発して燃え，酸化ウランとなる。重金属としての化学的性質を持つが $\alpha$ 線を放出する元素であることから取り扱いに注意を要する。1938年にドイツのハーン等によって低速中性子によるウラン235の核分裂が発見され，その際に発生する大きなエネルギーから原爆の開発，その後の原子力発電へと繋がった。それ以前は主にガラス製品の着色剤として用いられていた。ウランの自然界での存在度は地殻1g中約2μgで，海水中では1ℓ中約3μgである。天然のウランはその3つの $\alpha$ 放射同位体として（半減期，存在度），ウラン234（2.45x10⁵Y, 0.0054%），ウラン235（7.038x10⁸Y,

0.720％)，ウラン238（$4.468 \times 10^9$Y, 99.275％)から成る。ウラン235は熱中性子を吸収して核分裂を起こす。ウラン238は高速中性子を照射することにより核分裂を起こす。1940年にウランに中性子を照射することにより原子番号のより大きなネプツニウム（Np）及びプルトニウム（Pu）が発見されそれ以降，これらの元素は超ウラン元素として原子番号がウラン以下の元素と区別される。天然ウラン中のウラン235は存在度が低いことから同位体比率を高くする濃縮プロセス（遠心分離法，レーザー濃縮法，隔膜法等）により目的とする濃縮度に人工的にすることが可能である。また金属ウランは腐食が早く膨張性等から原子力発電に用いる核燃料としては適さず，これらの問題が少ない二酸化ウラン，炭化ウランが主な核燃料として用いられている。原子力発電に用いるウラン核燃料を製造するプロセスとしては大きくウラン235の比率を天然組成以上にする濃縮プロセスと二酸化ウラン等にする加工プロセスの2つから構成される。

【関連項目】　ウラン濃縮／核分裂生成物　　〔蔦木泰宏〕

## ウラン鉱（石）　uranium ore

人間にとって有用な鉱物や元素を多く含む岩石は鉱石と呼ばれ，ウラン鉱石はウランを含む鉱石の総称である。ウランやトリウムを含む鉱石は100種類以上あると言われるが，ウラン原料として主要なものは，閃ウラン鉱や歴青ウラン鉱である。ウラン鉱石に含まれるウラン量は鉱石の種類や組成により異なるが，一般的には0.3～0.7％程度である。ウランは核分裂しエネルギーを発生させるため，ウラン鉱石から精製されたウランの大部分は原子炉用燃料として利用される。国際原子力機関（IAEA）によれば，2013年現在，USドル130/kgU以下の経済的に採掘可能なコストにおける世界のウランの確認及び予測資源量は，約590万tで，オーストラリアが29％，カザフスタンが12％，ロシアが9％，カナダが8％を占める。ウランは，高濃縮ウランの製造により核兵器への転用が可能であるため，オーストラリアやカナダ等はウランの輸出に係り，二国間原子力協力協定を締結し，輸出相手国に核不拡散等の観点からIAEAによる保障措置の適用等の要件を課している。

【関連項目】　ウラン／ウラン濃縮技術／国際原子力機関（IAEA）／二国間原子力協力協定　　〔田崎真樹子〕

## ウラン資源　uranium resource

ウランは，自然界において微量だが普遍的に分布して，堆積岩中に$2 \times 10^{-4}$％，花崗岩中に$4 \times 10^{-4}$％，また海水中にも$3.3 \times 10^{-7}$％程度が含まれる。しかし，これらのウランは品位が低過ぎるため，直ちに有効利用することは困難であり，資源としての価値は生産コストで決まる。一般的には，0.1％以上の品位のウラン鉱床が商業規模の処理対象となっているが，これよりも低い品位の鉱床のウランを採掘している鉱山も存在する。他方，カナダのマッカーサーリバー（McArthur River）鉱山のように，15％以上の品位のウラン鉱石を産出する鉱山もある。日本でも岡山県と鳥取県の県境にある人形峠で微量のウラン鉱石を発掘するが，商業的には採算はとれない。

2014年現在のウラン資源は，確認埋蔵量（260US\$/kgUで採掘できる量）は，全世界で7,096,600tUであり，このうちオーストラリアが24.5％，カザフスタンが11.6％，ロシアが9.2％，カナダが8.7％，ナミビアが7.3％，米国が6.7％，ニジェールが6.2％，南アフリカが5.2％と続いている。年間の世界のウラン需要量は10年で65万tUである。

ウラン鉱石は，粉砕された後硝酸で浸出され，硝酸ウラニル溶液として回収された後，酸化されイエローケーキとなり，フッ化ガスに転換された後，様々な方法によって濃縮され，エネルギー資源となる。

【関連項目】　ウラン　　〔菊地昌廣〕

## ウラン濃縮　uranium enrichment

　天然ウランには，中性子を吸収して核分裂を起こすウラン235が約0.7％，核分裂を起こさないウラン238が約99.3％含まれる。世界で主流となっている原子炉（軽水炉）では，ウランが核分裂を起こしやすくするために，中性子の速度を落とす減速材として軽水（普通の水）が用いられているが，軽水は中性子をある程度吸収してしまうため，発生する中性子の数を増やし核分裂連鎖反応を制御しつつ維持し，時間をかけてエネルギーを取り出すためには，ウラン235の濃度を3～5％まで高める必要がある。このウラン235の濃度を高める操作をウラン濃縮，また天然ウランよりもウラン235の濃度を高めたものを濃縮ウランと呼ぶ。なお，ウラン型原子爆弾は，必要最小限のウランで，かつ短時間で核分裂反応を連鎖させて爆発を引き起こすため，ウラン235の濃度を90％以上にまで高めた高濃縮ウランが使用されている。

　ウランの濃縮方法には，ウラン235とウラン238の質量の差を利用する遠心分離法，運動速度などの差を利用するガス拡散法，酸化還元傾向の差を利用するイオン交換法，光の吸収スペクトルの差を利用するレーザー分離法等がある。世界のウラン濃縮施設は，遠心分離法を採用（あるいはガス拡散法の施設から遠心分離法の施設に更新）している。ウラン濃縮を行うには高度な技術と多額の費用が必要であり，ウラン濃縮技術は商業機密とされ，遠心分離法を用いた世界の濃縮ウラン市場は，フランスのAREVA，イギリス，ドイツ及びオランダの3ヵ国が設立したURENCO，ロシアのROSATOMの寡占状態にある。なお，日本の青森県六ヶ所村にある日本原燃のウラン濃縮施設でも遠心分離法を採用している。

　低濃縮ウランと高濃縮ウランの製造工程（濃縮方法）は基本的には同じ原理であり，一定の濃縮作業を何度も繰り返すことにより，高濃縮ウランの製造が可能であるため，ウラン濃縮技術は，核不拡散上，機微な技術とされている。したがって，非核兵器国の民生用ウラン濃縮施設には，国際原子力機関（International Atomic Energy Agency; IAEA）との協定に基づき厳格な保障措置が適用され，濃縮ウランが申告された濃縮度の範囲以内であること，またウランが申告通りに施設の工程内を流れ，在庫が申告通りであること等につきIAEAの検認が行われている。

【関連項目】　ウラン／ウラン濃縮技術／核燃料サイクル施設／国際原子力機関（IAEA）
【参考文献】　今井隆吉『IAEA査察と核拡散』日刊工業新聞社，1994年　　　　　　　　　　　〔田崎真樹子〕

## ウラン濃縮技術
uranium enrichment technology

　鉱山から産する天然ウランの鉱石のなかには核分裂を起こすウラン235が0.7％程度，核分裂を起こさないウラン238が99.3％程度，その他の若干のウラン同位体が含まれている。核分裂によるエネルギーを活用する場合には，この0.7％程度のウラン235を，必要に応じた濃度に同位体濃縮する必要がある。

　民生利用の発電炉などで使用される濃縮度は数％であり，潜水艦や艦艇などの小型の原子炉で長期に運転する場合には20％以上に濃縮される。一方，瞬時に多くの連鎖反応を発生させ大量のエネルギーを放出する核爆発に使用する場合には，ウラン235の含有比率を90％以上にまで上げる必要がある。

　天然ウランを採掘し，この鉱石からウランを抽出した後，このウランに含まれるウラン235同位体を濃縮する技術を，ウラン濃縮技術という。ウラン濃縮技術は，民生利用あるいは軍事利用ともに同じ技術が使用される。相違点は，高い濃縮度に至るまで濃縮作業を継続するかどうかによる。

　ウラン濃縮技術は，元素の同位体濃縮であることから，ウラン元素をイオン化あるいはフッ

素ガスなどで同位体分離し，イオン化された場合には，電磁力によって同位体を分離し，フッ化ガスにより分離された場合には，ウラン235とウラン238の同位体重量差により力学的に濃縮される。

イオン分離法は，初期の米国におけるウラン濃縮法として採用され，電磁法（カルトロン法）と称されている。これは，イオン化されたウランに強力な電流と磁場を与え，電位差によるローレンツ力で分離する方法である。この方法を採用するウラン濃縮施設が湾岸戦争以前のサダム・フセイン政権において秘密裏に建設されたが，湾岸戦争後の国連による査察によって明らかにされ，NPT違反であるとして破壊された。

フッ化ガスによるウラン濃縮は，ガス拡散法，遠心分離法，気体分離法などがあり，ガス拡散法は，ウラン235とウラン238の質量差による拡散速度（気体中の粒子の運動速度）の差によるセラミック皮膜の透過力の相違を使って多段分離するものである。皮膜の前後では，大きな気圧差をつくり，一方では加圧により運動力を高め，他方では陰圧によって透過粒子をけん引するなどの大きな作業を要する。このために大規模で多数の拡散塔と呼ばれる装置を連結し，加圧，陰圧を繰り返す。このことからガス拡散法には多くの電力が必要とされる。遠心分離法は，ゆっくりとしたフッ化ガス流に高速の遠心分離機で遠心力を加えることによって，その流れの間にウラン235とウラン238の同位体重量の差で重いウラン238が外側に移動し，軽いウラン235が中心に集まるという性質を使って分離する。連続的に分離工程を運転するために，遠心分離機を多段に連結し，徐々に分離濃縮していく。遠心分離法は，使用電力がガス拡散法に比して小さいことから，現在も商業用発電炉燃料や軍事用のウラン濃縮施設として運用されている。また，気体分離法は，フッ化ガスを急速にノズルから噴射させ圧力勾配で噴出ガスの質量差による遠心力の差によってウラン235とウラン238を分離する方法である。そのほか，化学法や先進的なレーザー濃縮法も開発されている。多くのウラン濃縮技術は，些少なウラン同位体の重量比に着目して分離する方法を採用していることから，分離装置をカスケード状に広範囲に展開設置する必要がある。このことから，施設は広い平面を要することが特徴である。ウラン濃縮技術は，民生施設及び軍事施設との差が無いことから，関連技術は機微技術として取り扱われ，技術の移転（輸出入）条件は原子力供給国グループ（NSG）で合意されており，平和利用施設の建設・運転は，国際原子力機関（IAEA）の最大の監視対象となる。ウラン濃縮施設を保有する国に対しては，IAEAによる規格化された国際保障措置が施設だけでなく国全体へ適用されているが，イランの場合には，その適用が不十分とされ，施設の建設やその運転の是非，あるいは，国際基準に従った国全体への保障措置の適用について関係国により協議された。

【関連項目】　原子力供給国グループ（NSG）／国際原子力機関（IAEA）／保障措置・核査察
【参考文献】　Benedict, M. *et al.*, *Nuclear Chemical Engineering*, McGraw-Hill, 1981／Krass, A. S. *et al.*, *Uranium Enrichment and Nuclear Weapon Proliferation*, SIPRI, 1983

〔菊地昌廣〕

## ウルグアイ・ラウンド　Uruguay Round

世界貿易機関の前身である「関税と貿易に関する一般協定」（GATT）の下で開催された8回目の多国間貿易交渉。1986年9月にウルグアイのプンタ・デル・エステで行われた閣僚会合で開始が合意されたのでこのように呼ばれている。94年4月にモロッコのマラケシュで開かれた閣僚会合において，交渉結果をまとめた合意文書に123ヵ国が署名しWTOが設立された。

GATTの下ではケネディ・ラウンド（64-87年）で主に関税削減交渉，東京ラウンド（1973-79年）において関税削減に加えて非関税障壁に

関する交渉が行われたが、ウルグアイ・ラウンドではこれらに加えて農業貿易といわゆる「新分野」としてサービス貿易、知的所有権、投資措置が交渉された。

東京ラウンドまではEC（現在のEU）が共通農業政策を維持するために農業貿易の自由化交渉をブロックしてきたが、92年以降はECも共通農業政策を見直す方向に転じ、農業貿易が初めて多国間交渉の対象となった。農産品の市場アクセスの改善（数量規制を関税に置き換える「関税化」と関税の引き下げ）、国内補助金や輸出補助金についての規律を明確化した。

サービス貿易や知的所有権、投資措置などはいずれもGATTがカバーしていた物品貿易の枠を超えるものであったため、インド、ブラジルなどの途上国は強く反対したが、最終的には途上国にとってメリットのある農業貿易や繊維貿易の自由化と引き換えに合意が成立した。

【関連項目】　世界貿易機関（WTO）　　　〔渡邊頼純〕

## 上乗せ条例（うわのせじょうれい）
ordinance regulating more than national law

国の法令が規制する対象に、国と同一目的で国より厳しい規制を加える内容を持った自治体の条例のこと。類似のものに横出し条例がある。これは国の法令が規制対象外としている事項に、国の法令と同一目的で規制を加える条例である。一般には両条例はしばしば混同され、一括して上乗せ条例と呼ばれることも多い。

憲法94条と地方自治法14条1項は「法令に反しない限り」での条例制定権を保障する。旧来は法令の規制事項については、条例による独自の規制を違法とする「法律先占論」が支配的だった。しかし法令による全国一律の公害規制では不十分なことが明確になった1960年代末以降、革新自治体が公害防止や環境保全のための上乗せ条例を制定するようになると、国もそれを違法とするのではなく、法律自体を改正し上乗せ条例を認めるようになった（大気汚染防止法4条1項など）。現在では事項抵触の有無ではなく、法令の趣旨・目的・効果が許容するなら上乗せ条例に合法性を認めるのが通説・判例の立場である。

【関連項目】　革新自治体／環境権　　　〔大津浩〕

## 映画・ドキュメンタリーと戦争・平和（えいが・せんそう・へいわ）
films on war and peace

戦後初期の日本の戦争映画で顕著に見られたのは、軍部批判・軍隊批判であった。戦没学徒に焦点を当てて大ヒットした『きけ、わだつみの声』（関川秀雄監督、1950年）は代表的なものである。GHQ占領終結後になると、『雲ながるる果てに』（家城巳代治監督、1953年）等、若い将校や兵士の「真情」の美を描くものも見られるようになった。だが、そうした映画のなかでも、軍隊内部の暴力や組織病理への批判は少なからず見られた。

1960年代には、「独立愚連隊」シリーズや「兵隊やくざ」シリーズなど、戦争活劇ものが多く作られ、大ヒットしたものもあった。そこでは、主人公（多くは末端の兵士や小部隊長）の勇躍が描かれる一方、「敵」は必ずしも敵国軍ではなく、むしろ日本軍の組織病理や上官の暴力であった。

その意味で、戦後日本の戦争映画では「軍隊映画」がある種の基調になっていた。だが、80年代以降、それらは総じて減少した。軍隊の暴力が描かれないわけではないが、それは必ずしも主題ではなく、むしろ、主人公が「何か」（絆・家族など）のための死を厭わない「美」を強調するための舞台背景として位置づけられる傾向がうかがえる。『連合艦隊』（松林宗恵監督、1981年）や『男たちの大和』（佐藤純彌監督、2005年）等が一例である。

ただ、戦後の戦争映画史を眺めてみると、「戦争に涙するカタルシス」への異議をつきつけるものも、ないわけではない。『人間魚雷回天』（松林宗恵監督、1955年）は、出撃したも

のの，無為に溺死を待つしかない主人公の死の「意味」の欠如を描いている。『軍旗はためく下に』（深作欣二監督，1972年）も，死者の追悼を巡る心地よさを幾度も覆しながら，戦争を語る欲望を逆照射している。

ドキュメンタリー作品では，山東省残留日本兵を扱った『蟻の兵隊』（池谷薫監督，2005年）が，「加害」と「被害」が複雑にからみ合う状況を正面から描いており興味深い。また，アメリカの作品だが，『ウィンター・ソルジャー』（ウィンターフィルム・コレクティブ，1972年）や『ハーツ・アンド・マインズ』（ピーター・デイヴィス監督，1974年）は，ヴェトナム戦争下の兵士たちが狂気的な暴力に駆り立てられ，違和感を覚えなくなる過程が描いている。中国戦線やフィリピン戦線等で暴力に走るに至った日本軍の社会的な力学を思い起こさせるところもあるかもしれない。

【参考文献】奥村賢編『映画と戦争』森話社，2009年／福間良明『「反戦」のメディア史』世界思想社，2006年〔福間良明〕

## 英国の核戦力 nuclear forces of the United Kingdom

英国が持つ核戦力は，核不拡散条約（NPT）が認める核兵器国5ヵ国のなかで最も規模が小さく，しかも運搬手段は潜水艦発射弾道ミサイル（SLBM）「トライデント」ただ1つに限られる。保有核弾頭数は215。そのうちの約120発が，スコットランドにあるクライド海軍基地を母港とする4隻のヴァンガード級戦略原潜に配備されている。

現在のトライデントは更新時期を迎えており，その必要性やコストに関する議論が国内で持ち上がっている。

英国の初期の核兵器開発は，米国との密接な関係抜きには語れない。第二次世界大戦中は米国，カナダとともにマンハッタン計画を推し進め，戦後も原子力協力で米国との密約を結んだ。しかし，米国がその後，核開発から英国を閉め出そうとしたため，英国は1947年から独自の核兵器開発に乗り出し，52年に最初の原爆実験にこぎ着けた。57年には水爆実験にも成功した。この頃から米国との関係も修復され，協力や兵器の供与が再開された。

原爆実験は，当初オーストラリアの各所で実施された。水爆実験には，主に現キリバス共和国のクリスマス島近海が使われた。〔国末憲人〕

## 永住市民権説 theory of denizenship

外国人の権利保障を求める法学・政治学理論のうち，デニゼンシップ（Denizenship）の考え方を基礎に，永住外国人に「永住市民」として国民に準じた法的地位や権利を認め，市民権を拡大しようとする見解のことを言う。1980年代からスウェーデンのトマス・ハンマーが提唱し，EU設立時の欧州市民権概念導入や国際人権条約の進展に伴って欧米で支持者を得た。

日本でも憲法学者等によって紹介され，現行法（出入国管理及び難民認定法，入管特例法等）上の「永住者」（一般永住者及び特別永住者）を「永住市民」と捉えて参政権を拡大する見解も示された。反面，諸国で在外選挙制度が法制化されたことから（韓国でも2009年実施）地方参政権に限定して論じる必要が生じたほか，社会権や再入国の権利等に制限があるなど，移民や外国人（特に定住・永住外国人）の権利保障には，なお課題が多い。

〔辻村みよ子〕

## 永住市民と人権 denizen and human rights

永住市民権説は，日本国憲法の選挙権を享受するのは，日本国籍保持者（national）と「永住権を有する外国籍市民」＝「永住市民」（denizen）の両者を包含する「国民」（citizen）であると主張する説である。これは，日本国憲法で選挙権主体として明示されている「国民」が10条で「法律」により定めるものとされていることを踏まえ，前文及び1条で主権主体とさ

れる「国民」は，明治憲法における天皇の主権を否定することに眼目があり，かつ，15条の選挙権規定からすれば，「選挙権」が「国民固有の権利」であるとの規定の趣旨は，選挙権主体から「日本国籍保持者」を排除してはならないとの趣旨と読むべきであるとの主張に基づく。

当初は選挙権主体としての「永住市民」の権利を強調する学説であったが，近年は憲法解釈論からさらに一般的人権理論として，国際人権条約の解釈論としても主張される。憲法学説としても国際法学説としても，究極するところ，人権の共有主体としての「永住者」を「外国人」と捉えるか「国民」と捉えるか，いずれかの立場のみが強調されてきた従来の立場は，構造的暴力の縮減という観点からは必ずしも適切とは言えなかったところ，永住市民権説はまさに従来の学説を止揚したものと考えられる。

〔佐藤潤一〕

## 永世中立　permanent neutrality

中立の立場を遵守することを宣言することによって，周辺地域の紛争に巻き込まれないようにする概念である。その歴史は古く，国際法に規定された概念でもある。他国に対して自ら武力行使をしないこと，多国間の戦争には参加しないこと，武力行使を義務とする同盟関係は結ばないことなどの基本的な考え方である。しかし，自国の防衛や，交戦国による中立の侵犯を防ぐために，武力を行使することは認められている。すなわち，自衛の場合を除いて，武力は一切行使しないというものであり，条約締結国は，その国の独立と中立を承認し，保証しなければならない。

永世中立国としては，スイスが最も有名である。ナポレオン戦争時（1803-15），スイスが周囲の列強国に支配されることなく，自国の独立を守るために選んだのが，中立主義であり，ウィーン会議で永世中立国として承認された。スイスは，他国からの侵略に備えて軍隊を保持しており，武装中立である。侵略を放棄し，他国からの信頼を得ることによって，長期にわたって戦争に巻き込まれてはいない。

スイスには徴兵制度があり，男子には兵役の義務があり，予備役兵もいつでも軍に動員される。万が一，核攻撃にあっても，全国民が避難するのに十分な数の核シェルターを保持しており，強力な防衛政策をとる武装中立の国である。

永世中立国は同盟国を持たないため，個別的自衛権は行使できるが，当然のことながら集団的自衛権は行使できない。そういった意味で，日本国憲法9条に基づく安全保障の考え方と相通ずるものがある。日本も戦後70年間戦争に巻き込まれてはいない。ところで，憲法9条に戦争放棄の規定が設けられたため，日本「東洋のスイス」たれという主張も一部に現れた。それは永世中立と軍備放棄の両立が可能であるといういわゆる「非武装中立」の考え方に大きく影響を受けたものであった。

しかし，スイスの場合，中立を宣言していても，外国の軍隊が自国の領土を侵略した場合に備えて，自衛のための常備軍を備えている。同盟国を持たないため，他国からの軍事的脅威に対しては，集団的自衛権を行使することができず，自国のみで解決しなければならない。このように，スイスは強力な防衛政策をとる武装中立の永世中立国である。

〔中園和仁〕

## エスニック政治　ethnic politics

民族，氏族，宗教や言語など特定のエスニック（民族）集団のアイデンティティ（帰属意識）を拠り所にエスニック集団及びその集団が設立した政党が，自集団の文化的権利の確立，有利な資源配分，さらには領域支配の拡大を目的に展開する政治。国民統合が進んでいない多エスニック社会でエスニック政治が行われる傾向にある。しかし，多エスニック社会の存在そのものはエスニック政治を展開する上で必要条

件ではあるものの，必ずしも十分条件だとは言えない。エスニック政治は，主として独立したての途上国における民主国家建設の取組段階で，あるいはソ連・ユーゴスラヴィアの一党独裁体制や権威主義体制の崩壊直後の民主化移行期過程で出現する政治である。

政党政治の基盤が確立されている民主国家の政治というものは，国民政党やイデオロギー政党による政策を巡るイデオロギー政治である。ところがエスニック政治では，マイノリティの文化的権利，民族の自治，さらには民族の分離独立といった国家の根本問題に関わるテーマが争点になることから，政治が過激になる傾向がある。そして，エスニック政党の指導者は民族的または宗教的アイデンティティを梃子に人々をエスニック政治へ動員するため，対立するエスニック集団間の関係は相互に排他的であり，しばしば攻撃的となる。そのことから，きっかけさえあればエスニック紛争へ，さらには武力衝突に発展する可能性を秘めている。エスニック政治の手法は，政治的，心理的，経済的な様々な嫌がらせによって憎悪と恐怖を助長し，最終的には敵対する民族の強制移動，又は民族浄化によって自民族の支配領域の拡大を達成しようとするものである。海外に有力なディアスポラが存在する場合，ディアスポラと協力して国境横断的なエスニック政治を展開することもある。カルドーが提起した「新しい戦争」は，ユーゴスラヴィア紛争，グルジア紛争，ナゴルノ・カラバフ紛争に見られるように，エスニック政治が武力紛争に発展した事例である。

【関連項目】新しい戦争（メアリー・カルドー）／エスニック紛争／ディアスポラ政治／ナショナリズム
【参考文献】吉川元『民族自決の果てに』有信堂高文社，2009年／Gurr, Ted Robert, *Peoples versus States*, United States Institute of Peace, 2000／Kaldor, Mary, *New and Old Wars: Organized Violence in a Global Era*, Polity Press, 2006

〔吉川元〕

## エスニック紛争　ethnic conflict

エスニシティ（民族性，又は民族的忠誠心）を対立軸に発生する紛争。「民族紛争」とも呼ぶ。エスニシティとは，宗教，言語，民族，歴史共同体などを基準に分類される人間集団に共通する帰属意識を意味する。こうした共通の帰属意識を軸にまとまるエスニック集団間で，又は特定のエスニック集団と政府との間で発生する紛争がエスニック紛争である。ガーは，エスニック紛争が発生する要因として以下の条件を挙げている。第1に，日常的に接する人々の間に民族集団間の文化的差異が大きければ大きいほど，そして互いに優劣意識の認識格差が大きければ大きいほど，エスニック対立の政治社会構造が形成される。第2に，エスニック対立がエスニック政治に繋がる要因として，エスニック集団間に差別意識や不平等感が強く，かつての王国の復活願望が強ければ，容赦ない政府の弾圧をきっかけにエスニック政治の段階へ移り，そしてストライキ，デモ，反乱が続くとエスニック政治の争点は次第に自治や独立を求めてエスニック紛争へと発展する。第3に，エスニック政治の展開能力の大きさである。集団の組織化，集団の団結力，政治指導者の側の集団動員力が強いほど，エスニック政治の展開は日常的かつ持続的なものとなる。そして第4に，エスニック紛争が武力紛争へ発展するには，民族集団間での政治同盟結成，反体制派勢力の強化，経済状況の急激な悪化による貧困の激化，政府の突如の政策変更に伴う特定民族集団への弾圧といった出来事が，エスニック紛争が武力紛争へ発展するきっかけとなる。

近年のエスニック紛争は，ある国の民族自治体が，他国にいる同胞のディアスポラから巨額の金銭的支援を得て展開される傾向にある。1990年代にユーゴスラヴィアとソ連で勃発したエスニック紛争は，いずれも民族自治体を基盤に勃発していることから，民族自治体の存在そのものがエスニック紛争の構造原因だと考えら

れる。民族自治体を基盤にしたエスニック紛争の争点は，宗教活動の自由，民族言語の使用など集団としての文化的権利の要求，政治的自治の要求，そして民族自治体の分離独立または帰属替えの要求である。民族自治体を基盤にエスニック紛争が展開できるのは，自治体に集団アイデンティティの醸成機能や，動員力が備わっているからである。

【関連項目】エスニック政治／ディアスポラ政治
【参考文献】吉川元『国際平和とは何か』中央公論新社，2015年／Gurr, Ted Robert, *Peoples versus States: Minorities at Risk in the New Century*, United States Institute of Peace Press, 2000／Naimark, Norman M., *Fires of Hatred: Ethnic Cleansing in Twentieth-Century Europe*, Harvard University Press, 2001 〔吉川元〕

## エチオピア内戦 Ethiopian Civil War

エチオピアはイタリアによる短期の軍事占領を除いて植民地化を経験せず，20世紀半ば以降はハイエ゠セラシエ皇帝の下で中央集権化を進めた。1974年にクーデタで帝政が崩壊した後，強権的な軍事政権（デルグ政権と呼ばれる）への反発から，エリトリアを本拠とするエリトリア人民解放戦線（EPLF）の他，北部のティグレ人民解放戦線（TPLF）や中部のオロモ解放戦線（OLF）など，複数の勢力が武装闘争を活発化させた。89年にはTPLFを中心に複数の解放勢力がエチオピア人民民主革命戦線（EPRDF）を結成して内戦が激化し，91年にはデルグ政権が追放された。EPRDFは，EPLF主導でのエリトリア独立を認める一方，TPLF指導者のメレスを国家元首に選出して国内統治を固めた。エリトリアとの関係はその後悪化し，1998～2000年には両国間に戦争が勃発した。メレスは2012年に死去するまで首相として実権を掌握し，その後もEPRDFの支配体制が続いている。

【関連項目】サブサハラ・アフリカの紛争 〔武内進一〕

## 越境環境汚染
transboundary environmental pollution

水質汚濁や大気汚染など国境を越えて汚染の影響が波及する越境環境汚染は，古くから重要な問題として認識されてきた。まずは欧州を中心に越境環境汚染に対応するための国際レジームが形成され，次第に他の地域にも波及するようになった。

例えば，ライン川の水質汚濁問題では，1950年に汚染防止のために関係各国が協力することで合意し，63年にはライン川汚染防止国際委員会協定が締結された。地中海の海洋汚染に関しては，75年に地中海行動計画が策定され，地中海沿岸の関係各国，各アクターによる協力が促進された。ハースはこの事例をもとにし，国境横断的で因果信条を共有する専門家のネットワークである認識共同体（epistemic community）の概念を提唱した。

また越境大気汚染も60年代以降，欧州で酸性雨の問題が表面化したことが，72年に国連人間環境会議が開催されるきっかけの1つとなった。この問題に関しては79年に長距離越境大気汚染条約，85年に硫黄酸化物排出削減のためのヘルシンキ議定書，88年に窒素酸化物規制のためのソフィア議定書，94年に硫黄酸化物のさらなる規制のためのオスロ議定書などが採択された。

一方，アジアの場合，越境環境汚染の問題は90年代以降に注目された。特に92年の国連環境開発会議（地球サミット）を受け，東アジアで越境大気汚染への対応が行われた。93年より専門家会合が開催され，98年より東アジア酸性雨モニタリングネットワーク（EANET）が試行稼働，2001年に本格稼働した。EANETは15年現在13ヵ国が参加し，酸性雨の原因物質に関する情報の共有，調査研究，技術分野などで協力を行っている。近年は土壌の微粒子である黄砂や超微粒子であるPM2.5の日本への飛来が問題となっている。また東南アジア諸国連合

（ASEAN）では，大規模な火災などに起因する越境的な煙害（Haze）の問題に関して，02年にASEAN煙害汚染防止協定が締結された。

こうした越境環境汚染への対応は，先行する欧州では予防原則に基づく具体的な原因物質の排出規制を実現し，堅い制度を構築しているのに対して，後発のアジアでは調査研究や技術協力を中心とした緩やかな制度にとどまっているといったように，地域間の相違が課題となっている。

【関連項目】 国連環境計画（UNEP）／国連人間環境会議／自然保護運動／地域主義
【参考文献】 亀山康子『新地球環境政策』昭和堂，2010年／宮崎麻美「環境協力における「緩やかな」制度の形成」『国際政治』166号，2011年／米本昌平『地球環境問題とは何か』岩波書店，1993年　　　　　　　　　　　〔横田匡紀〕

### 恵庭事件　Eniwa case

北海道恵庭町の陸上自衛隊島松演習場に隣接する乳牛牧場主である被告人は，砲撃音による被害（乳牛早流産，乳量低下等）に対する抗議行動の一環として，着弾地測定・射撃命令伝達用の通信線を数ヵ所切断した。当該行為が自衛隊法121条の「防衛供用物損壊罪」に該当するとして，札幌地検が1963年3月7日に札幌地裁に起訴したものが恵庭事件であり，本件は自衛隊法における重罰規定を一般国民に直接適用した最初の事例である。自衛隊法の合憲性が争点とされ，審理では当初，統幕事務局長（陸将）等を証人採用する等憲法判断に積極的な裁判所の姿勢もみられたが，判決は構成要件非該当，憲法判断抜きの無罪判決となり，「肩すかし判決」と称された。自衛隊法121条により禁じられる損壊行為の対象は，同条に列挙された「武器，弾薬，航空機」と高度の類似性を帯び，自衛隊の「対外的武力行動に直接かつ高度の必要性と重要な意義」を持ち，「不可欠に近い枢要性」があり，「代替を図ることの容易でない」物に限られるとして，本件通信線はこれに該当しないとし，憲法判断は回避された（札幌地判昭和42年3月29日）。

【関連項目】 自衛隊違憲訴訟／平和的生存権　〔麻生多聞〕

### エネルギー問題　energy issues

エネルギー問題は，大きく3つの観点から見る必要がある。1点目は量である。これは，今後ますます増大するエネルギー需要をいかに満たしていくかという視点である。2点目は質である。エネルギーの開発や使用は環境汚染，放射能汚染，気候変動と深く関わっているので，どのようなエネルギー源を選択すべきかという論点が中心となる。3点目は，エネルギー問題と安全保障問題の繋がりである。これは，石油などエネルギー資源を巡って多くの紛争が起きていることを指している。

ここで鍵になるのが，再生可能エネルギーである。再生可能エネルギーはコストや景観の問題などが指摘される一方，環境汚染，放射能汚染，気候変動の観点からは他のエネルギー源と比べて優れている。最大の課題は，再生可能エネルギーで世界のエネルギー需要をどの程度満たすことができるかという点であり，充足を困難とする見解と，可能とみる見解に分かれている。この点は，エネルギー政策を巡る今後の政治的選択の動向が鍵を握ることになろう。

【関連項目】 日本のエネルギー問題と原子力　〔上村雄彦〕

### エノラ・ゲイ号　Enola Gay

第二次世界大戦末に米国が開発した最新鋭の長距離爆撃機で，B29スーパー要塞と呼ばれたうちの1機である。1945年8月6日午前8時15分，人類史上初めてウラン原子爆弾を広島市に投下し一瞬にして壊滅させた機につけられた愛称。

エノラ・ゲイは米国陸軍航空軍第509混成部隊所属の爆撃機であり，45年7月6日にテニアン島に到着した。訓練飛行ののち神戸と名古屋のパンプキン爆弾の投下作戦に参加している。7月31日には模擬原子爆弾による原爆投下のリ

ハーサルを行っている。名称は機長のテイベッツ大佐の母親の名前に由来する。乗組員は機長のほか爆撃手など12名であった。爆撃経路は硫黄島上空から四国上空を経て広島上空に侵入した。

投下作戦終了後は46年8月30日に除籍となり，スミソニアン博物館所属となった。90年代の半ば，スミソニアン航空宇宙博物館が同機を復元し，原爆投下の歴史的経緯と被害を含めた展示会を計画していたところ，米国退役軍人団体からの強い抗議を受けて中止に追い込まれ，責任を取って館長は辞任した。現在，同宇宙航空博物館の別館スティーブン・F・ウドバーヘイジー・センターで公開されている。

〔朝長万左男〕

## エルサレム問題

ユダヤ，キリスト，イスラーム3宗教の聖地エルサレムが，国際政治上の「問題」となったのは19世紀以降である。ヨーロッパ列強は聖地管理権問題をオスマン帝国支配下のパレスチナ地域進出の根拠とした。オスマン帝国崩壊後の1922年，エルサレムを含むパレスチナは正式に英国の委任統治領となった。この頃からパレスチナではユダヤ民族主義（シオニズム）とパレスチナ民族主義の対立が激化し，双方とも宗教的な象徴を動員してエルサレムに対する正統性を主張した。

1948年の英国委任統治終了と同時にイスラエルが独立を宣言し，第1次中東戦争となった。この結果，エルサレムは分断され，旧市街地を含む東側はヨルダン（当時はトランス・ヨルダン）の，西側はイスラエルの支配地となった。しかし，67年の第三次中東戦争でイスラエルが東エルサレムを占領・併合し，ユダヤ人の入植活動を開始した。さらに「統一されたエルサレムは永遠にイスラエルの首都である」との立場をとった。他方，国際社会は東エルサレムを占領地と見なし，米国や日本を含むほとんどの国はエルサレムをイスラエルの首都と認めていない。このため大使館をテルアビブに置いている。

パレスチナ側は中東和平交渉で「東エルサレムと首都とするパレスチナ国家をヨルダン川西岸とガザ地区に樹立する」と主張し，イスラエルと対立している。ユダヤ人居住地域をイスラエルが，パレスチナ人居住地域をパレスチナ国家が管轄し，その上部に統一の市行政機関を設けるという「共通の首都」構想が，公式和平交渉で協議されたこともある。だが宗教施設などに対する主権や管理権をめぐり，双方の対立は続いている。

2012年のエルサレム全市の人口は82万人。うち東エルサレムの人口はパレスチナ人約30万人，ユダヤ人（入植者）22万人と推定されている。パレスチナ自治政府の権限は東エルサレムには及んでおらず，イスラエルによる「安全フェンス（隔離壁）」建設の結果，東エルサレムのパレスチナ人は他のパレスチナ人社会から分断され孤立している。

【関連項目】　中東戦争（アラブ・イスラエル紛争）／バルフォア宣言

【参考文献】　エロン，アモス（村田靖子訳）『エルサレム』法政大学出版局，1998年／立山良司『エルサレム』新潮社，1993年

〔立山良司〕

## 援助外交　aid diplomacy

主として冷戦期に，軍事援助や経済援助を梃にした友好関係構築を目的として行われた戦略援助外交。冷戦期の2大超大国であった米ソを中心に，東西両陣営は同盟国や友好国を自陣営に繋ぎ止める目的で，食糧援助，軍事援助，経済援助を行う戦略援助外交を展開した。アメリカは早くから反共産主義国家に対して民主化の進展度を援助配分の基準とし，援助外交を行っていた。特にキューバ革命を機に，ケネディ政権はラテンアメリカへ反共目的の戦略援助を行い，その後も，戒厳令下のパキスタン，ラテン

## 欧州軍縮会議（CDE）
Conference on Confidence and Security-Building Measures and Disarmament in Europe

　ヨーロッパ全域を対象として，信頼醸成と軍縮を実現することを目的に開催された国際会議。1975年に開催された欧州安全保障協力会議（CSCE）の第2回再検討会議（マドリード）で開催が合意され，84年1月からストックホルムで開始し，86年9月に合意文書を採択して閉幕した。

　会議では信頼醸成を促す措置について討議がなされ，査察制度や軍事演習の通告義務等が大きな争点となった。合意文書では，軍事演習や軍の移動に関する通告義務の厳格化，オブザーバー派遣，検証措置の導入等の面で成果をあげ，軍事的透明性を高めた。

　その後，信頼醸成をさらに促すため，89年にウィーンで交渉を再開し，軍事的透明性を高める措置を明記した合意文書を採択し，92年にウィーン文書1992を採択して閉幕した。その後も信頼醸成措置の制度化は進んでいる。

【関連項目】　信頼・安全醸成措置（CSBMs）／中部欧州相互兵力削減（交渉）（MBFR）
〔齋藤嘉臣〕

## 欧州原子力共同体（EURATOM）
European Atomic Energy Community

　第二次世界大戦の戦禍からヨーロッパが立ち直った1940年代の後半に，「ひとつのヨーロッパ」を目指した様々な共同体が作られた。特に，50年に成立した欧州石炭鉄鋼共同体（ECSC）は，ヨーロッパ最初の共同体として特筆される。これは，ヨーロッパの復興に必要となるエネルギー資源や経済基盤をなす資機材の使用について，共同体加盟国内の産業間の協調と管理を目的としたものであった。すなわち，ヨーロッパを巡る大戦の根幹には，域内のエネルギー資源などを確保するための国境紛争が常に存在したために，このような要因を地域内の協調関係の樹立によって排除しようとしたもので

あった。欧州原子力共同体（ユーラトム）設立の議論は，55年から開始された。53年の国連総会におけるアイゼンハワーの「平和のための原子力」演説を受けて，ヨーロッパ内の原子力産業に平和利用に限って原子力の利用を開放するための共同体が58年1月に作られた。

　共同体成立の基礎となるユーラトム条約の締約国は，オーストリア，ベルギー，デンマーク，フィンランド，フランス，ドイツ，ギリシャ，アイルランド，イタリア，ルクセンブルグ，オランダ，ポルトガル，スペイン，スウェーデン及び英国である。この条約の目的は，欧州域内の原子力技術の促進とウラン資源の供給保証，平和目的からの軍事転用の禁止等であり，原子力エネルギーについても，石炭，鉄鋼と同様に機会均等な協調関係による利用促進を目指したが，一方で，共同体国内での軍事目的への転用を回避する措置もあわせて設ける必要があった。

　特に冷戦が始まったこの時期，ヨーロッパ内に自国の安全保障確保のために核兵器開発を模索する国も存在したことから，共同体内の結束と保証を強化する必要があった。ユーラトムの査察官による域内の保障措置は，条約の7章第77条に，共同体の義務として，次の2つの事項が明記されている。①鉱石，原料物質及び特殊核分裂性物質が使用者によって申告された使用目的から転用されないこと及び②供給に関する規定及び第三国あるいは国際機関と合意した協定に基づき，共同体が責任を有する保障措置実施の義務は遵守されることである。

　ユーラトム保障措置の注目すべき事項は，査察の実施に関して核兵器国，非核兵器国の差別が無いことである。IAEAによる国際保障措置では，ほとんどの査察業務量は非核兵器国に割り当てられているが，ユーラトムでは，非核兵器国への査察業務量よりも多くの業務量が核兵器国であるフランスと英国に割り当てられている。これは，核兵器国でありかつ原子力大国で

あるフランス及び英国を含めたユーラトム構成国の核物質が，使用者により申告された使用目的から転用されていないことを，ユーラトムが保証する義務を負うとの思想によるものである。この機能は，結果として英仏両国が，民生利用の核物質を軍事目的に転用することによる軍事拡張を実施していないことを相互監視する機能も果たしているということができる。実際の保障措置活動は，国家を対象としたものではなく域内の原子力活動を行う個人あるいは事業者を対象として規定している。

興味深いのは，最近ユーラトムが，その活動の見直しを開始したことである。通貨統合による共通経済圏の確立などにより「ひとつのヨーロッパ」，すなわち欧州連合（EU）が醸成されてきており，共同体内諸国の核兵器保有の懸念が大きく低下してきたという国際情勢の変化による。「最近のヨーロッパ共同体内では，共同体を構成する国による核兵器保有を意図した核物質の拡散は起こりえない」という国際環境を反映したもので，「ユーラトムは，不法移転や盗取された核物質が域外でその他の目的のために転用されないことを保証する核セキュリティのための活動に中心を移すべきである」との新たな流れが創出されてきている。国際環境の変化を受けて，域内国間の相互監視という当初の目的から，1つのヨーロッパとして核セキュリティ機能を果たそうとする，大きな変化であると言えよう。

【関連項目】 欧州石炭鉄鋼共同体（ECSC）／欧州連合（EU）／国際原子力機関（IAEA）／保障措置・核査察
【参考文献】 Document Commission Regulation（Euratom）No.3227/76, 19 October 1976 concerning the application of the provisions on Euratom safeguards, Article 1. 〔菊地昌廣〕

## 欧州憲法条約
Treaty Establishing a Constitution for Europe

2004年10月に欧州連合（EU）加盟国が調印した条約。設立以降，EUは統合の深化や拡大を進めたが，組織の透明性や民主性が問題視され，機構が複雑でエリート主義的との批判もなされた。そこで，統合の求心力を維持し，EUを効率的な機構へ改革することを目的に作成されたのが欧州憲法条約であった。

条約では，欧州議会の権限強化，EU理事会における特定多数決制の修正，常任欧州理事会議長やEU外相といった新ポスト設置等の機構改革が予定された。EUへの法人格付与，2000年に採択された基本権憲章への法的拘束力の付与等も予定された。

だが，翌年にフランスとオランダでの国民投票で批准が拒否されたことを受け，批准プロセスは凍結された。その後，欧州憲法条約を簡素化したリスボン条約が07年に調印され，09年に発効した。

【関連項目】 欧州連合（EU）／共通安全保障・防衛政策（CSDP） 〔齋藤嘉臣〕

## 欧州審議会（評議会）（CoE）
Council of Europe

人権，民主主義，法の支配の擁護を目的とする全欧州規模の国際機構。1949年の欧州審議会規程（ロンドン条約）によって独仏対立を象徴していたストラスブール（フランス）に設立された。当初の加盟国は西欧10ヵ国のみであったが，冷戦終了後は東欧諸国やロシア，トルコにも拡大し，現在では全EU加盟国を含む47ヵ国（2015年12月現在）となった。審議の対象は軍事・防衛以外の多様な分野に及び，多数の条約策定による加盟国間の法的統合を目指すほか，冷戦後の拡大を受けて民主化や市場経済への移行も支援してきた。すべての加盟国は欧州人権条約（1953年発効）に加入し，当該条約の実施機関として当初欧州人権委員会を，98年以降は常設的な欧州人権裁判所を設置したことでも知られる。他の主要機関に，各国外相からなる閣僚委員会，常駐大使からなる閣僚代理会合，各国の議員からなる議員会議，各国の地方代表議

員からなる欧州地方自治体会議，事務局がある。
【関連項目】 欧州人権委員会／欧州人権裁判所／欧州人権条約 (ECHR)
〔清水奈名子〕

## 欧州人権委員会
European Commission on Human Rights

欧州人権条約は当初，個人の申立の受理可能性を審理し，また和解（友好的解決）を斡旋する欧州人権委員会，及び，本案の司法審査を行う欧州人権裁判所からなる二層構造を導入していた。

人権委員会の構成員は欧州審議会の閣僚委員会により任期6年で選出され，独立の義務を負った。申立が受理可能な場合，当該事件の事実関係を認定するために審理を行った。個人と当事国の間で和解が不成立の場合，人権条約違反があったか否かに関する意見を添えて認定事実についての報告書を作成した。

冷戦終結後に締約国数が急増するなどの理由で申立件数が増加し，判決までの時間が当時平均5年を上回るようになったため，個人に一層迅速かつ実効的な救済を付与する目的で，単一裁判所を設立する第11議定書が1994年採択され，98年に発効した。これにより，欧州人権裁判所が申立の受理可能性，和解斡旋及び司法審査をすべて担当することとなった。

【関連項目】 欧州審議会（評議会）(CoE)／欧州人権裁判所／欧州人権条約 (ECHR)
〔庄司克宏〕

## 欧州人権裁判所
European Court of Human Rights

欧州審議会を母体とする欧州人権条約（1950年採択，53年発効）に基づき，59年ストラスブール（フランス）に設立された。現在の締約国は47ヵ国に達する。

当初，個人の申立の受理可能性は欧州人権委員会が判断していたが，単一裁判所を設立する第11議定書（94年採択，98年発効）により，欧州人権裁判所が受理可能性及び本案審理ともに担当することとなった。個人は国内的救済を尽くした後，欧州人権裁判所に申立を行い，単独裁判官または3人の裁判官で構成される委員会が受理不能と判断しない場合，7人の裁判官で構成される小法廷に移送され，そこで受理可能性と本案の審理がなされる。重大な事件の場合は17人の裁判官による大法廷に移送される。判決が確定すれば，当事国はそれに従う義務がある。なお，国家間申立の制度も存在する。その後，第15及び第16議定書（未発効）により，申立の急増に伴い，手続の効率性と人権保護の実効性がさらに強化されている。

【関連項目】 欧州審議会（評議会）(CoE)／欧州人権委員会／欧州人権条約 (ECHR)
〔庄司克宏〕

## 欧州人権条約 (ECHR)
European Convention on Human Rights

正式名称を「人権及び基本的自由のための条約」（Convention for the Protection of Human Rights and Fundamental Freedoms; ECHR）という。世界人権宣言にある一定の権利に法的拘束力を与えるため，欧州審議会を母体として1950年採択され，53年発効した。現在の締約国は47ヵ国である。EUの加入も予定されている。締約国は，自国民だけでなく自国の管轄内にいるすべての者に対し，ECHRに規定される市民的・政治的権利を保障する義務を負う。それを監督するため，欧州人権裁判所がストラスブール（フランス）に設立されている。保障される権利には，生命に対する権利，拷問の禁止，公正な裁判を受ける権利，私生活及び家族生活の尊重の権利，表現の自由，思想，良心及び信教の自由などがある。これまで16の議定書により，死刑廃止などの権利の追加や，単一裁判所機構を設置するなどの組織・手続きの強化がなされてきた。第16議定書（未発効）では締約国の最高裁判所が欧州人権裁判所にECHRの解釈適用につき勧告的意見を要請することが

できる。

【関連項目】 欧州審議会（評議会）（CoE）／欧州人権裁判所／地域的人権条約　　　　　　　　　　　　　〔庄司克宏〕

## 欧州石炭鉄鋼共同体（ECSC）
European Coal and Steel Community

　ECSCは，1950年5月9日（現在ヨーロッパ・デーになっている）のフランス外相シューマンによる宣言を受け，設立された。同宣言は，これまでのヨーロッパにおける戦争を振り返り，真の平和を実現することを目指すものであった。そのなかで，武器・弾薬の原料である，石炭鉄鋼の共同管理がなされることにより，独仏間の戦争を実質的に不可能にするということが提案された。

　このような平和構築の考え方を基盤にした，欧州石炭鉄鋼共同体は，同共同体設立条約（別名パリ条約）により，設立された。同条約は，51年4月18日にフランスのパリで署名され，52年7月23日に発効した。ECSCは，その設立理由から平和共同体とも呼ばれる。また，ECSCにおいて，最高機関（High Authority，現在の欧州委員会），理事会，総会（Assembly，現欧州議会），裁判所という独自の機関が設定され，超国家組織と呼ばれた。同条約97条は，「本条約は，発効の時点より50年間有効である」と規定しており，それに従い，2002年7月23日に失効した。EC（欧州共同体，現EU）がECSCを継承した。

　ECSCは，その対象分野を石炭鉄鋼に限定していたが，その後，1958年に欧州経済共同体（EEC）及び欧州原子力共同体（Euratom）が設立され，3つ合わせて欧州共同体（European Communities）と呼ばれた。なお，現在は，2009年発効のリスボン条約によりECが消滅し，EUとEuratomになっている。

【関連項目】 欧州議会（EP）／欧州連合（EU）／カントの平和論／平和　　　　　　　　　　　　　　　　〔中西優美子〕

## 欧州反核運動
European Nuclear Disarmament

　1945年8月の広島・長崎への原爆投下以降，核戦争の勃発をどのように防ぐかが平和運動の最重要課題となった。49年にソ連が原爆の製造を成功させると，危機感はさらに強まり，50年のストックホルムアピールに繋がった。反核運動が草の根の運動として本格的に行われるようになったのは，54年である。アメリカによる水爆実験の成功とビキニ水爆被災は世界的な反響を引き起こし，57年にはラッセル＝アインシュタイン宣言が出され，欧米の反核運動が世界的な運動に繋がっていった。ヨーロッパの反核運動においては，その後イギリスで始まった「核軍縮キャンペーン」（CND）が中心的な役割を担うようになる。同キャンペーンによる復活祭行進は，西ドイツや他の国々にも広まり，世界的な反核デモとして今日まで続いている。

　反核運動が最も昂揚したのは，80年代初頭である。新冷戦下に米ソ間の対立が激しくなり，中性子爆弾の開発やアフガニスタン侵攻，新型核兵器の導入が核戦争への危険を高めることとなった。特にワルシャワ条約機構には軍縮を訴えながら，その一方でNATOによる新型ミサイルを西欧に配備するという決定（「二重決定」）は危機感を呼び，これに対してオランダやイギリス，西ドイツなど配備予定地の国々で大規模な反核運動が起こった。これらの運動はヨーロッパの核戦場化を防ごうとすると同時に，アメリカの核をヨーロッパから撤去させ，米ソ双方の軍縮を求めるものであった。この時期の運動では，ヨーロッパとヒロシマを合わせた「ユーロシマ」という言葉を用いた「ノー・ユーロシマ」がスローガンとして多く用いられた。この運動はアメリカや日本にも広がり，82年には国連の軍縮特別会議とも重なって，ニューヨークで100万人デモが行われている。こうした運動は83年末には衰退し，新型核兵器の配備を防ぐことができなかったが，市民の反

核の声は米ソ両首脳への圧力となり，両者の軍縮に一定の影響を与えた。さらにドイツをはじめとして，核兵器への反対運動を通して東西ヨーロッパの民衆が接近したことは，東西冷戦終結をもたらす原動力のひとつとなった。80年代に作られた平和団体の多くは反核NGOとして現在まで活動を続けている。

「反核運動」の名は長い間核兵器に反対する運動のみを指すものであったが，次第にその意味を変えてきている。70年代後半から西ドイツなどで反原発運動と反核兵器の運動の協力がみられるなど，現在では「反核運動」は核兵器及び原子力発電の双方に用いられることもある。

【関連項目】　核兵器廃絶運動（反核運動）／グリナムコモン／ラッセル＝アインシュタイン宣言　　〔竹本真希子〕

### 欧州連合（EU）European Union

戦後欧州統合は1952年欧州石炭鉄鋼共同体（ECSC）が発足し，58年には欧州経済共同体（EEC）と欧州原子力共同体（EURATOM）が設立された。EEC設立の条約であったローマ条約はいわば憲法のような位置づけであった。67年の融合条約ではこの三共同体の理事会と委員会が統一され，欧州共同体（EC）となり，70年までにECは関税同盟，共通農業政策，共通通商政策を実現するまでに発展した。当初戦後欧州統合はマーシャルプランをはじめとするアメリカによる復興援助を契機としたが，次第に多極化時代の重要なアクターにまで成長した。73年には英国・アイルランド・デンマークが加盟し，ECは9ヵ国に拡大した。

70年代以後ECは通貨統合に乗り出すが，二度にわたる石油ショックによる打撃を受けて統合は進まず，統合は「暗黒の中世」の時代を迎えた。そうしたなかで85年からドロール欧州委員長の下で「人・もの・金・サービス」の自由化による域内市場統合が進められ，92年に成功した。同時に88年以来通貨統合に向けて再始動し，99年には共通通貨の導入に成功し，ユーロによる預金・取引が可能となり，2002年からはユーロの現物通貨の発行と流通が実現した。

1970年には「政治協力」（EPC）が開始された。これは条約による拘束力を持たない紳士協定ではあったが，加盟国の対外共通行動の協調が促進され，87年単一欧州議定書で正式に文書化された。92年に調印された欧州連合条約（EU条約，合意された首脳会議にちなんでマーストリヒト条約と呼ばれる）は既存の条約法体系・制度としてのEC，共通外交・安全保障政策（CFSP），そして司法内務協力の三本柱による構造に再編成された。これは欧州統合機構の大きな転換点であった。80年代にギリシャとスペイン・ポルトガルが加盟して12ヵ国となった。

他方で，冷戦の終結は外交・安全保障面での統合の大きな弾みとなった。CFSPはボスニア＝ヘルツェゴヴィナに対する人道的支援，モスタル（ボスニアのクロアチア人居住区）管理，ロシア連邦議会選挙（93年12月）に対する監視団派遣，南ア共和国の選挙と監視，欧州安定化条約締結などで成果を上げたが，EUが直接的な軍事防衛活動をできない点が大きな欠陥となっていた。98年12月フランス・サンマロにおける英仏首脳会議で両国の間で共通防衛政策についての合意が成立，翌年12月ヘルシンキ欧州理事会でなされ，EU加盟諸国は協力して，60日以内に展開可能で，少なくとも1年間の軍事行動が継続可能な5～6万人規模の部隊（ヘッドラインゴール）を2003年までに創設することが決定した。

EU共通防衛（ESDP）が本格的に開始されたのは，2003年から04年イラク戦争の時期で，「コンコルディア」（マケドニア，NATO平和維持活動の引継ぎ），「アルテミス」（コンゴ北東部，EU初の域外平和維持活動），「アルテア」（ボスニア・ヘルツェゴヴィナでの軍事作戦）の軍事作戦行動が実現した。03年末の欧州理事会で採択された『より善い世界における安

『全なヨーロッパ』はEUの初めての戦略だった。そして加盟国数は95年北欧三国、04年東南欧・バルト諸国10ヵ国、13年クロアチアの加盟によって28ヵ国にまで拡大した。

しかし2005年にはフランスとオランダの国民投票で欧州憲法条約が否決され、欧州連合のさらなる発展は頓挫した。09年末に発効したリスボン条約では、欧州理事会常任議長、欧州対外活動庁（EUの外務省）が設立され、外交安全保障政策上級代表（外務大臣・欧州理事会副議長）のポストが新設された。ESDPはCSDP（共通安全保障・防衛政策）へと呼び方が変わった。

【関連項目】欧州原子力共同体（EURATOM）／欧州憲法条約／欧州石炭鉄鋼共同体（ECSC）／共通安全保障・防衛政策（CSDP）

【参考文献】遠藤乾編『ヨーロッパ統合史』名古屋大学出版会、2008年／渡邊啓貴編『ヨーロッパ国際関係史』有斐閣、2008年　　　　　　　　　〔渡邊啓貴〕

## 大久野島　Ohkunoshima

瀬戸内海に浮かぶ周囲約4kmの小島。広島県竹原市に属し、1960年に国民休暇村に指定された。野生のうさぎが数多く生息し、レジャースポットになっている。日本陸軍の化学兵器工場があった。島内に毒ガス製造工場（正式名称は陸軍造兵廠火工廠忠海兵器製造所）が建設されたのは29年のことである。満洲事変の起きた31年に従業員を増員して製造を開始し、44年までに動員学徒を含む6000人余りが、糜爛性ガス（イペリット）や窒息性ガス（青酸）、くしゃみ性ガス（ジフェニール・シアンアルシン）などの製造に従事した。その総生産量は6000t以上に及び、うち約3000tが島内や福岡県曾根町の兵器製造所で砲弾に詰められて中国大陸に運ばれた。作業には危険が伴い、漏れたガスなどで死傷者も出た。戦後も長く慢性気管支炎や肺気腫等で苦しむ元従業員は少なくない。戦時中、製造所は軍機保護法の下に置かれ、島の存在自体が機密保持のため地図から消された。終戦直後、占領軍により工場の解体作業が実施され、毒ガスは海洋投棄されるなどした。砲台跡などが往時を偲ばせる。88年、島内に毒ガス資料館が設立され、96年には毒ガス島歴史研究所が発足し、島の歴史を語り継いでいる。〔永井均〕

## 沖縄戦　Battle of Okinawa

沖縄戦は、南西諸島へ侵攻する米・英軍とそれを阻止する日本軍との戦いであり、その両軍の戦いに沖縄の人々が動員ないし巻き込まれた一連の戦闘であり、太平洋戦争の一部を構成する。

沖縄防衛のための日本軍部隊を乗せた輸送船が1944年6月、戦場から避難する学童疎開児童を乗せた対馬丸が同年8月、米潜水艦の攻撃を受けそれぞれ沈没した。南西諸島全域への米軍の空襲が、44年10月10日に行われたのを皮切りに、南西諸島の空や海の米軍の攻撃が増加していった。

米地上部隊が、45年3月26日に慶良間諸島に、4月1日には沖縄本島に上陸した。この日米両軍の激戦は、6月19日の組織的戦闘終了命令後の6月21日まで続く。6月23日には日本軍の最高指揮官らが自決したが、日本の降伏後の9月初旬まで戦闘を継続する日本軍部隊もあった。南西諸島の守備軍が降伏したのは、日本の降伏文書調印（45年9月2日）後の9月7日であった。地上戦闘は、沖縄本島と周辺の慶良間や伊江島などで展開し、奄美諸島、宮古諸島、八重山諸島は孤立しながら米英軍の空と海からの攻撃にさらされた。

犠牲者は20万人を超す。日本軍6万5000人、米軍1万2500人、沖縄の住民12万2000人（民間人9万4000人、軍人・軍属2万8000人）であった。国内での犠牲者の規模で、東京大空襲（45年3月10日、推定10万人）、広島（45年8月6日、推定14万人）と長崎（45年8月9日、推定7万4000人）での原爆投下と並ぶ。

米軍上陸後の慶良間諸島はすぐに制圧され

た。日本軍は，一時的に切り込みを行ったが，その後は山中に隠れ，住民も山中に避難し続けた。その間に座間味島，慶留間島，渡嘉敷島では住民の「集団自決（強制集団死とも言う）」が起き，約700名以上の犠牲者を生んだ。沖縄本島でも，米軍が上陸した中部の読谷では，4月3日に「集団自決」が起き，84名の命が失われた。

東シナ海側から上陸した米軍は，翌日には太平洋側へ到達して，南北へと侵攻を続けた。日本軍は水際作戦を放棄し，持久戦によって米軍を沖縄に引きつけることを狙った。日本軍は，4月5日ごろから本島南部の首里（古都で，現在は那覇市）を軸にした防衛陣地からの反撃に転じて，嘉数（現在の宜野湾市），前田（現在の浦添市）で激しい戦闘を展開した。その結果，日米双方に多大なる被害を出した。5月29日に首里から南の摩文仁への撤退を開始した後の日本軍は，米軍の侵攻の前になす術を持たなかった。住民は，その間，日本軍により避難を拒絶され，彷徨せざるを得なかった。その結果，南部で多くの住民の犠牲者が出た。

【参考文献】　大城将保『沖縄戦の真実と歪曲』高文研，2007年／ファイファー，ジョージ（小城正訳）『天王山・沖縄と原子爆弾』早川書房，1995年／米国陸軍省編（外間正四郎訳）『沖縄・日米最後の戦闘』光人社，1997年　　〔我部政明〕

### 沖縄代理署名訴訟
lawsuit concerning administrative function imposed upon local government by the central government in Okinawa

「沖縄代理署名訴訟」は，次のような経過で起こされた。沖縄における米軍の基地使用については，1982年以降は，日本政府が地主との賃貸借契約または駐留軍用地特別措置法（以下「特措法」）に基づいて使用権原を取得した民有地を，米側に提供してきた。この特措法では，99年改正までは，地主が米軍用地に使用させることに合意せず土地物件調書等への署名押印を拒否した土地については，まず市町村長が代理して，市町村長も拒否した場合は知事が代理して土地物件調書に署名押印を行う手続が定められていた。

こうした法制度の下で，95年，国は，所有者との合意が見込めない土地について特措法による強制使用手続きを開始し，署名押印の代理を大田昌秀沖縄県知事に求めたところ，知事は，在沖米軍基地を取り巻く政治・社会情勢，とりわけ米兵による少女暴行という凄惨きわまる事件（95年9月4日）に対する県民の強い憤り（8万5000人の総決起大会，10月21日）に押されて，これを拒否した。それに対して，村山富市内閣総理大臣は，改正前の地方自治法151条の2第3項に基づき，知事を被告として，署名等代行事務の執行を命じる判決を求めて裁判（職務執行命令訴訟）を提起した（12月7日）。これが沖縄代理署名訴訟である。

第1審の福岡高裁那覇支部は，96年3月25日，日米安保条約上の米軍への基地提供義務は高度の公共性を有しており，それに基づいて，日本政府は，使用権原を得られなかった米軍用地を特措法に基づいて当然に取得することができるとして，知事に署名代行を命じた。上告審の最高裁大法廷もまた，同年8月28日，安保条約・地位協定は「一見極めて明白」に違憲無効とはいえず，沖縄県内の土地を米軍用地として使用することが「すべて不適切で不合理であることが明白」でかつ「すべて許されない」とまで言うことはできないので特措法は違憲ではない，と判示して上告を斥けた。いずれの判決も，沖縄県民が米軍基地から受けている深刻な人権侵害の現実を直視せず，また基地使用の必要性についても実質的審理をしないまま結論を導いたものであった。その後，代理署名等の手続は，99年の地方自治法改正に伴う機関委任事務の廃止により国の直接執行事務に移された。自治体が関与する機会が奪われたことを意味する。

沖縄代理署名訴訟に示された問題は，その後も本質は変わることなく，米軍基地を巡る日本政府と沖縄の関係，とりわけ今日の辺野古新基地建設問題にまで繋がっている。
【関連項目】 在日米軍基地／地方分権一括法／駐留軍用地特別措置法／米軍基地問題（沖縄）
【参考文献】 新崎盛暉『新版・沖縄反戦地主』高文研，1995年／NHK取材班『基地はなぜ沖縄に集中しているのか』NHK出版，2011年／前田哲男ほか編『〈沖縄〉基地問題を知る事典』吉川弘文館，2013年  〔小林武〕

### 沖縄の平和思想 pacifism in Okinawa

沖縄で平和を論じる際に「沖縄の平和思想」という表現が使われることは少ないようだ。沖縄で使われる「平和思想」とは，日本国憲法の「平和主義」に言及して使われていると思われる。沖縄戦で悲惨な体験を持つ沖縄の人々の間に，日本国憲法を崇高なる平和思想として高く評価する声がある。と同時に，戦後一貫して沖縄への米軍集中を前提とする安全保障政策をとる歴代内閣が続いてきていることは，沖縄抜きの「本土平和主義」だと批判する声がある。

沖縄において平和を語るときに登場する代表的な表現の1つが，武器の所持，使用の制限あるいは禁止からから生まれた非武装を意味する「『非武』の文化（思想）」である。17世紀初めの薩摩による武力侵攻までの琉球王国時代の集権化過程で武器の管理が進み，薩摩の支配下では琉球の武器使用がほとんど禁じられた。この「非武装」琉球イメージは，19世紀前半に沖縄を訪れたヨーロッパ人により記述され，非中華圏世界にも知られるようになった。

こうした「非武装」国家は，武器に頼らない交渉術を生み，内外での問題処理の方法として「非暴力主義」を育んだ。明治政府による琉球併合後から現在に至るまで，この「非暴力」の思想は，沖縄の人々がアイデンティティを求め，日本，アジア，世界の理解を深めるときに「拒否」，「自治」，「反戦平和」，「人権」などの思想に影響を持った。

戦後沖縄は，沖縄戦のなかで米軍に個々人が捉えられた瞬間に始まる。沖縄の人々は米軍政下で生きることを余儀なくされた。日本との戦争を終わらせるサンフランシスコ平和条約の基で日本は独立を回復し，米国は沖縄の「施政権」を得る。米国の施政権下の戦後沖縄は，1972年まで続いた。その間，沖縄のなかで，米軍基地の存在を明確に取り上げることにより，ナショナリズムに基づき，そして「平和主義」を掲げる日本国憲法の適用を求めた日本への復帰要望が根強く持続した。

60年代後半のヴェトナム戦争の展開のなかで，沖縄戦での被害者であると同時に米軍基地を容認する側の加害者としての二律相反する認識に支えられた「反戦」，「反基地」の運動が生まれ，平和を自らが創造する「反戦平和」が使われた。冷戦後には，運動とは距離を置く「不戦」が登場するようになった。沖縄戦の生存者としてではなく，主体的に生き抜く者としての「ヌチ ドゥ タカラ（命こそ一番の宝）」も，平和の基点とされる。

【関連項目】 ヌチ ドゥ タカラ（命どぅ宝）
【参考文献】 石原昌家ほか編『オキナワを平和学する』法律文化社，2005年／比屋根照夫『戦後沖縄の精神と思想』明石書店，2009年／与那国暹『沖縄・反戦平和意識の形成』新泉社，2005年  〔我部政明〕

### 沖縄返還協定
Okinawa Reversion Agreement

沖縄返還協定は，サンフランシスコ平和条約3条にて米国が獲得した沖縄の施政権を放棄することと，それに伴う日米間の取り決めである「琉球諸島に関する日本と米国との間の協定」の一般的な呼称である。同協定は1971年6月17日に調印され，72年5月15日に沖縄が日本の施政権下に戻された。軍事占領を含め27年にわたる米国の沖縄統治に終止符が打たれた。沖縄戦当時から建設された米軍基地は，60年に調印・発効した日米相互協力及び安全保障条約が適用

され，日本の提供する米軍基地として存続して，現在へ至る。

日米両政府は，69年11月の日米共同声明に基づき，いわゆる「核抜き，本土並み」とする施政権返還を実現する取り決め交渉へと入った。米側は，基地の従来通りの使用に交渉目標を置き，施政権放棄の結果失われる利益の最小化を目指した。日本側にとって，佐藤政権の目標であった施政権返還実現に満足しながらも，米軍基地を日米安保条約や地位協定の適用措置，地主との賃貸借契約の成立そして自衛隊による沖縄防衛権引継ぎ，そして日本の施政権適用への準備そして沖縄県の設置が課題となった。自衛隊へ移管される那覇空軍基地（那覇空港を含む）や民間地域に隣接する米軍基地などは返還されたが，返還時にはまだ多くの基地が残されていた。これら個々の基地の使用条件や期間を記した72年5月15日付の合意（515メモと呼ばれる）や嘉手納飛行場へのアプローチコントロールの米軍管理が，日米合同委員会で了承されたが，96年までその存在は公開されなかった。

交渉の最後まで残ったのが，次の2件だった。まずは，沖縄統治下でソ連や中国などへの対外宣伝放送を行っていたヴォイス・オブ・アメリカ（VOA）活動の継続を認めるのかが問われた。日本の国内法では日本の放送局以外の電波使用が認められておらず，地位協定上で提供された基地は米軍以外の機関であるVOAの使用は認められていなかった。移転を巡る交渉を継続すると協定上は明記されたが，日本の移転費（1600万ドル）負担を条件とする移転が秘密裏に合意されていた。

もう1つは，米国統治下で約束されていた沖縄の地主へ補償であった。米軍は沖縄で基地を確保する法的措置として地主との契約が必要となり，土地の返還がなされるときに原状復元補償を契約に盛りこんだ。実際に，返還された土地に対し補償を米軍は行ったが，その後沖縄返還時までに未払い分（400万ドル）を残していた。日本側がその支払いの肩代わりを秘密裏に申し出て，協定上に米側の恩恵的支払いが記されることとなった。これらは，当時から疑惑がでていたが，米公文書により，2000年にその存在が確認された。

【関連項目】「核抜き，本土並み」
【参考文献】我部政明『沖縄返還をめぐる日本の外交文書』『歴史学が問う公文書の管理と情報公開』大月書店，2015年／西山太吉『機密を開示せよ（決定版）』岩波書店，2015年

〔我部政明〕

## 「押付け憲法」論 constitution octroyée

日本国憲法の制定過程においてGHQ草案が憲法改正案の基礎とされ，その審議策定過程を通してGHQによる指導が行われたことに注目し，憲法改革が行われた背景や，審議過程の実態，憲法改正案に対する国民の支持を無視して，日本国憲法の正当性を否定する主張。

ポツダム宣言は，「日本国国民の間における民主主義的傾向の復活強化に対する一切の障害の除去」，「言論，宗教及思想の自由ならび基本的人権の尊重の確立」を求め，「日本国国民の自由に表明せる意思に従い平和的傾向を有し，かつ責任ある政府が樹立」することを占領終結の条件としていた。いずれも明治憲法の原則と両立し得ないものである。しかし，旧支配層の大半はこの両者の非両立性を直視し，憲法改革に立ち向かうことができなかった。

天皇裕仁の戦争責任を追及する声が高まるなかで，GHQは，近衛文麿と幣原首相に改憲の必要性を示唆した。天皇側近と目される前者は改憲に前向きであり，国務省が検討中の憲法政策の概要もこのグループには伝えられたが，近衛の戦争責任が追及され，作業は挫折した。後者は憲法問題調査委員会を設けたが，この委員会はポツダム宣言を踏まえた明治憲法の改正を構想することができないことが1946年1月末の時点で明らかになった。

日本指導層の作業を注視していたGHQは，

他の連合国も参加する占領管理機構である極東委員会と東京裁判の開始を前に，ここで改憲作業への介入に踏み切り，自ら憲法草案を作って日本政府に示し，これを改憲作業の原案とすることを促した。

日本指導層の最大の関心事は天皇制存続にあり，帝国議会では天皇の政治権限剥奪には強い抵抗があった。しかし9条は天皇制存続に不可欠のものと受けとめられた。審議過程では，生存権条項の新設，義務教育年限の延長を可能とする修正とともに，外国人の人権保障縮減に繋がる国民要件法定条項など，重要な「日本化」がなされた。

当時の世論調査によると，「戦争放棄の条項を必要とするか」について，「必要あり」70％，「必要なし」28％（1946年5月「毎日新聞」），日本国憲法への改正については「成功」34.7％，「大体よろし」57％（1946年11月「毎日新聞」）と賛成が圧倒している。

【関連項目】　ポツダム宣言／マッカーサー草案（GHQ草案）
【参考文献】　古関彰一『日本国憲法の誕生』岩波書店，2009年／鈴木昭典『日本国憲法を生んだ密室の九日間』創元社，1995年／歴史教育者協議会編『日本国憲法を国民はどう迎えたか』高文研，1997年
〔三輪隆〕

## オスプレイ問題　Osprey

2014年10月，沖縄県宜野湾市の米海兵隊普天間飛行場に新型輸送機MV-22オスプレイ機が沖縄県民の強い反対にもかかわらず，配備された。オスプレイ機はプロペラを垂直にするとヘリコプターのように垂直離着陸が可能になり，水平にすると飛行機のように飛行する。

沖縄県民の配備への反対の主な理由は，開発段階から事故を起こしているオスプレイ機の安全性への疑問である。特に住宅密集地にあり，危険性の高さから返還が決まって18年経過している普天間飛行場へなぜ今，配備が強行されるのか，という疑問は強い。

オスプレイ機配備は1996年12月の日米政府による「沖縄に関する特別行動委員会（SACO）」の合意ですでに予定されていたが，公表されなかった。SACO合意は沖縄の負担軽減のためとして，普天間飛行場の返還も含めた基地の「整理・縮小」を決めた。しかし実際には，オスプレイ機を「ヘリコプター」とし，配備のために北部訓練場がある東村高江に新たな「ヘリパッド」を建設したり，名護市辺野古に軍港機能も備えた基地の建設が進められたりしている。オスプレイ機配備は米軍基地の機能強化と押し付けの象徴であり，沖縄県民は強く反発している。
〔秋林こずえ〕

## オスロ国際平和研究所（PRIO）
Peace Research Institute Oslo

1959年にノルウェーの平和研究者ガルトゥングらの研究者グループによって創設された。国際的な平和研究所としてはスウェーデンのストックホルム国際平和研究所（SIPRI）が有名であるが，こちらが66年にスウェーデン議会により設立されたのに対して，PRIOは平和研究者の声を背景に生まれ，平和運動とも強く結びついている。

現在はノルウェーの学術会議，社会研究所などの代表を含めた7名のボードがガヴァナンスにあたり，予算は15％を学術会議の補助金，残りをプロジェクト・ベースのファンドに依拠する。「国家，団体，個人の間の平和的な関係構築のための諸条件に関する研究の促進」を目的に多様な研究分野にわたる40～50名の常勤研究者がおり，様々なプロジェクトを推進している。64年から刊行されている *Journal of Peace Research* をはじめ，4種類の学術雑誌，様々な研究書，報告書を刊行してきた。97年には「小型武器移転に関するノルウェー・イニシアティブ（NISAT）」をノルウェー赤十字，ノルウェー教会援助とともに創設した。

【関連項目】　ストックホルム国際平和研究所（SIPRI）
〔大島美穂〕

### オックスファム　Oxfam International

　世界の約100ヵ国で貧困と社会的不正義の根絶のために活動している国際NGOである。本部は英国オックスフォードにある。オックスファムの創設は、英国のクエーカー教徒、社会活動家、オックスフォード大学の教育関係者が中心となって1942年に設立した「オックスフォード飢餓救済委員会」にその起源がある。活動内容は、飢餓に苦しむ人々への緊急援助が主であったが、近年は、貧困のない公正な世界の構築のために、貧困や紛争に苦しむ地域での長期的開発計画の策定も行っている。
貧困や社会的不正義の長期的解決に向けて、主に3つの活動分野に従事している。具体的には、①武力紛争や自然災害に見舞われた地域への人道支援（特に安全な飲料水の供給や衛生状態の改善）、②地域のニーズに合わせ、長期的視野に立脚した、貧困脱却のための持続可能な解決方法の創造、③地域・国家・国際レベルでの紛争解決に資する政策決定に関するロビー活動、啓発活動、一般市民への呼びかけ運動である。
〔田辺寿一郎〕

### オバマのプラハ演説
Obama's Prague address

　2009年1月に米国大統領に就任したオバマが同年4月にチェコのプラハで行った演説であり、米国は核兵器を使用した唯一の核兵器国として行動する道義的責任があり、核兵器のない世界での平和と安全を追求すると述べた。また冷戦思考に終止符を打つため、米国の安全保障戦略のなかでの核兵器の役割を低減させるとともに、他の国も同じ行動をとるよう要請した。この「核兵器のない世界」の追求という演説は、核兵器の廃絶を明確に指向する画期的な提案として一般に歓迎され、オバマ大統領はその年のノーベル平和賞を受賞した。米国はロシアとの交渉をすぐに開始し、11年4月に新戦略兵器削減条約（新START条約）を締結し、戦略弾頭を7年間で1550に削減し、配備した運搬手段を700に削減することに合意した。ただし、彼は同時に、核兵器のない世界は自分が生きている間には達成できないだろうし、核兵器が存在する限り、敵を抑止するために安全で確実で効果的な核戦力を維持すると述べた。
【関連項目】　核軍縮／核兵器禁止条約
〔黒澤満〕

### 思いやり予算

　日米地位協定24条は、米軍を「維持することに伴うすべての経費」を米国負担とし、基地の提供を日本負担としている。「維持経費」には何が含まれるのか、「基地提供」には新施設あるいは代替施設の建設は含まれるのか、24条の規定を超える維持経費負担が許されるのか、これらの解釈を巡って、日本国内では政治的対立が生まれている。

　日本の米軍基地経費負担が問題視されたのは、沖縄返還に伴う米軍基地の「移設」費負担を巡る議論を契機とする。政府は、基地提供が日本の義務である以上、日本が安保条約の目的、財政状況、その他の影響を総合的に判断して、「移設」の経費負担をする見解を明らかにした（1973年3月13日衆議院予算委員会での外務大臣答弁）。

　また、70年代に入りヴェトナム戦争のなかで疲弊した米経済、ドル安・円高、第一次オイルショックを受けて国内での賃金上昇が進んだため、77年12月に日米合同委員会で、基地で働く日本人従業員給与の一部（62億円）の日本負担が合意された。その根拠を問われた当時の金丸信防衛庁長官が「思いやり」だと答弁した（78年6月29日、参議院内閣委員会）ことから、その後も続く日本政府による駐留米軍経費の一部負担の拡大のなかで「思いやり予算」が定着する。日本政府は、「駐留関連経費」と呼ぶ。82年以降、日米間で署名された幾つかの特別協定によって経費の一部が日本負担として義務化され、現在まで至る。

オレンジカ

【関連項目】 日米安全保障体制／日米安保条約 〔我部政明〕

# オレンジ革命　Orange Revolution

　2004年10月のウクライナ大統領選挙の結果を巡り発生した一連の政治変動を指す。大統領選では当時のレオニード・クチマ政権が支持する親ロシア派のヴィクトル・ヤヌコーヴィチと親欧米派のヴィクトル・ユーシチェンコが激しく争い，11月の決選投票ではヤヌコーヴィチが当選とされた。この選挙結果に対し，ユーシチェンコ陣営は異議申し立てを最高裁に行う一方，選挙のやり直しを求める抗議集会への動員を始めた。首都キエフの独立広場に集結した支持者は10万人規模に達し，非暴力的な集会は1ヵ月近く続いた。最高裁はクチマ政権の不正を認め，選挙結果の無効と決選投票のやり直しを求める判決を下した。12月26日の投票ではユーシチェンコが当選し，第3代大統領に就任した。

　オレンジという呼び名はユーシチェンコ支持者のシンボルカラーに由来する。この革命の意義は民主的選挙の定着である欧州安全保障協力機構（OSCE）などの国際機関の選挙監視報告では，06年と07年の議会選，10年の大統領選において民主的選挙の国際基準に合致すると評価されている。

【関連項目】 クリミア併合／体制移植／民主化支援

〔野田岳人〕

# 恩赦　amnesty/pardon

　恩赦は，国際的な文脈ではアムネスティ（amnesty）やパードン（pardon）と呼ばれる。アムネスティは，政治的な目的等により行われた犯罪の行為者を処罰せずまたは有罪としない行為であり，集団を対象とする。パードンは，刑が言い渡された後に，刑の執行を免除・軽減する個人に対する行為である。アムネスティの意味での恩赦は，伝統的に，平和条約に規定され，紛争の再発防止を目的として敵の戦闘員に刑事訴追を行わないことである。第二次世界大戦後には国際軍事裁判が行われ，個人の戦争犯罪が追及されるようになり，恩赦は徐々に制限された。

　20世紀には，政治体制の移行期や紛争後に恩赦が用いられてきた。1970年代以降，軍事独裁政権から民主的な政権に移行したラテンアメリカ諸国において，軍や警察に恩赦を与え，旧政権下での人権侵害行為を不問にすることにより，社会を安定化させ，民主的な政権の構築を促進しようとした。現在では，戦争犯罪など重大な人権侵害行為者に対しては恩赦が与えられないことが，国内裁判所や国際的な裁判所の判例において確認されている。

　非国際武力紛争においては敵対行為終了の際に，当局が武力紛争の参加者に可能な限り広範な恩赦を与えるよう努力することが求められている（77年ジュネーヴ条約第2追加議定書）。また，南アフリカ共和国では，アパルトヘイト政権から民主的な政権への移行を円滑に行うために恩赦が用いられた。真実和解委員会は，紛争過程での行動を告白した者に恩赦を与えた。この措置は，一定の条件に基づく恩赦の付与を確認するとともに，民主化に移行する国家の政策としての恩赦の有益性を示した。

　恩赦を全般的に禁止する条約は存在しないものの，ジュネーヴ諸条約（49年）などの条約では，特定の犯罪行為に恩赦を認めていない。また，国際社会全体の関心事である最も重大な犯罪を裁く司法機関として設立された国際刑事裁判所（ICC）において，恩赦の付与は制限されている。現在では，ジェノサイド，人道に対する罪，戦争犯罪，重大な人権侵害などの国際犯罪行為について恩赦は認められないことが確認されている。

【関連項目】 移行期正義／国際軍事裁判／真実糾明委員会（ラテンアメリカ）／真実和解委員会（TRC）

【参考文献】 ヘイナー，プリシラ・B.（阿部利洋訳）『語りえぬ真実』平凡社，2006年／望月康恵「移行期正義の追及におけ

るアムネスティ」『国際政治』171号，2013年　〔望月康恵〕

# カ

## カーター人権外交
### Carter's human rights diplomacy

アメリカ合衆国のカーター政権が掲げた，人権の擁護を対外政策の目的とする政策である。援助や通商政策と結びつけて，国外の人権侵害を改善させようとした。米国の他の外交政策との調整に失敗し，短期的な成果は少なかった。

米国国内には，すでに1970年代初頭から人権を重視する外交政策を求める声があった。国益重視を掲げるニクソン政権への批判から，議会を中心に人権を重視する外交を提唱したのである。さらに議会は，対外援助や通商条約に人権尊重を条件として付与した。

77年に成立したカーター政権は，ヴェトナム戦争などで傷ついた米国の国際的な評価を回復し，それまでの共和党政権から差別化するため，冷戦にとらわれない新たな外交を掲げた。特に重視されたのが人権の擁護だった。具体的に国際人権規約など人権関連の諸条約の調印，人権抑圧を理由とするラテンアメリカ諸国への軍事援助の停止，外交交渉における人権問題への言及などを進めた。議会が限定的に行った人権外交に，行政府が積極的に関与したのである。

もっとも，積極的な人権擁護は他の外交政策上の目的と矛盾しかねない。特に顕著なのは対ソ関係である。カーター政権は核兵器の軍備管理交渉を進める一方，ソ連政府に人権状況の改善を公然と要求した。ソ連国内の人権問題がデタント批判の材料として利用された経緯もあり，ソ連政府はカーター政権の対応に強く反発した。結局，ソ連のアフガニスタン侵攻を機に米ソ関係は決定的に悪化し，カーター政権は安全保障に焦点を当てた冷戦政策に舵を切った。

政権末期には外交的失敗として保守派から厳しく批判された人権外交であったが，次のレーガン政権も完全に無視することはなかった。また，国際的な人権状況の改善に，一定の貢献を成したことも否定できない。

【関連項目】アフガニスタン侵攻（ソ連の）／国際人権規約／戦略兵器制限交渉（SALT）／デタント（緊張緩和）

【参考文献】有賀貞編『アメリカ外交と人権』日本国際問題研究所，1992年／Dumbrell, John, *The Carter Presidency*, Manchester University Press, 1993／Smith, Gaddis, *Morality, Reason, and Power*, Hill and Wang, 1986　〔倉科一希〕

## カーター・センター（TCC）
### The Carter Center

世界平和と公衆衛生の促進を目標に掲げる，ジミー・カーター元米国大統領が1982年に創設したNGO。米国ジョージア州アトランタ市に本部を置く。その活動は大きく平和分野と公衆衛生分野に大別できる。前者の平和分野の活動は，①選挙監視活動を主に行うデモクラシー・プログラム，②人権保護促進に取り組むヒューマンライツ・プログラム，③非政府レベルの紛争調停に取り組む紛争解決プログラム，④中南米に特化したアメリカズ・プログラム，⑤中国に特化したチャイナ・プログラム，そして⑥グローバル情報公開プログラムの6つに細分化できる。特に選挙監視活動分野では，2015年5月11日時点において38ヵ国で100回行った実績を有する草分け的な存在である。後者の公衆衛生プログラムでは主にギニア虫症やオンコセルカ症，トラコーマ，住血吸虫症，リンパ系フィラリア症，マラリアなどの撲滅に取り組んでいる。TCCの活動が認められ，02年にカーター元大統領はノーベル平和賞を受賞している。

【関連項目】選挙監視活動／非政府組織（NGO/NPO）／民主化支援　〔古澤嘉朗〕

## 外交関係に関するウィーン条約
### Vienna Convention on Diplomatic Relations

　外交関係及び外交上の特権や免除に関する多数国間条約。国連国際法委員会で草案が作成され、1961年のウィーン会議で採択された。現在の当事国は190ヵ国に及ぶ。全体で53ヵ条の多くは、当時の慣習国際法を成文化したものとみなされる。なお、前文で、同条約で明示的に規定されていない問題で、引き続き慣習国際法の諸規則によるべきものがあることが確認されている。

　外交使節団は、使節団の長（大使、公使、代理公使）、外交職員、事務及び技術職員、そして役務職員からなり、前二者が外交官と呼ばれる。外交関係の設定は、従来主張されることのあった「使節権」が否定され、相互の同意によって行われるとされている（2条）。特定の人物を接受国が拒否できる制度として、使節団の長についてはアグレマン、外交官についてはペルソナ・ノン・グラータの制度がある。

　外交使節団の構成員及び公館には、種々の特権・免除が認められている。公館の不可侵を巡っては、外交的庇護権との関係で、現実の場面でときに深刻な問題となる。

【関連項目】　安心供与／国連国際法委員会（ILC）〔柳原正治〕

## 外国軍基地をなくす国際ネットワーク
### International Network for the Abolition of Foreign Bases

　No Base Network とも称される。2007年3月にエクアドルで結成会議が開催され、約40ヵ国から300人余りが参加した。アジアやラテンアメリカでは米軍などの在外基地周辺のコミュニティでの基地反対運動の長い歴史があるが、米軍を中心に軍事活動が急速にグローバル化されるなか、00年頃から国際市民社会運動ネットワークで各駐留地域の基地反対運動を繋ぐ必要性が認識されるようになった。04年1月の世界社会フォーラム（インド）での軍事基地に関するワークショップで国際ネットワークの発足が決まり、エクアドル会議に至った。日本では平和団体によるアジア平和連合（Asia Peace Alliance）が結成された。

　共通する問題として、環境汚染と健康被害、基地閉鎖・返還後の汚染除去（浄化）、性暴力、演習などによる事故、地位協定などの不平等な法律、健全な経済活動や発展の阻害、地域政治への介入、植民地支配の影響などが挙げられ、これらの問題に取り組むための連帯が構築されてきた。しかしネットワークの維持は人手や経済的な負担も大きく、09年に米国の参加団体がワシントンD.C.でネットワーク会議を開催した後はネットワークとして目立った活動はない。

〔秋林こずえ〕

## 外国人登録　alien registration

　2012年に外国人登録法が廃止されるまで、65年間にわたり、外国人の法的地位を明確にし、公証する上で外国人登録は重要であった。今日、一般に外国人も、住民基本台帳法のもと、住民登録することになった。同時に、かつては「犬の鑑札」になぞらえて批判されてきた外国人登録証の携帯義務も、特別永住者には廃止された。他方、中長期在留者（特別永住者、非正規滞在者、3ヵ月以下の在留期間の者、短期滞在・外交・公用等を除く在留資格の者を指す）に交付される在留カードの場合は、携帯義務がある。新たな登録制度の眼目は、①正規の在留資格を有する者に登録対象を限定すること、②各種の行政サービスに活用すること、③「複数国籍世帯」も視野に入れ居住実態に即した情報の正確性を確保することにある。しかし、仮滞在許可を得ていない難民申請者などが登録されないこと、自治体への周知が徹底せず、母子手帳や教育など必要な行政サービスを非正規滞在者が受けられない事例が出たこと、外国人登録証では可能であった簡体字表記や通称名併記が認められなくなった問題などが指摘されてい

## 外国人被爆者　foreign atomic bomb survivors

　1945年8月，広島と長崎への原爆投下時，両市には相当数の外国人が居住していたとされる。その大部分は当時の朝鮮人であった。外国人あるいは朝鮮人の正確な被爆者数は今なお明らかにされていないが，その数は万の単位をくだらないだろう。広島市には，日系アメリカ人が多数居住していたほか，ドイツ，ロシア，東南アジア諸国，中国，モンゴルなどの外国人市民・聖職者・留学生が居住していた。また，捕虜収容所がないとされていた広島には実際十数名のアメリカ人兵士が収容されていた。長崎にはまた同様に外国籍の宣教師や修道女をはじめ，多くの中国人が居住していた。

【関連項目】　韓国・朝鮮人被爆者
【参考文献】　広島市・長崎市原爆災害誌編集委員会編『広島・長崎の原爆災害』岩波書店，1979年　　　〔川野徳幸〕

## 解釈改憲　de facto amendment of the Constitution by interpretation

　近代以降の政治は，ほぼすべての国で，政治と社会の根本的なあり方を国の最高法規としての憲法に定め，その憲法に従って公権力（統治権）を行使する立憲主義の体制をとっている。憲法違反の政治を無効として禁止し，反憲法的な政治を行うには，それを認める憲法改正（明文改憲）の後でなければならない，とする体制である。
　日本国憲法下では，9条の運用に典型的にみられるように，憲法の解釈を不可能なまでゆがめることによって，憲法改正をしなければできないはずの憲法政治が行われている。「解釈改憲」の政治である。その政治は2つの方法で行われている。1つは憲法の授権規範性・制限規範性を無視して，憲法を通じて主権者・国民から認められていない権限・方法を強行すること

である。もう1つは，例えば「自衛力」などのような，憲法の基本用語につき憲法が認めていない概念を用いることである。特に軍事問題における解釈改憲政治の進行は，その典型であり，立憲主義体制を否定する「強権政治」「ルールなき日本」の進行を思わせる。軍事の基本問題が本来的に憲法事項であることも忘れてはならない。

【関連項目】　憲法改正／憲法改正の限界　　〔杉原泰雄〕

## 海上交通路（シーレーン）　sea lane

　一般的には，船舶が通航する航路帯を言う。船舶は安全や燃費の節約のため特定の航路帯を通航し，それが慣行となっていることが多い。しかし，海域によって意味は異なる。マラッカ海峡など多くの船舶が行き交う国際海峡では，安全確保のため通航路を区分する航行分離帯のことを言う。大きな国際海峡では，沿岸国との間で通航権を巡ってトラブルを生じることが多く，海底掘削などにより安全を確保するための国際協力が進められている。
　最近では，国の経済を左右するような海上交通路を言うことが多い。日本では，古くから石油輸入と対欧州貿易に使われる航路をオイルロードと呼んできたが，その海域の通航が周辺国の紛争や海上テロ・海賊によって危うくなっているという理由で，航路の安全保障として「シーレーン防衛」が標榜されることが多い。日本政府は，1980年代にシーレーン1000カイリ防衛構想を打ち出した。特に福島第一原発事故以後は中東からの石油輸入依存度が高まっており，ホルムズ海峡，マラッカ海峡，ペルシア湾，アデン湾，南シナ海などのシーレーンで機雷除去や海賊取締りを行うことが自衛権の行使にあたるかといった問題で言及される。

【関連項目】　海洋法条約　　〔古賀衞〕

## 海上人命安全条約（SOLAS条約）
International Convention for Safety of Life at Sea

　正式名称は「1974年の海上における人命の安全のための国際条約」（80年5月発効）。その起源は，12年に起きたタイタニック号事件を契機として14年に締結された条約に遡る。14年の条約は，一定トン数以上の船舶に船体構造，救命設備，無線設備など，海上での人命の安全（safety）確保のために必要な船舶の技術的要件を定めていた。現行の1974年条約は，その後の技術革新等を反映させた数次の改正を経て今日に至っている。条約本文と附属書からなり，条約本文は，発効要件，改正手続等の手続的事項を定め，実体事項は附属書で定められている。

　2001年9月の同時多発テロ事件を受けて，国際海事機関（IMO）は，海事分野でのテロ対策の強化を図る必要に迫られ，02年12月，締約国会議で，条約附属書の改正が採択され，04年7月に発効した。この改正により，従来からの「海上の安全（safety）」に加えて，新たに「海上の保安（security）」を高めるための特別措置に関する規定が新設され，遵守すべき具体的規則や当該規則を適用するための細則である「船舶及び港湾の国際保安コード（ISPSコード）」が導入された。

【関連項目】　海洋法条約／テロリズム　　　　〔森川幸一〕

## 海上武力紛争法サンレモ・マニュアル
San Remo Manual on International Law Applicable to Armed Conflicts at Sea

　イタリア・サンレモの人道法国際研究所が中心になり1994年に完成させたマニュアル（手引書）で，海空戦と海上中立の国際慣習法を明らかにしようとしたものである。西欧国際法学者や軍法務関係者による私的文書で法的拘束力を欠くが，現代の慣習法を示したものとして評価される。マニュアルでは，海洋法との関係，海上空中目標の選定，害敵手段規制，及び戦争違法化の下での海上中立規則に分けて計183規則が掲げられる。

　この作成が企図されたのは，関係条約がハーグ諸条約（1907年）やロンドン潜水艦議定書（36年）のように古く，現代戦に対応できないからである。両次大戦でも同じ問題が指摘されながら便法的説明で古い条約の妥当性が維持されていたが，1980年代のイラン・イラク戦争とフォークランド戦争でそれも限界とされ，82年の国連海洋法条約採択もあり慣習法確定が急務となった。80年代半ばに米国やドイツがマニュアルを改訂し，サンレモ・マニュアルが続いた。さらに条約作成も期待されたが，そのような動きはその後はない。

【関連項目】　海戦法規／国際人道法（武力紛争法）（IHL）／中立法規　　　　〔真山全〕

## 開戦条約　Convention (III) relative to the Opening of Hostilities

　1907年第2回ハーグ万国平和会議で採択された条約の1つ。敵対行為の開始に関する手続を定めている。締約国は理由を付した開戦宣言の形式又は条件付き開戦宣言を含む最後通牒の形式を有する明瞭且つ事前の通告なくして締約国間に戦争を開始してはならないこと（1条），また中立国へ交戦状態の成立を遅滞なく通告すべき義務を定めている（2条）。開戦宣言（宣戦）とは国家の開戦の意思を表示する元首の公文書，及びその公文書の表現するところの内容である。戦争を開始するにあたって（相手国に向かって）宣戦をしなければならないかは古くから争われてきた問題であった。実際にも日清戦争，日露戦争のどちらについても両交戦国共に宣戦はしたがそれは実際の敵対行動開始の後だった。日露戦争を契機として開戦に一定の手続を定めておく必要性が強く認識され，1906年の万国国際法学会でこの問題について決議が採択されたのち，翌07年にハーグ平和会議で条約

が採択された。なお,本条約の題名は開「戦」となっているが,原文では guerre（war）ではなくて hostilités（hostilities）（敵対行為）であるが,ここでは交戦と同意義の敵対行為を意味すると解されている。　　　　　　〔洪恵子〕

▎**海戦法規**　Law of Maritime Warfare

　海上における武力紛争に適用される国際法規。主として紛争当事国の戦闘行為に関するルールであるが,海戦は紛争当事国だけでなく第三国の船舶にも影響を与えるため,海上中立（maritime neutrality）も規律の対象としている。19世紀後半から条約が締結されるようになり,特に1907年第2回ハーグ平和会議では「開戦ノ際ニ於ケル敵国商船取扱ニ関スル条約」（第6条約）や「戦時海軍力ヲ以テスル砲撃ニ関スル条約」（第9条約）,「海戦ノ場合ニ於ケル中立国ノ権利義務ニ関スル条約」（第13条約）などが締結された。第二次世界大戦後は49年戦争犠牲者に関するジュネーヴ4条約の1つとして人道法の側面（海上傷病者保護）について条約がつくられた（第2条約）。これらの条約で規定されている基本的な原則は慣習国際法の性格を持つとされている。ただし現代の海戦の現実に適合する法規も求められており,正式な国際条約ではないものの,イタリアで設立された人道法国際研究所（International Institute of Humanitarian Law）が中心となり専門家によって作成されたサンレモ・マニュアル（94年）は海上における武力紛争に適用されるべき規則と解説を提供している。　　　〔洪恵子〕

▎**海賊対処法**　Anti-Piracy Measures Law

　「海賊行為の処罰及び海賊行為への対処に関する法律」（2009年）。マラッカ海峡やソマリア沖での海賊行為の多発を受け,海賊行為の処罰及び海賊行為への適切かつ効果的な対処について法整備すべく制定された法律である。
　海賊行為への対処は海上保安庁が行うが,そ

れでは対応できない「特別の必要」がある場合には,防衛大臣は自衛隊の海賊対処行動を命ずることができる。憲法9条の下では海外での武器使用が限定されるべきとの見地から,従来日本の領海外での自衛隊による海上警備行動の護衛対象は,日本船籍の船,日本企業の運航する外国船,日本人が乗船している船に限られており,武器使用も,警告射撃,正当防衛,緊急避難,武器防護のために限られていた。
　海賊対処法制定により護衛対象の拡大（他国船舶も保護対象とする）と,武器使用要件の緩和（海賊船が民間船舶に著しく接近し,停船命令に従わない場合に,他に手段がなければ,船舶停止のための船体射撃も可能とする）が実現した。自衛隊の活動は自衛目的の範囲内でなければならず,日本の防衛の範囲を超えた場所への出動による海上警備行動派遣は憲法に違反するという指摘がある。

【関連項目】　自衛権発動三要件／自衛隊法　〔麻生多聞〕

▎**解体プルトニウム**　dismantled plutonium

　戦略兵器削減条約（START）等による核兵器の削減で解体された核弾頭から,高濃縮ウランとプルトニウムが回収され,この回収されたプルトニウムを解体プルトニウムと呼ぶ。その保有量はあまり明かにされていないが,米国は,1994年と2009年にそれぞれ85.0tと81.3tと公表している。ロシアは保有量を公表していない。
　兵器用核分裂性物質生産禁止条約（FMCT）においては,プルトニウムの新たな生産の禁止だけでなく,解体され余剰となったプルトニウムの核兵器への再利用も禁止すべきだとの議論がなされている。
　米国では,解体プルトニウムを安定したガラス固化体に加工した状態で長期保存するか,混合酸化物（MOX）に転換し,民生利用の発電炉等で使用することが検討されている。日本原子力研究開発機構（JAEA）では,ロシアの解

体プルトニウムを酸化物燃料の加工してロシアの高速増殖炉で燃焼するための技術開発に協力している。一方，核弾頭から回収された高濃縮ウランは，低濃縮化して発電炉等で使用する計画が進行している。

【関連項目】 ウラン濃縮／高速増殖炉（FBR）／混合酸化物燃料（MOX燃料）／プルトニウム
【参考文献】 鈴木美寿ほか「ロシア余剰核兵器解体プルトニウム処分協力」日本原子力研究開発機構核物質管理科学技術推進部．JAEA-Review 2012-044／Chapter 5 in *Global Fissile Material Report 2013*, Seventh annual report of International Panel on Fissile Materials, October 2013 〔菊地昌廣〕

### 海底軍事利用禁止条約　Treaty on the Prohibition of the Emplacement of Nuclear Weapons and Other Weapons of Mass Destruction on the Seabed and the Ocean Floor and in the Subsoil Thereof/Seabed Treaty

「核兵器及び他の大量破壊兵器の海底における設置の禁止に関する条約」（海底軍事利用禁止条約）は，「核兵器及び他の種類の大量破壊兵器並びにこれらの兵器を貯蔵し，実験し又は使用することを特に目的とした構築物，発射設備その他の施設を（領海及び接続水域の）海底区域の限界の外側の海底に据えつけず又は置かないこと」（1条1項）を基本的義務とする条約であり，1971年2月11日に作成され署名開放された。また同条約は検証制度を有しており，条約の適用対象となる「海底区域の外側の海底における他の締約国の活動を観察によって検証する権利を有する」（3条1項）のみならず，「自国の手段を用いて，他の締約国の全面的若しくは部分的援助を得て，又は国際連合憲章に基づき国際連合のわく内の適当な国際的手続を通じて，この条の規定による検証を行なうことができる」（3条5項）。ちなみに，その他の種類の大量破壊兵器については生物・化学・放射性兵器を指すものと理解されており，同条約は，海底での経済活動が予見され始めたことに伴い，同条約はこれらの兵器を対象とする軍縮措置の必要性が認識されるようになった結果でもある。

【関連項目】 南極の軍事利用の禁止／非核兵器地帯
〔福井康人〕

### 海底平和利用委員会　Committee on the Peaceful Uses of the Seabed and the Ocean Floor beyond the Limits of National Jurisdiction

1967年国連総会第1委員会で，マルタ代表は国家管轄権の範囲を越えた海底を人類の共同遺産として平和目的のために留保し，その資源を人類のために利用することを提案した。これを受けて，国連総会は，この課題を研究するために36ヵ国からなるアドホック委員会の設置を議決した。68年，総会は問題の重大さを考慮して，42ヵ国からなる常設の海底平和利用委員会を設置する決議を採択した。委員会は，深海底の法制度を審議するために設置されたが，やがて審議事項は海洋法全般に広がった。

70年，国連総会は，73年に第3次国連海洋法会議を開催することを決め，その準備のためにいわゆる拡大海底平和利用委員会を設置する決議を採択した。構成国は86ヵ国，72年に92ヵ国。委員会は，73年総会決議によって解散され，第3次国連海洋法会議に移行した。この間，国連総会は，海底平和利用委員会の審議をもとに，深海底開発のモラトリアム決議，深海底原則宣言等を採択した。

国連第1委員会は軍縮及び関連する安全保障問題を取り扱う総会の政治的機関であり，法律問題を扱う第6委員会とは別の委員会で議論が始まったことが，その後の海洋法会議の政治的な議論に繋がった。この点で，国際法委員会が準備した草案をもとに交渉した第1，第2次国連海洋法会議とは異なる。

【関連項目】 海洋法条約／人類の共同遺産　〔古賀衞〕

### 開発　development

英語のdevelopmentを日本語に訳すと，発

展または開発となる。発展は内在的な力，開発は外在的な力によって進むという印象を与えるが，ここではその双方を含む意味で使う。

開発が意味する内容は，国際連合において歴史的に推移してきた。1960年代に開発は経済成長とほぼ同義だったのに対し，70年代には絶対的貧困をなくすための人間の基本的ニーズ（BHN）が優先され，所得分配を重視した開発戦略がとられた。さらに80年代になると，経済成長のみの優先が批判され，地球環境に配慮した持続可能な開発という概念が提唱された。

90年代には人間開発が提唱され，人々の健康や教育を向上させる基礎的社会サービスの拡充が重視された。2000年のミレニアム開発目標の策定により，それらは15年までの達成が具体的に目指された。さらに15年には，30年までに達成すべき「持続可能な開発目標」が策定された。そこでは，ミレニアム開発目標を基盤としながらも，絶対的貧困だけでなく，格差による相対的貧困を減らすことと，地球環境との共生が，より強調されている。

なお，開発は，貧困削減という観点から，平和や安全保障とも密接な関連を有するものと捉えられている。平和との関連については，「積極的平和」という概念が鍵となる。戦争の不在ではなく暴力の不在として平和を定義したガルトゥングは，直接的暴力だけでなく，構造的暴力にも注目する。例えば，治療が可能となった結核で命を失う人々が現在でもいることは，貧困といった社会構造がもたらす構造的暴力である。そして，直接的暴力をなくすことを消極的平和，構造的暴力をなくすことを積極的平和と捉えた彼の議論に基づけば，構造的暴力の重要な一因である貧困をなくすための開発は，積極的平和に寄与することになると言える。

開発と安全保障の関連については，「人間の安全保障」という概念が鍵となる。国連開発計画（UNDP）の『人間開発報告1994』によって知られるようになったこの考え方は，恐怖からの自由，欠乏からの自由，尊厳をもって生きる自由を拡大する必要性を唱えるものである。そして，ここにおいても，開発による貧困削減が重要な役割を果たすと考えられている。

【関連項目】　構造的暴力（間接的暴力）／持続可能な開発（発展）／人間の安全保障／人間の基本的ニーズ（BHN）／ミレニアム開発目標（MDGs）
【参考文献】　勝間靖『テキスト国際開発論』ミネルヴァ書房，2012年
〔勝間靖〕

## 開発NGO　development NGOs

活動分野でNGO（非政府組織）を分類する際，主に国際開発分野に関わるNGOを指す。国際開発問題に取り組む多くの民間組織は，早くから国連関連機関との協議資格の有無にかかわらず，自らを「NGO」と呼称する傾向が見られた。とりわけ1980年代，それまで主流であった国家間レベルの開発協力の限界や機能不全が指摘されるようになる一方で，アフリカにおける飢餓・貧困の深刻化がメディアによって伝えられると，一般市民による南北問題に対する関心が高まりを見せるようになった。そうしたなか，草の根のニーズに対する迅速できめ細やかな対応力から，開発NGOは開発協力のもう1つの担い手として，世界的に注目を集めるようになっていった。

当初は主に先進国に基盤を置き，途上国に出向いて慈善活動，自助努力支援などの開発協力を行う援助提供型の民間組織，あるいは先進国内でアドボカシー（政策提言や批判提示等の主張）活動を行う組織を指す言葉として用いられていたものの，次第に途上国側にも自生的な組織が育ち，存在感を増すようになると，その双方を意味する幅広い概念として用いられるようになってきた。さらに近年では，両者のネットワークやパートナーシップ構築が注目されるようになってきている。ただ，もともと政府以外というあまりにも広範な対象を指す用語であった上に，規模や政治姿勢，果たす役割などがあ

まりに多様であることから，市民社会組織（Civil Society Organization; CSO），草の根組織（Grassroots Organization）といった，より限定的な表現を用いる動きもみられる。

なお，近年では開発 NGO に対して ODA など公的な資金から補助金が提供されることも一般的となっており，政府や国際機関との協調・協働関係が重要となる一方で，そうした資金依存が NGO の独自性喪失に繋がるという問題点を指摘する声もある。

【関連項目】開発援助／トランスナショナル・リレーションズ／非政府組織（NGO／NPO）
【参考文献】高柳彰夫『グローバル市民社会と援助効果 CSO/NGO のアドボカシーと規範づくり』法律文化社，2014年／Eade, Deborah, *Development, NGOs and Civil Society*, Kumarian Press, 2000　〔吉田晴彦〕

## 開発援助
development assistance/development aid

開発途上国内の開発に対し，外部から提供される援助のこと。ODA を中心とした公的な援助と，NGO などによる民間レベルの援助に大別される。援助と呼称されてきたのは，それが無償で提供されるか，返済を必要とする場合でも民間商業銀行より利子が低い，返済期間が長いなど，受取り側にとって有利な条件で提供されていることによる。

国際社会が開発援助に本格的に取り組むようになったのは，豊かな先進諸国と貧しい開発途上諸国という格差の構図＝南北問題が明確に意識されるようになった1960年代以降である。当初の課題設定は，経済成長による貧困の克服であり，途上国で不足する資金や技術を先進国側から補うことが援助の役割であると位置づけられた。こうした取り組みの背景には，当時新興国として急速に数を増していた途上国を，東西両陣営がいかに取り込もうとするかという国際政治上の考慮もあった。

結果として途上国における経済成長目標を達成し，一定の成果を上げた60年代ではあったが，南北格差はかえって広がり，やがて70年代には両者の対立が深刻化して開発援助は停滞気味になった。その後，先進国から途上国へ，途上国の指導者層から貧困層へといった外発的な，上からの経済効率追求では解決できない課題が指摘されるようになり，次第に下からの，内発的で人間的な開発・発展が模索されるようになっていく。関与するアクターも多様化し，国家や国際機関のみならず，NGO や企業，途上国の草の根市民組織をも巻き込むようになり，また，それらアクター間の対等なパートナーシップに基づく取り組みへと変化していった。

そうしたこともあり，援助する側・される側の間に上下関係を想起させる「開発援助」という表現よりも，より対等な関係を前提とした「開発協力」という表現を用いることが近年では多くなっている。

【関連項目】開発 NGO／開発援助委員会（DAC）／国際協力／政府開発援助（ODA）／南北問題
【参考文献】外務省『日本の国際協力（ODA 白書）』各年版／吉田晴彦「国際援助という問題」中村研編『国際関係論へのファーストステップ』法律文化社，2011年　〔吉田晴彦〕

## 開発援助委員会（DAC）
Development Assistance Committee

経済政策委員会，貿易委員会と並ぶ OECD 三大委員会の１つ。1960年，米国の提唱により設立された開発援助グループ（DAG）を前身とし，61年の OECD 発足に伴い改組され，その傘下に入った。2015年現在，OECD 加盟国中28ヵ国に欧州連合を加えた29メンバーより構成される。

対途上国援助の拡大，効率化，援助の量と質の定期的相互検討及び拡充などを目的とする。加盟国の援助審査や開発援助のガイドライン作成なども行っており，ドナー国の援助政策に一定の影響を与えている。

DAC では ODA をはじめとする開発協力の

動向，加盟国の活動の概要などを毎年公表している。そもそもODAの定義自体，DACが定めたものであり，その要件に該当する資金の流れをDACが統計的に処理したものがODA実績として計上される。また，ODAの受取対象国として扱われるのは国民所得を基準に作成されたDACリストに掲載された国々であり，開発途上国とほぼ同義とされる。

【関連項目】 政府開発援助（ODA） 〔吉田晴彦〕

### 開発とガヴァナンス
development and governance

ガヴァナンスは「統治」と訳されることが多い。発展途上国への開発協力においては，統治機構や行政制度の改革と能力向上が不可欠だとされる。グッド・ガヴァナンス（良い統治）は，貧困削減戦略文書の構成要素となり，「国連ミレニアム宣言」（2000年）でも重視され，ミレニアム開発目標の達成における課題であった。ただし，その具体的内容については解釈が多様である。例えば，世界銀行は，協働的ガヴァナンスという概念を使い，透明性・情報公開・説明責任・市民参加を促進することで基礎的社会サービスなどの行政機能を向上できるとしている。他方，国連開発計画は，民主的ガヴァナンスという概念を用い，いかに統治されるべきか，いかに意思が決定・実施されるべきかについて，人々が意見を表明できるような国家と市民社会との関係が望ましく，それを支える価値観や原則が重要だとしている。統治機構に人権尊重や説明責任を求める点で，より広い概念となっている。

【関連項目】 開発途上国／グッド・ガヴァナンス／ミレニアム開発目標（MDGs） 〔勝間靖〕

### 開発独裁 development dictatorship

一般的に経済発展を国民に担保する一方で，政権に対する批判行為を認めない，政治的には権威主義を正当化する政治体制である。それは政策形成の主体が国家に認可された少数の集団で運営され，一般大衆の政治参加や政治的動員には消極的で，社会的秩序の必要性を一般大衆に受容させる政治体制である。

このような政治体制は，東アジアや東南アジア諸国でも見られた。台湾や韓国の経済発展を支えたのは国民党政権や朴政権の権威主義的政治体制であったという議論である。

東南アジアの開発体制の特徴は，抑圧的政治・社会制度，権力集団が軍や政党，形式的な選挙と議会制度，積極的な外国資本の導入で，国家主導の開発であった。

開発独裁は，台湾や韓国のように経済発展の結果，崩壊するという議論もあったが，1997年のアジア通貨危機後のスハルト政権の崩壊，タイの軍事クーデタ，シンガポールの人民行動党の長期支配などの事例を見ると必ずしもこのような考えが説得力を持たないという議論もある。

【関連項目】 権威主義体制 〔山田満〕

### 開発途上国 developing country

経済指標や社会指標などの水準が先進国よりも低く，開発・発展の途上にあるとされる国のこと。1970年代頃までは後進国，低開発国，未開発国などと呼ばれていたものの，差別的な印象を与えがちであるとの観点から，次第に開発途上国という表現が主流になっていった。19世紀から独立を果たしていた国々の多いラテンアメリカのような地域もあるものの，その多くは第二次世界大戦後に植民地から独立したアジア，アフリカの国々である。南北問題で言う「南」の国々とほぼ同義。南北問題が先鋭化していた70年代頃までは，南北間交渉の担い手として一致団結する傾向がみられたものの，その後，途上国間においても経済的格差が広がり，政治的立場も多様化している。世界やDACでは1人当たり所得で分類を行うため，2015年現在，国別経済規模や人口で世界最大級を誇り，

国際政治に対する影響力も大きくなった中国のような国も途上国とされる一方で、1人当たり年間所得が1000ドルにも満たない国は50ヵ国前後にのぼる。

【関連項目】 開発援助委員会（DAC）／政府開発援助（ODA）
〔吉田晴彦〕

### 外務省公電漏洩事件（西山事件）
Nishiyama case

1971年に調印された沖縄返還協定に関する外務省の極秘公電（沖縄返還時の原状回復補償費400万ドルを日本が肩代わりするとの密約を含む）を毎日新聞の西山太吉記者が、外務省女性事務官から入手し、さらに横路孝弘議士に流したことが、国家公務員法111条（秘密漏示のそそのかし）違反に問われた事件。佐藤栄作内閣は、日米交渉の結果、米国が原状回復補償費を自発的に支払うこととなった（協定4条3項）としていたが、米国政府側が議会に返還にあたって金銭支払いはしないと約束していたため、実質的に日本政府が財源を提供し、協定上は米国が支払うように見せかけることで秘密合意したとされている。

もしこの密約が国会や国民を欺いて、交渉当事者と特定政権の功績を取り繕うためになされた裏取引約束ならば、国民から弾劾されるべき「不当な秘密」であるという批判も起こりえよう。しかし、当該事件の報道や世間の関心はある時点から密約そのものや国民の「知る権利」問題から記者による機密の漏洩の「そそのかし」が「情を通じて」行われたという点に移っていった。最高裁（78年5月31日）は、取材の自由の重要性を認めつつ、取材対象者と肉体関係を結び人格の尊厳を侵したような取材の「手段・方法」は、（たとえそれ自体は一般刑罰法令に触れないものであっても）「社会観念上是認することができない」ため「正当な取材活動の範囲を逸脱している」と判示した（有罪確定）。しかし、報道・取材の自由についての最高裁の理論枠組については、倫理的要素を法的判断に持ち込むことを含めて学説からの批判も多い。

【関連項目】 沖縄返還協定／知る権利／特定秘密保護法／日米密約
〔河上暁弘〕

### 海洋航行不法行為防止条約（SUA条約）
Convention for the Suppression of Unlawful Acts against the Safety of Maritime Navigation

正式名称は「海洋航行の安全に対する不法な行為の防止に関する条約」。国際海事機関（IMO）が中心となり作成し、1988年3月に採択された（92年3月発効、98年7月日本につき発効）。暴力等を用いた船舶の奪取・管理行為、船舶内の人に対する暴力行為、船舶を破壊する行為等（3条）、海洋航行の安全を害する犯罪につき、その重大性を考慮した刑罰を科すことができるようにすること（5条）や、一定の場合に自国の裁判権を設定すること（6条）などを締約国に義務づけている。

その後2005年10月には、国際テロ対策、とりわけ核テロ対策を強化するための改正議定書が採択された（10年7月発効、日本未批准）。改正議定書は、大量破壊兵器等の船上での使用行為、大量破壊兵器等やテロ犯罪者の輸送行為を新たに犯罪化する（3条の2、3）とともに、執行の面でも、公海上で容疑船舶を発見した締約国が、国籍確認を要請して4時間以内に回答がない場合に乗船等を行うことをあらかじめ授権する手続（8条の2、5項(d)）を定めるなど、伝統的な旗国主義の限界を克服するための工夫が施されている。

【関連項目】 海洋法条約／核テロ・核セキュリティ／テロリズム
〔森川幸一〕

### 海洋投棄規制条約
Convention on the Prevention of Marine Pollution by Dumping of Wastes and Other Matters

海洋汚染に対する規制は、内水及び領海にお

いては沿岸国の国内法令によって行われてきたが，公海での汚染防止は船舶の旗国の国内法令に委ねられてきた。1958年の公海条約では，油の排出等による海水汚濁防止のための規則を作成する義務（24条）と放射性廃棄物の廃棄等により海水汚染防止の措置をとる義務（25条）を一般的に定めた2ヵ条の条文を設けただけであった。

70年代以降，海洋環境の保護に対する関心が高まり，汚染発生の原因行為や海域ごとに個別条約による規制が増えてきた。72年に海洋投棄規制条約が，96年に同議定書が締結された。海洋投棄規制条約は，船舶・航空機・人工海洋構築物からの海洋投棄を全面的に禁止する物質（ブラックリスト）と，条約に定める条件・基準に従った締約国の特別許可を通じて海洋投棄を許容する物質（グレイリスト）に分けて規制し，船舶の旗国，投棄物積込み国，投棄場所を管轄する国に，条約違反の行為を防止・処罰するため領域内で適当な措置をとる義務を課した。

96年議定書は，締約国に予防的アプローチの採用を求め，7種類の物質（浚渫土等）を除き投棄を全面禁止することを定めている。

〔坂元茂樹〕

### 海洋法条約（かいようほうじょうやく）　United Nations Convention on the Law of the Sea

海洋法条約は，1973年から82年にかけて開催された第3次国連海洋法会議において採択された全文320ヵ条からなる条約であり，「海の憲法」と称されている。58年に開催された第1次国連海洋法会議で採択された海洋法4条約（領海及び接続水域に関する条約，公海に関する条約，大陸棚に関する条約及び漁業資源保存条約）にとって代わるものである。

もっとも，第1次国連海洋法会議では，領海の幅について諸国の合意が得られなかったので，60年に第2次国連海洋法会議が開催されたが，領海の幅員問題は未解決のまま残された。海洋法条約は，領海の幅員を12海里と定めた。このほか，200海里排他的経済水域の概念や深海底の資源は人類の共同財産とする深海底制度をはじめとする新たな制度を設けた。

海洋法条約は，領海，接続水域，国際海峡，群島国家，排他的経済水域，大陸棚，公海，島の制度，閉鎖海又は半閉鎖海，深海底，海洋環境保護，海洋の科学的調査，紛争解決など，海洋の諸制度を包括的に規定している。海洋法条約には，「大陸棚の限界に関する委員会」（附属書Ⅱ），「国際海洋法裁判所」（同Ⅵ）及び「仲裁」（同Ⅶ）など9つの附属書と2つの実施協定がある。

深海底制度実施協定（94年）は，先進国が批准しないため普遍的な海洋法秩序形成という目的が達成できないとして，先進国が不満を持つ海洋法条約第11部（深海底）の規定を実質的に修正するために，海洋法条約の発効の直前に採択された異例の協定である。

同協定は，深海底の資源開発が市場経済原則に基づくと規定し，先進国の条約参加を促した。

第2の実施協定が，国連公海漁業実施協定（95年）である。同協定は，排他的経済水域の内外に分布するなど広範囲な海域を回遊する魚種であるストラドリング魚類資源と高度回遊性魚類資源の保存及び持続可能な利用を確保するための条約である。

なお，海洋法条約を基軸とする現行の海洋法は，公海や深海底の生物多様性の管理保全を含む問題に十分に対応できていないとして，現在，国連において，2018年をめどに海洋遺伝資源や海洋保護区の問題を扱う「国家管轄権外区域の海洋生物多様性（BBNJ）の保全と持続可能な利用」を目的とする新たな実施協定の条約交渉を開始すべきだとして，その準備が進められている。

【関連項目】　国際海洋法裁判所（ITLOS）　〔坂元茂樹〕

## ■カイロ宣言　Cairo Declaration

　第二次世界大戦中の1943年11月下旬，米国ルーズヴェルト大統領，英国チャーチル首相，中華民国の蔣介石主席による首脳会談の結果として，12月1日に発表された共同宣言。会談では対日軍事作戦における協力措置が協議され，宣言は3国が日本の無条件降伏まで戦争を遂行することを確認している。

　宣言の中心は，戦後の領土処理方針である。3国は自国の利益を求めず領土拡張の意思も持たないとしつつ，日本の海外領土について次のような原則を示した。①第一次世界大戦の開始以降，日本が「奪取又ハ占領」した太平洋のすべての島嶼を剥奪すること，②満洲，台湾及び澎湖諸島のように日本が中国から「盗取」したすべての地域を中華民国に返還すること，③そのほか「暴力及貪欲」により日本が「略取」したすべての地域から日本は駆逐されること，④奴隷状態に置かれた朝鮮の人民に留意し，やがて朝鮮に自由と独立をもたらすとの決意を有すること，などを定めた。

　日本の海外領土の法的根拠と性質についてささか正確さを欠く記述がみられる宣言だが，ここで示された方針はポツダム宣言に踏襲された。そのため，このカイロ宣言は対日講和に際しても基本原則の1つとなった。

【関連項目】ポツダム宣言／サンフランシスコ講和会議
〔楠綾子〕

## ■科学技術と戦争・平和
science and technology, war, and peace

　科学技術は人間の生活をより便利で豊かなものにし，平和価値の実現を促進してきた。しかし，その反面，人間集団の組織的な暴力行為である戦争とも深く関わってきた。科学技術が目覚ましい発展を遂げた20世紀，人類は二度の世界大戦を経験したが，そこでは科学技術が大きな役割を演じた。国家間の総力戦となった第一次・第二次世界大戦において，科学技術は軍事力や生産力といった国家の戦争遂行能力の重要な基盤となり，様々な形で戦争目的に利用され，戦争のあり方に影響を与えたのである。例えば，電信や鉄道といった通信・運輸技術の発展は，第一次世界大戦において，軍隊の大規模かつ迅速な動員・移動・展開を可能にした。また，第一次世界大戦では，化学工業の発展によって大量生産が可能になった毒ガスが，兵器として大規模に使用された。第一次世界大戦で戦場に出現した航空機は，第二次世界大戦では戦争の主役になり，戦場での戦闘のみならず，都市や工場への戦略爆撃にも使用され，戦争の範囲を拡大した。さらに第二次世界大戦では，国家・軍が科学者や技術者を動員して，軍事技術の研究開発を推進した。米国における原爆開発の成功は，その最大の成果である。科学技術は戦争をより悲惨にし，大量の死傷者を生み出した。

　第二次世界大戦後に始まった冷戦においても，科学技術の役割は大きかった。米国を盟主とする西側陣営と，ソ連を盟主とする東側陣営が政治，経済，軍事，イデオロギーの面で対立し，疑似戦争状態を続けるなか，米ソは軍拡競争を繰り広げ，巨額の国家予算を投じて軍事技術の研究開発を推進した。また，核兵器の登場は，その比類なき破壊力ゆえに，米ソの軍事戦略に影響を与えた。戦争の抑止が，その中核的な目標になったのである。歴史家ギャディスは，冷戦時代に大国間の戦争の不在という意味で「長い平和」が続いた原因として，核抑止が米ソ二極体制に安定効果を与えたことや，偵察・情報・通信技術の進歩が，互いに手の内を明らかにさせたことを挙げている。しかし，核抑止に伴う危険もあり，技術的理由などで誤認や事故が生じ，米ソを巻き込んだ核戦争が偶発的に起こるリスクが指摘されてきた。さらに，ヴェトナム戦争において米国が枯葉剤を使用したことは，それが人体や生態系に与える深刻な影響のため，国際社会で大きな問題になった。

このような状況の下，米ソで軍産複合体が形成され，多くの科学者が軍事技術の研究開発に従事する一方，科学技術が人類にもたらす危険に警鐘を鳴らし，平和の実現に向けて組織的な努力を行う科学者も現れた。

冷戦終結後も科学技術は様々な形で軍事に利用されており，その結果，平和に対する新たな脅威や課題も生じている。例えば，唯一の軍事超大国となった米国は，先端的な精密誘導技術，ステルス技術，情報技術などを応用したハイテク兵器を開発し，軍事作戦で使用してきた。科学技術の発展を背景に，米国がミサイル防衛の開発・配備を進めたことは，それを弾道弾迎撃ミサイル制限条約違反とみなすロシアとの間で軋轢を生み，米ロ関係の不安定要因になった。21世紀に入ると，米国が冷戦後に実戦投入してきた無人航空機を含む，軍事用ロボットへの関心が高まった。ロボット兵器の遠隔操作型から自律型への発展が現実味を帯びるなか，それが戦争のあり方を変え，人類に対する新たな脅威になる可能性も指摘されている。さらに，情報技術の発展を背景に，軍隊による軍事力の行使ではないものの，それと同等の損害をもたらしうる，国家・非国家主体によるサイバー攻撃が，安全保障上の深刻な脅威とみなされている。

【関連項目】 核兵器／軍産複合体（MIC）／戦略爆撃／弾道弾迎撃ミサイル制限条約（ABM制限条約）／パグウォッシュ会議

【参考文献】 ヴォルクマン，アーネスト（茂木健訳）『戦争の科学』主婦の友社，2003年／ギャディス，ジョン・L.（五味俊樹ほか訳）『ロング・ピース』芦書房，2003年／シンガー，P. W.（小林由香利訳）『ロボット兵士の戦争』日本放送出版協会，2010年／スコルニコフ，ユージン・B.（薬師寺泰蔵・中馬清福監訳）『国際政治と科学技術』NTT出版，1995年／湯川秀樹ほか編『核時代を超える』岩波書店，1968年

〔黒崎輝〕

## 科学者京都会議
Kyoto Conference of Scientists

1949年にノーベル物理学賞を受賞した湯川秀樹がラッセル＝アインシュタイン宣言の署名者の1人になったこともあり，57年に開かれた第1回パグウォッシュ会議には，日本から湯川に加え，物理学者の朝永振一郎と小川岩雄の3名が参加した。その後，日本では湯川，朝永，坂田昌一を中心としてパグウォッシュの日本グループが形成された。科学者京都会議は，この3人の物理学者が呼びかけ人になり，世界や日本の平和問題について討議する「日本版パグウォッシュ会議」として，62年5月に京都で開催された。会議には，ラッセル＝アインシュタイン宣言の精神に賛同する著名な学者や文化人が招待された。この第1回会議後，湯川・朝永・坂田からなる継続委員会と彼らをサポートする事務局が組織され，核時代を超えて平和を創造する道を探るため，科学者京都会議は継続的に開催されることになった。63年5月に竹原で第2回会議が，66年6〜7月には東京で第3回会議が開かれた。そして坂田，朝永に次いで湯川が死去する直前の81年6月に，京都で第4回会議が開催された。84年6月に東京で開かれた第5回会議が最後になった。会議後には声明を発表し，核兵器や戦争の廃絶を呼びかけた。

【関連項目】 パグウォッシュ会議／ラッセル＝アインシュタイン宣言

〔黒崎輝〕

## 化学兵器禁止条約（CWC）
Chemical Weapons Convention

1993年1月13日にパリで署名され，97年4月29日に発効した条約で，正式名称を「化学兵器の開発，生産，貯蔵及び使用の禁止並びに廃棄に関する条約」という。24ヵ条の本文と3つの附属書（化学物質に関する附属書，実施及び検証に関する附属書（検証附属書）及び秘密情報の保護に関する附属書）からなり，化学兵器の使用禁止，廃棄，検証措置，不拡散措置などを定める。

化学兵器の使用は，「いかなる場合にも」認められない。25年のジュネーヴ毒ガス議定書に

おける化学兵器の使用禁止に対しては多数の締約国が留保を付していたため、この条約においては明確に使用の禁止が規定されるとともに、留保も禁止された。

締約国の所有し又は占有する化学兵器及び化学兵器生産施設と、その管轄又は管理の下にある場所に存在する化学兵器及び化学兵器生産施設が廃棄の対象となり、廃棄は2007年4月までに完了するものとされる。ただし、化学兵器については、個々の締約国につき締約国会議の決定があれば最長5年間期限が延期される（＝最終廃棄期限）。他の締約国の領域内に遺棄した化学兵器（遺棄化学兵器）の廃棄については特別の制度が設けられ、実質的に遺棄締約国が廃棄に関するすべての義務を負うこととされる。

民生用の化学産業施設においても化学兵器を製造することが可能であるため、化学兵器の生産禁止の観点から化学産業に対する広範な検証措置が規定され、締約国は自国の産業活動について毎年、条約の実施機関である化学兵器禁止機関（OPCW）に申告するとともに、その査察員による査察を受けなければならない（産業検証）。また、貿易を通じた化学兵器の拡散を防止するために、一定の化学物質について条約非締約国に対する輸出入禁止などの貿易制限措置が定められた。

15年10月現在192の国が化学兵器禁止条約の締約国となっているが、そのうち8ヵ国（米国、ロシア、インド、韓国、アルバニア、リビア、イラク、シリア）が化学兵器の申告を行い、14ヵ国が化学兵器生産施設の申告を行った。化学兵器については、インド、韓国、アルバニアが廃棄を完了しているし、化学兵器生産施設については、12ヵ国が生産能力ゼロを達成している（13年末）。化学兵器の最終廃棄期限は12年4月29日であったが、15年10月時点で廃棄が完了していない国が5ヵ国もあり、これらの国による廃棄の早期完了が目下の最大の課題である。

【関連項目】 ジュネーヴ毒ガス議定書／生物兵器禁止条約（BWC）／大量破壊兵器（WMD）
【参考文献】 浅田正彦「化学兵器の禁止」黒澤満編『軍縮問題入門（第4版）』東信堂、2012年／阿部達也『大量破壊兵器と国際法』東信堂、2011年／Krutzsch, Walter et al., The Chemical Weapons Convention, Oxford University Press, 2014
〔浅田正彦〕

## 核科学者や技術者の流出
illegal transfer of nuclear scientist/engineers

冷戦が終了した1989年以降、核軍縮が進む過程で、大きな問題となったのが、旧ソ連において、これまで核兵器開発・製造に関わってきた、多くの科学者・技術者の流出問題であった。

この問題に対応すべく、設立されたのが「国際科学技術センター」（International Science and Technology Center; ISTC）である。ISTCは、旧ソ連において、核兵器を含むすべての大量破壊兵器の開発・製造、ミサイル等運搬システムに従事していた科学者・技術者の流出を防ぐため、そのノウハウや施設を民生用に転換利用することを目的に92年に、米国、ロシア、欧州連合（EU）、日本の4者によって設立された。事務局本部はモスクワに置かれている。その後、韓国、ノルウェーも参加し、支援対象国としては、ロシアに加え、旧ソ連のベラルーシ、カザフスタン、アルメニア、グルジア、キルギス、タジキスタンが含まれている。

プロジェクトの対象分野は、基礎研究、核融合、エネルギー、原子力安全、医学、電気工学、材料、宇宙・航空等広範な範囲にわたっている。これまでに各国政府・民間企業等が支援したプロジェクトは計2753件、約8億6000万ドル。うち、日本政府の支援表明は約6400万ドルである。

これ以外にも、核科学者や技術者自身の流出や、そのノウハウの非合法的流出は、核拡散問題の重要課題の1つであり、輸出管理の1つとして位置づけられている。

最も有名な事例として挙げられるのが，パキスタンのカーン博士事件である。カーン博士はパキスタンの核技術者で，オランダにあるウラン濃縮会社ウレンコに従事していた。その後，76年にパキスタンに帰国する際，ウラン濃縮技術を非合法的に持ち出し，核関連技術の世界的密売ネットワークを構築した疑いで逮捕された。このネットワークの詳細は明らかではないが，イラン，リビア，北朝鮮との繋がりが報道されており，マレーシアの密売商社との関連では，日本の企業も北朝鮮向け輸出に関係していたことが明らかになっている。

この事件を契機に，核関連技術者の流出，並びにノウハウの非合法移転を防止する対策が強化され，日本においても企業のみならず，大学や研究機関の海外での論文発表や共同研究に際して，厳しい管理が要求されることになった。

【関連項目】　核テロ・核セキュリティ／核の闇市場／核密輸
【参考文献】　吉田文彦・朝日新聞特別取材班『核を追う』朝日新聞社，2005年
〔鈴木達治郎〕

## 核拡散防止体制
nuclear weapons non-proliferation regime

核兵器の拡散が核戦争の危険を著しく増大させることから，今日では米ロ英仏中による核兵器保有を前提としつつ，この5ヵ国以外への核兵器の拡散を防止することを目的とする核拡散防止体制が成立している。核不拡散条約（NPT）がこの体制の中心を成しており，これを補完するものとして，部分的核実験禁止条約（PTBT）や包括的核実験禁止条約（CTBT）（未発効），カットオフ条約（検討中）等の条約体制，IAEAによる査察・検証，原子力供給グループ（NSG）やミサイル技術管理レジーム（MTCR）等による輸出管理，各非核兵器地帯条約等がある。非国家主体への核拡散については，核テロリズム防止条約等のほか，すべての国家に対して法的措置をとることを義務づける安保理決議1540（2004年）がある。なお安保理は北朝鮮やイラン等の個別の事例についても制裁決議を採択している。このほか03年以降，拡散防止構想（PSI）の下，有志国が大量破壊兵器等の拡散阻止の活動に参加している。

【関連項目】　核不拡散条約（NPT）
〔山田寿則〕

## 核軍縮　nuclear disarmament

核軍縮とは核兵器を対象とした軍縮のことで，核兵器の削減や廃絶を目指す国際的取り組みを意味する。核兵器を持つ国を増やさないための「核不拡散」や，核戦争回避のため戦略的安定を維持しながら核の運用を管理する「核軍備管理」とは異なる概念である。

核兵器の持つ機能や政治的意味が通常兵器に比べて巨大かつ複雑なため，核軍縮に関する見方も様々である。核兵器の非人道性を重視する立場に立てば，核兵器の存在そのものが「絶対悪」として否定されるべきであり，核軍縮とは核兵器の全廃を目指した削減を意味する。一方，核兵器にも抑止機能など一定の存在意義を認める立場に立てば，核軍縮とは戦略的安定を損なわない範囲で段階的に行う削減を意味する。そして多くの場合，核軍縮は核兵器廃絶ではなく，その手前までの削減を意味することが多い。

核軍縮の交渉の場は，国連やジュネーヴ軍縮会議（CD），核不拡散条約（NPT）再検討会議などの多国間交渉，米ロなどの2国間交渉，地域国家間交渉などがある。また核軍縮の取決めには，核弾頭・運搬手段の削減，核実験の禁止，兵器用核分裂性物質の生産禁止，非核兵器地帯の創設，核兵器を非合法化する核兵器禁止条約など，未成立のものも含めて多様なものがある。核軍縮交渉は国家間で行われるが，市民社会の監視と協力はますます重要になっている。

これまでに成立した主要な核軍縮を目指す条約には以下のものがある。①核実験の禁止　部分的核実験禁止条約（PTBT），包括的核実験

禁止条約（CTBT，未発効）。②国際社会による核軍縮の取り組み　NPTなど。③核弾頭・運搬手段の削減　中距離核戦力（INF）条約，戦略兵器削減条約（START），新START条約など。④地域の非核化　ラテンアメリカ核兵器禁止条約，南太平洋非核兵器地帯条約，東南アジア非核兵器地帯条約，アフリカ非核兵器地帯条約，中央アジア非核兵器地帯条約など。

【関連項目】核兵器の非人道性／軍縮（軍備縮小）
【参考文献】黒澤満編著『軍縮問題入門（第4版）』東信堂，2012年／広島平和研究所編『21世紀の核軍縮』法律文化社，2002年　〔水本和実〕

### 核軍縮不拡散イニシアティブ（NPDI）
Non-Proliferation and Disarmament Initiative

　2010年NPT再検討会議最終文書で合意された行動計画の着実な実施を後押しし，現実的かつ実践的な提案を通じて「核兵器のない世界」の途上における「核リスクの低い世界」の実現を目的に，日本とオーストラリアが主導して同年9月に立ち上げた地域横断的な非核兵器国グループ。現在12ヵ国（日本，オーストラリア，ドイツ，カナダ，オランダ，メキシコ，チリ，ポーランド，トルコ，アラブ首長国連邦，ナイジェリア，フィリピン）からなる。10年9月から2回の外相会合を開催し，14年の第8回広島会合では，世界の政治指導者に広島・長崎の訪問を呼びかける広島宣言を採択した。15年のNPT再検討会議に向けて，12年第1回準備委では，①核軍縮の透明性，②兵器用核分裂性物質生産禁止条約，③IAEA追加議定書，④軍縮不拡散教育，13年第2回準備委では，①CTBT，②核兵器の役割低減，③非戦略核，④輸出管理，⑤核兵器国における保障措置適用拡大，⑥非核兵器地帯，14年第3回準備委では，①ポスト新START条約における核軍縮，②透明性の向上，③核セキュリティ，④脱退，⑤中東非核・非大量破壊兵器地帯，⑥警戒態勢解除，⑦広島宣言，の共同作業文書を提出した。

15年の再検討会議には，同会議での合意文書案を提出し，米ロのさらなる核軍縮交渉の開始や他の核兵器国の交渉参加，IAEA追加議定書締結の慫慂，全NPT締約国による核セキュリティ強化の協働等，NPTの三本柱について，核兵器国と非核兵器国の双方に対して具体的な行動を求めている。このほか国連総会等においても8本の共同声明を発出してきた。

　NPDIの特徴は，①外相レベルの参加があること，②現実的かつ実践的なアプローチを通じ，核兵器国と非核兵器国との橋渡し役を果たしていることとされるが，参加国には日豪のように核の傘の下にある国も多い反面，メキシコのように核兵器の非人道性を根拠として核軍縮に急進的な国もあり，交渉グループとしてのディレンマを抱えているとも指摘されている。

【関連項目】核拡散防止体制／核不拡散条約（NPT）／核兵器の非人道性
【参考文献】外務省『日本の軍縮・不拡散外交』各年版／黒澤満『核兵器のない世界へ』東信堂，2014年　〔山田寿則〕

### 拡散防止構想（PSI）
Proliferation Security Initiative

　大量破壊兵器，その運搬手段，関連物質等の拡散を阻止するための国際枠組。2003年に米国により提唱され国際社会に導入された。参加国が有志連合を形成し，相互に連携して拡散懸念国やテロリストなど非国家主体への拡散を阻止する活動を行う。14年6月時点での参加国は日本を含む104ヵ国となっている。

　活動は政治的文書である「阻止原則宣言（Statement of Interdiction Principles; SIP）」を指針として，国際法・国内法の範囲内で行われるが，とりわけPSIの中核を為す被疑船舶への臨検については国際法に抵触する恐れがあるため，米国はパナマなど主要な便宜置籍船国と相互乗船協定を締結してこれに対処しているほか，海洋航行不法行為防止条約（SUA条約）の改正議定書も採択され，条件つきではある

が，テロ目的での大量破壊兵器等の輸送が新たに対象犯罪に加えられた。

その他の活動内容に，各種会合の開催，阻止訓練の実施，アウトリーチ活動などがある。
【関連項目】 海洋航行不法行為防止条約（SUA条約）／核拡散防止体制／対テロ戦争　〔森川泰宏〕

### 核実験 nuclear test

核爆弾の開発あるいは維持のために行われる実験。核実験には明確な定義はないが，ウランやプルトニウムのような核分裂性物質の超臨界状態による急激な連鎖反応を伴う核爆発実験と，超臨界を伴わない臨界前核実験とがある。連鎖反応を伴う各国の核爆発実験は，1945年の米国における核実験からこれまでに計2379回行われたといわれる。

核実験を実施した国は，米国，旧ソ連，イギリス，フランス，中国，インド，パキスタン，北朝鮮で，70年の核不拡散条約（NPT）成立以前に核実験を行った米国，ソ連，イギリス，フランス及び中国はNPTで核兵器保有国として，特別な地位を与えられている。イスラエルは核実験を実施していないが，事実上核兵器保有国であるとみなされている。インド，パキスタン及びイスラエルはNPTに参加しておらず，北朝鮮は2003年にNPTを脱退宣言している。インドは，74年5月に平和目的の核実験として核爆発実験を行った。これはカナダから供与された重水炉で生産されたプルトニウムを使用した実験であったことから，その後機微な資機材を供給する国家群で構成される原子力供給国グループ（NSG）が創設され，国際的に機微な資機材の国際移転条件について合意され，その後，IAEAによる厳しい監視が行われるきっかけとなった。

冷戦下において多くの核実験が各地で行われた。米国が南太平洋やネバダ砂漠，旧ソ連がセミパラチンスクやノヴァヤゼムリア，イギリスがオーストラリア，フランスがアルジェリアやムルロワ環礁，中国が西域のロプノールで核実験を実施した。これらの地域は，今もなお放射能汚染下にある。

核爆発実験には，核分裂を中心とした実験（原爆実験）と，核融合を伴う実験（水爆実験）とがあり，実験の形態は，大気圏内実験，地下実験，大気圏外実験，及び水中実験に分かれる。大気圏内核実験，大気圏外核実験，及び水中核実験は，爆発によって放出される放射性物質によって人体に健康被害や環境汚染を引き起こす。大気圏外実験はこれまで行われていない。日本においても54年3月に米国がビキニ環礁で行った大気圏内核実験（水爆実験）により，周辺海域で操業していた第五福竜丸が被曝した。

核爆発力は，一般にTNT爆薬能力で換算され，広島に投下されたウラン爆弾の爆発力は16ktで，最大の爆発力はソ連が実施した水爆実験の5万ktとされている。

核爆発実験はこれまで段階的に禁止されてきている。大気圏内，大気圏外及び水中核実験は，63年10月に米国，ソ連，イギリスを含む103ヵ国が参加して発効した部分的核実験禁止条約（PTBT）により禁止された。地下核実験を含むすべての場所での包括的核実験禁止条約（CTBT）は，96年9月に国連総会で採択されたが，現時点でも米国が未批准など，条約発効条件として批准すべき国が批准していないことから発効されていない。しかし，96年以降，主要核兵器保有国は核実験を実施していないが，インドとパキスタンが98年，北朝鮮が2006年，09年，13年及び16年に核実験を実施している。PTBT及びCTBTでは，「核兵器の実験的爆発及びその他の核爆発」を禁止している。CTBTは未発効であるが，実施事務局による国際監視制度を設け，核実験の有無を国際的に監視している。

臨界前核実験は核分裂による爆発を伴わない実験で，核兵器の新たな開発や性能維持のため

に行われ，米国やロシアのような過去の核実験のデータを蓄積した核保有国が実施している。高性能爆薬やレーザーによる核分裂性物質の爆縮，連鎖反応の効率的な伝播など，主に物性変化を観察しており，兵器の高度化が目的である。核物質が臨界に達する前の段階で実験は終了するため，通常の核実験で起こるような閃光・熱・爆風を伴う核爆発は発生せず，環境に対する汚染は少ない。核爆発を伴う実験ではないことから，包括的核実験禁止条約の禁止対象外とされている。

【関連項目】ウラン／核不拡散条約（NPT）／原子力供給国グループ（NSG）／部分的核実験禁止条約（PTBT）／プルトニウム／包括的核実験禁止条約（CTBT）
〔菊地昌廣〕

## 核種 nuclide

原子核中の陽子の数，中性子の数，及び核のエネルギー準位によって規定される特定の原子の種類を核種と言う。核種（nuclide）を表示するにあたって用いられる記号は，元素の化学記号に対して原子番号を左下に，質量数を左肩に付したものである。例えば，水素（原子番号1）の同位体で，質量数が2の重水素（二重水素）であれば，$^{2}_{1}H$と表される。また原子核には様々なエネルギー準位があり極めて短い半減期で崩壊する原子核や半減期が長い状態も存在する。このエネルギーの異なる安定または準安定状態を核異性体と称し，別の核種として区別され，質量数にmを付加して表記する。テクネチウム99mを例にとれば$^{99m}_{43}Tc_{56}$のように表記される。核異性体が3つ以上あるときは，寿命が短いものから順にm1，m2，m3がつけられる。同様に核種の相互関係を表す用語として同位体（原子番号が同一で質量数が異なる），同重体（質量数が同一），核異性体（原子核のエネルギー状態が異なる）が挙げられる。

〔蔦木泰宏〕

## 革新自治体 progressive local government

1960年代後半から国政野党の社会党・共産党が推薦支持して当選した知事や市町村長を有する自治体の呼び名。高度成長に伴って発生した公害問題や都市問題の深刻化で簇生した住民運動や市民運動を背景に，「革新」的な政策を掲げてその数を増やした。1963年に社会党の代議士であった飛鳥田一雄が横浜市長に当選し，67年には東京都知事に社共共闘で美濃部亮吉が当選して「革新自治体の時代」と呼ばれた。

64年には22人の革新市長たちによって「全国革新市長会」が結成され飛鳥田が会長に選任された。同市長会の会員は73年には131人を超え，一時期は日本の人口の43％が革新自治体の下で生活していたとされている。革新自治体の重点的な政策は，自治体計画づくり，市民参加（対話），情報公開，福祉医療の充実，公害・環境問題等に代表されるが，いずれも成長政策から置きざりにされた住民に目を向けたものであった。

〔辻山幸宣〕

## 核戦争 nuclear war

核兵器が実際に使われる戦争のこと。戦争当事者の一方だけが核攻撃を行うこともあり得るが，核戦争とは，核兵器を持つ国同士が互いに核攻撃を行う「全面核戦争」を指すことが多い。そうなれば人類の生存そのものが脅かされ，国際社会は最悪の事態に陥るため，その回避は至上課題とされてきた。

これまで戦争における核兵器の使用は，第二次世界大戦で米国が日本の広島と長崎に原子爆弾を投下した例しかなく，悲惨な被爆体験をもたらしたが，それでも被害は両市及び周辺部に限定された。だが核兵器の拡散が進んだ今日，核兵器を持つとされる国は9ヵ国に増えており，北大西洋条約機構（NATO）や独立国家共同体（CIS）への加盟，あるいは米国との二国間同盟により「核の傘」に守られている国も三十数ヵ国存在し，それらの国が戦争に巻き込

まれれば，核戦争にエスカレートする危険を常にはらんでいる。

ストックホルム国際平和研究所（SIPRI）によると2015年1月現在，世界には1万5850発の核弾頭が存在しており，仮にそれらが広島型原爆の3倍以上の殺傷能力を持っているとすれば，世界の総人口約70億人を殺すことが可能なオーバーキル状態にある。また，核戦争が起きれば，核の攻撃から生き残っても，地球環境は，核爆発や大規模火災が世界各地で発生し，数百万トンもの微粒粉塵が地球を覆い，いわゆる「核の冬」が起きて地球環境は破壊され，人類の生存は危機に直面するとの報告もある。

世界が核戦争の脅威を最初に実感したのは米ソが核戦争の寸前まで行ったとされる1962年のキューバ危機であった。その後も米ソの核軍拡は続き，世界の核弾頭の総数はピーク時の86年には6万4449発（*The Bulletin of the Atomic Scientists*）に達した。一方，核戦争回避の必要性を認識した米国で60年代までに核軍備管理の概念が生まれ，米ソ間の戦略兵器制限交渉（SALT）に繋がった。

【関連項目】 核の冬／キューバ危機／軍備管理／戦略兵器制限交渉（SALT）

【参考文献】 杉田弘毅『検証 非核の選択』岩波書店，2005年／ロワン＝ロビンソン, M.（高榎堯訳）『核の冬』岩波書店，1985年 〔水本和実〕

## 核戦争防止国際医師会議（IPPNW）
International Physicians for the Prevention of Nuclear War

1970年代末，米国と旧ソ連の2人の心臓内科医が学会で会い，核弾頭の総数が7万発を超え人類の滅亡も危惧される状況を憂えた。このことをいかにして国民に知らせるか知恵を絞り，米国ハーバード大学のラウン教授をソ連のアカデミー会員チャゾフ博士がモスクワに招き，テレビで全ソ連国民に向け真実を語ることが実現した。

2人は米・ソの医師と広島・長崎の医師に，核戦争防止に取り組む医師会議の創設を呼びかけ，81年にIPPNWが結成された。数年で会員数は30万人に達し，2～3年に1回の世界大会が開かれた。物理学者とともに米ソの全面核戦争で「核の冬」が到来し，人類滅亡の危機となることを証明した。

ソ連のゴルバチョフ書記長はこれを理解し，ソ連の先導で大気圏内核実験の全面禁止が実現した。IPPNWはその功績により85年のノーベル平和賞を受賞した。

近年は市民社会のNGOをまとめた核兵器廃絶国際キャンペーン（ICAN）の設立に尽力し，最近3回連続開催された核兵器の非人道性に関する国際会議では，印パの核戦争で，核爆発の塵埃で気温が低下し，農産物の生産量の減少を招き，約20億人の飢餓が想定されると報告している。

【関連項目】 核兵器廃絶運動（反核運動） 〔朝長万左男〕

## 核戦略 nuclear strategy

核兵器の基本的特徴は，旧来の兵器に比べて飛躍的に破壊力が大きいということである。したがって，自国内で使用することは，広大な国土を有する国でなくては，およそ考えられない。この意味で核兵器は本質的に攻撃的な兵器だとされる。実際，第二次世界大戦後期の重爆撃機の発達によって，巨大な破壊力とその敵国への投射手段（運搬手段）との組み合わせが現実化し，核兵器は相手国領内に使用された。大戦末期に登場したロケット兵器に，将来，小型化された核弾頭が装着され得ることや，無害な荷物を装って部品を持ち込み，敵国の大都市の地下室で組み立てる，というような奇襲攻撃も，早くから可能性として考えられた。事実上「防御不可能」で，しかも国家中枢に壊滅的な打撃を与え得る兵器が登場したのである。

軍事的にはこれは，圧倒的な「攻撃の優位」がもたらされたことを意味しており，基本的に

国際関係を不安定化させ得る。この厄介な兵器に対して，当初，国際管理の下に置くことが構想されたが，その実現が当面あり得ないことが明らかになると，いかに国防体系に組み入れるか，すなわち一方で，次の戦争で「原爆による真珠湾攻撃」からいかにして国土国民を守るか，また他方で，一体どのような状況で核兵器の使用を考え，そのためにどの程度どのような核兵器を配備しておくことが必要かを合理的に示す，という困難な課題を，国防に携わる者は追求せざるを得なくなった。

通常の意味での核戦略は後者の課題に応えるもの，すなわち核兵器を保有する国家の立場から，核兵器をどのように合理的に国防の体系に位置づけるかを説明し，関連予算の計上や具体的な配備・調達の指針として機能するような，政策（往々にして「ドクトリン」と呼ばれる）を指す。

核戦略の議論において特徴的なのは，文民の関与である。すでに戦時中のマンハッタン計画の段階から，核兵器開発には科学者・技術者の協力が不可欠であったが，戦後においてもシンクタンクの研究員等が恒常的に核兵器に関わる戦略を論じ，戦略理論家と呼ばれるようになっていく。やがて大学にも戦略研究の講座が設けられ，従来の軍部と民間の垣根が大きく低められることになった。

【関連項目】核戦争／核戦力／核抑止／戦略核戦力（戦略核兵器）

【参考文献】山田浩『核抑止戦略の歴史と理論』法律文化社，1979年
〔高原孝生〕

## 核戦力　nuclear forces

核兵器を使用して戦争を遂行する軍事的能力。その中心となるのは，核兵器及び核兵器運搬手段である。核兵器は生物・化学兵器とともに大量破壊兵器とみなされ，通常兵器とは区別されてきた。しかし，その一方で生物・化学兵器とは異なり，核兵器は国際条約で製造・開発・保有・使用を禁止されていない。核不拡散条約（NPT）は，米国，ロシア，イギリス，フランス，中国に核保有を認めている。その他にイスラエル，インド，パキスタン，北朝鮮が核兵器を保有している。これらの核保有国は，弾道ミサイルや巡航ミサイル，航空機など様々な核兵器運搬手段も保有している。核戦力を保持する目的は，一義的には武力攻撃の抑止にあるが，それに失敗した場合，報復や防衛のために用いられる。核戦力の運用に必要な指揮・管制・通信・情報（C3I）システムも，核戦力の一部をなす。

国によって自国の核戦力やその構成の呼称は異なるが，一般的に核戦力は戦略核戦力と非戦略核戦力（あるいは戦術核戦力）に区分される。戦略核戦力は敵国の戦略目標（ミサイル基地，軍司令部，工場，都市など）を攻撃対象とし，非戦略核戦力は，戦場で戦闘中の敵国の軍隊などに対して使用されると言われる。冷戦時代，米国はソ連との戦略関係を考慮して，大陸間弾道ミサイル（ICBM），潜水艦発射弾道ミサイル（SLBM），戦略爆撃機を，戦略抑止の三本柱と位置づけた。しかし，例えばICBMより射程距離の短い弾道ミサイルであっても，米ソ間以外では戦略目標の攻撃にも使用可能であり，戦略核戦力と非戦略核戦力の普遍的な定義はない。なお，戦略兵器制限条約（SALT）や中距離核戦力条約（INF条約）といった米ソ間の核軍備管理・軍縮条約では，規制や廃棄の対象となる核兵器運搬手段が規定されている。

各国の核兵器（核爆弾，核弾頭）は，それが置かれた状態によって分類される。まず核弾頭は，作戦配備されている弾頭と，そうでない弾頭に大別できる。さらに後者は，作戦配備可能な兵站予備及び予備貯蔵の弾頭と，廃棄が決まった退役弾頭に分類できる。各国の核兵器保有数は国家機密扱いされてきたため，公開情報や歴史的記録，漏洩情報などを利用して推定す

るしかないが，そのような試みとして，例えば米国の科学誌 The Bulletin of the Atomic Scientists に掲載される Nuclear Notebook は，各国の核戦力の実態に関して信頼性の高い情報と分析を提供してきた。

【関連項目】 戦略核戦力（戦略核兵器）／戦略兵器制限交渉（SALT）／中距離核戦力条約（INF条約）／米国の核戦力
【参考文献】 ピースデポ「図説 地球上の核弾頭全データ」『核兵器・核実験モニター』454～455号，2014年／Woolf, Amy F., *U.S. Strategic Nuclear Forces*, Congressional Research Service (CRS), September 5, 2014／Woolf, Amy F., *Nonstrategic Nuclear Weapons*, CRS, February 23, 2015

〔黒崎輝〕

## 核態勢の見直し（NPR） Nuclear Posture Review

米国の核兵器政策・態勢などに関する包括的な見直し。その成果をまとめた報告書を指す場合もある。冷戦終結後，クリントン政権，ブッシュ政権，オバマ政権の下でNPRは1回ずつ行われた。国防総省が国務省やエネルギー省などと協議の上，報告書を策定する。クリントン政権のNPRは国防長官の指示で1993年に開始され，94年に完了した。米国の国防授権法によってNPRを義務づけられたブッシュ政権とオバマ政権は，政権発足後，見直し作業に着手し，前者は2002年に，後者は10年に報告書を米議会に提出した。クリントン政権のNPR報告書（1994NPR）とブッシュ政権のNPR報告書（2002NPR）は公開されなかったが，その内容の一部は公開文書や新聞報道を通じて明らかになった。オバマ政権のNPR報告書（2010NPR）は全面公開された。NPRの目的は，今後5年から10年間の米国の核抑止政策や核運用政策，戦力構成，核削減，核インフラ整備，核軍縮・不拡散政策などの方向性を示すことにあり，その結果は米政府内で具体的な政策や計画の立案・策定する際の指針となる。NPRは，米国の核兵器政策に自分の考えを反映させる機会を米大統領に提供してきたとも言える。

過去3回のNPRは，米国の核兵器政策の方向性を大きく転換するものではなかったが，それぞれに特色もある。冷戦後，米国の安全保障環境は変化し，ロシアの核戦力は差し迫った脅威ではなくなった。むしろ深刻な脅威は，核拡散とテロリストへの核流出である。冷戦時代の核抑止戦略では，この新たな核の脅威に対処できず，米国は安全保障戦略における核兵器の役割を低減し，核戦力の削減を進める。ただ，他の核保有国との戦略的安定の維持に努め，米国及び同盟国の安全を確保するために必要な核抑止力は保持する。このような認識と考え方は，各政権のNPRを貫いている。しかし，例えば核軍縮・不拡散に関して，1994NPRが同分野で米国が先導的役割を演じることを重視したのに対し，2002NPRは国際協調に基づく取り組みよりも，核拡散を阻止するための米国の軍事的能力の強化に力点を置いた。また，2002NPRは核攻撃の目標の拡大や地下貫通兵器の開発を謳い，核使用の敷居の引き下げを志向したが，オバマ大統領の「核なき世界」のビジョンの実現に向けた2010NPRは，核先制不使用の宣言には至らなかったものの，これまで以上に核使用の目的を限定する方針を示した。

【関連項目】 オバマのプラハ演説／核兵器の先制不使用／米国の核戦力
【参考文献】 Lyons, Marco J., *U.S. Nuclear Policy, Strategy, and Force Structure*, Naval Postgraduate School, 2014／U.S. Department of Defense, *Nuclear Posture Review Report*, April 2010

〔黒崎輝〕

## 拡大抑止政策 extended deterrence policy

拡大抑止に関する政策。自国に対する武力攻撃を抑止することを意味する「基本抑止」に対して，同盟国やそれに準ずる国に対する武力攻撃を抑止することを，「拡大抑止」という。この政策概念が使われるようになったのは，東西陣営の対立が続いた冷戦時代のことである。背景には，東側でソ連を頂点とした同盟が，西側で米国を中心とした同盟が形成されたことに加

え，新たな大量破壊兵器である核兵器が出現し，抑止が軍事戦略の中核的概念になったことがある。拡大抑制政策を最初に採用したのは，米国である。アイゼンハワー政権が表明した大量報復戦略は，拡大抑止に関する米国最初の「宣言」政策とみなすことができる。それは，ソ連に対する即時かつ大量報復能力を持つことによって，あらゆる規模の侵略を抑止しようとする戦略である。米国は拡大抑止政策を採用した当初から，核兵器を抑止力の重要な要素と位置づけた。報復力として核兵器を用いる抑止を核抑止といい，米国が同盟国やそれに準ずる国に提供する核抑止力は，「核の傘」と呼ばれる。

拡大抑止政策の目的は2つある。1つは，敵対国による武力攻撃の抑止であり，もう1つは，同盟国に対する安心供与である。これらの目的を達成する上で鍵となるのは，抑止の信憑性である。それは，敵対国が同盟国に対して武力攻撃を行った場合，報復を行う意志と能力が抑止力提供国にあると，敵対国や同盟国が認識するか否かにかかっている。すなわち，そのような意志や能力を欠くと敵対国が認識する場合，敵対国に対する抑止効果は低下し，抑止が失敗する可能性が高まる。また，そのような意志や能力を欠くと同盟国が認識する場合，同盟国は自国の安全に対する不安を強め，何らかの対応を迫られる。その選択肢の1つは，自国の防衛力の増強である。そのために独自核抑止力の保有を目指す国もありうる。それゆえ，拡大抑止，なかんずく「核の傘」には同盟国への核拡散を防止する機能も期待されてきた。同盟国がとりうる対応として，中立化や敵対国への接近もある。それは同盟の弱体化や解体に繋がる。このような事態を招かないため，抑止力提供国がとりうる方策としては，抑止力の維持・強化や同盟国との安全保障協力の拡大・深化などがある。しかし，これらの方策は敵対国との緊張を高めたり，軍拡競争を刺激したりするなど，安全保障のディレンマを伴う。

【関連項目】安全保障のディレンマ／核抑止／同盟／同盟のディレンマ
【参考文献】梅本哲也『核兵器と国際政治』日本国際問題研究所，1996年／ローレン，P. ゴードンほか（木村修三ほか訳）『軍事力と現代外交』有斐閣，2009年　〔黒崎輝〕

## 核テロ・核セキュリティ
nuclear terrorism/nuclear security

原子力の平和利用が開始された当初から，国際原子力機関（IAEA）は，使用される核物質は，放射線障害上も危険な物質であるとの認識から，第三者による核物質の不法盗取や不法移転，あるいは，核物質取扱施設に対する妨害破壊行為が行われないようにガイドラインを整備し，所有者に厳格な管理責任を課し，物理的に防護するなどを勧告してきた。これを核物質防護（physical protection of nuclear material）と言う。一方，米国は国内規制制度により，事業者に核物質の物理的な防護と計量管理（material protection, control, and accountancy）を求めてきた。

冷戦終了後，旧ソ連諸国からの核物質や放射性物質のヨーロッパ各国への密輸が発生するようになり，施設における防護措置だけでなく，国境における核物質や放射性物質の不法移転を監視する必要が出てきた。それまでの監視対象は，核爆弾の原料となる核物質とその取扱施設に限定されていたが，放射性物質も，一般の爆弾に混ぜて散布（dirty bomb）すると市民への放射線障害が発生するため，監視対象に含めた。IAEAでは，国際情勢の変化を受けて，その都度ガイドラインを改定し核物質及びそれを扱う施設への防護措置のあり方について勧告してきた。1999年には，冷戦後に旧ソ連から流出した核物質などのテロリストへの移転を防止するために，施設の防護機能の強化や国境での検知などの改定を行った。

2001年9月11日の米国同時多発テロ事件以降は，同時多発テロの対象事象を視野に入れて大

きく改定し，空からの侵入脅威（airborne threat）や，離れた地点からの攻撃（stand-off attack）への対抗策を講ずるべきであるとの要件を追加した。

　この段階でIAEAは，それまでの「核物質防護に関するIAEAのガイドライン（INFCIRC/255/Rev.4）」というガイドラインの名称を，「核物質及び原子力施設の物理的防護に関する核セキュリティ勧告（INFCIRC255/Rev.5）」と変更した。新たなガイドラインでは，核セキュリティの概念を「核物質，その他の放射性物質あるいはそれらの関連施設に関する盗取，妨害破壊行為，不法アクセス，不法移転，またはその他の悪意を持った行為に対する防止，探知及び対応」と定義づけ，これらの対応強度は，関係国がその国の国情から想定される脅威（設計基礎脅威：Design Base Threat）を設定し，設定された脅威に対して十分な機能を有することを示唆している。このようなガイドラインを受けて，わが国においても原子炉等規制法を改定して，新たな脅威に対する対応措置を原子力事業者に要請している。

【関連項目】　核物質管理／国際原子力機関（IAEA）／同時多発テロ事件／放射性物質

【参考文献】　IAEA, "Nuclear Security Recommendations on Physical Protection of Nuclear Material and Nuclear Facilities" (INFCIRC/225/Revision 5), IAEA Nuclear Security Series No. 13, Vienna, 2011　　　　〔菊地昌廣〕

## 核テロリズム防止条約
Nuclear Terrorism Convention

　正式名称を「核によるテロリズムの行為の防止に関する国際条約」と言い，テロ関連多数国間条約の1つとして核テロに焦点を当てたもの。2005年4月13日に国連総会で採択され，07年7月7日に発効した。16年1月末現在の当事国は日本を含む100ヵ国。

　死もしくは身体の重大な傷害を引き起こす意図又は財産もしくは環境に対する実質的な損害を引き起こす意図をもって放射性物質又は核爆発装置等を所持，作製，使用する行為等が犯罪と定められた（第2条）。

　締約国は，属地主義，旗国主義及び積極的属人主義に基づいて裁判権を設定しなければならず（第9条），自国領域内に所在する容疑者を引き渡さない場合には当該容疑者を自国で訴追する義務を負う（第11条）。

　この他にも，テロ行為防止のための情報交換（第7条），捜査，刑事訴訟または犯罪人引渡しに関する司法共助（第14条），犯罪が行われた後の放射性物質等の処理（第18条）等に関する規定が置かれている。

【関連項目】　核テロ・核セキュリティ　　　〔阿部達也〕

## 学徒出陣
departure of students for the battlefront

　1943年10月の勅令により，高等教育機関に在学する学生生徒（学徒）の徴兵猶予特例措置が停止され，徴兵適齢（20歳）に達した学徒が陸海軍に入営・入団し，戦地に出征するなど軍務に就いたことを指す。日中戦争勃発2年後の39年3月に兵役法が改正され，戦時（事変）に際して徴兵延期期間の短縮が可能となった。41年10月16日の勅令で大学・専門学校等の在学年限が短縮される臨時措置がとられ，大学学部の場合，在学者の卒業時期は41年度が12月，翌年度以降は9月に繰上げられた。

　戦況の悪化に伴い，43年10月2日に勅令により在学徴集延期臨時特例が公布。「必勝体制強化のため陸海軍所属の幹部を補充する目的を以て」（『朝日新聞』1943年10月2日付），理工科系など一部を除き徴兵猶予の特例が停止された。この措置によって，最高学年在学者は44年9月の卒業を待たず，43年12月に「仮卒業」し，直ちに入営・入団した。徴兵検査に先立ち，43年10月21日に小雨降る明治神宮外苑競技場で文部省主催の出陣学徒壮行会が挙行され，関東地方の学徒7万人が行進した光景は有名である。　　　　　　　　　　　　　　〔永井均〕

## 「核抜き,本土並み」

1952年発効のサンフランシスコ平和条約3条によって,それまでの占領に引き続き,沖縄,奄美諸島,小笠原諸島などの地域を対象とした施政権が米国に委ねられた。68年までに奄美や小笠原は返還され,沖縄のみが米施政下にあった。その施政権の日本への返還の態様目標として掲げられたのが「核抜き,本土並み」である。返還時までに核兵器が撤去されること,つまり「核抜き」であり,沖縄を除く日本に適用されていた日米安保条約とその他の関連取決めが返還後の沖縄に適用されること,つまり「本土並み」である。日本の歴代首相のなかで沖縄の施政権返還に言及したのは,64年11月に政権についた佐藤栄作である。実現可能性を見込んで返還に手をつけたのかは,現時点でも明らかではない。佐藤首相が返還の態様として「核抜き」「本土並み」という目標を公式に明らかにしたのは,68年3月10日(参院予算委員会)である。

それ以前に登場した施政権返還の態様を巡る論議は,基地と施政権とを分離する論,基地と施政権とを一括する論の2つに大別できる。これらの論議のバリエーションは,米軍基地の必要性を認めるのか,あるいは返還後の米軍基地について日本政府がどのような関与をするのか,の点で違いがあった。

いわゆる分離返還論は,基地の存在を前提にして基地に影響を与えない分野での施政権の部分的返還を求めた。返還論議のなかで,教育権のみを取り出した返還論が最も早く,57年に登場していた。もう1つの一括返還論議は,日本政府が返還後の米軍基地を支える論議として登場した。最初に登場したのが,67年2月の下田武三外務次官の核兵器を含む基地の自由な使用を保証することを必要条件とする論議であった。その後,基地の自由使用を容認し,核兵器だけの撤去を求める論議へと展開した。一方で,沖縄では核兵器撤去を含む基地の撤去ある いは本土と同じ程度までの基地削減を伴う一括返還が叫ばれていた。

先行研究によれば,佐藤首相が選択した「核抜き,本土並み」とは,有事の際には沖縄への貯蔵や配備を含めた核兵器の再持ち込みを認めると秘密裏に合意し,返還前と変わらない最大限の基地の自由使用を認める返還の態様だったことが明らかにされている。また,後半の「本土並み」は,日本の基地であればどこでも沖縄と同様な自由使用を可能にし,戦術核を搭載して太平洋だけでなくインド洋まで展開する米空母の横須賀母港化を実現させた。

【参考文献】 我部政明『沖縄返還とは何だったのか』NHK出版,2000年／楠田實『楠田實日記』中央公論新社,2001年／宮里政玄『日米関係と沖縄 1945-1972』岩波書店,2000年

〔我部政明〕

## 核燃料 nuclear fuel

核分裂性物質を含有し,原子炉で核分裂の連鎖反応によるエネルギー放出のために使用される燃料のこと。

核燃料の形態は使用される原子炉の特性によって異なるが,高温,高圧下でも安定的な形状を求められることから,軽水炉用燃料の場合,セラミック状のペレットに加工され,ステンレス製のパイプに収納され(燃料ピン),それを複数体正方形に束ね燃料集合体として使用する。

核燃料はウラン鉱石を粉砕後,硝酸溶液で溶解し,ウラン成分を浸出させ,これを化学法により精鉱し,ウラン成分の純度を上げてイエローケーキにする。このイエローケーキのウラン235を濃縮するため,一度,酸化物に転換した後,フッ化水素ガスによって,ガス状の六フッ化ウラン($UF_6$)に転換する。この$UF_6$ガスは,一般的なウラン濃縮法であるガス拡散法及び遠心分離法の濃縮施設の原料となる。ウラン濃縮工程でウラン235が約0.7%から数%程度に同位体濃縮され,濃縮された$UF_6$ガスは,再

び酸化され粉末状の二酸化ウラン（UO$_2$）となる。燃料加工施設においてこのUO$_2$粉末がペレット状に成形され，高温で焼結されセラミック状の燃料ペレットになり，ステンレス性のパイプに挿入され燃料ピンとなる。

軽水炉で燃焼されて使用済みとなった燃料中にも新たに核燃料として使用可能なプルトニウムが生成されることから，この使用済燃料を再処理工場において硝酸溶液で溶解し，化学処理によって硝酸プルトニウムとして分離抽出し，硝酸ウラニル溶液と混合し，酸化物に転換し混合酸化物（MOX）とした後，ウラン燃料と同様にペレット状に加工して再び軽水炉燃料等として使用する。

その他の核燃料の形態には，舶用炉等の小型炉用燃料として使用される金属形態の板状燃料，ガス冷却炉の燃料と使用される炭化珪素で被覆された球形上の燃料がある。

トリウムは直接的には核分裂性物質ではないが，トリウムをウラン235等の核分裂性物質と混在させて炉心に装荷し，核分裂で発生する中性子を捕捉することによって，核分裂性物質であるウラン233を生成する。このウラン233は核分裂性物質であることから，核燃料物質として定義されている。トリウムを燃料とする溶融塩炉の燃料形態は，液体である。

【関連項目】 ウラン／ウラン濃縮／軽水炉（LWR）
【参考文献】 Benedict, M. *et al.*, *Nuclear Chemical Engineering*, McGraw-Hill, 1981
〔菊地昌廣〕

## 核燃料サイクル  nuclear fuel cycle

原子力の平和利用活動において，核分裂性物質であるウラン，プルトニウム及びトリウムを発電等に有効に活用するために，ウラン資源から開始される利用形態に沿った核物質の流れによって相互に連結された原子力構築物及び原子力活動からなるシステムのこと。

核燃料サイクルの特性は，各国の平和利用活動の形態によって異なり，燃料とともに外国から供給されている少数の原子炉からなるワンススルーシステムから，プルトニウムを燃料として再利用することを想定した複雑な関連施設を含むリサイクルシステムまで，国によって大きく異なっている。

このようなシステムには，①ウラン鉱山，②精錬（鉱石処理）工場，③トリウム精錬工場，④ウランないしはトリウム転換工場，⑤ウラン濃縮（同位体分離）工場，⑥ウラン／トリウム燃料加工工場，⑦発電炉を含む原子炉，⑧使用済燃料貯蔵施設までのシステムと，回収したウランとプルトニウムを再度発電炉等へリサイクルすることを意図してウラン及びプルトニウムを回収する⑨使用済燃料再処理工場，このウランとプルトニウムを混合燃料として加工する⑩MOX燃料加工工場が含まれる高度なリサイクルシステムがある。また，使用済燃料の再処理の結果回収されたウランを再濃縮して発電炉等へリサイクルするシステムも含まれる。

この核燃料サイクルのタイプの違いによって，関連する原子力開発活動も異なる。サイクルの上流として共通なのは，ウラン採掘・精錬技術，ウラン転換技術，ウラン濃縮技術，ウラン核燃料加工技術，発電炉関連技術，及び関連研究炉・臨界実験技術である。使用済燃料中のプルトニウムを有効活用するサイクルの下流としては，核燃料の再処理技術，回収ウラン及びプルトニウムのMOX燃料加工技術，高濃縮ウランまたはウラン233を含む中レベル放射性廃棄物または高レベル放射性廃棄物の処理技術がある。

国際保障措置では，ある国にこれらの施設又は技術の1つ以上が存在すれば，何らかの原子力活動が存在すると認定し，申告の有無によらず適切な保障措置を実施する。ただし，理論的または基礎科学的研究関連の活動は検証の対象とせず，放射性同位元素の工業利用に関する研究開発及び医学上，水文学上及び農業上の応用，健康及び環境に対する影響及び保守の改善

に関する研究開発関連活動も含まない。

上記以外のウラン燃料サイクルに，天然トリウムを原子炉で照射して核反応で核分裂性物質のウラン233に変換し，このウラン233を核燃料として使用するトリウムサイクルがある。インドで商業用発電炉使用が研究されてあり，その他の原子力先進国では一部の研究炉用の燃料として使用が研究されている。トリウムサイクルで出現するのは，核分裂性物質はウラン233のみで，炉内で生成されたウラン233はそのまま燃焼され，また，炉内で生成されたウラン233を再処理施設で分離抽出しても，不純物であるウラン232が含まれていた場合には，自発中性子により早期に核分裂を起こすため，核兵器用としてはコントロールが困難で拡散しにくいという特徴がある。

日本ではこれまでウラン・プルトニウム利用の核燃料サイクルの確立を原子力政策の基幹としてきたが，東日本大震災に起因する福島第一原子力発電所の事故以降，原子力委員会にて核燃料サイクル政策の見直しを行うための検討が行われ，これまでの使用済燃料の全数再処理によるプルトニウムリサイクルだけでなく，使用済燃料の直接地層処分の可能性についての経済性比較を含めた検討が行われた。原子力委員会の結論を受けて，現在日本においては，使用済燃料の直接地層処分の可能性を含む核燃料サイクルのあり方について，政府を中心に検討することとなった。

【関連項目】 ウラン／核燃料／原子力委員会（国内）／地層処分／トリウム／プルトニウム
【参考文献】 原子力委員会「核燃料サイクルの選択肢について」平成24年6月21日決定／Benedict, M. et al., *Nuclear Chemical Engineering*, McGraw-Hill, 1981 〔菊地昌廣〕

## 核燃料サイクル施設
nuclear fuel cycle facilities

核燃料サイクルは，ウラン燃料を原子炉で燃焼させ，使用済燃料を再処理してプルトニウムを取り出し，再び燃料として原子炉で燃焼させるという一連の過程を指す。軽水炉の核燃料サイクルは，ウランの採鉱・精錬，転換，濃縮，再転換，燃料加工，原子炉での照射，再処理，ウラン・プルトニウム混合酸化物（Mixed Oxide; MOX）燃料加工等の過程がある。核燃料サイクル施設とは，各々の過程を担う施設を指し，各施設の工程概要は以下の通りである。

①ウラン精錬施設：ウラン鉱床から採掘したウラン鉱石を破砕・粉砕して酸またはアルカリ溶液でウランを浸出させて不純物を取り除き，液中のウランを中和処理等により沈殿させ，さらに乾燥させて八酸化三ウラン（$U_3O_8$）の含有率を高めたウラン精鉱を製造する。このウラン精鉱は黄色い粉末状を呈し，イエローケーキと呼ばれる。

②転換施設：ウラン濃縮工程の仕様を満足させるため，イエローケーキから二酸化ウラン（$UO_2$）及び四フッ化ウラン（$UF_4$）を経て，六フッ化ウラン（$UF_6$）を製造する。

③ウラン濃縮施設：天然ウランには核分裂を起こすウラン235が約0.7％しか含まれていないため，核分裂連鎖反応を維持するために，ウラン235の濃度を3～5％まで高める作業（ウラン濃縮）を行う。

④再転換施設：ウラン濃縮施設から$UF_6$の形態で出荷された濃縮ウランを，再転換施設で二酸化ウラン（$UO_2$）粉末に再転換し，燃料加工施設に運ぶ。

⑤燃料加工施設：ウラン燃料加工施設では，$UO_2$粉末を焼結して$UO_2$ペレットに加工し，被覆管に密閉し燃料棒に加工し，複数の燃料棒を束ねて燃料集合体を組み立てる。一方，MOX燃料加工施設では，使用済燃料を再処理して取り出したプルトニウムとウランを混合し，ウラン燃料加工と同様の過程を経て再び原子炉燃料に加工する。

⑥再処理施設：原子炉から取り出された使用済燃料には，核燃料の燃焼により生成されたプ

ルトニウム，核分裂生成物（Fission Product; FP）と，ネプツニウム，アメリシウム，キュリウム等のマイナーアクチニド（Minor Actinide; MA）が含まれている。再処理施設では，使用済燃料からウランとプルトニウムを回収するとともに，廃棄物として処分するためFP及びMAを分離する。再処理で回収されたウランとプルトニウムは，MOX燃料として再び原子炉で利用される。

【関連項目】ウラン／核燃料／核燃料サイクル／混合酸化物燃料（MOX燃料）／プルトニウム
【参考文献】日本原子力学会再処理・リサイクル部会「テキスト 核燃料サイクル」　　　〔田崎真樹子〕

## 核燃料サイクルの国際管理
international management of nuclear fuel cycle

　核燃料サイクル技術は常に核兵器開発技術と表裏一体であり，この技術が国際的に拡大すれば核拡散の懸念も増大するとの指摘は，米国の主導で1977年から実施された国際核燃料サイクル評価（INFCE）の時点からあった。このときには，核燃料サイクルの進展と核不拡散は共存できるとの結論が得られたが，共存のためのフォローアップとして，使用済燃料の国際管理（ISFM），国際プルトニウム貯蔵（IPS）及び核燃料供給保証（CAS）の議論が継続された。

　さらに2003年10月にエルバラダイ・IAEA事務局長が，ウラン濃縮や使用済燃料の再処理等を多国間の管理下に置くことを提唱した。IAEAは憲章により関係国から寄託されたウラン燃料等をIAEAの管理下において平和利用国に貸与できることから，04年6月，同事務局長は核の多国間管理に係る選択肢を検討する国際専門家を指名し検討を開始し，05年2月には，ウラン濃縮やプルトニウム分離のための施設の新規建設を5年間凍結するとの提案を行った。同月，国際専門家グループも「核燃料サイクルへの多国間アプローチ（Multinational Nuclear Approach; MNA）」と題する報告書をまとめた。

　機微な技術を含む核燃料サイクル技術の国際的な拡大は，核拡散の懸念材料となるため，その国際移転に関しては，原子力供給国グループ（NSG）において監視されており，最近IAEAにおいても追加議定書に基づく保障措置の一環として対象となる資機材の国際移転を監視している。03年当時は，冷戦終了後のリビアやイラン，北朝鮮への秘密裏の遠心法ウラン濃縮技術の移転問題が注目され，そうした状況への対処を目的として，エルバラダイが前述の提案を行った。提案には，米国大統領ブッシュも呼応し，核燃料サイクルの国際管理構想が議論された。

　この構想の議論で，ウラン濃縮技術や再処理技術という高度な平和利用技術を限定された国のみが占有しないか（核兵器不拡散条約4条の平和利用を推進する加盟国の奪い獲ない権利に抵触しないか），核不拡散対策にどれだけの効果をもたらすか（秘密裏の核兵器開発を阻止する有効な手段になるか），平和利用国の核燃料等の供給メカニズムが各国に不利益を及ぼさないか，などの課題が指摘された。一方IAEAは10年12月の理事会で低濃縮ウラン燃料バンクの創設を了承し，カザフスタンにこれを建設し運営している。

【関連項目】原子力供給国グループ（NSG）／国際核燃料サイクル評価（INFCE）
【参考文献】IAEA, "Multilateral Approaches to Nuclear Fuel Cycle", Vienna, 2005／Rapporteur's Report of Seminar on Innovative Approaches to Nuclear Non-Proliferation and the Nuclear Fuel Cycle, IAEA Headquarters, Vienna, 5-6 February 2004　　　〔菊地昌廣〕

## 核燃料輸送　nuclear fuel transport

　原子力発電はウラン等の核物質をエネルギー資源として利用するため，濃縮ウラン等の燃料製造が不可欠であり，わが国の場合，主に国内外で製造された濃縮ウランを国内で燃料へ加工し，それぞれの原子力発電所へ供給している。

また，使用済燃料は再処理し，回収されるプルトニウム等を有効利用するないしは，核燃料サイクルを推進することとしている。このように，原子力発電を行うためにはわが国の場合であればウラン濃縮，燃料加工，原子力発電所及び再処理施設等の原子力施設間の核燃料物質の輸送が必要となる。しかし，原子力施設はフェンス等で一般公衆から隔離されているが，核燃料輸送は原子力施設内の隔離された状態での輸送とは異なり，公衆が居住している地域を通過することがあることから，放射性物質の漏えい及び放射線による被曝防止の観点から，輸送時の安全確保には細心の注意が要求されている。
また，ソ連の崩壊に伴う核関連施設由来の核燃料物質の不法移転の発生や米国における同時多発テロの発生等の事例により，核爆発装置及び放射性物質の発散装置を用いたテロの脅威に対する認識が国際的に高まってきていることから，核セキュリティに係る取り組み強化が求められている。

このような状況下において，核燃料の輸送にあっては，一般公衆への安全確保が最優先であることから原子炉等規制法をはじめ多くの法令において，核燃料を収納する輸送容器について，輸送時の事故条件に耐え得る能力を有するための様々な安全要件（構造，遮蔽，臨界，熱等）が定められている。核物質防護を必要とする核燃料を輸送する場合は，輸送容器への施錠・封印が行われ，輸送前に発送人，受取人及び運搬について責任を有する者との間で運搬に関する取り決めを行い，輸送計画の策定，輸送に添乗する責任者の同行，事故を想定した緊急時の連絡体制の整備，保安のために必要な措置を講じ，また核物質の防護のために必要な措置に関する事項は守秘義務に係る規定により，核物質防護秘密として厳重な管理を講じた上で輸送が行われる。なお，法令を所管する省庁としては，陸上輸送，海上輸送及び航空輸送によって，原子力規制委員会，国土交通省，警察庁，海上保安庁または都道府県公安委員会が挙げられる。

【関連項目】核テロ・核セキュリティ／核燃料／核燃料サイクル／原子炉等規制法
【参考文献】青木成文『放射性物質輸送のすべて』日刊工業新聞社，1990年／有冨正憲ほか『核燃料物質等の安全輸送の基礎』株式会社ERC出版，2007年　　　〔持地敏郎〕

■ 核の冬 nuclear winter

核兵器を大規模に使用することによって生じる環境変化により，地球上に氷河期が再び訪れ，地球人類の生存が脅かされる現象を言う。

メガトン級の核兵器が多数同時に使用される形で全面核戦争が発生した場合，多量の窒素酸化物が大気圏上層部に放出されることとなる。これらを含む粉塵は，成層圏のなかのオゾン層に達しこれを破壊する。そして対流圏の温度条件を変えることによって，地球表面の気候条件の変化を引き起こすこととなる。さらに，攻撃を受けた都市において工業施設や油田・ガス田などエネルギー関連施設を含む多数の地区で大規模火災が発生し，これにより生じる煙・煤等が空を覆い，太陽光線を遮ってゆく。その結果，地表気温の低下を招き，寒い冬の様相を地球規模で迎えることとなる。

一定の核兵器を使用した二国間戦争が実施された場合であっても，日照時間の減少と地表温度の低下を招くことから，世界各国の主要な農業生産に対して壊滅的な打撃を与え，地上の生態系全体に致命的損失が生じてしまうことを「核の飢餓」と呼ぶ。

核戦争の結果として生じる「核の冬」は，交戦国の領土内だけで発生するものではなく，ひとたび核戦争が発生すれば世界のすべての人々にその影響が生じるということから，核戦争には勝者も敗者もないという考え方が生まれ，核戦争の反人類的性格が世界の人々に広く認識されてゆくこととなる。それにより核兵器廃絶・核軍縮運動を後押しすることとなった。

【関連項目】 核戦争／核戦略／平和
【参考文献】 池山重朗『核の冬』技術と人間社，1985年／核戦争に反対し，核兵器の廃絶を求める医師・医学者のつどい『核のない世界へ』平和文化，2003年／服部学『国連事務総長報告 核兵器の包括的研究』連合出版，1982年　　〔城秀孝〕

## 核の闇市場 nuclear black market

　パキスタンの核技術者カーン博士が中心となり，1980年代から2003年頃まで活動していた核技術・機器の密売ネットワーク。パキスタンからイランやリビア，北朝鮮への核拡散をもたらしたとされ，パキスタン政府の関与も疑われている。

　カーン博士は1970年にオランダのウラン濃縮機器製造会社ウレンコ社で働いて技術を習得し，核技術者の人脈を築いた。74年にインドが核実験を行うと，パキスタンもカーン博士と多くの研究者がパキスタン原子力委員会と協力して核兵器開発に着手し，日本を含む各国の企業からも核開発に必要な技術を獲得した。その結果，パキスタンは80年代半ばに核兵器開発の最終段階に到達し，98年5月，核実験に成功し，カーン博士は「核開発の父」と呼ばれた。

　カーン博士は80年代中頃，後に「カーン・ネットワーク」と呼ばれる核技術の海外密売ビジネスを始めて，2003年頃活動を停止するまで，10ヵ国約50人の人脈を通じてイラン，リビア，北朝鮮などに核技術を移転したといわれる。1980年代終わりには，イランに「スターターキット」と呼ばれる初期のウラン分離機数台と設計図などを売却し，より高度な技術移転はパキスタンのブット首相の反対で実現しなかったが，その後もイランとの取引を続け，ウラン濃縮用の遠心分離機約500基などを売却した。イラクにも90年10月，核兵器開発の請負を打診したが，91年の湾岸戦争勃発で実現しなかった。リビアは97年にこのネットワークを通じて遠心分離機を発注し，カーン博士はパキスタン国内に遠心分離機製造工場を建設して活動を拡げた。北朝鮮にもミサイル技術と引き換えにウラン濃縮の技術移転に協力したと言われる。

　99年に誕生したパキスタンのムシャラフ（行政長官を経て2001年から大統領）政権はカーン博士への監視を強め，01年に活動拠点のカーン研究所の所長辞任に追い込む。03年10月，イタリアでリビア行き貨物船から遠心分離機の部品が発見され，12月にリビアは核開発放棄を発表し，国際原子力機関（IAEA）の査察で「核の闇市場」の関与が明らかになった。カーン博士は04年2月，テレビで闇市場の存在を認め，09年まで自宅軟禁におかれた。

【関連項目】 核科学者や技術者の流出
【参考文献】 フランツ，ダグラス・コリンズ，キャスリン（早良哲夫訳）『核のジハード』作品社，2009年／吉田文彦・朝日新聞特別取材班『核を追う』朝日新聞社，2005年〔水本和実〕

## 核爆弾の開発 development of nuclear bombs

　核爆弾の形式には，高濃縮ウランを使用した砲身型のウラン爆弾と，プルトニウムを使用した爆縮型のプルトニウム爆弾とがある。ウラン爆弾は1945年8月6日に広島に投下され，プルトニウム爆弾は同年8月9日に長崎に投下された。

　核分裂性物質にウランとプルトニウムがあることは，30年代の後半にわかっていた。ウランは，38年にドイツのハーンらにより，天然ウラン中のウラン235に中性子を照射することで核分裂連鎖反応を起こすことが発見され，プルトニウムは40年12月に米国のシーボルグにより，加速器でウラン238に中性子を照射すれば核分裂性を持つプルトニウム239が生産できることが発見された。核分裂連鎖反応により大きなエネルギーを瞬時に放出する理論特性は，米国のマンハッタン計画以前にわかっていた。核分裂連鎖反応は，マンハッタン計画中の1942年12月にフェルミらによって確認されている。

　マンハッタン計画は，ナチスドイツの核爆弾

開発計画を恐れた米国において，F.ルーズヴェルト大統領により42年10月から開始された。米国に亡命したユダヤ人物理学者シラードが，アインシュタインに核爆弾の開発をルーズヴェルト大統領に進言する書簡を送るよう求め，この書簡がルーズヴェルト大統領の決定要因の1つであったとされる。

マンハッタン計画の下で，米国のテネシー州オークリッジにウラン精錬工場とガス拡散法濃縮工場が建設され，ウラン235の生産が行われた。ガス拡散ウラン濃縮法は多くの電力を必要とすることから，当時テネシー川開発機構（TVA）で発電された電力が供給されたと言われている。ワシントン州ハンフォードにプルトニウム生産炉と抽出施設が建設され，プルトニウムが生産された。この2ヵ所で核爆弾に必要な量のウラン235とプルトニウムが生産された。

核爆弾の設計は，テキサス州ロスアラモスに研究所を設立し，オッペンハイマーを中心にプルトニウムを使用する爆縮型の核爆弾が設計され，45年7月にニューメキシコ州アラモゴード砂漠で最初の爆発実験が行われた（トリニティ実験）。ウラン235を使用した砲身型の核爆弾は，理論上実験をしなくとも核爆発することがわかっており実験は行われていない。

マンハッタン計画が開始されて3年で最初の核爆弾が開発され，45年8月に広島と長崎で使用された。マンハッタン計画では，トリニティ計画で実験に使用されたガジェット，広島で使用されたリトルボーイ，長崎で使用されたファットマンと，使用されなかった1発の合計4発の核爆弾が生産された。この間に使用された米国の経費は，45年10月までで，18億4500万ドルであった。

各国の研究者らの間では核爆弾開発の可能性について，40年代の前半に2つの見解が支配的だった。1つは，核エネルギー抽出のために必要なウラン235同位体が天然のウラン元素中にわずか0.7％しか含まれておらず，多くのエネルギーを得るためにはウラン235の同位体濃縮が必須だが，当時の技術力では困難だとする意見。もう1つは，ウラン235同位体濃縮は多くの資金を投入すれば技術的に可能であるとの意見であった。前者はドイツ，日本の物理学者が支持し，後者は米国，イギリスの物理学者が支持していた。多くの経費をかけて短期間で核爆弾を開発できたのは，当時の米国の国力であると言わざるを得ない。

【関連項目】 ウラン／原爆投下／プルトニウム／マンハッタン計画／ロスアラモス国立研究所（LANL）
【参考文献】 ローズ，R.（神沼二真・渋谷泰一訳）『原子爆弾の誕生（上・下）』啓学出版株式会社，1993年　〔菊地昌廣〕

▎核爆発装置　nuclear explosive device

核不拡散条約（NPT）で生産・譲渡・技術移転が禁止されている対象物の1つ。NPTでは，禁止対象物を「核兵器その他の核爆発装置」と併記しており，核爆発装置は機能的に核兵器と同列であると考えられている。核兵器は小型で高性能であることが求められるが，NPTでは大きさや性能によらず，急速な核分裂反応を伴う爆発エネルギーを発生することができる核爆発装置もあわせて禁止されている。

国際原子力機関（IAEA）による保障措置においても，核兵器その他の核爆発装置に使用できる核物質の平和利用からの転用を検知することを目的としており，必ずしも小型かつ高性能な爆弾（核兵器）だけを対象とした検証活動ではなく，大型かつ低品位の爆発装置の拡散防止を意図した検証活動を行っている。

初期段階で兵器として使用された核爆発装置には，最初の核実験（トリニティ実験）で使用されたプルトニウム型爆発装置ガジェット，広島に投下されたリトルボーイ及び長崎に投下されたファットマンがある。このうちリトルボーイは高濃縮ウラン使用の砲身型爆弾で，80％以上に濃縮された60kgのウラン235を2つに分離し，大砲の砲身の前後に配置し，一方を爆薬に

よって砲身中の他のウラン235に撃ち込み合成することによって、超臨界状態（急速な核反応の連鎖）を誘発する。一方、ガジェットやファットマンは、プルトニウムを複数の部位に分離して球形状に配置し、中心に配置された、核分裂を開始させるための中性子源に向かって、外部から大量の爆薬により、等方的に瞬時に爆縮することによって超臨界状態を誘発する。

最近は、核分裂により核融合を誘発させる水素爆弾（熱核兵器）が使用されている。この核爆発装置は、ピットと呼ばれる円錐状の弾頭内に、高濃縮ウランやプルトニウム及び核融合の素材となる重水素が組み合わされて配置され、1～10Mt（TNT爆破薬換算）の爆発力を持つと言われている。

【関連項目】 ウラン／核不拡散条約（NPT）／核兵器／国際原子力機関（IAEA）／水爆（水素爆弾）／プルトニウム／保障措置・核査察
【参考文献】 "Global Fissile Material Report 2013", Seventh annual report of International Panel on Fissile Materials, October 2013 〔菊地昌廣〕

## 核不拡散条約（NPT） Treaty on the Non-Proliferation of Nuclear Weapons

正式名称は「核兵器の不拡散に関する条約」で「核（兵器）拡散防止条約」とも言われる。1968年に署名され70年に発効した。加盟国は、脱退宣言した北朝鮮も含め191ヵ国（2015年4月現在）。核兵器を保有するインド、パキスタン、イスラエルは加盟していない。条約の主要な目的は、核兵器の不拡散と核軍縮、原子力の平和利用の促進である。

核兵器の不拡散に関しては、第9条3項で「67年1月1日以前に核兵器その他の核爆発装置を製造しかつ爆発させた国」、すなわち米ロ英仏中の5ヵ国を「核兵器国」と定めて核兵器の保有を認め、それ以外のすべての国を「非核兵器国」と定め、第1条で核兵器国に対し、核兵器の非核兵器国への移譲や、非核兵器国による核兵器の取得を支援することを禁止した。また第2条で非核兵器国に対し、核兵器の製造や取得を禁止した。

核軍縮については第6条で、非核兵器国も含む各締約国に対し、「核軍備競争の早期の停止」及び「核軍備の縮小」に関し「誠実に交渉を行う約束」を義務づけた。

原子力の平和利用に関しては、第4条1項でそれを締約国の「奪い得ない権利」と規定し、原子力技術の軍事転用を防止するため、第3条で非核兵器国に対し核軍備競争の早期の停止及び核軍備の縮小に関する効果的な措置として国際原子力機関（IAEA）の保障措置を受けることを義務づけた。だが現実には、核兵器国は核軍縮義務を十分果たさず、非核兵器国との不平等性は解消されていない。またNPTに加盟しながら北朝鮮が核兵器を開発して実験を繰り返し、イランも開発疑惑が持たれていることから、条約の不完全さが指摘されている。

第8条3項で5年に1度、条約の運用を検討するための再検討会議の開催が定められている。冷戦期には東西対立により会議で意味ある決定はされなかったが、95年再検討・延長会議では①条約の無期限延長が決定され、②「核不拡散と核軍縮の原則と目標」に関する文書（以下「原則と目標」）及び③中東の非核化を求める「中東に関する決議」が採択された。①だけを認めると条約の不平等性の永続化に繋がるため、非核兵器国側が「原則と目標」を求めたが、このなかには、包括的核実験禁止条約（CTBT）交渉の96年までの完了、核分裂性物質生産禁止（カットオフ）条約交渉の早期完了、非核兵器地帯条約の拡大などが盛り込まれた。

2000年の会議でも最終文書が採択され、1995年の「原則と目標」の内容を進展させる13項目の実際的措置としてCTBTの早期発効、カットオフ条約の5年以内締結、核兵器国による核廃絶への明確な約束などが盛り込まれた。2005

年の会議は，01年の9.11同時多発テロの影響で「対テロ戦争」を掲げた米国が核軍縮に背を向けたため，何ら成果がなく，最終文書なしで閉幕した。

10年の会議は，「核兵器なき世界」を掲げたオバマ米政権の影響もあり，10年ぶりに最終文書が採択され，このなかで初めて「核兵器禁止条約」について言及されたほか，95年と00年の成果を前進させる64項目の行動計画が盛り込まれた。15年の会議は最終文書が採択されずに終わった。

【関連項目】オバマのプラハ演説／核軍縮／核兵器禁止条約
【参考文献】黒澤満『核軍縮と世界平和』信山社，2011年／黒澤満『軍縮国際法』信山社，2003年／黒澤満編著『軍縮問題入門（第4版）』東信堂，2012年／水本和実『核は廃絶できるか』法律文化社，2009年　　　　　　　　　　〔水本和実〕

## 核物質　nuclear material

原料物質（source material），及び特殊核分裂性物質（special fissionable material）の総称として用いられるが，産業界ではジルコニウム，ベリリウムなども含めて原子炉にとって重要な物質を総称する場合もある。国際原子力機関では憲章20章で原料物質と特殊核分裂性物質を規定しており原料物質は「ウランの同位体元素の天然の混合率からなるウラン。同位体元素235の劣化ウラン。トリウム。金属，合金，化合物又は高含有物の形状において前掲のいずれかの物質を含有する物質。他の物質で理事会が随時決定する含有率においている前掲の物質の1又は2以上を含有するもの。理事会が随時決定するその他の物質。」とされる。また特殊核分裂性物質は，「プルトニウム239，ウラン233，同位元素ウラン235又は233の濃縮ウラン，前記のものの1又は2以上を含有している物質及び理事会が随時決定する他の核分裂性物質をいう。ただし「特殊核物質」には原料物質は含まない。」とされている。日本では「核原料物質，核燃料物質及び原子炉の規制に関する法律」（原子炉等規制法）で「核物質」という用語は用いられておらず「核燃料物質」として「(1)天然ウラン，劣化ウラン及びトリウムの金属および化合物。(2)上記(1)のいずれかを含み原子炉の燃料として使用できる物質。(3)濃縮ウラン，プルトニウム及びウラン233の金属及び化合物。(4)上記(3)のいずれかを含む物質」と「核原料物質」として「ウラン鉱，トリウム鉱その他核燃料物質の原料となる物質」と規定している。

【関連項目】原子炉等規制法／国際原子力機関（IAEA）
【参考文献】『保障措置ハンドブック』核物質管理センター，2014年／"IAEA Safeguards Glossary 2001 Edition", IAEA, 2001　　　　　　　　　　　　　　　〔蔦木泰宏〕

## 核物質管理
nuclear material control and accountancy

核物質には天然ウラン，劣化ウラン，トリウムを指す原料物質と，プルトニウム239，ウラン233，同位元素ウラン235または233の濃縮ウランを指す特殊核分裂性物質が含まれる。このような放射能を有し核反応を引き起こす核物質を扱うためには，紛失を防止する視点から扱う物質の数量管理や保全を目的とした物理的な管理が必要とされる。

核物質を最初に民生利用に公開した米国においては，米国国内規制法（Code of Federal Regulation; CFR）により，扱う事業者は核物質防護，管理及び計量システム（Material Protection Control & Accountancy; MPC&A）を設置することが求められている。

一方，核兵器不拡散条約（NPT）に基づくIAEA保障措置においては，IAEAと当事国（又は国家群）との間の保障措置協定の規定に従って，施設者及び政府は国内核物質計量管理システム（the State System of Accounting for and Control of Nuclear Material; SSAC）の構築と維持が求められ，保障措置協定を締約した国は，国内法によってIAEAが要請する計量

管理システムの機能を国内の事業者が実施するように事業者を規制している。日本では，原子炉等規制法で事業者から対象となる核物質の計量管理情報の報告を義務づけ，報告された情報をまとめて保障措置協定に基づきIAEAへ申告している。この情報のまとめを公益財団法人核物質管理センターが指定情報処理機関として実施している。

核物質の物理的な保全を目的とした核物質防護（Physical Protection）は，保障措置協定上は求められていない。核物質防護は，事業者が実施することとして国内規制法で求められている。IAEAは各国に実施のためのガイドラインを示し，設置すべき機器の機能やシステムの内容について各国を支援している。核物質防護は最近核セキュリティへと拡大されている。

核物質の計量管理は，取り扱い施設内に計量管理を行う区画を示す物質収支区域（MBA）を設定し，その区域への核物質の受け入れと払い出し量及び在庫量とを計量測定し，その結果から在庫差（原子炉等規制法では不明物質量；MUF）を計算し，対象となった核物質の計量測定の誤差の限界と連動させてMUFの大きさの妥当性を評価する。IAEAは，これらの活動によって出された計量管理情報の正確性を確認するために，封じ込め及び監視（Containment and Surveillance; C/S）手段で補完された核物質計量手段に基づいて対象核物質の利用状況を検証している。

日本でも，原子炉等規制法に基づき規制されている計量管理や核物質防護の遵守を確認するため，国の職員等が施設に立ち入り，保障措置検査及び核物質防護検査を実施している。

【関連項目】ウラン／核テロ・核セキュリティ／核不拡散条約（NPT）／トリウム／プルトニウム／保障措置協定

【参考文献】菊地昌廣「国際保障措置強化に向けて」黒澤満編『大量破壊兵器の軍縮論』信山社，2004年　　〔菊地昌廣〕

## 核分裂生成物　fission product

核分裂の過程で原子核が分裂してできた核種を核分裂生成物と言う。核分裂片とも言う。通常は質量数が二等分になることはなく，一方が重く（質量数140程度），一方は軽い（95程度）核になる。これは，分裂するときに陽子数と中性子数の組み合わせが安定な魔法数に近い原子核になろうとするためだと解釈されている。核分裂生成物がどの核種になるかはある確率で決まる。この確率を核分裂収率という。核分裂する核種によって異なる収率分布を持っているので，核分裂生成物を分析し，その比率を求めれば核反応を起こした親核種がわかる。例えばウラン235が核分裂を起こした場合その核分裂生成物は80種類程度生じ，質量数が72から160と広範囲に分布している。これらは質量数90と140付近のピークを中心として鞍型の分布をなしている。核分裂生成物は様々な核種の混合物であるが，総じて陽子数と中性子数との均衡を欠いており放射壊変による放射能を持つ。これらの放射性同位体は，陽子と中性子の均衡が保てるところまで放射壊変（主に$\beta$崩壊）を繰り返す。核分裂生成物の中には中性子を良く吸収する物質が含まれる。このような物質が，原子炉に蓄積すると核分裂連鎖反応を阻害してしまうため，毒に例えて中性子毒と呼ばれる。原子炉内で運転に伴い中性子毒物質の存在量は時間とともに変化するため，原子炉の挙動に影響を与える。これらの崩壊速度は様々で，数秒から数ヵ月でほぼ崩壊しつくす短寿命の核種から100年単位の中寿命の核種，そして半減期すら20万年を超える長寿命の核種まである。放射性物質は基本的には半減期が短く少量でも放射能が強いものの短期間ですぐに減衰するもの，逆に長寿命で放射能は少量ならば弱いが，時間が経ってもなかなか減らないものがある。短・中寿命核種は盛んに放射線を放って崩壊するため少量でも放射能が大きく，1945年に原子爆弾で攻撃された広島市と長崎市では，被爆者だけで

なく爆心地周辺に後日立ち入った人々が重篤な放射線障害を受けている。一方、長寿命核種は放射能は小さいが、原子炉の使用済み核燃料のように大量に存在すると、半永久的とも言える長期間にわたって放射線を放ち続けるやっかいな廃棄物となり、半減期の数倍から数十倍（つまり100万年単位）の期間、厳重に遮蔽して保管し続けなければならない。

【参考文献】 黒田和夫『17億年前の原子炉』講談社，1988年／三宅泰雄『死の灰と闘う科学者』岩波書店，1988年

〔蔦木泰宏〕

### 核分裂の発見　discovery of nuclear fission

19世紀の後半から核物理の研究がヨーロッパで進み、1938年12月にドイツでハーンとマイトナーがウラン元素に中性子を照射して核分裂が起きることを発見した。また、39年1月にフランスでイレーヌ・ジョリオ＝キュリーとジャン・フレデリック・ジョリオ＝キュリーが、核分裂により2ないし3個の中性子が発生し、これをさらにウラン元素に当てることによって連鎖反応が起きることを発見した。そして1個のウラン元素の分裂により、約2億電子ボルト（正確には、194MeV）のエネルギーが放出されると発表した。これが、核エネルギー開発利用の幕開けである。

この発見を受けて各国の研究者が様々な追加確認試験やエネルギー利用のための研究を開始した。当時は第二次世界大戦中であり、核分裂の連鎖反応を瞬時に継続した場合、多くの核エネルギーを一度に放出させることが可能となるとの理論に基づき軍事利用のための研究が促進された。実際の連鎖反応は、42年12月にフェルミがシカゴパイルと呼ばれる初期の原子炉で確認した。

核エネルギー抽出のために必要なウラン235同位体が、天然のウラン元素中にわずか0.7％しか含まれておらず、多くのエネルギーを得て兵器利用するためには、ウラン235の同位体濃縮が必須であり、当時の技術力では困難であるとする意見と、ウラン235同位体濃縮は多くの資金を投入すれば技術的に可能であるとの意見があった。前者はドイツ、日本の物理学者が支持し、後者は米国、英国の物理学者が支持していた。

【関連項目】 ウラン／核爆弾の開発
【参考文献】 ローズ, R.（神沼二真・渋谷泰一訳）『原子爆弾の誕生（上・下）』啓学出版株式会社，1993年　〔菊地昌廣〕

### 核兵器　nuclear weapon

核兵器とは、狭義には核弾頭または核爆弾を意味するが、広義の一般的な定義ではその運搬手段をも含む。核兵器は巨大な核エネルギーを制御されない方法で放出するもので、甚大な影響を与え、計り知れない損害を発生させるものである。核兵器は、核分裂反応を用いる原子爆弾と核融合反応を用いる水素爆弾の大きく2つに分類される。原子爆弾の材料としては高濃縮ウランまたはプルトニウムが使用されるが、1945年8月6日に広島に投下された核爆弾リトルボーイは高濃縮ウランを用いたものであり、同年8月9日に長崎に投下された核爆弾ファットマンはプルトニウムを用いたものであった。水素爆弾は熱核兵器とも呼ばれるが、重水素や三重水素の原子核の融合によるものである。

核兵器による破壊力は、熱線、爆風、放射線から構成されている。熱線とは核反応により生じる大量の熱エネルギーの輻射であり、強烈な温度上昇を引き起こし可燃物を燃焼させる。爆風は核爆発による物理的な影響で、核反応による火の玉の膨張による衝撃波、及び火の玉による猛烈な上昇気流と気圧の低下により引き起こされる。放射能は核爆発による物理的な影響であり、初期放射能と残留放射能によるもので、人体の細胞中の遺伝子を傷つけ破壊する。

運搬手段を含めた核兵器はそれらの射程を基礎に以下の3つに分類される。戦略核兵器とは米国とロシアの間で直接撃ち合うことになる長

距離で敵国の戦略目標を破壊するもので，米ソ及び米ロの間の戦略兵器交渉で制限され，削減されている。戦略兵器の三本柱は，地上発射の大陸間弾頭ミサイル（ICBM），潜水艦発射弾道ミサイル（SLBM）及び戦略爆撃機から構成されている。戦術核兵器とは射程の短い核兵器でミサイルや航空機で運搬される。それらの中間にあるのが中距離核戦力で，主としてソ連西部と西欧との間で使用されるものであった。米ロ間では，射程が5500km以上かどうか，500km以下かどうかで3つに分類されている。

核軍縮条約で核兵器として実際に規制されているものは，米ソ及び米ロの戦略兵器関連条約では，基本的にはICBM，SLBM，爆撃機などの数が制限され，削減されており，規制されているのは運搬手段であり，核弾頭の削減が規定されたのは新START条約においてである。核不拡散条約で移譲，受領，製造，取得が禁止されている「核兵器」は基本的には核爆弾であり，包括的核実験禁止条約で実験的爆発が禁止されている「核兵器」も核爆弾である。ラテンアメリカの非核兵器地帯設置に関するトラテロルコ条約は，「核兵器とは核エネルギーを制御されない方法で放出することができ，かつ戦争目的に使用することに適した一群の性質を有する装置を言い，その装置の輸送または推進のために使用される器具は，その装置から分離することができ，かつその装置の不可分の部分でない場合にはこの定義に含まれない」と定義している。その後の非核兵器地帯設置条約も，基本的にはこの定義に従っており，ここでは運搬手段を含まない核爆弾として理解されている。

【関連項目】 核戦力／核兵器の運搬手段の三本柱／原子爆弾（原爆）／戦術核兵器／戦略核戦力（戦略核兵器）／米国の核戦力／ロシアの核戦力

【参考文献】 太田昌克『アトミック・ゴースト』講談社，2008年／川崎哲『核兵器を禁止する』岩波書店，2014年／黒澤満編『軍縮問題入門（第4版）』東信堂，2012年／吉田文彦『核のアメリカ』岩波書店，2009年
〔黒澤満〕

## 核兵器禁止条約　Nuclear Weapons Convention/Nuclear Weapons Ban Treaty

核兵器を包括的に禁止する条約。生物・化学兵器や対人地雷・クラスター爆弾が多国間条約で禁止されているのと同様の手法を核兵器にも当てはめるという構想。

1996年の核兵器の違法性に関する国際司法裁判所の勧告的意見を受け，翌年に国際反核法律家協会などのNGOがモデル核兵器条約（NWC）を起草した。核兵器の開発，実験，製造，貯蔵，移送，使用，威嚇を全面的に禁止するとともに，核兵器の廃棄と検証までを包括的に定めるものである。

これをもとにマレーシアやコスタリカが毎年，交渉開始を求める国連決議案を提出している。だが核保有国等は反対している。2008年には潘基文国連事務総長が自身の核軍縮提案として，強力な検証制度を兼ね備えた核兵器条約（単一条約または複数条約の組み合わせ）の交渉を呼びかけた。

2010年以降，核の非人道性に関する関心が高まるなかで，国際人道法に基づく核兵器禁止論が勢いをつけている。従来の包括的核兵器条約の提案と異なり，核兵器の禁止のみを定め，廃棄・検証過程は追って定めるという「禁止先行」型の条約（Ban Treaty）も提案されている。また，赤十字やNGOによる核兵器禁止を求める運動が盛んになり，広島・長崎市長は，平和宣言等で核兵器禁止条約の交渉開始を繰り返し求めている。

2015年のNPT再検討会議では，新アジェンダ連合が，包括的核兵器条約，「禁止先行」条約，複数条約による枠組み合意など，核兵器の法的規制に関するいくつかのオプションを示し，議論を促した。また，核の非人道性に関してオーストリアが始めた「誓約」運動は，核兵器に関する「法的な不備を埋める」ことを求めており，法的禁止を含意している。

しかし核兵器国やその同盟国は一貫して反対

または慎重姿勢を崩していない。今後，国連の作業部会や有志国の会議を通じて法的禁止に関する議論や攻防が活発化するであろう。

【関連項目】　核兵器の非人道性／国際司法裁判所（ICJ）／国際人道法（武力紛争法）（IHL）／新アジェンダ連合（NAC）／モデル核兵器条約
【参考文献】　川崎哲『核兵器を禁止する』岩波書店，2014年／黒澤満『核兵器のない世界へ』東信堂，2014年　　〔川崎哲〕

## 核兵器使用禁止決議
resolution on the prohibition of the use of nuclear and thermonuclear weapons

　1961年11月24日に国連総会決議1653（XVI）として採択されたもので，「①核及び熱核兵器の使用は，国連の精神，文言及び目的に反し，それだけで国連憲章の直接の侵害である。②核及び熱核兵器の使用は戦争の範囲を超えるものであり，人類と文明に無差別の苦痛と破壊をもたらし，それだけで国際法及び国際人道法の規則に違反する。③核及び熱核兵器の使用は，敵のみならず人類全体に向けられた戦争である。なぜならその戦争に巻き込まれていない世界の人々もそのような兵器の使用から生じる害悪のすべてを受けるからである。④核及び熱核兵器を使用する国家は，国連憲章に違反し，人道法に反して行動しており，人類及び文明に対する罪を犯したものとみなされる。」と宣言している。また事務総長に対し，核兵器及び熱核兵器使用禁止条約の署名のための特別会議の開催の可能性につき加盟国と協議することを要請している。

　この決議はエチオピアを中心にアジア・アフリカ12ヵ国により提出されたものであり，賛成55，反対20，棄権26で採択された。決議提案国は，この決議はいかなる理由であれあらゆる場合に核及び熱核兵器の使用を禁止するものであり，自衛権に言及する必要はないと述べていた。他方，英国，米国，フランス及びその他のNATO諸国は，国連憲章は個別的及び集団的自衛権を認めており，侵略を撃退するために必要なあらゆる種類の兵器の使用を認めていると主張し，自衛の場合に核兵器の使用を禁止することに反対した。78年の国連軍縮特別総会を契機に，同年インドが提出した決議33/71Bにおいて，「核兵器の使用は国連憲章の違反であり，人類に対する罪である」と定義した。

　82年以来，ジュネーヴ軍縮会議（CD）において核兵器使用禁止条約の交渉を要請するインド提案の決議が毎年採択されているが，米国，英国，フランス，ロシアが反対しているため，進展は見られない。

【関連項目】　核兵器の先制不使用／核兵器の非人道性／ジュネーヴ法
【参考文献】　黒澤満『核軍縮入門』信山社，2011年／黒澤満『核兵器のない世界へ』東信堂，2014年　　〔黒澤満〕

## 核兵器の運搬手段の三本柱
triad of nuclear weapons system

　核兵器の運搬手段の「三本柱」（トライアド）とは，戦略核兵器の運搬手段についてこれを概念上まとめたものであり，陸から発射される大陸間弾道ミサイル（ICBM），海から発射される潜水艦発射弾道ミサイル（SLBM），空を飛び敵国へ向かう戦略爆撃機という3種類の兵器体系が含まれる。

　原子核の分裂ないし融合反応を利用した爆発装置である核兵器（核弾頭）は，それ自身で爆発すべき目的地に移動する手段を持たない。そのため，核兵器が効果を発揮するためには，爆発する弾頭と，目標に到達させる運搬手段と，目標の位置などを把握し正確に誘導する頭脳としてのC4ISR（指揮，統制，通信，コンピューター，情報，監視，偵察）の三者が確保されている必要がある。広島長崎への原爆投下の際には，飛行機から爆弾を投下する手法が利用されたが，その後の軍事技術の進歩により，核兵器運搬手段の種類が増加してゆき，核砲弾や核魚雷など様々な核兵器利用方法が考案され実用化

されていった。それらのうち，敵国本土を直接の目標にしうる戦略核攻撃を担う主要な三種類の兵器体系が，「三本柱」と呼ばれるようになっていった。爆撃機は飛行速度が遅く，敵から迎撃されやすい反面，柔軟な作戦が可能。弾道ミサイルは速度が速い反面，基地が探知されやすく，潜水艦は機動性が高いが精度が劣るなど，三者三様のメリット・デメリットがある。そのため，核兵器保有国はこれらをミックスして核戦略を立案するようになっていった。

その後，核戦争の恐怖が深刻化したことをうけて，米ソを中心とする核軍縮交渉（戦略兵器削減交渉）が進展していった。1972年のSALT I 条約によりICBMとSLBMがその保有数について制限され，79年のSALT II 条約ではさらに戦略爆撃機等も同様に制限されていった。これらの規制は91年のSTART I 条約と93年のSTART II 条約，2002年のSORT条約（モスクワ条約），さらには11年の新START条約へと受け継がれていった。

【関連項目】　核兵器／戦略核戦力（戦略核兵器）／戦略爆撃／大陸間弾道ミサイル（ICBM）
【参考文献】　青木日出雄『戦略兵器』教育社，1978年／小都元『核兵器事典』新紀元社，2005年／ゴールドブラット，ジョゼフ（浅田正彦訳）『軍縮条約ハンドブック』日本評論社，1999年　　　　　　　　　　　　　　　〔城秀孝〕

## 核兵器の合法性　legality of nuclear weapons

原子爆弾や水素爆弾といった核兵器も武力紛争時の使用の合法性は，通常兵器と同様，自衛権行使国と侵略国のいずれの使用かを問わず国際人道法（武力紛争法）で判断される。国際的武力紛争に適用される国際人道法には無差別的効果を生じる兵器の使用禁止及び戦闘員に過度の傷害又は無用の苦痛を与える兵器の使用禁止という国際慣習法上の二原則がある。使用すれば必ず右のいずれかの効果を伴う兵器の使用は全面的に禁じられる。使用方法によってはかかる効果を生じない小銃のような兵器は，全面的使用禁止ではなく，使用方法に規制がかかるのみである。二原則の少なくとも一方に常に抵触する兵器の代表例として生物兵器と化学兵器がある。しかし慣習法原則に反する兵器の特定は容易ではないため条約で禁止兵器を明示することもある。ダムダム弾禁止宣言（1899年）はその初期の例である。

核兵器は大小にかかわらず使用されれば二原則の少なくとも一方に必ず反すると言われ，そうならば使用は全面的に禁止される。小型核兵器には破壊力で大型通常爆弾と異ならないものがあるものの，通常爆弾では生じない熱戦や放射線による障害で過度の傷害や無用の苦痛を常に生むなら慣習法から使用が禁止される。しかし，全核兵器についてこれが常に言えるとは限らないとの見方もある。条約に関しても核兵器を明示して使用を禁止する武力紛争法条約はない。その使用禁止条約を新たに作ることは妨げられないが，慣習法化されていない条約上の禁止はその締約国にしか及ばない。

原爆裁判判決（1963年）では広島長崎への核攻撃が国際法違反と判示された。しかし同判決からは，中規模都市へのこの大きさの核兵器投射なら無差別的効果等から常に違法となると言えるにとどまる。国際司法裁判所勧告的意見（1996年）は，核兵器使用は国際人道法の原則に一般的には反するという一方で自衛の極限状態では判断できないと述べたため，原則に合致した使用が例外的にあるか，自衛の極限的な場合には原則適用を免れるかとの議論を呼んだ。なお特定の兵器使用が違法でも戦時復仇の場合には違法性が阻却されるので，戦時復仇と主張してなされる核兵器使用の法的評価は別になされる。

【関連項目】　核兵器／核抑止／原爆裁判／国際人道法（武力紛争法）（IHL）
【参考文献】　国際司法裁判所判例研究会「判例研究・国際司法裁判所　核兵器の威嚇又は使用の合法性」『国際法外交雑誌』99巻3号，2000年／Legality of the Threat or Use of Nuclear Weapons, Advisory Opinion, *I.C.J. Reports 1996*／Schwarzenberger, George, *The Legality of Nuclear Weapons*, Stevens

and Sons, 1958 〔真山全〕

## 核兵器の先制不使用
no first use of nuclear weapons

　核兵器の先制不使用（no first use）とは，武力攻撃において核兵器を相手より先に使用しない政策である。ただ，相手が先に核兵器を使用した場合は，核兵器を使用する選択肢を残している。「核兵器の先行不使用」「核兵器の第一不使用」とも称される。一方，核兵器の先制使用（first use）は，核兵器以外の手段で攻撃してくる相手に対し，核兵器を最初に使用することを意味する。

　核保有国を個別に見ると，米国は2010年4月に発表した「核態勢の見直し（NPR）」報告のなかで核兵器の使用を抑制するシナリオを検討しつつ，基本的には先制使用の選択肢を維持し，英国も同じような政策をとるが，フランスは冷戦期と同じ核の先制使用政策を維持している。

　旧ソ連は1982年6月に核の先制不使用を宣言したが，西側からはその信憑性が疑問視された。旧ソ連崩壊後，ロシアは通常戦力が弱体化したため，93年11月，この宣言を撤回し，先制使用政策に戻った。

　中国は64年10月の核実験以来，今日まで「いつ，いかなる場合にも核兵器を先に使用しない」という無条件の核兵器の先制不使用を宣言し，他の核保有国に対しても核の先制不使用政策の採用を促している。

　インドは1999年8月に発表した核ドクトリン草案のなかで，核兵器の先制不使用政策を採る方針を示したが，2003年1月以降，生物・化学兵器の攻撃を受けた場合には核兵器による反撃があり得ることを示唆し，限定的な核の先制使用の方針を維持している。

　インドを敵対視するパキスタンは，インドの優勢な通常戦力に対抗するため核の先制使用政策を採用しているとみられる。1998年5月に印パ両国が核実験を行った後，インドが互いの核の先制不使用を呼びかけたが，パキスタンは拒否した。

　全ての核保有国が核の先制不使用に同意すれば，核兵器の役割は核の使用の抑止のみとなり，多国間での核兵器の削減が容易になる。また核保有国が先制不使用を宣言すれば，非核兵器国が核攻撃を受ける可能性はなくなる。だが，核の先制不使用を一方的に宣言するだけでは検証が不可能で信頼性に欠ける。条約に基づく核の先制不使用体制を築くことが求められる。

【関連項目】　核戦略／核態勢の見直し（NPR）／消極的・積極的安全保証
【参考文献】　黒澤満編著『軍縮問題入門（第4版）』東信堂，2012年
〔水本和実〕

## 核兵器の非人道性
humanitarian impact of nuclear weapons

　原爆を投下された大日本帝国政府は直後の米政府宛の抗議文で「かかる非人道兵器の使用を放棄すべき」と訴えた。戦後被爆者らが日本政府に慰謝料を求めた原爆訴訟では，1963年に東京地裁が原爆投下は「国際法の原則に違反」するとの判断を下している。

　96年国際司法裁判所（ICJ）は，世界的な市民運動に後押しされ，核兵器の使用・威嚇が国際人道法の原則に一般的に違反するとの勧告的意見を出した。ただし国家存亡に関わる自衛の極限的状況においては合法か違法か判断できないとした。

　2010年に赤十字国際委員会が国際人道法の観点から核廃絶を求める総裁声明を出すと，核の非人道性に関する国際的な議論が活発化した。同年の核不拡散条約（NPT）再検討会議の最終文書では，核使用がもたらす「壊滅的な人道上の結果」への憂慮が表明された。これを受けて12年にはスイスなど16ヵ国が核兵器の非人道性に関する共同声明を発表した。声明は回を重

ねるごとに支持を増やし、15年のNPT再検討会議では159ヵ国が参加した。

一方13年から14年にかけてノルウェー（オスロ）、メキシコ（ナジャリット）、オーストリア（ウィーン）で3回の核兵器の人道上の影響に関する国際会議が開催された。広島・長崎の原爆被害の影響、今日核が使われた場合の被害、地球環境への影響、偶発的な核爆発や事故のリスク、核兵器の惨事における救援活動の不可能性などが議論された。これらの会議では広島・長崎の被爆者や核実験被害者らも積極的に発言し貢献した。

14年12月のウィーン会議後、核の非人道性をもとに核兵器禁止を目指す「（人道の）誓約」文書が出され、賛同国は15年NPT再検討会議のときに100を超えた。

なお日本政府はアメリカの核抑止力に依存する安保政策との関連で、核兵器は人道主義の精神に反するが国際法違反とまでは言えないという立場をとっている。そのため「（人道の）誓約」に賛同していない。

【関連項目】 核兵器禁止条約／核兵器の合法性／核兵器の非人道性会議／原爆裁判

【参考文献】 秋山信将編『NPT』岩波書店、2015年／川崎哲『核兵器を禁止する』岩波書店、2014年　〔川崎哲〕

## 核兵器の非人道性会議
International Conference on Humanitarian Impact of Nuclear Weapons

広島・長崎の原爆は民間人・軍人を区別なく殺傷した無差別攻撃であった。広島に緊急人道支援を行った国際赤十字委員会（ICRC）はその非人道性を指摘した。1961年の国連総会の核兵器使用禁止宣言にも人道法の文言が盛り込まれた。96年国際司法裁判所は核兵器による威嚇と使用は「一般的には人道法に反する」とする勧告の意見を採択した。2010年ICRCは根本的対策として核廃絶しかないことを表明し、同年のNPT再検討会議の最終文書にも「耐えられない人道的結末」の文言が盛られた。

以上の背景の下に世界で初めて「核兵器の非人道性に関する国際会議」が開催された（13年3月オスロ）。物理学・医学・環境学・気象学・経済学・食糧供給などの各分野の専門家により、核爆発の結末についての科学的知見が網羅的に発表され、原爆の短期及び中長期の人体影響、救護体制及び救護要員の喪失、不可能な予防措置などについての科学的知見が発表、討議された。128ヵ国が出席し、非人道的結末の認識がコンセンサスとなった。

第2回会議（14年2月メキシコ・ナジャリット）では出席国は146ヵ国に増えた。核爆発の長期的影響、特に都市インフラ・マクロ経済の破綻が議論されるとともに、核の偶発的・意図的爆発や非国家組織による使用などの可能性が論じられた。またインド・パキスタン間の核戦争が勃発した場合、爆発粉塵による気温低下で20億人の飢餓が推定された。この会議では非人道性の確立が謳われ、核兵器の製造と使用の法的拘束を目指す多国間協議に進むべき時期が到来したことが宣言された。

第3回会議（14年12月ウィーン）では初めて核兵器国の米国と英国が参加し、158ヵ国まで増えた。前2回と同様各領域の専門家による核兵器の非人道性についての研究発表に加え、初めて哲学・倫理学のパネル討論が行われた。オーストリア政府は非人道性に基づく核兵器の禁止に関する法的枠組みの協議開始を求める「オーストリアの誓約」をまとめ、107ヵ国とともにNPT再検討会議に提出した。

これらの国際会議の連続開催により、国際社会の核の非人道性に関する認識が深まり、これまで安全保障というもっぱら政治面から議論されてきた核軍縮と核廃絶の取り組みに、核兵器は究極的には非人道兵器として禁止すべきものとして、その法的枠組の協議開始を求める国際的な潮流が加わった。

【関連項目】 核兵器禁止条約／核兵器廃絶運動（反核運動）

カクヘイキ

〔朝長万左男〕

## 核兵器廃絶運動（反核運動）
anti-nuclear movement

　広島・長崎への原爆投下の後1949年にソ連が原爆実験を行い米ソ核軍拡競争が始まると，科学者らが先頭に立ち反核運動を切り開いた。50年のストックホルム・アピール運動，51年の世界平和評議会，55年のラッセル＝アインシュタイン宣言，57年の第1回パグウォッシュ会議と続く流れである。背景には，原爆製造に関わった科学者らの責任意識や，核実験による地球的な環境汚染への懸念があった。日本の原水爆禁止運動もこの時期に始まった。

　70年代半ば以降米ソ核対立が激化すると，反核運動は欧州を中心に高まりを見せ，非核自治体運動が生まれた。アメリカでは核凍結運動が広がり，第2回国連軍縮特別総会が開かれた82年にはニューヨークで100万人の反核デモが行われた。これらの運動はしかし，89年の冷戦終結とともに世論の関心が薄れ退潮となった。

　冷戦後の反核運動は，大衆動員型から専門化した提言型へとシフトした。90年代半ばには核兵器の違法性を国際司法裁判所に問う世界法廷運動が96年の勧告的意見を導いた。95年のNPT再検討・延長会議に集まった世界のNGOはネットワーク「アボリション2000」を発足させ，核兵器禁止条約の締結を掲げた。98年に新アジェンダ連合が誕生すると，これを支援するNGO「中堅国家構想」が登場するなど，政府とNGOのパートナーシップが形成された。2007年以降は核兵器廃絶国際キャンペーン（ICAN）が広がりを見せている。

　反核運動と反原発運動の関係は一様ではない。1970年代以降世界の反核運動を支えてきたのは核実験，原発事故，ウラン採掘や放射性廃棄物など放射能全般への懸念である。イギリスやオーストラリアでは反核と反原発が密接に結びついている場合が多いが，日本では2011年の福島原発事故までは，反核と反原発が別々に取り組まれる傾向が強かった。

【関連項目】　欧州反核運動／原水爆禁止運動／パグウォッシュ会議／非核自治体

【参考文献】　原水爆禁止日本国民会議編『開かれた「パンドラの箱」と核廃絶へのたたかい』七つ森書館，2002年〔川崎哲〕

## 核兵器廃絶――地球市民集会ナガサキ
Nagasaki Global Citizen's Assembly for the Elimination of Nuclear Weapons

　核兵器廃絶に取り組む国内外の非政府組織（NGO）が長崎に集い，核廃絶と恒久平和の実現に向けた活動方針を話し合い，世界に向けて核兵器廃絶に関する提言を発信する集会。2000年11月に第1回が開催され，のべ5600人が，03年の第2回集会にはのべ6700人が参加した。その後06年，10年，13年と開催され，それぞれ，「長崎アピール」を採択している。従来の反核平和運動は政党や労働組合，宗教団体，科学者団体等の団体主導型である側面が強く，さらにイデオロギー論争の場になる状況において，思想信条党派の違いを超えて，一市民として参加できる草の根の集会を開くことを目的として企画された。会の大きな特徴は，市民，国内外の非政府組織（NGO），長崎市・長崎県の自治体関係者などで組織する官民一体となった実行委員会（初代委員長・土山秀夫元長崎大学学長）が主催している点である。被爆地の声を届け被爆の実相を知らせるという感性の面と，核兵器削減への具体策を提言するという理論の両面を融合し，核兵器廃絶に向けた具体的アピールを報告することを目標としている。

〔桐谷多恵子〕

## 核密輸　illicit trafficking in nuclear materials

　冷戦終結後，旧ソ連諸国から核物質や機微な資機材の西欧諸国への流出が各国の国境で摘発されるようになった。1994年7月にトルコ国境で少量のウラン密輸が摘発され，94年8月に

ミュンヘン空港で少量のプルトニウムの密輸が摘発された。95年のハリファックス・サミットにおいて，「核密輸の危険性を認識し，核物質管理体制の強化や国際原子力機関（IAEA），国際刑事警察機構（INTERPOL）等を通じて核物質の盗難，密輸と戦うための国際社会の能力強化を決意」が示された。90年代の当初から旧ソ諸国の核兵器解体支援のために米国はナン・ルーガー法による資金支援を行っていたが，流出防止にも適用されるようになった。日本でも旧ソ諸国の非核化支援を93年から実施している。

03年になってカーン・ネットワークによる核の闇市場の実態が明らかになった。パキスタンのアブドゥル・カディール・カーンは，1970年代にウレンコ濃縮施設に在籍し，その後秘密裏にパキスタンにウラン濃縮技術を持ち帰り，パキスタンの「原子力の父」と呼ばれた。このカーンがウラン濃縮技術の密輸出を画策し，資機材生産工場の国際的分散化や関連資機材調達のネットワークを構築し，ウラン濃縮技術の開発を秘密裏に企てる国に提供した疑いが摘発された。イランの遠心法ウラン濃縮施設や，リビアの遠心分離機，あるいは北朝鮮の遠心分離機など，多くの技術供与の疑いが持たれている。

現在IAEAは，追加議定書に基づく保障措置の一環として，追加議定書締約国内の未申告の原子力活動や未申告の核物質を検知することを目的に，機微な資機材の国外移転に関する情報の収集を行っている。

【関連項目】 ウラン濃縮技術／国際原子力機関（IAEA）
【参考文献】 菊地昌廣「国際保障措置強化に向けて」黒澤満編『大量破壊兵器の軍縮論』信山社，2004年／吉田文彦編『核を追う』朝日新聞社，2005年　　　　〔菊地昌廣〕

| **核持ち込み**（疑惑）（suspicion of）
introduction of nuclear weapons

1952年の対日講和条約，旧日米安全保障条約及び旧行政協定の下では，米国による核兵器の持ち込みは制約されておらず，翌53年の空母オリスカニの横須賀寄港をはじめとして核兵器搭載艦による核持ち込みが常態化していた。また，米施政権下に置かれた沖縄には核兵器が陸上配備されていた。60年の新日米安全保障条約と関連合意の下で，米軍の核持ち込みは事前協議の対象とされた。日本政府は，事前協議が行われる場合には常に拒否すると国民に説明したが，米要人の証言や米公式文書等により米核搭載艦の日本への寄港が行われているとの疑惑が存在した。今日では，米核搭載艦の一時寄港・通過等に関する日米密約の存在が明らかとなっている。また，72年の沖縄返還協定で沖縄配備の核兵器は撤去されたが，有事の際の再持ち込みについての密約の存在も明らかとなっている。なお，91年に米国は地上配備戦術核と海上配備戦術核ミサイルの撤去を宣言しており，米核搭載艦の寄港は行われていないとされる。

【関連項目】 日米密約／非核三原則　　　〔山田寿則〕

| **核融合** nuclear fusion

原子核同士が衝突して合体し新たな原子核となる核反応を核融合と呼ぶ。太陽では水素の核融合によって莫大な放射エネルギーが発生している。水素1gが核融合を起こした時に発生するエネルギーは石油約8t（タンクローリー1台分）を燃やしたときの熱量に相当する。地球上には核融合の燃料となる水素が海水中に無尽蔵に存在すること，核融合反応の停止は容易で燃料の冷却も速やかであり暴走しないこと，高レベル放射性廃棄物が発生しないことから，核融合炉には将来の安全で大規模な持続的エネルギー源としての期待が大きい。

太陽では強力な重力によって原子核同士が引き寄せ合って衝突し核融合が起きているが，地上の重力では原子核同士を引き寄せるのは不十分である。そこで，原子核同士の衝突の頻度を上げるために，燃料に水素の同位体である重水素・三重水素を用い，これを高温・高密度の集

団状態（プラズマと呼ぶ）にして閉じ込めることが考案された。核融合をエネルギー源として成立させるためのプラズマの温度，密度，閉じ込め時間の組み合わせをローソン条件と呼ぶが，代表的な指標として温度1億度，密度1cm$^3$当たり100兆個，時間1秒が示されている。

ローソン条件を達成する方法として磁場閉じ込め方式と慣性閉じ込め方式の2通りがある。磁場閉じ込め方式は，燃料の水素プラズマを電磁石による強力な磁場中に捕捉し，プラズマ自身による電流や外部から入射したビームあるいは電磁波で加熱してローソン条件を達成するものである。一方，慣性閉じ込め方式は高出力レーザーの多方向からの均衡した照射によって水素を一気に高温・高密度にしてローソン条件に達するものである。核融合炉の実現を目的とした核融合研究は1950年代から開始され各国が研究開発を進めてきたが，現在，ローソン条件に最も近い性能を得ている磁場閉じ込め方式が，後述する国際熱核融合実験炉（International Thermonuclear Experimental Reactor; ITER）に採用されている。

核融合反応の発生エネルギーは反応によって生成したヘリウム原子核と中性子が担っており，単位時間当たりの発生エネルギーの総和を核融合出力と称する。将来の核融合発電炉では，炉心燃料の水素プラズマを取り囲むブランケットと呼ばれるリチウムの壁で発生エネルギーを吸収して熱エネルギーに変換し，蒸気タービン等を回すメカニズムが考えられている。この時，中性子を吸収したリチウムは三重水素に変化し炉心燃料として再利用されるほか，核融合反応で生成されたヘリウム原子核の一部は燃料のプラズマの加熱に役立てられる。

【関連項目】　国際熱核融合実験炉（ITER）　　〔玉井広史〕

## 核抑止　nuclear deterrence

核戦略の1つの基軸は，核兵器の存在理由を，まさに核戦争を起こさせないことに求めるという考え方である。すなわち核兵器による報復の脅しをかけることによって，相手国に攻撃を思いとどまらせ戦争を回避することができる，という期待である。

この期待が実現するには，まず，こちらに実際の報復能力が備わっていなくてはならない。それは相手国の攻撃によって無力化されるほどに「脆弱」であってはならず，また脅しとして有効であるためには確実に使う準備があるという「信頼性」を帯びていなくてはならない。こうして，臨戦態勢の維持が求められ，軍事技術開発が進むなかで「信頼性」のある「非脆弱」な戦力の維持のために，恒常的に軍拡ベクトルが働き続けることになる。

そしてこれらのことを確実に相手国に伝え，認識させる必要がある。とりわけ，こちらの報復能力は，実体的には核兵器によって相手国を攻撃する能力にほかならないから，これが報復のみに使われるものであって，こちらからの一方的な攻撃に使用されることはないと，相手国に信頼させなくてはならない。また報復を恐れて相手国が攻撃を思いとどまるためには，こちらが報復でもたらす破壊を十分に「耐えがたい」と考えるほどに，相手国の指導者が「理性的」であるという前提も必要である。

この相手国との信頼関係の成立と指導者の理性という条件が成立しているのなら，そもそも相手国の国民を人質とするような「恐怖の均衡」を継続することが賢明であるのかどうか，協議を始められるはずだという指摘が可能である。すなわち，核抑止が合理的であるようなケースは，実は限られている。

ところが「抑止」という言葉には防衛的な響きがあり，自国の核戦力が他国に対して有する攻撃的な性格は自覚されにくい。このことは，同盟国に対する拡大抑止においても同様で，いかにも防衛的に「核の傘」と形容されることにより，自国の軍事態勢が核による報復（攻撃）能力を誇示するものだということが覆い隠されて

しまう。

今日，相互抑止体制の象徴であったABM制限条約が破棄され，またミサイル防衛システムの開発が進められており，これらの観点からも，核抑止は検討を迫られている。

【関連項目】 核戦争／核戦略／相互確証破壊（MAD）／弾道弾迎撃ミサイル制限条約（ABM制限条約）
【参考文献】 山田浩『核抑止戦略の歴史と理論』法律文化社，1979年
〔高原孝生〕

## 加重投票制度
qualified majority/weighted voting systems

通常，多数決には，投票者による投票の価値が平等である多数決（単純多数決，3分の2の多数，全会一致など）と，投票者による一定の票に加重がなされている場合（どの程度の票が集まり可決されたことになるかは機関のルールにより定められている）がある。加重投票は，特定多数決，特別多数決とも呼ばれる。

前者の例としては，国連総会における決議の採決が挙げられる。後者の例としては，EUやIMFで導入されている意思決定手続制度が挙げられる。例えば，IMFでは，投票権は出資金の支払い比率により与えられる制度が用いられている。他方，EUにおいては，人口を加味しつつも政治力や経済力といった要素も考慮した，票配分が用いられてきた。例えば，2017年3月31日までは（EU条約16条5項）（それ以降は人口と構成国数による特定多数決制度に全面的に移行する（EU条約16条4項）），各国に対する配分された票の合計が352票でこのうち260票で可決要件の一部を満たしたことになる。この際，ドイツ，フランス，イギリスには29票，他方，マルタには3票が配分されている。また，EU構成国が締結したESM条約（欧州安定メカニズム条約）においては各国の出資金に応じ配分された投票権という形の加重投票制度が採用されている（ESM条約4条7項）。

【関連項目】 欧州連合（EU）／国際通貨基金（IMF）
〔中西優美子〕

## ガス冷却炉 gas cooled reactor

ガス冷却炉は，黒鉛を減速材として，炭酸ガスまたはヘリウムを冷却材として使用する原子炉である。

炭酸ガス冷却炉は，イギリスで開発され，世界初の商用原子炉であるコールダーホール型の炭酸ガス冷却炉（Gas Cooled Reactor; GCR）とそれを改良した改良型ガス炉（Advanced Gas Cooled Reactor）がある。GCRは，開発当時，高温に耐え得るマグネシウムの合金であるマグノックスが燃料被覆管に使用されたことからマグノックス炉とも呼ばれる。日本では，1958年にイギリスとの間で原子力協力協定を締結し，同協力協定の下，GCRに日本独自の耐震設計を取り入れた発電所を茨城県東海村に設置し，66年7月に日本で初めての商業用原子力発電所（電気出力16万6000kW）として営業運転を開始した。GCRは，ウラン濃縮を必要としない天然ウランを燃料として使用できる一方，原子炉や熱交換機等の機器が大きい割に発電出力が小さく，発電単価が割高であること等から，98年3月に営業運転を停止し，廃止措置工事を実施している。

ヘリウムを冷却材として使用している高温ガス炉は，軽水炉や高速炉に比較して，炉心及び熱交換器での伝熱特性が劣るものの，軽水炉のように金属の被覆管を使用せずに，ウラン酸化物燃料等をセラミックで被覆した被覆粒子燃料を用いるため冷却材温度の高温化が可能であり，水素製造や石油化学工業用の熱源として期待されている。また，1次冷却材から2次冷却材である水・蒸気へ熱交換を行わずに1次冷却材であるガスで直接タービンを回して発電することが可能であることから，高い熱効率が得られると期待されている。

高温ガス炉の研究開発は，現在，米国，ロシ

ア，欧州連合，フランス，中国，韓国，カザフスタン，南アフリカ及び日本等で実施されており，特に日本，中国においては，試験研究炉の運転，安全性実証試験が行われている。国際協力の下，安全性，経済性，核拡散抵抗性を具備する第4世代の原子力発電の1つの概念として，研究開発が進められている。

また高温ガス炉は，冷却材喪失時においても燃料溶融に至らない高い安全性を有しており，東京電力福島第一原子力発電所事故以降，特にこれから原子力を導入する国から，中規模地域の電源としての期待も大きい。

【関連項目】 軽水炉（LWR）／原子力開発／原子炉の構造／高速増殖炉（FBR）
【参考文献】 新井義男「わが国の動力炉開発，天然ウランガス冷却炉」『日本原子力学会誌』2月号，1969年／神田誠ほか『原子力プラント工学』オーム社，2009年　〔須田一則〕

## 片面講和・全面講和（論）
majority peace/full peace

講和条約を西側自由主義諸国のみと締結するか，ソ連・中国などの共産主義国を含めた全面的な締結を目指すかについての外交論争。

1949年秋から米国主導によるソ連抜きの対日講和が現実味を帯びてきた。こうしたなかオールド・リベラリストからマルクス主義者までの幅広い知識人が参加した平和問題談話会は，50年1月に「講和問題についての平和問題談話会声明」を発表し，憲法に体現された平和主義を背景に全面講和と永世中立路線を提唱した。日本社会党も同じ時期「全面講和・中立堅持・軍事基地反対」の平和三原則を表明し，全面講和論は知識人や婦人団体，労働組合などから幅広い支持を得た。

しかし，知識人と社会党を中心に展開された全面講和論に対して，吉田茂首相は，東西冷戦が本格化するなかで，日本が早期独立を達成するには片面講和（多数講和）を選択するしかないと考えていた。50年春になると吉田は全面講和論に批判的な姿勢を見せるようになり，東京大学の卒業式で全面講和を説いた南原繁総長に対して，「国際問題を知らぬ曲学阿世の徒で学者の空論にすぎない」と批判した。

50年6月に勃発した朝鮮戦争は，全面講和論者に衝撃を与えた。12月に平和問題談話会は丸山眞男を中心に起草された声明「三たび平和について」を発表した。だが，同年9月に行われた朝日新聞による世論調査では，全面講和の賛成者は片面講和のそれの約半数にとどまった。吉田政権は米国との間で講和条約の締結準備を進めることになる。

51年9月，米国サンフランシスコで52ヵ国が参加した講和会議が開かれ，サンフランシスコ平和条約が締結された。だが，片面講和の選択の代償としてソ連をはじめとする共産主義諸国との講和はできず，これらの諸国との関係構築が将来の課題として残された。

全面講和論は当時の国際情勢から見て現実性に乏しい選択肢であった。だが，その主張に内包された非武装・中立主義は，平和憲法の理念とも合致していたことから，その後も日本外交への現状批判としての意味を持ち続けた。

【関連項目】 占領／日米安保条約／「三たび平和について」（丸山眞男）／吉田ドクトリン
【参考文献】 五十嵐武士『戦後日米関係の形成』講談社，1995年／楠綾子『占領から独立へ』吉川弘文館，2013年
〔井上正也〕

## ガチャチャ法廷　Gacaca courts

ルワンダ共和国で2001年から12年の間に実施された，一般の住民が参加する裁判制度。ガチャチャはキニャルワンダ語で「芝生」を意味し，転じて芝生に座って話し合う「寄り合い」を意味するようになった。

ルワンダで生じたジェノサイド行為の責任追及を目的として，1994年に国連ルワンダ国際刑事裁判所（ICTR）が設立されたが訴追対象者が限られていた。また国内の裁判所での公判も

進まなかった。そこでルワンダ基本法に基づいてガチャチャ法廷が設立され，1万2000を超える裁判により，120万以上の事件が裁かれた。

同法廷は，住民が参加して裁判を行い，重大な犯罪行為者の訴追を実施することにより不処罰を阻止し，和解を促進し，社会の再構築を目的として，すべての地方行政組織（セル，セクター，郡，県）に設置された。ガチャチャ法廷は，議会（住民が参加），本部（議会構成員から選出），調整委員会（本部構成員から選出）により構成された。本部と調整委員会は，ジェノサイドに関与していない「正直者」により構成され，法廷の判事は調整委員会の主導の下，本部構成員の中から任命された。調整委員会はガチャチャ法廷の事務局として機能した。

ガチャチャ法廷は，90年から94年の間の犯罪行為を対象とし，犯罪行為は4つのカテゴリーに分類された。重大犯罪であるカテゴリー1に該当するジェノサイド罪や人道に対する罪を計画し，組織し，扇動し又は指図した者は，ICTRあるいは国内裁判所で訴追された。カテゴリー2（殺人や死に至る暴力行為），カテゴリー3（加重暴行），カテゴリー4（物的損害行為）に該当する犯罪行為者は，ガチャチャ法廷で処遇され，また行為者が自らの行為を告白し，罪を認め，謝罪した場合には刑期が短縮される手続きも取られた。

ガチャチャ法廷は，現地に根差した紛争解決プロセスとして，国際的な刑事裁判所や国内裁判所と並行して用いられた。一方，同法廷は正規の司法機関ではないことから，裁判機関としての独立性や公正性，また判事を務める住民の能力の問題などが指摘された。

【関連項目】移行期正義／国際軍事裁判／ルワンダ内戦
【参考文献】武内進一「正義と和解の実験」『アフリカレポート』No.34, 2002年／武内進一「ルワンダのガチャチャ」武内進一編『戦争と平和の間』IDE-JETROアジア経済研究所，2008年 〔望月康恵〕

## カディ事件　Kadi case

カディ事件は，EU司法裁判所における一般裁判所（Case T-315/01 [2005] ECR II-3649）とその後上訴され欧州司法裁判所（Joined Cases C-402/05P and C-415/05P [2008] ECR I-6351）で争われた事件のことを意味する。

アフガニスタンのターリバーンに関する国連安全保障理事会の決議を実施するための措置がEUにおいて採択された。その措置のリストに名前が掲載されていたことによりカディは自己の財産が凍結されるということになった。カディは，その措置の取消を求めて，まず一般裁判所（当時第一審裁判所）に訴えた。

一般裁判所は，国連憲章がEU法に優位するとした上で，ユス・コーゲンス（強行法規）に照らして安全保障理事会の決議を間接的に審査することは可能であるとした。結果的には，基本権の侵害は認めなかった。この判決に不服であるとし，カディは欧州司法裁判所に上訴した。同裁判所は，国際法の次元における安全保障理事会の決議の優位を認めたものの，EU法の次元においては，国連憲章は，EUの第2次法（措置）には優位するものの，EUの第1次法（条約）には優位しないとした。その上で，問題となっている措置（EU規則）をEUの基本権に照らして審査した。その結果，EU法の一般原則でもあり，かつ，EU基本権憲章にも規定されている聴聞の権利，効果的な司法救済の権利，財産尊重の権利が侵害されたと判示した。

【関連項目】欧州憲法条約／欧州連合（EU）

〔中西優美子〕

## 環境NGO　environmental NGOs

環境保護・保全，環境問題の解決に取り組む非営利民間団体のことで，地域の環境問題を扱う小規模のグループから，国連の諮問資格を持つ国際的な団体まである。その活動は大きく，①事業活動，②情報収集・提供，③政策提言と

世論喚起を合わせたアドボカシー活動，④ロビー活動，⑤ネットワーク活動，⑥国際会議への参加，⑦政府や企業などとのパートナーシップ活動に分けられる。

環境NGOは，野生動物の保護や公害問題など，特定の地域の特定の環境問題を解決するために創設されたケースが多かった。しかし，環境問題がローカルな問題のみならず，グローバルな問題へと拡大するなかで，環境NGOもその活動を拡大し，地球環境問題の解決を目的とするものが多くなった。

例えば，1988年に創設されたCASA（地球環境市民会議）は，大阪の公害被害者運動と消費者運動，科学者の運動が母体である。その後，気候変動問題が顕在化，深刻化するなかで，気候変動とエネルギー問題に特化したNGOへと変化した。

世界に目を転じると，環境NGOのいわゆる「御三家」と呼ばれるものが，グリーンピース，世界自然保護基金（WWF），地球の友である。グリーンピースは，アメリカの地下核実験に抗議をした人々が，1971年に環境を守る「グリーン」と反核・反戦・平和の「ピース」を結びつけ「グリーンピース」と名乗ったのが始まりである（しばしば混同される反捕鯨のシーシェパードとは全くの別団体）。活動対象は地球環境問題全般に拡大し，世界に280万人のサポーターを持ち，40以上の国で活動している。その特徴は，政府や企業から資金援助を受けずに独立したキャンペーン活動を展開しているところにある。

WWFは，アフリカの野生生物保護調査を行った生物学者の働きかけで，1961年に設立された。その後，活動を地球環境問題まで広げ，現在は500万人の会員を持ち，世界100ヵ国で活動を展開している。WWFは企業とパートナーシップを組んで，$CO_2$削減などの共同プロジェクトを行っていることが特徴的である。

地球の友は，特定のイシューから始まったこれらのNGOとは異なり，1971年，環境運動家が国際的な環境保護ネットワークの創設を提唱したことを契機に創設された。その特徴は，途上国のNGOの参加が多く，「先進国に偏らないNGOネットワーク」というところにある。現在，75ヵ国に200万人のサポーターを擁している。
〔上村雄彦〕

**環境開発サミット**　Earth Summit
2002年8月26日～9月4日に，南アフリカのヨハネスブルクで開催された「持続可能な開発に関する世界首脳会議（World Summit on Sustainable Development; WSSD）」のこと。通称，地球サミット。1992年6月にブラジルのリオデジャネイロで開催された「国連環境開発会議（UNCED，地球環境サミット又はリオ・サミット）」から10年後に開催されたため「リオ＋10」とも呼ばれる。

この会議では，リオ・サミットにて採択された環境分野における国際的取り組みの行動計画「アジェンダ21」と「リオ宣言」が再確認されるとともに，グローバリゼーションの進展などのリオ・サミット以降に生じた新たな課題についても議論が行われた。そして，環境保全と社会・経済開発が持続可能な開発の基本であるとし，それを進めるための地球規模の合意とパートナーシップ強化のための公約が明記された「持続可能な開発に関するヨハネスブルグ宣言（Johannesburg Declaration）」が発表された。
【関連項目】　国連環境開発会議（UNCED）／持続可能な開発（発展）
〔小倉亜紗美〕

**環境基本法**　Basic Environment Law
環境基本法は，地球環境時代の環境保全の基本理念と政策の総合的枠組を定める法律で，1993年に制定された。それが制定された理由は，①従来の公害対策基本法（67年）及び自然環境保全法（72年）の限界を克服し，通常の社会経済活動による環境への負荷を減らす，②国

境を越え世代を超える地球環境問題に積極的に取り組む，③公害防止と自然保護の2つの政策を統合し，総合的に環境政策を進める，ことの必要性の高まりである。加えて，92年に開かれた国連環境開発会議で「持続可能な発展」の実現に向け国際社会が合意し，国内でも環境保全への関心が高まり，重要な政治課題となったことも制定の背景にある。

環境基本法は，環境保全の基本理念として，①生態系の均衡により成り立ち人類存続の基盤である環境が有限で，環境への負荷により損なわれる恐れを認識し，現在及び将来の世代が環境の恵沢を享受，継承する，②公平な役割分担の下，環境への負荷の少ない持続可能な社会を構築する，③予防原則に従う，④地球環境保全を積極的に推進する，と定めている。

基本理念の実現に向け多様な施策のプログラムが規定され，個別法により具体化されている。主要な施策に，環境影響評価法，地球温暖化対策税，循環型社会基本法とリサイクル関連法，生物多様性基本法と関連法などがある。本法に基づく環境基本計画により政策が策定評価され，持続可能な社会への歩みが続けられている。 〔石野耕也〕

**環境権** environmental rights/the right to preserve one's environment

環境権とは，人が生活する場所の周辺地帯の自然環境を保護するよう求める権利である。それは，憲法の幸福追求権条項（13条）や生存権条項（25条）の解釈を通じて導かれるとされる。しかし，このような形で主張される環境権は，法的に厳密な意味のものであるか疑わしい。環境権は，日常用語的な広い意味や政治的スローガンとしては，環境の保護や促進を図る利益・方針を指す。と言っても，「権」という語がつく以上，諸個人や人間集団の権利と言えるにふさわしいものである必要がある。最近，地球規模の環境が話題にされることが多いが，この文脈では環境「権」は語りにくい。他方，裁判例は，環境的利益を内容とする人格権を認めるものの，それと区別された意味での最狭義の環境権は，ほとんど承認していない。ここに言う人格権は，居住者等の生命や健康に害が及ぶ恐れがあって初めて侵害されたと言えるものをさす。かかる人格権の侵害にまで至らない環境汚染などは，最狭義の環境権の侵害とは言えない。法律学的には，この種の環境権よりも，言わば公害除去請求権の方が成立しやすい。なお，一般に，環境権に関連しては，日照権という概念もある。

【関連項目】　新しい人権／環境基本法　　〔内野正幸〕

**環境保護運動** environmental conservation movement

第二次世界大戦後の環境保護運動は，特に1960年代以降の環境汚染に対する関心の高まり，それを受けて72年に開催された国連人間環境会議といった一連の動きを受け，欧米先進国を中心に活発化した。エコロジーなどを求める新しい社会運動が盛り上がりをみせるなか，非政府組織（NGO）など市民がその担い手の中心となり，WWF，グリーンピース，地球の友といった名だたる国際環境NGOの多くがこの時期に設立されている。当初は国内レベルの取り組みが中心であったが，80年代以降は，森林破壊や砂漠化の進行，気候変動といった地球環境問題の表面化を受け，次第に国際機構や環境関連国際会議などに対しても働きかけを強めていく。92年開催の国連環境開発会議で採択されたアジェンダ21では，NGOが環境保全に取り組む主要グループの1つと位置づけられた。

冷戦終焉以降，グローバル化の進展や情報通信技術の発達に伴い，環境保護運動は国境横断的なネットワーク化を進め，人権，ジェンダー，開発など他の市民運動との連携も深めている。2012年開催の国連持続可能な開発会議（リオ＋20）では，広範な関係者（マルチス

テークホルダー）による対話が行われるとともに，NGO主催のフォーラムも開催されるなど，地球市民社会に向けた潮流も反映されている。

【関連項目】　自然保護運動／地球市民社会　　〔横田匡紀〕

## 韓国原爆被害者協会
### Korean-Hibakusha Association

韓国原爆被害者援護協会がその前身。韓国原爆被害者援護協会は1967年7月に発足。その年末までに1857名が加入した。67年2月，韓国原爆被害者援護協会設立の趣旨文では，韓国国内，日本及びアメリカに対する以下の要求を事業計画として次のように提起した。

①対韓国国内：応急原爆症被害者に対する医療保護，貧困に対する特別経済保護，被爆者に対する適切・権威のある診断，医療施設建立のための土地の供与，医療と経済援助のための特別法制定，韓国原爆被害者援護協会の活動のための経済的な援助。

②対日本：病院，療養所，リハビリテーションセンターの建立基金と原子爆弾による身体的障害に対する賠償を要求。

③対アメリカ：病院，療養所，リハビリテーションセンター建立のための資材支援。

韓国原爆被害者援護協会の設立初期には，被爆者ではない社会的に著名なものを会長に招いた。初代会長は教育部長官を歴任した洪淳鳳（ホン・スンボン），第2代会長は元海軍将官を努めた金翼星を迎えたが，これらの活動が実質的成果を得ることはなかった。そこで韓国原爆被害者援護協会は71年，被爆者自ら相互補助，闘争団体として再出発するために名称を「韓国原爆被害者協会」と改名して被爆者であった辛泳洙を第3代会長として選出した。現会長（2015年）は成洛龜。歴代会長に郭貴勲，鄭相石，朴業杓ら。2013年度における同協会への登録者数は2605名。　　　　　〔川野徳幸〕

## 韓国・朝鮮人被爆者
### Korean atomic bomb survivors

被爆当時の呼称から言えば，「朝鮮人被爆者」が正確な表現であろうが，広島と長崎で被爆した当時の朝鮮人が現在の韓国と北朝鮮に帰国したことに鑑み，本項目では「韓国・朝鮮人被爆者」という呼称を用いる。韓国・朝鮮人被爆者の実数については，詳らかではないが，これまでいくつかの推測がなされている。広島，長崎における韓国・朝鮮人被爆者の総数については，『広島・長崎の原爆災害』が従来の推測数を紹介しつつ，その実数に接近しようと試みている。それによると当時の朝鮮人の被爆総数を4万～5万と仮定し，被爆直後における死亡数は5000～8000人の範囲と推定する。一方，1972年の韓国原爆被害者協会の推計によれば，広島の韓国・朝鮮人被爆者数は約5万人，そのうち約3万人が爆死し，生存者約2万人で，その内1万5000人程度が帰国，残り5000人ほどが日本に残留したという。

長崎の場合，『広島・長崎の原爆災害』は朝鮮人被爆者を1万2000～1万4000人とし，死者は1500～2000人と推算している。韓国原爆被害者協会によると長崎の韓国・朝鮮人被爆者は2万人程度で，うち1万人ほどが爆死し，8000人程度が帰国，2000人程度が日本に残留したとする。　　　　　　　　　　　　　〔川野徳幸〕

## 韓国の兵役　conscription of South Korea/ military service of South Korea

韓国の兵役は，徴兵制度を原則とするが，陸軍，海軍，空軍及び特殊部隊は，志願制度を併用している。憲法39条1項で「すべての国民は，法律が定めるところにより，国防の義務を負う」と規定され，兵役法3条では「大韓民国国民の男子は，憲法及び法律が定めるところにより兵役義務を誠実に遂行しなければならない」と規定されている。身体の健康な男性の場合，兵役義務を果たさないことは違法となる。

また，国家公務員採用や一般企業の社員採用においても，ほとんどの場合，兵役を終えていることが要求される。韓国の青年は，満18歳で徴兵検査対象者となり，満19歳までに徴兵検査を受ける。検査の結果，判定が1～3級の者は「現役（現役兵）」，4級は「補充役（公益勤務要員）」，5級は「第二国民役（有事時出動）」，6級は兵役免除者，7級は再検査対象者となる。1～4級判定者は，30歳の誕生日を迎える前までに入隊。服務期間は，服務形態（陸軍，海軍等）によるが，陸軍は21ヵ月，海軍は23ヵ月，空軍は24ヵ月の間，それぞれ服務している。徴兵制度は朝鮮戦争中の1951年から実施され，現行の制度は事実上，男性のみに兵役義務が課されている。女性の場合には，本人の志願に限り兵役（現役，予備役，民防衛隊）に服務することができる。現在，韓国軍は陸軍が49万5000人，海軍が7万人，空軍が6万5000人，計63万人となっている。

〔孫賢鎮〕

## 韓国の平和研究
peace studies in South Korea

冷戦期における韓国の平和研究は，反共主義のイデオロギーを基にして国家安全保障を重要なキーワードとみなした権威主義体制の影響を強く受けた。したがって，安全保障論に基づく分断管理の次元にとどまる南北関係，統一問題，そして朝鮮戦争に関する研究が主流であった。韓国民主化の主なきっかけは，軍事政権と反体制勢力との間の妥協の一種である1987年の6.29宣言だった。権威主義の時代の民主化運動が国家暴力と人権弾圧への抵抗に特徴づけられたのに対し，民主化の時代の民主化運動は，人権と人間の尊厳に基づいた平和を追求する過程であった。また，民主化の過程で様々な社会問題を克服しようとする動きが現れ，これまで侵害されていた基本的人権や生存権，環境保護のための運動が市民団体を中心に展開された。このような運動を後押しする流れで，市民団体による研究機関設立もみられるようになった。

韓国の民主化に続いて冷戦の終結とグローバリゼーションの高揚が起こり，韓国の平和運動と平和研究が活気を帯び始め，研究対象も次第に多様化した。まず，南北間の和解ムードは，冷戦的な安全保障論を中心とした論調を，朝鮮半島における平和構築論へと転換させた。さらに，金大中政権と盧武鉉政権の関与政策は，韓国と北朝鮮の相互依存に基づいて平和構築を実現しようとする政策であった。この時点で，南北の間の平和がイデオロギーよりも戦略的な次元の様相を呈したと言える。しかし同時に，北朝鮮の飢饉に伴う生存権，脱北者の人権，人道支援など，人権に関する多様な問題も平和研究において扱われるようになったことにも注目する必要がある。また2001年には，政府，特に法務部（法務省）を含め政府のいかなる機関からも独立した人権機関として発足した「大韓民国国家人権委員会」が，民主的秩序，個人の人権，人間の尊厳の追求を標榜し，過去の権威主義体制の下で発生した国家暴力と和解に関する研究に着手するようになり，あわせてジェンダー問題，外国人労働者，結婚移住者及び児童の人権問題も社会文化的文脈のなかで主要な研究テーマとして注目されるようになった。さらに，03年のイラク戦争への韓国軍派兵の際には国内で反戦運動が起こり，朝鮮半島や韓国という地理的枠組を越え，反戦運動の国際的連帯を招いた点は特筆に値する。例えば，反戦運動がきっかけとなり，ヴェトナム戦争時に韓国軍によって行われた残虐行為の真相究明や人道支援活動に繋がり，これに関連する平和研究も活発化した。

【関連項目】　平和研究
【参考文献】　서울대 평화인문학연구단 편 『평화인문학이란 무엇인가』 아카넷, 2013／하영선 편 『21세기의 평화학』 풀빛, 2002

〔金聖哲〕

## 韓国併合（日韓併合）
### The Japanese Annexation of Korea

　1910年8月22日に締結された全8ヵ条の「韓国併合ニ関スル条約」及び同29日に公布された「韓国併合に関する宣言」により大韓帝国を廃滅し，日本に編入・植民地にしたことをいう。日韓併合，日韓合併などの使用例もある。韓国の歴史学界では韓日合併なども使用されるが，日韓旧条約無効論の立場から日本による植民地統治を強制占領（強占）と呼ぶこともある。

　明治維新以来，朝鮮を清国による宗属関係から切り離し，自らの勢力圏下に収めることを外交政策上の重要課題としていた日本は，1876年に締結した「日朝修好条規」により朝鮮を国際法上の主権国と位置づけた。しかし壬午軍乱や甲申政変で明らかになったように，東アジアの伝統的国際秩序と国際法秩序との共存による清国主導の東アジア情勢の下でその目論見は貫徹しなかった。94年に起こった日清戦争の勝利により朝鮮保護国化を推進したが，三国干渉によるロシアの影響力の増大などにより日本の試みは頓挫した。そして1904年に勃発した日露戦争下において朝鮮半島を軍事的に制圧した日本は，「日韓議定書」等の諸条約によって韓国政府の主権を侵奪した。

　日露講和条約によって韓国における優越的地位をロシアに容認させるとともに英米の了解も取り付けた日本は，05年11月，第2次「日韓協約」によって韓国の外交権を接収して保護国とし統監府を設置した。さらに07年6月に起こったハーグ密使事件を契機に締結した第3次「日韓協約」により，統監府を再編して韓国内政権を掌握した。09年7月6日，日本政府は韓国の併合を閣議決定した。その後，併合のタイミングを計っていた日本政府は，10年初頭に韓国併合の断行を決定し，同年5月に寺内正毅が陸相兼任で3代統監に就任した。6月に韓国警察権を掌握し，厳戒体制の下で総理大臣李完用と交渉を開始した。8月22日に「韓国併合ニ関スル条約」を調印（29日公布）して大韓帝国を廃滅，日本に編入した。朝鮮総督府を設置して植民地支配を本格化させた。

【関連項目】　朝鮮植民地支配／帝国主義／日露戦争
【参考文献】　海野福寿『韓国併合史の研究』岩波書店，2000年／小川原宏幸『伊藤博文の韓国併合構想と朝鮮社会』岩波書店，2010年／森山茂徳『近代日韓関係史研究』東京大学出版会，1987年
〔小川原宏幸〕

## 環太平洋パートナーシップ協定（TPP）
### Trans-Pacific Partnership

　環太平洋パートナーシップ協定（TPP）は，アジア太平洋地域の貿易を自由化するために，各国における製品関税やサービス規制を撤廃し，投資や知的財産権，競争などの国内法制を調整する取り決めである。12ヵ国が21分野で交渉を進めており，その交渉対象の広がりと自由化の水準は，従来の貿易自由化措置を越えている。「21世紀型」の自由貿易協定と称される所以である。同時にTPPは，二国間及び複数国間で締結されてきたFTA（自由貿易協定）を，アジア太平洋の広域で共通化する意義を持っている。それによって，多様なFTAの規定が錯綜して貿易自由化の効果を阻害するという，スパゲティ・ボール現象の解消を目指しているのである。

　元来のTPPはシンガポールとブルネイ，ニュージーランド，チリという小国4ヵ国のFTAとして成立し，2006年5月に発効した。他方で，この年のアジア太平洋経済協力会議（APEC）において，その21の全メンバーが広域FTAとしてアジア太平洋自由貿易圏（FTAAP）を目指し，研究を開始することは合意した。経済発展の段階や国内法制の異なるメンバーが，即座にFTAAPを実現するのは困難であるため，TPPを触媒として先行国から交渉に着手し，ドミノ倒しのように参加国を拡大しようとしている。TPPの参加国拡大交渉は10年3月に始まり，日本は13年7月に交渉に参加した。

TPP交渉を主導するアメリカは，TPPに経済的利益だけでなく，アメリカをメンバーとしない地域制度が東アジアで成立し，安全保障上の関与が低下しないよう企図している。同時に，中国の台頭を念頭に置き，アメリカ主導の地域的ルールを確立して，中国がこれに適応せざるを得ない状況を創出する意図を示している。このため中国は，TPPを批判する一方で，将来の参加に向けて検討も進めている。

　この米中関係が象徴するように，TPPを巡っては参加国・非参加国の双方が経済的利害に加えて安全保障・外交上の影響に神経を尖らせている。それと同時に，TPPによる貿易自由化が高度で，食品衛生や環境保護などの国内法制の共通化を進めているため，国内産業のみならず食の安全や健康に打撃を与えないか，各国で社会不安を惹起している。このため，TPPは単なる貿易の枠組作りを越えた，アジア太平洋の秩序変化の焦点になり，交渉は難航を余儀なくされている（以上，2015年4月現在）。

【関連項目】　アジア太平洋経済協力会議（APEC）／世界貿易機関（WTO）
【参考文献】　大矢根聡・大西裕編『FTA・TPPの政治学』有斐閣，2016年　　〔大矢根聡〕

## ガンディーの平和思想
Gandhi's thoughts on peace

　インド独立運動の指導者で思想家のモハンダス・カラムチャンド・ガンディー（1869〜1948年）は，青年期に英国で弁護士資格を取得後，南アフリカで在住インド人の市民権獲得運動を指導し，「サティヤーグラハ（心理の把握）」と名づけた非暴力不服従運動を確立した。1915年に帰国後，22年頃まで英領インドの独立を目指す非暴力抵抗運動を指導し，インド国民会議派の最高指導者的存在となる。その後，30年から34年頃まで過酷な塩税に反対する非暴力抵抗運動を指導，42年にはボンベイで宗主国英国に対して「クイット・インディア（英国はインドから出ていけ）」運動と呼ばれる非暴力抵抗運動を組織した。

　ガンディーの非暴力抵抗運動はヒンドゥー教の基本理念「アヒンサー（非暴力）」に基づくもので，不可触賎民や女性への差別撤廃，ヒンドゥー教徒とイスラム教徒の融和なども主張した。個人生活では断食や菜食主義などで禁欲と節制を貫いた。ガンディーの思想はキング牧師の非暴力運動をはじめ，世界の市民運動に大きな影響を与えた。

【関連項目】　非暴力主義　　〔水本和実〕

## カントの平和論　Kant on peace

　1795年，フランスとプロイセンとの間にバーゼルの和約が締結されたが，この条約は戦争の防止に重点が置かれたものではなく，領土のやりとりを含む一時的な講和条約にすぎなかった。イマニエル・カントはこの和約が永遠の平和を求めるものではないと考え，この年，『永遠平和のために』という政治哲学の書を著し，永遠の平和実現のための具体的方針を提示した。

　この著書は，永遠平和を確立するための予備条項と，それを実現させる確定条項から構成されている。平和をもたらすための準備的な段階としての予備条項で，常備軍の撤廃を唱える。常備軍の存在そのものが諸外国に対して戦争の恐怖を与え，その結果，制限なき軍拡競争に発展し，いわゆる「囚人のディレンマ」に陥ると考える。カントは，戦争を防止するには，常備軍は最終的に全廃しなければならないと考える。

　また，国家が軍事行動のために人員を雇用することは人間の権利に反しており，国家は戦争のために国民を手段としてはならないとするが，国民が自発的に軍事的な教育訓練を実践して外敵に対する自衛手段を確保することについては，カントは認めている。そして，確定条項

では，各国の政治体制が共和政であること，また国際法は諸国家の連合体に基づくこと，世界市民法が有効をもたらす条件に限定されなければならないことが定められている。自由との権利が保障された国民が代表制に基づいて統治に参加しているという政治体制である。つまり，カントは，共和体制において国民は戦争の苦難を忌避するために，開戦には同意しないし，協和的な国際連合の枠組を樹立することで，世界共和国を形成できれば，平和を維持することが可能であると考えた。

第一次世界大戦締結後の1918年，アメリカ大統領ウィルソンは「十四ヵ条の平和原則」を発表し，国際平和機構の設立を提唱し，国際連盟が誕生した。この「十四ヵ条の平和原則」は，軍備縮小の規定を含め，カントの平和思想から大きな影響を受けているとされる。カントは，「従来呼ばれていた平和締結，すなわち休戦の後に来る永遠平和は，空虚な理論ではなく，漸進的に解決されて目標に絶えず接近していく課題である」と訴えている。　　　　〔中園和仁〕

## 環日本海圏構想　Japan Sea Rim Sub-Regionalism

1990年代前半に日本海を取り巻く地域で「環日本海」をキーワードに展開された北東アジアのミクロ・リージョナルな地域協力圏創出構想のこと。日本海の名称には韓国などからの反対が強いため，北東アジアの名称も併用された。

本構想の出現には3つの要因がある。第1に，1980年代末から90年代初頭にかけて，東西冷戦の終結とソ連の崩壊，中国の市場経済化の進展，韓国の高度経済成長など，北東アジアを巡る国際環境が劇的に変化し，日本海が沿岸地域にとり障壁ではなく交流の場に変化したことである。第2に，各国の政治経済の中心地域から取り残された日本海沿岸地域（中国東北3省やロシア極東を含む）の経済人や政治家が，地方分権化の流れにも乗りつつ，国境を越えて弱者連合を組むことで，独自の地域振興を目指そうとしたことである。第3に，北東アジア地域では民族，言語，政治経済制度，発展段階が甚だしく異なるが，この多様性をむしろ強みとするような地域主義思想・理論が展開されたことである。

実際には，中朝ロ国境地帯の図們江開発計画にみられるような経済界中心の「環日本海経済圏」構想と，文化や研究交流を目指す市民や大学人を中心とする「環日本海交流圏」構想が展開された。いずれの場合も，日本海沿岸に位置する自治体がシンポジウム開催や研究所設立などを通じて積極的・主導的な役割を担った。

その後「経済圏」構想のほうはバブル経済崩壊と共に勢いを失い，中央主導の東アジア共同体構想に移行してしまった。しかし「交流圏」構想のほうは知的インフラ整備の形で今も続いている。また1993年設立，2005年常設事務局設置（韓国慶尚北道浦項）の「北東アジア地域自治体連合（NEAR）」は，日本・中国・韓国・ロシア・北朝鮮・モンゴルの広域自治体の常設連合組織であり，現在の日中韓の関係悪化にもかかわらず，北東アジアにおける地域主体の「経済・交流圏」構想の新たな核となる可能性を秘めている。

【関連項目】自治体外交／東アジア共同体構想
【参考文献】大津浩・羽貝正美編『自治体外交の挑戦』有信堂，1994年／櫛谷圭司「地方から見た東アジア共同体」権寧俊編『歴史・文化からみる東アジア共同体』創土社，2015年／多賀秀敏編『国境を超える実験』有信堂，1992年／中山賢司『東北アジア・サブリージョンにおける内発的越境ガバナンス』早稲田大学出版部，2015年　　　　〔大津浩〕

## カンボジア内戦　Cambodian Civil War

カンボジア内戦は，ヴェトナムのカンボジア侵攻によるクメール・ルージュ政権の崩壊を機に1979年1月に始まった。78年12月末，他国に排他的なクメール・ルージュとの度重なる衝突の後，ヴェトナム軍はカンボジアに侵攻し，89

年9月までの10年間，カンボジアを占領した。この間，クメール・ルージュは東南アジア諸国連合（ASEAN）の支援を受けながら親ヴェトナムのヘン・サムリン政権に対抗するロビー活動を行い，国連の議席を維持した。しかし，クメール・ルージュの残虐行為が東南アジアの歴史において最も残酷な大量虐殺行為として世界に知られるようになると，国連での議席が認められなくなり，クメール・ルージュ単独で国を代表することが困難となった。

カンボジア内戦は4政党間の戦いであったが，時にポル・ポトとイエン・サリ率いるクメール・ルージュに対抗するため，他の3政党が手を結ぶこともあった。この3政党は，フン・セン率いるカンボジア人民党（CPP），ノロドム・シアヌークに率いられ後に息子のノロドム・ラナリットが党首を務めた王党派「独立・中立・平和・協力のカンボジアのための民族統一戦線」（FUNCINPEC），ソン・サン率いるクメール人民民族解放戦線（KPNLF）である。クメール・ルージュを含めたこれら4政党は82年から89年にかけて統治権を巡って争い，そのなかでクメール・ルージュはFUNCINPECとKPNLFとともに民主カンプチア連合政府（CGDK）を結成した。この連合政府はASEANの手助けと米中の支援により実現したもので，国連での議席獲得を維持するための連合だった。

ヴェトナム軍がカンボジアから撤退する際，インドネシアは4政党間の仲介をし，結果的に成果は上がらなかったものの，87年と88年のジャカルタ非公式会合を主催した。91年のパリ和平協定国際会議からは国連が関与することとなり，翌92年には国連カンボジア暫定統治機構（UNTAC）が設置され，その代表に日本の明石康が就いた。UNTACは，選挙の実施及び紛争の政治的解決のため，4政党に指定地域への移動と武装解除を要請した。

クメール・ルージュはUNTACの要請に応じず，西部のアンロンベン郡，プレアヴィヒア州，バッタンバン州へ拠点を移し，タイとの国境付近にあるパイリンにも潜むようになった。93年に実施された総選挙の結果，ノロドム・ラナリットとフン・センの2人首相制をとる連立政権が発足したが，この体制は1997年に崩壊し，CPPとFUNCINPECは再び内戦状態に入った。最終的にフン・セン率いるCPP政権が権力を掌握し，ノロドム・ラナリットは亡命したが，この内戦によりカンボジアのASEAN加盟は99年まで延期となった。クメール・ルージュは国軍への一部兵士の離反，内部抗争，軍事的敗北などを経て消滅へと向かい，またクメール・ルージュの指導者らは国連が支援する法廷において戦争犯罪で裁判にかけらた。97年からはCPPのフン・センがカンボジアの首相を務めている。

【関連項目】　ヴェトナム戦争／中越戦争／中ソ対立
【参考文献】　Chandler, David P., *The Tragedy of Cambodian History*, Yale University Press, 1991／Vickery, Michael, *Cambodia 1975-1982*, George Allen and Unwin, 1984

〔ナラヤナン・ガネサン〕

**帰還兵問題**　issue of returned soldiers/ repatriated soldiers

単に戦場から祖国へ帰国した元兵士というだけではなく，深刻な精神的問題を抱えて帰国した元兵士や傷病兵を含む。帰国した兵士達は，国家・国民のために貢献したという理由で褒め称えられるが，時間の経過とともに社会から疎外されたり忘れ去られ，心的外傷後ストレス障害（PTSD）に苦しみ，鬱病になったり自殺する事例が社会問題となっている。

国家を守るための正義の戦争であると自信を持ち続けた場合は別であるが，自信を持って戦場に赴いたものの戦争の悲惨さを目の当たりにして自信を失ったり，多くの敵兵を殺傷した経験を持つと，帰国後，様々な問題を抱えることになる。アメリカが主導したヴェトナム戦争と

アフガン・イラク戦争，ソ連が展開したアフガン戦争でも，帰還兵達の多くがPTSDや鬱にかかり，さらには自殺した帰還兵が多数発生した。兵器の「高度化」や劣化ウラン使用による殺傷の惨たらしさも，これに輪を掛けることになる。特に民主主義国では問題を抱える帰還兵が多くなると政治問題化して厭戦気分を強める結果ともなるため，無人攻撃機の投入や民間軍事会社を利用する傾向が強まってきた。日本では戦争終結後28年，29年経って帰還した横井庄一，小野田寛郎やスパイ容疑で長期にわたり中国で刑に服していた深谷義治らが話題になった。

〔滝田賢治〕

## 帰還法（ドイツ） diaspora law/Federal Law on Refugees and Exiles

第二次世界大戦後のドイツは，アメリカ，イギリス，フランス，ソ連の戦勝4ヵ国によって分割占領され，東西対立の激化とともに1949年に西側陣営の一員としてドイツ連邦共和国（西ドイツ）が，東側陣営にドイツ民主共和国（東ドイツ）が成立した。戦中戦後の混乱のなかで，西ドイツは旧東方領土を含むなか中東欧全体から追放されたドイツ人（「被追放者」）を保護するために，彼らを国内で受け入れるための法体制を整備していった。まず基本法116条では，ドイツ人の定義を「ドイツ国籍（Staatsangehörigkeit）を持つか，あるいはドイツ人の民族帰属性（Volkszugehörigkeit）を持つ難民か被追放者あるいはその配偶者や子孫として37年12月31日時点でのドイツ帝国の領土に受け入れられた者」と定め，この「民族帰属性」を持つ者にもドイツ国籍を付与してきた。これを基に53年に制定された連邦追放者法では，例えばソ連をはじめとした旧ドイツ領以外の土地に住んでいたドイツ人（「アウスジードラー」と呼ばれる）などの受け入れに関してもより明確化された。その狙いは，彼らがドイツ人であるために現地で受けてきた迫害や差別に鑑みて西ドイツに移住する選択肢を提示すること，冷戦下の東西対立が激しいなかで東側陣営に対する西側の宣伝効果を期待したことなどにあった。

しかし80年代後半からの東欧の民主化や東西ドイツ統一によって，大量の移住希望者が殺到すると，彼らの無制限な受け入れが財政的制約などの理由からドイツ国内で問題視されることになる。90年7月に施行されたアウスジードラー受け入れ法（Aussiedleraufnahmegesetz）や，93年1月に施行された戦争結果整理法（Kriegsfolgenbereinigungsgesetz）などによって，原則として受け入れる立場を維持しつつも受け入れを抑制する方向を打ち出した。さらに事実上の受け入れ数の上限を設定し，また移住申請者にドイツ語のテストを課すなど審査基準を厳しくした。その一方で移住者たちは長年ドイツを離れていたため，ドイツ社会にスムーズに統合できないといった問題も生じている。こうした問題は，現在ヨーロッパ統合の進行によって流入する移民の問題と重なるところも少なくない。

【関連項目】　国籍主義／政治難民／戦後賠償・補償（ドイツ）／地位法（ディアスポラ法）／ドイツの戦後分割／東欧の民族問題／ヒトの国際移動

【参考文献】　近藤潤三『統一ドイツの外国人問題』木鐸社，2002年／近藤潤三『ドイツ移民問題の現代史』木鐸社，2013年／佐藤成基『ナショナル・アイデンティティと領土』新曜社，2008年／広渡清吾『統一ドイツの法変動』有信堂，1996年

〔妹尾哲志〕

## 危機管理イニシアティブ（CMI） Crisis Management Initiative

武力紛争を予防・解決することにより平和な世界の実現に取り組む，マルッティ・アハティサーリ元フィンランド大統領が2000年に創設したNGO。フィンランド首都ヘルシンキに本部を置く。CMIの特徴としては，和平交渉の「調停」（mediation）に関連した活動に特化している点が挙げられる。実際に第三者として和平交渉の調停に携わることもあり，05年にはイ

ンドネシア政府と自由アチェ運動（GAM）間の和平交渉を成功に導いたことなどでも知られている。その他には和平交渉の調停当事者に対する助言・技術的な支援の提供，また紛争予防・解決に貢献する国内アクターのキャパシティ・ビルディングにも取り組んでいる。過去に東欧・コーカサス・中央アジア地域や中東地域，北アフリカ・サヘル地域，サブサハラ・アフリカ地域で活動している。

【関連項目】　アチェ戦争／非政府組織（NGO／NPO）／紛争解決　　　　　　　　　　　　　〔古澤嘉朗〕

## 『危機の20年』（E. H. カー）
*The Twenty Years' Crisis 1919-1939: An Introduction to the Study of International Relations* (E. H. Carr)

　E. H. カー（1892～1982）が1939年に刊行した国際政治理論書。第二次世界大戦後の46年に第2版刊行。国際政治学の古典であり，多様な読みが可能である。

　『危機の20年』は，一般的には，理念や理想を中心とするユートピア主義が支配的な状況で，権力や現実を重視する現実主義の立場から議論を展開したとされている。しかし，カーは，政治に関する成熟した思惟においては，現実の諸問題に関与し変革を目指す前者と，権力の動態を怜悧に分析する後者のバランスが必要であると繰り返し指摘している。

　むしろ本書の主眼は，自らの優位性を背景に利益の調和を唱える自由主義勢力が，国内では労働者勢力，国際的には現状不満国との間にある利益対立の現実と現状維持の困難を直視し，社会改革的政策と妥協的政策によって国際秩序を更新し，平和的な変革を実現すべきだとする点にあった。ただし，国際関係における宥和政策を擁護する部分は第2版からは全面的に削除されている。　　　　　　　　　　〔遠藤誠治〕

## 気候変動に関する政府間パネル（IPCC）
Intergovernmental Panel on Climate Change

　気候変動に関する政府間パネルは，気候変動の原因，影響，適応，緩和に関して，科学的，技術的，社会経済学的な見地から包括的な評価を行うことを目的として，1988年に世界気象機関（WMO）と国連環境計画（UNEP）により設立された政府間組織である。

　IPCCには3つの作業部会がある。第1作業部会は気候変動の科学的な評価，第2作業部会は気候変動による環境・社会・経済への影響評価，第3作業部会は気候変動による影響の緩和策の策定を担当している。

　IPCCには，世界から数百名の研究者が参加して関連文献を評価し，数年おきに評価報告書を作成している。これに基づき，各国政府に対して科学的知見を提供するとともに，政策提言を行っている。ノーベル平和賞を受賞するなど，気候変動分野における世界的な影響力は大きい。

【関連項目】　気候変動枠組条約（UNFCCC）／京都議定書　　　　　　　　　　　　　　〔上村雄彦〕

## 気候変動枠組条約（UNFCCC）
United Nations Framework Convention on Climate Change

　気候変動対策の枠組を初めて設定した条約。1992年の国連環境開発会議（地球サミット）において採択され，94年3月に発効した。2000年までに二酸化炭素をはじめとする大気中の温室効果ガスの排出量を1990年レベルに戻すことを主な目的とし，温室効果ガスの排出・吸収の目録の作成，温暖化対策の国別計画の策定などを締約国の義務とした。

　ただし，条約自体には各国に対して温室効果ガスを削減させる法的拘束力がないため，97年の第3回締約国会議（COP3）において京都議定書が採択され，温室効果ガスを2008年から2012年の間に，1990年比で約5％削減すること

が，先進国に義務づけられた。2015年末には，先進国のみならず，すべての国を包摂する20年以降の新たな枠組が策定される予定である。

【関連項目】　気候変動に関する政府間パネル（IPCC）／京都議定書
〔上村雄彦〕

## 北大西洋条約機構（NATO）
North Atlantic Treaty Organization

1949年4月，アメリカのワシントンD.C.で署名され8月に発効した北大西洋条約に基づいて成立した集団的安全保障機構としての軍事同盟。北大西洋条約という名称は，北米大陸のアメリカ・カナダ（東岸はともに北大西洋に面する），北大西洋に位置したり面したりしているイギリス，アイスランド，ノルウェー，デンマークと西欧のフランス，イタリア，ポルトガル，ベネルックス3ヵ国の合計12ヵ国を原加盟国として結成されたことに由来する。その後，52年にギリシア，トルコ，55年に西ドイツが加盟し15ヵ国に拡大した。

第二次世界大戦中は「奇妙な同盟」と言われながらも連合国として日独伊の枢軸国を打倒するために協力した米ソは，戦争終結後の47年春以降対立を深めて冷戦状況が生まれ，48年6月のベルリン危機により西欧諸国ではソ連に対する脅威認識が急激に高まっていった。こうした状況を背景として英仏がアメリカを巻き込む形で結成したものであった。その6年後であったが，ソ連も東欧諸国を糾合してワルシャワ条約機構（WTO）を結成したため，ヨーロッパではNATOとWTOが対峙することになった。

最高機関である北大西洋理事会は，原則的には年2回開催される外相・国防相など「閣僚級理事会」と加盟国代表により週1回開催される「常設理事会」からなり，「加盟国の権利は平等である」ために「全会一致原則」ですべての議案が決定されている。「加盟国の権利は平等」であったが，冷戦の進行とともにアメリカの影響力が強まったため，フランスのドゴール大統領はこれに反発し66年7月にNATOの軍事機構から脱退したため，NATO本部もベルギーのブリュッセルに移転することになった。

89年以降，東欧革命が進行しWTO加盟国は91年7月解体を決定した。一方NATOは99年4月創設50周年記念会議で「NATO域外でも，ケース・バイ・ケースで，全会一致原則により」軍事行動をとりうるというNATO再定義を行った。それは旧ユーゴスラヴィアでの内戦が激化したことを契機としていた。この再定義をきっかけとして加盟申請をする旧ソ連圏諸国が増大しNATOの「東方拡大」が進んだ。2015年3月段階で加盟国は28ヵ国に拡大している。ソ連の後継国家であるロシアは警戒心を強めその動きを牽制してきた。14年初頭以降のクリミア・ウクライナ紛争も，この強い警戒心を背景にしている。

【関連項目】　対共産圏輸出統制委員会（COCOM）／ユーゴスラヴィア紛争／冷戦／ワルシャワ条約機構（WTO）
【参考文献】　金子譲『NATO北大西洋条約機構の研究』彩流社，2008年
〔滝田賢治〕

## 北朝鮮の核開発問題
nuclear issues of North Korea

北朝鮮の核開発問題は北東アジアの外交・平和秩序のみならず，世界の安全保障にも大きな障害となる重要な問題である。また，核事故による安全保障上の問題，核移転，核テロなど様々な問題が懸念され，世界に及ぼす影響は深刻である。

北朝鮮は金正恩体制になって以来，核開発と経済発展を並行させる「並進路線」を推進するなど対内的な変化を図ろうとしている。核・ミサイル開発によって政権の正当性を強化する必要性に加え，経済発展，軍事費の削減，軍事目的でも非常に大事な部分である。また，他国からの経済援助獲得のためにも，核兵器は重要な交渉手段と位置付けられている。

北朝鮮の核開発の直接的動機は，1945年の米

国による日本への原子爆弾の投下だとされている。広島・長崎に投下された原子爆弾の威力を知った金日成は核兵器の威力に脅威を感じ、朝鮮戦争でも米国による核兵器の使用を恐れていた。また、北朝鮮の核開発の背景には、ソ連との関係もある。北朝鮮は56年3月、ソ連の「ドゥブナ合同原子核研究所」の設立に参加するためにソ連との核協定を締結した。北朝鮮は30人余りの研究者をソ連に派遣し核技術を習得させた後、北朝鮮内に「放射化学研究所」を設立するなど、核開発に対する強い意思（関心）を示した。

59年9月に北朝鮮とソ連の間に「原子力協定」が締結されており、この協定に基づいて、両国はいわゆる「シリーズ9559」という契約に署名した。これを基に、北朝鮮は寧辺（ヨンビョン）に核研究施設を設立し、62年1月に「IRT-2000研究用原子炉」を着工、65年に完成した。以後、北朝鮮は寧辺の核施設を主な拠点として、70年代に核燃料技術を集中的に研究し、80年代以降は寧辺5MWe原子炉を設置・稼働して、使用済み核燃料棒を再処理して核物質を確保するようになった。

北朝鮮はこれまでに3回の核実験を実施している（2006年10月、09年5月、及び13年2月）。これら3回の核実験により、核兵器の完成度を高めながら、国際社会に大きな脅威を与えている。特に3回目の核実験の後には、核兵器の小型化・軽量化に成功したと公表した。また、2013年3月7日、北朝鮮の外務省声明を通じて核の先制攻撃の権利を主張し、核兵器の直接使用をほのめかすようにもなった。

北朝鮮の核開発及び核保有は、それ自体が目的というよりは体制の維持・発展のための戦略的な手段といえる。北朝鮮が現在保有している兵器級プルトニウムで核兵器1個を製造するのに必要な量は、核兵器の設計、製造技術、弾頭の重量と爆発力にもよるため推測が難しいが、北朝鮮がどのレベルの核兵器をどの程度保有しているのかは、寧辺の核発電所を稼動して抽出したプルトニウムの量を計算して推定することができる。北朝鮮は現在まで合計40～50kgのプルトニウムを抽出したものと推定され、これを燃料にして核兵器を製造した場合6～8個程度を生産したと判断できる。これに加え、北朝鮮は核兵器の運搬手段である弾道ミサイルの開発も継続してきた。1990年代から長距離弾道ミサイルの開発に着手し、2007年には射程距離3000km以上の中距離ミサイルを配置した。北朝鮮はミサイルの小型化を進めており、搭載できるミサイルの種類は増えているが、一般的に核兵器を搭載することができるミサイルでは、スカッドミサイルを600基以上保有しており、射程距離1300kmのノドンミサイルも200基以上保有している。

国際社会は北朝鮮の核開発・ミサイル発射に関して国連安保理決議案を採択して北朝鮮の挑発を非難している（決議案1695号、1718号、1874号、2087号、2094号など）。これらの決議案では、北朝鮮の核計画を「完全な、検証可能な、かつ、不可逆的な方法」（決議案1718号）で放棄させることを決定し、北朝鮮に対する武器禁輸、金融制裁、経済措置などを決定した。また03年4月には北京において、米国、北朝鮮、中国の3者協議が開催され、その後8月からは韓国、日本、ロシアも参加する6ヵ国協議が開催されるようになった。こうして北朝鮮の核問題の議論は新たな局面を迎え、6ヵ国協議を通じて05年には「9.19共同声明」、07年には「2.13合意」と「10.3合意」が発表されたが、合意事項は履行されず、実質的な進展はなかった。さらに、北朝鮮の6ヵ国協議への不参加と繰り返される核実験・ミサイル発射により、北朝鮮の核問題は足踏み状態となっている。核問題と6ヵ国協議に対する北朝鮮の姿勢の根本的な変化がない限り、6ヵ国協議の再開は現実的に困難な状況である。

国際社会は、北朝鮮を核保有国として認め

ず，北朝鮮は国際社会との約束どおりすべての核兵器と核プログラムを廃棄しなければならないという立場を堅持している。14年に入って，北朝鮮は「核抑止力をさらに強化するため，新しい形の核実験（の可能性）も排除していない」（14年3月30日，北朝鮮外務省声明）とし，第4回目の核実験を2016年1月6日に強行実施した。

【参考文献】広島平和研究所編『21世紀の核軍縮』法律文化社，2002年／水本和実『核は廃絶できるか』法律文化社，2009年／道下徳成『北朝鮮瀬戸際外交の歴史』ミネルヴァ書房，2013年／국방부『2012 국방백서』대한민국 국방부，2012年／통일부 통일교육원『남북관계 지식사전』통일부，2011年／『2013 북한 핵프로그램 및 능력 평가』통일연구원，2013年／International Institute for Strategic Studies (IISS) North Korea's Weapons Programmes, IISS, 2004　　　〔孫賢鎭〕

## 北朝鮮の飢饉　famine in North Korea

1994年から98年までの北朝鮮の飢饉は，同時期の経済危機とあわせて，「苦難の行軍」とのスローガンの下に乗り越えるべきものとされていた。北朝鮮が飢饉に見舞われたのはこのときが初めてではないが，このときの飢饉では，経済政策に失敗しソ連からの支援も途絶えたため食糧の生産量と輸入量が激減したことに加え，度重なる洪水と干ばつが状況をさらに悪化させた。

国民が受けた飢饉の影響の度合いは社会的地位によって異なり，女性や子どもなど，社会的弱者であればあるほどより大きな損害を受けている。一方，軍関係者は食糧の分配において優遇されたが，軍関係者であれば皆が十分な配給を受けたわけではない。軍関係者には基本的な配給があったにすぎず，百万人規模の軍において一般兵には十分な食糧が配給されなかった。

食糧難が悪化した原因は，非効率的な「共同分配システム」にもある。共同分配システムは，政治的立場や国家への忠誠心の度合いによって分配量が決まるシステムだ。しかし，食糧難が長引くにつれ共同分配システムにも限界

が生じ，分配できる総量も減少した。

北朝鮮は食糧の自給自足がいまだできておらず，国外からの食糧支援に頼っている。それにもかかわらず北朝鮮は2002年，食糧支援を辞退した。一方2000年代半ば，国連世界食糧計画（WFP）は，北朝鮮が再び飢饉に襲われる可能性が高まっているとし，12年には，緊急食糧支援を行うと発表した。　　　〔金美景〕

## 北朝鮮の兵役　conscription of North Korea/ military service of North Korea

北朝鮮では男性が満14歳になると例外なく徴兵対象者として登録され，身体検査を経て中学校卒業後に入隊する。北朝鮮軍の兵役期間は男性が10年，女性は兵役を志願すれば7年である。また，特殊部隊（軽歩兵部隊，狙撃部隊など）は13年以上の長期にわたり服務し，特別な指示に基づいて，事実上は無期限で勤務する場合が少なくない。北朝鮮軍の兵力は2012年1月時点で陸軍102万人，海軍6万人，空軍11万人を含めた計119万人と推定される。その他，北朝鮮は6000人以上のサイバー部隊を擁する。この組織は韓国内に心理的，物理的な混乱や麻痺を引き起こすため，軍事作戦の妨害，国家施設の攻撃などのサイバー戦を実行している。また，予備兵力として教導隊，労農赤衛隊，中学校軍事組織である青年近衛隊など計770万人余りがいる。現在，北朝鮮は，金正恩が最高司令官として国防委員会第1委員長，党中央軍事委員会委員長を兼任しながら，実質的に指揮・統制している。重要な軍事機構には，国防委員会，労働党中央軍事委員会，人民武力部，総政治局，総参謀局などがある。　　　〔孫賢鎭〕

## 「汚い戦争」　dirty war

アルゼンチンの軍事政権（1976〜83年）によって行われた反対派への過酷な弾圧を指す。同国では極左組織によるテロや武装闘争が活発化するなか，クーデタで権力を握った軍事政権

は，左翼ゲリラに対する徹底的な掃討作戦を展開する一方，左派との関係が疑われた者を次々と拘束した。その多くは令状なしに治安警察等によって連れ去られ，裁判もないままの処刑や拷問で殺害された。こうして連れ去られその後消息が分からなくなった者は「デサパレシードス（行方不明者）」と呼ばれ，政治家，ジャーナリスト，組合幹部，知識人，弁護士，学生等を含め，1万人から3万人にのぼると推計されている。軍事政権による反対派への弾圧は，60年代半ばから80年代初頭の「軍事政権の時代」に「国家安全保障ドクトリン」に基づき，米国政府の支持ないし黙認の下にラテンアメリカで広範に見られたが，アルゼンチンの事例は最も過酷で組織な反対派への弾圧の1つであった。軍事政権は経済政策の失敗と82年の英国とのマルビナース（フォークランド）戦争での敗北によって崩壊し，翌年に民政移管が実現したが，その後，軍事政権指導者らの責任追及は紆余曲折を経て続けられ，「行方不明者」の調査も継続している。　　　　　　　　　　〔上村直樹〕

## 基地騒音訴訟
lawsuit against noise concerning bases

基地「爆音」訴訟，また基地公害訴訟とも呼ばれる。基地周辺の住民が，基地を使用する米軍又は自衛隊の軍用機の出す騒音により身体的・精神的損害を被ったとして国に対して，一定の時間帯における飛行の差止めと損害賠償を求める訴訟を言う。

現在（2015年4月），厚木（第4次，東京高裁），横田（第9次）・新横田（第2次）（いずれも東京地裁立川支部），小松（第5次・第6次併合，金沢地裁），岩国（山口地裁岩国支部），嘉手納（第3次，那覇地裁沖縄支部），普天間（第2次，前同）の各基地訴訟が係属中である。原告の数は，厚木が7000名を超え，嘉手納は2万2000名に及ぶなど，極めて多い。

損害賠償請求については，騒音が受忍限度を超える場合に過去の損害について認容する判断が各訴訟で定着している。差止めは，従来一貫して基地の公共性・公益性を理由に斥けられてきたが，厚木訴訟の横浜地裁2014年5月21日判決が，初めて，自衛隊機の夜10時から翌朝6時までの飛行差止めを認め，東京高裁（2015年7月30日）も同様に差止めを認めた。住民の平穏な環境で暮らす権利を重視した画期的な判決である。米軍機については，わが国の支配が及ばない米国の行為に対する請求は失当であるとの「第三者行為論」が今も，問題を抱えつつ踏襲されている。

【関連項目】　在日米軍基地／米軍基地問題（沖縄）／辺野古問題　　　　　　　　　　　　　　　　〔小林武〕

## キャンベラ委員会　Canberra Commission on the Elimination of Nuclear Weapons

核兵器廃絶に関するキャンベラ委員会はオーストラリア政府によって1995年11月に設置された独立委員会で，17人の国際的専門家で構成された。委員長はバトラー・オーストラリア大使。

96年8月に出された報告書は「核兵器は人類すべてとその居住環境に対する容認することのできない脅威をなす」とし，核保有国にすべての核兵器を廃絶することを直ちに明確に約束するよう求めた。「核兵器が保持されつつ，偶然によっても決定によっても使用されないとする主張には信頼性がない。唯一完璧な防御法は，核兵器の廃絶と絶対に2度と作らないという確約しかない」とした。直ちにとるべき措置として，警戒態勢の解除，核弾頭の運搬手段からの取り外し，非戦略核の配備停止，核実験中止，米ロ核削減交渉などを掲げた。生物・化学兵器に対して核を使用せず，核兵器の唯一の軍事的効用を他国の核使用の抑止に限定するよう求めた。

【関連項目】　核軍縮／核兵器の先制不使用／東京フォーラム報告　　　　　　　　　　　　　　〔川崎哲〕

## 九ヵ国条約　Nine-Power Treaty

1922年2月に締結された中国を巡る条約。「九国条約」とも表記される。21年11月から開催されたワシントン会議においては，中国に権益を有する列強間での協調態勢づくりと，列強不平等条約体制の解消を求める中国と列強の関係の調整が1つの課題とされた。その結果，アメリカ，ベルギー，イギリス，中国，フランス，イタリア，日本，オランダ，ポルトガルの間で，九ヵ国条約が締結された。条約では，中国の「主権，独立並其ノ領土的及行政的保全」の尊重，中国における商工業上の「門戸開放」「機会均等」などを約した。会議で中国側が求めた関税自主権回復と治外法権撤廃については，20年代後半に関係国と協議が進められたが，それらが決着を見ぬ間に31年に満洲事変が開始され，中国を巡る不平等条約体制の解消はアジア・太平洋戦争中にまで持ち越された。満洲事変開始以後，中国は日本が同条約に違反して中国侵略をしていることを国際社会に訴え，とりわけ国際連盟に加入していないアメリカの関与を引き出す根拠として同条約は用いられた。日中戦争開始後の37年10月，国際連盟は日本が九ヵ国条約と不戦条約に違反していると認定した。同年11月にはブリュッセルで日中戦争を巡り九ヵ国条約会議が開催されたが日本は参加を拒否した。

【関連項目】　門戸開放宣言／ワシントン体制　　〔伊香俊哉〕

## 九条の会　Ariticle 9 Association

加藤周一，大江健三郎，梅原猛，井上ひさし，奥平康弘，小田実，澤地久枝，鶴見俊輔，三木睦子という日本を代表する9人の知識人が2004年6月に呼びかけた，日本国憲法9条を守る運動をすすめる会。その結成のアピールでは，03年のアメリカなどによるイラク戦争とそれへの自衛隊の協力を受けて，九条改憲の動きがかつてない規模と強さで台頭しているとの認識の下，「九条を持つ日本国憲法を，自分のものとして選び直し，日々行使していくこと」の必要性を唱えた。これに賛同する全国の地域や職場，各分野の会は，約7500にのぼる。九条の会自体が講演会，学習会などを活発に開催するとともに，全国の各地域，各分野で結成された「九条の会」の交流や協力を通じて，「九条改憲反対」の世論の広がりに大きな役割を果たしている。戦後日本の改憲反対運動の多くが，政党や労働組合など団体を中心に組織されてきたなかで，各地域，各分野での自発的な結成・参加と活動における創意工夫を通じて，「個人中心」の運動スタイルを貫いてきた点に特徴がある。

【関連項目】　解釈改憲／護憲運動　　〔小沢隆一〕

## 休戦　armistice/truce

休戦とは，交戦当事者が合意（休戦規約）により，作戦動作を一定期間停止することを言う。ハーグ陸戦規則の36～41条にその定めがある。交戦国軍隊全体に及ぶ全般的休戦と特定地域における部分的休戦がある。休戦の期間中であっても，休戦規約の重大な違反があるときには規約は廃棄され，さらに緊急の必要性があれば直ちに戦闘を再開することが認められる。

かつて，休戦は，実際の戦闘行為を停止することにより，後の講和条約により法的に戦争状態を終結させる前提であると考えられた。しかし，戦争が違法化された今日では，武力衝突が事実上存在しなくなれば武力紛争は終了し，武力紛争法の適用も終了されるため，戦争状態の法的終了と休戦による戦闘の事実上の終了を区別する法的意義はない。今日でも戦争状態の継続を強調する政治的必要がある場合に休戦の語が用いられる（例：朝鮮戦争）が，そのようなケースにおいても，法的には武力紛争は終結しているとみなされる。

【関連項目】　講和条約（平和条約）／ハーグ陸戦規則　　〔新井京〕

## 旧敵国条項　enemy states clauses

「第二次世界大戦中にこの憲章の署名国の敵であった国」に関して規定する国際連合憲章107条及び53条1項但書後段を指す。そこにいう敵国とは、ドイツ、イタリア、日本、ブルガリア、ルーマニア、ハンガリー、フィンランドを意味すると考えられる。

107条は、敵国に関する行動で「その行動について責任を有する政府がこの戦争の結果としてとりまたは許可したもの」は憲章によって無効にされたり排除されたりしないと規定する。53条1項但書後段は、安全保障理事会の許可がなければ地域的取極・地域的機関による強制行動はとられてはならない旨規定する前段に対し、107条に基づく措置及び侵略政策の再現に備える地域的取極に規定された措置を例外とする。

旧敵国が国連加盟国となって以降（ただしドイツについては東西統一以降）はこれらの条項に実際的な効果はなく、死文化したとされる。1995年には、その削除手続を早期に開始する意思を表明した国連総会決議50/52が採択された（賛成155、反対0、棄権3）。

【関連項目】　国際連合（国連）（UN）　　〔田中佐代子〕

## キューバ革命　Cuban Revolution

フィデル・カストロ率いる165名の青年たちが、バティスタ独裁政権の打倒を目指して行ったモンカダ兵営への襲撃（1953年7月26日）が端緒である。襲撃は政府軍により鎮圧され、カストロ自身も逮捕、投獄されるが、55年に釈放されたカストロはメキシコに亡命し、そこで弟のラウル・カストロやエルネスト・ゲバラ（愛称チェ・ゲバラ）たちと新勢力を組織（「7月26日運動」）。56年12月に帰国後、島東部のシエラ・マエストラ山地地帯を拠点にゲリラ活動を行い、民衆の支持も得ながら勢力を拡大。58年の戦闘で政府軍に勝利し、59年1月1日にバティスタ大統領を退陣させ、革命を成功させた。

カストロは文民統制の観点から当初は革命政府への参加を拒否したが、カルドナ首相の退陣と国民の熱望を受け59年2月16日に首相に正式就任し、同年5月には農地改革法を制定し改革に着手する。61年1月の米国との断交後はキューバ革命を「社会主義革命」と位置づけ（同年4月）、ソ連との関係を強化する一方、米国との対立を深めていく。

〔草野大希〕

## キューバ危機　Cuban Crisis

1962年10月にアメリカ合衆国とソ連の間で勃発した国際危機である。ソ連がキューバに中距離弾道ミサイル（IRBM）の配備を計画し、米国が対抗してキューバの海上封鎖を行ったことから生じた。

19世紀末の独立以来、キューバは米国の保護国であった。1959年にカストロのキューバ革命政府が成立して米国資産の接収などを行うと、米国との関係が悪化した。カストロがソ連に接近して米国の圧力に対抗しようとすると、米国政府は61年に外交関係を断絶、さらに隠密作戦によるキューバ政府の転覆を図った。最も有名なのは61年4月のピッグス湾事件であるが、その後も破壊活動やカストロ暗殺計画などが続けられた。

62年10月14日、米軍の偵察機がキューバ国内で弾道ミサイル基地の建設が進んでいることを発見した。ケネディ大統領は対抗策を検討し、空爆による基地の破壊を主張する強硬派を抑え、キューバの海上封鎖による基地建設の阻止を決定した。米国の予想に反して、ソ連はすでにキューバに核弾頭や戦術核兵器を配備しており、米軍による攻撃が実施された場合は米ソ核戦争が勃発する可能性が高かった。

10月22日に海上封鎖を発表して強硬な姿勢を示す一方、ケネディはソ連との交渉による平和的解決を模索し、実弟のケネディ司法長官をソ連のドブルイニン大使と秘密裏に接触させた。

キョウイク

ソ連のフルシチョフ首相も2度にわたってケネディに書簡を送り，交渉による解決を図った。その結果，ソ連がキューバへのミサイル配備を中止し，これに対して米国がキューバ侵攻の放棄を発表し，さらにトルコに配備したIRBMの撤去を内々に約束することで両国が合意し，フルシチョフはミサイルの撤去を28日に発表した。この交渉の経験は，後の米ソ関係改善の出発点になったと言われている。

【関連項目】 キューバ革命／デタント（緊張緩和）／部分的核実験禁止条約（PTBT）／冷戦

【参考文献】 青野利彦『「危機の年」の冷戦と同盟』有斐閣，2012年／Fursenko, Aleksandr and Timothy Naftali, *One Hell of a Gamble*, W. W. Norton, 1998／May, Ernest R. and Philip D. Zelikow, eds., *The Kennedy Tapes*, Harvard University Press, 1997

〔倉科一希〕

## 教育基本法 Fundamental Law of Education

教育基本法は，日本国憲法の精神を教育に生かす教育根本法としての性格をもって，1947年3月31日に公布・施行された。それは同時に，衆議院と参議院での教育勅語の「排除」ないし「失効確認」の決議（48年6月19日）を伴い，戦前の天皇制と国家主義の教育制度への反省に立つものと確認された。

2006年，激しい論争を経て，改定された。旧法では，「教育行政」の規定で，「不当な支配」を禁じ，「国民全体に対し直接に責任を負う」こと，教育行政は「必要な諸条件の整備確立を目標」とすべきとされていたが，現行法では，「不当な支配」以外の文言はなくなった。また現行法では第2条の「教育の目標」に，「わが国と郷土を愛する……態度」などが書かれ，第17条には「教育振興基本計画」の策定が政府及び地方公共団体に求められている。

改正過程では，学問の自由や人権原理，子どもの学習権，教育の自由の精神が継承されているか，「教育の目標」規定は，教育の内容を政府が直接管理する根拠条項とされることはないかなどが議論され，それらの論点は，現行法解釈を巡る論争へと継続されている。

【関連項目】 愛国心教育／教育勅語／教育の権利と自由

〔佐貫浩〕

## 教育勅語 Imperial Rescript on Education

「教育ニ関スル勅語」は，1890年10月30日，明治天皇の勅語として出され，国民の道徳の根本規範とされた。それは，父母への孝行などの儒教的な道徳を基盤としつつ，国家をその延長に位置づけ，「一旦緩急アレハ義勇公ニ奉シ以テ天壌無窮ノ皇運ヲ扶翼スヘシ」という天皇への絶対的忠誠を国民に求めた。その精神を国民に体得させるために，各学校には教育勅語と御真影（天皇・皇后の写真）が奉安殿に納められ，重要な学校行事には，特別な雰囲気を持つ勅語奉読が厳粛な儀式として執り行われた。

しかし，1945年の敗戦で，日本がGHQの占領下に入ると，「勅語及び詔書等の取扱について」（46年10月8日文部事務次官通牒）により，教育勅語を教育の根本規範とみなすことは停止された。47年には教育基本法（旧教育基本法）が公布・施行され，教育勅語に代わる教育の基本理念が示された。さらに，48年6月19日には，衆議院で「教育勅語等排除に関する決議」，参議院で「教育勅語等の失効確認に関する決議」が決議されて，教育勅語は学校教育から完全に排除された。

【関連項目】 教育基本法

〔佐貫浩〕

## 教育の権利と自由 right and freedom to education

戦前の日本では帝国憲法と教育勅語体制の下で，教育は国民（臣民）の国家（天皇）に対する義務であった。

戦後は新憲法（1947年）の下で，教育は「個人の尊重と幸福追求の権利」（13条）と不可分のものであり，すべての国民は「教育を受ける権利」を有する（26条）とされ，国と自治体は無償の義務教育を保障する責任があることが定

められた（教育基本法）。教育は人権であり義務教育の観念も子どもを就学させる親の義務と国や自治体の条件整備の責任の観念へと大きく転換した。世界人権宣言（48年）でもすべての人間の教育への権利（right to education）が規定され（26条），人権としての教育の思想は普遍的なものと確認されていく。その中核にあるものは発達と学びの主体である子どもであり，その人間的成長を支援する仕事としての教育に対しては，国や自治体はその条件整備を図る責任はあるが，その内容に不当に介入してはならないという意味での教育の自由の原則（freedom of education）が求められ，教育実践現場での多様な教育実践の自由（liberty of educational practice）が保障されていなければならないという観念は国際的にも確立していく（ILO-UNESCO 教員の地位に関する勧告，1966年）。それは子どもの成長発達の権利と学ぶ権利，それにふさわしい教育を求める権利（right to education）に呼応する教育の自由の原則である。　　　　　　　　　　〔堀尾輝久〕

**教員の地位に関する勧告** Recommendation concerning the Status of Teachers

　この勧告は，1966年に，日本政府も含む76ヵ国代表が参加した国連教育科学文化機関（ユネスコ）の特別政府間会議で採択された。教職を「専門職」とし，それにふさわしい教員の地位に関する諸原則を示した。教員は，「職責の遂行にあたって学問の自由を享受す」べきこと，「教材の選択及び使用，教科書の選択並びに教育方法の適用にあたって，承認された計画のわく内で，かつ，教育当局の援助を得て，主要な役割が与えられる」べきこと，教員団体は，「教育政策の策定に参加させられるべき一つの力として認められる」ことなどを規定した。

　この「勧告」は条約ではないため，法的拘束力を持たないが，68年から国際労働機関（ILO）とユネスコの共同専門家委員会により，その実施状況などが監督されている。勧告に違反すると考えられる事態については，各国のILO支局などへ申し立てを行い，協同専門委員会の審議を経て，政府に回答を求めるなどの手続きがとられる。「高等教育教員の地位に関する勧告」は，97年，第25回ユネスコ総会で採択された。

【関連項目】　教育の権利と自由　　　　〔佐貫浩〕

**強行規範**（ユス・コーゲンス）
peremptory norm（*jus cogens*）

　当事者の意思とは無関係に強制的に適用される規範のこと。当事者の意思によって逸脱可能な任意規範に対する概念。

　伝統的な国際法秩序においては，主権国家の並存という基本構造の下，国家間の自由な意思に基づく合意は，その内容がいかなるものであれ有効なものと考えられた。その意味で，伝統的な国際法規は任意規範であった。しかし，第一次世界大戦後の戦争・武力行使の違法化や第二次世界大戦後の人権意識の高まりなどに呼応して，国際社会にも自由意思による逸脱を許さない普遍的価値が認められるようになり，強行規範の存在が実定法上も認められるようになった。

　1969年の条約法に関するウィーン条約によれば，一般国際法の強行規範とは，「いかなる逸脱も許されない規範として，また，後に成立する同一の性質を有する一般国際法の規範によってのみ変更することのできる規範として，国により構成されている国際社会全体が受け入れ，かつ，認める規範」と定義され，締結の時に強行規範に抵触する条約は無効とされる（53条）。

　強行規範の具体例としては，違法な武力行使の禁止，奴隷貿易・海賊・ジェノサイド（集団殺害）行為の禁止，人権・自決権に対する侵害の禁止に係る規範などが挙げられるが，その詳細についてはなお争いがある。

【関連項目】　条約法に関するウィーン条約／武力不行使原則

〔森川幸一〕

## 共生 きょうせい live-together

この言葉は多義的で学問領域や時代によって含意が異なり、現代的にその意味を捉え直し再構成することが求められている。日本語としての「共生」はまず「共に生きる」の意味だが、人と人の共生、国と国の共生、死者と生者の共生、さらに自然と人間の共生が語られる。これらの視点は戦前日本の仏教の「とも生き運動」にも含まれていた。人種差別、異邦人の拒絶、他文化への偏見、国家間の敵対、性や障害による差別、傲慢な自然破壊、過去・歴史の忘却などの現象への批判（否定）を通して求められているものが「共生」だと言えよう。

外国語ではしばしば symbiose（symbiosis）が使われるが、もとは生物学的共生（相利共生、寄生、腸内フローラ）を指し、それが人文・社会領域にも転用された。live-together, Zusammen Leben, vivre-ensamble などの表現の他、経済的には co-living が使われることもあり、冷戦時代には共存を示す coexistence が使われた。

近年は、多文化社会認識のもとで、他文化間の共生と多文化社会内部での共生が課題となっている。共生はただの棲み分けとは異り、共食共生の親しい関係が含意されている。家族的共生の核は親子関係であるが、子どもが母胎にいる有機的共生（symbiose organique）から出生を経て心情的共生（symbiose psychologique）へと進展するという捉え方もある（H.Wallon）。

自然環境破壊が進むなか、エコロジーの視点から人間と自然の共生が言われているが、人間の歴史は自然史の一環であり、人間は自然の一部であり、人間を貫く自然が人間性（human nature、人間の内なる自然）であることを前提的に自覚することが重要であり、その上で自然と人間の関係が改めて問われている。その意味で、アジア的なアニミズム（汎神論）や自然観・死生観も現代的視点から再評価されている。

現代においては、共生が強者の視点からの差別的現状の維持・肯定のためのイデオロギーとしてしばしば用いられる。閉鎖的な社会・共同体の中で弱者や異質とされる者が専ら我慢・妥協を強いられるのではなく、すべての者が寛容（tolerance）の精神を持って、異質間・異文化間の理解を進めることが必要であり、むしろ、人は異質なもの・差異からこそ学ぶ点があり、社会はそうした異質なものが存在するからこそ豊かなものになるという視点を持った、相互が尊重し合う multi で open な共生の構築が必要であろう。

共生は現存する者との関係だけで語られるものではない。エコロジーの観点からは、環境・資源は未来世代から預かっているものという視点があり（未来世代との共生）、歴史的視点からは、過去の死者の思いと訴えかけを、現在世代の者が受け止め、過ちを繰り返さずによりよい未来を構築するという観点から、生者のなかに死者が生きている（死者との共生）という視点が必要とされている。

「共生」を多面的に考察し、現代思想の核に据えることで、人権や平和の思想も豊かになる。

【参考文献】堀尾輝久『地球時代の教養と学力』かもがわ出版、2005年
〔堀尾輝久〕

## 強制失踪防止条約（強制失踪条約）きょうせいしっそうぼうしじょうやく（きょうせいしっそうじょうやく）
International Convention for the Protection of All Persons from Enforced Disappearance

国連人権委員会の作業部会での起草作業を経て2006年12月20日国連総会で採択され、10年12月23日に効力を発生した。1992年の国連強制失踪宣言を基礎とする。

強制失踪の防止と処罰及び被害者の救済を目的とする。強制失踪とは、①国の関与又は黙

認，②自由の剥奪，③事実の否認又は失踪者の消息の隠蔽という要素を備える行為で2条に定義するものを言う。条約は，強制失踪を受けない人の権利を確認し，強制失踪を絶対的に禁止する。そこで締約国は，強制失踪を国内犯罪として裁判権を設定する義務，領域内の容疑者を引渡請求国に引渡すか訴追する義務，強制失踪の恐れのある国へ人を追放送還しない義務，拘禁情報を開示する義務，被害者の真実を知る権利及び被害回復と賠償を受ける権利を保障する義務，強制失踪から児童を保護する義務などを負っている。

条約の実施を監視するため，10人の委員で構成される強制失踪委員会が設置されている。委員会は，政府報告の検討のほか，通報に基づく失踪者保護のための緊急行動，個人通報及び国家通報の検討，現地訪問の要請と実施，広範で組織的な強制失踪の実行に関する総会の注意喚起といった権限を有する。

【関連項目】 拉致問題　　　　　〔薬師寺公夫〕

## 強制収容所 concentration camp

国家の抑圧的支配もしくは強制的な社会再編の装置であり，監獄とは異なって司法的手続きなしに，支配下にある人々の一部を隔離する制度・施設である。支配体制の強化・維持，もしくはイデオロギー的目標を実現するために，多くの場合，政治上・思想上の立場や信条，宗教，民族，人種，所属する社会階層などを理由に挙げて，特定の人々を予防的に拘禁する。法による監視の及ばない収容所は，生活・衛生環境の悪化と監視要員による恣意的な虐待・殺害が起こりやすく，拘禁目的の1つに強制的な労働を伴うことも少なくない。強制収容所の多くは独裁体制下で設置されたものであり，そうした抑圧装置の存在は，収容所を容認する支配体制・社会そのものが抱える問題や矛盾の現れでもある。いわば，制度化された人権侵害を必要とする国家・社会のメルクマールこそが強制収容所であると言ってもよい。

強制収容所の原型とされるのは，スペイン植民地であったキューバでの強制的隔離措置(1896年)とボア戦争でのイギリスによるトランスバール共和国等の非戦闘員の強制収容(1900年)であるが，歴史上最もよく知られるのは，ナチ・ドイツと旧ソ連の事例であろう。ナチ・ドイツは，コミュニストをはじめとする政敵を排除した後，「反社会的分子」をドイツ社会から一掃するために強制収容所を利用した。第二次世界大戦開始後は，治安維持を狙って占領地域の指導的な人々を拘留する一方，反ユダヤ人政策にも強制収容所を動員し，例えばアウシュヴィッツはいわゆる「絶滅収容所」の機能をあわせ持つことで「ホロコースト」遂行の中心地の1つにもなった。また，これ以外に民主主義国家においても，第二次世界大戦中のアメリカ・カナダなどで日系人が強制収容された事例がある。

第二次世界大戦後も強制収容所が世界から消え去ることはなく，旧ソ連とその勢力圏に置かれた諸国や中華人民共和国，北朝鮮，ポル・ポト政権下のカンボジアなどで様々な強制的拘留施設が運用されてきた。現在でも強制収容所とそれに類する施設の存在が確認されているのは中国と北朝鮮である。例えば，中国では2013年に全人代でいわゆる「労働教養施設」の廃止が決議されたにもかかわらず，現在でも形を変えて実質的に存続しているとの指摘がある。また，北朝鮮では，政治犯収容所のネットワークが数十万に及ぶ人々を拘留していると言われている。

【関連項目】 反ユダヤ主義／ホロコースト
【参考文献】 ソルジェニーツィン（木村浩訳）『収容所群島 1918-1956 文学的考察』新潮社，1974-1977年／Amnesty International, *Amnesty International Report 2014/15: The State of the World's Human Rights*, United Kingdom, 2015／Kaminski, Andrzej J., *Konzentrationslager 1896 bis heute. Geschichte, Funktion, Typologie*, München, 1990／Kotek, Joël und Pierre Rigoulot, *Das Jahrhundert der Lager, Gefangenschaft,*

Zwangsarbeit, Vernichtung, München, 2001　　〔増田好純〕

### 強制措置（国連安保理）
#### enforcement measures

　国際連盟（連盟）や国際連合（国連）の集団安全保障制度の下で，連盟規約に違反して戦争に訴えた国や国際の平和と安全を脅かし又は破壊した国に対して，加盟国が集団でとる措置。「集団的措置（collective measures）」とも言う。

　連盟規約は，その定める紛争解決手続に違反する一定の戦争を禁止し（12条1項，13条4項，15条6項），これを無視して戦争に訴えることを他のすべての連盟国に対する戦争行為とみなし，違反国に対する強制措置を用意した（16条）。連盟の強制措置は，連盟規約の違反に対する制裁としての性質を有し，その手段も経済制裁措置が中心で軍事的措置は補助的なものにすぎなかった。

　これに対して，国連憲章は，安全保障理事会（安保理）が「平和に対する脅威，平和の破壊又は侵略行為の存在」を認定することで（39条前段，25条），「国際の平和と安全を維持し又は回復するため」に，経済関係，運輸通信，外交関係等の中断・断絶を含む非軍事的措置（41条）や，それで不十分な場合には，陸・海・空軍による軍事的措置（42条）をとることを可能にした。国連憲章の下での強制措置は，憲章第2条4項の武力不行使原則の違反に対してもとられるが，必ずしも違法行為に対してのみとられるとは限らないこと，経済的措置を含む非軍事的措置のみならず，軍事的措置も重視された点に特徴がある。

　冷戦期には安保理の投票手続に組み込まれた拒否権のために，強制措置がとられることは稀で，少数白人支配の南ローデシアやアパルトヘイト政策をとる南アフリカに対する非軍事的措置，ソ連の安保理欠席という偶然に助けられて採択された朝鮮戦争時の北朝鮮に対する勧告による軍事的措置の例があるにとどまった。

　しかし冷戦終結後は，1990年8月に隣国クウェートに軍事侵攻したイラクに対する措置を嚆矢に，安保理が非軍事的措置をとる例は格段に増えており，またその内容も典型的な経済的措置にとどまらず，臨時の刑事裁判所の設立（93年の旧ユーゴ国際刑事裁判所，94年のルワンダ国際刑事裁判所）など，多様なものになっている。

　また，軍事的措置に関しても，特別協定（43条）に基づく正式の国連軍はいまだ実現していないものの，自発的に軍隊を提供する多国籍軍に「あらゆる必要な措置」を許可（授権）した90年のイラクに関する決議678が先例となり，この方式はその後，92年のソマリア・タスクフォースに関する決議794や94年のルワンダ多国籍軍に関する決議929等でも踏襲され，国連の慣行として次第に一般化している。その過程で，とりうる措置の目的や期間が限定され，安保理への定期的な報告の義務が課せられるなど，安保理によるコントロールの強化が図られるようになっている。

【関連項目】　拒否権（国連安保理）／国連安全保障理事会（国連安保理）／国連の軍事的措置／国連の非軍事的措置／集団安全保障／平和に対する脅威

【参考文献】　松井芳郎『湾岸戦争と国際連合』日本評論社，1993年／村瀬信也編『国連安保理の機能変化』東信堂，2009年／森川幸一「国際連合の強制措置と法の支配(1)(2・完)」『国際法外交雑誌』93巻2号，94巻4号，1994年，1995年

〔森川幸一〕

### 協調的安全保障　cooperative security

　国家をはじめとする多様な政治主体の安全保障行動を協調的なものとし，安全保障のジレンマを克服することで，関係諸国の安全を全体として向上させようとする安全保障政策のあり方。

　伝統的な国家安全保障政策においては，各国が独自に安全保障を追求すると想定されてきた。無政府的な構造を持つ国際政治システムにおいては，そうした安全保障追求行動は，軍事

力の強化を伴ってきた。ある国の軍事力強化は，防衛的な意図に基づくものであっても，周辺国にとっては脅威を深刻化させるため，周辺国の軍事力強化を引き起こすことが多い。こうして各国が独自に安全を追求すると，軍拡競争が誘発され，相互不信が昂進する。結果的には，システム全体が不安定化し，各国の安全も低下するという安全保障のディレンマが起こることが多い。

協調的安全保障は，こうしたゼロサムないしはマイナスサム的関係から，各国の安全が相互利益的な関係に立つよう関係国が協調的に行動するような政策体系への転換を意味する。一般的には相互不信を背景にした際に合理的な核抑止や勢力均衡に代わり，各国の安全追求行動が他国の安全やシステム全体の安定の向上に繋がるような政策の実現を目指す。より具体的には，信頼醸成措置，軍備管理の制度化，軍縮などを通じて，各国間の情報共有や資源・能力の協調的活用などの相互協力に各国を関与させることを意味する。

欧州安全保障協力会議（CSCE）やパルメ委員会が提唱した共通の安全保障は，協調的安全保障の典型例であり，冷戦の克服に大きな役割を果たした。CSCEのヘルシンキ・プロセスでは国家間のみならず，市民社会間の協力関係も制度化された。現在では，北大西洋条約機構（NATO）も軍事安全保障を主軸とするものからから軍事・政治的相互信頼の制度化へと位置づけを変えている。ASEANによる多様な協力の蓄積を通じた相互信頼の構築も協調的安全保障の例である。

【関連項目】　安全保障／安全保障のディレンマ／欧州安全保障協力機構（OSCE）／共通の安全保障
【参考文献】　Buzan, Barry and Hansen, Lene, *The Evolution of International Security Studies*, Cambridge University Press, 2009／Kupchan, Charles A., *How Eemies Bocome Friends*, Princeton University Press, 2010　　〔遠藤誠治〕

## 共通安全保障・防衛政策（CSDP）
Common Security and Defence Policy

欧州連合（EU）による安全保障・防衛分野での共通政策。マーストリヒト条約以降，EUは共通外交・安全保障政策（CFSP）を発展させ，1999年には欧州安全保障防衛政策（ESDP）の枠組を整備することを決定した。CSDPは，2009年に発効したリスボン条約によってESDPを制度強化したものである。軍事分野では，人道支援，平和維持，平和構築といった幅広い任務を持つEU部隊が展開される。非軍事分野でも，紛争後の警察力や法の支配強化等を目的としたミッションが派遣される。

EUは必要な能力を確保すべく目標を掲げ漸次改訂している。北大西洋条約機構（NATO）と締結した取り決めにより，軍事能力の貸与を受けたミッションも展開可能である。これまで，03年にボスニア，マケドニア，コンゴ民主共和国に派遣されたものを皮切りに，30以上の軍事・非軍事ミッションが展開されている。

【関連項目】　EUの共通外交・安全保障政策（CFSP）／欧州憲法条約／欧州連合（EU）　　〔齋藤嘉臣〕

## 共通の安全保障　common security

1982年にスウェーデン元首相のパルメが委員長を務める「軍縮と安全保障に関する独立委員会」（パルメ委員会）が発表した報告書が唱えた安全保障に関する考え方。冷戦下の東西両陣営は，自国の安全のみを追求することはできず，自国と他国の安全は共有されており，軍縮こそが相互の安全を高める方法であると主張した。

冷戦下では，安全保障に関して東西間にゼロサム的関係があると理解されていた。すなわちアメリカや西側が軍事能力の高度化させて抑止力を強化させると，ソ連や東側にとっては安全は低下し，その逆も同じだと解されていた。その際，米ソや東西両陣営は，相手側が持つ核兵

器を脅威の源と捉え，自らが持つ核兵器は安全を確保するために必要な道具だと捉えていた。そのため，脆弱性が増したと考える側が安全保障の向上のために軍備を強化すると，相手側にも同じ反応を引き起こし，結果的には東西両陣営による核軍拡競争が展開することになった。その結果，世界には膨大な量の核兵器が蓄積され，核戦争の危険性が増し，ともに安全は低下するという不合理な結果が生まれていた。

これに対して，パルメ委員会は，脅威の源を相手側の核兵器と捉えるのではなく，核兵器の存在そのものと捉え，核兵器のさらなる蓄積は米ソ両陣営の安全保障にとってマイナスであり，逆に軍縮を行うことが安全保障を向上させると主張した。

その背景には，核兵器が戦争の規模のみならず戦争の概念そのものを変えてしまい，戦争は政策の手段とはなり得ず巨大な破壊を引き起こすだけであり，諸国家はもはや他国を犠牲にして安全を追求することはできず，相互協力によってしか安全は得られないという認識があった。

この論理は，欧州の反核運動やソ連のゴルバチョフ政権によって採用され，「欧州共通の家」という構想の基礎を提供し，冷戦の終結と核軍縮を導く上で大きな役割を果たした。また，協調的安全保障の基本的な考え方として定着している。

【関連項目】　安全保障／協調的安全保障／総合安全保障
【参考文献】　遠藤乾編『グローバル・コモンズ』岩波書店，2015年／遠藤誠治・遠藤乾編『安全保障とは何か』岩波書店，2014年／パルメ委員会（森治樹監訳）『共通の安全保障』日本放送出版協会，1982年　　　　　　　　　　〔遠藤誠治〕

## 京都議定書　Kyoto Protocol

地球温暖化問題に関する主要な国際合意の1つ。正式名称は「気候変動に関する国際連合枠組条約の京都議定書」。気候変動枠組条約に基づきつつ，その内容を強化するために国際交渉が行われ，1997年12月の第3回気候変動枠組条約締約国会議（COP3）で採択された。この国際交渉の進め方と成果は，国際環境法の考え方である「枠組条約・議定書方式」の一例と理解される。2005年2月発効。192の締約国（1つの地域機関含む）。

同議定書3条1項で，気候変動枠組条約の附属書I締約国による二酸化炭素など6種類の温室効果ガス排出量を2008〜12年の5年間（第1約束期間）で1990年の水準より少なくとも5％削減することを目指し，同議定書の附属書B締約国は各々に課せられた排出抑制・削減に関する数量化された約束（数値目標）の履行・達成が求められた。この法的拘束力のある約束・数値目標の設定が京都議定書の特色である。同項では，附属書B国が各々の数値目標を達成するために，森林吸収源の強化も含めた自国内の温室効果ガス抑制・削減措置を行うことに加え，他国と共同した国際的な取り組み（京都メカニズム）を行うことも認められた。

【関連項目】　気候変動枠組条約（UNFCCC）／国際環境法／地球温暖化問題　　　　　　　　　　〔中島清隆〕

## 京都メカニズム　Kyoto Mechanism

1997年採択の京都議定書において導入された，温室効果ガス排出削減目標達成の補完的手段。第1の共同実施（6条）では，温室効果ガスの排出量上限が定められた先進国等が協力して排出削減などの事業投資国と受入国になり，削減された排出量を排出枠として認めている。第2のクリーン開発メカニズム（12条）では，先進国等が途上国における排出削減などの事業に投資し，削減された排出量に応じて投資国側排出枠の一部に充当できるとする。第3の排出量取引（17条）では，約束期間内に排出削減目標を達成した国が，その余剰分を目標未達成国と取引することを認めている。

これらの手段は柔軟性措置と呼ばれ，市場メカニズムの活用によりコストを抑え，排出削減

目標の達成を容易にすることを目的としている。また、あくまで国内における排出削減措置が主であり、このメカニズムは補足的でなければならないとされる。京都メカニズムの運用ルールに関する詳細は、2001年の気候変動枠組条約第7回締約国会議（COP7）で最終的に決定され、05年の京都議定書発効を受け、本格的に運用が開始された。

【関連項目】　気候変動枠組条約（UNFCCC）／京都議定書
〔横田匡紀〕

## 恐怖からの自由・欠乏からの自由
freedom from fear, freedom from want

1990年代後半から用いられた、人間の安全保障を説明する概念である。もともとはF.ルーズヴェルトの「四つの自由」演説で使われた表現である。人間の安全保障の源流には、開発と人権の2つがあると考えられているが、恐怖からの自由と欠乏からの自由は、その両面を表す表現として用いられている。

国連開発計画が94年に発表した『人間開発報告書』は、開発問題の新たな文脈として人間の安全保障を提唱し、その主要構成要素として恐怖からの自由と欠乏からの自由を挙げた。さらに2000年の国連ミレニアム・サミット及び05年の国連総会首脳会合（世界サミット）に先立ち、当時のアナン事務総長が、恐怖からの自由と欠乏からの自由を重要な課題と指摘して積極的な取り組みを求めた。これに応え、05年9月に採択された世界サミット成果文書は「全ての個人、特に脆弱な人々が…恐怖からの自由と欠乏からの自由を得る権利を有している」と宣言した。

【関連項目】　国連開発計画（UNDP）／人間の安全保障／四つの自由（フランクリン・ルーズヴェルト）
〔倉科一希〕

## 「恐怖の均衡」　balance of terror

核軍拡競争により手詰まりとなった米ソ間の核の均衡状態が核戦争の恐怖という心理的側面に根ざしていたことを表す用語。広義では、核抑止そのものや、その不確かな状態を表現する代替的な用語としても用いられる。

第二次世界大戦後の米ソの核軍拡競争は、1960年代になると先制核攻撃に対し即座に報復核攻撃を与える能力を両陣営が有するに至った。これに対応するため、米国は、先制核攻撃に対して自動的に報復核攻撃を行うことで耐え難い壊滅的な損害を米ソ両国に及ぼす相互確証破壊（MAD）戦略を採用した。この戦略はソ連でも採用されることとなり、冷戦後期の米ソ核戦略の基礎として戦略的安定性に寄与したが、均衡を維持するために核軍拡競争がさらに加速した結果、いわゆる「オーバーキル」（過剰殺戮）の状態が生じ、全面核戦争による人類滅亡の恐怖が増大した。

冷戦終結に伴い過剰な核軍拡競争は終焉したが、核抑止政策が継続しているという意味では核戦争の恐怖が消え去ったわけではない。

【関連項目】　核抑止／相互確証破壊（MAD）
〔森川泰宏〕

## 漁業及び公海の生物資源の保存に関する条約
Convention on Fishing and Conservation of the Living Resources on the High Seas

1958年に採択されたジュネーヴ海洋法4条約の1つで、前文と22ヵ条からなる。国際協力による公海生物資源の保護を規定し、公海生物資源保存条約と略される。

基本的な制度として、①1ヵ国のみが公海海域の特定魚種の漁業に従事している場合はその国が、2ヵ国以上が従事している場合は当該国が合意によって、魚種の保存措置をとる義務を負う。②領海に隣接する公海については、沿岸国が特別な利害関係を持つことを認め、一方的な保存措置をとることができる。この条約に関連する紛争は、アドホック特別委員会が裁定する。

この条約は、利害関係国間の合意によって公海の魚類を保存するという点で、45年の保存水

域に関するトルーマン宣言を引き継いでいた。しかし，領海に隣接する公海水域に一方的保存措置をとる権利を沿岸国に認めたことは，その後の排他的経済水域に繋がった。

合意による生物資源の保存制度は，国連海洋法条約に引き継がれ，さらに95年の国連公海漁業実施協定によって排他的経済水域と調整する制度に発展している。また，北太平洋漁業資源保存条約（2012年採択，15年発効）のように，地域ごとに漁業委員会を設けて魚種別に国別漁獲量を委員国で合意する方式は，今日広く採用されている。

【関連項目】海洋法条約　〔古賀衞〕

### 極東国際軍事裁判（東京裁判）（IMTFE）
International Military Tribunal for the Far East/Tokyo War Crimes Trial

第二次世界大戦後，連合国が日本の国家指導者の戦争責任を追及した国際戦犯裁判。東京・市ヶ谷で1946年5月に開廷し，判決が出る48年11月まで行われた。ドイツ主要戦犯を裁いた国際軍事裁判（45年11月～46年10月，通称はニュルンベルク裁判）の極東版。

大戦中，米国は捕虜虐待を巡る抗議で日本に戦犯処罰を示唆し，1943年のカイロ宣言でも日本の侵略を制止し，罰する旨を表明した。連合国が日本人戦犯処罰の意思をより明確に示したのが，45年7月のポツダム宣言である。第10項には戦犯条項があり，日本が8月に同宣言を受諾し，9月の降伏文書調印で受諾を再確認したことで連合国と日本との間に戦犯裁判実施の国際合意が生じた。終戦直後，日本の政府部内で日本自身による戦犯裁判の実施が模索されたが，実現しなかった。

東京裁判の判事・検事は，対日占領政策を決定する極東委員会の構成国（米中英ソ豪加仏蘭NZ印比）から選任され，戦犯弁護には日米の弁護士が当たった。国際性こそ帯びていたが，法廷の設置や被告選定などの重要局面では米国が主導権を発揮した。対日戦と日本占領で中心的役割を果たした米国は，ニュルンベルク裁判を巡る国際協調の困難を教訓に，東京裁判を主導する政策を選択した。裁判前後の舞台裏では，天皇の起訴事案や日本軍の毒ガス戦・細菌戦の訴追問題が生起したが，米主導下でいずれも免責に帰した。

東京裁判ではニュルンベルク裁判に準拠し，ハーグ条約など戦時国際法の違反行為に当たる「通例の戦争犯罪（B級犯罪）」に加え，「平和に対する罪（A級犯罪）」「人道に対する罪（C級犯罪）」という新しい犯罪類型を国際法上の犯罪とし，個人責任が審理された。裁判は46年5月3日に開廷。検察側は，日本による侵略戦争の計画・準備・実行（第1類「平和に対する罪」），奇襲攻撃による殺人（第2類「殺人」），捕虜や一般住民の虐待・虐殺（第3類「通例の戦争犯罪及び人道に対する罪」）について，東条英機元首相ら指導者28名の責任を追及した。弁護側は，事後法など裁判の不当性を訴え，日本に侵略的な意図はなく，満洲事変から日中戦争，太平洋戦争に至る戦争は自衛権の行使だったと反論した。判決公判は48年11月4日から開始され，12日に刑の宣告がなされた。判決文は米英など多数派判事7名が作成したもので，大筋で検察側の立証を認め，25名の被告（当初の28名のうち2名は公判中に死亡，1名は精神障害で除外）全員に有罪を宣告した。量刑は死刑が7名，終身禁錮16名，禁錮20年と7年がそれぞれ1名であった。12月23日，7名の絞首刑が執行された。インドのパル判事など少数派判事4名が別個意見を提出したが，法廷で朗読されなかった。なお，日本は51年9月に署名したサンフランシスコ講和条約の11条で東京裁判の判決を受諾し，52年4月に主権を回復，国際社会に復帰した。

東京裁判が法廷の構成や適用法，管轄権など多くの面で不備や疑義を抱えていたことはよく指摘される。他方で，ニュルンベルク・東京以

後，国際社会はこれら2つの戦犯裁判が示した犯罪類型を精緻化し，制度的欠陥の克服に努めるなど公正性の確保を模索した。90年代に設置された旧ユーゴ，ルワンダの国際戦犯法廷や2002年創設の国際刑事裁判所（ICC）は，不処罰の文化の終焉を目指す国際的潮流の所産と言えるが，米国や国連安保理の政治動向による影響を排除し得ない現実もある。

【関連項目】　国際刑事裁判所（ICC）／サンフランシスコ講和会議／ニュルンベルク国際軍事裁判／パル判事と極東国際軍事裁判／ポツダム宣言
【参考文献】　永井均『フィリピンと対日戦犯裁判』岩波書店，2010年／日暮吉延『東京裁判の国際関係』木鐸社，2002年
〔永井均〕

## 拒否権（国連安保理）　veto

国際組織の表決手続で，一国の反対投票によって決議の成立を阻止することのできる権限のこと。国連安保理の表決手続で5常任理事国（中国，フランス，ロシア，英国，米国）が有する権限がその代表例。安保理の表決手続では，各理事国は，1票の投票権を有する（国連憲章27条1項）。手続事項については9理事国の賛成投票によって決定されるが（同27条2項），それ以外の事項（実質事項または非手続事項という）の決定には，常任理事国の同意投票を含む9理事国の賛成投票が必要とされる（同27条3項）。そのため5常任理事国は，それぞれが決議の成立を阻止しうる権利を有することから，これを5大国の「拒否権」と呼んでいる。ただし，紛争の平和的解決に関する憲章第6章及び地域的取極・地域的機関による地域的紛争の平和的解決に関する52条3項に基づく決定については，常任理事国も含めて紛争の当事国は投票を棄権しなければならない（同27条3項但し書）。なお，安保理の実行上，常任理事国の欠席，棄権，投票不参加は，拒否権行使の効果を有しないとの先例が確立している。

【関連項目】　強制措置（国連安保理）／国連安全保障理事会（国連安保理）
〔森川幸一〕

## 機雷　naval mine

機雷とは機械水雷の略語である。金属製の円筒や球形の容器に爆薬と起爆装置を入れ，水中に設置し，艦船が接触したり，接近して感応したりすると爆発する兵器である。19世紀後半から徐々に使用されるようになり，第一次世界大戦，及び第二次世界大戦では大々的に使用された。海底に沈めておくものや，一定の深度に係留しておくもの，あるいは海中や海面を浮遊するものなどがある。現在では魚雷を内蔵し，標的を探知すると発射して攻撃するものもある。港湾や水路を守るために敷設されたり，公海上に敷設して機雷戦が行われたりする。あるいは海上交通路を混乱に陥れることなどを狙って敷設されたり，敵国の港湾などを封鎖するために敷設される場合もある。

湾岸戦争に際して，イラクがクウェート沖に機雷を敷設した。湾岸戦争終結後，国際部隊による掃海作業が行われた。公海上の掃海作業は，自衛隊の通常業務と解釈され，自衛隊法99条を根拠に海上自衛隊も掃海作業に加わった。これが自衛隊にとって初の海外実任務となった。

【関連項目】　湾岸戦争
〔足立研幾〕

## キリスト教の平和思想　pacifism in Christianity/Christian pacifism

新約聖書に書かれたイエスの「汝殺すなかれ」「汝の敵を愛せよ」「平和を実現する人は，幸いである」という言葉をよりどころとし，キリスト教徒は平和の問題，特に非暴力・無抵抗の平和主義を重要視してきた。しかしその一方でキリスト教には「正戦論」の思想があり，教会の権力の拡大や他の宗教との対立において，十字軍などキリスト教徒の参加する宗教戦争が多くみられた。そのなかで中世以降，メノナイト，ブレザデン教会，フレンド教会（クエーカー）は非暴力主義を唱える絶対的平和主義の教会として発展した。19世紀後半には欧米を中

心としたキリスト教系の平和団体が多く作られ、第一次世界大戦時のアメリカやイギリスでは徴兵制に抗議して多くのキリスト教徒が兵役拒否を行った。現在の国連本部に刻まれた「剣を鋤に」(旧約聖書「ミカ書」) は、各国で兵役拒否運動のスローガンとしても用いられた。日本においては明治以降、日露戦争時の非戦論や、北村透谷の日本平和会の設立、木下尚江、賀川豊彦の文筆活動などに、キリスト教の影響がみられた。

第二次世界大戦中、キリスト教会のなかにナチ・ドイツと協力することを選んだものがいた一方で、ユダヤ人に対するホロコーストを批判し、抵抗運動に参加したキリスト者もいた。このことは戦後のキリスト教会のあり方を変化させた。1960年代になると、カトリック教会はプロテスタント教会と和解し、さらに世界の諸宗教との協力を唱えるようになった。反核兵器運動を含めた平和運動にもより積極的に関与するようになり、1980年代初頭の世界的な反核運動の高揚期にキリスト教会は大きな影響力を持った。特にドイツにおいては、キリスト教会とその影響下の平和団体が、東西ドイツに分割されていた両国民を繋ぐことに一定の役割を果たした。マザー・テレサやキング牧師の活動にもキリスト教の平和思想が影響している。キリスト教はまた、人権擁護や貧困問題、格差の解消に取り組むほか、現在では環境問題についても積極的に発言している。

【関連項目】　正戦論／世界宗教者平和会議 (WCRP)
【参考文献】　関西学院大学キリスト教と文化研究センター編『平和創造への道』新教出版社、2010年／木寺廉太『古代キリスト教と平和主義』立教大学出版会、2004年　〔竹本真希子〕

## 義和団事件　Boxer Uprising

列国による中国分割の進展により、1899年末から排外主義的な義和団がさかんとなり、1900年6月、北京の列国公使館を包囲すると、清朝政府も便乗して列国に宣戦布告を行った。包囲された列国公使館は本国政府に救援を求めた。

結局、8ヵ国(イギリス・米国・フランス・ロシア・ドイツ・イタリア・オーストリア・日本)連合軍が派遣され、軍隊の力で義和団は鎮圧された。清と列国の間では1901年に北京議定書が結ばれ、清は賠償金として4億5000万両を支払うこととなった。日本は出兵数が多かったにもかかわらず、賠償金は全体のわずか7.7%(3480万両)であった。しかしながら、それまで植民地化の危機に怯えていた日本が「半植民地」中国における「反乱」鎮圧の側にまわったことは、日本が「帝国主義クラブ」への仲間入りを許されたことを意味した。通常、このことをもって日本の帝国主義化のメルクマールとする。桂太郎陸相は、「将来列国の伴侶となる保険料」として少数の兵を出し、欧米列国が日本の派兵を要請して初めて大兵を派遣するのが得策と考えた。

【関連項目】　日露戦争　〔千葉功〕

## 緊急人道支援
emergency humanitarian assistance

武力紛争や自然災害などで緊急に必要とされる人道支援を言う。人命を救うことが最優先であり、そのために危険な状態にある人々の捜索・救出、食糧、飲用水、衣料や医薬品の供給、シェルターの提供などが行われる。

国連では1992年に緊急事態に対応する人道問題局を開設。98年には同局が人道支援の政策策定、アドボカシーまで役割を拡大した国連人道問題調整室に改組される。2005年には国連内外の協力として、人道支援活動における11の支援領域に関しグローバルなレベルで主導機関を任命するクラスター制度を導入し、支援迅速化を推進。これには赤十字組織とNGOも含まれている。

日本は、緊急支援物資の提供、緊急無償援助の実施のほか、災害に関しては国際緊急援助隊(Japan Disaster Relief Team; JDR)の派遣を

行っている。また、日本のNGOが緊急事態に対応できるようODA資金や民間の寄付金をプールしたジャパン・プラットフォームも整備されている。
【関連項目】 国際緊急援助隊（JDR） 〔片柳真理〕

## 近隣諸国条項 neighboring country clause

日本の教科用図書検定基準にある「近隣のアジア諸国との間の近現代の歴史的事象の扱いに国際理解と国際協調の見地から必要な配慮がされていること」との規定を指す。

同条項の導入の契機は、1982年の教科用図書検定結果や同時期の閣僚の歴史教科書を巡る発言が外交問題に発展し、中国、韓国等のアジア諸国から抗議を受けたことである。この問題が議論される過程で、小川平二文相が衆議院文教委員会にて過去の戦争は侵略戦争であったと明言し、櫻内義雄外相は所見にて東アジア諸国との友好の精神を学校教育に反映する必要を指摘した。

これらを受けて同年8月に宮沢喜一官房長官の談話が発表され、日韓共同コミュニケ（1965年）と日中共同声明（1972年）の精神を踏まえ、日本の教科書記述に対して韓国、中国等から寄せられる批判に耳を傾け、問題点を是正すべく教科用図書検定基準を改訂する考えが示された。これにより11月には「近隣諸国条項」が検定基準として追加された。
【関連項目】 歴史教科書問題／歴史認識 〔川喜田敦子〕

## 偶発戦争 accidental war

当事者間に交戦の意図がないにもかかわらず、偶然の出来事や錯誤等を原因として生じる戦争。偶発性の要因には様々なものが指摘されているが、電子機器の故障や誤作動等に由来する技術的ミスと情報伝達や判断の誤り等に起因する人為的ミスとに大別される。

偶発戦争の危険性は、特に偶発核戦争に関連付けて論じられることが多い。現代の核兵器システムは、いわゆる「警報即発射」の警戒体勢が整えられており、意図的か偶発的かにかかわらず、核保有国に核攻撃が行われた場合、ほぼ自動的に報復核攻撃が行われて核戦争に発展するからである。そのため、偶発核戦争の防止は冷戦時代から強く意識され、米ソ間の軍備管理の対象となったほか、偶発核戦争防止協定の締結（1973年）や核危機軽減センターの設置（88年）なども行われた。冷戦終結に伴い核大国間での意図的な全面核戦争の危険性が減少したことにより、偶発核戦争はテロ組織による核使用と並んで核戦争の主要因としての位置を占めるようになっている。
【関連項目】 核戦争／軍備管理 〔森川泰宏〕

## 9月30日事件 September 30th Movement

インドネシアでは1950年代末以降、スカルノ大統領が「指導された民主主義」の下に「ナサコム（民族主義・宗教・共産主義）」を掲げて反植民地闘争を推進した。その過程でインドネシア共産党（PKI）が躍進し、「マレーシア対決」を巡り陸軍と対立を深めた。65年10月1日未明にジャカルタで大統領親衛隊長の率いる部隊が軍事行動を起こし、国軍幹部7名の自宅を襲撃して国防相ナスティオン大将を除く6名の陸軍将校を拉致、殺害した。これが「9月30日事件」である。

しかし、陸軍戦略予備軍司令官スハルト少将の率いる精鋭部隊はこれを直ちに鎮圧した。スハルトはこの事件がPKIによる権力奪取であると断定して同党幹部を逮捕し、その後66年2月頃までPKI党員や支持者に対する集団虐殺が各地で続いた。その犠牲者は50万人ともそれ以上とも言われる。スハルトは66年3月に事実上行政権を獲得し、68年に正式に大統領に就任した。これはスハルト体制発足の契機になっただけでなく、マレーシア関係の転換によってASEAN発足の契機ともなり、「アジアを変えたクーデタ」と言われたほど、この事件の影響

クサノネム

は大きかった。　　　　　　　　〔首藤もと子〕

## 草の根無償資金協力　Grant Assistance for Grass-Roots Human Security Projects

2003年に「草の根・人間の安全保障無償資金協力」に改称された「草の根無償資金協力」（「草の根無償」）は、開発途上国の開発支援のために日本の外務省が1989年から実施している無償資金協力のための制度である。草の根無償は、開発途上国の現地の地方公共団体、教育・医療機関、並びに現地で活動している国際・ローカルNGOなど（個人や営利団体は対象外）が、現地の小規模開発プロジェクトを推進するために提供される。同制度は、外務省が政府開発援助の枠組みにより、NGOを通じて国際協力を実施する援助スキームの1つとして形成された。申請額は一件1000万円以下で、また実施対象期間は贈与締結契約日より1年以内となっており、現地在外公館が申請先となっている。日本は99年に国連を通じ「人間の安全保障基金」を設置しているが、草の根無償は、「人間の安全保障」に関する現地の文化・高等教育振興等に直接的な効果をもたらすことが期待されている。

【関連項目】　政府開発援助（ODA）／人間の安全保障

〔山根達郎〕

## グッド・ガヴァナンス　good governance

ガヴァナンスという言葉は、企業、ローカルな地域、都市、国家、グローバルなど、様々なレベルで使用される。グッド・ガヴァナンスは、開発協力の分野で、開発途上国の国家の管理・運営能力の改善を図る文脈で使用されることが多い。

1992年に、世界銀行は、グッド・ガヴァナンスを構成する要素として、透明性、説明責任性、法の支配、公共部門の効率性を挙げ、開発途上国の経済発展のためには、各国のグッド・ガヴァナンスが不可欠であると主張した。

折から、冷戦後、西側先進国の政府援助機関は、民主化努力と経済援助を結びつける政治的コンディショナリティ政策を強調し始めていたために、グッド・ガヴァナンスと民主主義の関係が議論された。両者は、重なる部分はあるものの、例えば、民主主義国家においても政治的腐敗は起こりうるように、概念的には異なるものであると言える。

国連開発計画（UNDP）等の国連機関やアジア開発銀行等の地域的多国間開発銀行、そして各国の政府援助機関も、開発途上国の経済発展のためにグッド・ガヴァナンスが必要であるとして、それぞれの組織の特徴を反映した定義を打ち出した。UNDPでは、グッド・ガヴァナンスの要素として、行政府の透明性や説明責任に加え、参加という民主主義的要素も重視する。

ガヴァナンスが経済発展に重要であるとしても、いかなる制度・状況が「グッド」なガヴァナンスであるのかという点は、各国それぞれの政治・経済・文化的事情により異なるものであり、多様であるとの主張もなされ、グッド・ガヴァナンスという言葉の代わりに、ガヴァナンスの改善が開発途上国の発展に寄与するという表現が使われることもある。

世界銀行は、1996年以降、ガヴァナンスの指標として、①国民の声と説明責任、②政治的安定性と暴力の不在、③政府の有効性、④規制の質、⑤法の支配、⑥腐敗のコントロールをとりあげ、各国のガヴァナンスを測定・公表している。

【関連項目】　開発とガヴァナンス

【参考文献】　大芝亮「国際金融組織と『良いガバナンス』」『国際問題』422号、1995年／JICA『JICAにおけるガバナンス支援（調査研究報告書）』、2007年　　　　〔大芝亮〕

## クラスター弾条約　Convention on Cluster Munitions

本条約は、クラスター弾の使用、製造、開

発，保有，移譲を禁止することを目的とするものである。対人地雷禁止条約の形成過程を参考にしつつ，NGOと有志国が主導して条約形成が進められた。当初主要大国が消極姿勢を示していたにもかかわらず，交渉開始からわずか1年余りで条約が形成された。

2008年12月に署名のために開放され，10年8月に発効した。15年10月時点で，98ヵ国が締約国となっている。わずかとはいえ禁止対象外とされるものがあることや，アメリカなどの大国が参加していないことを問題視する者もいる。一方で，ほぼすべてのクラスター弾を禁止し，被害者支援に関する条項が盛り込まれ，また使用国が不発弾処理に際して情報提供を行うとともに支援を行うことを強く促す条項が盛り込まれたことは，クラスター弾による人的被害を減少させる上で意義が大きいとの見方もある。

【関連項目】 クラスター爆弾／対人地雷禁止条約（オタワ条約）／特定通常兵器使用禁止制限条約（CCW）　〔足立研幾〕

## クラスター爆弾 cluster munitions

クラスター爆弾とは，数個から数千個の子弾を容器に詰め，目標上空で子弾を散布し広範囲を一度に攻撃する弾薬である。クラスター爆弾は，第二次世界大戦以降本格的に使用されるようになった。クラスター爆弾は，大量の子弾を広範囲に散布するため，人口密集地では無差別性を有し，不発率が高く戦闘終了後にも多くの文民被害を発生させる。一方で，重量に対する制圧面積が広く，費用対効果に優れた兵器とみなされていた。その使用を問題視する声もあったものの，クラスター爆弾は，ヴェトナム戦争や湾岸戦争，米国によるアフガニスタン攻撃などで大量に使用された。対人地雷禁止条約が成立した後，クラスター爆弾を「第2の対人地雷」と呼び，その使用規制を求める声が高まった。こうした声を受けて，2003年には，不発弾及び遺棄弾の処理を定める特定通常兵器使用禁止制限条約（CCW）第5議定書が採択され，08年にはクラスター弾条約が採択された。

【関連項目】 クラスター弾条約／特定通常兵器使用禁止制限条約（CCW）　〔足立研幾〕

## クリーン開発メカニズム（CDM）
Clean Development Mechanism

地球温暖化問題に関する国際合意である京都議定書12条で規定された温室効果ガス排出削減制度。共同実施（同議定書6条）・排出権取引（同17条）とともに京都メカニズムの1つと位置づけられる。

同議定書12条2項には，CDMの目的として，①気候変動枠組条約の附属書Ⅰ締約国以外の締約国（開発途上締約国）が「持続可能な開発（発展）」を達成すること，②気候変動枠組条約第2条「究極的な目的」への貢献を支援すること，③京都議定書の附属書Ⅰ締約国（先進締約国）が温室効果ガス排出抑制・削減に関する約束（同議定書3条1項）履行を支援すること，が挙げられている。

先進締約国は，開発途上締約国で温室効果ガス排出削減や吸収源の強化などの事業活動を行う。事業活動による温室効果ガス削減・吸収量は認証排出削減量（CERs）として京都議定書で先進締約国に課せられた約束の履行に活用できる。一方，開発途上締約国は，このCDM事業活動から利益を得ることができる。また，CERs収益のうち2％は，気候変動の悪影響を特に受けやすい開発途上締約国の適応支援のための適応基金に拠出される。

【関連項目】 京都議定書／京都メカニズム／国際協力　〔中島清隆〕

## グリーン・ポリティックス green politics

緑の政治（学）や環境政治（学）と訳される。グリーン・ポリティックスは，最優先の課題であるエコロジー，（自然）環境保護・保全，環境問題の解決だけにとどまらない経済（成長・格差・所得など），貧困，雇用（失業），民主主

義，エネルギー，ジェンダーといった幅広く多様な政策範囲・政治的領域にわたり，永続可能な社会（sustainable society）を目指すものになっている。

ウォール（2012年）が「かつて『緑の政治』という言葉は，『ドイツ緑の党』」「と同義語だった」と述べるように，グリーン・ポリティックスにおいて環境政党，特に緑の（政）党は中心的なテーマとなっている。緑の党の世界的なパートナーシップ組織であるグローバル・グリーンズが2001年に採択（2012年に改正）したグローバル・グリーンズ憲章には，エコロジカルな知恵・社会的公正・参画型民主主義・非暴力・持続可能性・多様性の尊重などの原則が掲げられている。

緑の（政）党（あるいはグリーン・ポリティックス）は，ウォール（2012年）や小野（2014年）によると，オーストラリア・ニュージーランドから始まり，ドイツを含めたヨーロッパ・アフリカ・北アメリカ・日本を含むアジア太平洋・中東といった世界各国に広がっている。また，ウォール（2012年）が「緑の政治は，緑の党の活動にとどまることなく，さらに大きく広がっている」と述べるように，社会的公正と草の根民主主義の発展に努め，環境問題に取り組む環境NGOとの連携も，緑の政治に含まれている。

なお，環境政治（学）は environmental politics とも訳されること，ドブソン（2001年）がエコロジズム（生態系中心主義的な政治思想としての価値観）と環境主義を異なるものと捉え，緑の政治をダーク・グリーンの政治（エコロジズム）とライト・グリーンの政治（環境主義）に区分しているように，緑の政治と環境政治を区分する見解もある。

【関連項目】　環境NGO／自然保護運動／緑の党
【参考文献】　ウォール，デレク（白井和宏訳）『緑の政治ガイドブック』筑摩書房，2012年／小野一『緑の党　運動・思想・政党の歴史』講談社，2014年／ドブソン，アンドリュー（松野弘監訳）『緑の政治思想　エコロジズムと社会変革の理論』ミネルヴァ書房，2001年

〔中島清隆〕

## GRIT モデル　Graduated and Reciprocated Initiative for Tension Reduction

心理学者オズグッドが考案した緊張緩和論。冷戦期の代表的な「平和的変更（peaceful change）」論とも言える。

キューバ危機（1962年10月）以降の米ソ間の緊張緩和過程のように，対立の一当事者（X）が，自国の安全を損なわない範囲で段階的に軍縮の一方的イニシアティヴを実行するならば，この行動が他方（Y）のXに対する不信を和らげ，Yはその変化した認識ゆえに，Xのイニシアティヴに行動をもって応じる可能性が開けるとする議論である。この議論によれば，例えば，ソ連によるキューバからのミサイル撤去という一方的イニシアティヴに対して，米国によるトルコからのミサイル撤去という応答行動がとられ，それが米ソ間のホットライン協定（1963年6月）に結実したとされる。

対峙する国家間で，たとえ軍縮が共通の利益であるとしても，相手国は軍事的な優位を利用して，武力の行使や武力による威嚇を実行しかねないという不信を払拭できなければ，いずれの国家も軍縮に踏み切れるものではない。この安全保障のディレンマから脱出する処方箋として提案されたのが段階的軍縮論である。すなわち，互いに不信がある以上は，一挙に本格的な軍縮を実現することはできないものの，それを段階的に行うによって，初期段階における行動を，それ以降の行動選択を左右する意図のコミュニケーション過程として活用することができるのである。

米国の国際政治学者キッドに代表される近年の安心供与論も，GRITモデルにおける「一方的イニシアティヴ」を，各国の意図についての関係国の認識に影響を与える「シグナル」と読み替える議論で，基本的にGRITモデルの系譜

に連なると言える。

【関連項目】　安心供与／キューバ危機／軍縮（軍備縮小）
【参考文献】　オズグッド，チャールズ（田中靖政・南博訳）『戦争と平和の心理学』岩波書店，1968年／坂本義和『権力政治を超える道』岩波書店，2015年／Kydd, Andrew, "Trust, Reassurance and Cooperation," *International Organization*, Vol. 54, No. 2, 2000
〔石田淳〕

## グリナムコモン　Greenham Common

ロンドン西方のバークシャー州にあった英米空軍の基地。核兵器配備に抗議する女性らの運動の舞台となり，反核運動を象徴する名称となった。

北大西洋条約機構（NATO）が1979年，欧州に米中距離核ミサイルを配備する決定を下したことに対し，各国で反核運動が盛り上がった。このうち約100基が配備されることになったグリナムコモン基地も，大規模な抗議の対象となった。

81年，施設関連の車両が起こした事故に抗議する2日間の平和行進が催され，これに参加した女性らが基地前に集まり，テントで常駐するキャンプを形成。「女性平和キャンプ」「グリナムの女たち」と呼ばれ，反核運動だけでなくフェミニズムや非暴力運動の交流や情報交換の場となった。英国の反核団体「核軍縮キャンペーン」（CND）や各種女性団体，宗教関係者や労組も支援した。

暴力を排除するためなどとして，男性の参加を拒み，女性だけの運動を維持した。激しい抗議でしばしば逮捕者を出した。

基地は90年代に閉鎖されたが，その後の経緯を見守るためとして，平和キャンプは2000年まで存続した。

【関連項目】　核兵器廃絶運動（反核運動）／反基地運動
〔国末憲人〕

## クリミア併合（へいごう）　annexation of Crimea

2014年，現職大統領失脚などウクライナの変動に乗じた，隣国ロシアによるウクライナ領クリミア半島の武力併合。

同半島は13世紀前半のモンゴル侵入以後，15世紀のクリミア・ハン国成立，オスマン帝国保護領を経て1783年にロシア帝国に併合。1954年，ソ連政府の決定によりロシアからウクライナに帰属替えとなったため，ソ連解体後にはクリミアの帰属を巡ってウクライナとロシアは対立。96年制定のウクライナ新憲法ではクリミアは同国を構成する自治共和国と規定される一方，ロシアはクリミアの人口の大半を占めるロシア系住民保護と軍事拠点など権益確保を目指した。交渉の末，97年のロシアとウクライナの二国間条約でウクライナ領であることが確認され，最大の争点であった半島南部の軍港セヴァストポリを拠点とする黒海艦隊についてもロシアが基地使用料を負担することで艦隊を維持することで結着。ロシア系住民による分離・独立の機運も90年代末までには収束していた。

しかし2013年秋から浮上していた欧州連合（EU）との連合協定締結問題を巡る内政混乱と翌14年2月ヤヌコーヴィチ大統領の国外逃亡を機に，親ロシア派勢力がクリミア自治共和国及びセヴァストポリ市の実権を掌握。ロシア軍による事実上の介入が進むなか，親ロシア派勢力下の自治共和国及び市執行府が独立を宣言。3月16日にはロシアへの編入を問う住民投票を実施し，当局側発表で賛成票は96%超に達した。ロシアは即座にクリミアの独立を承認するとともに，ロシアのプーチン大統領はクリミアの執行府・議会代表との間でロシア「編入」に関する条約を調印した（3月18日）。

欧米及び日本を含む国際社会の大半は住民投票が無効であり，クリミアのロシアへの併合はウクライナの主権や領土保全を侵すものとして批判。その後に争点化したウクライナ東部のロシア系勢力の分離運動と武力衝突の問題とあわせ，クリミア併合問題はロシアとG7諸国並びにEUとの対立関係の原因となっている。

【参考文献】　中井和夫『ウクライナ・ナショナリズム』東京大

学出版会，1998年／Sakwa, R., *Frontline Ukraine: Crisis in the Borderlands*, I.B.Tauris, 2015

〔湯浅剛〕

## グルジア紛争（ふんそう）　Russo-Georgian conflict

ここではグルジアでの分離主義的紛争の歴史的背景について触れる。黒海沿岸に居住するアブハズ人，イラン語派の山岳民族オセット人はともにグルジア人とは異なる集団と理解され，ソ連時代に多分に形式的ではあったが，それぞれ「アブハジア」「南オセチア」としてグルジア領内の自治共和国，自治州となった。アブハジアはグルジア編入前にロシア領であったこと，南オセチアは北方のロシア側に同胞の領域・北オセチアがあり，ともにロシアとの関係も近い。

ソ連時代，特にアブハジアではグルジア語による高等教育の実施などアブハズ人の文化的自治の減退やグルジア人入植が進み，1970年代からグルジアからの分離運動が存在した。ペレストロイカ期の政治自由化により，89年7月，アブハジアの首府スフミで最初の大規模な民族衝突が発生。同時期に発生した南オセチアでは自治共和国への昇格を求める運動が武力衝突へと発展し，ソ連解体後も紛争は継続した。

【関連項目】　アブハジア紛争／ロシア・グルジア戦争

〔湯浅剛〕

## クルド（人）問題（じん）（もんだい）　Kurdish question

クルド人とは，ペルシア語に近い印欧系言語を母語とする人々で，人口は2000万人とも3000万人とも言われるが，詳細は不明である。彼らの主な居住地域は，トルコ，イラン，イラク，シリアにまたがる山岳地帯で，彼らの言葉でクルディスターン（クルド人の土地）と呼ばれる。しかし，クルド人アイデンティティの根幹である言語は複数の方言からなり，一言語とは言い難く，また宗教的にもスンナ派，シーア派，アレヴィー派，ヤズィーディー教など，様々な宗教・宗派に属する人々がおり，多様性に富んでいる。それゆえ，クルド人意識が一般民衆の間に形成されるのは，19世紀末ヨーロッパのナショナリズム思想に影響されて以降のことであった。第一次世界大戦後，彼らの居住地域にトルコ，イラク，イランなどが新興国家として成立すると，人口的に多数派をなす民族集団を中心に国民国家の建設が図られたため，クルド系住民は各国で少数派となり，同化政策の対象となるとともに，民族主義運動に対しては政治的，軍事的圧力を受ける結果となった。第二次世界大戦後も彼らの置かれた厳しい状況は続いたが，例えばイラクでは断続的に自治権を要求する武装闘争が展開され，サッダーム・フセイン政権下激しい弾圧を受けながらも，1991年の湾岸戦争後，米英の保護を受けて，北部に事実上のクルド人自治区がつくられ，2003年のイラク戦争を経て，その自治は既成事実化しつつある。しかし，隣国のシリアは内戦状態，トルコでも厳しい状況に置かれており，自治権の拡大へ向かうのか，あるいは国家形成へ向かうのかは不透明である。

〔宇野昌樹〕

## 黒い雨（くろ）（あめ）　black rain

1945年8月6日と9日に広島と長崎に原爆が投下された。それぞれ，爆発のエネルギーは16ktと21kt，爆発の高度は600mと503mである。爆発の瞬間，ウランやプルトニウムが核分裂し大量のエネルギーが放出され，火球が形成された。①その火球のなかに強い放射能が生成された。これを核分裂生成物という。②同時に衝撃波が直下に達し土埃が舞い上がった。この土埃には原爆から放射された中性子の反応で作られた放射能を含んでいた。これを誘導放射能という。これら①と②の放射能は直下にはほとんど到達せず，上空に舞い上がり風に乗って流されていった。その放射能を含んだちりは20〜30分後雲となり，そこから雨が降った。この雨は黒い色をしており"黒い雨"と言われる。ただ，他の例えばセミパラチンスクの核実験で

は，直後の雨は透明または茶色だったという証言があり，黒い色の雨は広島と長崎だけである。メカニズムはわかっていないが，市域の家屋の木材などが燃え煤となったのではないかと考えられている。

黒い雨は広島では北西に向かった。到達範囲は30kmくらいと言われているが，国外の例では300kmあるいはそれ以遠まで到達している。被爆直後から現在まで放射能の有無について調査が繰り返し行われてきた。特に土壌中のセシウム137の測定が行われた。しかしその後数多くの核実験が実施され，放射能の降下物が10倍以上加わり，明確な結果を出すことが難しかった。ただ歯による測定で被爆の可能性が示されている。

長崎では東に向かい，特に爆心から3km東の西山を超えたところで雨が降った。長崎はプルトニウム爆弾であったが，プルトニウムは自然界には存在せず，そのため土壌の測定から明確にプルトニウムが見つかっている。特に西山地区は近距離であるにもかかわらず山で熱線や放射線は遮られ雨に含まれる放射能だけによる被爆があった。

広島の黒い雨の降雨地域の調査は3通りある。それぞれ聞き取り調査により53年の宇田らによる宇田雨域，89年の増田による増田雨域，2010年の大瀧雨域が報告されている。宇田雨域は国により被爆者援護の対象区域として指定されている。しかしその後の調査による増田雨域や大瀧雨域ではその範囲は広がっている。広島県と広島市は08年の調査に基づいて国に区域の拡大を求めたが，国は区域を拡大しなかった。

これらの黒い雨地域の被曝線量を測定に基づいて正確に見積もり，健康影響を考える必要がある。しかし今までのところ計算による結果が中心であり課題が残っている。

【参考文献】　宇田道隆・菅原芳生「気象関係の広島原子爆弾調査報告」日本学術振興協会編『原子爆弾調査報告集』第一分冊，1953年／広島"黒い雨"放射能研究会『広島原爆"黒い雨"にともなう放射性降下物に関する研究の現状』原爆対策課広島市，2010年5月／増田善信「広島原爆の"黒い雨"はどこまで降ったか」『天気』36, 1989年　　　　〔星正治〕

## グローバリズム　globalism

グローバリズムとは，人間が抱える様々な問題を解決するためには，従来のように一国単位で，あるいは国家間協力で対応するだけでは効果的に対処できず，地球全体あるいは人類全体という視点から取り組むことが必要であるという考え方・思想を意味する。これに対して，グローバリゼーションとは，一般には，1980年代後半から90年代にかけて急速に進んだ情報や金融・経済制度の一体化の現象のことを言い，両者は，概念的には区別されるべきものである。

グローバリズムといっても一義的ではなく，この言葉が使われる文脈からは，いくつかに分類することができる。

第1は，グローバル・イシューズに取り組む視点としてグローバリズムが主張される場合である。このような視点は，1つには，72年に，民間団体であるローマ・クラブが，人類は，これまでと同様の生産及び生活を続けるならば，100年以内に資源の枯渇問題が深刻になり，人類の成長は限界に達するとの警鐘を鳴らしたことで，注目された。また，酸性雨問題のように，国境を超えた環境汚染が拡大したこともグローバリズムに対する関心を高めた。宇宙船地球号という視点で地球環境保護に取り組む必要性が主張された。

第2は，市場グローバリズムと呼ばれるものである。80年代後半から90年代には情報やモノ，カネ，ヒトがそれまで以上に急速・大量に世界大で移動するようになり，市場による商品・規格のグローバル標準化が進み，また各国の経済制度についても一体化が深まった。このように経済のグローバル化が進展することの根底には，政府による規制を緩和し，政府の市場への介入・関与を小さくしていくことが望まし

いという，新古典派リベラリズムの考え方があるとし，こうした考え方を市場グローバリズムと呼ぶ見方がある。

他方，こうした経済のグローバル化により，国家間及び各国内での経済格差が拡大しているとして，国際NGOや労働組合を中心に，経済のグローバル化を進める政策に反対する動きがある。99年におけるシアトルでのWTO閣僚会議に対する大規模な抗議デモはその一例であり，このような運動は，反(市場)グローバリズムまたは反グローバル化運動と呼ばれる。

第3は，反市場グローバリズムとも関連性があるが，冷戦終結後，人権や社会的公正の確保，ジェンダー格差の是正などを，人類共通の目標として求める考え方が強まり，こうした考え方を公正な社会正義を求めるグローバリズム（justice globalism）と呼ぶ主張も登場している。

他方，分析のレベルという点からは，グローバリズムに代わり，リージョナリズムの考え方が台頭していることが注目される。世界経済の分野では，世界貿易機関（WTO）の下に，全地球規模でルールを制定して世界経済を活性化していこうとするグローバリズムの考え方が強かった。しかし，WTOでの国家間交渉は難航し続けたことから，各国は，WTOでの交渉に代わり，地域レベルでの自由貿易協定や経済連携協定の締結を積極的に進めるようになっており，リージョナリズムが強まっている。

【関連項目】「グローバルに考え，ローカルに行動する」／相互依存（論）／地域主義

【参考文献】 金子勝『新・反グローバリズム』岩波書店，2010年／スティーガー，マンフレッド・B.（桜井公人ほか訳）『新版グローバリゼーション』岩波書店，2010年／メドウズ，ドネラ・H.『成長の限界』ダイヤモンド社，1972年　〔大芝亮〕

## グローバル9条キャンペーン
Global Article 9 Campaign to Abolish War

戦争放棄と軍隊の不保持を定めた日本国憲法9条の理念を世界に広めようという国際的市民運動。1999年のハーグ平和会議や2005年に武力紛争予防のためのグローバルパートナーシップ（GPPAC）の国連会議において憲法9条が持つ平和メカニズムとしての国際的価値が評価されたことを受け，05年に始まった。ピースボートと日本国際法律家協会の2団体が運営している。

08年5月には「9条世界会議」を幕張メッセ（千葉），仙台，大阪，広島の4ヵ所で開催，北アイルランドのノーベル平和賞受賞者マイレッド・マグワイアら42ヵ国のべ3万人以上が参加した。13年10月には「9条世界会議・関西2013」が大阪で開催された。このほか意見広告運動，日韓市民行動，英語ニュースの定期発行などを行っている。平和憲法を持つコスタリカやエクアドルでも現地団体とも協力し国際会議を開催している。

【関連項目】憲法9条／ピースボート／武力紛争予防のためのグローバルパートナーシップ（GPPAC）　〔川崎哲〕

## グローバル・タックス　global tax

グローバル・タックスとは，グローバルな資産や活動にグローバルに課税し，グローバルな活動の負の影響を抑制しつつ，税収をグローバルな課題解決のために再分配する税制である。同時にそれは，まず課税以前に資金の流れを透明にして「漏れを防ぐ」，すなわちタックス・ヘイブンや資本逃避を解決するための議論，次に金融取引税，地球炭素税，武器取引税，航空券連帯税など，実際に課税を行う議論，そして税を管理・分配するためのグローバル・ガヴァナンスを構想する議論を包摂する。

グローバル・タックスには，①地球規模課題解決のための資金創出，②投機や温室効果ガスの抑制などの政策効果，③グローバル・ガヴァナンスの民主化，透明化，アカウンタビリティの向上の促進など，多大なポテンシャルがある。すでに，航空券連帯税が現実化しているが，2017年頃に金融取引税も欧州11ヵ国で実施

されることが予定である。日本においても、国際連帯税創設を求める議員連盟や、グローバル連帯税推進協議会が創設され、導入に向けての議論が続いている。　　　　　　　　　　〔上村雄彦〕

## 「グローバルに考え，ローカルに行動する」
### Think Globally, Act Locally.

環境や開発など，人類共通のグローバルな課題について考えながら，自らが実際に行動できる地域で地に足の着いた草の根活動を行う大切さを説くフレーズとして用いられることが多い。かつてグローバルな問題とローカルな問題を結びつけて考える発想が希薄であったのに対し，それらが様々な形で密接に関連しているという発想に基づき，人々を問題解決のために動員するための啓蒙的性格を有する。誰が言い始めたかははっきりせず，草の根レベルで同時多発的に用いられるようになったと考えられている。遅くとも70年代には登場したと見られ，80年代には世界的に広く用いられるようになった。

その後，「ローカルに考え，グローバルに行動する」や「グローカル」と言った言葉も世界的に広く用いられるようになり，ビジネスや地域活性化といった分野でも多用される。ただし，近年では例えば米国の対外軍事行動や国際テロリストの行動についてもこれらの表現を用いることがあり，用法が多様化している。

〔吉田晴彦〕

## グローバル・ヒバクシャ　global hibakusha

「グローバル・ヒバクシャ」という表現には複数の意味がある。まず，世界各地で核兵器，原発などにより放射線の影響を受けた人々を指す。さらに，「全人類がヒバクシャ」との認識も意味する。これは，地球上の人々は皆，核燃料サイクルの影響で内部被曝しており，核戦争の脅威にさらされているとの見解に基づく。

「ヒバクシャ」は広島・長崎の原爆投下による「被爆者」から来ており，長い間これ以外の意味で「ヒバクシャ」という言葉が使われることはなかったが，20年ほど前からその対象が広がった。まず最初に，1945年以降，2000回以上実施された核実験により被曝した人々が含まれるようになった。これまで核実験は南米大陸と南極大陸を除くすべての大陸で実施されている。これらの核実験により世界各地で何百万という人々が被曝し，その多くは子孫と共に放射能に汚染された土地に住み続けている。次に「ヒバクシャ」の対象となったのは核燃料サイクルの影響を受けた人々で，チェルノブイリ原発事故の被害者や，ウラン鉱山，ウラン製錬所，プルトニウム生産工場，核廃棄物処分場などの付近の住民が含まれる。こうした人々も被曝しており，土地も放射能に汚染されている。

「グローバル・ヒバクシャ」の対象が広がり政治的な意味合いを持つことは，植民地主義的性格を持つ核兵器生産や核実験により被曝を余儀なくされた人々が，地域ごとに散在する状況を越えてまとまる推進力となる。そうして自分たちが同じ被害者だとの意識を持ち，ともに行動を起こせば，それぞれのコミュニティーにおける医療的救済，政治的解決が期待できる。

「グローバル・ヒバクシャ」の第2の意味である「全人類がヒバクシャ」との考えは，放射性物質が地球規模で拡散しており，地球上に放射線被曝や核戦争の脅威のない安全な場所などないことを意味する。50年代初頭，米原子力委員会の支援で米国のシンクタンク「ランド研究所」が極秘研究を実施した結果，人間は皆，居住地にかかわらず大気圏核実験の影響を受けており，体内に放射性物質が確認されるとの結論が出された。一方，50年代後半，ミズーリ州セントルイスの医師グループが同様の研究を実施し，45年以降に生まれた子どもたちの歯から高濃度の放射性物質が検出されている。こうした研究結果が，「全人類がヒバクシャ」との考え方を裏づけている。さらに，全人類は地球規模

の核戦争の被害者となる可能性があり,「核保有主義」の危険性に等しくさらされているとの見解もある。「グローバル・ヒバクシャ」という言葉が,全人類が核兵器の製造や核戦争が原因で苦しみを味わい,核戦争が起これば誰も悲劇を逃れられないとの認識を示唆している。

【参考文献】 Jacobs, Robert, "Nuclear conquistadors: military colonialism in nuclear test site selection during the Cold War," *Asian Journal of Peacebuilding*, 1(2), 2013／Johnston, Barbara Rose ed., *Half-Lives & Half-Truths*, The School for Advanced Research, 2007　　　〔ロバート・ジェイコブズ〕

## 軍産複合体（MIC）
military-industrial complex

　軍部と産業界の間の強固な協力関係が固定化され,彼らの独自利益の追求が政治システム全体の適切な運営を阻害するほどの影響力を持つこと。そうした特権的な権力が形成され,民主的政治システムへの脅威になっていると初めて警告を発したのは,アイゼンハワー米大統領の離任演説であった。

　第二次世界大戦前に強大な軍需産業部門がなかったアメリカでは,軍産複合体の起源は,原爆製造のために国家が理工系研究者を大量に組織化したマンハッタン計画に遡るとされることが多い。冷戦下のアメリカでは,民間企業である軍事産業が国家の軍事部門と緊密な協力の下に,新たな兵器の研究・開発・生産に大きな役割を担うようになったのみならず,生産や雇用面でも大きな比率を占めるに至った。そのため軍と軍事産業は政治的にも大きな影響力を持つようになった。また,大学などの研究機関も,研究資金や人事を通じて軍や軍事産業と利害を共有しており,軍産学複合体の存在を指摘する議論もある。

　しかし,アメリカでは,政治的多元主義や利益集団民主主義の観点から,軍産複合体の存在自体に懐疑的な議論も少なくない。さらに,軍事予算の縮小や軍事部門の縮小再編は現実に起こっているため,特殊利益の固定化という議論は誇張されているとの指摘もある。

　他方,ソ連では,軍産複合体は私的利益を追求する資本主義に特有の現象としていたが,ソ連においても軍と軍事製造部門が優先的に利益配分を受ける特権的な地位を持っていた。

　先端兵器の場合,研究開発に長大な時間を要するため,あるいは陳腐化していない兵器を輸出するため,安全保障の現実的ニーズとは無関係な開発計画が推進されるなどの問題が指摘されている。ドイツの平和研究者ゼングハースは,アメリカの軍拡は,米ソ間の作用―反作用としてよりも,軍事部門内部の自己利益追求行動から説明する方が妥当性が高いと指摘している。

　近年では,軍事部門でも国境を超えた連携や協調が強化されており,軍産複合体についてもグローバルな分析が必要とされている。

【参考文献】 坂本義和『軍縮の政治学（新版）』岩波書店,1988年／ゼングハース,ディーター（高柳先男ほか編訳）『軍事化の構造と平和』中央大学出版部,1986年　〔遠藤誠治〕

## 軍事衛星　military satellite

　軍事的目的で開発され,運用されている衛星。一般に人工衛星は軍民両用の機能を持つため,軌道上の衛星だけで軍事衛星かどうかを判断するのは難しい。そのため,軍事・防衛予算で開発・運用されている衛星を指す場合も多い。

　軍事衛星は通信衛星,偵察・監視衛星,GPSに代表される測位衛星,気象衛星などがあり,民生用衛星との技術的共通性は高いが,ジャミング（電波妨害）などに対する抗たん性が高く設定されている。また軍事衛星が取得・発信する情報は機密性が高いため,機密保持のための暗号化機能等を備えているものが多い。

　現代の軍事作戦においては,遠隔地での無人機による偵察や攻撃,測位衛星情報による誘導爆撃など,軍事衛星がなければ実現しない兵器

や機器が多く使われるため，軍事衛星の開発には多くの国が関心を寄せている。

宇宙条約では軌道上に大量破壊兵器を配備することは禁じられているが，軍事衛星や弾道ミサイルを攻撃する兵器の配備は明示的には禁じられていない。そのため宇宙に配備されるミサイル防衛システムや対衛星攻撃兵器も軍事衛星になりうるが，宇宙空間での物理的破壊はデブリを大量発生させる可能性もあるため，その使用には制約も多い。

【関連項目】宇宙法　　　　　　　　　　〔鈴木一人〕

## 軍縮（軍備縮小）
disarmament/reduction in armaments

国家の保有する軍備の縮小ないし廃絶。戦時国際法（今日では国際人道法），及び戦争自体の違法化，と並んで，近代国際政治体系における戦争規制のアプローチの1つ。

およそ近代国際政治において軍備は，諸国にとって基本的な権力要素とされてきたので，他国の軍縮（disarmament）のみを考える文脈では，「武装解除」と訳すほうが適切な場合もある。そうであるだけに，ラッシュ−バゴット協定（1818年）のような例外的事例を除いて，合意の上で相互の軍縮を実現することは難しく，19世紀末から20世紀初頭に開かれたハーグ国際平和会議で軍縮は主要議題とされながら，実際的な合意はかなわなかった。

初めて本格的な軍縮の取り組みが進んだのは，欧州諸国に文明的な衝撃を与えた第一次世界大戦の後のことである。大戦の原因が列強の軍備競争にあったという理解が戦後に広がっていたことも反映して，国際連盟規約では軍縮の必要性が強調された（8条）。実際戦間期にはワシントン条約（1922年），ロンドン条約（30年）という2つの海軍軍縮条約が列強間に成立し，また連盟主導の軍縮会議がジュネーヴで何度も開かれたが，1930年代には日本，ドイツ，イタリアが連盟を脱退して，軍備拡張の時代が到来した。

第二次世界大戦において枢軸国を軍事力で屈服させたという現実を背景に制定された国際連合憲章は，連盟規約に比べて軍縮に消極的であり，むしろ国際連合の下に軍事力を結集するという秩序構想を描いた。ところが，大戦末期に突如として原爆が使用され，核時代が到来すると，改めて軍縮というアプローチが見直されることとなり，例えば1946年の国連総会は，軍縮大憲章を全会一致で採択している。

しかし冷戦期には，東西両陣営の対立の下で軍備の拡張が進み，世界史上未曾有の軍拡の時代が続いた。そこでは，旧来の国際政治に見られる相互不信だけでなく，軍拡に既得権益を有する軍産官学複合体が国内（ないし陣営内）に成立するという内発的な動因も，軍拡の推進力となった。さらには，科学技術の発達が軍事的応用に直結するようになったため，兵器開発の自己運動（新兵器，新技術が開発されると，知識の普遍性からいって同種のものが敵対国においても早晩開発されるであろうと予想できるため，完成とともに自動的にそれを超える技術開発を進めることが要請される）も，現代的な推進要因となって今日に至っている。

軍縮の実現のためには，こうした軍拡ダイナミズムを抑制・排除することが必要になる。すなわち国家間の相互不信の低減，軍需の局部的利益への国家資源投入を民主的統制によって抑制すること，そして科学技術の発達が兵器開発へ応用されるのを有効に禁止することが，求められる。

〔高原孝生〕

## 軍縮条約　disarmament treaties

軍縮条約とは国家間の交渉を経て合意される条約であって，軍縮義務を規定するものである。軍縮義務としては，軍備を制限し，削減し，廃絶する量的側面を規制するものと，軍備の開発，製造，実験，保有，配備，移譲，受領などを禁止する質的側面を規制するものがあ

る。それらの両面を含む全面禁止条約としては、生物兵器禁止条約、化学兵器禁止条約、対人地雷禁止条約、クラスター弾条約が存在する。量的な削減を規定するものとしては、米ソ間の中距離核戦力条約、戦略兵器削減条約や米ロ間の新START条約などがある。質的側面を規制するものとしては、核不拡散条約、包括的核実験禁止条約などがあり、5つの地域で、非核兵器地帯条約が締結されている。軍縮条約はまたその当事国の範囲から、世界中のすべての国家の参加を予定する普遍的な条約、一定の地域に当事国を限定する地域的な条約、及び米ロなど2国間の条約に分類することができる。

【関連項目】核不拡散条約（NPT）／新START条約／包括的核実験禁止条約（CTBT）　　　　〔黒澤満〕

## 群島航路帯通航権
Right of Archipelagic Sea Lanes Passage

全体が1または2以上の群島からなる国を群島国家と呼ぶ。海洋法条約は、群島全体が固有の地理的、経済的及び政治的単位を形成するものとみなし、群島国家の領海その他は、群島の最も外側の島の外端を結ぶ群島基線を引いて、これより外側に向かって測ることを認めた（47条1項、48条）。群島水域とは、この基線の内側の水域を言う（49条1項）。ただし、基線内の水域と陸地の面積の比率が1対1から9対1の間であること、基線の長さが100海里を超えてはならないことを条件とした（47条1項）。

群島水域は、群島国家の主権の下に置かれる（49条1項・2項）。群島国家は、群島水域内において、領海の基線に関する規則に従って閉鎖線を引き、その内側の水域を内水とすることができる（50条）。したがって、群島水域は、領海とも内水とも異なる水域である。

外国船舶は、この群島水域内で無害通航権を認められる（52条1項）。さらに、外国の船舶と航空機は、継続的かつ迅速にこの水域及び隣接する領海又はその上空を通過するのに適した航路が群島国家によって指定されれば、そこで群島航路帯通航権を持つ（53条1項・2項）。

〔坂元茂樹〕

## 軍都広島　Hiroshima as a military capital

被爆後の広島は「広島平和記念都市建設法」などにより平和都市として復興したが、終戦までは国内有数の軍都でもあった。

明治維新後の1873年、広島城内に陸軍第5軍管広島鎮台（86年第5師団に改称）が置かれ、75年に歩兵第11聯隊が配置された。日清戦争が始まった94年、西へ向かう山陽鉄道は広島までしか開通しておらず、宇品港が朝鮮や中国方面への兵員輸送手段の玄関口となり、広島駅から宇品港までの6kmを結ぶ軍用鉄道（後の国鉄宇品線）が94年8月、2週間で開通した。9月には明治天皇が戦争指揮のため大本営を東京から第5師団司令部内に移し、帝国議会も広島へ移動して、95年4月まで広島は臨時帝都となった。

以来、広島には陸軍の様々な部隊や施設が配置され、国内の兵站基地と化した。89年当時、第5師団の兵員は歩兵7600人、砲兵700人、工兵300人、輜重兵340人の計8940人で、このほか予備役が1万5000人、後備役が1万2000人おり、計3万5000人以上の動員能力があった。

広島市の上水道も軍により敷設された。日清戦争当時、広島市に上水道はなく、衛生上もコレラや赤痢などの伝染病が数年おきに大流行し、86年から95年の10年間に人口8万人のうち4762人が伝染病で死亡した。また陸軍参謀総長として広島に滞在中の有栖川宮熾仁親王が94年12月に腸チフスを発病し、95年1月に兵庫県で死亡した。衛生改善のため住民は県や市に上水道設置を求めたが、95年11月、広島軍用水道に関する勅令が公布され、99年1月に上水道が完成した。

太平洋戦争中、市内の面積の1割の約583haが軍用地だった。軍がもたらす経済効果も莫大

で，1931年当時の広島市内の軍関係の支出総額は年額で550万円に達し，同年度の広島市の歳入予算額約382万円を上回った。

45年4月，本土決戦に備えて全国の陸軍部隊が東日本の第1総軍と西日本の第2総軍に再編成されると，第2総軍司令部が広島に設置され，広島は西日本の最後の砦と位置づけられたが，8月の原爆投下で壊滅的な打撃を受けた。

こうして明治以来終戦まで広島は軍都として発展し，県や市の首長も国から任命され，伝統的に国家に従属する軍・官の町という性格を色濃く持っていたが，戦後は「平和都市」としての発展を目指している。

【関連項目】　広島の復興／広島平和記念都市建設法
【参考文献】　広島市編『広島新史　財政編』1983年／広島市議会編『広島市議会史　総論・明治編』1990年　　〔水本和実〕

### 軍備管理　arms control

東西両陣営の対立が激化した冷戦期においては，およそ軍縮の追求は夢想的で論外だとする傾向が，とりわけ米国の支配層にみられた。だが，核軍備競争が昂進して膨大な破壊力（過剰殺戮）が蓄積されるようになると，共滅をもたらすような米ソ戦争の回避を追求しつつ，現存する軍備を対外関係の手段として合理的に把握・活用する指針となるような理論が求められた。それが軍備管理論であり，1960年代に最もさかんに議論された。

軍備管理論は一方で軍縮論に対抗して提起され，他方で予防戦争論のような粗野な軍事行動主義に対して，合理主義の立場から抑制する役割を果たしたと評価される。ただしその合理性は，対外関係を軍事の領域で完結させて論じるという制約の下にあり，また，次々と開発される新技術の兵器体系への適用や現実に進行する軍備拡張を正当化するという機能を持ったことも否めない。

今日，「軍備管理」は，そうした冷戦期の文脈を超えて，広く国家間の武力行使を予防的に回避するための軍備に対する規制の総称として定着しつつあるが，軍備全廃ないし一定のカテゴリーの兵器の禁止・全廃をも意味しうる「軍縮」と並べて「軍備管理・軍縮」と使用されることが多い。

〔高原孝生〕

### 軍備管理軍縮局（ACDA）　Arms Control and Disarmament Agency

軍備管理軍縮局（ACDA）は米国政府内に1961年から99年まで存在した軍備管理・軍縮を主管する独立した行政組織である。その前身は60年に国務省内に創設された米国軍縮局で61年9月にケネディ政権により国務省から独立した。設置を定めた「軍備管理・軍縮法」によると，主管実務は軍備管理・不拡散・軍縮措置に関する研究，政策立案，多国間交渉，査察・検証など幅広く，ACDAのような軍備管理・軍縮を専門とする独立の組織は，現在でもあまり例がない。

設立当時，米ソ間で核戦争を防ぐ核「軍備管理」が最重要視され，冷戦期のACDAは核不拡散条約（NPT）や戦略兵器制限条約（SALT II条約）など広範な軍備管理実務に関わったが，職員はわずか250人前後，予算も約40億ドルと限られ，常に国務省と国防総省の対立の渦中に置かれた。

その後，冷戦の終結や湾岸戦争の発生などの国際環境の変化を経て97年，クリントン政権は2年後のACDAの国務省への統合を決めた。2015年現在，その職務は国務省の軍備管理・検証・遵守局など3局に引き継がれている。

〔水本和実〕

### 警察（力）と軍隊　police (power) and army

警察（力）と軍隊の違いについては，主観的な基準と客観的な基準によって判断されるのが一般的である。すなわち，主観的には，警察の目的は社会公共の秩序の維持にあるのに対して，軍隊の目的は外敵との戦闘によって国家の

独立を守ることにあるとされる。また，客観的には，警察は，社会公共の秩序の維持に必要な限度の実力組織にとどまるのに対して，軍隊は，警察力を超えて対外的な戦闘に用いられる規模の実力組織を言うとされる。その他に，その組織原理に着目して両者を区別する見解もある。軍隊の場合には，外敵の殺傷破壊を目的とするので指揮命令などについて厳しい服務規律（抗命罪など）が存在するが，警察の場合には，抗命罪などはないのが通例である。ちなみに，ジュネーヴ諸条約第1追加議定書（43条）は，部下の行動について紛争当事国に対して責任を負う司令部の下にある組織され及び武装したすべての兵力・集団を，正規軍と非正規軍とを問わずに軍隊と定義している。これは，主観的な基準と組織原理に着目した定義と言ってよい。

もっとも，警察と軍隊のこのような区別は必ずしも絶対的なものではない。軍隊はしばしば国内の治安維持や体制維持のために重要な役割を果たすし，警察も軍隊に準じた役割を果たすことがある。警察予備隊（1950年）は，その任務目的からすれば警察であったが，その装備には「特車」という名の戦車などがあり，軍隊と批判された。

政府は，1954年に自衛隊を創設して以来，自衛隊は，憲法9条2項が禁止する戦力（＝軍隊）ではなく，国家の自衛権行使のための必要最小限度の自衛力であるとしてきた。このように，警察と軍隊との間にいずれにも属さない自衛力という概念を認めることに対しては，自衛力と戦力の区別が不明確であるなどの批判が学説上は多く出されてきたが，軍隊に至らない自衛力であることに伴い，自衛隊の活動に専守防衛などの制約が課されてきたことを評価する見解も出されている。なお，海上保安庁は，海上における人命及び財産の保護などを目的とするので基本的には警察力の一種とされている（海上保安庁法25条）。外国にみられる沿岸警備隊（Coast Guard）に準じたものであるが，海上保安庁も近年では重装備をしてきて，軍隊化の傾向も指摘されている。他方で，自衛隊も，災害派遣を行い，また治安出動などを行うとされているので，その活動は外敵との戦闘には限定されない。

【関連項目】　警察予備隊／再軍備（日本）／自衛力

【参考文献】　コーリー，キャスリーン（神川信彦・池田清訳）『軍隊と革命の技術』岩波書店，1961年／田上穰治『警察法（新版）』有斐閣，1983年／山内敏弘『平和憲法の理論』日本評論社，1992年
〔山内敏弘〕

## 警察予備隊　National Police Reserve

1950年8月10日の警察予備隊令によって設置された定員7万5000人の実力組織のこと。同年6月の朝鮮戦争の勃発を背景として，朝鮮半島に米軍が出動することで手薄となる日本の治安維持にあたるためとして占領軍最高司令官マッカーサーの指示に基づいて設置された。その目的は，警察予備隊令で「警察力を補う」ものとされ（1条），その任務も「警察の任務の範囲に限られる」（3条2項）とされたが，実際には，「特車」という名の戦車やバズーカ砲，迫撃砲などを装備しており，再軍備の始まりとして批判を受けた。例えば，日本社会党委員長の鈴木茂三郎は，52年7月に警察予備隊の設置及び維持は，憲法9条に違反するとして，その無効確認を直接最高裁判所に求める裁判を提訴した（警察予備隊違憲訴訟）。最高裁は，具体的な争訟事件が提起されていないのに法令などの違憲性を抽象的に審査する権限は裁判所にないとして，この訴えを不適法として却下した（52年10月8日）。その後，警察予備隊は，52年に保安隊に改変され，その際に「警察力を補う」という目的が削除され，さらに54年に保安隊が自衛隊に改組されるに及んで，国防目的の実力組織となり，今日に至っている。　〔小沢隆一〕

## 芸術と平和　art and peace

芸術の表現性とは「いかに」表すか，伝達性とは「何を」他者に伝えるかである。芸術と平和の関係において，表現性は政治利用されにくい。しかし，伝達性は芸術の外側（国家・企業等）から目的が与えられ利用されやすい。国民を戦争に動員するプロパガンダとして機能し「暴力を助長する芸術」となる。

これに対し，圧政に抵抗し，痛み・怒りを表現する芸術，祈り，愛を表現する芸術など，「平和を創造する芸術」もまた，その伝達性において社会的機能を持つ。だが，不正義の世界・時代に，既存の平和メッセージを発信するだけでは，その機能を十全に果たせない。

平和を望むなら，コンフリクト（葛藤・対立・紛争）を顕在化させることが要である。コンフリクトは，社会の非暴力転換の契機となるからである。本来それは，人・グループ間の自然な摩擦である。武力化したコンフリクトは暴力であり，平和はコンフリクト転換の過程と結果を指す。問題の表面的解決は，根源的なコンフリクトの解消ではない。可視化できる矛盾の部分と，可視化できない潜在的な要因とを探知し，直接的・構造的・文化的暴力を認識し，問題の深部を非暴力により根本的に転換することこそが重要な鍵である。

「平和を創出する芸術」のなかでも「紛争が顕現する芸術」の役割は，コンフリクトの存在と構造を暴き出し，社会変革を起こす芸術として注目できる。社会における問題の所在を明らかにする芸術においては，鑑賞者のなかに平和的変革の行為が潜在的に創り出される。それは，（静態的平和に対して）プロセスを重視する動態的（ダイナミックな）平和を創り出すという意味において，「動態的芸術」とも言える。その過程において，市民は，既存の二項対立的言説の枠組みのなかにとどまらず，新しく自由に感受・思考・行動できるようになる。

芸術と平和の共存とは，批判的で創造的な市民によるコンフリクトとの自由な対話において，芸術の表現性と伝達性の調和的なあり方が成立することであろう。

【関連項目】　戦争画
【参考文献】　奥本京子『平和ワークにおける芸術アプローチの可能性』法律文化社，2012年／日本平和学会編『平和研究』29号（芸術と平和特集），2004年／日本平和学会編『平和研究』39号（平和を再定義する特集），2012年　　　〔奥本京子〕

## 軽水炉（LWR）　light water reactor

軽水炉（LWR）は，減速材及び冷却材に軽水を使用し，加圧水型原子炉（pressurized-water reactor; PWR）と沸騰水型原子炉（boiling-water reactor; BWR）の2方式が開発され，現在，商業用原子力発電所として世界的に使用されている。

PWRについては，米国海軍の潜水艦用の動力として米国ウェスティングハウス社等により研究開発が進められ，米国ペンシルバニア州に，民生用利用として米国初のシッピングポート原子力発電所の建設が行われ，1958年に操業を開始した。

BWRはPWRの原子炉設計概念を単純化したもので，蒸気発生器，2次冷却系ポンプが不要，原子炉圧力容器について，PWRよりも圧力が低く建設コストが有利であり，水の蒸発潜熱を利用して効率的な熱除去が可能といった利点があった。当時，熱交換器は製作期間が長期にわたっていたこと，また高度な技術力が必要とされ，熱交換機の大型化に課題があったため，蒸気発生器を使用しないBWRへの期待は高かった。アルゴンヌ国立研究所は，BWRの沸騰水と原子炉制御に係る課題解決等のため，冷却材の沸騰と核反応のメカニズム，原子炉の安定運転に対する検証，タービン部における放射線影響評価を踏まえ，沸騰水型実験炉（experimental boiling water reactor; EBWR）を建設した。また，ゼネラルエレクトリック社は独自に開発を進め，60年6月にBWRにおける

商業用初のドレスデン原子力発電所の運転を開始した。

50年代からの初期の商業用原子力発電所は第1世代の原子力発電所と言われ，安全性の向上と発電出力の向上の観点で発展してきた。現在の最新の原子炉である第3＋世代炉は，機器の信頼性や耐震性の向上，重力落下式の注水冷却や自然循環による炉心冷却などの受動的安全設備の導入，炉心溶融等のシビアアクシデント対策など，第2世代炉（既設のPWR，BWRの大部分）と比較して，先進的な安全対策が実施されており，プラント寿命80年を目指した開発も行われている。

近年の機器の大型化とは対照的に，小型炉（SMR）の開発が進められている。米国では，SMRは地方都市や環境負荷の大きい石炭火力発電所を代替することを目的とし①建設コストと建設期間の大幅な削減，初期投資が少なくてすむという経済性，②モジュール（原子炉）を追加することにより段階的にスケールアップ可能であるという柔軟性，③原子炉圧力容器内に蒸気発生用の熱交換器を内蔵し，一次冷却水配管をなくすことで冷却水喪失事故を防ぎ，また原子炉停止時は自然循環で炉心を冷却できるなどの受動的安全システムの具備，④燃料交換が不要や長期間の運転を可能とするなどの設計目標としている。

【関連項目】　原子力開発／原子炉の構造
【参考文献】　神田誠ほか『原子力プラント工学』オーム社，2009年／Buck, Alice L., *The History of Nuclear Energy*, U.S. Department of Energy, July 1983, http://energy.gov/sites/prod/files/AEC%20History.pdf（2016年1月31日アクセス）
〔須田一則〕

## ゲーム理論　game theory

ゲーム理論とは，ゲーム状況下に置かれた合理的主体の意思決定理論である。ここで，ゲーム状況とは，結果の実現において複数の主体が相互に依存しあい，特定主体がその目的を実現できるかどうかは他の主体の行動選択に依存する戦略的相互依存状況を指す。

国際政治において国家が置かれている状況もゲーム状況であると見ることができるので，国家の意思決定の分析にゲーム理論がしばしば活用される。国家間の合意を集権的に執行する世界政府が存在しないために，ゲーム理論のなかでも，合意の拘束力を仮定しない非協力ゲーム理論が主として応用されている。

分析者は，関係諸主体による行動選択の組み合わせの結果として，特定の現象が発生すると理解する。その分析の課題は，関係諸主体が置かれた状況をゲームとして捉え，所定の制約条件の下で，目的合理的な戦略の組み合わせとしての均衡を特定する形でゲームを解くことにある。

【関連項目】　国内類推論／囚人のディレンマ／チキン・ゲーム
〔石田淳〕

## ケベック協定　Quebec Agreement

正式名称は「チューブ・アロイズに関する米国及び英国当局間の共同管理に関する協定」。

第二次世界大戦中の1943年8月19日，カナダのケベックでチャーチル英首相とF. ルーズヴェルト米大統領が会談し，署名した文書。これにより，当時米国が進めていた原爆開発計画について両国が協力し，共同で可能な限り早期に完遂することを確認した。また原爆開発に関する情報は，米国と英国の間で共有し，第三者には提供しないことも明記された。

同時にこの文書では，原爆開発の多額の支出や原爆製造上の重い負担を米国が負っていることも認め，原爆開発から得られる戦後の工業的・商業的利益は米国が優先的に得ることを明記した。さらに，原爆開発の作業計画については米国，英国，カナダの3ヵ国による合同政策委員会を設けて合意を得ることも明記されており，原爆開発は，形式上は上記3ヵ国の協力により，実質的には米国の主導で行われたことを示している。

【関連項目】 原子爆弾（原爆）／マンハッタン計画
〔水本和実〕

## ゲルニカ爆撃 bombing of Guernica

　スペイン内戦下の1937年4月に行われたバスクの聖都ゲルニカへの無差別爆撃。マドリード制圧による戦争の早期終結に失敗し、長期戦を覚悟した反乱軍は、戦略目標を鉱工業の拠点ビルバオを含む北部地域へと移した。モラ将軍を司令官とする北部作戦は、反乱軍に加担していたドイツとイタリアの部隊も参加して、37年3月31日のドゥランゴの爆撃から始まった。4月26日、ナチ・ドイツの空軍部隊コンドル兵団とイタリア機は、ゲルニカを爆撃した。空襲は、16時半頃から約3時間続き、爆弾や焼夷弾の投下、低空での機銃掃射が執拗に行われた結果、数百名が死亡し、建物の大多数が焼失した。事件の詳細は、『ザ・タイムズ』の特派員ジョージ・スティアの記事によって世界に知れ渡り、大きな反響を呼んだ。バスク自治政府首班アギーレは、ドイツ空軍によるこの蛮行を激しく非難した。フランコ側は、爆撃への関与どころか、事実そのものを否定して、ゲルニカの破壊は「アギーレに従うアカどもが放火して、廃墟と化した」と共和国側に責任を転嫁し、その後も一貫して事実を認めようとしなかった。爆撃に大きな衝撃を受けたピカソが『ゲルニカ』を描いたことは、周知の事実である。
〔横藤田稔泰〕

## 権威主義体制 authoritarian regime

　広義では非民主的政治体制一般を指すこともあるが、狭義ではスペイン出身の政治学者リンスが1964年の論文で提唱した概念を指す。それまでの研究では政治体制が民主制と全体主義体制の二分類で語られてきたのに対し、リンスは権威主義体制という独自の類型に注目する必要性を主張した。ただしリンスにおいてはすべての政治体制が民主制、権威主義体制、全体主義体制の3つに分類されるのではなく、伝統的王制や「スルタン型体制」など、権威主義と全体主義以外の非民主的政治体制も存在することには注意を要する。リンスによる権威主義体制の定義は、「限定された、［国民に］責任を負わない政治的多元主義を伴っているが、国家を統治する洗練されたイデオロギーは持たず、しかし独特のメンタリティーは持ち、その発展のある時期を除いて政治動員は広範でも集中的でもなく、また指導者あるいは時には小グループが公式的には不明確ながら実際には全く予測可能な範囲のなかで権力を行使するような政治体制」であり、精緻なイデオロギーによる徹底的な大衆動員を特徴とする全体主義体制や、予測不可能な恣意的権力行使を特徴とする「スルタン型」の体制と区別している。

　リンスの権威主義体制論は大きな注目を浴びたが、権威主義体制に分類される国の数は膨大であることから、より精緻な分析を行うには、権威主義体制の下位類型を区別する必要があった。リンスも75年の著作（邦訳『全体主義体制と権威主義体制』）である程度そのような作業を行っている。また最近では、民主制と権威主義体制の境界領域にある政治体制に注目が集まっており、「混合体制」（hybrid regime）などと呼ばれるほか、これを権威主義の一種と位置づけて「競争的権威主義」（competitive authoritarianism）、「選挙権威主義」（electoral authoritarianism）などと呼ぶ論者もいる。

【関連項目】 ファシズム
【参考文献】 リンス, J.（高橋進監訳）『全体主義体制と権威主義体制』法律文化社、1995年／Gilbert, Leah and Payam Mohseni, "Beyond Authoritarianism," *Studies in Comparative International Development*, Vol.46 Issue 3, 2011 〔大串和雄〕

## 原子核 atomic nucleus

　原子核とは原子の中央に存在する正の電荷を持ち、固くて重い粒子である。

　原子核の周りを、負の電荷を持ち軽い電子が

回っている状態を原子と言う。この原子モデルはラザフォードやボーア等（1013~16年）により確立された。

原子核は核子と呼ばれる陽子と中性子の集合体である。陽子は正の電荷を持ち，中性子は電気的に中性である。質量はほぼ等しい。

これら核子はお互いが核力と言う強い力で結合している。核力は原子核内だけで働く強い引力で，質量間に働く引力や陽子間に働く電気的斥力より，はるかに強い。

原子の大きさが約$10^{-10}$mであるのに比べて，原子核の大きさは約$10^{-15}$mと非常に小さいが，原子核の比重は$10^{17}$kg/m$^3$と桁外れに大きく，原子の質量は原子核が担う。もし原子核を集め直径1cmの球が作られれば，その重さは1億tになる。

天然に産する放射線同位元素は銀河系生成時の生き残りで，不安定な重い元素の原子核からは$\alpha$線，$\beta$線，$\gamma$線等の放射線を放射し放射性崩壊を続け，安定元素に移行している。

また，核分裂や核反応などにより生じた不安定状態の原子核も，安定状態に移るため放射性崩壊をする。

原子核から放出される放射線のなか，$\alpha$線は陽子2個と中性子2個からなるヘリウムの原子核の形で放出される。$\beta$線は高速の電子で中性子から負の電荷を持って放出される。陽子から正の電荷を持つ電子が放出される場合もある。これら$\alpha$，$\beta$崩壊で不安定な原子核になるとき$\gamma$線を放出する。$\gamma$線は電磁波で質量を持たない。

人類にとって必要な太陽のエネルギーは核融合の結果，熱線として地球に到達している。

人類最初の大量破壊兵器である原子爆弾や平和利用と言われる原子力発電は核分裂のエネルギーを利用している。

【関連項目】 核分裂生成物／核兵器
【参考文献】 ガモフ，ジョージ（前田秀訳訳）『ガモフ博士の物理学講義』白揚社　2008年／真田順平『原子核・放射線の基礎』共立出版，1994年／土井勝『物理学入門』日科技連出版社，2010年
〔葉佐井博巳〕

### 原子爆弾（原爆）atomic bomb

原子爆弾は物質の基本的粒子である原子核が分裂すると通常爆弾の数百万倍のエネルギーが発生することに着目して，開発された爆弾である。ウランに中性子を当てるとウランが2つに割れる現象が1938年に発見された。翌年第二次世界大戦が始まり，アメリカは「ドイツより先に原子爆弾製造」を進めようと，42年に「マンハッタン計画」を発足させ，45年7月16日に世界最初の核実験を成功させた。この原子爆弾は45年8月6日広島に，9日には長崎に投下された。

原子爆弾は核分裂の連鎖反応を急速に起こし瞬時に巨大なエネルギーを発生させる。また連鎖反応中には強烈な放射線を放出するのが特徴である。

使用された原子爆弾はウラン235の割合を高めた濃縮ウランを広島で，原子炉で製造されるプルトニウムを長崎で爆発物として使用された。エネルギーはそれぞれ通常爆弾の約16kt，21ktに相当し，いずれも空中爆発である。

臨界に達すると爆弾内の温度は数百万度，気圧も数十万気圧になり，高温度・高圧力の火球を形成する。急激に膨張する火球から衝撃波が発生し，音速より早く大気中を伝搬する。同時に爆風が発生して建物を破壊し，人体に影響を及ぼす。火球から発生する熱線は可燃物を焼却し，人体にも重大な火傷を生じさせる。核分裂中に発生した初期放射線のうち，透過性の強い中性子と$\gamma$線は地上に達し人体に影響を及ぼした。

広島では爆心地から1km以内に居た90％以上の人が原爆症で死亡した。また地上に達した中性子は，地上の物質を放射化し被爆後に入市した人にも影響を与えた。爆発とともに飛び散った核分裂片も放射性降下物となってやがて

地上に落下した。

【関連項目】核分裂生成物／核兵器／原爆症／原爆放射線量／放射線の健康影響

【参考文献】NHK広島「核・平和」プロジェクト『原爆投下10秒の衝撃』日本放送出版協会，1999年／『広島および長崎における原子爆弾放射線被曝線量の再評価　線量評価システム2002　DS02』財団法人放射線影響研究所，2006年／Glasstone, Samuel and Philip J. Dolan eds., The Effects of Nuclear Weapons, 3rd ed., U.S. Government Printing Office, 1977

〔葉佐井博巳〕

## 原子力安全委員会
### Nuclear Safety Commission

1974年9月1日に発生した原子力船「むつ」の放射線漏れを機に，78年，推進と規制の分離を大きな目的として，原子力委員会から分離する形で，日本の原子力安全委員会は設立された。原子力基本法で「原子力の研究，開発及び利用に関する事項のうち，安全の確保に関する事項について企画し，審議し，及び決定すること」とされた。また，原子力委員会と同様「勧告権」は持つものの，規制権限を有しているわけではなく，あくまでも審議会としての役割を有しているものであった。

とはいえ，規制官庁の安全審査を「ダブルチェック（監査・監視）」する役割を持ち，安全確保における「番人」として期待された。また，安全規制の基本方針となる安全指針を出すことや，行政府・事業者に対し，政策提言を行うことができた。

95年12月に起きた高速増殖炉「もんじゅ」のナトリウム漏えい事故以降，規制行政の透明性向上を目的に，会議の公開・資料の公開を行うこととした。

99年，JCO臨界事故の際には，東海村の現場にて，事故収束に重要な役割を果たしたことで知られる。この事故を契機に安全規制の強化が図られ，それまで科学技術庁と通商産業省に分割されていた規制権限は，通商産業省に統一され，安全委員会の事務局は科学技術庁から総理府に移され，機能も強化された。その後，2001年1月の行政改革により，内閣府に移されたが，事務局機能は強化されて，安全規制の番人としての役割はさらに強まった。新たに経済産業省の下に「原子力安全・保安院」が設立された。

03年，東京電力データ不正事件が発覚し，これに対し03年10月28日，安全委員会は原子力安全委員会設置法第24条に基づく「勧告権」を初めて行使した。「勧告」のなかで，政府と事業者の責任分担の明確化，運転段階の安全を重視した規制制度の整備，情報公開と透明性の向上を訴えた。

11年3月11日に発生した東京電力福島第一原子力発電所の事故に際しては，原子力災害対策本部長である首相への諮問機関としての役割を果たすことが期待されていたが，十分な役割を果たすことができなかった。その後，抜本的な安全規制改革がなされ，12年原子力規制委員会の発足とともに委員会は解散となった。

【関連項目】原子力委員会（国内）／原子力基本法

【参考文献】日本原子力産業会議『原子力は，いま（上）（下）』中央公論出版，1986年

〔鈴木達治郎〕

## 原子力安全条約
### Convention on Nuclear Safety

1994年6月に採択，96年10月に発効した原子力安全に関する国際条約。原子力安全の確保のための合理的かつ実行可能な改善措置の実施や，規制機関と推進機関の任務の分離などを求めている。同条約に関しては，原子力安全に関する国際規範作りに資するものとして積極評価する見解がある一方，違反した場合に拘束力のある是正措置が定められていない点などについて，批判的意見もある。締約国は3年を超えない間隔で再検討会議を開催するほか，それに先駆け，条約の履行状況に関する国別報告書を提出する。2011年3月の福島第一原子力発電所の事故を受け，スイスは13年12月，既存の原発に

も新規原発と同様の安全策を義務づける内容を含む改定案を提案した。しかし同案は15年2月に開かれた締約国による会議で否決され，代わりに既存の原発について合理的に実行可能又は達成可能な安全性の改善を適宜行うことなどを盛り込んだ「ウィーン宣言」が採択された。
【関連項目】 福島第一原子力発電所　〔友次晋介〕

## 原子力委員会（国内）
Atomic Energy Commission

　米国ではマンハッタン計画後，核政策全般についての意思決定を軍から切り離し，一括した政策権限を有する行政機関として1946年8月に発足させたものである。その後，推進と規制の役割が同じ機関にあることは望ましくない，という理由で74年に廃止された。

　日本では，54年原子力基本法の下，原子力平和利用の推進のための最高意思決定機関として設立された。初代原子力委員長は正力松太郎。開発初期は，特に研究開発や発電所建設の長期計画を作成することで，国内の原子力関係者にとって重要な開発目標を提示してきた。78年には，規制部門が切り離され，原子力安全委員会が発足した。そして，2001年1月の行政改革により，原子力委員会は内閣府に移設，事務局も縮小されて，政策決定機関としての役割は縮小された。05年には長期計画の名称を「原子力政策大綱」に変更し，基本政策を示すこととなった。しかし，11年の東京電力福島第一原子力発電所事故以降，原子力委員会は見直しの対象となり，14年に原子力委員会設置法が改正され，5人制から3人制へと規模と役割が縮小された。そのなかで，平和利用の担保と勧告権は依然重要な機能として残っている。
【関連項目】 原子力安全委員会／原子力基本法／福島第一原子力発電所　〔鈴木達治郎〕

## 原子力開発　nuclear energy development

　人類の原子力利用は，1930年代末のドイツの科学者によるウラン核分裂反応の発見に端を発する。米国は，第二次世界大戦を背景にドイツに先駆けて原子力爆弾を製造すべく，その開発に乗り出し（マンハッタン計画），42年にはシカゴ大学のエンリコ・フェルミが研究炉でウランの核分裂反応の持続と制御に成功して開発が一気に加速した。45年7月にニューメキシコ州で世界初の核実験が行われ，翌8月，広島と長崎に原子爆弾が投下された。このように原子力開発は米国を中心に核兵器開発として出発した。

　原子力の平和利用である原子力発電につき，加圧水型原子炉（pressurized-water reactor; PWR）は，ウェスティングハウス社が米国海軍の原子力潜水艦の推進動力源として開発し，実用化した。一方，沸騰水型原子炉（boiling-water reactor; BWR）は，51年に高速増殖実験炉EBR-1で世界初の原子力発電を成功させた米国のアルゴンヌ国立研究所が研究開発を実施し，後にゼネラルエレクトリック社が実用化した。これらの実用化の背景には，原子力を平和目的に供するため，核物質や原子力技術等を民間に開放するとした53年末のアイゼンハワー大統領による「平和のための原子力」演説がある。西欧でも，一体として平和目的の原子力利用に取り組むべく，58年1月に欧州原子力共同体（European Atomic Energy Community; EURATOM）が設立された。日本では，56年に制定した原子力基本法で平和利用を謳い，65年の日本初の商業用原子炉の臨界を契機に，PWR及びBWR双方の導入及び自主技術での原子力開発を進めた。

　その後米国では70年代後半のカーター政権の核不拡散政策により，高速炉開発及び再処理が中止され，またスリーマイル島原子力発電所事故の影響と建設費の高騰，さらに86年のチェルノブイリ原子力発電所事故も相まって，安全性強化のため原子力利用と開発が停滞した。一方西欧の一部の国や日本では，70年代の石油ショック等により，原子力利用及び開発が進展

していく。

21世紀になり，2006年，G.W. ブッシュ大統領は，地球温暖化問題と蓄積する放射性廃棄物量の削減に対応するため，国際原子力エネルギー・パートナーシップ（Global Nuclear Energy Partnership; GNEP）を発表し，高速炉及び再処理を含む核燃料サイクル技術の研究開発に取り組むことを発表した。欧州での原子力政策の再評価や，東南アジアや中東において新たに原子力導入の動きもみられ，いわゆる「原子力ルネサンス」と呼ばれる時代が到来し，原子力の研究開発も進んだ。米国は，安全性，信頼性，持続可能性，核拡散抵抗性及び経済性を有し，廃棄物の負担を最小化する原子炉の国際協力での研究開発を意図した「第4世代原子力システムに関する国際フォーラム（Generation IV International Forum; GIF）」を，一方，国際原子力機関もほぼ同様の目的で「革新的原子炉及び燃料サイクル国際プロジェクト（Innovative Nuclear Reactors and Fuel Cycles; INPRO）」を開始した。なお，GIF では，30年までの実用化を目指す概念として，ガス冷却高速炉，鉛合金冷却高速炉，溶融塩炉，ナトリウム冷却高速，超臨界圧軽水冷却炉炉及び超高温ガス炉の6概念が選定されている。11年の東京電力福島第一原子力発電所事故後は，いくつかの国では原子力利用から撤退あるいは利用計画が縮小されたが，アジアや中東の国々が原子炉の導入に引き続き意欲をみせており，現在でもこれらの国では原子炉建設を計画中で，従来の米国やロシア，欧州及び日本のほかに，韓国や中国も交えて原子力開発が進められている。

なお日本原子力産業協会によれば，15年1月現在運転中の原子炉は，世界の30ヵ国及び1地域で計431基である。

【関連項目】　核実験／軽水炉（LWR）／原子力の軍事利用と平和利用

【参考文献】　吉羽和夫『原子力問題の歴史』河出書房新社，2012年　　　　　　　　　　　　　〔田崎真樹子〕

**原子力開発利用長期計画（長計）**
Long Term Plan for Research, Development and Utilization of Atomic Energy

日本の原子力基本法は4条に「原子力利用に関する国の施策を計画的に進行し，原子力行政の民主的な運営を図るため，内閣府に原子力委員会を置く」と規定されている。原子力委員会は，この第4条の趣旨にのっとり，1956年に「原子力の研究，開発，利用に関する長期計画」を発表した。これを短縮して，「原子力開発利用長期計画」（長計）と呼ばれるようになった。

56年の初の長計には，「増殖型動力炉がわが国の国情に最も適合すると考えられる」と記されている。また燃料サイクルについても「再処理については，極力国内技術によることとし，原子燃料公社をして集中的に実施せしめる」とともに「ウラン濃縮の基礎研究の推進を図るものとする」と書かれており，高速増殖炉と燃料サイクルの開発が初期から明記されていたことがわかる。

また，2012年6月以前の旧原子炉等規制法においては，審査対象が「（原子力利用の）計画的遂行」に矛盾がないことを原子力委員会が確認する条項が含まれており，長計との整合性が法的にも担保されていたことになる。改正後はその項目も削除されており，長計の法的根拠は弱まったとされる。

長計はほぼ5年に1回程度，改定を行われてきたが，開発当初で最も重要なものとなったのが1967年の長計であった。この長計で高速増殖炉原型炉を昭和40年代後半に建設着手するとの目標を設定した。この長計に基づき，動力炉・核燃料開発事業団が設立され，国家プロジェクトとしての高速増殖炉開発が確定された。しかし，その後，産業界が成長するにつれ，長計の内容も産業界や地方自治体等利害関係者との調整が大きな目的となり，「ご意見を聞く会」の開催等，意思決定の民主化等にも取り組んだ。

原子力委員会が2001年に内閣府に移り，03年

にエネルギー基本法が成立して，長計の役割はさらに減少した。05年の長計では，政策の基本的方向を示すという観点から「原子力政策大綱」と呼ばれるようになった。長計は2000年が最後となった。

11年3月11日の福島第一原子力発電所の事故の際，新たな「原子力政策大綱」の審議途中であったが，大綱策定を中止することになった。14年に発足した新しい原子力委員会では，「長計」や「政策大綱」は作成することはないが，「原子力政策の基本的考え方」を決定するとされている。

【関連項目】 ウラン濃縮／高速増殖炉（FBR）／再処理
【参考文献】 鈴木達治郎「エネルギー：国策民営の原子力発電」工藤章ほか編『現代日本企業：企業体制（下）』有斐閣，2005年／日本原子力産業会議『原子力は，いま（上）（下）』中央公論出版，1986年／吉岡斉『新版　原子力の社会史』朝日新聞社，1999年　　　　　　　　　　　　　　〔鈴木達治郎〕

## 原子力規制委員会
### Nuclear Regulatory Authority

2011年3月11日の東京電力福島第一原子力発電所の事故を受けて，12年に発足した原子力規制機関。環境省の外局に置かれ事務局として原子力規制庁が置かれている。旧原子力安全・保安院，旧原子力安全委員会を廃止し，同委員会を国家行政組織法3条2項の委員会（三条委員会と呼ばれる行政委員会）として独立性を高めることなどを定めた。

原子力規制委員会は委員長並びに4人の委員で構成され，国会両議員の同意を経て内閣総理大臣が任命する。初代委員長には元原子力委員会委員長代理の田中俊一が任命されている。任期は5年。初代委員には，島崎邦彦，更田豊志，中村佳代子，大島賢三の4氏が任命された。14年には，島崎委員，大島委員の任期切れに伴い，石渡明氏，田中知氏が任命されている。13年7月に福島第一原子力発電所事故を踏まえた新たな規制基準を策定した。

なお，原子力規制庁については，専門性を強化する目的で「原子力安全基盤機構」を統合し，また独立性を強化する目的で，官僚の「ノーリターン・ルール」（規制庁に派遣された官僚は元の省庁に戻れない）原則を導入している。

【関連項目】 原子力安全委員会／原子力基本法／福島第一原子力発電所
〔鈴木達治郎〕

## 原子力基本法　Atomic Energy Basic Act

原子力基本法は，1955年に成立したわが国の原子力の研究，開発及び利用の推進にあたっての基本的な方針として，原子力利用は「平和の目的に限り，安全の確保を旨として，民主的な運営の下に，自主的にこれを行うものとし，その成果を公開し，進んで国際協力に資する」と定めている。

戦後原子力利用開始を意図したわが国は，米国等からの協力なしには原子力利用の研究開発ができない状況であったため，55年に米国との間で最初の原子力研究協力協定を締結し，原子力に関する研究開発を開始した。その際に日本に原子力関連の技術及び核物質を提供する米国側から，日本の原子力開発利用を平和利用に限定するとの義務を負ったことにより，その履行のために必要な国内的な原子力利用の基本と義務履行の仕組を作るための基礎となる国内法として作られた。

米国との原子力研究協力協定の片務的な諸条項とは，例えば，移転された原子力資機材は日本国政府が軍事的な目的に使用されないことや日本国が認めた者に使わせること，供給された資機材の状態や使用状況の観察などの米国の権限などである。そのため，日本国政府は，当該研究協力協定の批准にあたりわが国の義務履行に必要な国内法として原子力基本法にその基本的な役割分担を記載し，別途定める方法で上記の義務履行を担保した。

例えば，移転された原子力資機材が軍事目的に使用されないことや日本国政府が認めた者に

使わせることなどは，原子力委員会設置法や原子炉等規制法などに基づく原子力利用に関する許認可制度等として具体化されている。

なお，日米の原子力協力協定はその後も改訂されているが，現在も，原子力基本法に基づいて日本国政府が認めた者に日米原子力協力協定に基づき供給された核物質及び原子力関連資機材を利用させるなどの基本的な義務は変わっていないため，当該原子力基本法は重要な法律となっている。

【関連項目】原子力委員会（国内）／原子炉等規制法／二国間原子力協力協定
〔礒章子〕

## 原子力供給国グループ（NSG）
Nuclear Suppliers Group

原子力供給国グループは，原子力（関連）資機材・技術の供給国のグループであり，これらの輸出管理を通じて，核不拡散に貢献することを目的として，1978年に設立された。2015年4月末日時点の加盟国は，アルゼンチン，オーストラリア，オーストリア，ベラルーシ，ベルギー，ブラジル，ブルガリア，カナダ，中国，クロアチア，キプロス，チェコ，デンマーク，エストニア，フィンランド，フランス，ドイツ，ギリシャ，ハンガリー，アイスランド，アイルランド，イタリア，日本，カザフスタン，韓国，ラトヴィア，リトアニア，ルクセンブルク，マルタ，メキシコ，オランダ，ニュージーランド，ノルウェー，ポーランド，ポルトガル，ルーマニア，ロシア，セルビア，スロヴァキア，スロヴェニア，南アフリカ，スペイン，スウェーデン，スイス，トルコ，ウクライナ，英国及び米国の計48ヵ国である。

供給国グループでは，「NSGガイドライン」と呼ばれる指針（ただし国際法上の拘束力を持たない）の下で，輸出管理が実施される。同指針は原子力専用品・技術の移転に関する指針及び原子力関連汎用品・技術の移転に関する指針の2つのパートから構成される。

第1に，原子力専用品・技術の移転に関する指針は，同指針のリスト（「トリガーリスト」と呼称）に挙げられた原子炉容器，重水素や重水等といった品目や関連技術が，IAEAとの間で包括的保障措置協定を締結していない非核兵器国に移転されることを禁止している。

なお，2006年3月に，インドが段階的に民生用原子力施設をIAEA保障措置の下に置く等の措置をとる一方で，米国がインドへの民生用原子力協力を可能とする国内法の改正とNSGガイドラインの調整を図っていくとした協力合意が二国間でなされたことを受け，08年9月のNSG臨時総会で，インドについてはこれを例外とする決定がなされている。

第2に，原子力関連汎用品・技術の移転に関する指針は，産業用機械等の品目・関連技術の移転に関して輸出許可手続を作成することを要求している。

【関連項目】核拡散防止体制／国際原子力機関（IAEA）
【参考文献】外務省軍縮不拡散・科学部編集『日本の軍縮・不拡散外交（第6版）』，2013年
〔田邉朋行〕

## 原子力災害対策特別措置法
Act on Special Measures Concerning Nuclear Emergency Preparedness

原子力災害対策特別措置法（以下，原災法）は，「原子力防災の特殊性にかんがみ，(中略)原子力災害に関する事項について特別の措置を定めることにより，(中略)原子力災害に対する対策の強化を図り，もって原子力災害から国民の生命，身体及び財産を保護することを目的とする」(1条)法律である。1999年9月に発生したJCO臨界事故を踏まえ，災害対策基本法及び原子炉等規制法を補完するものとして，同年12月に制定された。2011年3月に発生した福島第一原子力発電所事故の教訓を踏まえた新たな原子力災害対策の構築のため，原子力緊急事態における原子力災害対策本部（以下，原災本部）の強化等を主眼とする法改正が，12年9

月の原子力規制委員会の設置にあわせて実施されている。

原災法が規定する主な災害対策措置は，原災本部の設置（16条以下），緊急事態応急対策の実施（25条以下），原子力災害対策指針の策定（6条の2）及び原子力事業者防災業務計画の策定（7条）等である。

【関連項目】 原子炉等規制法／福島第一原子力発電所

〔田邉朋行〕

## 原子力事故早期通報条約 Convention on Early Notification of a Nuclear Accident

1986年4月のチェルノブイリ原子力発電の事故を受け，ごく短期間で作られ同年10月に発効した条約。軍事，民生利用を問わず，あらゆる原子炉，核燃料サイクル施設，放射性廃棄物管理施設，核燃料又は放射性廃棄物の輸送と貯蔵，農業・工業・医療・科学・研究目的の放射性同位体の製造・利用・貯蔵・処分及び輸送，宇宙物体の発電のための放射性同位体の利用を対象とし，これらの施設や活動で，他国にその影響が及ぶ恐れのある事故が発生した場合，被害を受ける可能性のある国に対し締約国は直接的に又はIAEAを通じ，事故の性質や日時及び適当な場合は正確な場所，事故に関連した施設や活動を通報するほか，放射性物質の国境を越える放出に関係する原子力事故の原因や予期される展開，現在又は予期される気象学的及び水文学的条件に関する情報，環境モニタリングの結果について通報することなどが盛り込まれている。

【関連項目】 原子炉過酷事故／国際原子力機関（IAEA）

〔友次晋介〕

## 原子力損害賠償法 Act on Compensation for Nuclear Damage

原子力損害の賠償に関する法律（以下，原子力損害賠償法）は，原子力損害が発生した際の賠償責任や国の措置等に関わる基本的制度を定め，もって被害者の救済と原子力事業の健全な発達に資することを目的として，（1条）。1961年に制定された。

本法は以下の3つの措置等を柱とする。

第1に，原子力事業者の賠償責任を無過失（3条1項）かつ一元的（責任集中）（4条）なものとし，免責事由を原子力損害が「異常に巨大な天災地変又は社会的動乱によって生じたものであるとき」に制限した（3条1項ただし書き）。なお，賠償責任に責任限度額は設定されていない（無限責任）。

第2に，賠償責任履行の確保のため，強制保険的措置である一定額の「損害賠償措置」の具備を事業者に義務づけた（6条以下）。

第3に，①賠償措置額を超える損害が発生した場合に事業者に対してなされる国による「必要な援助」（16条1項），②事業者が免責となる場合に国によってとられる被災者救助及び被害拡大防止のための「必要な措置」（17条）といった国の措置を規定した。

〔田邉朋行〕

## 原子力損害補完的補償条約 Convention on Supplementary Compensation for Nuclear Damage

この条約は既存の原子力損害賠償条約（ウィーン条約，パリ条約及び両者の改正条約）に適合する国内法の下で，損害賠償額を拡大する観点から原子力損害賠償制度を補完するための条約であり，1997年に国際原子力機関（IAEA）により採択され，2015年4月15日に発効した。特に，原子力損害が発生した際に被害者への迅速かつ公平な救済・賠償を充実させる観点から，責任限度額を原則3億SDR（特別引出権）とする賠償措置を締約国に義務づけるとともに，大規模な事故が発生し原子力損害が一定額を超える場合には，拠出金制度により事故発生国における賠償を補完して補償する制度を導入している。

また，賠償責任については原子力事業者が過

失の有無を問わず賠償責任を集中して負う無過失責任主義が採用されており、戦闘・敵対行為、内乱又は反乱、異常に巨大な天災地変は免責事由とされている。なお、この条約は締約国の領域内（排他的経済水域を含む）で生じた原子力損害に適用されるが、このような原子力損害についての訴訟の裁判管轄権を事故発生国に集中させて、事故発生国の裁判所に専属させるものと定められている。日本では、この条約締結を受けて、原子力損害賠償法（1961年制定）を改正した。

【関連項目】原子力損害賠償法 〔福井康人〕

## 原子力の軍事利用と平和利用
military and peaceful uses of atomic energy

　原子力技術の歴史は、米国マンハッタン計画による核兵器開発、すなわち軍事利用で始まった。一方、原子力発電に代表される平和利用も、1951年8月に世界最初の高速増殖実験炉EBR1が米国アイダホで運転を開始している。しかし、本格的に平和利用が世界規模で進められたのは、やはり53年12月8日国連総会における米国アイゼンハワー大統領の「平和のための原子力」（Atoms for Peace）演説以降となる。55年には国連主催の原子力平和利用会議がジュネーヴで開催された。この際、平和利用の推進とその監視を目的とする国際原子力機関（IAEA）が提案され、56年に設立されている。

　その後、世界の原子力発電所建設は70年代に急速に拡大したが、79年の米国スリーマイル島原発事故、86年の旧ソ連チェルノブイリ原発事故の影響もあり、80〜90年代は新規原子力発電所の建設ペースは停滞することとなった。2000年以降、温暖化対策などもあり、原子力の復活気運が高まったが、11年の東京電力福島第一原子力発電所事故を経て、再び不透明な状況となっている。

　なお、原子力平和利用には、発電利用のみならず、放射線を利用した工業製品、癌治療といった医療利用、食品照射や品種改良など、多方面での利用も拡大しており、IAEAではこの分野での利用拡大も援助の対象としている。

　原子力平和利用の拡大と軍事利用の関係では、軍事利用可能な核物質の取り扱いが重要とされる。核兵器の材料として利用されている主な核物質は高濃縮ウラン（HEU）とプルトニウム（Pu）である。高濃縮ウランは25kg、プルトニウムは8kgで核爆発装置が作成可能とされており、その管理・防護は核不拡散や核セキュリティ上重要な課題となっている。濃縮ウランやプルトニウムを生産する技術、すなわちウラン濃縮技術と再処理技術を機微な技術と呼び、この技術の管理も核拡散防止上、重要な課題である。再処理して分離されたプルトニウムを分離プルトニウムと呼び、IAEAではこの分離プルトニウムを所有する国に対し、透明性向上を目的とした「プルトニウム管理指針」を作成している。原子力発電の拡大とともに、この機微な技術の拡散防止と核物質在庫量の削減が大きな課題となっている。

【関連項目】アトムズ・フォー・ピース／核テロ・核セキュリティ／国際原子力機関（IAEA）／保障措置・核査察

【参考文献】鈴木達治郎「核不拡散・核軍縮問題と原子力技術」吉岡斉編集代表『新通史：日本の科学技術　世紀転換の社会史　1995年〜2011年』第1巻、原書房、2011年／日本原子力産業会議『原子力は、いま（上）（下）』中央公論出版、1986年
〔鈴木達治郎〕

## 原子炉安全性研究　nuclear safety research

　原子炉の安全基準では、設計基準事象（design basis event; DBE）として、原子炉を異常な状態に導く可能性のある多数の事象のうち、安全設計と評価にあたって考慮すべき事象を定義し、これを基に原子炉安全性研究が実施され、安全審査指針等に反映されてきた。DBEの代表的なものとしては、冷却材喪失事故（loss-of-coolant accident; LOCA）と反応度事故（reactivity initiated accident; RIA）があり、これらの対策として緊急炉心冷却装置

(emergency core cooling system; ECCS) の有効性評価や LOCA 事象に関する計算コードの整備，RIA を模擬した原子炉安全性研究炉 (nuclear safety research reactor; NSRR) によるパルス出力上昇実験，燃料ふるまい解析コードの開発等が行われてきた。米国スリーマイル島原子力発電所事故 (1979年) を契機として，炉心損傷に至るような重大事故 (過酷事故，シビアアクシデント) では，DBE を超えて事態が拡大することをどれだけ確実に防止できるか，また DBE を超えてしまったとしてもどれだけの余裕を持って対処可能かということを定量的に示すための研究が本格的に始められるようになった。チェルノブイリ事故 (86年) は，環境中への放射能の大量放出を伴う重大事故であり，これを契機に，事故時の放射性物質放出の定量的評価に関わる研究や原子力事故の発生頻度，過程，影響等を分析評価する方法として確率論的安全評価手法 (probabilistic safety assessment; PSA) の研究が進められるようになった。福島第一原子力発電所事故 (2011年) は，わが国の原子炉安全性研究においても大きな転機となった。それまで炉心溶融に至るような過酷事故は十分な安全裕度を持った設計と高度な運転保守管理技術によって防止することが期待でき，工学的にはほとんど起こり得ない事象と考えられていたため，安全審査においても規制の対象外とされ，原子炉安全性研究においても DBE を中心とするテーマが実施されてきた。しかしながら，この事故を教訓として，低頻度ではあるが非常に大きな影響をもたらす外的事象 (地震，津波等) の影響評価や過酷事故の発生及び進展の防止，緊急事態への対応，テロリズムやその他犯罪行為の発生も想定した対策等が安全規制要求として強化・新設され，原子炉安全性研究においても，これらを対象とする研究が重点化されるようになった。原子力規制委員会では，安全研究が必要な研究分野として 22 の分野を抽出し，そのなかでも特に重要性が高いものとして，重大事故に関連する 3 つの研究分野，すなわち「安全解析手法，解析コードの整備」「軽水炉の事故時の熱流動現象に係る技術的知見の整備」「重大事故に係る技術的知見の整備」を挙げている。

【関連項目】　軽水炉 (LWR) ／原子力規制委員会／原子炉過酷事故／福島第一原子力発電所

【参考文献】　原子力規制委員会『原子力規制委員会における安全研究について』2013年／日本原子力研究開発機構『軽水炉燃料の事故時挙動に関する研究』平成26年度安全研究センター成果報告会，2014年

〔持地敏郎〕

### 原子炉過酷事故　severe accident

原子炉の安全機能が喪失し，安全評価に用いられる設計基準事象 (Design Basis Event; DBE) を大幅に超えて，原子炉の冷却や反応度制御ができなくなり，炉心溶融や原子炉格納容器破損などに至る重大な事故のことを言う。米国スリーマイル島原子力発電所 (1979年)，ソ連のチェルノブイリ原子力発電所 (86年)，日本の福島第一原子力発電所 (2011年) における事故がこれに該当する。

原子炉過酷事故に至るシーケンスには，電源喪失や配管破断による炉心冷却機能の喪失，制御棒の引き抜き等による急激な出力上昇などがあり，例えば，発電用軽水炉では，外部電源喪失により原子炉の冷却が不可能となった場合，適切な対策が何もできなければ，数時間で炉心冷却水は干上がり，その後 2 時間程度で炉心溶融に至ると言われている。

このような過酷事故を引き起こす要因として，機器設備の故障等の内的事象のほか，DBE を大幅に超える自然事象 (地震，津波，竜巻，火山爆発等) や航空機衝突，テロリズム等の外的事象が考えられる。

原子炉過酷事故では，炉心燃料が破損・溶融し，崩壊熱や化学反応に伴う発熱により炉心損傷がさらに進展し，最終的には高温高圧となった格納容器が破壊され大量の放射性物質が外部に放出されるという事態が起こり得る。このよ

うな過酷事故を起こさないように，原子炉には多重の独立した安全制御設備を持たせることはもちろん，過酷事故が起こった場合にも，事態の進展を食い止め（拡大防止対策），環境への放射能放出を最小限に抑制する機能（影響緩和対策）が求められる。このような対策の基本的考え方として深層防護がある。すなわち，①適切な設計上の想定（DBE）への十分な対策を行い，安全機能に係る異常・故障の発生を防止し，②設計基準において想定する異常や故障が発生しても，早期に検知し原子炉停止等の措置により事態の拡大を防止し，③設計基準に対する設備の安全機能が喪失した場合でも，緊急炉心冷却装置（Emergency Core Cooling System；ECCS）や恒設代替電源等により炉心冷却等を行って，著しい炉心損傷の発生を防止し，④著しい炉心損傷が発生した場合でも，格納容器の損傷，大規模な放射性物質の放出を防止し，放射性物質の放出が発生した場合でも，フィルタベント設備を設置する等により放出量を抑制し，さらに⑤上記のような対策を講じたとしても「大規模事故は絶対に起こらない」と想定せず，万一の原子力災害対応として，屋内退避，避難，安定ヨウ素剤の予防服用措置などを決定する仕組を整備することとしている。

従来の安全基準では，過酷事故を生じさせないための対策に焦点が当てられ，過酷事故が工学的に起きる可能性はほとんどなく，安全対策を十分にとれば過酷事故には至らないとされ，過酷事故対策は事業者の自主的取り組みに委ねられていた。福島事故を教訓として13年7月に施行された新規制基準では，地震・津波・竜巻等の大規模自然災害のほか，テロリズムやその他犯罪行為の発生も想定し過酷事故を起こさないための要求事項が新設・強化されるとともに，万一，過酷事故が起こった場合にも人と環境を守ることを目的とした拡大防止，影響緩和を図る措置として，電源供給機能の強化，原子炉などへの注水機能の強化，水素爆発の防止，フィルタベント設備の設置，中央制御室の作業環境の確保，防護服の確保，がれき撤去用の重機の確保，通信手段の確保などの対策が新規制基準として求められるようになった。

【関連項目】 原子炉安全性研究／福島第一原子力発電所
【参考文献】 原子力安全・保安院『発電用軽水型原子炉施設におけるシビアアクシデント対策規制の基本的考え方について』2012年／原子力規制委員会『炉心損傷防止対策の有効性評価事象の分析（PWR）』NRA 技術報告，2014年／IAEA, Safety of Nuclear Power Plants, No. SSR-2/1, 2012 〔持地敏郎〕

## 原子炉等規制法 Act on the Regulation of Nuclear Source Material, Nuclear Fuel Material and Reactors

核原料物質，核燃料物質及び原子炉の規制に関する法律（原子炉等規制法）は原子力基本法の精神に則り1957年6月10日に効力を発した法律で，もともとは原子力利用のうち原子力施設安全確保を主眼に作られた法律であった。61年の核物質の民有化方針の決定等に伴い，核物質の管理についても規定する必要が出てきた。そのため，核物質の管理についても原子炉等規制法に規定することになった。特に，この核物質の管理に関しては，二国間原子力協力協定等に基づき，核物質の在庫量の提出や供給国による供給物の使用状況の確認などに対応するための条項が必要となり，安全に関する規定と調和させる観点で追加された。これら核物質の管理に関する大きな改正は，核不拡散条約（NPT）批准に伴う国際原子力機関（IAEA）との包括的保障措置協定の発効，新日米原子力協力協定に基づく国籍管理制度の導入，IAEA との追加議定書の発効，核物質防護条約批准に伴う勧告に対応して行われた。

【関連項目】 核不拡散条約（NPT）／原子力基本法／国際原子力機関（IAEA）／二国間原子力協力協定 〔礒章子〕

## 原子炉の構造 structure of nuclear reactor

原子力発電は，原子炉で核分裂性のウランやプルトニウムが外部から照射される中性子によ

り核分裂する際に発生する熱エネルギーを利用して，蒸気を発生させ，蒸気の力でタービンを回して発電を行う。原子力発電は，長期間にわたって安全にかつ安定的にエネルギーを取り出すため，また核分裂を起こすプルトニウム239生産のため，核分裂しないウラン238の中性子捕獲等を考慮するため，核分裂するウラン235の割合を3〜5％に濃縮するなどして，核分裂連鎖反応を維持している。核分裂に必要な原子炉内の中性子の数を制御棒で加減することで，原子炉の出力の調整，運転停止を行う。また原子炉は，核分裂に伴い発生する放射性物質を外部に出さないことが，安全確保上の必須事項であり，そのため多重防護の考え方のもとに設計され，異常が発生した際，原子炉を「止める」，「冷やす」，放射性物質を「閉じ込める」ことにより，安全を確保している。このような観点から，放射性物質を閉じ込めるため，原子炉の中心から外側に向けて，燃料ペレット，燃料被覆管，原子炉圧力容器，原子炉格納容器及び原子炉建屋という五重の構成で防護している。

原子炉の種類は，中性子を減速させるための減速材と原子炉を冷却するための冷却材の違いにより分類することができ，減速材については軽水，重水及び黒鉛，冷却材については，軽水，重水，炭酸ガス，ヘリウムガス及び液体金属が使用され，その特徴から，軽水炉，重水炉及びガス冷却炉と呼ばれる。また，中性子を減速させずに使用する原子炉を高速炉または高速増殖炉という。使用する燃料については，発電用の原子炉では酸化物燃料，研究炉では金属燃料等が使用されている。

基本的に上記の炉型は，発電用原子炉においても変わりはない。現在運転中の発電用原子炉のなかで最も多い軽水炉は，加圧水型炉（pressurized-water reactor; PWR）と，沸騰水型炉（boiling-water reactor; BWR）である。PWRは，原子力潜水艦用の原子炉の技術を発展させたものであり，核分裂により原子炉圧力容器内で発生した熱を冷却材ポンプで循環させる1次冷却材（軽水）にて炉外に導き，蒸気発生器で2次冷却材（軽水）と熱交換することにより蒸気を発生させる。その蒸気でタービンを回転させ，その動力で発電機を回して発電する。蒸気は復水器で海水等により冷却され再利用される。1次冷却材は，原子炉内で約300℃になることから，それでも沸騰しないよう加圧器によって約160気圧に加圧維持される。このように1次系と2次系を分離することが可能であり，放射性物質を1次系に閉じ込めることで，2次系機器の放射線対策が必要ないなどのメリットがある。他方BWRは，原子炉内で冷却材である軽水を沸騰させ，その蒸気により直接タービンを回転させる構造となっており，熱効率のよさと蒸気発生器の設置不要等により建設費が抑えられるという効果がある一方，タービン施設まで放射性物質の管理が必要となる。PWRとの構造上の違いとしては，蒸気を原子炉心上部から取り出すため，制御棒は炉心下部から挿入される。また，原子炉圧力容器に送られた冷却材は，再循環ポンプにより，強制的に原子炉圧力容器の底部から炉心へ供給される。

なお，PWRとBWRのいずれも異常事象時に核反応を緊急停止しても，炉心燃料にはまだ熱が残っており，また核分裂生成物からの崩壊熱の発生もあるため，炉心燃料を冷却する非常用炉心冷却装置が設置されている。PWRには，安全注入設備，格納容器圧力低減設備，余熱除去設備，BWRには，高圧注水装置，自動減圧装置，炉心スプレイ装置及び低圧注水装置がこの機能を果たす。

【関連項目】　ガス冷却炉／軽水炉（LWR）／高速増殖炉（FBR）／実験用原子炉／重水炉（HWR）／新型転換炉（ATR）

【参考文献】　神田誠ほか『原子力プラント工学』オーム社，2009年

〔須田一則〕

## 原水爆禁止運動　campaign against atomic and hydrogen bombs in Japan

　1954年3月，第五福竜丸の水爆被災事件をきっかけに杉並の主婦らが始めた原水爆禁止署名運動が，世界でも類例を見ない規模と持続性を持つ超党派の国民的平和運動として発展したものが原水爆禁止運動である。

　この運動の最も重要な特徴は，運動の出発点となった杉並の主婦たちの署名運動に見られるように，一般民衆の純粋で真剣な平和への思いを幅広く結集し得た点にある。他方，科学者や文化人など各方面の専門家たちも，この運動を充実したものにするための協力を惜しまなかった。彼らもまた平和への善意をこの運動に捧げた。そして大衆性と専門性を結びつけつつ，原水禁運動を本気で本物の平和運動として持続させたのは，運動のなかで生身の被爆者たちを通して明らかにされていった原爆被災体験であった。

　この運動は，60年前後に安保闘争やソ連の核実験など国内外の政治問題を巡って分裂する。党派争いは運動の純粋性を傷つけるものであったが，逆に分裂によって運動を党派争いから切り離し，各団体において初期原水禁運動の豊かな資産が維持・継承されていったという面もある。原水禁運動は，日本の平和文化の形成に寄与しつつ，息の長い運動として続いている。

【関連項目】　日本の平和運動・平和主義／広島の原水禁運動／平和運動／平和主義　　　　　　　　　〔藤原修〕

## 原爆医療法
Atomic Bomb Medical Relief Law

　国が被爆者を対象に初めて制定した「原子爆弾被爆者の医療等に関する法律」で1957年4月1日施行された。

　「被爆者が今なお置かれている健康上の特別の状態にかんがみ……」（1条）と被爆者健康手帳の交付を定め，取得者（初年度の57年度は約20万人）を対象に，年2回の健康診断と，認定疾病に対する医療費の給付を始めた。

　広島・長崎の各自治体や議会，選出の国会議員，地元医師らにとどまらず，過酷な体験を強いられた人々が日本原水爆被害者団体協議会（日本被団協）を56年8月に結成し，広く行動を起こしたことが制定を促した。

　立法化の意義は，被爆の実態を国が公的に認め，被爆者の健康管理と医療は国の責任で行う措置を保障したことにある。しかし，原案に盛り込まれていた医療手当の支給が削られるなど，心身ばかりか生活基盤も根底から破壊された被爆者の救済にはほど遠かった。

　60年8月の改正で，医療費の自己負担分を無料化する「特別被爆者」制度を設け，認定以外の一般疾病については本人が保持する健康保険使用後の医療費を国庫負担し，認定疾病者には医療手当の支給を始めた。手帳所持者は「特別被爆者」と「一般被爆者」に区分けされた。

　日本被団協は，「特別被爆者」の取り扱いの拡大などを求めた。条件は緩和され，74年10月の改正で区分けは廃止となり，全被爆者の一般疾病医療費の自己負担分が無料化された。

　また，各種手当支給で福祉を図る原爆特別措置法が68年9月に施行され，被爆者援護対策の柱を成した。2法は一本化されて95年7月施行の被爆者援護法となる。

　原爆医療法について，最高裁は「国家補償的配慮が制度の根底にある」と78年3月に下した。広島で被爆し，治療を受けようと密入国した韓国人被爆者孫振斗が求めた手帳交付を認めた。

　しかし，旧厚生省は1審敗訴直後の74年7月，出国した被爆者には特別措置法は適用されないとの402号通達を発出。手帳は交付しても手当支給は打ち切ったが，召集先の広島で被爆した韓国在住の郭貴勲が提訴した裁判で敗訴が確定した翌2003年3月，通達を廃止した。

【関連項目】　外国人被爆者／原爆特別措置法／日本被団協／被爆者援護法

【参考文献】宇吹暁『資料調査通信　まどうてくれ　藤居平一聞き書き』広島大原爆放射能医学研究所付属原爆被災学術資料センター，1981～84年／広島原爆医療史編集委員会『広島原爆医療史』広島原爆障害対策協議会，1961年　〔西本雅実〕

## 原爆裁判　Atomic Bomb Case

1945年8月の米国による広島・長崎原爆攻撃の被害者が日本政府を相手に賠償を求めて東京地方裁判所に起こした訴訟を原爆裁判といい，下田隆一ほか4名が原告であることから下田事件訴訟とも称す。同裁判所は63年12月7日の判決で広島長崎への原爆投下の違法性を認定したが賠償請求は退けた。原告被告とも控訴せず判決が確定した。本判決は，核兵器の合法性に関する国際司法裁判所の96年の判断が勧告的意見であるので，国内国際の裁判を問わず核攻撃の違法性を認定した現在のところ唯一の判決である。

判決は，核兵器を知らない時代に成立した国際法の規則が核兵器にも適用されることを前提とすると解される。判決はその上で，広島長崎が占領を企図して接近する敵地上軍に抵抗している防守都市ではなく無防守都市であり，前者に対して許容される無差別攻撃は後者である当該2都市では違法となるとした。無防守都市ならば軍事目標のみへの攻撃が許容されるが（軍事目標主義），核攻撃が仮に広島長崎にある軍事目標の破壊を企図したとしても，それに伴う文民と民用物の損害が甚大で無差別攻撃と異ならないとした。さらに，戦闘員は攻撃の目標ではあるが核攻撃により人に生じた苦痛は，毒ガス禁止宣言等の条約で禁止される毒ガスと同等以上で，そこからも攻撃は違法であると判断した。

原告が何故日本政府を被告に訴えをおこしたかについては，対日講和条約で米国の行為から生じた損害に関する賠償請求権を同政府が放棄したため，原告の被った損害の賠償の責任をかかる条約を締結した同政府が負うとの主張による。なお日本裁判所で米国を被告とする訴えは裁判権免除でなし得ず，米国裁判所への米国政府を被告とする訴えは戦闘行為免責についての米国内法が障害となり，さらに国際関係における個人の法主体性も認められないので結局は講和条約で請求権を放棄した日本政府を被告にするという構成とせざるを得なかった。しかし裁判所はこの請求を退け，賠償請求は認めなかった。

【関連項目】核兵器／核兵器の合法性／国際人道法（武力紛争法）（IHL）／被爆者（被曝者，ヒバクシャ）
【参考文献】「原爆判決（下田事件判決）」判例時報355号，1964年／藤田久一「原爆判決の国際法的再検討（1）（2）」『関西大学法学論集』25巻2・3号，1975年　　〔真山全〕

## 原爆死没者慰霊碑
cenotaph for the atomic bomb victims

正式名称は広島平和都市記念碑。1952年8月6日建立。設計者は丹下健三。原爆投下によって壊滅した広島市を平和都市として再建することを記念して建てられた。「原爆犠牲者の霊を，雨霜から守り，安らかに眠られんことを願う気持」（丹下）を表した屋根型のデザインである。

49年4月，広島市の復興に決定的な役割を果たすことになる広島平和記念都市建設法の成立がほぼ確実になり，「平和記念公園及び記念館」の建築設計コンペを実施した。アーチ形の慰霊碑を，資料館と原爆ドームを結ぶ軸線上の中心，公園プランの中央に設置した丹下たちの案が1等となった。コンペの審査委員長である岸田日出刀はこの慰霊碑案を批判。丹下自身は平和大橋・西平和大橋の欄干をデザインした日系米国人彫刻家イサム・ノグチの慰霊碑案を押したが，広島の復興計画を審議する「広島平和記念都市建設専門委員会」はこれに反対し，慰霊碑も丹下が設計した。

碑の中央には原爆死没者名簿を納めた石棺が置かれており，石棺の正面には，雑賀忠義広島

大学教授による碑文「安らかに眠って下さい　過ちは繰返しませぬから」が刻まれている。碑文にある「過ち」をしたのは誰であるかを巡って，いわゆる碑文論争が起こった。広島市では碑文の趣旨を正確に伝えるため，83年に日・英（2008年に6言語を追加）の説明板を設置し，「すべての人びとが　原爆犠牲者の冥福を祈り　戦争という過ちを再び繰り返さないことを誓う言葉である　過去の悲しみに耐え　憎しみを乗り越えて　全人類の共存と繁栄を願い　真の世界平和の実現を祈念するヒロシマの心がここに刻まれている」と記している。

なお，建設当時の碑の屋根型の部分はコンクリート製であったが，老朽化のため85年に現在のみかげ石（稲田石）製に改築され，原爆死没者名簿を収納するための地下室が設けられた。国内外を問わず，被爆し亡くなられた方の名前を記帳したこの名簿は，碑の建立時には15冊6万人分であった。15年8月6日現在，29万7684人の名前が登載された110冊が奉納されている。

【参考文献】　丹下健三『人間と建築　デザインおぼえがき』彰国社，1970年／丹下健三『丹下健三　一本の鉛筆から』日本図書センター，1997年　〔志賀賢治〕

## 原爆症　atomic bomb diseases

原爆症は通称であり，正式には「原子爆弾症」と言う。原爆症は原爆の爆風，熱線，放射線が人体に与えた総合的障害の総称である。

原子爆弾のエネルギーの50％は爆風，35％が熱線，15％が放射線と言われている。それぞれのエネルギーは単独に外傷，熱傷，放射線症を引き起こしたが，多くの場合，相乗的に人体に傷をつけており，原爆症は非常に複雑なものとなっている。

原爆症は，その発生の時期からみて，急性障害と後障害とに分けられる。急性障害は，被爆直後から約4ヵ月間に現れた一群の症状で，主として，消化器症状（はきけ，嘔吐，下痢など），出血症状（吐血，下血，歯肉出血など），炎症症状（発熱，咽頭痛，口内炎など），血液症状（白血球減少，赤血球減少など）などであった。

後障害は，急性障害が終わった後，一旦治癒したと思われた火傷の跡がケロイドとなり，皮膚拘縮を生じた。この傾向の最盛期は1946～47年頃であった。47年頃から，白内障，白血病が発症し始めた。特に，白血病の発症は50～58年頃にピークを示し，それが下火となったと思われる60年頃から，各種の癌の発生が続いた。

現時点で国が放射線起因性があると認めているいわゆる原爆症認定疾患は，白血病，胃癌，大腸癌，乳癌，食道癌，卵巣癌，尿路系癌，甲状腺癌，肺癌，肝臓癌，皮膚癌などの腫瘍と副甲状腺機能亢進症，放射線白内障，心筋梗塞，甲状腺機能低下症，慢性肝炎・肝硬変などである。これら以外の癌においても，総合判断というカテゴリーで，原爆症と認定される場合がある。

放射線感受性の観点から，当時20歳以下で被爆した人は今後も白血病や癌を発症するリスクが高い。原爆症は今後も続くと考えられる。

【関連項目】　放射線の健康影響
【参考文献】　庄野直美・飯島宗一『核放射線と原爆症』日本放送出版協会，1975年／広島市健康福祉局原爆被害対策部『平成26年被爆者援護のお知らせ』2014年　〔鎌田七男〕

## 原爆傷害調査委員会（ABCC）
Atomic Bomb Casualty Commission

広島・長崎に投下した原爆の放射線が人体に与えた医学的・生物学的影響を調査研究するため，トルーマン大統領が大統領命令により，全米科学アカデミー・学術会議に設置させた研究機関。広島には1947年3月広島赤十字病院内に開設され，50年11月に比治山へ移転した。長崎では48年7月に長崎医科大学附属病院内にされ，49年11月に長崎県教育会館に移転した。48年からは厚生省国立予防衛生研究所の支所が広島，長崎のABCCに併設され日米一体で研究

が行われた。

主要な事業は、寿命に関する疫学的調査研究や成人健康調査、腫瘍組織登録事業、染色体調査研究、遺伝学的調査研究、癌の調査研究など。ABCCは米原子力委員会や米陸海軍の軍医総務局と密接な関係を保ち、ABCCの被爆資料は米軍病理学研究所が保管した。また被爆者の調査は行うが治療は行わず、市民の一部から「軍事用のデータ収集が目的だ」と批判された。75年4月に日米両政府の所管する公益法人「放射線影響研究所」に改組され、調査研究を継続している。

【関連項目】 放射線影響研究所（公財）（RERF）〔水本和実〕

## 原爆とアメリカの核の文化
atomic bomb and American nuclear culture

アメリカの核の文化は、核兵器と核戦争の脅威を巡り変遷する政治と歴史の影響を受け、多くの矛盾を抱えてきた。

広島・長崎への原爆投下の知らせは、アメリカ国内に戦勝の興奮をもたらすと同時に、人類文明の運命論を生んだ。多くのアメリカ国民がアメリカの技術的、工業的、軍事的優位性を信じ、核兵器の登場は世界の政治と経済においてアメリカが覇権を握る時代の到来を意味すると考えられた。

1945年から49年まで、アメリカは世界で唯一の核保有国であり、その「自負」はアメリカの文化にみてとれた。アメリカが、第二次世界大戦後の世界をいかに形成していくべきか、他国と核技術を共有すべきなのか、世界をいかにコントロールし、より良くしていくべきか、といったことがアメリカ文化に反映されており、この時期の核の文化はアメリカの特権と自信を表していた。

こうした状況は、広島・長崎への原爆投下からわずか4年後の49年、アメリカのライバルであるソ連の核開発により一変する。アメリカは核兵器に関して極度な不安を抱えるようにな

り、アメリカの著名な科学者らが否定したにもかかわらず、反逆者が核兵器の機密情報をソ連に漏らしたと主張する者もいた。アメリカ政府はソ連の核攻撃に備えて、民間防衛についての冊子や映画を作って国民に身の守り方を教えた。こうした冊子や映画には政治的に中立な表現が使われ、特にソ連などと特定することなく「敵」を想定している。また、対象とする読者や視聴者は一般家庭、学校、会社、農家、医療関係者など幅広く、防空壕や核シェルターの建設が奨励された。

ソ連との核戦争に勝てるかという「不安」からアメリカ政府は、水爆や大陸間弾道ミサイルも想定した大規模な核実験を開始した。核開発プログラム促進と実現のため、マーシャル諸島に続く2番目の核実験場がネバダ州に開設され、51年から毎年、多数の核実験が行われた。当初これらの核実験はテレビ放送され、各家庭で視聴できた。ネバダ核実験場での核実験や、より大規模な太平洋地域での水爆実験で発生した放射性プルームにより、放射性降下物がアメリカ中に拡散したため、国土が放射線に汚染された。この事実が科学者らによって明らかにされたことで、国民の間には核戦争の脅威とは別に放射線に対する不安が生じた。こうした不安は、50年代半ばから後半にかけて10代の若者向けに製作されたB級映画に象徴される。映画のなかではモンスターや巨大な虫がアメリカ国民を恐怖に陥れる。これらの超自然的な敵は、核実験により生態系のなかに生じた大量の放射線が原因で生まれた生き物という設定だ。こうした描写により、敵とみなしていたソ連だけでなく自国の核兵器製造も、アメリカ国民の不安を煽ることとなった。

80年代になると反核運動がそれまでにない高まりをみせ、82年には核兵器工場や核政策に反対する100万人規模のデモがニューヨークで行われた。核戦争が起これば「核の冬」が到来し、人類をはじめ多くの生物が絶滅するという

説が唱えられると，地球自体の破滅も危惧されるようになり，核兵器による防衛は浅はかな考えだと受けとめられるようになったのだ。

冷戦終結後，アメリカ文化における核兵器の描写は大きく変化した。核兵器はアメリカのみならず人類全体が地球外生命体に勝利する手段として描かれるようになり，ハリウッドでもソ連崩壊後，地球の存続を脅かす地球外生命体や彗星に対峙する人間が核兵器を用いるといった筋立ての映画が次々に作られた。この根底には冷戦においてアメリカを救ったのは核兵器だという意識があり，冷戦期に核兵器製造へ多額の公的資金がつぎ込まれたことや，アメリカ国民を守るはずの核兵器がその実はアメリカ国民自身にとって脅威となっていることなどは，もはや正当化されている。

【関連項目】核の冬／ソ連の核開発
【参考文献】Boyer, Paul, *By the Bomb's Early Light*, Pantheon Book, 1985／Engelhardt, Tom, *The End of Victory Culture*, Basic Books, 1995／Henriksen, Margot A., *Dr. Strangelove's America*, University of California Press, 1997／Jacobs, Robert, *The Dragon's Tail*, University of Massachusetts Press, 2010／Weart, Spencer, *Nuclear Fear*, Harvard University Press, 1988　　　　〔ロバート・ジェイコブズ〕

## 原爆投下（げんばくとうか）　drop of atomic bombs

米国は世界で初めて原子爆弾の開発に成功し，1945年8月6日午前8時15分，ウラン型原爆を広島に，プルトニウム型原爆を同月9日午前11時2分，長崎にそれぞれ投下した。人類史上，核兵器が戦争目的で使用された最初の事例である。

原爆投下は甚大な被害をもたらし，同年末までの死者数は広島が約14万人±1万人，長崎が約7万4000人（両市調べ）にのぼる。顕著なのは人口に占める死亡率で，広島が約42％，長崎が約27％に達し，太平洋戦争中の主要都市の戦災死亡率（東京1.4％，神戸0.7％，名古屋0.6％など）と比べて圧倒的に高い。建物の被害も著しく，全半焼・全半壊の建物は広島では建物総数の91.9％の7万147戸，長崎では37.6％の1万8409戸にのぼった（両市調べ）。原爆の威力は広島が16kt，長崎が21ktだが，広島では都心の投下目標にほぼ正確に投下されたのに対し，長崎では都心の投下目標から北に約3kmはずれ，被害に差が出た。

原爆の破壊力は爆風，熱線，放射線の3つからなる。爆風は爆心から300mで秒速330m，風圧24t/m²に達し，爆心から2.6km以内の木造建物は使用不能となった。また熱線で爆心の地表温度は3000〜4000℃に達し，爆心から1.2km以内で直接熱線を浴びた人は致命的な熱傷を受け，死者の2〜3割を占めた。一方，放射線は脱毛，下痢，白血病，各部位の癌など様々な障害を起こした。全て放射線が遺伝子を傷つけることに起因する。

原爆投下は非戦闘員の無差別大量の殺傷をもたらす行為であり，国際法上の「無差別攻撃の禁止」「文民や非軍事物の攻撃からの保護」「不必要な苦痛を与える兵器の禁止」などの原則に反し，サンクト・ペテルブルク宣言やハーグ陸戦規則などに違反すると考えられる。日本政府は45年8月10日，スイス政府を通じて米国政府に「米機の新型爆弾による攻撃に対する抗議文」を送り，原爆投下が戦時国際法に違反すると抗議した。また55年に広島と長崎の被爆者5人が日本政府を相手どり，原爆投下で被った損害や苦痛への賠償を求めた「原爆裁判」で，東京地裁は63年，賠償請求は退けたが，原爆投下は国際法違反だと認める判決を下した。

広島・長崎では被爆体験に基づき核兵器廃絶を求める意見が主流だが，米国では原爆投下正当論が主流だ。広島への原爆投下当日，トルーマン大統領は投下理由として「対日報復」を挙げて正当化したが，47年にスティムソン元陸軍長官が論文を発表し「原爆を使わず本土決戦になれば米兵に百万人の死傷者が出た」と原爆投下を正当化して以来，今日まで米国社会ではこの「百万人救済論」が受け入れられている。米

国の歴史学者からは米軍の死者の予想は2万5000人から4万6000人だったとの指摘もある。

95年にスミソニアン航空宇宙博物館が広島・長崎の被爆遺品展示を含む原爆展を企画した際には，議会や退役軍人らの圧力で中止となり，米国内に依然，原爆投下正当論が根強いことを示した。核兵器に関していかに日米で共通認識を形成するかが被爆地の課題とされている。

【関連項目】 核兵器の非人道性／原子爆弾（原爆）／原爆裁判
【参考文献】 広島市・長崎市『広島・長崎の原爆災害』岩波書店，1979年／水本和実『核軍縮と広島・長崎』浅田正彦・戸﨑洋史編『核軍縮不拡散の法と政治』信山社，2008年／リフトン，R. J.・ミッチェル，G.（大塚隆訳）『アメリカの中のヒロシマ』（上・下）岩波書店，1995年　〔水本和実〕

## 原爆ドームと世界遺産
### Atomic Bomb Dome and world heritage

1992年9月，日本が国連教育科学文化機関（UNESCO）の世界遺産条約に加盟したのを契機に，原爆ドームを「核兵器の恐怖を物語る生き証人として」世界遺産にという声が上がり，広島市議会が世界遺産への登録を求める意見書を決議した。しかし，国は，史跡等でない原爆ドームは世界遺産の国内推薦要件を満たしていないとして，推薦に消極的であった。

これを受けて，世界遺産化を望む幅広い市民による全国的な署名運動が広がり，94年に165万人分を超える署名を添えた国会請願が衆議院・参議院両本会議で採択された。史跡の基準が改正され，原爆ドームは95年6月に国の史跡に指定された後，同年9月，世界遺産に推薦された。96年12月の世界遺産委員会において，原爆ドームは，戦争の「負の遺産」であるため，米国の不支持と中国の態度留保があったが，核兵器廃絶と世界恒久平和を求めるシンボルとして，世界遺産一覧表に登録された。英文の正式登録名は Hiroshima Peace Memorial (Genbaku Dome) である。　〔菊楽忍〕

## 原爆特別措置法
### Atomic bomb Survivors Special Measures Law

「原子爆弾被爆者に対する特別措置に関する法律」で1968年9月1日に施行された。先行の原爆医療法が，被爆者健康手帳の交付や健康診断の実施，医療費の国庫負担，原爆に起因する疾病認定を扱い，特別措置法は各種手当の支給などにより「生活の安定等の福祉を図る」ことを目的とした。

厚生大臣による「認定被爆者」には特別手当を創設し，7つの疾病（造血・肝臓・腎臓の機能障害，中枢神経系の欠陥損傷，循環器・内分泌系の障害，悪性新生物）では65歳以上の高齢者らを対象に健康管理手当を支給。翌年には水晶混濁による視機能障害を，被爆者健康手帳を一元化した74年に吸器・運動器の機能障害を追加した（現行は11種）。

胎内被爆で知的障害を強いられた人と親たちの「きのこ会」（65年結成）が声を上げ，81年には原爆小頭症手当が設けられた。

特別措置法の制定には，「原爆被害の特質と『被爆者援護法』の要求」を66年にまとめた日本被団協の活動と，理論面からの大学人らの支援があった。75年には保健手当なども新設されたが，被爆者たちは国家補償に基づく援護法を求める運動を高めていった。

【関連項目】 日本被団協／被爆者援護法　〔西本雅実〕

## 原爆と漫画・アニメ
### comic and animation on atomic bombing

被爆体験をテーマにした最初期の漫画作品に白土三平『消えゆく少女』（1959年）などがあるが，代表的なものは，自らの被爆体験をもとにした中沢啓治『はだしのゲン』である。もともと73年に『週刊少年ジャンプ』に連載された作品で，一部の愛読者は存在したが，同誌では必ずしも人気作品ではなかった。しかし，75年に，汐文社より全4巻のコミック本として刊行されると，以後5年間で100万部を売り上げる

ベストセラーとなった。

とはいえ，今日まで読み継がれるに至った一因は，この作品が学校図書室に置かれたことにある。図書室に配架された背景には平和教育があったが，児童・生徒たちからみれば，「先生が薦める本」というより，図書室に例外的に置かれた漫画だった。書店で小遣いで購入しなくても，図書館で読むことができる「ほぼ唯一の漫画」であったことから，子どもたちはこぞってこの作品を手にした。

それを可能にしたのは単行本化であり，『週刊少年ジャンプ』に掲載されたままの状態では，図書館への配架は難しかった。その意味で，『はだしのゲン』が「原爆漫画の正典」になるうえでは，書籍や図書館という「器＝メディア」の機能によるところが大きい。かくして，同書における被爆体験の凄惨な描写や戦争への苛烈な批判は，広く知られることとなった。実写映画やアニメ映画が作られ，しばしば学校で鑑賞されたことも，これを後押しした。

『はだしのゲン』はその後，『市民』『文化評論』『教育評論』といった論壇誌・機関誌に続編が連載され，「進歩的な大人たち」にも正典として認識される素地を生んだ。

2004年には，被爆女性やその家族・縁者を描いたこうの史代『夕凪の街　桜の国』が刊行され，文化庁メディア芸術祭大賞を受賞するなど，高い評価を受けた。『はだしのゲン』が作者の体験をもとに，惨状の凄まじさや原爆・戦争批判をストレートに描いているのに対し，この作品は広島出身ながら被爆体験を有さない作者が，「静けさ」「筆致の抑制」を基調に被爆を巡る人々の心情を描いている。

【参考文献】福間良明ほか編『複数の「ヒロシマ」』青弓社，2012年／吉村和真・福間良明編『「はだしのゲン」がいた風景』梓出版社，2006年　　　　　　　〔福間良明〕

## 原爆の絵
drawings of atomic bomb experience

1974年，75年，2002年にNHK等が募集した「市民が描いた原爆の絵」（以下，原爆の絵）に寄せられた絵画。

原爆の惨禍を記録した映像や写真が少ないなか，原爆の絵は，被爆者のまぶたに焼き付いたあの日を伝える貴重な記録である。74年5月，NHK中国本部（現・広島放送局）に，被爆者の小林岩吉（当時77歳）が8月6日当日の惨状を思い出して描いた絵を届けた。これがきっかけとなり，同局は「市民の手で原爆の絵を残そう」と被爆者の絵を募集した。その関連番組のなかで，地元の画家・四国五郎が，「紙はなんでもよく，うまく描けない場合は文字で説明してもよい」と，絵を描いたことのない高齢の被爆者にアドバイスをした。絵の大きさ・画材も様々で，原爆犠牲者への鎮魂の言葉や書き尽くせない思いが書かれているものも多い。74〜75年で758人から2225枚もの被爆体験を伝える絵が寄せられ，NHK中国本部ではこの活動をまとめて『市民の手で原爆の絵を』という番組を制作した。

被爆30年に当たる75年，被爆資料や写真にあわせて原爆の絵200点を展示する「原爆記録展」が主要都市で開催され，22万人が来場した（NHK，広島県，広島市，中国新聞社によるヒロシマ原爆の記録展開催実行委員会主催）。同年12月，原爆の絵を広島市に寄贈。82年にはアメリカ大陸を横断して巡回展示され，大きな反響を呼んだ。また，小林岩吉をはじめ多くの被爆者が，作画を契機に被爆体験の証言活動に身を投じた。

2002年4〜7月には，広島市，長崎市，NHK，地元の新聞社等が共催して，再度，原爆の絵の募集が行われ，広島で484人から1338枚，長崎で130人から329枚の応募があった。03年，これらの絵は，広島市と長崎市に寄贈され，インターネット上でも広島平和記念資料館

「平和データベース」や長崎原爆資料館「収蔵品検索」で公開されている。

【関連項目】被爆体験継承活動（長崎）／被爆体験継承活動（広島）
【参考文献】NHK 長崎放送局『原爆の絵　ナガサキの祈り』2003年／NHK 広島放送局『原爆の絵　ヒロシマの記録』2003年／広島平和記念資料館『図録　原爆の絵』2007年〔菊楽忍〕

## 原爆被爆者対策基本問題懇談会
Advisory Committee on Basic Issues of Policy for Atomic Bomb Survivors

　韓国人被爆者が日本国を相手どり，被爆者健康手帳の交付を求めた裁判の判決で1978年，最高裁が「原爆医療法は国家補償的配慮が根底にある」と認めたことを受け，原爆被爆者対策の「基本理念」と「基本的あり方」を明らかにするため，79年6月に設置された厚生大臣の指摘諮問機関。メンバーは座長の茅誠司・東京大学名誉教授ら学識経験者計7人。計14回の会合を経て80年12月に意見書をまとめ，厚生大臣に提出した。

　意見書は「基本理念」に関し，戦争の犠牲は国民が等しく受忍すべきだとして被爆者援護法制定の必要性を否定しつつ，被爆者の犠牲は他の一般の戦争損害とは一線を画すべき「特別の犠牲」であり，国は国家補償の見地から被害の実態に即応した適切妥当な措置対策を講ずべきだと述べた。その上で「基本的在り方」としては，「公平の原則」「必要の原則」を重視し，障害の実態に即した適切妥当な対策が必要だとし，従来の原爆2法（原爆医療法，原爆特別措置法）による救済の充実を訴えた。

【関連項目】被爆者健康手帳　　　　　〔水本和実〕

## 原爆病院　Atomic Bomb Survivors Hospital

　戦後，原爆被爆者に対する医療対策は，放射線被曝による後障害として数年後から白血病が多発する状況にあったが遅々として進まなかった。講和条約締結を契機に戦後の復興に国も力を入れるようになったが，原爆医療法が成立したのは1957年である。

　広島市では戦前からあった広島赤十字病院（37年設立）が原爆に被災した。再興された同病院に，56年国の支援で原爆病院が併設された。両病院は88年に広島赤十字・原爆病院（598床）として統合された。2015年現在医師158名のほか全職員数1000名以上で地域医療と原爆医療の中核病院となっている。

　長崎市には戦前，日赤病院はなかった。被爆者の要望に応えて長崎市が58年5月原爆病院（81床）を設立し，間もなく運営が日本赤十字社に委託された。82年に360床の病院が新築され，現在医師80名のほか全職員数700名で診療にあたっている。

　両病院の被爆者の後障害医療における貢献は際立っている。特に放射線被曝による癌の発生に対して検診体制と治療機器の整備が国の援助で重点的に進められてきた。被爆者の医療費は被爆者健康手帳の保持者であれば原則無料となる。

〔朝長万左男〕

## 原爆文学　atomic bomb literature

　原爆文学とは一般に，1945年8月の広島・長崎の原爆体験者の文学を意味する。原民喜『夏の花』，大田洋子『屍の街』，栗原貞子『黒い卵』，正田篠枝『さんげ』などの小説や詩歌集は，占領下の厳しい状況の下，いち早く生まれた作品である。一方，原爆投下を「神の御摂理」だと説いた永井隆『長崎の鐘』は，占領下のベストセラーになった。50年6月の朝鮮戦争開戦後，峠三吉『原爆詩集』，長田新編『原爆の子』，峠三吉・山代巴編『原子雲の下より』などが反戦意識の高まりとともに生まれ，50年代半ばに全国的な原水禁運動が高まると，有名無名の多くの書き手が手記や詩歌の形で体験を紡いでいった。

　60年代半ばになると，原爆文学は大江健三郎『ヒロシマ・ノート』や井伏鱒二『黒い雨』に

代表されるように，非体験者の文学も含むジャンルとみなされるようになった。激化するヴェトナム戦争反対運動といった社会状況を背景に，原爆体験の捉え直しが深化する。栗原貞子が「ヒロシマというとき」に代表される詩を通じて，被害と加害の記憶に向き合おうとし始めたのもこの頃である。

その後，現在に至るまで，小田実『HIROSHIMA』，井上ひさし『父と暮らせば』，林京子『ギヤマン・ビードロ』，青来有一『爆心』など，小説及び多様なジャンルの作品が生み出されている。ウラン鉱山や核実験の体験を綴った北米先住民文学，2011年3月の福島第一原子力発電所事故を題材にした文学など，世界各地の核被害を扱った様々な文学を原爆文学とみなすこともある。

原爆文学とは，45年8月の惨劇とそれに続く現代という時代に向き合うために，多くの人々が発見した世界認識の方法を巡る仮構意識と考えてよい。ジャンルや地域の越境，横断を繰り返しながら，不断にそのあり様を問い続け，再構築されてきたのである。

【関連項目】戦争文学
【参考文献】川口隆行『原爆文学という問題領域』創言社，2008年／トリート，ジョン（水島裕雅ほか監訳）『グラウンド・ゼロを書く』法政大学出版局，2010年／長岡弘芳『原爆文学史』風媒社，1973年　　　　　〔川口隆行〕

## 原爆放射線量
atomic bomb radiation dose

広島・長崎の原子爆弾から放出された放射能には，爆心から半径3kmくらいの範囲に到達した直爆による放射線と，"黒い雨"などに含まれる残留放射能からの放射線とに大別されるが，一般には前者の直爆の放射線を指すことが多い。

この被曝線量推定の意味は，①被爆者の被曝量を正確に見積もりその後の健康維持のために使うこと，②疫学調査とあわせて放射線と発癌の関係を知り，放射線のリスクを求めることにある。リスクとは単位放射線量（1Gy）を被曝したときの発癌率をいう。後者のリスクについては広島・長崎の放射線影響研究所が中心となって調査されていて論文として報告されている。その後国際放射線防護委員会（ICRP）で議論されリスクが認定される。その後，世界の各国で，日本では放射線障害防止法，医療法，薬事法等々の関連法案に取り入れられ，一般人や放射線を取り扱う作業従事者の被曝の限度を定めている。放射線は工場や医療現場などで日常的に使われて，避けることはできない。放射線を使用する際，被曝を最小限に抑え人体への影響をできるだけ少なくするため法律で制限する。このリスクはほとんど広島・長崎の調査から求められており，原爆放射線量の正確な見積もりは重要である。

原子爆弾が炸裂するとウランやプルトニウムが核分裂し，その瞬間$1\mu$秒程度で中性子とガンマ線が放出される。その後1分くらいまでの間に残りのほとんどのガンマ線が放出される。これらの中性子とガンマ線の放射線量については，長年にわたる被曝した岩石などの測定と計算により見積もられてきた。その中で1986年に「原爆被曝線量体系1986（DS86）」が，さらにそれを見直し2002年に「原爆被曝線量体系2002（DS02）」が構築された。この2つは結果的に"計算が格段に進歩した"以外に本質的な差はなかった。

これらの研究は日米の共同研究で進められた。日本側は主に被曝した石や煉瓦タイルなどを収集しその測定を行った。収集した試料は2000点あまりになる。これらの試料中には中性子の被曝により放射能が生成された。長い半減期を持つ放射能も含まれていて微量ではあるが今でも測定可能である。それらには$^{36}$Cl，$^{152}$Eu，$^{60}$Co，$^{63}$Niがあり，20年近くにわたって測定されてきた。それらを使い中性子の線量が評価された。ガンマ線の線量については，煉

瓦，タイル，瓦を使った。これらに含まれる石英の微粒子に熱を与えると放出される微弱な光を測定する。これを熱蛍光法（TLD）と言う。これによりガンマ線の線量が評価された。

アメリカ側は，主にこれらの結果に合うようにスーパーコンピュータを使って計算をした。原爆の爆発の過程のシミュレーション，放射線が炸裂地点から空気中を通る際の空気との相互作用の計算，家屋に到達した際のガンマ線の生成などの計算，さらに人体模型を使い人の各臓器への被曝線量の計算を行った。03年に日米でDS02が合意され，ICRPで議論され変更点は放射線障害防止法に取り入れられる。

DS02では，20年以上にわたって行われた研究結果が中性子線とガンマ線の被曝線量評価に使われた。被曝線量は2km近くまで得られ完成した。ただ，この範囲にも黒い雨を含む残留放射線があった可能性がありその検討が進められている。

【参考文献】 Young, Robert W. and George D. Kerr, eds., *Reassessment of the atomic bomb radiation dosimetry for Hiroshima and Nagasaki Dosimetry System 2002 DS02*, Vol. 1 and 2. Radiation Effects Research Foundation, 2001　〔星正治〕

## 原爆養護ホーム
nursing home for atomic bomb survivors

広島又は長崎に居住し，被爆者健康手帳を持つ被爆者で，居宅で養護・介護を受けることが困難な人が入所して養護・介護を受ける施設で，「一般養護ホーム」と「特別養護ホーム」がある。「一般養護ホーム」は身体上もしくは精神上又は環境上の理由により，居宅で養護を受けることが困難な人が入所できる。「特別養護ホーム」は身体上もしくは精神上著しい障害があるために常時介護を必要とし，居宅で介護を受けることが困難な人や，原子爆弾小頭症患者で居宅で介護を受けることが困難な人が入所できる。「一般養護ホーム」は広島県に定員数100人，長崎県に50人の施設が1ヵ所ずつある。「特別養護ホーム」は広島県に3施設（定員600人），長崎県に2施設（定員355人）ある。

〔鎌田七男〕

## 憲法改正　amendment of constitution

憲法の改正とは，憲法の中の条項の修正・削除及び追加をすること（狭義の改正），あるいは別に条項を設けて，もとの憲法典を増補すること（狭義の増補）によって，憲法に意識的に変改を加える行為である。この定義には2つの含意がある。

第1は，合憲法的な手続きによる修正であるという点。超法規的な実力行使等により行われる「革命」や「クーデタ」とは異なるということである。なお，法学的意味における「革命」とは憲法の基本原理に当たる「根本規範」の否定・変更，憲法制定権力の交替であり，「クーデタ」とは憲法制定権力を変更せず既存の憲法を除去する変革であり，支配階級の一部が権力の座にある他の部分に向けて武力的手段等による急襲を加え権力の奪取を行うことである。

第2は，「憲法の変遷（Verfassungswandlung）」，すなわち，政治的慣習や慣行あるいは公権的解釈などを通じて，憲法の成文に対する正規の改正を行わないで，事実上，憲法の法源に変更を加えられることとも異なるという点。

憲法改正権は憲法によって改正権者に付与された権限にすぎず，自らの権限を生み出した憲法の「根本規範」すなわち，憲法の基本理念をなすもので，①憲法の制定目的たる人権についての規定，②主権の所在についての規定，そして，③それらと一体をなす他の基本理念などを否定できないが，根本規範以外の制度的・手続き的な憲法規定である「憲法律」は改正でき，その意味において，憲法改正にも限界があるというのが通説の立場である。

【関連項目】　憲法改正の限界
【参考文献】　小林直樹『憲法秩序の理論』東京大学出版会，

1986年　　　　　　　　　　〔河上暁弘〕

## 憲法改正の限界　theory of limitation of constitutional amendment

憲法改正については，改正対象の内容に関わる実質的な限界あるいは制約があるか否かが論点となる。

「憲法改正無限界説」には，法は本質上可変的で社会事情を基礎として存在するのであり，法が社会的事情の変更によって変更することがありうるのは当然とする見方や，国民の主権，すなわち憲法制定権力の全能を前提としてこれを憲法改正権と同視する説などがある。

これに対して，憲法改正権は憲法によって改正権者に付与された権限にすぎず，自らの権限を生み出した憲法の「根本規範」ないしその同一性を否定するような改正は許されないなどとする「憲法改正限界説」が通説的見解である。根拠として，相互排他的ではないが，①自然法等の超実定法的法原理による限界を認める見解，②憲法改正権と憲法制定権力を区別して前者は後者によって限界づけられるとする見解，③憲法の基本原理に改正権の限界を認める見解（憲法改正も元の成文憲法を前提とするから憲法の同一性を損なうような改正，憲法の基本原理を変更するような改正はできないとする見解），④根本規範による限界を認める見解の4つに区分できよう。

なお，改正限界説をとった場合に改正権の及ばない日本国憲法の条項としては，憲法の三大原則たる国民主権，基本的人権の尊重，平和主義の条項を挙げるものが通説である（「個人の尊厳」や「生命の尊貴」を加える説もある）。

【関連項目】　憲法改正／八月革命（説）
【参考文献】　山内敏弘『改憲問題と立憲平和主義』敬文堂，2012年　　　　　　　　　　　　〔河上暁弘〕

## 憲法規範　constitutional norms

規範とは人に対して命令・禁止を定める命題を言い，憲法は法規範のうちで国の根本秩序を定める法である。憲法規範という言葉に特別の意味があるわけではない。

国の根本秩序を定める法としての憲法は，成文であれ不文であれ，いつの時代のどの国家にも必ず存在するが，特に重要なのは近代的意味の憲法である。これは近代立憲主義憲法とも呼ばれ，18世紀末の近代革命を経て制定された憲法であり，国家権力を制限して人民の自由と権利を守る法を言う。この立憲主義憲法の思想は広く諸国に広まり，現代の多数の国の憲法がこれに立脚しており，日本国憲法も同様である。

立憲主義憲法は，人権保障の部分と統治機構の部分からなる。人権保障はいわば憲法の目的であり，統治機構は国民主権と人権保障に即して，権力分立原理に基づいて組織される。憲法規範の特質は，国の最高法規であることにある。国法秩序は憲法に基づかなければならず，憲法に違反する法令及び国家行為は無効である。現代国家では，憲法の最高法規性を担保する上で，違憲審査制が重要な役割を果たしている。

日本国憲法は，国民主権，人権尊重と並んで，平和主義を基本原理とし，「戦力の不保持」を定めている。しかし，政府は，1954年に自衛隊を設け，92年PKO協力法により自衛隊の海外派遣を可能にした。2014年には安倍内閣は閣議決定によって集団的自衛権を容認し，15年には安保法制を成立させた。憲法の立憲主義は大きく揺らいでいる。

【関連項目】　国民主権／人権／日本国憲法／平和主義／立憲平和主義　　　　　　　　　　〔戸波江二〕

## 憲法9条　Article 9 of the Japanese Constitution

日本国憲法は，第2章を「戦争の放棄」と題して，第9条の規定を置き，そこで戦争の放棄，戦力の不保持，そして交戦権の否認を定めている。戦争放棄の規定は，古くは1791年のフランス憲法にまで遡ることができるが，これが

広く各国の憲法に取り入れられるようになったのは、不戦条約（1928年）が国際紛争解決の手段としての戦争の放棄を謳って、戦争の違法化の国際的潮流を形成して以来である。スペイン憲法（1931年）、フィリピン憲法（1935年）、フランス憲法（1946年）、（西）ドイツ基本法（1949年）などがその代表例であるが、ただ、これらの憲法において放棄されたのは、侵略戦争だけであり、自衛戦争は放棄されていなかった。それに対して、日本国憲法9条の場合は、自衛戦争を含めて一切の戦争を放棄しているのが画期的であると学説の多数は解しているし、政府も、憲法制定議会においてそのように解していた。

もっとも、自衛戦争を含めて一切の戦争が放棄されると解する学説にあっても、9条の1項によってすべての戦争が放棄されたのか、それとも1項では侵略戦争だけが放棄されて、2項で初めてすべての戦争が放棄されたと解するのかについては、見解が分かれている。これに対して、9条は自衛戦争を放棄していないとする見解も存在する。この見解は、9条の1項で放棄されているのは、侵略戦争のみであり、また、9条2項で否認されている「交戦権」は、交戦国が戦時国際法上有する諸権利であって、自衛戦争を行う権利は含まれないとする。

9条の2項が規定する戦力不保持についても、見解は分かれている。学説の大多数及び政府見解は、自衛のためであれ、一切の戦力の保持が禁止されていると解しているが、少数の学説は自衛のための戦力は禁止されていないとする。政府は、戦力に至らない自衛力は保持できるし、自衛隊はそのような自衛力であるとし、また、外部からの侵略に対しては必要最小限度の自衛権の行使はできると解してきた。そこでいう自衛権は、従来はもっぱら個別的自衛権を指すとされてきたが、2014年の安倍内閣の閣議決定及び2015年の安全保障関連法の制定によって限定された集団的自衛権の行使も可能とされ

た。しかし、これに対しては、9条の存在意義や立憲主義を損なうとする批判が多く出されている。なお、憲法9条は、従来、改憲論議のなかで最大の争点となっている。

【関連項目】憲法平和条項（各国の）／交戦権／集団的自衛権行使容認の閣議決定／非武装平和主義

【参考文献】奥平康弘・山口二郎編『集団的自衛権の何が問題か』岩波書店、2014年／深瀬忠一『戦争放棄と平和的生存権』岩波書店、1987年／深瀬忠一ほか編『平和憲法の確保と新生』北海道大学出版会、2008年　　　　　　　〔山内敏弘〕

| **憲法9条の提案者** original proposer of the article 9 of the Constitution of Japan

憲法9条の提案者が誰かについては、様々な見解がある。当事者たる幣原喜重郎首相は著書『外交五十年』で、憲法のあり方を変え、戦争を放棄し、軍備を全廃すべきこととしたことは自分自身の信念であり総司令部から迫られたものではないとし、ダグラス・マッカーサーも、1951年5月5日米国議会上院軍事外交合同委員会証言などで、幣原首相の提案に基づくものであることを再三述べている。憲法9条の起源が46年1月24日の幣原首相とマッカーサー元帥の会談における幣原の平和・戦争放棄の提案に端を発し、それを受けてマッカーサーが憲法条項化を決断したというのが通説的な理解であろう。

この会談における幣原の提言・発想を重視する説、マッカーサーの憲法条項化の決定の方を重視する説、両者の「合作」という結論を重視する説のいずれも、「事実の存否に関してはさして争いはない」とする古関彰一の指摘は重要だ。この見解に従えば、幣原は憲法9条の発想者ないし提起者、マッカーサーは憲法条項化の決断者・発案者ということになる。だが、その場合でも9条のアイデアないし「発想の起源」が幣原の提起にあること、幣原の「提言」がマッカーサーの「決断」にとって不可欠なものであったかどうかという論点は、憲法条項化に至る「思想」全体を探る上でも、文化論及び平

和教育の喚起のためにも、重要であろう。

【関連項目】幣原喜重郎の平和思想　　　〔河上暁弘〕

## 憲法訴訟　constitutional lawsuit

　法令や国家行為の合憲性が問題となる訴訟を憲法訴訟と言い、それらの訴訟での違憲審査のあり方に関する論議が憲法訴訟論である。

　違憲審査の制度は各国で様々であるが、大別して、憲法裁判所が憲法問題を集中的に審査する制度と、通常の民刑事裁判所が違憲審査権を行使する制度とがある。世界的には憲法裁判所型が優勢であるが、日本は通常裁判所によるいわゆる付随的違憲審査制を採用し、裁判所が通常の民刑事・行政事件の審理にあたって必要な限りで、適用法令ないし国家行為の合憲性を審査するという方式をとっている。そこで、憲法訴訟としては、現行の民刑事・行政訴訟において、どのように憲法問題が審理判断されるべきかが議論される。その論点としては、憲法判断をする前提としての「法律上の争訟」の観念、住民訴訟などの客観訴訟・非訟事件訴訟・国家賠償訴訟での違憲審査のあり方、違憲の争点の主張適格、憲法判断回避の準則、合憲性の判定のための違憲審査基準、法令違憲と適用違憲、違憲判決の効力、将来効と遡及効などである。

　日本の裁判所、特に最高裁判所は、違憲審査権の行使に消極的であり、とりわけ、自衛隊の合憲性について判断を示していない。自衛隊裁判は、日本の違憲審査の不活性の最も大きな原因となってきた。しかし、2000年以降、最高裁は違憲判断に積極的姿勢をみせるようになっており、選挙権、平等、国籍などの分野で画期的な違憲判決を下している。また、それらの判決を通じて、憲法訴訟の議論が精緻なものになってきている。

【関連項目】恵庭事件／自衛隊違憲訴訟／長沼ナイキ基地訴訟
〔戸波江二〕

## 憲法調査会
Research Commission on the Constitution

　日本国憲法の下で、これまで2つの憲法調査会が設置され、活動してきた。1つは、1956年に憲法調査会法に基づき内閣に設置されたものであり、「内閣憲法調査会」とも呼ばれる。もう1つは、2000年の国会法改正により衆参両院に設置されたものであり、それぞれ「衆議院憲法調査会」、「参議院憲法調査会」と呼ばれる。いずれの憲法調査会も、日本国憲法の改正問題が政治争点化した時代背景を有する点で、共通性がある。

　内閣憲法調査会は、1955年の保守合同により「自主憲法の制定」を党是とする自由民主党（自民党）が誕生したことで勢いづいた憲法改正論議を推進する目的で、鳩山一郎内閣が日本社会党（社会党）の激しい反対を押し切って設置した。国会議員30名以内、学識経験者20名以内、計50名以内で組織されたが、社会党や護憲派の有識者は参加を拒否した（会長に高柳賢三東京大学教授が就任）。同調査会では、65年に廃止されるまでの約8年間、日本国憲法の制定過程・運用及び改正の要否、諸外国の憲法状況の調査など多方面の審議・調査がなされたが、その間、自民党などの改憲勢力は、国会で3分の2の多数派を獲得できず、また1960年の安保改定を巡る政治対立の結果、明文改憲の動きが沈静化するなかで、1964年7月に本文1200頁、付属文書の合計4300頁からなり、憲法改正を是とする多数意見とこれを否とする意見とが併記される形の最終報告書を提出して活動を終えた。

　2000年に衆参両院に設置された憲法調査会は、自衛隊の国連PKO活動への参加（1992年）、日米新ガイドラインの締結（97年）、周辺事態法の制定（99年）などの動きを受けて憲法論議の機運が盛り上がるなかで設置され、国会議員だけで組織された。設置の根拠となった改正国会法では、「日本国憲法について広範かつ

総合的に調査」することを目的とされたものの，2001年の9.11テロを契機としたアメリカなどのアフガニスタン攻撃，03年のイラク攻撃などが勃発し，自衛隊がこれに支援・協力するなかでの審議は，広範かつ総合的な調査とは程遠い改憲気運を醸成する場の様相を呈した。それでも，04年の「九条の会」の結成など，国民の改憲反対の声が盛りあがるなか，両調査会とも，05年に最終報告書を作成したものの，憲法改正の方向性を示せないまま，07年の国会法の改正により後継組織として憲法審査会が設置されたことに伴い廃止された。

【関連項目】「押し付け憲法」論／九条の会／憲法問題研究会／護憲運動　　　　　　　　　　〔小沢隆一〕

## 憲法平和条項（各国の）
peace provisions of constitutions

　近代市民革命で近代憲法が成立した当初から，国家の軍事力と戦争遂行を統制することは憲法の大きな関心事であり，軍事力と戦争を規制する条項＝平和条項を持っている憲法が多い。各国憲法の平和条項の形はその歴史的文脈に応じて多様である。ここでは多様な憲法平和条項からいくつかの特徴的な型を析出し，5つの類型を取り上げて，それらの歴史と論理を概観する。

　①「戦争権限の民主的統制」：近代憲法の平和条項が生まれた背景には，君主が行う恣意的な戦争をいかに抑制するか，という問題意識がある。この問題意識は，戦争開始は議会の権限として，君主あるいは行政府の戦争権限を抑制する憲法条項に反映され，1787年アメリカ合衆国憲法1条8節，1791年フランス憲法3編3章1節2条等，数多くの例がある。行政府の軍隊派遣を国民代表議会が統制することの重要性は現在も不変であるが，民主的統制の不足は常に課題となる。

　②「侵略戦争放棄」：1791年フランス憲法6編は，「フランス国民は征服を行うことを目的とするいかなる戦争を企てることをも放棄し，かついかなる人民の自由に対してもその武力を決して行使しない」と規定している。この規定を嚆矢として，侵略戦争を放棄する憲法及び国際法の規範が発展し，現在に至っている。パリ不戦条約（1928年），及びこの条約の影響を受けた憲法規定―フィリピン憲法2条2節（1935年，87年）など―があり，さらに国連憲章（1945年）は自衛権行使を例外として認めつつ（51条），加盟国の武力行使を禁止している（2条4項）。「侵略戦争放棄」については憲法と国際法の相互影響が重要である。

　③「永世中立」：諸国家間の軍事的対峙に関与しないことが自国の安全と地域の安全保障に寄与すると考えるのが中立政策であり，それが国際法的に承認され，義務づけられているのが永世中立である。永世中立は1815年以来，スイスが実行してきたことであり，それは憲法規定というよりも慣習法として存在している。オーストリアの場合は「永世中立に関する憲法法律」（1955年）で永世中立を宣言し，国際的に承認された。「関与しない」のが中立であるが，国際的な関与・協力が求められる現在，国連平和活動等へ参加する方向へ中立政策も変容している。

　④「軍備の規制・常備軍の制限」：正当化されない武力行使を禁止するのが「侵略戦争放棄」の憲法規定であるのに対して，武力行使の手段＝軍備・兵器を規制ないし禁止するのがこのタイプの憲法規定である。個別の兵器の規制に関しては，核兵器を禁止する憲法規定―フィリピン憲法2条8節（1987年）―があり，また全面完全軍縮を目指す憲法規定―バングラデシュ憲法25条（1972年）―がある。

　さらに根源的な問題として，そもそも常備軍をどうみるかは，近代憲法成立当初からの争点であった。アメリカ革命においては，ヨーロッパ専制主義の制度的表現である常備軍を批判する思想が強く，「規律正しい民兵は，自由な国

家にふさわしい，自然にして安全な防衛である。平時における常備軍は自由にとって危険なものであり，忌避すべきものである」（ヴァージニア権利章典13条，1776年）という憲法規定にそれが表現されている。現代においては「常備軍は禁止される」とするコスタリカ憲法（1949年）12条がこのタイプである。またスイス連邦憲法（1999年）58条「スイスは軍隊を有する。軍隊は基本的には民兵の原則に基づいて組織される」にも，常備軍よりも民兵を重視する思想がみられる。

⑤ 「良心的兵役拒否権」：パシフィズム（絶対平和主義）の1つの形は，個人の良心的兵役拒否権として現れる。これは「何人も，その良心に反して，武器をもってする兵役を強制されてはならない」と規定するドイツ連邦共和国基本法（1949年）4条3項に典型的に示されている。ここでは，戦争と平和の問題が個人の人権の問題となっている。これは，日本国憲法の平和的生存権，あるいは国連において議論されている平和への権利等，平和を人権として捉える動きに繋がるものである。

【関連項目】 ヴァージニア権利章典／永世中立／不戦条約／武力不行使原則／兵役拒否／平和への権利

【参考文献】 君島東彦「平和憲法の再定義」日本平和学会編『平和を再定義する（平和研究39号）』早稲田大学出版部，2012年／深瀬忠一「戦後五〇年の世界の『諸憲法と国際平和』の新たな展望（1〜7）」『法律時報』68巻1〜4，7〜9号，1996年／山内敏弘『平和憲法の理論』日本評論社，1992年

〔君島東彦〕

## 憲法問題研究会　Constitutional Study Group

1955年11月，「保守合同」（自由党と民主党の合併）により，自由民主党が発足した。新党の「政綱」は，「憲法の自主改正をはかり……国情に即してこれが改廃を行う」「世界の平和と国家の独立及び国民の自由を保障するため，集団的安全保障の下，国情に相応した自衛軍備を整え」ることなどを表明していた。57年8月，岸信介内閣は，憲法改正のための憲法調査会を発足させた。

この調査会に対抗して，大内兵衛，清宮四郎，宮沢俊義，矢内原忠雄，我妻栄らが発起人となって，58年6月，憲法問題研究会が発足した。この研究会は，「憲法の基本原理とその条章の意味をできるだけ正確に検討し…国民各層の参考に供」することを課題としていた。5月3日の憲法講演会，新書刊行（出版）による憲法学習の推進などにより，市民・国民の憲法意識の活性化に努めた。60年の日米安保条約改定に関する2回の反対声明や憲法調査会の報告書提出前における改憲反対声明などは，大きな社会的・政治的な影響力を持った。憲法調査会は，64年7月3日の最終報告書では，多数決で明文改憲の方針を打ち出すことができなかった。

【関連項目】 全国憲法研究会

〔杉原泰雄〕

## 権力政治（パワー・ポリティクス）
power politics

政治の本質は権力（パワー）を求める競争（struggle for power）であるとする見方である。この見方は，自己の利益を追求する人間像を前提にし，自己の利益を確保するには他者の行動を制御するための権力を持つことが不可欠である，とする。国際関係でも同様の見方が古くからあり，マキャベリによるルネッサンス期のイタリア都市国家間の権力政治の見方は有名である。

主権国家の上位に権威（中央政府）が存在していない主権国家システム，すなわち無政府的（アナーキー）な国際システムでは，主権国家は自国の目標（国益）を達成するために権力を求める競争が生じる。リアリズム（現実主義）は，このような見方に依拠している。リアリズムは，主権国家の国益は自国の安全保障であり，アナーキーな国際政治の構造では他国に対する不信や恐怖が増幅されるため，国益を目指す国家間の関係は競争的にならざるを得ず，最

終の手段として軍事力まで用いて国益を達成することになる，すなわち，戦争が引き起こされる，と主張する。

カーは，第一次世界大戦後の規範を重視する国際政治の見方が権力の要素を重視していないことに警鐘を鳴らし，モーゲンソーは，国家間関係を権力闘争と捉えることを冷戦期に提唱した。

このような権力を重視する見方では，各国が合理的に確定した国益を掲げ，自国と他国の国力を合理的に比較し，他国の行動を抑止するように自国の力を維持することによって自国の国益を確保することができる，という力による力の抑制に期待する。しかし，国益とは一義的に決められるのか，多様な要素からなる国力を合理的に評価できるのか，他国の政策の意図をどのように知ることができるのか，などの点についていて難しさが伴っている。したがって，権力政治では，自国の利益を確保するためには思慮分別のある政策が要請されるのである。しかし，歴史的には，軍事力が国力の中心に据えられることが多く，自国に有利な国力を求めて勢力拡大競争や軍拡競争が引き起こされたり，抑止が効かず軍事紛争に至ったりする事例も数多くみられる。権力政治の見方は現実の政策においても大きな影響を与えてきているが，このような歴史的事実を教訓とすることが求められる。

【関連項目】核抑止／『危機の20年』(E.H. カー)／『国際政治』(モーゲンソー)／勢力均衡
【参考文献】カー，E. H.（原彬久訳）『危機の二十年』岩波書店，2011年／モーゲンソー，ハンス（原彬久訳）『国際政治（上）（中）（下）』岩波書店，2013年〔古城佳子〕

## 権力分掌　power sharing

内戦の終結形態には，国家の領域的現状の法的あるいは事実上の変更（分離独立国家，分断国家，あるいは未承認国家等の成立），交渉による解決，そして特定勢力の一方的な軍事的勝利の3つがある。

政治的単位と民族的単位とが国民として一致するべきであるとするエスニック・ナショナリズムに基づき，国民国家を形成して異なるエスニック集団が棲み分けるには，住民の犠牲を伴う強制的な人口移動が不可欠だが，第二次世界大戦後の国際社会はこのような強制措置に否定的になってゆく。さらに，冷戦の終結が，国家の体制選択を巡る2つのイデオロギーの全面対立に終止符を打った。この結果，内戦の終結形態としては，国家の領域的現状の維持を前提とした交渉による解決の比重が増した。

そこで，政府勢力と反政府勢力との共存も展望する権力分掌型の和平が試みられた。権力分掌型の和平とは，関係諸勢力間の和平交渉を通じて，紛争後の政体における権限の配分等についてあらかじめ合意し，政治的意思決定から排除されるのではないかという各勢力の不安を払拭する（言い換えれば和平合意が安心供与機能を果たす）ことによって内戦を終結する和平努力を指す。

この権力分掌型の合意を推進したのが国際社会であった。ボスニア・ヘルツェゴヴィナ内戦のデイトン和平合意（1995年）が，その典型と言える。同合意は，ボシュニアック系，クロアチア系，セルビア系住民それぞれに，彼らの死活的利益を脅かす立法府，行政府の決定を阻止する拒否権を保障するものであった。

【関連項目】安心供与／棲み分けによる平和／ボスニア紛争／和平合意
【参考文献】吉川元『国際安全保障論』有斐閣，2007年／武内進一編『戦争と平和の間』アジア経済研究所，2008年／Hartzell, Caroline A. and Matthew Hoddie, *Crafting Peace*, The Pennsylvania State University Press, 2007／Roeder, Philip G. and Donald Rothchild, eds., *Sustainable Peace*, Cornell University Press, 2005　〔石田淳〕

## 五・一五事件　May 15th Incident

海軍青年将校と民間人らが1932年5月15日に首相暗殺などを謀った襲撃事件。20年代を通じて「国家改造」運動が軍人や民間人のなかから

高まった。20年代末には，対外的には中国ナショナリズムの高揚による中国東北における日本権益の動揺（「満蒙の危機」），対内的には労働争議・小作争議の増大による支配秩序の動揺，浜口内閣による「統帥権干犯問題」（ロンドン海軍軍縮問題），疑獄事件にみられる政党政治の腐敗などが，それらの勢力の危機感を深めた。さらに30年に昭和恐慌が始まり，社会的混乱が深まったことは，彼らを政党政治打破・「満蒙」支配確立に向けて駆り立てた。31年には陸軍（関東軍）により「満洲事変」が開始され，陸軍軍人が「三月事件」「十月事件」といったクーデタ未遂事件を引き起こした。32年に入り海軍青年将校と陸軍士官候補生，農本主義思想家橘孝三郎の影響下にあった民間人などが首相官邸・内大臣邸・警視庁などを襲撃し，国家改造の端緒を開くことを企図した。5月15日，海軍青年将校が首相官邸で犬養毅を射殺した。後継内閣は海軍大将斉藤実を首班とする挙国一致内閣となり，24年以来続いた政党政治は中断し，戦後まで復活することはなかった。一方，事件の犯人は逮捕後の裁判で動機の正当性を主張し，世の同情を集め，被告減刑運動が全国的に展開された。　　　　　　　〔伊香俊哉〕

## コヴェントリー大空襲　Coventry Blitz

ロンドンをはじめイギリス諸市がドイツ空軍の激しい空襲にさらされた歴史のなかで，コヴェントリー空襲が特に記憶され続けているには，2つの理由がある。第1に，このイングランド中部の工業都市は，第二次世界大戦中，繰り返し（41回）もの空襲を受けたばかりでなく，1940年11月14日の夜間空襲は，〈都市抹殺〉とも言うべき残虐なもので，世論を対独報復の方向に固めさせた。公式報告に「航空機の歴史における特に重要な出来事」と記され，空軍力が「小規模な都市に対し，その都市を壊滅させる目的で大規模に投入された」からである。「ゲルニカ」の拡大再生産と言える。英政府は，直後，爆撃機集団司令官にA.ハリス将軍を任命，作戦目標を「敵の非戦闘員，特に工場労働者の戦意に集中」させる方針に転換した。「コヴェントリースタイル」と呼ばれる方式導入によって，英独間の空襲の応酬はより過酷なものとなった。第2に，戦後のコヴェントリーが〈憎悪と報復の連鎖〉に終止符を打つ取り組みを始めたことによる。破壊された大聖堂は「平和のメッセージ」として保存され，そこに建立された「和解の像」が世界に「赦しと和解」を発信している。　　　〔前田哲男〕

## 江華島事件　Ganghwa Island Incident

1875年9月20日，日本軍艦の雲揚号が朝鮮の首都漢城の外港である江華島付近に侵入して同島砲台と交戦し，さらに永宗島を占領した事件。雲揚号事件とも言う。その遠因は，明治維新以来の日本政府の外交政策の転換，それに伴う朝鮮政府の日本国書不受理問題によって日朝間の国交回復が懸案となっていたことにある。事件前に朝鮮政府は開国論に傾いていたが，釜山に派遣された外務官吏森山茂の強硬論を受けて外務省は海軍省と協議し，75年5月，軍艦雲揚・第二丁卯を釜山に派遣して砲撃演習を行った。続く9月，雲揚号は江華島砲台付近に進出し，端艇で草芝鎮に接近中に砲撃を受けて応戦，ついで永宗鎮を攻撃して民家を焼き払い大小砲などを戦利品とした。日本の方針は，旧来の事大交隣の国際関係を武力的威圧により打破し，万国公法的な国際関係を樹立することであった。この事件を機に日本は翌76年2月，日朝修好条規（江華島条約）の締結を朝鮮に迫った。雲揚号艦長井上良馨は同事件の国際法違反を隠蔽するため，飲料水を求めて草芝鎮に向かおうとして砲撃を受けたと事実を捏造した。　　　　　　　　〔小川原宏幸〕

## 黄禍論　Yellow Peril

19世紀末から20世紀初頭にかけて欧米などの

白人社会で流行した、中国人や日本人などの黄色人種を脅威とみなす警戒心に基づく世界観、思想のこと。社会進化論に基づく白人意識などの人種論を背景とし、日本の強国化や黄色人種の人口の多さなどを根拠とする。欧州では国際政治の上の戦略的言説であったのに対し、アメリカやオーストラリアといった移民国家では、黄色人種の移民と白人社会との摩擦という社会的な背景を持った言説であるなど、世界の各地域で異なる展開をみせた。

この思想の起源は、アメリカ合衆国やオーストラリアでは1880年代に求められ、また欧州でも日清戦争後のドイツ、ロシア、フランスによる三国干渉の前後にその原型が現れていた。この3国こそが、欧州で黄禍論が最も流布した地域であった。だが、「黄禍」として概念化されたのは、90年代半ば以降のドイツのヴィルヘルム2世の言論によるところが大きい。特にヴィルヘルム2世が図案を作成し、ヘルマン・クラックフースが描いた愚意画「ヨーロッパの各民族よ、諸君らの神聖な富を守れ」("Völker Europas, wahrt eure heiligsten Güter")が95年にロシアのニコライ2世に贈られ、さらにその複製が欧米に広がったことが注目されている。ヴィルヘルム2世の意図は、「黄禍」を強調することで、ロシアの欧州への関心を東方に向けることにあった。実際、ロシアは96年に露清密約を締結し、また98年には旅順・大連に租借地を獲得するなど、東方への関与を深めた。三国干渉終了後には、ドイツよりもフランスで黄禍が議論されたが、1900年に義和団事件が発生し、ドイツ公使が殺害されると、ヴィルヘルム2世は再び黄禍を提唱し、中国に派兵した。

アメリカでは、それぞれ増加してきていた、中国系移民と白人の下層（Poor White）との間の摩擦を背景に、1880年代にはすでに黄禍という表現が用いられ、1882年の移民法で新たな中国系労働移民が禁じられた。また、20世紀初頭には日系移民もまた問題とされた。他方、オーストラリアでも同様の動きがあり、中国人移民は制限されたが、20世紀初頭には白豪主義に基づき日本移民をも対象とした移民制限法が制定された。

日露戦争が勃発すると、ロシアや、ドイツのヴィルヘルム2世はこれを人種間戦争と位置づけたが、イギリスなどはそれに反発した。第一次世界大戦以後も、黄禍論的な要素を持つ人種論はしばしば生じた。国際連盟創立に際しての人種差別撤廃条項を巡るやりとりや、1924年のアメリカの排日移民法制定とそれを巡る議論にこのことがみられる。

【参考文献】　飯倉章『黄禍論と日本人』中央公論新社、2013年

〔川島真〕

▎**攻撃的兵器**　offensive weapon

兵器は、相手国の攻撃を排除して、国家間の価値配分の現状を維持することもできるが、逆に、それを現実に使用して、あるいはその使用を威嚇して、価値配分の現状を変更することもできる。それゆえに、守勢の局面でも攻勢の局面でも使用し得る兵器の配備は、他方の不安を掻き立てることなく、一方の不安を拭い去ることはできない。

では、国家間に安全保障のディレンマを深刻化させることのない兵器は存在するのだろうか。この問題は冷戦期の安全保障論の中核的議論であった。リアリストは、潜水艦発射弾道ミサイル（SLBM）のように、命中精度が不十分なため、相手国の反撃兵器を確実に破壊することはできないものの、その非戦闘員には十分な損傷を与える兵器がそれに該当すると論じた。なぜならば、そのような兵器は、先制攻撃を自制するという約束の説得力を損なうことなく、攻撃に対しては反撃するという威嚇に説得力をもたらすと考えたからである。兵器を破壊せず、人間だけを殺傷する兵器こそが良い兵器だとする倒錯に論理があるとすればこれである。

【関連項目】　安全保障のディレンマ　　〔石田淳〕

### 皇国史観　Kokoku Shikan (Emperor-centered historiography)

　最も広い意味では，前近代の尊皇論から戦後の教科書検定や「新しい歴史教科書をつくる会」の思想までも含めて天皇や国家を重視する歴史観一般を指すが，厳密には1930年代から敗戦までの時期に盛行した歴史観であり，天皇家の祖先神アマテラスによって出されたいわゆる天壌無窮の神勅を歴史の起点に置き，万世一系の天皇が日本を統治するという「国体」に至上の価値を置いて歴史を描く考え方を意味する。ただし，「国体」をどのように理解するのかによって，皇国史観の解釈にもある程度の幅が生じるため，共通してマルクス主義史学を敵視しつつも，その内実は決して画一的・一枚岩的なものではなく，様々な思想・運動と結びつきながら現れ，国民に対して強い影響を与えた。対外的には日本民族の優越性を根拠づけ，他民族への蔑視・差別や植民地支配を正当化するものとして機能し，また国内的には戦争に対する国民の積極的な支持・協力を促した。〔昆野伸幸〕

### 甲午農民戦争　Donghak Uprising

　1894年に起こった朝鮮王朝最大の農民蜂起（民乱）である。この戦争をきっかけに，清国の勢力を排除し朝鮮を支配することを狙っていた日本は在留邦人保護などの名目で軍隊を派遣し，日清戦争を引き起こした。
　朝鮮政府による重税化や官吏の汚職等の王朝末期的状況に加え，開港後の物価騰貴などに苦しんでいた朝鮮農民が日本への米の流出防止，腐敗官吏の罷免，租税減免等を要求して立ち上がった。同年春，朝鮮南部の全羅道の茂長・古阜で起こった農民反乱は，折から広がっていた民族宗教である東学の非主流派幹部・全琫準，金開南らを指導者としてその地方組織を媒介に急速に中・南部一帯に波及した。5月末農民軍による全州占領に伴って朝鮮政府が清国に援軍を要請すると，日本はそれに対抗して大部隊を出兵し，7月23日には朝鮮王宮をクーデタにより占領，清国と開戦して朝鮮の保護国化を目指した。農民蜂起は二度にわたって起こったが，第1次蜂起が反封建闘争に重点を置いていたのに対し，第2次農民蜂起は朝鮮で軍事行動を展開する日本軍を撃退するための反侵略闘争であった。〔小川原宏幸〕

### 光州事件　Gwangju Democratization Movement

　光州事件は，1980年5月18日から27日まで，韓国南西部・全羅南道の道庁所在地であった光州で，市民が戒厳軍の無差別的暴力に抵抗した民主化運動である。79年10月26日，朴正熙大統領が側近によって殺害された後，全斗煥率いる新軍部が12月12日のクーデタによって実権を掌握した。80年5月17日に新軍部は全国非常戒厳令を発令し，翌18日には野党指導者の金大中，金泳三らを逮捕・軟禁した。それ以前から全国で続いていた市民デモは戒厳令布告後も収まることはなく，なかでも金大中の政治基盤であった光州では市民と軍の衝突に発展した。衝突が発生した5月18日から軍が光州市内を制圧した同月27日までの間に，死者154人，行方不明者76人を含む計4406人の人的被害が発生した（2008年，補償統計に基づく）。「光州民主化運動」という呼称は，韓国の民主化のなかで1988年から定着した。同年に開催された国会の聴聞会で，軍の武力による過激な鎮圧が明らかになり，93年に発足した金泳三政権は「今日の政府は，光州民主化運動の延長線上にある民主的な政府」とし民主化抗争の正当性を明確にした。〔金聖哲〕

### 甲申事変（甲申政変）　Gapsin Coup

　1884年12月朝鮮・漢城で急進開化派と呼ばれるグループが，当時の朝鮮政府（閔氏政権）をクーデタで打倒し，国王親政の下に国政改革を行おうとした政変。82年の壬午軍乱以後清国の

宗主権強化策が進むと，開化派は，朝貢体制と「万国公法」体制の二重体制を認める穏健開化派と，「万国公法」体制への一元化を目指す急進開化派とに分裂した。洪英植，金玉均，朴泳孝らを中心とする急進開化派は朝鮮の近代化を図ろうと，留学生の派遣や新聞の発刊等に努める一方，国王高宗にも接近した。しかし清国と結んだ閔氏政権下で開化政策が遅々として進まないことに焦燥感を募らせ，清仏戦争での清国の敗北を機に日本の後ろ盾を得てクーデタを実施した。閔氏政権要人を殺害し，国王を掌握して新政府を樹立し，門閥廃止，地租改革など14ヵ条からなる新政綱を発表した。しかし清国軍が介入すると新政権は瓦解し三日天下に終わり，金玉均，朴泳孝らは日本に亡命した。公使館が焼かれた日本は，再び樹立された閔氏政権との間に漢城条約を結んで謝罪と賠償金を得たが，日本の関与は不問に付した。〔小川原宏幸〕

## 交戦規則（ROE） rules of engagement

交戦規則（交戦規定）は，一般には国又は国際機構がその指揮下の軍警察部隊に与える行動基準を言い，射撃に関する規則を含むのでこの名称がある。武力紛争時の行動基準に限らない。国により相違があるが，交戦規則は内部的規則である点で国際法，国際法の一部である交戦法規，又は国内法とは同一ではなく，国内法上の規定のない限り法的拘束力が付与されないことが多い。ただし国際法や国内法と一致するならその効果で拘束的となり，命令として付与される場合には命令として内容が拘束性を帯びる。いずれにせよ他の拘束力ある法規則に対する特別規則として交戦規則が優位するわけではなく，法に反する交戦規則であればそれに従った行為が違法になる。

交戦規則付与の目的は，関連の国際法や国内法を改めて部隊に示して法遵守を確保し，法的制限内において特定の状況に応じた具体的行動の基準を明示することでより適切に行動目的を達成せしめることにある。例えば治安維持や従来型の平和維持任務の場合には，展開の地理的範囲，巡察，検問，携行火器，火器使用手順や身柄拘束といった事項が交戦規則で定められる。日本の自衛隊では部隊行動基準と言う。
【関連項目】 交戦法規／国際人道法（武力紛争法）（IHL）
〔真山全〕

## 交戦権 right of belligerency

日本国憲法9条2項は「国の交戦権はこれを認めない」と規定している。この意味について学説は3つに分かれる。第1は，国家として戦争を行う権利と解する説，第2は，国際法上，交戦国が持っている諸権利の総体であり，相手国兵力の殺傷及び破壊，相手国の領土の占領，そこにおける占領行政，中立国船舶の臨検，敵性船舶の拿捕等を指すという説，第3は，その双方を含むという説である。いずれの説も，憲法9条が自衛戦争や自衛戦力の容認をしているとは解し得ないとするのが学界の通説である。内閣法制局は，第2説をとりつつ，自衛権に基づき自衛のための必要最小限度の実力を行使することは認められるから，例えば，自衛権の行使として相手国兵力の殺傷と破壊を行う場合，外見上は同じ殺傷と破壊であっても，それは交戦権の行使とは別の観念のものであると説明し，憲法9条は，戦争という統治行為を奪っているものと解している。すなわち，戦争とは相手国を国際法上許されたあらゆる外的手段を使って屈服させるまで戦うもので，交戦権も認められるが，憲法上許される個別的自衛権の行使は，自己防衛目的だけで行使されるもので，相手国を攻めることも占領することもできず，交戦権も行使することができないと解釈している。
【関連項目】 憲法9条／内閣法制局 〔河上暁弘〕

## 交戦団体承認 recognition of belligerency

一国内で内戦（非国際的武力紛争）が生じ，合法政府と闘う反徒が，国内の一定地域に実効

的な支配を及ぼし事実上の政府を樹立するようになる場合，合法政府や第三国が反徒に一定の範囲で国際法の主体としての地位を認めるための一方的行為を「交戦団体の承認」と言う。1861年の米国南北戦争時に米国政府や英国政府によって行われた南軍政府の承認がその例。

第三国からすると，在留自国民の生命・財産の保護や，戦闘海域を通航中の自国船舶に対する中立通商の自由の確保のために，交戦団体との間で戦時国際法の部分的な適用を確保する必要があり，また，合法政府側としても，実際に実効支配が及ばなくなった地域での外国人の生命・財産に対する損害賠償責任を交戦団体に転嫁できるという利点があった。

交戦団体の承認が行われると，合法政府と交戦団体間の武力紛争には戦時国際法上の交戦法規が適用され，第三国との関係では中立法規が適用されることになる。このように交戦団体は，戦時国際法の範囲内で，第三国との間で直接交渉し協定を締結したり，違法な戦闘行為につき国際責任を負ったりするなど，一定の国際法上の法主体性を獲得することになる。

こうした「交戦団体の承認」の制度は，18世紀後半から19世紀初頭にかけての北米・ラテンアメリカ諸国の独立戦争の過程で形成され，南北戦争で確立されたと言われるが，20世紀に入ると1936年からのスペイン内戦に見られるように，内戦の国際化と諸国の干渉政策の結果，今ではほとんど利用されなくなっている。

もっとも，国際人道法の適用という観点からは，ジュネーヴ条約第2追加議定書が，「締約国の領域において，当該締約国の軍隊と反乱軍その他の組織された武装集団（持続的にかつ協同して軍事行動を行うこと及びこの議定書を実施することができるような支配を責任のある指揮の下で当該領域の一部に対して行うもの）との間に生ずるすべての」非国際的武力紛争に適用されるとされているように，交戦団体の承認がない場合のいわゆる「反乱団体（insurgency）」にも，人道的待遇という観点から，一定の国際法上の保護が与えられることになっている。

また，国家としての独立と一体性を求めて，外国の植民地支配，占領及び人種差別に武力で抵抗している民族団体である「民族解放団体（national liberation movements）」による民族解放戦争は，かつては内戦の一種と考えられていたが，今日では，国家間の武力紛争に適用されるジュネーヴ条約第1追加議定書が適用される国際的武力紛争と位置づけられ（1条4項），民族解放団体には，武力紛争上は，反乱団体以上の国家に準ずる地位が与えられるようになっている。

【関連項目】国際人道法（武力紛争法）（IHL）／国家承認／ジュネーヴ法／スペイン内戦／戦時国際法
【参考文献】田畑茂二郎『国際法における承認の理論』日本評論社，1955年／樋口一彦「国際人道法の適用における『武力紛争の存在』」村瀬信也ほか編『武力紛争の国際法』東信堂，2004年　　　　　　　　　　　　　　〔森川幸一〕

### 交戦法規 （こうせんほうき） rules on the methods and means of warfare/laws of war

国際法の1分野を構成する国際人道法（武力紛争法）は，害敵の方法及び手段（methods and means of warfare）の規制，並びに武力紛争犠牲者の保護の規則に大別され，前者を交戦法規と言うことがある。交戦法規は，国際人道法の一部であるから国や国際機構がその軍隊に内部規則として与える交戦規則（ROE）と性格を異にする。また交戦法規は英語でlaws of war（warfare）と表現されることもあって国際人道法全体の別称である戦争法（law of war）と混同しやすいが，交戦法規を指すにはlawsと複数形として害敵の方法及び手段の個別規則の集まりである側面を強調することがある。

交戦法規は，背信行為禁止規則を含む戦闘員や兵器の外見の規制，殺傷破壊目標の選定基準，及び目標殺傷破壊手段としての兵器の規制

の3分野からなり、前二者を害敵方法、3つ目を害敵手段と呼ぶ。害敵の方法と手段の規制には原理に相違があり、害敵方法手段として一体として扱うことはできない。また戦闘以外の行動も規制するので戦闘の方法及び手段ということも不適当である。なお交戦法規は、陸戦と海空戦で少し異なり、海空戦で背信行為として禁止される範囲は陸戦よりも狭い。以前は攻撃目標の範囲も海空戦の方が限定的であったが、最近ではこの点の差異は小さくなっている。

交戦法規は、敵味方戦闘員が相互に相手を殺傷破壊してもよいことを前提とする。一方がそもそも発砲を禁じられていたら双方を均しく拘束する撃ち方の規則は成立し得ないからである。このため交戦法規は、国家間戦争のような対等なもの同士の国際的武力紛争で発達した。内戦を典型とする非国際的武力紛争では国内法的に政府の反徒制圧のみが合法で反徒の行為は犯罪となり、国際法もこうした構造をそのまま認めていたから交戦法規はなじまなかった。

交戦法規の中心となる条約は、ハーグ陸戦条約附属規則（1907年改訂）である。ほかにジュネーヴ・ガス議定書（25年）といった個別的害敵方法手段規制の条約がつくられた。交戦規則は、国際的武力紛争に適用されるジュネーヴ諸条約第1追加議定書（77年）において大幅に近代化された。最近では、特定通常兵器禁止制限条約（80年採択、2001年改正）のように非国際的武力紛争における交戦法規の適用を認める条約も増えている。

【関連項目】　交戦法規／国際人道法（武力紛争法）（IHL）／ハーグ陸戦規則
【参考文献】　信夫淳平『戦時國際法講義』（全4巻）丸善, 1941年／田岡良一『国際法III』有斐閣, 1975年／Lauterpacht, Hersch, *Oppenheim's International Law*, Vol.2, *Disputes, War, and Neutrality*, Longmans, 7th ed., 1955　　〔真山全〕

## 構造的暴力（間接的暴力）
structural violence/indirect violence

ノルウェー出身の社会学者・平和研究者ガルトゥングが1960年代末に提唱した概念。従来、平和は戦争の反対概念とされ、平和研究は、国家などによって組織化された暴力の行使を回避・管理することを課題としていた。それに対して、ガルトゥングは、暴力を人間の潜在能力の発揮が阻まれることと定義し、平和の反対概念を暴力と捉えた。その上で、暴力には、主体や客体が明確で行使自体が可視的な直接的暴力と、暴力行使の主体が明確ではなくメカニズムが必ずしも可視的ではない間接的暴力（「構造的暴力」）があると指摘した。

前者は、国家間の戦争や内戦など、暴力行使の結果、人が死傷することで人間の潜在能力が奪われる。これは平和研究がかねて課題としてきた対象であり、そうした直接的暴力に対処することは消極的平和とされた。

後者は複雑である。例えば、地球のすべての人々の必要カロリーを満たす食料が生産されているのに多数の栄養失調者や餓死者がいる。マラリアやHIVのように予防や治療の技術・薬剤が存在するのに、多くの人が死亡している。特定の人々（特に女性）が貧困や差別のゆえに教育を受ける機会を奪われるなど、能力発揮の機会を奪われている。ガルトゥングの定義によれば、これらは人間が持つ潜在能力の剥奪であり、暴力の存在を意味している。こうした暴力は、社会システムの通常のメカニズムに組み込まれたものとして構造的暴力と呼ばれ、構造的暴力の発生メカニズムを分析し、構造的暴力のない積極的平和の構築が平和研究の課題だとされた。

構造的暴力の概念によって、開発・貧困・人権・格差・差別などが平和研究の課題に加わり、平和研究が大きく発展する契機となった。しかし、そもそも構造的暴力がない状態は実現可能、想像可能なのか、構造化された暴力を最終的に支えている直接的な暴力の批判的分析が逆に軽視されることになったのではないかという問題も指摘されている。

【関連項目】　積極的平和主義
【参考文献】　ガルトゥング、ヨハン（高柳先男ほか訳）『構造的暴力と平和』中央大学出版部、1991年／Galtung, Johan, "Violence, Peace, and Peace Research", *Journal of Peace Research*, Vol. 6, No. 3, 1969　〔遠藤誠治〕

## 高速増殖炉（FBR）　fast breeder reactor

高速増殖炉は、核分裂により発生する高速中性子を、減速材を使用せずにプルトニウム239に照射し、その核分裂の連鎖反応に利用する原子炉。また同時に高速中性子の一部を、核分裂を行わないウラン238に捕獲させプルトニウム239に変換させる。変換されたプルトニウム239が核分裂したプルトニウム239以上の量とすることができるという特徴を持つことから高速増殖炉と呼ばれるが、増殖させない場合には単に高速炉と呼ばれ、米国、フランス、ロシア及び日本等で研究開発が行われている。高速増殖炉の構成は、炉内中心部にウランとプルトニウムの混合酸化物燃料を用いた燃料集合体を配置し、周辺部へは増殖用のウラン238を用いたブランケット燃料集合体を装荷する。冷却材は、中性子エネルギーを減衰させず、また沸点が高く、熱伝達率が高いナトリウム（液体）が一般的に使用されている。ナトリウムは、融点が約100℃に対して、沸点が約900℃であり、原子炉運転中の冷却材温度は約400～約530℃の範囲（高速増殖原型炉もんじゅの場合）であるため、軽水炉のように加圧しなくても沸騰しないことから、原子炉容器は低圧設計が可能である。また、1次系・2次系配管内の温度差によって自然に起きる対流現象により、全交流電源喪失時においても空気冷却により、炉心の冷却が可能になるよう設計されている。他方ナトリウムは、不透明で水との接触で活発に反応するため、燃料交換が軽水炉に比べて複雑であること、配管や蒸気発生器の故障時のナトリウムの水や酸素との反応への対応、原子炉停止時におけるナトリウムのヒータによる加温が必要となる。

高速炉による中性子利用として、現在、高レベル放射性廃棄物の減容化・有害度低減に向けた研究開発が行われている。通常、使用済燃料を再処理することにより、ウランとプルトニウムを再利用し、それ以外はガラス固化体として処分される。これまで処分されていた、マイナーアクチニド核種（ネプツニウム、アメリシウム等）、核分裂生成物である白金族（パラジウム等）の利用が検討されており、また高速中性子照射による半減期の長い放射性物質の崩壊による量の削減により、発熱の大きい核種の除去による有害度低減や処分場の改善が行える。そのため、マイナーアクチニドを含むウラン・プルトニウムの混合酸化物燃料（Mixed oxide; MOX）及び、プルトニウムの割合が高い燃料死蔵技術の開発及び照射試験、再処理におけるマイナーアクチニドの分離技術の開発など、安全性、経済性、環境影響、持続可能性及び核不拡散の観点から将来検討が行われている。

【関連項目】　原子力開発／原子炉の構造
【参考文献】　堀雅夫監修『基礎高速炉工学』日刊工業新聞社、1993年　〔須田一則〕

## 皇民化政策（朝鮮）　Japanization policy

1936年に朝鮮総督に着任した南次郎は、朝鮮人の民族意識封じ込めと戦争への動員、朝鮮と満洲の一体化を通して、日本の「国民」統合強化を図ろうとした。37年の日中戦争勃発後、南は「内鮮一体」のスローガンを掲げ、朝鮮人を「皇国臣民」化し、戦争に動員するシステムの構築を図ろうとした。このための一連の政策を「皇民化政策」という。

日中戦争前から朝鮮知識人の思想転向を強要していたが、戦争勃発後は一般民衆を含め、神社参拝、学校や職場での「皇国臣民ノ誓詞」の唱和などを強要した。また、陸軍特別志願兵令の公布（38年）により、国体観念を注入し、軍事教練を行う制度を設け、朝鮮教育令の改正

（同年）により学校制度を「内地」と一元化し，「国語」（日本語）教育の比重を一層高めた。また，朝鮮の伝統的家族制度を否定する創氏改名（40年）を実施した。

戦争の長期化が決定的になると，国家総動員法が朝鮮にも施行され（38年），総督府の補助機関として国民精神総動員朝鮮連盟が結成された。同連盟は地方や町・洞・里，学校，職域，その他団体ごとに下部組織を置いた。またその下に10戸を単位とした愛国班を置き，皇民化政策の浸透，徹底を図った。同連盟は40年に国民総力朝鮮連盟に改編された。

また，「内地」での労働力不足を補うため，日本政府は朝鮮人労働者の動員を図り，土木，炭鉱，鉱山，工場などで苛酷な労働を強いた。また，朝鮮人を戦地へ軍属として動員し，女子も勤労動員の対象とした。このほか軍慰安婦として動員された女性もいた。

アジア・太平洋戦争の開戦により，朝鮮人の兵力資源としての動員が急務とされた。未就学者を兵士や軍需産業労働者として錬成する制度や海軍特別志願兵制，学徒志願兵制度が実施されたほか，43年には徴兵制が施行された。日本の敗戦がほぼ決定的であった45年5月，戦争動員の代価として朝鮮に参政権が付与されたが，まもなく日本の敗戦を迎え，実質的な機能を果たさなかった。

【関連項目】　創氏改名／朝鮮植民地支配／朝鮮人強制連行
【参考文献】　水野直樹『創氏改名』岩波書店，2008年／宮田節子『朝鮮民衆と「皇民化」政策』未來社，1985年〔三ツ井崇〕

## 公民権運動とキング牧師　Civil Rights Movement and Martin Luther King, Jr.

1950年代後半から60年代に活発化した，アフリカ系アメリカ人（黒人）の権利擁護を求める運動。ボイコットやデモ行進，座り込みなど非暴力の直接行動で不服従を誇示することに特徴がある。

公民権運動は，55年12月に勃発したアラバマ州モントゴメリーのバス・ボイコット運動に始まる。その指導者が，同市黒人教会のキング牧師（29〜68年）であった。ガンディーの非暴力運動などに範をとったキングの指導力もあって，公民権運動は人種を超えた支持を集め，64年の公民権法及び翌65年の投票権法の成立の原動力になった。しかし運動の焦点が経済的・社会的な差別に移ると，保守層や過激化した運動家の批判もあって停滞した。68年にはキング自身も暗殺され，運動は分裂する。

公民権運動が一定の成果を収めた背景として，第二次世界大戦から冷戦にかけて，米国の理想と矛盾する人種差別に，国内外から批判が集まっていたことがある。

【関連項目】　ガンディーの平和思想／ポジティブ・アクション
〔倉科一希〕

## 高レベル放射性廃棄物（HLW）
high level nuclear waste

高レベル放射性廃棄物とは，発電炉等でウラン燃料が中性子照射され，核分裂を起こした後生成される核分裂生成物（fission product: FP）のことである。照射済ないしは使用済燃料から再処理され，再度核燃料として使用可能なウランやプルトニウムを分離抽出した後の廃液中，ないしはガラス固化体中に存在する高放射能核種を指す。あるいは，これら核種を含む溶液やガラス固化体を指す。ウランは中性子により破壊され，より原子番号の小さい核種に崩壊していく。生成された核種もまた中性子によって崩壊していくが，それぞれの性質によって自ら放射線を発しながら崩壊していく核種もある。短期間に強い放射線を発して崩壊する核種を「短半減期の核種」，長期にわたって放射線を放出し，崩壊し難い核種を「長半減期核種」と呼ぶ。

原子炉内の中性子照射期間により，中性子によって崩壊する核種と，炉内から取り出された後自己崩壊する核種とがあるが，炉心から使用

済燃料が取り出され，一定期間プールにおいて冷却される間，短半減期の核種は崩壊する。一般に高レベル放射性廃棄物には，中長半減期の核種が含まれる。主な核種は，Tc99（21万年），Ba（10.5年），Cs135（230万），Zr93（153万），Nb94（2万300年），Cs137（30年），Sr90（29年），Cs134（2年），Rb87（475億年），Pm147（2.6年）（カッコ内は半減期）である。

このように原子炉で照射した後，使用済燃料あるいは再処理廃液やガラス固化体中の，自然界に存在せず，かつ高放射能を有する核種をどのように長期に保管管理していくかが大きな課題である。現在いくつかの国では地中処分が検討されている。フィンランドでは，発電炉近くの敷地にトンネルを掘り，深地層に使用済燃料を埋設する計画を進めている。米国は，テネシー州のユッカーマウンテンに横トンネルを掘り，米国内で排出される使用済燃料の処分を検討していたが，地元住民の反対で計画は中止された。ドイツでは，ゴアレーベン地下の岩塩層に使用済燃料を埋設する処分場を建設していたが，白紙に戻して検討されることになった。

日本では，使用済燃料を各原発のプール内で貯蔵しているほか，堅牢な保管容器に収納して気中で保管する乾式貯蔵を行っている所もある。海外の再処理で発生したガラス固化体は，変換された後，六ヶ所高レベル廃棄物貯蔵管理センターで中間貯蔵されている。

一方，福島原子力発電所事故以降，原発依存度を低下させることとして，原子力委員会を中心に使用済燃料の最終処分のあり方について検討されている。

【関連項目】　ウラン／核種／核分裂生成物／再処理／放射性廃棄物／放射性廃棄物の処理・処分
【参考文献】　原子力委員会「核燃料サイクルの選択肢について」平成24年6月21日決定／Benedict, M. *et al.*, *Nuclear Chemical Engineering*, McGraw-Hill, 1981　〔菊地昌廣〕

## 講和条約（平和条約）　peace treaty

戦争状態を終了させ，戦争賠償や財産・請求権の処理，領土問題などについての最終的な解決をもたらして，交戦国間に通常の友好関係を回復することを目的とする条約。ヴェルサイユ条約やサンフランシスコ講和条約がよく知られている。

1919年のヴェルサイユ条約は，第一次世界大戦後のドイツとの間の講和条約である。その第1編（Part I）は国際連盟規約となっており，同条約の発効と同時に国際連盟も発足した。しかし，アメリカ上院は，国際連盟への反対のためヴェルサイユ条約の承認も否決し，アメリカは別途21年8月にドイツとの間に講和条約を締結した。

51年のサンフランシスコ講和条約（対日平和条約）は，第二次世界大戦後の連合国と日本との間の講和条約である。大戦で大きな被害を蒙った中国は，人民政府と国民政府のいずれを講和会議に招請するかで英米の意見が一致しなかったため，同条約には参加できなかった。そこで日本は，52年4月に国民政府を相手に日華平和条約を締結したが，72年9月には政府承認を切替え，日中共同声明において人民政府との間で「不正常な状態」の終了を宣言した。

このように，平和条約は個別の事情を反映して一様ではないが，なかには戦争状態の終了を規定していないものさえある。例えば日印平和条約は，日印間の戦争状態の終了の後に締結されたため，戦争状態の終了に関する規定がない。

〔浅田正彦〕

## ゴーリズム　Gaullisme

語源的には，フランスの第二次世界大戦解放の英雄であり，第五共和制創立者であるシャルル・ドゴールの信条や政治行動を指すが，一般的には西側世界における自立的なフランス外交を意味して使われる場合が多い。しかし言葉のより正確な意味においては，ゴーリズムは，そ

の国内政策と対外政策，思想・行動様式・制度などに区分して考察されるべきである。国内政治的にはカトリック的価値観を持った保守的な政策志向と言える。第四共和制の時代には，その行動様式がドゴール自身が軍人であったことから，その集会が軍服を着た支持者の直接行動を特徴としたのでファシズム運動のようにみられたこともある。アルジェリア独立運動を終結させて第五共和制を設立させ，その後大統領になってからは「国父」の風貌を演出し，重厚な政治家像をその名前に重ねることに成功した。特に外交において終始「偉大なフランス」を主張し続け，中級国の核戦略を標榜し，アメリカに対しても独立不羈の姿勢を誇示したことから，断固たる一貫した外交の代名詞としてゴーリズムと理解する向きもある。しかし現実には実力でアメリカに抗することは不可能であり，随所で対米依存・協力的な姿勢も示した。その意味では「偉大さを演出」したのがドゴール外交の真骨頂であったというのが正しい見方である。

〔渡邊啓貴〕

## 小型武器　small arms and light weapons

小型武器は小銃から軽兵器に該当する携帯型ロケットランチャーまでを含む通常兵器である。2001年に開催された第1回国連小型武器会議により採択された小型武器行動計画に従って，これまで国際的にあるいは各地域で小型武器の軍縮が進められており，その履行状況を検討するため，5年ごとに国連小型武器行動計画履行検討会議が開催されている。また，05年には国連総会により不法小型武器の特定及び追跡に関する国際文書が採択された。これは小型武器へ固有の英数字を刻印することにより，不法に流通している武器がいかなるルートにて武器製造国又は輸出国から流出したかを特定し，追跡するための国際協力の枠組を構築するためである。この国際文書は国連組織犯罪防止条約銃器議定書を参考にし，1899年以前に製造された武器を除外し，小型兵器について「持ち運び可能な殺傷兵器で，弾丸，銃弾又は発射体を発射し，発射するように設計され，または発射するよう容易に転換出来るもの」と定義している。小型武器は2013年4月に国連総会により採択された武器貿易条約の適用範囲にも含まれる。

【関連項目】国際組織犯罪防止条約／通常兵器／武器貿易条約

〔福井康人〕

## 国際安全保障　international security

一般的には，国家間の勢力均衡や協調，また国際組織により確保される地域や世界の安定と秩序を指す。一般に安全保障を「脅威からの自由」と考える場合，伝統的には国家による軍事力の行使，すなわち戦争が国家にとっての大きな脅威とされてきた。そして，国家安全保障がある特定の国の安全保障を中心に据えるのに対し，国際安全保障は一国のみならず，より広範な地域及び世界全体の安全保障の確保と維持を重視する。

国際安全保障を確保する手段としてはまず，国家間の勢力均衡を保つことで地域や世界の安定と秩序を確保しようとする考え方がある。この場合，同盟が1つの有力な勢力均衡を維持する手段になりうる。また，ウィーン体制のように，大国による勢力均衡に加え協調が地域や世界の安定と秩序を確保する上で重要であるとする考え方もある。加えて，第一次世界大戦以降，国際連盟や国際連合に代表される集団安全保障により平和と安定を確保しようとする考え方も現れた。さらに，第二次世界大戦後，米国が中心となって国際連合や国際通貨基金（IMF）などの国際政治経済システムや北大西洋条約機構（NATO）などの同盟システムを構築したように，特定の覇権国が政治，経済，安全保障面でのシステム構築に主導的役割を果たすことが，地域の安定や世界秩序を保つ上で重要であるとする考え方もある。

しかし，国際安全保障に対しては新たにより

複雑な課題が出現している。まず，国家による戦争や紛争といった伝統的脅威のほかに，テロリズム，大規模災害，金融危機，環境破壊，保健衛生問題等の非伝統的脅威が顕著な問題となっている。さらに，安全保障を維持する手段も軍事力を中心とするハードパワーに加えて，制度や規範といったソフトパワーや高度な情報通信技術も重視されるようになっている。加えて，安全保障を担う主体も国家に加え，国際機構，企業，非政府組織（NGO）などの役割も増大している。

【関連項目】 安全保障／国家安全保障／集団安全保障／人間の安全保障
【参考文献】 赤根谷達雄・落合浩太郎編著『新しい安全保障』論の視座』亜紀書房，2001年／防衛大学校安全保障学研究会『安全保障学入門（新訂第4版）』亜紀書房，2009年

〔西田竜也〕

## 国際安全保障学会
Japan Association for International Security

国際安全保障学会は，安全保障，軍事そして防衛問題に関する理論的，実証的な研究を行い，かつ推進することを目的とする学術組織である。1973年に，防衛学会として設立されたのが始まりである。

その後，世界情勢の推移と安全保障分野に関する学問と研究の進展を踏まえて，伝統的な国家安全保障や軍事防衛問題の研究を重視しつつ，さらに人間の安全保障といった安全保障分野の新しい展開や安全保障研究のさらなる発展を期待して，2000年に国際安全保障学会に学会名称を変更した。

主な活動は，学会機関誌『国際安全保障』の発行，年次研究大会の実施，研究会や講演会等の開催，国際交流の推進，さらには学術研究の奨励事業の実施等である。日本学術会議協力学術研究団体でもある。初代会長は佐伯喜一，現会長は高木誠一郎である。

【関連項目】 安全保障／国際安全保障 〔西田竜也〕

## 国際移行期正義センター（ICTJ）
International Center for Transitional Justice

移行期正義の分野で活動する国際NGO。2001年に設立。アメリカ合衆国ニューヨーク市に本部を置く。

1980年代以降，独裁体制紛争から民主的な体制への移行期に，人権侵害行為への対処方法やその意義について論じられ，様々な地域での経験を集積し共有する必要性が確認され，ICTJが設立された。

ICTJは，国家制度を構築し共同体を回復するために，過去の人権侵害行為に対処する重要性を確認し，正義追及の経験を教訓として活動を行う。

ICTJは，国家機関や政策決定者に助言を行い，また被害者の集団や人権活動家と協働して刑事訴追や賠償，真実追究に関する能力構築を支援する。さらには現地のオーナシップを確保し，被害者のニーズや関心を優先させて，社会全体における法の支配に対する信頼を高める。ICTJはまた，国家や地域での正義追及の様々な取り組みについて研究分析や調査を行っている。

【関連項目】 移行期正義／真実糾明委員会（ラテンアメリカ）／真実和解委員会（TRC） 〔望月康恵〕

## 国際エネルギー機関（IEA）
International Energy Agency

国際エネルギー機関は，第1次石油危機後の1974年に，キッシンジャー米国務長官の提唱を受けて，経済開発機構（OECD）の枠内の機関として設立された。国連関連の機関ではなく，事務局はパリに置かれ，現事務局長は，フーフェン前オランダ経済相。

加盟国はOECD加盟国（現在34ヵ国）で，石油備蓄基準（前年の1日当たり石油純輸入量の90日分）を満たすことがIEAに参加する要件となっている。現在の加盟国は，豪州，オーストリア，ベルギー，カナダ，チェコ，デン

マーク，エストニア，フィンランド，フランス，ドイツ，ギリシャ，ハンガリー，アイルランド，イタリア，日本，ルクセンブルク，オランダ，ニュージーランド，ノルウェー，ポーランド，ポルトガル，韓国，スロヴァキア，スペイン，スウェーデン，スイス，トルコ，英国，米国の29ヵ国。OECDに加盟しIEAに未加盟の国は，アイスランド，メキシコ，チリ，スロヴェニア，イスラエルの5ヵ国で，現在，チリが加盟手続中である。

IEAは基本的事業として，エネルギー安全保障の確保（Energy security），環境保護（Environmental awareness），経済成長（Economic development），世界的なエンゲージメント（Engagement worldwide）の4つのEを共通目標に掲げ，エネルギー政策全般をカバーしている。主に①石油・ガス供給途絶等の緊急時への準備・対応と市場の分析，②エネルギー需要の中長期見通し，③エネルギー源多様化，④電力セキュリティ，⑤エネルギー技術・開発協力，⑥省エネルギーの研究・普及，⑦加盟国のエネルギー政策の相互審査，⑧非加盟国との協力等に力を注いでいる。原子力は，エネルギー選択肢の1つとして捉えている。

日本では，石油供給の大半を外国に依存することから，供給が途絶えれば，IEAの緊急時対応システムにより利益を得られるため，IEAは日本のエネルギー安全保障上，極めて重要と位置づけられている。またIEAは，エネルギー政策全般にわたる知見で高い国際的評価を得ており，知識ベースや意見交換の場として重要と考えられている。4～5年ごとに実施される国別詳細審査等を通じてIEAが行う政策提言は，日本のエネルギー政策にとり有益な示唆を与える。日本の分担金分担率は米国に次ぎ第2位（2013年，16.327％）で，IEAの職員数約235名のうち邦人職員は10名（14年7月現在）。

IEAの最高意思決定機関は，全加盟国の代表より構成される理事会（Governing Board; GB）で，原則として2年ごとに閣僚理事会を開催している。

【参考文献】 外務省「国際エネルギー機関（IEA: International Energy Agency）の概要」http://www.mofa.go.jp/mofaj/gaiko/energy/iea/iea.html（16年1月31日アクセス） 〔菊地昌廣〕

## 国際海洋法裁判所（ITLOS）
International Tribunal for the Law of the Sea

国連海洋法条約に基づいて1996年ドイツ・ハンブルクに設けられた裁判所。海洋法に関連する紛争を処理する。地域的配分に基づく条約当事国の選挙によって選ばれた21名の裁判官からなる。

ジュネーヴ海洋法条約は，選択的議定書によって紛争解決手続を設けていたが，ほとんど実効性がなかった。海洋法条約は，その反省から実体的規則と同じ条約のなかに手厚い紛争解決手続を定めた。

海洋法条約締約国はあらかじめ，国際海洋法裁判所，国際司法裁判所，仲裁裁判所，特別仲裁裁判所の4つから，紛争が生じたときにどの裁判所を使用するかを宣言することができる。紛争当事国が合意して付託する場合は問題ないが，合意がないときは，紛争当事国が共通に宣言で認めた裁判所に訴えを付託することができる。共通の裁判所がない場合は，仲裁裁判所に付託することができる。その結果，仲裁裁判所の管轄権は必ず成立するように思われるが，付託される紛争が海洋法条約に関連するものでなければならず，かつ紛争当事者が別の手続きに合意している場合は成立しない。このため，日本が被告となったみなみまぐろ事件では，仲裁裁判所の管轄権が成立しなかった。

裁判所の当事者資格は基本的に国家であるが，深海底開発を巡る紛争のように，海底開発の事業体や民間契約者が裁判当事者となることもある。

海洋法条約は，一定の事実に基づいて海洋法

裁判所に管轄権が生じる事案を規定する。船舶拿捕の際に一定の保釈金に基づいて釈放を命ずる「迅速な釈放」と「暫定措置」である。例えば，外国漁船が沿岸国の警備船に違法操業の容疑で拿捕された場合，紛争当事者が10日以内に別途に合意しないときは，本案の裁判とは別に，海洋法裁判所が船体と乗組員の釈放を命じることができる。船舶と乗組員が長期間抑留されることを防ぐためである。また，後に判決の実施を不可能にしないために（大量漁獲による魚種の枯渇など），裁判所の判決前に保存措置を命ずることができる暫定措置の制度も設けられている。ただし，暫定措置は本案を取り扱う裁判所の管轄権が成立しなければ効力を失う。

これまで海洋法裁判所に付託された事件は25件（2015年12月現在）。そのうち，迅速な釈放事件が9，暫定措置事件が7，勧告的意見が2，本案が7である。最初数年は迅速な釈放や暫定措置ばかりという印象を与えたが，最近は2つの境界画定事件が付託されるなど，積極的に利用されている。

【関連項目】 海洋法条約
【参考文献】 古賀衞「紛争解決―海洋法の手続法的発展」『世界法年報』17号，1998年／島田征夫・林司宣『国際海洋法』有信堂，2010年　　　　　　　　　　　〔古賀衞〕

## 国際核燃料サイクル評価（INFCE）
International Nuclear Fuel Cycle Evaluation

国際核燃料サイクル評価（INFCE）は，1974年5月にインドが平和目的と称して行った核実験に触発されたカーター米大統領の77年4月の呼びかけに端を発して，同年5月の第3回先進国脳会議（ロンドン・サミット）での合意に基づき，原子力平和利用と核不拡散の両立の方途を目指し，核燃料サイクルの全分野における技術的，分析的評価作業を目的として開始された。77年10月にワシントンで設立総会が開催され，約2年間の予定で，以下の8作業部会において作業が進められた。第1：核燃料と重水の入手可能性，第2：ウラン濃縮技術の入手可能性，第3：技術，核燃料及び重水の長期供給と諸役務の保証，第4：再処理，プルトニウムの取扱い，リサイクル，第5：高速増殖炉，第6：使用済燃料の管理，第7：廃棄物処理処分，第8：新しい核燃料サイクル及び原子炉の概念。この8つの作業部会は，それぞれ共同議長国を中心に会合を開催し検討を行った。事務局の集計によればのべ174日間に61回の会合が開催され，46ヵ国と5国際機関から合計519人の専門家が出席し，のべ2万ページにわたる文書が作成された。その結果，8つの作業部会で78年10月までに最終報告書を採択した。

また，これら各作業部会間の技術調整を行う技術調整委員会（TCC）も開始された。80年1月の第7回会合において，各作業部会報告書の要約と全体の概説をまとめ，同年2月の最終総会に報告した。最終総会では，平和利用と核不拡散の両立，再処理技術と濃縮技術の民間利用に合意して，2年4ヵ月にわたる議論が終了した。

INFCEにおける議論の結果，①原子力は世界のエネルギー需要を満たす役割が期待されており，広く利用されるべきであること，②原子力の利用を意図した開発途上国に対して適切な支援が行われること，③エネルギー供給と平和利用を目的とする原子力開発は阻害されるべきでなく，核不拡散の効果的な措置との両立は可能であることが了解された。

【関連項目】 ウラン濃縮／核燃料サイクル／高速増殖炉（FBR）／再処理／プルトニウム
【参考文献】 国際核燃料サイクル評価最終報告書及び各作業部会報告書　　　　　　　　　　　〔菊地昌廣〕

## 国際環境法　international environmental law

環境保護・保全など環境問題に関する国際法の一分野。国際的な環境問題に対処する条約は19世紀から存在しているものの，現代国際環境法の基礎・出発点と位置づけられるのが，1972

年の国連人間環境会議と, 同会議で採択された人間環境宣言である。同宣言は国家間協力の進展と国家の管理責任強化を図るとともに, 国際環境法の基本原則を形づくることとなった。同会議以降, 1992年の国連環境開発会議や2002年の国連持続可能な開発(発展)に関する世界首脳会議でも各種宣言の採択や条約の署名などが行われている。

　国際環境法の扱う問題は総論としては合意が得られても, 各論についての合意形成は困難である場合が多い。そのため, 一般的な義務や原則・組織・手続きなどを規定する「枠組条約」から, 科学的知見の進展を踏まえ, 一般的な義務を具体的に特定, 強化する「議定書」の採択・改正などを行う「枠組条約－議定書方式」がしばしば採用されている。例えば, オゾン層の保護のためのウィーン条約とモントリオール議定書, 気候変動枠組条約と京都議定書などが挙げられる。

【関連項目】　気候変動枠組条約(UNFCCC)／京都議定書／モントリオール議定書
〔中島清隆〕

## 国際慣習法　international customary law

　条約と並ぶ国際法の主要な形式的法源(法の存在形式・態様)の1つで, 条約が主として成文の法であるのに対して不文の法。国際司法裁判所規程では,「法として認められた一般慣行の証拠としての国際慣習」(38条1項b)と定義されている。

　国際慣習法が成立するためには, 通常, 客観的要件である一般慣行と, 主観的要件である法的信念(確信)(*opino juris*)の両方が必要とされる。一般慣行とは, 国家その他の国際法主体(例えば国際機構)の同様の実行(practice)が反復・継続されて一般性を持つに至ったものを言う。実行の反復・継続性とは, ある均一の実行が繰り返されて一定の数量を有すること, またそれが時間的にもある程度継続することを意味するが, 時間の要素に関しては最近では緩和される傾向にある。一般性とは, 実行に係る国家の数や種類の問題で, 必ずしもすべての国である必要はないが, 利害関係国を含む国際社会の大多数の国が係ることが必要であるとされる。

　法的信念とは, 国家その他の国際法主体が, 当該の実行を国際法上必要又は適合するものと認識・確信して行うことを意味し, 事実たる慣習から慣習法を区別するために必要な要件である。

　条約が締約国のみを拘束する特別法であるのに対して, 国際慣習法は国際社会のすべての国を拘束する一般法としての役割を担わされてきたが, その不文の法としての性質から内容の確定が困難であるなどの弱点もあり, 今日では慣習法を成文化して条約にする法典化の作業が国連国際法委員会で進められている。

【関連項目】　条約法に関するウィーン条約
〔森川幸一〕

## 国際関心事項　matter of international concern

　国連による加盟国の国内管轄事項への不干渉原則に関して, 国連の権限を拡大するために, 国連の慣行を通して生成・発展した概念。当初は, 憲章の人権に関する規定, 非自治地域, 人民の自決権, そして国際の平和及び安全の維持に関わる事項とされたが, これらは国連の目的に関わり, 現在は憲章全体が不可分のものであるとの見解が支配的である。

　国連憲章2条7項は, 憲章が本質上いずれかの国の国内管轄権内にある事項に干渉する権限を国連に与えるものではない(安全保障理事会決議に基づく7章下の措置は除く)ことを規定したが,「干渉」の範囲が問題となった。

　1946年にスペインの状況を議論した際, 国連は, 6章(紛争の平和的解決)下の問題であっても, 事態が国際的な利害(関心)に関わる場合には国内的問題に対しても国連が関与しうることを示した。この概念が正面から主張されることは現在ではあまりないが, 国連の活動を円

滑に進めるための機能を果たし，法的な概念というよりは法の外から正当性を補充する役割を担っていると考えられる。　〔小沼史彦〕

### 国際機関・国際組織・国際機構
international organization

　国家が共通の目的を達成することを意図して，条約により設立するもので，固有の内部組織（理事会，事務局，総会等）と権能を持つ機関。国際組織や国際機構とも呼ばれる。国際機関は常設の団体であり，その活動は機関の構成国の活動とは異なる。国際機関は，条約法に関するウィーン条約の規定に従えば，政府間の機関であり（第1部第2条(i)），国際的な非政府機関（NGO）などの非政府間の組織は，構成員が国家ではなく私人となるため，国際機関には当たらないことになる。

　国際機構の起源は，19世紀に入り国際河川を管理するための条約が結ばれ，ライン河やドナウ河などで国際河川委員会が設置されたことに遡る。19世紀後半になると，郵便，通信，衛生，度量衡などの専門的技術事項に関する標準化や国際協力を実現するために国際行政連合が設立された。例えば，1865年に万国電気通信連合として発足し，その後電気通信分野で各国間の標準化と規制を司る機関に発展した国際電気通信連合（ITU）がある。

　第一次世界大戦後，特に第二次世界大戦後にかけて，国際機関は数及び内容の面でも大きく発展する。第一次世界大戦後には，行政分野に限らず，安全保障，軍縮，紛争解決などの軍事や政治に関する事項を扱う国際連盟も設立され，第二次世界大戦後には専門・技術分野と政治的事項とを包含する包括的国際機関として国際連合が設立された。現在，国際連合の下では50以上の専門機関，関連機関，その他下部組織が活動している。また，第二次世界大戦後，米州機構（OAS），欧州連合（EU），アフリカ連合（AU）等の地域的国際機関が数多く設立されるようになったことも1つの特徴である。

　国際機関の権限や能力は，当該機関を設立する基本条約で定められ，意思決定手続きは，多数決制，全会一致制，コンセンサス方式を採用することが多い。

【関連項目】アフリカ連合（AU）／欧州連合（EU）／国際連合（国連）（UN）／国際連盟（LN）／米州機構（OAS）
【参考文献】外務省総合外交政策局国際社会協力部『国際機関総覧（2002年版）』日本国際問題研究所，2002年／川鍋道子『国際機関資料検索ガイド』東信堂，2003年／横田洋三編著『国際機構論』国際書院，2001年　　　　〔西田竜也〕

### 国際規範　international norms

　国際規範とは，国際社会を構成する主体が，相互に適切だと期待する行動についての原則や規則などである。各国政府やNGOなどは，国際規範を基準として正当な行動や，許されない行動を判断し，評価する。こうして主体が国際規範にそくした行動をとる傾向が強まれば，主体間の関係は安定化し，国際秩序が成立しやすくなる。

　こうした国際規範の典型は，国際貿易分野の「自由貿易主義」，地球環境分野の「持続可能な開発」，紛争状況における人権擁護のための「保護する責任」などであろう。さらに，国際関係における主要な主体を主権国家とし，その主権国家間で勢力均衡を図る慣行，大国に格別の責務を求める慣行なども，国際規範に該当する。これらは，国際関係そのものを成立させる根源的な構成要素であり，「自由貿易主義」や「保護する責任」などは，それを前提として個別分野の主権国家に協調的行動を促す枠組だと言える。

　国際規範が問題化するのは，主体間の関係が対立的で，喫緊の課題に協調的に対応できない状況であろう。また，一旦成立した国際規範が揺らいだり，逆に国際規範が拘束力を強め，各主体の行動を過度に制約する場合であろう。例えば，冷戦後に内戦や紛争が頻発し，大量虐殺を典型とする人権侵害が深刻化するなかで，

「保護する責任」規範が成立していった。すなわち，主権国家が国民の人権を保護する責任を果たせない場合，国際社会がその責任を負うとの規範である。しかし，そのために軍事的介入も辞さないことが広く承認された。この国際規範の実践は，意図せざる人権被害や政権転覆のような内政干渉を伴い，武力不行使や内政不干渉などの他の国際規範と衝突して，「保護する責任」規範の正当性を揺るがしている。

また世界貿易機関（WTO）は，「自由貿易主義」規範に関して厳格な遵守メカニズムを備え，かえって各国の保健，食の安全などの国内規範と衝突している。国際規範は国際関係の秩序化に欠かせない。しかし，国際規範が浮上し，確立すれば，それで事態が収束するわけではない。

国際規範については，多くの実態的，理論的，思想的な研究が台頭している。国際規範の展開パターンを示す分析モデルも現れており，例えば規範ライフサイクル・モデルは，国際規範の形成・拡大・定着の各局面に関して，主体と行動原理の興味深い変化を示している。また螺旋モデルは，国際規範に反する国家に対して，NGOが受容を促す政治過程を提示している。こうした国際規範研究は，国際関係の表層的な対立・協調関係を規定する，潜在的な認識や慣行の次元を照らし出している。

【関連項目】　国際的正統性／保護する責任（R2P）
【参考文献】　大矢根聡編『コンストラクティヴィズムの国際関係論』有斐閣, 2013年／Finnemore, Martha, *National Interests in International Society*, Cornell University Press, 1996／Klotz, Audie Jeanne, *Norms in International Relations*, Cornell University Press, 1999　　〔大矢根聡〕

### 国際共産主義運動
International Communist Movement

マルクス主義の基本理念である世界共産主義革命へ向けて，労働者と革命政党の国際的な連帯を進める運動。1864年，マルクスの指導の下，国際労働者協会（通称第一インターナショナル）が創立されたことが運動の発端となった。

この組織が崩壊した後，89年に社会主義政党の国際的な連合組織として第二インターナショナルが設立されるが，第一次世界大戦に際し，各国の社会主義政党が自国の戦争をそれぞれ支持するに至って瓦解した。

その後1919年に，ロシア革命を主導したロシア共産党を中心に共産主義インターナショナル（第三インターナショナル，略称コミンテルン）が結成される。しかし，その実権を握ったソヴィエト共産党が一国社会主義路線をとると，本来の目的へ向けて組織が機能しなくなり，43年にスターリンによって解散させられた。第三インターナショナルから排除された共産主義者は，38年に，トロツキーを中心に第四インターナショナルを結成したが，やがてその運動は分裂していった。

47年には，コミンテルンの後身として，ヨーロッパ9ヵ国の共産主義政党が情報交換と活動調整を図るために，共産党・労働者党情報局（通称コミンフォルム）を設立。56年にスターリン批判を受けて解散するまで，国際共産主義の指導組織となることを目指した。

【関連項目】　スターリン批判／マルクス主義／ローザ・ルクセンブルクの平和思想／ロシア革命　　〔柿木伸之〕

### 国際協調主義
principle of international cooperation

国際協調とは，国家間に問題が存在しない平穏な状態ではなく，各国が政策や立場を調整し合い，関係を安定させる積極的な動きを指す。国際関係には共通の政府的メカニズムが存在せず，アナーキー（無政府的）な状態にあるため，各国が自力救済的な行動をとる傾向を生む。各国が相互不信を増し，他国の意図を誤認しやすくなるのである。このような国際構造において，対抗的，軍事的な手段の採用を自制し，交渉や協議に基づく合意形成を優先する方

針を，国際協調主義と称する。

したがって，国際協調主義的な思想と行動は，国際関係の歴史と同じほど古くから存在する。しかし，一般的に国際協調主義と形容されるのは，国際関係が対立的で，攻撃的政策を辞さない国家が顕著な状況においても，協調的方針を追求する場合である。その好例には，アメリカ合衆国のウィルソン大統領が第一次世界大戦後の講和構想として主張した，14ヵ条の平和原則や国際連盟の提案が挙げられよう。日本においては，幣原喜重郎がワシントン会議から満洲事変に至る期間に推進した外交が，国際協調主義として語られる。比較的最近の例では，2001年に9.11テロが発生した後，G. W. ブッシュ政権がテロを封じる観点から，テロリストを擁護する国家に先制的な軍事攻撃を辞さないという，単独主義的な方針を打ち出したが，これに対してアメリカ国内で国際協調主義が浮上した。単独主義は同盟国の動揺や国際的な反アメリカ感情を喚起するとし，多国間協議や外交上の説得を重視する主張であった。

国際協調主義は，一国の一方的な主張と実践によって安定的に実現するのは難しく，一定の国際的条件が必要になる。この点に関して，理論的に洗練された議論を提供したのは，新自由主義制度論であった。この理論は，アナーキーな国際関係では各国が自国の利益を優先し，裏切り的な行動をとりがちであるが，国際制度がそれを超える行動を可能にすると論じた。国際制度は，他国の行動に関して確かな情報を提供し，他国との協議を相対的に低いコストで可能にし，また各国の権利義務に関してルールを備えている。こうした環境においては，各国が潜在的な相互利益を知り，安定した関係を築きうると論じたのである。

【参考文献】　コハイン，ロバート（石黒馨・小林誠訳）『覇権後の国際政治経済学』晃洋書房，1998年　　〔大矢根聡〕

## 国際協力　international cooperation

国家という枠組を超えて行われる協力行為。広義には，緊急人道支援から軍事・安全保障上の協力まで，ありとあらゆる分野の協力行為が含まれうる。例えばPKO法が国際平和協力法と称されるように，日本でも自衛隊の海外派遣を意味する場合に用いられることがある。ただし，日本においては国際協力機構（JICA）という組織名，あるいはODA白書を『日本の国際協力』と称することにみられるように，開発援助／協力とほぼ同義で用いられることの方が多い。これは，日本語の「協力」という言葉に，よりよい状態をもたらすための行為というニュアンスが込められがちであり，開発援助との親和性が高かったこと，また軍事的な貢献が長らく日本社会では忌避されてきたところによると考えられる。

同上の理由から，国際協力は理想主義的，リベラリズム的立場から語られることが多い。一方で，リアリズム的な視点から語られる場合，援助する側に利益がある場合，あるいは当事者たちの利害が一致する場合にのみ国際協力は行われる，という説明がなされる。ただし，実際の国際協力は，関与するアクターも，取り組むテーマも多様なため，安易な一般化はなじみにくい。

ちなみに，何らかの具体的な行動を伴わず，同意する姿勢を示すにとどまる場合，あるいは利害の対立するアクター間の利害調整によって，それぞれの目的達成を促進することができるとみなされる場合には，「国際協調」という言葉が用いられる。これは，アクター間で完全に利益が一致している調和（harmony）とは区別される。また，国際社会に対する協力という側面を強調する場合には「国際貢献」という語が用いられることもある。

なお，かつては国家や国際機関がその国際協力主たるアクターとみなされていたものの，近年では企業，地方自治体，NGOなどの非国家

アクターが重要な役割を果たしていることが広く認められている。

【関連項目】　国際貢献／国連平和維持活動（PKO）／政府開発援助（ODA）

【参考文献】　下村恭民ほか『国際協力　その新しい潮流（新版）』有斐閣，2009年／Keohane, Robert O., *After Hegemony*, Princeton University Press, 1984　　〔吉田晴彦〕

### 国際緊急援助隊（JDR）
Japan Disaster Relief Team

　海外で発生した自然災害と紛争以外の人為的災害に対して，政府開発援助（ODA）の一環として日本政府が行う国際緊急援助活動のうち人的援助を指す。国際緊急援助隊の派遣に関する法律（JDR法）［1987年施行，92年改正］に基づき，国際協力機構（JICA）は，人的援助と物的援助を実施する。そのうち人的援助としてのJDRには4種類があり，いずれか1つ，又は複数の組み合わせで派遣される。①救助チームは，主に地震の被災者の捜索・救助を任務として，警察庁・消防庁・海上保安庁の救助隊員で構成される。②医療チームは，主に地震・津波・洪水の被災者への緊急医療や防疫を任務として，JICAに登録された医師・看護師・薬剤師などの民間ボランティアを中心に派遣される。③専門家チームは，耐震性診断，火山噴火予測，森林火災や事故による原油流出など緊急応急対策のほか災害復旧を任務として，関係省庁の専門家で構成される。④自衛隊部隊は，大規模自然災害に対して，輸送・給水・医療を任務として派遣される。

【関連項目】　援助外交／政府開発援助（ODA）　　〔勝間靖〕

### 国際軍事裁判　international military trials

　第二次世界大戦後にドイツと日本に設立された軍事裁判。1945年8月，米国，イギリス，フランス，ソ連は，「ヨーロッパ枢軸諸国の主要戦争犯罪人の訴追及び処罰に関するロンドン協定」及びその付属書としての国際軍事裁判所条例を作成し，ナチス・ドイツの戦争犯罪者を裁く国際軍事裁判所をニュルンベルクに設立した。裁判所は，上記4ヵ国から選出され，45年11月から翌年10月まで裁判を行い，24名のドイツ人について審理を行った。

　46年1月には，連合国最高司令官が公布した「極東国際軍事裁判所設置に関する命令」及びその付属書の極東国際軍事裁判所条例に基づいて，極東国際軍事裁判所が東京に設立された（東京裁判）。裁判官は11の連合国から選出され，46年5月から48年11月まで28人について審理を行った。両裁判所は，平和に対する罪，戦争犯罪，人道に対する罪を犯した個人に対して管轄権を行使した。

　これら2つの裁判については，戦勝国による裁判官の構成や，事後法に基づく裁判の実施，国家行為を理由とした個人責任の追及などについて議論となった。その一方，裁判を先例として，ニュルンベルク諸原則の作成，集団殺害罪の防止及び処罰に関する条約（48年），ジュネーヴ諸条約（49年），戦争犯罪及び人道に対する罪に対する事項不適用に関する条約（68年）が制定され，特に国際人道法の発展を促した。また国際的な刑事裁判所の設立も目指され，冷戦終結後に実現した。旧ユーゴスラヴィア国際刑事裁判所（93年），ルワンダ国際刑事裁判所（94年）が国連の安全保障理事会決議に基づいて設立された。さらに常設の国際刑事裁判所が国際刑事裁判所規程（2002年発効）に基づいて設立され，個人による重大な国際犯罪行為を国際法によって裁く刑事司法制度が確立した。その他，国際社会の支援を受けて，シエラレオネ特別裁判所，カンボジア特別裁判部，レバノン特別裁判所などが設立されるなど，個人の戦争犯罪等を訴追し処罰する制度が発展してきた。

【関連項目】　極東国際軍事裁判（東京裁判）（IMTFE）／人道に対する罪／戦争犯罪／ニュルンベルク国際軍事裁判

【参考文献】　多谷千香子『戦争犯罪と法』岩波書店，2006年／

戸田由麻『東京裁判』みすず書房, 2008年／日暮吉延『東京裁判』講談社, 2008年
〔望月康恵〕

## 国際刑事警察機構（ICPO）（INTERPOL）
### International Criminal Police Organization

国際刑事警察機構とは各国の警察間の協力のための国際機構である。超国家的な執行機関ではないので, 独自の捜査権限はない。1914年モナコで開かれた第1回国際刑事警察会議で示された構想が設立の発端であり, 23年オーストリアのウィーンで開催された国際刑事警察会議で国際刑事警察委員会が創設された。第二次世界大戦後56年に憲章が採択され, 名称も正式に国際刑事警察機構（International Criminal Police Organization; ICPO）に変更された。（なお, INTERPOLとは電報略語として用いられていたものである。）国際刑事警察機構はそれぞれの国内法と世界人権宣言の精神の範囲内で, すべての刑事警察当局の間での刑事共助を最大限確保し推進することや, 普通犯罪の防止と規制に対して効果的に貢献できるような制度を確立し発展させることを目的としている（憲章2条）。各国はそれぞれ国家中央事務局を指定し, ここを通じて情報の伝達や協力が行われる（日本では警察庁）。2015年現在190ヵ国が参加しており, 警察間の協力に関して唯一の普遍的国際機関である。その活動においては政治的, 軍事的, 宗教的または人種的な性格を持つ介入や活動をしてはならないと定められており（憲章3条), 中立性を尊重している。　〔洪恵子〕

## 国際刑事裁判所（ICC）
### International Criminal Court

国際刑事裁判所とは, 個人について刑事裁判を行う国際機関（国際裁判所）であり, 1998年に採択された多数国間条約（ローマ規程）に基づいて設立された。ICCはローマ規程の発効後に行われる「国際社会全体の関心事である最も重大な犯罪」（国際刑事裁判所規程（ローマ規程）前文）について管轄権を持つ。国際社会全体の関心事である最も重大な犯罪とは, 集団殺害犯罪（ジェノサイド）, 人道に対する犯罪, 戦争犯罪, 侵略犯罪である（ローマ規程5条）。

個人の刑事責任を国内法ではなく国際法に基づいて追及するという実行はドイツと日本の戦争指導者を処罰した国際軍事裁判において初めて行われ, 冷戦後は旧ユーゴスラヴィアにおける戦争犯罪などに関しても行われてきた（ICTY）。ただし前者は軍事裁判の特徴を強く帯びており, また後者についても国連安全保障理事会の決議に基づく特設（ad hoc）裁判所にすぎなかった。これに対してICCは多数国間条約に基づいて設立され, またローマ規程で定められた一定の条件を満たせば, 世界のどこで行われたかを問わず, 上述の重大な国際法上の犯罪に関して刑事手続を開始できるという意味で普遍性を持っている。他方でICCの管轄権は国家の刑事管轄権（裁判権）を補完するものであると位置づけられており（「補完性の原則」), 問題となる事件に管轄権を有する国が自国の管轄権を行使する意思や能力がない場合にICCは管轄権を行使する。

なお, ICCの事項的管轄権の対象のうち侵略犯罪については国連安全保障理事会の権限を脅かすとしてICCが管轄権を行使することには強い批判もあった。そこで当初ローマ規程では侵略犯罪の定義とICCが管轄権を行使する条件を定める規定が採択された後に管轄権を行使するとなっていた（ローマ規程5条2）。その2010年に開催されたローマ規程検討会議で戦争犯罪及び侵略犯罪に関する改正規定が採択され, 侵略犯罪については30の締約国による改正の批准又は受諾から1年より後に行われた侵略犯罪について, 17年1月以降に決定されるところに従うことを条件としてICCの管轄権行使が認められた。国際社会の刑事裁判所としてICCには多くの期待が寄せられているが, ICCは固有の捜査機関を持っておらず, その実効性

は関係国の協力に依存している。

　なお，日本は有事法制の問題などもあり，ICCへの加入にはおよそ10年もの議論を必要としたが，07年に国際刑事裁判所協力法を制定した上で加入を果たし，現在では最大の分担金拠出国となっている。

【参考文献】　東澤靖『国際刑事裁判所と人権保障』信山社，2013年／村瀬信也・洪恵子共編『国際刑事裁判所（第2版）』東信堂，2014年／Schabas, W. A., *The International Criminal Court: A Commentary on the Rome Statute*, Oxford University Press, 2010

〔洪恵子〕

### 国際刑事裁判所規程　Rome Statute of the International Criminal Court

　国際刑事裁判所規程とは国際刑事裁判所（International Criminal Court; ICC）の設立条約のことであり，「ローマ規程」とも呼ばれる。個人の国際法上の刑事責任を問う国際（刑事的）裁判所のなかで，ICCは多数国間条約に基づいて設立された唯一の国際裁判所である。裁判所の運営や締約国の裁判所への協力に関するルールのほか，この裁判所規程では裁判所が管轄権を持つ国際法上の犯罪に関する詳細な規定に加え，刑法の一般原則まで幅広く規定している。ICCの裁判所規程作成に関する議論は国連が創設されて間もない時期から開始されたが，国連の国際法委員会における議論は長らく低迷した。冷戦終結後，国連安全保障理事会決議に基づく旧ユーゴ国際刑事裁判所の設立といった機運を受け，ICCの設立に関する議論も活発化し，1994年に国連国際法委員会が裁判所規程案を提出したのち，準備会合などを経て，98年のローマ会議で採択，署名された。2002年には60ヵ国の批准を受けて発効し，15年現在，122ヵ国が当事国となっている（日本は07年に加入）。10年には検討会議がウガンダのカンパラで開催され，戦争犯罪及び侵略犯罪に関する改正規定が採択された。

【関連項目】　国際刑事裁判所（ICC）　　〔洪恵子〕

### 国際原子力機関（IAEA）　International Atomic Energy Agency

　国際原子力機関（以下，IAEA）とは，原子力の平和利用の推進とともに，その軍事利用転用の防止を目的として，1957年7月29日に設立された，国連傘下の自治機関である。本部はウィーンに置かれ，2015年3月現在の加盟国数は164ヵ国である。日本は設立当初からの加盟国である。

　IAEA設立の契機は，1953年12月の国連総会におけるアイゼンハワー米国大統領による「アトムズ・フォー・ピース」演説である。この演説で同大統領は，国連傘下に国際機構を創設し，各国が核物質をこの機関に提供し，その管理の下で，各国が提供された核物質を平和目的で利用することを認めるとする提唱を行った。

　IAEAの組織は，①年1回ウィーンで開催される総会，②任務に係る実質的な意思決定機関である理事会，及び③事務局から構成される。2015年4月末日時点の事務局長（任期4年）は，天野之弥である。

　IAEAの事業は，主として以下の3つの内容に分けることができる。

　第1は，保障措置の実施である。核不拡散条約（NPT）締約国である非核兵器国は，核物質と原子力利用活動が，軍事目的利用に転用されないようにするために，IAEAとの間で保障措置協定を締結しなければならない。IAEAは，この軍事転用防止を担保するために，当該国の施設等に出向き，施設からの報告や記録等に基づき，施設が同協定に基づいて設計・運用されているか，核物質の計量管理が適切に行われているか，等について検認する。これらの一連の現場活動は査察（核査察）と呼ばれる。

　第2は，原子力の安全及び核セキュリティの確保である。IAEAは原子力利用の安全性維持・確保のために，原子炉施設等に関わる様々な安全基準，指針等を策定している。

　第3は，非原子力発電分野への原子力技術の

応用の支援である．IAEA は，農業，健康，水資源管理等の分野への原子力技術の応用を支援している．

05年，IAEA は，原子力の軍事目的利用の防止への尽力が評価され，当時の事務局長のエルバラダイとともに，ノーベル平和賞を受賞した．

【関連項目】 アトムズ・フォー・ピース／核不拡散条約（NPT）／保障措置・核査察　　〔田邉朋行〕

## 国際公共財　international public goods

国家という枠組を超えて利用可能な公共財のこと．公共財とは，あらゆる立場の人々・組織が（非排除性），同時に利用できる（非競合性），物質的・精神的に何らかの効用を有する「財」を指す経済学由来の用語．

国際公共財の例としては，大気や海洋といった自然環境，戦争のない安定的な国際政治環境，自由貿易体制，航海の自由といったルール，国際基準となる単位，国連に代表される国際機関等が挙げられてきた．

ただし，アナーキーな国際社会にあってはコントロールが難しく，とりわけコストを負担せずに財を消費するただ乗り行為が多く行われると，供給が国内社会以上に滞りがちで，国際摩擦の原因ともなる．そのため，国際公共財の確保には，グローバルな協調的取り組みをいかに担保できるかが，大きな鍵を握ると考えられる．

【関連項目】 国際連合（国連）（UN）／地球環境問題
〔吉田晴彦〕

## 国際貢献
international contribution/global contribution

国際協力のなかでも，特に国際社会のよりよいあり方のために力を尽くして協力することを意味する，日本独自の表現．貢献という言葉には，貢ぎ物を献上するという意もあることから，しばしば義務的なニュアンスを含んだ政治的レトリックとしても用いられる．

一国で世界の GNP の 1 割あまりを占めるなど，日本の経済大国化が誰の目にも明らかになった1980年代，もはや日本が一方的な受益者たることは認められず，応分の国際貢献を求められているという議論が活発化した．80年代半ばの中曽根康弘政権期には「国際国家日本の建設」が標榜され，続く竹下登政権期には「世界に貢献する日本」がスローガンとして掲げられた．そうしたなか，国内から異論の出にくい貢献策として ODA 拡充が図られ，80年代末頃から90年代にかけて，日本は世界一の供与額を誇るまでになった．

一方で，創設当初から海外での活動をタブー視され，長らく政治的争点から外されてきた自衛隊の海外派遣についても，80年代末頃より次第に話題にのぼり始めた．やがて冷戦が終結し，湾岸危機・戦争が勃発すると，日本が資金的に貢献しているにもかかわらず，人的貢献が不十分であるとの議論が高まりをみせるようになった．結果，国論を二分する議論を経て，91年には自衛隊の掃海艇がペルシャ湾に派遣され，翌92年の国際平和協力法成立により，国連 PKO に対する自衛隊派遣も解禁されることとなった．

21世紀に入ると，日本の経済力が停滞に陥る中，ODA は減額され，むしろ自国の利益と結びつけようとする議論が強まった．一方で，地域紛争の多発や周辺の安全保障環境の緊張から，第 2 次安倍政権期には積極的平和主義という形で国際協調主義に基づく軍事貢献の必要性が論じられ，再び国論を二分する議論を経て2015年 9 月平和安全法制が成立した．このように国益を重視する傾向が強まるとともに国際貢献という表現が用いられることは，むしろ減少している．

【関連項目】 国際協力／国連平和維持活動（PKO）／政府開発援助（ODA）

【参考文献】 大山貴稔「『国際貢献』に見る日本の国際関係認

識」『国際政治』180号，2015年／吉田晴彦「日本の国際協力」米原謙・土居充夫編『政治と市民の現在』法律文化社，1995年
〔吉田晴彦〕

### 国際裁判　international adjudication

　伝統的には，国家間の紛争（国際紛争）を，原則として国際法に基づき，当事者を法的に拘束する決定によって解決する手続きを意味した。今日では，国家のみならず，政府間国際機構や私人を裁判の当事者とする裁判もみられるようになっており，国内裁判所による「国内裁判」と対比して，これらを含めて広義の「国際裁判」と言うこともある。

　伝統的な国際紛争解決のための国際裁判には「仲裁裁判（arbitration）」と「司法裁判（司法的解決，judicial settlement）」の2つがある。このうち仲裁裁判とは，事件ごとに当事国の合意によって裁判所が構成されるものを言い，常設的な裁判所によって行われる司法裁判と区別される。

　国際社会で比較的早く発展したのは仲裁裁判の方で，1794年に英・米間で結ばれたジェイ条約によって設けられたものが最初と言われる。19世紀になると南北戦争中の英国の中立義務違反を巡る1872年の英・米間のアラバマ号事件の解決などを通じて，有効な紛争解決方式とみなされるようになった。

　仲裁裁判では，当事国の意向を尊重して裁判官が選定され，また裁判所に付託すべき紛争の範囲，裁判手続，裁判基準なども当事国自身で決定できる。当事国が合意すれば，実定国際法以外の基準に基づいて裁判を行うことも妨げられない。このように仲裁裁判は，司法裁判に比べて，裁判所の構成や裁判基準がより柔軟で，紛争当事国の意思を最大限尊重できる点に特色がある。

　また近年では，もっぱら国際法を準拠法とするわけではないとはいえ，私人の請求権の処理や投資紛争など，私人と国家間の紛争の解決に仲裁裁判が用いられる例も増えている（例えば，「投資紛争処理センター（ICSID）」による仲裁手続）。

　国際社会に紛争当事国の意思から独立した常設の司法裁判所が誕生するのは20世紀になってからのことで，1907年に地域的な司法裁判所として設立された中米司法裁判所が最初である（18年に廃止）。その後，第一次世界大戦を経た21年，国際連盟規約（14条）に基づき，常設国際司法裁判所（PCIJ）が設立された。これが地理的にも普遍的で扱う事件も一般的な最初の本格的司法裁判所となった。第二次世界大戦後，国連の創設と同時にPCIJを継承してつくられたのが現在の国際司法裁判所（ICJ）である。

　国際社会には他にも，地域的な司法裁判所として，欧州共同体（EC）裁判所，欧州人権裁判所，米州人権裁判所などがあり，特定分野の事件を扱う機能的な司法裁判所として，国連と国際労働機関（ILO）の行政裁判所（国際組織とその職員間の紛争を扱う），国際海洋法裁判所などがある。また最近では，個人の国際犯罪を裁く常設の国際刑事裁判所も設立された。これらの裁判所は，それぞれ別個の条約に基礎を置き，その扱う紛争にも特徴を有しており，国際裁判の多元化現象をもたらしている。

【関連項目】　国際海洋法裁判所（ITLOS）／国際刑事裁判所（ICC）／国際司法裁判所（ICJ）／国際紛争平和的処理条約／紛争解決

【参考文献】　奥脇直也「現代国際法と国際裁判の法機能」『法学教室』281号，2004年／杉原高嶺「国際裁判の意義と課題」北海学園大学法学部編『次世代への挑戦』，2015年
〔森川幸一〕

### 国際司法裁判所（ICJ）
International Court of Justice

　総会や安保理等と並ぶ国連の6主要機関の1つ（国連憲章7条）で，その「主要な司法機関」（同92条）。前身である常設国際司法裁判所（PCIJ）が国際連盟とは別の組織だったのに対

し，国連の一機関として位置づけられている。裁判所の構成や任務等を定める ICJ 規程は，「国連憲章と不可分の一体」をなすものとされ（同92条），国連加盟国は当然に ICJ 規程の当事国となる（同93条1項）。

裁判所は，総会と安保理で別個に選挙され双方で絶対多数を得て選出される15名の独立の裁判官団で構成される（ICJ 規程2，3，10条）。選挙に際しては，裁判官の構成に世界の主要な文明・法体系を反映させる配慮が求められているが（同9条），実際の慣行では，地理的配分（アジア3，アフリカ3，中南米2，東欧2，西欧その他5）に従っている。裁判官の任期は9年で，3年ごとに5名ずつが改選（再任も可）される（同13条）。

ICJ の任務・権限には，国家間の国際紛争を国際法に基づいて解決する争訟管轄権（同2，3章）と，国際機関からの要請に基づき法的問題についての意見を与える勧告的管轄権（勧告的意見）（同4章）とがある。このうち前者の争訟管轄権の成立には，紛争当事国による同意・合意が前提となる。管轄権を設定する方式には，①紛争発生後に行われるものと，②あらかじめ行われるものとがある。①としては，(1) 紛争当事国がそろって裁判所に事件を付託する合意付託（同36条1項）と，(2)一方当事国が提訴した後，他方当事国が裁判所の管轄権に同意する応訴管轄とがある。また，②としては，(1) 紛争処理条約や個別の条約の裁判条項等で一定の紛争に関する一方的な付託を認める場合（同36条1項）と，(2) ICJ 規程の選択条項（任意条項）に基づく場合（同36条2項）とがある。選択条項は，PCIJ 時代に導入されたもので，規程当事国は，同条に定める「法律的紛争」について，裁判所の強制管轄権を受諾することをいつでも宣言することができ，宣言を行った国の間では，同一の義務を受諾している範囲内で裁判所の管轄権が自動的に設定される仕組になっている。裁判所が下した判決は，当事者間でかつその特定の事件について拘束力を有する（同59条）。

ICJ の第2の任務・権限である勧告的意見を裁判所に要請できるのは，国連の総会や安保理（国連憲章96条1項）に加えて，総会の許可を得た国連の他の機関や専門機関（同96条2項）である。国連の総会や安保理は，「いかなる法律問題」についても意見を要請できるが，その他の機関や専門機関が意見を要請できるのは，「その活動の範囲内において生ずる法律問題」に限られる。勧告的意見は，その名の通り，通常は法的拘束力を有せず，関係機関や国家を法的に義務づけるものではないが，国際社会における権威的な法的判断として，意見要請機関に比較的よく尊重されてきたと言われ，それが国際法の内容の明確化に寄与してきた点では，争訟事件における判決と同様である。

【関連項目】　国際裁判／紛争解決
【参考文献】　小田滋『国際司法裁判所（増補版）』日本評論社，2011年／杉原高嶺『国際司法裁判制度』有斐閣，1996年
〔森川幸一〕

## 国際主義（インターナショナリズム）
Internationalism

国家と国家の協調や，国を超えた人々の協力を模索する思想や運動の総称であり，国際協調主義と言われることもある。国際主義の特徴は，国家の存在を認めつつ諸国間の協調や平和を唱えることであり，国家を至上とするナショナリズムの反対概念とも言える。国際主義について体系的な思想が構築されてきたとは言い難いが，例えばイギリスのベンサムは，「国際 (Inter-national)」という用語を作り出したことで，国家と国家が生み出す関係性を概念として提唱したと言える。

国際主義を機能的な側面から分類し考察することもできる。伝統的な意味では，諸国家が外交によって紛争を解決し国際協調を高めるという外交による国際主義が挙げられる。さらに国

際組織や国際法の定立によって，国家間関係を調整する仕組をつくろうとする制度的国際主義がある。国際連盟や国際連合の設立や条約の整備はこの試みである。

また，文化的国際主義もあり，これにはエスペラント語運動のように共通の言語を作ろうとした試みもあった。各国の文化交流や人的交流によって，お互いの相互理解を深めようとするものである。さらに，経済的国際主義と言われるものには，国々の交易を促進することで，繁栄をもたらし諸国の富を増していくという考え方や実行もある。

国際主義が，政策上重視され，運動として盛り上がったのは，第一次世界大戦後の戦間期であった。初めての総力戦を体験し，国家と国家が供する関係を築くことが重視されたのである。冷戦期には国際主義は退潮したかのようにみえたが，例えば文化分野でのユネスコや国際貿易面での世界貿易機関（WTO）の活動のように，国家間の協力を促進する考えや制度化は絶えることなく徐々に発展してきている。

最近では，国家という「枠組」自体を相対化するトランスナショナル（脱国家的）といった概念や，世界全体に焦点を当てたグローバリズムといった概念も表出しているが，国家という政治単位の重要性が変わらない以上，国際主義の思潮や実行は継続されるであろう。

【関連項目】　国際協調主義／平和主義
【参考文献】　入江昭『権力政治を超えて』岩波書店，1998年／入江昭『グローバル・コミュニティ』早稲田大学出版部，2005年
〔篠原初枝〕

### 国際人権規約
International Covenants on Human Rights

当初は，1966年12月に国連総会で採択された「経済的，社会的及び文化的権利に関する国際規約」（社会権規約またはA規約とも略称される），「市民的及び政治的権利に関する国際規約」（自由権規約又はB規約とも略称される），「市民的及び政治的権利に関する国際規約の選択議定書」を総称する名称であったが，現在では89年12月に採択された「死刑の廃止をめざす，市民的及び政治的権利に関する国際規約の第2選択議定書」並びに2008年に採択された「経済的，社会的及び文化的権利に関する国際規約の選択議定書」が追加される。

国連人権委員会は世界人権宣言に続いて54年に国際人権規約草案を起草したが，自由権の基本権と社会権的基本権の扱いを巡って意見が対立した結果，これらの権利を2つの別個の規約で規定することとなった。ただし，両者には共通1条として人民の自決権に関する規定が入れられている。

自由権規約は，6条から27条において保護する権利を定めるが，その中心は世界人権宣言に掲げられた生命・身体の自由，公正な裁判を受ける権利，精神的自由，参政権，差別禁止などの伝統的な自由権的基本権である。ただし，財産権，国籍への権利，庇護権は外され，反対に，自由を奪われた者の人道的取扱い，外国人の恣意的追放の禁止，戦争宣伝・差別唱導の禁止，少数者に属する人の権利が加えられている。権利制約事由は各権利に応じて規定されるが，緊急時における適用除外（デロゲーション）が認められている。締約国は，2条に基づき権利を尊重し及び確保する消極的及び積極的義務を負う。このため締約国は，必要な立法その他の措置をとるとともに，権利侵害の被害者に対して効果的救済措置を確保することが義務づけられる。これらは即時実施の義務とされる。

自由権規約の実施を監視するために18人の委員で構成される自由権規約委員会が設けられている。同規約の実施措置としては，国家報告手続，国家通報手続，個人通報手続があるが，すべての締約国に適用されるのは国家報告手続だけで，後の2つは締約国の別個の受諾又は選択議定書の締結が必要である。国家報告手続では，国家報告の審査後，委員会が懸念事項と勧

告を含む総括所見（最終見解ともいう）を採択し，指定した勧告についてはフォローアップ手続がとられる。他方，個人通報手続では，通報の審査後，委員会が違反の有無と勧告を含む見解を採択し，そのフォローアップが行われる。これらの手続きを通じて集積された委員会の実行は，規約各条項の解釈も含めて一般的意見にまとめられる。

社会権規約は，6条から15条において労働権，労働基本権，社会保障，家族の保護，相当な生活水準に対する権利，教育権，文化的権利などの社会権的基本権の保護を定める。締約国は，2条に基づき，「権利の完全な実現を漸進的に達成するため」行動をとる義務を負う。この義務は一般的に，漸進的達成義務と理解されてきた。しかし社会権規約に定める権利にも，差別禁止，労働基本権，科学研究・創作活動の自由など即時実施が必要な権利が含まれており，最近では，国の義務も権利の性質に応じて尊重義務，保護義務及び充足義務から構成されるという見解が有力である。

同規約の実施を監視するために18人の委員で構成される社会権規約委員会が設置されている。同委員会も，国家報告手続においては，国家報告の検討後，総括所見を採択し，そのフォローアップを行っている。さらに13年の社会権規約選択議定書の効力発生に伴い，委員会において，個人通報が審査されるようになっている。

【関連項目】国際人権条約（類型）
【参考文献】芦田健太郎訳『国際人権規約草案註解』有信堂，1981年／宮崎繁樹編著『解説・国際人権規約』日本評論社，1996年　　　　　　　　　　　　　〔薬師寺公夫〕

## 国際人権条約（性質）
International Convention on Human Rights/
International Human Rights Treaties

人権の保障を法益として締結された条約。人権条約は，国家間相互の利益調整を図る伝統的な条約とは違い，国家権力を規制し，国際法における権力制御の正統化モデルを提供するものとして準憲法的な性格を帯びている。人権は人間の固有の尊厳に由来することから，国家間の合意たる条約に先立って存在し，国家の意思によって自由に処分しうるものでもない。このゆえに，人権条約には国の義務を新たに創設するのではなく，単に宣言するにすぎないところもある。また伝統的な条約は当事国を拘束し，合意に参加しない第三者には原則として適用されないのに対して，人権条約は合意に参加していない第三者たる個人や集団を第一義的な受益者・権利の主体に設定している点に際立った特徴がある。

人権という共通の利益の実現を目指す人権条約は，人権義務が対世的（*erga omnes*）な性格のものであり，他のすべての当事国の関心事となることを示してもいる。このため，国家間の水平的なメカニズムを用いて人権の実現が追求されることもないわけではない。だが実際には，各国が他国における他国民の人権状況改善のため国家間手続に訴え出ることは稀である。そこで主要人権条約には，条約履行のために独自のメカニズムが設置されている。条約ごとに履行監視機関が設置され，当事国は，当該機関に対して定期的に条約実施状況についての報告を行い，審査を受ける義務を負う。さらに，権利を侵害された個人が直接に履行監視機関に救済を求める個人通報手続も設置されている。この手続きは人権条約ならではあるが，定期報告制度とは違って「選択的」なものであり，現に日本はいずれの条約についても個人通報制度の受諾を拒否している。このほかに，条約によっては，調査手続きが別途設けられているものもある。

1965年の人種差別撤廃条約から2006年の強制失踪条約と障害者権利条約まで，普遍的に適用される主要人権条約は現時点まで9つある。これに加えて，難民条約や無国籍者条約，ジェノ

サイド条約，奴隷制禁止条約など人権条約に分類されるものは少なくない。さらに，欧州や米州，アフリカなどでは，地域独自の人権条約・メカニズムも機能している。

【関連項目】 欧州人権条約（ECHR）／国際人権規約／国際人権条約（類型）
【参考文献】 阿部浩己ほか『テキストブック国際人権法』日本評論社，2009年／申惠丰『国際人権法』信山社，2013年
〔阿部浩己〕

## 国際人権条約（類型）
International Conventions on Human Rights/International Human Rights Treaties

　人権の保護に関する条約の総称であるが，人権概念の設定の仕方により国際人権条約の範囲は可変的である。国際人道法条約，国際刑事裁判所規程及び一部に人権条項を有する条約も国際人権条約の範疇に含める場合がある。主要な国際人権条約には，大別して，国連や専門機関が中心になって作成した国際人権条約と地域的国際機関が作成した地域的人権条約とがある。条約の規律対象も人権全般を対象とした一般的人権条約から特定の人権を規律対象とした人権条約まで多様である。

　国連が中核的国際人権条約と呼称する9の条約に，人種差別撤廃条約，社会権規約，自由権規約（死刑廃止議定書による補足），女子差別撤廃条約，拷問等禁止条約（拷問等禁止条約選択議定書），児童の権利条約（武力紛争児童関与議定書及び児童売買等議定書による補足），移住労働者権利保護条約，強制失踪条約，障害者の権利条約がある。これらの条約及び議定書では条約の実施を監視する専門家の委員会が設置されている。委員会は，条約又は選択議定書に定める国家報告手続，国家通報手続及び個人通報手続に従って，条約履行状況の審査を行うが，審査の結果表明する委員会の総括所見及び見解には法的拘束力がない。

　上記以外に国連が中心になって作成した条約には，ジェノサイド条約，アパルトヘイト禁止条約，スポーツ分野のアパルトヘイト禁止条約，時効不適用条約，改正奴隷条約，奴隷制度等廃止補足条約，人身売買等禁止条約，難民条約及び議定書，無国籍削減条約，無国籍者の地位条約，既婚婦人の国籍条約，婦人参政権条約，婚姻の同意等に関する条約がある。これらの条約では条約実施機関は設置されていない。国連専門機関が採択した条約の典型例として，国際労働機関（ILO）が採択した労働諸条約がある。ILO条約の履行についてはILO憲章22条から31条に定める報告，申立て，苦情に関する手続きが適用される。

　地域的な国際人権条約の代表例は，欧州人権条約，米州人権条約，及び，アフリカ人権憲章である。これらの人権条約が保護する人権の内容は，追加議定書または議定書によって補足されている。これらの条約は，保護すべき人権においてほぼ共通しているほか，条約実施機関として人権裁判所を設置している点でも共通する。裁判所には個別事件を審理して判決を下す権限と勧告的意見を与える権限が付与されている。米州人権条約及びアフリカ人権憲章では裁判所手続の前に委員会手続が設けられているが，欧州人権条約では裁判手続へ一元化されている。裁判所の当事者資格，違反を認定した場合に裁判所がとりうる救済措置等は条約により異なる。

　これらの基本的人権条約以外に欧州評議会は欧州社会憲章，欧州拷問等防止条約などの諸条約を，米州機構は米州拷問等防止条約や米州強制失踪条約などの諸条約を，またアフリカ統一機構及びアフリカ連合はアフリカ難民条約やアフリカ児童の権利憲章などの諸条約を締結してきている。また欧州連合が採択した欧州連合基本権憲章は，欧州連合基本条約と同一の法的価値を与えられている。他方アジア地域には地域全体に適用される人権条約はいまだ締結されていないが，ASEAN諸国間ではASEAN政府間

人権委員会の下で ASEAN 人権宣言が採択されている。

【関連項目】 欧州人権条約（ECHR）／国際人権規約／国際人権条約（性質）

【参考文献】 国際法学会編『日本と国際法の100年（第4巻）人権』三省堂，2001年／申恵丰『人権条約上の国家の義務』日本評論社，1999年／波多野里望『逐条解説 児童の権利条約』日本評論社，2000年／村上正直『人種差別撤廃条約と日本』日本評論社，2005年／山下泰子『女性差別撤廃条約の展開』勁草書房，2006年 〔薬師寺公夫〕

### 国際人権法（こくさいじんけんほう） International Human Rights Law／International Law on Human Rights

　国際人権法とは，一般には，人権の国際的，地域的及び国内的な保護及び促進に関して定めた国際法の総称である。ただし，国際法が保護の対象とした人権（国際人権）の国内的実施には国内法が深く関係するため，国際人権法を国際人権の実施に関係する国際法と国内法の総体とみる見方もある。国際人権法は，武力紛争時における傷病者，難船者，捕虜及び文民の保護や戦闘方法の規制について定めた国際人道法とは区別される。

　国際人権法の法源は，主要には国連が採択した人権諸条約及び地域的な国際機関が採択した人権諸条約などの国際人権条約である。これ以外に人権に関する慣習国際法が挙げられるが，慣習法化した人権は多くはない。世界人権宣言などそれ自体法的拘束力を有しない国際人権文書及び条約実施機関の意見や勧告も，そこに定める規則が慣習法化し，又は国際人権条約の解釈・適用に影響を与え，あるいは国際人権法の発展に寄与する点で広義の国際人権法を構成する。

　国際人権法は，国際的に保護すべき人権の内容を定めた実体的規範とともに，人権を国内的及び国際的に実現するための方法及び手続きを定めた手続的規範から構成される。国際人権法の実施は，主要には国の責任であるが，国内実施を補完するために様々な国際的な実施措置が設けられている。

【関連項目】 国際人権条約（性質）／国際人権条約（類型） 〔薬師寺公夫〕

### 国際人道法（こくさいじんどうほう）（武力紛争法（ぶりょくふんそうほう））（IHL） International Humanitarian Law

　武力紛争に適用される国際法規のうち，戦闘の手段・方法の規制及び武力紛争犠牲者の保護に関する一群の法規。戦時国際法や戦争法に代わって，第二次世界大戦後は，「武力紛争法」とともに，「国際人道法」の用語が広く用いられている。この用語が初めて公式に用いられたのは，1971年に赤十字国際委員会と国際連合の協力の下で開催された「武力紛争において適用される国際人道法の再確認と発展のための政府専門家会議」であるとされる。

　国際人道法の定義を巡っては，学説上も様々な見解がある。狭義には，交戦法規のなかでも，特に傷病者，難船者，捕虜，文民などの武力紛争犠牲者の保護に関する規則（ジュネーヴ法）のみに限定する立場がある。もっとも，戦闘の手段・方法の規制に関する規則（ハーグ法）にも人道的考慮が含まれるため，ハーグ法とジュネーヴ法をあわせて国際人道法とする立場が有力である。また広義には，人間の尊重を確保するための国際法規範の総体とする立場があるが，武力紛争への適用がもっぱら意図される国際人道法の体系は，基本的には平時の国際人権法とは区別されている。

　国際人道法の中核をなす条約は，1949年ジュネーヴ諸条約及び77年追加議定書である。前者は，傷病兵保護条約（第1条約），海上傷病者保護条約（第2条約），捕虜条約（第3条約），文民条約（第4条約）の4つの条約からなる。後者は，前者を補完し，発展させる目的で追加作成されたものであり，国際的武力紛争（第1追加議定書）と非国際的武力紛争（第2追加議定書）の2つについてそれぞれ拡充がなされている。これらのほかに，特定の兵器の禁止や一

定の部類に属する人や物を保護対象とする条約なども存在する。

【関連項目】　交戦法規／ジュネーヴ法／戦時国際法／武力紛争
【参考文献】　竹本正幸『国際人道法の再確認と発展』東信堂，1996年／藤田久一『新版　国際人道法（再増補）』有信堂高文社，2003年／村瀬信也・真山全編『武力紛争の国際法』東信堂，2004年
〔髙嶋陽子〕

## 国際正義　global justice

　主権国家により構成される国際社会においては現実主義的な考え方が主流であり，正しさ（正義）は国内において追及されるものであった。18世紀にカントが『永遠平和のために』において国際関係における正義を提唱したものの，理念的なものにとどまった。何が正しいのかについては国家の領域内で確認され，他国における正義とは必ずしも合致せず，対立も生じた。

　二度の世界大戦と冷戦の終結を経て，グローバル化した国際社会において，国内問題とされてきた人権や環境，民主制，貧困問題などが，国境を超えた社会や公共の空間において人類に共通する課題として論じられるようになった。また地球規模で人々の間で正しさを共有しなければ，宗教や言語，文化などの多様性を超えて，国家間や人々の間の良好な関係を構築し維持できないことも明らかになってきた。特に国家間の格差や不平等により，人々の生活状況に格差が生じ，それが人間の持つ潜在的な能力さえも否定することが主張されるようになった。つまりは，正義が人類社会全体に関わる問題として認識されてきた。

　正義の議論は，1970年代にロールズの『正義論』により脚光を浴びたが，90年代に彼が『万民の法』において，国内の正義を国際社会に適用しなかったことにより，国際正義を巡り論争が生じた。

　国際社会においては，国境や対象となる個人を限定して正義を主張できるのか，それとも国際社会に普遍的に適用される正義があるのか，また国家はどのような措置を取ることが求められまた可能なのかについて論じられている。

　正義は，主に匡正的正義と分配的正義について論じられる。前者は，特定の国内の人権侵害状況などについて，正義を主張して，他国が介入することにより状況を強制的に是正できるのか，という議論であり，人道的介入がその一例である。後者は，国家間の格差や貧困状況など社会の構造上の問題に着目し，国家間の格差を是正することの意義や妥当性について，特に構造的暴力に関する先進国の責任を論じる。

　国際正義の議論は，国家のあり方の正当性を探り，さらには国際社会の既存の制度の変革をも促しうる。国際正義の問題は，哲学的論争であると同時に経験的・実証的論争である。

【関連項目】　移行期正義／構造的暴力（間接的暴力）／人道的介入（干渉）
【参考文献】　井上達夫『世界正義論』筑摩書房，2012年／押村高『国際正義の論理』講談社，2008年／ロールズ，J.（中山竜一訳）『万民の法』岩波書店，2006年
〔望月康恵〕

## 『国際政治』（モーゲンソー）
*Politics among Nations*（Hans J. Morgenthau）

　H. J. モーゲンソーの著した『国際政治』は，広く評価され受容され，同時に批判され誤解され，国際政治学の分野で圧倒的なまでの影響と波紋を及ぼした。モーゲンソーは，ドイツのコブルクに生まれ，ミュンヘン大学とジュネーヴ国際問題研究所で学んだ後，ナチスの迫害を避けてドイツを離れ，1943年からアメリカのシカゴ大学で教鞭をとった。その彼が48年に著したのが『国際政治』であり，その第2版において，彼の代名詞となる政治的リアリズムを提示した。

　『国際政治』は，その存在論と規範論，実践論において，戦後の国際政治学において格別の意義を持っている。第1の存在論的な意義は，国際政治学が学問として十分に確立していない

当時，国際政治それ自体の全体構造と特性を，独自の基本概念に基づいて体系的に明確化した点にある。その際にモーゲンソーは，国際政治を他の政治と同じくパワー（権力）を巡る闘争を本質としているとし，「パワーによって定義される利益」を中心概念として捉えた。また，国際平和を導くメカニズムとして，当時期待の大きかった国際道義の確立や国際紛争の司法的解決などについて，構造的な欠点を指摘した。その上で，平和は勢力均衡による権力闘争の抑制を通じて，相対的安定としてしか実現しなかったと論じた。同時に彼は，冷戦の下では，勢力均衡を秩序原理とし，均衡状態の判断基準を共通化するような規範認識が欠けており，もはや平和の基礎になり難いとした。

第2の規範論的な意義は，モーゲンソーが国際道義や超国家的機関の確立など，あるべき状態を想定して平和を希求する規範論を否定した点，また，勢力均衡を支えた規範認識の崩壊を前提として，別の規範による国際秩序を摸索した点にある。その際に提起したのが，国益の概念である。彼は，イデオロギー的な主義主張に追求する行動を危険視し，国益を死活的なほど重要な利益に制限する点，他国の死活的国益を理解し，慎慮に基づいて利益の衡量や妥協を図りあう点に，秩序形成を摸索したのである。ただし，国益の概念は曖昧さを免れず，また他国に慎慮を期待するのは，彼の指摘した国際的な共通認識の欠如と矛盾していた。

第3は実践論的意義であり，モーゲンソーは国際政治学を実用の科学と考え，『国際政治』で示した国際政治像や概念を柔軟に用いて，実際の国際問題を積極的に論じた。特にアメリカの冷戦イデオロギーに基づく外交，なかでもヴェトナム戦争や核戦略を鋭く批判した。

この『国際政治』は多くの論争や批判，また再評価を喚起し，新たな理論の台頭を促す契機になった。「モーゲンソーとの対話」なくしては，行動科学や相互依存論，ネオ・リアリズムやネオ・リベラリズム，コンストラクティヴィズムなどの諸理論は，違った形になっていたであろう。

【関連事項】　国際規範／勢力均衡
【参考文献】　Williams, Michael C. ed., *Realism Reconsidered*, Oxford University Press, 2007　　　〔大矢根聡〕

## 国際制度（国際レジーム）
international regime/international institution

　国際レジームとは国際関係の特定の問題領域において，多様な主体が一定の拘束力があると認識している一連の公式・非公式の原則・規範・ルール・手続きや相互了解のことを指す。国際法では条約や協定のように明示的取り決めを指すことが多いが，国際政治学では，暗黙の了解や慣行などの非公式な制度やルールを含むものと理解される場合が多い。レジームは制度化の程度に応じて，暗黙の了解や非公式取り決めから条約や国際機関のような公式の制度までの多様性を持っている。

　国際政治学において国際レジーム論が盛んになった背景には，アメリカの覇権が衰退しつつあるとされた1980年代において，第二次世界大戦後にアメリカが中心となってつくった自由主義的国際経済秩序を維持し得るかという問題意識があった。この点について，アメリカの力を背景にして制度化された国際レジームが国際協力を促す役割を果たすので，自由主義的国際経済秩序は覇権衰退後にも存続すると主張した新自由主義的制度論の立場と，覇権の衰退とともに国際レジームも衰退するため，自由主義的国際秩序も持続しがたいと考えたリアリストが激しく対立した。

　冷戦の終結やアメリカ一極秩序と呼ばれる冷戦後の時代状況などによってこの問題設定自体は重要性を失い，レジーム論自体も勢いを失った。一般的には，覇権の如何にかかわらず自由主義的な国際経済秩序に持続力はあるが，90年代以後，全面的な秩序の刷新は困難となってお

り，分野別や地域ごとの改革がパッチワーク状に進んでいる。他方で，世界政治経済関係においては，地球環境問題，インターネット，電気情報通信など新たな問題領域が次々と生まれ，それらの問題領域ごとにレジームが形成されている。

方法論的には，レジーム論が内包する相互主観性の観点は，国際関係における規範の機能に関する探求，法化（legalization）の議論，コンストラクティヴィストの議論の発展を導く役割を果たしたと言えるだろう。

【関連項目】　国際立憲主義／覇権
【参考文献】　アイケンベリー，G.ジョン（鈴木康雄訳）『アフター・ヴィクトリー』NTT出版，2004年／コヘイン，ロバート（石黒馨・小林誠訳）『覇権後の国際政治経済学』晃洋書房，1998年／ラギー，ジョン・ジェラルド（小野塚佳光・前田幸男訳）『平和を勝ち取る』岩波書店，2009年／Krasner, Stephen D., ed. *International Regimes*, Cornell University Press, 1982. 〔遠藤誠治〕

### 国際赤十字・赤新月連盟（IFRC）
International Federation of Red Cross and Red Crescent Societies

第一次世界大戦後の1919年，戦争は繰り返されないという想定に基づき，平時における公衆衛生・難民支援・災害救済のため，各国の赤十字社と赤新月社の能力を強化する目的で設立された。本部は，当初パリにあったが，第二次世界大戦が始まってからジュネーヴに移された。

デュナンを創始者とする国際赤十字・赤新月運動は，現在，①各国の赤十字社・赤新月社，②赤十字国際委員会（International Committee of the Red Cross: ICRC，1863年設立），③IFRCで構成される。③はデュナンの死後に設立された。

各国における赤十字社・赤新月社について，スイスのICRCが戦時における役割に強い関心があるのと対照的に，米国赤十字社の社長だったデイヴィソンは，平時における新たな役割を構想し，IFRC創設を主導した。設立時は，イギリス・フランス・イタリア・日本・米国の5ヵ国の赤十字社のみだった。現在では189ヵ国の赤十字社・赤新月社から構成されている。

国際赤十字・赤新月運動は，上記の①と②と③の役割分担について，97年にセビリア合意をまとめた。その後，2005年に改訂された。これにより，IFRCの任務は，各国の赤十字社・赤新月社の発展の促進に加えて，平時の社会福祉事業と自然・技術的災害における国際的な調整となった。

4つの中核的な領域として，①人道的原則の促進，②災害への対応，③災害への準備，④保健とコミュニティ・ケアに焦点を絞っている。さらに，09年に総会で採択された「2020年に向けての戦略」において，優先すべき活動分野が合意されている。つまり，①災害救援と復興支援，②保健医療活動と災害予防活動，③人々を孤立・排除・摩擦から保護し，社会の構成員として認め合う活動，の3分野である。

【関連項目】　緊急人道支援／スフィア・プロジェクト／デュナンの平和運動／非政府組織（NGO）／NPO
【参考文献】　桝井孝・森正尚『世界と日本の赤十字（新版）』東信堂，2014年／Forsythe, David, *et al.*, *The International Committee of the Red Cross*, Routledge, 2007. 〔勝間靖〕

### 国際組織犯罪防止条約
United Nations Convention against Transnational Organized Crime

近年のグローバル化の進展に伴い，国際組織犯罪が急速に複雑化・深刻化してきた。このような新たな脅威に効果的に対処するためには，各国が自国の刑事司法制度を強化するのみならず，国際社会全体が協力して取り組むことが不可欠であるとの認識が高まった。このため，1998年12月に採択された国連総会決議により政府間特別委員会が設置され，オーストリア・ウィーンにおいて条約交渉が行われた。その結果，国際組織犯罪防止条約及び3つの補足議定書（人身取引議定書，密入国議定書及び銃器議

定書）が合意され，2000年12月にイタリア・パレルモにおいて署名会議が開催された。このため，同条約はパレルモ条約とも称される。

同条約は国際的な組織犯罪を防止し及びこれと戦うため，重大な犯罪を行うことを合意すること等一定の行為の犯罪化，裁判権の設定，犯罪収益の没収，犯罪人引渡し等締約国の義務を規定している。また，適用対象となる犯罪については長期4年以上の拘禁刑を科す重大犯罪と定められ，同条約の適用範囲についても，性質上国際的なものであり，かつ，組織的な犯罪集団が関与するものの防止，捜査及び訴追に限定されている。〔福井康人〕

■ 国際治安支援部隊（ISAF）
International Security Assistance Force

国際治安支援部隊（ISAF）の任務は国連憲章第7章に基づく平和強制を伴う。具体的には，9つのISAFに関連する国連安全保障理事会決議に依拠する。しかしながら，ISAFは国連の軍隊ではない。国連安保理の権威の下で，北大西洋条約機構（NATO）を中心とした多国籍軍で構成され，派遣されている。

2001年12月のドイツのボン会議の合意に基づき，国連安保理決議1386号が採択され，NATOの派遣が決定した。その任務は当初アフガン暫定当局との間で結ばれた軍事技術協定を根拠にしたカブール近郊の治安維持であった。しかし，その活動範囲は徐々に拡大され，国軍や警察の治安部隊の訓練，アフガニスタン政府の治安部門改革支援，さらには援助関係者が治安の悪い地域での学校や病院建設などの復興支援を行うにあたってのISAFとの協力関係を指すPRT（地方復興チーム）のような民軍協力も含まれるようになった。

03年8月からは，国連とアフガニスタン政府の要請に基づきNATOがISAFの指揮をとり，14年末に任務を終了し，アフガニスタン政府への治安権限の移譲が行われた。

【関連項目】　アフガニスタン戦争／アフガニスタンの復興／アフガニスタン復興支援国際会議／北大西洋条約機構（NATO）／民軍協力（CIMIC）　〔山田満〕

■ 国際秩序　international order

国際社会の構成員の間で，構成員の基本的目標やそれに適う行動様式についての同意が存在している状態である。したがって，どのような構成員の間で，どのような行動様式に合意ができているかによって国際秩序は変動するし，国際秩序の見方も異なることになる。

国際システムの1つである主権国家システム（他の国際システムには，ワイトによる「宗主国家システム」などがある）では，主権国家が主要な構成員であり，主権国家間での目標や行動様式についての同意が存在している状態が国際秩序である。19世紀の「ヨーロッパ協調」にみられるような，圧倒的な大国の出現を抑え主権国家システムを維持するという目標に同意し，各国間のパワーのバランスをとる政策に合意した勢力均衡は，1つの国際秩序である。また，第一次世界大戦後や第二次世界大戦後に構築された集団安全保障体制は，国際連盟や国際連合の加盟国間で各国の安全を保障する仕組について合意が形成され，各国の行動様式（武力による威嚇・武力行使の禁止など）は合意により制約されており，集団安全保障体制という国際秩序とみることができる。第二次世界大戦後の国際秩序については，アメリカ合衆国が覇権的地位（圧倒的なパワー）を利用して他国の合意をとりつけたのか（覇権的秩序，帝国的秩序），自らのパワーをも抑制する国際制度を構築することにより他国の同意をとりつけたのか（立憲秩序），により異なる国際秩序の見方になる。

以上，合意された行動様式により国際秩序に相違があることを示したが，現代の主権国家システムでは，主権国家以外の主体を構成員と認めるかという構成員の問題も議論されている。

EU，NGO，企業などがどのような行動様式に合意するかは，国際的な課題を検討する際に，以前よりも重要になっている。ブルは，世界秩序を人類全体の秩序と定義し，国際秩序は世界秩序の目標との関連において評価されなければならないと述べているが，そのような視点に立てば，国際秩序の構成員は主権国家に限られない。

グローバル化が進み主権国家間の関係，主権国家内部に変容が生じている現代の主権国家システムにおいては，人々の基本的目標についての合意を視野に入れた国際秩序の構想が必要となっている。

【関連項目】 集団安全保障／主権国家／勢力均衡／覇権
【参考文献】 ブル，ヘドリー（臼杵英一訳）『国際社会論』岩波書店，2000年／石井淳他編『国際秩序の変動』東京大学出版会，2004年 〔古城佳子〕

## 国際通貨基金（IMF）
International Monetary Fund

1944年7月アメリカのニューハンプシャー州のブレトンウッズにアメリカの呼びかけに応えて連合国側の諸国が集まり，第二次世界大戦後の国際経済体制について議論が行われたが，国際通貨体制の安定性を確保するために創設されたのが国際通貨基金（IMF）である。46年3月に，同じく「ブレトンウッズ協定」で設置が合意された「国際復興開発銀行」（いわゆる世界銀行）とともに46年3月に29ヵ国でスタートした。

加盟国の経常収支が著しく悪化した場合などに融資などを実施することで，国際貿易の促進，加盟国の高水準の雇用と国民所得の増大，為替の安定，などに寄与する事を目的としている。また，為替相場の安定のために，経常収支が悪化した国への融資や，為替相場と各国の為替政策の監視などを行っている。各国の中央銀行のとりまとめ役のような役割を負う。

毎年秋に年次総会と呼ばれる世界銀行と合同の総務会を開催。また年二度の国際通貨金融委員会の開催も行っている。本部はアメリカのワシントン。

97末に発生したアジア金融危機や2012年以降深刻化したギリシャ金融危機に際しては条件付きの融資を行って関係国の救済に貢献しているが，時にはその厳しい条件（コンディショナリティ）に批判が出ることもある。

【関連項目】 世界銀行 〔渡邊頼純〕

## 国際的正当性 international legitimacy

国際関係は世界規模の政府的メカニズムを欠いており，その意味でアナーキー（無政府的）である。しかし，国際関係には一定の秩序が存在しており，それを支える主要な要素の1つが国際的正当性である。

国際的正当性とは，国際関係において国家やNGOなどの主体が自らの権利や決定，行動などについて獲得する社会的承認を意味する。すなわち国際的正当性は，確立した国際規範による，他者の判断に基づいている。国際的正当性の対象になるのは，主体のあり方と行動の仕方であり，例えば国家が勢力均衡を試みる場合，あるいは明白な人権侵害に対して経済制裁を実施する場合などに，正当な主体が正当な行動をとったとみなされる。

国際的正当性は，国内的正当性と同じく合法的正当性（M.ウェーバー）として実現するが，国際関係では大多数の国家が同意し，常に遵守する法的ルールはむしろ例外的である。国際的正当性は合法性のみならず，しばしば道義的支持に支えられる。その道義的支持は，政府間の合意にもまして，各国政府の国内的同意の調達，あるいはNGOによる国境横断的なコミュニケーション過程などにおいて実現する。

もちろん，例えば脱植民地化や新国際経済秩序を発展途上国が求め，先進諸国が対応した際のように，政治的・経済的利害の考慮の裏づけ

なくして，道義的支持のみが作用するわけではない。以上の合法的正当性と道義的正当性とは，国際的正当性を分類する際に多用される，手続的正当性と実質的正当性のカテゴリーとも重なり合う。

国際的正当性は歴史的に変化している。冷戦終結後は，多数の国家が民主主義や人権の概念を当然視するようになった。それを反映して，国際機関や各国政府が紛争後の平和構築，発展途上国に対する支援などに際して，民主主義の構築や人権の尊重を正当な条件とした。

また，人権侵害を伴う国内紛争に関しては，人道を正面から掲げる介入は依然として稀で，むしろ「保護する責任」を媒介としている。しかし，こうした正当性を巡っては，例えば，人道的な人権擁護と軍事力行使に伴う被害とのバランスが，深刻なジレンマになる。また，正当性を判断するのが国連総会で適切なのか，先進民主主義国やアメリカが主導するのは妥当なのかが，問い質された。国際的正当性は，国際関係論の主要な争点の1つとして研究が本格化している。

【関連項目】　アナーキカル・ソサイエティ／国際規範／国際秩序
【参考文献】　Clark, Ian, *Legitimacy in International Society*, Oxford University Press, 2005／Hurd, Ian, *After Anarchy*, Princeton University Press, 2008　　〔大矢根聡〕

### 国際熱核融合実験炉（ITER） International Thermonuclear Experimental Reactor

核融合発電炉の実現を目指して，発電炉の設計に必要な知見を得ることを目的とした研究開発を行う実験炉の名称であり，装置・設備の設計・建設・運転・保守，研究の企画・立案，成果のとりまとめを参加国の協力によって実施する国際プロジェクトの名称でもある。1992年のプロジェクト開始当初の参加国は日本，米国，欧州，ロシアの4ヵ国であったが，その後，中国，韓国，インドが加わり，現在，7ヵ国で構成されている。2007年に参加7ヵ国が締結したITER協定に基づいて計画が実施されており，各国はITERの建設に必要な様々の構成部品の物納貢献を行う（欧州が45.5％，その他の国が残りを折半）。

ITERは，燃料プラズマの生成及び加熱に消費される入力を上回る核融合出力を長時間にわたって維持することを目指しており，5万kWの入力に対して50万kWの核融合出力を400秒間持続することが目標性能の1つである。この出力と入力の比をエネルギー増倍率（Q）と呼び（上記の場合，Q=10），Q=5で定常運転を行うことがもう1つの目標性能とされている。このような将来の発電炉に類似した条件下における燃料プラズマの挙動の研究とともに，発電炉の設計と運転に必要な加熱・制御・診断及び遠隔保守に関する主要な技術の試験と実証を主目的としている。

ITERの建設サイトは05年に南仏のカダラッシュに決定され，現在，サイトの整備，構成機器の製作を進めている。各国からの建設サイトへの輸送は3つの大陸に跨るものであり，重厚な機器の輸送を万全なものとするため，経路，手段，法規制，保険等について慎重に検討している。ITERの完成は19年で，ファーストプラズマと称する実験開始は20年を予定している。その後，段階的に性能を高め，27年から本格的な核融合実験の開始を見込んでいる。

なお，ITERの建設サイト決定に際し日欧間で「幅広いアプローチ（Broader Approach; BA）活動」計画を策定し，ITER計画の支援と核融合原型炉（ITERの次の段階である発電実証を目的）の実現に向けた技術基盤の構築のため3つの研究開発プロジェクトを開始した。その1つであるサテライト・トカマク計画は，日本原子力研究開発機構が有する実験装置JT-60を先進的な研究開発を行うJT-60SAに改造するもので，BA活動に参加する日本及び

EUの各国が装置の構成機器を物納するほか，設計・建設や研究を協力して実施することになっており，装置規模からもミニITERというべき計画である。現在，建設が急ピッチで進められており，JT-60SAの完成及びファーストプラズマは19年とされている。

【関連項目】　核融合　　　　　　　　　〔玉井広史〕

### 国際反核法律家協会（IALANA）
International Association of Lawyers Against Nuclear Arms

1987年8月，核政策法律家委員会（LCNP：米国）とソヴィエト法律家協会がニューヨークで国際会議を共催し，以後世界の法律家に呼びかけた。翌年88年4月ストックホルムで創立集会を開催して，核戦争の防止と国際法の遵守を求める法律家の社会的責任を定めた規約を採択し，米国・ソ連・スウェーデンを代表する3名の共同会長制で発足した。これを契機に日本反核法律家協会（JALANA）が結成された。

ソ連解体後の92年，IALANAは国連総会などに働きかけ，国際司法裁判所（ICJ）に核兵器の使用と使用の威嚇の合法性に関する勧告的意見を求める決定をした。このプロジェクトは「世界法廷運動」の名で展開され，日本反核法律家協会はマルテンス条項に言う「公的良心の宣言」署名運動で大きな成果を挙げた。96年7月，ICJが核兵器使用の一般的違法性を認めた「核兵器勧告の意見」を出した。「モデル核兵器条約」の起草活動でも成果を挙げ，これは国連文書にもなっている。2015年現在，マーシャル諸島政府による核兵器保有9ヵ国に対するICJへの提訴を支援する活動をしている。

【関連項目】　核兵器禁止条約／核兵器廃絶運動（反核運動）／世界法廷プロジェクト　　　　　　　　　〔浦田賢治〕

### 国際復興開発銀行（IBRD）
International Bank for Reconstruction and Development

国際通貨基金（IMF）と同様，1944年7月のブレトンウッズ会議で設置が合意された開発金融のための国際機関。通貨の安定性を確保するIMFとともに第二次世界大戦後の復興を実現するための低利融資を行う開発銀行として，46年3月にスタートしているが，近年では発展途上国の開発に必要な資金の融資やプロジェクト・ファイナンスを行っている。参加にいわゆる「世銀グループ」としてアジア開発銀行（ADB），米州開発銀行（IDB），アフリカ開発銀行（AfDB）などがある。世界銀行は，世界中の途上国にとって必要不可欠な資金源，技術援助機関である。世銀は普通の銀行とは異なり，貧困削減や開発支援を目的とした他に例のない開発発展のパートナーとなっている。

世銀は各国の中央政府または同政府から債務保証を受けた機関に対し融資を行う国際機関であり，60年に設立された国際開発協会とあわせて世界銀行と呼ばれるようになった。

【関連項目】　世界銀行　　　　　　　　〔渡邉頼純〕

### 国際紛争処理一般議定書
General Act for the Pacific Settlement of International Disputes

1928年9月に国際連盟総会で採択され，翌29年8月に発効した国際紛争の平和的解決に関する一般条約（原議定書の締約国数は19）。第二次世界大戦後の49年4月，国連総会は，原議定書に技術的修正を施した改正議定書を採択，翌50年9月に発効し今日に至っている（改正議定書の締約国数は8）。改正議定書はその締約国間で効力を有するが，原議定書もその締約国間では依然として有効なものとされている。日本はいずれの議定書にも未加入。

議定書は全4章からなり，第1章では調停（conciliation），第2章では司法的解決（judicial settlement），第3章では仲裁裁判（arbitration）について定め，第4章は一般規定となっている。外交的手続の延長線上に位置づけられる調停と司法裁判または仲裁裁判という裁判手

続との有機的結合を図った画期的な一般条約であったが、外交上の手段によって解決できなかった紛争について、一方当事国による一方的な調停への付託を認めたり（7条）、当事国が相互にその権利を争うすべての紛争について、当事国が仲裁裁判への付託に合意しないときには、国際司法裁判所への付託を義務づけたりする（17条）、その革新的な内容ゆえに締約国数は増加せず、実際にはあまり機能していないと言われている。

【関連項目】　国際裁判／国際司法裁判所（ICJ）／国際紛争平和的処理条約／紛争解決
〔森川幸一〕

## 国際紛争平和的処理条約　Convention for the Pacific Settlement of International Disputes

1899年の第1回ハーグ万国平和会議で採択され、1907年の第2回ハーグ万国平和会議で改正された紛争の平和的解決方式を包括的に定めた最初の多数国間条約（10年1月発効）。日本は前条約と現条約の両方を批准しており（現条約は12年2月日本につき発効）、現在の締約国数は97ヵ国。

前文と97ヵ条からなり、締約国に対して軍事力に訴えることを可能な限り予防するため、国際紛争の平和的解決を確保する義務を課している（1条）。条約が定める平和的解決方式としては、周旋・居中調停（仲介）（2章）、国際審査（3章）、仲裁裁判（4章）がある。このうち周旋（good offices）・居中調停（mediation）は、第三者（国）が紛争当事国の間に介在して紛争解決を側面から促進する方式で法的拘束力は有しない。国際審査（inquiry）は、国際審査委員会を設けて主に紛争に含まれる事実問題を明らかにすることで当事国間の紛争解決を促進する方式。1904年の英国・ロシア間のドッカー・バンク事件の解決に寄与した。仲裁裁判（arbitration）は、紛争当事国が事件ごとに選任する裁判官によって行われる裁判のことで判決には法的拘束力がある。条約は、締約国があらかじめ各4名以下で任命する裁判官候補者の名簿をハーグの事務局に常置し、紛争当事国がその名簿に基づいて裁判部を組織できるようにした常設仲裁裁判所の制度も定めている。

【関連項目】　国際裁判／国際紛争処理一般議定書／紛争解決
〔森川幸一〕

## 国際平和研究学会（IPRA）　International Peace Research Association

国際平和研究学会（IPRA）は、1964年12月3日にジョン・バートン、ヨハン・ガルトゥング、ベルト・レーリンクなどが中心となりロンドンで設立された平和研究者の国際的な研究学会である。その目的は「平和の諸条件並びに戦争及びその他の形式の暴力の諸原因について学際的な研究を促進すること」とされた。初代の事務局長には極東国際軍裁判で判事を務めたオランダ出身のレーリンクが就任した。日本人では、坂本義和・東京大学教授（1980～83年）と児玉克哉・三重大学教授（2000～04年、10～12年）が事務局長を歴任している。5つの地域（アフリカ、アジア・太平洋、ラテンアメリカ、ヨーロッパ、北アメリカ）に関係団体を有し、国連との関係も密接で、経済社会理事会のロスターの協議資格を持つ。1989年にはユネスコ平和教育賞を受賞した。日本平和学会はIPRAの団体会員である。

【関連項目】　日本平和学会（PSAJ）／平和学の方法／平和研究
〔小倉康久〕

## 国際平和ビューロー（IPB）　International Peace Bureau

19世紀末の世界平和会議（Universal Peace Congresses）で協議の結果、1891年12月スイスのベルンに常設国際平和ビューローが創立された。反植民地と反戦の活動で1910年にノーベル平和賞を受賞した。24年ジュネーヴに本拠を移し、国際平和ビューロー（IPB）と称した。2つの世界大戦後の国際連盟と国際連合の発足

で存在意義が薄れたため，59年に組織改革を行い，60年代からはヴェトナム戦争反対などで反戦運動を展開した。

IPBには70ヵ国から300を超える団体が加盟しており，国際連合のNGO資格を得て活動してきた。その目標は，戦争のない世界の実現に貢献することである。当面の課題は，持続可能な発展に寄与する軍縮の達成であって，そのため軍事費を人間の必要充足や環境の保全など社会的事業に振り向ける計画を推進している。核軍縮には80年代から取り組んでいる。

92年にショーン・マクブライト平和賞を設けた。平和市長（首長）会議や日本被団協をノーベル平和賞候補に推薦してきた。また EU への平和賞授賞に異議申立をしたことでも知られる。

【関連項目】　日本被団協／平和首長会議　　〔浦田賢治〕

## 国際平和旅団（PBI）　Peace Brigades International

1981年，カナダで設立され，83年にグアテマラで活動を開始した国際NGO。これは，暴力的な紛争に悩まされている地域の人々の要請に応えて，トレーニングを受けた非武装の国際ボランティアを紛争地に派遣し，国際ボランティアが危険にさらされている人に付き添うことによって，彼らの命を守り，暴力を防ごうとする活動であり，ガンディーのシャンティ・セーナを起源とする，いわゆる非暴力的介入に従事する国際NGOの1つである。

PBIの活動は，外国人ボランティアが武装勢力に狙われている人権活動家に付き添うことで，「国際社会が見ているぞ」というメッセージを送り，「国際社会の眼」が暴力を抑止するというものである。このようなPBIの手法は護衛的同行（protective accompaniment）と呼ばれる。PBIはこの方法によって社会全体の暴力を低下させる点で成果を挙げた。

重要なのは，PBIの外国人ボランティアはあくまでも紛争地域の人々の要請に応じて派遣されるもので，PBIの活動は地元の人々が紛争の平和的解決を追求するための環境創出を目的としているということである。つまり，PBIの活動は，making peace（紛争解決）ではなくて，making space for peace（紛争解決のための環境創出）なのである。PBIは，現在，コロンビア，グアテマラ，ホンデュラス，インドネシア，ケニア，メキシコ，ネパール等で活動している。

【関連項目】　非暴力的介入／文民保護　　〔君島東彦〕

## 国際法学会　Institut de Droit International

19世紀に設立された国際法学会は，国際公法と国際私法の世界的な研究者からなる「公的性格を持たない純粋に私的な学問的団体」である。1904年に，その活動が評価され，ノーベル平和賞を受賞した。

各会期に全体会合としての本会議が開かれ，その決定により主題ごとの研究委員会が設置され，報告者が指名される。本会議で採択される主題に関する決議や宣言は，国際連盟や国際連合，さらには諸国の実行に対しても一定の影響力を有している。

1899年と1907年に開催されたハーグ平和会議は戦争法の法典化において画期となる会議であったが，1880年のオックスフォード会期に作成された戦争法に関する決議である「オックスフォード・マニュアル」は相当な影響力を持った。また，国際法学会は，1930年の国際法典編纂会議の前年，同会議の3つのテーマ（「国籍」，「領海」及び「国家責任」）について決議を採択した。

国連設立後もその影響力は衰えていない。国連総会の下部機関である国際法委員会（ILC）は，国際法の法典化と漸進的達成をその任務としているが，94年の国際水路の非航行的利用の法に関する条約草案作成にあたっては，国際法学会の同主題に関する決議が大きな影響を与え

た。　　　　　　　　　　〔坂元茂樹〕

■ **国際法と国内法**（の関係）relation between international law and domestic statutes
　19世紀末から20世紀前半にかけて国際法学者の間で盛んに議論されたのが，国際法と国内法の妥当性の連関を巡る問題であった。すなわち，国際法が法秩序としてどのような基盤の上に成り立っているか，そして，その国際法秩序と国内法秩序との関係はどのようになっているかという問題である。それははなはだ抽象的な問題である。ただ，そうした問題設定は，究極的には，法規範としての国際法の存在を否定しようとする論者に対して，有効に反論するための道具立てとしての意味を濃厚に持っていたという事実には注目しておく必要がある。
　この問題について最初に本格的な考察を行ったのは，トリーペルである。彼の「二元論」とみなされている理論とは，2つの側面において，すなわち，法によって規律される生活関係・社会関係についても，法の淵源である意思，つまり法源についても，国際法と国内法はまったく別個の法秩序であり，両者が交わることはあり得ないというものである。
　こうした二元論に対して主張されたのが，国際法と国内法は1つの統一法秩序を構成しているのであって，それぞれが上位・下位の法規範秩序をなしているとみなす，「一元論」の考えである。国内法優位の一元論と国際法優位の一元論の2つの態様がある。
　論争がなされた当時においてすでに，これらの理論がどこまで各国の実行と適合していたかは疑わしいと言わざるを得ない。この点に着目して，国際法と国内法を等位の関係に置き，相互間に生じる義務の抵触については調整による解決に委ねようとする立場が主張されるようになっている。「等位理論」ないしは「調整理論」と呼ばれる考えである。もっとも，二元論との違いがどこにあるのかなど，この立場に対する批判も相当に強くあり，現段階で一般的に受け入れられている理論になっているとは言い難い。
　現在では，こうした，はなはだ抽象的な問題設定ではなく，国際法秩序における国内法と国内法秩序における国際法という2つの分野に分け，それぞれについて現実のあり方がどのようになっているかを具体的に説明するという方式が一般的である。
【関連項目】国際規範
【参考文献】岩沢雄司『条約の国内適用可能性』有斐閣，1985年／寺谷広司「「調整理論」再考」江藤淳一編『国際法学の諸相』信山社，2015年　　　　〔柳原正治〕

■ **国際民主化選挙支援機構**（International IDEA）International Institute for Democracy and Electoral Assistance
　民主化支援を行う国際機構で，14ヵ国を創設メンバーとして1995年2月，スウェーデンのストックホルムに設立された。冷戦終結後，民主的制度の構築・発展・強化に努める国々の支援を行う機関である。
　民主化への動きは国内から起こるものであり，権力者や外部アクターが押しつけるものではないとの認識を持っており，活動内容は各国の民主化・民主主義に関する比較研究，情報提供・提言，能力強化支援などと限定的である。活動目標は民主制の能力・正当性・信頼性向上，政治参加拡大，政治家の説明責任拡大，効率的かつ正当な民主的協力関係の構築にある。主な専門分野は選挙，憲法，政治参加に加え，発展・ジェンダー・多様性・紛争・安全保障などと民主主義の関係などである。国連総会のオブザーバーでもある。
【関連項目】体制移植／デモクラティック・ガヴァナンス／民主化支援　　　　　　　　　　〔市原麻衣子〕

■ **国際立憲主義** International constitutionalism
　国際立憲主義とは，国際法において法の支配

に基づく秩序の確立を目指す原理である。国内法における憲法による統制に類する国際立憲主義の必要性が高まり，20世紀初頭に国際連盟が創立されるなかで国際法秩序が模索され始めた。さらに1990年の共産主義体制崩壊後に，世界的な正義の確立といった価値観が重視され始めたこと，さらには近年国際法が人権法，環境法といった分野ごとに独自の規範形成が行われた結果，同一事象に対して異なった解釈が行われる事例が生じるなど，国際法全体での法秩序が失われる断片化の懸念が生じていることが挙げられる。特に最近では，安保理決議による資産凍結を含む対象を指定する経済制裁が，欧州司法裁判所によりその効力を否定されたカディ（Kadi）事件にみられるように，国連憲章に基づく措置であってもその妥当性が問われるような事例も生じており，国際法体系全体における法秩序の確保の重要性が指摘されている。このため，強行規範（jus cogens），対世的（erga omnes）義務，国連憲章の義務の優先を規定した103条等に着目した国際立憲主義が論じられることもあり，このような国際法内での上位規範を基に，国際法全体での統一した秩序の確保が模索されている。 〔福井康人〕

## 国際連合（国連）（UN） United Nations

第一次世界大戦を受けて設立された国際連盟が，不完全な大国協調の結果，日本やイタリア，ドイツの軍事行動の抑制と制裁に失敗して第二次世界大戦を回避できなかったことを受け，アメリカ，イギリス，ソ連が中心となって構想した国際機構である。国際連合を設立するための多国間条約（国連憲章）が1945年6月26日のサンフランシスコ会議で採択され，同年10月24日に発効し，国連は正式に設立された（第1回総会は翌年2月に開催）。全体の本部はニューヨークに置かれているが，ジュネーヴとウィーンも本部機能を持つ。加盟国数は，2015年現在，193ヵ国（日本の加盟は1956年12月18日）である。

国連の中心的な目的は，国際の平和と安全を維持すること（国連憲章1条1項）であるが，これに加えて，人民の自決原則の尊重（同2項），人道問題や人権及び基本的自由の尊重（同3項）も盛り込まれている。国連の活動にあたっては，加盟国の主権平等を基礎とし（同2条1項），憲章上の義務の誠実な履行（同2項），紛争の平和的解決義務（同3項），武力不行使原則（同4項），国連による加盟国への内政不干渉原則（同7項）などが基本原則とされている。特に武力不行使原則は，国際連盟規約（19年）や不戦条約（28年）に代表される戦争違法化の流れの到達点であり，今日の国際秩序の基本原則の1つに挙げられる。

国連憲章上，総会，安全保障理事会（安保理），経済社会理事会（経社理），信託統治理事会，国際司法裁判所及び事務局が主要機関（同7条）とされ，総会と安保理はそれらの任務の遂行にあたって必要と認める補助機関を設置できるほか，経社理は自らの権限と関連する各種の委員会を設置する権限を持つ。なお，経社理は，国際連合と連携関係を持つ国際組織（専門機関）に対する勧告権限を持つほか，民間団体（NGO）と取極を結ぶことができる。国連事務局の長は，事務総長（Secretary-General）と呼ばれ，国連のすべての会議において事務総長の資格で行動するほか，国際の平和及び安全の維持の脅威になる事項について，安保理の注意を促すことができる（同99条）が，実行上，この権限は拡大的に解釈され，事務総長が特定の紛争で仲介役や調停役を務めることもある。

国連は，国際連盟に比べて集団安全保障に関する機能を強化したものの，冷戦構造下では十分な役割を果たすことができなかった。冷戦終結以降，湾岸戦争（90～91年）や旧ユーゴスラヴィア紛争（91～95年）やアフリカ各地の国内紛争で一定の役割を果たしたが，それでもなお，国連を通じた集団安全保障には問題も多

く，憲章に明文の根拠規定を持たない平和維持活動（PKO）への評価が高い。また，1948年に採択された世界人権宣言（総会決議217）に代表される人権分野や，植民地から独立した新興国家の開発問題に端を発する社会開発分野などでの規範形成や，開発援助・難民支援といった国連加盟国の国内で自ら実施する活動の方が耳目を集める傾向にある。

【関連項目】　強制措置（国連安保理）／国連安全保障理事会（国連安保理）／国連憲章／国連総会／国連平和維持活動（PKO）
【参考文献】　明石康『国際連合』岩波書店，2006年／北岡伸一『国連の政治力学』中央公論新社，2007年／最上敏樹『国際機構論（第2版）』東京大学出版会，2006年　　〔山田哲也〕

## 国際連盟（LN）　League of Nations

普遍的な国際組織の思想はかねてより，カントやクルーセなどによって構想されていたが，その構想を具体化させた契機は第一次世界大戦であった。アメリカやイギリスでは，人類初の総力戦を目の当たりにし，戦後の世界には戦争防止を目指す組織が必要だと考える民間運動がもりあがった。

それらの運動を実際の政治課題として取り上げたのがアメリカのウィルソン大統領であり，ウィルソンは，1918年1月に彼の戦後構想十四ヵ条の平和原則を発表し，その14条で国際組織の設立を唱えた。

ドイツとの休戦が成立すると，戦勝国の4大国を中心に国際連盟を具体化するための会議が開かれ，国際連盟規約が定められた。国際連盟規約は26条からなり，その根幹は10条の領土保全及び，16条の規約違反国への制裁規定であった。また，総会と理事会という会議体及び常設の事務局を設置することが定められた。付随機関として国際労働機関（ILO）及び常設国際司法裁判所も設立された。

アメリカ上院によるヴェルサイユ条約の批准反対のため，提唱国アメリカが不参加となり，連盟の将来に悲観説も唱えられた。しかしなが

ら，20年代には徐々に実績を積み上げていった。23年のイタリアとギリシャの紛争であるコルフ島事件や，ドイツ・ポーランド間の少数民族問題の解決に寄与した。社会経済分野では，アヘンの取り締まり，難民についての地位認定，公共衛生問題に寄与した。また，文化の分野では，国際知的協力委員会が成立し，各国間の文化協力を試みた。他方で，計画通りに進まなかったのが軍縮であったと言える。

このような連盟の発展は，イギリスの連盟への積極的関与と支援，及び事務局に優秀な人材が集まったためと言える。事務局では，事務総長のドラモンド，連盟保健機関のライヒマン，少数民族委員会のコルバン等が活躍し，国際公務員の制度化にも寄与した。こうして30年代を迎える頃には，連盟は制度的基盤を確立し，ヨーロッパの政治的安定，また国際行政における中心機関としての地位を確立した。

そのような連盟の発展に大きな阻害となったのが，31年に発生した満洲事変であった。満洲事変は，常任理事国日本が関与した紛争であり，連盟による集団安全保障が試されたケースであった。連盟はリットン調査団を現地に派遣し紛争の解決に奔走したが，日本は連盟決議を不服とし脱退した。これ以後，イタリアのエチオピア侵攻，ドイツの脱退と大国の連盟離脱が進むにつれ，連盟は無力さを露呈していった。

他方で，34年にはソ連が加盟し，37年には『栄養レポート』を発行するなど，活動は継続していった。第二次世界大戦が始まると，連盟は活動をさらに縮小し，その機能を一部アメリカに移転した。

45年に成立した国際連合は，国際連盟の制度的な継承である。第二次世界大戦を防止できなかったにせよ，国際連盟は，国家間協調の制度化や社会経済問題の国際的解決に貢献したと言える。

【関連項目】　ヴェルサイユ体制／国際連合（国連）（UN）／国際連盟規約

**【参考文献】** 篠原初枝『国際連盟』中央公論新社，2010年／牧野雅彦『ヴェルサイユ条約』中央公論新社，2010年／安田佳代『国際政治の中の国際保健事業』ミネルヴァ書房，2014年
〔篠原初枝〕

## 国際連盟規約
Covenant of the League of Nations

1920年1月に成立した国際連盟の設立条約である。連盟規約の内容，例えば違反国へ制裁を科すといった制度については，第一次世界大戦中の民間運動が影響を与えている。その起草にあたっては，アメリカとイギリスが主導し，特にウィルソン大統領の影響力が強かったが，大国のみならず中小国も加わり全14ヵ国が起草会議に参加した。規約という言葉には，単なる条約以上の取り決めとしての性格を持たせるという願意が込められている。日本は，起草過程で人種平等条項を盛り込もうとしたが，英米の反対で実現しなかった。

全26条から連盟規約は構成されているが，その根幹は戦争防止にある。まずは，軍縮を規定し，軍縮が進むことを前提とした上で，加盟国がお互いの領土保全を約し，万一規約を侵犯し戦争を起こした国に対しては連盟が制裁を科すことができるという集団安全保障体制を定めた。

ほかにも，総会と理事会という2つの会議体及び常設事務局の設置が定められ，国際機構の組織的あり方が明文化された。さらに，加盟国は総会の投票にあたっては一票を有することが規定され法的平等が決められた一方で，理事会においては常任理事国を決めることで，大国に優位制を与えるという制度も定められた。委任統治制度が定められたことで，新たなる植民地獲得を認めなかった。国際協力を促進することも唱えられた。

連盟規約の法的性格を巡っては，当時国際法学者の間で議論が盛り上がった。単なる政治的合意であるといった意見もあった一方で，進歩的な立場を有した国際法学者は，連盟規約を国際社会の憲法とする解釈を提示した。

国際連盟規約は，国際連盟という人類初の普遍的国際組織を発展させていく上で不可欠であり，また国際協力や戦争防止といった一般原則の発展について規範的役割を果たした多国間条約と言える。

【関連項目】 ヴェルサイユ体制／国際主義（インターナショナリズム）／国際連盟（LN）

**【参考文献】** 篠原初枝『国際連盟』中央公論新社，2010年／立作太郎『国際連盟規約論』国際連盟協会，1932年／牧野雅彦『ヴェルサイユ条約』中央公論新社，2010年
〔篠原初枝〕

## 国際労働機関（ILO）
International Labour Organization

1919年のヴェルサイユ条約第13編（ILO憲章）によって設立された。労働者の労働状況改善や権利保護を通じて，平和と社会正義の実現を目的とした国際組織であり，第二次世界大戦中の44年5月のフィラデルフィア宣言を経て，45年10月にILO憲章を改正し，国際連合（国連）の専門機関となるに至った。今日では雇用の創出，社会保障，政府・使用者・労働者間の対話の促進といったことに注力している。ILOの主要な任務は，国際労働基準と呼ばれる，労働者の権利に関する条約及び勧告の採択であり，これまでに189の条約と203の勧告が採択され，さらにこれらの適用状況を監視する条約勧告適用専門家委員会などの機構を持つ。

ILOは内部機関として総会，理事会，事務局を持つが，このうち総会，理事会及び各種産業別委員会においては，各加盟国は政府代表2名のほかに，使用者代表1名と労働者代表1名を派遣することになっている（3者構成）。

〔山田哲也〕

## 国籍自由の原則　principle that nationality cannot be imposed on a person

国王に対する永久忠誠が国籍の性質と理解さ

れていた大英帝国から独立したアメリカが，国籍取得に関する生地主義（国内で出生した者は両親の国籍にかかわらず自国籍を取得するとする主義）を基礎として確立した「人は自らの国籍を自由に選択可能である」ないし「国籍付与は強制されない」とする原則（憲法22条2項参照）。永久忠誠主義とそれに伴う血統主義からは当然の帰結となる国籍唯一の原則は，生地主義と国籍自由の原則の普及による，多重国籍の問題との齟齬を生む。1930年の国籍法条約1条は自国民決定は各国の権能である旨規定し，97年の欧州国籍条約3条も同様の規定を置く。ノッテボーム事件では，機能的国籍概念（国籍法条約5条）の解釈上居住実態がないことを理由にリヒテンシュタイン国籍取得が否定されたが国際法学者の多くはこれを問題視する。国籍取得の権利を認める世界人権宣言15条1項・子どもの権利条約7条1項・米州人権条約20条からすれば国籍唯一の原則を貫徹しようとすることは子の福祉の観点から否定的に評価される。2006年の「国家承継に関連する無国籍の防止に関する欧州審議会条約」にも見られるように無国籍防止との調整も大きな課題であり，従来の二重国籍防止に関する法制の徹底により無国籍者を構造的に生んでしまうことが，一層問題であると解されつつある。　　　　　　〔佐藤潤一〕

## 国籍主義　nationality principle

　国家の立法管轄権を，国籍を根拠に認める考え方。犯罪人引渡しに関する刑事立法管轄権の問題として国際法上論じられてきたものである。国籍主義（属人主義）には犯罪加害実行行為者について言う場合（積極的属人主義；active nationality principle）と犯罪被害者について言う場合（消極的属人主義；passive nationality principle）とがあるが，通常前者を指すことが多い。国籍主義は船舶や航空機内における犯罪にも適用される（旗国主義）。なお旗国主義を属地主義の表れとみる見方はすでに否定されている。国籍主義の根拠には諸説あるが，国籍の持つ国家忠誠機能の反映と解する説と，犯罪地国政府の代理処罰説とがある。後説は日本の立場ではないとされるが，前説も現代の国籍の機能評価としては問題がある。すなわち国籍唯一の原則が普遍的原則として疑いない時代の学説であり，多重国籍容認傾向が強まっている近年においては異論もある。なお国際私法上は本国法を原則的な準拠法とする考え方を指す。　　　　　　　　　　　　　　　　　〔佐藤潤一〕

## 国籍条項　nationality clause

　公務員就任や社会保障受給等の資格として自国籍を要件とする法律規定。アメリカ連邦最高裁判例は「外国人である」ということはその扱いの区別の根拠としては疑わしい区分であると判示した。教員からの外国人排除を正当化する判例もあるが（Ambach v. Norwick, 441 U. S. 68 (1979)），Bernal v. Fainter, 467 U. S. 216 (84) はそのような判例を例外とする。こういった見解を十分に踏襲したとは必ずしも言えない日本のマクリーン事件（最大判昭和53年10月4日）は，権利性質説に立って日本の政治的意思決定に影響を及ぼすような権利行使は制限されるし，そもそも外国人の権利保障は出入国管理制度の枠内で与えられているにすぎないとした。解釈の余地が大きい判例でありそれが国籍条項やそれに準ずる「当然の法理」の運営に反映されてきたと考えられる。日本においては，外務公務員，公職政治家等法律上国籍条項を規定するものも多い。しかし，この本来の意味に加えて，公務員就任資格として法律上は要件として明示されていないにもかかわらず，内閣法制局が1953年3月25日に示した公権力の行使または国会意思の形成への参画に携わる公務員となるためには，日本国籍を必要とするものと解すべきであるという「当然の法理」（昭和28年3月25日法制局一発29号）を前提に人事院規則八−一八（採用試験）9条1項3号で「日

本の国籍を有しない者」の採用試験受験資格を否定する。しかし日本国憲法は、広義の公務員（議員や裁判官を含む）につき憲法尊重擁護義務を課してはいるが（99条），国籍要件を課しているわけではない。また国家公務員法や地方公務員法についても法律自身はいかなる公務員についても国籍を要件とすべきと定めているわけではない。教育公務員についての制限は撤廃されつつあるが，理念的な一貫性が求められる時期にきている。他方社会保障給付等の資格としての国籍については，79年の社会権規約批准後（法解釈変更によって住宅関係の法律につき国籍条項が廃止されたが）本来撤廃されるべきであったが例外規定が相当に残存しており問題がある。さらに81年の難民条約によれば難民への自国民との同一待遇が日本に課されたがこれにより撤廃されたのは国民年金法，児童手当法，児童扶養手当法にとどまった。しかし被爆者支援法を除く戦争犠牲者援護に関する法律には国籍条項があるし，81年に国籍条項が削除された国民年金法は当時35歳以上の外国人に対しては老齢年金加入を認めなかった。85年に緩和されたがすべての外国人に加入を認めたわけではない。

【参考文献】近藤敦『「外国人」の参政権』明石書店，1996年／近藤敦編『外国人への人権へのアプローチ』明石書店，2015年／辻村みよ子『市民主権の可能性』有信堂，2002年
〔佐藤潤一〕

**国体護持** Kokutai Goji（preservation of the national polity）

　1945年8月，ポツダム宣言の受諾を巡り，昭和天皇や政府，軍部ら日本の支配層が拘泥した，天皇が国家統治の大権を持つ「国体」の存続。8月9日の閣議，最高戦争指導会議，さらに深夜の御前会議において国体護持を唯一の条件とし，早急な受諾を求める外務省と，国体護持・自主的な武装解除・戦犯の自主的処罰・保障占領の回避という4条件での受諾を主張する陸軍との間で意見が対立した。結局，昭和天皇の「聖断」によって，10日，国体護持の1条件のみで受諾することが決定された。

　「国体」が維持される明確な保証を求める日本政府に対し，11日に発表された連合国回答文（バーンズ回答）は，第1項で天皇の権力が連合国軍最高司令官に従属することを明確に述べることによって，間接的に天皇の存在を認めつつも，第4項はポツダム宣言第12項を踏まえる形で，日本政府の最終的な形態が日本国民の自由意思によって決定されると規定し，「国体」の存続の可否について直接触れることはしなかった。12日，この回答に接した日本側では，第4項を内政不干渉原則の表明と捉え，回答に国体護持の一応の保証を読み取り，宣言受諾を主張する外務省と，回答の趣旨を「国体」破壊と受けとめ，受諾拒否を固めた陸軍との間で再び対立が生じた。

　14日の御前会議において天皇は外務省の解釈に同意し，再度「聖断」を下し，ここに受諾が決定した。その後の閣議において，「終戦の詔書」の文案が議論されたが，国体護持に不安を抱く阿南惟幾陸相は，詔書に「朕ハ茲ニ国体ヲ護持シ得テ」という言葉を挿入することを強く主張した。外務省の解釈や天皇自身が国体護持を確信していることが示された詔書の発表などによって，占領開始後も「国体」が維持されたと受けとめた日本側では，大日本帝国憲法の部分的改訂によって連合国の求める民主主義的傾向の復活・強化に応じることができると考えたものの，そのような楽観視は連合国に否定され，いわゆる人間宣言や日本国憲法の制定が促されることとなり，象徴天皇制が出現した。

【関連項目】象徴天皇制／ポツダム宣言
【参考文献】鈴木多聞『「終戦」の政治史1943～1945』東京大学出版会，2011年／長谷川毅『暗闘』中央公論新社，2006年／吉田裕『昭和天皇の終戦史』岩波書店，1992年
〔昆野伸幸〕

## 国内管轄事項
matters of domestic jurisdiction

　国際法上，各国家の自由な決定・処理に委ねられている事項のこと。国内事項又は国内問題（domestic matters）と言われることもある。

　国内管轄事項を決定するための基準については，歴史的に変遷が見られる。かつては，国の政治・経済体制，国籍，関税，移民など「本質上」国際法の規律が及ばない事項として固定的に捉えられた。しかし，20世紀に入りこれらの事項にも国際法による規律が及ぶようになると，国際法によって未だ規律されていない事項として相対的・流動的に捉えられるようになった。その契機となったのが常設国際司法裁判所（PCIJ）の「チュニス・モロッコ国籍法事件」勧告の意見で，PCIJは，「ある事項が一国の専属的領域に属するか否かという問題は，本質上相対的な問題である。それは国際関係の発展に依存する」と述べ，国籍付与の基準のように元来は国際法によって規律されていなかった事項でも，それが国際法によって規律されるようになる限りで，国内管轄事項ではなくなるとの判断を示した。その後，かつては国内管轄事項とされていた事項に対する国際法による規律が広がるようになるにつれ，国内管轄事項の範囲は縮小する傾向にあり，今日では，国家の政治的・経済的・文化的体制の選択など，国際法によって他国の干渉から積極的に保護されている事項に限られるようになった。

【関連項目】　国際関心事項／国内事項不干渉の原則
〔森川幸一〕

## 国内事項不干渉の原則　principle of non-intervention in the domestic matters

　国内事項（国内管轄事項）への不干渉の原則は，かつてはもっぱら国家による他国の国内事項への不干渉（不干渉義務）の問題であったが，国際連盟（連盟）や国際連合（国連）のような広範かつ一般的な権限を持つ国際機構が登場するようになると，機構による加盟国の国内事項への干渉を防止するための規定を設立基本条約のなかに盛り込む必要が生じるようになった。

　連盟規約15条8項は，「紛争当事国ノ一国ニ於テ，紛争カ国際法上専ラ該当事国ノ管轄ニ属スル事項ニ付生シタルモノナルコトヲ主張シ，聯盟理事会之ヲ是認シタルトキハ，聯盟理事会ハ，其ノ旨ヲ報告シ，且之カ解決ニ関シ何等ノ勧告ヲモ為ササルモノトス」と規定した。この規定は，連盟理事会や総会による紛争解決のための勧告を制限するものにすぎず，また国内事項の判断基準が国際法であること，またその判断機関が理事会であることを明記していた。

　これに対して国連憲章2条7項は，「この憲章のいかなる規定も，本質上いずれかの国の国内管轄権内にある事項に干渉する権限を国際連合に与えるものではなく，また，その事項をこの憲章に基づく解決に付託することを加盟国に要求するものでもない。但し，この原則は，第7章に基く強制措置の適用を妨げるものではない」と規定している。この規定は，それが機構の全活動に係る「原則」の章に置かれたことで，理事会や総会による紛争解決機能に対する制約にとどまらず，第7章に基づく強制措置の適用を除く機構の全活動を制約するものになった。また，国内事項の決定基準についても「本質上」という文言を用いることで，国際法による規律の有無を基準とする考え方から伝統的な本質論への後退を示すような規定ぶりになった。加えてその判断機関にも言及がないため，加盟国が独自の判断権を主張する余地を残すことになった。

　このように連盟に比べて国連では，少なくとも条文上は国内事項不干渉の原則が強化されることになったが，それは国連の活動分野が，安全保障の分野にとどまらず経済・社会・文化・教育など一層広範なものになったことに対する加盟国の警戒心の表れでもあった。もっともそ

の後の国連の実践過程では，憲章中に一般的規定はあるが加盟国が具体的な義務を負っているか否かが不明確だった人権や自決権に関する事項，国際の平和と安全に対する脅威を構成する事項などが「国際関心事項」とされ，国連の関係機関が必要な措置をとることが広く認められるようになった。

【関連項目】　国際関心事項／国内管轄事項／人道的介入（干渉）／不干渉義務
【参考文献】　小森光夫「国際法規の形成と国内管轄の概念」松田幹夫編『流動する国際関係の法』国際書院，1997年／森川幸一「国内管轄事項とその国際標準化」村瀬信也ほか編『国家管轄権』勁草書房，1998年　　　　　　　〔森川幸一〕

## 国内避難民（IDP）
internally displaced persons

国内避難民とは武力紛争，人権侵害，自然的又は人為的災害のために住居を離れざるを得なくなった人で自国領域内にとどまっている人を指す。そのような人が自国領域外に出た場合には難民となりうるが，領域内にとどまっている限り，難民には該当しない。

IDPは難民と並んで古くから存在した。難民については連盟期の難民高等弁務官，難民条約とその議定書，国連難民高等弁務官事務所などの組織や条約がつくられたが，IDPについては，その所在国の国家主権との抵触を懸念する諸国はこれを長く放置してきた。このような状況に変化が生じるのは1970年代以降である。スーダン，キプロス，インドシナ，中米，アフリカの諸紛争の被害者として，難民とともにIDPを保護すべきであるとの主張が国際機関や国際会議で唱えられ，国連は国連システムにおいてIDPを扱う際のメカニズムの検討に着手した。1992年，新たに創設された国内避難民担当事務総長代表に就任したスーダン出身のF.M.デンは，国内避難民問題に関する規範策定に精力的に取り組み，1998年，「国内強制移動に関する指導原則」をまとめた。この指導原則によりIDPの概念は明確化され，それは国際社会に広まり，定着していった。

指導原則は30の原則から構成されている。それらは国際人権法や国際人道法に共通する基本原則を確認し，IDP所在国のIDP保護の第1次的責任を言明し，アパルトヘイト，武力紛争，開発計画，災害，集団的懲罰を理由とした恣意的移動を禁止し，移動を決定する際には代替案を模索し代替案がない場合は移動の悪影響を最小化するよう当局に求め，生命への権利，殺人及び恣意的処刑の禁止，身体の安全と自由，強制送還の禁止などIDPが享受する人権を列挙し，IDPに対する国際機関や人道NGOの援助提供権を定め，IDPが自発的にかつ尊厳をもって居住地に帰還できるような条件整備をIDP所在国に求めている。

指導原則は法的拘束力ある文書ではない。今後，諸国が指導原則を遵守しIDPを保護するよう，粘り強く働きかけることが求められる。

【関連項目】　難民／人間の安全保障
【参考文献】　島田征夫編著『国内避難民と国際法』信山社，2005年／墓田桂ほか編著『難民・強制移動研究のフロンティア』現代人文社，2014年　　　　　　　〔西海真樹〕

## 国内類推論　domestic analogy

国内類推論の思考様式とは，国内秩序について成り立つ命題が国際秩序についても同じように成り立つだろうと推定して国際秩序を理解しようとする思考方法を指す。

国内では刑法が，公権力の下に正当防衛を例外として《個人による実力行使》を禁止しているように，国家間関係においても国連憲章が，集団的安全保障体制の下に自衛を例外として《個別国家による武力行使》を禁止していると捉える武力不行使体制論がその1例である。

国際政治学においては，公権力なしには人間は「万人の万人に対する戦い（*bellum omnium contra omnes*）」のなかに置かれるとするホッブズ的命題が，個人間のみならず，国家間においても成り立つとする国内類推論がよく知られ

る。国内的には個人の安全確保こそが国家の存在理由だが，国際的には個人の安全を確保するはずの国家の併存が，個人の安全を脅かすと見るのが国内類推論としてのルソーの二重状態論である。

【関連項目】 国際秩序／囚人のディレンマ／武力不行使原則
〔石田淳〕

## 国民国家　nation-state

　国家は領域，人民，主権という3要素からなるとされるが，このような主権国家体制は16〜17世紀に西欧で姿を現した。その後の市民革命を経て，主権の担い手は君主から人民へと移り，また国家に帰属する市民は国民という政治的共同体を構成しているとされ，近代的な国民国家という概念が形づくられた。

　しかし，現実の住民の言語や帰属意識は多様であった。国家はその領域内の経済統合や，統一的な教育制度の普及，徴兵制などを通して国民形成を進めた。この過程において，言語の多様性や地方の地域意識は弱められ，多数派の言語による同化と国家の中央集権化が進められた。フランスはこのような国民国家形成の典型とみなすことができる。

　他方，同じ言語や文化を共有する人々が複数の国家に別れて居住している場合，まずその人々の総体が国民として意識され，その国民を基礎に国家が統合される事例もある。19世紀後半のイタリアやドイツの国民国家形成がそれに当たる。また，19世紀後半にハプスブルク帝国では，その版図のなかで数多くの言語集団がそれぞれの国民意識を強め，第一次世界大戦の敗北によって帝国はいくつかの国民国家に分裂した。

　両大戦間期の中・東欧は中小の国家群からなる地域となったが，各国は多くの民族的少数者を抱え，そこでの国民形成には多くの困難が伴った。この地域では，第二次世界大戦後に，大規模な民族的少数者の追放や住民交換が行われた。

　第二次世界大戦後に数多くの植民地が独立したが，宗主国の利害によって恣意的に引かれた国境内に多様な言語や文化を内包し，ここでも国民形成は多くの困難を伴う，民族紛争や地域紛争が数多く発生している。

　国民国家は現在においても国際政治の基本的単位であるが，グローバル化の進展のなかで，安全保障，経済政策などの単位としては限界がある。また増加する移民の国民への統合などが新たな問題として浮上し，さらに経済格差などから地域主義が台頭し，分離運動が展開される事例もみられる。

【関連項目】 地域主義
【参考文献】 押村高『国家のパラドクス』法政大学出版局，2013年／シュナペール，ドミニク（中嶋洋平訳）『市民の共同体』法政大学出版局，2015年
〔林忠行〕

## 国民主権　popular sovereignty

　国家権力ないし国の最終的意思決定権としての主権が，国民に属することを示す憲法原理。一般には，国民が政治の主人公であるという「主権在民」の考え方を指す。その主体に注目して君主主権や人民主権と対比されるが，ほかに国家主権・議会主権・理性主権等の考え方も存在する。いずれも歴史的に形成された概念であり，主権と国民の用法を巡って多様な解釈が存在する。

　16世紀にジャン・ボダンが国家の絶対的な権力として主権を定義し王権神授説に由来する君主主権を正当化したが，18世紀のフランス人権宣言3条では，国民が権力の淵源であるとして国民主権を宣言し，基本的人権や権力分立とともに近代立憲主義の基本原理が確立された。国民も，抽象的な国籍保持者＝全国民（ナシオン）と，具体的で意思決定を持つ市民の総体＝人民（プープル）に区別され，ジャン・ジャック＝ルソーや1793年憲法（ジャコバン憲法）では後者が標榜された。フランス第三共和制期に

カレ＝ドゥ＝マルベールによってナシオン主権とプープル主権の2系列が理論化された。

日本国憲法では，第1章「天皇」の1条で，天皇の地位が「主権の存する日本国民の総意に基く」として象徴天皇制と絡める形で国民主権が明示されている。大日本帝国憲法73条の改正手続によって天皇主権から国民主権に変更されたことから，憲法改正の限界等を巡り国体論争等で議論された。

主権の概念も多様であり，①国家権力そのもの（統治権），②国家権力の最高・独立性，③国政についての最高の意思決定権という3つの用法がある（①は，ポツダム宣言8項，②は憲法前文第3段「自国の主権を維持し」の対外的用法，③は対内的用法として憲法前文第1段や1条で用いられる）。

日本の憲法学界では，憲法制定直後に宮沢俊義が「国の政治のあり方を最終的に決める力または権威」と解し，宮沢—尾高論争が展開された。70年代主権論争以降，主権は（X）国家権力（実力）そのものか，（Y）権威（正統性・建前）か，国民は（A）全国民か，（B）政治参加能力を持った市民の総体としての人民か，を巡り解釈が分かれた。従来は全国民に正統性が帰属すると解するAY型が主流であったが，近年ではBX型（人民主権説ないし市民主権説）が有力となり，折衷説（芦部説）が通説とされている。

【関連項目】憲法改正の限界
【参考文献】芦部信喜『憲法学I　憲法総論』有斐閣，1992年／杉原泰雄『国民主権の研究』岩波書店，1971年／辻村みよ子『選挙権と国民主権』日本評論社，2015年　　〔辻村みよ子〕

## 国民保護法制　Civil Protection Act

国民保護法制とは，武力攻撃から国民の生命，身体及び財産を保護するため，又は武力攻撃が国民生活及び国民経済に影響を及ぼす場合において当該影響が最小となるようにするための措置に係る法制の意である（武力攻撃事態対処法22条及び24条）。

2001年の同時多発テロや武装不審船事件など，国民に不安を抱かせる事案の発生を踏まえ，政府は新たな危険に対応することの必要性が高まったとして，国家の緊急事態に対処するための態勢を整備すべく，03年6月6日に有事3法（武力攻撃事態対処法，安全保障会議設置法改正法，自衛隊法改正法）を成立させた。

その後，政府は，04年6月14日に有事関連7法（捕虜等取扱法，国際人道法違反行為処罰法，国民保護法，外国軍用品等海上輸送規制法，米軍行動円滑化法，特定公共施設等利用法，自衛隊法改正法）を可決・成立させた。

国民保護法（「武力攻撃事態等における国民の保護のための措置に関する法律」）は，武力攻撃事態対処法22条1号における「武力攻撃から国民の生命，身体及び財産を保護するため，又は武力攻撃が国民生活及び国民経済に影響を及ぼす場合において当該影響が最小になるようにするための措置」と関わり，国，地方公共団体，指定公共機関等の責務をはじめ，住民の避難に関する措置，救援に関する措置，武力攻撃災害への対処等の措置について定める。

国民保護法は，武力攻撃事態対処法の施行法的性質を有している。国民保護法における避難指示，都道府県の区域を超える避難住民受け入れ措置，避難住民誘導措置，避難住民運送，救援にあたり行われる内閣総理大臣の是正措置及び代執行・直接執行は，「武力攻撃事態対処法14条1項の総合調整」を前提としており，国民保護法は武力攻撃事態対処法15条に係る内閣総理大臣の指示権，代執行・直接執行権の授権法として位置づけられる。

国民保護法4条2項は，国民が協力の要請に応ずるか否かは任意とし，義務としない旨規定するため，1938年国家総動員法とは異なるものとされる。しかし，実際には，協力を拒む者に罰則（特定の業務に従事している者，特定の地域に住んでいる者，避難等特定の行為をしよう

とする者等の「特定の市民」に対する罰則）を科すことで強制力が担保される場面がある。

【参考文献】本多滝夫「「有事法制」と「国民保護法案」」『法律特報』76巻7号，2004年　〔麻生多聞〕

## 国連安全保障理事会（国連安保理）
### Security Council of the United Nations

国連の主要機関の1つであり，国連憲章24条1項の下で，国際の平和及び安全の維持について主要な責任を負う。理事国数は15であるが，このうち，中国，フランス，ロシア，イギリス及びアメリカの5ヵ国（五大国）を常任理事国とし，残りの10ヵ国は総会が選出する，任期2年の非常任理事国である。非手続事項についての表決の際，常任理事国のうち1ヵ国でも反対票を投じると，決議案は否決される（いわゆる「拒否権」）。

具体的な権限は憲章7章に規定され，安保理が特定の事態を「平和に対する脅威，平和の破壊又は侵略行為」（39条）と認定すると，非軍事的・軍事的措置（41条・42条）の実施を決定でき，それをすべての国連加盟国によって実施させることができる（25条）。

安保理の権限は強大であり，これは国連設立時に五大国中心の集団安全保障体制の確立を目指したためである。しかし，現実には五大国の協調が常に確保できるわけではなく，安保理が効果的に行動できるかどうかは，時代や事項によって左右される。　〔山田哲也〕

## 国連宇宙空間平和利用委員会
### (UNCOPUOS) United Nations Committee on the Peaceful Uses of Outer Space

1959年の国連総会決議1472（XIV）号に基づき設立され，83ヵ国によって構成される，宇宙の平和利用のための情報交換や国際協力を進める国連機関。本部はウィーンにあり，国連宇宙局（OOSA）が事務局機能を担う。

57年のスプートニク打上げに伴い，宇宙空間が軍事的に利用される懸念が高まる中，同時に進められていた国際地球観測年（IGY）に参加する科学者たちを中心に，宇宙の平和利用を確保することが求められた。米ソによる宇宙空間の独占を懸念した多くの国連加盟国がこの運動に賛同し，この委員会が設立された。

国連宇宙空間平和利用委員会には科学技術小委員会と法律小委員会があり，宇宙システムを応用した途上国開発や環境問題などへの取組みに加え，宇宙空間のルール作りで大きな功績を挙げてきた。しかし，宇宙技術を持たない国も参加するため，参加国の間の知識や能力のギャップも大きく，利害が大きく異なる場合もある。そのため，国際宇宙ステーション協定など，国連の枠組を離れた場でルール作りが進められる傾向もある。　〔鈴木一人〕

## 国連開発計画（UNDP）
### United Nations Development Programme

UNDPは1966年に設立されニューヨークに本部がある国連システム最大の開発援助機関である。最高意思決定機関は国連経済社会理事会で選出された36ヵ国で構成される執行理事会。130以上の国・地域に常駐事務所を置き，177の国・地域で活動している。UNICEFなど32の国連開発グループの議長を務めており，国連システムの中核的な役割を担っている。

UNDPの事業内容は，開発途上国・地域を対象として技術協力や能力開発のための国別計画，地域計画及びグローバルな計画を策定し，同計画に基づき受益国等からの要請に応じて専門家派遣，技術者の研修，機材供与などの資金を供与することである。その資金は主に各国からの任意拠出によるUNDPコア・ファンドである。

UNDPは大きな目標として貧困の撲滅，不平等と排除の大幅な是正を掲げ，持続可能な開発プロセス，包摂的で効果的な民主的ガヴァナンス，強靭な社会の構築を重点活動分野として

いる。この大きな目標に向けてUNDPは「包括的な市場の開発」(IMD) に取り組んでいる。包括的な市場とは，貧困層を生産者，消費者，賃金労働者として捉え，そのような人々の選択肢と機会を拡大する市場のことであり，貧困の削減に対して一定の有効性が期待されているものの，万能ではないことには留意する必要がある。

2015年までに達成する共通目標として国連が掲げたミレニアム開発目標（MGDs）の取り組み，さらに「ポスト2015年開発アジェンダ」の策定において，UNDPは国際的な指導力と影響力を有している。UNDPは1990年から毎年テーマを設定して『人間開発報告書』(HDR) を発表している。HDRが一貫して提唱している人間開発の考え方は，開発の基本理念の1つになっている。HDRには全世界の人間開発指数，ジェンダー開発指数，途上国の人間開発の進捗を示す統計などが掲載されている。

【関連項目】　開発／人間開発指数（HDI）
【参考文献】　UNDP『国連人間開発計画報告書2010』阪急コミュニケーションズ，2010年／UNDP編（吉田秀美訳）『世界と繋がるビジネス』英治出版，2010年　　〔中島正博〕

## 国連環境開発会議（UNCED）
United Nations Conference on Environment and Development

国連環境開発会議（UNCED）は1992年にブラジルのリオデジャネイロで開催された。UNCEDでは，環境と開発の両立を目指す持続可能な開発（発展）の実現が議論され，国連に加盟する178の国・地域が参加し，リオ宣言，アジェンダ21がその成果として採択された。

リオ宣言は前文と27の原則から構成され，行動の基礎となる理念や原則を掲げた。例えば，将来世代との間の公平性，共通だが差異ある責任原則，予防原則などの諸原則が明記され，女性，青年，先住民など個人の役割，戦争，平和，発展，環境保全の相互の関連にも言及している。

アジェンダ21はリオ宣言を実施する行動計画である。4セクション，40章で構成され，貧困撲滅や消費形態変更などの社会・経済的側面，大気，森林などの資源の保護と管理，女性や青年，自治体などの主要グループの役割強化，資金や技術移転などの実施手段を明記した。

UNCEDでは，地球環境問題に関する先進国の歴史的責任，開発途上国への資金・技術移転などの問題で南北間の意見が対立し，その後も対立は解消されていない。

【関連項目】　開発途上国／持続可能な開発（発展）
〔横田匡紀〕

## 国連環境計画（UNEP）
United Nations Environment Programme

UNEPは1972年の国連人間環境会議で採択された計画を実施する機関として設立された。本部はナイロビ。その活動分野は，持続可能な開発を実現するためにオゾン層保護，有害廃棄物管理，海洋環境保護，水質保全，化学物質管理，土壌劣化の防止，生物多様性の保護等，主に地球規模の環境課題である。UNEPは法的規範の適用を通じ，地球環境保全に寄与しており，その活動資金は主に各国の任意拠出による国連環境基金である。国連総会で選出される58ヵ国の管理理事会により政策が決定され，決定事項はUNEP本部が実施してきた。しかし2012年6月の国連持続可能な開発会議（リオ＋20）において，UNEPを強化し格上げする方法として58ヵ国の管理理事会に代わり普遍加盟方式を採用し，国連に加盟するすべての国の代表が主要な利害関係者と共に参加する国連環境総会を創設することとし，この変更は同年12月の国連総会で確認された。第1回の国連環境総会は14年6月に開催された。

【関連項目】　持続可能な開発（発展）／地球環境問題
〔中島正博〕

## 国連監視検証査察委員会（UNMOVIC）
United Nations Monitoring, Verification and Inspection Commission

　1990〜91年の湾岸戦争の停戦条件であったイラクの大量破壊兵器と長距離ミサイルに関する軍縮義務を監視するため，安保理決議699（91年6月3日）で設置された国連イラク特別委員会（UNSCOM）を継いで決議1284（99年12月17日）で設置されたのがUNMOVICである。核兵器能力についての査察・監督については国際原子力機関（IAEA）が担当したため，UNSCOM及びUNMOVICはIAEAと協力して，核兵器以外の大量破壊兵器に関わる部分を担うこととなった。

　しかし，フセイン政権はUNMOVICの活動に対して非協力的であったため，安保理は決議1441（2002年11月8日）をいわば最後通牒として査察体制を強化した。その後，イラクの大量破壊兵器保有は確認できず，03年3月のアメリカ及びイギリスによる対イラク戦争を招いた。この間の中断期間を除き，UNMOVICは決議1762（07年6月29日）によって活動終了が決定されるまで，継続した。

【関連項目】　国連大量破壊兵器廃棄特別委員会（UNSCOM）
〔山田哲也〕

## 国連教育科学文化機関（UNESCO）
United Nations Educational, Scientific and Cultural Organization

　国連教育科学文化機関（ユネスコ）は，1946年に設立された国連の専門機関である。その目的は，教育と科学と文化の分野での国際協力を促進し，国家間の相互連携によって世界平和と人類共通の福祉を実現することにある。ユネスコ憲章は「戦争は人の心の中で生まれるものであるから，人の心の中に平和の砦を築かなければならない」と謳っている。ユネスコの活動としては，例えば，識字率の向上や義務教育の普及活動，世界遺産の保護，文化多様性条約の採択などが挙げられる。

　パリ（フランス）に本部を置くユネスコは，各加盟国の分担金で運営され，総会には政府代表団が派遣される。しかし，ユネスコの特色は，それが単なる政府間組織ではなく，市民の参加と協力によって支えられる組織であるという点にある。実際，加盟国政府には「ユネスコ国内委員会」が設置され，市民レベルでは各地で民間の「ユネスコ協会」が組織され，様々な活動が展開されている。またユネスコの理念の実現に努める学校は「ユネスコスクール」に認定されている。

　ユネスコの系譜は，42年にロンドンで開かれた連合国文部大臣会議にまで遡る。欧州各国の文部大臣からなるこの会議は，当初は欧州の教育復興が目的であったが，それが教育や文化の国際協力で世界平和を築くという方向に進展した。その後45年11月，国連教育文化機関設立のための会議がロンドンに招集され，その憲章に関する審議が行われた。各国代表は同年8月の広島と長崎での核兵器による悲劇を想起し，科学は平和のために活用されなければならないことを確認し，新設の機関では科学も扱うことを決めた。こうして国連教育科学文化機関憲章が採択され，46年11月4日にユネスコが正式に発足した。

　日本のユネスコ加盟は51年であるが，それを後押ししたのは47年の仙台ユネスコ協力会に始まった市民レベルの全国的なユネスコ運動であった。

【参考文献】　国際連合広報局『国際連合の基礎知識』関西学院大学出版会，2009年／日本ユネスコ協会連盟『ユネスコで世界を読む』古今書院，1996年
〔卜部匡司〕

## 国連緊急軍（UNEF）
United Nations Emergency Force

　1956年7月，スエズ運河の国有化決定により，エジプト・イスラエル関係が悪化し，10月末にはイギリスとフランスも介入したことで第

2次中東戦争が勃発した。これに対し，国連総会が決議998及び1000に基づいて派遣を勧告したのが国連緊急軍（UNEF）である。これは，停戦実現後の敵対行為停止の遵守及び紛争当事国4ヵ国の軍の撤退の監視を主要な任務とする，中小国の部隊を中心に編成された活動であり，武力行使が自衛目的に限られるとともに，各紛争当事国に対して中立公平な立場の維持と内政への不干渉を活動原則とするなど，その後の平和維持活動（PKO）の範型となるものであった。UNEFの制度設計にあたっては，当時のハマーショルド事務総長とカナダのピアソン外務大臣が中心となった。67年にエジプトがUNEFの受入れ同意を撤回するまで活動を継続した。また，73年の第4次中東戦争に対応するために派遣されたPKOは，第2次国連緊急軍（UNEF II）と名づけられた。

【関連項目】 国連平和維持活動（PKO）／スエズ動乱（スエズ戦争） 〔山田哲也〕

## 国連グローバルコンパクト
United Nations Global Compact

1999年の世界経済フォーラム（ダボス会議）に際し，当時のアナン国連事務総長が持続可能な成長の実現に向けて，企業を中心とする団体が責任ある創造的なリーダーシップを発揮するため，人権・労働権・環境・腐敗防止に関する10の原則の遵守・実践及び国連との協力関係を呼びかけた活動である。その背景には，グローバル化の急速な進展と深化によって生ずる課題は，国際組織と国家による協力だけでは対処できず，企業の自覚ある活動も不可欠であるという認識が存在する。2000年7月に国連本部で結成された。

日本においても，参加企業のネットワークの中心として，グローバル・コンパクト・ジャパン・ネットワーク（GC-JN）が組織され，東京の国連広報センター（UNIC）内に事務局が置かれており，2015年5月時点で200の企業・団体が加盟し，その活動に強制力はないものの，国連と企業を結ぶ貴重な情報交換の場になっている。

〔山田哲也〕

## 国連軍縮特別総会（SSD）
Special Sessions of the General Assembly devoted to Disarmament

国連軍縮特別総会（軍縮特総）は，軍縮問題に特化したハイレベルの国連総会特別会期として，第1回目が1978年に開催された。その後，これまで81年，88年の計3回開催されている。第4回目については非同盟諸国を中心に開催を求める動きもあり，2003年に作業部会が設立され，開催に向けた準備委員会の設置について議論がなされた。さらに，昨今の多数国間軍縮条約交渉の停滞状況もあり，07年にはオープンエンド作業部会も開催された。しかしながら，軍縮特総開催の必要性を巡っての南北間での見解の相違は大きく，第4回軍縮特総開催の見込みは立っていない。

今日までの唯一の成果は第1回軍縮特総の最終文書の採択のみであり，同文書は軍縮交渉の優先度を示した軍縮計画及び国連軍縮関係機関の枠組等軍縮に関連する基礎を定めるものである。なお，国連軍縮関係機関については，唯一の多数国間軍縮交渉フォーラムとして軍縮委員会（今日の軍縮会議），軍縮問題を審議する機関として国連軍縮委員会，軍縮問題及び関連する国際安全保障問題を取り扱う国連総会第1委員会が挙げられる。

【関連項目】 ジュネーヴ軍縮委員会（会議）（CD）
〔福井康人〕

## 国連経済社会理事会（ECOSOC）
United Nations Economic and Social Council

国連の主要機関の1つとして，憲章第10章に基づき設置され，経済，社会，文化，教育，保健分野に関して審議，研究，報告，勧告を行う。国連総会によって選挙される54の加盟国で

構成され、任期は3年で地域ごとに議席割当数があり、アジアは11議席。国連総会、国連加盟国、国連の専門機関に勧告を行い、それらを通じて各種専門機関の政策や活動を調整する権限が与えられている。

ECOSOC の下には多くの下部機関が設けられ、機能別機関としては麻薬委員会、女性の地位委員会、持続可能な開発委員会、社会開発委員会などがあり、地域委員会としてはアフリカ開発委員会、アジア太平洋経済社会委員会、欧州経済委員会などがある。

ECOSOC はその役割に関係がある民間団体と協議するために取極を行う権限が認められており、NGO に協議上の地位を与えている。また「人権及び基本的自由の尊重及び順守を助長するために勧告する」権限を担っており、人権NGO が1970年に人権侵害に関する通報を行えるようになったのも ECOSOC が初めてであった。

〔大島美穂〕

### 国連憲章　Charter of the United Nations

国際連合を設立するための多国間条約（1945年10月24日効力発生）であり、前文と本文111ヵ条からなる。2015年現在の加盟国数は193ヵ国である。

国連憲章は、1941年8月の英米首脳会談の際に作成された大西洋憲章を原型とし、その後、ソ連も加わる形で交渉が行われ、44年10月にダンバートン・オークス提案（一般的国際機構設立のための提案）が完成し、翌45年のサンフランシスコ会議での最終交渉を経て採択に至った。国連憲章は国連設立の基本文書であり、一国の憲法（Constitution）になぞらえられることもある。総会や安全保障理事会といった主要機関の構成、任務及び権限、表決手続きについて規定されるほか、紛争の平和的解決（第6章）と、安全保障理事会を通じて実施される集団安全保障に関する手続規定として「平和に対する脅威、平和の破壊及び侵略行為に関する行動」（第7章）については詳細な規定が置かれている。また、国際司法裁判所も国連の主要機関であるが（7条、第14章）、詳細については国際司法裁判所規程という別の条約が作成されている。

憲章の改正は、総会の構成国の3分の2の多数で採択され、かつ、安保理のすべての常任理事国を含む全加盟国の3分の2が各自の憲法上の批准手続を完了することで、すべての加盟国に対して効力を発生する。この手続きでは、改正に反対する常任理事国がいれば、改正を阻止できることになり、ここでも五大国に対して特権的な地位が与えられていることがわかる。なお、これまで、安保理非常任理事国数の拡大（65年）、経済社会理事会理事国数の拡大（71年）、憲章再審議に関する手続きの変更（73年）について憲章は改正されている。

【関連項目】　国際連合（国連）（UN）／国連安全保障理事会（国連安保理）／国連総会
【参考文献】　藤田久一『国連法』東京大学出版会、1998年／Simma, Bruno et al. eds., *The Charter of the United Nations: A Commentary*, 3rd ed., Oxford University Press, 2012.

〔山田哲也〕

### 国連憲章51条　Article 51 of the Charter of the United Nations

国連憲章51条は、「個別的又は集団的自衛の固有の権利（the inherent right of individual or collective self-defense）」を明文で認めている。このうち前者の個別的自衛権は、「武力攻撃」を受けた国が自ら武力で反撃する権利で、伝統的には自己保存権の1つとして理解され、合法的侵害に対する反撃である「緊急避難」と特に区別されることなく、急迫性、必要性、均衡性の要件を満たせば緩やかに認められた。

憲章51条は、自衛権は「武力攻撃が発生した場合」に認められるとして、要件を厳格化した。他方で、武力攻撃の恐れがあれば「先制自衛（anticipatory self-defense）」も認められるとの主張もある。この主張は、憲章で自衛権が

「固有の権利」とされたことをもって、伝統的な慣習国際法上の自衛権の「急迫性」の要件に依拠するもので、厳密に特定化されない限り濫用の危険も大きい。そのため、武力攻撃が「完遂」する必要はないが、武力攻撃への「着手」を必要とするという主張が有力である。

9.11テロ以降、「武力攻撃」の主体にはテロリストなどの非国家主体も含まれるかが問題となっている。この点と関連してICJは、2004年の「パレスチナの壁事件」勧告的意見で、憲章51条の自衛権は、「一国による他国への武力攻撃」を前提としているとして非国家主体を含めることに否定的な解釈を示した。

慣習国際法上認められてきた「必要性」と「均衡性」の要件については、国連憲章には明示されていないものの、ICJは、1996年の「核兵器の威嚇・使用の合法性事件」勧告的意見のなかで、これらの要件は、憲章51条の下でも等しく適用されるとの解釈を示した。

後者の集団的自衛権は、「武力攻撃」の直接の被害国ではない第三国が武力で反撃する権利。国連憲章が地域的機関の強制行動には安全保障理事会(安保理)の事前の許可を必要とするとしたため、安保理が拒否権で機能しない場合を危惧した米州諸国により、サンフランシスコ会議で導入された。国家が独自の判断で武力に訴えうる点で、安保理による集権的判断を前提とする集団安全保障とは区別される。

その性質については、①個別的自衛権の共同行使、②他国にかかわる自国の死活的利益の防衛権、③他国の権利の防衛(援助)権、という3説がある。①は、自衛権を行使するそれぞれの国が武力攻撃を受けたことを要件とするもの。②は、自国と密接な関係のある国が武力攻撃を受けたことにより、自国の死活的利益が侵害されたことを根拠とするもので、国家実行には近い。③は、国連の集団安全保障を補完するものとの理解を前提とし、国際社会の一般的利益の擁護という観点から、自国の利益に直接係らない他国の防衛(援護)を認めようという説。ICJは、86年の「ニカラグア事件」本案判決で、③の立場に依拠し、その濫用を防ぐ観点から、被害国による攻撃被害の「宣言」と、その国による援助の「要請」を要件に加える解釈を示した。他方で、2014年7月の閣議決定で日本政府が示した「憲法第9条の下で許容される自衛の措置」としての集団的自衛権は、②の立場に近いものと考えられる。

【関連項目】 集団的自衛権／侵略の定義
【参考文献】 田岡良一『国際法上の自衛権〔補訂版〕』勁草書房、1981年／村瀬信也編『自衛権の現代的課題』東信堂、2007年／森肇志『自衛権の基層』東京大学出版会、2009年

〔森川幸一〕

### 国連憲章第7章
Chapter 7 of the Charter of the United Nations

国連憲章は、国連の迅速かつ有効な行動を確保するため、安全保障理事会(安保理)に国際の平和と安全の維持に関する主要な責任を負わせている。この責任に基づく義務を果たすために安保理に与えられる特定の権限のうち、第6章の「紛争の平和的解決」、第8章の「地域的取極」、第12章の「国際信託統治制度」と並び規定されている(24条1、2項)のが第7章の「平和に対する脅威、平和の破壊及び侵略行為に対する行動」である。

第7章は、第39条から51条までの13か条からなる。第39条から50条までは、集団安全保障に係るもので、安保理による「侵略行為」等の認定、暫定措置、非軍事的措置、軍事的措置、軍事的措置を担う国連軍を組織するための特別協定、国連軍の使用や指揮に関して安保理に助言する軍事参謀委員会などについての詳細な定めを置いている。また51条は、武力不行使原則の例外として、個別国家やその集団が独自の判断で武力を行使することが認められる個別的・集団的自衛権と安保理の集団安全保障との関係を規定している。

冷戦期には，安保理常任理事国の拒否権行使により，国連憲章第7章下での決定が行われることは極めて稀であったが，冷戦終結後は，安保理決議のなかで第7章に言及される機会が格段に増えている。

【関連項目】強制措置（国連安保理）／国連憲章第51条／国連の軍事的措置／国連の非軍事的措置／集団安全保障／武力不行使原則

〔森川幸一〕

## 国連憲章と武力行使 use of force under the Charter of the United Nations

国連憲章2条4項は，国際関係における「武力の行使」や「武力による威嚇」を原則として禁止している。そこにいう「武力（force）」の意味を巡っては，「軍事力（armed force）」だけでなく，経済的・政治的圧力といった軍事力以外の「力（force）」も含むとの主張が，かつて途上国や旧東側諸国からなされた。しかし，国連憲章の起草過程や，国連憲章の基本原則の解釈を再確認した1970年の友好関係原則宣言が，経済的・政治的圧力の問題を「武力不行使原則」はなく，「不干渉原則」のなかで規定したことなどから，現在では前者の解釈が有力である。

他方で，「武力の行使」の態様については，正規軍による他国領域への侵入・砲爆撃といった直接的なものだけでなく，不正規軍や武装集団の組織・奨励等を通じての間接的な「武力の行使」も含むものと解されている。友好関係原則宣言は，後者の行為をその武力不行使原則のなかで扱っており，74年の侵略の定義に関する決議も「もっとも深刻かつ危険な形態の違法な武力行使」である「侵略行為」の1つに間接侵略を挙げている。

憲章51条の自衛権の発動要件である「武力攻撃」との関係については，86年の「ニカラグア事件」本案判決のなかで，ICJが，他国に対して活動する武装集団に武器，兵站等の援助をすることは，「武力による威嚇又は武力の行使」に該当することはあっても，「武力攻撃」には含まれないとして，後者を前者より狭く解する判断を示した。

また，「武力による威嚇」との関係では，96年の「核兵器の威嚇・使用の合法性事件」勧告的意見のなかで，ICJは，「武力による『威嚇』と『行使』の概念は，ある特定の場合に武力を行使すること自体が違法ならば，そうした武力を行使することの威嚇も同様に違法であるという意味で，連動している」との判断を示した。

国際関係における「武力の行使」と区別すべき概念として，海上法執行措置に伴う「実力の行使（use of force）」がある。95年の「国連公海漁業協定」は，「検査官がその義務の遂行を妨害される場合を除き，実力の行使を避けること。実力の行使は，その状況において合理的に必要とされる限度を超えてはならない」（22条1項（f））と規定しているが，そこで言う「実力の行使」が，憲章2条4項の「武力の行使」とは異なる概念であることについては，99年の「サイガ号事件（第2判決）」国際海洋法裁判所判決，98年の「スペイン・カナダ漁業管轄権事件（管轄権）」ICJ判決，2007年のガイアナ・スリナム仲裁判決などの国際判例を通じて次第に確立されつつある。

【関連項目】人道的介入（干渉）／不戦条約／武力不行使原則
【参考文献】森川幸一「武力行使とは何か」『法学セミナー』661号，2010年／森田章夫「国際テロと武力行使」『国際問題』516号，2003年

〔森川幸一〕

## 国連原子力委員会（UNAEC） United Nations Atomic Energy Commission

第二次世界大戦末期に広島と長崎に原爆を投下し，その威力が与える惨劇を目にした米国は，この兵器の扱いについて，同盟国の英国，カナダ，ソ連と協議した。米，英，加の首脳は1945年11月に会合を持ち，原子力の平和利用に関する技術論文の相互交換と破壊的使用に対するすべての国家への相互保障措置に合意し，新

たに創設される国際連合がこの役割を担うことを提言した。一方、ソ連、英国、米国の外相は45年12月にモスクワで会合を持ち、原子力エネルギー及び関連する事項に関する発見から生ずる諸問題を検討するための国連原子力委員会（UNAEC）の創設に合意した。これを受けて、46年1月の第1回国連総会でUNAECが設置された。

46年3月に、米国のリリエンソールらによる核エネルギーの国際的な管理に関する報告書が作成され、この報告を受けたバルーク案が、46年6月にUNAECに提案された。バルーク案は、「国際原子力開発機構（International Atomic Development Authority）を創設し、その機構に、核エネルギーの開発と利用に関するすべての段階を委ね、世界の安全保障にとって潜在的に危険なすべての核エネルギー活動に関する運営管理権あるいは所有権を持たせ、核エネルギー活動の管理、査察及び認可権限を与え、核エネルギーの有益な利用のための育成の義務を課し、調査研究の責務を課す」というものであった。

だが、この提案に対し、当時米国と冷戦状態に入っていたソ連は、ことごとく反対し、「まず、米国の核兵器を廃絶することが先決で、その後UNAECが核兵器製造を阻止する組織となるべきだ」との主張を繰り返し、約200回の会合の後、49年末にUNAECは解散した。

【関連項目】アトムズ・フォー・ピース／バルーク案
【参考文献】Fischer, David, *History of the International Atomic Energy Agency*, IAEA, 1997　〔菊地昌廣〕

## 国連国際法委員会（ILC）
### International Law Commission

国連憲章13条1項に定める「国際法の漸進的発達と法典化を奨励する」国連総会の任務を遂行するため、1947年に同総会によって設置された。世界の主要法体系を代表する国際法に有能な34人の個人で構成される。

国際法委員会規程によれば、法典化とはすでに広範な国家実行、先例及び学説が存在している分野の国際法規則のより厳密な定式化や体系化を言い、漸進的発達とは未だ国際法により規律されていない事項又は国家実行がいまだ十分に発達していない事項について条約草案を準備することを言うが、両者の区別は実際には難しい。ILCは当初14分野を法典化の候補とした。

ILCが採択した条文草案は通常総会が招集する条約締結会議又は総会において検討され、最終的に条約として採択されることが多い。代表的な法典化条約には、領海条約等海洋法4条約、外交関係条約、領事関係条約、条約法条約、国際河川の非航行的利用に関する条約、国連国家免除条約などがある。外交会議で締結された国際刑事裁判所規程も、ILCが採択した同裁判所規程草案と人類の平和と安全に対する犯罪草案に負うところが大きい。

他方近年ILCが採択した条文草案について総会がテーク・ノートする形式をとるものも増えている。国家責任条文、外交的保護条文がその例で、国際司法裁判所は、条文中に掲げられた若干の規則を慣習国際法の表明とみなしている。　〔薬師寺公夫〕

## 国連児童基金（UNICEF）
### United Nations Children's Fund

子どもの権利の実現を任務とする国連の補助機関で、経済社会理事会（ECOSOC）の監督下、主に途上国で事業を行っている。1946年に総会によって設立され、ニューヨークに本部がある。

当初は戦災した欧州の子どもへの人道支援のための緊急基金であったが、53年に常設の基金となった。特に60年代からは途上国の子どもへの開発協力を中心に活動してきた。80年代からは、紛争国の子どもへの緊急人道支援の比重が高まった。「平和地帯としての子ども」概念を提言し、85年には、内戦にあったエルサルバド

ルにおいて子どもが予防接種を受けられるよう「平和の日（days of tranquility）」が紛争当事者と合意された。90年代にはスーダンにおいて救援物資の輸送のために「平和の回廊（corridors of tranquility）」が紛争当事者と合意された。さらに，子ども兵士の解放へ向けた交渉も担うようになった。

　創立50周年にあたって，使命を明文化した。つまり，89年に国連総会で採択された後にほぼすべての国連加盟国が締約国となっている『子どもの権利条約』を指針として，子どもの権利の実現を目指して活動することを定めた。その後，特に開発における人権の主流化が進められた。また，『子どもの権利条約』の選択議定書についても，国連総会での採択へ向けて，NGOと連携してアドボカシー（政策提言）を担った。

　各国の政治的指導者への働きかけを重視してきた。子どものための世界サミット（90年）や国連子ども特別総会（2002年）では，元首や政府代表から，子どものための行動計画への国際公約を引き出すことに貢献した。

　活動分野としては，①健康，②HIV／エイズ，③水と衛生，④栄養，⑤教育，⑥子どもの保護，⑦社会的包摂の7つに重点を置いている。活動資金については，ほとんどの国連機関が政府からの拠出金に大きく依存しているのに対して，UNICEFでは民間団体や個人からの寄付が4割近くを占めている。

【関連項目】　開発援助／緊急人道支援／子どもの権利
【参考文献】　国連児童基金『世界子供白書』日本ユニセフ協会，各年／Jolly, Richard, *UNICEF*, Routledge, 2014
〔勝間靖〕

## 国連人権高等弁務官（事務所）(UNHCHR)　United Nations High Commissioner for Human Rights

　1993年のウィーン世界人権会議は，人権の促進・保護のために人権高等弁務官の設置を国連総会に勧告し，翌年の国連総会決議48/141に基づいて4年任期の国連人権高等弁務官のポストとその指揮下に行動する同事務所をジュネーヴに設置することを決定した。

　国連の人権活動に主要な責任を持つ人権高等弁務官の任務は多岐にわたるが，国連憲章や国際人権文書に定めるすべての市民的，文化的，経済的，政治的及び社会的な権利をすべての人が効果的に享受できるよう人権を促進し保護することをその基本的な任務とする。

　人権高等弁務官の任務を支える事務局は人権高等弁務官事務所だが，国連の人権活動をより効率的なものとするため，97年に人権高等弁務官事務所と人権センターは統合され，人権高等弁務官事務所に一本化された。

　人権高等弁務官事務所の活動は，しばしば，各国の政府などと協働して実施される。人権高等弁務官事務所は，アンゴラ，メキシコ，カンボジア，コソヴォ，パレスチナ占領地といったいくつかの国・地域に国別事務所を設置しており，人権状況の監視，広報，技術援助，人権問題対応能力を向上させる援助活動にも従事している。
〔坂元茂樹〕

## 国連人権理事会 (UNHRC)　United Nations Human Rights Council

　2006年3月，国連総会は，その政治化と二重基準が問題になっていた人権委員会に代わって，ジュネーヴに本部を置く国連人権理事会を総会の補助機関として設置した。

　人権理事会は任期3年で47ヵ国の理事国によって構成される。理事国になる資格はすべての国連加盟国にあるが，選出にあたっては人権の促進と保護に関する候補国の貢献度及び候補国が行う自発的誓約と約束を考慮することになっている。

　人権理事会は，すべての人権及び基本的自由の保護の普遍的な尊重を促進することに責任を負い，重大かつ制度的な侵害を含む人権侵害の

事態に対処し勧告するとともに，すべての権利の促進と保護のために，普遍性，公平性，客観性及び非選別性の原則，並びに建設的対話と協力によって導かれるとされる。同理事会は，年3回の通常会合と理事国の3分の1（16ヵ国）の支持があれば特別会合を招集することができる。

07年6月の国連人権理事会第5会期に採択された「国連人権理事会の制度構築決議」では，すべての国連加盟国の人権状況を審査する普遍的定期審査（UPR）の仕組，特別手続，人権理事会諮問委員会，不服申立手続などが定められている。

〔坂元茂樹〕

## 国連人権理事会特別報告者制度
Special Procedures of the United Nations Human Rights Council

独立した専門家により世界の人権状況を監視する国連の手続き。国連人権保障体制の主力をなす。特別報告者，特別代表，作業部会など，用いられる名称は一様でないが，総称して特別手続任務保持者と呼ばれる。南部アフリカを対象にした1967年の作業部会の設置に始まる。80年に強制失踪作業部会が設置されると，国別に加えて，人権テーマ別に任務が設定されることにもなった。2015年3月末現在，41のテーマと14の国を対象に活動が行われている。特別報告者らが担う主要な任務は，現地調査の実施，人権侵害申立ての関係政府への通報，人権状況の分析，国際人権基準の解釈・定立への貢献，である。米国主導の対テロ戦争に正面から対峙するなど，特別報告者らは総じて人権擁護への強いコミットメントを体現してきている。監視対象の幅は格段に広がっているものの，国連通常予算からの配分が微小なこともあり，財政的基盤は脆弱である。特別手続きの拡充を警戒する国も少なくなく，07年には，任務保持者の責任について規律する「行動綱領」が人権理事会で採択されている。

〔阿部浩己〕

## 国連世界食糧計画（WFP）
United Nations World Food Programme

食糧支援を任務とする国連の補助機関で，経済社会理事会（ECOSOC）の監督下，途上国で事業を行っている。1961年に総会によって設立され，ローマに本部がある。食糧支援は，脆弱な人々（避難民，被災者，子どもや女性）に対して実施される。80年代までは食料安全保障を向上させる開発事業が中心だったが，90年代以降，食糧を確保できていない脆弱者への緊急支援や復興支援の比重が高まった。緊急食糧支援は，主に4つの活動から構成される。①緊急食糧配給は，脆弱者を対象に通常1ヵ月分の食糧パッケージを届ける。②補助食又は治療食の提供は，特に栄養不良の5歳未満児や妊産婦を対象として行われる。③フード・フォー・ワーク（food for work）やフード・フォー・トレーニング（food for training）は，脆弱なコミュニティでの公共事業のための労働や訓練参加への対価として食糧を配給する。④学校給食は，緊急時であっても子どもが教育を受けられるよう，出席した生徒に提供される。

【関連項目】　緊急人道支援

〔勝間靖〕

## 国連総会
General Assembly of the United Nations

国連の主要機関の1つであり，すべての国連加盟国によって構成される，最高意思決定機関である。毎年1回，9月中旬から翌年6月にかけて開催され，冒頭の一般討論では国連事務総長や加盟国の首脳による演説が行われる。この通常総会のほかに，緊急総会や特別総会が開催されることもある。

総会の権限は，国連憲章に規定された問題や事項全体について，加盟国や他の国連機関に対する勧告を行うことである。ただし，安全保障理事会が任務を遂行している，国際の平和及び維持に関する事項については，同理事会の要請がない限り勧告を行えない。

最高意思決定機関として、予算・決算の承認と加盟国への分担金の割り当て、新規加盟国の承認、加盟国の権利及び特権の停止、除名といった、加盟国の国連における地位そのものに関わる決定を行う権限を有する。なお、総会の意思決定は、過半数によることが原則であるが、重要事項については3分の2によって行われる。

【関連項目】　国際連合（国連）（UN）／国連安全保障理事会（国連安保理）／国連憲章
〔山田哲也〕

## 国連大量破壊兵器廃棄特別委員会（UNSCOM）
United Nations Special Commission

イラクの大量破壊兵器計画の廃棄を査察するために1991年の湾岸戦争後に設けられた国連の特別委員会。安保理決議687に基づき、UNSCOMが生物・化学兵器と弾道ミサイルを担当し、国際原子力機関（IAEA）が核兵器を担当した。両機関による査察は98年まで続けられ、イラクが秘密裏に核開発を行っていたことや生物兵器を製造していたことが明らかになった。UNSCOMは約4万発の化学兵器弾薬や800基以上の弾道ミサイルを廃棄させている。

UNSCOMによる査察はイラク政府の治安当局の構成やフセイン大統領の居場所を探るなど、アメリカの諜報活動に利用されていたことが明らかになっている。イケウス元委員長が後に認めた。イラクはこうした国連査察に対して98年以降非協力の姿勢を強め、同年12月、米英軍はイラクに対する大規模空爆でこれに応えた。こうしてUNSCOMによる査察は幕を閉じた。

【関連項目】　国際原子力機関（IAEA）／国連監視検証査察委員会（UNMOVIC）／湾岸戦争
〔川崎哲〕

## 国連通常軍備委員会　United Nations Commission for Conventional Armaments

軍縮問題について研究・勧告を行うことを目的として、原子力委員会とともに、1947年、国連安全保障理事会の決議によって創設された国連の専門機関。国連安保理の理事国11ヵ国の代表によって構成されていた。

国連原子力委員会において核兵器問題を議論する一方で、国連通常軍備委員会では交渉進展が期待される通常兵器に焦点を絞って軍縮について議論することを目的とした。しかし、米ソ間の対立もあり、ほとんど成果を挙げることはできなかった。結局、国連は1952年の第6回国連総会において、原子力委員会と通常軍備委員会を統合し、国連軍縮委員会を設立した。

【関連項目】　国連原子力委員会（UNAEC）／通常兵器
〔足立研幾〕

## 国連通常兵器移転登録制度
United Nations Register of Conventional Arms

湾岸戦争後、通常兵器取引の透明性を向上させることが重要であるとの認識が各国で共有されるようになった。というのも、イラクの過大な武器の蓄積が地域不安定化に繋がり、イラクによるクウェート侵攻を引き起こしたと考えられたからである。1991年、日本はヨーロッパ諸国と協力し、「軍備の透明性に関する決議」を国連総会に提出した。湾岸戦争直後から積極的に通常兵器移転の透明性向上の必要性を訴えていたこともあり、決議は賛成150、反対0、棄権2票で採択された。この決議に基づき、翌92年、国連通常兵器移転登録制度が設立された。

本制度は、戦車、装甲戦闘車両、大口径火砲システム、戦闘用航空機、攻撃ヘリコプター、軍用艦艇、ミサイル及びミサイル発射装置の7つのカテゴリーの通常兵器について、輸出入その他の情報を国連事務局に提出するというものである。通常兵器の国際的な移転を中心として軍備の透明性や公開性を向上させ、各国の信頼醸成、過度の軍備蓄積防止などを図る取り組みと言える。本制度にこれまでに参加したことがある国は170ヵ国を超える。通常兵器の取引

データを提供する際，その取引が行われた文脈に関する情報が提供されれば透明性はさらに向上する。それゆえ，取引データの提出に際して，関連防衛政策についての情報提供も推奨されている。

本制度により，軍備の透明性が向上したことは確かである。ただし，近年レポートを提出する国が減少する傾向がみられる。アフリカ，中東といった紛争多発地域からの参加率が低いことも問題である。また，本制度はすべての通常兵器を対象としているわけではない。2003年に，小型武器に関するデータも提出が可能となったものの，あくまでその提出は推奨されているにとどまっている。さらなる透明性向上のためには，本制度への参加国を増加させ，各国に提出を求める情報を拡大していくことが課題と言える。

【関連項目】 対共産圏輸出統制委員会（COCOM）／通常兵器／ワッセナー・アレンジメント（WA）
【参考文献】 浅田正彦編『輸出管理』有信堂，2012年／美根慶樹『国連と軍縮』国際書院，2010年　　　〔足立研幾〕

## 国連難民高等弁務官事務所（UNHCR）
United Nations High Commissioner for Refugees

難民の国際的保護と，難民問題の恒久的解決に向けた政府への支援を任務とする国連の補助機関で，経済社会理事会（ECOSOC）の監督下，事業を行っている。パレスチナ難民については国連パレスチナ難民救済機関（UNRWA）が担当しているので，UNHCRはそれ以外の難民を主な対象としている。1950年に設立され，ジュネーヴに本部がある。

難民の国際的保護について，「難民の地位に関する条約」（51年採択）とその議定書（67年採択）が重要な国際人権規範となっている。しかし，この条約では締約国における国内的実施を監視する委員会（条約機関）の設置が認められていない。その点，締約国に対して難民保護を促す上で，UNHCRの役割は大きい。

難民問題の恒久的な解決については，①国籍国への自発的帰還，②庇護国での定住，③第三国への再定住，という3つの方法がある。①との関連で，迫害の恐れのある国籍国へ難民が強制的に送還されてはならないというノンルフールマン（non-refoulement）の原則が重要である。

活動の内容や対象については，いくつかの点で拡大されてきた。第1に，「無国籍者の削減に関する条約」（61年採択）との関連で，国連総会は，UNHCRに無国籍者を対象に加えるよう決議した。第2に，活動内容として，難民（及び国内避難民）キャンプの運営を含めた人道支援を行うようになった。第3に，特に90年代から，イラクや旧ユーゴスラヴィアでの人道危機を契機として，紛争による国内避難民を対象とする場合が増えてきた。この場合，国際移住機関（IOM）と役割分担することが多い。第4に，2004年のスマトラ沖大地震とインド洋津波，さらに05年のパキスタン北部地震といった大規模な自然災害において，本来の任務を超えた人道支援を展開したことがある。

UNHCRは1954年と81年の2度，ノーベル平和賞を受賞した。

【関連項目】 緊急人道支援／国内避難民（IDP）／政治難民／難民
【参考文献】 緒方貞子『紛争と難民』集英社，2006年／Loescher, Gil, et al., *The United Nations High Comissioner for Refugees (UNHCR)*, Routledge, 2008　　　〔勝間靖〕

## 国連人間環境会議　United Nations Conference on Human Environment

1972年6月5日から16日まで，国連が主催してストックホルムで開催された環境・開発に関する国際会議。同会議は，開発と環境との調和という今日における共通の価値を導く上で，人間環境の保護と向上に向けた重要な一里塚となった。同会議の最終宣言では，「人間環境を保護し，改善させることは，世界の人々の福祉

と経済発展に影響を及ぼす主要な課題」であるとし，開発に伴う負の力が地球上の多くの地域において様々な危害を生じさせていることを踏まえ，各国政府と市民が人類とその将来の子孫のために実践すべき26原則を打ち立てた。

第12原則までのポイントは，①尊厳と福祉を享受する環境下での基本的権利及び環境保護のための責任，②天然資源の保護，③再生可能な資源の維持，④野生生物の保護，⑤再生できない資源の枯渇の危険に備え，その資源の分かち合いによる利用，⑥生態系に損害をもたらす有害物質の排出停止，⑦海洋汚染の防止，⑧経済社会開発は人にとって必須，⑨低開発や自然災害に関する開発途上国に対する支援，⑩開発途上国における一次産品及び原材料価格の安定と環境の管理，⑪環境政策の影響に対する適切な措置，⑫環境保護のための援助，となっている。

また，第13原則から第17原則までは，各国による総合的な環境政策の立案と実施に関する制度設計について提案されている。第18原則から第20原則では，環境に関する科学技術，教育，研究の必要性が謳われ，第21原則と第22原則では国家主権や国際法に関する諸点が盛り込まれた。また，第23原則では各国間で共通の基準作りが実際には困難である点に含みを持たせると同時に，続く第24原則では国際協力の，そして第25原則では国際機関の役割の重要性が併記された。最後に第26原則では，「人とその環境は，大量破壊をもたらす核兵器とその他すべての手段の影響から免れなければならない。各国は，関連する国際的機関において，このような兵器の除去と完全な破壊に関して速やかに合意に達する努力を行わなければならない」と謳っている。

【関連項目】　環境NGO／環境開発サミット
【参考文献】　米本昌平『地球環境問題とは何か』岩波書店，1994年
〔山根達郎〕

## 国連の軍事的措置
military measures of the United Nations/
measures involving the use of armed force

第一次世界大戦後に設立された国際連盟は，連盟規約に違反して戦争に訴えた加盟国に対し，経済制裁を科すことはできた。しかし，連盟規約は，兵力を使用する強制措置については，理事会が加盟国に提案すると規定するにとどまり，軍事制裁は必ずしも中心的な強制措置ではなかった。

第二次世界大戦後に設立された国連では，憲章42条で，平和と安全の維持又は回復のため，経済制裁では不充分な場合に安全保障理事会が「空軍，海軍又は陸軍の行動」をとることができるとした。しかし，国連は軍隊を有しないため，国連憲章では，すべての国連加盟国が国連と特別協定を締結して「必要な兵力，援助及び便益を安全保障理事会に利用させる」と規定した（43条1項）。さらに，安全保障理事会の常任理事国の参謀総長により構成される軍事参謀委員会を設置し，「安全保障理事会の軍事的要求，理事会の自由に任された兵力の使用及び指揮」にあたるとした（47条1項）。

国連設立構想時には，経済制裁に加え，以上のような軍事制裁を集団安全保障の中心となる措置と考えていた。しかし，国連設立後，兵力の規模などにつき，米ソ間で意見が対立し，軍事参謀委員会は実質的な活動を行えない状況となった。また，加盟国が国連に兵力等を提供する特別協定も締結されておらず，国連憲章第42条から第47条に定められた手続に基づく軍事制裁は発動されない状態が続いている。

一方，国連安全保障理事会は，朝鮮戦争時，韓国を支援するため，米国を統一司令部とし，加盟国による軍隊等の提供を勧告した。この多国籍軍は国連旗を使用することが認められ，朝鮮国連軍とも称される。また，1991年の湾岸戦争時には，安全保障理事会が多国籍軍の武力行使を含む措置を承認した（決議678（1990），90

年11月29日採択)。以後，武装解除や治安維持，人道支援確保，難民や文民等の保護等の目的で，各国が自発的に多国籍軍を形成するなどの方法によって武力行使を含む行動をとることに対し，安全保障理事会が「許可」を与えるという方式が定着した。もっとも，このような「許可」方式は変則的であり，国連憲章上，どこまで認められるかについては議論がある。

【関連項目】　国際連合（国連）（UN）／国際連盟（LN）／国連安全保障理事会（国連安保理）／国連憲章第7章／国連の非軍事的措置
【参考文献】　佐藤哲夫「国連安全保障理事会機能の創造的展開」『国際法外交雑誌』101巻3号，2002年／佐藤量介「国連安全保障理事会による「許可」の法的位置づけの分析枠組に関する一考察」『一橋法学』13巻1号，2014年／Krisch, Nico, "Article 42" in Simma, Bruno et al. eds., *The Charter of the United Nations* (Third Edition), Oxford University Press, 2012

〔吉村祥子〕

## 国連の非軍事的措置
United Nations measures (Sanctions) not involving the use of armed force

　第一次世界大戦後に設立された国際連盟は，集団安全保障として，規約上の違法な戦争に訴えた加盟国に対し，通商や金融の関係断絶等の経済制裁を科すとした。これには第一次世界大戦の惨禍から，米ウィルソン大統領が非軍事的な措置を推奨したという背景がある。しかし，国際連盟時には，イタリアの対エチオピア軍事侵攻に対してのみ経済制裁が科され，加盟国の制裁への参加も任意となった。

　今日，国連の非軍事的措置とは，主として，安全保障理事会が平和に対する脅威，平和の破壊，侵略行為を認定し，国連憲章41条に基づき決定する兵力を伴わない措置（経済関係の断絶，運輸通信手段の中断，外交関係の断絶等）を指す。通常経済制裁と呼ばれるこれらの措置は，国連総会・安全保障理事会の勧告として採択される場合と，安全保障理事会の法的拘束力がある決定として採択される場合がある。国連非加盟国も，経済制裁への参加など国連の原則に従った行動を要請される。

　冷戦期は，安全保障理事会における拒否権の発動等から，法的拘束力を有する経済制裁はそれほど決定されなかった。冷戦後は，1990年に発動された対イラク経済制裁以降，数多くの経済制裁が安全保障理事会で決定されている。今日では，全面的な経済制裁は被制裁国内の一般市民に対して悪影響を及ぼすとして，制裁の対象者や対象品目等を制限する，いわゆる「スマート・サンクション（賢い制裁）」が主流である。

　冷戦後，国連安全保障理事会の活動が活発化し，決定を行う範囲も多岐にわたっている。それに伴い，テロリストに対する資金供与禁止や，非国家主体への大量破壊兵器移転禁止など，制裁対象を安全保障理事会が特定しない決定も行われている。また，今日では，特定主体に圧力をかけて政策等の変更を促す経済制裁の範疇には入らないが，国連安全保障理事会が決定した国際刑事裁判所（旧ユーゴスラヴィア，ルワンダ）の設置等についても，非軍事的措置の一環として捉える見方がある。

【関連項目】　国際連合（国連）（UN）／国際連盟（LN）／国連憲章第7章／国連の軍事的措置
【参考文献】　川西晶大「安保理機能の拡大とその限界」『レファレンス』No. 663, 2006年／吉村祥子『国連非軍事的制裁の法的問題』国際書院，2003年／Krisch, Nico. "Article 41" in Simma, Bruno, *et al.*, eds., *The Charter of the United Nations: A Commentary*, 3rd ed., Oxford University Press, 2012

〔吉村祥子〕

## 国連PKO局（DPKO）　United Nations Department of Peacekeeping Operations

　世界各地で展開している国連平和維持活動（PKO）の計画，策定，及び実施を担当している国連事務局内の部局。1992年に創設され，2007年には国連総会決議A／RES／61／256に基づき，DPKOからPKO関係の兵站業務を担当する国連フィールド支援局（DFS）が分離

された。DFS分離後のDPKOは①政策指針を示す「オペレーション部」，②治安部門改革などを調整する「法の支配・保安機構部」(OROLSI)，③PKOの軍事部門を担当する「軍事部」，そして④評価や訓練を担当する「政策評価・訓練部」の4つにより構成されている。08年には，過去60年間にわたるPKOに関する教訓をまとめた『国連PKO―原則と指針』（通称：キャップストーン・ドクトリン）を公表している。

【関連項目】国連安全保障理事会（国連安保理）／国連平和維持活動（PKO） 〔古澤嘉朗〕

## 国連東ティモール暫定行政機構（UNTAET）
United Nations Transitional Administration in East Timor

1999年から2002年，東ティモールに暫定統治機構として設置された国連平和維持活動。1998年8月，インドネシアでの自治権拡大のなかの統合か，新国家としての分離独立かを巡り東ティモールにおける自治案の是非を問う住民投票が国連東ティモール・ミッション（UNAMET）の監視下で実施された。その結果，多数となった分離独立票に不満を抱いた統合派が反乱を起こしたため，国連安全保障理事会は，UNAMETの保護と支援，人道援助を目的とした多国籍軍の設置を承認した。続いて99年10月，国連安保理決議1272により，多国籍軍の後継としてUNTAETの設置が決まった。UNTAETは，治安の提供と法秩序の維持，効果的な行政制度の確立，市民・社会サービスの開発支援，人道・復興開発支援の調整，自治のための能力育成支援，持続可能な開発に向けた支援を任務とした。日本も自衛隊等を派遣したUNTAETは，2002年5月の同国の正式な独立とともに終了した。

【関連項目】国連平和維持活動（PKO）／東ティモール紛争 〔山根達郎〕

## 国連非政府組織NGO（国連NGO）
United Nations-NGO relations

非政府組織（NGO）は，経済社会理事会（Economic and Social Council; ECOSOC）の協議資格を得て国連の活動に貢献することができる。この資格は国連憲章71条及びECOSOC決議1996/31に基づく。協議資格には，ECOSOCの活動全般と関係するNGOが対象となる総合協議資格と，一部の活動分野のみに能力や関心を有する場合の特殊協議資格がある。いずれもECOSOC，その委員会もしくは補助機関に対して文書や口頭による意見表明を行うことができるが，認められる機会の度合いが区別されている。総合協議資格NGOは，所定の手続きにより暫定議題を提案することもできる。なお，協議資格に該当しないNGOでも，ECOSOCやその補助機関に対する貢献の可能性があると認められればロスターの資格が付与される。協議資格を有するNGOは1945年の初認定で41機関，2014年12月現在では4000以上にのぼる。

【関連項目】国際連合（国連）（UN）／国連経済社会理事会（ECOSOC）／市民社会 〔片柳真理〕

## 国連兵力引き離し監視軍（UNDOF）
United Nations Disengagement Observer Force

1974年5月31日の国連安保理決議350に基づき，イスラエル・シリア国境のシリア側にあるゴラン高原に派遣されている国連平和維持活動（PKO）である。73年10月に発生した第4次中東戦争の結果，ゴラン高原付近の状況が不安定となったため，イスラエルとシリアは兵力引離し協定に調印し（74年5月31日），兵力分離地帯と兵力制限地帯を設定したが，この協定の履行を監視する目的で派遣されたのがUNDOFであり，その後，今日に至るまで展開が継続している。UNDOFに派遣される軍事要員には，小型の携帯用武器の所持のみが許され，その使用も自衛目的に限定されることから，伝統的なPKOの典型例であると言える。

日本は，96年以降，国際平和協力法に基づき，自衛隊をUNDOFに参加させてきたが，2012年のシリア内戦の激化に伴い，撤収方針を固め，同年12月21日に業務終結と撤収が発令され，任務を終了した。

【関連項目】国連平和維持活動（PKO） 〔山田哲也〕

## 国連平和維持活動（PKO）
United Nations Peacekeeping Operations

冷戦の激化により，国連憲章が当初予定した憲章第7章に基づく集団安全保障が機能不全となったことを受け，武力紛争そのものの解決ではなく，停戦・休戦実現後に兵力引き離しなどが実効的に行われているかどうかを監視する目的で現地に派遣される，小規模かつ軽武装の軍事要員による，国連自身の活動を指し，1956年に派遣された「国連緊急軍（UNEF）」や60年の「コンゴ国連軍（ONUC）」を通じて，国連内部での概念化が進んだ。ただし，国連は，設立当初から，紛争の平和的解決を目指して現地に小規模の軍事監視団や調停官を派遣しており，これらもPKOに含めて数えるのが通常である。

国連憲章下での集団安全保障措置とは異なり，PKOは武力紛争そのものの終結のための軍事的な強制措置ではなく，あくまでも紛争当事者・関係者間での和平合意の後，紛争当事者の同意に基づいて派遣されるものである。また，PKOに参加するかどうかも任意であるため，要員派遣国側の国連に対する同意も必要である。PKOの任務は停戦・休戦・兵力引き離しの監視であるため，武器の小規模な火器類を自衛目的で使用することだけが認められているにとどまる。これらの基本的性格は，UNEFでの経験に基づくものである。さらに冷戦期のPKOでは，大国の関与を避けるため，カナダなどの中小国中心で要員が構成されていた。

80年代に入って中南米に派遣されたPKOのなかには，停戦監視に加えて選挙の実施や人権状況の監視を任務に加えるものが出てきた。この背景には，紛争の性格が国家間の戦争から国内の武力紛争へと変化していったのに伴い，国家の統治構造の再建こそが和平の実現の基礎になるという事情があった。このようなPKOの多機能化は冷戦終結後になると，一層顕著となった。92年のガリ事務総長による報告書『平和のための課題』では，伝統的なPKOに加え，PKOを通じた国家機能の再建（平和構築）も国連の役割として認識されるようになった。そのなかには，東ティモールやコソヴォにおいて，PKOが現地の統治機構としての役割を果たす「領域管理型PKO」も含まれる。

本来，PKOによる武器使用は自制的なものであったが，冷戦終結後に派遣されたUN-PROFORなどでは，国連憲章第7章に基づいて武力行使を含む，必要な措置をとる権限が与えられるなど，武器使用権限の拡大傾向がみられた。しかし，旧ユーゴスラヴィアやソマリアでは，PKO部隊そのものが現地の武装勢力から攻撃を受け，当初の任務を達成できないという状況がみられるようになった。そのため1995年の報告書『平和のための課題の追補』では，武器使用権限について伝統的な原則への回帰が謳われたが，紛争構造の複雑化に伴い，任務達成に必要な範囲で柔軟に武器使用を認めるべきであるとする「強大なPKO（robust PKO）」という考え方が，現在アフリカで活動しているPKOの一部にみられる。

【関連項目】国際連合（国連）（UN）／国連安全保障理事会（国連安保理）

【参考文献】石塚勝美『国連PKOと国際政治』創成社，2011年／上杉勇司『変わりゆく国連PKOと紛争解決』明石書店，2004年／香西茂『国連の平和維持活動』有斐閣，1991年／山田哲也『国連が創る秩序』東京大学出版会，2010年〔山田哲也〕

## 国連平和維持活動協力法（PKO協力法）
Act on Cooperation for United Nations Peacekeeping Operations and Other Operations

1992年6月10日に成立した「国際連合平和維

持活動等に対する協力に関する法律」，いわゆるPKO（Peacekeeping Operation）法は，国際連合平和維持活動，人道的な国際救援活動及び国際的な選挙活動に対し迅速な協力を行うための実施体制を整備し，国連を中心とした国際平和の努力に積極的に寄与することを目的とする．

同法は平和維持隊（Peacekeeping Force; PKF）本体業務に関して次の5原則を参加の要件とする（参加5原則）．①紛争当事者間での停戦の合意，②紛争地域への平和維持軍派遣への同意，③平和維持軍による中立の確保，④以上3条件を欠いた場合の撤収，⑤自衛のための最小限の武器使用．PKO自体，中立であること，PKOの展開について当事者の合意があること，最小限度の武器使用という原則があるとされる．なお，PKF本体業務は当初附則により凍結されていた．

98年6月の改正により，国際機関の要請等に基づく国際的な選挙監視活動を対象に追加，一定の国際機関による人道的国際救援活動のための物資協力につき停戦合意が存在しない場合も支援可能とし，武器使用は原則上官命令によることになった．さらに2001年12月には，当初凍結されていたPKF本体業務の凍結解除，武器の使用による防衛対象の拡大，自衛隊法95条の適用除外の解除（自衛隊の武器等を防護するための武器使用容認）の改正が成立．15年3月現在，安保法制見直しの中でさらなる改正議論が進行中である．

同法には法律制定以前より強い批判がある．その主な論点は，自衛隊そのものの違憲論に始まり，派兵違憲論，民主的コントロール手段の欠如，停戦合意・中立性・受入れ合意の判断基準の曖昧さ，国連PKOそのものの質的拡大の可能性，国連の指揮下における武器使用命令の問題，5原則が崩れた場合の撤退が非現実的であること等々である．

【関連項目】　国連平和維持活動（PKO）／国連平和維持軍（PKF）／自衛隊のPKO／内閣府国際平和協力本部事務局
【参考文献】　清水隆雄「自衛隊の海外派遣」国立国会図書館調査及び立法考査局，2004年／山内敏弘「PKO協力法の憲法上の問題点」『ジュリスト』1011号，1992年　　〔片柳真理〕

### 国連平和維持軍（PKF）peacekeeping forces

国連の平和維持活動（PKO）の構成要素として，現地に派遣される軍事部隊．国連憲章第7章に規定されている国連軍とは別の組織である．国連は独自の軍を持っておらず，平和維持軍は，国連の加盟国が提供した軍隊により構成される．国連ではPKFの用語は用いられず，活動全体を示すPKOがより一般的に用いられている．

PKOは，伝統的には当事者の合意の下で紛争地域に派遣され停戦監視などを行ってきた．この任務を遂行するために現地に展開される部隊としての平和維持軍（troops, peace-keeping forces）と，下士官や将校により構成され武器を持たない軍事監視員（military observers）がある．平和維持軍は，加盟国の歩兵部隊や支援部隊により組織される．

PKOの任務は，停戦監視に加えて，武装解除や文民の保護などにも拡大されており，平和維持軍は特にこの分野において主要な役割を担う．平和維持軍は，職務上，小火器を携行し，その使用は自衛の範囲において認められている．平和維持軍による武器の携行と使用が，日本では，憲法の条文や自衛隊の海外派遣との関連において議論されている．

【関連項目】　国連緊急軍（UNEF）／国連兵力引き離し監視軍（UNDOF）／国連平和維持活動（PKO）　　〔望月康恵〕

### 国連平和構築委員会（PBC）
United Nations Peacebuilding Commission

2005年に政府間諮問機関として，国連総会及び安全保障理事会の決議に基づいて設立された．平和構築は，国連第6代事務総長ガリにより提唱され，第7代事務総長アナンにより委員

会の設立が提案された。PBCは，紛争後の社会の復興や紛争の再発防止，政府の機能回復などを目指して国に助言を行う。これまでブルンディ，シエラレオネ，ギニア，ギニアビサウ，リベリア，中央アフリカ共和国が対象国となった。

PBCは，組織委員会，教訓作業部会，国別会合として活動する。組織委員会はPBCの活動について協議し，PBCを代表して国連の他の機関と協議する。教訓作業部会は，平和構築の成功事例や教訓を概観し組織委員会に報告する。国別会合は，対象国について審議する。06年には平和構築基金（PBF）が設立され，平和構築・復旧や緊急対応として支援を行う。また国連事務局の平和構築支援事務局（PBSO）がPBCを支援しPBFを運用する。

【関連項目】 平和構築／平和構築基金（PBF）／平和構築支援事務局（PBSO） 〔望月康恵〕

## 国連貿易開発会議（UNCTAD）United Nations Conference on Trade and Development

1964年に設立された発展途上国の経済開発を主に貿易や投資の分野から推進するために国際連合の専門機関の1つ。50年代以降顕著になってきた北半球の先進国と南半球の発展途上国との経済水準の格差がいわゆる「南北問題」として国際社会で広く意識されるようになり，途上国の経済開発の問題を専門的に取り上げる国際機関として国連のなかに設けられた。国際貿易に関する機関としては48年発効のGATT（関税と貿易に関する一般協定）が存在したが，先進国主導の機関という批判があり，UNCTADには途上国の意見を代弁し，より途上国寄りの機関であることが期待された。これを反映してUNCTADでは先進国グループ，途上国グループ（当初は「77ヵ国グループ」），ソ連・東欧諸国のグループ，そして途上国の代表を自称する中国という4つのグループに分かれてグループ間交渉が行われた。その結果，交渉が硬直化し，必ずしも生産的な議論ができなくなり，途上国のなかでも格差が開いてきたことも相まって先進国への圧力をかける機関としてのUNCTADへの期待は後退した。

UNCTADの具体的貢献としては，途上国産品に対する関税上の優遇措置である「一般特恵関税制度」（GSP; Generalized System of Preference）の普及，ウルグアイ・ラウンドやドーハ・ラウンドなどの多国間貿易交渉における途上国支援などが挙げられる。近年は対途上国投資の推進にも寄与している。本部はスイスのジュネーヴにあり，4年に一度閣僚会議が開かれている。

【関連項目】 ウルグアイ・ラウンド／国際連合（国連）（UN） 〔渡邊頼純〕

## 国連放射線影響科学委員会（UNSCEAR）United Nations Scientific Committee on the Effects of Atomic Radiation

1950年代の大気圏核実験による放射性降下物への懸念が世界的に高まるなか，55年12月の国連総会決議により設立。定期的，また必要に応じ（おおむね2〜4年），人及び環境への放射線影響に関する知見，情報についての評価報告書を国連総会に提出する。同委員会加盟国（2015年4月現在，27ヵ国）の専門家で構成。UNSCEARは特定の政策を提言するものではないが，各国政府の決定や国際放射線防護委員会（ICRP）の勧告ではUNSCEARの報告書が参照されている。

1958年の最初の報告書と62年の報告書は，63年締結の部分的核実験禁止条約が依拠する科学的基礎を提供した。14年4月に『2011年東日本大震災及び津波後の原子力事故による放射線被曝のレベルと影響』を発行，今後，同事故による放射線被曝による癌や遺伝性疾患の発生率に「識別できる」変化はないとし，批判的なものも含め内外で反響を呼んだ。

【関連項目】 内部被曝／放射線の健康影響 〔友次晋介〕

## 国連保護軍（UNPROFOR）
United Nations Protection Force

1991年6月に始まったクロアチア内戦に対し、国連安保理決議743（92年2月21日）で派遣が決定された国連平和維持活動（PKO）である。当初の任務は同年1月の停戦合意の履行監視を中心とする、伝統的なものであったが、クロアチアでの内戦の再発や、旧ユーゴスラヴィア紛争がボスニア・ヘルツェゴヴィナに拡大しこと、さらにマケドニアへの波及も懸念されたことで、UNPROFORの展開地域も拡大された。特に、ボスニアではUNPROFOR自身による武力行使が認められるなど、従来のPKOにはみられない性格を有したが、逆にセルビア系勢力からの攻撃対象となるなど、ボスニアでのUNPROFORは決して成功したものとは言えない。これに対し、マケドニアでの活動は、紛争の発生を事前に予防することを目的とした予防展開型と呼ばれるものであった。95年12月のデイトン和平合意を受けて、UNPROFORはすべての任務を終了し、受入国の状況ごとにPKOが再編された。

【関連項目】 国連平和維持活動（PKO） 〔山田哲也〕

## 国連ミレニアム・サミット
United Nations Millennium Summit

2000年9月5日から8日まで、ニューヨークの国際連合本部で開催された総会であり、189の国連加盟国のうち、147ヵ国からは国家元首が参加した、類例のないハイ・レベルな会議であった。この会議の成果文書として、採択された総会決議55/2は「国連ミレニアム宣言（United Nations Millennium Declaration）」と呼ばれる。

国連ミレニアム宣言は、①価値と原則、②平和、安全及び軍備縮小、③開発及び貧困の撲滅、④共通の環境保護、⑤人権、民主主義及びよい統治（good governance）、⑥弱者の保護、⑦アフリカの特別な必要性への対応、⑧国連強化、の8つの章からなり、さらに詳細な達成すべき32の目標が掲げられている。宣言の冒頭では国連及び国連憲章に対する信頼が再確認されており、国連設立時の目標と原則を基礎としつつ、新たな世紀が始まるのを前に、いかに国連を活用して、さらに公正な世界の実現を図るかについての国際社会の決意表明である。総会決議であるから、この宣言自身に法的拘束力はないが、国連加盟国による重要な公約を盛り込んだ重要文書の1つと見ることができる。

また、ミレニアム宣言に盛り込まれた開発関連の目標と、1990年代に開催された各種の国際的開発目標を統合したものが「ミレニアム開発目標（Millennium Development Goals; MDGs）」である。

なお、ミレニアム宣言を巡っては、同年12月の総会で、同宣言に盛り込まれた内容の履行状況を確認することが決定され、2005年の世界サミット（World Summit）がその場となった。この世界サミットは、国連設立60周年にあたって05年9月14日から16日まで開催された記念総会であり、そこで採択された文書が「より大きな自由へ（Larger Freedom）」である。

【関連項目】 国際連合（国連）（UN）／国連環境開発会議（UNCED）／国連総会／ミレニアム開発目標（MDGs）
【参考文献】 日本国際連合学会編『国際社会の新たな脅威と国連』国際書院、2003年／渡辺昭夫・土山實男『グローバル・ガヴァナンス』東京大学出版会、2001年 〔山田哲也〕

## 国連予防展開軍（UNPREDEP）
United Nations Preventive Deployment Force

1995年3月に活動を終了した旧ユーゴスラヴィア・マケドニア共和国（以下、マケドニア）における国際連合保護軍（UNPROFOR）の活動に代わり、安保理決議983（3月31日）によって設置された国連平和維持活動（PKO）である。

91年6月にクロアチアで始まった旧ユーゴスラヴィア紛争の戦火がマケドニアに拡大するこ

とを恐れた同国大統領の要請に応じて，92年12月にUNPROFORを派遣した（安保理決議795）。その後，紛争の拡大などにより活動の見直しが行われ，マケドニアについてはUN-PROFORを再編する形で国連予防展開郡（UN-PREDEP）となったが，両者の職務権限はともに，国境地帯の監視によるマケドニアへの内戦拡大を事前に防止する予防展開型のPKOである。UNPREDEPは，95年12月のデイトン和平合意後も同国に駐留したが，99年2月25日の安保理会合で，台湾（中華民国）を国家承認したマケドニアに反発した中国がUNPREDEPの派遣延長決議案に拒否権を行使し，同月28日で任務を終了した。

【関連項目】　国連平和維持活動（PKO）／ユーゴスラヴィア紛争　　　　　　　　　　　　　　　　〔山田哲也〕

## 護憲運動
movement for defender of the Constitution

　日本国憲法の擁護，とりわけ憲法9条の改正に反対する運動一般のことを指す言葉として用いられることもあるが，固有の意味としては，1954年1月に左・右両派社会党，総評などが中心となって発足した「憲法擁護国民連合」（略称・護憲連合）が推進した改憲反対運動のことを指す。同連合の「要綱」（1954年1月15日）では，「保守反動勢力の憲法改悪計画に対応し，党派，主義，主張を超越し，『平和憲法を守ろうとする』広範な国民的世論を喚起，結集」とすることを目標として掲げているが，「共産党系の団体は，これを加えない」とも規定していた。護憲連合は，講演会，研究会の開催などを通じて，改憲反対運動の一翼を担ってきたが，その後，社会党や総評の解体などの影響もあり，「憲法フォーラム」に名称変更した後，現在では，「フォーラム平和，人権，環境」として活動している。他方，共産党などは，60年安保闘争の後，（内閣）憲法調査会が最終報告書を作成するという改憲問題の新たな局面に際して，「憲法改悪阻止の一点で，すべての改憲反対勢力の団結と統一をかためねばならぬ」として，「憲法改悪阻止各界連絡会議」（略称・憲法会議）を結成して，改憲反対の運動に取り組んできている。

【関連項目】　九条の会／憲法調査会　　　　〔小沢隆一〕

## 五・四運動　May 4th Movement

　第一次世界大戦後，中国が戦勝国として参加したパリ講和会議で，敗戦国ドイツの山東権益が中国に返還されるのではなく日本に継承される見通しになったことを受けて，北京などで発生した学生を中心とした反政府，反日運動。この後，全国の大都市や海外の留学生にも排日ボイコット運動などとして広まった。1919年5月4日に発生したことに因んでこの名がある。

　北京では北京大学の学生を中心に天安門前から東交民巷の公使館区域でデモを行ない，その後，対日交渉に関わった外交官の家を襲った。こうした「暴力」的な行為は，民族ナショナリズムの面で正義だと中国では位置づけられる。また，かつては毛沢東の議論に従って，五・四運動が中国近代史と現代史の画期とされた。

　この運動の政策への影響力は限定的で，むしろこの運動に接した北京政府はパリの中国全権代表団にヴェルサイユ条約署名を指示した。だが，全権代表団がそれを無視して署名を拒否した。

　また，この運動の背景には清末から民国初年に進められた白話運動をはじめとする新文化運動という，新たな知的啓蒙運動があった。そのため，この知的世界の動向も含めて五・四運動と称することもある。　　　　　　　　〔川島真〕

## 個人通報制度　Individual Communications

　個人通報制度とは，締約国により条約に定める人権を侵害された個人が，その国が利用できる救済措置を尽くしてもなお救済されない場合に，条約が設置した実施機関によって当該個人

に直接救済を与えることである。

　自由権規約の個人通報制度を例に説明すれば，個人通報制度を定めた第1選択議定書の締約国の管轄下にある個人で，同規約に定められた権利を侵害されたと主張する被害者（victim）は締約国を相手取って自由権規約委員会に通報することができる。

　死刑や退去強制の執行などに直面する被害者に回復不能な損害が生じる恐れがある場合には，委員会は仮措置をとることができる。委員会は，受領した通報につき，締約国及び通報者双方に対して書面による意見の提出を求めた後，通報の受理許容性について決定する。

　受理可能とされた通報については，本案の審査が行われる。委員会が違反を認定した場合には，締約国に対し被害者に対する救済と再発の防止を求める勧告を付した見解（views）を採択する。見解には法的拘束力はなく，勧告的効力しかない。ただし，1990年，見解が締約国によって遵守されているかどうかを監視する個人通報のフォローアップ手続が始まった。

〔坂元茂樹〕

## 御前会議（ごぜんかいぎ）　Imperial Conference

　君主国における御前会議は，統治権者である君主が廷臣を召集して親裁する場であり，これは大日本帝国においても同様である。英語では「宮廷」と同じく"court"と呼ばれるが，大日本帝国では"Imperial Conference"の訳語をあてている。本来は天皇が自由に召集できるもので，構成や権限・開催要件に関する規定はなく，法文上に現れたのも，1879年の御前議事式と1941年の国防保安法のみである。実際には様々な制約があったが，すべて政治的なものであり，状況に応じて変化した。

　御前会議で決定した事項はそのまま裁可されて国家意思となり，国務大臣による閣議など憲法上の機関での承認を要しない。実際には事前または事後に閣議に提出するのが普通だったが，これは慣例や国務大臣の権限への配慮によるものであり，状況によってはかなり等閑にされることもあった。特に太平洋戦争期はこうした傾向が甚だしい。

　主な出席者は元老や主要国務大臣（首相や外相，陸海相など），参謀総長や軍令部総長（33年までは海軍軍令部長）であり，ほかに枢密院議長や参謀次長・軍令部次長などが特旨によって出席する場合もあった。

　1885年に内閣制度が創設された後は，宣戦布告やこれに準ずる重要国策を審議する場となり，日清戦争や日露戦争の開戦，第一次世界大戦への参戦や対華21ヵ条要求に伴う最後通牒の発出などは御前会議で決定されている。

　しかし，1937年の日中戦争開戦後は開催頻度が増し，節目における戦争指導方針はほとんど御前会議で決定された。これは，陸海軍の首脳が「統帥権独立」に拘泥し，日清・日露戦争期には戦争指導機関であった大本営から首相らの政府側人員を排除した結果である。大本営が政戦両略を総合した戦争指導の機能を失ったため，大本営幕僚（参謀総長・軍令部総長）と主要閣僚は大本営政府連絡会議に会同して戦争指導方針を審議することになった。ここで天皇の裁可を要するような重要国策を決定する場合に，特に天皇の臨席を仰いだのが昭和の御前会議である。しかし，大本営も政府側も自分に都合のよい決定に天皇の裁可を得て主導権を握ろうと争ったため，両者の板挟みとなった昭和天皇は会議での発言を控えるようになり，御前会議の審議は形骸化した。以後，高度に儀礼化された御前会議において対米英開戦や船舶の配分，大東亜諸民族に対する方針などが決定される。ポツダム宣言受諾は天皇自ら裁断するが，これも「聖断」を演出する儀礼とみることができる。

【関連項目】　大日本帝国憲法／大本営／大本営政府連絡会議／統帥権の独立

【参考文献】　伊藤隆・武田知己編『重光葵　最高戦争指導会議

記録・手記」中央公論新社，2004年／稲葉正夫解説『現代史資料37 大本営』みすず書房，1967年／参謀本部編『杉山メモ』原書房，1967年 〔森茂樹〕

## コソヴォに関する独立国際委員会（IICK）
Independent International Commission on Kosovo

1999年3月から行われた北大西洋条約機構（NATO）によるコソヴォ空爆の道義性・合法性・正当性について，民族紛争に対する予防及び対応における規範と国際組織等の活動を評価するために，同年8月，ペーション・スウェーデン首相（当時）の提唱により11名（うち7名はNATO加盟国より選出）の委員で設立。

同委員会報告書（2000年）は，コソヴォのアルバニア系住民に対してセルビアを中心とした政府当局による迫害があったことを認め，武力行使に関する国連安保理決議を経ずに実施され，空爆後に安保理決議1244によって追認されたNATOによる空爆は「違法だが正当 legitimate, but not legal」とした。ただし，空爆後もコソヴォの政治的状況は厳しく，大規模な避難民・難民が発生し，空爆はその後の民族的少数派に対する「民族浄化」的状況の発生を止めることはできなかったとも指摘。このため同委員会は，武力介入が正当化される際の原則として，人権や人道法に対する深刻な侵害状況があり，被害者保護を介入目的とし，介入手段が迅速かつ市民を守るもので，市民社会への付随的損害を与えず，かつ当該政府に対する懲罰的・報復的手段でないことなどを挙げ，あわせて武力介入が前後の文脈において正当な人道的介入とみなされるための諸原則に関する議論を提起した。

【関連項目】国際人道法（武力紛争法）（IHL）／コソヴォ紛争／人道的介入（干渉）／ユーゴスラヴィア紛争

〔大庭千恵子〕

## コソヴォ紛争　Kosovo conflict/Kosovo War

ユーゴスラヴィア連邦セルビア共和国内コソヴォ自治州において，人口約200万人のうち9割を占めるアルバニア人の自治権拡大及び独立を巡り，1996年から99年にかけて，アルバニア人武装勢力とセルビア共和国内務省治安部隊及びユーゴスラヴィア連邦人民軍との間で行われた武力衝突，国際社会による介入及び政治交渉の総称。

89年のセルビア共和国憲法改正により自治州の権限が大幅に縮小されると，最貧地域としての経済的不満と結びつき，自治権回復を主張するコソヴォ民主同盟が台頭，91年にコソヴォ共和国の成立を宣言した。しかし，セルビア共和国との交渉難航中に，武力による独立を掲げたコソヴォ解放軍（UÇK）が台頭した。96年4月頃からセルビア内務省治安部隊に対する小規模な武力攻撃，97年12月頃から市民を巻き込む戦闘状態へ突入した。

98年2月末からのセルビア内務省治安部隊による掃討作戦以後，連邦人民軍も参加，紛争が長期化した。国連推計で約25～30万人の難民が発生。99年1月にラチャク虐殺が起きた。99年2月パリ郊外ランブイエにて和平交渉が行われ，コソヴォを両民族共存地域とし，3年後に住民の意思により政治的地位を見直すことで合意したが，北大西洋条約機構（NATO）軍をユーゴスラヴィア連邦全域に駐留させるという付帯条件で決裂した。

99年3月24日，国連安保理決議を経ないまま「人道的介入」のため，NATO軍がコソヴォ域内及びセルビア共和国各地に対して空爆を実施した。78日間の空爆により，軍事目標以外にも，橋，鉄道，工場のほか病院や学校などの社会基盤が破壊され，中国大使館誤爆や多数の付随的被害が出た。また，空爆後に約86万人のアルバニア人難民が発生，近隣諸国へ流入したが，その多くは和平後に帰還した。

99年6月に米ロEUによる和平案をセルビア

が受諾，国連安保理決議1244に基づき，国連コソヴォ暫定統治ミッション（UNMIK）と，コソヴォ治安維持部隊（KFOR）が派遣された。ただし，域内少数派となったセルビア人やロマに対する襲撃や暴力行為が頻発，約26万人の非アルバニア系住民が難民化した。コソヴォの政治的地位確定交渉は難航したが，国連特使による調停を経て，2008年2月に独立を宣言，EUによる法の支配ミッション（EULEX）が派遣された。13年4月にコソヴォにおけるセルビア系自治体コミュニティ創設等でセルビアと合意，同年11月のコソヴォ統一地方選挙に紛争後初めてセルビア系住民も参加。なお，コソヴォ独立の承認国は，15年7月段階で108ヵ国。

**【関連項目】** コソヴォに関する独立国際委員会（IICK）／人道的介入（干渉）／ボスニア紛争／ユーゴスラヴィア紛争
**【参考文献】** 木村元彦『終わらぬ「民族浄化」セルビア・モンテネグロ』集英社，2005年／タイラー，スコット（佐原徹哉訳）『アメリカの正義の裏側』平凡社，2004年／月村太郎編著『地域紛争の構図』晃洋書房，2013年／千田善『なぜ戦争は終わらないか』みすず書房，2002年　　〔大庭千恵子〕

## 国家安全保障　national security

　国家安全保障とは，国家がその領土と政治的独立を守ることを目的とする国家戦略である。なかでも，「国家が他の国家からの侵略を軍事力によって守る」という概念，つまり，国防が伝統的な安全保障の中心であったことから，国防すなわち安全保障を確保し維持する主体も国家が中心であると考える傾向があった。このように，国家安全保障は安全保障を確保する主体として国家を中心に考えることから，国際協調を重視する集団安全保障の考え方と対立する側面もある。アメリカ合衆国では，第二次世界大戦及び冷戦期に国家安全保障の重要性が強調された。

　しかし，国家が保障するものとしては，軍事的安全保障（国防）に限られるものではなくなっている。特に21世紀を迎え，グローバル化が進行するなかで，国家の存立や国民の安全にとって脅威とされるものは，他の国家による侵略といった伝統的脅威に限られるものではなく，国内紛争の国際化や難民問題，テロリズム，大規模災害，突然の経済・金融危機，環境破壊や貧困問題の深刻化，感染症の拡大のような保健衛生問題等も非伝統的脅威と考えられるようになっている。このように脅威の考え方が変化するにつれ，経済安全保障，エネルギー安全保障，環境安全保障などの考えが重視されるようになっている。

　以上のように，国家が直面する脅威が多様化し，かつ複雑化するなかで，国家がその国境と国民を守るという国家安全保障の考え方だけでは対応できない事例が顕著になっている。したがって，様々な脅威から安全を保障するためには，これまで安全保障の主たる担い手とされた国家に加え，国際機関，非政府組織（NGO），企業，市民社会等様々な担い手の連携が重要であると考えられるようになっている。このように，国家安全保障は依然として重要ではあるものの，近年では個々の人間に着目した人間の安全保障にも重点が置かれるようになっていると言ってよい。

**【関連項目】** 安全保障／国際安全保障／人間の安全保障
**【参考文献】** 赤根谷達雄・落合浩太郎編著『「新しい安全保障」論の視座』亜紀書房，2001年／防衛大学校安全保障学研究会『新訂第4版 安全保障学入門』亜紀書房，2009年
〔西田竜也〕

## 国家安全保障会議（NSC）
### National Security Council

　1947年に米国で国家安全保障法によりホワイトハウス内に設置され，安全保障問題につき大統領に助言を行い，安全保障政策の立案や安全保障問題に関する省庁間の調整を行う機関。正式の構成員は，大統領，副大統領，国防長官，国務長官であるが，国家情報長官，統合参謀本部議長も通常参加するほか，他省庁の長官や幹部も必要に応じ出席する。

日本では，日本の安全保障に関する重要事項を審議するために安全保障会議やその前身である国防会議が設立されたが，2013年に安全保障会議が廃止され，新たに国家安全保障会議が設置された。同会議は国家安全保障法に基づき内閣に設置され，国防や武力攻撃事態など安全保障に関する重要事項について審議し，総理大臣に対し意見を述べる。同会議の議長は総理大臣で，内閣官房長官，外務大臣，防衛大臣を中心に，他に総務，財務，経済産業，国土交通の各大臣と国家公安委員会委員長等がメンバーである。

【関連項目】 安全保障／国家安全保障　〔西田竜也〕

## 国家核安全保障局（NNSA）
National Nuclear Security Administration

米国政府が保有する核兵器やこれに関する情報の保全を担当する機関として，2000年に設立された。半独立的な組織ではあるがエネルギー省の業務を継承しており，長官も同省次官が兼任する。1977年に設立されたエネルギー省は，核兵器や海軍が使用する推進用原子炉の開発など，軍事目的の核技術に関する業務も担当した。しかし99年に核兵器関連情報の漏洩が問題となり，機密情報の管理強化が求められた。その結果，国家核安全保障局が設置された。

核兵器及び関連情報の管理が主な任務であるが，その延長として核兵器の拡散防止やテロリストの核兵器取得，原子力に関わる緊急事態への対応なども担当している。東日本大震災に伴う福島第一原子力発電所の事故に際して，日本に係員を送って情報収集にあたり，放射性物質の拡散に関する情報を提供した。

【関連項目】 核テロ・核セキュリティ／核物質管理／ロスアラモス国立研究所（LANL）　〔倉科一希〕

## 国家緊急権　right of state of emergency

国家緊急権とは，戦争・内乱・恐慌・大規模自然災害など，平時の統治機構をもっては対処できない非常事態において，国家の存立を維持するために，国家権力が立憲的な憲法秩序（人権保障と権力分立）を一時停止して非常措置をとる権限である。

そもそも近代立憲主義は，憲法により国家権力を拘束することを目的とするため，憲法秩序を停止する形での権力行使は，立憲主義の下で容易に認められるものではない。そこで，緊急事態時における国家体制維持という課題と，近代立憲主義の本来的任務である人権保障という，相反する課題を解決するために，緊急事態における緊急措置についても，可能な限り事前に立法化することが要求されることとなる。世界各国で緊急事態法制が構築され，緊急事態に対処するための措置をとる例外的権力について憲法上明文規定をおいて実定化し，その行使の要件等をあらかじめ規定する憲法が登場するに至った背景には，このような事情がある。

国家緊急権の実定化にあたっては，次の4つの要件が認められる必要がある。すなわち，①権限の行使が立憲主義体制の維持及び国民の権利・自由の擁護という明確な目的に限定されること，②権限の行使が緊急事態に対処するための一時的かつ必要最小限度のものであること，③緊急事態とは，憲法上の通常の手段では対処できない事態であり，かつ，それが客観的に明らかである場合を言うこと，④緊急事態の終了後，国家緊急権に基づき講ぜられた措置等について，議会及び裁判所において政治的及び法的責任が追及され，また，国民が被った不利益について，十分な回復措置が講ぜられること，である。

国家緊急権の実定化の方式としては，次の2つがある。すなわち，①緊急権発動の条件・手続き・効果などについて詳細に定めておく方式，そして②緊急権発動を巡る大綱の規定にとどめ，国家元首など特定の国家機関に包括的な権限を授権する方式である。①の例としては，1968年非常事態法によりドイツ連邦共和国基本

法115a条以降に追加された規定を挙げることができる。②の例としては、大統領の非常措置権を規定した19年ワイマール憲法48条や、58年フランス第5共和政憲法16条などがある。ワイマール体制においてヒンデンブルク大統領が緊急権を乱発し、また1933年に首相となったヒトラーも大統領緊急命令権を利用して独裁体制を握り、ナチズムの台頭が実現したという歴史的経緯が示すように、恣意的な濫用の危険性をはらむものである。

日本では、かつて大日本帝国憲法の8条（緊急勅令制定権）、14条（戒厳宣告大権）、31条（非常大権）、70条（緊急財政措置権）などにおいて国家緊急権を巡る規定が存在したが、日本国憲法には緊急権規定が存在しない。かような日本国憲法において、不文の国家緊急権が認められるか否かについて、学説では、実定法上の規定が存在しないにもかかわらず、国家緊急権が国家の自然権として認められるとする見地は、過去における緊急権の濫用の経験に徴しても、緊急権の発動を国家権力の恣意に委ねることを容認するものであり許されないという説が有力である（芦部信喜）。国家緊急権には、国家存亡の際に憲法の保持を図るという側面があることから、憲法保障の一形態として位置づけられる。しかし、立憲主義的な憲法秩序を一時的にせよ停止し、執行権への権力の集中と強化を図って危機を乗り切ろうとするものであるから、立憲主義を破壊する大きな危険性が認められるためである。

【参考文献】芦部信喜『憲法（第6版）』岩波書店、2015年
〔麻生多聞〕

## 国家承認　recognition of states

国家承認は、新国家の成立に際し、既存の国家によって行われる一方的行為である。国際法上の国家の要件は、①恒久的住民、②明確な領土、③実効的政府が少なくとも必要であるとされ（④外交能力を独立の要件とする立場もある）、これらを備えた実体（事実上の国家）に対して行われる。国家承認の方式には、明示的承認と外交関係の開設などによる黙示的承認とがある。また、承認には、存在を認めるが法的関係が発生することは留保する事実上の承認と法律上の承認とがあるが、通常は後者であり、一度承認すると撤回できない。（法律上の）承認によって承認国と被承認国との間には国際法関係が生じる。さらに、新国家が国家の要件を満たさない場合に承認することは「尚早の承認」として国際法上違法である。国連などの普遍的国際機構への加盟は国際社会における包括的な承認を意味しない（北朝鮮は国連加盟国であるが、日本は北朝鮮を国家承認していない）。

国家承認の効果については、新国家は承認によって初めて国際法主体性を認められるとする創設的効果説と、国家の要件を備えた時点で当該国は国際法主体性を持ち、承認はそれを確認する行為にすぎないとする宣言的効果説とがある。前者は、19世紀のラテン・アメリカ諸国の独立に際して西欧諸国によってとられた立場であるが、承認の基準として西欧諸国が考える文明の概念が用いられるなどの問題があった。現在では、事実主義に基づく後者による説明が実行上一般的に妥当する。しかしながら、武力行使などの違法な手段による新国家の成立を国際社会は認めないとする不承認主義が、国連の決議を通してとられることがあり、この場合には、国家承認に創設的効果を認めることになる。また、2008年のコソヴォのように、一方的に独立を宣言した主体に関して、承認を与えた国の数が問題とされることがあるが、国際法上の国家の成立や承認国と被承認国との法的関係と、国際社会における政治的認知（未承認国家問題）とは分けて考える必要がある。

【関連項目】政府承認／不干渉義務／武力不行使原則／未承認国家
【参考文献】田畑茂二郎『国際法における承認の理論』日本評論新社、1955年／Fabry, Mikulas *Recognizing states*, Oxford

University Press, 2010 〔小沼史彦〕

### 国家神道　State Shinto

現在，国家神道の用語に対する学界共通の理解は存在しない。ただこの用語が一般化したのは，1945年12月15日に GHQ が発した神道指令によっていた。その国家神道とは法的には非宗教であるとされ，国家的祭祀を担う神社神道であり，政府や地方機関や官公吏による支援と公金の援助を受け，その体制の下では神道の教理は歪曲されて，軍国主義的で過激な国家主義宣伝に利用されていたという。

神道指令では，天皇や日本国民がその特殊な起源によって他民族より優秀だとする説も，軍国主義的な国家神道のイデオロギーと認められて禁止された。ここでの国家神道のイメージは，戦時下の軍国主義・超国家主義と一体のものであり，国民や他民族に神社参拝を強要するものであった。そして国家と神社神道の分離が命じられ，神祇院は廃止されて神社への行政的財政的支援は禁止されたが，軍国主義・超国家主義的内容を消去した神社神道は，宗教団体として存続を認められた。

【関連項目】　信教の自由／政教分離　〔赤澤史朗〕

### 国家責任　state responsibility

通常，国が国際違法行為を行った結果国際法上負う国際責任を意味するが，国は国際法によって禁止されていない行為から生じた損害に対して責任を負う場合がある。国際法委員会が起草し国連総会がテーク・ノートした「国家責任条文草案」（2001年）は，国家責任に固有の国際法規則を宣明したものとみなされている。

国家の国際違法行為は，国家に帰属する行為が国際義務に違反する場合に生じる。国家機関の行為は，その機関の地位及び機能に関係なく国に帰属し，国の機関がその資格で行為する場合には権限を逸脱し指示に違反する場合であっても国の行為とみなされる。他方，私人の行為は原則として国に帰属しないが，一定の条件を満たす場合には国に帰属する場合がある。他の国の国際違法行為を支援したり，指揮したり，強制した場合にも国は一定の条件の下で責任を負う。他方，違法行為に対する同意，対抗措置，不可抗力，国の緊急事態など国際法が認める違法性阻却事由がある場合には，行為の違法性が阻却される。

国際違法行為国は，生じた責任を解除するために違法行為を停止するとともに，原状回復，金銭賠償，満足による賠償を行う義務を負う。必要な場合には再発防止の保障が求められる。他方，被害国は一定の事由があれば，国際法の定める条件下，違法行為国に対して対抗措置をとることが認められる。通常国家責任を援用できるのは国際違法行為の被侵害国であるが，対世的な義務の違反の場合には被侵害国以外の国も責任を援用できる。

〔薬師寺公夫〕

### 国家総動員法　National Mobilization Act

国家総動員法は，1938年に制定された「戦時（戦争ニ準ズベキ事変ノ場合ヲ含ム…）ニ際シ国防目的達成ノ為国ノ全力ヲ最モ有効ニ発揮セシムル様人的物的資源ヲ統制運用スル」権限を政府に授権する法律である。この法律は，「政府ハ戦時ニ際シ国家総動員上必要アルトキハ勅令ノ定ムル所ニ依リ帝国臣民ヲ徴用シテ総動員業務ニ従事セシムルコトヲ得」「政府ハ戦時ニ際シ国家総動員上必要アルトキハ勅令ノ定ムル所ニ依リ総動員物資ヲ使用又ハ収用スルコトヲ得」などとして，戦時等における人的物的総動員の具体化を政府・勅令に認めていた。この政府・勅令への授権は，明治憲法がその基本権の制限を「法律」によるとしているところからしても，違憲の疑いの強いものであったが，帝国議会はこの法律を承認した。それは，明治憲法のかよわい立憲主義を破壊する「解釈改憲」であった。この法律は，「事変」「戦争」の進行と

ともに威力を強化し，多様な総動員勅令により国民生活を多面的に破壊する手段となった。また，運用面では，作戦用動員と軍事生産用動員との対立や陸軍用動員と海軍用動員の対立なども大きかったと言われる。　　　〔杉原泰雄〕

## 国家の経済的権利義務憲章 Charter of Economic Rights and Duties of States

1974年に採択された国連総会決議（3281 XXIX）。決議の採択状況は賛成120，反対6，棄権10。多くの先進国が反対・棄権に回った（日本は棄権）。同決議は経済主権，国際協力，平等の3つの柱からなる。経済主権には不干渉原則，経済社会体制の自由選択権，天然資源・経済活動への恒久主権，自国領域内の多国籍企業の活動規制がある。国際協力は生産国同盟の尊重，貿易拡大，技術移転，資金援助を先進国に課している。平等には途上国と先進国を等しく扱う，経済発展格差を考慮に入れてより有利な待遇を途上国に認める，という2つの意味があり，前者に自由・無差別の貿易権や国際経済決定過程への平等参加権が，後者に途上国の一般特恵待遇享受権，途上国の輸出一次産品の価格インデクセーション，深海底資源開発利益の衡平配分が含まれる。同決議は国連総会決議であり法的拘束力はないが，多くの途上国の法的信念を表している。

【関連項目】　新国際経済秩序（NIEO）　　　〔西海真樹〕

## 国家秘密保護法制 National Secret Protection Legislation

戦前の日本では，軍事機密の探知・収集・漏洩行為を懲役15年以下とする1899年制定の軍機保護法を，1937年からは予備・陰謀，誘惑・煽動行為も対象にし，最高刑も死刑とした。41年には，国家機密を外交・財政・経済などにまで拡大した国防保安法も制定する（最高刑は死刑）。「戦争は秘密から始まる」とも言われるように，軍機保護法や国防保安法によって，国民に十分な情報が与えられないまま第二次世界大戦に突き進んだ。

戦後他国でも，64年のヴェトナムのトンキン湾事件をきっかけに米軍は北爆を開始し，2003年のイラクの大量破壊兵器保有疑惑からイラク戦争が始まった。しかし，トンキン湾事件もイラクの疑惑も後にアメリカによるでっち上げだったことが明らかになる。

戦後の日本は憲法第9条があるため，憲法上軍隊の保有と軍事力の行使が認められている「普通の国」と同じわけにはいかず，自衛隊に関する秘密は，「普通の国」よりは厳しく制限されなければならないはずである。

しかし，戦後，日本では1950年代に再軍備が始まり，日米安全保障体制に組み込まれ，米国製武器購入や日米共同演習など日米間での軍事一体化が進むようになると，すでに現行法には自衛隊法の守秘義務規定や米国の軍事情報を保護するためのMDA秘密保護法・刑事特別法がありながら，85年に国家秘密法案が国会に提出された（しかし，国会内外で強い反対の声を受け，廃案となる）。

2001年の9.11テロ後には自衛隊法を改正し，第96条の2に防衛秘密規定を挿入する。さらに，07年には，秘密軍事情報の保護のための秘密保持の措置に関する日米間の協定（GSOMIA）が結ばれ，日本には米国と同等の秘密軍事情報の保護や秘密軍事情報取扱資格（セキュリティ・クリアランス）の実施が求められる。このような流れを受け，13年に特定秘密保護法が制定された。

【関連項目】　イラク戦争／ヴェトナム戦争／特定秘密保護法／日米安全保障体制

【参考文献】　清水雅彦「戦争関連法と秘密保護法」法学セミナー別冊『集団的自衛権行使容認とその先にあるもの』，2015年／清水雅彦ほか編著『秘密保護法は何をねらうか』高文研，2013年／日本新聞労働組合連合編『戦争は秘密から始まる』合同出版，2015年　　　〔清水雅彦〕

## 国旗国歌法
Act on National Flag and National Anthem

1999年8月13日に公布・施行された法律で、国旗が日章旗、国歌が「君が代」である旨の規定のみを置く。

58年に告示された版以降、文部省・文部科学省は「学習指導要領」で各学校に対し、卒業式等の儀式において国旗掲揚・国歌斉唱（当初は、君が代斉唱）の指導を求めてきた。しかし、長く国旗・国歌の公式な定義がないことが、この要求は偏った国家意識の押しつけだとする教員層の反発に根拠を与えてきた。99年3月、県教委の圧力に苦しんだ広島県立高校校長の自死をきっかけに、国旗国歌の根拠規定を設ける動きが進み、法制化された。

法案審議の過程で、小渕恵三首相や有馬朗人文相などから、学校で児童・生徒に強制するものではないと答弁があり、国旗・国歌の定義があっても、国民個人に尊重義務を与える法規でないことが明らかにされた。しかし、本法制定後、公立学校教師に対して国歌斉唱時の起立等を求める指導が強化され、多くの懲戒処分が生じた。最高裁判所は、2011年6～7月の一連の判決で、指導要領に基づく教員処分が良心の自由等の人権侵害にあたらないとしたが、12年1月の判決では、不起立による減給以上の処分は原則違法とした。

〔西原博史〕

## 国境なき医師団（MSF）
Médecins Sans Frontières

医療を中心とした人道支援を実施するNGO。各国にあるMSF支部を調整するMSFインターナショナルはジュネーヴにある。ナイジェリア内戦中のビアフラで赤十字の医療活動に参加したフランスの医師たちが、政府や赤十字の活動に限界を感じ、帰国後の1971年、医療は国境よりも重要という信念からMSFをパリで設立した。活動内容は、紛争・自然災害・感染症蔓延における避難民や被災者を対象とした保健医療サービスの提供である。派遣される人材は、医療従事者が中心だが、非医療従事者として水衛生・物資調達・管理の専門家も含まれる。政治的な中立性や医療支援対象者への公平性を重視している一方、紛争地などで暴力を目撃した場合、沈黙することなく、国際世論に訴えるという原則をとっている。活動資金については、独立性を維持するため、政府や国際機構からの資金協力を過大にしない方針で、大半を個人からの寄付に頼っている。99年にノーベル平和賞を受賞した。

【関連項目】緊急人道支援／非政府組織（NGO／NPO）

〔勝間靖〕

## 子どもの権利 rights of the child

子どもは人間である限り、人権の主体であるのは当然である。同時に、しかし、子どもは子どもでありおとなとは違う。その子どもは成長発達し現在のおとなを超える存在でもある。その子ども期と子ども性に着目し、それを子どもの権利として認めようという思想（ルソー、ユーゴー、ワロン、コルチャック等）が、やがて国際的にも認められ、ジュネーヴ宣言（1924年）となり、子どもの権利条約（89年）となり、日本も94年に批准する。こうして54条からなるこの条約は国内法を超える、ないしは同等の法的効力を持つものとなってきた。この権利の中核はまず生きる権利、成長発達の権利、学習と教育への権利である。そのためには親子関係をはじめ、保育や教育の場での人間関係が受容的・応答的でなければならない。子どもはその要求を表現し、その声を聴いてもらう権利がある。自由に意見を述べ、グループを作って活動し、社会に参加する権利がある。遊びと余暇の権利も規定され、子どもたちが子ども時代を充実して生きる（wellbeing）権利が認められている。さらに子どもは差別や虐待、あらゆる暴力から守られる権利があるとされ、全体を通して、あらゆる施策が「子どもの最善の利益」

を目指して行われるべきことを求めている。

　子どもの権利は人権を子どもにも適用しようとする発想ではない。子どもの権利は人権の基底にあるものであり，さらに人権をそのライフサイクルに即して，人間の存在の現実に即して具体的に捉える視点と重なり，（例えば青年の権利，老年者の権利，障害者の権利，女性の権利など）それらの全体を人権として捉えようとする問題提起性を含んでいる。

【関連項目】　教育の権利と自由／子どもの権利条約（児童の権利条約）

〔堀尾輝久〕

## 子どもの権利条約（児童の権利条約）
### Convention on the Rights of the Child

　子どもの権利条約は，国連において1989年11月20日に採択され，90年9月2日発効した条約である。日本は94年4月22日に批准し，158番目の加盟国となっている。2015年7月末の段階での締約国数は195ヵ国に及ぶ。

　この条約は，18歳以下の子どもの市民的・政治的・経済的・社会的，健康及び文化的権利を保護し，国内法制度における子どもの権利保護についての法的な枠組を示している。すなわち，子どもの生存に関わる親子関係や国籍・教育などにおける諸権利の保護と同時に，「個人としての子どもの自律性」を尊重する諸権利（意見表明権等）の保護を国に義務づけている点が特徴的である。加盟国は，こうした条約上の権利の実施のために，あらゆる立法・行政その他の措置をとらなければならない。また，それらの権利の実現のためにとった措置や権利享受の進展について，条約批准後2年以内，その後は5年ごとに報告書を子どもの権利委員会に送付する義務を負う。同委員会は報告書を審査し，政府に対する最終見解を提示し勧告を行う。

　選択議定書としては，「子どもの売買，子ども買春及び子どもポルノに関する子どもの権利に関する条約の選択議定書」（02年2月発効，日本は04年批准），「武力紛争における子どもの関与に関する子どもの権利に関する条約の選択議定書」（02年1月発効，日本は05年批准），「通報手続に関する選択議定書」（14年4月発効）が採択されている。特に3番目の議定書は，個人からの通報を認める点で，条約上の権利保護の実効性が高まることが期待されている。

【関連項目】　国際人権条約（性質）／国際人権条約（類型）／子どもの権利／子ども兵士／児童買春・児童ポルノ

〔建石真公子〕

## 子ども兵士　child soldier

　戦闘員として武力紛争に参加する児童。通称，少年兵。直接又は間接的関与を問わず武力紛争に加担する役割を担う児童の総称とする広義では，調理や荷運びや性的搾取目的で軍又は武装集団によって採用又は使用されるすべての児童を含む（武力紛争における児童の関与に関するパリ原則（2007年））。

　子ども兵士の使用は最悪の児童労働と非難され（国際労働機関（ILO）182号条約），児童の権利保護のため国際人権法と国際人道法で制限されている。

　15歳未満の者を戦闘に直接的に参加させることは国際法上禁止される。ジュネーヴ諸条約第1追加議定書77条及び同条約第2追加議定書4条3（c）は，15歳未満の者の敵対行為への参加を禁止し，後者の議定書は，15歳未満の者の採用を禁止する。児童権利条約は18歳未満を児童と定義するが（1条），敵対行為に直接参加しないことを確保し自国の軍隊に採用を差し控える対象を15歳未満の者とし，15歳以上18歳未満の者の採用では最年長者を優先させることを定める（38条）。

　児童の権利及び福祉に関するアフリカ憲章や，武力紛争への児童の関与に関する児童権利条約選択議定書は，禁止対象を18歳未満の者に拡大している。

国際刑事裁判所規程8条は，国際的武力紛争及び非国際的武力紛争の双方において，15歳未満の者の強制的徴集及び志願に基づく編入並びに敵対行為に積極的に参加させるための使用を戦争犯罪と規定する。子ども兵士に関する戦争犯罪について Norman 事件（シエラレオネ特別裁判所）や Lubanga 事件（国際刑事裁判所）は有罪判決を下した。

国連では，児童と武力紛争に関する事務総長特別代表（1997年任命）等が子ども兵士問題に取り組んでいる。近年，子ども兵士の使用と徴集のための拉致や，暴行による虐待や性的搾取等を行う武装集団による児童の権利侵害が問題となっている。

【関連項目】 子どもの権利条約（児童の権利条約）／戦争犯罪／武力紛争への児童の関与に関する児童権利条約選択議定書
【参考文献】 アムネスティインターナショナル日本『子ども兵士』リブリオ出版，2008年　　　　　　　〔稲角光恵〕

## 個別誘導多（核）弾頭（MIRV） multiple independently-targetable reentry vehicle

1基の弾道ミサイルから発射される複数の弾頭のこと。個別に誘導され異なる目標を攻撃できる。核弾頭の小型化と弾道ミサイルの投射重量の増大で可能になった。発射弾頭の数に比べてコストが低く，1基のミサイルの破壊力を分散するため攻撃が効率的で，弾道ミサイル防衛（BMD）への対抗措置になる。

米国，ロシア，英国，フランスは MIRV 化した大陸間弾道ミサイル（ICBM）及び潜水艦発射弾道ミサイル（SLBM）を配備しており，中国も開発中とみられる。米国のトライデント D5ミサイル（SLBM）は最大14発の弾頭が搭載可能である。

冷戦期には米ソが MIRV 化を進めたが，エスカレートを避けるため第2次戦略兵器制限条約（SALT II：1979年署名）で MIRV 化 ICBM の数に上限が設けられた。その後も規制の動きはあったが，新戦略兵器削減条約（新 START：2011年発効）に制限は設けられていない。

【関連項目】 核兵器／新 START 条約／戦略兵器制限交渉（SALT）
〔水本和実〕

## コミュニティ・ポリシング community policing

コミュニティ・ポリシングは，地域型警察活動（Community-based Policing: CBP）と呼ばれることもあり，警察と地域社会が一体となって協同する哲学，そしてそれを具体化する警察活動の手法の両方を意味する。2000年代，CBP は民主的警察（democratic policing）と同義語として扱われ，警察改革（支援）の目標と位置づけられることが多かった。その背景には，英米法の国々では，歴史的に警察が地域社会（community）における自警団を淵源として成立した経緯があり，そのため「警察」が民主的に地域住民を代表し，安全に責任を負うという意識が強いことがある。他方，CBP と民主的警察は意味内容が重なるところもあるが，CBP は政府による監視社会化に向けた市民の動員に繋がりかねない危険性をはらんでいることから，両者を区別する必要性も指摘されている。CBP は結果的に警察に対して説明責任を果たすことを求めるが，その根底には効率的に犯罪に対処するという意図があり，それは必ずしも説明責任を追求するための手段ではないからである。

【関連項目】 治安部門改革（SSR）／平和構築／民主化支援
〔古澤嘉朗〕

## 混合刑事裁判所 mixed courts and tribunals

混合裁判所とは，過去に発生した人道上の犯罪等を訴追し処罰するために，国連等の国際組織と関係国との協力によって創設された刑事裁判所を言う。事後的に設置された臨時の裁判所という点では，旧ユーゴ及びルワンダに関する特別刑事裁判所と共通であるが，これらの2例は国連安保理決議によって設置された国際裁

判所の一種であるのに対して，混合刑事裁判所は，国際化された国内裁判所である点に特徴がある。紛争後の法の支配が脆弱な移行期国家においては，過去に行われた人道上の犯罪等に対する処罰の体制は脆弱である。そこで，国際的な基準を確保するために関係国と国連等の国際機関との間の協議に基づき関係国内に設置する方法がとられてきた。

実例としては，シエラレオネ（2002年），カンボジア（01年），レバノン（09年）等がある。14年には，セネガルに亡命したチャドのハブレ元大統領を人道に対する罪により訴追するためにアフリカ連合（AU）とセネガルとの間の協定により混合刑事法廷が設置された。東ティモール重大犯罪パネルとコソヴォ特別法廷は，国連PKO活動の一環として設置されたものである。14年にはEUの支援によりコソヴォ独立派（コソヴォ解放軍）により行われた戦争犯罪及び人道に対する罪等を訴追する特別法廷が設置された。

【関連項目】国際刑事裁判所（ICC）　〔北村泰三〕

## 混合酸化物燃料（MOX燃料）
mixed oxide fuel

核燃料として使用できる核分裂性物質である硝酸ウラニル溶液と硝酸プルトニウム溶液を混合した後，酸化物に転換して混合酸化物としたもの。その他，粉体のウラン酸化物燃料とプルトニウム酸化物を混合したものもある。使用済燃料の再処理により，分離抽出したプルトニウムを核燃料として再利用する方法の1つとして，MOX燃料が活用される。

MOX燃料は，低濃縮ウランと混合してプルトニウムを使用するために，瞬時の核爆発は起きにくいとされる。再処理施設でプルトニウムを単体で分離抽出した場合，核兵器へ転用される可能性が高いと言われるため，六ヶ所再処理工場では，再処理施設内でウラン溶液との混合溶液を酸化物に転換し混合酸化物を最終製品としている。ウランとプルトニウムを溶液の段階で混合し，酸化物に転換する方法は，核拡散抵抗性の高い技術である。海外の再処理施設では，プルトニウム酸化物粉末として分離抽出し，その後ウラン酸化物粉末と混合する方法を採用している。

使用される発電炉の種類によってウランとプルトニウムの混合比が異なり，軽水炉ではウラン中のプルトニウムの含有率は数％であるが，高速増殖炉では30％から50％となる。

【関連項目】ウラン／軽水炉（LWR）／高速増殖炉（FBR）／プルトニウム　〔菊地昌廣〕

# サ

## 在外自国民の保護
protection of nationals abroad

外国にある自国民の身体・生命・財産が侵害されるか又はその危険がある場合に，本国が武力を用いてこれを保護すること。

在外自国民の保護を理由とした武力の行使は，例えば1927年の日本の山東出兵にみられるように，戦争の違法化が不十分だった戦間期まではしばしば行われていた。その後，不戦条約や国連憲章の成立を通じて戦争の違法化は進展したものの，国連憲章体制下でも限定的な武力行使の正当化根拠として援用されることがある。

それは，自衛権の一形態として説明されることもあれば，国連憲章2条4項の禁止の例外として説明されることもある。前者は，在外自国民も国家の構成要素の1つであり，その身体・生命・財産に対する侵害は自衛権発動の根拠となる「武力攻撃」に当たるとするもので，後者は，こうした目的での限定的な武力行使は，他国の「領土保全」や「政治的独立」に対するも

のではなく，また「国際連合の目的」とも反しないことを理由とする。

パレスチナ・ゲリラにハイジャックされた民間航空機内の自国民を救出するため，イスラエルが軍特殊部隊を用いてウガンダのエンテベ空港を急襲した76年のエンテベ空港事件で，イスラエルは，自衛権の古典的先例であるカロライン号事件に言及しながらも，救出作戦はウガンダに向けられたものではなく自国民の救出という目的に限定されたものであるとして，その合法性を主張した。ICJ は，80年の米国大使館人質事件の際に人質の救出を目的として米国が行った軍事作戦（結局失敗に終わった）に関して，救出作戦自体の合法性の問題は請求主題になっていないとしながらも，それが裁判継続中に挙行されたことにつき「国際関係における司法手続の尊重を損ないうるもの」として非難した。

【関連項目】 戦争非合法化論／武力不使用原則 〔森川幸一〕

## 在外被爆者
atomic bomb survivors living abroad

原爆により家屋・財産を失った多くの被爆者が生活の再建を海外移住に求めた。あるいは戦前の日本において仕事に従事し，戦後韓国に帰国した人々が約3000名いる（北朝鮮にも1100人程度いることが確認されているが，国交がないため支援はなされていない）。

現在このような在外被爆者の総数は約4400名（北朝鮮除く）。さらに差別を恐れて被爆者と名乗らない人も多いと言われている。その他，南米（ブラジル等6ヵ国）に180人，北米（アメリカ，カナダ）に約1100人いる。

2015年現在，これらの在外被爆者には，国籍を問わず被爆者健康手帳が交付され，法令による諸手当が前居住地の都道府県から支給されている。しかしこのような法的整備がなされるまでには，在外のまま被爆者健康手帳の取得ができるよう求めた裁判をはじめ，医療費の支援，健康管理手当等すべての措置の実現を目指して国を訴える裁判に勝訴した結果獲得されたという経緯がある。

1978年に孫振斗氏が福岡県を提訴した裁判の最高裁判決は原爆医療法の趣旨が国家的保障の意味合いを持つことを初めて認め，来日することなく自国内で手帳の申請・取得ができる道を切り開いた。その後，公衆衛生局長402号通知で認められていなかった，在外のまま諸手当を受ける権利の回復を求めた郭貴勲氏の裁判等が続いた。また在米や在ブラジルの被爆者からの提訴も続いた。

現在では手帳交付を受けるための渡日費用，現地での健康相談，現地でかかった治療費の助成（上限13万円）などほぼ日本国内の被爆者に準じる措置を受けることが可能となっている。

韓国，南米，北米の3地区に対しては毎年あるいは隔年の健康相談事業が続けられ，在外被爆者にも好評な事業となっている。2015年には台湾在住の被爆者の健康相談事業も開始されている。

また各国の医療機関においても被爆者医療に精通する医師を増やすための医師等研修受け入れ事業も展開されている。在外の被爆者も総じて高齢化しており，余生を自分の国で不安なく過ごしたいという希望を持つ方が増えている。一方，生後間もない頃，両親ともに帰国した比較的若い韓国人のなかには，すでに親や親戚が死亡し，被爆者健康手帳申請に必要な証人が見つからないという問題があると言われている。その数は400名程度と推定されており，大韓赤十字社がその打開策に取り組んでいる。

【参考文献】 平野伸人編著『海の向こうの被爆者たち』八月書館，2009年 〔朝長万左男〕

## 再軍備（ドイツ）
rearmament（Germany）

第二次世界大戦に敗北したドイツは，非軍事化・民主化・非ナチ化・非集中化を義務づけら

れたが，冷戦の激化，分断国家の成立と東西各陣営への編入に伴い，再軍備が政治的日程にのぼった。

西ドイツでは，アデナウアー首相が就任以来繰り返し東からの脅威を唱えていたが，1950年6月25日，北朝鮮の侵攻による朝鮮戦争の勃発は，その発言に真実味を与えた。アデナウアーにとっては西ドイツの再軍備は，共産主義に対する軍事的対抗以上に，西ドイツが西側の一員として認められ，行動の余地を広げられる手段として重要であった。野党・社会民主党は，西側統合よりもドイツ再統一を優先し，東西を包含した集団安全保障システムを目指した。それ以外にも，政権与党を含むすべての政党，労働組合，教会，メディア，社会団体で，広範な再軍備反対運動が起こり，特に若い世代は，当時まだ鮮烈だった戦争の記憶に訴え，「僕らはごめんだ」をスローガンに掲げた。連邦政府は51年6月26日に青年組織「自由ドイツ青年団」を禁止，同年11月23日に共産党の禁止を連邦憲法裁判所に提起して（連邦憲法裁判所による禁止判決は56年8月17日），再軍備反対運動が東ドイツ・ソ連に指図されたものと，国民の反共意識に訴えた。経済の急速な復興や欧州統合の進展も相まって，53年9月の総選挙で与党は大勝，アデナウアーの再軍備政策が承認された形となった。55年5月5日，西ドイツは北大西洋条約機構（NATO）に加盟，翌月7日初代国防相が就任し，56年7月21日，連邦軍への兵役義務法が制定された。ただし，憲法（基本法）で認められた，市民権としての兵役拒否の制度は維持された。

他方東独では，52年7月1日，準軍事的組織として兵営人民警察が発足した。西ドイツのNATO加盟に対抗して，55年5月14日，東ドイツを含む8ヵ国がワルシャワ条約機構を結成，東ドイツでは翌年3月1日に初代国防相が就任，62年1月24日，国家人民軍への徴兵制度が始まった。東ドイツでは東側諸国で唯一，64年9月7日の政令に基づき，武器を持たない「建設兵士」の存在が認められたが，一般に兵役拒否者は厳しく処罰された。

【関連項目】　ドイツの戦後分割／冷戦
【参考文献】　岩間陽子『ドイツ再軍備』中央公論社，1993年／ヴェントカー，ヘルマン（岡田浩平訳）『東ドイツ外交史』三元社，2013年

〔木戸衛一〕

### 再軍備（日本）　rearmament（Japan）

第二次世界大戦後の日本における防衛力建設の過程。防衛庁・自衛隊の創設をもって一区切りとみなすことができる。

占領下の日本では武装解除に次いで非軍事化改革が進められた。さらに憲法改正によって，非軍事化措置は規範となった。外務省は，軍備を持たない日本を前提に独立後の安全保障政策を構想し，米国政府においても，陸軍が限定的再軍備案を検討してはいるが，それが政府全体の方針となることはなかった。

こうした状況を大きく変えたのが朝鮮戦争の勃発である。占領業務に従事する米軍4個師団が朝鮮半島に投入され，日本国内の治安維持が手薄になる恐れが生じると，1950年7月8日，連合国軍総司令官マッカーサーは吉田茂内閣に7万5000人からなる警察予備隊の創設と海上保安庁の増員を指令した（8月10日，警察予備隊令公布・施行）。

共産主義勢力の軍事的脅威を前に，日本の再軍備は対日講和の1つの焦点になっていく。中国義勇軍が朝鮮戦争に参戦し，戦況が国連軍に不利に傾き始めた11月頃からは，米軍部は日本の軍備再建を不可欠の要請とみなした。ところが翌年1月の吉田＝ダレス会談では，吉田首相は再軍備に消極的な姿勢に終始した。共産主義の脅威に対抗するには脆弱な経済の再建と社会の安定を最優先すべきで，軍備建設は将来の問題と考えたのである。結局，米国側は吉田に再軍備に着手する意思はあると理解して講和に踏み切った。ただ日米安保条約の前文には，日本

が「直接及び間接の侵略に対する自国の防衛のため漸増的に自ら責任を負うことを期待する」と明記され，自衛力建設は日本の対米公約となった。

　独立の前後から約2年間，日本政府は，30万人規模の地上兵力を速やかに建設するよう求める米国の圧力にさらされた。その間，吉田は再軍備を明言しないまま，直接及び間接侵略への対処を目的とする実力組織の建設を漸進的に進めた。再軍備を主張する芦田均や鳩山一郎などの保守勢力と，憲法第9条の理念を重視しいかなる軍備の建設にも反対する左派勢力の双方が吉田を非難し，再軍備問題は国内政治上の争点となった。軍備建設の規模とスピードを巡る日米対立と，再軍備のあり方を巡る国内政治が連動しつつ展開し，その過程で警察予備隊は保安庁・保安隊・警備隊へと改組され（52年8〜10月），54年7月，防衛庁・自衛隊が発足する。

　自衛隊は，「間接及び直接侵略に対し」日本を「防衛することを主たる任務」とする組織であった。結果から見れば吉田の方針が維持される形で，事実上の軍隊の建設が進められたと言える。それは，50年代半ば頃から米国の対日政策が，日本の政治的，経済的，社会的安定を重視する方向へと転換したことと，日本国民の反戦，反軍感情を背景に社会党左派が勢力を伸張するなかで，再軍備論への支持が広がらなかったためであった。こうして，吉田も吉田以後の日本政府も憲法を改正しないまま事実上の軍事力建設を進めたことは，自衛隊の憲法上の地位を不確かなものとした。また，日本における安全保障を巡る論議を憲法解釈の次元に還元する大きな要因となったのである。

【関連項目】憲法9条／サンフランシスコ講和会議／朝鮮戦争
【参考文献】大嶽秀夫『再軍備とナショナリズム』中央公論社，1986年／柴山太『日本再軍備への道 1945〜1954年』ミネルヴァ書房，2010年／読売新聞社戦後史班編『「再軍備」の軌跡』読売新聞社，1981年
〔楠綾子〕

## 罪刑法定主義と遡及処罰の禁止
principle of legality and principle of non-retroactivity of criminal law

　罪刑法定主義とは，いかなる行為を行えば犯罪となり，それに対して科せられる刑罰はあらかじめ法律によって定めておかねばならないという原則。国家の恣意的な刑罰権の発動の抑制を目的とする。そして，この原則には人権保障上，①国民主権を前提として，刑罰権の発動を国民代表ひいては国民の意思によって制約すること，②国民に対して可罰行為の予測を可能ならしめ事前に適正な告知を与えること，という2つの意味がある。②からは刑罰法規の明確化，刑罰法規の類推解釈の禁止，遡及処罰の禁止が導かれる。遡及処罰の禁止とは，実行時に合法であった行為を，事後に定めた法によって遡って違法として処罰することを禁止する原則であり，法の不遡及，事後法の禁止とも言う。事後の法で刑罰を重くするなど国民の不利益になる方向での刑罰法規の遡及をも併せて禁じられよう。これらの原則がなければ人権保障は無に帰しかねず，国民が安心して行動することができなくなるし，合法な行為まで自己抑制する「萎縮効果」をもたらすため，厳格に守られる必要がある。
〔河上暁弘〕

## 最後通牒　ultimatum

　一定期間内に自国の要求が受け入れられない場合には交渉を打ち切って，その要求の実現に向けて軍事的又は非軍事的な行動をとるとの威嚇を伴う形で他の国家に対して行われる，一方的な意思表明。1907年の開戦条約では，理由を付した開戦宣言，又は，条件付開戦宣言を含む最後通牒のいずれかの形式で事前に通告しなければ戦争を開始できないと規定された（1条）。一定期間とは従来24時間又は48時間とみなされてきたが，同条約では明記されなかった。

　現在の国際社会においては，軍事的行動を予

告すれば，国連憲章2条4項の「武力による威嚇」に該当することもあるとみなされる。また，国連安保理の決議が最後通牒とみなされることがあるとの見解もある（例えば，「善意の猶予として，イラクに対して諸決議の完全履行のための最後の機会を与えることを決定」し，履行しない場合には「必要なすべての措置をとることを許可（授権）する」とした，90年の安保理決議678）。

【関連項目】開戦条約／宣戦布告／戦争非合法化論

〔柳原正治〕

## 在住外国人の選挙権・被選挙権
voting rights for foreign residents

外国人の選挙権は，国政選挙，地方選挙，地方公共団体での住民投票について問題となる。そもそも選挙権は，選挙権が国民主権原理に基づく国政への参加権であり，国の政治の決定権は日本国民にのみ与えられるとするのが通説であった。この論理は現在でも国政選挙（衆参両議院議員選挙）について支持されており，外国人には国政選挙権は保障されないとする（通説・判例）。被選挙権についても同様に認められていない。

これに対して，地方選挙（地方公共団体の長，議会の議員の選挙）については，地方自治における住民自治の原則に照らし，また，憲法93条2項が地方選挙は「住民」による選挙と定めていることから，地方公共団体の住民であれば外国人にも選挙権が認められるべきであるという議論が1980年頃から生じてきた。1995年最高裁判決は，地方選挙の選挙権者は日本国民たる住民に限られ，外国人は選挙権を持たないと説く一方で，傍論ではあるが，永住者等で地方公共団体と特別の関係を持つ者について法律で選挙権を付与することは憲法上禁止されていないと判示した。外国人の地方選挙権は立法政策の問題とするこの判示に依拠して，その後公明党，民主党などから外国人地方選挙権付与法案が国会に提出されたが，選挙権が欲しければ帰化せよなどと主張する自民党の反対にあい，いずれも廃案になっている。外国人地方選挙権は在日朝鮮・韓国人の処遇とも関連して，政治問題になっている。地方選挙の被選挙権については，選挙権と表裏をなすものとして立法政策上認められるべきであるとする意見もあるが，地方議会議員が公権力行使公務員に当たるとして憲法上否定されているとする見解が有力である。

住民投票については，地方議会の解散，議員の解職，首長の解職，及び，地方自治特別法住民投票（憲法95条）につき公職選挙法が準用され，投票権は日本国民のみが有する。これに対して，市町村合併にかかる住民投票や原発設置の是非など個別政策に関する住民投票において，さらには常設型の住民投票条例の規定のなかで，外国人に住民投票権を認めることがある。これは，これらの住民投票が公選法の適用を受けないため，各地方公共団体が条例で投票権者の範囲を任意に定めることができるからである。

【関連項目】在日韓国・朝鮮人

【参考文献】近藤敦『外国人参政権と国籍（新版）』明石書店，2001年／長尾一紘『外国人の参政権』世界思想社，2000年

〔戸波江二〕

## 再処理 reprocessing

原子炉で中性子照射した使用済核燃料のなかには，燃え残りのウラン（U）や炉心で生産されたプルトニウム（Pu）を核燃料として再び利用できるものと，U等が分裂してできたセシウム（Cs），ストロンチウム（St）等の核分裂生成物（Fission Product; FP）及びネプツニウム（Np），アメリシウム（Am），キリウム（Cm）等のマイナーアクチノイド（Minor Actinide; MA）が含まれている。再処理は，このUとPuを有効利用し，再び核燃料として活用することで，ウラン資源の節約と使用済燃料を

溶解することにより放射性廃棄物の減容を目指すもので，使用済燃料から化学的プロセスにより，U，Puを分離回収する核燃料サイクルの要となる技術である。

再処理の方法は，燃料を溶解した水溶液中から溶媒抽出，イオン交換，沈澱処理等により回収する湿式再処理法，燃料を溶解した溶融塩中から電気化学的に回収する乾式再処理法，フッ化物として回収するフッ化物揮発法等，様々な方法が考案されてきたが，現在の主流は湿式再処理法で，回収溶媒としてリン酸トリブチル（Tributyl phosphate; TBP）を用いるピューレックス（Plutonium Uranium Recovery by Extraction; PUREX）法であり，青森県の六ヶ所再処理工場のほか，多くの商業用再処理工場では同法を採用している。

PUREX法では，使用済核燃料を解体・せん断し，硝酸に溶解した後，抽出工程で，硝酸水溶液から有機溶剤の炭化水素（ドデカン）等で希釈したTBP溶媒中にU及びPuを抽出する。抽出されたU及びPuは，後工程で，イオン価数，硝酸濃度等の調整により，個別に分離される。分離されたU及びPuは，溶液から酸化物へ転換され，再び核燃料の原料として再利用される。一方，残ったFP及びMAは，高レベル放射性廃棄物としてガラス固化体に加工され，地層処分される計画である。

近年，高速炉燃料サイクルを前提とした先進的再処理研究では，工程の簡素化及び核拡散抵抗性の向上のためのU・Pu共抽出法の開発，環境負荷低減のためMA分離プロセスの付加等の研究が進められている。また，乾式再処理は，湿式再処理法に比較して，水を使わないことから臨界制限が緩やかであること，放射線損傷の影響を受ける有機溶媒を使用しないこと等，工程が簡素かつ機器が小型である等の利点があるが，UやPuに核分裂生成物やMA等が含まれることにより核物質の計量管理において，さらなる研究開発が必要になる。

【関連項目】　ウラン／核燃料サイクル／プルトニウム
【参考文献】　日本原子力学会再処理・リサイクル部会『テキスト「核燃料サイクル」』〔須田一則〕

## 在日韓国人の法的地位及び待遇に関する協定
Agreement Between Japan and the Republic of Korea Concerning the Legal Status and Treatment of the People of the Republic of Korea Residing in Japan

1965年，日本が韓国と外交関係を結ぶのと同時に締結された条約で，正式名称は「日本国に在住する大韓民国国民の法的地位及び待遇に関する日本国と大韓民国との間の協定」。戦後も日本に居住している韓国国民の生活の安定を図るため，45年8月15日以前から引き続き居住している者，及びその直系卑属として協定発効後5年以内に日本で出生した者が，協定発効後5年以内に申請すれば，永住許可を与えることを定めている。5年経過後も，すでに本協定による永住（協定永住）許可を受けた者の子であれば，申請により永住許可が得られた。協定永住者は，一般の永住者に比べ，罪を犯した場合に日本から退去強制されうる事由が限定的になっている。

本協定は孫以降の世代については定めていないこと，また，韓国籍の者のみを対象としており朝鮮籍や台湾籍の者を含んでいないことから，91年には「日本国との平和条約に基づき日本の国籍を離脱した者等の出入国管理に関する特例法」が制定された。これにより現在は，旧植民地出身者とその子孫の在留資格は「特別永住」に一本化されている。

【関連項目】　在日韓国・朝鮮人／出入国管理及び難民認定法
〔申惠丰〕

## 在日韓国・朝鮮人
permanent ethnic Korean residents in Japan

日本による植民地支配（1910～45年）の時期に朝鮮半島から渡来し，その後も日本に居住し

ている人々とその子孫。渡来者のなかには、朝鮮総督府による土地調査事業で土地を収奪されるなどして生活の糧を求めた者のほか、38年の国民徴用令により動員され、炭坑や土木工事、軍需工場などでの労働のために強制連行された者も含まれる。労務中に死亡した者や原爆などの戦火で死亡した者を除き、終戦時には200万人あまりの人々がいた。このうち、帰還しても生活の基盤がないなどの理由で帰還せずに日本にとどまり、永住するに至った約60万人が、1世の人々である。48年に大韓民国と朝鮮民主主義人民共和国が建国されて以降は、在日韓国・朝鮮人と呼ばれることが多くなった。

植民地時代は朝鮮半島出身者も日本国籍を有していたが、52年のサンフランシスコ平和条約発効に伴い日本国籍を喪失するとの日本政府解釈により、在日韓国・朝鮮人は一転して「外国人」として処遇されることとなった。このため、日本兵として軍務に就いたにもかかわらず恩給を受けられない、(82年の改正までは)国民年金に加入できなかったなど、日本法上、国籍による差別を受けてきた。日本で生まれた2世以降の者も、海外に出て日本に戻る場合は再入国許可を得る必要があるなど、不合理な制度も少なくなかった。在留に関しては、日本は、65年の協定で在日韓国人とその子については永住資格を認めていたが、その後91年の「日本国との平和条約に基づき日本の国籍を離脱した者等の出入国管理に関する特例法」により、旧植民地出身者とその子孫に、退去強制事由が一般永住者よりも限定される特別永住者の地位を認めた。また、2009年の改正入管法で導入された「みなし再入国許可制度」では、特別永住者が出国後2年以内に再入国する場合は原則として再入国許可は不要となる進展があった。

在日韓国・朝鮮人の相当数は日本人と婚姻することから、1985年の国籍法改正による両系血統主義の採用後(父母いずれかが日本国籍である子どもは日本国籍となる)は、国籍上は在日韓国・朝鮮人が減少する傾向にある。

【関連項目】 韓国併合(日韓併合)／在日韓国人の法的地位および待遇に関する協定／戦後賠償・補償(日本)

【参考文献】 林えいだい『清算されない昭和』岩波書店、1990年／『歴史教科書在日コリアンの歴史』作成委員会編『歴史教科書 在日コリアンの歴史(第2版)』明石書店、2013年
〔申惠丰〕

## 在日米軍基地
United States military bases in Japan

自国外に配備されている軍隊の兵力は、イラクやアフガンでの戦争が行われていた2006年当時、53万であった。その7割を占めるのが、米軍の37万であった。その半分が、イラク、クウェート、アフガンへ派遣されていた米軍であった。米国に次ぐ海外への軍隊派遣国は、英国(4万6000人)、トルコ(3万6000人)、ロシア(3万2000人)、フランス(2万人)などである。アフガン、イラク戦争を遂行中とはいえ、米国は海外への軍事力展開で突出している。これら地域からの米戦闘部隊の撤退後、日本が海外米軍の最大の受入れ国となっている。

米国は、15年現在、130万の兵力を抱え、海外基地に15万7000を配備させている。第7艦隊の乗組員や航空要員の1万9000を含めて日本(5万)は、海外米軍兵力の3分の1を占める。主要な米軍受入れ国のドイツ(3万8000)、アフガン(1万5000)イラクを除く中東地域(2万2000)、韓国(3万8000、04年時点)と比較すると、テロとの戦い後の米軍にとって、在日米軍基地の必要性が高まっていると考えられる。

沖縄を除いて、三沢(青森)、横田(東京)、横須賀(神奈川)、厚木(神奈川)、座間(神奈川)、相模原(神奈川)、岩国(山口)、佐世保(長崎)などに米軍基地がある。これらの基地は、元来、旧日本軍の基地であった。米軍や他の連合国軍が日本の敗北と同時にこれらの旧日本軍基地へ進駐した。サンフランシスコ平和条約を発効することで、占領が終了し、連合国軍は撤退した。しかし、米軍は、同平和条約と同

日に発効した日米安保条約に基づいて，継続して駐留することになった。

　朝鮮戦争の休戦（1953年7月）により，朝鮮半島での米軍削減が始まった。また在日米軍基地からの地上部隊の撤退が決まったものの，岸信介首相の訪米時期（57年6月）にあわせて発表された。沖縄に配備する戦略予備として残す地上部隊の選定に時間を要したからである。朝鮮半島以外の西太平洋における米地上部隊は沖縄配備の米海兵師団だけとなり，在日米軍基地には，海軍，空軍の展開・補給・修理の拠点そして陸軍の兵站などの機能が与えられた。

　日本に配備された米軍は，米極東軍の廃止（57年6月）とともに米太平洋軍指揮下の在日米軍として再編された。横須賀，佐世保を米第7艦隊，横田，板付，三沢，沖縄・嘉手納を米第5空軍，座間，相模原を米陸軍が使用し，現在に至る。日本の米海軍部隊は，沖縄の米海兵隊との合同任務にあたり，米第5空軍は沖縄を含む日本に加えて韓国（86年まで）の米航空部隊を指揮し，米陸軍は太平洋軍の下に在韓国，在日本，在琉球（72年に日本に吸収）などの司令部を置いた。

【関連項目】　アメリカの国家安全保障戦略／日米安保条約／米軍基地問題（沖縄）／米軍再編
【参考文献】　梅林宏道『在日米軍』岩波書店，2002年／江畑謙介『米軍再編』ビジネス社，2006年　　〔我部政明〕

## サイモン・ヴィーゼンタール・センター
Simon Wiesenthal Center

　米国のロサンゼルスに本部を置く非政府組織。1977年にユダヤ教のラビ，マーヴィン・ハイアーによって設立された。ナチ・ドイツによるユダヤ人の迫害・虐殺（ホロコースト）に関する研究や教育に従事するほか，反ユダヤ主義や異なる人種・民族に対する憎悪の克服，人権の促進，世界のユダヤ人の安全の保護などを掲げ，グローバルな活動を展開している。センターがロサンゼルスなどに開設した「寛容博物館」は，ホロコーストの歴史，現代や歴史上の差別や人権侵害，人権問題との取り組みに関する展示や教育活動を行い，多くの訪問者を集めている。

　センターがその名を冠するサイモン・ヴィーゼンタール（1908～2005年）は，現在のウクライナにあるブチャチ出身のユダヤ人で，ホロコーストによって家族や親族のほとんどを失い，自身も九死に一生を得た。第二次世界大戦末期，マウトハウゼン強制収容所から解放されたヴィーゼンタールは，終戦後リンツ，後にウィーンに資料センターを設立し，ナチ犯罪に関する資料収集とナチ犯罪者を司法の裁きにかける活動に尽力した。「ナチ・ハンター」と呼ばれたヴィーゼンタールの活動は，ユダヤ人の強制収容所への移送，虐殺において中心的役割を演じた元親衛隊将校アドルフ・アイヒマンをはじめ，約1100人のナチ犯罪者の責任追及に繋がった。

【関連項目】　ナチズム／反ユダヤ主義／ホロコースト
〔福永美和子〕

## サブサハラ・アフリカの紛争
armed conflicts in sub-Saharan Africa

　サハラ以南（サブサハラ）アフリカ諸国の多くは1960年代以降独立を勝ち取ったが，その後武力紛争の頻発に苦しめられてきた。コンゴ民主共和国やナイジェリアは，独立直後に大規模な紛争を経験した。コンゴ動乱（60～63年）では産銅地帯のカタンガ州が分離独立を宣言し，ナイジェリアのビアフラ戦争（67～70年）でも石油産出地帯の東部州が分離独立を図った。これらの武力紛争は，独立後の国家権力を巡る国内アクター間の争いに，国外アクターが介入することで激化した。冷戦期のアフリカの紛争は，しばしば東西両陣営からの介入によって「代理戦争」の様相を呈した。

　冷戦終結は，アフリカを巡る国際関係を大きく変え，紛争の性格にも影響を与えた。リベラ

ル・デモクラシーが世界的潮流となり，先進国が開発援助の供与条件（コンディショナリティ）として民主的統治を重視した結果，90年代初頭のアフリカ諸国では，一党制から複数政党制への急激な移行が生じた。これによるアフリカ諸国の統治の不安定化も背景となって，90年代のアフリカでは，ソマリア，ルワンダ，ブルンディ，コンゴ民主共和国，コンゴ共和国，リベリア，シエラレオネなど多くの国々で深刻な紛争が勃発した。

ルワンダ内戦に典型的に見られるように，アフリカの紛争ではしばしばエスニシティを基軸とした対立がみられ，それが多数の犠牲者を生む背景をなしている。ただし，エスニシティと紛争の関係は複雑であり，アフリカの紛争を単純に「部族対立」として理解することは誤りである。むしろ，国民統合の遅れなど，国家統治の困難性が紛争の本質にある。2000年代に入り，サブサハラ・アフリカの安全保障に対する国際社会の関与強化を背景に，そこでの紛争勃発件数や犠牲者数は減少傾向にある。しかし，国家統治の困難性は解消されておらず，依然として紛争勃発の主因となっている。

【関連項目】　エチオピア内戦／チャド内戦／ルワンダ内戦
【参考文献】　川端正久ほか編『紛争解決 アフリカの経験と展望』ミネルヴァ書房，2010年／武内進一『現代アフリカの紛争と国家』明石書店，2009年　　　　〔武内進一〕

## 三・一五事件　March 15th Incident

1928年3月15日早朝，1道3府27県にわたり，治安維持法違反容疑で日本共産党に加えられた弾圧事件。検挙者数は約1600名にのぼり，483名が起訴された。

26年12月に再建された日本共産党は，28年2月の第1回普通選挙で公然活動を開始した。これに脅威を抱いた田中義一内閣は3月15日，共産党及び密接な関係にあるとみなされた団体・個人に対して一斉検挙を行った。この検挙はスパイからの情報を頼りに，検挙の指揮下に特高警察が従事した。百数十ヵ所で家宅捜査が行われたが，その多くは捜査令状なしの捜査であり，また勾引状など正式な刑事手続きと無関係に逮捕された者が大部分であった。この日，野坂参三・志賀義雄らが検挙されたが，渡辺政之輔・三田村四郎・市川正一・佐野学ら幹部が未検挙であったことから，翌29年4月16日に全国一斉検挙が行われた（四・一六事件）。

三・一五事件で治安維持法を本格的に発動した政府は28年6月，治安維持法の改悪（死刑導入など）を緊急勅令で強行し，同年7月，内務省は全県警察部に特高課を設置するなど特高警察機構の拡充を図った。　　　〔吉川圭太〕

## 三・一独立運動　March 1st Movement

第一次世界大戦後，アメリカ大統領ウィルソンが唱えた「民族自決主義」は1910年代当時，朝鮮外で活動していた朝鮮人運動家や留学生たちに大きな影響を与え，19年2月，日本の朝鮮人留学生は独立を宣言した（二・八独立宣言）。朝鮮内でも宗教界における独立運動計画が現れ，3月1日，キリスト教・天道教・仏教の代表で構成された33名の民族代表によってソウル市内の料理店において独立宣言が朗読されたほか，学生代表及び一般市民によってパゴダ公園で独立宣言の朗読や，万歳の唱和，そして示威活動が行われた。暴徒化を恐れた民族代表は自首をしたが，学生代表らのデモ隊は警察や軍隊と衝突し，多数の犠牲者を出した。

この後，朝鮮全土及び間島，沿海州地域などの各地で，ビラ・檄文の配布，デモ，官庁の襲撃など，様々な形態の抵抗運動が展開され，統治に対する民衆の日常的な不満が噴出した。このような大規模な反発を目の当たりにした朝鮮総督府は，以後，言論・出版・集会・結社の規制緩和など統治方針の大幅な変更を余儀なくされた。

【関連項目】　韓国併合（日韓併合）／朝鮮植民地支配
　　　　　　　　　　　　　　　　〔三ツ井崇〕

## サンクト・ペテルブルク宣言
### St. Petersburg Declaration

　悲惨な被害をもたらす兵器の禁止について議論するため，ロシアのアレクサンドル2世の呼びかけによって，1868年にサンクト・ペテルブルクで国際会議が開催され，参加各国は，量目400g以下の爆発性又は燃焼性発射物の使用を放棄することを宣言した。このサンクト・ペテルブルク宣言は，害敵手段を規制する多国間合意の先例とされる。

　とりわけ，本宣言の前文はその後の兵器規制に大きな影響を与えた。そこでは，文明の進歩は戦争の惨禍を可能な限り和らげる効果を持つべきとした上で，すでに戦闘外に置かれた者の苦痛を無益に増大したり，その死を不可避にしたりする兵器の使用は戦争目的を逸脱すると明記された。こうした精神は，ハーグ万国平和会議で採択されたダムダム弾禁止宣言やハーグ陸戦規則に引き継がれ，その後の兵器規制に大きな影響を与えた。

【関連項目】ダムダム弾禁止宣言／ハーグ万国平和会議／ハーグ陸戦規則
〔足立研幾〕

## 三光作戦
### Three All ("kill all, burn all, destroy all") campaign

　日中戦争，中国でいう抗日戦争において，日本軍が中国共産党と八路軍（中国共産党軍）が指導する抗日根拠地（解放区），抗日ゲリラ地区に対して行った徹底した掃蕩作戦の中国側の呼称。「三光政策」とも言う。三光とは中国語で，焼光（焼きつくし），殺光（殺しつくし），搶光（奪いつくす）の3つを指す。日本軍の作戦用語も「燼滅掃蕩作戦」（残るものがないほど徹底して滅ぼす作戦）と称したので符合する。

　1937年7月に開始された日中戦争において，華北方面の作戦を担当した北支那方面軍は，38年前半までに主要地域を占領した。これに対して，中国共産党と八路軍は，日本軍の占領支配地域に抗日根拠地を築いて拡大し，日本の軍事占領から領土を解放していった。

　八路軍が40年の8月から10月にかけて20万余の大軍による百団大戦を決行して，日本軍に大きな損害を与えると，北支那方面軍は，抗日根拠地・ゲリラ地区の住民に対して徹底した三光作戦を実施した。以後，50万以上の日本軍が中国大陸に駐留し，日本の敗戦まで三光作戦を続け，人命，物資にわたり膨大な被害を与えた。

【関連項目】十五年戦争／中国人強制連行／日中戦争
〔笠原十九司〕

## 山東出兵
### Shandong Expeditions

　国民政府の蔣介石を総司令とする国民革命軍が北伐によって山東省に接近すると1927年4月に成立した田中義一政友会内閣は現地在留邦人の生命財産保護を理由に5月28日関東軍から約2000人を山東へ派遣した。22年の膠州湾租借地還付後も青島には日本の在華紡が集中し山東には約2万2000人の日本居留民が活動していた。このとき国民革命軍は張宗昌・孫伝芳軍に敗れ山東に兵を進めることなく退いたので，8月30日田中内閣は撤兵を声明し，将来において再出兵の可能性があり得ると宣言して山東派遣軍を撤兵させた。一時下野していた蔣介石は28年1月国民革命軍総司令に復帰，4月に北伐を再開した。国民革命軍が済南に近づくと4月19日田中内閣は山東への派兵を閣議決定，第2次出兵についてはその可否を巡って陸軍部内でも意見が分かれたが，田中内閣は第1次出兵の撤兵声明を根拠に約5000人を出動させた。5月3日国民革命軍と日本軍との間で軍事衝突が勃発し同日夜，現地で停戦が成立するも田中内閣は7日増派を決定，8日に日本軍が総攻撃を開始して11日済南城を攻略した。その際，中国側に一般市民を含む約5000人の死傷者が出た（済南事件）。国民革命軍は済南を迂回して北京に向かうが，日本軍は翌29年5月まで山東占領を続けた。
〔小林元裕〕

## サンフランシスコ講和会議
Treaty of Peace with Japan

　連合国と日本との戦争を終結する条約として，1945年9月8日に署名された条約。批准手続きを経て翌年4月28日に発効し，日本は独立を回復した。

　対日講和にあたって米国政府は，原則として日本に政治的，経済的，軍事的制限を課さず，請求権も放棄することを方針とした。第一次世界大戦後のヴェルサイユ条約があまりにドイツに苛酷だったという反省は，敗者を包摂する秩序を構築しなければ平和は永続しないという教訓となって，指導者の多くに共有されていた。冷戦を戦う米国にとっては，日本を自由主義陣営に迎え入れるという観点からも，寛大な条約が望ましかった。

　こうした米国の方針が他の連合国に歓迎されたわけではない。特に請求権については東南アジア諸国の反発が強く，米国政府は無賠償原則を維持しつつも日本に生産物賠償を考慮するよう求めねばならなかった。だが最終的には，米英間の調整によっておおむね米国案に沿った条約案が完成し，両国の共同草案として発表された。9月4日夜からサンフランシスコで始まった対日講和会議では，日本を含む52ヵ国中ソ連と東欧諸国を除く49ヵ国が署名した。

　総じて日本への配慮がみられる条約であった反面，残された問題も多かった。第1に，条約が日本とすべての連合国との国家間関係を生み出すものとはならなかったことである。米英主導の講和をソ連は受け入れず，形式的には戦争状態が残された。中国は講和会議に招待されず，国民党と共産党いずれの政権と講和し国交を結ぶかは，日本の判断に委ねられることになっていた。またインドとビルマは会議への参加を拒否し，インドネシアは条約には署名したものの，結局批准しなかった。他の東南アジア諸国については，関係構築にはまず賠償交渉が必要だった。

　第2に，領土条項である。条約2条は朝鮮や台湾，千島列島など日本が放棄する領土を列記していたが，それらの帰属先は明記せず，放棄する領土の範囲も曖昧であった。これらは領土問題として，東アジアの国際関係の不安定要因を構成することになる。一方，琉球諸島と小笠原諸島については日本が潜在主権を有すると解釈された（3条）が，この時点では日本に返還されなかった。

　領土の処理や請求権に関する規定については，日本国内でも不満を持つ人は多かった。さらに左派勢力を中心に，この講和条約と日米安全保障条約によって日本が西側陣営に組み込まれることへの反発は強かった。講和条約と安保条約は批准されたものの，その過程で諸政治勢力間の対立が深まり，保守勢力と左派勢力との距離は全体として拡大した。

　日本の国際社会への復帰を実現し，西側諸国との協調の下で経済復興，発展を追求することを可能としたという点で，サンフランシスコ講和条約の意義は大きい。そしてこの条約は，調印国はもとより署名又は批准しなかった国も事実上拘束するものとなった。講和条約の生み出す法的秩序を基礎として，アジア太平洋地域の国際秩序が構築されることになったのである。

【関連項目】　戦争責任／日米安保条約
【参考文献】　五十嵐武士『戦後日米関係の形成』講談社，1995年／細谷千博『サンフランシスコ講和への道』中央公論社，1984年／渡辺昭夫・宮里政玄編『サンフランシスコ講和』東京大学出版会，1986年　　〔楠綾子〕

## 残留放射線　residual radiation

　原子爆弾の爆発から1分以内に放出される放射線を初期放射線，その後に放出される放射線を残留放射線と呼ぶ。初期放射線にさらされた物質が中性子捕獲反応によって生成する放射化物や，「黒い雨」あるいは「死の灰」と言われる核分裂生成物を含む放射性降下物から出る放射線が残留放射線に該当する。

核爆発からの経過時間に依存して，残留放射線の組成は変化する。核爆発後1日経過すると，キセノン（Xe）135やヨウ素（I）133が代表的な核分裂生成物となる。10日後にはXe133やバリウム（Ba）140が，1ヵ月後にはルテニウム（Ru）103とセリウム（Ce）141が主流となる。1から100年までの期間では放射線放出源の大部分をセシウム（Cs）137とストロンチウム（Sr）90が占める。なお初期放射線によって生成した放射化物（中性子誘導核種）の組成は，照射された物質の種類に依存するため，核分裂生成物やアクチノイドのように生成量を推定するのは困難であり，個々の放射化物を分析してその物質の放射能を評価することになる。中性子誘導核種ユーロピウム（Eu）152から原爆線量を評価した例がある。

【関連項目】初期放射線／放射性降下物　　〔持地敏郎〕

## シーア派　Shi'i

預言者ムハンマドの跡継ぎとして，いとこでもあり娘婿でもあるアリーのみを認める立場をとるイスラームの一派。イスラーム教徒の人口のうち約1割を占め，多数派のスンナ派が第4代目のカリフ，アリーをも含め4人の後継者を認めるのと対照される。シーア派は，ムハンマドの跡継ぎはイマーム（先導者の意）と呼ばれ，信者共同体での霊的かつ政治的指導者とされる。ムハンマドと同じハーシム家のアリーが第4代目に就くと，ウマイヤ家が反対し，権力闘争が起こり，アリーはハワーリジュ派により暗殺され，彼の息子のハサンとフセインも，後にウマイヤ朝の軍に包囲され，現在のイラクにあるカルバラーの地で戦死し，殉教者（アラビア語でシャヒード）となった。これはイスラーム暦のムハッラム月10日に起こったため，今でもこの事件の追悼記念の儀式「アーシュラー」がシーア派の間では催される。シーア派イスラームは，16世紀にサファヴィー朝ペルシャの国教となり，現在イラン・イスラーム共和国の

最高指導者が，シーア派全体の監督権を持つ。シーア派は，現在，イラク，バハレーン，パキスタン，サウジアラビアなどで少数派として存在する。　　　　　　　　　　　　〔中西久枝〕

## CNN効果　CNN factor/CNN effect

メディアは本来，傍観者として，政治や紛争から距離を置くべき立場にある。しかし，メディアそのものが当事者となり，その活動が現実社会を動かす場合も考えられる。そのような現象のなかでも特に，米国の政策に米テレビが影響を及ぼす場合を「CNN効果」と呼んだ。

米国のテレビCNNなどのテレビネットワークが報じるニュースの影響力に注目が集まったきっかけは，1990年代初めの冷戦崩壊や湾岸戦争だった。これを機に，CNNの国際報道によって喚起された世論が米国の軍事行動をせかしたり変更させたりするのでは，との指摘もされるようになった。

報道が実際にどんな「効果」を与えるかについては，実証するのが困難である。したがって「CNN効果」は仮説にすぎず，学術的には曖昧な面が拭えない。この用語を好んで使ったのは，むしろ政治家や官僚らだった。背景には，権力者が自らの非力を言い訳しようとしたり，メディアの行動を牽制しようとしたり，といった意図がうかがえた。

その後，テレビの影響力が相対的に低下したこともあり，この用語に言及される機会は少なくなった。　　　　　　　　　　　　〔国末憲人〕

## ジーン・シャープの非暴力論
### Gene Sharp's non-violence theory

ジーン・シャープ（1928年1月21日〜）は，米国マサチューセッツ大学名誉教授（政治学）で，非暴力抵抗運動の研究・活動家である。また，世界の紛争地域での非暴力運動の研究と実践の促進を主要活動としているアルバート・アインシュタイン研究所の創設者でもある。

シャープの研究の鍵となる概念が「市民的防衛」(Civilian Based Defense) である。外国からの侵略者あるいは国内の独裁者に対して，武力ではなく非暴力的な方法で対抗するという考えである。この概念の支柱は，「権力」は行使する個人や集団に由来するものではなく，行使される側の市民が服従するか否かに依拠しているという思想である。市民が支配者への服従を拒否することでいかなる支配者も力を失うとシャープは指摘する。実効支配しているすべての権力機構は，例えば，警察機構，裁判所，行政機関，社会的通念や規範など複雑な仕組を用いてその支配力を維持しようとする。シャープは，こうした見えない構造に気づくことが権力の変容の突破口になると主張する。シャープの権力の構造の分析と非暴力抵抗運動論は，世界中の非暴力運動に多大な影響を与えている。

【関連項目】 非暴力主義 〔田辺寿一郎〕

## シヴィリアン・コントロール
civilian control of the military

国家安全保障に関わるすべての政策の最終的な判断・決定は，軍人ではなくて，国民代表または国民代表によって選任された者によってなされるとする原則。軍事組織・実力組織は，究極的な強制力と民主的でない上意下達の組織原理を持っており，国民の自由と民主主義を脅かす危険性があるので，それを統制することは立憲民主主義の重要な要素である。

大日本帝国憲法時代，統帥権の独立の原則の下で，帝国議会も内閣も帝国陸海軍を統制し得ず，陸軍大臣・海軍大臣に現役の武官が就任する制度（軍部大臣現役武官制）により軍が内閣を左右することになった。これらの事態がアジア太平洋戦争を招いた理由の1つと考えられており，シヴィリアン・コントロールの重要性を物語るものである。

現在，日本国憲法66条2項が「内閣総理大臣その他の国務大臣は，文民でなければならない」と述べていることの意味が問題となる。この規定は，日本国憲法9条の「だめ押し」として極東委員会（日本占領に関する連合国の最高決定機関）によって要求されたものであるが，極東委員会の審議で予想されたように，日本が再軍備した後，この規定は役割を果たすことになった。戦後日本においては，防衛省（庁）の文官＝防衛官僚（背広組）が武官＝自衛官（制服組）に優越する「文官統制」がシヴィリアン・コントロールの1つの形であったが，2015年の防衛省設置法改正によって，文官と武官が対等に防衛大臣を補佐する制度に変更された。

【関連項目】 統帥権の独立 〔君島東彦〕

## 自衛官合祀拒否訴訟 Self-Defense Forces' member joint-enshrinement case

1972年3月末頃，社団法人隊友会の山口県支部連合会（以下，県隊友会）は，山口県出身の殉職自衛隊員27名の合祀を，山口県護国神社（以下，県護国神社）に申請した（以下，本件合祀申請）。同年4月19日，同神社は同27名を新たに祭神として合祀する鎮座祭を斎行した（以下，本件合祀）。これは同神社が戦死者でない殉職者を合祀する最初の例だった。自衛隊山口地方連絡部（以下，地連）は，71年3月以降，県隊友会による本件合祀申請を積極的に推進する態勢をとり，すでに殉職自衛隊員が護国神社に合祀されていた九州各県の状況の情報収集と県隊友会へのその情報の提供，県護国神社における自衛隊殉職者の奉斎準則の起案，県隊友会の募金趣意書の起案・配布と募金管理，合祀対象者遺族からの合祀申請に必要な書類の取揃えを行った。

同27名中の1人A（68年死亡）の妻Xは，キリスト教徒であり，その信仰によりAを追悼してきた。72年4月5日，合祀の資料収集のため訪れた地連職員から初めて合祀申請の事実を知ったXは，同人に対して自己の信仰を明らかにしてAの合祀を断る旨を告げた。だが

同年7月5日,「御祭神A」の命日祭を今後永代に継続する旨の県護国神社からの書面を,別の地連職員により届けられた。

Xは,県隊友会と国を相手に訴えを提起し,精神的損害の賠償を請求した。本訴訟では世上,国(=地連)の行為が憲法20条3項の政教分離原則に違反するかという論点に主たる関心が寄せられた。しかし法律論としては,国に対するXの請求が認容されるには,政教分離原則(という客観的法規範)違反だけでは足りず,Xのなんらかの法的利益(主観的利益)が侵害されていることが必要である。

82年の第2審判決(広島高判昭和57年6月1日)は,国に対する請求は第1審判決(山口地判昭和54年3月22日)をほぼそのまま引用して認容した。第1に,本件合祀申請を県隊友会と地連職員との共同の行為と評価し,その地連職員の行為は憲法20条3項に違反するとした。第2に,本件合祀はXの宗教上の人格権(「静謐な宗教的環境の下で信仰生活を送るべき法的利益」)を侵害するとした。これに対して88年の最大判昭和63年6月1日は,破棄自判し,Xの請求を棄却した。第1に,本件合祀申請を県隊友会の単独の行為と評価し,それと区別された地連職員の行為は,その目的が「合祀実現により自衛隊員の社会的地位の向上と士気の高揚を図ること」にあり宗教的意識は希薄であり,その行為の態様が「国またはその機関として特定の宗教への関心を呼び起こ〔す〕……と一般人から評価される行為とは認め難い」から,憲法20条3項に違反しないとした。第2に,本件合祀は県護国神社の信教の自由の行使として憲法上保障されており,それ自体は誰の法的利益も侵害しないから,Xの法的利益も侵害しないとした。

【関連項目】 国家神道／信教の自由／政教分離／靖国神社(靖國神社)関連訴訟
【参考文献】 瀬戸正義「調査官解説」『最高裁判所判例解説民事篇 昭和63年度』法曹会,1990年／田中伸尚『合祀はいやです。』樹花舎,2003年
〔佐々木弘通〕

| **自衛権発動三要件**　three conditions for exercise of right of self-defense

憲法9条に関する政府の解釈において,自衛権の発動として武力行使が認められる三要件。すなわち,「①我が国に対する急迫不正の侵害または武力攻撃があること,②これを排除するために他の適当な手段がないこと,③必要最小限度の実力行使にとどまるべきこと」である。

第1要件について,「急迫不正の侵害」と「武力攻撃」に違いはないとする立場に政府は立っているが,どちらにしても個別的自衛権の要件を示している。第2要件は国際法上必要性(necessity)と呼ばれる要件に当たる。第3要件は国際法上は均衡性(proportionality)の要件であるが,日本の第3要件における「必要最小限度」性はより厳しい特別の制約である。交戦権の否認,海外派兵の禁止,攻撃的武器の禁止などがある。

以上のような自衛権発動三要件は,2014年7月1日の閣議決定による政府解釈の変更に伴って,武力行使の三要件に変えられた。

【関連項目】 自衛力／集団的自衛権行使容認の閣議決定／集団的自衛権と憲法(解釈)
〔浦田一郎〕

| **自衛権否認説・自衛権留保説**　theory of unconstitutionality of self-defense right／theory of reservation to self-defense right

憲法9条の下でも実力(軍事力)の保持や行使は合憲だとする論者は,個人に正当防衛権があるのと同様に国家にも正当防衛権たる自衛権があり,それは放棄できない(さらにその自衛権行使を裏づける必要最小限度の実力=自衛力も保持可能である)と弁証する(自衛権留保説)。だが,重要なのは自衛権の中身であろう。

一般に,自衛権とは,「外国からの急迫または現実の不法な侵害に対し自国を防衛するために必要な一定の実力を行使する権利」(田畑茂

二郎）であるとされる。この問題を立憲主義の基本思想に基づいて考えれば、国際社会における国家の自衛権は、国内法上は、各国の憲法が定める自衛（権）制度に基づいて発動するものである。国連憲章51条は、個別的・集団的自衛権の行使を、戦争違法化ないし武力行使禁止の例外として許容しているが、国連憲章も各国に自衛権行使を義務づけておらず、各国に国内法上の自衛措置の法的根拠を提供してはいない。それは、ある国が自然権と称して憲法に規定していないのに自衛権を発動し武力行使を行っても、国際法上は、違法性阻却事由として扱われるにとどまる。この場合、自衛権（措置）は、少なくとも国内法的には、憲法の拘束を受け、違法性が問われる。

立憲主義の見地からは、憲法により授権されていない権限を国家が行使することは許されないからである。基本法制定当初、軍備規定を置いていなかったドイツ連邦共和国が再軍備の際に、国防高権（Wehrhoheit）は憲法の明文上の授権なしには出てこないとの結論を導き出し、明確な憲法改正を行ったこともここでは参考となろう。

日本国憲法では、自衛権という国家の権限を授権していないということにとどまらず、9条で戦争と武力行使を放棄し、戦力の不保持を定めているから、憲法上は国家自衛権は否認されたと解することもできるだろう。国民の側からは、平和的生存権、生命権、幸福追求権等の観点から、国家の側からは、基本権保護義務、国家主権（対外的独立性）、警察権、地方自治権等の観点から、議論を組み直す必要がある。

【関連項目】憲法9条／国連憲章51条／再軍備（ドイツ）／自衛力／集団的自衛権／平和的生存権／立憲平和主義

〔河上暁弘〕

### 自衛隊違憲訴訟 Lawsuit for constitutionality of Self-Defense Forces

自衛隊の存在や活動の違憲性を争う訴訟。

1954年に創設された自衛隊は、成立当初から憲法9条2項がその保持を禁止する「戦力」に該当するのではないかという批判にさらされ、いくつかの裁判でもその点が争われてきた。自衛隊の違憲性が本格的に争われた最初の訴訟は、恵庭事件である。北海道恵庭町で酪農業を営んでいた野崎兄弟は自衛隊の演習によって被害を被ったので、演習の中止や補償を求めたが、受け入れられなかったので、自衛隊の通信線を切断したところ、自衛隊法121条違反で起訴された。この裁判で被告人等は自衛隊の違憲性を争ったが、札幌地裁は、67年3月29日に被告人等の行為は自衛隊法121条の構成要件に該当せず無罪であり、そうである以上は憲法判断に立ち入る必要はないとして憲法判断を回避した。検察側が控訴をしなかったので、この判決が確定した。これに対して、北海道長沼町の国有保安林に航空自衛隊のミサイル基地を建設することの違憲性を地元住民が争った訴訟では、札幌地裁は、73年9月7日に自衛隊は憲法9条2項がその保持を禁止する「戦力」に該当して違憲であり、ミサイル基地の建設は認められないとする判断を言い渡した。ただ、この判決は札幌高裁で取り消され、最高裁でも高裁判決が維持された。

90年代以降は、自衛隊の存在そのものの違憲性を争うのではなく、自衛隊の具体的な活動の違憲性を争う訴訟が多数提起されてきた。中東の湾岸地域への掃海艇派遣の違憲性を争う訴訟やPKO法に基づく自衛隊のカンボジア派遣の違憲性を争う訴訟などである。ただ、これらの訴訟において裁判所は、ほぼ一貫して原告等には訴えの利益がないとして訴えを退けた。ところが、自衛隊のイラク派遣の違憲性が争われた訴訟では、名古屋高裁は、2008年4月17日に航空自衛隊のイラクでの活動について憲法9条1項が禁止する武力行使と一体化した活動であり、憲法9条1項に違反すると判示した。ただ、この判決は、主文において原告等の訴えを

退けたので，国側は上告せずに名古屋高裁判決が確定した。

そのほかにも，基地建設のための売買契約の違憲性を争った百里訴訟や自衛隊の基地公害の違憲性を争った訴訟，さらには防衛予算の違憲性を争った訴訟などが提起されてきたが，いずれの訴訟でも自衛隊の存在そのものの違憲性に踏み込んだ判決は最高裁では出されていない。自衛隊が合憲か違憲かは，現在でもなお最高裁では未決着のままである。

【関連項目】恵庭事件／自衛隊イラク派遣違憲訴訟／長沼ナイキ基地訴訟／百里基地訴訟
【参考文献】小林武『平和的生存権の弁証』日本評論社，2006年／深瀬忠一『恵庭裁判における平和憲法の弁証』日本評論社，1967年／深瀬忠一『長沼裁判における憲法の軍縮平和主義』日本評論社，1975年／山内敏弘・太田一男『憲法と平和主義』法律文化社，1998年　　　　　　　〔山内敏弘〕

### 自衛隊イラク派遣違憲訴訟
lawsuit opposing dispatch of the Japan Self-Defense Forces to Iraq

米国主導で2003年3月に開始されたイラク戦争に対し，日本政府は「イラクにおける人道復興支援活動及び安全確保支援活動の実施に関する特別措置法」を成立させ，12月に自衛隊本隊をイラク南部サマワに派遣した。これに対し，元郵政大臣・防衛政務次官の箕輪登が04年1月に派遣の差し止めを求めて札幌地裁へ提訴したのを最初に，大阪，京都，東京，名古屋，仙台など全国各地の地裁に市民が集団訴訟を提起した。地裁レベルではいずれも憲法判断は回避され，「民事上の請求権はない」などと原告敗訴の判決が下されていたが，名古屋高等裁判所による控訴審判決（名古屋高判平成20年4月17日）は，航空自衛隊が多国籍軍の兵士を空輸しているバクダッドを「戦闘地域」と認定し，「現代戦において輸送等の補給活動も戦闘行為の重要な要素」という見地から，自衛隊による空輸行為が「他国の武力行使と一体化した行動であり，憲法9条等に違反する」として，大きな注目を集めた。ただし，1人1万円の支払を求めた損害賠償は認めず，形式上は原告敗訴であり，原告側が上告を見送ったため判決は確定している。

【関連項目】イラク人道復興支援特別措置法／イラク戦争／自衛隊違憲訴訟／平和的生存権　　　　　〔麻生多聞〕

### 自衛隊のPKO　Peacekeeping Operations deployed by the Japan Self-Defense Forces

PKO（平和維持活動）とは，紛争地域の平和維持・回復を目的として国連により組織される活動である。1992年の「国際連合平和維持活動等に対する協力に関する法律」（PKO協力法）により自衛隊のPKO参加が可能となり，①紛争当事者間の停戦合意，②自衛隊が参加する活動に対する受入れ国の同意，③活動の中立性，④上記が満たされない場合の活動停止ないし撤収，⑤必要最小限度の武器使用という5つの原則の遵守が参加要件とされた。同法は制定以降，数回の重要な改正を経ており，98年改正により上官命令による武器使用が，さらに2001年改正により停戦・武装解除の監視等，武力行使を伴うPKF（国連平和維持軍）本体業務への従事が，それぞれ可能とされるに至っている。

日本は1992年以降，PKOに13回参加し，世界各地に要員計約1万人を派遣してきた。92年以降，PKO参加国の戦闘死者は446人だが，自衛隊の死者は出ていない。ただし，安保関連法案施行後は，自衛隊の任務拡大・武器使用基準緩和により，危険に直面する可能性は高まる。

【関連項目】国連平和維持活動（PKO）／国連平和維持活動協力法（PKO協力法）／国連平和維持軍（PKF）〔麻生多聞〕

### 自衛隊法　Self-Defense Forces Act

主権国家固有の自衛権は憲法9条によっても否定されていないという解釈に基づき，必要最小限度の実力保持のため，自衛隊の任務，部隊の組織及び編成，行動及び権限，隊員の身分取

扱等を定めるべく1954年に制定された法律が自衛隊法である。朝鮮戦争勃発に伴い50年に公布された警察予備隊令や保安庁法は，警察法に準拠したポジティブリスト方式（法律上明記された活動のみを行うことができるとする）により，あくまで国内治安維持を任務としており，国防を主任務として明記した自衛隊法も同形式を採用した背景には，世論における軍なるものへの強い批判的姿勢があった。しかし，90年代以降，PKO協力法（92年），ガイドライン関連法（99年），テロ対策特措法（2001年），有事関連法（03年）等に対応すべく自衛隊法の重要な諸改正が行われ，従来の政府解釈では禁じられてきた集団的自衛権行使を可能とする閣議決定（14年）に対応するための改正作業も現在進行中である。自衛隊法をネガティブリスト方式（一定の行為だけを禁止し，禁止規定のない活動は自由に行使できるとする）に改めるべきことを説く提言も示されている。

【関連項目】憲法9条／自衛力　　　　　〔麻生多聞〕

## 自衛力　self-defense capability

憲法9条に関する政府の解釈において，自衛力は「自衛のための必要最小限度の実力」と定義されている。自衛力の保持，行使は違憲ではなく，自衛隊は合憲と説明されている。

自衛力論における「自衛」は個別的自衛権と考えられ，集団的自衛権や集団安全保障としての武力行使は認められないとされてきた。「必要最小限度」性から，個別的自衛権であっても，交戦権の否認，海外派兵の禁止，攻撃的武器の禁止などの制約が課されてきた。「実力」は基本的に「武力」と同視され，そこから基地提供，経済的支援，後方支援などは「実力」行使ではないとして正当化されてきた。このように，自衛力論は自衛隊という軍事力を正当化するとともに，それに一定の制約を加えてきた。

2014年7月1日の閣議決定によって政府の憲法解釈の変更が行われたが，その後も自衛力の定式は維持されている。しかしその意味は，集団的自衛権の限定容認などによって変化したと思われる。

【関連項目】専守防衛／内閣法制局　　　〔浦田一郎〕

## ジェノサイド　genocide

ジェノサイドは，ギリシャ語で種を表すgenosと，ラテン語に由来し殺害を意味するcideを組み合わせた造語で，集団殺害ないし集団抹殺と訳される。国際法上の定義（「狭義のジェノサイド」）によれば，ジェノサイドとは「国民的，民族的，人種的または宗教的な集団の全部または一部を集団それ自体として破壊する意図をもって行われる」行為で，具体的には，集団の構成員の殺害のほか，集団の構成員に重大な肉体的，精神的な危害を加えること，集団の身体的破壊を意図した生活条件を課すこと，集団内の出生を妨げる措置を課すこと，集団の子どもを他の集団に強制的に移すことを指す。

ジェノサイドという用語を創出したのは，ユダヤ系ポーランド人の法律家ラファエル・レムキンで，その際特にナチ・ドイツの支配下で行われたユダヤ人の迫害・虐殺（ホロコースト）を念頭に置いていた。レムキンが新たな犯罪概念として提起したジェノサイドは，1948年に採択された「ジェノサイドの防止と処罰に関する条約（ジェノサイド条約）」によって，国際法上の犯罪と定められた。ジェノサイドは2003年に設立された国際刑事裁判所の規程にも，裁判所が管轄する4つの重大犯罪の1つと規定され，「犯罪のなかの犯罪」とも言うべき最も重大な犯罪と捉えられている。類似の概念である大量殺戮や人道に対する犯罪とは，集団を破壊する意図を前提とする点や，対象が4つの集団に限られる点などで違いがある。

こうした国際法上のジェノサイド概念に対しては，それが狭すぎるという批判も存在する。例えば，ジェノサイドの対象集団に，政治的集

団や社会的集団を加える見方がある。また，ジェノサイドの対象となる行為についても，国民言語の抑圧や文化財の破壊などを「文化的ジェノサイド」として含めるべきとする見解がある。とりわけ，ジェノサイドの実態，発生要因やメカニズムを究明するためには，こうした「広義のジェノサイド」も視野に入れた検証が必要である。

国際法廷でジェノサイド罪が適用された事例としては，旧ユーゴスラヴィア紛争中の95年にスレブレニツァで起きたムスリム男性の虐殺をジェノサイドと認定した，2001年の旧ユーゴスラヴィア国際刑事裁判所（ICTY）の判決等が知られており，国際刑事裁判所（ICC）もジェノサイド罪に関する訴追活動を行っている。他方，歴史的なジェノサイドとしては，先に述べたユダヤ人虐殺や旧ユーゴスラヴィア紛争下の虐殺のほか，第一次世界大戦下のオスマン帝国で起きたアルメニア人虐殺や94年のルワンダ内戦における虐殺，カンボジアのポル・ポト政権下の虐殺，グアテマラ内戦下の先住民虐殺などが挙げられる。ジェノサイドを引き起こす要因として，偏見や差別を煽る言説やイデオロギーの広がり，特定集団の迫害や抹殺を掲げる政治勢力による権力掌握，軍や治安機関の肥大化や急進化，内戦や戦争，迫害や抹殺がもたらす受益の構造，帝国主義や植民地支配の遺産などが指摘されている。

【関連項目】 国際刑事裁判所（ICC）／ジェノサイド条約／大量虐殺（大量殺戮）／ホロコースト

【参考文献】 石田勇治・武内進一編『ジェノサイドと現代世界』勉誠出版，2011年／村瀬信也・洪恵子共編『国際刑事裁判所』東信堂，2008年／Schabas, William A., *An Introduction to the International Criminal Court*, 3rd ed., Cambridge University Press, 2007
〔福永美和子〕

## ジェノサイド条約（じょうやく） Genocide Convention/Convention on the Prevention and Punishment of the Crime of Genocide

第一次世界大戦下のオスマン帝国で起きたアルメニア人虐殺などを受けて，国際社会では特定の民族や宗派に属する人々を標的とする大規模な殺戮や残虐行為に対する関心が高まった。そのなかでジェノサイド概念の成立とその防止，処罰に寄与する国際法制定の契機となったのが，ナチ・ドイツによるユダヤ人の迫害・虐殺（ホロコースト）である。ユダヤ系ポーランド人の法律家ラファエル・レムキンは，1944年に刊行された著書『占領下ヨーロッパにおける枢軸国支配』のなかでナチの残虐行為を分析し，集団の抹殺を企図した犯罪を表すために，ジェノサイドという新概念を提起した。ジェノサイドは，ギリシャ語で種を表す genos と，ラテン語に由来し殺害を意味する cide を組み合わせた造語で，集団殺害または集団抹殺と訳される。

第二次世界大戦後にナチ犯罪を裁いたニュルンベルク国際軍事裁判では，ホロコーストは独立した犯罪としては扱われなかったが，国連総会は1946年の決議で，ジェノサイドが国際法に反する犯罪であると宣言し，経済社会理事会にジェノサイドに関する条約の起草を委ねた。レムキンも関わった策定作業を経て1948年12月，国連総会で「ジェノサイドの防止と処罰に関する条約（ジェノサイド条約）」が採択された。

同条約の1条は，締約国が，平時か戦時かを問わず，ジェノサイドが国際法上の犯罪であることを確認し，それを防止，処罰する義務を負うことを規定している。

続く2条は，ジェノサイドを以下のように定義した。

この条約においてジェノサイドとは，国民的，民族的，人種的又は宗教的な集団の全部又は一部を集団それ自体として破壊する意図を持って行われる次のいずれかの行為をいう。①集団の構成員を殺すこと，②集団の構成員に重大な肉体的または精神的な危害を加えること，③集団の全部または一部の身体的破壊をもたらすことを意図した生活条件を故意に集団に課す

こと，④集団内の出生を妨げることを意図した措置を課すこと，⑤集団の子どもを他の集団に強制的に移すこと。

また，同条約の6条は，ジェノサイド罪に問われた者を，発生国の裁判所または国際刑事裁判所によって裁くことを定めている。

ジェノサイド条約の策定過程では，集団を破壊する行為について身体的，生物学的，文化的な破壊という3つの形態が検討されたが，このうち文化的な破壊については，マイノリティの権利保護の枠組で扱うことが適切として除外された。ただし現在，文化的な破壊は，身体的ジェノサイドを行う意図を示す重要な指標とみなされている。

ジェノサイドを含む重大な国際犯罪を裁く国際刑事司法の発展は冷戦期には停滞していたが，90年代以降，旧ユーゴスラヴィア国際刑事裁判所（ICTY），ルワンダ国際刑事裁判所（ICTR）の設置や，2003年の国際刑事裁判所（ICC）の創設を経て飛躍的に進み，ジェノサイド罪も国際慣習法として定着している。ジェノサイド条約の定義は旧ユーゴスラヴィア国際刑事裁判所規程，ルワンダ国際刑事裁判所規程を経て，1998年に採択された国際刑事裁判所規程に引き継がれ，またジェノサイド罪は各国の国内刑法にも導入されている。

【関連項目】　国際刑事裁判所（ICC）／ジェノサイド／ニュルンベルク国際軍事裁判／ホロコースト

【参考文献】　石田勇治・武内進一編『ジェノサイドと現代世界』勉誠出版，2011年／村瀬信也・洪恵子共編『国際刑事裁判所』東信堂，2008年／Schabas, William A., *An Introduction to the International Criminal Court*, 3rd ed., Cambridge University Press, 2007
〔福永美和子〕

# シエラレオネの紛争　Sierra Leone Civil War

シエラレオネの紛争（1991〜2002年）は，ダイヤモンドを原資に戦われ，資源を巡る紛争として有名である。また，中央の政変と連動することで混迷を極めた。1991年3月に武装勢力「革命統一戦線」（Revolutionary United Front; RUF）が一党制を敷く全人民党（All People's Congress; APC）の打倒を掲げ蜂起した。RUFでは次第にフォディ・サンコーが指導者として頭角を現した。

一方，中央では，92年にクーデタが発生し，ヴァレンタイン・ストラッサーを首班とする軍事政権「国家暫定統治評議会」（National Provisional Ruling Council; NPRC）が成立した。APC 一党体制は解体されたものの，RUF は活動を続けた。

96年，民政移管が実施され，選挙で選ばれたアフマド・テジャン・カバーが大統領に就任した。カバー政権は11月に RUF とアビジャン和平合意（Abidjan Peace Accord）を締結するも，紛争は終わらなかった。

97年5月には新たなクーデタが発生し，ジョニー・ポール・コロマ少佐を首班とする「軍事革命評議会」（Armed Forces Revolutionary Council; AFRC）が設立された。カバー大統領は亡命した。AFRC は RUF を迎え入れ，連合政権を樹立した。国際社会はカバー政権を支持した。ナイジェリアは ECOWAS 停戦監視団（ECOWAS Ceasefire Monitoring Group; ECOMOG）の名で AFRC/RUF に対して軍事介入を行い，カバー政権を復権させた。

復権したカバー大統領は99年7月，RUFとの間にロメ和平合意（Lomé Peace Accord）を締結した。その後も紛争は続いたものの，徐々に安定化を見せた。2002年1月18日，カバー大統領によって紛争の終結が宣言された
〔岡野英之〕

# シェンゲン条約　Schengen Agreement

1985年，ルクセンブルクのシェンゲンにおいてフランス，ドイツ及びベネルクス3ヵ国により「共通国境における検問の漸進的撤廃に関する」シェンゲン条約が署名された。次いで，90年同一諸国によりシェンゲン実施協定が署名された結果，他の加盟国も参加して域内国境にお

いて人の出入国管理を撤廃する一方，査証政策，難民庇護制度などの共通化による域外国境での出入国管理の調整やシェンゲン情報システムにより域外国境における出入国管理を強化するとともに，警察・刑事司法協力等を行うことにより，95年人の自由移動が実現された。シェンゲン条約等はEU法体系に組み入れられて現在に至っている。

EU加盟国のうちイギリス及びアイルランド以外の諸国（一部新規加盟国を除く）が参加している。また，非加盟国のノルウェー，アイスランド，スイス及びリヒテンシュタインも，準参加国として加わっている。シェンゲン条約が適用される地域は「シェンゲン領域」（the Schengen Area）と呼ばれる。

【関連項目】EUの自由・安全・司法領域（AFSJ）

〔庄司克宏〕

# ジェンダー　gender

社会的・文化的に作られた性差，又は性の有様を指す。フェミニズム運動や女性学の文脈において，性による区別や権力関係を記述するときに使われる概念。

文化的構築物としての性差は，1930年代から特に米国の自然・社会科学で論じられ，50年代に初めてジェンダーと称されたが，その概念は，時代とともに変容している。70年代以降，英語圏のフェミニスト研究者は，女性の従属的地位を男女の身体的差異（セックス）で説明する生物学的決定論に対抗し，セックス／ジェンダーの区分を強調した。日本や欧州の英語圏外における同時代のフェミニズム運動・思想でも，ジェンダーの語が普及する前から「性役割」などの言葉を使って社会的に作られた性の有様が議論された。

しかし80年代以降，上記のジェンダー概念は，多方面から批判を受け，変化した。とりわけポスト構造主義の影響を受けた論者は，性差の徹底的な脱構築を図り，女性（性）・男性（性）というカテゴリー自体の歴史化を試みた。従来のセックス／ジェンダーという二分法では，生物学的性差が所与とされ，セックスがジェンダーを規定する図式になると指摘し，逆に，人間社会全般に二分法的・位階制的な秩序をもたらす「知」としてのジェンダーこそが生物学的な知であるセックスを規定すると論じた。女だけではなく，男も，男同士・女同士の関係もジェンダーにより規定されることが証明された。また，ジェンダーとセクシュアリティとの関係が注目され，異性愛の規範と実践がジェンダー秩序を支えていることが論じられた。ジェンダー概念の再考は，性的マイノリティのみならず，民族的マイノリティや途上国の女性によっても促された。先進国の白人女性運動家・研究者が，性差による差別を強調するあまり人種や階級等による差別を軽視し，白人女性優位の条件で女性の連帯を実現しようとしていると批判され，複数の差別カテゴリーの重複に目を向ける「交差性」（インターセクショナリティ）などの新しいアプローチが提示された。

社会運動や学問における重要な分析ツール及び標語であるジェンダーの定義や意味について，現在でも議論が継続中である。日本では，2000年代前半頃に起きたフェミニズムへの反動との関連で，1995年以降に一般的に流布したジェンダーの語を巡って激しい議論が展開された。

【関連項目】ジェンダー・フリー／女性解放運動／世界女性会議／フェミニズム

【参考文献】上野千鶴子ほか『バックラッシュ』双風社，2006年／スコット，ジョーン（荻野美穂訳）『ジェンダーと歴史学（増補新版）』，平凡社，2004年／バトラー，ジュディス（竹村和子訳）『ジェンダー・トラブル』青土社，1999年

〔ウルリケ・ヴェール〕

# ジェンダー・フリー　gender-free

1995年から2000年代半ばまで日本の行政と学界（特に教育学，女性学），女性運動の一部で

流行した言葉で，ジェンダーによる障壁を取り除いた状況を指す。初出は東京女性財団『Gender Free』(1995年)。当初は「男」「女」に関する固定観念の存続を指摘し解体させる目的で提示されたが，性差別的な社会制度の廃止を求める使用例も次第に現れた。

2001年頃からジェンダー・フリーは，保守系のメディア・団体・議員などによるバッシングの標的となった。彼らは，それが男女共同参画社会基本法（1999年施行）の意図する社会を象徴する概念だと捉え，日本の伝統・文化の破壊に繋がると主張した。その結果，この用語を使用しないほうがよいという内閣府の指示（2004年4月）のように，行政機関による排除も起きた。

一方，フェミニズム内部からも，保守化や言論の自由の侵害に抗議しつつも，カタカナ語でわかりにくい，米国の学界での議論を考慮せず引用している，制度改革を求めず意識や態度を偏重してしまう，行政主導であるなどといった理由でジェンダー・フリーの語の使用に批判的な声が上がっている。

【関連項目】 ジェンダー／女性解放運動／フェミニズム
〔ウルリケ・ヴェール〕

## 仕掛線論　trip-wire

仕掛線論とは，戦略家トーマス・シェリング（2005年にノーベル経済学賞受賞）が著書 *Arms and Influence* (Yale University Press, 1966) において展開した議論。シェリングによれば，冷戦の文脈において西欧の同盟国に平時・常時駐留することになった米軍は，東側陣営の侵攻について，反撃を実行することによって攻撃を排除する防衛力は持たないものの，反撃を威嚇することによって攻撃を自制させる抑止力を持つ。なぜなら，東側からの攻撃に対して反撃を断念して駐留兵力を見殺しにすれば，深刻な政治的コストを背負い込む米国政府には，反撃の威嚇を実行するほかにないことは東側にも明らかなので，威嚇を確実に実行に移すという米国の意図が東側に間違いなく伝わるからである。駐留兵力は，米国の反撃を自動的に誘発するために前線に敷設された仕掛線にあたる。「反撃の断念」という行動の選択肢をこのように自発的に放棄して行動の選択肢を少なくすることは，安全保障上不利であるどころか，むしろ有利であるとした逆説は広く知られている。

【関連項目】 拡大抑止政策
〔石田淳〕

## 死刑廃止条約　International Convenant on Civil and Political Rights, aiming at the abolishment of death penalty

死刑廃止を定めた国際条約には，国連の「市民的及び政治的権利に関する国際規約の第2選択議定書」（自由権規約第2選択議定書，1989年12月採択，91年7月発効，締約国数81）がある。同議定書の締約国は通常の犯罪に対して死刑を適用しないことが求められる（1条）。ただし，戦時においては軍事的性質の最も重大な犯罪に対する有罪判決に従って宣告された死刑に関して留保が認められている（2条1項）。当該留保は，関連国内法の内容を国連事務総長に通報することが求められる。日本は，米国，中国などとともに，死刑存置の立場から，同議定書の採択に際して反対票を投じた。

地域的国際機関が採択した死刑廃止条約もある。欧州評議会諸国は，83年に欧州人権条約第6議定書を採択して普通犯罪に対して死刑の廃止を義務づけていたが，2002年に採択された同第13議定書は，軍事上の犯罪についての例外を認めない全面的な死刑廃止を定めている。ベラルーシを除いて欧州評議会のすべての加盟国（47ヵ国）が加入している。また1990年に米州機構は，死刑廃止に関する米州人権条約の追加議定書を採択した（締約国数13）。

【関連項目】 国際人権規約
〔北村泰三〕

## 事前協議制度　prior consultation system

　新日米安全保障条約で導入された，米軍による日本国内の施設及び区域の利用に関する手続き。安保条約6条（極東有事）の実施に基づく交換公文（岸－ハーター交換公文）が根拠となっている。同交換公文には，「合衆国軍隊の日本国への配置における重要な変更，同軍隊の装備における重要な変更並びに日本国から行われる戦闘作戦行動……のための基地としての日本国内の施設及び区域の使用は，日本国政府との事前の協議の主題とする」ことが両国間の合意として記され，極東有事の際の在日米軍基地の使用に一定の制約がかかることになった。

　米軍による基地の運用に日本の意思を反映させる仕組を構築することは，安保改定に際して日本政府が重視した点の1つであった。日本政府にとっては，それは日本の主権を主張するために必要な装置であり，同時に米国の戦争に巻き込まれるという国民の不安を和らげるための装置でもあった。これに対して米軍は，事前協議制度を日本政府の拒否権と理解しがちであり，事前協議の対象を可能な限り限定して基地を自由に使用できる状態を最大限に確保したいのが本音であった。

　交換公文の具体的内容は，藤山愛一郎外相とマッカーサー駐日大使の署名による「討議の記録」（非公開，ただし内容は公に説明してよいものとされた）に示されている。「装備における重要な変更」とは，核弾頭及び中・長距離ミサイルの「持ち込み」，並びにそれらのための基地の建設を指す。「戦闘作戦行動」とは日本領域外に対して行われるものを意味する。「事前協議」は，米軍とその装備の日本への配置，米軍軍用機の飛来並びに米海軍艦船の日本の領海への進入や港湾への入港に関する現行の手続きに影響を与えるとは解されない。また，米軍及び装備の日本からの移動も事前協議の対象外と解釈されることになっていた。

　いわゆる「密約」問題は，この事前協議制度に関するものである。このうち，安保改定時に核搭載艦船の寄港は「持ち込み」には当たらない，朝鮮半島有事の際の在日米軍基地からの出撃は事前協議制度の適用除外といった秘密合意がとり決められたのではないかという疑惑が1970年代からマスコミなどで取り上げられるようになった。民主党政権下の2010年3月に関連文書が公開されたことによって，安保改定時とそれ以降の日米両政府間の交渉や協議，外務省内の検証作業など，この2つの問題を巡る「合意」形成の実態はある程度明らかになった。

　「討議の記録」をはじめ日米間の「合意」をどのように理解すべきかは，なお議論の余地がある。ただ，冷戦期を通じて，明示的，非明示的合意や暗黙の了解の総体が事前協議制度を構成していたという事実と，事前協議制度を通じて日本は米軍の極東戦略に関与することになったという事実は理解しておくべきであろう。

【関連項目】　安保改定／核持ち込み（疑惑）／在日米軍基地／日米安保条約／日米密約／非核三原則
【参考文献】　外務省有識者委員会「いわゆる「密約」問題に関する有識者委員会報告書」2010年／坂元一哉『日米同盟の絆』有斐閣，2000年／波多野澄雄『歴史としての日米安保条約』岩波書店，2010年
〔楠綾子〕

## 自然保護運動
nature conservation movement

　20世紀以前から欧米先進国を中心に興隆した自然保護運動では，産業革命以降の科学の発達，社会経済の変革により，人間活動が自然への脅威になるとみなされた。英国では動物虐待反対運動が端緒となり，動物虐待防止協会が1824年に発足，40年には世界最大の動物福祉団体＝英国王立動物虐待防止協会へと発展した。また，歴史的，自然的景勝地を保護区として守ることを提唱するナショナル・トラストも85年に設立されている。こうした英国の自然保護運動は，インド，オーストラリア，南アフリカなど当時の植民地における環境保護にも影響を与えた。

一方，19世紀の米国では，入植による原生自然破壊に対して，作家のソローらが警告を発するなど，自然保護運動が活発になり，原生自然保存のための国立公園指定が進んだ。また，教育目的やリクリエーション以外のあらゆる原生自然保存を主張する保存主義や，持続的である限り森林などの資源利用を認める保全主義といった立場も登場，92年には環境保護団体のシエラ・クラブが創設されている。

こうした欧米の自然保護運動は次第に国際化し，地球市民社会と称される今日の環境保護運動の端緒となった。

【関連項目】 環境保護運動／地球市民社会　　〔横田匡紀〕

## 思想・良心の自由
freedom of thought and conscience

日本国憲法19条で保障された基本的人権。精神活動の成果を外部に表すことに関わる表現の自由（21条）・学問の自由（23条）の基盤となる内面的精神活動が国家介入から自由であることを保障し，信教の自由（20条）の対象よりも広範囲な思想・良心をもって，個人の精神的自由の中核とする。

宗教戦争期のヨーロッパにおける基本的人権思想の萌芽にあって，その中心は信仰・良心の自由であり，良心の自由は宗教によって自らの活動を律する自由であった。20世紀に入って良心概念は世俗化し，良心的兵役拒否を認める法制度などの発展とも相まって，自らの良心に反する法的義務を強制されない権利としての実質を獲得していく。

日本では，1925年制定の治安維持法により，共産主義や反天皇制思想が禁止され，後に多くの宗教勢力・平和勢力が弾圧されたことが，日本国憲法におけるこの自由の保障において意識された。そのため日本では，この自由はまず「内心の自由」とされ，加えて「沈黙の自由」を保障するが，良心に基づく行為の自由は保障しないと解釈されることが多かった。

最高裁判所は，2011年の判決で初めて，教員への君が代斉唱命令がこの自由の「間接的制約」に当たるとする解釈をとった。〔西原博史〕

## 持続可能な開発（発展）
sustainable development

1987年の「環境と開発に関する世界委員会」の報告書『われら共通の未来』によれば，持続可能な開発とは「将来世代がその必要を満たす能力を損なうことなく，現在世代の必要を満たすような開発」を意味する。同報告書において，環境と開発は二律背反ではなく相互依存の関係にあるものと捉えられ，将来に持続する開発は環境を保全することによって，環境保全は開発を前提とすることによって，それぞれ実現可能になると説かれた。以後，持続可能な開発は，環境と開発を巡る議論の中心に位置づけられることになった。

1992年にブラジルのリオデジャネイロで開催された国連環境開発会議を通じて，持続可能な開発は国際社会が達成すべき目標になり，国際環境法上の基本原則となるに至った。この持続可能な開発の構成要素としては，統合原則，世代間・世代内衡平，共通だが差異ある責任，よい統治，予防原則などがある。

持続可能な開発とその構成要素は，オゾン層保護のためのウィーン条約，気候変動枠組条約，生物多様性条約などの国際条約に取り入れられ，さらに国際司法裁判所の判決や意見，仲裁裁判裁定，世界貿易機関（WTO）の報告のなかで判断基準として用いられている。しかしながら，この概念が何を意味し，いかなる効果を付与するのかについて，国際社会での合意は成立していない。それでも，紛争解決機関や国際組織が環境と開発に関する法を解釈・適用・発展させる際に，持続可能な開発の構成要素が解釈基準となり，それを通じて，既存の法の重要な変化や発展を導くことがある。その意義は大きい。

持続可能な開発は，現在世代のみならず将来世代の生活の質を考慮に入れている点，「北」の人々に大量生産・消費的生活の変革を迫るとともに「南」の人々に開発とよい統治の必要性を強調している点で，優れて現代倫理でもある。それは，この世に生まれた人々，将来生まれ出る人々が等しく人間として自己実現の可能性を保障されるべきであるという人間観・世界観に立脚して，私たちの生活を全地球規模で見直すことを促している。

【参考文献】 環境と開発に関する世界委員会（大来佐武郎監訳）『地球の未来を守るために』福武書店，1987年／松井芳郎『国際環境法の基本原則』東信堂，2010年　〔西海真樹〕

## 自治体外交 (じちたいがいこう) local foreign policies

地域の住民と生活に関わる公的活動を任務とすべき自治体が，グローバリゼーション下で必然的に国際的側面を帯びる活動に関与せざるを得なくなった結果，国際的側面を持ち，国家間外交にも影響を与えうる活動をあえて行う現象を言う。自治体国際活動とも言う。本来は憲法や法律で全権限性（地域に関するあらゆる事項に自治体の判断で自由に関与できるという原則）を認められた自治体が，国内法上の権限を自由に行使した結果，それが国際的側面を持つ現象を指すが，全権限性も法人格もなく，地方代表機関の公選制もない中央集権国家の地方行政単位であっても，その交流や協力提携の相手方が全権限性を持ち，民主的代表機関を備えた外国自治体である場合には，その自主的発意に促されて，自治体外交現象が生まれるという場合もある。

自治体外交は，外国の自治体との関係を扱う「対外的活動」と自治体内部の施策である「対内的活動」とに分けられる。前者は，姉妹都市提携などの「国際交流」，自治体による国際開発援助や公害防止施策支援などにみられる「国際協力」，EUの地域委員会や国際自治体連合（IULA）のような常設国際自治体組織の創出による「国際連携」，そして国際条約（例えば欧州審議会（CE）の1980年欧州地方自治憲章）などによる「国際的自治権保障」に分類できる。後者は，外国籍住民の人権保障施策である「内なる国際化」，外国政府の国内人権侵害行為への抗議として，当該政府と国際取引をする企業を自治体の公用調達対象から締め出すなどの「自治体制裁措置」，そして非核自治体宣言や外国軍艦の自治体管理港入港に際しての非核証明義務づけ，外国軍基地問題への取り組みなどの「自治体平和政策」に分類できる。

自治体外交は全権限性が認められた自治体では合法であり，それが国の外交政策を補完する場合にはむしろ奨励される。しかし国の外交政策と対立する場合には国から違法の非難を受け，裁判で合法性が争われることもある。

【関連項目】 沖縄代理署名訴訟／環日本海圏構想／指紋押捺問題／非核神戸方式／非核自治体宣言

【参考文献】 大津浩「国際人権保障における自治体の権能と義務」芹田健太郎ほか編『国際人権法の国内的実施』信山社，2011年／大津浩ほか「特集1　自治体外交の内実を問う」『都市問題』96巻8号，2005年／ジェイン，ブルネンドラ（今村都南雄監訳）『日本の自治体外交』敬文堂，2009年　〔大津浩〕

## 実験用原子炉 (じっけんようげんしろ) experimental reactor

原子炉は，発電を目的とした実用炉の開発のための，実験炉，原型炉及び実証炉，また，放射性同位体等の製造のための生産炉，原子力で使用される材料の基礎研究のための材料照射試験炉，医療及び教育・訓練のための研究炉に分類できる。

実験炉は，原型炉・実証炉に繋げるため，開発する原子炉の基本的な特性の確認を目的としている。例えば高速実験炉では，プルトニウムの利用やナトリウムを冷却材と使用するなどの高速増殖炉の特徴に着目して，原子炉物理，原子炉の構造及び材料，ナトリウム取り扱い技術，原子炉機器，ウラン・プルトニウム混合酸化物燃料，計測・制御等に係る研究開発，原子炉の運転経験及び運転データの蓄積，また原子

炉システム全体の安全性等の確認及び高度化を目的としている。実験炉での経験を活かして，原子炉出力の増加，発電機能の追加など，設計，製作，運転の各段階で得られる成果と経験を蓄積するとともに，技術の評価・確認を行い，実証炉や実用炉に反映していくことを目的としている。

また原子力の基礎的実験については，実験用原子炉の1つに分類される研究炉で実施されている。多くの研究炉は，原子力開発の初期段階で中心的存在であった米国等による二国間原子力協力協定の下，関係国に供与された。米国から各国へ供与された原子炉は，TRIGA (Training Research Isotopes General Atomics) 炉と呼ばれ，教育・訓練，研究，アイソトープ製造等を目的とした軽水減速・冷却の小型の研究用原子炉である。蒸気を発生させる発電用原子炉とは異なり，核分裂により発生する中性子利用を主目的とする。原子炉用材料の照射試験や中性子を利用した試験・研究のため，炉心の体積を小さくして中性子の出力密度を高めるため，高濃縮ウランを使用していた。多くの研究炉は，発電用原子炉の酸化物燃料とは異なるウラン・ジルコニウム燃料やウラン・アルミナイド燃料等を用いている。

しかしながら，高濃度ウランの拡散を懸念する米国の核不拡散政策が強化されたことにより，研究炉・試験炉用燃料のウラン濃縮度の低減化に向けた取り組みが進められた。この取り組みは，米国エネルギー省エイブラハム長官 (2004年) により，研究炉用燃料として各国に提供された高濃縮ウランがテロリストの手に渡ることを防ぐため，米ロ起源の高濃縮ウラン燃料等の供給国へ返還を定めた地球的規模脅威削減イニシアティヴ (Global Threat Reduction Initiative; GTRI) として取り組みが強化された。核セキュリティ・サミットにおいても，取り組みの1つとして注目されている。

【関連項目】 ウラン／原子力開発／原子炉の構造

【参考文献】 神田誠ほか『原子力プラント工学』オーム社，2009年
〔須田一則〕

■ **失地回復主義** irredentism

イタリア語で未回収地を意味する terra irredenta を語源とし，狭義には，統一後のイタリアに現れた，未回収地の回復を主張する思想とそのための政治的運動，すなわちイタリア語でいうイッレデンティズモ (irredentismo) を指す。広義には，他国に帰属する一定の地域の住民の大部分が人種的あるいは言語的に自国民と同一である場合に，この地域を自国に併合しようとする主張及び運動を意味する。狭義の失地回復主義の運動は，しばしば未回収地回復運動とも呼ばれる。

1861年に成立したイタリア王国は，領土の統一を進め，70年にラツィオを併合するに至り，ほぼ今日のイタリアと同じ領域を版図に収めたが，トレンティーノとトリエステの一帯がいまだハプスブルク朝オーストリアの支配下にあった。そのような状況下で，77年にイタリアの共和主義者インブリアーニがこの「未回収地」のイタリアへの併合を訴えたことが，イッレデンティズモという語が広まる最初のきっかけである。

広義の失地回復主義としてしばしば挙げられるのが，ナチス・ドイツが進めた，第一次世界大戦におけるドイツ帝国の敗戦による「失地」をドイツに取り戻そうとする対外政策である。特に1938年のミュンヘン会議において，イギリスのチェンバレン首相らがこれに妥協し，ドイツ人が数多く居住するズデーテン地方のドイツへの編入を容認したことは，翌年のチェコ・スロヴァキアの解体を招いた。

第二次世界大戦後は，このようなナチス・ドイツによる侵略的失地回復を想起させる動向が，失地回復主義として警戒された。ポツダム宣言によりドイツの国境線の東端は，オーデル・ナイセ線に定められ，それより東側の地域

がすべて他国に帰属するとされたが、ドイツ連邦共和国（旧西ドイツ）は、ブラント首相の東方外交まで、この国境線を正式には認めておらず、それ以東の地域についても、「一時的にポーランドとソ連の管理下にある旧ドイツ領土」といった呼び名を用いていた。さらに、ハルシュタイン原則の下、東欧諸国と外交関係を結ばなかったため、とりわけこの地域からの追放ドイツ人が郷里での法的権利を求める動きを抱えた旧西ドイツの動向は、ソヴィエト連邦や東欧諸国により、失地回復主義を含むものと警戒された。

広義の失地回復主義はドイツ以外でもみられるが、その動きはしばしばナショナリズムを台頭させ、領土問題を引き起こしている。

【関連項目】 ナショナリズム／ハルシュタイン原則／ミュンヘン会議
【参考文献】 北原敦編『世界各国史15 イタリア史』山川出版社、2008年／Chazan, Naomi ed., *Irredentism and International Politics*, Lynne Rienner Publishers, 1991 〔柿木伸之〕

## 幣原喜重郎の平和思想
peace thoughts of Kijūrō Shidehara

幣原喜重郎（1872〜1951年）は1896年に外務省入省後、戦前外務次官や外務大臣（1924〜27年、29〜31年、通算5年3ヵ月）を務め、平和・軍縮・協調の外交を積極的に推進し、「幣原外交」として世界に名を知らしめた。しかし、軍部台頭期には疎んじられ、満洲事変勃発（31年）の後、第2次若槻礼次郎内閣の総辞職とともに外相を退陣した。

戦後は、新憲法草案作成時の首相（45〜46年）を務め、46年1月24日のマッカーサーGHQ最高司令官との会見で、戦争廃絶・軍備撤廃について提起し、後の憲法9条成立にも繋がったとされる。首相退陣後も、吉田茂内閣の国務大臣、衆議院議長などを歴任し、いかなる戦争・武力行使も合法化されてはならないこと、国連の趣旨・目的には賛同しつつも武力制裁には憲法9条の理念に基づき加わるべきではないこと、核時代において文明と戦争とは両立し得ないこと、侵略に対しては再軍備や米軍駐留の代わりに非暴力抵抗や非協力で抵抗すれば長期間の占領はできないこと、憲法9条を掲げて全世界中最も徹底的な平和運動の先頭に立って指導的役割を占めるべきことなど、戦争放棄と軍備廃絶の意義を積極的に説いたことで知られる。

【関連項目】 憲法9条の提案者 〔河上暁弘〕

## 児童買春・児童ポルノ
prostitution of children and child pornography

児童買春とは、18歳未満の児童（子ども）を対象とする性的搾取行為であり、国際条約及び国内法により児童ポルノとともに禁止されている。児童（子ども）の権利条約の「児童ポルノ及び児童買春の禁止に関する議定書」（2000年採択、02年発効、締約国数171）によって、締約国は児童売買、児童買春及び児童ポルノを法律によって禁止し、これらの犯罪が国内外で行われた場合を問わずに処罰する義務を負っている。

児童は未成年者として保護の対象とされるので、児童を性的搾取の対象とする側の「買春」行為を禁止対象とすることにより、買春の相手となった成人を処罰の対象とするとともに、児童を保護する狙いがある。児童ポルノは、上記議定書では「現実の若しくは疑似の（real or simulated）あからさまな性的な行為を行う児童のあらゆる表現（手段のいかんを問わない）又は主として性的な目的のための児童の身体の性的な部位のあらゆる表現」と定義されている。

わが国の国内法としては、1998年に「児童買春・児童ポルノ禁止法」が議員立法として成立した（99年公布、施行）。同法によれば児童買春とは、児童、周旋者又は保護者もしくは支配者に対償を供与し、又はその供与の約束をして、当該児童に対し、性交等（性交若くは性交

類似行為をし、又は自己の性的好奇心を満たす目的で、児童の性器等を触り、若くは児童に自己の性器等を触らせることをいう）をすることとされている。

児童ポルノの定義は、表現の自由との関連もあり困難な面もあるが、「18歳未満」の児童の「写真や電磁的記録」であり、「(a)児童を相手方とする又は児童による性交類似行為に係る児童の姿態、(b)他人が児童の性器等を触る行為に係る児童の姿態であって性欲を興奮させ又は刺激するもの、(c)衣服の全部又は一部を着けない児童の姿態であって、ことさらに児童の性的な部位（性器等もしくはその周辺部、臀部又は胸部をいう）が露出され又は強調されているものであり、かつ、性欲を興奮させ又は刺激するもの」とされる。

2014年の同法の改正によって、児童ポルノを製造、運搬、提供、輸出又は輸入した者だけでなく、「自己の性的好奇心を満たす目的で、児童ポルノを所持した者」（いわゆる単純所持）も処罰対象に含まれることになった（7条）。

【関連項目】子どもの権利条約（児童の権利条約）
【参考文献】森山真弓・野田聖子『よくわかる改正児童買春・児童ポルノ禁止法』ぎょうせい、2005年
〔北村泰三〕

## 『死の内の生命―ヒロシマの生存者』（ロバート・J・リフトン）Death in Life: Survivors of Hiroshima（Robert J. Lifton）

リフトン医師は精神科医であり、特に精神分析の専門家である。1962年から半年にわたって広島に滞在し（短期間長崎も訪問）無作為に抽出した31名の被爆者（リフトンはsurvivorと呼んでいる）と学者・医師・作家・平和運動家として原爆に取り組んでいる被爆者42名に対して詳細なインタビューを会話体の証言を随所に示しながら、精神分析の手法を駆使し、原爆被爆体験が被爆者の精神に対して、いかなる影響を与えたかの分析を記述している。

リフトンが被爆者に共通する精神的影響として、被爆後17年間を生きてきたなかでDeath in Life「死の内の生命」と訳されている心情が中核をなしている。リフトンは次のように述べている。

被爆者の共通の被爆体験は、無警告にある日突然、この世の終わりとも被爆者が表現する広島市内のあらゆる建物・構造物の破壊と人間の殺戮である。多数の即死した市民、そのなかには老若男女が無数に存在する。瀕死の重傷の市民が同じく多数おり、水をほしがり、助けを懇願する。かろうじてそのなかで傷つきながらも生存し続ける生存者（のちのち被爆者と呼ばれるようになる人々）は、わが身の生存に本能的に固執し、他人に介護の手をさしのべる余裕はない。己の原爆被爆直後の阿修羅のごとき状況において、被爆者は急速にその人間としての精神の麻痺を来たしていく。そこには他人を気遣う人として心情は失せている。

かろうじて生存しつつある被爆者も日が経つにつれ、恐るべき急性放射線症にとりつかれる。この原爆が放射線を放射し人間を遅れて殺傷し続けることは、後から市民に知れ渡ることになるが、初期には原爆症という漠然とした病名で理解され、得体の知れない運命にとりつかれるという共通認識が横行した。

被爆死した人々の大量の死に直面した生存者は、休む間もなくその屍を、葬式をあげる間もなく、次々に焼却処理（伝染病の発生が恐れられた）することを強いられる。その上自らの周りの生存者が次々に奇怪な症状（皮膚の紫斑、脱毛、大量の下痢と出血、高熱、のどのただれなど）で急速に衰弱しながら死亡していく日々が続く。生存者の心理には次の番という、死と共存する心情が芽ばえ、亡くなった人々に対する十分な手当てをしなかった自責の念は罪の意識にまで強くなっていく。

【参考文献】リフトン、J.ロバート（桝井迪夫ほか訳）『ヒロシマを生き抜く（上）・（下）』岩波書店、2009年
〔朝長万左男〕

## ジハード　jihad

　アラビア語の語源では「努力・尽力」あるいは正しいことを求める「奮闘」の意で，個々人の内面の悪との戦い，舌（言論）による不義との戦い，社会を公正にしようとする改革などを含む。初期には，イスラームを確立するための戦闘が自己犠牲を伴う「剣によるジハード」として推奨された。剣のジハードは，イスラーム王朝の時代には国家が管理する対外的な防衛や戦争を指すものとなった。近代に入って，伝統的な王朝が西洋列強に屈するようになると，侵略者に対するゲリラ的な郷土防衛がジハードとして行われた。第二次世界大戦後はイスラーム世界の国家は多くが世俗国家となり，それらに対する反体制武装闘争をジハードと呼ぶ運動が各地に生まれた。1979年にソ連軍がアフガニスタンに侵攻すると，反ソ・ゲリラ闘争がジハードとして戦われた。91年の湾岸戦争以降は，中東に対する米国の軍事介入に対して，反米の国際ゲリラ闘争がジハードとして組織されるようになった。　　　　　　　　　　　〔小杉泰〕

## シベリア出兵　Siberian Intervention

　1917年の革命後のロシアに対する日本を含む列強による軍事介入。出兵は概して革命拡大防止とロシア域内での権益確保／拡張という現実主義的な利益追求を目指して実施。18年1月の日英両国による居留民保護を名目とするウラジオストクへの軍艦派遣と同年4月以降の同市内の警備活動を実質的な嚆矢とする。その後，第一次世界大戦中にロシア軍の指揮下にあったチェコスロヴァキア軍団と独墺軍捕虜との衝突（18年5月）の報を受け，米国もチェコ軍団救援を名目に積極姿勢に転じた。日米はシベリアへの共同出兵を追求するも，出兵方針や規模で対立。限定的派遣を主張する米国に対し，日本は約7万3000人の大部隊を派遣し，シベリア各地の反革命勢力に加担した。このほかフランス・イタリア・中国・カナダが小部隊を派遣するが，ロシア内戦で反革命勢力が劣勢になると20年初頭までに日本を除く列強は相次ぎ撤退を表明。これに対し日本軍は同年春の日本人居留民大量殺害事件（尼港事件）などを名目に介入を深化させ，駐留も長期化。シベリアから撤退完了したのは22年5月，北樺太での保障占領は25年5月まで続いた。

【関連項目】ロシア革命　　　　　　　　　〔湯浅剛〕

## シベリア抑留　internment of the Japanese in the Soviet Union and Soviet-controlled territories

　1945年8月9日のソ連の対日参戦の結果捕えられた関東軍等の将兵及び一部民間人約60万人がソ連及びモンゴルに連行され，1年数ヵ月から5年の間，長い者は56年末まで労働を強いられたことを指す。これは捕虜待遇に関するジュネーヴ条約と，「武装解除後の帰国」を謳ったポツダム宣言に違反するものだった。しかし，ソ連は第二次世界大戦で2000万人を超える死者を出し，戦後復興に必要な労働力としてドイツ軍等の捕虜とともに，日本軍捕虜を確保し，使役した。酷寒，飢え，重労働のため最初の冬で全死者約6万人の約8割が死んだと言う。

　ソ連側は当初日本軍の階級制度を利用して兵士を使役したが，反軍闘争が起こると兵士大衆に収容所運営の発言権を認め，これを民主運動として奨励し，帰国後の日本におけるソ連流の民主化に利用しようとした。こうして収容所では「三重苦」に加えて「同胞が相争う」事態が生まれた。帰国後の生活保障及び送還促進の運動も分裂した。

　なお，シベリア抑留は通称で，実際には抑留地域はソ連全土に及び，南樺太，北朝鮮，遼東半島に抑留された者も合わせると総計120万人を超えていた。また，日本軍軍人・軍属だった朝鮮人，台湾人も少なくなかった。　〔富田武〕

## 司法権の独立 judical independence

裁判所や裁判官に政治部門から圧迫・干渉が加えられるならば公平・公正な裁判は実現できない。公正な裁判を受けることはそれ自体，人権である（憲法32・37条）。そこで，憲法は特に裁判官について「すべて裁判官は，その良心に従ひ独立してその職権を行ひ，この憲法及び法律にのみ拘束される」（憲法76条3項）と規定し，「良心」すなわち裁判官としての職業倫理に従い，裁判に適用される法規範に従って裁判を行うことが保障されている。また裁判官には，報酬減額が禁止され（憲法79条6項，80条2項），また心身の故障のために職務を執ることができないと決定された場合を除いては公の弾劾によらなければ罷免されない（憲法78条）などの身分保障がある。

しかし戦後，司法権の独立に関し，参議院法務委員会による量刑不当決議が行われた「浦和事件（1949年）」や裁判所の所長から担当裁判官へ違憲判断回避を示唆するような書簡が送られた「平賀書簡事件（69年）」なども起きている。それに裁判官には上述のような身分保障はあるが，昇任や人事異動において，政府や最高裁の意向と異なる司法判断を行ったり，それに反する思想傾向を持つ者への差別的・懲罰的な人事と疑われる事例もしばしばみられ，その都度，司法権独立の侵害が問題とされている。

【関連項目】　長沼ナイキ基地訴訟／平賀書簡事件〔河上暁弘〕

## 司法的解決 judical settlement

司法とは，当事者間に具体的事件に関する紛争がある場合に，当事者からの争訟の提起を前提として，裁判機関がその裁定権限に基づき，法に基づいた一定の争訟手続によって，紛争解決の為に，当該紛争において何が適用されるべき法であるかの判断を為し，正しい法の適用により解決を目指す作用である。

今日の国際紛争において当事国が交渉（negotiation，当事国間の直接交渉），斡旋（good offices，第三者が交渉の内容に入らず当事国間の交渉成立の環境を創出し交渉の妥結を間接的に促進する活動，「周旋」），審査（inquiry）・事実認定（fact-finding）・調査（investigation）や仲介（mediation，第三国が解決案を提示して双方の合意を求めること），調停（conciliation，調停委員会が紛争解決案を当事国に勧告して紛争解決を促進すること）などの平和的手段で解決できるなら，国際機構は介入する必要はないが，これらの方法で紛争が解決しない場合には強制的な介入が必要な場合もあり得る。

国際裁判は，原則として紛争の両当事国の合意によって開始され，紛争ごとに当事者の合意によって選ばれたアドホックな裁判官による「仲裁裁判」と，常設の裁判所・裁判官によって裁判が行われる「司法的解決」の2つがある。モリソンは後者に関して「法を適用する裁判所（court of law）」ないし「司法裁判所（court of justice）」は，「仲裁機関（arbitration tribunals）」と区別されるとしている。また，仲裁機関は政治的な存在で，当事国や利害関係国の力関係や政治的な操作などの影響を受けやすく，各国は仲裁の結果を制御できると信じる場合に仲裁を受け入れる傾向があるから，司法機関には①常設の裁判官組織（body of judges），②明確な法典（definite code of law），③義務的な裁判管轄権（affirmative jurisdiction）の3つがすべて必要とされている。現在の国際司法裁判所（ICJ）には，③と同義の強制的裁判管轄権（compulsory jurisdiction）が欠如し，当事国が国際司法裁判所規程36条2項の「選択条項」を受託している場合を除き，両当事国がICJでの解決に同意しない限り裁判を開始できない（ただし両国の同意があればその判決は法的拘束力を持つ）。

【関連項目】　国際司法裁判所（ICJ）
【参考文献】　杉原高嶺『国際司法制度』有斐閣，1996年／Morrison, Charles Clayton, *The Outlawry of War*, Willett, Clark & Colby, 1927
〔河上暁弘〕

## 島ぐるみ闘争　all-island struggle

　米軍による強制土地収用に端を発し1950年半ばから後半に起きた爆発的な勢いで沖縄全域に広がった大衆運動土地闘争とも呼ばれる。

　サンフランシスコ平和条約発効後、基地を維持するために米軍は地主との賃貸借契約を結ぶ必要に迫られていたが、廉価な地料だったため沖縄の反発を招いた。基地拡大のために強制的な土地収用が53年以降行われたことで、沖縄での土地問題が国際的に知られることになった。そのため、56年5月に米下院軍事委員会の調査団が沖縄に派遣された。調査結果は、沖縄の要求であった一括払い反対、適正補償、損害賠償、新規接収反対と相容れないため、米統治への批判・抵抗運動を引き起こした。

　しかし、米統治下での受益者層が支持する保守政党が、57年9月に立法院で新規接収を認める決議を行った。地料の大幅引き上げ主張と地料一括払い・新規接収反対主張の2つへと、沖縄の要求は分裂した。地料引き上げと地料毎年払い（あるいは10年分前払い）により、この運動は一応の決着をつける。損害賠償は未決のまま残り、現在まで引き続く。

　普天間返還と県内移設に反対する運動が、2012年秋から13年以降、本格化した。沖縄全域に広がっていることから、運動を担う人々は「島ぐるみ」（オール沖縄）と自ら呼ぶように、効果のある表現となっている。　〔我部政明〕

## 市民運動　civil movement

　市民運動とは、生活者としての市民の視点から、国家行動や政策に対して異議申立てや独自の主張ないしは提案など、新しい社会的ルールの創生に向けた活動の総体を指す。市民運動のエッセンスは、国家や行政とは異なる視点からの発想にある。例えばダム開発を推進する行政に対して、環境破壊や地域の伝統破壊を理由に反対することなどがそれに当たる。

　市民運動の淵源は、17世紀から18世紀にかけて、イギリス、フランス、アメリカでブルジョアジーが王政に反対して市民的自由を獲得した市民革命に求められることが多い。

　日本での市民活動は、第二次世界大戦以降、急速な拡大をみた。1960年代には、労働運動、反公害運動、反戦・平和運動、反核運動、消費者運動などが活発に行われた。80年代にはフェミニズム運動、環境保護運動、反原発運動、人権運動などが興隆した。近年では、2011年の東日本大震災と原子力発電所事故を受けて、脱原発運動、地域再生・復興運動が盛んになっている。

　1990年代以降、各国の市民が国境を越えて連携し活動することで、市民活動のグローバル化・トランスナショナル化が顕著なものになってきている。

【関連項目】　市民革命／市民社会／地球市民社会
〔野宮大志郎〕

## 市民革命　bourgeois revolution

　狭義には、封建社会における特権階級による支配を排除し、資本主義への移行を実現した、ブルジョワジー（中産階級）を主な担い手とする革命を指す。具体的な事例としては、17世紀中葉のイギリス革命、18世紀後半のアメリカ独立革命やフランス革命等があり、市民的自由権の確立、議会制の導入、領主制や農奴制の廃止や営業の自由の保障など、議会制民主主義や資本主義の発展に重要な貢献をしたとして評価されてきた。

　一方で20世紀後半になると、ラテンアメリカやアジアにおける権威主義諸国や東欧社会主義諸国で発生した民主化運動等を含めて、市民を主な担い手として、民主化や体制転換を求める活動全般を指す用語としても用いられるようになっている。これらの市民革命の手段としては、最高指導者が射殺されたルーマニア革命のように暴力を伴うものから、非暴力抵抗運動が志向されたフィリピンの「ピープルパワー革

命」まで幅広い。

【関連項目】　市民社会／『第三の波』（サミュエル・ハンティントン）／東欧民主革命　　　　　　　　　〔清水奈名子〕

## 市民社会　civil society

　自らの意志で参加する市民によって，国家の活動から自立しつつ形成される社会。時代によってその定義は大きく異なり，政治共同体としての国家と同義で使われた時代もあったが，国家からの自立が意識されるようになるのは近代の市民革命期以降である。

　18世紀になると，市民による経済活動の国家から自立が主張されたが，この自由放任主義的経済が貧富の格差をはじめとする多くの社会問題をもたらしたことから，19世紀になると市民社会への批判が展開されるようになる。市民社会を国家や家族とは区別して捉えたヘーゲルは，市民社会は個人が自己利益を追求する「欲望の体系」であり，社会問題を解決するには普遍利益を追求する国家の介入が不可欠であるとして，市民社会に対する国家の優越を唱えた。この主張に対してマルクスは，国家はブルジョワ階級の特殊利益を代表する利益管理機構にすぎないとし，市民社会がブルジョワ社会に転化して貧富の格差を拡大させているとの批判を展開した。

　こうした市民社会への批判的議論を乗り越える流れを作ったのが，国家だけでなく市場からも自立した規範的な空間としての市民社会を構想したハーバーマス等の市民社会論である。市民間のコミュニケーションから生まれる公共性を基礎とする自発的な組織や運動によって形成されるとするこの新たな市民社会像が浸透した結果，今日では「市民社会」が非政府組織（NGO）や市民運動を指す用語としても使われるようになった。坂本義和によれば「不断の歴史的形成の過程」としての「人間の尊厳と平等な権利との相互承認に立脚する社会関係がつくる公共空間」であり，市場による人間の商品化に対抗する存在として位置づけられる。近年では，公共空間から排除されてきた「社会的弱者（女性，性的少数者，子ども，老人，病人，障害者，外国人等）」を包摂する理論構築が課題となっている。

【関連項目】　市民運動／市民革命／地球市民社会／非政府組織（NGO／NPO）

【参考文献】　植村邦彦『市民社会とは何か』平凡社，2010年／岡野八代『フェミニズムの政治学』みすず書房，2012年／坂本義和『相対化の時代』岩波書店，1997年／ハーバーマス，ユルゲン（細谷貞雄・山田正行訳）『公共性の構造転換（第2版）』未來社，1994年　　　　　　　　　　　　　〔清水奈名子〕

## 下関講和会議
Shimonoseki Peace Conference

　日清戦争の講和をイギリス・アメリカが提議したことをきっかけに，中国講和使の張蔭桓・邵友濂が1895年1月に来日したが，日本側は委任状が不備であるとして拒絶した。代わって李鴻章が3月に欽差頭等全権大臣として来日し，下関における講和会議に臨むことになった。日本側全権は，伊藤博文首相と陸奥宗光外相であった。会議冒頭で日本側は苛酷な休戦条件を提示したが，自由党壮士による李鴻章狙撃事件が発生し，西欧での評判を懸念して無条件の休戦を受け入れることとなった。以後，会議は講和条約の討議に移ったが，列国に干渉の機会を与えないように，日本側は早期の決着を望んだ。その結果，4月17日に日清間で下関条約が署名された。条約で日本は，①朝鮮の完全な独立，②遼東半島や台湾・澎湖諸島の割譲，③2億両（約3億円）の賠償金支払，などを清側に認めさせた。ただし，中国の首都北京に近い遼東半島の割譲はロシア・ドイツ・フランスの三国干渉を呼び，日本側は遼東半島の還付を決定するとともに，還付の代償として賠償金に3000万両（約4500万円）を上乗せさせた。

【関連項目】　日清戦争　　　　　　　　　〔千葉功〕

## 指紋押捺問題　fingerprinting problem

　1952年制定・55年施行の外国人登録法は、日本に在留する外国人を登録することによって、居住関係・身分関係を明らかにし、政府による適正な管理を行うことを目的としていた。この外国人登録上用いられていた制度が、指紋押捺である。14歳（82年からは16歳）以上の外国人は、日本に1年以上滞在する場合、市区町村の保管する「外国人登録原票」、法務省の保管する「指紋原紙」、及び、本人が常時携帯しなければならない「外国人登録証明書」に、左手人差し指の指紋を押捺することが義務づけられていた。押捺を拒否すれば、1年以下の懲役もしくは禁錮、又は20万円以下の罰金という刑罰に処せられることになっていた。日本国民であれば、法律上、強制的に指紋を採取されるのは、身柄を拘束されている犯罪被疑者の場合のみであるのに、外国籍であるというだけで指紋押捺を強制するこの制度は、とりわけ、歴史的背景を持って日本に長年居住している在日韓国・朝鮮人・台湾人の人々にとって、尊厳を傷つける屈辱的な制度であった。

　1980年代に入ると、在日韓国人1世の韓宗碩（ハンジョンソク）らによる押捺拒否行為が相次ぎ、裁判闘争をする者も現れた。法務省は拒否者に対して、刑罰のほかにも、外国人が旅行や留学などで海外に出国し日本に戻る場合に必要な「再入国許可」を出さないという報復的措置をとった。しかし、制度に反対する世論の高まりのなか、指を180度回して指紋をとる「回転指紋」から「平面指紋」へ、黒インキ使用から無色の薬液使用への変更という若干の改善が図られた。87年には、登録切り替え時の毎回押捺から、1回のみ押捺とする法改正も行われた。92年には、永住者（特別永住者と一般永住者）に限って指紋押捺を廃止し、それに代わって署名と家族登録を導入した。そして、99年には、すべての外国人について指紋押捺制度が全廃された（翌年施行）。外国人登録法自体も、新たな在留管理制度（中長期滞在の外国人に「在留カード」を、特別永住者には「特別永住者証明書」を交付）の導入により2012年に廃止された。

　他方で、テロ対策との関連では、06年に改正され翌年に施行された出入国管理及び難民認定法で、外国人（特別永住者は除く）の入国審査の際、指紋採取を義務づける制度が導入され実施されている。

【関連項目】　在日韓国人の法的地位および待遇に関する協定／在日韓国・朝鮮人／出入国管理及び難民認定法　〔申恵丰〕

## 『社会契約論』（ルソー）
*Du contrat social*（Jean-Jacques Rousseau）

　ルソーの『社会契約論』は、「人民の、人民による、人民のための政治」を求める「人民（peuple）主権」のための不動の基礎理論ともいうべき役割を果たしている。しかし、その人民主権論は、いまなお完全な実現をみていない。『社会契約論』の要点は、以下のようである。

　各人が自然状態で持っていたすべての権利を譲渡する社会契約によって、1つの国家と主権が成立する。その国家は社会契約参加者（市民）の総称としての「人民」と同視される。その主権は、平等な全市民の参加によって行使され、全市民の利益のみを追求する一般意思（volanté générale）として機能することを求められる。主権に対抗できる人権は認められないが、そうすることによって、主権が平等な全市民のためにのみ機能することを確保しようとする。

　それは、フランス革命時には、特権身分の君主主権、ブルジョワジーの「国民（nation）主権」に対抗する民衆解放の理論であった。フランス革命後においては、ヨーロッパ左翼のシンボルとして多様化しつつ継承されている。

【関連項目】　国民主権　〔杉原泰雄〕

## 社会主義の平和論 socialist theory on peace

社会的矛盾の根源を私有財産制に求め、生産手段の社会的所有に基づく平等な社会を目指す社会主義の思想と運動においては、戦争と平和の問題は階級的観点から論じられた。労働者階級を搾取する資本家階級とその政府は、その利益のために、ナショナリズムを煽って労働者大衆を戦争に動員しているとの見地から、第二インターナショナルは1907年、世界戦争反対のシュトゥットガルト決議を採択した。だが、社会主義諸政党は自国の戦争政策に賛同し（「城内平和」）、第一次世界大戦を防ぐことができなかった。反戦の立場を堅持する第二インターナショナルの少数派は「ツィンマーヴァルト運動」を展開、なかでもレーニンは、独占資本主義諸国間の市場・資源・領土・勢力圏を巡る再分割闘争としての帝国主義戦争の不可避性を説き、十月革命直後、無賠償・無併合・民族自決に基づく第一次世界大戦の終結を提唱する「平和に関する布告」を発表した。だが、現存する社会主義諸国では、既存の体制維持が平和と同一視され、非暴力的な紛争解決を志向する平和主義は、戦争の階級的性格を等閑視し、「正しい戦争」も拒否する「ブルジョワ・イデオロギー」として否定された。

【関連項目】 帝国主義／ロシア革命　〔木戸衛一〕

## 社会進化論 Social Darwinism

生物学におけるC. R. ダーウィンの進化理論を、人間社会の現象に当てはめようとする思想的潮流。人間社会が一定方向に進歩、発展とするという考え方は、すでにヘーゲルやコントにもみられるが、ダーウィンの『種の起源』が刊行される頃（1859年）から、その根拠を生物学的知見に求める動きが広まった。例えばH. スペンサーは、社会の発展に進化（evolution）の語を用い、社会は生物の進化と同じ原理と理論により不可避的に進歩すると主張した。またマルクスは史的唯物論において、資本主義は必然的に共産主義に淘汰されると説いた。これらは、当時発展著しい自然科学的合理性を、人間社会に適用したという意味で、社会科学を過去の因習や神話から「解放」しようとしていた。

しかし19世紀末に入り、社会進化論は強者の論理と化した。アメリカでは南北戦争後、スペンサーの適者生存概念が盛んに主張され、富の偏在や労働者の失業等、資本主義特有の問題は、個人の能力に起因するものとされた。

ヨーロッパでも、社会進化論は眼前の問題を等閑視する装置として機能した。例えば19世紀末以降のアフリカ分割は、文明化された白人と、野蛮な黒人との戦いであると解釈された。つまり強者と弱者の二分法は、適者と不適者、文明と野蛮のそれに読み替えられ、帝国主義を擁護する役割を果たした。

こうした二分法は、ヨーロッパに住む人々に対しても適用された。社会進化論者の多くは、劣った個の救済に繋がるとして社会福祉政策に反対した。それはやがて、国家や民族を1つの有機体と捉え、そこから劣等な遺伝要素の排除を目指す優生学を生み出す。特にドイツでは、第一次世界大戦前後から民族の遺伝的改良を謳う人種衛生学（Rassenhygiene）が制度化された。それは1920年代のワイマール福祉国家に対する、深刻な思想的脅威となったばかりでなく、30年代のナチ体制下における「生存圏」構想や、所謂「遺伝劣格者」に対する断種・「安楽死」政策の重要な理論的支柱にもなった。

【関連項目】 人種主義／優生学
【参考文献】 ポイカート（雀部幸隆・小野清美訳）『ウェーバー 近代への診断』名古屋大学出版会、1994年／宮本正興ほか編『新書アフリカ史』講談社、1997年　〔磯部裕幸〕

## ジャネット・ランキンの平和運動 peace movement of Jeannette Rankin

1880年にモンタナ州に生まれ、モンタナ大学、ニューヨーク博愛学校で学ぶ。当初は女性

参政権運動に従事し，1916年にはアメリカ最初の女性連邦下院議員（モンタナ州選出）に当選し，2期務めた。絶対平和主義者として第一次世界大戦へのアメリカの参戦決議に反対し，20年代から30年代にかけては，「国際女性平和自由連盟」（19年設立）や当時のアメリカ最大規模の平和組織「全米戦争防止協議会」に参加し，戦争放棄の精神を広め，海軍の拡張に反対する積極的な院外活動を展開した。40年には連邦下院議員として再選を果たし，翌41年12月の真珠湾攻撃直後の対日宣戦布告決議に連邦議会議員として唯一の反対票を投じた。ガンディーの非暴力無抵抗主義に共感し，第二次世界大戦終結後も，朝鮮戦争やその後のヴェトナム戦争に反対し，平和主義者としての立場を貫いた。68年1月，全米女性平和組織「平和のための女性ストライキ」主催のヴェトナム反戦ワシントン行進において「ジャネット・ランキン義勇隊」の先頭に立った。73年に92歳で死去。

【関連項目】ガンディーの平和思想／平和主義　〔藤本博〕

### 上海事変（第一次）Shanghai Incident

1932年1月28日から中国の上海において展開された日中の軍事衝突。31年9月に中国侵略（「満洲事変」）を開始した日本は，中国東北に傀儡国家を樹立するために策動した。そのような動向から欧米諸国の関心をそらすため，陸軍の田中隆吉少佐が上海で事件を引き起こすべく画策して，32年1月18日に上海街頭で中国人に日本の僧侶を襲撃させた。これをきっかけに現地で日本人による中国人襲撃が起こり，日本海軍は日本人居留民の保護を名目に，巡洋艦・空母などを派遣する一方，中国側に時限付きで謝罪や「抗日」団体解散などを求めた。28日に中国側が日本の要求に応じたにもかかわらず，同夜日本海軍陸戦隊は中国軍への攻撃を開始した。しかし中国の第19路軍の抵抗に遭い，日本は陸軍部隊を派遣して，3月初旬に上海租界境界線外20km以上に中国軍を撤退させることに成功した。日本軍は上海や杭州に対する爆撃も実施した。上海に権益を有する欧米諸国は戦闘の拡大に危機感を持ち，国際連盟や現地において日中両国に和平を促した。5月5日，日本軍の撤収や中国軍の上海租界付近への駐兵制限などを定めた協定が締結され，停戦に至った。この戦闘での犠牲者は日本軍死傷者約3000人，中国軍死傷者約1万4000人，上海市民の死傷者は約8000人にのぼった。

〔伊香俊哉〕

### 上海事変（第二次）Battle of Shanghai

1937年8月13日から中国の上海において展開された日中の軍事衝突。37年7月7日に始まった盧溝橋事件を契機に日本は華北への軍事侵攻を開始，月末には北平・天津地域の制圧に乗り出した。8月9日に日本海軍上海特別陸戦隊の大山勇夫中尉は中国軍飛行場の偵察中に中国保安隊に射殺された。これを契機に上海での軍事的緊張は一挙に高まり，13日に中国軍は日本軍への攻撃を開始し，戦闘が本格化した。15日に日本政府は「暴支膺懲」を表明し，日中戦争は全面化した。中国側は，華北での戦闘と異なり，精強な部隊を投入した。中国側の頑強な抵抗と，クリークの多い中国の地形などに，日本軍は苦戦した。11月に入り，日本軍は杭州湾から陸軍を上陸させ，上海の中国軍の後方を突く形となった。この作戦によって11日以降上海の中国軍は南京方面への退却を開始し，日本軍は12日上海を占領した。第二次上海事変での日本軍の死傷者は約4万人，中国軍側の死傷者は約33万人にのぼった。また第二次上海事変の開始とともに，日本軍は華中各地の中国軍飛行場など軍事施設や上海・南京などの市街地への爆撃を実施し，一般市民にも被害をもたらした。

〔伊香俊哉〕

### 従軍慰安婦問題
issue of "comfort women"

従軍慰安婦とは，1930年代から45年の日本敗

戦までに日本軍が戦地や占領地に設置した慰安所等で，日本軍将兵や軍属に性的奉仕を強いられた女性たちのことを指す。「従軍慰安婦問題」には，91年に被害者が名乗り出た後の日本政府や被害国・市民の対応，損害賠償請求裁判，教科書への記述など，「慰安婦」被害者の被害回復措置を巡る一連の課題を含むことが多い。

軍の慰安所は32年の上海事変時に設置されていたことが文書で確認されており，37年の日中戦争で本格化し，41年以降はアジア太平洋全域に慰安所設置が拡大していった。被害者総数は不明だが，その推測には5万人〜20万人の諸説がある。

91年に韓国の金学順が被害者として名乗り出て日本政府に真相究明や謝罪や補償を求めて提訴したことを機に，歴史研究者の吉見義明らが調査を開始，軍・政府の組織的関与を示す文書を多数発見した。また台湾や中国，オランダ，フィリピン，インドネシアなど東南アジア各国からも被害証言が相次ぎ，「慰安婦」制度は日本軍が立案，設置，管理した戦時の性奴隷制であることが明らかになっていった。日本政府は当初，軍の関与を否定していたが，91年12月から政府調査を実施，93年8月には軍の関与と意思に反した募集，慰安所での強制的な状況を認める談話を発表した（河野官房長官談話）。しかし，法的には平和条約及び二国間条約等で解決済みとして，95年にアジア女性基金を設置した。

「慰安婦」被害者が日本政府に謝罪と損害賠償を求めた裁判は10件起こされたが，いずれも最高裁で原告敗訴が確定した（8件で被害事実を認定）。河野談話後には中学校の歴史教科書すべてに掲載された「慰安婦」関連記述も，2002年以降削除されていった。官憲による強制連行を否定する主旨の閣議決定を行うなど，被害者の証言を認めない日本政府の姿勢に国連や欧米諸国からも批判が続いている。なお，「従軍」の自発的なニュアンスを避け，「慰安」は被害実態を表さないためカッコを付けて日本軍「慰安婦」との表記が支援団体では使われている。英語圏では「性奴隷」（sexual slavery）との併記が多い。

【関連項目】アジア女性基金（AWF）／戦時性暴力
【参考文献】金富子・中野敏男編『歴史と責任』青弓社，2008年／吉見義明・林博史編『共同研究日本軍慰安婦』大月書店，1995年
〔渡辺美奈〕

### 重慶爆撃 Bombing of Chungking/Chongqing

重慶市は中国四川省にある商都。日中戦争期，国民党と共産党合作になる抗日政権の臨時首都が置かれた。日本軍は湖北省・武漢までは地上軍を進めたが，それより先は，大巴山脈と長江の急流に阻まれ重慶への進撃路を確保できなかった。そこで陸海軍航空隊による「戦政略爆撃」によって「重慶政権」を屈服させる作戦がとられた。それは「政治・経済・軍事の中枢」を爆撃し「住民の継戦意志を挫折させる」ことを目的とする，戦史上初の長期，継続的な都市無差別爆撃であった。1939年末から43年半ばにかけ計218回の爆撃が重慶市街地に向けられ，成都，楽山，自貢市など周辺都市にも焼夷弾攻撃が加えられた。なかでも「百号作戦」（39年），「百一号作戦」（40年），「百二号作戦」（41年）が多くの犠牲者を出した空襲として知られる。日本と同じ木造家屋がほとんどだったので市街地区は焼き払われ，最低1万数千人の非戦闘員が死亡した。しかし中国は耐え抜いた。地下に巨大な防空洞を建造，空襲の時期を「疲労爆撃」と呼びながらも，そこに立てこもって「抗戦首都」を堅持した。2006年，中国人原告188人が「謝罪と補償」を求め東京地裁に提訴したが棄却された。
〔前田哲男〕

### 自由権（政治的自由）
rights of freedom/political freedom

日本国憲法は，「国民の権利及び義務」に関する第3章のなかに多くの自由権の規定を置

く。そのなかには，経済的自由権（22条の職業選択の自由等，29条の財産権），人身の自由（適法手続きを保障する31条以降の，一連の刑事手続きに関する自由権）と並び，精神的自由権と総称される保障がある。

憲法19条は思想・良心の自由を，20条は信教の自由と政教分離を，21条は表現・結社の自由と検閲の禁止を，23条は学問の自由を，それぞれ保障する。

憲法上の自由権は，国家に対する不作為請求権，すなわち，自由を制約することになるような妨害を行わないよう求める権利としての実質を持つ。この自由権の侵害は，裁判によって救済可能であり，自由権を侵害する法律や行政上の処分は無効となる。ただし，憲法13条に記された「生命，自由，幸福追求の権利」は「公共の福祉に反しない限り」で保障されているように，憲法上の自由権は絶対的ではない。経済的自由に関しては特別に社会的弱者との共存を実現するための法的規制による調整が認められているほか，精神的自由権等においても，他者の権利を侵害するような自由権行使のあり方が制限されるなどの，内在的な制約が認められることになる。

そのための憲法上の自由がどこまで保障されるのかが常に問題になる。各条文で想定される違憲性審査基準によって判定されるが，基本的には，立法目的が当該権利を制限するに値するだけの重要性を持つものであり，また，目的実現手段が目的達成にとって必要不可欠なものであり，他の手段によって代替できないことが求められる。

精神的自由権は，特に自分たちの共同体の理想を想定し，そこに向かっての議論を保障することにより，政治的な機能を営む。選挙権のような直接的参政権とともに，精神的自由権の保障が民主政の不可欠の基盤であり，主権者意思の表明に必要な情報が十分に流通している状況を求める「知る権利」の実質化と相まって，自由な表現空間がよき民主政の条件となる。

【関連項目】憲法規範／憲法訴訟／思想・良心の自由／信教の自由

【参考文献】奥平康弘『表現の自由（Ⅰ）～（Ⅲ）』有斐閣，1983～1984年／樋口陽一『人権』三省堂，1996年〔西原博史〕

### 自由権規約委員会　Human Rights Committee

市民的及び政治的権利に関する国際規約の実施機関として，1976年に設置された。個人資格からなる18名の委員によって構成され，任期は4年で再任は妨げられない。

自由権規約委員会は同規約の国際的実施に責任を有する機関である。まず，すべての締約国に義務づけられる国家報告書審査（40条）において，締約国が定期的に報告する規約の実施状況について，これを審査する。その目的は，締約国との「建設的な対話」を通じて，規約上の義務の履行について締約国と協力することにある。審査後，報告に関する「総括所見（concluding observations）」が採択される。

国家通報制度とは，自由権規約41条に基づき，締約国の規約違反に関する他の締約国からの通報を自由権規約委員会が受理し検討する権限を認めることを宣言した国家間にのみ適用される手続きである。義務違反の通報があり締約国間で解決されないときに，自由権規約委員会は友好的解決のためのあっ旋を行い，失敗したときは，関係締約国の事前の同意を得て設置された特別調停委員会がさらなるあっ旋を行う（42条）。

最後に，個人通報制度とは，第1選択議定書の締約国の管轄下にある個人からの通報を審査する制度である。　〔坂元茂樹〕

### 十五年戦争　Fifteen Years War

日本が行った1931年から45年までの足かけ15年にわたる対外戦争の総称。

この戦争は，31年9月18日からの満洲事変，37年7月7日からの日中戦争，41年12月8日か

らのアジア・太平洋戦争という3つの戦争から構成される。

十五年戦争という用語は，この3つの戦争が相互に関連した一連のものという考えに基づいている。すなわち，①満洲事変の結果から華北地方をさらに中国から分離しようとして日中戦争が起こり，日中戦争がその収拾に行き詰まるなかで，ヨーロッパでの戦争と連動して日本の東南アジア進出が行われ，アジア・太平洋戦争へと繋がった，②満洲事変の結果できた満洲国の存在を認めるか否かが，アジア・太平洋戦争開戦の岐路となった日米交渉の争点の1つであったことから，2つの戦争には直接的な関連がある，③日本の中国に対する侵略が15年間継続していたという連続性がある，といった認識に依拠している。

【関連項目】　アジア・太平洋戦争／日中戦争／満洲事変

〔安達宏昭〕

## 囚人のディレンマ　prisoner's dilemma

ゲーム理論における囚人のディレンマとは，関係主体が個別利益を追求する結果，集団全体にとって不合理な事態が発生する戦略状況を指す。

図に示したとおり，ゲームのプレイヤー（XとY）は，それぞれCとNCという戦略を持ち，戦略の組み合わ

|   | Y |   |
|---|---|---|
|   | C | NC |
| X C | 3, 3 | 0, 4 |
| NC | 4, 0 | 1, 1 |

せの結果として発生する4つの事態において特定の利得を得る（例えば，XがNC，YがCを選択することによって発生するアウトカムにおいてXは利得4，Yは利得0を得る）。

このゲームにおいて，両者がNCを選択する事態と，両者がCを選択する事態とを比べるならば，いずれのプレイヤーにとっても後者のほうが好ましい。しかしながら，両者がNCを選択するという戦略の組み合わせにおいて，いずれのプレイヤーも一方的に戦略をNCからCに切り替えても利得を改善することはできないので，戦略を変更する誘因は働かない。したがって，目的合理的に行動するプレイヤーの間において，共通の不利益を回避できない。

このゲームは，国家間において軍備競争などの不合理がなぜ生じるのかを分析する際に有用である。

【関連項目】　ゲーム理論／チキン・ゲーム

〔石田淳〕

## 重水炉（HWR）　heavy water reactor

重水炉は，中性子の吸収が少ない重水を減速材に使用しているため，天然ウランでも臨界を維持することができる。

重水は，中性子の移動速度を落とす効果が高く，かつ中性子の吸収が他の減速材と比較して少ないため，ウラン235の含有量が少ない天然ウランのみで原子炉の運転を継続することが可能である。しかしながら，天然ウランは，核分裂性のウランの割合が低く，核分裂生成物の中性子捕獲により，運転中徐々に反応度が小さくなる。そのため，長期間にわたり運転を維持する場合には，運転中に燃料交換が必要となり，運転中に燃料交換が行える設計となっている。

重水炉は，減速材かつ冷却材である重水を加圧水型軽水炉と同様に加圧した状態で使用する圧力容器型と，減速材と冷却材を分離した圧力管型の原子炉がある。圧力管型は，減速材と冷却材が分離されているため，重水冷却を採用したCANDU（CANada Deuterium Uranium）炉，軽水冷却を採用した新型転換炉等があるが，世界的には，カナダで開発された重水減速重水冷却圧力管型炉であるCANDU炉が主流を占めている。CANDU炉は，1960年に実用化された。

CANDU炉の特徴は，天然ウランを燃料に利用すること，運転中に燃料交換を行うこと，冷却材にも重水を使用すること，短尺（長さ約50cm）の燃料集合体を繋ぎ合わせて圧力管に挿入し，それを練炭のような横穴の開いたカラ

ンドリアタンクに挿入し炉心を構成している。このカランドリアタンクに減速材である重水が満たされている。

　CANDU炉は，短尺の燃料集合体を水平に複数体並べて装荷しており，運転中に一方から新燃料を連続的に装荷，反対側から燃焼を終えた使用済燃料を押し出して，取り出すことになる。各圧力管に接続している冷却配管は，ヘッダ部にまとめられて炉心部で発生した熱を吸収した重水を蒸気発生器に通し，ここで軽水の蒸気に変えて発電を行う。炉心部以外の構造は，ほぼPWRと同じで，1次系は高温でも沸騰しないように加圧されている。

　CANDU炉は，現在改良が検討されており，安全性の向上や冷却材に軽水を用いてコスト削減を行うとともに，微濃縮ウラン（1％程度）を用いて燃料の効率化を図るなど，経済性を高めた改良を実施しており，最新の原子炉は第3世代＋の原子炉と位置づけられている。

　重水炉の特徴は，ウラン濃縮せずに原子炉を運転することが可能であり，得られた使用済燃料中にプルトニウム239の同位体比が高いプルトニウムを生産できることで，これを再処理することでプルトニウム239の含水比の高い核兵器級のプルトニウムを抽出することが可能であることから，イランの核開発等，核不拡散の観点で注目されている。

【関連項目】原子力開発／原子炉の構造／新型転換炉（ATR）
【参考文献】大塚益比古・三田重男「CANDU炉について」『日本原子力学会誌』，1981年／神田誠ほか『原子力プラント工学』オーム社，2009年
〔須田一則〕

## 集団安全保障　collective security

　集団安全保障は，第一次世界大戦後，勢力均衡に代わるものとして導入された新しい平和維持・安全保障の方式である。勢力均衡が，対立する国家（群）の間に力の均衡を図ることによって相互の安全を確保しようとするものであるのに対して，集団安全保障は，対立する国家（群）を1つの体制内に取り込み（脅威の内部化），戦争や戦争の脅威は体制全体に対する悪であるという共通認識の下に平和を維持しようとするものである。集団安全保障の中心的な要素は，相互不侵略の誓約と，それに反した国に対する集団的な制裁の制度にある。

　集団安全保障の方式を採用した最初の普遍的な体制は，第一次世界大戦後の国際連盟である。国際連盟規約は，重大な紛争が発生した場合には，それを国際裁判か連盟理事会に付託することを義務づけ，裁判の判決又は理事会の報告の後，3ヵ月間は戦争を禁止するという戦争モラトリアムの制度を導入した。そして，これらの規則に違反して戦争を行った場合には，経済制裁を中心とする制裁が科されることとされた（16条）。連盟規約の経済制裁制度では，連盟国は直ちに一切の通商上・金融上の関係を断絶するものとされていたが，1921年に連盟総会の採択した「連盟規約16条適用の指針」によって，制裁が個別化・段階化されることになった。

　国際連盟が発動した制裁は，35～36年のイタリアによるエチオピア侵略に対する経済制裁のみであるが，対イタリア制裁は，重要な戦略物資（石油，鉄など）が禁輸の対象外とされ，イタリアの重要な貿易相手国が制裁に参加しなかったことなどから，大きな効果を挙げることなく失敗に終わった。そこで，第二次世界大戦後に成立した国際連合の安全保障体制においては，とりわけ軍事制裁の側面を中心に集団安全保障が強化されることとなった。

　国連憲章は，個別国家による武力の行使を，自衛の場合（51条）を除いて一般的に禁止する（2条4項）とともに，平和に対する脅威，平和の破壊，侵略行為に対しては，安全保障理事会が集権的に制裁の実施を決定する（第7章）という体制を構築した。しかし，冷戦期には，米ソ対立を背景とした拒否権の行使によって，国連の集団安全保障体制はいわば機能麻痺の状

態にあった。そのため，この時期に，安保理の機能不全の際には国連総会を利用するという手続き（平和のための結集決議）や，応急措置としての平和維持活動（PKO）が発展をみることとなる。

80年代末における冷戦の終結は，湾岸戦争に象徴されるように，国連の集団安全保障体制の機能回復に繋がったが，冷戦と拒否権の行使が集団安全保障にからむ問題のすべてではない。集団安全保障における制裁の制度には，各構成員が集団全体の共通利益のために犠牲を厭わないという前提があるが，そのような前提が現実の国際社会にどれだけ存在するのかは疑問である。諸国はより強力な共通利益を同盟関係に見出しており，国連の集団安全保障体制の下においても集団的自衛権を根拠とする同盟関係が重視されているのは，その表れでもある。

なお，集団安全保障には，国際連盟や国連に代表される普遍的な体制のほか，連盟期のロカルノ条約や，国連の下における米州機構（OAS）のリオ条約のような地域的な体制も存在する。

【関連項目】 国際連合（国連）（UN）／国際連盟（LN）／国連の軍事的措置／国連の非軍事的措置／勢力均衡

【参考文献】 浅田正彦「国際安全保障法」浅田正彦編『国際法（第2版）』東信堂，2013年／高橋通敏『安全保障序説』有斐閣，1960年／藤田久一『国連法』東京大学出版会，1998年／Simma, Bruno et al. eds., *The Charter of the United Nations*, 3rd ed., 2 vols. Oxford University Press, 2012／White, Nigel D. ed., *Collective Security Law*, Ashgate, 2003 〔浅田正彦〕

## 集団的自衛権
しゅうだんてき じ えいけん

right of collective self-defense

集団的自衛権とは国際法上，自国と密接な関係にある外国に対する武力攻撃を，自国が直接攻撃されていないにもかかわらず，武力をもって阻止する権利とされている。混同されやすい類似の概念として集団安全保障が挙げられるが，これは国連憲章39条及び42条等で想定されるように，ある国が侵略等を行った場合に，当該国が加盟している国連安保理事会の判断の下に軍事的その他強制措置によりこのような侵害行為を鎮圧し，除去することを目的としたものであり，集団的自衛権とは異なる。

集団的自衛権の法的性質については，①他国に対する攻撃が自国の法益を害する場合は，両国がそれぞれの個別的自衛権を共同して行使すると捉える個別的自衛権共同行使説（バウエット），②集団的自衛権は自己防衛の権利ではなく，他国を防衛するものとする他国防衛説（ケルゼン，クンツ），③自国と密接な関係にある他国に対する武力攻撃によって，自国の死活的な利益が害された場合に行使しうる権利であるとする死活的利益防衛説（ラウターパクト）の3つの学説が提唱されており，このうち他国防衛説が多数説とされる。他方，ニカラグア事件本案ICJ判決は，利益防衛説に立脚している。この判例によると，武力攻撃の犠牲者たる国家より要請がない場合に集団的自衛権の行使を許容するような規則は慣習国際法上存在しないとして，集団的自衛権の行使のためには，攻撃の犠牲者たる国家が攻撃を受けたことを自ら宣言すること，及びその国から要請があることを要件としている。

集団的自衛権は，国連憲章51条及び慣習法上も国家の固有の権利として国際法上認められているものの，国家の主権的行為として制限が課されている事例もある。例えば，バチカン市国は，歴史的経緯からラテラノ条約により行使しうる公権力が限定されており，集団的自衛権も一定の制約を受けている事例の1つである。

なお，集団的自衛権に基づく武力行使は，国連自体が組織して行うものではなく，国連が集団安全保障制度の下で必要な措置を取る間，武力攻撃を受けた国と密接な関係にある国が侵害を除去するために当該国の判断により行うことが許容される措置である。このため無制限の行使は想定されておらず，一定の制約が内在している。

【関連項目】 集団安全保障／集団的自衛権と憲法（解釈）
【参考文献】 浅田正彦「国際安全保障法」浅田正彦編『国際法（第 2 版）』東信堂, 2013年／Simma, Bruno *et al.* eds., *The Charter of the United Nations*, 3rd ed., Oxford University Press, 2012／Tsagouria, Nicholas and Nigel D. White, *Collective Security*, Cambridge University Press, 2014

〔福井康人〕

## 集団的自衛権行使容認の閣議決定
Cabinet Decision on Development of Seamless Security Legistation to Ensure Japan's Survival and Protect its People

 安倍晋三内閣は, 2014年 7 月 1 日に, 集団的自衛権の行使を容認する憲法解釈変更の閣議決定を行った。①わが国に対する武力攻撃が発生した場合のみならず, わが国と密接な関係にある他国に対する武力攻撃が発生し, これによりわが国の存立が脅かされ, 国民の生命, 自由及び幸福追求の権利が根底から覆される明白な危険がある場合に, ②これを排除し, わが国の存立を全うし, 国民を守るために他に適当な手段がないときに, ③必要最小限度の実力を行使すること, という 3 要件を満たせば, 個別的, 集団的自衛権と集団安全保障の 3 種類の武力行使が憲法上可能とされることとなった。

 憲法 9 条を巡る従来の政府解釈では, 集団的自衛権の行使は「自衛力」を超えるため違憲とされてきたため, この閣議決定は, 憲法 9 条の根本的な規範内容を読み替える解釈改憲として位置づけられる。日本が武力攻撃されていないにもかかわらず, 他国の紛争に参加し武力行使に踏み切るという点において, 従来の政府見解から明白に逸脱するものであり, かような重大な変更を国会審議にかけることなく閣議決定したことに対し, 強い批判が向けられている。

【関連項目】 自衛権発動三要件／集団的自衛権と憲法（解釈）
〔麻生多聞〕

## 集団的自衛権と憲法 （解釈）
right of collective self-defense and interpretation of the Constitution

 政府の説明によれば, 集団的自衛権とは「自国と密接な関係にある外国に対する武力攻撃を, 自国が直接攻撃されていないにもかかわらず, 実力をもって阻止する権利」とされている。自国が武力攻撃を受けた場合の個別的自衛権に対置される。国連憲章では, 武力行使が原則として禁止され, その違反に対して国連の集団安全保障によって対処することになっている。その例外として51条で個別的自衛権, 集団的自衛権ともに認められている。

 従来の政府解釈によれば, 憲法 9 条の戦争放棄の下で国民の平和的生存権や幸福追求権を守るために, 必要最小限度の自衛の措置のみ認められるとされてきた。自国が武力攻撃を受けた場合の個別的自衛権行使はその必要最小限度に入りうるが, 自国が武力攻撃を受けていない場合の集団的自衛権行使はその必要最小限度を超えるとされてきた。そこから, 集団的自衛権は国際法上保有しているが, 日本国憲法の下では行使できないと言われてきた。

 なお, 集団的自衛権は「実力」によるものとされており, 直接の武力行使・戦闘行為は禁止される。しかしその反面として, 「実力」でないものとして, 基地提供, 経済的援助, 後方支援などは認められてきた。これらは実質的に外国のための軍事活動を認めるものだとする批判も出されてきた。また, 日米安保条約 5 条は日本の領域における共同防衛を定めており, 在日米軍に対する武力攻撃に日本も共同で反撃することになっている。これは個別的自衛権の共同行使であって, 集団的自衛権の行使ではないと説明されているが, このような説明が可能か疑問も投げかけられてきた。

 ところが2014年 7 月 1 日の閣議決定によって政府の憲法解釈の変更が行われ, 自国の存立のための必要最小限度の集団的自衛権の行使は認

められるとされている。しかし，この憲法解釈変更は許されない解釈改憲ではないかとする批判も少なくない。

【関連項目】集団安全保障／集団的自衛権行使容認の閣議決定
【参考文献】浦田一郎『自衛力論の論理と歴史』日本評論社，2012年／浦田一郎ほか『ハンドブック集団的自衛権』岩波書店，2013年／浦田一郎編『政府の憲法九条解釈』信山社，2013年 〔浦田一郎〕

## 周辺事態法（重要影響事態法）
Act Concerning the Measures for Peace and Safety of Japan in Situations in Areas Surrounding Japan

「周辺事態に際して我が国の平和及び安全を確保するための措置に関する法律」（1999年制定）の略称。「そのまま放置すれば我が国に対する直接の武力攻撃に至るおそれのある事態等我が国周辺の地域における我が国の平和及び安全に重要な影響を与える事態」を「周辺事態」と定義して，そのような周辺事態に際して，日本が米軍への様々な軍事協力を定めた法律。1997年の「日米防衛協力のための指針」（日米ガイドライン）を実施するために制定され，主として朝鮮半島有事を想定したものとされた。日本による米軍への軍事協力の内容としては，周辺事態に際して，米軍への物品や役務の提供などを行う後方地域支援や，戦闘行為で遭難した者の救助捜索活動を行う後方地域捜索救助活動，さらには船舶検査活動などが挙げられている。ただ，この法律に関しては，「周辺事態」の概念の曖昧さが指摘されて，日米安保条約の枠組みをも逸脱するのではないかといった指摘もされた。政府は，これは地理的な概念ではないとしたが，同時に「周辺地域」はインド洋までも含むものではないとした。また，自衛隊が活動する「後方地域」とは「現に戦闘行為が行われておらず，かつ，そこで実施される活動の期間を通じて戦闘行為が行われることがないと認められる我が国周辺の公海及びその上空の範囲」をいうと規定されたが，ただ，この地域を明確に確定することは困難ではないかといった批判も出された。さらに，「周辺事態」に際しては，関係行政機関の長が「国以外の者」に対して必要な協力要請をなしうる点についても，地方自治の本旨や国民の人権を不当に侵害するのではないかといった批判が出された。

このような周辺事態法は，2015年9月に新たに制定された「平和安全法制整備法」によって「重要影響事態法」へと改変された。この法律では，「周辺事態」という概念が取り払われて，「そのまま放置すれば我が国に対する直接の武力攻撃に至るおそれのある事態等我が国の平和及び安全に重要な影響を与える事態」を「重要影響事態」として，このような事態において広く海外における後方支援活動が容認されている。しかも，後方支援の対象国も米国に限定されず，「国連憲章の目的の達成に寄与する活動を行う外国の軍隊その他これに類する組織」に拡大された。また支援地域も，「後方地域」という限定は取り払われて，「現に戦闘行為が行われている現場」以外であれば，後方支援活動を行うことが可能となった。また支援内容には弾薬の提供や戦闘行動のために発射準備中の航空機に対する給油整備も含まれている。しかし，このような支援活動がなされれば，憲法が禁止する「武力の行使との一体化」は避けられず，日本が米国などの戦争に巻き込まれる危険性が以前にもまして増大するといった批判が出されている。

【関連項目】憲法9条／集団的自衛権／日米安保条約／有事法制
【参考文献】全国憲法研究会編『法律時報増刊・憲法と有事法制』日本評論社，2002年／山内敏弘編『日米新ガイドラインと周辺事態法』法律文化社，1999年／山内敏弘『「安全保障」法制と改憲を問う』法律文化社，2015年 〔山内敏弘〕

## 住民投票と民族独立 referendum (plebiscite) and national independence

民族の分離独立に向けた民主的手続きとして

住民投票の実施を最初に提案したのは，ボリシェヴィキ指導者でソ連建国の父のレーニンである。レーニンは第一次世界大戦中に著した『社会主義革命と民族自決権』のなかで，「民族自決権」は政治的民主主義の原則に基づく要求であり，それは分離しようとする民族の「人民（住民）投票」によって行使できる，と説いた。第一次世界大戦後，民族主義が高揚するなか民族自決は民族の分離独立を実現する政治原則となり，またヴェルサイユ体制下では国境線の係争地において，国境線の最終確定の手続きとして住民投票が実施された。第二次世界大戦後になると，カシミールの帰属を巡って，国連はインド・パキスタン両国に対して住民投票の実施を提案したが，インドの反対で実施されずに来た。その後，冷戦期を通して住民投票は実施されていない。

ところが，冷戦末期にソ連及びユーゴスラヴィアで分離独立の賛否を問う住民投票が実施されたのを機に，分離独立の手続きとして住民投票が実施されるようになる。ソ連では1991年春から同年冬にかけて連邦構成共和国内で，住民投票法に基づき住民投票が実施され，その直後に各共和国とも独立を宣言し，ソ連は崩壊していった。ユーゴスラヴィアでも91年冬から翌92年春にかけて，共和国単位で独立の賛否を問う住民投票が実施され，ユーゴスラヴィアも崩壊していった。独立の賛否を問う住民投票はその後，アフリカではエリトリア及び南スーダンで，アジアでは東ティモールで，ヨーロッパではスコットランドで実施されている。

住民投票は，国家の統合や自治体の帰属替えを正当化するために実施される例もある。古くは38年，ドイツによるオーストリア併合の際に住民投票（国民投票）が実施されている。近年では2014年，ウクライナ南部のクリミア自治共和国で行われたロシアへの編入の賛否を問う住民投票に続いて，ウクライナ東部の2州でも親ロシア派がロシアへの統合を問う住民投票を実施した。住民投票は，その手続き自体は民主的だが，民族対立の構造が内在する国で，しかも民族独立を望む圧倒的多数の人たちが集住している地域で実施されれば，その投票結果はたいていの場合，独立支持派が圧倒的多数を占めるのは明らかである。それゆえに，住民投票後に少数派に陥ることを恐れる民族は住民投票に反対し，それが武力紛争のきっかけとなりうる。

【関連項目】クリミア併合／東ティモール紛争／ユーゴスラヴィア紛争

【参考文献】森下敏男『ペレストロイカとソ連の国家構造』西神田編集室，1991年／Kikkawa, Gen, "Preventing Ethnic Conflicts: A Reconsideration of the Self-Determination Principle," in Sato, Hideo ed., *Containing Conflict*, Japan Center for International Exchange, 2003

〔吉川元〕

## 主権国家　sovereign state

17世紀後半ぐらいから，君主という物理的存在と切り離して，抽象的な人格（法的人格）として国家を捉えるという理論が唱えられようになっていった（プーフェンドルフやホッブズなど）。また，ボダンの主権概念を引き継ぎつつ，国内での絶対的権力としての「対内主権」と自由独立としての「対外主権」の2つの概念からなる主権概念が，18世紀中葉以降次第に広まっていった（ヴァッテルなど）。そして，18世紀後半から19世紀初頭ぐらいまでには，法的人格と構成される国家が実態として観念できるようになり，主権国家としての国家という捉え方が一般的となっていった。主権概念も（近代的）国家概念も，したがってまた主権国家概念も，近代ヨーロッパで生み出された概念である。

近代国際法は，こうした主権国家概念，近代的法概念，勢力均衡概念を基礎とする諸国家体系の考えなどを前提としている国際法である。

その後，19世紀においては絶対的主権概念と相対的主権概念との対立がみられたが，現在では，国家主権を絶対的なものと捉え，主権国家が国際法に服すことはないという主張はみられ

ない。自由独立という主権の側面は，他国への従属関係の否定を意味するだけであって，国際法に優位するということを意味するわけではないとする相対的主権の考えをとらないと，国家主権と国際法の妥当という2つのことを同時に認めることはできない。

もっとも，主権は国際法の枠内の権利と言えるか，あるいは，国際法に優位する意味を持つのではないかという点を巡ってはなお議論が続いている。国際法と個々の国家の主権が両立しうるかという，国際法の存立そのものに関わる古典的課題は，現在においても，形は少し変えつつも存続していると言わなければならない。

主権は，国家とそれ以外の社会とを区別する，最も重要な基準であった。国家主権は，近代国際法の基本原則ないしは国家の基本権の中核をなしてきたのである。ところが，特に第二次世界大戦以後の国際組織の発展や個人の法的地位の向上とともに，国家主権の制限が言われるようになり，主権概念の変容が生じているのではないか，という指摘がなされることがある。

【関連項目】領域国家
【参考文献】田畑茂二郎『国家主権と国際法』日本評論社，1950年／福田歓一「思想史の中の国家」『日本學士院紀要』51巻2号，1997年　　　　　　〔柳原正治〕

## 出入国管理及び難民認定法 Immigration Control and Refugee Recognition Act

日本に入国し，日本から出国するすべての人の出入国の公正な管理と，難民認定手続の整備を目的とする法律。略称は入管法。近代日本の出入国管理は，1858年に欧米諸国と修好通商条約が締結された時点に遡るが，第二次世界大戦後の出入国管理法制は，1951年10月にポツダム政令として制定された出入国管理令に始まる。同政令は，サンフランシスコ平和条約の発効に伴って公布・施行された法律126号により法律としての効力を与えられ適用されていたが，難民条約への加入などを契機として抜本改正されることになり，こうして82年1月に施行されたのが入管法である。入国・上陸，在留，出国，退去強制，難民認定等について規定している。

入管法は90年に，人手不足解消のため，南米日系人の「定住者」としての受け入れと団体管理型の「研修生」の受け入れを可能とするよう改正施行された。さらに，冷戦終結後グローバル化が深まるとともに，治安維持・安全保障を理由とする管理制度の強化が図られ，不法在留罪の新設や生体認証技術を用いた上陸審査等が実施されるようになった。先進自由主義諸国の国境管理は，域外で民間企業によって代行されるケースが増えているが，日本についても同様の状況をみてとれる。2012年になると，入管法とともに外国人管理に欠かせぬ車の両輪であった外国人登録法が廃止され，入管法の下での在留管理の一元化が実現した。これによって，行政サービスの利便性は向上するも，外国人の管理・掌握は一層強化されることになった。

入管法は，日本に初めて難民認定手続を設置するものでもあった。しかし，認定実務は不透明なままに推移し，難民として認定される者の数も少数にとどまった。2002年に瀋陽の日本総領事館駆け込み事件を機に手続きの見直しが求められ，05年の入管法改正によって導入されたのが難民審査参与員制度である。外部識者の意見が異議申立の段階で相応に尊重される仕組ができたのだが，肝心の難民概念に係る理解が共有されておらず，また入国管理局内の手続きであることに変わりないため，独立性という点でも重大な問題を残している。

【関連項目】出入国管理制度／難民
【参考文献】明石純一『入国管理政策』ナカニシヤ出版，2010年／法務省入国管理局編『出入国管理』毎年発行〔阿部浩己〕

## 出入国管理制度 immigration control system

国境を越える人と物の移動を管理する制度。国の安全・秩序を維持することが主たる目的で

あり，管理の対象は主要には外国人に向けられる。国民とは異なり，外国人の入国・在留については国際法上，各国が自由に決定できるものとされてきた。人種差別的な外国人排斥を是認する19世紀後半の米国の判例等が長くその実証的根拠として援用されてきたが，各国の実行や学説は，同世紀を通して，実際には明らかに外国人の受け入れに寛容であった。だが米国の「フロンティア」が消滅し，1914年に第一次世界大戦が勃発すると，各国は一転して出入国管理の強化にとりかかる。査証の取得や旅券保持の義務化が一般化したのもこの頃である。出入国管理制度は，国籍法制ととともに，国家のあり方に決定的な影響を与えるものだが，その内実は市場という私的領域の要請によって多くを決められている。近年は，入国に先立って領域外で出入国管理が実施されることが増え，査証業務の民営化も進んでいる。他方で，この領域もまた，人種・性差別の禁止など国際人権法の規範的統制を免れられなくなっている。

〔阿部浩己〕

## 受忍論　concept of endurance

戦争被害は，「国をあげての戦争による『一般の犠牲』として，すべての国民がひとしく受忍しなければならない」とする考え。

厚生大臣の依嘱を受けた「原爆被爆者対策基本問題懇談会」(座長・茅誠司元東京大学長，7人) が1980年12月11日に答申した意見書に盛り込まれた。基本懇の設置は，原爆医療法を巡り，最高裁が78年に「国家補償的配慮が制度の根底にある」と判断したことが契機となった。被爆者対策について，国は「特別の社会保障」と位置づけていた。

意見書は，被爆者の放射線による健康障害は「特別の犠牲」としたが，一般戦争被害者との「均衡」を説き，旧軍人軍属への援護策とは「同一視するわけにはいかない」と国家補償に基づく対策を退けた。

議事録の要旨は2009年に公開され，当時の厚相は「国家補償の対象にすると一般の戦災者犠牲者にも広がりはしないか」と第1回の会議から警戒感を示していた。

受忍論は，空襲被害への損害賠償を否定する根拠にもなった。近畿や九州の空襲被災者が救済を求めた集団訴訟で，大阪高裁は13年，受忍論を引用して控訴を棄却した。最高裁は14年に原告側の上告を退けた。

【関連項目】　原爆医療法／戦争責任　　　〔西本雅実〕

## ジュネーヴ海軍軍縮会議
Geneva Naval Conference

1927年6月20日から8月4日までジュネーヴで開催された補助艦艇制限のための国際会議。ワシントン会議後，補助艦艇，特に基準排水量1万t，8インチ砲搭載の大型巡洋艦と潜水艦の建艦競争が再燃するなか，27年2月10日，クーリッジ米国大統領が軍縮会議開催を提議した。しかし，ワシントン会議での比率が固定化されることを嫌った仏伊両国は参加を拒否し，日英米3ヵ国での会議となった。

日本は，斎藤実朝鮮総督と石井菊次郎駐仏大使を全権に任命し，補助艦艇を水上艦艇と潜水艦に分け，大型巡洋艦と潜水艦で対米7割を目標とする水上補助艦通算主義を採用して会議に臨んだ。会議は，海外植民地との海上交通路確保のため多数の小型巡洋艦を必要とする英国と，両洋に艦隊を擁するため航行距離の長い大型巡洋艦を必要とする米国が激しく対立した。斎藤全権を中心とする日本は，大局的な立場から会議妥結に奔走したが，英米両国の対立により会議は失敗に終わった。その後，巡洋艦を巡り英米間で妥協が成立。ロンドン海軍軍縮会議では，対米7割を巡る日米間の対立のみが課題として残ることとなった。

【関連項目】　ロンドン海軍軍縮会議／ワシントン海軍軍縮会議／ワシントン体制　　　〔小池聖一〕

## ジュネーヴ軍縮委員会（会議）（CD）
Committee (Conference) on Disarmament

1978年の第1回国連軍縮特別総会の最終文書に基づき翌年に拡大改組の上設置された「唯一の多数国間軍縮交渉機関」である軍縮委員会が，84年に改称されて軍縮会議となった。所在地からジュネーヴ軍縮委員会／会議と呼ばれる。

軍縮委員会／会議の起源は，59年の米英仏ソ4カ国共同コミュニケで設置された「10カ国軍縮委員会」にまで遡る。この委員会は東西各5カ国が参加して構成されていたが，その後非同盟8カ国を加えた「18カ国軍縮委員会（ENDC）」となり，日本を含む26カ国（その後31カ国）が参加する「軍縮委員会会議（CCD）」を経て，軍縮委員会となった。

軍縮委員会は79年の発足当初，西側10カ国，東側8カ国，非同盟21カ国及び中国の40カ国からなっていたが（それまで参加していなかったフランスと中国が初参加してすべての核兵器国が参加することになった），その後加盟国の拡大で現在の65カ国（西側25カ国，東側6カ国，非同盟33カ国及び中国）となった。

その前身も含めて軍縮会議が作成した条約には，核不拡散条約，生物兵器禁止条約，化学兵器禁止条約，包括的核実験禁止条約などがある。

【関連項目】　国連軍縮特別総会（SSD）　　〔浅田正彦〕

## ジュネーヴ毒ガス議定書
Protocol for the Prohibition of the Use in War of Asphyxiating, Poisonous or Other Gases, and of Bacteriological Methods of Warfare

窒息性ガス，毒性ガス又はこれらに類するガス及びこれらと類似のすべての液体，物質又は考案を戦争に使用することを禁止した条約。この条約以前には1899年ハーグ万国平和会議で窒息性ガスに関するハーグ宣言（窒息セシムヘキ瓦斯又ハ有毒質ノ瓦斯ヲ散布スルヲ唯一ノ目的トスル投射物ノ使用ヲ各自ニ禁止スル宣言）が採択されているが（日本については1900年に発効），その後も毒ガスの開発は続けられ，第一次世界大戦では大量の戦死者も発生した。ジュネーヴ毒ガス議定書は25年夏ジュネーヴで開催された武器の国際貿易の監視に関する国際会議において採択された。28年に発効し，2015年現在締約国は137カ国であり，日本については1970年に効力が発生した。現在では窒息性ガス，毒性ガス又はこれらに類するガス及びこれらと類似のすべての液体，物質又は考案物を使用することは慣習国際法上も禁止されているとみなされており，さらに国際刑事裁判所規程では国際的・非国際的武力紛争における戦争犯罪（war crime）とされている（国際刑事裁判所規程8条2項b(xiii)，非国際的武力紛争については2010年検討会議で採択された8条2項e(xiv)）。

〔洪恵子〕

## ジュネーヴ法　Law of Geneva

武力紛争に適用される国際人道法のうち，赤十字国際委員会の主導の下，スイスのジュネーヴの国際会議で採択された諸条約や議定書などの総称。1949年8月に採択された「戦地にある軍隊の傷者及び病者の状態の改善に関する条約」（第1条約），「海上にある軍隊の傷者，病者及び難船者の状態の改善に関する条約」（第2条約），「捕虜の待遇に関する条約」（第3条約），「戦時における文民の保護に関する条約」（第4条約）（いずれも50年10月発効）と，これら4条約を補完するために77年6月に採択された「国際的武力紛争の犠牲者の保護に関する議定書」（第1追加議定書），「非国際的武力紛争の犠牲者の保護に関する議定書」（第2追加議定書）（いずれも78年12月発効）をその中核とする。

4条約は，戦争犠牲者の保護を目的とし，①正式の戦争だけでなくすべての武力紛争に適用されること（共通2条），②国際的性質を有し

ない武力紛争（内戦）にも最低限の人道的規則の適用を認めたこと（共通3条），③条約の重大な違反行為につき，普遍的な裁判管轄権を認めたこと（例えば第1条約49・50条）などの特徴を持つ。

第1追加議定書は，4条約の共通2条に定める国際的武力紛争（民族解放戦争を含む）に，また第2追加議定書は，同共通3条に定める非国際的武力紛争に適用されるもので，戦争犠牲者の保護に関する4条約の内容を補完・強化する一方で，1899年と1907年のハーグ平和会議で採択された戦争の手段・方法に関するハーグ諸条約（ハーグ法）の内容をも取り込み補正する包括的な内容を有するものとなっている。

【関連項目】　国際人道法（武力紛争法）（IHL）／戦時国際法／武力紛争　〔森川幸一〕

## 主要先進国首脳会議（サミット，G7/8）
Summit

フランスのジスカール・デスタン大統領の呼びかけで1975年，パリ郊外のライブイエ城で工業・民主主義国のフランス，西ドイツ，イタリア，イギリス，アメリカ，日本の6ヵ国首脳が第1回サミットを開催した。翌76年からカナダが参加，G7となった（79年より欧州共同体EC〈現EU〉代表が参加）。冷戦後97年にロシアを加えG8となった（2014年，G7はロシアのウクライナ内戦への介入を非難，ロシアの参加を停止した）。

1970年代は，変動相場制移行，石油危機後の世界的な不況を受けて，石油消費調整，貿易収支・為替安定など主にブレトン・ウッズ体制崩壊後のマクロ経済管理を協議した。ソ連のアフガニスタン侵攻を受けた80年代の新冷戦期は，レーガン米大統領らが主導する形で，軍縮問題，東西経済問題で対共産圏の西側結束が強調され，経済的には米国の双子の赤字を中心とする黒字国・赤字国間調整とサーベイランス強化，また規制緩和・民営化など構造改革が推進された。途上国の累積債務については構造調整政策と債務救済が繰り返し協議された。これらが後の冷戦終結，経済のグローバル化に繋がった。冷戦後，G7/8は市場経済，民主主義，法の支配など規範を強調し，民主化，テロ・核拡散，また温暖化の防止を積極的に取り上げた。

サミットは創設条約があるわけではなく，首脳間の非公式な協議体である。その役割は，国連はじめ国際通貨基金，世界貿易機関，欧州・アジアの地域機関など多様な制度のネットワークに組み込まれているため見えにくい。しかし主要国が40年も協調（concert）を維持し，時代の課題の可視化と政策指針を提示した意義は大きい。21世紀に入りG7/8の世界GDPシェアが50％近くまで低下したことから，サミットは2003年以降，途上国や新興国と対話を行い，リーマンショック（08年）後は，新興国などを含むG20がとって代わったかに見えたが，G20の問題対処能力は弱く，G8の存在意義は失われていない。

【関連項目】　グローバリズム／ブレトン・ウッズ＝ガット体制／民主主義の平和

【参考文献】　高瀬淳一『サミット』芦書房，2000年／Mourlon-Druol, E. and F. Romero, *International Summitry and Global Governance*, Routledge, 2014　〔納家政嗣〕

## 巡航ミサイル　cruise missile

巡航ミサイルは，翼とエンジンで飛行するミサイルである。遠距離爆撃を目的とした兵器としては，弾道ミサイルとは違って自律的推進機関を持ち，航法管制による精密誘導攻撃が可能である。

巡航ミサイルの開発では，冷戦初期に米国が核弾頭搭載の戦略巡航ミサイルや大陸間巡航ミサイルを開発したが，それらはその後退役し，新たにSALTの規定に抵触しない巡航ミサイルの開発が進んだ経緯がある。巡航ミサイルの特徴の1つに，ジェットエンジンで低高度長距離水平飛行を行うことがあり，レーダー等での

探知が困難であるため，急襲を仕掛けるのに最適な兵器とされている。一部の巡航ミサイルの弾頭は，通常弾頭と核弾頭が相互に換装可能になっており，アジアに配備されていたTLAM-N（オバマ政権の際に退役）のように，核抑止の一翼を担う場合もある。

巡航ミサイルの管制は，緯度経度情報に基づく慣性誘導と電波高度計による誘導で行われ，敵支配地域に侵入して対地攻撃を加える場合は，地形等高線照合（Terrain Contour Matching; TERCOM）システムのような航法システムに依存する。21世紀に入り，GPSによる航法システムも普及した。ただし，対艦攻撃にTERCOMは必要とされない。代表的な巡航ミサイルとして米国のトマホークが挙げられることが多いが，中国，韓国，ロシアなどもそれぞれ独自の兵器を運用している。

【関連項目】安全保障／ミサイル　〔佐藤丙午〕

## 浄化（法） lustration law

旧体制の人権侵害の責任者を公職から追放し，彼らが再び公職に就くことを禁じる国内法。ラテン語のlustratioに由来する浄化（lustration）は，移行期正義の重要な取り組みの1つである。脱共産主義化における移行期正義の一環に浄化法をいち早く制定したのはチェコスロヴァキアとバルト三国である。チェコスロヴァキアでは1991年に公職適否審査法を採択し，浄化を徹底することで民主化の足場を固めた。ポーランド及びその他の東欧諸国はおよそ10年遅れて浄化に取り組み始めた。浄化は，東欧諸国にとって欧州回帰の条件であった。一方，ロシアをはじめソ連の承継国では，バルト三国を除き，治安機関及び軍など安全保障部門の責任者の浄化は行われず，同部門の民主的統制も実現していない。分裂したソ連共産党が旧体制の政治インフラ構造をそのまま引き継ぎ，旧体制の政治エリートがそのまま権力の座に居座り，ソ連国家保安委員会（KGB）は新しい治安機関に衣替えして存続している。浄化は民主化移行を実現する上で鍵となる取り組みである。

〔吉川元〕

## 消極的・積極的安全保証
negative security assurance & positive security assurance

核不拡散条約（1970年発効）体制（以下，NPT体制）は文字通り核拡散を防止する法的枠組であるが，同体制の下で「核拡散」とは，非核兵器国が，核兵器を独力で開発するか，核兵器国からその委譲を受けるかなどして核兵器国となることにほかならない。NPTは，条約締結時点の核保有国たる「核兵器国」と，それ以外の「非核兵器国」とを区別して，別個に不拡散義務を設定するものである。このように非対称なNPT体制に対する非核兵器国の同意を確保することを目的として，核兵器国は非核兵器国に対して安全の保証（security guarantee）を行った。これは大きく積極的安全保証と消極的安全保証とに二分される。

まず積極的な安全の保証は，非核兵器国が核兵器の使用あるいは核兵器による威嚇の対象となった場合に，それに対して援助を提供するという約束である。例えば国連安保理は決議255（68年6月19日）を採択して，核兵器国たる安保理常任理事国は，非核兵器国に対する核兵器の使用あるいは核兵器による威嚇は国際の平和と安全に対する脅威であると認定して強制措置を講ずるとした。また，非核兵器国たる同盟国に「核の傘」を広げ，核兵器による反撃の威嚇によって，同盟国に対する核兵器による攻撃を自制させる拡大抑止も，広義の積極的な安全の保証に当たる。

これに対して消極的な安全の保証は，非核兵器国に対して核兵器の使用あるいは核兵器による威嚇を自制するとの約束である。国連軍縮特別総会が開かれた78年以来，毎年，国連総会は核の消極的安全保証を求める決議を採択してい

る。また，95年のNPTの無期限延長にあたって，条約運用上のすべての核兵器国はNPTに加盟する非核兵器国に対して消極的安全保証を約束した。

【関連項目】　安心供与／核不拡散条約（NPT）
【参考文献】　川崎哲『核拡散』岩波書店，2003年／大量破壊兵器委員会（川崎哲ほか訳）『大量破壊兵器』岩波書店，2007年／Knopf, Jeffrey W. ed., *Security Assurances and Nuclear Nonproliferation*, Stanford University Press, 2012　〔石田淳〕

## 消極的・積極的平和
negative peace & positive peace

平和研究の泰斗であるノルウェーの研究者ガルトゥングにより定義された概念。平和を単に戦争のない状態とみなすのではなく，暴力という観点から捉えることを提唱した。

ガルトゥングは，まず，暴力を人間の潜在的実現可能性と現実的実現性との隔たりを生み出す要因と定義する。つまり，人間が潜在的に持つ実現可能性が低下する場合，その低下を回避できるにもかかわらず回避できない状況が生じると，その原因を暴力と捉える。そして，その原因が個人や人間集団に直接的に作用する場合の個人的暴力（personal violence）と，国内社会や国際社会に構造化されている不平等が実現可能性の低下を回避することを間接的に妨げる要因になる場合の構造的暴力（structural violence）とに分けた。例えば，病気や肉体的・心理的苦痛などは個人的暴力とみなせるが，権力や資源が平等に配分されていない抑圧的な状況は構造的暴力と捉える。

ガルトゥングは，戦争のような直接的暴力＝個人的暴力がない状態を消極的平和，構造的暴力のない状態を積極的平和と呼び，消極的平和だけでなく積極的平和を実現する方策を検討することの重要性を説いた。特に，構造的暴力が存在しない状況を社会的正義が存在する状況であることを指摘し，平和研究が紛争研究にとどまらず途上国の開発や社会的正義の研究へと研究の射程を広げることを主導した。

冷戦後，国家間の戦争は減少したのに対し，内戦やテロ行為が多く発生する状況が出現している。これらの紛争の原因として，経済格差，社会的・政治的差別の存在が指摘されるようになった。また，紛争の停止だけでなく，新たな紛争を引き起こさないためには紛争後の社会構築をどのように行うかが重要になっている。構造的暴力と個人的暴力の相違や両者の関係性などについては分析概念としての曖昧さを残しており，その点での批判はあるものの，現代では消極的平和を超えて積極的平和を考察することの意義が改めて存在していると言えよう。

なお，第2次安倍政権が提唱している積極的平和主義（proactive contribution to peace）はガルトゥングの提唱する積極的平和を踏まえているものではなく，異なる概念である。

【関連項目】　構造的暴力（間接的暴力）／平和／平和学の方法
【参考文献】　ガルトゥング，ヨハン（木戸衛一ほか訳）『ガルトゥングの平和理論』法律文化社，2006年／Galtung, Johan, "Violence, Peace, and Peace Research," *Journal of Peace Research*, 6 (3), 1969　〔古城佳子〕

## 小国主義　The Idea of Small States

1910～20年代の日本において『東洋経済新報』を中心に三浦銕太郎，石橋湛山らが主張した反帝国主義の外交論。小日本主義，満韓廃棄論とも言う。軍拡と植民地拡張を掲げ当時主流であった「大国主義」を政治・経済的な自由主義の立場から批判した。三浦は満洲放棄論，移民不要論を展開して，21ヵ条要求に反対した。三浦に続いて同紙の主幹になった石橋は植民地全面廃棄論を展開し，三・一運動を世界的な民族自決運動の一環として位置づけ，社説で支持を表明した。石橋の主張は東アジアにおける「大日本主義」が経済的に無価値であり，発展に必要なのは領土よりも資本であり，日本は中国，朝鮮で「自由解放」政策を実施すべきだという内容であった。

近代日本の政府権力が大国への道を追求する外交姿勢をとるなかで，彼らの主張の意味は大きかったが，他方で自由民権運動の側から小国の存在理由を積極的に肯定した中江兆民や，「万国公法」を小国の視点から批判して小国を守る国際機構を主張した植木枝盛，デンマークを高く評価した内村鑑三，内村の小国論を支持した幸徳秋水らの社会主義者と比較するとその主張には限界もあった。〔大島美穂〕

## 少国民　Children/Jungvolk

「少国民」または「小国民」という言葉は，19世紀末から日本語として存在したと言われている。その意味は，必ずしも一義的ではないが，次世代の形成者として自らの成長をはかる大切な存在との意味がこめられていたようである。しかし，「少国民」は，1930年代の後半以降，特に第二次世界大戦中は，明らかに別の意味で公的にも使用されていた。子どもは，第1次的には親の子どもでもまた自己のための存在でもなく，「国の子」「陛下の赤子」であり，「神国日本」の担い手となるべき存在であった。45年の国民合唱曲「勝ち抜く僕等少国民」（「勝ち抜く僕等少国民／天皇陛下の御爲に死ねと教えた父母の／赤い血潮を受けついで／心に決死の白襷／かけて勇んで突撃だ」）には，当時の少国民観がよく示されている。しかし，32年に登場した小学校1年生用の「国語」（第1課「サイタサイタサクラガサイタ」第2課「コイコイシロコイ」第3課「ススメススメヘイタイススメ」）には，すでに新しい少国民観が登場し始めていたようである。〔杉原泰雄〕

## 少数民族高等弁務官（HCNM）
### High Commissioner on National Minorities

少数民族高等弁務官（民族的マイノリティ高等弁務官）は，1992年に開催された欧州安全保障協力会議（CSCE）ヘルシンキ首脳会議にて設立が決定された弁務官である。任期は3年，各国からの推薦によって常任理事会にて候補者を選定し，最終的に閣僚級理事会にて任命される。本部はオランダ・ハーグ市に置かれている。

少数民族高等弁務官はマイノリティの代弁者ではなく，当該国家に居住する民族的マイノリティに起因する紛争予防を主任務としている。弁務官の行動としては，当該国に居住するマイノリティからの通報や，弁務官自身の問題設定に従って当該国政府，民族的マイノリティの血縁上の母国や民族的マイノリティ代表と水面下での調整を行い（静かな外交），また代表者間の円卓会議を開催するなどして最終的に問題解決を図る。

欧州においてマイノリティに起因する紛争発生が懸念された1990年代初頭，CSCEでは参加国によってマイノリティの保護に当たるメカニズム案がいくつか提出された。しかしマイノリティの保護そのものに否定的な態度をとる国も多く，最終的には紛争予防の枠組として成立したものである。そのため，テロリズムに関与しているとみられるマイノリティ集団への関与は認められない，すでに発生している紛争に関しても関与できないなど，いくつかの制約が存在するが，民族紛争の予防において一定の役割を果たしていると言えよう。

【関連項目】欧州安全保障協力機構（CSCE）
【参考文献】玉井雅隆『CSCE少数民族高等弁務官と平和創造』国際書院，2014年　〔玉井雅隆〕

## 少数民族保護条約　Minority Treaty

第一次世界大戦後，新たな独立国が中欧や東欧に生まれることになったが，このような国境線の変更によって，それまでの支配民族が少数民族となり，少数民族問題を引き起こすことが想定された。そこで，戦勝国（米英仏伊日）は新興国と個別に少数民族条約を締結し，この問題に対処することになった。

具体的には，ポーランドとの条約を皮切り

に，東欧新興国と戦勝国間の条約，あるいは上部シレジアを巡る条約が結ばれた。このような条約を結ぶことで，大国は新たに独立した国の民族問題を防止できると考えたのであった。しかしながら，この条約体制は一定の国に限定されるもので，対象国からは不平等であるという不満も生じた。

この条約には，少数民族が問題を連盟理事会に持ち込むことができる規定があり，やがてこの条項を下に，国際連盟は少数民族問題に関する手続きを制度化させ，問題の議論やその解決の実行を積み上げていった。

【関連項目】　国際連盟（LN）／少数民族高等弁務官（HCNM）／人権　　　　　　　　　　〔篠原初枝〕

## 使用済燃料貯蔵　spent fuel storage

原子炉から取り出された使用済燃料は，発熱量と放射線強度を低減させるため，一定期間内，原子炉建屋内の貯蔵プールで貯蔵される。その後の取り扱いは，使用済燃料を再処理するか，そのまま廃棄物として処分（直接処分）するかの各国の廃棄物政策による。再処理政策を有する国の場合，通常，使用済燃料は再処理施設内の貯蔵施設に輸送され，再処理するまで再び一定期間貯蔵される。

直接処分の場合も，使用済燃料は実際に地層処分されるまで，原子力発電所の敷地内の貯蔵施設で保管される。

貯蔵方法としては，水を張ったプールに使用済燃料を貯蔵する湿式貯蔵と，金属キャスクやコンクリートキャスクに入れて貯蔵する乾式貯蔵がある。再処理施設の貯蔵施設がすでに満杯に近い場合，または最終処分場の建設に時間がかかるなどの理由により，原子力発電所敷地外の中間貯蔵施設に一定期間集中管理される場合がある。

日本では，青森県むつ市で2010年8月から再処理を前提とした使用済燃料中間貯蔵施設の建設が始まり，13年8月に貯蔵建屋が完成している。

【関連項目】　核燃料サイクル／再処理　　〔田崎真樹子〕

## 象徴天皇制　Symbol Emperor System

天皇を「日本国」と「日本国民統合」の「象徴」とする日本国憲法が規定する制度を指す表現。大日本帝国憲法（明治憲法）においては，天皇は国の元首であり統治権を総攬する主権者であったが，国民主権を掲げる日本国憲法の下では，象徴としての天皇の地位は，「主権の存する国民の総意に基く」（1条）とされ，天皇は憲法が定める「国事に関する行為」（国事行為）のみを行い，「国政に関する権能を有しない」（4条）ものとされた。さらに，天皇のすべての「国事行為」に，内閣の「助言と承認」を必要とする（3条）として，天皇の政治への関与を明確に否定している。こうした日本国憲法の体制を，「立憲君主制」の一類型として説明する考え方もある。確かに，19世紀のイギリスの政治評論家 W. バジョットが言うように，君主制には，国家統治の「尊厳的部分」，すなわち「象徴的機能」という役割が割り振られることが多いが，日本国憲法の場合は，国民主権原理の明確性と天皇の政治的無権限性から，その説明には疑義が呈されている。しかし，象徴天皇制の現実の運用の中では，国民主権の原理に基づく天皇の政治関与の否定が，厳密に守られない事例が見られる。例えば，憲法7条9号が規定する「外国の大使及び公使」の「接受」は，天皇があたかも日本を代表する「元首」であるかのような取り扱いがなされており，また，国会の開会に際しての天皇の「おことば」などは，憲法に「国事行為」として規定されていないにもかかわらず慣例となっているものの例であり，その種の行為を「国事行為」類似の「公的行為」として容認する見解もみられる。さらに，象徴天皇制は，皇室典範その他を通じて戦前来の天皇制の慣行を引き継ぐことで（例えば，即位の礼，大喪の礼，大嘗祭など），そ

れ自体として国民主権と矛盾する性格も多く，国民の主権者としての意識に与える否定的な影響も少なくない。なお，象徴天皇制に関わって最近議論されたものとして，女性による皇位継承の問題がある。現行の皇室典範1条は，「皇位は，皇統に属する男系の男子が，これを継承する」として，これを否定しているが，小泉純一郎首相の私的諮問機関「皇室典範に関する有識者会議」は，2006年11月，象徴天皇制の安定的な維持のため，皇位継承資格を女性や天皇・皇族の女系子孫に拡大することなどを求める最終報告書をまとめ，首相に提出した。

【関連項目】 国民主権／大日本帝国憲法／日本国憲法
〔小沢隆一〕

### 情報公開法
freedom of information act／act on access to information held by administration organs

情報公開法（「行政機関の保有する情報の公開に関する法律」）は，「国民主権の理念にのっとり，行政文書の開示を請求する権利につき定めること等により，行政機関の保有する情報の一層の公開を図り，もって政府の有するその諸活動を国民に説明する責務が全うされるようにするとともに，国民の的確な理解と批判の下にある公正で民主的な行政の推進に資すること」（1条）を目的として，1999年に制定され，2001年に施行された。同法では，情報開示請求権（3条）を認め，政府の説明責任等を義務づけてはいる。だが，「知る権利」を明示していない点，文書の存在の有無を答えるだけで不開示情報を開示する恐れがある場合は存否を明らかにせず不開示にできる点，不開示決定の理由等の具体的記載の義務のない点，インカメラ審理制度（法廷での開示や当事者の立会いなしで裁判所が対象文書の証拠調べを行う手続き）の不存在，ボーンインデックス（不開示情報の不開示理由をリストにした書面）の提出を命じる裁判所の権限や手続きへの言及がない点など，他国の制度と比べて不十分との批判もある。

【関連項目】 知る権利
〔河上暁弘〕

### 条約法に関するウィーン条約
Vienna Convention on the Law of Treaties

1969年に採択された条約法に関するウィーン条約は，条約法の基本法としての性格を持つ。本条約は，条約の締結，効力発生，留保，適用，解釈，改正，無効，終了等に関する規則についての統一を図る条約である。

同条約は，国家間の条約に適用される諸規則を法典化したものであり，必ずしも条約に関するすべての規則を定めたものではない。例えば，国際機関が締結する条約や国家承継，国家責任及び敵対行為発生と条約との関係に関する規則は，本条約では扱われていない。しかし，こうした事実は，条約法の基本法としての同条約の性格を揺るがすものではない。

もちろん，同条約の内容は単にこれまでの慣習法を成文化しただけでなく，条約の無効原因としての強行規範（ユス・コーゲンス）の承認（53条）や国連憲章に違反する武力による威嚇または武力の行使による国に対する強制による条約の無効（52条）に代表されるように国際法の漸進的発達の側面をあわせ持つ。

また，多国間条約への参加にあたって行われる留保について，その定義及び留保の許容性に関して留保と条約目的との両立性の原則を新たに採用した留保に関する条文も重要である。

日本は1981年に加入した。
〔坂元茂樹〕

### 条約優位説 supremacy of treaty

国内法秩序において条約にどのような地位を与えるかを決定するのは各国の憲法である。

大別して，条約が国内的効力を持つためには国内法への変形が必要であるとする変形方式をとる国（イギリスやカナダ）と条約を一般的に受容しその国内的効力を認める一般的受容方式の国（日本や米国）がある。

日本国憲法98条は、憲法の最高法規性を規定するとともに、「日本国が締結した条約及び確立された国際法規は、これを誠実に遵守することを必要とする」（同条2項）と定めている。「確立された国際法規」とは慣習国際法を指す。

この規定のみでは、国内法秩序における効力順位として、憲法が条約に優位するという憲法優位説をとっているのか、それとも条約が憲法に優位するという条約優位説をとっているのかは定かではない。ただし、統治行為論を採用した砂川事件の最高裁判決（1954年）により、判例上、わが国は憲法優位説をとっていると解されている。条約は憲法より下位であるが、法律より上位の効力を認められている。

オランダ憲法やオーストリア憲法のように、条約に場合によって憲法より上位の効力を認める憲法もあるが、当該条約の承認には憲法改正と同様の手続きがとられる。〔坂元茂樹〕

## 初期放射線 initial radiation

原子爆弾の爆発から1分以内に放出される放射線を初期放射線と言う。核爆発現象では、まず中性子と総和エネルギーが約6 MeVの5つの即発γ線が放出され、その直後に原子核分裂が起こる。この現象は極めて短時間に起こり、励起状態の核分裂片はβ線と遅発γ線を次々に放出していく。したがって、初期放射線は中性子線、即発γ線及び爆発から1分以内に放出される核分裂生成物に起因するβ線と遅発γ線から構成されることになる。

核爆発で発生するエネルギーのうち初期放射線が占める割合は5％であり、残りは爆発から1分以上経過した後に放出される遅発放射線が10％、爆風（衝撃波）が50％、熱輻射が35％と推定されている。初期放射線は、爆心地から遠くなるほど減少し、長崎では爆心地から3.5 km付近で1.0mSvにまで減少した。一方、爆風と熱輻射は爆心地から2km地点にまで建物を全焼倒壊させる被害を及ぼし、さらに3km地点にまで火傷や家屋の自然発火が見られたと言われている。

【関連項目】残留放射線／放射性降下物　〔持地敏郎〕

## 植民地主義 colonialism

広義には、大航海時代以降、スペイン、ポルトガルがラテンアメリカなどに進出した15世紀から現在まで、狭義には、産業革命を経験した欧米日など列強諸国が、アジア・アフリカ・太平洋などを植民地化する19世紀末から20世紀半ばの脱植民地化までを指す。

植民地主義は、政治・経済・軍事・文化面で国際関係に大きな影響を及ぼした。まず、羅針盤や蒸気船といった技術革新が、列強の対外進出を可能にした。軍事技術では列強と植民地の間に圧倒的な差があり、列強が軍備拡張と重要拠点確保を目指す動機となった。

列強は、重商主義や産業革命に伴う生産活動の機械化・大規模化で、原材料の調達先と市場を求めた。これらは植民地におけるモノカルチャーや国際的分業構造をもたらし、植民地独立後も旧宗主国との従属的経済関係が固定化する原因となった。

列強諸国は無主地先占の発想に基づき、1880年代のベルリン会議における「アフリカ分割」など恣意的な国境線画定を行った。支配形態としては、直接・間接統治、保護領・自治領設定があり、国際連盟の委任統治や国際連合の信託統治も実質的に植民地主義を支えたと言えよう。

植民地におけるエリート育成や分割統治は現地にいびつな政治・社会構造を残した一方、「反植民地主義」の過度のイデオロギー化もみられる。植民地統治国側では、「帝国意識」の払拭に時間がかかっている。スペイン語や英語などのヨーロッパ言語が「共通語」とされたり、文化的ヒエラルキーが残ったりするなど、文化・認識面のネオ・コロニアリズムが指摘されることもある。

【関連項目】 植民地独立付与宣言／帝国主義
【参考文献】 木畑洋一・後藤春美編『帝国の長い影』ミネルヴァ書房，2010年／半澤朝彦「植民地支配の遺産と開発途上国」大芝亮ほか編『平和政策』有斐閣，2006年／峯陽一ほか編『アフリカから学ぶ』有斐閣，2010年　　〔井上実佳〕

## 植民地独立付与宣言
Declaration on the Granting of Independence to Colonial Countries and Peoples

植民地独立のために1960年に採択された国連総会決議（1514 XV）。決議の採択状況は賛成89，反対0，棄権9。主要な植民地保有国は棄権票を投じている。国連憲章は一方で人民の同権と自決の原則を，他方で非自治地域及び信託統治地域という植民地の維持を，それぞれ認めていた。同宣言は，植民地主義に対する国連のこのような曖昧な関係を，植民地主義を全否定することによって一掃した。

同宣言は，前文と7つの項からなる。前文は，人民の同権と自決の原則及び人権と基本的自由が平和で友好的な関係の基礎であることを確認する。引き続く7つの項は，外国による人民の征服，支配，搾取が基本的人権を否認し国連憲章に違反すること（1項），すべての人民が自決の権利を持つこと（2項），政治的，経済的，社会的，教育的な準備が不十分であることをもって独立を遅延する口実としてはならないこと（3項），独立を目指す従属人民に対するあらゆる抑圧手段を停止すること（4項），信託統治地域及び非自治地域の人民にすべての権力を迅速に委譲すること（5項），国の国民的統一及び領土保全を破壊しようとするいかなる企図も国連憲章に反すること（6項），すべての国が国連憲章，世界人権宣言及び本宣言を誠実に遵守すること（7項）をそれぞれ宣言している。

61年，国連総会は決議1654（XVI）により宣言履行特別委員会を設置した。特別委員会は請願者や地域代表から聴取を行い，諸地域へ現地調査団を派遣した。信託統治理事会に匹敵する包括的で強力な権限を持った特別委員会は，非自治地域の諸問題を処理する重要な国連機関となった。宣言の採択以来，8000万人以上の人々が住む約60の旧植民地が独立を達成し，主権国家として国連に加盟した。宣言の採択と特別委員会による宣言の履行は，非自治地域に関する国連憲章規定を事実上改めるものであり，それはウィーン条約法条約31条3項(b)に言う「条約の適用につき後に生じた慣行」に該当する。

【関連項目】 植民地主義／人民の自決権
【参考文献】 家正治「非植民地化問題と国際連合」『神戸外大論叢』37巻1-3号，1986年／金東勲『人権・自決権と現代国際法』新有堂，1979年　　〔西海真樹〕

## 女子に対するあらゆる差別の撤廃に関する条約（CEDAW）
Convention on the Elimination of All Forms of Discrimination against Women

女子に対するあらゆる差別の撤廃に関する条約（女性差別撤廃条約）は，1979年に国連総会で採択（81年9月3日発効）され，国際社会における女性の人権宣言として締約国の国内法を拘束する法規範となっている（締約国は2015年7月末で，189ヵ国）。同条約は，女性差別とは何か，差別撤廃のための国の義務とは何かを定義するとともに，市民的，政治的，社会的，民事的及び文化的権利等における性別に基づく差別の撤廃を定めている。条約に加盟した国は，あらゆる形態の女性差別を撤廃するため，法制度に両性の平等及び女性差別を禁止する規定を定めること，他の公権力においても実効的な女性差別撤廃施策をとること，また私人他企業による女性差別をも撤廃すること，という義務を負う。慣習や伝統による差別も禁止している点で，女性差別が私的な領域において起こりがちである点に留意し，女性差別撤廃の実効性を高めることが目指されていると言える。締約国は，4年ごとに報告書を女性差別撤廃委員会に女

性差別撤廃のためにとった措置について報告書を送付しなければならない。同委員会は，報告書を審査し，各国を含めた最終見解を送付する。また1999年には，個人通報制度を定める「女子差別撤廃条約選択議定書」が採択され(2000年12月22日発効)，人権の重大で組織的な侵害があった個人からの通報が可能となった。同委員会は，当該国への訪問を含む調査を行い国に人権救済のための勧告をする。同議定書の批准国は，15年7月現在で106ヵ国に及んでいる(日本は未批准)。

【関連項目】　国際人権条約(性質)／国際人権条約(類型)／女性解放運動／人権
【参考文献】　国際女性の地位協会編『コンメンタール女性差別撤廃条約』尚学社, 2010年／International Women's Rights Action Watch Asia Pacific 編(国際女性の地位協会訳)『女性差別撤廃条約選択議定書　活用ガイド』国際女性の地位協会, 2007年／Hellum, Anne and Henriette Sinding Aasen eds., *Women's Human Rights: CEDAW in International, Regional and National Law*, Cambridge University Press, 2015

〔建石真公子〕

## 女性解放運動 feminist movement/women's liberation movement

18世紀末以降の女性解放運動には，2つの目的が存在した。それは，女性と男性の平等，及び女性固有の権利保護である。前者が法的な問題と認識されたのは，18世紀後半，西欧における近代憲法の制定期である。フランス革命後の1789年「人と市民の権利宣言」には，「自由」，「権利における平等」が定められた。しかし，選挙権をはじめとする公的分野，家族・相続・労働などの私的分野両面で，両性の平等は確立されなかった。これに対しオランプ・ド・グージュは，「女性と女性市民の権利宣言」を公表し，男性と同等の権利や女性固有の権利を主張したが，92年に処刑された。

19世紀から20世紀半ばの運動は，特に参政権獲得運動に集約された。イギリスでは，1867年にJ.S.ミルが女性参政権法案を下院に提出し選挙法改正を求めたことを契機に，全国規模の組織である女性参政権国民協会が設立され，以後の参政権運動を担った。この成果は半世紀後の1918年の女性参政権付与となる。1878年に第1回世界女性会議が開催され，参政権運動の中心地とされたフランスでは，運動自体は1900年パリ万博と同時に開催された「女性の地位と権利に関する国際会議」まで不活発であったが，01年に穏健派と呼ばれる「フランス全国評議会(CNFF)」が結成され，これが14年に「女性投票権全国連盟」へと改組されて運動が拡大した。第一次世界大戦中，一時停滞した運動は，戦後，より多くの女性の支持を得る運動へと発展し，44年に女性参政権が認められた。アメリカでは，南北戦争後，奴隷の市民権獲得に遅れて運動が展開され，20年憲法改正により女性参政権が獲得された。日本では，大正期，19年に平塚らいてうと市川房江が設立した新婦人協会等，多くの団体が運動を展開した。これらの団体は24年に婦人参政権獲得既成同盟会へと集結したが，31年の満洲事変以降の戦時体制下で停滞を余儀なくされた。日本で女性参政権が認められたのは45年のことである。

一方，19世紀後半から，女性の特質に価値を置く考え方も主張されるようになった。初期の代表的な論には，バッハオーフェン『母権性論』(1861年)がある。また，1915年ハーグで開催された「国際女性会議」決議は，平和の担い手としての女性を強調している。これらは，女性の特質を強調し，平和や環境保護運動へも繋がったが，法的な両性の平等の達成を妨げる要因ともなった。

第二次世界大戦後，先進諸国で女性参政権が獲得されたのちも，伝統や文化，慣習，宗教等による性別役割分担意識に基づく性差別は残存した。これと対峙したのが1960年代からの欧米を中心とする第2波フェミニズムのウーマンリブ運動であった。この運動は，①性差別は男性による支配・抑圧としてそこからの全面的な解

放，②避妊や中絶の合法化を要求するとともに，性と生殖を切り離し，自身の身体に関する自己決定権の主張を展開した。思想的背景には，ボーボワール『第二の性』における「人は女に生まれるのではない。女になるのだ」という概念，ベティ・フリーダン『女らしさの神話』，ケイト・ミレット『性の政治学』，ファイアーストーン『性の弁証法』等がある。

日本では，戦後直後，敗戦と占領を背景とした女性保護政策が実施された。GHQの要求に端を発した公娼廃止，人口抑制と闇堕胎防止のために堕胎罪の例外として中絶を認める優生保護法制定等である。国内女性団体はこれらを推進する議論に参加したが，この時点では買春対象となっている女性に対する権利や自由の保護を問題にする，いわゆる女性間の格差への視点は未成熟であった。70年10月の国際反戦デーに女性だけで行われた反戦デモを契機に，ウーマンリブ運動が活発化し，72年全国リブ大会，75年の国際女性年を経て，国内の運動は国連や各国政府による差別廃止政策の要求に連動した。80年代以降，女性解放運動はフェミニズムと呼称を変え，性差別研究を核とする女性学やジェンダー論のような性差そのものを問う理論研究の進展を背景に，国連の国際人権保障による国内外の女性の権利保護と相互に影響しつつ，継続している。国連決議1325（平和構築における女性の参画と権利保護）もこうした女性解放運動をベースとしている。

【関連項目】　女子に対するあらゆる差別の撤廃に関する条約（CEDAW）／人権／フェミニズム

【参考文献】　伊藤康子『女性は政治とどう向き合ってきたか』市川房江記念会出版部，2005年／プラン，オリヴィエ（辻村みよ子監訳）『オランプ・ドゥ・グージュ』信山社，2010年／フリーダン，ベティ『女らしさの神話（新しい女の創造）』大和書房，2004年／ペロー，ミシェルほか著『女たちのフランス思想』勁草書房，1998年／ミレット，ケイト『性の政治学』ドメス出版，1985年／Riot-Sarcey, Michèle, Histoire du féminisme, La Decouverte, 2008

〔建石真公子〕

## ジョン・デューイの平和思想
peace thought of John Dewey

デューイ（1859〜1952年）は，米国のプラグマティズムを代表する哲学者である。デューイは1920年代に，ソルモン・レビンソンらと「戦争非合法化（outlawry of war）」運動を主導した。これは，全米史上最大の平和運動となり，世界中にも影響を与え，不戦条約の成立（28年）に繋がった。この運動が特に追求したのは，①侵略・自衛・制裁を問わずあらゆる戦争の非合法化，②そのための包括的な国際法典の整備とあらゆる紛争の義務的な裁判管轄権を備える国際裁判所の設置である。デューイは，実験主義的プラグマティズムの立場から，理論の完全性を抽象的・自己完結的に追求するよりも，結果として相対的に有意義な効果が期待できることは実践すべきであるとし，問題があればその都度フィードバックして再検討すべきこと，理論は絶えず実践・行動を通して現実のなかで検証されるべきことを提唱している。不戦条約成立後も平和への希求を続け，第二次世界大戦後には，この「戦争非合法化」論の制度的発展形態として，「法の支配」の視座から世界政府の樹立の必要性を訴えた。

【関連項目】　世界連邦（世界政府）／戦争非合法化論／不戦条約

〔河上暁弘〕

## 地雷禁止（廃絶）国際キャンペーン（ICBL）
International Campaign to Ban Landmines

1997年12月に採択された対人地雷禁止条約の交渉・策定プロセス（オタワプロセス）及び発効後の条約の普遍化を牽引した世界規模のNGOの連合体。途上国や紛争下での人道支援活動に携わる欧米のNGOの間で対人地雷の非人道性が議論されるようになった90年代初頭，アメリカのヴェトナム退役軍人財団（Vietnam Veterans of America Foundation; VVAF）とドイツのメディコ・インターナショナル（Medico International; MI）の主導でスタートした。

92年10月には、さらに4団体—フランスのハンディキャップ・インターナショナル（Handicap International; HI）、イギリスのマインズ・アドバイザリーグループ（Mines Advisory Group; MAG）、アメリカのヒューマンライツ・ウォッチ（Human Rights Watch; HRW）、人権のための医師団（Physicians for Human Rights; PHR）が加わり計6団体で、キャンペーンを開始。わずか数年で90ヵ国の1000を超えるNGOのネットワークに成長。対人地雷禁止条約成立に果たした功績が認められ、97年のノーベル平和賞をコーディネーターのジョディ・ウィリアムズと共同受賞した。オタワプロセスは伝統的な軍縮交渉の枠外で中小国と市民組織が連携し、あらかじめ期限を設けて行われた、他に類を見ないプロセスであり、その後の軍縮条約や市民運動に大きな影響を与えたICBLの活動は市民運動のモデルケースとも言われる。

【関連項目】　対人地雷禁止条約　　　　〔長有紀枝〕

## 知る権利　right to know

現代社会においては、国家権力の教育内容への介入や報道機関への干渉による情報操作が起きやすく、国民の「真実からの疎外」が問題となる。知る権利とは、こうした現代情報化社会で主張されてきた「新しい人権」の1つであり、特に主権者国民が、真理・真実の探究・表現行為・政治参加の前提となる情報を受け取り求める権利・自由を指す。知る権利の法的性質には、情報を受け取ることを妨げられないという自由権的側面と情報開示を国家・行政機関等に対して請求できるという請求権的な側面がある。前者は表現の自由を受け手側から見た権利であり、報道機関の取材・報道の自由を含む「知る自由」である（なお、取材・報道の自由は報道機関の特権ではなく、主権者としての国民の知る権利に奉仕するものと解すべきことになる）。後者は、国民が国家機関等に情報の開示を請求する「情報を求める権利」であるが、それは抽象的権利であり、司法救済が可能な具体的権利になるためには、請求権者の資格、公開される情報の範囲、公開手続・要件、救済方法などを具体的に定めた法律（情報公開法）の根拠を持つことが必要とされる。

【関連項目】　新しい人権／外務省公電漏洩事件／情報公開法
〔河上暁弘〕

## 新アジェンダ連合（NAC）
### New Agenda Coalition

核軍縮促進のため結成された非核兵器国のグループ。当初は、ブラジル、エジプト、アイルランド、メキシコ、ニュージーランド、南アフリカ、スウェーデン及びスロヴェニアの8ヵ国であったが、2014年の時点では、スロヴェニアとスウェーデンを除く6ヵ国で構成されている。その名称は、印パの核実験直後に出された「核のない世界へ－新しいアジェンダの必要性」（1998年6月9日）との共同声明に由来する。印パを含む核保有国に対して核廃絶の明確な約束とその実現のための実際的措置の即時開始を求めた。この新しい主張は、2000年NPT再検討会議の最終文書における、「核兵器の全面廃絶に対する核兵器国の明確な約束」を含む13項目の実際的措置の合意に貢献した。NACは1998年以来、2001年を除いて毎年国連総会に決議案を提出し、採択されてきている（14年の決議は賛成169、反対7、棄権5で採択）。また、00年以降のNPT再検討会議とその準備委員会にも作業文書を提出してきた。

段階的な核削減などの漸進的な核軍縮措置に固執する核兵器国と、期限を切った核廃絶を主張する非同盟諸国とが厳しく対立するなかで、核の傘の下にない中堅国家による主張は、前者に比すれば急進的、後者に比すれば穏健的であり、両者を橋渡しする動きの1つとして注目されている。メキシコ、ニュージーランド、南アなどは10年以降顕著になった核兵器の非人道性

に基づく核軍縮の動きを主導しているが，必ずしもNACとして推進しているわけではない。15年NPT再検討会議に向けた14年第3回準備委員会に提出した作業文書では，核軍縮義務達成の「効果的措置」を追求すべきだとして，核なき世界の達成・維持のための選択肢として，①包括的な核兵器禁止条約，②核兵器を非合法化する簡潔な条約，③相互支持的な諸文書による枠組み取極，④前記の混成的な取極，を提示し，核軍縮交渉義務を規定したNPT6条の要請に照らしてこれらを検討すべきと主張した。

【関連項目】核不拡散条約（NPT）／核兵器禁止条約／核兵器の非人道性／ミドルパワー
【参考文献】グリーン，ロバート・D.（梅林宏道訳）『核兵器廃絶への新しい道』高文研，1999年／ピースデポ編著『イアブック核軍縮・平和』ピースデポ，各年版　　〔山田寿則〕

## 辛亥革命　Xinhai Revolution

1895年，日清戦争敗北ののち，清では康有為，梁啓超ら「立憲派」が立憲君主制への移行を模索，その一方で孫文ら「革命派」は清朝打倒を目指して1905年に中国同盟会を結成，綱領に三民主義を掲げた。清朝はこれらの動きに司法・行政制度の改革や憲政実施の準備などで対処するが，皇族・満人の権限を強めようとする不徹底な改革に立憲派は失望し，革命派は武装闘争を繰り返した。11年5月，清朝は財政立て直しのために外国借款によって鉄道の国有化を図り，粤漢・川漢鉄道を回収しようとした。四川の保路同志会が鉄道国有令の撤回を求めると反対運動は民衆の暴動を誘発して全国に広まった。上海の中国同盟会中部総会が武漢の革命団体である文学社，共進会と武装蜂起の準備を進めるなか，革命に共鳴した新軍は10月10日夜半に蜂起して武昌，漢口，漢陽を占領した。第1混成旅団長の黎元洪が軍政府を組織して湖北省の独立を宣言すると諸省の独立が相次いだ。各省代表が12月末南京で孫文を臨時大総統に選出，12年1月1日中華民国臨時政府を樹立し

た。清朝は袁世凱を内閣総理大臣に任命して革命軍に対抗させるが，袁は2月12日宣統帝を退位させ，孫文に代わって自ら臨時大総統に就任，ここに2000年以上続いた帝政は終わりを告げ，アジア初の共和制国家が誕生した。

〔小林元裕〕

## 新型転換炉（ATR）
advanced thermal reactor

新型転換炉は，日本独自の動力炉開発のなかで，高速増殖炉の実用化まで時間を要することから，プルトニウム（Pu）を利用する補完炉として，また，ウラン（U）からPuへの転換率（U238がPuに転換する割合）を高めることを目的に開発された原子炉である。

動力炉・核燃料開発事業団（現・日本原子力研究開発機構）が中心となり，自主技術により開発を進め，原型炉「ふげん」（16万5000kW）を福井県敦賀市に建設し，1979年3月に運転を開始した。その特徴としては，①燃料として天然ウラン，微濃縮ウラン，劣化ウラン及び核燃料の再処理により発生する回収ウランやプルトニウム等が利用でき，原子力・核燃料サイクル政策に応じて使用する燃料の多様化が図れる。②微濃縮ウラン，劣化ウランを利用でき，プルトニウム239への転換率が軽水炉に比べて大きいためウラン資源の有効利用度が比較的高い。③減速材には重水を用い，冷却材としては軽水を用いている。④原子炉はたて置圧力管型である，等が挙げられる。

「ふげん」の開発においては，重水臨界実験装置，安全性試験施設，熱流動試験施設等を茨城県大洗町に設置し，炉心の中性子獲得性や伝熱流動特性，事故時の冷却特性など設計に必要なデータを評価・検証し，日本独自の設計手法や解析プログラムの開発を実施するなど，日本の原子力開発の技術水準の向上，産業基盤の底上げと強化に貢献した。またふげんの開発にあたっては当時輸入に頼っていた再循環ポンプや

安全弁など商業用原子炉周りの重要機器の国産化に貢献した。

「ふげん」は25年にわたり混合酸化物燃料による安定運転を継続し、使用済燃料を再処理により回収したプルトニウムを再度燃料として利用し、核燃料サイクルの輪を日本として初めて完結し、初の国産発電プラントとしての新型転換炉の技術的成立性を実証した。また、運転期間中に単一の原子炉としては、世界最大量のMOX燃料を使用する実績を上げている。

しかしながら、ATR実証炉の建設が遅延する間、有力なプルトニウム利用戦略の1つである軽水炉でのプルトニウム利用（プルサーマル）計画が進展し、ATRでのプルトニウム利用を軽水炉が代替しうる見通しが得られたことなどにより、95年8月に原子力委員会は、新型転換炉実証炉建設計画の見直しを決定した。

【関連項目】　原子炉の構造／軽水炉（HWR）
【参考文献】　『新型転換炉原型炉「ふげん」開発実績と技術成果』日本原子力研究開発機構、2003年　　〔須田一則〕

## 信教の自由　freedom of religion

大日本帝国憲法下の「信教ノ自由」保障（28条）は、人権でなく臣民の権利としての保障であり、かつ、国家神道による圧迫・侵害に対して無力だった。その反省の上に、現行の日本国憲法は、個人の人権として信教の自由を保障し（20条1項前段、同条2項）、さらに、国家に対して政教分離原則を課している（20条1項後段、同条3項、89条前段）。

憲法学界の通説は、20条の信教の自由の保障内容を、①信仰の自由、②宗教的行為の自由、③宗教的結社の自由の3つだとする。そして憲法は、19条で内面的な精神活動の自由を、また21条で外面的な精神活動の自由を、一般的に保障するが、①は19条の内心の自由の、②・③はそれぞれ21条の表現の自由と結社の自由の、宗教的側面だと説明する。この説明から進んで、20条が、19条と21条の保障内容と同一のものを宗教的場面で保障するのか、そうでなく、宗教的場面であるがゆえに保障内容が違ってくることがあるのかの究明が、解釈論上の課題として残されている。1996年の剣道受講拒否事件判決（最判平成8年3月8日）が、①の価値を踏まえた最高裁判決として著名である。

【関連項目】　政教分離　　　　　　　〔佐々木弘通〕

## 人権　human rights

人間が人間であることを理由として、生まれながらに等しく有する権利。あらゆる人間に固有の、普遍的なものとされる。もっとも、人権の観念は17世紀以降の西洋社会で生成されたものであり、人類の歴史とともにあったわけではない。人権の根拠は、自然や神、人間の理性といった超越的なものに求められるのが一般的だったが、こうした自然権的言説には多くの批判が向けられてきた。例えば、最大多数の最大幸福を求める功利主義者は人権の絶対的価値をあらかじめ措定することを否定し、マルクス主義者も人権が特定の階級による抑圧を正当化するとしてこれを論難した。また、文化相対主義者は西洋社会の産物にすぎぬ人権を普遍的と説く帝国主義的側面を非難し、フェミニストからも人権の男性中心性が厳しく批判されてきている。こうした批判は人権の侵害を是認するものなのではなく、むしろ人権の改良を提唱し、場合によっては人権以外の形態による正義・人間性の追求の道を示唆するものである。

多くの批判を受けつつも、人権は、ホロコーストを経た現代国際社会において欠かすことができぬ最重要の価値を有するものと認識されている。今日にあって人権は、生まれながらに与えられたものであるというにとどまらず、合意されたもの、あるいは闘いとられたものともみなされている。このほか、ポスト・モダンの論者によれば、人権は言説によって生み出されたものにすぎない、と言う。

人権は、大別すれば、国家からの自由を求め

る自由権，国家による自由を求める社会権に類型化されてきたが，現在では自由権と社会権の相互不可分性・一体性が確認され，いずれの人権規範にも両様の側面が備わっているとの見解が支配的である。国際人権法には，さらに第3の類型として連帯の権利が定められている。自由権・社会権が個人を主体にするのに対して，連帯の権利に分類される自決権や発展の権利等は集団に権利を帰属させるところに特徴がある。総じて，人権の主体は，女性や子ども，障害者，先住民族というように，文脈に応じて具体化される傾向にある。

【関連項目】アジア的人権／国際人権条約（性質）／フランス人権宣言
【参考文献】大沼保昭『人権，国家，文明』筑摩書房，1998年／ロールズ，ジョンほか（中島吉弘・松田まゆみ訳）『人権について』みすず書房，1998年　〔阿部浩己〕

## 人権NGO　NGO for human rights

国連は人権のグローバル化を担ってきた。国連憲章のなかで「人権及び基本的自由」の尊重と国際協力を謳い，その任務は国際人権基準を設定し，実践することである。人権委員会（1946年）を設置し，世界人権宣言（48年）をはじめ，多数の人権文書を採択してきた。

国家には人権を「侵害しない」「保護し実現する」第1の義務があるが，世界各地に差別，大量虐殺，マイノリティ弾圧など多くの人権蹂躙が充満している。多くの政府は，この現実に目を閉じ，政府に幻滅した市民は，人権侵害を告発する世界的な活動に身を投じた。いわゆる「地球市民社会」の胎動である。人権擁護者としての市民のネットワークが人権NGOであり，政府の行動を監視し，人権規範の促進のために圧力をかけてきた。

代表的な人権NGOにはアムネスティ・インターナショナル，ヒューマン・ライツ・ウォッチ，アーティクル19などがあり，人権侵害の解決に向け世論を喚起している。また人権NGOのなかには国連に協議的地位を有しているものが多い。　〔臼井久和〕

## 人権保障の国際化
internationalization of human rights protection

人権保障の国際化は，人間の尊厳が甚だしく踏みにじられた第二次世界大戦を機に本格化した。1948年に国連総会で世界人権宣言が採択されると，以後，多くの人権条約が採択され，その履行を監視する国際的なメカニズムも整えられていった。国連でも人権委員会（現・人権理事会）を中心に人権状況を調査・監視する手続きが漸次整備されていく。地域的には欧州が先端的な試みを重ね，なかでも欧州人権裁判所の実践は国際人権保障の発展に格別の影響を与えている。このほかにも米州やアフリカ，アラブ，アセアンにも独自の人権保障制度が創設されてきたが，東アジアにはそうした仕組を作り出そうとする政治的機運がなく，知的貢献も少ない。冷戦が終結すると「人権の主流化」が推進され，あらゆる分野において人権への配慮が求められるようになった。国際社会における人権の価値的高まりを受けて軍事力による人権の実現を求める声も強まっている。だが，単独での介入はもとより，国連安保理の許可を得た場合であっても，人権の名の下に威圧的な暴力を行使することには疑問も少なくない。

〔阿部浩己〕

## 人工衛星　artificial satellite

地球を周回する軌道上に配置された，何らかの目的を持つ人工物体。主に通信，地球観測（偵察），気象観測，測位などの目的に用いられ，地球上のシステムでは得られない広域への通信や監視，測位を可能とする機器である。

人工衛星は地球に近い方から低軌道(地表から350〜1400km)，中軌道(同1400〜3万6000km)，静止軌道(対地同期軌道とも言う。赤道上3万6000km)，楕円軌道のいずれかで周回する。国

際宇宙ステーションは低軌道，気象衛星や放送衛星など生活に馴染み深い人工衛星の多くは静止軌道を周回している。楕円軌道は日本の準天頂衛星やロシアのモルニア衛星などが用いる。

人工衛星は過酷な宇宙空間でも運用に耐えられる精密な機器であり，一度打ち上げられると修理や燃料補給が困難なため，これまでは一部の国や企業にしか開発できないと思われていた。しかし近年になって衛星の小型化，簡素化が進み，途上国や大学でも衛星開発が進められ，その応用範囲も広がっている。

人工衛星の軍事・経済・社会的重要性は増大しているが，太陽風や宇宙デブリ，また意図的な妨害や破壊に対して脆弱であるため，衛星の保護を国際ルール化する動きが高まっている。

〔鈴木一人〕

### 新国際経済秩序（NIEO）
New International Economic Order

1974年に国連総会が採択した決議「NIEO樹立宣言（3201S-VI）」「国家の経済的権利義務憲章（3281 XXIX）」にみられる国際経済秩序構想。脱植民地化によりアジア・アフリカに新国家が誕生した結果，先進国・途上国間の経済発展格差を巡る諸問題，すなわち南北問題が顕在化した。途上国は経済的自立を目指し，天然資源の掌握，外国資本の国有化，輸入代替工業化に乗り出した。この過程で途上国は，現存国際経済秩序が先進国本位のものであり途上国はそこで周辺的・従属的役割しか果たせないこと，国際経済秩序を変革することなしに途上国経済の自立はあり得ないことを認識するようになった。

NIEOには経済主権，国際協力，平等の3つの柱がある。経済主権は不干渉原則，経済社会体制の自由選択権，天然資源・経済活動への恒久主権，自国領域内での多国籍企業の活動規制を含む。国際協力は生産国同盟の尊重，貿易拡大，技術移転，資金援助を先進国に課す。平等には途上国と先進国を等しく扱うこと，経済発展格差を考慮に入れてより有利な待遇を途上国に認めること，という2つの意味がある。前者には自由・無差別の貿易権や国際経済決定過程への平等参加権が，後者には途上国の一般特恵待遇享受権，途上国の輸出1次産品についての価格インデクセーション（物価スライド制），深海底資源開発利益の衡平分配が含まれる。上記決議に法的拘束力はないが，それらは多くの途上国の法的信念を表している。

NIEO樹立運動は一般特恵制度，国連海洋法条約の深海底制度などの一定の成果を挙げたものの，それ以後頓挫した。その理由として1980年代の世界不況が途上国の交易条件の悪化や累積債務を招いたこと，途上国間経済格差の拡大が「南」の連帯を失わせたこと，冷戦後新自由主義的傾向が強まったことが挙げられる。しかし，グローバリゼーションの進展とともに世界規模で貧富の格差が一層拡大したことから，市場経済・自由貿易優先を是正し多国籍企業の活動を規制すべきとの声が新たに強まっている。その意味でNIEOの理念はグローバリゼーションの組織化を唱える途上国やNGOの主張に受け継がれている。

【参考文献】　焦点「新国際経済秩序の模索」『国際問題』400号，1993年／特集「南北問題と新国際経済秩序」『科学と思想』87号，1993年

〔西海真樹〕

### 新思考外交　"New Thinking"（diplomacy）

ソ連・ゴルバチョフ政権の提唱した，主として西側との緊張緩和・信頼醸成を目指した対外政策。従来の階級闘争史観に基づくプロレタリアート（無産階級）の利益追求ではなく「全人類的利益」を重視する立場から外交戦略を再構築。ゴルバチョフは1985年のソ連共産党書記長就任以来，88年まで計4回にわたり米国のレーガン大統領と首脳会談を実施。米国の戦略防衛構想（SDI）を巡って交渉は一旦決裂するも，ソ連は大胆な核戦力削減の提案をするなど交渉

を主導し，87年12月の中距離核戦力条約（INF条約）締結，91年7月の第1次戦略兵器削減条約（START I）締結など軍縮を推進した。また，東欧の社会主義諸国の体制多元化を是認し，アフガニスタンからの軍撤退や中ソ和解などアジアへの拡張的戦略の是正を進め，89年の東欧民主革命，冷戦の終結を主導した。加えて，北朝鮮やキューバなど伝統的にソ連と結びつきの強かった国々との関係希薄化をもたらす一面もあった。

【関連項目】 スター・ウォーズ計画／ソ連の崩壊／中ソ対立
〔湯浅剛〕

## 真実糾明委員会（ラテンアメリカ）
Latin American truth commissions

国家が民主的な政権に移行する際に，軍事独裁政権下で行われた人権侵害行為について調査などを行う目的で設立される委員会。真実究明委員会とも呼ばれる。

1970年代頃から，軍事政権下のラテンアメリカ諸国では，大規模な人権侵害や強制失踪が生じた。民主的な政権に移行した際に，過去の事件を明らかにする目的で委員会が設立された。委員会は，人権侵害行為者の訴追が困難な場合に，裁判所の代替として設立されることもあったが，後に裁判が行われる状況もみられた。

委員会は，大統領令や法律，和平協定などに基づいて，政府や国際機構又はNGOにより設立される。委員会は，特定の期間に生じた人権侵害行為や状況について，被害者や加害者から聞き取りを行い，政府や関係者に対する勧告を含む報告書を公表する。

なお，真実糾明委員会のほかに，真実の追究と和解を目的とした真実和解委員会も設立されてきた。

【関連項目】 移行期正義／国際正義／真実和解委員会（TRC）
〔望月康恵〕

## 真実和解委員会（TRC）
Truth and Reconciliation Commission

国家が，民主的な政権に移行する際などに，過去に行われた人権侵害行為を調査し，その事実を明らかにする真実委員会のなかでも，和解の促進を目指す委員会。

TRCは，法律や大統領令，和平協定，国際機構の決定に基づいて，あるいはNGOにより設立される。委員会は自国民又は外国の専門家により構成される。委員会は，一般的に，特定の時期に生じた人権侵害の情況や事件について，被害者及び加害者から聞き取りを行い，記録を作成する。南アフリカ共和国のように，公聴会を開催するTRCもある。委員会は報告書を刊行するが，過去の事実や被害状況の記述に加えて，人権侵害行為者の氏名の記載や政府への勧告等を含む報告書もある。

TRCは，裁判所の代替として機能することもある。体制移行期にかつての政治指導者に対して恩赦が与えられ，これにより裁判での訴追や処罰が困難な場合に委員会が設立される。他方で，委員会によって作成された報告書が，裁判において証拠として用いられるなど，委員会の成果が刑事司法プロセスを補完する場合もみられる。

TRCの特徴は，和解を目的に掲げていることである。TRCは，南アやシエラレオネなどにおいて設立された。これは，体制により人々が分断された場合や，紛争後の社会の構築において，被害者と加害者，人々の間の和解が必要と考えられたからである。特に南アのTRCは，アパルトヘイト体制下で行われた人権侵害行為を告白した人々へのアムネスティの付与，公聴会の開催，報告書の刊行を行い，この取り組みは先例として着目された。

一方，TRCの活動が，和解という個人間の関係や個人の感情に，はたして意義を有するのか疑問視されてもいる。和解の促進が個人の自発性に基づくのではなく外部から強制されるこ

とや，人権侵害行為を明らかにすることは，むしろ和解を阻害する要因になることなども指摘されている．

【関連項目】　移行期正義／恩赦／真実糾明委員会（ラテンアメリカ）
【参考文献】　阿部利洋『紛争後社会と向き合う』京都大学出版会，2007年／ヘイナー，プリシラ・B．（阿部利洋訳）『語りえぬ真実』平凡社，2006年
〔望月康恵〕

## 新自由主義　neo-liberalism

　新自由主義という言葉自体は，様々な時代に多様な意味を込めて用いられてきた．例えば，古典的自由主義が衰退した1930年代のヨーロッパで自由主義の価値を強調する用語として用いられたことがある．他方，福祉国家の体制が主流となった第二次世界大戦後においては，経済的自由主義，市場経済，自由貿易，公的部門の削減と民営化，規制緩和，国家機能の外交・軍事・治安への純化などを提唱する政治思想のことを指すようになった．経済のグローバル化の進展のなかで福祉国家体制の見直しが迫られた80年代以降台頭し，例えばアメリカのレーガン政権，イギリスのサッチャー政権の政策の基調となり，他の先進資本主義国や，国際通貨基金（IMF）・世界銀行によって「構造調整」プログラムの遂行を求められた債務国にも普及していった．しかし，経済的自由主義による企業収益の拡大に牽引された経済こそ良好な社会を生むというその考え方は，経済的格差の拡大，貧困の蓄積，社会的不安の増大を引き起こし，とりわけ2008年のリーマンショックは，新自由主義の限界の露呈を意味するものとされた．

【関連項目】　グローバリズム／福祉国家　〔小沢隆一〕

## 人種及び人種的偏見に関する宣言
### Declaration on Race and Racial Prejudice

　国連教育科学文化機関（ユネスコ）第20回総会（1978年）が，ユネスコとして人種及び人種的偏見に関する諸命題を条文形式（前文と10ヵ条）で採択した文書．

　宣言は，まず，次のことを明らかにする．①すべての人間が単一の種に属し，共通の先祖の子孫であること，②すべての人民が知的・技術的・社会的・経済的・文化的・政治的発展を達成するための等しい能力を有すること，③各人民が生み出してきた成果の差異は，地理的・歴史的・政治的・経済的・社会的・文化的要因によること，である．

　宣言は，ついで人種主義の誤りを指摘する．すなわち，人種・種族集団が生来的に優れ，又は劣っており，それゆえ，ある集団が他の集団を支配・排除する権利を有するとする理論には科学的根拠はなく，道徳的・倫理的原則に反するとし，また，集団間の差別的関係は道徳的・科学的に正当化されないとする．宣言は，さらに，人種主義の廃絶のための方策，例えば，教育やマス・メディア，立法などの役割・重要性などを強調する．
〔村上正直〕

## 人種差別撤廃条約
### International Convention on the Elimination of All Forms of Racial Discrimination

　正式名称は「あらゆる形態の人種差別の撤廃に関する国際条約」であり，1965年に国連総会が採択し，69年に発効した．条約の当事国数は177ヵ国であり（2015年6月末現在），人種差別の撤廃のための基本文書であると言える．

　条約は，前文と3部構成の25ヵ条の本文からなる．条約にいう人種とは，人種，皮膚の色，世系，民族または種族の別により他と区別される集団を言う．条約の目的は，人種差別のない社会の実現であり，そのため，次の4種の法的・政策的措置をとるよう国に求める．①人種差別の禁止（国による差別と私人間の差別の双方の禁止），②人種差別の犠牲者の救済，③人種差別の防止，及び④積極的差別是正措置である．また，条約は，その実施措置として，報告制度，国家通報制度及び個人通報制度を備え，

その運用を人種差別撤廃委員会に委ねる。

　日本は1995年に加入したが，その際，条約第4条(a)(b)に留保を付した。日本国憲法の表現・結社の自由などの保障と抵触しない範囲で当該規定を実施する趣旨である。　〔村上正直〕

## 人種主義　racism

　人種主義とは，人種間には，生来的にその知的その他の能力において優劣の関係があるとする観念を言い，これは，「優秀な人種」が「劣等な人種」を支配し，差別し，排除し又は抹殺することができるとする政治的・社会的主張や運動を導くことにもなる。ここに言う人種とは，生物学的な意味における人種のみならず，少なくとも文化的な意味における民族や種族といったものをも含む。

　自らが所属する集団の優秀性や，他の集団の劣等性の観念は，人間の歴史のはじめから存在したものと思われる。しかし，人種主義に関わる議論は主に欧州（やその進出先である北米等）においてなされ，その対象も欧州内部又は欧州とその他の世界が接触する場面で生ずる問題が中心であった。例えば，欧州では古くから反ユダヤ主義（反セム主義）があり，また，中世末から近世以降の欧州の対外的膨張（アメリカ大陸への進出やアジア・アフリカの植民地化）は，奴隷貿易や植民地主義を伴いつつ，白人至上主義を導いた。前者は，後にナチス・ドイツの人種理論に繋がり，後者の典型例は，米国の黒人差別や南アフリカのアパルトヘイト体制，オーストラリアの白豪主義などである。

　このような欧州を中心とした人種主義研究は，それが思想的にも政治・社会的にも大きな影響を持ったことにもよるものの，人種主義的現象は，欧州の文脈に限られるものではなく，今日では，欧州外のそれの研究も多い。

　なお，欧州の人種主義は，19世紀後半以降，科学の外皮をまとっていたが（例えば，ダーウィンの進化論や優生思想），現在では，人種主義の科学的正当性は否定されている（例えば，1978年の「人種及び人種的偏見に関する宣言」を参照）。また，現代の国際社会では，法規範的レベルにおいても，人種主義の正当性は否定されている（例えば，65年の人種差別撤廃条約は，人種の相違に基づく優越性の理論が科学的に誤りであり，道徳的に非難されるべきであり，社会的に不正かつ危険であるとする）。

【関連項目】　人種および人種的偏見に関する宣言／人種差別撤廃条約／反ユダヤ主義
【参考文献】　竹沢泰子編『人種概念の普遍性を問う』人文書院，2005年／フレドリクソン，ジョージ・M.（李孝徳訳）『人種主義の歴史』みすず書房，2009年　〔村上正直〕

## 真珠湾攻撃　Attack on Pearl Harbor

　真珠湾攻撃とは，日本時間1941年12月8日（ハワイ時間12月7日）に，日本海軍がハワイ真珠湾のアメリカ海軍太平洋艦隊の基地に対して航空機及び潜水艦で行った奇襲攻撃である。

　日本海軍連合艦隊司令長官の山本五十六は，それまで海軍が考えていた邀撃作戦ではなく，海戦劈頭での航空機による奇襲作戦の構想を早い段階から練っていた。当時，航空機は補助兵力としてしかみなされておらず，航空機によってアメリカ海軍の戦艦群を撃破して多大な損害を与えたことは世界に衝撃を与えた。

　しかし，装備や日本海軍の戦術観の関係で，基地設備に対する攻撃は行われず，撃沈された戦艦の多くは引き上げられて修理の上，戦線に投入された。また，沖合で演習中であったアメリカの空母群も無傷であり，この空母群との決戦を求めて，日本はその後ミッドウェーに進出することになる。

【関連項目】　アジア・太平洋戦争／第二次世界大戦（WWⅡ）／日米開戦／ミッドウェー海戦　〔手嶋泰伸〕

## 人身取引

human trafficking/trafficking of human beings

　人身取引（人身売買）とは，性的搾取や強制

労働及びその他の虐待を目的として人を売り買いする行為を言う。人身取引は，すでに過去のものとなったかに思われていたが，1980年代末の冷戦の終焉に伴い，欧州を中心に主として女性や子どもを対象とする人身取引が国際的組織犯罪集団の資金源となっていることが問題となった。このような現代の人身取引は，犯罪組織の温床ともなっているため，その根絶が新たな国際共通利益に関する問題でもあると認識されるようになった。90年代には，国際的組織犯罪対策は，主要国首脳会議の議題として取り上げられ，やがて国連の内部においても正式に条約化の対象として取り上げられた。その結果，2000年に国連が採択した国際的組織犯罪防止条約の補足議定書（正式名「国際的な組織犯罪の防止に関する国際連合条約を補足する人，特に女性及び児童の取引を防止し，抑止し及び処罰するための議定書」）が採択され，人身取引防止のための新たな国際条約となった。本議定書は，①容疑者等の訴追（又は犯罪化），②被害者保護及び③予防という3本の柱によって成り立っていると言われる。人身取引問題の中心的課題は，被害者保護にあると考えられる。締約国は169ヵ国。日本は署名のみ，未批准。

【関連項目】　国際組織犯罪防止条約　　〔北村泰三〕

## 新START条約　New Strategic Arms Reduction Treaty/New START

　米国及びロシアにより，2010年4月8日に署名され，11年2月5日に発効した条約であり，正式名称は「米国及びロシアの間の戦略攻撃兵器の一層の削減及び制限のための措置に関する条約（新戦略兵器削減条約）」。条約の有効期限は10年で，発効後7年以内に，両国はそれぞれ配備戦略核弾頭数を1550発，配備・非配備戦略運搬手段を700基・機，配備戦略運搬手段を800基・機の規模に削減する。戦力構成は，各自が自由に決定できる。また，現地査察を含む詳細かつ侵入度の高い検証措置が規定されている。

09年4月のオバマ大統領によるプラハ演説で提唱され，1年余りの交渉を経て成立した。交渉過程でロシアが条約に含めるよう要求した弾道ミサイル防衛（BMD）に係る制限は，最終的には義務としては規定されなかった。条約発効後，米ロ関係が悪化しているものの，両国とも条約の履行を継続している。

【関連項目】　戦略攻撃力削減条約（モスクワ条約）（SORT）／戦略兵器削減条約（START）　　〔戸﨑洋史〕

## 人道的介入（干渉）　humanitarian intervention

　人道的介入とは，他国において集団殺害や迫害の犠牲となっている他国民の生命・身体の保護を目的とする武力行使とされる。例えば，1999年にコソヴォ住民に対する残虐行為を中止させることを目的とした旧ユーゴスラヴィアへの北大西洋条約機構（NATO）による空爆は，人道的介入として実施された。国家が国連憲章2条4項により禁止された武力の行使を許容される事例のうち，安保理決議等により国連から認められた場合及び自衛権の行使（自国民の保護等を含む）には異論は挙がらないものの，人道的介入のための武力の行使を巡ってはこれまで賛否両論が展開されてきた。国連憲章に人道的介入を明示的に許容する規定がない上に，正式に合意されたガイドラインがないなかで，人道的介入では通常の烈度の武力紛争などと比較にならないほどの大規模な武力行使が実施されることに対して様々な問題提起がなされる。その一方で，人権の保護は単に一国の国内問題にとどまらないとして人道的介入を強く支持する見解もみられる。

　安全保障理事会においては，99年にロシアはコソヴォ空爆が国連憲章違反であるとする決議案を提案したが，12ヵ国が反対したため最終的に採択されなかったものの，その後採択されたコソヴォ和平のための安保理決議第1244号はこの人道的介入を追認するものとなっている。ま

た，この関連でユーゴスラヴィアは，ジェノサイド条約違反であるとしてNATO諸国が行った武力行使の合法性について国際司法裁判所（ICJ）に提訴したが，ICJは管轄権を有さないとして判断を行わなかった。なお，ICJの裁判官を務めたことがあるドイツの国際法学者ブルーノ・ジンマは，人道的介入は本来禁止されるものの，道義的に正当（legitimate）であるとされれば国際社会は受け入れるとして，限定的に容認する見解を示している。

その後，カナダが主催した介入と主権についての国際委員会により，国家が自国政府からの抑圧された人を含めて保護する責任（R2P, Responsibility to protect）を有するとの考え方が提唱されたが，伝統的な人道的介入と比較して特にその防止及び社会秩序の再構築が強調されている。さらに，2005年に開催された世界サミットの成果文書では，領域国が国際犯罪から自国民を保護することができない場合には，国連加盟国が軍事行動を含めた安保理を通じた集団的行動を取る国際社会の責任を受諾することが確認された。

【関連項目】 コソヴォ紛争／保護する責任（R2P）
【参考文献】 Gray, Christine, "The use of force for humanitarian purposes," in *Research Handbook on International Conflict and Security Law*, Edward Elgar Publishing, 2013／ICIS, *The Responsibility to Protect*, International Research Center, 2001／Simma, Bruno, "NATO, the UN and the use of force," in *European Journal of Internationl Law*, Oxford University Press, 1999　　　　　　　　　　　　　　　〔福井康人〕

## 人道に対する罪　crimes against humanity

人道に対する罪とは，住民一般に対する組織的かつ広範囲に行われる殺人，せん滅，奴隷化，追放又は強制的な移送，拷問，強姦，性的な奴隷，人の強制失踪（拉致を含む）などを意味する用語であり，今日では国際法上の犯罪として国際刑事裁判所（2002年設立）の管轄権の対象とされている。

人道に対する罪の概念は第一次世界大戦中の1915年にトルコによるアルメニア系住民に対する組織的な虐殺を非難した英，仏，露の共同宣言で用いられたのがはじまりである。しかし，第一次世界大戦の後に人道の法に基づく加害責任の追及の試みは実現しなかった。

第二次世界大戦をはさんで，ナチス・ドイツによって行われたユダヤ人及びロマ等の住民に対する集団的な殺害，せん滅，迫害に対する法的責任の追及が再度試みられた。しかし従来の交戦法規及び人道法条約の枠組の下で住民に対する加害行為の責任を問う際には無国籍者や加害国の国籍を有する者は除外されるので，新たな訴追理由が必要とされた。そこで，ニュルンベルク裁判及び東京裁判では，組織的かつ大規模な迫害，虐殺，殺人，奴隷化，その他の住民に対して行われた非人道的な行為又は政治的，人種的もしくは宗教的な理由に基づく迫害は，国内法に違反するか否かにかかわらず人道に対する罪として訴追理由とされたのである（国際軍事裁判所憲章6条c，極東国際軍事裁判所憲章5条のハ）。ただし，人道に対する罪の概念は，第二次世界大戦当時の法の下で国際法上の犯罪として定式化されていたかどうかは疑義も主張されてきた。そうした懸念を払拭するために48年には集団殺害罪（ジェノサイド）の禁止に関する条約が採択され，さらに49年のジュネーヴ人道法諸条約の採択により多くの内容が盛り込まれ，さらに国連国際法委員会は，50年にニュルンベルク原則として人道に対する罪の内容を一般的に定式化した。こうした人道に対する罪の概念は，次第に国際慣習法化していったと考えられる。

人道に対する罪は，戦時に実行されることが多かったので，戦争犯罪との区別が明確ではなく，また集団殺害罪との区別の基準をどこに求めるかも明確ではなかった。今日では，人道に対する罪は，国籍にかかわりなく文民，すなわち「戦闘員」（軍人）とは区別される住民一般に対する重大な身体的な加害行為又は迫害であ

り，重大な性質の非人道的な行為を指す言葉として理解されている。ジェノサイドとの違いは，ジェノサイドの対象は，特定の民族的，人種的，種族的又は宗教的な集団に対して限定されるのに対して，人道に対する犯罪は，そのような対象の限定がなく，広く住民一般に対する組織的かつ広範な攻撃を意味している点である。別の観点からみると一般国際法上では，人権の組織的かつ大規模な侵害行為に対して国家の責任が問題となることがあるが，国際刑事法においては，そのような行為を実行し，指揮しもしくは命令し又はそのような行為が行われていることを知りつつ放置し容認した個人の刑事責任が問われるのである。

人道に対する犯罪を訴追するためには，国際刑事法廷による普遍的な管轄権も設定されている。国連安保理は，ボスニア紛争中に行われた人道に対する罪等を訴追し処罰するために旧ユーゴスラヴィア国際刑事法廷（2004年）を設置し，またルワンダ内戦下で行われた虐殺行為を処罰するためにルワンダ国際刑事裁判所を設置した。

【関連項目】国際刑事裁判所（ICC）／ジェノサイド／ボスニア紛争／ホロコースト
【参考文献】多谷千香子『戦争犯罪と法』岩波書店，2006年／藤田久一『新版国際人道法（再増補）』有信堂，2003年／Bassiouni, M. Cherif ed., *International Criminal Law*, 3rd ed. Vol.1, Martinus Nijhoff, 2008／Cassese, Antonio, *The Oxford Companion to International Criminal Justice*, Oxford, 2009
〔北村泰三〕

## 人民戦線事件　Popular Front Incident

反戦・反ファシズムをスローガンに展開されようとしていた人民戦線運動を弾圧するため，第1次近衛内閣時の1937年と翌38年の2度にわたり，労農派理論家や合法左翼活動家などが治安維持法違反容疑で検挙された。

35年のコミンテルン第7回大会で反ファッショ人民戦線戦術が採択されたが，当時その中核を担うことを期待された日本共産党の組織は壊滅状態にあった。一方，国際的な人民戦線の経験は労農派によって紹介され，加藤勘十らを中心とする労農無産協議会（37年4月に日本無産党）や知識人の間で反戦・反ファシズムの運動が展開されようとしていた。

これに対し，37年12月15日，18府県で加藤勘十・黒田寿男・山川均・荒畑寒村・鈴木茂三郎・向坂逸郎ら日本無産党，日本労働組合全国評議会，労農派理論家など446名が検挙され（第1次），翌38年2月1日には9府県で大内兵衛・有沢広巳・脇村義太郎・宇野弘蔵ら大学教授を中心に38人が検挙された（第2次，労農派教授グループ事件）。

この弾圧によって，日本において反戦・反ファシズムの広範な戦線は形成されるに至らなかった。
〔吉川圭太〕

## 人民の自決権
right of peoples to self-determination

自らの政治的地位を自由に決定し，経済的，社会的，文化的発展を自由に追求する人民の権利のこと。自決権は長年にわたり政治的原則にとどまってきたが，第二次世界大戦後，それは法的原則・権利になる。国連憲章は人民の同権と自決の原則（1条，55条）を掲げ，従来国内問題であった植民地問題は，以後，国際関心事項として国連の活動対象に含まれるようになった。さらに脱植民地によりアジア，アフリカで多くの独立国が誕生するに伴い，国連総会は植民地独立付与宣言（1960年），国際人権規約共通1条（66年），友好関係宣言（70年）など，自決権を法的権利と捉える文書をいくつも採択した。国際司法裁判所も，ナミビア事件（71年），西サハラ事件（75年），東チモール事件（95年），パレスチナの壁事件（2004年）などの判決・勧告的意見を通じて同様の態度を示した。こうして1970年代には外国の占領や人種差別体制を含む植民地支配下の人民は，国際法上の権利として自決権を有するに至った。

これに対して独立国内部の人民に自決権を認めることは、当該国の領土保全と真っ向から衝突することになるため、諸国はこれに消極的だった。人民の側からすれば、自らを支配・抑圧する側が外国政府であろうと自国政府であろうと状況に差はないはずである。けれども自国領域の変動を諸国は容易には認めず、自決権を含む国際法規範が諸国の合意により成立する以上、独立国内部の人民への自決権の否認は国際法に内在する限界と言えよう。もっとも自決権を外的自決（分離・独立権）と内的自決（統治への民主的参加権）に区分し、前者は植民地支配下の人民にのみ認められるのに対して後者は植民地支配下の人民及び独立国内部の人民のいずれにも認められる、という考え方をとれば、内的自決権は普遍的権利であると言うことができる。ケベック分離問題に関してカナダ連邦最高裁諮問意見（98年）はこのような考え方をとり、ケベック住民の分離権を否認した。

【関連項目】植民地主義／植民地独立付与宣言
【参考文献】松井芳郎「現代国際法における民族自決権の確立」岡倉古志郎・長谷川正安編『民族の基本的権利』法律文化社、1973年／松井芳郎「試練に立つ自決権」桐山孝信ほか編『転換期国際法の構造と機能』国際書院、2000年〔西海真樹〕

## 信頼・安全醸成措置（CSBMs）
confidence and security building measures

軍事的衝突の1つの原因は、相互の軍事的意図や兵力の誤認にある。意図や兵力の情報交換、規制共有、軍事交流を通じて、透明化と完備情報化を進め誤認を減らし、偶発的軍事衝突を回避する手段となりうるのが信頼・安全醸成措置（CSBMs）である。例えば緊急時のホットライン、軍事予算や軍事演習の相互公開、軍人の相互訪問、軍事活動の事前通告、大規模な軍事活動の制限等が挙げられる。

1962年のキューバ危機は、双方の誤認がいかに容易に発生するかを物語る。危機翌年には米ソ・ホットライン設置協定が締結された。78年には国連でもCBMの促進、具体的にはホットラインの設置が提言された。

多国間の信頼醸成措置（CBMs）を一気呵成に制度化したのは、大規模な通常戦力が対峙した欧州の欧州安保協力会議（CSCE）である。米国とカナダを交え東西欧州35ヵ国首脳が署名した75年のヘルシンキ宣言では、2万5000人超の兵力の活動は21日以上前に相互通告とされた。さらにストックホルム信頼安全醸成・軍縮会議（86年）では、次年度の軍事活動計画の相互公開、兵力4万人超の活動の2年前通知、年3回までの査察受け入れ義務（地図、カメラ、双眼鏡等の使用可）が課された。この包括的措置を単に信頼醸成にとどめず安全保障の醸成にも繋げるべきとの認識から、従来のCBMsという呼称からCSBMsとして再定義された。

冷戦後に採択されたウィーン文書1990、同1992、同1994を経て信頼醸成措置は一層具体化した。事前通告は9000人・戦車250両上陸に引き下げられ、視察は兵力1万3000人、査察では夜間可視装置の使用が可能となった。また94年には「安全保障の政治的・軍事的側面に関する行動規範」が採択され、99年のイスタンブールOSCE首脳会議では、国境の内側で頻発する国内紛争を地域の安定に対する新たな脅威と位置づける欧州安全保障憲章が採択された。

汎欧州のCSBMの発展は、冷戦後の欧州の通常戦力の軍縮の進展と軌を一にし、履行状況は極めてよいと評価されてきた。しかしCSBMsの地理的対象はOSCEのアジア域内には及ばず、それは2012年のモンゴルのOSCE加盟にあたってもロシアによって再確認された。

近年の動きとして2013年、米ロはサイバーセキュリティに関して2国間でホットラインの設置で合意し、大国間の信頼醸成措置は多分野化しつつある。また軍事的分野以外でもアジア信頼醸成協力会議（CICA）のように、政治的信頼の強化を図る社会的信頼醸成措置の重要性が注目されている。

【関連項目】 欧州安全保障協力機構（OSCE）／軍縮（軍備縮小）／ヘルシンキ宣言

【参考文献】 金子讓「欧州における安全保障構造の再編」『防衛研究所紀要』9巻2号, 2006年／佐渡紀子「OSCEにおける信頼安全醸成措置」『国際公共政策研究』2巻1号, 1998年／Miyawaki, Noboru, "The OSCE Model and the PSCBM for Human Dimension," in Shinoda, Hideaki and How-Won Jeong, eds., *Conflict and Human Security* Institute for Peace Science, 2004 〔宮脇昇〕

## 侵略の定義　definition of aggression

第一次世界大戦後の戦争・武力行使の違法化に伴い，その違反としての侵略を厳密に定義する必要が生じた。1933年には「侵略の定義に関する条約」が署名されたものの，当事国は少数にとどまった。

74年に国連総会は，安全保障理事会による侵略行為の認定（国連憲章39条）の指針として，「侵略の定義に関する決議」（総会決議3314（XXIX））をコンセンサスにより採択した。同決議は，侵略を「一国による他国の主権，領土保全もしくは政治的独立に対する，または国連憲章と両立しないその他の方法による武力の行使」と一般的に定義した上で（1条），具体的行為を例示列挙する（3条）。軍隊による他国領域への侵入・攻撃のみならず，他国による第三国侵略のための自国領域使用の許容や，他国に対する武力行為を実行する武装集団・不正規兵・傭兵等の派遣，かかる武力行為への実質的関与も含まれる。この決議3条の文言は，国際刑事裁判所規程8条の2（2010年改正により追加，ただし改正未発効）において侵略行為の定義として採用された。

【関連項目】 集団安全保障／侵略犯罪／武力不行使原則
〔田中佐代子〕

## 侵略犯罪　crime of aggression

2010年にウガンダの首都カンパラにおいて開催された国際刑事裁判所（ICC）規程運用検討会議は，新たに侵略犯罪について規定した決議（RC／6）を採択した。同規程改正により，侵略犯罪は「国の政治的又は軍事的行動を実効的に支配又は指揮する地位にある者による行為であって，その性質，重大性及び規模により国際連合憲章の明白な違反を構成する侵略行為の，計画，準備，開始又は実行をいう」（8条の2(1)）と規定されている。さらに，同条の侵略行為について，国による「他国の主権，領土保全若しくは政治的独立に対する武力の行使，又は国際連合憲章と両立しないその他の方法による武力の行使によるもの」（8条の2(2)）とされている。

これまで国連総会決議第3314号（XXIX）附属に規定された侵略の定義がおおむね共通の理解とされてきたものの，侵略の定義を巡っての見解の隔たりは大きく，98年のICC規程採択時には侵略犯罪には合意できなかった。このため，2010年の改正規定では上記の総会決議による侵略の定義を踏まえて，宣戦布告の有無にかかわらず上記のような行為は侵略行為であるとされ，戦争よりも適用範囲の広い武力紛争の概念の下で侵略犯罪の構成要件が規定されている。

【関連項目】 侵略の定義
〔福井康人〕

## 人類の共同遺産
common heritage of mankind

1967年11月1日，国連総会第1委員会でマルタ代表のパルド大使が「いずれの国の管轄権にも服さない公海海底を人類の共同遺産として，人類全体のために利用する国際制度」を設けることを提唱した。これを受けて，第1委員会の中に深海底の法的地位を取り扱う海底平和利用委員会が設けられ，海洋法条約の採択に繋がった。

これは，公的空間を人類全体のために利用・保存するという理念を表現する標語として支持され，国際海底だけでなく南極や宇宙空間の法制度でも基本理念として導入された。

70年代は開発途上国が台頭し，この言葉は，資源へのアクセスの平等を要求する根拠として利用されるようになった。第3次国連海洋法会議の交渉においては，開発途上国が先進国と平等に海底開発に参加する権利を有するという主張の根拠として使われ，途上国が参加するのに必要な技術の移転や財政支払い，開発事業体の設置などを主張する際に用いられた。

遺産という語は，将来の人類のために残しておくという意味も込められているとも言われる。そうすると海底鉱物資源のような非再生資源は，将来の世代に残すために開発を抑制しなければならないという主張の根拠とされ，開発を進めるべきか否かという根本的問題を提起し，法制度の具体化に影響を与えた。

【関連項目】海洋法条約　　〔古賀衞〕

## 新冷戦　New Cold War/The Second Cold War

1970年代末から80年代半ばにかけて生じた，東西陣営間，特に米ソ間における緊張の高まり。一般には79年末のソ連によるアフガニスタン侵攻に端を発し，ソ連共産党書記長ゴルバチョフの就任後に米ソ関係が改善するまでの対立時期とされる。

70年代半ば以降，米ソ間のデタントは第三世界への介入の是非等を巡ってアメリカで不人気となり停滞していた。81年に発足したレーガン政権は大規模な軍拡を実施し，83年にはいわゆる「悪の帝国」演説と戦略防衛構想の発表によって対ソ対決姿勢を強めた。同年のソ連による大韓航空機撃墜事件，北大西洋条約機構（NATO）による大規模軍事演習「エイブル・アーチャー」の実施は，両国間の相互不信をさらに高めた。一方，同時期のヨーロッパでは，ソ連が配備していた中距離弾道ミサイルSS20に対抗してNATOがパーシングⅡの配備を決定したことで，反核平和運動が高まった。

【関連項目】アフガニスタン侵攻（ソ連の）／新思考外交／デタント（緊張緩和）

〔齋藤嘉臣〕

## 水爆（水素爆弾）　hydrogen bomb

熱核兵器（thermonuclear weapon）とも呼ばれる。原爆がウラン235やプルトニウム239の原子核の核分裂によるエネルギーを利用するのに対し，水素爆弾（水爆）では，水素同位元素（重水素やトリチウム）やヘリウムなどの軽い原子核の核融合によるエネルギーを利用する。設計の詳細は軍事機密で依然不明であるが，起爆装置である球状のプライマリと，核融合を起こす円筒形のセカンダリの2つの部分から構成される。軽い原子核が超高速で衝突すると核融合が起き，その際に莫大なエネルギーが生み出される。原子核が超高速で動く条件として必要な超高温，超高圧を生み出すため起爆装置に原爆が用いられる。水爆は大量の放射性物質をまき散らす「汚い爆弾」とも呼ばれる。1954年3月1日，アメリカがマーシャル諸島ビキニ環礁で行った水爆実験による放射性降下物によって，立ち入り禁止区域外の公海上で操業していた日本のマグロ漁船「第五福竜丸」が被曝した。

【関連項目】水爆開発／第五福竜丸事件とビキニ水爆実験

〔友次晋介〕

## 水爆開発　development of the hydrogen bomb

アメリカのトルーマン政権が1950年1月末，水爆の開発促進を正式に決定，科学者テラーの主導の下開発が進められた結果，人類初の水爆実験が52年11月1日，マーシャル諸島エニウェトク環礁で行われた。これより前の49年8月，ソ連による初の原爆実験の成功でアメリカの核の独占は崩壊していた。このようななか，テラーはソ連に対するアメリカの核の優位の回復を目的に水爆開発の促進を支持した。他方オッペンハイマーやコナント，リリエンソールらは開発に反対であり，科学者の意見は二分され

た。その後，招集された米原子力委員会（AEC）の一般諮問委員会（GAC）は，水爆の即時開発を避けるべきであると結論，トルーマン大統領にも報告したが，その後ディーン・アチソン国務長官，ルイス・ジョンソン国防長官，リリエンソールAEC長官からなる特別委員会が水爆開発を勧告，同大統領もこれを承認した。

【関連項目】原子爆弾（原爆）／水爆開発　〔友次晋介〕

## スーダン内戦　Civil War in Sudan

1956年に独立したスーダンでは，第1次（55～72年），第2次（83～2005年）内戦が発生した。対立の背景には，南北間の言語・文化・宗教をはじめとする違いや英国植民地支配に起因する政治・経済格差がある。特に第2次内戦は，スーダン政府を擁しイスラーム教を信仰するアラブ系住民の多い北部と，キリスト教や伝統宗教を信仰するアフリカ系住民の多い南部，特にスーダン人民解放運動・軍（SPLM/A）との戦闘が激しくなった。犠牲者は200万人，難民・国内避難民は400万人とも言われる。2005年1月，政府間開発機構（IGAD）による仲介などにより，スーダン政府とSPLM/Aとの間に南北包括和平合意（CPA）が成立。11年1月にはCPAに盛り込まれた南部独立の是非を問う住民投票が行われ，南部独立が決定した。ただし，南北境界に位置するアビエ地域の帰属や，同地で産出される石油を巡って南北スーダン間の緊張は続いている。

【関連項目】ダルフール紛争／南スーダン独立　〔井上実佳〕

## スエズ動乱（スエズ戦争）　Suez Crisis

スエズ運河所有権を巡り1956年10月に起きた戦争とその前後の動乱。日本では第二次中東戦争と呼ぶ。同年7月，エジプト大統領ナーセルがスエズ運河国有化を宣言した。52年のエジプト革命とその後のアラブ民族主義の高揚に危機感を抱いていた英仏両国は，ナーセル打倒を目指してイスラエルと共謀。同年10月，イスラエルがシナイ半島に進攻し，続いて英仏がスエズ運河の自由航行を守るとしてエジプトへの攻撃を開始した。

これに対しソ連が3ヵ国軍の撤退を強く要求し，米国も事態の早期収拾に動いた。国際的な圧力の高まりを受け，3ヵ国は所期の目的を達することなく軍を撤退させた。

スエズ動乱の結果，中東における英仏の影響力は大幅に減少し，代わって中東は米ソ対立を軸とする冷戦構造に組み込まれた。また「アラブの英雄」となったナーセルはアラブ諸国に大きな影響力を持ち，アラブ世界全体でアラブ民族主義がさらに強まった。

【関連項目】中東戦争（アラブ・イスラエル紛争）　〔立山良司〕

## 杉原千畝とユダヤ人　contribution towards Jewish refugees by Chiune Sugihara

外交官杉原千畝は，在フィンランド公使館に勤務していた1939年7月20日，本国政府よりリトアニアのカウナスに領事館を開設し，副領事として赴任することを命ぜられた。正式な領事は派遣されず，領事代理として領事館責任者の任務を果たすことも同時に命ぜられた。彼とその家族がカウナスに到着したのは8月28日であったが，世界を驚愕させた独ソ不可侵条約の締結（8月23日）直後であり，当時の平沼騏一郎内閣が「欧州の情勢複雑怪奇なり」との言葉を残して総辞職したまさに同日であった。さらには，彼らの到着から4日後の9月1日にはドイツ軍がポーランドに侵攻し，やがて第二次欧州大戦へと拡大していったのであった。

ポーランドには，9月17日，東方からソ連も侵攻し，同30日には首都ワルシャワが陥落し，ポーランドは独ソ両国に分割され，多数の避難民が隣国リトアニアに逃れた。戦間期のポーランドには，欧州で一番多数のユダヤ系住民が暮らしていたため，リトアニアに逃れた避難民の

なかにはユダヤ系ポーランド人が多数を占めていた。

翌40年，欧州西方でドイツ軍の快進撃が始まると，それに呼応するようにソ連はバルト3国に圧力をかけ，8月までに3国を併合した。リトアニアに逃れていた避難民中には，ソ連に併合されたリトアニアにとどまることが危険であることを予見し，日本の通過ヴィザを求めて在カウナス日本領事館に押し寄せる者が多数にのぼった。ソ連，日本を通過して第三国に逃れる以外，リトアニアから逃れる有効な手段がなかったのである。

当時日本の通過ヴィザを発給するにあたっては，行き先国の入国許可と十分な旅費の所持が必要条件であったが，杉原は，条件が不備な者にもヴィザを発給した。杉原によって救われた避難民は約6000人にのぼり，その約8割以上がユダヤ系避難民であった。

【関連項目】　第二次世界大戦（WWⅡ）／難民／反ユダヤ主義／ホロコースト
【参考文献】　白石仁章『諜報の天才杉原千畝』新潮社，2011年／杉原幸子『六千人の命のビザ（新版）』大正出版，1993年／中日新聞社会部編『自由への逃走』東京新聞出版局，1995年
〔白石仁章〕

## スター・ウォーズ計画　"Star Wars"

1983年3月23日，レーガン大統領が発表した戦略防衛構想（Strategic Defense Initiative; SDI）のことで，相手国から飛来してくるミサイルを大気圏外で迎撃する兵器システムの研究開発を目指し，敵の核兵器を「無力化し時代遅れにする」ものだと説明された。レーガンの好戦的イメージとは裏腹に，SDIは「核のない世界」についてのユートピアニズムを反映していた。レーガン軍拡に反対する国内の反核運動を鎮静化させるという点では効果を挙げたものの，82年に開始された米ソ戦略兵器削減交渉の行き詰まりの打開という点では逆効果を生んだ。レーガンがSDIの継続に固執したことで，86年10月のレイキャヴィク会談は物別れに終わり，第一次戦略兵器削減条約（START Ⅰ）の締結は91年7月まで待たねばならなかった。冷戦終結時までに300億ドルの巨費が投入されたことで，ハイテク産業や軍産複合体企業は大きな恩恵を受けた。SDIは当初から，技術的に極めて困難，費用対効果に見合わない，戦略バランスを不安定化させるなどの批判にさらされながらも，クリントン政権下で弾道ミサイル防衛システム（MD）と衣替えして，現在に至っている。

【関連項目】　戦略兵器削減条約（START）
〔菅英輝〕

## スターリン主義　Stalinism

ソ連創設期以来の指導者スターリンに体現された，1920年代末〜50年代初頭までの急激な社会主義移行のための理念及び体制全般を指す。もともとは政治的ライバルであったトロツキーがスターリンの政策を批判するために用いた。具体的には，世界革命の必然性を主張していた従来の社会主義思想に対し，ロシア一国でも社会主義建設は可能とする「一国社会主義」論，国家主導による工業化，農業集団化，軍・知識人層の大粛清など抑圧的・全体主義的な諸政策を指す。56年のフルシチョフ政権以後は，ソ連内外で，レーニン（24年没）の思想や政策を正統化させるため，それとは対照的に否定的な意味合いを持たせた概念となった。ソ連解体後，ロシアの近代化・版図の拡大を達成した偉人としてスターリンは再認識され，現代のロシアでは民族主義者を中心にスターリン主義を肯定的に評価する傾向が強まっている。

【関連項目】　スターリン批判
〔湯浅剛〕

## スターリン批判　"On the Cult of Personality and Its Consequences"

スターリン及び彼の政権下の抑圧的政策に対する批判。狭義には，1956年2月の第20回ソ連共産党大会におけるフルシチョフ党第1書記による秘密報告「個人崇拝とその結果について」

とその反響，またこれに続くソ連内外のスターリンへの批判的な評価・政策を指す。生前，ソ連及び社会主義陣営での政治的権威・権力を体現していたスターリンは，その一方で政治的ライバルを次々粛清し，秘密警察を駆使した社会統制を実現。彼の後継者たちは特定の個人ではなく共産党への権威の再集約を図るべく前述の秘密報告に踏み切った。同報告はスターリンによる党規範の破壊，外交・戦争指導の誤り，30年代の大テロルによるソ連社会への被害といった事例に言及。報告への反響は大きく，ポーランドでの穏健派ゴウムカ政権の誕生，ハンガリー動乱（いずれも56年10月）といった政治変動を東欧諸国にもたらす。また，中国はフルシチョフによる批判を「修正主義」と反論し，中ソ対立のイデオロギー上の論争を生み出した。スターリンにより粛清された個人の名誉回復はゴルバチョフ政権期まで待たねばならなかった。　　　　　　　　　　　　〔湯浅剛〕

## ステルス爆撃機　stealth bomber

　敵のレーダーなどのセンサーから探知されにくい性質を持つ爆撃機。核兵器を含む大量破壊兵器搭載可能な戦略爆撃機である場合が多い。爆撃機は搭載量を優先するため，運動機能が低く，防空システムの標的とされやすいが，ステルス化することによって相手の索敵能力を低め，攻撃側の優位性を決定的なものにする。

　冷戦期に敵の核兵器施設に接近し，爆撃を行うことを目的として開発されたが，冷戦が終了したため，コソヴォ紛争で初めて運用された。その後，アフガニスタン，イラク戦争で用いられたほか，国連安保理決議に基づくリビアへの空爆でも用いられた。

　現在ステルス爆撃機を運用しているのは米国のみであるが，ロシア，中国も開発を進めており，技術開発によって崩れた戦略的均衡を取り戻そうとしている。しかし，ステルス爆撃機は極めて高価であり，開発，運用，維持のコストがかかるため，米国でも20機前後しか生産していない。精密誘導爆弾や無人攻撃機による爆撃など，他の手段による遠隔地からの爆撃が可能になってきた現在，ステルス爆撃機の戦略的重要性はかつてほど高いとは言えなくなっている。　　　　　　　　　　　　〔鈴木一人〕

## ストックホルム・アピール
### Stockholm Appeal

　1949年9月23日，トルーマン米大統領はソ連の原爆保有を公表し，翌50年1月31日には水爆製造を決定した。こうして米ソ両国が原水爆開発競争をエスカレートしつつあった50年3月19日，ストックホルムで開かれた平和擁護世界大会委員会第3回総会は，原子兵器の絶対禁止と禁止を保証する厳重な国際管理の確立を要求し，最初に原爆を使用する政府を人類に対する犯罪者とみなすと宣言する訴えを提唱・採択した。これをストックホルム・アピール（以下Sアピール）と言う。その後，同年6月の朝鮮戦争勃発を背景に，世界各国でSアピールに対する署名を求める運動が展開され，同年末までに79ヵ国で5億票の署名が集められた。ただし，そのうち4億票以上は共産主義諸国で集められ，西側諸国では1億票にとどまった。占領下の日本でも署名運動が起こり，645万の署名が集められた。同年11月30日にはトルーマンが「朝鮮戦争で原爆使用も辞せず」と発言し，物議をかもした。しかし，結局，米国が原爆を使用することはなかったから，Sアピールとその署名運動は朝鮮戦争における米国の原爆使用を阻止したと評価されるようになった。

【関連項目】　原水爆禁止運動／朝鮮戦争／平和運動〔黒崎輝〕

## ストックホルム国際平和研究所（SIPRI）
### Stockholm International Peace Research Institute

　スウェーデンのストックホルム県ソルナ市に所在する国際平和研究所。1964年の第32代首相

エルランデルの平和研究所設立案を機に，スウェーデン王立委員会の提言を経て66年に議会の承認の下設立された。

国際紛争の平和的解決と安定的平和条件の理解促進のため，紛争に関する問題と国際的平和と安全のための協力の重要性の研究を中心的任務としている。任務遂行に際し大別して，地域及びグローバル安全保障，武力紛争・紛争管理，国際的軍事支出及び軍事化傾向，軍備管理・軍縮及び核不拡散の4つの分野で研究を行っている。

安全保障・紛争解決・平和分野での各国の政策分析と政策提言を任務の一環とし，そのために信頼のある情報提供に力を注いでいる1969年から毎年刊行されている『軍備・軍縮・国際安全保障年鑑』は，その内容の客観性，正確性から国際的信頼が高く，世界中の政治家，外交官，政策担当者及びジャーナリストが世界各地域の軍事動向，軍縮傾向，武力紛争及び紛争解決状況，安全保障傾向を分析する際の情報源として参考にしている。

【関連項目】平和研究／北欧の平和研究　〔田辺寿一郎〕

## 砂川事件（すながわじけん）Sunagawa case

砂川町（東京都）の米軍立川飛行場で行われた基地拡張のための測量に対し，1957年7月，基地拡張に反対するデモ隊の7名が基地内に立ち入ったとして，日米安保条約3条に基づく行政協定に伴う刑事特別法違反として起訴された事件。本件では，安保条約に基づく在日米軍の駐留が憲法9条2項の戦力に該当し違憲であるか否かが争点となった。

被告人は，日米安保条約及びこれに基づく米軍の駐留が違憲であるから無罪と主張。東京地裁は，日米安保条約に基づく米軍の駐留は日米両政府の意思の合致があったからで，「わが国政府の行為によるもの」と指摘。「わが国が外部からの武力攻撃に対する自衛に使用する目的で米軍の駐留を許容していることは，指揮権や軍出動義務の有無にかかわらず，憲法9条2項前段によって禁止されている戦力の保持に該当するもので，駐留米軍は憲法上，存在を許すべからざるもの」と述べた上で，「米軍基地の平穏に関する法益が，一般国民の同種の法益以上の厚い保護を受ける合理的な理由は何ら存在しない」と結論づけ，全員無罪の判決を下した（東京地判昭和24年3月30日）。この判決は裁判長の名をとって「伊達判決」と呼ばれる。

政府による跳躍上告（第1審判決に対し，控訴を経ずに最高裁判所に申し立てを行うこと。刑事訴訟法第406条にその根拠があり，刑事訴訟規則第254条及び第255条に定められている）を受けた最高裁は違憲判決を破棄（最大判昭和24年12月16日）。在日米軍の駐留について，「わが国が主体となって指揮権，管理権を行使しえない外国軍隊は，わが国に駐留するとしても憲法9条2項の『戦力』には該当しない」との判断を示した。最高裁は，この判断を導く文脈で，「憲法9条はわが国が主権国として有する固有の自衛権をなんら否定していない」「わが国が，自国の平和と安全とを維持し，その存立を全うするために必要な自衛のための措置を取り得ることは，国家固有の権能の行使であって，憲法は何らこれを禁止するものではない」と述べている。

続いて日米安保条約の違憲性については，わが国の存立の基礎に極めて重大な関係を持つ高度の政治性を有する条約の違憲性を巡る判断は政治部門の自由裁量的な判断に委ねられ，司法審査には原則としてなじまないとし，一見極めて明白に違憲無効であると認められない限りは，裁判所の司法審査権の範囲外のものであり，米軍駐留が違憲無効であることが一見極めて明白であるとは認められないと結論づけた。

本件については，最高裁が跳躍上告を受けて判決を下す前に，田中耕太郎最高裁長官が数度にわたって駐日米公使レンハートらと密談し，「判決はおそらく12月」「判決を急ぐため争点を

法的問題に閉じ込める」「判決は世論を揺さぶる原因になる少数意見を回避できるよう願っている」などと述べていたことが米公文書で明らかになったと報じられた。同文書は，米大使が1審判決直後に1審判決の早期破棄に向けて岸内閣の外務大臣藤山愛一郎や最高裁長官田中耕太郎と接触し，密談して判決の早期破棄を積極的に働きかけたことを示すものであった。密談当時は，日米両政府の間で，安保条約の改定に向けた交渉が行われている最中であり，アメリカ軍の駐留を違憲とした1審判決に対する最高裁の判断が注目されていた。最高裁長官が密接な利害関係者と判決前に接触し，判決の方向まで漏らしていた事実に対し，最高裁長官が司法権の独立を揺るがすような行動を取っていたこと，安保改定の裏で，司法の政治的な動きがあったことへの重大な疑義が向けられている。

【関連項目】憲法9条／司法権の独立
【参考文献】長谷部恭男ほか編『憲法判例百選Ⅱ』有斐閣，2013年

〔麻生多聞〕

## スハルト体制の崩壊 (たいせい ほうかい)
fall of the Soeharto regime

1965年9月30日事件を鎮圧したスハルト陸軍戦略予備軍司令官は，66年3月スカルノ大統領から治安秩序を回復する「命令」を受けた形で事実上行政権を掌握した。スハルトは直ちに共産党を非合法化して，経済再建を最優先した内閣を組閣し，「新秩序」と呼ばれたスハルト体制が始動した。その後，68年3月暫定国民協議会でスハルトは正式大統領となり，同年6月第1次開発内閣が発足した。

スハルト体制は国家5原則「パンチャシラ」を掲げ，国軍の領域軍制度と極度に集権化された官僚機構によって体制の安定を保つ一方，外資導入政策を進めた。また，西側諸国や国際機構はその開発政策に継続的に公的援助を供与し，当時日本は最大の援助国であった。

スハルト体制は当初，知識人や学生等反スカルノ勢力の支持を得ていたが，73年の第2次開発内閣発足後，政府が結成したゴルカル以外の9政党は2つの野党に再編され，政党も議会制度も形骸化した。また，メディアや社会団体の活動は制約され，政府批判はリスクを伴った。さらに，イリアンジャヤ（現在パプアの2州）やアチェ，東ティモールでは，地方指導者に政治的な懐柔が行われる一方，分離運動に対する軍事作戦が長く続いた。

こうして，第3次開発内閣（78年）から第4次（83年），第5次（88年），第6次（93年）内閣を経て，98年3月第7次開発内閣が発足した。この間，インドネシアは経済成長を続け，ASEAN外交においては盟主的役割を果たしたが，東ティモールの併合と国軍による人権侵害に関して欧米諸国等や人権団体から批判されていた。80年代末から資本自由化を進めたが，制度の未整備もあり，外資が大統領一族に集中して政治腐敗が広まった。やがて，97年の通貨危機を契機に，短期民間資本の流出で市場が打撃を受け，「改革」を求めるデモが広がり，98年5月スハルト体制は崩壊した。

後任のハビビ大統領は直ちに「改革」に着手した。その後の政権も含め1945年憲法は4度改正され，民主化と分権化に向けて行政機構も議会制度も大きく変容した。2000年代以降インドネシアはASEAN共同体構築に向けて民主主義規範を主導する役割を果たしており，これは脱スハルト体制後の顕著な特徴である。

【関連項目】アチェ戦争／9月30日事件／東南アジア諸国連合（ASEAN）／東ティモール紛争
【参考文献】倉沢愛子『9・30世界を震撼させた日』岩波書店，2014年／白石隆『スカルノとスハルト』岩波書店，1997年

〔首藤もと子〕

## スフィア・プロジェクト Sphere Project

災害や紛争による被災者に対する人道支援の質と，人道支援に携わるNGOや政府の説明責任の向上を目的として，1997年に複数の人道

NGOと国際赤十字・赤新月運動が立ち上げた，共通の原則と最低基準を設定・普及するコンソーシアム。具体的には，「人道憲章」と「人道対応に関する最低基準」等から構成される『スフィア・ハンドブック』を，特定のNGOではなく，多数のNGO，国連機関，政府，研究機関が協議するコンソーシアムであるスフィア・プロジェクトから発行している。

『スフィア・ハンドブック』では，「人道憲章」を土台として，人道支援の原則と基準を定めている。そこでは，分野横断的な共通の原則と基準に加えて，分野別の最低基準が示されている。具体的には，①給水・衛生・衛生促進，②食糧の確保と栄養，③シェルター・居留地・食糧以外の物資，④保健活動といった生存に直接的に関わる4分野において，最低基準と，その基準を満たす上での基本行動と基本指標が提示されている。

これらの4分野以外における人道支援についても，別のコンソーシアムにおいて最低基準が作成されている。スフィア・プロジェクトが提携しているものとして，子どもの保護作業グループ（Child Protection Working Group; CPWG），緊急時の教育のための機関間ネットワーク（Inter-Agency Network for Education in Emergencies; INEE），家畜緊急時ガイドライン・基準（Livestock Emergency Guidelines & Standards; LEGS）プロジェクト，零細企業教育・促進（Small Enterprise Education & Promotion; SEEP）ネットワークがあり，それぞれの分野における最低基準を提示している。

従来は個々の国連機関やNGOが独自の基準で人道支援を行うことの弊害があったが，こうした最低基準が共有されることによって，人道支援組織間の協調が進み，支援の質が均等化されることが期待されている。

【関連項目】緊急人道支援／国内避難民（IDP）／難民／非政府組織（NGO/NPO）
【参考文献】 INNE（お茶の水女子大学国際協力論ゼミ訳）『教育ミニマムスタンダード（2010年版）』お茶の水女子大学グローバル協力センター，2011年／スフィア・プロジェクト『人道憲章と人道対応に関する最低基準（2011年版）』難民支援協会，2012年
〔勝間靖〕

## スペイン内戦　Spanish Civil War

1936年から39年までの内戦。31年に成立した第二共和政は，それまでの王政下では成し得なかった宗教，軍，農業，地方自治などの改革を断行したが，軍や右派はこれに不満を募らせた。36年2月の総選挙で人民戦線が勝利すると左右両派の対立は一層激化し，社会秩序は不安定化していった。その間，軍のモラ将軍らはクーデタを画策しており，計画は7月17日に植民地モロッコで実行された。反乱軍は，18日から19日にかけて本土各地で一斉に蜂起し，一部地域を制圧したが，マドリードやバルセロナでは失敗した。これにより，国土を二分する内戦へと突入した。反乱軍支配地域では戒厳令が敷かれ，共和国支持者は徹底的に抹殺された。共和国領域でも，戦争の勃発と同時に反乱軍支持者への暴力行為が発生するとともに，各地で革命が進行していった。国際的には，フランス，イギリス主導の下，不干渉協定が締結されたが，ドイツ，イタリアは，反乱軍の最高指導者フランコへの軍事支援を行い，反乱軍は，ソ連や国際義勇兵の支援を受けた共和国軍を次第に圧倒していった。39年1月にバルセロナが陥落すると，共和国の敗北は決定的となり，4月1日，フランコの勝利で内戦は終結した。

〔横藤田稔泰〕

## スポイラー　spoiler

交渉によって達成される平和により不利益を被ると考え，暴力的手段に訴えることも辞さない現状維持志向の政治指導者や勢力。1992年，国連監視下で実施された選挙結果を拒絶し，内戦への回帰を選択したアンゴラの反政府武装勢力指導者ジョナス・サビンビなどはその一例で

ある。だが，必ずしも常にスポイラーが「成功」するわけではない。例えば，94年，当初は投票ボイコットを呼びかけていたモザンビークの反政府武装勢力モザンビーク民族抵抗運動（RENAMO）は最終的に選挙の敗北を受け入れ，武装解除し，その結果，16年間続いた内戦に終止符が打たれた。スポイラーへの対処方法としては①和平がスポイラーにとって不利益にならないように和平交渉に取り込む，②その要求や行動の正当性を判定する，もしくは③強制力を用いて抑止する，以上の3つがあると言われている。

対処方法について検討する際に，スポイラーの①和平プロセスにおける立ち位置（外部／内部），②数，③組織の目標，そして④権力の所在の4点に着目することが重要とも言われている。例えば，和平合意に調印したものの履行に失敗した「内部スポイラー」よりも，和平プロセスから排除された「外部スポイラー」の方が暴力を用いる傾向があると言われている。また，和平プロセスにスポイラーが多数存在する場合，個別の対応が求められる。そして適切に対応するには，スポイラーの目標を理解することも重要になる。

限定的な目標を持つ「限定型スポイラー」，妥協しない「完全拒否型スポイラー」，そしてその中間に位置する「貪欲型スポイラー」といった3つに分類されることがあるが，この際に目標の大きさと目標に対するコミットメントは必ずしもリンクしない。例えば，交渉の余地がない，限定型スポイラーというケースもありうる。また，スポイラー内の権力の所在に着目し，リーダー個人に権力がある場合は変化がもたらされやすく，逆に集団に所在がある場合は変化がもたらされにくいとも言われている。

他方，国家と非国家主体間の非対称戦争では交渉が常に公正ではないことから，「スポイラー」というラベルを用いることが結果として，紛争当事者一方の価値判断を他方へ押し付ける危険の可能性が指摘されている。また国内の紛争当事者に限らず，国外のディアスポラ・コミュニティなどがスポイラーに（そしてピースメーカーにも）なりうる可能性も指摘されている。

【関連項目】ディアスポラ政治／テロリズム／紛争解決
【参考文献】Newman, Edward, and Oliver Richmond, eds., *Challenges to Peacebuilding*, United Nations University, 2006. ／Stedman, Stephen John, "Spoiler Problems in Peace Processes," *International Security*, Vol. 22, No.2, 1997〔古澤嘉朗〕

## 棲み分けによる平和
peace through separation

国家による統治の及ぶ領域的範囲を画定するのは国境で，もしそれが域外から域内への権力の行使を阻止して国民を保護する「かたい殻（hard shell）」の機能を果たすならば，国境を挟んで対峙する国家間に生じる安全保障のディレンマは緩和される。これは国際政治学の古典的知見であるとも言える。

このため，エスニック紛争型の内戦後の平和構築の処方箋としても，このような「棲み分けによる平和」の発想に基づく分割論がしばしば唱えられてきた。しかし，一般にエスニック・ナショナリズムに基づく完全な棲み分けは現実的ではない。実際には，境界再編後にも，同化・浄化を目論む多数派，自治・自決を求める少数派，民族同胞として少数派の奪回を狙う隣国との間に，領土保全（territorial integrity）の主張，分離主義（secessionism），失地回復主義（irredentism）の三者三様の思惑が交差する緊張関係が生まれてきた。戦間期ヨーロッパにおいては，自決原則に基づく新生国家の形成に並行して，国際的合意の下に，少数者の保護のみならず，同時に強制的な人口移動（例えばギリシャ，トルコ間のローザンヌ条約）も行われた。

また，脱植民地化の過程における分割についても，アイルランド，パレスチナ，インド，キ

プロスの事例などからも明らかなように，宗主国が異質な植民地住民の居住分布に配慮して領域を分割した上で植民地支配から手を引けば，自ずと棲み分けによる平和が達成されるとはおよそ言い難い。

【関連項目】 安全保障のディレンマ／トルコ・ギリシャの住民交換／内戦

【参考文献】 Kaufmann, Chaim D., "When All Else Fails," *International Security*, Vol. 23, No. 2, 1998／Kumar, Radha, "The Troubled History of Partition," *Foreign Affairs*, Vol. 76, No.1. 1997／Weitz, Eric D., "From the Vienna to the Paris System," *American Historical Review*, Vol. 113, No. 5, 2008　〔石田淳〕

## スリランカ紛争(ふんそう)　Sri Lankan conflict

スリランカでは，民族対立を背景として，1983年から国内紛争が激化した。スリランカ紛争は，スリランカ政府と反政府武装組織である「タミル・イーラム解放の虎（Liberation Tiger of Tamil Eelam; LTTE）」との間の暴力的対立によるものが中心であったが，2009年5月19日，スリランカ政府軍がLTTEを駆逐し，マヒンダ・ラジャパクサ同国大統領が国会で内戦終結を宣言，26年間にも及ぶ内戦が終結した。スリランカでは，多数派のシンハラ人と，少数派のタミル人とで人口の大部分が占められており，両者間の歴史的対立構造が存在した。1948年の英国連邦自治領としてセイロンと称して独立（72年に国名変更）した同国では，英国政府に重用されたタミル人が行政府官吏として特別に雇用されてきた。56年，シンハラ人優遇政策を打ち立てたスリランカ自由党が選挙で圧勝し，シンハラ語を母国語とする政策が打ち立てられた。72年には，シンハラ語を唯一の公用語とし，かつシンハラ人の大多数が信奉する仏教に特別な地位を与える新しい憲法が公布された。これに対し，多くがヒンディー教徒でもあるタミル人による反発が激化し，その一部がLTTEとして結集した。スリランカ北東部におけるタミル人国家を目指すLTTEと政府との間で紛争が激化するなか，87年にインドが独自に平和維持軍を展開したが，スリランカ政府の難色により撤退を余儀なくされた。

その後，2002年のノルウェー仲介外交が功を奏し，両者間の停戦合意が成立する。03年には「スリランカ復興に関する東京会議」も開催されるなど，同国の平和の定着に向けた国際支援が拡大したが，04年に同国にラジャパクサ政権が成立すると，両者の間に戦闘が再開した。紛争当事者が停戦合意を遵守していないことを理由にノルウェーを中心とする停戦監視団が撤退するなか，08年1月には正式に停戦合意が失効し，戦闘は激しさを増した。北東部では多数のタミル人が難民・国内避難民となるなど人道状況は著しく悪化し，国際社会による批判が強まったが，政府軍の圧倒的勝利により内戦が終結した。

【参考文献】 杉本良男ほか編『スリランカを知るための58章』明石書店，2013年　〔山根達郎〕

## スンナ派(は)　Sunni Islam

イスラームの主流派で，正称は「スンナとジャマーアの民」，すなわち預言者ムハンマドの「慣行」であるスンナに従い，共同体の団結（ジャマーア）を重視する派を意味する。イスラーム初期に政治指導権や教義を巡って諸分派が生まれたときに，分裂や対立を好まない「その他大勢」が団結を求めて結集したものがスンナ派となった。特定の人物を指導者（イマーム）として立てるような分派に強く反対する。コンセンサス重視の団結主義によって，次第に多数派形成に成功し，今日では世界のイスラーム人口の9割を占めている。分裂や対立を好まないため，ウラマー（宗派学者，法学者）たちは現実の王朝権力を容認することが多い。しかし，近代に入ると，そのような王朝が西洋列強に屈して植民地化されたり，独立後に世俗国家を樹立するようになり，スンナ派でもイスラーム政治を求める急進派が活動するようになった。現代のスンナ派諸国では，緩やかなコンセ

ンサスが維持される一方，一部に過激な反体制派も台頭している。〔小杉泰〕

**政教分離**（せいきょうぶんり） separation of religion and state

日本国憲法は，信教の自由を保障し（20条1項前段，同条2項），さらに国家に対して政教分離原則を課している（20条1項後段，同条3項，89条前段）。この政教分離原則は，個人の人権（主観的権利）とは違う，客観的法原則のレベルの規範である。

国家と宗教団体との関係を律する憲法原則の内容は，立憲主義諸国においても様々であり，国が1つの宗教を公定する国教型（イギリス），諸宗教団体に公法人の地位を認めて一定の特権を付与する公認宗教型（ドイツ），国教制を否定し諸宗教団体を私的団体として遇する政教分離型（アメリカ・フランス），の3つに類型化されることが多い（「政教分離」の原義は「政権と教権の分離」であり，「政治と宗教の分離」ではない）。

日本国憲法は，このうち政教分離型を採用した。それは日本が1945年8月にポツダム宣言を受諾したことに端を発する。同宣言は，大日本帝国憲法下の日本の，対外的な「無責任ナル軍国主義」（同宣言6項）の根絶と，そのための対内的な「民主主義的傾向ノ復活強化」及び「言論，宗教及思想ノ自由並ニ基本的人権ノ尊重〔ノ〕確立」（同10項）を，求めていた。

45年12月15日に連合国軍最高司令官が日本政府に発したいわゆる「神道指令」は，「軍国主義」と「過激ナル国家主義」の根絶を，主たる狙いとした（この狙いはポツダム宣言6項に発する）。「神道指令」は，この両主義の浸透に利用されてきた「国家神道」を解体（国家と神道を分離）するに際して，より普遍的に，「宗教ヲ国家ヨリ分離〔シ〕……宗教ヲ政治的目的ニ誤用スルコトヲ防止」すべし，と命じた。その主眼は，政治的動員のために宗教を利用することを国家に対して禁止する点にあった。また，連合国軍総司令部（GHQ）の内部文書で，「神道指令」の趣旨説明にあたる，45年12月3日付の「スタッフ・スタディ」は，「軍国主義」と「過激ナル国家主義」の根絶のための二本柱として，「神道指令」の発令と，天皇自身が勅語により両主義を否定すること（のちに天皇の「人間宣言」として実現する）とを挙げていた。ゆえに「神道指令」による日本初の政教分離原則採用は，軍・天皇・神道の三位一体の連関を切断するという文脈において理解されねばならない。

46年11月制定の日本国憲法上の政教分離原則の諸規定は，「神道指令」（ポツダム命令であり，占領終結後にはその法的効力を失う）の提示した普遍的な政教分離原則を，日本の国家主権回復後も憲法規範として堅持するためのものだった。

最高裁は，憲法制定から30年ほど後の，77年の津市地鎮祭事件判決（最大判昭和52年7月13日）で初めて，憲法上の政教分離原則の規範内容を明らかにした。いわく，政教分離原則とは，「国家は実際上宗教とある程度のかかわり合いをもたざるをえないことを前提としたうえで」，「そのかかわり合いが右の諸条件〔日本国の社会的・文化的諸条件〕に照らし相当とされる限度を超えるものと認められる場合にこれを許さないとするものである」，と。これは，国家が宗教と関与するのを原則としつつ例外的にその行き過ぎた関与を否定するという論理であり，政教分離を程度問題として把握している。それに対して，憲法上の政教分離原則の制定趣旨は，国家による政治的動員目的での宗教利用の否定という，政教分離の質的問題としての把握に立ちつつ，原則として国家が宗教に関与するのを否定していた。だが最高裁はその後今日まで一貫して，前記の論理を基本的な合憲性判断枠組としている。そしてこれまでにこの枠組の下，97年の愛媛県玉串料事件判決（最大判平成9年4月2日）と，2010年の空知太神社事件判

決（最大判平成22年1月20日）の2度，違憲判断を示した。

【関連項目】国家神道／自衛官合祀拒否訴訟／信教の自由／ポツダム宣言／靖国神社関連訴訟

【参考文献】芦部信喜『憲法学Ⅲ人権各論(1)（増補版）』有斐閣，2000年／ウッダード，ウィリアム・P.（阿部美哉訳）『天皇と神道』サイマル出版会，1988年／佐々木弘通「信教の自由・政教分離」辻村みよ子編『基本憲法』悠々社，2009年

〔佐々木弘通〕

## 政治的殺戮　politicide

政治的な理由に基づく人民の大量殺戮を意味する。B.ハーフとT.ガーの造語。具体的には，政治エリート又は政府機関が，政治理念や政策理念を異にする政治集団又は政治化したエスニック集団の全部又は一部を破壊することを目的として行う大量殺戮行為を意味する。ジェノサイドと政治的殺戮の概念上の区分は難しいが，厳密に言えば，ジェノサイド条約制定の際にジェノサイドに該当しないとされた「政治的理由による大量殺戮」が，政治的虐殺である。政治的殺戮は，国家建設途上にあり，しかも統治基盤が確立されていない非民主的国家で発生する傾向にある。政府指導者に敵視される政治集団や反政府活動家が，「非国民」「階級の敵」「反革命」を口実に捕らえられ，殺戮される。大規模な政治的殺戮は，ソ連，中国など一党独裁国家で発生している。ソ連のスターリン大粛清（1936～38年）において150万人以上が「党内に潜む階級敵」として国家反逆罪に問われ，100万人近くが銃殺に処せられた。強制収容所での苛酷で非人道的な扱いも，共産党一党独裁体制下で行われた政治的殺戮の特徴である。中国共産党内で展開された政治権力闘争である「文化大革命」（66～76年）での政治的殺戮の犠牲者数は50万人から数百万人にのぼるとみられる。

政治的殺戮はアジア，アフリカ，ラテンアメリカの非民主的な国でも発生している。カンボジアのポル・ポト政権下で行われた政治的殺戮では，およそ200万人の「人民の敵」が政治的殺戮の犠牲になった。インドネシアでは，「9月30日事件」で共産主義者及びその家族，並びに左翼勢力とみなされていた50万人もの知識人が軍部の手で殺害されている。北朝鮮の政治的殺戮に関する情報は限られており，推測の域を出ないが，100万人から200万人の政治的殺戮が行われたと推測されている。

【関連項目】9月30日事件／ジェノサイド条約／文化大革命／民衆殺戮

【参考文献】Cribb, Robert, "Political Genocides in Postcolonial Asia," in Bloxham, Donald and A. Dirk Moses eds., *Oxford Handbook of Genocide Studies*, Oxford University Press, 2010／Harff, Babara and Ted Gurr, "Toward Empirical Theory of Genocides and Politicides: Identification and Measurement of Cases since 1945," in *International Studies Quarterly 32*, 1988／White, Matthew, *The Great Big Book of Horrible Things*, W.W. Norton, 2011

〔吉川元〕

## 政治難民　political refugees

政治的意見や政治活動を理由に迫害を受けるため自国を逃れ出た者のこと。政治亡命者とも言う。自律した個人による公的領域での政治的自由を擁護する自由主義思想がその基盤をなす。世界人権宣言14条は，迫害からの庇護を他国に求め，享受する権利をすべての者に保障している。このような者に対して国が領域主権を行使して付与した庇護（領域的庇護）は，他のすべての国によって尊重される。他方で，在外公館等で与えられる庇護（外交的庇護）は国際法上の制度としては認められてこなかったが，重大な人権侵害を受ける危険性がある者については保護すべき義務が人権条約から導かれる場合もある。

政治難民と対比されるのは経済難民（移民）だが，保護の必要性において，後者は常に前者に劣位してきた。だが，すべての人権は価値的に等しく，相互に不可分の関係をなすという現在の認識からすると，社会権の実現を求め出る後者の人々の扱いは再考されてよい。また，

ジェンダーの視点に立つと，男性が多くを占める政治難民の優先的保護には，越境移動が困難なままに置かれた女性たちを不可視化する言説効果も見てとれる。

〔阿部浩己〕

## 政治犯不引渡しの原則 principle of non-extradition of political offenders

犯罪人引渡しに関する原則として，政治犯罪人不引渡しの原則がある。近代初頭の欧州諸国間では，君主に対する反逆やその陰謀などの政治的犯罪は，諸国家の共通利益を侵す罪としてその容疑者は引渡しの対象とされた。しかし，近代市民革命を経て，君主制，共和制などの国家の政治体制に区別が生じるようになると，政治犯不引渡しの原則が次第に確立されてきた。その根拠は，個人の政治的自由の思想が確立していったこと及び政治犯を引き渡すことによって，相手国の内政に関与することをむしろ避けることにあった。

他方で政治犯の意味について確立した定義が存在しないので，本原則の適用上の困難を伴うことがある。思想，良心の自由に従っただけで暴力の実行又は唱道等を含まない純粋の政治犯罪は，引渡しの対象にはならない。これに対して相対的政治犯罪，すなわち国家体制を批判するために普通犯罪の実行を伴うような場合は，引き渡すかどうかの判断において不確定な要素がある。近年のハイジャック防止条約等のテロ防止関係の諸条約では，条約上の犯罪を行った者については，政治犯罪とは認めず，請求があった場合には，引き渡すか又は引き渡さない場合には，自国において訴追すべき義務を明記している。

【関連項目】犯罪人引渡条約　　　　　　〔北村泰三〕

## 正戦論 theory of Just War

中世から近世にかけての神学者や法学者たちにとって，戦争についての最も重要な問題は，キリスト教の戒律との関係であった。すべての人間を愛しなさいという戒律と，敵の財産を奪い，敵を殺す戦争とは両立するかという問題である。彼らは，これについて，古代ギリシャ以来の考え—とりわけキケロ—を引継ぎつつ，正しい戦争と不正な戦争を区別し，正しい戦争を行うことは神の前でも罪ではないとみなした。正戦論と呼ばれる考えである。アウグスティヌス，イシドールス，そしてとりわけトマス・アクィナスなどが代表的な論者であった。

こうした「スコラ的正戦論」は近代にも引き継がれていったが，そこにはいくつもの難問があった。正戦であるための要件，特に戦争の正当因としてどのようなものを挙げるか（グロティウスによれば，防衛・ものの回復・刑罰の3つ），あるいは，やむを得ない理由で正当因を認識できなかったときにどのように考えるか（ビトリアなどの唱えた「やむをえざる不知」の考え）などといった諸問題である。

18世紀中葉以降，現実の社会では戦争は紛争解決の1手段とみなされているのではないかといった，正戦論への根本的な疑問も提起されるようになっていった。また，「神は正当事由を有する側に加護する」という箴言は間違っていると公言されるようになっていった（クリスティアン・ヴォルフ）。

そして，18世紀末から19世紀にかけて，従来の正戦論は維持できないという考え方が主流となっていった。その背景には，ナポレオン戦争を経て，国民軍という概念が定着していき（それまでは傭兵が一般的であった），法的人格と構成される国家が実態として存在するようになり，それに伴い，主権国家から成り立つ国際社会には国家の上位者が存在せず，正戦の判断者が存在しないという事実が一段と明白となっていったという状況もあった。

【関連項目】戦争非合法化論／無差別戦争観
【参考文献】大沼保昭編『戦争と平和の法』東信堂，1995年／柳原正治『グロティウス』清水書院，2014年　〔柳原正治〕

## 「青年よ，再び銃をとるな」（鈴木茂三郎）
"Young men, do not take up arms."

鈴木茂三郎（1893〜1970年）は1951年1月21日，日本社会党委員長に就任した党大会で「再武装を主張する当年六十余歳の（前首相の）芦田均氏（自身）が鉄砲を持ったり背嚢を背負うのではない。再武装をするとすればいわゆる青年の諸君が再武装しなければならないことは当然です。青年諸君はこの大会の決定を生かすために断じて銃を持ってはならない。断じて背嚢をしょってはならない」と演説。この発言は同月24日の日教組中央委員会で「教え子を再び戦場に送るな」とのスローガンになるなど平和運動のシンボルとなった。戦前から交友関係があった青森県選出衆院議員の淡谷悠蔵は，「回想の鈴木茂三郎」のなかで，鈴木の演説には「詩があったのだ。自然でウソがなく真剣で，一点の作為もなかった」と述べ，鈴木の秘書で，後に東京都町田市長に当選した大下勝正は「サンフランシスコ講和条約に対しては，その交渉当初から神経質すぎるくらいきびしい態度をとり続け，このためには党の分裂もやむをえないと決めて明解な決断をされていた。『青年よ銃をとるな』これは先生の全身からのほとばしりでた叫び声であった」と回想している。吉田政権は鈴木演説を米側の再軍備要求を断る口実として使った。

【関連項目】憲法9条／再軍備（日本）
【参考文献】鈴木康二ほか『回想の鈴木茂三郎』『鈴木茂三郎選集 第4巻』労働大学，1971年　　〔中村明〕

## 政府開発援助（ODA）
official development assistance

①国家，地方政府，またはそれらの実施機関を含む「公的機関」（Official）によって提供され，②途上国の「経済開発及び福祉の向上」（Development）に寄与することを主たる目的とした，③グラント・エレメント（贈与相当部分）25％以上で，受取側にとって支援（Assistance）とみなされる性格を帯びた資金の流れや事業のこと。DACリストに掲げられた開発途上国・地域に対し，あるいは国際機関に対して提供される。

公的機関による開発協力でも，グラント・エレメントが25％未満のものは「その他政府資金の流れ」（Other Official Flow; OOF），NGOや民間企業などによる協力は「民間資金の流れ」（Private Flow; PF）と呼ばれ，ODAとは区別されている。日本ではもっぱら中央政府による事業と捉えられる向きがあるが，公的機関であれば，地方自治体等による事業もカウントされる。また，軍事援助，平和維持活動は原則ODAとしてはカウントされない。なお，DACの発表するデータは基本的にDAC加盟国による事業に限定されており，例えば21世紀に入って急増している中国による対外援助は，DAC統計には反映されていない。

1990年代には500億ドル程度であったDAC諸国によるODA総額は，21世紀に入ってから漸増し，2010年代に入ると1000億ドルを超える規模となっている。ODAのような公的資金は比較的安定した額が供給されるのに対し，民間資金はその変動が極めて大きく，時としてODA額を下回ることもあるが，近年は総じて民間資金がODAの数倍に及ぶことが多い。国際的な目標は1970年にGNI（GNP）比で0.7％とされたものの，実際にその目標を達成している国は数ヵ国に限られ，DAC諸国による平均は0.3％程度となっている。

なお，日本のODAは，その資金のほぼ半分を財政投融資など税金以外から調達してきたため，他国に比してグラント・エレメントや贈与比率が低いのが特徴である。

【関連項目】開発援助／国際協力
【参考文献】外務省『日本の国際協力（ODA白書）』各年版／下村恭民ほか『国際協力 その新しい潮流（新版）』有斐閣，2009年　　〔吉田晴彦〕

## 政府承認　recognition of governments

　政府の交代は、それぞれの国の憲法上の手続きに従って行われる国内問題であって国際法上の問題ではない。クーデタなどの国内法上違法な方法で政府が交代した場合でも、国際法上国家は同一性を維持し、他国との権利義務関係は存続する（国家同一性の原則）。もっとも、新たに成立した政府をその国を代表する政府として認めるか否かは国際的に問題となる。また、複数の競合する政府が存在する場合にも政府承認が問題となる。

　かつて、選挙が行われるまでは革命政府を承認しないとする1907年のトバール主義（エクアドル外相、正統主義の立場）に対して、非合法に交代が行われた場合にも他国が政府承認を行う必要はなく、できるだけ外交関係を継続していくという立場から政策的に判断すべきとする30年のエストラーダ主義（メキシコ外相、事実主義の立場）が唱えられた。特に後者は、「政府承認廃止論」の先駆けとされるが、どちらの立場も国際的な慣行として確立しなかった。近年、米国や英国をはじめ、政府承認廃止政策をとる国が増えている。

　政府承認の前提条件として、新政府による国家領域のほぼ全域に対する実効的支配の確立という実効性の原則がある。革命政府が国家全土に対する実効的支配を確立する以前に承認したり、承認後に先行政府が再び実効的支配を奪い返したりといった場合には、尚早の承認として国内問題への違法な干渉となる。

　政府承認の方式には、明示的な承認と、承認の意思を明示せずに、新政府との間で外交関係を維持・設定する黙示的承認とがある。

　日本は、72年の日中共同声明において、中華人民共和国政府が「中国の唯一の合法政府」であることを承認し、「台湾が中華人民共和国の領土の不可分の一部である」とする中国政府の立場を理解し尊重する立場を明らかにした。これに対して、78年の米中共同声明は、日中方式にならいながらも、両国の相互承認と外交関係の開設にも言及する。この例は、新国家の成立に際しては、国家承認と政府承認との区別が困難であることを示す。

【関連項目】　国家承認／日中共同声明
【参考文献】　田畑茂二郎『国際法における承認の理論』日本評論新社、1955年／王志安『国際法における承認』東信堂、1999年
〔小沼史彦〕

## 生物多様性　biodiversity

　生物多様性とは、地球上の多様な生物を意味し、それらがつながり共存することにより、環境が形成、維持されている。生物多様性の概念は1980年代後半から主張された政策理念であり、従来からの特定の生物種や自然地域の保護に加え、生物多様性の包括的な保全、持続可能な利用、得られる利益の公平な配分を目的とする生物多様性条約（1992年）が合意された。

　生物多様性条約では、生物多様性を、①生物種の多様性、②種内の多様性（遺伝子、地域集団の変異）、③生態系の多様性としている。科学的に確認された生物種は約175万種あり、未知の種を含めれば500～3000万種以上と言われる。

　生物多様性は、すべての生命を支えている。この働きは生態系サービスといわれ、①食糧、原燃料などを作り出す資源供給サービス、②水や大気の浄化、災害防止などの調節的サービス、③生活の楽しみや心の充足などを与える文化的サービス、④光合成による有機物の生産など生物を支える基盤的サービスに分けられる。人類の生存と活動は、その恩恵に依存しているが、人間による開発に加え、里山での手入れの減少、外来生物の侵入、地球温暖化によって、生物多様性は急速かつ広範に失われつつある。

　こうした危機に対処すべく、条約及び生物多様性基本法など法整備と対策が強化されているが、生物多様性の喪失は続いている。第10回条約締約国会議（名古屋）で合意された「愛知目

標」の達成をはじめ，一層の取組強化が重要課題となっている。　　　　　　　　　　〔石野耕也〕

## 生物兵器禁止条約 (BWC)
Biological Weapons Convention

1925年に採択されたジュネーヴ毒ガス議定書は，生物兵器と化学兵器の使用を禁じる一方で，その製造や保有を禁止していなかった。そのため，各国はそれらの開発を続けた。こうした状況に危機感を募らせたのが当時の国連事務総長ウ・タントであった。

ウ・タントの求めを受けて，各国は生物・化学兵器の全面禁止に向けた交渉を開始した。化学兵器を巡り議論が停滞すると，各国は比較的合意が容易と思われた生物兵器規制交渉を先行させ，71年，生物兵器の開発，生産，貯蔵，取得，保有を禁止する生物兵器禁止条約を採択した（75年発効）。

生物テロの懸念の高まりなどを受けて，条約の履行検証制度を設けるための交渉が95年から6年にわたり行われたものの，合意には至らず作業は中断している。履行検証制度など，条約をいかに強化するのかが課題となっている。

【関連項目】 化学兵器禁止条約（CWC）／ジュネーヴ毒ガス議定書　　　　　　　　　　〔足立研幾〕

## 精密誘導兵器 (PGM) precision-guided munition/smart weapon/smart munition

精密誘導兵器は，誘導手段によって兵器が正確に標的を補足することを目的としたもので，攻撃効率を上げ，付帯被害を軽減する効果が期待される兵器である。CEP（半数必中界）が小さくなるために攻撃の効率性が向上し，より爆発力の小さい兵器で軍事目的を攻撃することが可能になるとされる。

精密誘導兵器としては，ラジオ波や有線によるものが第二次世界大戦中にドイツや英国，米国等によって使用されたが，戦闘に導入されたのは朝鮮戦争後の1960年代に，米国が電子光学爆弾（カメラ爆弾）の開発を進めて以降である。精密誘導兵器では，爆弾ではなく，フレアやレーザー・ホーミングを活用するミサイルの開発が進んだが，「Fire and Forget」の兵器が中心であった。69年にレーザー誘導兵器のBOLT117が米軍に採用されたが，誘導性能が気候条件に左右されるなど情報伝達に問題を抱えていた。レーザー誘導兵器はヴェトナム戦争のタンホア橋（Dragon's Jaw）爆撃やフォークランド戦争で使用された実績があるが，本格的に使用されたのは91年の湾岸戦争と99年のコソヴォ戦争であった。

米国で70年代より採用された精密誘導爆弾のシリーズは，精密航空電子誘導装備（頭文字をとってペイブウェーと言われる）と名づけられ，自由落下の航空爆弾にレーザー誘導装置を取りつける形式をとる。湾岸戦争ではペイブウェーⅡとⅢが使用されたが，90年代以降，全地球測位システム援用慣性航法装置（GAINS）と呼ばれる，GPSと慣性航法装置（INS）を組み合わせた誘導装置を，レーザー誘導装置と組み合わせてDMLGB（Dual Mode Laser Guided Bomb）として使用する方式が採用された。

2000年代以降，米国では統合直接攻撃弾（JDAM）や滑空誘導爆弾（JSOW），さらには小直径爆弾（SDB）が採用されていった。JDAMは無誘導爆弾に精密誘導能力を付加する方式を採用し，GPSとINSによる管制で標的に到達するものであり，兵器によってはセミアクティブ・レーザー・ホーミング誘導も可能となっている（LJDAMと呼ばれる）。SDBには，GPSとINSで管制する方式と，それらに加えてレーザー誘導方式を併用するものが存在する。SDBは精密誘導弾として設計された兵器である。GPSの採用により，精密誘導弾は天候や視界等の制約を受けなくなったが，地点測量システムによる攻撃地点の正確な測定と入力が重要な意味を持つようになった。

【関連項目】 安全保障／人工衛星

【参考文献】 Williams, Robert E. and Paul R. Viotti, *Arms Control*, Praeger, 2012
〔佐藤丙午〕

## 勢力均衡　balance of power

多様な意味を持つ概念であるが，政策としての勢力均衡政策と国際政治における理論としての勢力均衡とに分けて理解することが必要である。勢力均衡政策は，歴史的には中国の春秋戦国時代，古代ギリシャですでにとられていた。主権国家システム誕生以降は，各国の安全は，各国間に勢力（パワー）のバランスがとれていてどの国も支配的な大国にならない場合に保障されると考えられ，勢力の均衡を目指す政策として用いられ，ユトレヒト条約（1713年）で初めて明文化された。ナポレオン戦争後の欧州では，ウィーン会議の議定書（1815年）に基づき英・仏・プロシア・ロシア・オーストリアの五大国間の外交政策となり勢力均衡の構造に基づく「ヨーロッパ協調」と呼ばれる大国間の安定を維持した。また，支配的な国の出現阻止のため，同盟によるパワーの増強（同盟外交）が行われるようになり，第一次世界大戦前には三国同盟と三国協商という二大同盟間の対立に至った。

第一次世界大戦後，ウィルソン米大統領は，勢力均衡政策を大国のみの安全を保障する不道徳な政策であると批判し，勢力均衡政策に代わる集団安全保障の仕組を提唱した。

国際政治では，リアリズムは，アナーキーな構造において国際秩序を維持し国家の安全を保障する最も有効な手段として，国力自体の測定が難しいという問題を抱えながらも，勢力均衡論を評価してきた。すなわち，勢力均衡は，強国が勢力を増大した場合，強国に対抗し弱国側が同盟を形成することによって，強国の台頭を抑えることができるとする。キッシンジャーが米大統領特別補佐官として行った米中国交回復外交は，勢力均衡論に基づいていた。

ある国にとっては弱国側ではなく強国について利益を分配するという選択肢（バンドワゴン）もあるので，必ずしも勢力均衡が成立するわけではない。ウォルツ（Kenneth Waltz）は，国際関係がアナーキーであること，各国が自国の独立を目的としていることという2つの条件が満たされれば，ある国はバンドワゴンではなく勢力均衡政策をとる，と論じた。

勢力均衡が秩序の安定と国家の安全を保障するか否かについては評価が分かれている。理論的評価を下すには，認識や情報などの要素に着目した理論的分析が蓄積されることが必要である。

【関連項目】　安全保障／権力政治（パワー・ポリティクス）／第一次世界大戦（WWⅠ）／同盟

【参考文献】　ナイ，ジョセフ（田中明彦ほか訳）『国際紛争（原書第9版）』有斐閣，2013年／モーゲンソー，ハンス（原彬久監訳）『国際政治（上）・（中）・（下）』岩波書店，2013年
〔古城佳子〕

## 勢力交代　power transition

国家間のどのような勢力分布（distribution of power）が，戦争の勃発を防ぎ，国際秩序に安定をもたらすのか。戦争勃発の原因や国際秩序の安定条件の分析において，この問いほど多くの研究者の関心を集めたものはない。この問いに対して，勢力の対称と答えるのが勢力均衡（balance of power）論者であり，非対称と答えるのが勢力交代（power transition）論者である。

勢力交代論については，A. F. K. オーガンスキーのそれがよく知られるが，国家間の価値配分の現状に満足する現状維持勢力と，それに満足しない現状変更勢力との間の権力闘争に注目するリアリストの間では，前者の力の優位の下に秩序は安定し，力の優劣が逆転する局面において秩序は不安定化するという発想は必ずしも独創の所産とは言い難い。それは，E. H. カーにも H. モーゲンソーにもみられるものであった。

では，時間の経過に伴う力の優劣の逆転がな

ぜ戦争を惹起するのだろうか。動学的な合理的選択論としては，予防戦争（preventive war）論がある。すなわち，対峙する二国の間において，時間の経過に伴う勢力分布の変化によって戦争の期待利得の低下が予想される将来の弱者には，譲歩を甘受することになりかねない将来に対する不安から，それが現実化する前に戦争による価値配分に踏み切る誘因が働くというものである。

冷戦終結後の中国台頭論にも，諸外国に浸食された国権を，勢力分布の変動に伴って回収しようとする中国の動き（国権回収運動）を勢力交代論の枠組のなかで捉えようとする議論が散見される。

【関連項目】 勢力均衡／戦争原因論／予防戦争
【参考文献】 Fearon, James D., "Rationalist Explanations for War," *International Organization*, Vol. 49, No.3, 1995／Levy, Jack, "Declining Power and the Preventive Motivation for War," *World Politics*, Vol. 40, No.1, 1987／Wagner, R. Harrison, "Bargaining and War," *American Journal of Political Science*, Vol. 44, No.3, 2000 　　　　　〔石田淳〕

## 世界遺産条約
### Convention concerning the Protection of the World Cultural and Natural Heritage

世界遺産条約とは「世界の文化遺産及び自然遺産の保護に関する条約」の略称である。この条約は，1972年11月のユネスコ総会（パリ）で採択されたものである。

条約の趣旨は，世界遺産に認定された世界の共有財産を，各国の協力の下に保護し，保存することにある。その対象は，記念工作物，建造物群，遺跡などの文化遺産，特徴的な自然のある地域，地質や地形，風景などの自然遺産である。これらのうち，顕著な普遍的価値を有すると認められたものが世界遺産リストに登録される。一方，世界遺産としての意義を失う恐れのある登録遺産は危機遺産リストに登録され，その価値が失われたと判断されれば，世界遺産リストから抹消される。

世界遺産リストへの登録は，各国からの申請を受けて審査され決定されるが，世界遺産条約はそのための審査機関（世界遺産委員会など）や国際支援体制（世界遺産基金など）について定めている。

【関連項目】 国連教育科学文化機関（UNESCO）
〔卜部匡司〕

## 世界恐慌　Great Depression

1929年10月にアメリカのニューヨーク証券市場の株価暴落から始まった世界的な恐慌。

アメリカでは32年には工業生産や農業賃金は半減し，失業者は1200万人を超えた。アメリカは世界経済の中心であったため，深刻な不況はヨーロッパや日本に波及し，ソ連を除く全世界に影響が及んだ。特に，ドイツはアメリカに次ぐ打撃を受け，賠償支払は困難となった。主要な資本主義国は，金本位制から離脱した。

33年にロンドンで世界経済会議が開かれたが，国際的な協調による対応はまとまらず，各国それぞれで恐慌対策が模索されることになった。アメリカではニューディール政策がとられ，政府が民主的施策を進めながら，経済に積極的に介入して景気回復が目指された。一方，ドイツ・イタリア・日本はファシズム型対応と呼ばれるような，全体主義の社会をつくり，侵略と軍拡によって恐慌からの脱出を図ったが，それは，やがて第二次世界大戦へと繋がっていった。

【関連項目】 ナチズム／ファシズム／満洲事変　〔安達宏昭〕

## 世界銀行　World Bank

1944年のブレトン・ウッズ会議で設置が合意された，開発金融のための国連専門機関。主に短期的な通貨安定性確保などマクロ経済の課題を担う国際通貨基金（IMF）の姉妹機関として，低・無利子融資や贈与によって貧困削減や開発支援を担う国際開発銀行である。当初は第二次世界大戦後の復興を実現するため46年に業

務を開始した国際復興開発銀行（IBRD）を意味していた。日本も東名高速や東海道新幹線建設などにあたり，その融資を受けている。やがて最貧国に対する低金利融資や贈与を行う国際開発協会（IDA＝第二世銀）もあわせて「世界銀行（世銀）」と呼ぶようになった。さらに，途上国の民間企業に直接投資や融資，保証などを提供する国際金融公社（IFC），政治的リスク保証を行う多国間投資保証機関（MIGA），国際投資を巡る紛争の調停や仲裁を行う国際投資紛争解決センター（ICSID）を加えた5つの機関が「世銀グループ」と呼ばれている。

2015年4月現在，IBRDには188ヵ国，IDAには173ヵ国が加盟している。世銀の最高意思決定機関である総務会は年1回開催され，加盟国はそれぞれ1名の総務を出すことができる。ただし，世銀協定で定められた特別な権限以外の大半の業務については，五大出資国及び他の加盟国（2015年時点では計25ヵ国）からなる理事会に委任されており，総裁選出をはじめ援助戦略や資金調達の決定などを理事会が監督している。なお，世銀における意思決定には，一国一票制ではなく，加盟国の拠出額におおむね比例する加重投票制が採用されている。

世銀の資金は加盟国による拠出金に加え，独自の債券発行などによって賄われている。そうした資金を利用して，教育，保険，行政，インフラ，金融・民間セクター開発，農業，環境・天然資源管理など幅広い分野への投資支援を実施，さらには政策面での助言，研究，分析を行っており，90年代以降の国際貧困ライン策定・改訂やデータ収集・分析などでも知られている。

なお，世銀では2015年の持続可能な開発目標（SDGs）採択を受け，30年までに達成すべき目標として，極度の貧困の撲滅と反映の共有促進を掲げている。

【関連項目】　政府開発援助（ODA）／絶対的貧困／累積債務問題

【参考文献】　剣持宜揚『世界銀行と日本』世界銀行東京事務所，1990年／『世界銀行年次報告書』（各年版）／『世界開発報告』（各年版）
〔渡邊頼純〕

## 世界市民法　world citizen law

世界市民法の概念の誕生は，ドイツの哲学者カントが1795年に出版した『恒久平和のために』（Zum ewigen Frieden）において，国家法，国際法に続く第3カテゴリーとして世界市民法を提唱したことに遡ることができる。同書で考究されたのは，いかなる戦争も生じない恒久的な平和がどのような手段により創設されるかであり，その関連で世界市民法の概念が提唱された。国家法は法の支配といった特定の国家内の平和な秩序維持に不可欠な要素であり，国際法は伝統的には国家間の関係を規律するものとして機能しており，その後国際機関等新たな国際法主体も増加しているものの，依然として国際社会は主権国家間の国際関係が主要な位置を占めている。

このように現行の国際法においては，世界市民，恒久平和といった理念に直接合致する状況は実現されていない。しかしながら，例えば，いかなる逸脱も許されず，複数の国家による合意（条約）でも排除することの許されない強行規範（*jus cogens*），国際社会全体に対する国々の義務である対世的（*erga omnes*）義務等より高い普遍性を伴うものもあり，世界市民法の実現に向けて，今日の国際法も今後さらに変容していくことが期待される。

【関連項目】　強行規範（ユス・コーゲンス）
〔福井康人〕

## 世界社会フォーラム（WSF）
World Social Forum

世界社会フォーラム（WSF）は，社会運動，ネットワーク，非政府組織，その他の市民社会組織が，新自由主義，資本による世界の支配，あらゆる形態の帝国主義に抵抗し情報交換や議論を行う公開の場として2001年に発足し

た。経済界の要人が集まる世界経済フォーラム（ダボス会議）に対抗するものである。WSFは多元主義に立脚して多様性を原則とし、参加者全員の総意としての決定を行うような審議はしないことを憲章に定めている。本会合とは別に、世界各地でWSFに関係する様々な規模やテーマの会議が開かれており、新自由主義とは異なる選択肢を模索する恒常的プロセスとしての機能を緩やかな組織形態で続けている。しかし、多様性ゆえの統一性の欠如、大規模国際NGOの強大な影響力などWSFのあり方自体に対する批判も生まれている。

本会合は第1回を含めてブラジルのポルトアレグレでの開催が多く、ムンバイ（04年）、ナイロビ（07年）なども経て15年はチュニスで開催された。

【関連項目】　市民社会／新自由主義　　〔片柳真理〕

## 世界宗教者平和会議（WCRP）
World Conference of Religions for Peace

諸宗教間の対話を実現し平和に協力するために、宗教者によって設立された国際組織。ニューヨークにある国連プラザの国連チャーチ・センターに国際事務局を置き、約90ヵ国に国内委員会がある（2015年）。1950年代から宗教間の対話を求める動きがあったが、62〜65年の第二バチカン公会議以降、カトリック教会がそれまでの他宗教に対する姿勢を転換させ、すべての宗教との対話や協力を進めることを決定したのを機に、エキュメニズム運動が発展した。こうした動きに呼応し、70年に第1回の世界宗教者平和会議が京都で開催され、神道、仏教、儒教、キリスト教、ヒンズー教、イスラーム教、ユダヤ教、シーク教、ゾロアスター教、ジャイナ教など主要な宗教の指導者が、世界39ヵ国から300名余り参加した。継続的に取り組むために世界宗教者平和会議が組織化され、NGOとして国連経済社会理事会から73年に特殊協議資格を、99年には総合協議資格を取得した。宗教間対話を進めるほかに、国連やユニセフなどの国際機関と協力し、軍縮問題、紛争の非暴力的・平和的な解決、平和教育、環境問題に取り組むほか、人道支援、難民支援、核廃絶への提言なども行っている。

【関連項目】　キリスト教の平和思想　　〔竹本真希子〕

## 世界女性会議
World Conferences on Women

国連主催による、女性の地位向上のための方針と実施方法を協議する政府間会議。各政府・国際機構・国連登録非政府組織（NGO）の代表が参加する本会議と並行して、当初からNGO主催の会議も開催。今までの開催地はメキシコ・シティ（1975年）、コペンハーゲン（80年）、ナイロビ（85年）、北京（95年）。2000年以後は、北京で採択された北京行動綱領の達成状況を評価する会議が5年ごとにニューヨークで行われてきた。政府間会議の合意は、各国の政府への圧力として機能し、各国が定める国内行動計画により具体化される。

4つの世界会議は「平等・開発・平和」の共通主題の下で開かれたが、その意味づけ、女性概念、女性同士の連帯可能性の見方などは変化した。開発と女性（Women in Development; WID）という追加アプローチがナイロビ会議以降、開発それ自体をジェンダーの視点で捉え直す、女性のエンパワーメントを求めるジェンダーと開発（Gender and Development; GAD）アプローチに変わった。また、議論の関心・概念は、男女平等から、女性の人権と女性が置かれた状況の多様性に転換した。

世界会議について、それを国境横断的女性運動の結実の基盤とみなし、その成果を高く評価する者もいれば、途上国・少数民族女性の周縁化などの問題を指摘する論者もいる。

【関連項目】　開発／ジェンダー／人権／フェミニズム
〔ウルリケ・ヴェール〕

## 世界人権宣言（せかいじんけんせんげん）
Universal Declaration of Human Rights

「人類社会のすべての構成員の固有の尊厳及び平等で奪い得ない権利を認めることが世界における自由，正義及び平和の基礎をなす」という認識に基づき，「すべての人民とすべての国とが達成すべき共通の基準として」，1948年12月10日に国連総会本会議で採択（賛成48，反対0，棄権8）された人権宣言のことである。

国連憲章は，人権及び基本的自由の尊重と促進を国連の目標に掲げた（憲章1条3項，13条1項，55条及び56条）が，それを国際人権章典に具体化する作業は，経済社会理事会の補助機関である国連人権委員会に委ねられた。47年に作業を開始した国連人権委員会は，国際人権章典を，人権の内容を定める宣言，それを国に義務づける条約，義務の実施を監視する国際措置の3部に分けて起草することになり，最初に採択したのが世界人権宣言である。

宣言は，前文と30ヵ条で構成される。全体主義に対する反省から，宣言はまず1条で，人間は生まれながらに自由であり，尊厳と権利において平等であることを再確認し，2条で，非自治地域を含むすべての人がいかなる差別もなしに人権及び基本的自由を享有する権利を持つと定めた。3条から21条には，生命・身体の自由，法の前の平等，公正な裁判を受ける権利，精神的自由，財産権，参政権といった自由権的基本権が掲げられているが，そのなかには庇護権も含まれている。他方，22条から27条には，社会保障に対する権利，労働権，相当な生活水準に対する権利，教育権などの社会権的基本権が掲げられている。さらに28条及び29条では，宣言に定める権利及び自由が実現される社会的・国際的秩序を求める権利とともに，そうした社会において負う義務並びに自由及び権利の制約事由を定めている。

世界人権宣言は，その後多数の国連加盟国の憲法，法律，国内判決などに影響を与えた。同宣言は，それ自体としては法的拘束力がないが，そこに定められた人権のなかには，その後慣習国際法化したとみなされている権利もある。国連総会の補助機関である人権理事会の下で2008年に開始された普遍的定期審査（UPR）においては，世界人権宣言が加盟国の人権状況を審査するための基準の1つに定められている。

世界人権宣言が採択された日にちなんで，毎年12月10日は，「世界人権デー」とされ，各国で人権の尊重と促進のための啓発活動が展開されている。

【関連項目】　人権／人権保障の国際化

【参考文献】　斉藤惠彦『世界人権宣言と現代』有信堂，1984年／田畑茂次郎『世界人権宣言』弘文堂，1951年〔薬師寺公夫〕

## 世界秩序モデル・プロジェクト（WOMP）（せかいちつじょ）
World Order Models Project

既存の国際システムの有効性と正統性を問い直し，東西間の戦争の危険を最小化する条件の究明を目的として，1960年代終盤に南北双方の研究者が取り組んだ「民際的」共同研究。主権国家システムが地球的問題群への対応に行き詰まるなか，「国際」ではなく「世界」秩序モデルの必要性を強調しつつ，当時主流であった行動科学的アプローチとは異なり，自覚的に価値志向的かつ未来志向的な研究が目指された。共通目標として，①集団的暴力の極小化，②経済的安寧の極大化，③社会的及び政治的正義の極大化，④環境バランスの極大化，⑤参加民主主義の極大化が設定され，変革の主要な担い手として個人が重視される。エリート中心的，現状肯定的なリアリズムへの批判となるだけでなく，非軍事的分野を秩序論に取り込み，非国家主体を重視するその後の諸研究の先駆けとなった。中心メンバーは坂本義和をはじめ，S.メンドロヴィッツ，R.フォーク，R.コタリ，A.マズルイ，J.ガルトゥング，G.ラゴス等。

【関連項目】　国際秩序／南北問題／冷戦　　〔清水奈名子〕

## 世界の平和研究　peace studies in the world

ヨーロッパでは第一次大戦後すでに平和研究の萌芽が見られたが，本格的な平和研究は，第二次大戦後，パグウォッシュ会議のような科学者たちによる世界的な反核平和運動を背景に1950年代米国で誕生した。その後，西ヨーロッパで新たな発展を遂げ，現在はアジア，アフリカを含め世界中で極めて多様な展開を遂げている。

米国の平和研究は，ライトの『戦争の研究』(42年)に代表されるような基礎研究の上に，ボールディングやラポポートなどによるミシガン大学の「紛争解決センター」の創設（56年），そして「国際平和科学協会（PSSI）」の設立（63年）などがその道を切り拓いた。これらは当初，核戦争回避のための科学的探究という側面が強かったが，その実証主義的伝統は現在でも受け継がれている。また，エリス・ボールディングやアルジャー，リアドンなどが活躍した「平和研究，教育，発展のためのコンソシアム（COPRED）」の設立（70年）なども特筆に値する。

同時にヨーロッパでも，イギリスのリチャードソンによる「ランカスター大学リチャードソン平和研究所」（59年），ガルトゥングによるノルウェーの「オスロ国際平和研究所（PRIO）」（59年），レーリンクによるオランダの「フロニンヘン大学戦争学研究所」（61年），ミュルダールが初代所長を務めたスウェーデンの「ストックホルム国際平和研究所（SIPRI）」（66年），さらには「ドイツ平和・紛争研究協会（DGFK）」（70年）など，次々と新たな研究所が設立された。これら欧州の平和研究は，米国と比較すると，紛争問題に対する哲学的，構造主義的，あるいは地域実践的な内容がその特徴である。

さらに，「カナダ平和研究所（現在はダンダス平和研究所）」（61年創設）のオルコックやニューカム夫妻らを含めたこれら欧米の平和研究者たちが，64年，「国際平和研究学会（IPRA）」（初代事務局長はレーリンク）を創設したことは，平和研究の世界的展開にとって画期的であった。IPRA は，アフリカ，アジア太平洋，ラテンアメリカ，ヨーロッパ，北米の5つの地域機関（それぞれ AFPREA，APPRA，CLAIP，EuPRA，PJSA）を備え，現在でも世界の平和研究のハブとして機能している。

70年代，南北問題や開発問題など「構造的暴力」を巡る問題が提起され，また80年代，特に当時の反核平和運動と連携した西ヨーロッパの平和研究によって，「脱同盟」や「防衛的防衛」といった安全保障のオルタナティブが議論されたように，冷戦期の平和研究は，東西冷戦構造をいかに脱構築するのかという課題が大きなテーマであった。一方，冷戦後は，グローバル化する世界のなかで「いかに平和をつくりだすのか」，という広義の「平和構築」論が世界共通のテーマとなっている。その意味で，ゼングハースの「文明化プロジェクト」としての平和構築論や，カルドアの「グローバルな市民社会」の可能性に関する研究，シヴァの「アース・デモクラシー」論，またはガルトゥングやレデラックなどの「紛争転換（変革）（conflict transformation）」についての研究や実践，あるいは平和教育という観点では，英国ブラッドフォード大学平和学科の実践的な平和教育カリキュラムや，スペインのバルセロナ自治大学平和研究所，及びクロアチア平和研究センターの多様な実践例などは，冷戦後平和研究の方途を示していると言える。

【関連項目】　日本の平和研究／平和研究／北欧の平和研究
【参考文献】　広島平和文化センター編『新訂 平和事典』勁草書房，1985年／IPRA ホームページ：http://www.iprapeace.org/
〔佐々木寛〕

## 世界平和アピール七人委員会　World Peace 7

日本の知識人7人からなる平和問題に関する意見表明のための会。世界連邦建設同盟理事

長，平凡社社長であった下中弥三郎の提唱により，1955年に発足した。初代委員は下中のほか，植村環（日本YWCA会長），茅誠司（東京大学総長，日本学術会議会長），上代たの（日本女子大学学長，日本婦人平和協会会長），平塚らいてう（日本婦人団体連合会会長），前田多門（ユネスコ日本委員会理事長，元文部大臣），湯川秀樹（ノーベル賞受賞者，京都大学教授，京都大学基礎物理学研究所長）。発足にあたって7人は，人道主義と平和主義に立つ不偏不党の有志の集まりであることを確認し，「国際間の紛争は絶対に武力による解決をとるべきではないことを内外にアピールしてゆく」と申し合わせた。以来，委員の入れ替えを行いながら，このような基本的立場から，随時，様々な戦争や平和の問題に関してアピールを発表してきた。その活動を根底のところで支えてきたのは，世界連邦思想，日本国憲法の精神，核兵器廃絶への願い，の3つであると言われる。

【関連項目】　世界連邦（世界政府）／日本国憲法と平和主義
〔黒崎輝〕

## 世界貿易機関（WTO）
### World Trade Organization

第二次世界大戦は保護貿易主義の蔓延を主因の1つとして発生したため，戦後の平和構想として自由な国際貿易を支える国際ルールが検討され，1947年にGATT（関税と貿易に関する一般協定）に結実した。そのGATTの下でも，70～90年代前半に貿易摩擦が繰り返し発生した。また国際貿易が工業製品貿易からサービス貿易へシフトすると同時に，知的財産権や投資など，国内法制の国際的調整も問題化した。このため95年1月，GATTの後継ルールとしてWTOが誕生した。

GATTは，関税引き下げの国際合意をまとめた関税譲許表と各国の貿易行動を規律する規定を中心とした，緩やかなルールであった。これに対してWTOは，多分野にわたる詳細なルールと，その厳格な適用手続を備えた国際機関になっている。特に紛争解決手続は，国際機関としては異例なほどの法的厳格さを備えている。貿易紛争に直面した当事国がWTOに提訴すると，小委員会や上級委員会が法解釈を示し，すべての国がそろってこれに反対しない限り，被提訴国は遵守せざるを得ないのである。

このようなWTOの下で，貿易摩擦は大幅に減少した。しかし同時に，従来は国家主権の範囲内と思われていた領域にWTOのルールが及び，その厳格な遵守が求められるために，特に発展途上国やNGOが懸念と批判を強めた。このため，WTOをさらに高度化するための多国間交渉，ドーハ・ラウンドが2001年に始まったものの，交渉は低迷と中断を繰り返している。

【関連項目】　ブレトン・ウッズ＝ガット体制
〔大矢根聡〕

## 世界法廷プロジェクト　World Court Project

国際反核法律家協会（IALANA）が1992年に提唱し，国際平和ビューロー（IPB）及び核戦争防止国際医師会議（IPPNW）とともに，国際司法裁判所（ICJ，別名・世界法廷）に勧告的意見を求める運動を展開した。

93年，非同盟諸国会議（NAC）は110ヵ国の全会一致で，国連総会（第1委員会：平和・軍縮）にICJの勧告的意見を求める決議案を提出した。日本反核法律家協会をはじめ各国参加団体は，市民の「公的良心の宣言」署名を多数集めた。

その結果96年7月にICJは，核兵器の使用と使用の威嚇は一般的に国際法上違法であり，また諸国は核兵器廃絶の交渉を開始し完結させる義務を負っているとの勧告的意見を示した。

2014年4月，太平洋のマーシャル諸島共和国は，核兵器保有9ヵ国が，国際法上の核軍縮義務に違反しているとの確認を求める訴訟をICJに起こした。18年前の世界法廷プロジェクトの成果を活かす試みでもある。

【関連項目】　国際司法裁判所（ICJ）／国際反核法律家協会（IALANA）
〔浦田賢治〕

## 世界保健機関（WHO）
World Health Organization

　1948年4月7日に発効した世界保健機関憲章に基づき，保健分野の政府間国際機関として設立された国連の専門機関である。本部はスイスのジュネーヴに置かれ，2015年3月現在，194ヵ国が加盟している。第二次世界大戦前に国際連盟保健機関（連盟下の常設保健機関。1923年設立）が手掛けていた国際保健事業を継承・発展させつつ，世界中すべての人が，可能な限り最高の健康水準を達成することをその活動目的としている。「健康」という言葉を単に病気にかからないという狭い意味ではなく，身体的，精神的，社会的に健康な状態と広義に捉え，感染症情報の管理から喫煙による健康被害の防止，栄養問題に至るまで，幅広い保健事業に取り組んでいる。主要機関としては，最高意思決定機関である世界保健総会，34ヵ国の理事によって構成される執行理事会，そして事務局が設けられている。保健事業は各地域の風土によって優先課題が異なるため，1949年から51年にかけて，東南アジア，東地中海，アメリカ，西太平洋，アフリカ，ヨーロッパの6つの地域事務局が順次設置された。アクターの増大，課題の多様化等，近年の地球規模の保健事業を取り巻く環境の変化に伴い，目下，組織改革が行われている。

【関連項目】　国際機関・国際組織・国際機構／国際連合（国連）（UN）
〔安田佳代〕

## 世界連邦（世界政府）
global federalist system／world government

　世界連邦論とは戦争の廃絶等のため，国家の主権を世界連邦（世界政府）に委譲すべきだと提唱する議論である。特に，広島・長崎への原爆投下により核時代を迎えた第二次世界大戦後，人類滅亡の危機を前にして，ハッチンス（1948年の「世界憲法予備草案（シカゴ草案）」の中心的作成者），カズンズ，デューイ（戦争非合法化論の思想的代弁者），アインシュタインなどの世界の著名な学者も賛同し，運動は大きな盛り上がりをみせた。代表的な論者と主張に，①「社会集団間の戦争は主権的権力がより大きなより高次の単位に移されたときに終わる」としたリーブス，②国連の集団安全保障体制が「各国に武器の保有を認め，そうした各国の武力を基礎にして平和の維持を図ろうとする」という自己矛盾をはらみ，大国の利害でしか動かず，また軍拡競争も止められないものであることを喝破し，国連の根本的な改造とそれを世界政府へとつくり変えることを提唱したメイヤー，③すべての国の軍備の完全撤廃，国際暴力に対抗する国際警察制度と世界法を解釈・適用する国際司法制度の確立を提案したクラークとソーンなど。日本でも「地球規模での廃藩置県」を訴えた尾崎行雄，谷川徹三，湯川秀樹などが世界連邦の実現を訴えた。

　世界連邦論に対しては，①主権国家が現在持つ主権を手放す見込みが薄い，②世界連邦実現を国家の合意等の技術的な手続きに求めて社会的条件の成熟等の要素を軽視している，③世界連邦実現のため反対者を抑える過程が世界戦争や弾圧に繋がる危険性，④一極集中した世界政府による圧制の危険性などの批判がある（ニーバーなど）。

　また，第三次世界大戦や人類共滅を避けるために世界連邦の必要性を認めても，いかなる世界連邦をつくるか（目的，手段，組織構成原理等）という問題が残る。しかし，世界連邦の構想や，実現方法を議論すること自体が，世界の市民を結びつけ，現在の国際体制の根本問題を問うことにも繋る点は軽視できない。

【関連項目】　ジョン・デューイの平和思想／モントルー宣言
【参考文献】　田畑茂二郎『世界政府の思想』岩波書店，1950年
〔河上暁弘〕

## 赤軍 Red Army

ロシア革命後のソヴィエト政権下の軍隊，後のソ連陸軍の旧称。正式には「労農赤軍」。1918年2月23日，革命指導者の1人であったトロツキーが主導し，ソヴィエト・ロシア政府の布告により創設。この日付は，現在もロシア連邦など複数の旧ソ連諸国では祝日「祖国防衛者の日」となっている。46年にソヴィエト陸軍と改称されるまで，内戦及び第二次世界大戦の主力となった。内戦期の兵士は主として徴兵により動員された労働者であった（20年末には約550万人に達した）が，幹部は旧帝国軍出身の将校が多数を占めた。彼らを職業軍人が作戦指揮を執る一方，反乱防止のためにコミッサール（政治委員）を配置し共産党への忠誠を維持させる特異な指揮命令系統を確立。コミッサール制は内戦終了後に一旦廃止されるも，30年代の大粛清による軍幹部の一掃のダメージを補うため第二次世界大戦期に断続的に復活。同制度は赤軍改編後も要員の精神教育を担うなど位置づけと役割を修正しながらソ連軍に継承された。

【関連項目】 スターリン主義／ロシア革命　〔湯浅剛〕

## 積極的平和主義 positive peace

一般的には，平和主義のなかでも，戦争に協力・参加しない消極的な平和主義に対して，平和を実現するために主体的・積極的に働きかけること。しかし，平和研究においては，ノルウェー出身の社会学者・平和研究者ガルトゥングが提起した構造的暴力のない状態を実現しようとすること。その場合，社会的不正義がない状態又は減少するよう働きかけることを意味する。

通常，平和は戦争のない状態と理解されてきた。しかし，ガルトゥングは人間の潜在能力の実現が阻止されているときには暴力が存在すると考え，暴力がない状態を平和と定義した。こう考えると，戦争の不在としての平和は「直接的な暴力」がないという意味で「消極的平和」とされる。これに対し，社会システムのなかに組み込まれた格差・不平等・差別などにより人間の潜在能力の実現が阻止される「構造的暴力」がない状態を「積極的平和」と位置づけた。

この考え方によれば，例えば，HIVのように治療法が確立しているにもかかわらず，もともと薬の値段が高すぎる，知的所有権の保護のために安価な薬が提供できないなどの理由から，多くの人々が命を落としている状態は平和とは言えない。あるいは，特定の人々が教育を受ける機会を体系的に与えられず，潜在的能力を伸ばすことができない状態は平和とは言えない。

こうした格差・不平等・差別などの不正義を是正し，多くの人々が自らの潜在能力を十全に発揮できる公正な社会システムを形成していくことが積極的平和の実現であり，そのように行動していくことが積極的平和主義である。その際，採用される手段もまた平和的であることが肝要である。

第2次安倍政権（2012年～）において，日本の安全保障政策として「国際協調主義に基づく積極的平和主義（Proactive Contribution to Peace）」が強調されるようになった。日米安保強化や自衛隊の軍事的貢献が軸となるこの政策は，平和主義の範疇から外れている。

【関連項目】 構造的暴力（間接的暴力）
【参考文献】 ガルトゥング，ヨハン（高柳先男ほか訳）『構造的暴力と平和』中央大学出版部，1991年／松元雅和『平和主義とは何か』中央公論新社，2013年　〔遠藤誠治〕

## 接続水域 contiguous zone

沿岸国が特定の行政的性質の規制を行うために，領海の外側に設置する水域を言う。接続水域の前身は18世紀初頭の海上からの密輸を取り締まるための密輸監視水域である。代表例として英国の違法航行制限法（1736年）がある。1920年，米国は禁酒法に基づき酒類の密輸の取

り締まりのために12海里の監視水域を設けた。しかし，領海の外側で取り締まりを行うのは国際法に違反するとの抗議を受け，関係国との間の条約に基づき監視水域を設けた（1924年米英禁酒条約）。

58年の領海及び接続水域条約で，沿岸国は，自国領域内への密輸入，密入国あるいは伝染病の侵入などを防ぐために，領海の外側に一定範囲の水域を設けて，必要な管轄権を行使することを認める接続水域が導入された。

国連海洋法条約は，沿岸国は，基線から測って24海里までの範囲でこれを設定して，自国領域内における通関上，財政上，出入国管理上または衛生上の法令の違反を防止し，これらの法令の違反を処罰するために必要な規制を行うことができると規定している（33条）。接続水域において保護しようとする権利の侵害があった場合には，この水域にいる外国船舶に対して追跡権（111条）を行使することができる。

〔坂元茂樹〕

## 絶対的貧困　absolute poverty

絶対的貧困とは，人間らしい生活を送る可能性の絶対的基準を満たさない状態であり，相対的貧困（ある地域社会内において，大多数より貧しいこと）の対となる概念とされる。国際機関などでは「極度の貧困（Extreme Poverty）」とほぼ同義で用いられている。

1990年代，世界銀行は国際比較のための貧困ラインを1日当たり1人1ドルと設定し，2008年には物価の変動に基づいてその基準を1人当たり1.25ドル（05年の購買力平価換算）と変更した。一般にはこの貧困ラインを満たさない状態を絶対的貧困と捉える場合も多い。ただし，こうした数値はあくまで国際統計，あるいは国際開発目標設定のための基準に過ぎず，それを満たさないことが絶対的貧困状態の必要条件であるとは必ずしも言えない。

国連が2000年に設定したミレニアム開発目標では，15年までに国際貧困ライン未満で生活する人口割合を，1990年水準の半数に減少させることが掲げられた。その目標は開発途上地域全体としては達成された（47%→22%）ものの，サブサハラ・アフリカ地域における減少率は2割程度にとどまっており，地域格差が課題となっている。

【関連項目】　開発／構造的暴力（間接的暴力）　〔中島正博〕

## 瀬戸際外交　brinkmanship diplomacy

交渉相手からの譲歩を引き出すためにあえて緊張を高めて強硬姿勢をとる外交交渉。譲歩が得られれば有利な成果を得られるが，目測を誤ると全面戦争に陥る可能性が高く，瀬戸際から奈落に落ちるリスクをはらんだ交渉手法である。初出は『ライフ』誌1956年1月16日号のダレス米国務長官へのインタビュー記事とされる。同記事では，戦争の瀬戸際状態になった過去3度の外交交渉（53年の朝鮮戦争の休戦交渉，54年のインドシナ問題，55年の台湾海峡紛争）において，核兵器の使用すら示唆する断固とした姿勢により全面戦争を回避しえたと述べられている。

瀬戸際外交により譲歩を勝ちえた歴史的に有名な事例としては，その他にも38年のミュンヘン会談，62年のキューバ危機，68年のプエブロ号事件などが挙げられるが，近年では，93年以降に展開された北朝鮮の核開発問題を巡る一連の核外交そのものを指して「（北朝鮮の）瀬戸際外交」と呼ばれることも多い。

【関連項目】　北朝鮮の核開発問題／キューバ危機／宥和政策
〔森川泰宏〕

## 尖閣諸島問題
Senkaku (Diaoyu) Islands dispute

尖閣諸島（中国名：釣魚島）は沖縄県八重山諸島の北方にあり，魚釣島，北小島，南小島，久場島（黄尾嶼），大正島（赤尾嶼）の5つの小島と3つの岩礁からなる島嶼群である。

センキュウ

尖閣諸島の領有権について、中国は歴史的根拠を主張し、日本は、無主地に対する先占を主張する。すなわち、1895年の閣議決定により、これらの諸島を無主地として沖縄県に編入し（ただし、大正島の編入については1921年）、平穏かつ継続的に国家機能を行使してきたというのである。

尖閣諸島を巡る「紛争」が顕在化するのは、沖縄返還協定が締結された1971年である。同年に台湾が、次いで中国が自国領と表明した。その契機となったのは、68年の国連アジア極東経済委員会（ECAFE）による、尖閣諸島周辺海域に石油天然ガスが多量に存在する可能性があるとの発表だった。

中国は「釣魚島は中国固有の領土」と題する白書のなかで、釣魚島は、14・15世紀に中国が発見し、命名したが、日本が1895年に日清戦争を利用して盗み取ったと指摘している。しかし、国際法上、発見だけでは未成熟の権原とされ、その後に実効的支配を行う国に対抗できない。もちろん、日本は85年以来、尖閣諸島の調査を行い、清国に帰属する証拠がないとして、95年1月に尖閣諸島を編入した。同年4月17日に締結された日清戦争後の下関条約の結果ではなく、中国が言う「略取した地域」というカイロ宣言の議論は当てはまらない。

たしかに航海の記録は1534年に琉球に来た人物の「使琉球録」などの文献に残る。中国は、尖閣は台湾の付属島嶼と主張するが、台湾が中国領となったのは1684年にすぎず、それ以前から台湾の一部として中国領と主張するなど疑問点もある（付属島嶼は地理的意味か政治的意味かの議論はありうる）。中国は、証拠として、『順風相送』（1403年）、『籌海図編』（1562年）、『指南廣義』（1708年）、『中山傳信録』（1719年）や『台海槎沙録』（1722年）などの22点の歴史的文献を挙げている。

日本は、冊封使の航路目標としてこれらの島が知られていたとしても、積極的に中国領とする文献は存在しないと反論する。実際、1953年1月8日付の人民日報も、「尖閣諸島を含む琉球諸島」という表現を用い、尖閣諸島が沖縄に所属していることを認めている。また、中国が58年と60年に出版した世界地図でも「尖閣諸島」と表記されている。

日本は、尖閣諸島について「歴史的にも国際法的にも日本固有の領土であり、領有権問題は存在しない」との立場を一貫してとってきた。最初にこれに楔を打ち込んだのは、78年10月に来日した鄧小平副首相である。同年8月に署名され、10月に発効した日中平和友好条約締結という日中友好の機運の高まりのなかで、尖閣諸島につき問題を棚上げすることを提案した。棚上げ論につき合意があったかどうかについては、日中間で意見の相違がある。

中国は、92年2月に台湾及び尖閣諸島を含む各島を中国領土とする旨を規定した「領海及び接続水域に関する法律」を制定した。2010年9月に発生した尖閣諸島周辺海域における中国人漁船拿捕事件も、こうした国内法の具体的実現を目指すものにほかならない。尖閣諸島を巡る日中の争いが先鋭化したのは、日本が12年魚釣島、北小島、南小島の3島を地権者から一括購入することを決定した後である。この後、中国公船による尖閣諸島への領海侵入が一般化した。

国際法上、執行管轄権の行使はそれぞれの国の領域内に限られる。尖閣諸島周辺海域では日中の海上警察機関による執行管轄権行使の競合という事態が、中国側によって作り出されている。日中両国による海上警察機関の不測の衝突が生じないように両国の冷静な対応が望まれる。

【参考文献】 芹田健太郎『日本の領土』中央公論新社、2002年／松井芳郎『国際法学者がよむ尖閣問題』日本評論社、2014年
〔坂元茂樹〕

## 1924年移民法　Immigration Act of 1924

1924年に成立した，アメリカ合衆国への移民を制限する法律である。19世紀末から急増した東・南ヨーロッパ出身の「新移民」を規制するため，出身国ごとに移民数を規定した。

加えて，アジア諸国のなかで唯一規制を免れていた日本からの移民を禁止する付帯条項が盛り込まれていた。アジアからの移民が集中したカリフォルニアなど西部諸州では，以前から日本人移民に対する排斥運動が広がっており，州・地方自治体レベルでは日本人移民への差別的な政策がとられた。西部出身の議員によって，移民法に日本人移民排斥条項が盛り込まれた。日本政府は，大国となった自国への規制は不適切とする「面目外交」をとったが，かえって議員の反感を招いた。

24年移民法成立の時点で，日本人移民の規制が米国の全国的な問題だったわけではない。黒人差別への対応や共和党の分裂回避のため，政治的な妥協の結果として日本人移民の排斥が成立した。しかし日本側には米国への失望が広がり，長期的な関係悪化の一因になった。

〔倉科一希〕

## 選挙監視活動　election observation

中立的な国際機関や国外のアクターが選挙プロセスについて情報を収集し，「自由で公正」（free and fair）な選挙であったかその実施状況について分析する活動。選挙プロセスの正当性を高めることに寄与すると同時に，仮に問題が発覚した場合には改善策を提示する。国連をはじめとする国際機関，欧州連合や米州機構といった地域機関，各国政府，そしてNGOなど多岐にわたるアクターが選挙監視団を派遣している。また，選挙監視活動に従事するNGOは必ずしも国際NGOのみではなく（例：カーター・センター），国内選挙監視団も含まれる。移行期社会，もしくは紛争後社会における国政選挙や住民投票など，国際社会の注目が集まる選挙に派遣されることが多い。

選挙監視活動を説明する際に「監視」（observation）と「観察」（monitoring）を区別することがある。前者は選挙当日前後の短期間を指すのに対して，後者は前後の中長期期間にわたる活動を指す。また，前者は情報を「記録」するといった受動的な活動を意味するのに対して，後者は「助言」をするなどより能動的な姿勢を意味している。

1980年2月，ローデシア（現在のジンバブウェ）で独立に向けて行われた選挙投票日直前に4人の活動家が現地入りし，関係者と連絡をとり「選挙監視」を行った記録が残されている。しかし，これは近年の「選挙監視」活動とは質・量ともに異なる。例えば，2005年10月，国連と全米民主主義機構（NDI），カーター・センターが主導する形で選挙監視活動の基準に関する「宣言」と「行動規範」がまとめられている。宣言に明記されている主要な点は以下の通りである。投票日当日だけ活動する短期派遣要員に加えて，選挙前後にも中長期派遣要員を現地に配置する包括的な選挙監視活動が推奨されている。また，仮に短期派遣のみの場合，その成果を強調し過ぎないよう注意喚起も行っている。他にも選挙監視活動の公平性を維持するためにも選挙を監視する当該政府から活動資金を受けとらないよう明記され，同時に，選挙監視活動はその国の人々の人権とあわせて当該国の主権も尊重しなければならないとも明記されている。また，選挙監視活動は，自動的に選挙の正統性を担保するものではなく，十分な選挙監視活動が行えない環境下では選挙監視団の派遣中止を検討すべきであるとも明記されている（例：移動の自由が制限されている，関係者への面会が認められない，選挙監視団の人選に介入する等）。

【関連項目】　カーター・センター（TCC）／選挙システム支援／民主化支援

【参考文献】　Bjornlund, Eric C., *Beyond Free and Fair: Moni-*

toring Elections and Building Democracy, Woodrow Wilson Center Press, 2004／Declaration of Principles for International Election Observation and Code of Conduct for International Election Observers（2005年10月27日採択） 〔古澤嘉朗〕

## 選挙システム支援　electoral assistance

　選挙システム支援とは，選挙関連の法律や制度を支える法的もしくは技術的な支援全般を指す。それは選挙関連の法律の起草や投票者登録手続から，投票用紙や投票箱といった機材の提供，投票者に対する市民教育，選挙活動監視など多岐にわたる。この際に，「選挙支援」（election assistance）と「選挙システム支援」（electoral assistance）が意識的に区別されている。前者は選挙当日の円滑な実施に重きを置く短期的な支援であるのに対して，後者はより包括的な選挙システム構築を目標とした中長期的な支援である。

　冷戦期，植民地独立に向けた選挙の監視を国際社会は行ってはいたが，内政不干渉原則との兼ね合いから国内事項である選挙に積極的に関与することは少なかった。国際社会による選挙支援における転換点は，冷戦終結に起こったと言える。

　1990年代以降，定期的に選挙監視活動が実施されるようになると2回目，3回目の選挙監視時に前回同様の選挙システムの問題が放置されている状況が確認され，選挙を単発的なイベントと捉えることの弊害が指摘されるようになった。国際社会が注目している選挙期間中のみ，一時的に「開かれた，民主的」な選挙を強権的な政府が演じたとしても，「選挙後」までが視野に入っていなかったからである。投票日当日の投票場における平和的な環境の保全，また円滑な選挙の実施も重要である一方，選挙の成功は選挙システムの正当性の上に成り立っているという考えが台頭するようになる。

　そして2006年5月，国際民主化選挙支援機構（International IDEA）とカナダ国際開発庁（CIDA）がオタワで開催した国際会議『効果的な選挙支援』（Effective Electoral Assistance）の場で，「選挙サイクル・モデル」（electoral cycle model）が提示された。それは選挙期間中だけでなく，選挙前後の期間も視野に入れることにより，選挙サイクル全体の繋がりを意識することを推奨するものである。これに伴い「効果的」な選挙システム支援とは，被支援国の選挙システムの質の改善に資する支援と理解されるようになり，民主化支援の一翼を担う活動と位置づけられるようになる。

【関連項目】　選挙監視活動／『第三の波』（サミュエル・ハンティントン）／民主化支援
【参考文献】　Ellis, Andrew, "Optimist to Realism," in International IDEA, ed., Ten Years of Supporting Democracy Worldwide, International IDEA, 2005／Ellis, Andrew, et al., Effective Electoral Assistance, International IDEA, 2006／Reilly, Benjamin, International Electoral Assistance, Clingendael Working Paper 17, 2003 〔古澤嘉朗〕

## 全国憲法研究会　Japan Association for Studies of Constitutional Law

　全国憲法研究会は，現在では約500名の会員を擁する憲法研究者の学会（略称，全国憲）であり，日本学術会議協力学術研究団体に指定された研究団体である。

　1965年4月25日，芦部信喜・阿部照哉・有倉遼吉・小林直樹・小林孝輔・長谷川正安・和田英夫教授ら25人を世話人とし，全国55大学に属する112人の憲法研究者を会員として創設された。

　規約（71年5月制定）1条では，「平和・民主・人権を基本原理とする日本国憲法を守る立場に立って，学問的研究を行ない，あわせて会員相互の協力を促進することを目的とする」と規定されており，単なる学術研究のための学会ではなく，平和・民主・人権を基本原理とする日本国憲法を護る立場に立つ専門研究者の集団として自らを位置づけている。

　そのような性格は，創立以降の10年間におけ

る研究総会のテーマが「第9条をめぐる諸問題」(第1回)、「教科書検定をめぐる諸問題」(第2回)、「小選挙区制の比較制度的研究」(第3回)であったことからもうかがうことができる。近年では、憲法改正論議の高まりを踏まえた研究に重点が置かれている。

【関連項目】 憲法問題研究会　　　　　〔麻生多聞〕

## 全国水平社
Suiheisha/National Levelers' Association

1922年に創立された部落解放運動団体。創立の中心となったのは西光万吉、阪本清一郎、米田富ら奈良県下の被差別部落の青年で、差別的な言動に対する徹底的糾弾を掲げて、西日本を中心に組織を展開し、23年には関東水平社も生まれた。創立の背景には、天皇の臣民としての平等論、浄土真宗の信仰、民族自決論、日本政府が国際連盟に求めた人種差別撤廃論など多彩な思想が混在していた。一時、日本共産党が全国水平社青年同盟を通して運動の主導権を握ろうとして、組織を混乱させたが、その後、昭和恐慌を経て全国水平社は被差別部落の経済更生にも取り組むようになり、中央執行委員長となった松本治一郎の下、社会民主主義を基本とした運動を展開し、2.26事件後には各政党に反ファッショ統一戦線の結成を呼び掛けた。しかし、37年、日中戦争が勃発すると、戦争に協力することで被差別部落の生活を守ろうとする路線に転換、内部に部落厚生皇民運動や大和報国運動などの分裂を生み出し、42年に消滅した。戦後、その運動は部落解放全国委員会、さらに部落解放同盟に継承された。　〔藤野豊〕

## 戦後賠償・補償（ドイツ）
war reparations (Germany)

第二次世界大戦後のドイツの戦争賠償の枠組はポツダム協定で定められた。第一次世界大戦後のような金銭賠償ではなく、経常生産物賠償、設備賠償、ドイツ在外財産の接収等を軸とする実物賠償であり、ソ連（含ポーランド）はドイツのソ連占領地区から、米国、英国ほかの西側連合国は西側占領地区から戦争賠償を取り立てるとされた。しかし、冷戦下、ドイツ分断と東西両陣営への組み込みが進行するなか、西ドイツは1952年に戦争賠償の支払いを猶予され、ソ連・ポーランドも53年に東ドイツに対する戦争賠償を放棄した。

西ドイツの戦争賠償猶予を定めた移行条約(52年)は、あわせてナチ被害者に対する救済措置を西ドイツに義務づけた。ナチ体制下で失われた財産の返還とナチ被害者への補償は西側占領地区では占領期から開始されており、個人補償は連邦補充法(53年)、連邦補償法(56年)、連邦補償法終結法(65年)、財産返還は連邦返却法(57年)として連邦レベルで法制化された。ドイツの国内被害者を対象とするこれらの国内法に加えて、国外被害者については、戦争賠償猶予以前にイスラエル、対独ユダヤ人補償請求会議との間で締結されたルクセンブルク協定(52年)にて、イスラエルへの物資とサービスの提供、ユダヤ人ナチ被害者の救済・社会復帰・生活基盤の再建が約束された。また、50年代後半から60年代前半にかけて西欧諸国との間でも二国間協定が締結され、各国内のナチ被害者に補償が支払われた。

東西ドイツ統一後、旧東欧諸国の被害者救済のために和解基金が設けられ、また強制労働被害者に対しても財団「記憶・責任・未来」を通じて補償が支払われた。なお、統一に際して90年に米英仏ソと東西ドイツ間で締結されたドイツ最終規定条約（2プラス4条約）により、今後、戦争賠償の支払いは発生しないというのがドイツ政府の立場である。

【関連項目】 戦後賠償・補償（日本）／戦争責任／第二次世界大戦(WWⅡ)／ホロコースト
【参考文献】 粟屋憲太郎ほか『戦争責任・戦後責任』朝日新聞社、1994年／石田勇治『過去の克服（復刻版）』白水社、2014年／Goschler, Constantin, *Schuld und Schulden*, Wallstein Verlag, 2005　〔川喜田敦子〕

## 戦後賠償・補償（日本）
### war reparations（Japan）

日本が受諾した「ポツダム宣言」（1945年8月14日受諾通告）11項は，日本が経済を維持し実物賠償の取立を可能にするために産業を維持することを認めている。連合国は当初，厳しく賠償を取り立てる計画であり，E. ポーレ賠償調査団団長は45年12月7日の声明のなかで，兵器関連工業施設の撤去破壊，日本人の食料・衣料分野の生活水準を日本に蹂躙され略奪された近隣連合国民のそれより高くない数字とすることなどを求めていた。だが，冷戦が激化し，朝鮮戦争が始まると米国務省は「対日講和七原則」を発表し，連合国に賠償請求権の放棄を求めた（50年11月24日）。元捕虜やフィリピン，インドネシアなどが反対した結果，サンフランシスコ平和条約（52年4月28日発効）のなかに，日本が「犠牲者に対して役務」を提供するという賠償の支払い義務が挿入された（14条・16条）。

アジアとの賠償協定は，ビルマ（ミャンマー），フィリピン，インドネシア，南ヴェトナム政府などと締結したが，支払いは現金ではなく経済協力方式だった（14条）。連合国元捕虜には少額だが個人賠償を支払っている（16条）。日本が支払った賠償・中間賠償・準賠償は9979億5466万4219円。国民の1人当たり約8300円，関連支払いをあわせて約1万1000円である。

このサンフランシスコでの講和会議に，中華民国，大韓民国，中華人民共和国，朝鮮民主主義人民共和国は参加を認められなかった。これらの国との戦後処理は独立後に残された。中華民国とは日華平和条約を結んだ（52年8月5日発効）が，中華民国は賠償を放棄し，請求権問題は「特別取決の主題」となっていた。しかし，中華人民共和国と日中共同声明を発表（72年9月29日）した日本は，「日華条約は終了したものとみとめられる」と，これを廃棄した。

中華人民共和国は，日中共同声明で「戦争賠償の請求を放棄することを宣言」（5項）している。

韓国は「日韓基本条約」と一緒に署名した「財産及び請求権に関する問題解決並びに経済協力に関する日本国と大韓民国との間の協定」（65年6月22日署名　12月18日発効）で，請求権を放棄した。賠償ではなく経済協力方式で，日本が10年間に有償無償5億ドル，民間信用3億ドルを供与することを決めた。朝鮮民主主義人民共和国とは今日まで植民地支配の清算はできていない。

サンフランシスコ平和条約と二国間の条約で，日本は「戦後賠償」は「解決済み」であり，個人請求権は消滅したと主張している。

韓国は，74年12月に「対日民間請求権補償法」を制定し，45年8月15日以前の死亡者の遺族に補償を行った。だが金額が少ないこと，3年の時限立法，8月15日以前と限定したことなどもあり，補償を受け取った遺族は半数にも及ばなかった。韓国政府が改めて過去の清算に動き出したのは80年代の民主化闘争以降である。2003年3月には「日帝強占下強制動員被害真相糾明等に関する特別法」が公布された（04年2月発効）。「日帝強占下強制動員被害真相糾明委員会」が発足し被害の調査が始まった。韓国は自国の責任で被害者の声を聞き，資料を調査して「被害認定」をするという過去清算にのり出した。被害が認定された人への支援のために08年6月には「太平洋戦争前後国外強制動員犠牲者等支援に関する法律」を公布し，慰労金などの支給を行っている。

1972年に「原爆医療法」の在韓被爆者への適用の可否を問うた孫振斗手帳裁判などがあったが，90年代に韓国や中国の被害者が謝罪と補償を求めて日本の裁判所に提訴し，その数は一挙に増えた。このなかには「慰安婦」であったことを名乗り出た金学順が原告に加わっている「アジア太平洋戦争韓国人犠牲者補償請求事件訴訟」，「日本人」として戦犯になった韓国人朝鮮人BC級戦犯者の「国家補償等請求事件訴

訟」などがある。いずれも敗訴だった。個人の請求権は「解決ずみ」、時効や「受忍義務論」などで訴えが斥けられている。

2011年8月30日、韓国では元「慰安婦」109人と原爆被害者が損害賠償を求めた裁判で、韓国の憲法裁判所は政府が日本と請求権について交渉しないという不作為は違憲であると判断し、解決のために具体的な行動、すなわち外交交渉を行うように、韓国政府に命じた。さらに12年5月24日、韓国大法院(最高裁)は、三菱重工、新日鐵(旧日鉄)で強制労働を強いられた朝鮮人労働者のうち生存者8人が、未払い賃金の支払いと損害賠償(それぞれ1億100万ウォン)を求めた訴訟の上告審の判決で、「個人の請求権」が残るとの判断を示し、原審を破棄して事件を釜山高裁に差戻した。判決では「日本の国家権力が関与した反人道的不法行為と植民支配に直結した不法行為による損害賠償請求権が請求権協定の適用対象に含められていたと見がたい」と述べている。個人の請求権は残ると明言し審理を差戻した。また、1965年の日韓基本条約で曖昧なままだった「韓国併合」の不法性を明確に述べ、条約で請求権、外交的保護権は消滅していないと判断した。

中国との歴史清算のなかでも、2009年、広島県安野発電所の建設現場に連行された中国人360人(1944年8月5日)のうち生存者5人が、使用者西松建設に謝罪と補償を求めて提訴した(98年1月、広島地裁)。2007年4月、最高裁では原告敗訴だったが、判決のなかで「日中共同声明がサンフランシスコ平和条約の枠組のなかにあり中国人個人は裁判で損害賠償を求めることはできない」と述べているが、個人の請求権は否定していない。09年10月23日、中国人被害者と西松との間に和解が成立した。

戦後70年を経ても中国や韓国から、日本政府や企業に謝罪と補償を求める被害者たちの訴えが続いているが、日本政府は「解決済み」との回答を繰り返してきた。

日本人の戦争被害者のうち、軍人には恩給法(1923年4月14日公布)があったが、敗戦後、連合国軍最高司令官が軍人恩給の打切りを指令してきた。このため、政府は46年2月1日、勅令第68号(恩給の特例に関する件)を公布して、軍人恩給を停止した。サンフランシスコ平和条約が発効して独立すると、2日後の4月30日、政府は「戦傷病者戦没者遺族等援護法」を制定し、4月1日に遡って適用した。この法律は軍人軍属その遺家族を援護することを目的とする法律である。だが、同法には戸籍条項があり朝鮮人・台湾人軍人軍属は排除されている。53年8月1日には軍人恩給が復活した(「恩給法改正」公布、即日施行)。同法には国籍条項があり、朝鮮人、台湾人が除外されている。

52年以降、日本人の軍人・軍属とその遺族には恩給や遺族年金、弔慰金などが支給されてきた。だが、「原爆医療法」など一部を除いて、民間人の被害者は補償から排除されてきた。空襲などの被害者は、2016年の現在も補償を求めて裁判を続けている。

冷戦のなかで締結されたサンフランシスコ平和条約、その後の二国間の条約などで放棄した賠償に個人の請求権が含まれるのか。日本と被害国との間で判断が食い違っている。どのような解決が可能なのか。政府間の交渉、司法の判断とともに、日韓、日中の市民の間でも解決の道を模索し話し合いが続いている。

【参考文献】殷燕軍『中日戦争賠償問題』御茶の水書房、1996年／内海愛子『戦後補償から考える日本とアジア(第2版)』山川出版社、2010年／永野慎一郎・近藤正臣編『日本の戦後賠償 アジア経済協力の出発』勁草書房、1999年／原朗『戦争賠償とアジア』『岩波講座 近代日本と植民地 8 アジアの冷戦 脱却と脱植民地化』岩波書店、1993年 〔内海愛子〕

**戦時国際法** international law of war

伝統的な平時・戦時二元論を前提にして、宣戦布告などにより戦争状態が法的に創設されたときに、平時国際法に替わって適用されるべき国際法として発展した法体系を言う。交戦国間

の関係を規律する交戦法規（戦闘の方法手段，捕虜・傷病者保護に関する規則等を含む）と交戦国と中立国の戦争に関連する関係を規律する中立法規を含む。

戦争が違法化され，法的制度として戦争を観念できない今日において，戦時国際法が妥当性を維持しうるのか疑問視する声もある。しかし実質的に戦争が存在しなくなったわけではなく，自衛権行使や安保理の強制措置においても犠牲者が発生し，第三国が戦争の影響を受けている以上，戦時国際法に含まれる諸規則によって戦争の悪影響を極小化する必要性は今なお存在する。ただし，戦争の法的意味が変化し，人道的保護の重要性が増しているため，今日ではこれら規則は戦争法，国際人道法，武力紛争法と呼ばれている。

【関連項目】 交戦法規／国際人道法（武力紛争法）（IHL）／宣戦布告／中立法規　　　　　　　　　　〔新井京〕

## 戦時性暴力　wartime sexual violence

戦争や武力紛争のもとで発生する性暴力。国際刑事裁判所ローマ規程は，強姦，性的奴隷化，強制売春，強制妊娠，強制断種またはその他の同等で重大な形態の性暴力を例示している。宣戦布告がない戦争や民族間，非政府主体による武力紛争が多発するなかで，国連文書では「武力紛争下の性暴力」（sexual violence under armed conflicts）が多く用いられる。

武力による攻撃・支配の下でふるわれる性暴力は，勝者のための「戦利品」との認識や兵士への規律欠如の下で黙認・誘発されやすく，また兵士の士気の維持や，敵対勢力を辱め，恐怖を与える戦争遂行の手段としても使われてきた。国際法では，1907年ハーグ陸戦規則46条「家の名誉及び権利…の尊重」が戦時強姦禁止を含むとされるが，そのような解釈実践は稀で，第二次世界大戦後の戦犯裁判の憲章でも明文化されず，強姦等の犯罪は十分に裁かれなかった。49年のジュネーヴ条約（第4条約27条）で強姦が明記されたものの，「名誉に対する侵害」の類型は変わらず，77年の追加議定書でやっと「個人の尊厳に対する侵害」と位置づけられた。

90年代，旧ユーゴスラヴィア紛争やルワンダ内戦で強姦や性奴隷化が「民族浄化」の手段として用いられたこと，アジア各地の元「慰安婦」が被害を証言し日本政府の責任を追及したことが国際的関心を喚起し，加害者の不処罰が被害回復や再発防止を妨げているとの認識が高まった。国連安保理が設置した旧ユーゴスラヴィア国際刑事法廷やルワンダ国際刑事法廷では，強姦や性奴隷化の一部が戦争犯罪，ジェノサイドの罪として裁かれ，98年に採択された国際刑事裁判所のローマ規定で，性暴力を戦争犯罪及び人道に対する罪として初めて明記されるに至った。

しかし性暴力被害者の保護や救済は不十分で加害者訴追もいまだ困難である。2000年以降，国連安保理でも「女性・平和・安全保障」が重要課題となり，関連決議の採択が続いている。

【関連項目】 国際刑事裁判所（ICC）／ジェンダー／従軍慰安婦問題
【参考文献】 VAWW-NET ジャパン編『裁かれた戦時性暴力』白澤社，2001年／McDougall, Gay J., *Systematic rape, sexual slavery and slavery-like practices during armed conflict*, E/CN.4/Sub.2/1998/13　　　　　　　　　〔渡辺美奈〕

## 先住民族　indigenous peoples

ヨーロッパなどその他の国家が植民地とした土地に古来より住んでいた，もしくは強制あるいは自由意思での移住を行った結果，異民族の支配下に置かれ独自の生活様式を享受できない劣勢的な社会的・法的状況に置かれている集団とその子孫。1970年代以降，アメリカ，カナダ，ニュージーランド，オーストラリア，北欧，台湾などで先住権（生業活動，文化伝承等の権利）と権原（財産，特に不動産の占有等）が認められてきた。国連は82年先住民に関する作業部会を設置し，国際先住民年（93年），先

住民の国際10年（95〜2004年）などを行った。

日本では土人や原住民（族）などの語が使われてきたが，侮蔑的なニュアンスを伴うようになり先住民（族）の語に置き換えられるようになった。しかし，漢字の先には亡くなってもういないという意味が，原には元からという意味があることから，台湾では原住民族の語が使用されている。

日本国内の動きを見ておく。1984年アイヌ民族最大の任意団体である北海道ウタリ協会（2009年北海道アイヌ協会に改称）が，総会においてアイヌ民族に関する法律（案）を決議したが実現していない。1986年中曽根康弘首相の「日本単一民族国家発言」は国内のアイヌの存在を顕在化させた。87年ウタリ協会が国連の作業部会に参加。94年アイヌの国会議員が初めて誕生したが，特別議席があるわけではない。96年ウタリ対策のあり方に関する有識者懇談会が報告書をまとめた。97年北海道旧土人保護法が廃止され，アイヌ文化振興法（略称）が施行されたが，先住権等は盛り込まれなかった。

日本政府は2007年国連において「先住民族の権利に関する国際連合宣言」に賛成した。08年7月の北海道洞爺湖でのG8サミットに先立って，同年6月衆参両議院で「アイヌ民族を先住民族とすることを求める決議案」（第169回国会，決議第1号）が採択された。09年アイヌ政策のあり方に関する有識者懇談会が報告書をまとめ，「民族共生の象徴となる空間」など具体的な政策が始められた。

【関連項目】　アイヌ民族／少数民族保護条約／北海道旧土人保護法
【参考文献】　上村英明『新・先住民族の「近代史」』法律文化社，2015年／窪田幸子ほか編『「先住民」とはだれか』世界思想社，2009年　　　　　　　　　　〔田村将人〕

## 戦術核兵器　tactical nuclear weapon
せんじゅつかくへいき

戦場において通常兵器の延長線上での使用を想定された核兵器。一般的には戦略核兵器と比較して，威力は限定的で，射程距離は短いとされている。しかし，両者を区別する明確な基準は存在しない。これまでの米ロ（ソ）間の核軍縮条約で規制されてこなかった射程距離500km未満の核兵器を戦術核兵器とすることもある。非戦略核兵器（non-strategic nuclear weapon），準戦略核兵器（sub-strategic nuclear weapon）などの用語も用いられているが，いずれも戦術核兵器とほぼ同義と言える。爆発の威力は10kt〜1Mt程度とされ，核地雷，核砲弾，短距離弾道ミサイル，自由落下型爆弾，核魚雷などの種類がある。さらに兵士が1人で運搬可能ないわゆる「スーツケース型核爆弾」も存在した。

冷戦期，通常戦力で東側諸国に劣る西側諸国は，戦術核兵器をその戦力差を補完するものと位置づけていた。冷戦終結後の1991年9月には，米国は射程距離500km未満のすべての地上発射型の戦術核兵器の海外基地からの撤去とすべての海上発射型の戦術核兵器の水上艦艇，潜水艦，海軍航空機からの撤去を一方的に宣言し，92年中頃までに完了させた。*Bulletin of the Atomic Scientists*によると2014年現在，米国が保有する戦術核兵器は，欧州配備の航空機用の核爆弾200発，米国内に保管されている核爆弾300発の合計500発程度と推定されている。ロシアが保有する戦術核兵器は2000発程度と推定され，ロシアの主張によれば，すべて中央貯蔵庫に保管されているという。キャンベラ委員会は，米ロ仏に加え，おそらく中国，イスラエル，インド，パキスタンも戦術核兵器を保有していると指摘している。

【関連項目】　キャンベラ委員会／新START条約／戦略核戦力（戦略核兵器）
【参考文献】　一政祐行「非戦略核兵器の軍備管理・軍縮を巡る課題と展望」『防衛研究所紀要』15巻2号，2013年／金子譲『NATO北大西洋条約機構の研究』彩流社，2008年／Woolf, Amy F., "Nonstrategic Nuclear Weapons," *Congressional Research Service*, RL32572, 2014　　〔小倉康久〕

## 戦術と戦略　tactics/strategy

　もともとは軍事用語である。国際安全保障の分野で戦略とは，国家ほかのアクターが特定の目標あるいは目的を設定し，それを効果的にうまく達成するための方策や理論のことを指す。国家は危機に備えて，戦争に勝利するために戦時・平時を問わず，国際社会のパワーの布置状況を勘案し，国家目的を実現するためにパワーと資源を配分し包括的な戦争の準備，計画，運用について構想している。技術革新が進み，社会が専門化・複雑化した現代において戦略にとって重要なことは，非軍事的要素，つまり国民経済，世論，政治や科学技術その他を考慮することである。

　他方，戦術とは戦略の下位概念で，その構想の下実際の作戦や戦闘において任務達成のために部隊や物資を有効に運用し，戦勝に導く術策のことである。この意味において戦術は戦場の事象であり，軍事に限定される。戦術が優れていても大局的な戦略に妥当でないならば，戦争に勝つことはできない。

　現在，戦略・戦術は，軍事にとどまらず戦争以外の闘争状況に適用され，広く企業活動，討論や交渉などの競争における闘い方に影響を与えるようになっている。　〔臼井久和〕

## 専守防衛　exclusive defense posture

　守りに徹することであり，戦略守勢という言葉が戦前からあったが，専守防衛は戦後の造語である。2015年の防衛白書によれば，「専守防衛とは，相手から武力攻撃を受けたときにはじめて防衛力を行使し，その態様も自衛のための必要最小限にとどめ，また，保持する防衛力も自衛のための必要最小限のものに限るなど，憲法の精神に則った受動的な防衛戦略の姿勢をいう」とされている。自衛力論の理念であり，論理としてはその軍事力抑制的側面に焦点を合わせたものである。憲法的制約と政策の制約が合体し，政策的要素が強まりつつある。

軍事力バランス論が基礎にあり，隙間のない防衛のためとして日米安保体制とセットになっている。1981年3月19日の政府統一見解において，「安保条約と相まって専守防衛をやっていく」と述べられている。アメリカの核抑止力への依存も繰り返し述べられており，安保体制を含めた日本の防衛体制全体は専守防衛的ではない。

　その前提の下で，専守防衛論には軍事力抑制的側面がある。76年の防衛計画の大綱における基盤的防衛力構想と専守防衛が，86年には結合して説明された。専守防衛と兵器の関係がしばしば問題になり，例えば68年にはF-4ファントムから空中給油装置と主要爆撃装置が取り外された。

　他方で軍事力拡大的側面も持ち，過去には専守防衛にふさわしい防衛力整備を促す役割を果たした。また，86年における国防費のGNP1％枠突破のように，軍事力拡大にあたって，国民的合意を得るために，専守防衛が再確認されてきた。

　積極的平和主義を打ち出した2013年12月17日の「国家安全保障戦略」，同日の「平成26年度以降に係る防衛計画の大綱」，憲法解釈の変更によって集団的自衛権を限定容認した14年7月1日の閣議決定においても，専守防衛の言葉は維持されている。しかし，その内容は相当に変質している。

【関連項目】　自衛力
【参考文献】　浦田一郎『自衛力論の論理と歴史』日本評論社，2012年／外山三郎『専守防衛』芙蓉書房，1983年／箕輪登・内田雅敏『憲法9条と専守防衛』梨の木舎，2004年〔浦田一郎〕

## 先占　occupation

　領域権原の1つ。領域主権が及んでいない地域である無主地を，領有の意思を持って実効的に支配した国家が，その無主地を自国の領域に編入できるとみなされる。古代ローマ法の無主物先占に倣った理論である。オーストラリア大

陸が最も典型的な例である。近代日本はこの法理を用いて，近隣の島嶼を次々に領域に編入していった（小笠原諸島・硫黄島・久米赤島・久場島・魚釣島，南鳥島，沖大東島，中鳥島など）。

「無主地」とは無人の地とは異なる。仮にその地に人が住んでいたとしても，国際法上の国家とみなされるものがその地を実効的に支配しているとは言えない地域は無主地とみなされる。問題は，ある程度の社会的・政治的組織を備えた先住民が居住しているが，いまだ「文明国」に達していない地域である。国際司法裁判所の西サハラ事件やペドラ・ブランカ事件などで問題となった。現在においては，地球上では，公海に新島が隆起して出現したとか，相当に想定しにくいケースについてしかこの理論の適用は考えられない。

【関連項目】 日本の領土問題／領域権原／領域国家

〔柳原正治〕

## 宣戦布告 declaration of war

一交戦国が他方交戦国及び中立国に対して戦争の開始を通告する宣言を言う。1907年の開戦条約は，戦争の開始が「開戦宣言」又は「条件付き開戦宣言を含む最後通牒」の形式で「明瞭かつ事前」に通告されることを求めている。しかし同条約においても実際上中立国が「戦争状態を知りたること確実」であれば中立国への通告が義務づけられていないことからも明らかなように，宣戦布告なしに戦争状態を創設することは可能である。実際，同条約以前の国際慣習法では，「戦意（animus belligerendi）」が確認されれば，戦争状態は創設され，戦時国際法が適用された。開戦条約以降の実行においても，宣戦布告がなされない戦争は数多くあったため，同条約の法的意義は大きいとは言えない。さらに，宣戦布告の制度により，戦争状態が現実の軍事行動とは無関係に創設されうることになり，戦争の範囲をかえって拡大し，長期化さ

せうる点も無視できない。今日の国際法では，宣戦布告自体が侵略の証拠とされうる。

【関連項目】 開戦条約／最後通牒

〔新井京〕

## 戦争画 war paintings

一般的に，戦争画とは，戦争遂行の国策を支持し国民・民衆を扇動する役割を持つとされる。日本でも日中戦争期，巨額の文化予算によるプロパガンダ芸術のうち，絵画にもその役割が与えられた。戦争画は，展覧会場において戦意発揚・愛国心高揚を意図され，戦争を美化し，少なくとも記録化する。また，戦闘場面を中心に男性戦闘員を主人公に設定することが多く，女性は従軍看護婦や銃後を護るイメージで描かれる。戦争画には，タブロー画以外に，大量複製のポスター・漫画・雑誌の挿絵なども含まれ，戦闘場面を描かずとも，民衆を戦争に誘導する役割を果たす。

こうしたプロパガンダ芸術の戦争に民衆を動員していく直接的暴力性に加え，抑圧・排斥を可能とする芸術（絵画）の構造的暴力性も指摘できる。ナチス政権が，ユダヤやロマの人々（社会的少数者）の抹殺のために，芸術を「武器」として利用したことは悪名高い。日本でも，陸軍美術協会らによる戦争画の展覧会，大政翼賛会や文部省による言論表現への統制が実施された。そこでは，絵画が，文化事業や教育など社会構造として間接的に作用する構造的暴力として機能した。

また，藤田嗣治や横山大観ら大画家は，戦争画に戦死者を鎮魂する意味を込めたり，日本の風景，特に富士山を神々しく描くことによって，作品に宗教画の役割を与えた。戦争画の持つ文化的暴力の側面が見て取れよう。

戦中，翼賛絵画しか活躍の場のなかった画家は「犠牲者」であったろう。しかし同時に，「加害者」としての芸術家の側面も存在する。軍との特別な関係で優遇された生活，戦争取材という「満蒙・南洋」への従軍観光旅行，民衆

の戦争への動員など，積極的に自らの意思により働いた者も多く，その多くが，戦後，反省をみせなかった。また，プロパガンダ芸術によって暴力的国策に踊らされた，無批判な国民・民衆自身の責任も然りである。

以上，暴力を助長する芸術としての戦争画を対象としたが，一方で「戦争についての絵画」という意味においては，ピカソの『ゲルニカ』なども戦争画の範疇に入れることができる。この場合，反戦・ファシズムに抵抗する絵画として平和を創造する芸術と分類されよう。

【関連項目】　芸術と平和／構造的暴力（間接的暴力）
【参考文献】　神坂次郎ほか『画家たちの「戦争」』新潮社，2010年／柴崎信三『絵筆のナショナリズム』幻戯書房，2011年／司修『戦争と美術』岩波書店，1992年／若桑みどり『戦争がつくる女性像』筑摩書房，1995年　　　　〔奥本京子〕

## 戦争原因論　causes of war

戦争は不合理である。少なくとも，価値配分の手段としての戦争は不合理である。なぜならば，戦争によって実現した特定の価値配分を，戦争によらずに，交渉によって実現できるならば，戦争に伴う人的犠牲，物的破壊，財政的費用などを，敗戦国のみならず，戦勝国もまた被らずにすむからである。

この不合理にもかかわらず戦争はなぜ起こるのか。戦争原因論は論者の間で多様であるが，K. ウォルツは，1959年に，それまでの多様な戦争原因論のなかに3つの戦争イメージを見出した。彼は，医学類推論の見地から，戦争原因の診断書と戦争回避の処方箋のセットとして戦争イメージを分類したのである。

第1類型は，戦争を人間が持つ利己性，攻撃性，非合理性などの欠陥がもたらすものと考え，その回避には人間の啓蒙が不可欠であるとする。

第2類型は，戦争を非民主体制や資本主義体制といった国家体制（国内の政治経済体制）の欠陥がもたらすものと考え，その回避には体制の移行や革命が必要であるとする。

第3類型は，戦争を，それを防ぐ装置としての《共通の政府》を持たない国際システムの構造的欠陥（アナーキー性）がもたらすものと考え，その回避には国家の自助努力（個別的あるいは集団的な自衛）が必要であるとする。

ウォルツ以後，とりわけ米国における戦争原因論に衝撃的な収斂をもたらしたのがJ. フィアロン（95年）の交渉モデルであった。

その衝撃の核心は，戦争原因論の再定式化にあった。彼によれば，戦争原因論の課題は，戦争の不合理を，関係諸国が交渉を通じて回避することができない理由を特定することにある。その上で，関係諸国が交渉を通じて戦争の不合理を回避できないのは，国家間の意図のコミュニケーションが容易ではないからであるとした。すなわち，一方の意図についての他方の認識を操作することによって，一方に利益が生じる場面においては，威嚇あるいは約束という形で「言明された意図（stated intentions = commitment）」に説得力はないために，交渉による解決という回路も閉ざされうるとしたのである。

フィアロンの議論は米国の国際政治学に外交論を復活させることになる。フィアロン以前は，市場類推論の見地から，市場の構造から企業の行動を説明したミクロ経済学のように，国際市場の構造から国家の行動を説明するウォルツ流の構造理論の影響の下，国家間の意図のコミュニケーションは国際政治学の分析対象の外にあった。コミットメントの「信頼性（credibility）」というミクロ経済学的な分析概念の有効性を説いたフィアロンだが，分析対象という意味では，威嚇と約束の「説得力（persuasiveness）」（モーゲンソー『国際政治』54年版）を論じていたウォルツ以前の国際政治学の復権を促したとも言える。

【関連項目】　安全保障のディレンマ／同盟のディレンマ
【参考文献】　ウォルツ，ケネス（渡邉昭夫・岡垣知子訳）『人

間・国家・戦争』勁草書房，2013年／竹田茂夫『ゲーム理論を読み解く』筑摩書房，2004年／Fearon, James D., "Rationalist Explanations for War," *International Organization*, Vol. 49, No.3, 1995　　　　　　　　　　　〔石田淳〕

## 戦争裁判　war trial

　日本語の戦争裁判は，戦闘員による戦争の法規及び慣例に対する違反行為等，交戦法違反に関して個人の行為を裁く「戦争犯罪裁判」を指す。独語のKriegsgerichtのほうは軍法会議（軍事裁判）の最末端審級裁判を含意し，日本語の戦争裁判と同義ではない点に注意が必要である。

　交戦国が，違反行為容疑者を捕えた場合，戦闘終了時までにその個人を裁き処罰すること自体は，米独立戦争以降，国際慣習法上認められていた。しかし第一次世界大戦後の戦争裁判の場合は，戦勝国となった英仏米伊日の5ヵ国が，敗戦国ドイツに対して犯罪容疑者の引渡しを要求し，また開戦時や戦時中の独帝国政府の指導者にまで交戦法違反の責任を追及し，戦闘終了後に裁判を始めようとした点に従来の戦犯裁判との違いがあった。1914年8月開戦直後から，ベルギーの中立を侵犯しパリに向かって進撃していった独帝国軍が，多数のベルギー一般住民の殺害虐殺，仏軍の負傷兵・捕虜の虐殺を繰り返したことは協商国側メディアによって大きく報道された。15年5月大型英客船ルシタニア号が独軍潜水艦によって撃沈され，約1200名の乗員乗客（うち120名は非参戦米乗客）が犠牲になった事件も衝撃を与え，独皇帝はじめ独軍人たち戦犯容疑者の処罰を求める声が大戦初期から高まっていた。そのため，対独ヴェルサイユ講和条約（20年1月発効）に沿って引渡しが求められた戦犯容疑者の数は，元首である独皇帝を筆頭に900名近くに及んだが，敗戦革命後すでに皇帝はオランダに亡命しており，蘭政府は連合国への引渡しを拒否，また新しい独共和国政府も，その他の容疑者引渡しを拒否し，

ライプツィヒ国事裁判所（独最高裁判所）での「自主的」戦争裁判を提案した。21年5月連合国派遣団監視下で，捕虜虐殺・虐待，無制限潜水艦作戦による病院船の撃沈・難船者殺害等に関わった末端現場将校兵士計45名に対する独自の裁判を開廷した。実際の審理対象になった被告は12名で，有罪被告人6名中，最高刑も禁固4年と軽微であったが，後にニュルンベルク裁判原則の1つとされた「上官・上司の明らかに不法な命令には従ってはならない」という判例も実はこのライプツィヒ裁判が確立したものであり，その意味で戦争裁判の世界史的嚆矢と呼ぶことも可能である。ニュルンベルク裁判にせよ東京裁判にせよ，第二次世界大戦後の戦争裁判が国際化せざるを得なかったのは，ジェノサイドに象徴されるように想像を絶した犯罪のメガ化・世界化による。

【関連項目】極東国際軍事裁判（東京裁判）(IMTFE)／第一次世界大戦 (WWⅠ)／第二次世界大戦 (WWⅡ)／ニュルンベルク国際軍事裁判

【参考文献】大沼保昭『戦争責任論序説』東京大学出版会，1975年／日暮吉延『東京裁判の国際関係』木鐸社，2002年／芝健介『ニュルンベルク裁判』岩波書店，2015年　〔芝健介〕

## 戦争責任　war responsibility

　戦争を含む紛争中に行われた戦争犯罪などの行為について，誰がその責任を負い，またいかなる根拠に基づいて追及するのか，という問題である。

　17世紀に誕生した近代主権国家体制においては，無差別戦争観の下，戦争責任は問われなかった。フランス革命や南北戦争を経て戦争の法規慣例が確立していった。戦争犯罪の責任は，当初は自国又は交戦国の兵士に対して国内の裁判所において追及された。

　国際法上，戦争責任は，戦争法（国際人道法）違反に対する国家の責任として慣習法上確立され，ハーグ平和会議を経て，成文化された。「陸戦ノ法規慣例ニ関スル条約」(1907年)は，違法な戦争行為に由来する損害に対する金

銭的賠償責任を定めていたが，敗戦国の責任を問う内容であった。

個人による戦争犯罪が問題になったのは，第一次世界大戦後においてである。19年のヴェルサイユ条約では前ドイツ皇帝のヴィルヘルム2世を特別裁判所で訴追することを定め，国家元首の戦争責任が初めて問われた。ただし皇帝は中立国のオランダに亡命し訴追されなかった。第一次世界大戦後には戦争の違法化の考えが発展し，違法な戦争の責任の帰属として国家の責任と個人の責任が区別された。第二次世界大戦後に設立された国際軍事裁判（ニュルンベルク裁判と極東軍事裁判）は，違法な戦争とその残虐行為に対して，戦争犯罪の概念を確認し，個人を処罰した。国際軍事裁判は連合国による勝者の裁きであり，事後法による裁判であることが問題視される一方で，その後の国際法の発展に寄与したことも指摘される。

戦争責任については，戦争犯罪行為者である政治指導者の訴追や処罰という個人の責任の追及に加えて，国家や社会あるいは個人として，戦争の開始，戦争行為，その影響など，過去の清算をいかに行うのかという問題でもある。これはまた，紛争終了後の社会の構築に関連する将来に向けた取り組みに結びつく。日本での戦争責任の議論は，第二次世界大戦における日本による他国への侵略行為という文脈において，戦後賠償や従軍慰安婦，虐殺行為などの歴史認識という現代の国際問題である。

【関連項目】　国際軍事裁判／戦後賠償・補償（ドイツ）／戦後賠償・補償（日本）

【参考文献】　大沼保昭『戦争責任論序説』東京大学出版会，1975年／大沼保昭『東京裁判から戦後責任の思想へ』（第4版）東信堂，1997年

〔望月康恵〕

## 戦争と音楽　war and music

人類の歴史において，音楽は戦争と常に関わりを持ってきた。戦場で音楽が使用されたという記述は旧約聖書にもみられ，また戦国時代には法螺貝が突撃の合図として使用されるなど，その関わりは古今東西を問わない。さらに，戦時体制下やそれに至る過程において，戦場ばかりかその後方においても音楽は何らかの役割を果たすとともに，平時においても戦争を描写した音楽が享受されてきた。一方で，戦争を防ぐため，すなわち反戦のためにも音楽がしばしば用いられてきた事実を考えると，戦争と音楽の関わりは深く，非常に幅広いと言える。

このように，戦争と音楽の関わり方は多様で規定するのは困難だが，あえてまとめるなら以下の4点に集約できるだろう。

第1に，戦時において戦況を優位に進めるための音楽が挙げられる。すなわち，戦場での合図や規律統制，あるいは兵士慰問のための音楽，銃後においては戦意昂揚，プロパガンダ，慰安などを目的とした音楽活動がしばしば行われてきた。一方で，敵性音楽の排斥や歌詞の変更など，人々の意識や思想を統制する一環として既存の音楽も大きな変容を強いられた。第一次世界大戦下，ドイツの音楽が連合国側の国々で敬遠された事実や，日本で太平洋戦争中にジャズなどアメリカの音楽が禁止された事実などがこれに当てはまる。また近年の研究では，太平洋戦争中に日本政府が東アジアや東南アジアの植民地・占領地の文化統制，宣撫工作として音楽を利用した事実も明らかにされている。

第2に，戦争被害に対する支援としての音楽がある。すなわち，収容所での捕虜の慰安や負傷兵の精神療法として音楽が用いられる場合，また戦傷病者や戦没者遺族の支援のために開かれる音楽会などである。広島の沖合に浮かぶ似島にあった捕虜収容所でも，ドイツ兵捕虜により楽団が組織され市民向けに演奏会が開かれた。このように収容所で音楽活動を行った例は，世界各地で報告されている。

第3に，戦争が音楽創作の主題となる場合である。この場合，戦時か平時かにかかわらず，戦争が記録や記念の対象として，あるいは芸術

上の表現主題として対象化され，音楽によって描かれる。いずれも音による戦闘場面の描写を伴うことが多いが，作者が対象に対して抱く心情によりその音楽的性質は大きく異なる。つまり，作者が戦争を肯定的に捉えた場合と否定的に捉えた場合の相違である。前者の場合，戦勝の喜びや勇士の讃美，民族主義，愛国主義を表出したものが多く，後者の場合，戦没者や破壊された都市への哀悼など，悲嘆や怒りを表出したものが多い。第一次世界大戦以降，前者よりも後者の作品が増加している事実は，戦争被害の深刻化を表しているとも言えるだろう。このように，音楽作品に表れた作者の心情は聴き手にメッセージとして伝えられる傾向が強く，戦争と音楽の関わりを考える上では重要である。

最後に，反戦のための音楽がある。例えばヴェトナム反戦運動のように，反戦集会やデモ行進などで，反戦の意思が歌によって示される場合である。同様に，反核運動が盛り上がりを見せた時期にも，核兵器反対を訴えるスローガンとして歌がしばしば使用された。

【関連項目】 芸術と平和／長崎の原爆と音楽／反戦運動／広島の原爆と音楽／平和運動
【参考文献】 辻田真佐憲『日本の軍歌』幻冬舎，2014年／戸ノ下達也・長木誠司編著『総力戦と音楽文化』青弓社，2008年／Arnold, Ben, *Music and War*, Garland Publishing Press, 1993
〔能登原由美〕

## 戦争の記憶　war memories

「戦争の記憶」を巡っては，第二次世界大戦が大規模な兵力動員と民衆の多大な犠牲も生み出し，現在に至る現代世界の起点でもあるだけに，和解と平和創造を考える上で第二次世界大戦を巡る「戦争の記憶」の諸相を理解することが重要となる。この諸相に関しては，歴史的変遷のなかで，一方では戦争動員の源泉であったナショナリズムを基調とする戦争観と，戦争の悲惨さや戦争犠牲の実態に向き合うナショナルなレベルを超えての戦争観との相剋がみられてきた。

米国では，戦後50年を前に原爆投下の正当性見直しと民間人の犠牲の展示を組み入れた国立航空宇宙博物館の原爆展が元米兵などの反対で中止されたように，第二次世界大戦を「よい戦争」と記憶する傾向が根強い。アメリカでは，ヴェトナム戦争での挫折を受けて「正義の戦争」観の相対化の動きがみられた。ただ反面で，1980年代以降，アメリカの保守化傾向も影響して，ヴェトナム戦争の正当化と兵士の英雄視が顕著になっている。

日本について言えば，多大な犠牲を被ったアジア太平洋戦争は「よい戦争」ではなく，二度と繰り返すべきではないとの「戦争の記憶」が定着してきた。原爆投下についても，米国とは異なり，投下は誤りで非核の国民意識が生み出された。戦後日本では原爆投下や本土空襲など「被害」の側面が強調され，アジア諸国に対する戦争被害＝「加害」については忘却が進んだ。しかし，60年代後半に入るとヴェトナム戦争拡大が日中戦争を想起させ「加害」の側面に着眼する気運が生まれ，80年代，90年代には「加害」への認識が高まり95年の「広島平和宣言」では「加害」認識が盛り込まれた。他方で90年代半ば以降，「加害」を強調する見方を「自虐史観」と批判するナショナリズムの台頭が顕著で，近年，集団的自衛権容認と憲法改正の動きが相まって，憲法9条に象徴される「平和主義」が大きく揺らいでいる。

同時に，中国や韓国においては日本政府指導者による靖国神社参拝及び領土問題などを背景として反日感情や排他的ナショナリズムが高まり，日中韓の三国間で歴史認識を巡る摩擦が続いている。

西欧においても，「戦争の記憶」は歴史的変化に応じて変容してきた。戦後ドイツでは，ポーランドやフランスなど近隣諸国との和解と外交関係構築が「過去の克服」の推進力となり，ホロコーストの記憶が定着してきた。ドイツでも日本と同様，80年代にナチズムの台頭を

やむを得ない選択であったと合理化する「民族主義」的な保守陣営からの戦争観が台頭し，ホロコーストの記憶を定着させる動きとの相剋がみられた。

他方で，90年代に入ってドイツ統一，冷戦終結を受けて，忘却されていたポーランド人や旧ソ連のスラブ系住民など強制労働に従事した戦争被害者に対する記憶が視野に入ってくるようになった。

また，西欧全体では，西欧統合の動きを背景に，欧州共通歴史教科書（92年）作成など西欧での共通の歴史認識醸成の模索が進展している。

今後，国際社会での歴史和解促進のためには，排他的ナショナリズムを土台とする記憶の相対化が不可欠で，トランスナショナルなレベルで戦争の悲惨さの共通的な体験・記憶の共有拡大の試みが重要となっている。

【関連項目】従軍慰安婦問題／戦後賠償・補償（ドイツ）／戦後賠償・補償（日本）／平和博物館・平和のための博物館／歴史認識

【参考文献】石田勇治『過去の克服』岩波書店，2002年／菅英輝編『東アジアの歴史摩擦と和解可能性』彩流社，2011年／油井大三郎『なぜ戦争観は衝突するか』岩波書店，2007年

〔藤本博〕

## 戦争犯罪（せんそうはんざい） war crimes

国際法の一分野である国際人道法（武力紛争法）の違反でかつ個人の刑事責任が追及される行為を戦争犯罪と言う。国際人道法は，害敵の方法及び手段の規制，並びに武力紛争犠牲者保護の規則に大別され，戦争犯罪はいずれの分野でも認識できる。例えば背信行為による殺傷，文民や民用物攻撃，過度の傷害又は無用の苦痛を与える兵器使用，捕虜文民その他武力紛争犠牲者の生命身体財産の侵害といった行為が該当し，条約規定のある場合のみならず国際慣習法上の戦争犯罪もある。

国際人道法は武力紛争に適用されるから，武力紛争がなければ戦争犯罪もない。この点で武力紛争以外でも生じる人道に対する犯罪と違う。さらに国際人道法は主に武力紛争当事国間で適用されるので戦争犯罪も相手方当事国国民に対する行為であることを要したが，人道に対する犯罪は自国民との関係でも起こる。戦争犯罪は，侵略犯罪とも異なる。国際人道法は，武力紛争全当事国に武力紛争開始後に差別なく適用され，侵略といった武力紛争の原因を非難する規則を持たない。したがって国の侵略行為を指導した個人の侵略犯罪を戦争犯罪に含めるのは適当ではない。なお戦争犯罪と戦時重罪は重なるが後者は間諜（スパイ）や剽盗のような国際人道法違反ではない行為を含む。

国際人道法や個人責任に関する認識の変化で戦争犯罪の範囲も変動する。国際的武力紛争における戦争犯罪の範囲は安定しているがそれでも児童徴募，性暴力や環境損害発生を戦争犯罪とするか又はその再確認の動きがある。大きな変化を見たのは非国際的武力紛争の領域である。内戦故に国内刑法上の犯罪とすれば足りたが，90年代の安保理会による旧ユーゴスラヴィアとルワンダに関する2つの特設国際刑事裁判所設置を契機に非国際的武力紛争での一定の国際人道法違反行為を戦争犯罪として非難するようになった。

戦争犯罪は，第二次世界大戦までは武力紛争当事国の法益侵害とされ，属地や属人の管轄権行使で当事国が処罰した。第二次世界大戦戦勝国による国際軍事裁判も基本的にはこの考え方による。しかしジュネーヴ諸条約（49年）は，それが保護する人や物に対する一定の侵害を「重大な違反行為（grave breaches）」とし武力紛争当事国以外の条約締約国も容疑者を訴追するか関係国に引き渡す義務を設け，ここに普遍的管轄権で処罰できる戦争犯罪が生まれた。国際的武力紛争に適用されるジュネーヴ諸条約第1追加議定書（77年）でも「重大な違反行為」の規定がある。非国際的武力紛争に適用される同第2追加議定書（同年）には同種条項はない

が，やはり90年代以降，非国際的武力紛争における戦争犯罪を諸国が普遍的管轄権で処罰できるとする主張が強くなった。ただし諸国の処罰実績は国際的武力紛争でも乏しく，安保理事会決議による特設国際刑事裁判所の他に条約で常設的な国際刑事裁判所（ICC）を設立して実効的処罰確保に努力しなければならなくなった。

戦争犯罪が軍警察の行動中にそれら組織の構成員によって多くなされることを考慮し，実行行為者の他上官の刑事責任も追及できる場合がある。また上官命令を抗弁として行為者が刑事責任を免れることは原則としてできない。こうした個人責任の他，軍警察構成員の戦争犯罪は国家責任を伴う。

【関連項目】 国際軍事裁判／国際刑事裁判所（ICC）／国際人道法（武力紛争法）（IHL）／人道に対する罪／侵略犯罪

【参考文献】 藤田久一『戦争犯罪とは何か』岩波書店，1995年／横田喜三郎『戦争犯罪論』有斐閣，1947年／Dörmann, Knut, Elements of War Crimes under the Rome Statute of the International Criminal Court, Sources and Commentary, Cambridge UP, 2002
〔真山全〕

## 戦争犯罪及び人道に対する犯罪に対する時効不適用条約 Convention on the Non-Applicability of Statutory Limitations to War Crimes and Crimes against Humanity

国連総会が1968年に採択し，70年に発効した全11条の条約で戦争犯罪と人道に対する犯罪への時効不適用を定める。締約国は，東欧中南米アジアが中心の55ヵ国である。本条約が作成されたのは，第二次世界大戦終了までにドイツ等により行われたこれら犯罪が各国国内法上の時効にかかり不処罰のままに終わるとの懸念が60年代に広まったからである。

本条約の適用上，戦争犯罪とは，国連総会決議3(I)号（45年）と95(I)号（46年）で確認された国際軍事裁判所憲章定義の戦争犯罪及びジュネーヴ諸条約（49年）の定める重大な違反行為である（1条）。人道に対する犯罪には同じ総会決議で確認された国際軍事裁判所憲章により定義されている人道に対する罪や集団殺害犯罪条約（48年）に定義されている集団殺害罪を含み，戦時平時いずれかでなされたかを問うていない（同）。犯罪の行われた時期を問わず適用され（同），実行行為者が国家機関か否かも問題にしない（2条）。締約国は，本条約上の対象犯罪を行った者の引渡しや時効不適用確保に必要な国内法上の措置をとる義務を負う（3条，4条）。

本条約に先立ち同種条約を準備していた欧州評議会は，本条約対象犯罪が広すぎること等を問題視して作業を再開し，74年に人道に対する犯罪及び戦争犯罪に対する時効不適用条約を採択した。これは2003年に発効したが締約国は3ヵ国にとどまる。なお，国際刑事裁判所規程（98年）も対象犯罪への時効不適用を定める（29条）。

【関連項目】 国際人道法（武力紛争法）（IHL）／人道に対する罪／戦争犯罪
〔真山全〕

## 戦争非合法化論 theory of outlawry of war

戦争非合法化論とは，国際紛争解決の手段として用いられる戦争という制度を違法なものであると条約等により宣告・規定し，その合法性や正当性を奪うことにより戦争を廃絶することを目指す考えである。特に，侵略・自衛・制裁の区別なくあらゆる戦争を違法化し，紛争の「最終的」な解決法として，戦争・武力行使ではなく，法と裁判による解決で代替しようとするものは「厳密な意味での戦争違法化論」と位置づけられる。

国際社会は，戦争の制限・ルール化から戦争の違法化へと発展してきた。しかし，十分とは言えない。国際連盟規約（1919年）は，戦争に訴えない義務を受諾しつつ戦争についての判断を判決や理事会の全会一致の報告書に委ね「戦争のモラトリアム」を設けて戦争を制限しようとした。不戦条約（28年）は，戦争を一般的に違法化しつつ，自衛権行使は禁止に含まれな

いと解釈・運用され，また紛争の平和的解決を求めながらも，その具体的方策を全く欠いていた。国際連合憲章（45年）は，集団安全保障を前提とし，武力行使禁止の一般的義務を課しつつ，個別的・集団的自衛権行使や安全保障理事会による集団的措置の場合の武力行使を違法化してはいない。これらは，戦争違法化の潮流の上にあるが，「厳密な意味での戦争違法化」ではないという批判もあろう。

戦争非合法化論の提唱者は，シカゴの弁護士であったソルモン・レビンソンとされる。第一次世界大戦の不条理さから，18年に論説「戦争の法的地位」を書き，21年にジョン・デューイらとともに，「戦争非合法化アメリカ委員会」を組織したのが戦争非合法化運動の起源である。彼らの主張は，上院外交委員長も務めたウィリアム・ボーラー上院議員らに強力に支持され，あらゆる戦争を非合法化する上院決議案（「ボーラー決議案」）として4度上程された。この決議は結局成立しなかったものの，その後「戦争非合法化」論は，当時のケロッグ国務長官にも直接大きな影響を与え，不戦条約の締結へとつながった。彼らは，紛争が話し合いで解決しない場合の「最終的」な解決法は2つしかなく，それは「武力」か「法」のいずれかだと考えた。国内紛争を武力で解決する例として「決闘」が挙げられるが，この「制度」を廃絶するための方法は，それを制限・ルール化するのではなく，端的に違法化し，「法と裁判」で解決することであった。その結果，決闘はなくなり平和的解決が可能となった。この思考法を国際社会に当てはめれば，武力による紛争解決法である戦争を廃絶するには，それを違法化（非合法化）し，あらゆる国際紛争を法と裁判（国際法と国際裁判所）によって解決する制度を完備することが必要と考えたのである。

【関連項目】 司法的解決／ジョン・デューイの平和思想／不戦条約／武力行使の禁止

【参考文献】 河上暁弘『日本国憲法第9条成立の思想的淵源の研究』専修大学出版局，2006年 〔河上暁弘〕

## 戦争文学　war literature

戦争を扱った文学，すなわち戦争文学の歴史は古い。古代ギリシャのトロイ戦争を題材としたホメーロスの英雄叙事詩『イーリアス』や『オデュッセイア』，日本の源平合戦，南北朝の騒乱を描いた『平家物語』や『太平記』など，有名な古典も多く存在する。

古今東西の戦争文学の特徴は多岐にわたる。近代日本に限ってみても，幕末の戊辰戦争から西南戦争に至る内戦，日清戦争，日露戦争，第一次世界大戦，シベリア出兵，日中戦争，太平洋戦争，朝鮮戦争，ヴェトナム戦争，湾岸戦争，イラク戦争など，数多くの戦争に直接，間接に関わってきた。戦争の形態も，かつての国民国家の総力戦から多様化しつつある。『コレクション戦争×文学』全20巻（集英社，2011～12年）を見れば，日本近現代文学の歴史は，戦争文学の歴史であったと言わざるを得ない。

戦争文学は，創作と記録とを問わず，小説，詩歌，日記，随筆，漫画などのジャンルで，音声や映像などの媒体を通して生まれてきた。作者の意識も戦意高揚から，反戦平和まで様々だ。戦争を通して人間の生の営みや社会と人間の関係を考えさせる作品も数多く存在する。

戦争を体験していない世代や地域の人間が戦争を知ろうとすれば，戦争文学を含むメディアに向き合うほかない。戦争を追体験しつつ，そのスペクタクル的な魅力に惑い，あるいは圧倒的な悲惨な現実にうちのめされて言葉を失うことになろう。そうした経験を通して，私たちは戦争の語り方，歴史の語り方を点検する。

【関連項目】 原爆文学

【参考文献】 川口隆行ほか『戦争を〈読む〉』ひつじ書房，2013年／川村湊ほか『戦争はどのように語られてきたか』朝日新聞社，1999年／陣野俊史『戦争へ，文学へ』集英社，2011年

〔川口隆行〕

## 戦争漫画・戦記漫画　comics on war

　戦後日本において，戦争漫画の高揚が見られたのは1960年代前半である。すでに占領終結後にはそれまでの反動で，戦記ものが多く刊行されていたが，その後，50年代末創刊の『週刊少年マガジン』など，少年向け漫画誌でも，戦争が多く扱われるようになった。

　そこでは，圧倒的な技量で敵戦闘機を撃ち落とす戦闘機乗りのヒロイズムのほか，史実から離れたストーリー展開が顕著であった。

　とはいえ，それは戦争体験や戦史への関心と結びつかなかったわけではない。『少年マガジン』では，太平洋戦争やときにはヴェトナム戦争に関する巻頭特集をたびたび組んでいた。その延長で読者たちはしばしば戦記雑誌『丸』を手にすることも多かったが，そこでは体験記や戦史のほか，戦中派知識人や反戦平和運動に近い文化人の論説も多く掲載されていた。これらの流れの延長で太平洋戦史を扱ったアニメ番組『アニメンタリー決断』（タツノコプロ制作・全26回）が71年に放映された。

　70年代・80年代の戦争大作映画の受容やビジネス誌『プレジデント』での戦史特集なども，これら戦争マンガ・アニメ世代の成長過程と重なるものである。

【関連項目】　映画・ドキュメンタリーと戦争・平和／芸術と平和／戦争文学
〔福間良明〕

## 『戦争論』（カール・フォン・クラウゼヴィッツ）　Vom Kriege (Carl von Clausewitz)

　プロイセン王国（現在のドイツ及びポーランドの一部）の軍人クラウゼヴィッツによって書かれた戦術及び戦略論。全8篇からなる。1831年にクラウゼヴィッツが死去したのち，その遺稿を妻が編集し，32年から34年にかけて出版した。『戦争論』は未完のままであり，特に第7篇と第8篇は断片的に書かれただけであった。

　フランス革命とナポレオン戦争を目の当たりにしたクラウゼヴィッツは，戦争のあり方の大きな変化に着目し，戦争とは何かについて理論的に考察した。彼は戦争を政治的行為と位置づけ，「戦争は他の手段をもってする政治の継続である」と述べた。

　この言葉は戦争の定義としてよく知られているが，彼の意図が明確でない部分もあり，また『戦争論』は難解な哲学的考察ということもあって，その解釈や評価は一様ではないとされる。クラウゼヴィッツはまた，戦争を「絶対的戦争」と「現実の戦争」である制限戦争の2種類であると説明した。『戦争論』は軍事理論の古典として知られ，モルトケやシュリーフェン，ヒンデンブルク，ゼークトといったドイツの軍人を中心に，後世の戦術論に大きな影響を与えた。

【関連項目】　戦術と戦略
〔竹本真希子〕

## 選択的正義　selective justice

　国際政治とは，関係諸国の同意を通じて，国家間の価値配分の現状を維持したり，変更したりする過程である。正義の名において価値配分の現状を防衛することや，それに挑戦することは，その重要な一部をなす。これは，国際政治学の古典的洞察と言える。

　例えばE. H. カーは，『危機の二十年』（原著初版刊行1939年）において，知識社会学的な見地から国際政治を理解するリアリズムを説いた。すなわち，正義を含む，国際社会についての観念は，特定の社会的条件の下に生成され，特定の利益に奉仕する。カーが注目したのは，特に現状維持勢力の力の優位であり，一般利益として正当化される同勢力の特殊利益であった。また，モーゲンソーは，『国際政治』（原著初版刊行1948年）において，ほとんどの国際法から，一般に遵守されているという認識を示す一方で，国際社会における法の執行は，法の侵犯者と侵犯の犠牲者との間の勢力分布に依存す

るとした。

このように，正義の定義もその実現も，所詮，権力政治の所産であって，それゆえに，正義は普遍的ではあり得ず，選択的・恣意的であることは国際政治の現実に照らして不可避なのだろうか。しかしながら，普遍的な正義の名において，大国が特定の行動を正当化することは，他の文脈における当該国家の《行動の自由》を著しく制約しかねない。したがって，いかに大国といえども，自国の行動を普遍的正義に訴えて正当化することには慎重にならざるを得ないのは理の当然であろう。さもなければ，対外行動における「二重基準（double standard）」を関係諸国から批判されることは免れないからである。

大沼保昭が『戦争責任論序説』で指摘する通り，個別国家の特殊利益を普遍的正義の名の下に正当化する局面ではイデオロギーとして機能する観念も，別の局面では規範としてその行動を拘束する二面性を持つのである。

【関連項目】　権力政治（パワー・ポリティクス）／国際刑事裁判所（ICC）／戦争裁判／保護する責任（R2P）

【参考文献】　大沼保昭『戦争責任論序説』東京大学出版会，1975年／Goldsmith, Jack and Stephen D. Krasner, "The Limits of Idealism," *Daedalus*, Vol. 132, No.1, 2003／Koskenniemi, Martti, *The Politics of International Law*, Hart Publishing, 2011 〔石田淳〕

## 戦略核戦力（戦略核兵器）strategic nuclear force/strategic nuclear weapon

戦略核兵器とは敵の都市，インフラ施設，核兵器施設などの戦略的目標を攻撃するための核兵器である。それらの戦略核兵器を運用する能力を戦略核戦力と呼ぶ。

戦略核戦力は米ソ冷戦期には大陸間弾道ミサイル，潜水艦発射ミサイル，戦略爆撃機の三本柱で構成されると考えられたが，インド・パキスタンのように地理的に近接した両国間では中距離ミサイルや戦闘機搭載の核兵器も戦略核戦力となりうる。

戦略核戦力の主たる目的は敵に対し，確実に目標を破壊することだが，冷戦期には双方が同等の戦略核戦力を持つことで相互確証破壊状況が生まれ，相互抑止戦略がとられた。しかし現代では，少数の戦略核兵器で報復戦略に特化する国や北朝鮮のように単発の戦略核を持つことで大国や国際社会の介入を回避できると考える見方も出てきている。そのため，ミサイル防衛システムなどにより，戦略核兵器を無効化する戦略も発達している。

最大の戦略核戦力保有国の米ロは2011年に発効した新START条約により戦略核を双方とも1550発に制限すると取り決めたが，ウクライナ情勢を巡る対立などで米ロ関係の悪化が履行に影響する可能性も指摘されている。

〔鈴木一人〕

## 戦略攻撃力削減条約（モスクワ条約）（SORT）Treaty Between the United States of America and the Russian Federation on Strategic Offensive Reductions

2002年5月24日に署名され，03年6月1日に発効した。正式名称は，「アメリカ合衆国とロシア連邦との間の戦略的攻撃（能力）の削減に関する条約」。前文及び全5ヵ条から構成される簡潔なもので，12年末までに米ロの戦略核弾頭をそれぞれ1700～2200発に削減することを主な内容とする。しかし，本条約には用語の定義が含まれていないことから，削減対象とされる戦略核弾頭には不明確な点が残されていた。米国は，「実戦配備された戦略核弾頭」としていたが，ロシアはこの定義に同意しなかった。また，戦略核弾頭の運搬手段や削減した核弾頭についての規制はない。削減した核弾頭を保管することも可能である。検証に関する規定も含まれていない。なお，本条約は，11年2月5日に新START条約が発効したことにより失効した。

【関連項目】　新START条約／戦略兵器削減条約（START）

〔小倉康久〕

## 戦略爆撃　strategic bombing

戦略爆撃とは，P. M. S. ブラケットの古典的定義（『恐怖・戦争・爆弾』1949年）では「都市を徹底的に破壊することによって，敵を敗北させようとする企図の実施」，「空軍だけを使用して，決定的成果を得ようとする意図」とされる。20世紀初頭，航空機の登場により，戦争形態に画期的変化が持ちこまれた。すなわち交戦者が対峙する前線のはるか後方を爆撃して勝利を得ようとする攻撃方法である。イタリアのJ. ドゥーエ，アメリカのB. ミッチェルらが主唱した空中爆撃という新戦法は，従来の戦争を規定した「前線と銃後」「交戦者と非交戦員」の区別を取りはらうものとなった。「ゲルニカ爆撃」「重慶大爆撃」「コヴェントリー大空襲」「東京大空襲」などが，この思想の発展形に位置している。イギリスはArea bombing（要地爆撃），と呼び，ドイツの呼称はTerrorangriff（恐怖爆撃）だが，アメリカが対ドイツ及び対日戦において実施したStrategic bombing（戦略爆撃）の名称が一般的に用いられる。

第二次世界大戦後も，朝鮮戦争やヴェトナム戦争における「北爆」などにおいて，より拡大された形で繰り返された。防衛学会編『国防用語辞典』（朝雲新聞社，80年）による同項目の解説は，以下のように核兵器の運用指針にも及ぶ。

「敵の戦争遂行基盤を破砕し，その能力と抗戦意志を崩壊させるため，通常，敵国の選定された枢要な目標（都市，重要産業，軍事，交通，通信等の諸施設や軍隊の集結地等）に対して，直接的に行われる航空作戦。戦略攻撃には，在来兵器（爆撃機による非核爆撃等）によるものから，核兵器（航空機から投射される核ミサイル（ICBM，IRBM等）を使用するものまで，いくつかの段階がある。」

日本海軍は40年配布した「海戦要務令　航空戦之部草案」で「要地攻撃」と命名，「軍事政治経済の中枢機関，重要資源，主要交通線等敵国基地に対する空中攻撃をいう」と定義し，目的を「敵国民の戦意を挫折し敵の作戦に破綻を生ぜしめ，戦争目的を達成」することとした。中国・重慶への「戦政略爆撃」は，現実に実施された戦略爆撃の最初の例である。秦郁彦・佐瀬昌盛・常石敬一編『世界戦争犯罪事典』（文藝春秋，2002年）所収「重慶の戦略爆撃」には，「日中戦争期の一九三八（昭和一三）年，一二月から四一年九月にかけて，日本陸海軍航空部隊が中国の継戦意志を挫折させようとし，首都重慶に対して反復実施した大規模な戦略爆撃で多数の民間人死傷者を出した事件」と記される。

【参考文献】ブラケット，P. M. S.（田中慎次郎訳）『恐怖・戦争・爆弾』法政大学出版局，1951年／防衛学会編『国防用語辞典』朝雲新聞社，1980年　　〔前田哲男〕

## 戦略兵器削減条約（START）
### Strategic Arms Reduction Treaty

米国及びソ連により1991年7月31日に署名され，94年12月5日に発効した条約であり，正式名称は「戦略攻撃兵器の削減及び制限に関するアメリカ合衆国とソヴィエト連邦の間の条約」。レーガン米大統領が提唱し，82年に交渉が開始された。条約では，発効後7年で，両国の配備戦略核弾頭を6000発に，また配備戦略核運搬手段の総数を1600基・機に削減すること，条約履行を確認するために現地査察を含む詳細かつ侵入度の高い検証措置を実施することなどが規定された。ソ連崩壊に伴い，ソ連側の条約継承国はロシア，ベラルーシ，カザフスタン，ウクライナとなった。米国及びロシアは，2001年12月に配備戦略核弾頭の削減を完了した。条約の有効期限は15年で，09年12月に失効した。米ロは1993年1月に，配備戦略核弾頭数を3000〜3500発の規模に削減する第二次戦略兵器削減条約（START II）に署名したが，発効しな

かった。

【関連項目】 新START条約／戦略攻撃力削減条約（モスクワ条約）（SORT）／中距離核戦力条約（INF条約）

〔戸﨑洋史〕

## 戦略兵器制限交渉（SALT）
### Strategic Arms Limitation Treaty（Talks）

冷戦の対立下で繰り広げられた米国及びソ連の激しい核軍拡競争に制動を加えるべく，戦略攻撃・防御兵器の制限に関して両国により行われた交渉。1969年に開始された第1ラウンドの結果，米ソは72年5月に，弾道弾迎撃ミサイル（ABM）に厳しい制限を設けたABM制限条約，並びに戦略弾道ミサイルの数を増加させないとする戦略攻撃兵器制限暫定協定（SALT Ⅰ）に署名した。これらは，戦略的安定の観点から，米ソ間の相互確証破壊（MAD）状況を追認した上で，制度化するものであった。その後，第2ラウンドの交渉が開始され，米ソは79年6月に戦略攻撃兵器制限条約（SALT Ⅱ）に署名した。戦略核運搬手段の数量制限や，大陸間弾道ミサイル（ICBM）に搭載される個別誘導多弾頭（MIRV）の制限などが盛り込まれたが，対ソ核抑止力の低下，さらにはソ連のアフガニスタン侵攻を理由に米国上院が批准を承認せず，未発効のまま85年に期限切れになった。

【関連項目】 弾道弾迎撃ミサイル制限条約（ABM制限条約）

〔戸﨑洋史〕

## 占領　occupation

一交戦国の領域を敵対する交戦国軍隊が実効的に支配する暫定的な状態を占領（軍事占領）と言う。占領地において，占領国にとっては継続中の戦争を効果的に進める軍事的必要性があり，他方で敵国たる占領軍の直接支配にさらされる現地住民に対して一定の保護が与えられる必要がある。かかる両面の必要性に基づいて，1899年・1907年のハーグ陸戦規則及び49年の文民条約（ジュネーヴ第4条約）が占領法規を規定している。

占領状態は，一定の地域が事実上敵軍の権力内に置かれたときに存在する。そのため，当該地域に対する確立した権力行使がいまだ困難な単なる敵軍侵入（進軍）の局面とは区別される。しかし侵入軍による占領国義務の忌避を防止するため，いわゆる軍政の確立までは求められていない。通説的には，外国軍の侵入の結果，領域国当局が当該領域について権限を行使し得なくなり，かつ侵入軍が当該領域を支配し，自己の権限を行使できる地位にある場合には占領状態にあるとみなされる（英国軍マニュアル）。

占領地において占領国は，秩序維持の責任，現地統治機構や法令の尊重（現状維持）の義務を負う一方，危険な住民の抑留，徴税，領域国公有財産没収などの権利を有する。他方，占領地住民は人道的に処遇されねばならず，特に連座罰や人質行為の対象とされてはならない。私有財産も保護されなければならない。

第二次世界大戦後は，一定期間を越える占領は侵略行為とみなされる危険性が高いため，イスラエルによるパレスチナの占領の事例を含めて，占領国自身が法的に占領状態を認めることは稀であった。しかし，2003年に開始された英米によるイラクの占領（英米両国もそう認めた）以降，占領法規の内実，その現代的妥当性に関する議論が活発化している。

【関連項目】 イラク戦争／ジュネーヴ法／ハーグ陸戦規則
【参考文献】 Ando, Nisuke, *Surrender, Occupation, and Private Property in International Law*, Clarendon Press, 1991／Benvenisti, Eyal, *The International Law of Occupation*, 2nd ed., Oxford University Press, 2012

〔新井京〕

## 相互依存（論）　interdependenece

一般に国際関係において，国家間の影響が相互に高まっている状況を指す。これは戦争や外交，経済活動や交流によって生じる現象として理解され，マルクス，エンゲルスは『共産党宣

言』（1848年）のなかで否定的意味を込めて用いている。それが1960年代末〜70年代の国際化と経済問題の政治化の進展のなかで再び注目され，多元的な分野で国家が結びつく場合に軍事的勝利が必ずしも国益に叶うわけではなく，むしろ地域的・国際的協力の進展が国益を増すというナイ（J.S. Nye Jr.）やコヘイン（R.O. Keohane）のリベラリズム理論の根拠となった。

他方で相互依存への注目の背後には，当時アメリカの国際経済上の覇権の動揺を契機にアメリカがIMF-GATT体制に象徴される西側先進資本主義国間の協力関係を自国の利益に適うものに編成する必要に迫られていたという事情も存在した。つまり，相互依存は相互に平等な関係や積極的な関係を必ずしも前提とするのではなく，米ソの核抑止のような消極的な依存関係や植民地システムのような一方的な依存関係が生じる場合がある（坂本義和）ことにも注意が必要である。　　　　　　　　　　〔大島美穂〕

## 総合安全保障　comprehensive security

外部からの軍事的脅威に対して軍事的手段で対応することと理解されてきた安全保障を，軍事分野に限定せず，経済，社会，エネルギー，食糧，環境，災害などの分野に拡張することで国の安全を確保しようとする考え方や政策。特に日本では，大平内閣時（1978〜80年）に委嘱され，猪木正道議長，高坂正堯幹事の下で作成された「総合安全保障研究グループ報告書」がこの考え方を定式化した。「総合安全保障」の考え方は，安全保障概念の拡張や深化のなかで，異なるニュアンスを持ちながら世界的に広がったが，日本における定式化は，その先駆けとして高く評価されている。

1970年代以後，例えば石油危機に現れたように，各国の安全保障への脅威の源は，必ずしも他国の軍事力とは限らないことが認識されるようになった。非軍事的な脅威には，従来の国家安全保障の発想方法では適切な対応をとることができない。多様化する脅威に対して，非軍事的な分野や手段をも総合的に用いることで対応しようとするのが総合安全保障である。したがって，総合安全保障は，軍事的対応を含まないわけではない。

しかし，日本の場合，軍事能力を強化しつつも，それだけでは多様な脅威に対応できないとの認識で追求されたのが総合安全保障であった。その特質は，安全保障を国民生活を多様な脅威から安全にすることと捉え直した点（その結果，大規模地震への対処をはじめとする災害対策も安全保障問題と位置づけられた），自国社会への脅威に対して直接的な対抗手段をとるのではなく，外交や援助などを通じて自国に好ましい国際環境を維持する間接的なアプローチを提唱した点，同盟国たるアメリカとの連携強化だけでなく，周辺国との良好な関係の維持も重要課題とした点，軍事安全保障を目的としても手段としても相対化した点にある。

その意味では総合安全保障は，非敵対的で協力的な安全保障概念を潜在的に含んでいるといえる。また，その後進んだ安全保障概念の拡大と深化に大きな影響を与えた。

【関連項目】　安全保障／共通の安全保障／協調的安全保障／人間の安全保障
【参考文献】　Buzan, Barry and Lene Hansen, *The Evolution of International Security Studies*, Cambridge University Press, 2009／遠藤誠治・遠藤乾編『安全保障とは何か』岩波書店，2014年　　　　　　　　　　　　　　　　〔遠藤誠治〕

## 総合科学技術会議（日本）（CSTP）
Council for Science and Technology Policy

2001年，内閣府設置法に基づき，科学技術政策の司令塔として新たに設置された。日本全体の科学技術を俯瞰し，各省より一段高い立場から，総合的・基本的な科学技術政策の企画立案及び総合調整を行うことを目的としている。議長は内閣総理大臣，会議の議員定数（議長を除く）は14人以内で関係閣僚，民間の有識者から

内閣総理大臣が任命するが，当該民間からの任命には衆議院・参議院両方の同意を必要とする。民間議員としては，常勤で2名（久間和生，原山優子），非常勤が6名（内山田竹志，小谷元子，中西宏明，橋本和仁，平野俊夫，大西隆）が任命されている。関係閣僚としては，菅官房長官のほか，科学技術政策担当大臣，総務，財務，経産，文部科学各大臣が任命されている。14年5月19日に「総合科学技術・イノベーション会議」と改称され，科学技術分野におけるイノベーションの推進と司令塔機能がさらに強化された。

主な業務としては5年に一度「科学技術基本計画」を作成することが挙げられ，第4期科学技術基本計画が12年に策定され，閣議決定されている。

新しい総合科学技術・イノベーション会議を代表する動きとして，14年2月16日，革新的研究開発推進プログラム（ImPACT）の基本方針が決定された。ImPACTとは，実現すれば産業や社会のあり方に大きな変革をもたらす革新的な科学技術イノベーションの創出を目指し，ハイリスク・ハイインパクトな挑戦的研究開発を推進することを目的としたもので，それ以前の最先端研究開発支援プログラム（FIRST）における研究者優先の制度的優位点と，研究開発の企画・遂行・管理等に関して大胆な権限を付与するプログラム・マネージャー（PM）方式の利点を融合したものである。米国国防省の研究開発庁（DARPA）をモデルとしつつも，米国と日本のイノベーション環境の相違や，わが国が置かれた現状に十分留意したスキームとするとされている。ImPACTでは，産業競争力の飛躍的向上と豊かな国民生活への貢献，深刻な社会的課題の克服の2つを大きなテーマとしている。

ImPACTにみられるように，予算権限も付加された総合科学技術・イノベーション会議は，今後も科学技術政策の司令塔として重要な役割を果たすと期待されている。

【参考文献】　総合科学技術・イノベーション会議基本計画専門調査会「第5期科学技術基本計画に向けた中間とりまとめ」平成27年5月28日　　　　　　　　　　〔鈴木達治郎〕

### 相互確証破壊（MAD）
mutual assured destruction

1960年代，米国はソ連から核攻撃を受けた場合，残存する核戦力により相手に「堪え難い損害」（例えば，敵人口の1/3～1/4，工業力の2/3の壊滅）を与える「確証破壊」能力を維持することで，ソ連の核攻撃を抑止することを追求した。60年代後半から70年代前半にかけて，米ソの核戦力の増強とその「非脆弱化」が進み，双方ともに「確証破壊」能力を持つに至った。この態勢のことを「相互確証破壊」と呼ぶ。米国は，この態勢の維持を目指し，弾道弾迎撃ミサイル制限条約（ABM制限条約）を米ソ間で締結することにより，これを制度化した。ABMの開発・配備は核戦力の「非脆弱性」を高め，相手国の先制核攻撃の誘因となると考えられたからである。ABM制限条約の締結を通じてソ連もMADの状況を受け入れたと考えられた。

このMAD体制は米ソの戦略的安定の基礎となり，冷戦の「長い平和」に繋がったとされる。米ソの影響力とMAD型の核抑止戦略により，米ソの同盟国・友好国における軍事紛争が封じ込められたともされるが，局地的な攻撃や挑発の可能性は必ずしも減少しないとも指摘される。他方でMADは，倫理性や抑止の信憑性の点からも批判を受け，米国では70年代から80年代にかけて限定核戦争政策や戦略防衛構想（SDI）の形でMADからの脱却が追求された。

冷戦後は，米ロ関係の変化や戦略核削減等によりMAD状況を巡る環境は大きく変化した。2002年にブッシュ米大統領は，MADからの脱却を目指しABM制限条約を失効させ，同年戦略攻撃力削減条約（モスクワ条約）を締結し

た。米口間の MAD 状況は終わったともされるが，ロシアによる核開発・配備は対米確証破壊能力の維持を示すものともされる。さらに，自爆テロや生物・化学兵器の拡散，世界各地での内戦など，新たな安全保障上の課題に対しては核抑止の効果そのものが疑問視されている。

【関連項目】 安全保障のディレンマ／核戦略／軍備管理
【参考文献】 梅本哲也『核兵器と国際政治』日本国際問題研究所，1996年／梅本哲也『アメリカの世界戦略と国際秩序』ミネルヴァ書房，2010年／山田浩『核抑止戦略の歴史と理論』法律文化社，1979年　　　　　　　　〔山田寿則〕

### 創氏改名　the order forced on Koreans to change their names to Japanese ones

日本が朝鮮半島を植民地支配した時期，朝鮮総督府が，皇民化政策の一環として，朝鮮人の姓と名を日本式に変えさせた政策。1940年から実施された。

朝鮮では，「姓」は血統を表す不変のもので，女性を含め，結婚しても姓は変わらない。これに対し「氏」は家の称号で，結婚や養子縁組によって相手先の家のものに変わりうる。「創氏」は，朝鮮の伝統的な家族制度を解体して，朝鮮に存在しない「氏」を創ることで，天皇家を宗家とする日本の家父長的な家族制度の下に組み込むことを狙いとしたものである。また，名前を日本式の名前に変えることが「改名」であり，あわせて「創氏改名」という。申告制ではあったが，創氏改名をしなければ学校にも通えないなどの事実上の強制や暴力の下，多くの人々がこれを強要された。朝鮮総督府にとってこの政策は，日本語の強制とともに，朝鮮人を徴兵し天皇の軍隊として軍務に就かせる（後の44年に実施）ことを念頭に置いたものでもあった。

朝鮮半島では37年頃から日本語使用の強制化が進んだが，創氏改名は，言語だけでなく先祖伝来の姓をも奪うことによって，朝鮮人の民族的，文化的アイデンティティを深く傷つける禍根を残した。

【関連項目】 韓国併合（日韓併合）／皇民化政策／在日韓国・朝鮮人　　　　　　　　　　　　　　〔申惠丰〕

### 総力戦　total war

第一次世界大戦中ドイツ帝国軍の参謀次長（参謀本部兵站部総長）を務めたルーデンドルフ将軍の1935年の同名著書や，第二次世界大戦下対ソ戦が長期消耗戦となった1943年2月のゲッベルス・ナチ国民啓蒙宣伝相の国民向け演説とその直後の「総力戦全権委員」ポスト就任によって人口に膾炙するようになった戦争概念。両大戦のドイツの戦時統制体制を1つの重要な歴史的モデルにしていたことは否めない。短期速攻決戦という意味での電撃戦ともしばしば対比される。1国1国民のあらゆる人的・物質的・精神的余力，エネルギーを把捉して駆り立てんとする「全体戦争」では敵殲滅戦略への動員・奉仕という意味においても，また攻撃対象としての敵の殲滅という意味でも，伝統的な戦闘員と非戦闘員の区別が消尽させられている。大量殲滅のための現代テクノロジーの利用（テロ戦争），経済的・心理的・イデオロギー的戦争遂行も不可欠の構成要素としている。世界戦争の時代における，大量の兵器・軍需品生産，原料・食糧・労働力の効率的効果的な調達配分等の問題解決のため，結局国家の強力な指導力への依拠以外あり得ず，総力戦体制は，ファシズムにとどまらず国家による社会経済への介入，国家統制体制に帰着した。

【参考文献】 ルーデンドルフ，エーリヒ（間野俊夫訳）『国家総力戦』三笠書房，1939年　　　　〔芝健介〕

### 属地主義・属人主義　territorial principle and personality principle

いずれも，国家管轄権（一定の範囲の人・物・事実に対して国家がその国内法を適用し行使する権限）の適用基準であり，行為地（領域）を基準に管轄権を及ぼす考え方を属地主

義，関係者の国籍を基準に管轄権を及ぼす考え方を属人主義と言う。

属地主義は，日本国内で外国人が行った犯罪に日本の刑法を適用する旨を定めた刑法1条1項の規定が典型例で，諸国で広く認められている。行為が複数国の領域にまたがる場合，自国領域内で開始され他国領域内で完成した行為に管轄権を及ぼす「主観的属地主義」と，他国領域内で開始され自国領域内で完成した行為に管轄権を及ぼす「客観的属地主義」も，属地主義を拡張するものとして認められている。

属人主義は，属地主義を補完するもので，行為者の国籍国による管轄権行使を基礎づける「積極的（能動的）属人主義」と，被害者の国籍国による管轄権行使を基礎づける「消極的（受動的）属人主義」の区別がある。前者は多くの国で広く認められており，日本の刑法3条はその例である。他方で，後者は前者ほど一般的ではないが，日本では便宜置籍船（パナマ船籍）の船内で日本人船員が外国人船員に殺害されたTAJIMA事件を契機に，刑法を改正し（3条の2）導入された。

【関連項目】 国際刑事裁判所（ICC） 〔森川幸一〕

## ソ朝友好協力相互援助条約
Treaty of Friendship, Co-operation and Mutual Assistance between the Union of Soviet Socialist Republics and the Democratic People's Republic of Korea

冷戦中の1961年7月6日，ソ連と北朝鮮は「ソヴィエト社会主義共和国連邦と朝鮮民主主義人民共和国との間の友好，協力及び相互援助条約」（以下「ソ朝友好協力相互援助条約」）を結び，以来，理念，政治，軍事，経済などの各領域で同盟国として緊密な関係を維持してきた。ソ朝友好協力相互援助条約は，前文と全6条で構成される。同条約は，61年9月10日，平壌で批准書が交換され条約は発効した。同条約は，事実上，韓国と米国を仮想敵国とした同盟条約の性格を持ち，通常「ソ朝同盟条約」とも呼ばれる。

この条約の前文で「社会主義的国際主義」を基に友好関係を強化・発展させ，経済・文化関係を発展させるために同条約を締結するとしている。1条では，「いずれか一方の締約国が，ある国家又は同盟国家群から武力攻撃を受け，戦争状態に入った時は，他方の締約国は，直ちにその保有するすべての手段をもって軍事的及びその他の援助を提供する」と規定している。これにより，1条は，自動軍事介入条項と通称される。2条は，「いずれの締約国も，他方の締約国と対立するいかなる同盟も締結せず，他方の締約国と対立するいかなる連合，行動又は措置にも参加しないことを約束する」と規定している。これは，国際社会において両国間あるいは多国間軍事同盟条約で通常，規定されている条項である。3条は，両国の利害関係と関連あるすべての重要な国際問題に対する相互協議，4条は，経済・文化関係の強化・発展と相互協力，5条は，平和的で民主主義的な朝鮮半島の統一の実現，を規定している。6条は条約の効力に関する規定で，同条約は10年間の効力を持ち，締約国の一方が有効期間満了の1年前に破棄の意志を表明しない場合は続く5年間，効力を存続し，それ以後も同様の措置により延長されると規定している。同条約は，ソ連崩壊直前の91年9月10日まで有効であったが，ソ連の承継国であるロシアが同条約を延長しない立場を取り，同条約は失効した。その後，ロシアと北朝鮮は2000年2月9日に「朝鮮民主主義人民共和国とロシア連邦との間の親善，善隣及び協調に関する条約」を締結した。新しい条約は12条からなっており，特に2条では，平和と安全保障を強化するために努力するとされた一方，かねてより争点であった「自動軍事介入」の規定が削除された。同条約は，経済，科学，技術及び安保，教育，文化の分野など協力を主な内容として構成されている。

〔孫賢鎮〕

## ソマリア紛争 conflict in Somalia

現在のソマリア連邦共和国は1960年6月に独立した。69年10月にモハメド・シアド・バーレがクーデタを起こし、70年10月に社会主義国家を宣言し、一党独裁体制となる。バーレ体制下、偏った国家運営により氏族間の格差が広がり、反政府活動が88年には内戦へと発展する。91年5月、反政府勢力「統一ソマリア会議」（USC）が首都を制圧し、バーレは追放される。USCで内部抗争が起き、アリ・マフディ・ムハンマド暫定大統領が91年12月には国連にPKO部隊の派遣を要請する。国連安全保障理事会は92年12月に多国籍軍、93年3月には平和執行部隊を派遣する。しかし同年10月、米軍ヘリ「ブラック・ホーク」が撃墜され、CNNによって米兵の遺体が引きずり回される映像が報道された。その結果、世論が変わり各国部隊は95年3月に撤退を余儀なくされる。

91年以来、ソマリアは「破綻国家」の象徴的な事例と言われてきたが、2012年8月に新たな暫定憲法が採択され、同年9月には大統領選挙によってハッサン・シェイク・モハムド大統領が選出されている。そして同年11月に日本、13年1月には米国がソマリア政府を正式承認している。直近の課題としては、国際テロ組織アルカイダとの関係が指摘されるイスラーム過激派アッシャバーブ以外にも、1991年5月に一方的に独立を宣言した北部のソマリランド共和国、そして98年7月に宣言した北東部のプントランドといった未承認国家の問題も抱えている。

【関連項目】　国連平和維持活動（PKO）／武力紛争
〔古澤嘉朗〕

## ソ連の核開発
Soviet Union's nuclear development

ソ連では1930年代末よりウランの研究が始動。アメリカ・イギリス・ドイツなどからの諜報による情報がスターリンの下に集約されるとともに、43年までに若手原子力物理学者クルチャトフを実質的な責任者とする研究体制が構築された。

国内での技術開発とあわせて第二次世界大戦の終結と米ソ冷戦に至る国際政治の変動も、ソ連における核開発の主要因となった。45年夏のポツダム会談でF.ルーズヴェルト米大統領から核兵器の存在の示唆を受けたとき、ソ連指導者スターリンは諜報活動を通じてすでに米国の核実験成功を知っていた。しかし米国が同年8月上旬に広島と長崎へ原爆投下を実施したことは、ソ連指導部にとっては予想外の事態であったとされ、ソ連の対日宣戦繰り上げばかりでなく国家主導の核開発体制の構築を加速させることとなった。同月20日、ソ連国家防衛委員会は原爆開発に関する特別委員会（議長はベリヤ）を設置。同委員会はブルガリアやチェコスロヴァキアで発見されたウラン鉱脈の採掘・利用権も掌中に収めていた。ソ連の東欧諸国への勢力圏拡大は、これらウラン鉱脈の確保を急いだためとも言われる。49年8月29日、セミパラチンスク（現カザフスタン共和国セメイ市近郊）にてソ連最初の原爆実験が成功。その後は米国に先んじて53年に水爆開発（同年、核開発の指揮を執ってきたベリヤが失脚）、57年には世界初の人工衛星スプートニク1号打ち上げ成功をもって核弾頭搭載可能な大陸間弾道ミサイル（ICBM）の技術も獲得。ただし、60年代前半には米国がICBM保有数でソ連を凌駕しており、ミサイル技術の米ソ間の格差は短期間のうちに解消された。

核開発にあたり閉鎖都市がソ連各地に設置され、秘密裏かつ集中的に原子力産業の開発が進められた。これらの都市では57年9月のウラル核爆発事故をはじめ、事故も多発した。

【関連項目】　核実験／ポツダム宣言／冷戦／ロシアの核戦力
【参考文献】　市川浩『冷戦と科学技術―旧ソ連邦 1945～1955年』ミネルヴァ書房、2007年／ホロウェイ, D.（川上洸・松本幸重訳）『スターリンと原爆』（全2巻）大月書店、1997年／メドヴェージェフ, Z.・メドヴェージェフ, R.（久保英雄訳）『知られざるスターリン』現代思潮新社、2003年　〔湯浅剛〕

ソレンノタ

## ソ連の対日参戦
Soviet participation in the war against Japan

1945年8月9日，ソ連は150万人にも及ぶ大軍をもって満洲に侵攻した。日ソ中立条約は，4月ソ連が廃棄通告しても有効期間を1年残していたが，ソ連はヤルタ密約を優先して対日参戦した。ソ連は，米国が6日に広島に原爆を投下したことを，単独で日本を降伏に追い込もうとしていると判断し，参戦予定を2週間繰り上げた。他方，日本最高指導部は中立条約を藁にでも縋るように信じようとし，近衛文麿を派遣して対米英戦争の和平仲介をソ連に依頼する工作をポツダム宣言後まで続けるほど，世界情勢の判断を誤っていた。関東軍はすでに主力の「南方抽出」により戦力が大幅に低下し，5月に朝鮮の防衛を主眼とし，満洲西部・北部を事実上放棄する方針に変えた。しかし，この方針は作戦機密として満ソ国境の守備隊や開拓団には伝えられなかった。こうして，3方面から満洲に殺到した極東ソ連軍は，一部の国境要塞で抵抗を受けた他は短期間で新京等の主要都市を占領して旅順・大連に到達し，やや遅れて南樺太，千島も制圧した。この間のソ連軍による開拓民や都市住民に対する略奪，暴行には目に余るものがあった。日ソ戦争は9月2日ミズーリ号上の日本降伏調印式で終わった。〔富田武〕

## ソ連の崩壊　dissolution of the Soviet Union

1985年3月に発足したゴルバチョフ政権は，80年代初頭まで続いたブレジネフ政権期を「停滞」の時代と批判的に捉え，硬直化した社会主義体制の改革を優先的な政策課題とした。また，同じくブレジネフ政権期の過度な対外支援・介入や米国との軍拡競争も見直されることとなった。改革は当初，綱紀粛正（人事刷新・禁酒令など）など限定的であったが，経済分野などの改革の加速化（ウスカレーニエ）から次第に政治・社会全般に関わるものとなった。86年頃より改革は「建て直し／再編」を意味するペレストロイカと呼ばれるようになり，情報・思想の自由の許容とともに共産党と国家機構の分離，競争的選挙の導入，権力分立を目指すものとなった。

従来抑圧されてきた政治的異論は民主化・自由化とともに顕在化し，バルト諸国のように自立志向の強い共和国は主権・独立を次第に主張し，各地で民族間の衝突も頻発。90年6月にはゴルバチョフのライバルであったエリツィン率いるソ連最大の共和国・ロシアも主権宣言を行った。連邦制度の動揺が続くなか，ゴルバチョフは共和国に大幅な権限移譲を認める新連邦条約の締結を目指したが，その直前にモスクワで発生した軍・治安機関指導者によるクーデタとその失敗によって頓挫（91年8月）。ソ連共産党は解散し，ゴルバチョフの権威が低下した一方，エリツィン主導で脱社会主義路線，急進的な市場経済化が進められた。それまで対外的には緊張緩和と民主化を進めたゴルバチョフ政権を支援してきた欧米諸国，特に米国はこの頃からソ連が保持する核兵器の安全な管理や拡散防止を見据え，連邦政府以外の各共和国政府との関係構築も進めた。ただし，ブッシュ（父）大統領がウクライナの独立志向を「危険なナショナリズム」と批判するなど，西側諸国は91年9月にすでに独立を果たしたバルト諸国の運動を除けば，各民族共和国の分離主義運動には否定的であった。

91年秋以降もゴルバチョフは緩やかな国家連合の存続を追求したが，12月8日，ベラルーシ，ロシア，ウクライナが連邦消滅を確認し，独立国家共同体（CIS）を創設する協定に署名すると，他の共和国もこれに同調。同月25日にゴルバチョフが退陣し，名実ともにソ連は終焉した。社会主義体制の変容・終焉と連邦解体の相関については依然不明な点が多く，歴史的検証が求められる。また，ソ連解体を「20世紀最大の地政学的悲劇」と評価した現在のロシア大統領プーチンは，かつてのソ連の版図での勢力

回復を志向している。しかし，すでに主権国家としての地位と経験を得た旧ソ連諸国が再度連邦化することは考えがたく，ロシア主導の地域統合を「ソ連の再来」と捉えることはできない。

【関連項目】　新思考外交／ブレジネフ・ドクトリン（制限主権論）
【参考文献】　塩川伸明『国家の構築と解体（多民族国家ソ連の興亡Ⅱ）』岩波書店，2007年　　　　　　　　　〔湯浅剛〕

## ソ連民族強制移動
deportation of nations in the Soviet Union

　強制移住とは民族政策において国家統合を阻害する恐れのある集団を丸ごと他の地域へ移す政策のことである。ソ連では，戦時に敵国（日本・ドイツ）への協力の可能性を持つとみなされる諸民族がその対象となった。1930年代後半には西部国境付近のポーランド人やフィン人，バルト諸民族，東部国境付近の朝鮮人17.2万人が中央アジアに送られた。41～42年，ヴォルガ・ドイツ自治共和国に居住していた約37万人を含め，43.8万人のドイツ人がフィン人やユダヤ人等とともに移送された。すでに独ソ戦は始まっていたが，これらの諸民族はドイツ軍の到達前に移動させられており，政権にとって予防的な性質を持っていた。

　クリミア半島と北コーカサスの大部分はドイツ軍に占領された。スターリン政権はドイツ軍の占領下で対独協力をした疑惑のある民族に，報復的措置として強制移住を実施した。北コーカサスのカラチャイ人6.9万人，カルムイク人9.2万人，チェチェン人38.7万人，イングーシ人9万人，バルカル人3.7万人，クリミア半島のクリミア・タタール人19.1万人，グルジアのメスヘティア・トルコ人ら9.2万人であった。ソ連は民族を基盤とした自治地域（自治共和国や自治州）を設けていた。強制移住の結果，当該諸民族の自治地域は廃止され，隣接する地域に合併された。

　56年のスターリン批判によりこの強制移住政策も見直された。その結果，カラチャイ人，カルムイク人，チェチェン人，イングーシ人，バルカル人の自治地域が再建され，帰還が許された。しかしこの強制移住の期間中にロシア人らが移住を強いられた民族の元々の居住地域に移住していたため，帰還した人々は周辺の土地に居住しなければならず，自治地域の民族間関係は複雑化した。また，ドイツ人などは自治地域の再建もされず，故郷への帰還も許されなかった。

　91年4月に，ソ連のロシア共和国において被抑圧諸民族復権法が採択され，当該諸民族に対する名誉回復が開始された。ソ連解体後，同法を引き継いだロシア連邦政府は，90年代に強制移住の犠牲者の認定を進めるとともに，自治地域に対し，民族の伝統・文化保護への経済的支援を行っている。復権法は強制移住以前の領土の回復を定めているが，自治地域の再建や境界線の変更についてはほとんど進展していない。

【関連項目】　強制収容所／スターリン主義／スターリン批判
【参考文献】　岡奈津子「ロシア極東の朝鮮人」スラヴ研究45号，1998年／ゲルマン，アルカージー・プレーヴェ，イーゴリ（鈴木健夫・半谷史郎訳）『ヴォルガ・ドイツ人』彩流社，2008年／半谷史郎「ヴォルガ・ドイツ人の強制移住」『スラヴ研究』47号，2000年　　　　　　　　　　　　　　〔野田岳人〕

# タ

## ダーティー・ボム　dirty bomb

　ダーティー・ボムとは，テロ行為の手段として使われる放射性物質を含む爆弾のことである。核兵器を造るためには核分裂性物質を入手し，それを核爆発させるという高度な技術が必要である上に，使用するには航空機やミサイルといった運搬手段を用いなければならない。これらのことは相当の技術，人員，財源を要する

ので，通常は国家にしかできないと考えられる。

それに対して，例えば，放射性物質を病院や研究施設から盗み出し，それらをまき散らすとか，そうした物質を近くに置いた形で通常火薬の小規模な爆発を起こすことは比較的容易だと考えられる。それだけでも特定地域を汚染したり公衆のパニックを引き起こすことができる。そのため，小規模集団にも実行可能なテロの手段として警戒されている。

一方で，このような行為は実行者を放射線被曝の高い危険にさらすことから，この脅威の現実的な切迫性については論争がある。

【関連項目】核テロ・核セキュリティ／核兵器／放射性物質
〔川崎哲〕

## ターリバーン　Taliban

アフガニスタン最多のパシュトーン民族から成り，もとはイスラーム神学校で学んでいた学生（ターリバーンは現地パシュート語で学生たちを意味する）が主体となって組織された過激なイスラーム主義運動。1990年代半ばまでアフガニスタンは軍閥がはびこる群雄割拠の内乱状況であり，それを平定した。

96年から2001年にかけて同国を実効支配し，その統治にはイスラーム法を厳格に適用した。初代指導者はムハンマド・オマールだが，公の場に現れた記録がほとんどない。テロ組織アルカイダの首領ウサーマ・ビン・ラーディンを「客人」として受け入れ，1999年の国連安保理決議で制裁の対象となった。バーミヤンの大仏像を破壊するなど国際的な非難も浴びた。

2001年の対テロ戦争によって政権から追われ，以降は反政府武装勢力として活動中。首都カブールを含め全土でテロ活動を展開している。隣国パキスタンでも「パキスタン・ターリバーン運動」（TTP）が活発にテロ活動をしているが，これは別組織である。

【関連項目】アフガニスタン戦争／対テロ戦争　〔宮坂直史〕

## 第一次世界大戦（WWⅠ）
World War I／The First World War

1914年7月末ヨーロッパで勃発した戦争は，18年11月の終戦までに世界の31ヵ国が参加し，約7000万人の兵士が動員され，約1000万人が命を落とす，文字どおり空前の「世界大戦」となった。

すでに20世紀初頭より，列強間の帝国主義的利害対立と二極化の傾向が進展していたが，外交的妥協や局地戦にとどまらず，列強が衝突する「世界大戦」へと拡大したのは，ヨーロッパ列強が直接的利害を持ち，20世紀に入り政治的流動化の著しいバルカン半島の地政学的な要因が大きかった。実際，14年6月末のサラエボ事件後，列強の一角オーストリアは，二度のバルカン戦争で勢力を拡大するセルビアに対する二国間の局地戦による武力制裁を企てたが，大国としての地位の確保や上昇を図る列強間の同盟関係は，ロシア，ドイツ，フランス，英国と参戦の連鎖を引き起こした。

開戦当初想定されていたのは，伝統的な短期戦による決着であった。参戦国社会でも，動員令とともに社会主義反戦運動も姿を消し，兵士たちは「祖国防衛」のために前線に向かった。しかし西部戦線でのドイツ軍の攻勢が14年秋のマルヌの戦いで挫折すると，戦線は膠着した。大量の砲弾が降り注ぐ塹壕戦は，「戦争神経症」を発症する兵士たちを生み出す一方，科学技術を応用した，爆撃機や毒ガス，戦車などの新兵器も投入された。東部戦線はより機動的であったが，全体として戦局は一進一退を繰り返していた。

戦争は長期化とともに社会全体を巻き込む総力戦となり，参戦国に軍需物資の増産と兵力の補給，食糧の確保という課題を突きつけた。こうしたなか，巨額の戦費負担が，主に賠償金をあてにした国債によって賄われていたことは，妥協の講和を一層困難にした。戦争の「国民化」は，前線と銃後の区別なく敵国全体を攻撃の対

象とする戦略を促すことにも繋がった。

1916〜17年の凶作の冬を経て，総力戦を巡る対応は，戦争を継続し，国民に犠牲を強いる政治体制の正統性の問題となった。ロシアでは，都市労働者の食糧を求めるデモが革命となって帝政はあえなく崩壊し，17年末には政権を握ったボリシェヴィキ政権は戦線から離脱した。東部戦線で優位に立ったドイツも，無制限潜水艦作戦がイギリスの海上封鎖を打開できず，かえってアメリカの参戦を招くことになった。18年春にドイツが最後の攻勢に失敗すると，夏以降はオーストリア，ブルガリア，トルコが次々に戦線から脱落した。11月にはドイツでも革命が起こり，皇帝ヴィルヘルム2世が退位，亡命して休戦，4年半の戦争はようやく終結した。

大戦後，列強間の勢力均衡という従来の国際規範は崩壊し，ヨーロッパの地位の低下とともに，米ソ，そしてアジアの比重が高まることになった。また，「民族自決」による多民族帝国の解体により，国民国家が国際関係の単位となった。一方植民地，従属地域においても，従軍，協力，目撃といった大戦の経験は，自立化の傾向を強めていくことになった。

【関連項目】　ヴェルサイユ体制／総力戦／帝国主義／民族自決
【参考文献】　木村靖二『第一次世界大戦』筑摩書房，2014年／山室信一ほか編著『現代の起点　第一次世界大戦』全4巻，岩波書店，2014年／Hirschfeld, Gerhard et al. eds., *Enzyklopädie Erster Weltkrieg*, Schöningh, 2014／Winter, Jay ed., *The Cambridge History of the First World War*, 4 Vols., Cambridge University Press, 2014.
〔西山暁義〕

## 大学の自治　autonomy of universities

大学の自治の理念は，学生が組合を作り教授を招いて学問を修めた中世ヨーロッパの大学の伝統に発する。その精神は，近代国家の成立とともに，国家が真理判断に関わらないという近代国家の基本原則として確認された。日本国憲法23条「学問の自由」は，大学の自治の法的根拠とみなされている。

大学の自治は，国民の真理探究の自由を担うために不可欠な原則である。しかし，同時に今日の大学の学問研究は，一国の労働や政治主体の形成に責任を負い，また財政的には国家予算の支えを必要とするゆえに，国民への説明責任を負っている。さらに構成員である全教員，職員，学生の参加する自治によって担われねばならないことが主張されてきた。また今日では，大学の科学や技術の開発が，政府や企業との協同によって担われる面も大きくなり，このなかで，大学の自律性をどう保つべきかが問われている。さらに近年，政府からの競争的補助金の割合が増加し，その配分によって政府の研究開発政策に沿う教育研究への誘導が強まっていることも，大学の自治にとって大きな検討課題となっている。

【関連項目】　教育の権利と自由／滝川事件／天皇機関説事件
〔佐貫浩〕

## 対華二十一か条要求　Twenty-One Demands

1914年6月第一次世界大戦が勃発すると8月日本はドイツに宣戦布告，中国山東省膠州湾に日本軍を派遣して同地のドイツ租借地を占領した。第二次大隈重信内閣の加藤高明外相はこの状況を背景に日中間の諸懸案を解決しようと政府・軍部・財界の諸要求をとりまとめて5号21か条の要求とし，15年1月18日，日置益駐華公使を通じて中華民国大総統の袁世凱に提出した。その内容は第1〜4号で，山東省の旧ドイツ権益を日本が引き継ぐ，南満洲の日本権益を拡大して東部内蒙古に及ぼし，旅順・大連及び南満洲鉄道・安奉鉄道の租借期限を99カ年延長する，漢冶萍煤鉄公司を将来日中合弁とする，中国沿岸部の領土を保全する等，中国における日本の利権拡大を要求し，第5号で，中国政府が日本人の政治・財政・軍事顧問を雇う，兵器供給を日本に仰ぐ等，中国政府を日本の監督下に置く狙いの希望条項からなっていた。中国政府はこれに強く抵抗，第5号の内容を列強に漏らして彼らの介入を期待した。その結果，米国

385

は中国支持に回り5月4日に交渉は決裂した。7日日本は9日までに第5号以外の要求を受け入れなければ軍事行動に出ると最後通牒を発し、袁世凱はやむなく受諾した。中国の民衆は5月9日を国恥記念日として民族運動を展開、19年五・四運動を起こし、21・22年のワシントン会議で日本は満蒙利権以外の要求を失効する結果となる。〔小林元裕〕

## 対共産圏輸出統制委員会（COCOM）
### Coordinating Committee for Multilateral Export Controls

冷戦期にアメリカの主導でつくられた組織で、共産圏諸国に対する戦略的物資と関連技術の輸出規制を目的とした。1949年11月に主要国間の合意がなされ、50年1月から活動を開始した。本部はパリに置かれた。

アイスランドを除くNATO諸国とオーストラリア、日本で構成された。委員会での合意は条約の形をとらず、各国は任意に加盟した。軍事に利用可能な民生品の輸出も規制対象とされたが、規制対象のリストは公表されず、各国で制定された国内の規制によって輸出制限は実施された。また、朝鮮戦争の勃発を契機に対中国輸出統制委員会ChinComが52年にCOCOMの内部委員会として発足し、より厳しい規制が行われたが、57年にそれは廃止された。

冷戦終焉後の94年3月にCOCOMは解散したが、96年に通常兵器及び関連汎用品・技術の輸出管理に関するワッセナー・アレンジメントが合意されている。

【関連項目】 ワッセナー・アレンジメント（WA）〔林忠行〕

## 第五福竜丸事件とビキニ水爆実験
### Lucky Dragon Incident and the US nuclear test at Bikini Atoll

ビキニ環礁はサンゴ礁でできた23の島からなり、太平洋の真ん中にあるマーシャル諸島共和国の北部に位置する。日本の委任統治領であったマーシャル諸島は、第二次世界大戦末期にアメリカによって占領され、第二次世界大戦後はアメリカの信託統治領となった。1946年、アメリカはビキニ環礁を核実験場にすることを決め、住民を退避させた後、23回の核実験を実施した。

ビキニで実施された水爆実験のうち54年に実施されたブラボー実験は、アメリカのそれまでの核実験のなかでは最大規模で、半径約80kmの「危険区域」が設定され漁船は航行を避けるよう指示されたが、強制ではなかった。核実験の爆発により、放射性降下物がビキニ環礁の東側数百kmにわたり拡散した。特にロンゲラップ環礁など爆心地の風下に位置する区域には、超高レベル放射性降下物が拡散した。アメリカは実験から数日後、ロンゲラップ環礁の住民たちを強制移住させている。しかし、後に全住民が体の不調を訴え、放射能汚染のために今も帰島できずに難民として暮らしている。

ブラボー実験の際、数百の漁船が放射性降下物により被曝した。そのうちの1隻が日本のマグロ漁船「第五福竜丸」であった。ブラボー実験から3時間後、漁船にはいわゆる「死の灰」が数cm積もったが、船員たちはそれが高レベル放射性降下物だとは知る由もなかった。その後、体に不調が出始めた船員たちは、3週間後に静岡県の焼津港に帰還するや否や、病院へ運ばれた。しかし半年後、無線長の久保山愛吉氏は被曝が原因で死亡した。

ブラボー実験と第五福竜丸の船員の運命は、放射性降下物と核兵器の脅威を世界に知らしめた点で歴史的な重要性を持つ。久保山氏の死は、爆心地から100km以上離れた爆風も熱も感じられない地点であっても、放射能の影響で命を奪われる可能性があることを明らかにした。「放射性降下物」という語はそれまでほとんど使用されていなかったが、第五福竜丸事件を機に、地球と地上のあらゆる生き物にとっての核兵器、とりわけ水爆の放射性降下物の恐ろ

しさが世界に知れわたった。広島・長崎への原爆投下以降，核兵器は地球上のすべての生命を滅ぼし得ると言われたが，その「絶滅」の仕組を明らかにしたのは，ブラボー実験と第五福竜丸事件である。

2010年，国連教育科学文化機関（UNESCO）がビキニ環礁を世界遺産に認定したが，ビキニ環礁は今でも人が住めないほどに放射能に汚染されている。ビキニの役所も住民も，ビキニ環礁から700km離れたマーシャル諸島共和国の首都・マジュロ環礁に移ったままである。

【参考文献】 Barker, Holly, *Bravo for the Marshallese*, Wadsworth Publishing, 2004／Jacobs, Robert, "Anthropogenic Fallout: The Bravo Test and the Death and Life of the Global Ecosystem," *Hiroshima Peace Research Journal* Vol. 2, 2014／Oishi, Matashichi, *The Day the Sun Rose in the West: Bikini, the Lucky Dragon, and I*, University of Hawai'i Press, 2011
〔ロバート・ジェイコブズ〕

## 第三世界の平和研究
peace studies in the Third World

冷戦期に，欧米の先進資本主義国家を中心とした第一世界（西側諸国），旧ソ連などの社会主義国家を中心とした第二世界（東側諸国）と対比して，アジア／アフリカ／ラテンアメリカの発展途上国は第三世界と捉えられた。

戦後に植民地支配から独立したアジア・アフリカ諸国は，1955年にバンドン会議を開催し，平和10原則を採択した。西側にも東側にも属さない第三世界を構築した。この方向性は，61年からの非同盟諸国首脳会議へと引き継がれた。

こうした潮流のなかで，国際政治学や平和研究において，ユーゴスラヴィアの非同盟外交やコスタリカの非武装中立の研究が進められた。

関連する概念として，南北問題がある。1960年以降，「東西問題」と同等に，南半球に集中した低開発諸国と先進資本主義諸国との格差による「南北問題」が認識されてきた。

60年代に欧米諸国で平和研究が学問領域として捉えられ，学会が制度化された。64年からは隔年で国際平和研究学会（IPRA）が開催されている。冷戦期の欧米諸国での平和研究は，第一世界と第二世界との東西対立を軸とした国家間の安全保障研究が主流で，米ソの核兵器を巡る対立が主な研究対象であった。それに対して，インドのダスグプタは「第三世界，途上国にとっての平和研究とは何か」と問題提起し，戦争がなくても，南では低開発のため平和がない状態（peacelessness）にあると訴えた。こうした視点を，ノルウェーのガルトゥングは，直接的暴力との対比において，構造的暴力と概念化した。貧困研究のほかにも，先住民族や国内紛争に関する研究や，従属論など，平和研究への新しい視座が第三世界から提示された。

今日，第四世界という概念も提示され，一体性を失った第三世界という概念の妥当性も問われている。

【関連項目】 構造的暴力（間接的暴力）／国際平和研究学会（IPRA）／南北問題／平和研究
【参考文献】 スタヴェンハーゲン，ロドルフォ（加藤一夫監訳）『エスニック問題と国際社会』御茶の水書房，1995年／マテス，レオ（鹿島正裕訳）『非同盟の論理』TBSブリタニカ，1977年
〔勝間靖〕

## 『第三の波』（サミュエル・ハンティントン）
*The Third Wave* (Samuel Huntington)

ハンティントンが1991年に出版した著書で，1974～90年にみられた約30件の民主化を分析・説明しようとしたものである。本書は，民主化をする国の数が非民主化する国の数より顕著に多い時期が歴史的に三度みられたと論じ，それを民主化の「波」と捉えた。第1の波は1828～1926年，第2の波は43～62年に起きているとし，本書が説明対象とした時期を民主化の「第3の波」の時期であると捉えた。ポルトガルに始まった民主化の第3の波は，その後ラテンアメリカ，アジア，東欧の民主化に繋がっている。ただし第1・第2の波ともに，後に非民主制への揺り戻しが起こっている。民主化を引き起こす要因としては政治エリートの行動が最も

重要であるものの，複数の要因の組み合わせがみられ，その組み合わせは国ごとに異なるほか，特定の波の初期に見られた民主化事例と後期の民主化事例でも異なる傾向があると論じている。

【関連項目】　権威主義体制／体制移植／デモクラティック・ガヴァナンス　　　　　　　　　　　　　　　　〔市原麻衣子〕

## 対人地雷禁止条約（オタワ条約）
Convention on the Prohibition of the Use, Stockpiling, Production and Transfer of Anti-Personnel Mines and on their Destruction

　地雷とは，地中や地表に置かれ人や車両が近づいたり接触したりすることにより爆発する兵器である。一度埋設すれば，兵器の機能は長期間保たれ，費用対効果が高い兵器とみなされてきた。地雷は，兵士と文民の区別なく，踏んだ人の足下で爆発する。文民被害が相次いだこともあり，1980年に採択された特定通常兵器使用禁止制限条約の第2議定書によって，その使用が規制された。地雷被害が拡大を続ける状況に危機感を募らせたNGO等の訴えを受け，96年に第2議定書が改正され地雷使用規制が強化された。しかし，この内容に満足しなかったカナダをはじめとする国々とNGOとは協働して，対人地雷全廃を目指す，いわゆるオタワプロセスを開始した。地雷による非人道的な被害状況が盛んに訴えられるなか，プロセス参加国は徐々に増加した。プロセス開始後わずか一年あまりの97年12月，対人地雷を例外留保条件なく全面禁止する本条約に120ヵ国以上が署名した。本条約形成過程は，クラスター弾をはじめ，他の軍縮問題にも影響を与えた。

　本条約は，対人地雷の使用，貯蔵，生産，移譲を禁止するとともに，その廃棄について定めるものである。2015年2月時点で締約国は162ヵ国となっている。1990年代初め，年間2万人を超えていた対人地雷による死傷者数は，2013年には3000人あまりへと激減し，埋設地雷の除去や備蓄地雷の廃棄も進展している。米中ロをはじめ，依然条約に参加していない国も存在し，条約の普遍化は課題である。ただし，非締約国であっても，その政策が一定程度本条約に影響されてきた。例えば，アメリカは朝鮮半島以外での地雷使用を禁止し，地雷製造の停止や備蓄地雷の廃棄を進めている。また，14年には本条約に将来加入する意向を示した。これを機に，条約の普遍化と地雷問題の改善がさらに進展することが期待されている。

【関連項目】　特定通常兵器使用禁止制限条約（CCW）
【参考文献】　足立研幾『オタワプロセス』有信堂，2004年／目加田説子『地雷なき地球へ』岩波書店，1998年　〔足立研幾〕

## 体制移植
foreign imposition of domestic institutions

　国家が，自国と同様のイデオロギーや主義に基づく政治体制を他の国家に移植することを目的として行う軍事的・非軍事的な介入行為及びその事実。これによりある国家の政治体制が変化し，体制の移植を促した国の影響力が被介入国に及ぶ。

　歴史的に，体制移植は，大国が権力を強化し拡大する目的で，政情不安な近隣の弱小国に対して行われてきた。体制移植は，国家の独立性や自立性が相対的であることを意味するのみならず，国家の政治体制が国内の要因，国際社会の情況，さらには他国の政策や決定からも影響を受けることを意味する。さらに体制移植は，国際関係における国家間のパワーバランスにも影響を及ぼしてきた。

　冷戦下では，アメリカとソ連がそれぞれ民主主義と共産主義を拡大させるために，特に近隣諸国において体制移植を試みた。ただし，他国の政治体制や社会状況に十分な理解のないまま体制を強制的に移植することは，移植先の国家に混乱をもたらす場合もある。

【関連項目】　人道的介入（干渉）　　　　　　〔望月康恵〕

## 大西洋憲章　Atlantic Charter

1941年8月14日にイギリスとアメリカ合衆国の首脳が発表した, 第二次世界大戦における両国の戦争目的と戦後処理の基本原則を示した文書である。この憲章は8ヵ条から成り, 領土不拡大, 同意に基づかない領土変更への反対, 政治形態の選択の自由, 平等な通商と資源の入手, 公海の自由, 軍縮, 一般的安全保障のための恒久的機構の確立などを謳った。「14ヵ条」や「四つの自由」を踏まえた内容といわれる。

すでにドイツと戦争状態にあったイギリスと中立国である米国がこのような文書を発表することは異例であり, 大戦に対するF.ルーズヴェルトの強い関心を示すものと言える。その一方, 米国国内には依然として参戦に反対する声が強く, イギリスが望んだ日本に対する2ヵ国共同声明や国際機構の具体的提案などはなかった。この年の12月に米国が参戦すると, 翌42年に発表された連合国共同宣言で, 大西洋憲章が米国を中心とする連合国の戦争目的と認められた。

【関連項目】　国際連合(国連)(UN)／第二次世界大戦(WWⅡ)　　　　　　　　　　　　　　　〔倉科一希〕

## 大セルビア主義
Great Serbianism/movement for Greater Serbia

本来は, 南スラヴ人による国家建設のあり方を巡り, 19世紀から第一次世界大戦期にかけて台頭した, セルビアを中心とした考え方。広義として, ユーゴスラヴィア解体前後のセルビア復興主義的主張など, セルビアによるセルビア人が居住する領域への影響力拡大指向を含む。

大セルビア主義の発端は, 19世紀の汎スラヴ主義の影響を受けたセルビア人政治家ガラシャニンが1844年に提唱した, 南スラヴ人の大同団結構想と言われる。これを定式化したのは, パシッチ (1891年以後1926年まで通算22年間セルビア首相, 17年間外相を歴任) で, 当時オスマントルコ帝国やオーストリア・ハンガリー帝国の支配下にあったセルビア人が居住する領域を, セルビア王家が統治すべき領域として主張した。

91年以後のユーゴスラヴィア国家解体過程においては, 特に紛争期のクロアチア内クライナ・セルビア人共和国やボスニア・ヘルツェゴヴィナにおけるスルプスカ共和国の動向にセルビアが関与したとの批判が, 大セルビア主義との関連で行われた。しかし, 長期間にわたり民族が複雑に混在する領域では, 特定の民族主義を掲げる国家や集団が自民族の居住領域を過去に遡り最大限に主張する「大〜主義」はセルビア以外にも存在した。本質的問題は, 歴史的経緯により複数の民族主義的主張が重複する領域に対して境界線確定を主張した場合, 単一民族による国家形成を現実に政策目標としていなくても, 一定の領域内から他民族が排除される傾向や紛争に至る点にある。

【関連項目】　コソヴォに関する独立国際委員会(IICK)／コソヴォ紛争／ユーゴスラヴィア紛争　　〔大庭千恵子〕

## 対テロ戦争　war on terrorism

2001年の9.11テロを直接の契機として, アメリカ中心の多国籍軍が, アフガニスタンを軍事攻撃し, 政権を握っていたターリバーンとテロ組織アルカイダを掃討した。03年のイラク戦争も対テロ戦争の一環であった。

この軍事的な側面のみならず, 外交, 情報戦, 資金規制, 出入国管理, 貿易管理などテロ活動を封じ込めるあらゆる分野での取り組みを含めて, 対テロ戦争という用語が使われることも多い。自国内で反乱勢力を鎮圧することを対テロ戦争と称する国もある。

アメリカではオバマ政権になってから, アフガニスタンとイラクからの撤収が政治的課題になり, また前ブッシュ政権との違いを出すために, 対テロ戦争という用語を公的な演説や文書では避けて, その代わりに「暴力的過激主義との戦い」と言い始めた。大軍を現地に長期駐留

## 大東亜会議
### Greater East Asia Conference

1943年11月5日・6日に，東京で開催されたアジア諸国の首脳による会議。日本は，英米の反攻に対応して，この会議と会議終了後に出された大東亜共同宣言によって，アジア諸民族の団結を図り，戦争への協力を取りつけようとした。

日本からは東条英機首相，中華民国から汪兆銘行政院院長，満洲国から張景恵国務総理，タイ国からワンワイタヤーコーン親王，フィリピン共和国からラウレル大統領，ビルマ国からバモウ首相が出席し，自由インド仮政府首班スバス・チャンドラ・ボースがオブザーバーとして陪席した。

大東亜共同宣言は，「自主独立」「互恵」「開放」などの理念が盛り込まれたが，連合国側の大西洋憲章に対抗して，国際秩序における主導権を確保しようという宣伝工作の意図が込められており，地域の実態とはまったくかけ離れたものであった。また，各国の首脳は，理念を盾に日本の覇権を揺るがしていった。

【関連項目】アジア・太平洋戦争／大東亜共栄圏〔安達宏昭〕

## 大東亜共栄圏
### Greater East Asian Co-Prosperity Sphere

第二次世界大戦中，中国から東南アジアなどに至る範囲の支配を正当化するために日本が唱えた地域統合のスローガン。

1940年4月以降，第二次大戦の形勢から東南アジアが政治的不安定になるなかで，この用語が登場した。日本がこの地域についての発言権を確保するために表明された，外交スローガンであり政策的な準備はなかった。9月に締結された日独伊三国同盟条約では，日本の大東亜における指導的地位が承認された。

日米開戦後，東南アジアを日本軍が占領すると，42年2月に大東亜建設審議会を設置し，大東亜共栄圏の内容を審議した。審議会では，日本を盟主とした階層的秩序を構想しており，各民族の民族自決に基づく独立を考えていたわけではなかった。

開戦当初の東南アジア占領政策でも，重要国防資源の獲得を最優先とし，現地住民の生活にかかる重圧は忍ばせ，独立運動は過早に誘発することを避けるとしていた。43年5月の御前会議では，ビルマ（ミャンマー）・フィリピンの「独立」を認める一方で，重要資源の供給源として，現在のマレーシアとインドネシアなどの領域を日本の領土にするとした。「独立」も日本の強力な指導下に置かれるものであった。

経済活動も日本企業が進出して行われ，重要資源の日本への輸送が主眼とされたため，欧米との貿易が中心であった東南アジアの経済は混乱した。戦局が悪化すると，船舶不足による輸送力の低下から，現地では自給自足の状態に陥り，物資不足が顕著になった。ハイパーインフレとなり，住民生活を圧迫した。

43年11月に東条英機内閣は，東京に「独立国」の首脳を集めて大東亜会議を開き，大東亜共同宣言を採択したが，アジア諸民族の戦争に対する協力や連合国への外交的な攻勢に充分な効果はなかった。むしろ，アジアの指導者は，宣言に記された建て前を逆手にとって，日本の指導を脅かしていった。また，過酷な日本占領下での状況に，東南アジアの人々は抗日運動に立ち上がっていった。45年8月，日本の敗戦とともに完全に破綻した。

【関連項目】アジア・太平洋戦争／大東亜会議／八紘一宇
【参考文献】安達宏昭『「大東亜共栄圏」の経済構想』吉川弘文館，2013年／河西晃祐『帝国日本の拡張と崩壊』法政大学出版局，2012年／中野聡『東南アジア占領と日本人』岩波書店，

2012年　　　　　　　〔安達宏昭〕

## 第二次世界大戦(WWⅡ)
World War II/The Second World War

　第二次世界大戦は1939年9月1日，ドイツのポーランド侵攻により始まった。アジアにおいてはそれ以前の37年7月から日本の中国侵略による日中戦争が遂行されており，41年12月8日の日本による英領マラヤ侵攻と真珠湾攻撃を契機とするアメリカの参戦によってアジアの戦争とヨーロッパでの戦争が一体化し，真に世界大戦として展開されることになる。戦争は，ドイツ，イタリア，日本などの枢軸国とイギリス，フランス，アメリカ，ソ連などの連合国の対抗として推移した。同時に，大戦中において，ヨーロッパにおける枢軸国の占領地域ではレジスタンス運動が，そして日本の占領下では抗日運動が進展した。

　戦局は当初，ドイツがヨーロッパの大半を支配下において41年6月22日にはソ連に侵攻し，日本が東南アジア・太平洋地域を占領するなど枢軸国の有利に展開した。しかし，43年2月に独ソ戦でソ連が優位に立ち，日本軍が42年6月のミッドウェー海戦と43年2月のガダルカナル島で敗北して形勢は逆転した。43年9月8日のイタリア降伏，45年5月7日のドイツ降伏を経て，同年8月の原爆投下とソ連参戦を契機に日本が無条件降伏し，戦争は終結した。

　第二次世界大戦は複合的性格を持ち，①連合国が枢軸諸国の侵略に対抗して民主主義を擁護する「反ファシズム戦争」，②植民地を持つ英仏等に対し日独伊が領土や市場の再分割を求めた「帝国主義戦争」，③植民地地域での被抑圧諸民族による植民地主義批判・独立運動に示される「民族解放戦争」，という3つの性格を有していた。②に関して言えば，連合国側もイギリスは脱植民地化の動きを警戒すると同時に，枢軸国に奪取された領土の回復に動いていた。また③との関連では，民族解放諸勢力による枢軸国への「協力」，連合国への戦争遂行支援など多様な動きがみられた。

　第二次世界大戦の特質は，「総力戦」体制の下で前線と銃後の区別がなく戦争が展開されて3000万人以上の民間人が犠牲となり，大戦中の大量殺戮行為が枢軸国，連合国双方に及んだことにある。枢軸国側では特定の人間集団を劣等視する人種主義の下でのドイツによるユダヤ人絶滅政策(ホロコースト)並びに日中戦争下での日本軍による「三光作戦」や南京大虐殺など，民間人への組織的殺害が展開された。また連合国側も，枢軸国の無差別爆撃に対抗する形で，敵の生産力破壊と戦意喪失を目的とした「戦略爆撃」思想の下でドイツのドレスデンや日本の東京など多くの都市への爆撃を行った。広島，長崎に対する原爆投下も「戦略爆撃」思想に基づく民間人への無差別爆撃の帰結であった。連合国側の大量殺戮行為を示す別の例としては，ソ連軍が40年4月～5月に約1万5000人のポーランド人将校を虐殺した「カティンの森事件」がある。

　第二次世界大戦の世界史的意義は，戦争終結後，帝国主義世界解体と植民地独立が現実化し，核兵器廃絶や戦争再発防止など非暴力平和主義の思想が普及する条件が生み出され，しかも民主主義擁護を掲げた連合国側の勝利により，世界的に国民主権・男女平等・人種差別撤廃など民主主義が思想的，制度的に定着していったことにある。

【関連項目】　原爆投下／ジェノサイド／戦略爆撃／ファシズム／ホロコースト
【参考文献】　『岩波講座　アジア・太平洋戦争』全8巻，岩波書店，2005～2006年／木畑洋一『第二次世界大戦』吉川弘文館，2001年／木畑洋一『二〇世紀の歴史』岩波書店，2014年
〔藤本博〕

## 大日本帝国憲法
Constitution of the Empire of Japan

　1889年2月11日，紀元節にあわせて公布され，翌年11月29日に施行された。日本における

最初の成文憲法であり，俗に明治憲法と呼ばれている。王政復古を実現した討幕軍は，封建性を一掃して新政府を構築した。政府は「五箇条の御誓文」「政体書」をもって内政の安定を実行し，直ちに憲法制定には至らなかった。政府は，条約の改定を主目的として，岩倉具視を特命全権大使とする，使節団を欧米に派遣することになった（71年）。この使節団に，伊藤博文が含まれており，後の憲法制定への足掛かりがつくられた。憲法制定の必要性は，欧米列強による外圧と自由民権運動という内圧の両者への対抗という形で進められ，元老院に「国憲」起草の勅命が下された（76年）。元老院による2つの国憲按は，翻訳調であった理由をもって見送られた。やがて81年の政変をもって大隈重信が失脚し，伊藤が憲法制定役の主役となり，H. ロエスエルの助けを借りて，井上毅，金子堅太郎，伊東巳代治とともに憲法制定の作業に入った。

明治憲法は，明治天皇によって宣布された欽定憲法であり，内容は近代立憲君主制憲法の流れに沿っているが，極めて独自の路線を求めたものである。伊藤が求めたモデルは，近代に向かって急開のフランス型ではなく，半開のプロイセン型であったが，さらに，近代立憲主義の特性を弱めたものであった。法治主義を認める国制ではあるが，伊藤と井上は天皇制を確たるものにする国体条項の整備に拘った。1条から4条までは，天皇主権・天皇の神聖不可侵性を表した国体規定とされ，憲法の改正の限界にあると解されてきた。さらに，天皇の権能は大権として帝国議会の関与を排除し，国務大権，皇室大権，統帥大権と広範に及んでいた。特に統帥権の独立（11条）は，国務大臣の輔弼を認めない程に独立性が高かった。臣民の権利も法律の留保の下にあり，自然権の考え方を排除するものであった。

明治憲法は，明治・大正・昭和の時代に適用されたが，時代によって異なった役割をもった。美濃部達吉らの民権派は，国家法人説をもって天皇主権を弱め，議会の権限を強化するのに寄与し，大正期の男子普通選挙制度の実現により，政党政治の実現を促した。しかし，上杉慎吉らの神権派の憲法理解は，天皇機関説事件を契機にして天皇主権を確たるものとし，昭和期に至って軍国主義の隆盛を促した。

【関連項目】憲法改正の限界／国体護持／天皇機関説事件／日本国憲法

【参考文献】石村修『明治憲法』専修大学出版局，1999年／坂野潤治『日本憲政史』東京大学出版会，2008年　〔石村修〕

## 大本営　Imperial General Headquarters

大本営とは，近代日本の戦時において設置された最高統帥機関である。

平時においては陸海軍に分かれている統帥機関の連絡を戦時に緊密にするため，1893年に戦時大本営条例（明治26年勅令52号）によって法制化された。日清戦争・日露戦争・日中戦争（アジア・太平洋戦争）の3つの戦争で設置されている。

アメリカの中立法に抵触して戦略物資を獲得できなくなる可能性があることから，1937年7月に勃発した日中戦争では宣戦布告ができなかったため，戦時機関である大本営も設置できなかった。そのため，37年11月に戦時大本営条例は廃止され，かわって大本営令（昭和12年軍令1号）が公布された。これによって，大本営は「戦時又ハ事変ニ際シ必要ニ応シ之ヲ置ク」とされ，当時「支邦事変」と呼称されていた日中戦争でも設置されることとなった。

【関連項目】大本営政府連絡会議／統帥権の独立／日中戦争
〔手嶋泰伸〕

## 大本営政府連絡会議　Liaison meeting between the government and the Imperial General Headquarters

大本営政府連絡会議とは，昭和戦時期の日本で，政府と統帥部の間での国策の調整ないしは

決定のために開かれた会議のことである。

統帥権が一般国務から独立している大日本帝国憲法の下では，戦時において，こうした会議によって政戦略を一致させる必要があった。日中戦争勃発後，第1次近衛文麿内閣が1937年に開いてから，定期的な連絡懇談会が実施される時期もあったが，小磯国昭内閣が44年8月に最高戦争指導会議へと発展的に解消するまで開催された。

出席者は主に首相・外相・陸相・海相・参謀総長・軍令部総長であり，幹事役として内閣書記官長・陸海軍省軍務局長が加わり，必要に応じて事務当局者がその都度参加した。

事実上の国家意思決定機構であったが，法制上の規定はなく，会議の決定を履行するには，閣議決定等の正式手続が必要とされた。

【関連項目】　アジア・太平洋戦争／統帥権の独立／日中戦争
〔手嶋泰伸〕

## 対南アフリカ制裁
sanctions against South Africa

アパルトヘイト（人種隔離）政策を実施していた南アフリカに対しては，1960年代以降，国連や地域機構，また各国レベルで様々な制裁措置が実施された。制裁の内容には，外交関係や経済関係の遮断のほか，スポーツ・文化・学術交流の制限も含まれていた。

国連では安全保障理事会が77年に強制的な武器禁輸措置を決議したほか（安保理決議第418号），国連反アパルトヘイト特別委員会が対南アフリカ制裁を呼びかける中心的な機関となった。アフリカではアフリカ統一機構（Organization of African Unity; OAU）による支持に加え，特に南アフリカへの経済的依存度の高いいわゆるフロントライン諸国が対南アフリカ制裁を積極的に支持したことが特筆される。西側諸国は概して制裁に消極的であったが，80年代半ば以降，欧州共同体（European Community; EC）や「包括的反アパルトヘイト法」（Comprehensive Anti-Apartheid Act）を成立させた米国，日本も制裁を本格化させた。制裁措置は民主化交渉が始まった90年代前半に解除された。

【関連項目】　アパルトヘイト（人種隔離政策）／南アフリカ国民統一政府（GNU）
〔牧野久美子〕

## 泰緬鉄道　Thai-Burma Railway

タイ（泰）・カンチャナブリからビルマ（緬甸）のタンビザヤを結んだ414.916kmの鉄道。1942年6月に「泰緬鉄道建設命令第1号」が発令され，10月25日，南方軍野戦鉄道隊（鉄道第9連隊，第5連隊など1万600余人編成）に建設実施令が出た。工期は43年末，目的はビルマ（ミャンマー）に展開する日本軍への物資の補給などである。労働力は連合国軍捕虜5万5000人，アジア人労働者10万人が予定された。総延長1万5770mの架橋，31万6500m³の岩山爆破の工事を伴う難工事である。さらに2月上旬に4ヵ月の工期短縮が命じられ，捕虜1万人が増員された。雨期の現場では「狂気」と呼ぶにふさわしい突貫工事が続いた。43年10月25日に開通式が行われたが，重労働，補給・医薬品の不備，鉄道隊と収容所の確執などから多くの犠牲者を出した。捕虜1万6000人（東京裁判検察側の数字），アジア人3万から6万人（正確な数は不明）の犠牲者を出し，死者は4万2000人から7万6000人と推定されている。「枕木1本，人1人」と言われる死者を出し，イギリス，オーストラリアなどでは日本の捕虜虐待の象徴とみなされている。戦後，イギリス，オランダ，オーストラリアの戦争裁判で捕虜虐待が裁かれ，日本人・朝鮮人軍人軍属から多くの戦犯が出ている。
〔内海愛子〕

## 大陸間弾道ミサイル（ICBM）
intercontinental ballistic missile

大陸間を飛行できる長距離弾道ミサイル。戦略兵器制限交渉（SALT）で5500km以上の射

程を持つミサイルと定義された。第二次世界大戦時にドイツが開発したV2ロケットを原型としている。

ICBMは人工衛星打ち上げロケットと共通点が多く、最初のICBMはスプートニク1号を打ち上げたソ連のR7ロケットである。平和目的の宇宙開発としてロケットを開発する一方、その技術を核兵器運搬手段に応用することが懸念されている。そのためロケット技術を持つ国を中心にミサイル技術管理レジーム（MTCR）などで技術の流出を管理している。

開発当初は液体燃料が用いられたが、燃料の注入などで時間がかかり、保存が難しいため、次第に固体燃料へとシフトしていった。また、当初はICBM1基に対し1つの核弾頭を搭載していたが、複数の核弾頭を搭載できる多弾頭化が進み、同時に複数の目標を攻撃することができるようになった。放物線を描く弾道のため、挙動を推測しやすく、ミサイル防衛などの迎撃システムも開発されるようになった。

冷戦期に大量生産されたICBMは核軍縮の進展によって余剰状態にあるが、それを衛星打ち上げロケットとして再利用するケースも見られる。　　　　　　　　　　〔鈴木一人〕

## 大量虐殺（大量殺戮） mass killing

20世紀に生起した様々な大規模殺害を、広く政府・軍隊など国家権力の主導する「大量殺戮」と捉えようとする考え方である。国連によるジェノサイド定義（国籍・人種・民族・宗教に基づく集団のすべて、または一部を破壊しようとする行為、集団殺害）を定めたジェノサイド条約（1948年）では、ジェノサイドが戦争とは関係のない犯罪であることが明記され、政治的な集団はその対象に含まれなかった。また、「文化的、言語的な破壊」であるエスノサイドもジェノサイドの定義には盛り込まれなかった。そのため、ジェノサイドには、例えばスターリン体制下の「クラーク」（富農）のような社会集団や「人民の敵」とされた政治的集団に対する破壊行為、あるいはカンボジアでの大規模虐殺のような多くの事例が含まれないという限界があった。さらに、戦争とは関係のない犯罪であるとされたため、国連のジェノサイド定義は、アメリカによる広島、長崎への原爆投下、日本による中国での細菌・化学兵器の使用、重慶市民への無差別爆撃といった戦時下での大規模殺戮へも適用されないことになった。

このような国連によるジェノサイド定義の限界と当否を巡って、研究者の間では長い間議論が続けられてきた。研究者によるジェノサイド定義の限界を乗り越えるためのアプローチの1つは、ジェノサイド概念そのものを拡大することである。これは、ジェノサイド条約による国際法上の定義を「狭義のジェノサイド」と位置づけ、そこから漏れる政治的集団や社会的集団、実行者によって恣意的に定義された集団に対する虐殺を「広義のジェノサイド」と捉え直す試みである。ジェノサイド概念の拡大は、これまでなおざりにされてきた多くの事例を取り込もうとする点で有効なアプローチであるが、国連のジェノサイド定義との整合性やジェノサイド概念そのものを巡って議論が絶えず、なお克服すべき課題が山積していると言ってよい。これに対して、「大量殺戮」は、ジェノサイド、ポグロム、エスノサイド、アトロシティーズ、戦争による市民の無差別殺害といった大規模殺戮を、まず「大量殺戮」という概念に包括することで、国連によるジェノサイド定義の瑕疵を乗り越えようとする考え方である。「大量殺戮」という概念は、ジェノサイドによる殺害と戦争による犠牲とをいかに区別するかという課題は残るものの、とりわけジェノサイド条約が否定した集団殺害と戦争との関係性を考える上で、極めて示唆的な視点であると言えよう。

【関連項目】ジェノサイド／ジェノサイド条約
【参考文献】石田勇治「ジェノサイドという悪夢」高橋哲哉・山影進編『人間の安全保障』東京大学出版会、2008年／松村高

夫・矢野久編著『大量虐殺の社会史』ミネルヴァ書房，2008年

〔増田好純〕

## 大量破壊兵器（WMD）
### weapons of mass destruction

　核兵器，生物兵器及び化学兵器を総称して大量破壊兵器という。これらの兵器は，1回の攻撃で多数の人を殺傷することが可能であり，かつ環境や人体に対して長期的な影響をもたらしうることから，通常兵器と異なる類型の兵器として理解されている。

　大量破壊兵器には，殺傷・破壊能力の点において非常に高い軍事的有用性が認められると同時に，無差別に効果を及ぼすという点において深刻な人道上の問題が存在する。

　大量破壊兵器が実際に使用されその脅威を目の当たりにして以来，国際社会は基本的にその禁止・規制に向けて取り組んできた。生物兵器と化学兵器については，1925年ジュネーヴ毒ガス議定書，72年生物兵器禁止条約，及び93年化学兵器禁止条約によって，開発・生産・貯蔵・使用等の行為が禁止され，さらに廃棄が義務づけられている。

　核兵器については，68年核不拡散条約によって5核兵器国以外の国に対する不拡散の体制が構築され，中南米，南太平洋，アフリカ，東南アジア，中央アジアの各地域において非核兵器地帯が設定されてきた。96年包括的核実験禁止条約（CTBT）は未発効ながら核実験禁止の規範を設定したが，核兵器禁止条約は未成立のままである。これらの取り組みは国家間関係における大量破壊兵器の禁止・規制であり，各国には条約への参加とその誠実な履行が求められる。

　以上に加えて，大量破壊兵器の非国家主体に対する拡散の防止が，新たな脅威として今日の喫緊の課題となっている。オウム真理教が起こした一連の化学テロ事件や米国における炭疽菌事件にみるように，非国家主体への拡散はすでに現実のものである。この問題への対応として，2004年に国連安全保障理事会は，大量破壊兵器及びその運搬手段の拡散が平和に対する脅威であることを認定し，国連憲章第7章の下ですべての国に対して効果的な国内措置をとるよう義務づけた（決議1540）。

【関連項目】化学兵器禁止条約（CWC）／核不拡散条約（NPT）／核兵器／生物兵器禁止条約（BWC）

【参考文献】阿部達也『大量破壊兵器と国際法』東信堂，2011年／Weapons of Mass Destruction Commission, *Weapons of Terror*, Fritzes, 2006

〔阿部達也〕

## 台湾総督　Governor General of Taiwan

　日清戦争の結果，日本が清国から割譲させた台湾及び澎湖列島を統治するための植民地統治機構である台湾総督府の長官である。

　1895年5月の初代総督樺山資紀以降，1945年10月総督府廃止時の最後の総督安藤利吉に至るまで，約50年にわたる植民地統治期に19名の武官・文官が天皇親任により就任した。1896年3月の台湾総督府条例により，総督は陸・海軍大将又は中将に限定され，法律63号（台湾ニ施行スベキ法令ニ関スル法律）により，総督は天皇の勅裁を経て「律令」（命令）を発する権限を有した。この点は憲法に定めた立法協賛権を侵すとの疑義が帝国議会で問題となった（いわゆる「六三問題」）。司法も当初は総督が判官の任命権を有した。台湾総督は「土皇帝」と称されるほど，台湾の軍事から立法・司法・行政まで強大な権力を掌握した。1919年8月官制改革による武官総督制の廃止に伴って台湾軍司令官が任命され，総督には司令官に対する出兵請求権が付与された。以後，1936年に武官総督制が復活するまで文官総督が続いたが，その間の総督や総務長官の交代には本国の政党政治の影響がみられた。台湾総督は，総理大臣，拓殖務大臣，内大臣等変更はあったものの，一貫して本国政府内の監督者による監督を受けた点が，朝鮮総督との違いである。

〔大浜郁子〕

## 滝川事件 Takigawa Jiken/Takigawa incident

1933年に起きた学問弾圧・大学の自治権侵害事件。同年4月，鳩山一郎文部大臣が，京都帝国大学法学部教授の滝川幸辰について，その著書『刑法読本』に表れた学説や講演などでの言動を，反国家的であるとして，辞職，次いで休職処分を大学に求めた。これに対し，教授の人事権は教授会にあることが慣行として確立していたため，法学部教授会は処分に反対し，全員辞表を出して闘ったが，処分は覆らず，滝川，佐々木惣一，末川博，恒藤恭，宮本英雄らが辞職した。

滝川学説は，犯罪を生み出す社会のあり方に関心が向けられたため，それが社会主義的とみなされた可能性がある。滝川の治安維持法への批判や軍事教練に反対する学生運動への警察当局の捜査への批判などが当局を強く刺激した可能性もあり，国粋主義者・蓑田胸喜の「赤化教授」批判などの影響も指摘されている。戦後，滝川は京都大学に復職し，第15代総長を務めた。学長代行時代，卒業式で事件と京都大学の歴史を振り返り，真理を探究すべき研究者は，研究と教育については，政府はもちろん学長・学部長の指揮監督も受けるべきではなく，大学の自治は教授の任免を教授会が行う制度によって保障されると述べている。

【関連項目】大学の自治／天皇機関説事件 〔河上暁弘〕

## 竹島問題
territorial dispute over Takeshima (Dokto)

竹島は，日本海の南西部，隠岐諸島の北西約158kmの日本海上に位置する男島，女島らの島々の総称であり，韓国では独島と呼ばれる。日本と韓国が同島の領有権を巡って争っている。

日本政府の立場は，歴史的事実に照らしても，かつ国際法上も明らかに日本固有の領土であり，韓国政府による竹島の占拠は，国際法上根拠のない不法占拠であるというものである。

具体的に，日本は遅くとも17世紀半ばには竹島の領有権を確立し，1905年1月の閣議決定で竹島を島根県に編入し，領有を再確認したとする。また，51年に署名されたサンフランシスコ平和条約で，日本が朝鮮の独立を承認した際に放棄した朝鮮の範囲に竹島は含まれないと主張する。その一方，52年1月に韓国の李承晩大統領が一方的に設置し，かつ竹島領有の企図を含んだ，いわゆる「李承晩ライン」は，国際法に反するものであるとした。その後，65年の日韓基本条約とともに交わされた日韓漁業協定での合意により，「李承晩ライン」は撤廃されたものの，竹島の領有権を巡る問題は解決していない。さらに，韓国はその後も接岸施設の建設，武装警察官，灯台管理のための海洋水産部職員を常駐させるなどの措置をとり，竹島は韓国による不法占拠状態が続いていると日本政府は主張する。

これに対して韓国政府の立場は，独島は，歴史的，地理的，国際法的に明らかに韓国固有の領土であり，独島を巡る領有権紛争は存在せず，外交交渉及び司法的解決の対象にはなり得ないとする。

具体的には，独島は歴史的かつ地理的にも鬱陵島の一部であり，韓国が独島を韓国領土として統治してきた歴史的事実は，古くから韓国の公文書や官撰文献にも記録されているとする。また，05年の島根県告示を通じた日本政府による獨島の日本の領土への編入は，後に日韓併合へと繋がる日本による韓国の主権を侵奪する過程の一環であり，国際法的に無効であると主張する。さらに，第二次世界大戦後独島は，カイロ宣言及びポツダム宣言に基づき韓国の領土として返還されたとする。

以上のように，竹島を巡る領有権の問題は，いまだ解決の目途が立っていない状況である。さらに最近では，2012年8月10日，韓国の李明博大統領が竹島に上陸したこともあって，日韓関係は急速に悪化し，今日に至っている。

日本政府は，この問題を平和的手段により解決するべく，1954年から現在に至るまで，三度にわたり国際司法裁判所（ICJ）に付託することを提案してきたものの，韓国側はすべて拒否している。

【関連項目】カイロ宣言／サンフランシスコ講和会議／日本の領土問題／ポツダム宣言
【参考文献】池内敏『竹島問題とは何か』名古屋大学出版会，2012年／玄大松『領土ナショナリズムの誕生』ミネルヴァ書房，2006年／和田春樹『領土問題をどう解決するか』平凡社，2012年　　　　　　　　　　　　　　　〔西田竜也〕

## 多国間主義　multilateralism

多国間主義は1980年代後半以降の冷戦終結過程に歩調を合わせるかのようにレジーム論の弱点を補う理論として登場した。80年代に登場したレジーム論の弱点とは，レジーム自体の変容を理論的に説明できないばかりか，国際関係の構造的変容を十分説明できない点であった。コヘインは多国間主義を「制度に基づく特定の枠組みを通じて3ヵ国以上の国家がそれぞれの政策を調整する行動様式」「3ヵ国以上の国家の間で，行動役割を調整し，行動を制約し，期待感を醸成する制度的アプローチ」と定義した。ラギーは「3ヵ国以上の国際関係（における政策調整）というのは多国間主義の必要条件に過ぎず，3ヵ国以上の国家関係が組織される基礎的原則が存在することが十分条件である」と主張し，協調精神・協調行動という質的要素の存在を重視した。その基礎的原則あるいは規範は，個々の国家の緊急事態や特殊事情に基づき差別的に適用されることは認められず，すべての国家に共通に適用されるべきものであることを強調した。多国間主義に基づいて構築された秩序においては，それぞれの国家の国益間の不可分性（不分割性）が強くなり，共通利益が拡大することになる（互恵性の拡散）。この特徴によって共同行動を通じて国益を追求しようというインセンティヴが高まるとともに，各国が国際的取引・交渉によって生じる利益と損失を全体として計算することができるようになるため，それはケース・バイ・ケースで運用される二国間の互恵性と対立することになることに注意を喚起した。多国間主義のこうした特徴を前提に，「一般的行動原則（generalized principles of conduct）に基づき，3ヵ国以上の国家の間の調整を行うための制度的形態（により調和的国際関係をつくり出そうとする主張）」をラギーは多国間主義と定義した。

歴史的に見ると多国間主義はウェストファリア体制の成立とともに成立したが，アメリカが主導し創出した第二次世界大戦後の開放的な多国間主義的経済システムは，ラギーに言わせれば現実には各国の国内的条件をも考慮に入れざるを得ない妥協の産物（「埋もれた自由主義」）であり，アメリカにとっては「負担の重い制度」であった。そのため冷戦終結以降は，アメリカは「攻撃的単独主義（aggressive unilateralism）（ジャグディッシュ・バグワティ）を強めたのである。

【関連項目】国際主義（インターナショナリズム）／単独行動主義
【参考文献】『国際政治133：多国間主義の検証』日本国際政治学会，2003年　　　　　　　　　　　〔滝田賢治〕

## 多国籍軍　multinational forces

一般に，国際的な安全に対する脅威に対して，多数国によって共同で編成された軍事組織のこと。ただし，多国籍軍と呼ばれる組織が構成され，軍事的な実戦が開始されるにあたっては，国連安保理による授権決議の付与によってその正当性が確保されると考えられている。その代表例としては，1991年の湾岸戦争時に派遣されたものが挙げられる。湾岸戦争において国連安保理は，国連憲章7章に基づく決議の職務権限の範囲で，クウェートに侵攻していた当時のイラクに対し，国連加盟国による武力の行使を多国籍軍に授権した。これを受けて米英軍を中心に構成された多国籍軍は，国連の軍事的指

揮とは離れた行動も容認されていた。多国籍軍と呼ばれる事例は論者によって様々だが、上記多国籍軍のほか、例えば冷戦終結後におけるソマリア、ルワンダ、東ティモール、ユーゴスラヴィアなどに展開された事例のほか、50年の朝鮮国連軍も多国籍軍の事例とみなされる場合がある。

【関連項目】有志連合／湾岸戦争　　　　〔山根達郎〕

## 『正しい戦争，不正な戦争』（マイケル・ウォルツァー）
### Just and Unjust Wars（Michael Walzer）

アメリカの政治理論家ウォルツァーが1977年に公刊し、現代正戦論の古典として認知されている。正戦論とは戦争の道徳的正否を判断するための理論であり、戦争それ自体の正否を判断する開戦法規（jus ad bellum）と、戦場での戦い方の正否を判断する交戦法規（jus in bello）に分かれる。本書は、とりわけ開戦法規上の正当原因と、交戦法規上の区別（非戦闘員保護）の原則に注目し、その内実を詳論するとともに、両規定が相反する「戦争のディレンマ」問題についても考察を進めている。

本書の特色は、戦争に関する私たちの共通道徳を練り上げるために、古今東西の歴史的事例や政治家・政策決定者の議論を用いている点にある。戦争に関する道徳的判断の余地に懐疑的なリアリズム理論に対して、「戦争の道徳的リアリティ」を対置することが、本書の学術的貢献であると言える。また、本書で論じられた兵士の道徳的平等性や最高度緊急事態に関する主張の是非は、その後の正戦論研究でも長らく中心的論点となっている。〔松元雅和〕

## 脱亜論　"Leaving Asia" Theory

この表題を持つ論考は、1885年3月16日の『時事新報』に掲載された社説で、福沢諭吉が書いたものとされる。そこでは、西洋文明の急激な広がりに対して、日本は取り入れたが、中国と朝鮮はいまだ旧慣に従っていて、今の文明化のなかで独立を維持できない、日本はこの隣国の開明を待って、ともにアジアを発展させる猶予はなく、むしろそこから抜け出して、西洋の文明国と行動をともにして接するべきであり、「亜細亜東方の悪友を謝絶する」と主張している。前年12月の甲申事変で、朝鮮の改革派が壊滅したことへの失望が契機となったと言われている。

この論考の思想を象徴として、その後、日本が西欧列強と同じようにアジアに植民地を持つ帝国主義国家に向かう外交姿勢や考え方をも、一般的に脱亜論と呼んでいる場合が多い。アジアが1つにまとまって、欧米列強に対応すべきであるとのアジア連帯論と対立する考えとして捉えられている。

【関連項目】アジア主義／甲申事変（甲申政変）／帝国主義　　　　〔安達宏昭〕

## 脱原発　nuclear power phase-out

脱原発の政策で先駆的役割を担っているのは、オーストリアである。ドナウ河畔に建設されたツヴェンテンドルフ原子力発電所について、1978年11月5日の国民投票で、50.47％が稼働に反対した結果、翌月15日、エネルギー供給での核分裂の利用を禁止する法律が決議され、さらに99年8月13日、非核憲法（正確には憲法と同格の法律）が制定された。

チェルノブイリ原発事故の影響が特に強かったドイツでは、社会民主党と緑の党の連合政権が2000年6月14日、原発の平均寿命を32年とし、国内の原発を順次廃棄することで電力大手4社と合意、02年4月22日、脱原発の法律が施行された。しかし、キリスト教民主／社会同盟と自由民主党の連合政権は10年9月28日、原発の稼働年数を延長することを閣議決定、10月28日に「脱・脱原発」の法律を通過させた。ところが、福島第一原発の過酷事故と、その後の緑の党の州首相誕生を受けて、学界・教会・産業

界・労働界などの代表から成る「安全なエネルギー供給のための倫理委員会」の提言を経て、11年6月6日、22年までの原発順次停止と省エネの推進、再生可能エネルギーの比率向上を盛り込んだ原子力法改正案が閣議決定された。

また福島原発の事故を経て、スイスは11年5月25日、34年までの「脱原発」を宣言した。イタリアでは11年6月12～13日、原子力発電の再開の是非を問う国民投票が行われ、原発再開への反対が94.05％に達した。また12年5月6日のフランス大統領選挙では、国内の総発電量に占める原発の割合を75％から50％に下げると公約した社会党のフランソワ・オランドが勝利、リトアニアでは12年10月14日、新たな原発建設の是非を問う国民投票が行われ、反対が62％にのぼった。さらに14年10月3日、スウェーデンの新首相は所信表明演説で、100％再生可能エネルギーによるエネルギー供給に転換する方針を打ち出した。

一般に、「脱原発」を決定しても、核廃棄物の処理、既存の原発の廃炉、再生可能エネルギーの供給の確立などの課題が残る。他方、欧州大の「脱原発」を目指して、11年5月25日、オーストリアが主導して、ギリシャ、アイルランド、ルクセンブルク、デンマーク、ラトヴィア、エストニア、リヒテンシュタイン、マルタ、キプロス、ポルトガルと「反原子力同盟」を結成した。

【関連項目】新しい社会運動／原子炉過酷事故／緑の党
【参考文献】シュラーズ、ミランダ・A.『ドイツは脱原発を選んだ』岩波書店、2011年／本田宏・堀江孝司編著『脱原発の比較政治学』法政大学出版局、2014年／若尾祐司・本田宏編『反核から脱原発へ』昭和堂、2012年 〔木戸衛一〕

## 田中正造の平和思想
peace thought of Tanaka Shozo

田中正造（1841～1913年）は、足尾銅山事件で農民の味方として奮闘したことで有名である。衆議院議員であった田中は、農民の請願などが時の政府に受け入れられないと知ると議員を辞職して、天皇への直訴を試みたりもした。このような田中を支えていたのは、不当な権力に対する抵抗の思想であるとともに、平和の思想であった。田中の平和思想は必ずしもまとまった形では展開されていないが、日露戦争前後から陸海軍全廃の非戦論をとっていたことは確かとされる。たとえば彼の書簡には、「畢竟小生の主義は無戦論にて、世界各国皆陸海軍全廃を希望し且つ祈るものに候」といった言葉が書かれていたし、そのような考えを各地の講演などでも説いた。また、彼の平和思想がラディカルな非暴力抵抗主義に支えられていたことは、「戦うべし。戦うに道あり。腕力殺伐を以てせると、天理によりて広く教えて勝つものとの二の大別あり。予は此天理によりて戦うものにして、斃れても止まざるは我道なり」といった言葉にも示されている。田中が、どうしてこのような平和思想を持つに至ったかは必ずしも明らかではないが、中江兆民や内村鑑三などにみられる非戦平和思想を田中もキリスト者として受け入れ継承したものと思われる。

【関連項目】内村鑑三の非戦論と平和思想／中江兆民の平和思想 〔山内敏弘〕

## 多文化主義 multiculturalism

個々人のアイデンティティや帰属意識と国民統合の論理とは常に調和するとは限らない。フランス革命後の国民国家（nation state）の理念においては、ひとつの民族（nation）がひとつの国家（state）を持つべきであるというウィルソン流の「一民族一国家」が謳われてきたが、ほとんどすべての国家において、それは幻想にすぎない。そもそも通常、国民国家は複数の民族やエスニシティ（ethnicity）を基盤にし、またそれを横断して存立している場合がほとんどであり、しばしばある民族が一部のエスニック集団を抑圧・差別・排除することによって成立している。日本のように「単一民族国

家」の幻想が広がりやすい国においても，特にこの歴史的事実を確認しておく必要がある。

多文化主義とは，これら多数のエスニック・アイデンティティの存在を前提に国民統合を考える思想的立場であり，また政策概念である。たとえば，米国のヒスパニック系住民やフランスにおけるムスリム系住民などの移民，スペインのカタロニアやバスク，英国のウェールズ，カナダのケベックなどの少数派「民族」，オーストラリアのアボリジニやニュージーランドのマオリ族のような先住民など，これらの少数者集団にとって，集団がもつ「差異への権利」は，それが属する国家でそれまで少数者であることによって不利益を被ってきた個人が平等な権利を享受する上で極めて重要な権利である。オーストラリアやカナダ，スウェーデンなどでは，1970年代より公式の国家政策として導入されてきた。

しかし，当該の文化集団やエスニック集団の権利を集団として認めることは，しばしばその内部にさらに個別の文化的・宗教的なアイデンティティが存在するという事実を無視することにつながる場合がある。特に「個人化（individuation）」が進むグローバル化時代にあって，文化的，宗教的アイデンティティは，厳密には個々人によって差異が存在することは自然なことであり，それを「文化」や「エスニック集団」として本質主義的に固定化することが新たな権利侵害をもたらすという批判もある。多文化主義において，常に「文化」概念が争点となる理由のひとつはここにある。

また，近年，特に移民をめぐる問題を契機に，政治的に多文化主義的政策から撤退しようとする政府も見られる。それは個々のエスニック集団が「差異への権利」を要求するに応じて従来の国民統合が脅かされるという不安や危機感も高まるからである。しかし，この国家的統合のためのアイデンティティと個別的アイデンティティは原理的に必ずしも矛盾するわけではない。例えば外国籍であっても事実上の永住権を持つ「デニズン（denizen）」概念などに見られるように，コスモポリタンな市民権（citizenship）概念を導入することにより，多層的なアイデンティティと新しい「国民」の概念の可能性も展望可能となる。

【関連項目】　永住市民権説／国民国家
【参考文献】　テイラー，チャールズほか（佐々木毅・辻康夫・向山恭一訳）『マルチカルチュラリズム』岩波書店，1996年／デランティ，ジェラード（佐藤康行訳）『グローバル化時代のシティズンシップ』日本経済評論社，2004年／メルッチ，アルベルト（新原道信ほか訳）『プレイング・セルフ』ハーベスト社，2008年

〔佐々木寛〕

## ダムダム弾禁止宣言
### Declaration on Expanding Bullets

ダムダム弾は，弾丸の先端が軟らかいため，命中すると弾頭が変形し，大きな破壊力を有する銃弾である。人間に対して使用すると，人間の体内で弾頭が大きく変形・爆発するなどして多大なダメージを与え，また弾頭が体内にとどまる可能性が高い。ハーグ万国平和会議において，このダムダム弾禁止が訴えられた主たる論拠は，それが不必要な苦痛を与えることであった。

インドでダムダム弾を製造していたイギリスは，ダムダム弾は他の銃弾と変わりない通常の銃弾であると繰り返し主張したが，賛同が広がることはなく，1899年，ハーグ万国平和会議においてダムダム弾の使用を禁止する本宣言が採択された。この宣言採択によって，サンクト・ペテルブルグ宣言前文において明記された不必要な苦痛を与える兵器禁止の原則が改めて確認された。

【関連項目】　サンクト・ペテルブルグ宣言／ハーグ万国平和会議

〔足立研幾〕

## ダルフール国連・AU合同ミッション
(UNAMID)　African Union/United Nations Hybrid Operation in Darfur

　2003年以降激しさを増したダルフール紛争について、国連とアフリカ連合（AU）の仲介により06年5月にスーダン政府と反政府勢力SLM/A一派との間でダルフール和平合意（DPA）が成立。これを受け、AUはミッション（AMIS）をダルフールに展開することを決定。07年7月31日には国連安保理が決議第1769号によってAMISを中心とした史上初のAUとの合同ミッションUNAMIDを設置した。UNAMIDの主な任務は文民の保護や人道支援のための安全確保、DPAをはじめとする合意の履行支援及び停戦監視、包括的政治プロセスの支援、人権保障及び法の支配の促進など多様である。UNAMIDは本部をエル・ファーシルに置き、ミッションを統括する特別代表も国連・AU共同特別代表としている。ただし、UNAMIDは当初より必要要員数の確保や要員の装備・訓練不足が指摘されるなど、課題も多い。

【関連項目】　国連平和維持活動（PKO）／ダルフール紛争
〔井上実佳〕

## ダルフール紛争　conflict in Darfur

　スーダン西部ダルフール地方では、1980年代より反政府勢力による武装闘争やアラブ系・アフリカ系住民間の対立、衝突が頻発した。2003年以降、スーダン人民解放運動・軍（SLM/A）や「正義・平等運動」（JEM）などアフリカ系反政府勢力による反政府武装蜂起と、スーダン政府軍の空爆及び同政府に近いアラブ系民兵「ジャンジャウィード」（Janjaweed）によるアフリカ系住民への無差別殺戮、略奪、暴行、迫害が発生した。犠牲者は約30万人、難民・国内避難民は約250万人とも言われる（国連推計）。国連はダルフールを「世界最悪の人道危機」と称し、ダルフール国連・AU合同ミッション（UNAMID）をはじめ複数のミッションを展開した。さらに、09年3月4日、国際刑事裁判所（ICC）予審裁判部が人道に対する罪と戦争犯罪の容疑でスーダン共和国のバシール大統領の逮捕状を発付。10年7月12日には集団殺害罪の容疑と逮捕状が追加された。

【関連項目】　スーダン内戦／ダルフール国連・AU合同ミッション（UNAMID）
〔井上実佳〕

## 弾道弾迎撃ミサイル（ABM）
anti-ballistic missile

　弾道ミサイルを迎撃するためのミサイル。1950年代から開発が開始されたが、当時の技術では弾道ミサイルに正確に命中させることは困難であったことから、核弾頭を搭載し、核爆発から生じる放射線等により核弾頭の無力化を目指したものである。米国は、75年10月から大気圏外で迎撃するスパルタン（Spartan）及び大気圏内で迎撃するスプリント（Sprint）の2種類の迎撃ミサイルから構成されるセーフガード（Safeguard）システムの運用を開始したが、多弾頭化されたソ連の弾道ミサイルに有効に対処できないこと、自国領域内で核弾頭を爆発させた場合レーダーが使用不能になることなどから、76年2月には運用を中止した。ソ連は、62年からモスクワ周辺にガロッシュ（Galosh）迎撃ミサイルの配備を始め、72年から運用を開始した。その後も改良を重ね、95年からは核弾頭搭載型のゴーゴン（Gorgon）及びガゼル（Gazelle）の2種類の迎撃ミサイルを使用するA135システムの運用を開始した。

　72年10月にABM制限条約が発効したことにより、米国では核弾頭搭載型のABMの開発は衰退していくが、核弾頭を使用せず弾道ミサイルを無力化する研究は続けられ、83年3月に発表された戦略防衛構想（SDI）に繋がっていく。SDIは、宇宙空間にレーザー衛星を配備するなど多額の費用を要する上、当時の技術では実現が疑わしいこと、さらには冷戦の終結など

により，93年5月には正式に廃棄された。クリントン政権は，米国の海外展開部隊，同盟国及び友好国を防衛するための戦域ミサイル防衛（TMD）と本土ミサイル防衛（NMD）を区別し，前者を優先事項とした。2001年5月，ブッシュ政権はTMDとNMDを統合しミサイル防衛（missile defense; MD）として推進していくことを発表するとともに，02年6月にはMDの開発及び配備を制限しているABM制限条約から正式に脱退した。

【関連項目】 大陸間弾道ミサイル（ICBM）／弾道弾迎撃ミサイル制限条約（ABM制限条約）
【参考文献】 金田秀昭『BMDがわかる』イカロス出版，2008年／能勢伸之『ミサイル防衛』新潮社，2007年　〔小倉康久〕

### 弾道弾迎撃ミサイル制限条約（ABM制限条約） Treaty between the United States of America and the Union of Soviet Socialist Republics on the Limitation of Anti-Ballistic Missile Systems（ABM Treaty）

正式名称は「弾道弾迎撃ミサイルシステムの制限に関するアメリカ合衆国とソビエト社会主義共和国連邦との間の条約」である。

米ソ（ロ）間で弾道弾迎撃ミサイル（ABM）システムの展開を禁止する条約で，1972年5月に署名，同年10月に発効し2002年6月に失効した。

条約のきっかけは，冷戦期における米ソ間の戦略兵器開発競争で，核開発では米国が先行したのに対し，弾道ミサイル開発ではソ連が先行した。1960年代後半，米ソは大陸間弾道ミサイル（ICBM）と潜水艦発射弾道ミサイル（SLBM）の数でほぼパリティ（均衡）が成立する一方，弾道弾迎撃ミサイル（ABM）ではソ連が先に配備を開始した。

これらを背景に69年に米ソで戦略兵器制限交渉（SALT）が開始された。核戦争の防止のため攻撃力よりも防御を制限し，両国とも相手の第2撃に対する防御を脆弱な状態にすることで，第1撃の動機を減らすという相互確証破壊（MAD）理論を取り入れ，ABMシステムを制限する交渉が始まり，72年5月のニクソン米大統領の訪ソ時に署名された。

条約の1条で両国は領域防衛のためのABMシステムを展開しないことを約束し，国土全体をカバーするABMシステムの展開が禁止されたが，例外的に3条で両国は首都防衛用1ヵ所とICBM基地防衛用1ヵ所にABMシステムの展開が認められ，展開地域の範囲や配備しうるミサイル，レーダーの数的・質的な制限が規定された。

当時ABMシステムが実際に展開されていたのは，ソ連では首都防衛用の1ヵ所，米国ではICBM基地防衛用の1ヵ所だけだったため両国は74年7月，条約の議定書を締結し，展開地域をそれぞれ2地域から1地域に制限することに合意した。米国はその後ICBM基地のABMシステムを一方的に解体した。

しかし83年，レーガン米大統領は宇宙空間に弾道ミサイル防衛（BMD）システムを展開し，レーザー兵器などでソ連のICBMを発射直後に破壊する戦略防衛構想（SDI）を提唱し，ソ連はABM条約違反だとして反発した。さらに2001年12月，ブッシュ米大統領は，様々な脅威に対抗するミサイル防衛の必要性を強調し，ABM条約はその妨げになるとしてロシアに条約からの脱退を通告し，02年6月に失効した。

【関連項目】 戦略兵器制限交渉（SALT）／相互確証破壊（MAD）／ロシアの核戦力
【参考文献】 黒澤満編著『軍縮問題入門（第4版）』東信堂，2012年　〔水本和実〕

### 単独行動主義 unilateralism

単独行動主義とは，多国間での協力関係を意味する多国間主義と対比され，一国による一方的，単独的な行動を意味する言葉で，最近ではG.W.ブッシュ政権の外交を特徴づける際に用

いられた。同政権は，ABM条約からの離脱表明や国際刑事裁判所設立条約署名拒否など多国間協力枠組が国益に反すると判断した場合には否定的態度をとり，2003年3月のイラク攻撃開始の際には国連安保理決議を経ることなく自国主導による軍事力解決を求めた。

アメリカ外交の歴史的展開のなかでは，単独行動主義と多国間主義とが交錯してきたが，建国期から19世紀後半までは，モンロー宣言にみられるように，諸外国との同盟関係は持たず，対外行動の自由を確保する単独行動主義的な政策の維持がアメリカ外交の伝統であった。その時期の米指導者には国益のためにヨーロッパの勢力均衡を利用するなど発展途上にある自国の存在位置と力の限界への現実主義的な認識があったが，G.W.ブッシュ政権にはこうした相対的認識が欠如していた。

【関連項目】　多国間主義／モンロー宣言　　　〔藤本博〕

## 治安維持法
Maintenance of the Public Order Act

1925年に，普通選挙法成立と日ソ基本条約締結に伴う社会主義運動の盛りあがりに対抗するため，国体変革や私有財産制度否認を目的として結社を組織した者や当該結社の事情を知りながら加入した者（党員等）を取り締まるために制定された法律。28年には緊急勅令で，国体変革の活動の最高刑を死刑とし，さらに，「結社の目的遂行のためにする行為」を目的遂行罪として罰するとしたことから，その者の主観や目的意識ではなく，その者の行為が客観的に結社の目的遂行のためだと当局が判断すれば犯罪となり，取締対象が著しく拡大した。41年には予防拘禁の制度を設け，非転向者等を「再犯のおそれ有り」という警察の判断で拘禁できるようにした。戦後も日本政府は同法を廃止する意思を持たず，GHQの「自由指令」（45年10月4日）を受けて廃止された。

同法は特定の思想・目的を持つ結社を取り締まることから出発し，秘密警察・思想警察を正当化することとなった。しかし合法な言動まで控えようとする萎縮効果を生み，スパイを党組織に送り込み運動の過激化，民衆の支持減退，組織分裂，内ゲバ等を生む可能性も拡大した。また，警察による恣意的運用と相まって，取締対象も社会主義，民主主義，自由主義，平和主義の思想の持ち主，宗教団体，研究者等へと拡大。このように，特定の結社，思想，表現行為を法で取り締まることが，自由な社会全体を破壊する危険性を持っていることを示している。

〔河上暁弘〕

## 治安部門改革（SSR）　security sector reform

主に国軍や警察組織に代表される国家の治安部門組織について，国民の安全を第一と考えるような組織改革を民主的な形式で実現するための一連の取り組みのこと。治安部門改革は，暴力的紛争が原因で疲弊した国家の再建に際し，紛争当事者間の和平合意後に国家制度を改革の一環で実施される平和構築活動の一環として捉えられる傾向がある。内戦や地域紛争を経験した国家においては，国軍は他の武装集団とともに紛争当事者となる場合も珍しくない。和平合意後の国家建設の初期段階においては，国家と社会を再構築するあらゆる制度化が求められるが，治安維持のための制度構築は何よりもまず実施に移さなければならない不可欠な事業である。紛争後国家における国民がいち早く安全を享受できる持続可能な平和社会の構築こそが，治安部門改革の狙いである。

改革すべき治安部門は単に軍や警察にとどまるものではない。この場合の治安部門の範疇には，法執行部門，インテリジェンス・サービス，国境警備部門，税関など多様である。特に，国家による国民に対する暴力的な行為を抑制するために，法執行部門が治安部門の監督と，国家の違法行為に対する制裁を実施できる仕組作りが重要と考えられている。また，組織構造

自体の改革だけではなく，組織に携わる人員が獲得すべき理念やマネージメント能力の構築も視野に入れられる。そのため，適切なスキルと民主的思考を兼ね備えた人材の育成も，治安部門改革の重要な要素となっている。

　治安部門改革は，現代の国連平和維持活動にとっても重要な課題として捉えられており，その職務権限にも含まれることが当然となっている。また，治安部門改革は，安全保障上の課題としてだけでなく，中長期的な開発の課題とも大きく重なることから，国連開発計画に代表される開発分野の国連機関をはじめ，非政府組織などもそれぞれの立場から積極的にアプローチされる重層的な取り組みにもなっている。

【関連項目】　武装解除・動員解除・社会復帰（DDR）／平和構築
【参考文献】　上杉勇司ほか編『平和構築における治安部門改革』国際書院，2012年　　　　　　〔山根達郎〕

## 地域主義　regionalism

　地域に依拠して，国家の支配や国家間対立を超越した新たな自律的関係をつくろうとする動き，またそれを支持し，推進する考え方。一般に地域は一方で行政当局の決めた範囲の行政区画（area）と，必ずしも行政の区切りに囚われずに変動する民族的・自然的地域（region）に二分できるが，後者の視点を重視しながら前者の区分によって生じる争いや問題を乗り越えていくことが企図される。具体的には，複数の国家間の協力及び統合（EU, AU, ASEAN）など国家間の経済・社会協力を行うことで国家間の争いの原因を除こうとする動き，国家内地域（ミクロ地域）の自立（スコットランド，バスク，カタルーニャ，沖縄）や国境を越えた地域間の協力（EUのユーロリージョン）などがある。

　このように複数の国家からなるヨーロッパやアフリカなどの大地域を指す場合もあれば，国家の下位に存在しつつ国境をまたいだ地域（例えばアルプス＝アドレア地域，環バルト海地域，ドナウ川沿岸地域），そして現行の国内行政単位が自立を求めて行動する場合もあるという具合に，同じ概念を用いながら国際政治と国内政治の異なったレベルのケースがある。

　歴史的に地域主義は国際政治の変動のなかで紆余曲折を繰り返してきた。第二次世界大戦後1958年にヨーロッパの平和構築を謳い欧州経済共同体（EEC：現EU）が，60年のアフリカの年以降多くの国が独立したアフリカでは63年に自らの自立を謳ったアフリカ統一機構（OAU：現AU）が発足するが，冷戦の激化や途上国の経済的困窮から地域を単位に活動する余地は一時減じてしまう。しかし90年代の冷戦体制崩壊後には世界的に地域協力が活況を呈し，EUの拡大及びAUやASEANの再編，国内の地域主義の活発化と同時に，地方自治体間の国際協力も環境，農業などの分野で強化された。例えば57年に創設された世界都市連合（FMCU）は90年には南北間の協力の強化を目的に世界都市連合開発（CUD）へと発展した。

【参考文献】　カッツェンシュタイン，P. J.（光辻克馬・山影彰訳）『世界政治と地域主義』書籍工房早川，2012年／フォーセット，ルイーズ・アンデュール，ハレル編（菅英樹・栗栖薫子監訳）『地域主義と国際秩序』九州大学出版会，1999年
〔大島美穂〕

## 地域的安全保障　regional security

　一般に，複数の国にまたがる一定の領域の秩序と安定を強化する地域的な取り組みを指し，秩序と安定の確保や維持のため，地域の安全保障問題の解決を目指す多国間の努力を地域的安全保障協力と言う。

　地域的安全保障の考え方自体は古くから存在していたものの，注目を浴びるようになったのは第二次世界大戦以降，特に冷戦終焉以降である。古典的な地域的安全保障は，17世紀以降の欧州で見られたように，主に大国間の勢力均衡と協力を通じて大国間の大規模戦争を防止する

ことに主眼を置いていた。

20世紀に入り2つの世界大戦を経て設立された国際連合では，集団安全保障を活用して地域の平和と安全を実現しようとした（地域的集団安全保障）。具体的には国連憲章の第8章の下で，国連の目的及び原則と一致することを条件に，地域的取極の当事国には地域的紛争を安全保障理事会に付託する前に地域的取極によって平和的に解決することを求め（52条2），他方，安全保障理事会も地域的取極による地域的紛争の平和的解決の発展を奨励する（同条3）など，地域による安全保障問題の解決が促されていた。

しかし冷戦中は，米ソ両陣営の二極対立，核開発競争の深刻化，そして核戦争の恐怖などにより，国連憲章で謳われた地域安全保障は十分に機能していたとは言えず，アフガニスタン，アンゴラ，カンボジア，ヴェトナムなど，地域の安全保障問題であっても米ソ両超大国の影響が大きかったのが実情であった。

冷戦後二極体制が崩壊すると，地域安全保障は再び注目を浴びるようになる。世界各地で民族紛争や内戦が頻発したこと，災害救援や海賊対策などの非伝統的安全保障分野への関心が高まったこともあって，地域安全保障と地域による取り組みがより注目されるようになったのである。

【関連項目】 集団安全保障／地域的国際平和・安全保障機構／地域的取極（地域的機関）

【参考文献】 防衛大学校安全保障学研究会『安全保障学入門（新訂第4版）』亜紀書房，2009年／Tow, William T. *et al.*, *Asia's Emerging Regional Order*, United Nations University Press, 2000　　　　　　　　　　　　〔西田竜也〕

## 地域的国際平和・安全保障機構
regional peace and security organization

一般的には，地域の安全保障を維持するために，地理的に限定された加盟国により構成される国際機構を意味する。

地域的安全保障機構の内容は各機構により異なる。例えば，冷戦期には欧州の地域安全保障の維持を目的として設立された北大西洋条約機構（NATO）やワルシャワ条約機構は，伝統的な大国間の勢力均衡に基づき，秩序と安定を維持する側面が強かった。

これに対し，第二次世界大戦後成立した国際連合の下では，集団安全保障の原則を活用して，地域的機関による地域の平和と安全を実現しようとした（地域的集団安全保障）。具体的に国連憲章では，当事国に地域的取極によって平和的に解決することを求める（52条2）一方，安全保障理事会にも地域的取極による地域紛争の平和的解決の発展を奨励している（同条3）。こうした考えの下，米州機構（OAS），アラブ連盟，アフリカ統一機構（OAU）などの地域的機関が設立された。

冷戦後，二極体制が崩壊し，超大国の影響が低下するとともに，内戦や民族紛争が頻発すると，再び地域安全保障機構が重視されるようになる。なかでも，想定される脅威や仮想敵国を含めた信頼醸成措置や多国間の対話といった協調的安全保障に重点を置く地域安全保障機構が注目を浴びた。例えば，ASEAN地域フォーラム（ARF）では，信頼醸成から予防外交，紛争解決への段階的移行を目指し，災害救援等の非伝統的安全保障分野では，具体的な協力も進展した。また，欧州安全保障協力機構（OSCE）では，体制移行期の内戦や民族紛争の予防が期待され，紛争防止センター等の機構化も進んだ。他方で，南シナ海での領有権問題やチェチェン問題等，大国が関与する問題に対しては有効な対抗手段を持ち得ていないとの指摘もある。

【関連項目】 欧州安全保障協力機構（OSCE）／地域的安全保障／地域的取極（地域的機関）

【参考文献】 西村めぐみ『規範と国家アイデンティティーの形成』多賀出版，2002年／防衛大学校安全保障学研究会『安全保障学入門（新訂第4版）』亜紀書房，2009年　　〔西田竜也〕

## 地域的人権条約
regional human rights treaties

　人権に関する条約には国連のような全世界的な機関により採択されたものと，地域的な機関によって締結されたものとがある。人権の概念は普遍的な性格を有しているが，地域的な人権条約は，それぞれの地域の社会的，宗教的，歴史的又は経済的特性をその内容に幾分なりとも反映している。

　欧州人権条約（1950年採択，53年発効）は，政治的伝統，理想，自由及び法の支配についての共通の遺産を有するヨーロッパ諸国の間で世界人権宣言に定められている人権の集団的に実施するために採択された条約である。米州人権条約（67年採択，78年発効）は，米州機構諸国間において個人の自由及び社会正義を西半球において実現するために採択されたものである。アフリカ連合諸国間の「人及び人民の権利に関するアフリカ憲章（バンジュール憲章）」（81年採択，86年発効）は，個人の権利だけでなく人民自決権等の人民の権利をも含んでいる点に特徴がある。アラブ連盟には，アラブ人権憲章がある（2004年採択，08年発効）。東南アジア諸国連合の諸国間では，12年11月に人権宣言を採択したが，人権条約の採択には至っていない。

〔北村泰三〕

## 地域的取極（地域的機関）
regional arrangement/regional agency

　国連の集団安全保障体制は，安全保障理事会を中心とする普遍的なシステムであることを原則としているが，国連憲章52条1項は，国連の目的及び原則と一致する限りにおいて，国際の平和及び安全の維持に関する事項で地域的行動に適当なものを処理するための地域的取極や地域的機関の存在を認めている。特に，紛争の平和的解決においては，安保理による解決の前に地域的取極の活用を優先または奨励している（同2，3項）。他方，地域的取極や地域的機関による強制行動は，旧敵国に対してとられる措置を例外とし，安保理の許可がなければ行うことができないこととされている（53条1項）。また，51条の下での集団的自衛権の行使も安保理の許可は不要である。

　冷戦後においては，アフリカを中心に地域的機関と安保理の間で，地域的な問題の解決における協力・補完関係が模索され，国連と地域的機関の間での定期的な意見交換・調整の場が設けられている。

【関連項目】　国際連合（国連）（UN）／地域的国際平和・安全保障機構

〔山田哲也〕

## 地位協定（SOFA）
Status of Forces Agreement

　地位協定とは，平時において自国軍が外国領土に駐留するとき，自国軍構成員の権利と特権を定め，そしてその受入れ国の国内法の自国軍構成員への適用範囲を定めた取極である。共通の特徴としては，駐留する軍隊構成員への刑事裁判権の規定が盛り込まれている点である。大別して，派遣国が同軍構成員への専属的な刑事裁判権を持つのか，派遣国と受入れ国との間で競合的な刑事裁判権とするのか，となる。ほかに地位協定が対象とするのは，民事裁判権，軍服着用，課税・課金，武器携行，無線周波数使用，免許，関税などに広がる。

　日本では，外国軍隊である米軍が駐留している。その米軍基地と米軍構成員の地位を規律するのが，日米間の相互協力及び安全保障条約（現行）6条に基づき締結された日米地位協定（「施設及び区域並びに日本国における合衆国軍隊に地位に関する協定」）である。現行安保条約に改定される以前は，1952年4月発効の日米安全保障条約3条に基づく行政協定によりその地位は規律されていた。現行の地位協定は，行政協定の内容をほぼ引き継いでいる。

　第二次世界大戦以前までは，平時において外国軍隊が自国内に長期間駐留することは一般的

になかった。戦後米ソ間の冷戦のはじまりにより，米国の同盟国の多くは平時において米軍の駐留を認め，米国との地位協定を締結した。

その代表的な例が，北大西洋条約機構（NATO）加盟国の間で51年に署名された地位協定である。多くの地位協定が二国間であるのに対し，NATOの場合は多国間協定（2007年現在，26ヵ国）となっている。同時に，NATO加盟国の間で個別に二国間補足協定が結ばれ，加盟国軍隊を受け入れている。NATO軍が域外の「平和のためのパートナシップ」参加国（24ヵ国）のアルバニア，ボスニア・ヘルツェゴヴィナ，キルギスなどへ派遣されたとき，受入れ国と個別に地位協定が結ばれた。

米国は，現在，100以上の地位協定を結んでいる。NATO協定以外は，二国間協定である。そのなかに，米国のみが専属的な刑事裁判権（加えて懲戒権）を行使できるとするモンゴルとの地位協定がある。だが，多くは受入れ国との競合的な刑事裁判権の方式をとっている。この場合，①米国と受入れ国が米軍構成員に対する刑事裁判権を持つ，②一方の法令で裁けなく他方の法令で裁くことができるときに他方が専属的に裁判権を持つ，③米国が米軍構成員同士の犯罪と公務中の構成員について第1次裁判権を持ち，受入れ国はそれ以外の犯罪について第1次裁判権を持つ，④第1次裁判権を持つ国は，もう一方の国から裁判権放棄を求められたとき「好意的配慮」を払う，などが基本とされる。

日米の地位協定は，競合的な刑事裁判権の方式である。自衛隊を派遣するために，日本は受入れ国での自衛隊の地位について2003年にクウェート，09年にジブチとの間でそれぞれ取極を交わした。いずれも日本が専属的な刑事裁判権を持つ。

【参考文献】 本間浩ほか『各国間地位協定の適用に関する比較論考察』内外出版，2003年／前泊博盛編著『本当は憲法より大切な「日米地位協定入門」』創元社，2013年／琉球新報社編『日米地位協定の考え方』高文研，2004年　〔我部政明〕

## 地位法（ディアスポラ法）
status law（diaspora law）

地位法（ディアスポラ法）とは，民族同胞国による国外ディアスポラに対する文化的支援，またはディアスポラの民族同胞国への入国の便宜を図るための特別措置を定めた国内法。また，ディアスポラが民族同胞国内に「帰還」して就労したり，就学したり，社会福祉サービスを受けたりする特別権利を定め，ディアスポラに準市民権を保障する国内法でもある。いわゆる帰還法も地位法の一種である。冷戦期には，ドイツ，イタリアなどいくつかの西側諸国で帰還法が施行されたが，ソ連とユーゴスラヴィアが崩壊し，大量のディアスポラが生まれたのをきっかけに，主として旧社会主義国及び新たに分離独立した国で地位法を制定する動きが発生した。ロシアの地位法（いわゆる同胞法）では，ロシアへ「帰還する」者に国籍を付与することを定めたことから，ロシア人のロシアへの「帰還」受入れ促進に繋がった。一方，カザフスタンでは，人手不足の解消策として民族同胞を呼び寄せるために地位法を制定した。地位法によって他国の市民に準市民権を与えたことで国際紛争に発展することもある。例えば，ハンガリーのディアスポラを巡る問題はルーマニアとの間の国際紛争に発展し，ギリシャと国境を接するマケドニア共和国との間では，マケドニア憲法のディアスポラ関連規定を巡って両国の間に国際紛争が発生した。

【関連項目】 帰還法（ドイツ）／ディアスポラ政治 〔吉川元〕

## チェチェン紛争
Chechen Wars/Russia-Chechen Conflicts

ロシア連邦からの独立を求めて，チェチェン独立派がロシア軍と戦った2度の紛争を指す。旧ソ連邦解体期の1991年11月，チェチェン民族

派のジョハル・ドゥダーエフがチェチェン共和国大統領に就任した。93年12月、ロシア政府は反ドゥダーエフ派を支援するため軍隊を投入し、第1次紛争が開始された。ロシア軍とチェチェン独立派との激しい戦闘が続いたが、96年8月末に共和国の地位を2001年まで先送りするというハサヴユルト合意に調印し、停戦した。

1997年1月に軍事司令官だったアスラン・マスハドフが大統領に選出された。マスハドフはロシアとの関係正常化を試みたが、バサエフら独立派武装勢力の一部はそれに賛同せず、99年8月、イスラーム国家を樹立する目的で隣接するダゲスタン共和国に侵入した。ロシア軍も応戦し第2次紛争が始まった。ロシア軍の掃討作戦に対し、独立派武装勢力はテロで応戦した。2002年モスクワ市劇場占拠事件や04年北オセチア・ベスラン市の学校占拠事件では多数の犠牲者を出した。09年4月、ロシア政府は武装勢力の掃討作戦の終結を宣言した。

【関連項目】エスニック紛争／テロリズム／民族自決

〔野田岳人〕

## 地下核実験　underground nuclear test

広島・長崎への原爆投下以降、核兵器開発国の多くは大気圏内（地表面）における核爆発実験を繰り返し実施してきた。しかし1954年の米国によるビキニ環礁での核実験によって第五福竜丸事件が発生したことから核実験の規制が進展することとなった。63年になって部分的核実験禁止条約（PTBT）が締結され、大気圏内、宇宙空間及び水中における核実験の禁止が実現した。しかし、地下における核実験を全面的に禁止する条約は成立しておらず、74年の平和目的地下核実験制限条約及び76年の平和目的地下核爆発条約により、150kt以上の核実験を禁止することが米ソ間で合意された。

しかしその一方で、世界各国からの非難を受ける核爆発実験を避けるため、核兵器先進国（米英仏ソ中の5ヵ国）はこれまでに実施した膨大な回数の核爆発実験データを駆使してのコンピューターシミュレーションへと方針転換していった。現在のところ、96年にフランスと中国が実施した爆発実験が、先進国によるものとしては最後の爆発実験となっている。PTBT及び核不拡散条約（NPT）により、先進国以外の国々の核兵器開発は事実上困難になった反面、コンピューター実験による新型核兵器開発が野放しにされている状況に、一部の新興国から不満の声が寄せられている。北朝鮮は地下核実験を2006年以降数度にわたり実施した。インドとパキスタンも1998年に地下核実験を実施し、戦後数十年かけて構築されてきた核兵器不拡散体制（NPT体制）に悪影響を与えた。

地下を含むあらゆる場所における新たな核爆発実験を阻止するために国際社会は96年、包括的核実験禁止条約（CTBT）を締結したが、米国・中国等が批准していないため、発効の見通しは立っていない。

【関連項目】核実験／部分的核実験禁止条約（PTBT）／平和目的地下核実験制限条約（PNET）／包括的核実験禁止条約（CTBT）

【参考文献】河合智康『核実験は何をもたらすか』新日本出版社，1998年／黒澤満『核軍縮入門』信山社，2011年〔城秀孝〕

## 力による平和　peace through strength

古典的なリアリストの国際政治の見方を表象する考え方である。

国際社会には共通の権力が存在せず、アナーキー状態が支配している。そのため国際政治の舞台は必然的にパワーを巡る対立と闘争の場と化すのである。したがって国際政治ではパワーは最終的に軍事力の行使に帰せられるので、この軍事力の獲得・保持・拡張によって国家の安全と独立を維持し、そして国際平和の実現に資するということになる。

このように国際社会を権力闘争と捉え、パワーとしての軍事力を重視し、国際社会の安定を目指す理論的系譜には、大国中心のバラン

ス・オブ・パワー（勢力均衡）理論や核兵器の登場による核抑止理論が存在する。いずれの理論も軍事力中心であり，そのなかに軍拡システムが構造的に内包され，潜在的戦争システムとしての側面を持っていることを忘れてはならない。

【関連項目】 核抑止／権力政治（パワー・ポリティクス）／勢力均衡 〔臼井久和〕

### 地球温暖化問題 global warming

石油や石炭といった化石燃料の過剰使用をはじめとする産業革命以降の人間活動を主な原因とする，大気中の温室効果ガス（Green House Gas; GHG）の増加により，地球の平均気温が上昇する現象を地球温暖化と呼ぶ。GHG自体は地表面の温度維持に重要な役割を果たしており，地上に到達した太陽エネルギーが再び赤外線として宇宙に放出される際に，その一部を吸収し，再び放出することで，地球表面の平均気温を約14℃に保っており，この効果がなければその気温は−19℃にまで低下するとされる。

大気中の二酸化炭素の濃度は，産業革命前の約280ppmから2015年の約400ppmへと1.4倍に増加しているとされる。13年に気候変動に関する政府間パネル（IPCC）が発表した第5次評価報告書（AR5）によると，地球の表面温度は1880〜2012年の間に0.85℃上昇しており2100年における地球表面の平均気温は（1986〜2005年比で）最大4.8℃上昇すると予測されている。気温の上昇は，洪水や干ばつ，巨大ハリケーン，熱波，森林火災など異常気象の増加だけでなく，氷河の融解や海水の膨張による海水面の上昇，多くの野生生物の絶滅を引き起こし，食糧や水不足が発生すると予測されている。一方で，北極の氷の融解により，北極海の資源と北極海航路の権益にも国際的な注目が高まっている。

このような地球温暖化問題の解決のため，1994年に大気中の温室効果ガス濃度を安定化させることを目標とした「気候変動枠組条約」が発効，2005年には先進国の温室効果ガス排出量について法的拘束力のある数値約束を各国毎に設定した京都議定書が発効した。IPCCは，産業革命前と比べ地球表面の年平均気温の上昇を2℃以内に抑え環境の激変を回避するには，世界の温室効果ガスの排出量を2050年の段階で2010年比40〜70％削減し，2100年にはほぼゼロかマイナスにしなければならないと指摘している。

【関連項目】 エネルギー問題／気候変動に関する政府間パネル（IPCC）／気候変動枠組条約（UNFCCC）／京都議定書
【参考文献】 ゴア，アル（枝廣淳子訳）『不都合な真実』ランダムハウス講談社，2007年／IPCC, Fifth Assessment Report, Cambridge University Press, 2014 〔小倉亜紗美〕

### 地球環境問題
global environmental issues/problems

地球環境問題は，地球全体又は広範な部分に影響する環境問題，あるいは発展途上国など一部地域の問題であっても，国際協力を必要とする環境問題であるとされる。1990年の『環境白書』は，地球温暖化，オゾン層破壊，酸性雨，森林（熱帯林）の減少，砂漠化及び土壌侵食，野生生物の種の減少，海洋及び国際河川の汚染，化学物質の管理と有害廃棄物の越境移動，発展途上国の環境汚染を地球環境問題として挙げ，相互に絡み合うこれらの問題群の根本原因は，人間活動の量的拡大，質的変化による地球生態系への過大な負荷にあると指摘した。

また地球環境問題は80年代後半に注目が集まり，様々な国際レジームが形成された。87年にはオゾン層破壊物質に関するモントリオール議定書が採択され，88年には気候変動に関する政府間パネル（IPCC）が設置されている。

2012年に国連環境計画（UNEP）が公表した『地球環境概況第5次報告書』では，気候変動，森林の消失，水不足，生物種の絶滅など環境悪化が継続し，早急な対応が必要であることを指

【関連項目】　国連環境計画（UNEP）／地球温暖化問題
〔横田匡紀〕

## 地球市民社会　global civil society

　地球市民社会（グローバル市民社会）は，1990年代以降，市民社会がグローバル化したとの認識の下に登場した概念である。市民社会は，国家や市場の原理と異なり，個人の価値観や一般の人々の考え方に基づきなされる主張や活動領域の総称である。20世紀後半，国家や経済領域がグローバル化したことに伴い，市民社会活動領域もまたグローバル化した。現在では，世界市民やトランスナショナル市民社会といった用語も類義語として用いられている。

　地球市民社会の学問的淵源は，社会学や政治学における市民社会論，社会運動論，NGO・NPO論，政治過程論，国際関係論などに辿ることができるが，むしろ20世紀後半の戦争や紛争など国家中心の政治のロジックが引き起こす緊張と惨禍，資本主義的な経済発展を追求した結果の格差と不平等，産業発展がもたらす環境破壊など，グローバルな問題の発生に異議を唱える市民活動が収斂した結果，生み出された概念とも言える。

　地球市民社会活動には，反戦平和，暴力，人権，女性と子ども，地球温暖化，貧困，労働者，移民，国際開発協力，人道的介入などのイッシューで展開する国際NGO活動とグローバルに展開する社会運動が含まれる。

【関連項目】　市民運動／市民社会／非政府組織（NGO/NPO）
〔野宮大志郎〕

## チキン・ゲーム　game of chicken

　ゲーム理論におけるチキン・ゲームとは，関係主体が個別利益を追求する結果，集団全体にとって不合理な事態が発生しかねない戦略状況を指す。

　図に示したとおり，ゲームのプレイヤー（XとY）は，それぞれCとNCという戦略を持ち，戦略の組み合わせの結果として発生する4つの事態において特定の利得を得る（例えば，XがNC，YがCを選択することによって発生するアウトカムにおいてXは利得4，Yは利得2を得る）。

|   |   | Y | |
|---|---|---|---|
|   |   | C | NC |
| X | C | 3, 3 | 2, 4 |
|   | NC | 4, 2 | 1, 1 |

　このゲームにおいて，囚人のディレンマ・ゲームと同様に，両者がNCを選択する事態と，両者がCを選択する事態とを比べるならば，いずれのプレイヤーにとっても後者のほうが望ましい。その一方で，囚人のディレンマ・ゲームとは異なり，いずれか一方のプレイヤー（例えばX）がNCの選択にコミットすることができるならば，相手（Y）にとっての合理的な選択はCであるから，結果的にXにとって最善の事態（XのNCとYのCという戦略の組み合わせがもたらす事態）が起こる。ここでは，行動の選択肢の幅を広げるのではなく，あえて狭めることが，好ましい事態の実現に繋がる。

　このゲームは，核保有国が互いに相手に譲歩を強要しようとする交渉の局面などを分析する際に有用である。

【関連項目】　ゲーム理論／囚人のディレンマ　〔石田淳〕

## 地層処分　geological disposal

　地層処分は，使用済燃料を再処理した際に発生する高レベル放射性廃液をガラスと混ぜて固化した高レベル放射性廃棄物，さらに再処理施設及びウラン・プルトニウム混合酸化物燃料（Mixed Oxide; MOX燃料）加工施設の操業に伴い，使用済燃料中に存在するTRU核種（ウランよりも原子番号が大きい核種）や核分裂生成物が付着する等して汚染されたTRU廃棄物のうち，放射能レベルの高いものを処分する方法である。これらの放射性廃棄物は，放射能濃度が高く，かつ長寿命放射性核種を含んでお

り，それらが漏出して人間の生活環境に影響を及ぼすことがないように，廃棄物を囲む多重の容器や防護壁などのバリアを設けた上で，地層が本来的に持つ物を閉じ込める力を利用するため，地表から数百mより深い安定した地下に埋設する。日本では，高ガラス固化体をオーバーパックと呼ばれる分厚い金属容器に密閉し，さらにその周りをベントナイトという粘土で覆い（3重の人工バリア），最後に地下数百mの岩盤でこれを遮蔽する（天然のバリア）という方法が考えられている。なお，使用済燃料の直接処分を採用している欧米では，燃料棒をキャニスタに詰めて埋設処分する計画である。

【関連項目】　核種／高レベル放射性廃棄物（HLW）／混合酸化物燃料（MOX燃料）／再処理／使用済燃料貯蔵／放射性廃棄物／放射性廃棄物の処理・処分　　〔田崎真樹子〕

## チベット問題　Tibet issue

チベット問題は，中央チベットの主権者であるダライ・ラマ14世が1959年に中国共産党政権下のラサを脱出し，北インドに亡命政府を樹立して以来今日まで，中国との間で「チベットの地位」を巡る係争を続けている問題である。当初，11万人に上る亡命チベット人たちは中国からの分離独立を掲げ，ヒマラヤ山中ではCIAの支援を受けたゲリラ部隊も活動していた。だが，72年のニクソン訪中によって米中関係が改善すると，武装闘争による独立達成の望みは絶たれてしまう。

88年，鄧小平が主導する改革開放の進展を受け，欧州議会で演説したダライ・ラマは，チベット全体を「平和と非暴力の非武装中立地帯」とする代わりに，軍事と外交を中国政府に委ねるという提案を行った。独立を事実上放棄し，非暴力と対話によって問題解決を図るとするこの提案は，チベット域内における中国の主権を大きく損ねるものと受けとめられ，中国側の譲歩を引き出すには至らなかった。また，亡命社会の内部からも，学生や知識人を主体とする独立派から「現実的ではない」という非難を浴びた。

だが，仏教の「不殺生戒」を基幹とするダライ・ラマの非暴力思想は，翌年のノーベル平和賞受賞を経て，民主化や人権問題，さらには自然保護といった国際社会が共有すべき普遍的価値に合致するものとして受け入れられ，これ以降のチベット問題は，単なる一国内の領土問題ではなく，欧米諸国を主体とする国際社会の普遍的な関心事を反映する重要な指標としての性格を持つようになった。

これに対し中国政府は，チベット問題で非難を浴びるたびにダライ・ラマを誹謗中傷し，厳しい宗教統制によって国内チベット人の民族主義運動を抑制しようとしてきた。だが，2008年に起こった全チベット規模の民族蜂起と，それに続くチベット各地での焼身抗議に見られるように，運動の主体はすでに亡命社会側から中国領内のチベット社会へと遷移しており，その背後には一向に進展しないダライ・ラマの帰還交渉に対する国内チベット人の焦りと閉塞感が色濃く反映されている。

【関連項目】　中国の民族問題
【参考文献】　別所裕介「チベット問題をめぐる宗教と政治」櫻井義秀ほか編著『社会参加仏教』北海道大学出版会，2015年
〔別所裕介〕

## 地方分権一括法　Omunibus Decentralization Act

戦前以来の中央集権システムを改革して，国と地方の関係を上意下達から対等・協力の関係に組み替えるため，地方自治法など475本の法律を一括して改正した法律。正式名称は「地方分権の推進を図るための関係法律の整備等に関する法律」。2000年施行。

1993年の衆参両院の地方分権決議を受けて制定された地方分権推進法（95年）により地方分権推進委員会が設置され，5次にわたる勧告が

なされたものを一括して立法化した。改革内容は，明治地方制度創設期から国の統治の根幹を形づくってきた機関委任事務制度を廃止して，事務処理に対する国の指揮監督関係を止めることで自治体の自由度を高める，国の関与について国と自治体の間に争いがあるときの第三者機関による係争処理の制度化，条例制定権の拡大など極めて多彩である。これらの改革によって，「高齢化社会への対応」力を高め「多様で個性豊かな社会の実現」が目指されている。

政府は，2010年以降に「地域の自主性及び自立性を高めるための改革の推進を図るための関係法律の整備に関する法律」（第1次一括法〜第5次一括法）についても「地方分権一括法」と呼んでいる。　　　　　　　　　〔辻山幸宣〕

## チャド内戦　Chadian civil wars

チャドは，国土の北部にイスラーム教徒が集中する一方，南部にはキリスト教徒が居住するなど，社会の異質性が高い。1960年の独立後，南部出身のトンバルバイエが大統領に選出されたが，南部人への権力集中と強権化への反発から北部でチャド民族解放戦線（FROLINAT）が武装蜂起した。75年にトンバルバイエ政権がクーデタで崩壊した後，政治の主導権は軍事力に優る北部勢力に移った。FROLINATはグクーニ派とハブレ派に分裂し，それぞれをリビアとフランスが支援するなかで内戦が激化したが，82年ハブレ派が軍事的勝利を収めた。しかし，80年代末になると，ハブレ派有力軍人でありながら離反した北部ザガワ人のデビィが，スーダンとリビアの支援を得て武装闘争を開始し，スーダン国境地域から救済愛国運動（MPS）を率いて攻め上がり，90年末に首都を制圧した。デビィはその後，何度かの国内紛争を経験しつつ，執筆時点（2015年）まで政権維持に成功している。

【関連項目】　サブサハラ・アフリカの紛争　　〔武内進一〕

## 中印国境紛争　Sino-Indian border conflict

1962年に起きたインドと中国の国境地帯での武力衝突。中印戦争とも呼ばれる。47年に独立したインドは，49年に成立した中華人民共和国が50年にチベットに軍事侵攻すると，国境線を巡って対立した。インドは14年に英国・チベット間で確定した国境線（マクマホン線）が国境だとし，中国はそれを認めなかった。59年にチベットの指導者ダライ・ラマ14世がインドへ亡命後，国境地帯での武力衝突が頻発したが，62年10月20日，中国軍がインドに大規模な軍事攻撃を行い，各地でインド軍を破ってマクマホン線以南に侵入すると，インドは11月14日，米国に武器供与などを求めて米印軍事援助協定に署名した。これに対し，中国は11月21日に声明を発表し，22日からの自主的な停戦とマクマホン線から20km以北への後退を宣言して実行した。その後も国境は確定しないまま今日に至っているが，インドはこのときの経験などから中国の脅威に備えるため核開発に乗り出したと言われる。

【関連項目】　インドの核開発／チベット問題　〔水本和実〕

## 中越戦争　Sino-Vietnamese War

中越戦争とは，1979年1月に米中国交正常化を果たした中国が，翌2月から約1ヵ月にわたり，「懲罰」のためとして，ヴェトナムに侵攻した戦争を指す。

中越関係の悪化は，ヴェトナム戦争最中の71年，ソ連を共通の敵として，毛沢東治世下の第三世界を支持する中国が，アメリカとの関係改善を示したことに始まる。ヴェトナムにとって米中接近は中国の背反行為であり，75年に南北統一を果たしたヴェトナムは，ソ連への依存度を強めていく。

76年の毛死後の中国国内の変化にかかわらず，ソ連を後ろ盾とするヴェトナムと，毛沢東主義を掲げるカンボジアのポル・ポト派との国境紛争が生じ，中越関係は悪化の一途をたど

る。ポル・ポト派の恐怖政治を非難するヴェトナムは，ヘン・サムリンを支持してカンボジアに侵攻し，79年1月にプノンペンを制圧した。対する中国は，限定的戦闘としてヴェトナムへ侵攻したが，背後のソ連に対抗した，社会主義国内部の戦争であった。

【関連項目】毛沢東主義　　　　　　　　〔飯塚央子〕

## 中央アジア非核兵器地帯条約（CANWFZ）
Treaty on a Nuclear Weapon Free Zone in Central Asia

旧ソ連の一部だった中央アジア5ヵ国（ウズベキスタン，カザフスタン，キルギス，タジキスタン，トルクメニスタン）で構成する非核兵器地帯条約で，2006年9月8日に署名，09年3月21日に発効した。当初，条約に非協力的だった5核兵器国も14年5月6日，付属議定書に署名している。

条約の主な特徴は①北半球で初の非核兵器地帯条約であること，②かつて核兵器が配備されていた国（カザフスタン）が含まれていること，③内陸国のみで構成され海を含まないこと，④カザフスタンのセミパラチンスク核実験場など，旧ソ連の核関連活動による環境汚染で受けた被害について，5ヵ国が相互に支援する条項を設けたことなど。

条約交渉のきっかけは，97年2月にカザフスタンで開かれた中央アジア首脳会談。ウズベキスタン，カザフスタン両国の大統領が交渉を積極的に進め，国連アジア太平洋平和軍縮センターも支援し，成立にこぎつけた。

【関連項目】非核兵器地帯　　　　　　　〔水本和実〕

## 中距離核戦力条約（INF 条約）
Intermediate-range Nuclear Forces Treaty (INF Treaty)

米国及びソ連により1987年12月8日に署名され，88年6月1日に発効した条約であり，正式名称は「中射程及び短射程ミサイルの廃棄に関するアメリカ合衆国とソヴィエト連邦の間の条約」。北大西洋条約機構（NATO）がいわゆる「二重決定」（79年12月）で，SS20中距離弾道ミサイルの撤去に応じないソ連に対抗して米国によるINFの配備を決定した後，米ソ間の正式な交渉は81年9月に開始された。条約では，米ソ核軍備管理上初めて，特定の兵器体系に限られるものの，射程500〜5500kmの地上発射型の弾道ミサイル及び巡航ミサイル（弾頭の種類は問わない）を全廃すること，並びに条約の履行状況を確認するために現地査察を含む詳細かつ侵入度の高い検証措置を実施することが条約に規定された。期限の91年6月1日までに両国が保有した上記のミサイル（米国が846基，ソ連が1846基）はすべて廃棄された。条約の有効期限は無期限である。

【関連項目】戦略兵器削減条約（START）　〔戸﨑洋史〕

## 中国残留孤児
Japanese war-displaced orphans left in China

1932年の「満洲国」建国後，日本は国策として武装移民・農業移民を満蒙開拓団として中国東北部，特にソ満国境方面へ送り込んだ。その数は45年の日本敗戦までに約27万人に達し，8月9日のソ連参戦時には現地召集された男子を除く22万3000人が在留していた。関東軍はソ連軍の「満州国」侵攻に接していち早く撤退，開拓団はソ連軍の最前線に置かれた。同時に，開拓団入植のときに土地や家屋を奪われた中国人農民が蜂起して開拓団は入植地を追われた。その渦中で親を失い，生き別れ，なかには親から捨てられた子どもが多く出現した。ようやく到着した都市の難民収容所では，食糧不足による栄養失調，疫病の蔓延，厳しい冬の寒さなど過酷な生活を強いられ，女性のなかには生き延びるために中国人と結婚し，また自分の子どもを中国人に預けるものもいた。

1946〜48年の前期引揚げはGHQが主導し，国共内戦，その後，中華人民共和国の成立，朝

鮮戦争の勃発，対日講和条約の発効を挟んで，53〜58年の後期引揚げは日本の民間団体である日本赤十字社，日中友好協会，平和連絡委員会が窓口となって行われた。57年2月に成立した岸信介内閣は進みつつあった日中交流にストップをかけ，59年3月「未帰還者に関する特別措置法」を公布，多数の未帰還者が「戦時死亡宣告」によって戸籍を抹消された。

72年日中国交正常化が成立し，75年3月厚生省はテレビ・新聞を通じた残留孤児の公開調査を開始，訪日調査が81年3月になってやっと実現し，87年までに15回の調査を，その後99年までに補充調査を実施した。2000年以降は日本から担当官を中国に派遣して調査する方法を採用している。残留孤児の総数は不明だが72年以降約2500人が帰国した。厚生省は中国残留日本人を敗戦時の年齢によって「残留孤児」（13歳未満の学童）と「残留婦人」（13歳以上の女性）に分け，残留婦人は自らの意思により現地で結婚し残留したものとして彼女たちの帰国問題を放置し続けたが，93年9月残留婦人12名が強行帰国したのをきっかけに94年4月「中国残留邦人等の円滑な帰国の促進及び永住帰国後の自立の支援に関する法律」が成立した。

残留日本人の帰国事業は90年代に大きく進展するものの，国の受入れ体制，なかでも帰国者の日本語習得支援は極めて不十分で，言葉が不自由なまま社会に放り出され，多くが生活保護に頼らざるを得ない状況を生み出した。2001年残留婦人が，02年には残留孤児が東京地裁に「普通の日本人として人間らしく生きる権利」の回復を求めて国家賠償請求訴訟を起こし，その後全国の地裁・高裁で裁判が行われた。06年神戸地裁で原告が勝訴するも，その他では敗訴が続いた。それでも07年11月には「改正中国残留邦人支援法」が成立し，給付金の支給，医療費免除など老後の生活保障を前進させる支援策が実現した。

【関連項目】　日中共同声明／満蒙開拓

【参考文献】　蘭信三編『中国残留日本人という経験』勉誠出版，2009年／井出孫六『中国残留邦人』岩波書店，2008年

〔小林元裕〕

## 中国人強制連行
forced mobilization of Chinese

アジア・太平洋戦争末期に行われた中国人強制連行は，政府・企業・軍が一体となって推進した国策である。1930年代末からの産業界の要請を受けて，42年に東条英機内閣は中国人の「移入」を閣議決定した。主に河北省や山東省などの華北地方で捕まえられた兵士や農民など約4万人の中国人が，日本各地の炭鉱や金属鉱山，港湾，発電所や飛行場建設など135の事業場に連行された。いずれの現場でも過酷な肉体労働を強いられ虐待を受け，衣食住の環境も極めて劣悪であった。その結果，約7000人が死亡した。

敗戦後外務省は，中国からの追及に備えて，中国人を使役した35企業から提出させた事業場報告書に基づき『外務省報告書』を作成した。外務省はその後，報告書は所在不明としたが，94年に初めて報告書の現存を認め，強制連行の事実を公的に認めて遺憾の意を表明した。報告書は，強制連行した中国人を契約労働者とみなすなど根深い問題があるが，中国人の詳細な個人情報を含んでおり，資料の欠落する朝鮮人強制連行の場合と異なる。

広島では14人の被連行中国人が広島刑務所収監中に被爆し，爆心地近くで取調べ中の5人が被爆死した。長崎では爆心地そばの浦上刑務支所収監中の32人が被爆死した。いずれも強制労働の現場は被爆地からは遠く離れていた。彼らは，政府と企業による中国人分断支配政策のために生じた事件に関連づけられたり，国防保安法違反などの冤罪の結果，逮捕され被爆したものである。

戦後，中国人強制連行問題は遺骨送還運動を経て，90年代から新たな局面を迎える。95年，

秋田県花岡への被連行者が鹿島建設を東京地裁に提訴した訴訟を嚆矢として全国各地で提訴が相次いだ。だが2007年，最高裁は，日中共同声明によって中国国民の請求権は放棄されたとする判決を下した。他方，企業と受難者・遺族の間での和解の成立が注目される。鹿島花岡和解（2000年）を踏まえた西松建設と広島安野の受難者・遺族との和解（09年）は，補償金支給，記念碑建立，故地参観を柱とする和解事業の遂行を通じて，民間の日中友好交流に確かな一石を投じている。

【関連項目】 外国人被爆者／戦後賠償・保障（日本）／朝鮮人強制連行
【参考文献】 杉原達『中国人強制連行』岩波書店，2002年／田中宏他編『中国人強制連行資料』現代書館，1995年（『外務省報告書』の復刻を含む）／西松安野友好基金運営委員会編『西松安野友好基金和解事業報告書』西松安野友好基金運営委員会，2014年　　　　　　　　　　　　　　〔杉原達〕

## 中国（国共）内戦　Chinese Civil War

1937年7月，日中戦争の勃発によって中国国民党と中国共産党は同年9月，第二次国共合作に踏み切り，41年，国民党軍が新四軍を攻撃する皖南事件を起こしても両党は協力関係を維持した。しかし日中戦争も終盤に入ると国共両党は戦後構想を巡って対立，45年8～10月の重慶会談で内戦阻止のために歩み寄るが，国共両軍は中国各地で衝突し始めた。46年1月米国の調停によって停戦協定を結ぶも軍事衝突は止まず，6月下旬国民党軍は解放区への攻撃を本格化，全面的な内戦状態に入り，47年3月には共産党の本拠地である延安を占領した。当初，国民党はアメリカの支持を背景に戦闘を優位に進めたが，共産党が解放区の土地改革を成功させて農民を戦闘に動員，47年後半からは軍事的にも優勢となっていった。48年9月以降，共産党軍は遼瀋戦役（国民党側の呼称は遼西会戦），淮海戦役（徐蚌会戦），平津戦役（平津会戦）のいわゆる三大戦役に勝利して東北から淮河一帯までを手中に収め，49年5月までに南京，太原，杭州，漢口，西安，上海などの大中都市を占領して10月，北京で中華人民共和国の樹立を宣言した。国民政府は同年12月，台北に遷都して抵抗を続けるが，50年5月，海南島及び浙江省舟山群島から撤退して内戦は事実上終結した。

〔小林元裕〕

## 中国の核戦力　nuclear forces of China

中国の原爆開発は，1956年から「両弾一星（原・水爆と人工衛星）の夢」として着手されてきた。中国は「中ソ国防新技術協定」を締結しソ連に原爆資料の提供を求めたが，中ソ対立の激化からソ連は協定を破棄して科学技術者を引き揚げるなど，核開発は打撃を受けた。それでも中国は自力開発を続け，64年10月16日にロプノール（新疆ウイグル自治区）の実験塔上で初の原爆の爆発実験に成功した。この実験成功は米国の核開発から19年後であり，ソ連から遅れること15年で，英仏に次ぐ5番目の核保有国となった。

中国の核兵器が抑止力を持つようになったのは80年代からで，80年に南太平洋に向けて1万km（米大陸に届く）の大陸間弾道ミサイル（ICBM）実距離実験，82年には潜水艦搭載ミサイル（SLBM）の水中発射実験，さらに88年に弾頭の小型化などの成功が実戦化を支えた。

核戦力の管理は，第2砲兵（戦略核ミサイル）部隊10万人が担い，6つの基地に展開して中央軍事委員会から直接命令を受けている。その核戦力については核弾頭が250発であるが，ICBM 66基，中距離弾道弾（IRBM）140基など多様な運搬手段を有しており，海軍のSLBMを加味すれば一定の対米（ロ）抑止力や台湾など近隣諸国への政治的な威嚇力を有している。その実戦力は今日，米ロに次ぐ核戦力を評価されている。

中国は冷戦後も核運搬手段の強化を続けており，ICBMについては，液体燃料型・地上固定式の東風（DF）-5Aが，固体燃料型・道路移動

式のDF-31及びDF-41に代替されつつある。米国防総省は，道路移動式DF-31などは複数個別誘導弾頭（MIRV）を装着しうる可能性を指摘している。またSLBM原潜については，J-1（4000km）搭載の夏級原潜1隻が80年代から実戦配備されてきたが，新たに晋級原潜が就航し，J-2（8000km）搭載との見方もある。14年版『防衛白書』もICBMなどの固形燃料化（車載化）による第2撃力の強化や晋級原潜の就役の可能性を指摘している。

　中国の核政策は自国の核戦力を英，仏とともに「中等核保有国家」と位置づけて「核大国の支配と圧迫から逃れる条件である」と意義づけている。そして「核兵器の先制使用はしない，非核保有国には攻撃しない，核競争には参加しない，しかし核大国に従属しない」を表明している。その上で中国の核戦略は，最大の脅威を米国とみた上で，唯一の対米抑止力として核戦力を重視している。「敵の核及び非核戦略兵器の威嚇と攻撃に遭遇した場合，我は戦略核兵器を巧妙に運用し，その他の手段と調和して敵の核威嚇を抑制し，敵の核あるいは非核戦略兵器の攻撃に反撃する」との「最小限核抑止戦略」を展開し，運搬手段の強化を図りながらさらに抑止力の強化を図っている。その延長で，中国は核軍縮には無関心で，「核不拡散条約」（NPT）に加盟しているが，核保有の特権を享受しながら自らは核軍縮には参加しないで，逆に核軍備の増強を進めている。また中国は，「包括的核実験禁止条約」（CTBT）に署名しているが，批准はまだしていない。そして「東南アジア非核地帯条約」議定書案に署名を約束するなど，核保有国ながら非核地帯の設置を支持している。中国は核戦力を政治的なカードに利用しながら，核弱小国と自認して核軍縮には冷淡であるため核軍縮に参画させるのは難しい。

〔茅原郁生〕

## 中国の兵役　conscription of China/military service of China

　中国の兵役は，義務兵制（徴兵）と志願兵制を併用している。中国共産党の軍である人民解放軍は，常備兵である現役兵と，有事の時のみ活動する予備役からなる。中国の軍隊は人民解放軍に加えて，国境警備や治安維持を担う準軍事組織である人民武装警察部隊と，通常の生産活動と並行して有事の際に活動する民兵の3組織を中核とする。中国の兵役制度は中華人民共和国兵役法（兵役法）により規定されている。兵役法にはまず，「すべての国民は憲法第55条及び兵役法の規定により，民族，種族，職業，出身成分，宗教及び教育水準に関係なく，すべての兵役の義務を負う」と規定されている（兵役法1条及び4条）。兵役義務は原則としてすべての国民にあるが，基本的に18歳以上の男性が該当する。当該年度の12月31日までに18歳になった男性は皆，現役兵の対象者として登録され，身体検査を受けなければならない（兵役法12条）。女性は志願者に限って18〜19歳まで可能である。義務兵の服務期間は2年，志願兵は最短3年で，特別な事由がない限り服務期間は最長30年，年齢は50歳が上限とされている。民兵は直接従軍せず生業に従事している軍事組織をいう。現役兵として服務している場合を除いて，18歳から35歳までの男性は民兵に編入され人民解放軍の予備兵とし服務する（人民解放軍現役士兵服務条例36条，37条）。中国の兵力は約233万3000人で陸軍が160万，海軍23万5000人，空軍が39万8000人，その他，第2砲兵が10万人である。また，人民武装警察，国境守備隊など准軍事兵力は70万，予備軍が約80万人がいる。

〔孫賢鎮〕

## 中国の平和研究　peace studies in China

　中国における平和研究は，南京大学歴史学部世界史学科と英国・コヴェントリー大学の平和・和解研究センター（The Centre for Peace and Reconciliation Studies）との協定が締結された2000年に始まった。以来南京大学は中国国内において平和研究の国際シンポジウムを5回主催し（05年，11年，12年，13年，14年），出版も行っている。これまでの出版物には，英文研究書物の初めての中国語訳，中国初の平和研究の教科書，道家・儒教・仏教についての学術書，初等教育及び中等教育向けの書籍『和平成長叢書』がある。04年からは南京大学で，学部生及び大学院生を対象とした平和研究の授業が開講されており，これまでにおよそ2000人が履修している。さらに南京大学の協力により，平和研究及び平和教育の授業が大学4校と中等教育機関1校で開講された。

その一方で，中国の平和研究は多くの困難に直面している。まず，平和研究機関や平和研究専攻を置く大学が中国にまだ存在しないことが挙げられる。これには設置認可の問題とともに財政的な課題もある。次に，平和研究が中国の学術界で認められるのかという課題がある。この背景には，中国が近代に「屈辱」を受けた経験から，中国では「後れをとっていたら叩かれる（落后挨打）」との認識が広く受け入れられており，これにより平和研究は，達成しうる現実ではなく理想を説くにすぎないとの見解が強まったという事情がある。さらに，中国のように発展途上の国では，平和研究を専攻した卒業生は経済，IT，経営，工学といった分野を学んだ学生に比べて就職がより厳しいことも，中国の平和研究が直面する困難の1つである。

しかし，中国の平和研究が目指すものは中国人を含めた全人類の基本的利益に合致しており，その歩みを止めることはない。加えて，古代から受け継がれている中国の文化と思想が，平和研究のさらなる発展に大きな役割を果たしていくだろう。

【関連項目】　中国の平和文化／平和研究　　　〔劉成〕

## 中国の平和文化
traditional Chinese culture of peace

中国の伝統文化には多くの平和思想をみることができ，大きく分けて，社会秩序と平和に着目した儒教の平和思想，非攻を説いた墨家の平和思想，自然界の法則を司る道（タオ）を説いた道家の平和思想の3つがある。これらは中国の思想と文化の核となっており，中国の平和思想の発展に影響を与えてきた。

儒教では，「仁」と「礼」の融合を説く「中庸」が基本的概念とみなされてきた。「仁」の本質は他者を愛することであり，他者との関係や自身の振る舞いにおいて最も重要な規範を示す。「礼」は個人の行動についての外的規範である。儒教では，キリスト教における「正戦論」とは異なり，人間同士や国家間のもめごとは武力ではなく道徳的手段によって解決されるのが理想だと説く。儒教の始祖である孔子は，道徳により相手を説得することを理想だと説いた，中国で初めての思想家である。この思想は儒教において紛争解決の基本的姿勢となり，政治においても，軍隊や刑法にとって代わるほどの大きな影響を与えてきた。

墨家の始祖である墨子は春秋戦国時代に生きた思想家で，兼愛と非攻による平和を説いた。兼愛とは，氏族や社会的地位による束縛を解いて自身を愛するように他者を愛することである。墨子は他国やその人々を攻撃することを不正義と考え，兼愛は，こうした国家間の争いを防ぐことも含め，社会的弱者を擁護する役割を持つとした。したがって，兼愛では武力行使を否定し，よって国家間の争いを非暴力的に解決する。そのため相互理解に基づく平和交渉を提唱する。墨子の教えに従った墨者と呼ばれる思想家たちはやがて集団を組織し，戦国時代において，弱小国が強大国からその城邑を守るのを支援したが，特定の国の肩を持ったわけではなく平和構築の目的から弱小国を救援したにすぎず，紛争の危険がなくなれば見返りを求めるこ

ともなく去った。これは現代における国連平和維持軍のようなものである。
　道家が唱える「無為自然」は、平和の概念を具体化した宗教的表現である。老子によれば、理想的な社会は「小国寡民」（国土が小さく人口が少ない国家）であり、道家の基礎文献と言われる『荘子』には、万物はどれもその価値が等しく（「万物斉同」の理論）、調和の真理は生命の自然原理に一致するものだとある。また道家は、陰と陽で表される平和思想を説く。道家の代表的文献である『道徳経』には、軍のいる所には荊棘が生え、大軍が去った後には必ず凶年が訪れるとある。平和学の先駆けであるヨハン・ガルトゥングは、「道家の思想では平和と暴力は共存するもので、安全な時にこそ危険に備えるべきだと警告を発している」とした。
【関連項目】中国の平和研究
【参考文献】楊宏声『道家和平思想研究』南京出版社、2008年／范贇『儒学和平思想研究』南京出版社、2008年　　〔劉成〕

### 中国の民族問題　ethnic problems in China

　1949年10月、中華人民共和国として漢民族主体の国家建設を果たした中国は、人口の9割強を占める漢族のほか、55の「少数民族」によって構成される多民族国家である。55番目の民族が認定された79年に、現在の56民族体制となったが、「少数民族」の規模、歴史的背景は各々異なる。
　中国の民族問題で国際的にクローズアップされるのは、広大な地域に及び、大国間関係で要塞地帯となる、チベット、新疆ウイグル自治区であるが、仏教、イスラームと、宗教は異なる。ここには他の「少数民族」も居住し、一民族が一地域に区割りされてはいない。
　新疆ウイグル自治区は、55年に成立した中国建国後初の民族自治区であるが、ソ連が支持した「東トルキスタン独立運動」に見られるように、中ソの係争地帯でもあった。中国では、形式的とはいえ民族単位の連邦制を採用していたソ連と異なり、自治区が中国政府に従属したため、民族独立要求が高まった。さらに、89年の冷戦崩壊に連なる、ソ連の民族独立運動は、国境をまたぐ民族独立要求と連動することとなった。
　またチベットも、イギリスによる植民地政策の外圧を経て中国に組み込まれた経緯がある。59年には、中国からの独立を求めるダライ・ラマ14世がインドに亡命政府を樹立し、62年には、チベットの国境を巡り、中印間で軍事衝突が勃発した。これらの、欧米諸国が支持するダライ・ラマ14世の取り扱いと、中印間の国境の問題は、未解決のまま現在に至っている。
　省レベルの民族自治区は、中国建国以前に成立した内モンゴル自治区のほか、4自治区である。5自治区で国土面積の約45％を占めるが、このなかで、新疆ウイグル自治区とチベットは、中国の核実験場となっていた。
　国境画定を進める中国にとって、国家の枠を超えたイスラーム過激派に顕著なように、国内の民族問題は「国民国家」を揺るがす。中国は、国内安定化のため、「少数民族」の経済発展、民族の帰属と融和を図るが、大国間の政治力学の所産とも言える民族問題を内政問題に止めることは困難な状況にある。
【参考文献】王柯『多民族国家　中国』岩波書店、2005年／加々美光行『中国の民族問題』岩波書店、2008年〔飯塚央子〕

### 中性子爆弾　neutron bomb

　爆発の威力を小規模に抑える一方で、中性子線放出の割合を高めることにより生物殺傷能力を強化した小型の水素爆弾。「放射線強化型核爆弾」とも呼称され、戦場での使用を目的として開発された戦術核兵器である。通常の核兵器とは異なり、ニッケルやクロムなどの金属を反射材に用いることで中性子の吸収や反射を抑制し、中性子線を広範囲に放出する。
　米国では、中性子線が電子機器に障害を与えることに着目し、弾道ミサイル迎撃用の兵器と

して1958年頃から開発が進められ，76年頃には開発に成功した。この技術を応用し，東側諸国との地上戦を想定して81年から戦術核兵器としての製造が開始された。冷戦終結後の92年中頃には退役となり，2003年末までにすべて解体処分されている。

旧ソ連，フランス，中国も開発に成功していたとされ，フランスと中国は製造技術を有していたことを認めている。15年現在，保有が疑われる国としてロシアとイスラエルが指摘されているが，詳細は不明である。

【関連項目】戦術核兵器　　　　　　　〔森川泰宏〕

## 中ソ国境紛争
Sino-Soviet border conflict

冷戦時の中ソ両国は4000kmの国境線で接していた。1949年の建国後には毛沢東のモスクワ訪問など中ソ一枚岩の団結の下に冷戦に対応していた。しかし50年代末頃から中国の核開発を巡る中ソ間の確執から中ソ対立となり，国境線を巡る対決は激化していった。60～70年代にかけて両国の警備兵力はソ連軍50～100万人，中国軍200万に増強され，国境線を巡る緊迫下で，69年には東西両国境線で武力衝突が生起した。

西部国境では，新疆ウイグル自治区のイリ地区における衝突で，62年頃から数万人の遊牧民が中国からソ連に逃亡する事件が頻発し，中ソ国境警備隊間で数十人レベルの武力衝突が生起したが，武力紛争には至らなかった。

東部国境では69年3月に国境河川であるウスリー川のダマンスキー島（中国名：黒竜江省珍宝島）で，紛争が発生した。この紛争はソ連側から攻撃がかけられたとの説が有力で，当時は社会主義圏内の戦争として世界から注目された。ソ連軍は凍結した河川を越えて装甲車を先頭に雪の中を進撃したが，中国側の配備は正規軍を後方に配置し，第一線の警備には辺防部隊や民兵を配置して小火器や棍棒で応戦させていた。

当時中国はソ連の脅威だけでなくヴェトナム戦争の激化に伴う南からの脅威もあって，珍宝島紛争では多数の死傷者を出しながらも，紛争の拡大阻止に努めていた。またこのときの危機感が72年の米中関係改善や日中国交正常化を促した。

〔茅原郁生〕

## 中ソ対立　Sino-Soviet split

冷戦中盤から後半期にかけて顕在化したユーラシアの2つの社会主義諸国間の武力紛争を伴った対立。

毛沢東とスターリンの個人的確執を含め中華人民共和国成立直後から対立は潜在していたが，それが表面化するのは1953年のスターリン死後であった。中国は体制維持と対外的安全保障の論理として，スターリンによる資本主義陣営に対する強硬路線を堅持。これに対し，スターリン後のソ連・フルシチョフ政権は社会主義への移行に革命は必要としないとする「平和的移行」を認めるとともに，外交面で対米緊張緩和策を進め資本主義陣営との平和共存を追求した。中国はこの平和共存路線の加速化を警戒。並行して，ソ連が中国への核技術の提供を拒否したことをはじめ軍事協力に消極的であったことから，中ソは表向き同盟関係でありながら，60年には対立は公然のものとなった。

64年10月のフルシチョフ失脚後も対立は続き，「プラハの春」へ介入したソ連を中国は「社会帝国主義」と非難。自国中心的に「社会主義諸国共通の利益の保護」のために内政不干渉原則を蹂躙する論理をかざすソ連に強く反発した。69年3月には極東中ソ国境を流れるウスリー川中のダマンスキー島（中国名：珍宝島）で中ソ国境警備軍同士の武力衝突が発生。ソ連側58名，中国側68名の犠牲者が出た。同年9月以降，中ソ間で国境画定交渉の再開を約束するなど緊張緩和に向けた方策が模索されたが，実際には対立の膠着は長期化した。フルシチョフ

失脚後のソ連政権を担ったブレジネフは最晩年の82年3月，ソ連ウズベク共和国の首都タシュケントで中ソ関係改善を呼びかけた。これを契機に，中ソ間の政治協議が再開。ソ連・ゴルバチョフ政権の下で和解が加速し，88年12月の銭其琛・中国外相訪ソ，89年6月のゴルバチョフ訪中などを経て中ソ両国は関係を正常化するとともに，内政不干渉原則を含め中国にとっての対外政策の大原則である「平和（共存）五原則」に従った関係再構築が約束された。これにより国境画定交渉が本格化し，ソ連解体後も継続されたのみならず，総合的安全保障フォーラムとしての上海協力機構（SCO）へと至るプロセスにつながった。

【関連項目】　新思考外交／スターリン批判／プラハの春／ブレジネフ・ドクトリン（制限主権論）／平和五原則
【参考文献】　石井明『中国国境：熱戦の跡を歩く』岩波書店，2015年／毛里和子『中国とソ連』岩波書店，1989年〔湯浅剛〕

## 中東戦争（アラブ・イスラエル紛争）
Arab-Israel conflict

中東戦争はイスラエルと周辺アラブ諸国との4次にわたる国家間戦争を指し，日本では第1～4次の名称で呼ばれている。アラブ・イスラエル紛争はイスラエルとアラブ全般との紛争状態を意味している。

第1次中東戦争は1948年のイスラエル独立が契機で，エジプト，ヨルダン（当時はトランス・ヨルダン），シリア，レバノンが主な交戦国だった。戦争でイスラエルは英国委任統治領パレスチナの約75％を支配した。また，ヨルダン川西岸はヨルダンが併合し，ガザ地区はエジプトの占領下に置かれた。

第2次中東戦争（56年）はエジプトのスエズ運河国有化に対抗した英仏両国が，イスラエルとともにエジプトを攻撃した。

第3次中東戦争（67年）はイスラエルがわずか6日間でエジプト，ヨルダン，シリアに圧勝し，東エルサレムを含む西岸，ガザ，ゴラン高原，シナイ半島を占領した。イスラエルでは占領地返還に反対する宗教的，民族主義的な大イスラエル主義が拡大し，入植活動が盛んになった。一方で，イスラエルが占領地を返還し，アラブ側がイスラエルと和平するという「土地と平和との交換」原則を盛り込んだ国連安保理決議242号が成立し，その後の和平プロセスの基本枠組となった。

第4次中東戦争（73年）はイスラエルと主としてエジプト，シリアが戦い，緒戦ではアラブ側がイスラエルに重大な危機を与えた。またアラブ産油国が石油戦略を発動し，第1次石油危機が発生した。

第4次を最後にイスラエル・アラブ間で国家間戦争は発生していない。アラブ諸国が現実路線をとるようになったためである。その結果，イスラエルは79年にエジプトと，94年にヨルダンと平和条約を結んだ。だが他のアラブ諸国とイスラエルとの和平はまだ実現していない。

このほかイスラエルは82年に，パレスチナ解放機構（PLO）勢力掃討のためレバノンに侵攻し，南レバノンを占領下に置いた（レバノン戦争）。また2006年にはレバノンのシーア派組織ヒズボッラーと交戦した（第2次レバノン戦争）。さらに08年以降，ガザを拠点とするハマースなどと3回にわたり軍事衝突を引き起こしている。

【関連項目】　イスラエルの核戦力／エルサレム問題／スエズ動乱（スエズ戦争）
【参考文献】　山崎雅弘『中東戦争全史』学研プラス，2001年〔立山良司〕

## 中東非核・非大量破壊兵器地帯
Middle East zone free of nuclear weapons and all other weapons of mass destruction

中東に核兵器や生物・化学兵器などの大量破壊兵器のない地帯を設置しようという構想。イスラエルの核兵器を念頭に，エジプトとイランが1974年から中東非核地帯を求める国連決議を

出している。80年代にはイラクの核開発疑惑が浮上し、またイラン・イラク戦争でイラクが化学兵器を使用した。91年の湾岸戦争の停戦決議は、イラクに対する国連査察を定めるとともに、中東非大量破壊兵器地帯の設立という目的を掲げた。

95年の核不拡散条約（NPT）無期限延長の際には、イスラエルのNPT加盟を求め中東非大量破壊兵器地帯化を求める決議が採択された。2010年のNPT再検討会議で、中東非核・非大量破壊兵器地帯化の国際会議を12年内に開催することが決定され、フィンランドが調整努力をしたが実現しなかった。15年の同再検討会議で修復が試みられたが、合意に至らず決裂した。

【関連項目】　イスラエルの核戦力／核不拡散条約（NPT）／湾岸戦争　　　　　　　　　　　　　〔川崎哲〕

## 中部欧州相互兵力削減（交渉）（MBFR）
Mutual and Balanced Force Reductions

中部ヨーロッパでの通常戦力の削減を目的に、1973年より89年まで続けられた多国間交渉。正式名称は相互兵力削減交渉（MRFA）。発端は68年に北大西洋条約機構（NATO）が東側に向けて行った兵力削減提案である。東側が提案した欧州安全保障協力会議（CSCE）と並行して開催された。対象は東西ドイツ、ベネルクス3国、ポーランド、チェコスロヴァキア。当時の米国上院では欧州駐留軍の削減を求める圧力が高まっており、西側は一方的削減の回避を必要としていた。交渉で西側は東西の兵力が最終的に同数となる削減を求めたのに対し、東側は兵力の数的優位を維持しながら東西同率又は同数の削減を求め、そもそも交渉が目指す「Balanced（均衡）」の内容から東西間で合意できなかった。その他、削減対象となる戦力の選定、削減の検証措置等についても合意は困難を極めた。その結果交渉は長期化し、欧州通常戦力（CFE）交渉開始直前の89年、成果

を挙げることなく終結した。

【関連項目】　欧州安全保障協力機構（OSCE）／北大西洋条約機構（NATO）／デタント（緊張緩和）　〔齋藤嘉臣〕

## 中米カリブ海地域の紛争
conflicts in Central America and the Caribbean

1821年9月にスペインからの独立を宣言した中米5ヵ国は、24年に中米連邦共和国を設立して地域連帯による国造りを目指すが、保守派（グアテマラ）と自由主義派（エルサルバドル・ホンジュラス）の対立による内戦などから、連邦はわずか15年で瓦解した。両派の対立は、56～57年の中米4ヵ国連合軍とニカラグアとの戦争（国民戦争）にも繋がる。保守派が支配的な中米4ヵ国は、ニカラグアの内戦で自由主義派を勝利に導き政治権力まで奪取した米国人冒険家ウォーカーを武力によって追放したのである。

20世紀になると多くの紛争で米国の関与が強まる。1907年にニカラグアが国境対立を巡りホンジュラスへ侵攻すると、パナマ運河地域の安定を重視する米国は、中米5ヵ国間の平和友好一般条約の成立に尽力し、紛争解決を図った。冷戦期には「米ソ対立」の構図が中米の紛争でも顕在化する。その典型例が79年の左派主導によるニカラグア革命の成功とそれを機にした紛争の拡大である。革命成功を受け80年にはエルサルバドルで左派ゲリラと政府軍との内戦が勃発、グアテマラでは軍事政権と先住民との戦いが悪化した。レーガン米政権は、中米左派勢力へのソ連やキューバからの援助に対抗して、ニカラグアの反革命勢力「コントラ」や左派と戦うエルサルバドルとグアテマラ政府を支援し、紛争を激化させた。冷戦末期の87年、中米5ヵ国首脳がエスキプラスIIに合意し、反政府勢力との和解と民主化による和平プロセスが国連支援の下で開始され、数十万人が犠牲となった中米紛争は冷戦後の90年代に終結する。

カリブ海地域では、19世紀前半にハイチによ

る隣国ドミニカ共和国への軍事侵攻が繰り返されたが，より深刻な対立は冷戦期に発生した。62年10月のキューバ危機はその典型例である。また83年10月にカリブ海の小国グレナダで社会主義的なビショップ首相が暗殺されると，レーガン政権は東カリブ諸国機構（OECS）との共同出兵という形で軍事介入し，左派政権の擁立阻止を図った。

【参考文献】 二村久則ほか『ラテンアメリカ現代史Ⅲ』山川出版社, 2006年／Booth, John A. et al., *Understanding Central America*, Westview Press, 2014 〔草野大希〕

## 「中立日本の防衛構想」（坂本義和）

国際政治学者・坂本義和（1927～2014年）が，安保改定の前年に雑誌『世界』（1959年8月号）に発表した論文（参考文献『権力政治を超える道』所収）。その防衛構想は，日米同盟を解体した上で，（中立国が兵員を提供するという意味で，50年朝鮮戦争型ではなく56年の第2次中東戦争型の）国連警察軍が日本に平時から常時駐留し，その下に規模を縮小した自衛隊を置くというものであった。

この防衛構想において坂本が強調したのは，駐日国連軍の防衛的性格が誰の眼にも明らかであるということだった。国連警察軍はもとより，自衛隊にしてもその指揮下に置かれる限り，防衛を意図するものであることは自明であるから，同盟の場合とは異なり，安全保障のディレンマを深刻化させることのない―言い換えれば，関係国の不安を掻き立てることなく，当該国の不安を拭い去る―軍備たりうると論じたのである。その上で，国連警察軍が平時から常時駐留する日本に対する攻撃は，日本に配備される兵力次第では，それに不安を抱く勢力にとっては不必要となり，日本に配備される兵力の規模如何では攻撃の機会をうかがう勢力にとっては，国連警察軍との衝突が無視できない政治的損失をもたらすために不可能となると整理した。このように坂本は，現実の国連がなし

うることが，同盟がなしうることに，その帰結において劣るものであるのかを自覚的に比較衡量したのである。

高坂正堯「現実主義者の平和論」『中央公論』（63年1月号）は，この時期の坂本らの「理想主義者」の議論には，「手段と目的との間の生き生きとした対話」が欠けていると批判した。すなわち，政治行動を評価するには，動機ではなく帰結こそを重視する知的姿勢―現実主義的な「慎慮（prudence）」―が必要だということであろう。

しかし，「中立日本の防衛構想」や「権力政治を超える道」（同じく『権力政治を超える道』所収）に代表される坂本義和の同時代論は，その表題が与える印象とは異なり，権力政治に眼をつぶった中立論ではなく，権力政治に内在する逆説やディレンマを見据える論考であった。

【関連項目】 安全保障のディレンマ
【参考文献】 坂本義和『権力政治を超える道』岩波書店, 2015年 〔石田淳〕

## 中立法規 law of neutrality

戦時において，交戦国と局外第三国（中立国）の間の関係を規律する国際法の規則を言う。原則として交戦国と中立国の関係は平時のままであるが，交戦国としては中立国による敵国への支援を妨げるべき必要性があり，かつ中立国側には交戦国との通商・交流を維持しつつも交戦国間に生じた戦争の影響から免れたいという要請があるため，両者の立場の妥協点として中立法規が発展してきた。

中立法規の下，中立国には，交戦国に戦争遂行に関わる援助を与えることを慎む「避止義務」，交戦国が自国領域を使用することを阻止すべき「防止義務」，自国国民が交戦国の措置によって被る損害を甘受すべき「黙認義務」が課される。他方で，交戦国も中立国通商への干渉において一定の制約に服する。

戦争違法化後，特に安保理による強制措置が

発動された状況において，中立義務が従来どおり課されるとは考えられないが，他方で中立法規には，戦争のエスカレートを防止しうるという意義もある。

【関連項目】 海戦法規／交戦権　　　〔新井京〕

## 駐留軍用地特別措置法
### Special Measures Law for US Military Bases

駐留軍用地特別措置法は，正式名称は，「日本国とアメリカ合衆国との間の相互協力及び安全保障条約第6条に基づく施設及び区域並びに日本国における合衆国軍隊の地位に関する協定の実施に伴う土地等の使用等に関する特別措置法」で，「米軍用地収用特措法」とも呼称される（以下，「特措法」）。すなわち，日本側が米軍に提供する土地の強制的な使用・収用手続を定めた法律であり，1951年締結の日米安保条約（旧条約）と行政協定の下で52年に制定されたものであるが，60年に安保条約が改定され，それに伴って行政協定は地位協定となり，同法はその下に入った。その後，何度も改正が加えられている（2014年6月13日の改正が現行法である）。

特措法は，土地収用法の特別法にあたり，多くの規定は同法によっている。そのなかで，かつては，裁決申請に間しては，防衛施設局長（当時）が作成した土地物件調書に所有者が署名押印を拒否した場合，市町村長，そして知事に署名の代行が求められるが，それが拒否されたときには内閣総理大臣が知事を被告として職務執行命令訴訟を提起することとなっていた。これが1995年に，当時の大田昌秀知事による代行拒否を巡って現実の問題となり，後に，国は99年の法改正で，この代理署名制度自体を国の直接執行事務に移した。その後も，同法には，地主が契約期間満了後の更新を拒否した場合も防衛施設局長が審査請求を行っている間は引き続き米軍による使用を可能にする等，土地所有者と収用委員会の権利・権限を弱める方向での改正が重ねられている。

特措法が沖縄で用いられるようになったのは82年以降である。沖縄の米軍基地形成は，45年の米軍沖縄上陸と同時に始められ，旧日本軍基地の取得と拡張，民間所有者の土地を囲い込んでの新設，そして，52年の講和後の「銃剣とブルドーザー」による強制的接収という諸形態で進められた。72年の本土復帰後は日本国憲法の下で米軍に土地を継続使用させるための法形式を整える必要が生じたため，まず，公用地法（「沖縄における公用地等の暫定使用に関する法律」）を5年の時限立法として制定し，それが切れる77年には，これも5年の時限で，地籍明確化法（「沖縄県の区域内における位置境界不明確地域内の各土地の位置境界の明確化等に関する法律」）をつくった。そして，82年からは，本土で20年間も眠っていたこの特措法を持ち出したのである。こうした彌縫的な米軍用地法制は，米軍の駐留自体の正当性いかんという根本問題を浮き彫りにしている。

【関連項目】 沖縄代理署名訴訟／在日米軍基地／地位協定（SOFA）／米軍基地問題（沖縄）

【参考文献】 前田哲男ほか編『〈沖縄〉基地問題を知る事典』吉川弘文館，2013年／前泊博盛『沖縄と米軍基地』角川書店，2011年／宮里政玄『日米関係と沖縄』岩波書店，2000年

〔小林武〕

## チュチェ思想　Juche ideology

北朝鮮の政治思想「チュチェ（主体）」は「自主自立」を意味し，北朝鮮では人民自身が国家の発展を担うとされる。チュチェ思想は，金日成や黄長燁ら朝鮮労働党の思想家により，北朝鮮政府の内政・外交の原則となるまでに練り上げられ，特に政治・軍事・経済面での自主自立が謳われる。

チュチェ思想が初めて登場したのは，1955年の金日成のスピーチである。後に金日成の個人崇拝と北朝鮮独自の解釈による「マルクス・レーニン主義」へと繋がった。北朝鮮の社会主

義は，90年に金正日によってより強固なものとなった。この年に行った演説で金正日は「わが国の社会主義はチュチェ思想を具現した朝鮮式の社会主義だ」と発言した。東欧の共産主義圏の崩壊は「ソ連の経験を機械的に模倣」したことが原因だとし，チュチェ思想の「独創性と優越性」，そしてそれに基礎を置く北朝鮮の社会主義の「特殊性と優越性」を指摘した。これは，チュチェ思想のナショナリズムの側面を表している。同時に北朝鮮は，チュチェ思想に従って，軍事的自立を目指した。

東欧共産圏崩壊後の90年代以降，チュチェ思想はナショナリズムの側面も手伝って実現不可能な概念となりつつある。北朝鮮政府はこれまでのマルクス・レーニン主義に代わって，民族の血統と魂と特性の重要性を強調するようになり，また，実利よりイデオロギーに，階級闘争より血統やナショナリズムに優位性を置き，階級のない社会や平等主義よりも階級格差やヒエラルキーを助長している。　　　　　〔金美景〕

## 超国家主義　supranationalism

超国家主義と言うと，丸山眞男の「超国家主義の論理と心理」の「超国家主義（ultranationalism）」もあるが，本項目では国際政治理論における「超国家主義（supranationalism）」について述べる。すなわち，国際政治学や国際法などの分野において，国際組織など国家よりも上位の主体の目的に沿って権限を委譲することを示す概念である。とりわけ第二次世界大戦後に，主権国家が引き起こす戦争の防止と戦後復興を目的として，その決定が構成国を拘束するような超国家主義的な国際組織を樹立することが目指された。1951年には超国家性を持つ国際組織のヨーロッパ石炭鉄鋼共同体（ECSC）が設立され，その後紆余曲折を経て現在のヨーロッパ連合（EU）に至る。

このヨーロッパ統合を念頭に置いた従来の国際統合を巡る国際政治理論においては，政府間主義と超国家主義が二項対立的に論じられてきた。政府間主義では，国家政府を分析の中心に据え，政府間の交渉を通じて超国家的な制度などが構築されるものの，あくまで国家政府のみが最終的に政治の権力主体であり，EUのような国際組織は独立した権力主体にならないとする。これに対して超国家主義は，超国家的な国際組織が構成国を拘束するような決定を行う点に注目し，またその国際組織が1つの独立した権力主体であると捉える。その背景には，国際政治理論において国家を分析の中心に据える現実主義に対抗する形で登場してきたことがある。代表的な理論である新機能主義は，国際統合をプロセスとして捉え，またプロセスとともに固有のダイナミズムを得ていくとし，ある分野での統合が隣接する他の分野の統合を促す「波及」効果（スピル・オーバー）や，各国のエリートが自国の問題をヨーロッパレベルで解決しようとするなかで，その期待や忠誠心の国際機関など新しい中心への移行を促進する点などに着目する。また国際統合は国境を越えたコミュニケーションの増大や相互作用を通じて実現するとする交流主義もある。ただし超国家主義は，国家が主権を上位の主体に委譲する「連邦制」とは異なる点に注意し，「（政府間主義的な）国際機構と連邦制の中間形態」と定式化されることもある。

この二項対立的な論争に加えて，EUが次第に政体として受け入れられ，さらにEU全体でのガヴァナンスのルールや制度の「ヨーロッパ化（Europeanisation）」が進む一方，コンストラクティヴィズムや批判理論などのアプローチが取り入れられるなど，国際統合を巡る理論の展開は新たな段階を迎えるようになった。

【関連項目】欧州連合（EU）／国際機関・国際組織・国際機構／国際制度（国際レジーム）／地域主義／補完性の原則

【参考文献】ヴィーナー，アンツェ・ディーズ，トマス編（東野篤子訳）『ヨーロッパ統合の理論』勁草書房，2010年／遠藤乾編『ヨーロッパ統合史（増補版）』名古屋大学出版会，2014年／佐々木隆生・中村研一編著『ヨーロッパ統合の脱神話化』

ミネルヴァ書房，1994年／中村民雄編『EU 研究の新地平』ミネルヴァ書房，2005年／最上敏樹『国際機構論（第2版）』東京大学出版会，2006年／森井裕一編『ヨーロッパの政治経済・入門』有斐閣，2012年　　　　　　　　　　〔妹尾哲志〕

## 張作霖爆殺事件　assasination of Zhang Zuolin

1928年5月，国民革命軍が済南を迂回して北京に向かうと，中華民国軍政府大元帥の張作霖はこれと戦う構えを見せた。中国東北地方に戦火が及んで同地の日本権益が危険にさらされるのを恐れた田中義一首相は張作霖に奉天への引き揚げを勧告した。張は勧告を受け入れ6月3日，北京を後にした。翌4日早朝，張作霖の乗車した汽車が瀋陽駅手前にある京奉線と満鉄線が交差する鉄橋を渡った際，関東軍独立守備隊の東宮鉄男大尉らが仕掛けた爆弾によって列車は大破，張は間もなく死亡した。関東軍高級参謀の河本大作大佐は鉄橋爆破の混乱に乗じて武力発動を画策したが関東軍が動かずに失敗，張作霖の後を継いだ張学良が東三省保安司令に就任して12月29日国民政府に合流した。満洲を中国本部から切り離し，国民革命の東北地方への波及を阻止しようとした田中首相の目論見は崩れた。陸軍省は張作霖殺害の犯人を「南方便衣隊員」に疑いないと発表したが，10月，日本政府と軍首脳は真相を知り田中首相はそれを公表しようとした。しかし陸軍や与党である政友会から強く反対され，さらには29年1月，第59議会で「満洲某重大事件」として問題化した。6月27日，田中は昭和天皇に日本陸軍に犯人はいなかったと上奏，天皇は田中の発言をとがめ，7月2日に田中内閣は総辞職した。〔小林元裕〕

## 朝鮮植民地支配
Japan's colonial rule over Korea

日本は韓国併合後，朝鮮総督府を設置し，現役武官をその長である総督に据え（総督武官制），植民地支配を開始した。朝鮮駐箚軍（のち朝鮮軍）が配置されたほか，日本人への「同化」を標榜して日本語学習が強制され，日本に従属的な金融・経済システムが構築された。

1910年代の統治は，軍事支配的な要素が強かったことから「武断政治」とも呼ばれる。日本の統治に反対する民族運動・独立運動は憲兵警察制度により厳しく取り締まられた。この他，土地所有状況を確定し，地税徴収の基礎を確立する土地調査事業や，工業化の抑制のために会社令（11年）が公布され，会社設立が制限された。しかし，植民地統治に対する朝鮮人の反発は強く，19年に三・一独立運動という大規模な反日運動が起きた。

三・一運動後，総督府は統治方針を変え，「内鮮融和」を標榜する「文化政治」を行った。朝鮮内における言論・集会・結社の自由を制限的に認め，憲兵警察制度を廃止したが，一方で，普通警察の増強による取り締まり体制を強化した。「内地」移出用の米の増産体制をとる（産米増殖計画）など日本への従属体制が強化されたが，昭和恐慌（30〜31年）により朝鮮農村も打撃を受けた。社会主義の影響を受けた反日運動が高まるなか，総督府は朝鮮農村の安定化を図るべく，農村振興策をとった（農村振興運動）。同時に朝鮮北部の工業化も進め，日本資本の企業が進出した。

30年代後半，日本の中国華北地域への進出が本格化して以降，総督府は朝鮮人の「同化」を強化する方針を打ち出し，37年の日中戦争開戦以後，日本の敗戦に至るまで，朝鮮人の民族意識を封じ込め，「内地人」との一体化（「内鮮一体」）を図る「皇民化政策」を展開した。戦局が進むにつれ，「内地」の労働力不足を補うための戦時労働動員（朝鮮人強制連行）や，兵士の性的慰安のため日本軍慰安婦の徴集が行われたほか，43年に徴兵制が導入された。しかし，45年，日本の敗戦により植民地支配は終わった。

【関連項目】韓国併合（日韓併合）／皇民化政策／三・一独立運動／朝鮮総督

【参考文献】 武田幸男編『朝鮮史』山川出版社，2002年／宮田節子『朝鮮民衆と「皇民化」政策』未来社，1985年／山辺健太郎『日本統治下の朝鮮』岩波書店，1971年　〔三ツ井崇〕

## 朝鮮人強制連行　forced mobilization of Koreans

　軍人・軍属・慰安婦を含む一切の朝鮮人に対する戦時動員を意味する語として用いられることも多いが，通常は日本政府によって策定された動員計画に基づく日本内地・樺太・南洋群島の炭鉱・鉱山，土木建築工事現場，港湾荷役，軍需工場等への労働者の配置を指す。本人の意思に反する動員，使役が目立ったことからこのように言われる。

　1939年9月から実行に移され，当初は行政当局の認可を受けた企業の「募集」，42年2月以降は行政当局が中心となった「官斡旋」で要員確保を進めた。これらは徴用とは異なり，被動員者への待遇への国家の配慮や家族への援護施策を伴わず，差別的な施策であった。44年9月以降は，国民徴用令に基づく動員が実施され，援護施策も制度的には準備されるが，実効性を持たないまま暴力的な動員とそれへの抵抗・忌避が広がった。

　動員先では，多くの場合，一般の労働者とは接触できず，暴力的な労務管理の下で長時間労働に従事させられたほか，逃亡対策として賃金が渡されない（貯蓄させる）といった事例もあった。契約期間についても勝手に延長させられて，戦争終結まで就労を続けなければならなかった者も多い。

　政府決定の動員計画に基づく朝鮮人の被動員者数については，複数の統計があるが，朝鮮総督府による送出者の数字をまとめれば72万4871人となっている。その大半は，日本敗戦の後に朝鮮半島に帰還したが，敗戦前に動員先から逃亡して，朝鮮人の形成していた民族コミュニティに入り，戦後も継続して日本に残留した者もいる。

　被動員者の補償については，65年の日韓基本条約に基づく日本政府の韓国政府への経済援助によって問題は解決したという主張がなされることが多いが，個人の請求権については消滅していない。こうしたことから，韓国が民主化された90年代以降，日本政府や企業に対して謝罪と未払い賃金の支給，慰謝料を求めた提訴が相次いだ。しかし，日本国内の裁判では，除斥期間の経過等を理由にいずれも原告敗訴となっている。このことから，被害者への補償のための財団設立の立法措置による解決を求める運動も展開されている。

【参考文献】 外村大『朝鮮人強制連行』岩波書店，2012年／樋口雄一ほか『朝鮮人戦時労働動員』岩波書店，2005年
〔外村大〕

## 朝鮮戦争　Korean War

　日本の植民地支配からの解放後，朝鮮半島に形成された南北分断体制を克服し朝鮮半島の武力統一を目指して，1950年6月25日ソヴィエト連邦スターリンと中国毛沢東の承認を得て，北朝鮮の金日成が起こした戦争。開戦直後，韓国軍は退却を余儀なくされたが，国連安保理決議によってアメリカ合衆国を中心とする国連軍が結成され介入することで戦局は反転した。しかし，50年10月，中国は，北朝鮮支援のために参戦を決断，人民志願軍を投入したために，国連軍は敗走を余儀なくされ，戦線は2年近く北緯38度線付近で一進一退が続いた。

　米ソ共に戦争を朝鮮半島の「局地戦」にとどめたので「第三次世界大戦」に至らなかった。53年7月27日，国連軍，朝鮮人民軍，中国人民志願軍，3者の間で，戦争の休戦を意味する停戦協定を締結した。韓国側の死者は軍民合わせて130万人，北朝鮮側のそれは250万人で，南北双方に生き別れになった離散家族が1000万人にのぼった。依然として戦争終結を意味する平和協定は締結されていない。

【関連項目】 朝鮮半島の分断／米韓相互防衛条約／冷戦

チョウセン

〔木宮正史〕

## 朝鮮総督　Governor-General of Korea

1910年の韓国併合と同時に，日本が朝鮮を統治するために設置した朝鮮総督府の長官。親任官である朝鮮総督は天皇に直隷し，委任の範囲内で陸海軍を統率して朝鮮防備を管掌した。また朝鮮における諸般の政務を統轄し，内閣総理大臣を経て上奏を行い，裁可を受けた。さらに法律に代わる命令（制令）を発するとともに，その職権または委任によって罰則を付することができる朝鮮総督府令を発する権限を持つなど，強大な権力を一手に掌握した。これは，朝鮮民族の抵抗を抑えて安定的な植民地支配を行うためであった。総督は当初，陸海軍大将に限定された。19年の官制改革によって文官にも任用範囲が拡大され，また総督の陸海軍統率権をなくし，安寧秩序保持に必要と認められるときには朝鮮にある陸海軍司令官に兵力使用を請求できると改められたが，直後に就任した斎藤実も予備役から現役に復帰しており，現役武官以外が任用されたことはない。歴代総督は，斎藤を除いてすべて陸軍大将である。〔小川原宏幸〕

## 朝鮮半島の非核化　denuclearization of the Korean Peninsula

朝鮮半島の非核化を目指す動きは，1991年の「朝鮮半島の非核化に関する共同宣言（朝鮮半島非核化共同宣言）」と2003年から08年まで開催された6者会合がある。

宣言のきっかけは，1991年9月の韓国と北朝鮮の国連同時加盟。両者は同年12月，「南北間の和解と不可侵および交流・協力に関する合意書（南北基本合意書）」に署名し，互いの体制を認め相互不可侵を誓ったが，北朝鮮の核開発問題が障害となり，交渉の末，両者は同月31日，宣言に合意し，92年2月発効した。主な内容は，①核兵器の試験，製造，生産，保有，貯蔵，配備，使用を行わない，②核再処理施設とウラン濃縮施設の保有をしない，③南北核統制共同委員会が査察を実施する，など。

だが査察方法で合意に達せず，北朝鮮が93年3月に核不拡散条約（NPT）の脱退を宣言した。その後，2002年10月に北朝鮮の高濃縮ウラン計画が発覚し，国際原子力機関（IAEA）が非難すると北朝鮮は03年1月に再度，NPTの脱退を表明した。IAEAは国連安全保障理事会に付託したが実質審議に至らず，米国は多国間交渉での解決を模索し，同年8月，米国，北朝鮮，中国，韓国，日本，ロシアによる第1回6者会合が開催され，08年まで6回の会合が北京で開催された。北朝鮮は核関連施設を凍結する見返りの補償を求め，米国は核の「完全で検証可能かつ不可逆的な廃棄」を主張して対立したが，05年9月の第4回会合で共同声明に合意した。声明では北朝鮮によるすべての核兵器及び核計画の放棄とNPTへの早期復帰，北朝鮮への軽水炉提供などが盛り込まれた。実施へ向け第5回会合で「初期段階の措置」，第6回会合で「第2段階の措置」で合意し，北朝鮮は寧辺の3つの核施設の無能力化と核計画の完全な申告を行い，見返りに100万tの重油相当の支援を受け，米国は北朝鮮のテロ支援国家指定を解除することになった。北朝鮮は08年6月，無能力化作業を始め，核計画申告書を提出し，米国は同年10月にテロ支援国家指定を解除した。だが同年12月，申告書の検証を巡り合意せず6者会合は中断された。

【関連項目】北朝鮮の核開発問題／米朝協議
【参考文献】寺林裕介『北朝鮮の核開発問題と六者会合（上）（下）』参議院外交防衛委員会調査室，2006年　〔水本和実〕

## 朝鮮半島の分断　division of the Korean Peninsula

日本の植民地期に形成された朝鮮半島内部の社会的亀裂とそれを反映した左右の民族運動の対立が存在し，植民地支配からの解放後の独立

国家建設を巡る主導権争いが顕在化する中、それを増幅する形で、第二次世界大戦の戦後処理に関して北緯38度線を境界とする米ソによる分割占領が行われ、さらに米ソ冷戦が深刻化することによって、1945年8月15日米占領地域の南部では大韓民国（韓国）が、9月9日ソ連占領地域の北部では朝鮮民主主義人民共和国（北朝鮮）という別々の国家が建国され、南北分断体制を帰結させた。

連合国は、当初は国際信託統治を経た上で朝鮮の独立を認めることに合意しており、米ソ分割占領はそれまでの暫定的な措置と考えられていた。だが、即時独立を求める世論を動員した右派が左派に対する巻き返しを行うために信託統治反対運動を展開するとともに、米ソともに占領地域における親米、親ソ勢力を支援した結果、南北分断は不可避な状況となった。ただし、米ソ分割占領をアメリカ合衆国が提案した背景には、朝鮮半島に及ぶソ連の影響力を最小化する政策意図が存在した。

解放直後の朝鮮半島は、植民地支配への対決姿勢や土地改革への積極的姿勢などに起因して左派が優位な状況であったために、ソ連占領下の北部では比較的順調に親ソ左派勢力が優位を確立した。だが、米軍政下の南部では、左派の優位を米軍政の支援を受けた右派が奪還する過程で、済州島4・3反乱事件に象徴されるように、相当に激烈な内戦が展開された。分断国家の成立ではなく左右を統合した統一国家建設の可能性を模索する中間勢力の活動はあったが、結果的に、米軍政下の南部では、最も非妥協的な反共主義者である李承晩を初代大統領とする政権が、ソ連占領下の北部では、非妥協的な共産主義者である金日成を初代首相とする政権が成立した。その直後、50年に勃発した朝鮮戦争の過程で、軍事統一の可能性が模索されたが、多くの犠牲を伴ったにもかかわらず、統一は実現されず、今日に至るまで南北分断体制は強靱に持続し続けている。

【関連項目】朝鮮戦争／冷戦
【参考文献】カミングス，ブルース（鄭敬謨ほか訳）『朝鮮戦争の起源1』明石書店，2012年／カミングス，ブルース（鄭敬謨ほか訳）『朝鮮戦争の起源2（上）（下）』明石書店，2012年／和田春樹『朝鮮戦争全史』岩波書店，2002年〔木宮正史〕

## 徴兵制　conscription

近代国民国家において、国民に一定期間の兵役を課す制度。徴集対象は、イスラエルなど少数の例を除いて男性に限定される。

歴史上、初めて徴兵制が登場したのは、1789年のフランス革命の直後である。周辺の君主国からの干渉戦争の危機に直面して、フランスは「兵役は自由市民の義務」とする総動員法を93年に成立させた。これによって大量の兵力動員が可能となった。殺傷力の強い兵器の登場によって、志願兵だけでは兵力の補充は困難になりつつあった。「祖国と自由を守るため」に武器を手にした市民によるフランス軍は士気高く、近隣君主国の傭兵軍を相手に威力を発揮した。これに対抗するために、周辺国も徴兵制を採用するようになった。

近代国家以前は、貴族や騎士・武士などの特定の身分や所得のあるものしか武器を持って戦うことが許されていなかったため、身分や階級の相違にかかわらず、国民自らが国防に従事する徴兵制は「民主的」であるとされた。あまねく国民が軍隊に関わることで、職業軍人の暴走を防ぐことを期待できるという主張が一部にあるが、徴兵制は国民に本人の意思に反して一定の役務を強制し、社会を軍事化させるため民主的ではないという見方もある。

総力戦となった第一次世界大戦では6300万人、第二次世界大戦では1億490万人の国民が動員され、それぞれ850万人、1700万人の兵員が戦病死したと推計されている。

両大戦以後、兵役拒否が国際法上の権利とされたこともあり、徴兵制を有する各国では、兵役拒否権を承認し、代替役務制度を設けること

が一般的になっている。また，ヴェトナム戦争後の米国が徴兵制を廃止したことに象徴されるように，介入戦争へ徴集兵を派遣することに，国民の支持は得られない。

冷戦後は，戦争形態の変化，軍事技術の高度化に伴い，徴兵制の有効性・必要性が低下している。現在，徴兵制を採用する国はイスラエルやロシア，スイス，韓国など50ヵ国以上あるが，冷戦終結以降，フランスやイタリア，ドイツなど，徴兵制を廃止・停止する国が増加している。

【関連項目】 総力戦／兵役拒否
【参考文献】 大江志乃夫『徴兵制』岩波書店，1981年／加藤陽子『徴兵制と近代日本1868―1945』吉川弘文館，1996年
〔市川ひろみ〕

## 『沈黙の春』（レイチェル・カーソン）
Silent Spring（Rachel Carson）

レイチェル・カーソン（1907～1964）は米国の生物学者であり62年に出版された『沈黙の春』は彼女の代表作の1つである。

この著作では安価な殺虫剤として幅広く普及したジクロロジフェニルトリクロロエタン（DDT）などの化学物質を問題として取り上げている。食物連鎖や生体濃縮などにより蓄積された化学物質が，人間の健康や生態系のバランスを崩し，春になっても鳥が鳴かないなど自然が沈黙していく様を指摘し自然と人間が共存する別の道筋を選ぶ必要があるとのメッセージを発した。

『沈黙の春』は大きな反響を呼び，世界各国で出版され，ベストセラーとなった。この著で提起された殺虫剤がもたらす人間や自然への影響は人々の関心を呼ぶ社会問題となり，米国など世界各国が政策を変更する転機となった。また70年開催のアースデイや72年開催の国連人間環境会議に向けて環境問題への関心を高め，環境保護運動が活発になるきっかけともなった。

【関連項目】 環境保護運動／国連人間環境会議 〔横田匡紀〕

## 通常兵器 conventional weapons

通常兵器とは，一般に，核兵器，生物兵器，化学兵器などの大量破壊兵器を除く兵器全般を意味する。戦車，軍艦，戦闘機などのような大型のものから，地雷やクラスター弾，小型武器などまで，通常兵器に含まれる兵器は多岐にわたる。大量破壊兵器の使用が極めて限定的なものにとどまる一方で，通常兵器は実際に頻繁に使用され，多くの被害者を生んでいる。また，通常兵器の性能や破壊力は年々向上しており，その規制も国際社会の課題である。

通常兵器の過剰な蓄積は地域の不安定に繋がる一方で，治安維持などのために小型武器など一定の通常兵器も必要である。各国が相互不信や軍拡競争に陥らないためにも，通常兵器については，その保有状況や国際的な移転に関する透明性を向上させることが重要である。

【関連項目】 国連通常兵器移転登録制度／特定通常兵器使用禁止制限条約（CCW）／武器貿易条約 〔足立研幾〕

## 通信傍受法 Wiretapping Law

1999年8月に，小渕恵三政権が組織的犯罪対策3法の1つとして制定した法律で，正式名称は「犯罪捜査のための通信傍受に関する法律」（2000年8月施行）。批判的な観点から，「盗聴法」と表現されることもある。本法は，組織的犯罪のうち，組織的殺人・薬物犯罪・銃器犯罪・集団密航の犯罪捜査のために，検察・警察による通信（電話やFAX・電子メール）の傍受を認めるものである。

86年に，神奈川県警の警察官が日本共産党幹部宅の電話盗聴をしていたことが発覚し，また，憲法21条2項は通信の秘密の保障を明示し，新しい人権の根拠規定である憲法13条からプライヴァシー権が保障されるため，同法制定には強い批判があった。そのため，傍受対象犯罪を4類型に限定し，検察官・警察官は裁判官の令状（傍受令状）を得て，電話会社の施設に出向き，立会人（通信事業者）が常時立ち会い

の下，最長30日間しか傍受できないという歯止めをかけて制定している。従来は，本法に基づく通信傍受件数は多くても年10件程度であったが，最近は件数が増えてきており，2014年は26件であった（傍受した通話は1万3778回）。

2015年3月に，安倍政権は通信傍受法の改正案も含む「刑事訴訟法等の一部を改正する法律案」を閣議決定した。改正案では，放火，殺人，傷害，逮捕監禁，誘拐，窃盗，詐欺，爆発物使用，児童ポルノの9つの犯罪類型を新たな傍受対象に追加し（個人的な犯罪にまで拡大），立会人の立ち会いをなくして，通話内容を暗号化して伝送することで警察施設での傍受も可能にし，リアルタイム又は後でまとめて傍受可能にしようとしている。

2013年に，エドワード・スノーデンがアメリカ国家安全保障局による全世界的な盗聴の事実を暴露し，国家機関による国民監視の実態に対する反発が強まるなか，日本における通信傍受法の拡大は警察による監視をますます強めることになり，強い批判がある。

【関連項目】 新しい人権／特定秘密保護法
【参考文献】 足立昌勝ほか『警察監視国家と市民生活』白順社，1998年／グリーンウォルド，グレン（田口俊樹ほか訳）『暴露』新潮社，2014年／清水雅彦「監視と管理の動向と批判の視点」『法と民主主義』462号，2011年　〔清水雅彦〕

## ツーレ水爆事故　crash of B-52 with hydrogen bombs near Thule Air Base

1968年1月21日，警戒監視活動を行っていたアメリカのB-52G爆撃機が，デンマーク領グリーンランドにあるツーレ（またはチューレ）米空軍基地付近の氷上に墜落した事故。7人の搭乗員のうち1人が死亡。同機には4発の水爆が搭載されていた。核爆発は起きなかったが，プルトニウム，ウラン等の放射性物質が広範囲を汚染した。アメリカは68年9月まで，除染作業を行ったが，搭載水爆のうち1発についてはセカンダリ部分（核融合反応の発生部分）を回収できなかった。米戦略空軍司令部は当時，ソ連の周囲に計12機の爆撃機を待機飛行させるクローム・ドーム作戦を実行していた。事故機は，ツーレ基地の弾道ミサイル早期警戒システムの周辺空域に割り当てられた1機であった。86年，除染に関わったデンマーク人に健康被害が出たとの報道があり，デンマーク国家保健委員会が調査を行ったが，事故による疾病増加や死亡率上昇は確認できなかったと発表した。

【関連項目】 水爆（水素爆弾）　〔友次晋介〕

## ディアスポラ政治　diaspora politics

ディアスポラ政治とは，国外への移住者集団であるディアスポラ又は民族的に同族の民族マイノリティと，民族同胞国との間で行われる，双方向の政治支援，経済支援，軍事支援など国境横断的な政治を意味する。政治的に活動的なディアスポラ団体は，国連，世界銀行，国際労働機関（ILO）といった国際機関に対するロビー活動などを行うが，特に資金力の豊かなアメリカ国内のディアスポラ団体は，民族同胞国に対して資金・経済援助を行い，また議会へのロビー活動を通して民族同胞国に対する政策決定に圧力を行使している。米国のユダヤ人社会とイスラエルの結びつきはよく知られているが，冷戦後になるとディアスポラ政治は特に顕著になる。冷戦が終結するまでは，ディアスポラはいわゆる「第五列」（内通者）の疑いをかけられるのを恐れ，政治的活動を展開することには慎重であった。しかし冷戦の終結を機に国際政治の舞台にディアスポラ政治が息を吹き返すことになる。この背景には，国内のエスニック政治とディアスポラ政治が混然一体となった越境的なエスニック政治の展開が可能になるほど，国際環境が変化したことが挙げられる。こうした国際環境の変化には，第1に，ソ連とユーゴスラヴィアの崩壊を機にディアスポラが急増し，民族同胞国がディアスポラ対策に追われたことがある。第2に，グッド・ガヴァナン

スのグローバル化が進展するなかで第五列の脅威が低減し，国際社会がディアスポラ／民族マイノリティに寛容になったことがある。第三に，ディアスポラ／民族マイノリティと民族同胞国を結びつけるコミュニケーション技術の飛躍的な進歩も作用している。20世紀末から急速に発達しているインターネット，SNS，動画サイトなどの普及によって，情報を安く，瞬時に，しかも全世界に広めることが可能になり，同時に民族（エスニック）アイデンティティを高揚させ，民族集団をエスニック政治へ動員することも容易になった。さらには，民族同胞国と民族マイノリティの間で電子送金や電子ビジネスによって経済支援が技術的に容易になるなど，有形・無形両面の環境の変化がある。

【関連項目】エスニック政治／エスニック紛争／グッド・ガヴァナンス／地位法（ディアスポラ法）

【参考文献】Byman, Daniel et al., *Trends in Outside Support for Insurgent Movements*, RAND, 2001／Sheffer, Gabriel, *Diaspora Politics*, Cambridge University Press, 2003　〔吉川元〕

## 低強度紛争（LIC）　low intensity conflict

1985年以降に米国国防総省が用いた「戦争以外の軍事作戦」（Military Operations Other Than War; MOOTW）の1つである。米国国防大学が1986年1月に開催した「低強度戦争会議」（Low-Intensity Warfare）以降，市民権を得た用語。国家間戦争より下位で，日常生活における争いより上位に位置づけられることが多く，対立する国家・集団間の政治的・軍事的対立を意味する。長期化した紛争が多く，軍事的手段以外にも政治・経済・情報といった手段も駆使される。第三世界に局地化されることが多く，亜国家主体と国家主体間の非対称な紛争と理解されることが多い。

【関連項目】内戦／武力紛争　〔古澤嘉朗〕

## 抵抗権　right of resistance

不法な国家権力の行使に対して人民が抵抗する権利。抵抗権の思想は，古くは中世や近世初期にも暴君放伐論として存在していたが，自然法思想や社会契約論と結びつくことによって近代立憲主義の核心部分を構成する理論となった。アメリカの独立宣言（1776年）やフランスの人権宣言（1789年）などにその典型例を見ることができるが，その後，法実証主義の興隆とともに，抵抗権の理論も下火になっていった。それが再び復活してくるのは，ファシズムやナチズムを体験した第二次世界大戦後である。例えば，ドイツ諸州（ヘッセン州など）の憲法やドイツ連邦共和国基本法（ボン基本法）20条4項は，抵抗権の規定を導入した。日本でも，抵抗権の根拠を憲法12条に求める見解がある。もっとも，抵抗権をこのように実定憲法上の権利として構成することについては疑義も出されており，抵抗権は究極的には超実定法上あるいは自然法上の権利にとどまらざるを得ないのであって，実定憲法に規定することの意義は少ないとする見解もある。なお，英米諸国においては，圧政に対する市民的不服従（civil disobedience）の権利があるということが言われているが，これも，広い意味では抵抗権の一種といってよい。

【関連項目】ガンディーの平和思想／公民権運動とキング牧師／抵抗・不服従　〔山内敏弘〕

## 抵抗・不服従　resistance/disobedience

抵抗や不服従は，不正な法や命令に従わない行為であり，様々な状況のなかで個人によっても集団によってもなされる。不正にくみしないという思想はソクラテスにもみられたように，権力者の命令に従わない不服従は古今東西なされてきた。圧政や政治権力の濫用に対して抵抗すべきだとする抵抗権思想は，16世紀の暴君放伐論や17世紀のジョン・ロックの抵抗権思想を経て市民革命を用意した。抵抗は暴力手段によってなされることも多かったが，20世紀になってガンディーが南アフリカとインドで人種

差別や植民地支配と闘う非暴力不服従運動を組織し，創造的成果を上げた。

　抵抗や不服従は多様な形態をとりうる。市民的不服従は，自分の良心に照らしてどうしても服し得ない法や政策に違反する非暴力行為であり，その概念は不正をなす政府に対して個人でも抵抗できることを示したH. D. ソローに由来する。民衆が独裁体制を非暴力で打倒したり，軍事的侵略に対して非暴力で立ち向かったりした事例もあり，市民的抵抗は民主主義や自治の強化に役立つと考えられる。

【関連項目】　ガンディーの平和思想／抵抗権／非暴力主義
〔寺島俊穂〕

## 帝国主義　Imperialism

　帝国主義という言葉の定義は，現在に至るまで定まっていない。そもそも「帝国」をどう解釈するかで政治的・文化的・経済的な議論が可能となり，論争そのものが政治的な意味を持つこともある。広くは大国が領土や勢力範囲を拡張しようとして他国に進出することと，こうした膨張主義と植民地支配を意味する。特に19世紀後半から20世紀初頭にかけてロシア，ドイツ，フランス，イギリスなどヨーロッパの大国と日本やアメリカが中心となり，植民地獲得競争と世界分割を行った時代を帝国主義の時代と呼ぶ。この時期の帝国主義的膨張は，第一次世界大戦を引き起こす原因となったと解釈される。帝国主義という言葉は，1870年代末にイギリスで使われ始めた。イギリスの植民地獲得運動を批判し，資本主義の発展から帝国主義を説明したホブソンの『帝国主義論』(1902年) が発端となり，帝国主義研究が本格化した。ホブソンの影響を受けたレーニンは，帝国主義を金融資本と独占の時代と特徴づけ，資本主義批判からの帝国主義論の基礎をつくった。日本は帝国主義研究が特に活発な国として知られており，特に戦後歴史学は日本の戦前の体制を批判的に検討し，戦後日本の姿を強く規定したアメリカを中心とする世界体制の性格を解明することを課題とした際，帝国主義論をその課題を追求するための視角を提示するものとして重視した (木畑洋一)。

　帝国主義は資本主義との関係だけで論じられるものではなく，世界的な政治体制を説明するための言葉でもある。ローマ帝国など古代から現代にかけて存在した帝国とその拡張的傾向を説明する概念としても用いられる。近年では9.11のテロ以降，帝国と帝国主義への関心が高まり，帝国主義国家としてのアメリカを分析する研究が増加した。

【関連項目】　人種主義／第一次世界大戦(WWⅠ)／文明化の使命
【参考文献】　木畑洋一「現代世界と帝国論」歴史学研究会編『帝国への新たな視座　歴史研究の地平から』青木書店，2005年／木畑洋一「総論　帝国と帝国主義」木畑洋一ほか『帝国と帝国主義』有志舎，2012年／古内洋平「帝国主義の台頭とその国際的影響」大芝亮編『ヨーロッパがつくる国際秩序』ミネルヴァ書房，2014年
〔竹本真希子〕

## デタント（緊張緩和）　détente

　本質的に敵対関係にある国家間の緊張緩和。特に，1960年代から70年代にかけての東西両陣営間に生じた関係改善を指す。語源は引いた弓が元の形に戻る様を表すフランス語であるが，後に政治的な関係改善を意味するようになった。

　一般的にデタントの始まりは，キューバ危機後にホットライン協定と部分的各実験禁止条約が締結された1963年とされる。だが，その後の米ソ間の関係改善は限定的で，むしろ60年代半ばはフランスやイギリス等が，60年代末からは西ドイツがデタントの主導的な役割を担った。西ドイツのブラント政権による東方外交(Ostpolitik)は，戦後ヨーロッパの現状承認を通して現状克服を図る試みであった。現状承認は，70年にモスクワ条約とワルシャワ条約によりなされた。その後，ベルリン協定(71年)が戦勝四大国の権利と責任を確認し，東西ドイツ基本

条約（72年）が相互に国家として承認しあったことは，後の多国間デタントにつながる契機となり，欧州安全保障協力会議（CSCE）と相互均衡兵力削減交渉（MBFR）への道を拓いた。

一方，米ソ間では60年代末から開始された戦略兵器制限交渉（SALT）が72年に第1次SALT協定とABM制限条約に結実し，さらに翌年には核戦争防止協定が締結された。この間，アジアでもニクソン大統領が訪中した72年には日中国交正常化がなされ，冷戦変容期を迎えた。

CSCEは72年11月からの予備交渉と，73年から約1000日続いた長期交渉を経て，75年8月1日にヘルシンキ宣言を採択して幕を閉じた。宣言では，多国間で戦後の現状が承認されると同時に，人権規定さらには人や情報の自由な移動に関する諸規定を含んでおり，後の東側諸国に大きな政治的影響を与えた。

【関連項目】　欧州安全保障協力機構（OSCE）／中部欧州相互兵力削減（交渉）（MBFR）／東方外交／ヘルシンキ宣言
【参考文献】　齋藤嘉臣『冷戦変容とイギリス外交』ミネルヴァ書房，2006年／スティーブンソン，リチャード・W.（滝田賢治訳）『デタントの成立と変容』中央大学出版部，1989年
〔齋藤嘉臣〕

## デモクラティック・ガヴァナンス
democratic governance

デモクラティック・ガヴァナンスという概念は，民主主義の確立とグッド・ガヴァナンスに向けた取り組みという，2つの目標を統合するために生まれてきたものである。1990年代に，冷戦の終結により，旧社会主義国や開発途上国における民主化支援が強調され，しかし，こうした民主化支援では，選挙支援や政党育成支援などを中心としており，より広い意味での関連問題である文民関係，社会的平等，文化的・経済的権利の確保などは，あまり中心的な課題とはされてこなかった。

他方，グッド・ガヴァナンスについて，世界銀行などでは，法の支配，透明性と腐敗防止，説明責任性，公共部門の効率性など，行政府の改革に焦点が当てられがちであった。このような取り組みでは，ガヴァナンスは高くても，民主主義の度合いは低いという可能性が残され，問題があるとされていた。

UNDPは，2002年の人間開発報告書において，持続可能な発展とは，単なるグッド・ガヴァナンスにより確保できるものではないとして，民主主義とグッド・ガヴァナンスの両者を関連づける概念であるデモクラティック・ガヴァナンスの必要性を強調した。そして，デモクラティック・ガヴァナンスに向けた改善策として，民主主義の制度改善やガヴァナンスの改善策（法制度整備や情報公開，独立したメディアの育成，司法・行政改革など）に加え，地方分権や住民参加のための取り組みにも力を入れるようになった。

紛争後の平和構築においても，デモクラティック・ガヴァナンスの促進は極めて重要なこととして強調されている。そのための取り組みとして，選挙支援，行政官の育成，地方分権の促進，法の支配と司法制度・監獄制度等の改革，国軍・警察の改革，人権保障のための人権モニター制度の充実，人権NGOの育成などが挙げられている。

【関連項目】　開発とガヴァナンス／グッド・ガヴァナンス／民主化支援
【参考文献】　UNDP『人間開発報告書〈2002〉ガバナンスと人間開発』国際開発協会，2002年／杉浦功一「デモクラシー重視の開発援助」『国際開発研究』23巻1号，2004年／Chetail, Vincent, *Post-conflict Peacebuilding*, Oxford University Press, 2009
〔大芝亮〕

## デュナンの平和運動
Henry Dunant's peace movement

デュナン（ジュネーヴ生，1828～1910年）は，国際赤十字・赤新月運動の創始者。イタリア北部での負傷兵の悲惨な状況を目撃し，『ソルフェリーノの思い出』を出版して2つの提案を行った。それは，①各国における負傷兵を救

護する民間団体の設立，②負傷兵とその救護者の保護を保障する条約の採択である。1863年，デュナンを含めた国際負傷軍人救護委員会（五人委員会，のちの赤十字国際委員会）は，国際会議を開催した。そこでデュナンの提案に賛同が集まり，数ヵ月後にはベルギー・フランス・ドイツ等で赤十字社が設立された。64年，スイス政府が主催した政府間会議で12ヵ国の政府代表が「戦地軍隊ニ於ケル傷者及病者ノ状態改善ニ関スル1864年8月22日のジュネーヴ条約」を締結した。「負傷兵は国籍を問わず救護される」という公平性の原則が国際的に合意されたことから，近代的な国際人道法の出発点とされる。1901年，デュナンは最初のノーベル平和賞を受賞した。

【関連項目】　国際人道法（武力紛争法）（IHL）／国際赤十字・赤新月連盟（IFRC）／ノーベル平和賞　　〔勝間靖〕

## テロ資金供与防止条約
International Convention for the Suppression of the Financing of Terrorism

テロリストが資金を調達することを規制するための措置の1つ。1999年12月に国連総会で採択され，2002年に発効した。日本はこれを批准するために「公衆等脅迫目的の犯罪行為のための資金の提供等の処罰に関する法律」を制定した。この条約は，テロ行為のために使われることを知っていながら資金を提供したり，あるいはテロ行為のために使うことを意図して資金を収集したりする行為を，犯罪化することを締約国に求めている。

ここで資金とは，現金に限らず，あらゆる種類の資産が含まれる。テロ行為とは，この条約以前に成立している国際テロ関連諸条約のうち9本に示されている行為，例えば航空機の不法な奪取，人質を取る行為，核物質に対する不法行為，爆弾使用などが相当する。

テロ資金規制は他にもテロ関係団体や個人を指定しての制裁措置や，OECDの金融活動作業部会（FATF）が各国の取り組みを審査し改善勧告するなど重層的に取り組まれている。

〔宮坂直史〕

## テロ対策特別措置法（テロ特措法）
Anti-terrorism Special Measures Law

2001年の9.11テロ後に，アメリカ中心の多国籍軍はアフガニスタンに対して「不朽の自由作戦」を実行した。日本としてはそれを後方支援するために，インド洋上で外国軍の艦船に対して，海上自衛隊の補給艦が給油活動などを行った。その根拠となる法律。給油は協力支援活動の中心となるものであり，同法では他にも，捜索救助活動，被災民救援活動を可能としていた。政府は，テロの防止と根絶に取り組む国際社会に対して「積極的かつ主体的に寄与」することを，この法律の実施目的に挙げていた。この法律は日本の対テロ国際協力の柱とみなされていた。

時限立法であるが，延長を経て，07年，安倍晋三首相の辞職（第1次安倍政権）や国会審議日程の関係で一度失効し，自衛隊は撤収している。08年に新たに「テロ対策海上阻止活動に対する補給支援活動の実施に関する特措法」が成立し，民主党政権下の10年に失効する（2年間の時限立法）まで給油活動等が続けられた。

【関連項目】　アフガニスタン戦争／対テロ戦争　　〔宮坂直史〕

## テロリズム　terrorism

政治的または宗教的な目的を掲げたり，社会的に争点となっている問題を振りかざして，自らの主張を強要するために，非合法的に暴力を行使したり，その脅しをかけること。

世界共通の定義こそないが，各国，各機関が法令・条約等でテロリズムやテロ行為，テロ組織等を定義して，規制や処罰の対象の明確化を試みている。それと同時にテロリズムは，敵の行為を非難したり揶揄したりする侮蔑的用語と

して使われることも多い。

　テロリズムは様々な観点から分類される。目的や動機からは，宗教的テロ，分離独立テロ，右翼排外主義テロ，左翼革命テロ，過激環境保護テロ，単一争点テロなどに，使用される武器からは，爆弾テロ，化学テロ，生物テロ，核テロなどに，場所によっては港湾テロ，航空テロ，鉄道テロなどに分けて，それぞれの分野で対策がとられている。

　分類からもわかるようにテロリズムは多種多様であり，なぜテロが起きるのか，なぜ人はテロリストになるのか，その原因は決して単一要因では言い表せない。テロリズムが生起しやすい社会環境的な「背景」，テロ組織を作る者や加入する者の「素因」（心理的要因），武器入手や資金獲得を可能とする「誘因」，個々のテロ行為に至る「引き金」など様々な要因の組み合わせで初めて説明できるものである。

　安全保障研究ではテロリズムを「非伝統的脅威」に位置づける傾向もあるが，新しさという意味では非伝統的ではない。テロリズムという用語が誕生する（フランス革命時）はるか以前より，要人暗殺や人々を恐怖に陥らせる政治的暴力行為はあったし，近代以降も19世紀末から20世紀初めにかけては無政府主義者のテロが，1960年代から70年代にかけては左翼テロが世界的に隆盛した。分離独立運動が先鋭化してテロ活動が活発になった国も少なくない。ただし90年代以降に主流となる宗教的テロは，件数の多さや破壊力の大規模化，グルーバルな連携などの質的変容がみられ，そこから非伝統的な脅威と言える。

【関連項目】　イスラーム国（IS／ISIS／ISIL）／対テロ戦争
【参考文献】　テロ対策を考える会編（宮坂直史責任編集）『テロ対策入門』亜紀書房，2006年／広瀬佳一・宮坂直史編著『対テロ国際協力の構図』ミネルヴァ書房，2010年　〔宮坂直史〕

## 天安門事件　Tiananmen Square Incidents

　天安門事件には，1976年と89年の中国・北京の天安門広場で，それぞれの背景から発生した2つの民主化要求や異議申し立てた運動がある。

　最初の第1次天安門事件は76年4月に，毛沢東後の後継を巡る政争のなかで四人組指導部への批判を込めたデモとして発生した。同年1月に逝去した周恩来元総理を追悼する集会に30～40万人民衆が集まったが，これを反革命とみなした四人組が黒幕を鄧小平氏として失脚させ，鄧が77年に復活するまでの一連の政争に関わる事件で，「四・五運動」とも呼ばれている。

　第2次天安門事件は，89年に百万人とも言われる学生や知識人及び民衆が天安門広場に集結して展開した，大規模で長期にわたる民主化運動であった。抗議行動の発端は89年4月に改革派指導者の胡耀邦前総書記が突然死亡し，その追悼集会が学生を中心に大規模な民主化運動に拡大していった。

　天安門広場には自由の女神像が急遽しつらえられるなど民主化を求める熱気が充満したが，同時に運動に参加した知識人や共産党内改革積極派には共産党独裁体制護持派との路線対立の側面もあった。80年代を通じた鄧小平主導の改革開放政策の進展は経済を発展させたが，社会主義市場経済に発展する経済構造と独裁政治構造との間の矛盾も露呈させてきた。現実に食糧配給制の廃止などで物価が15～19％も上昇するなど国民生活を苦しめ，解決を巡る抗議行動に多くの民衆も参加した。

　そこで当時の趙紫陽共産党総書記は党政分離の政治改革で妥協を図ろうとしたが，党中央は鄧小平氏の意を受けた李鵬総理などの発議でこの事件を暴乱と決めつけた。これに反対し学生との対話での解決を追求した趙紫陽総書記はトップの座を追われ，自宅に軟禁状態のままその生涯を閉じた。

　さらに天安門広場の運動は警察や武装警察部隊では排除できない状況から，政治局常務委員会は人民解放軍の出動を多数決で決議し，戦車

を先頭に出動した軍によって鎮圧された。その過程で解放軍のなかには「人民の子弟兵」として人民に銃口を向けることに抵抗する幹部兵士が続出する事態もあったが，天安門広場を血に染める結果となり，6月4日がピークとなったため「六・四事件」とも言われている。

この事件の後遺症として，民主化運動の評価に関して見直しを求める声が今日まであり，政治決断が問われている。また一部軍隊の抗命事件は党軍関係の問題となり，共産党に忠実な「党の柱石」となるように解放軍が修正されてきた。

この事件はソ連のゴルバチョフ訪中と重なり，世界から北京に集まっていたメディアにより軍による弾圧事件として瞬く間に世界中に伝搬された。〔茅原郁生〕

## 天皇機関説事件
"Emperor as Organ Theory" Incident

天皇機関説事件とは，1935年に美濃部達吉の憲法学説が「国体」に反するとして激しい圧迫・干渉（著書の出版禁止等）を受けた学問弾圧事件である。美濃部の説は，イェリネックの主権は人民でも君主でもなく法人格を持つ国家が有するとする「国家法人説」に学び，絶対主義的解釈を退け，立憲主義の立場から天皇を統治権の所有者（天皇即国家）とはせず，天皇は（統治権を有する）国家の機関（最高機関）とし，国家の統治権を（自己の利益のためではなく）国家目的のために憲法に従って行使する機関権能を有する最高の国家機関であるとする。この説は学界・官界で広く受け入れられた。これは吉野作造の民本主義と並び，大正デモクラシーを憲法学説の立場から支えた。しかし軍国主義や右翼が台頭すると，貴族院での菊池武夫議員の非難演説をはじめ様々な悪罵を浴びせられた。これに対しては美濃部も同院で「一身上の弁明」演説（同年2月25日）を行ったがおさまらず，ついには政府が「国体明徴声明」を出して，当該学説を公的に否認するに至った。この頃から同説を唱える憲法学者たちも沈黙を強いられ，当時不十分ながらも存在した学問の自由や大学の自治が大きな打撃を受けた。戦後，憲法で思想・良心の自由や表現の自由に加えて，学問の自由（23条）を規定した歴史的意味は，こうした権力による抑圧から学問研究の自由と大学の自治を保護しようとした点にある。

【関連項目】　大学の自治／滝川事件　　　〔河上暁弘〕

## 天皇制とファシズム
Emperor system and facism in Japan

第二次世界大戦後の日本では，戦時期の国家権力を天皇制ファシズムと把握する見解が提起された。この天皇制ファシズム論は，戦前の天皇制国家の本質を「絶対主義」と捉える講座派マルクス主義の立場と，ファシズムを「金融資本の最も反動的な，最も排外主義的な，最も帝国主義的な分子の公然たるテロリズム独裁」と規定したコミンテルン第7回大会のディミトロフ報告（1935年）を折衷したもので，「絶対主義」的天皇制がファシズムの機能を果たしたと理解するものであった。

天皇制ファシズム論は，「明治以来の絶対主義的＝寡頭的体制がそのままファシズム体制へと移行」したとする丸山眞男の「上からのファシズム」論や，天皇制国家のファシズム化の論理を検証した丸山門下の石田雄や藤田省三らの研究によって補定され，戦時期日本の国家権力に関する主流的見解となった。

しかし天皇制ファシズム論は，80年代には主流的見解としての地位を完全に喪失した。その背景には，①70年代に生じたファシズム概念をめぐる論争を機に，ファシズム概念の再構成が求められるようになったこと，②それと並行して現代史研究者の多くが天皇制＝「絶対主義」説を放棄したことなどの動きがあった。

さらに冷戦が終結した90年代以降になると，近代日本の国家権力を国民国家としての普遍性

から捉え直す研究や，イギリス流の立憲君主制と把握する研究が台頭し，また戦時期研究では総力戦体制を巡る問題に焦点が移行したため，天皇制とファシズムの関係を正面から問う研究は下火となった。

その一方，近年では，従来が手薄であった戦時期の社会政策や文化に関する研究，国体論や日本主義など天皇制イデオロギーに関する研究が進展しており，天皇制とファシズムの関係を新たな観点からより多面的に考察することが可能となりつつある。

【関連項目】 十五年戦争／総力戦／ナチズム／ファシズム
【参考文献】 安部博純『日本ファシズム研究序説』未来社，1975年／高岡裕之『総力戦体制と「福祉国家」』岩波書店，2011年／安田浩『近代天皇制国家の歴史的位置』大月書店，2011年／山口定『ファシズム』岩波書店，2006年〔高岡裕之〕

## 電離放射線　ionizing radiation

電離放射線とは，一般には放射線と呼ばれており，物質中の原子の軌道電子をはじき出し，物質を電離（イオン化）する能力を有する電磁波や粒子線を言う。電離放射線は放射性物質が安定な物質に変化する際に電磁波や粒子の形で放出される。主な電磁波としては，$\gamma$ 線や X 線があり，波長が極めて短いことから，高い透過性を有している。また，粒子線は $\alpha$ 線，$\beta$ 線，陽子線，重イオン線などの荷電粒子線や中性子線，ニュートリノなどの中性粒子線からなる。荷電粒子線は，それ自体が直接，物質に電離作用を及ぼすため，直接電離放射線と呼ばれるのに対し，電荷を帯びていない電磁波や中性粒子線は物質の原子や原子核との相互作用によって荷電粒子線を発生させ，この荷電粒子線が電離作用を引き起こすことから間接電離放射線とも言われている。一般的には直接電離放射線の透過力は弱く，$\alpha$ 線などは1枚の紙によって吸収され，貫通できないが，間接電離放射線の場合は，鉄なども貫通し，透過力は強いとされている。

【関連項目】 放射性物質／放射能　〔持地敏郎〕

## 電力自由化　deregulation of electricity

電力産業は，郵便，電気通信，鉄道，航空，ガスなどとともに，伝統的に「公益事業」の一種とされ，政府の強い規制と保護の下に置かれてきた。この産業は，発電（卸売を含む），送電，小売の3部門で構成され，発電と送電とが一体的に運営されるのが常で，売電での企業間競争もなかった。日本では第二次世界大戦後，電力産業は電気事業と呼ばれ，沖縄を除く全国を9つのエリアに分割して1社ずつ割り当てる地域独占民営体制がとられてきた。また地域独占会社が発電，送電，売電を一体的に運用する垂直統合体制がとられてきた。

だが1980年代より世界的に新自由主義政策が広がり，公益事業の民営化や規制緩和が進められるようになった。電力自由化の先鞭をつけたのは英国である。サッチャー政権は90年，英国電力公社 CEGB を解体し，発電部門を3つの発電会社に分割し，送電部門をナショナル・グリッド社に担わせる体制とし，小売も自由化され，後に発電も自由化された。英国を皮切りに世界で電力自由化の気運が高まった。最も先進的な地域はヨーロッパで，3次にわたる EU 指令によりヨーロッパ全域で，グローバル化した電力会社による国境を越えた電力市場争奪戦が進んでいる。

電力自由化の基盤をなすのは，発電部門及び小売部門への新規参入の自由化である。電力自由化の生命線は発電部門と送電部門の分離（発送電分離）であり，電力需給調整の責任は送電会社が負い，伝統的な発電会社の供給義務はなくなる。新規参入の発電会社は，伝統的な発電会社と全く同格となり，競争上の差別待遇はなくなる。政府の手厚い規制と保護に守られてきた発電会社は経営効率化を進め，経済的なコスト・リスクの高い発電手段を整理する必要に迫

られる。その典型は原子力発電であり，特に核燃料再処理路線を自らのコスト・リスクの負担で続けることは，電力会社にとって荷が重い。

日本の電力自由化のペースは緩慢で，第1次電気事業改革（95年）では，9電力会社に対して電力を卸売りする事業への参入が厳しい制限枠付きで認められた。第2次改革（99年）では，特別高圧需要家に対する小売自由化が認められた。しかし第3次改革（2003年）では，発送電分離など根本的な改革は先送りされ，小売自由化の範囲が高圧需要家に広げられたにとどまる。そして第4次改革（08年）はほとんど前進がみられなかった。だが福島第一原子力発電所事故を契機として電力自由化推進論は息を吹き返した。そして16年における小売全面自由化と，20年における発送電分離が決まった。発送電分離の理想的な方式は発電会社と送電会社の所有権分離である。しかしとりあえず伝統的な電力会社の分社化でよしとする政策が採用されており，ペースはなお緩慢である。

【関連項目】　再処理／福島第一原子力発電所
【参考文献】　ヴェラン，トマ・グラン，エマニュエル（山田光ほか訳）『ヨーロッパの電力・ガス市場　電力システム改革の真実』日本評論社，2014年　　　　　〔吉岡斉〕

## ドイツ再統一　German reunification

1990年10月3日に達成された，事実上西ドイツによる東ドイツの吸収合併。ゴルバチョフ・ソヴィエト共産党書記長の下で進むペレストロイカ，グラスノスチの改革政策，新思考外交に危機感を抱く東独指導部は，国内の引き締めを強め，ソ連の雑誌も発禁した。1989年夏，ハンガリー，チェコスロヴァキア，ポーランドを経由して西ドイツに出国する東ドイツ市民の数が急増，ライプツィヒではニコライ教会の「平和の祈り」後行われる「月曜デモ」への関心が高まった。10月7日の東ドイツ国家成立40周年記念式典で，ゴルバチョフは東ドイツに改革を促したが，会場周辺では変革を求める市民が公安当局に弾圧された。翌々日のライプツィヒでは，緊張する国内情勢に流血の「中国式解決」が懸念されたが，市民のデモは非暴力に徹し，ソ連・東独の治安部隊も出動しなかった。以降，「我々が人民だ」をスローガンとする自由化・民主化要求デモは，東ドイツ各地で加速度的に増大，10月18日，28年間権力の座にあったホーネッカー書記長は退陣に追い込まれた。

11月9日，旅行の自由を認める記者会見での不手際をきっかけに，東独市民が西ドイツとの国境地帯に殺到し，「ベルリンの壁」が崩壊した。西ドイツの消費生活を目の当たりにした東ドイツ大衆は，これを機に東ドイツの立て直しよりも西ドイツとの一体化を望み，「我々は一つの国民だ」を唱えるようになった。11月28日，コール西ドイツ首相は，ドイツ統一への10項目提案を発表，実質的に東ドイツ国家の解体を進めた。

90年3月18日の東独人民議会選挙で，西独保守政権を後ろ盾とする政党が勝利し，7月1日の通貨・経済・社会同盟で，基本的に1：1の交換比率で西ドイツマルクが東独に導入された。これは東独市民にとって，消費者としては歓迎すべきものであっても，生産者の立場に立てば破滅的な措置で，以後東独国営企業は続々と倒産し，西ドイツ・外国資本の手に渡っていった。憲法政策では，本来西独基本法が予定していた，国家再統一に際しての新憲法制定は回避された。外交的には9月12日，モスクワで両独及び米英仏ソが署名した「2＋4条約」によって，ドイツの主権回復が認められた。8月23日の東ドイツ人民議会の決議により，10月3日，東ドイツが西ドイツに編入する形で「再統一」が実現，国名，ナショナル・シンボルはもとより，西ドイツの諸制度が全面的に東独に移植された。

【参考文献】　グラス，ギュンター（高本研一訳）『ドイツ統一問題について』中央公論社，1990年／高橋進『歴史としてのドイツ統一』岩波書店，1999年／フィルマー，フリッツ（木戸衛

一訳)『岐路に立つ統一ドイツ』青木書店, 2001年
〔木戸衛一〕

## ドイツの戦後分割 division of Germany

反ヒトラー連合を主導する米英ソは，ドイツが再興して新たな脅威となるのを阻止する方向で戦後処理に関する協議を進めた。1943年11月28日～12月1日のテヘラン会談で，ドイツを戦勝国の直接占領下に置くことが決まったのを受けて，翌年1～9月，米財務長官モーゲンソーは，ドイツ領の一部を割譲し，残りを北部・南部・国際地帯に分割する懲罰的な計画を作成した。45年2月4～11日のヤルタ会談では，赤軍の進撃に伴い，ポーランド東部国境をカーゾン線とすること，仏を加えた4ヵ国で戦後ドイツ及びベルリンを分割統治することが決定された。5月8日にドイツが無条件降伏し，7月17日～8月2日のポツダム会談で，ドイツとポーランドの国境は対独講和条約で確定されるとされたものの，住民の逃亡・追放によりオーデル＝ナイセ線が既成事実化した。

賠償引渡しを巡る連合国内の対立から，西側では1947年1月1日に米英統合地区が発足，フランス占領地区を含め，49年5月23日，ドイツ連邦共和国が成立した。ソ連占領地区では47年6月11日，地区内のドイツ側中央行政機関としてドイツ経済委員会が設置され，49年10月7日，ドイツ民主共和国の樹立を見た。

【関連項目】 再軍備（ドイツ） 〔木戸衛一〕

## 東亜新秩序（論） New Order in East Asia

日中戦争下に日本の外交政策のスローガンとして唱えられたもので，日本が東アジアにおいて覇権を握ることを合理化する論理。

東亜新秩序という言葉は，1938年11月に出された近衛文麿内閣による声明で使用され，この建設が日本の戦争目的とされた。すなわち，その建設は「日満支三国」の提携によるもので，中国国民政府もこれに参加するのであれば拒否するものではないと，「対手とせず」とした方針に修正を加えるものであった。さらに翌12月の声明では，具体的に「善隣友好，共同防共，経済提携」という内容が示された。しかし，その内実は，中国に対して，満洲国の承認，共産主義への共同防衛（抗日民族統一戦線の否定）とその目的達成までの日本の駐兵，経済的には華北と内蒙地域での積極的な便宜供与を求めるものであった。

この政策に対して英米は，「門戸開放」などを謳った九ヵ国条約を柱とするそれまでの国際秩序に挑戦するものとして，反発を強めた。特にアメリカは対中借款などの援助に乗り出し，以後，対立を深めていくことなった。

【関連項目】 九ヵ国条約／日中戦争 〔安達宏昭〕

## 東欧の民族問題
nationalism in Eastern Europe

「東欧」概念に含まれる地域は，時代によって異なる。地理的には，北はバルト海，南はエーゲ海，東はロシア，西はドイツに挟まれた地域。ビザンティン帝国の政治的・経済的・文化的影響を受け独自な文化と諸民族の移動による民族構成の複雑さを特徴とする。さらに，南部地域は，14世紀後半からオスマントルコ帝国支配下に置かれ，イスラーム教の影響が強まった。

18世紀末にヨーロッパ東部地域を「西欧」と区別した際は，ロシアを含むスラヴ人世界を意味したが，西欧列強を中心とした近代国際関係に資本主義的経済発展の後背地として組み込まれるようになると，ハプスブルク帝国支配下に置かれた東中欧（East Central Europe）と，オスマントルコ帝国支配下に置かれた「バルカン」とに大別する政治的見方が定着した。

多民族帝国支配下に置かれ，諸民族が複雑に入り組んで混住する状況下に，ドイツを経由してnation概念が持ち込まれると，言語や宗教に依拠して離れ離れに存在する共同体を統合す

る試みが行われた。それが既存の帝国を解体して新たな境界線を引く運動と結びついて国家独立を求めるとき、国内に複数の異民族を、国外に多くの同胞民族を取り残すことを意味した。このため、東欧では、西欧的な法や権利における平等に基づく民主的制度よりも、特定の集団が持つ独自の歴史、性格、使命などを重視する傾向を内包した。19世紀から20世紀初頭にかけて独立を達成した東欧諸国は、自民族居住地の合併を目指して相克し、そこに勢力圏確立を目的とした列強による政治的介入が行われることで、不安定状態が生み出された。

　第二次世界大戦後、ポーランド、チェコスロヴァキア、ハンガリー、ルーマニア、ブルガリア、ユーゴスラヴィア、アルバニアに社会主義政権が成立し、冷戦期にソ連・東欧圏という政治的概念が用いられると、ギリシャやオーストリアは東欧概念から除外された。しかし1980年代から東西分断を告発する「中欧」概念が新たに出現した。89年以降の民主化による体制転換以後は、東側ブロックとしての東欧概念は用いられず、それぞれの歴史的一体性が強い、中欧とバルカンあるいは南東欧（Southeastern Europe）とに区分する傾向が強い。ただし、バルカン諸国のうち、EU加盟から取り残された地域（セルビア、ボスニア・ヘルツェゴヴィナ、モンテネグロ、マケドニア、アルバニア）については、西バルカンというEUによる総称もある。EUの東方拡大との関係では、ウクライナ、ベラルーシ、モルドヴァなどを新たな東欧とみなす場合もある。いずれも国内に複数の民族集団を、国外に同胞民族を抱え、さらにロシアとEUなど西欧地域の狭間で、複雑な民族構成と歴史に起因する政治的不安定さを内包している。

【参考文献】　板橋拓己『中欧の模索』創文社、2010年／柴宜弘ほか編『東欧地域研究の現在』山川出版社、2012年／シュガー、P. F.・レデラー、I. J.編（東欧史研究会訳）『東欧のナショナリズム』刀水書房、1981年／百瀬宏編『東欧』自由国民社、1995年

〔大庭千恵子〕

## 東欧民主革命
とうおうみんしゅかくめい
democratic revolutions in Eastern Europe

　1989年に東欧諸国の共産党支配体制は民主化運動の高まりのなかで連鎖的に崩壊し、民主化と市場化が進行した。この一連の政治変動は東欧民主革命と呼ばれる。

　東欧諸国は第二次世界大戦後にソ連の勢力圏に入った。48年以降に独自路線を進んだユーゴスラヴィアを除いて、東欧諸国はソ連型の共産党支配体制と中央集権的国家指令経済を導入し、コメコンやワルシャワ条約機構を介してソ連・東欧ブロックを形成した。

　70年代半ば以降、東欧諸国は経済停滞に直面し、80年代後半にポーランドやハンガリーでは西側からの借金が累積し、経済は危機的状況に陥り、国民の体制への不満が高まった。89年にポーランドでは体制派と在野の自由労組・連帯との間で円卓会議が開かれ、その合意に基づいて部分的な自由選挙が実施され、その結果、連帯中心の政府が誕生した。また、ハンガリーでも円卓会議が開催され、複数政党制が認められ、民主制への移行が始まった。

　両国の動向に触発されて、11月に東ドイツではベルリンの壁が解放され、翌年にはドイツ再統一に至る。また11月から12月末にかけて他の諸国でも民主化要求が高まり、共産党体制は崩壊した。各国の政治変動はおおむね暴力を伴わない平和革命であったが、ルーマニアではチャウシェスクの独裁体制を維持しようとする勢力とそれに反対する市民や軍などの間で内戦が生じ、チャウシェスクが処刑される流血革命となった。

　90年に各国では自由選挙が実施され、選挙後に成立する新しい政権の下で経済の私有化や市場化が進められた。また、各国は西欧諸国との経済的結びつきを強め、欧州統合へと進み、いくつかの西バルカン諸国を除いて、EU加盟を

果たし，またNATOにも加盟した。

この体制転換の過程で，連邦制をとるチェコスロヴァキアとユーゴスラヴィアでは構成共和国間の対立が深まり，前者は93年に平和裏に分離し，ユーゴスラヴィアでは91年以降の連邦解体の過程で内戦が起きた。

【関連項目】ユーゴスラヴィア紛争／連帯（ポーランド）／ワルシャワ条約機構（WTO）

【参考文献】セベスチェン，ヴィクター（三浦元博・山崎博康訳）『東欧革命1989』白水社，2009年／ロスチャイルド，ジョゼフ（羽場久美子・水谷驍訳）『現代東欧史』共同通信社，1999年　　　　　　　　　　　　　〔林忠行〕

## 東海村　Tokai Village

東海村は，茨城県の県庁所在地の水戸市から北東へ約15kmの距離に位置する。日立市との境をなす久慈川の南側と真崎浦等の低地は水田地帯，台地は畑地と平地林で，太平洋に面した砂丘地帯には日本原子力研究開発機構（原子力機構）や日本原子力発電（原電）等の原子力施設がある。村の総面積は37.48km$^2$，2015年4月1日現在の人口は3万7850人で，10年現在，東海村の第一次，第二次，第三次産業の従事者の割合は各々3.1％，24.4％及び72.5％である。

1956年に，東海村にある日本原子力研究所（現在の原子力機構）の研究用原子炉JRR-1が臨界に達して東海村で日本初の原子の火が灯るとともに，63年には動力試験炉JPDRが日本初となる原子力発電に成功した。65年には，原電の日本初の商業用原子炉が臨界に達している。このように東海村は日本の原子力の研究開発の要地であり，現在でも原子力に係る最先端の科学技術及び施設が集約している。また東海村は，アメリカで世界発の原子力発電に成功したアメリカのアイダホフォールズとの姉妹都市協定を締結している。

東海村は，「原子力推進・核兵器廃絶宣言」を行う一方で，安全の確保を最優先とし，村民の生命や財産を守り，安心して暮らせる村づくりを実践している。安全確保の取り組みとしては，原子力事業者との原子力安全協定の締結，原子力施設への立入調査等の充実強化，通報連絡訓練，事業所からの排水の監視等を実施している。また原子力災害への対応に関し，99年9月のJCO臨界事故を受けて，2000年に原子力の専門家等からなる「東海村原子力安全対策懇談会」を設置し，原子力施設の安全対策及び防災対策に関して検討協議し，必要に応じて助言や提言を受けている。

05年，東海村は，大強度陽子加速器施設（J-PARC）の推進とこれを生かした高度科学研究文化都市を目指し，「高度科学研究文化都市構想」を策定した。12年には，東海村の原子力施設すべてを視野に入れ，東海村において目指すべき原子力の将来像と，原子力と地域社会が調和したまちづくりの将来像を描いた「TOKAI原子力サイエンスタウン構想」を発表し，原子力に関するサイエンスと人づくり等の拠点として世界に貢献する「21世紀型の新たなCOE（Center of Excellence）」となることを目指している。　　　　　　　　　　　　〔田崎真樹子〕

## 東京大空襲　Great Tokyo Air Raid

1945年7月，マリアナ諸島サイパン，テニアン，グアム島が米軍の手に帰し，そこに建設された航空基地により，日本ほぼ全域は長距離爆撃機B29の爆撃圏内に入ることとなった。それまで日本空襲は42年4月の「ドゥーリトル空襲」（空母発進）と44年6月以降，中国四川省・成都から行われる西日本空襲に限られていたが，以降は東京も安泰でなくなった。マリアナに移動した第21爆撃機集団は，陸軍航空軍（USAAF　指揮官H. アーノルド大将）直属の戦略爆撃をもっぱらとする部隊で，H. ハンセル少将が指揮官となり11月から日本心臓部への空襲を開始した。最初の3ヵ月，名古屋や東京の航空機工場を目標とする昼間高高度精密爆撃が実施されたが，成果はワシントンのアーノル

ド将軍を満足させるものとならず，45年1月以降，C.ルメイ少将が指揮をとることとなった。日本側の対空砲火が低調だと判断したルメイは，大都市への焼夷爆弾攻撃を中心とする夜間低高度無差別爆撃に戦術を切り替えた。

画期となったのが，45年3月10日の東京下町に対する大空襲である。市街地を焼き払うことで，日本国民の戦争継続意欲をそぎ，あわせて中小・零細軍需工場の壊滅を狙った。325機のB29が出撃し，深夜，低高度から1665tのナパーム焼夷弾を投下した。折から春一番の強風が吹き荒れていた。火焔は轟音とともに木造密集家屋をなめつくし逃げ道をふさいだ。9万5000人以上が焔の中で亡くなった。1日の即死者としては原爆による死者数を超える。特に火災が大きかったのは本所区，深川区，浅草区，下谷区，荒川区などである（いずれも当時の町名）。

4月と5月にも，東京は大空襲に見舞われた。その規模と焼失面積は3月10日を上回るものだった。4月13日の城北大空襲は，王子区の陸軍造兵廠を狙った爆撃とされるが，被害は住宅地広くに及んだ。5月23日の山の手大空襲は，558機のB29が上空をおおう最大のもので，3646tのナパーム弾が投下された。ただ死者が7000人だったのは，逃げやすい地形だったことや3月の惨状から人員疎開が進んだことによる。

以上を総合して「東京大空襲」と呼ぶ。ドゥーリトル空襲を含めると合計56回にものぼる。通常爆弾による都市空襲としてはハンブルク大空襲（43年7月，死者3万5000人），ドレスデン大空襲（44年2月，死者3万人以上）と比較される。

【関連項目】 ドレスデン空襲
【参考文献】 早乙女勝元『東京大空襲』岩波書店，1971年／NHKスペシャル取材班『東京大空襲 未公開写真は語る』新潮社，2012年
〔前田哲男〕

## 東京フォーラム報告
Report of the Tokyo Forum for Nuclear Non-proliferation and Disarmament

1998年5月のインドとパキスタンの核実験の影響を危惧した橋本龍太郎首相が核軍縮の国際会議を提唱し，外務省の外郭・日本国際問題研究所と，明石康・前国連事務次長が所長を務める広島市立大学広島平和研究所が，専門家会議「核不拡散・核軍縮に関する東京フォーラム」を共催した。会議には印パ両国と5核兵器国を含む十数ヵ国から，実務家や研究者ら20数名が参加し，98年8月から99年7月まで4回の会合を東京，広島，ニューヨークで行い，報告書『核の危険に直面して』を発表した。

報告書は，核兵器を巡る情勢について，冷戦終結直後の楽観的見通しは消え，事態は急速に悪化しているとの悲観論に立ち，安全保障に関する「現実的な対話」を提唱。南アジア，中東，北東アジア地域の核軍縮，米ロの戦略核弾頭の1000発までの削減，そしてすべての核保有国を巻き込んだ「核廃絶一歩手前」までの段階的核軍縮などを提言した。

【関連項目】 キャンベラ委員会
〔水本和実〕

## 同時多発テロ事件
September 11 terrorist attacks

2001年9月11日，アメリカで4機の民間航空機がハイジャックされ，うち3機がニューヨークの世界貿易センタービル，ワシントンの国防総省ビルに激突，3000人弱が犠牲となった事件。ブッシュ米大統領はこれを「戦争行為」とみなして非常事態を宣言，ウサーマ・ビン・ラーディンが主要な容疑者であると断定した。事件翌日に国連は「すべての手段をもってテロリストの行動によってもたらされる国際的平和と安全に対する脅威に立ち向か」い，「個別ならびに集団的自衛権を認める」とした国連安保理決議1368号を採択し，以降，米軍主導の「テロに対する戦い」が，アフガニスタンやイラ

ク，イエメンなどで展開された。「テロに対する戦い」は，国家が非国家主体を相手にするという点で非対称戦争と呼ばれる。

しかし米軍の中東・イスラーム地域への直接的な軍事行動は逆に各地の反米活動を刺激し，またバリ島爆破事件（02年），マドリッド鉄道爆破事件（04年），ロンドン地下鉄・バス爆破事件（05年）など，国際的テロ事件が頻発した。

同時多発テロ事件の実行犯は，19人全員が中東出身のイスラーム教徒だったため，以降欧米社会で嫌イスラーム風潮が強まった。そのことは，西欧諸国での反移民運動や，13年以降の「イスラーム国」への欧米諸国からの合流といった現象の遠因にもなっている。〔酒井啓子〕

### 統帥権の独立
Independence of Supreme Command

統帥権の独立とは，大日本帝国憲法体制下において，軍隊の最高指揮権である統帥権は内閣の関与する一般国務から独立しており，その発動には陸軍の参謀本部か海軍の軍令部が参与するとされていた慣習的制度である。

大日本帝国憲法11条では「天皇ハ陸海軍ヲ統帥ス」とされているが，それを補佐するのが誰であるのかは明記されていなかった。しかし，憲法制定以前からそれを担ってきた経緯によって，軍令機関の独立性は近代を通して維持されていたのであった。

複数の機関に影響力を行使し得た山県有朋のような元老や，世論を背景とする政党勢力が，山県の死や政党の相次ぐスキャンダル，対外危機の深刻化といった要因によって，分立的な統治構造のなかでの統合力を失っていく1930年代になると，統帥権の独立は強化されていき，軍部の政治的台頭は進み，そのことによって，軍部を統御することが難しくなっていくのであった。

【関連項目】 大日本帝国憲法／大本営 〔手嶋泰伸〕

### 東南アジア条約機構（SEATO）
Southeast Asia Treaty Organization

1954年の東南アジア集団的防衛条約（マニラ条約）に基づき，55年にバンコクを本部として創設された軍事組織。参加国はアメリカ合衆国，イギリス，フランス，オーストラリア，ニュージーランド，タイ，パキスタン，フィリピンの8ヵ国で，東南アジアの名を冠しながら，アジアからの参加は3ヵ国にとどまった。マニラ条約議定書は，条約締約国のみならず，カンボジア，ラオス及び南ヴェトナムへの武力行使を伴う侵略を，締約国の平和及び安全を脅かすものと認定していた。

ただし，共通の危険に対する集団行動に関する規定は不明瞭であり，SEATOの下で統合された軍も存在しなかった。実際のSEATOとしての軍事行動は，締約国の利害に大きく左右され，60年末からのラオス内戦への介入に関しても，加盟国の足並みはそろわなかった。

米中和解やパリ和平協定によってSEATOは存在意義を失うなか，73年にパキスタンが，74年にフランスが脱退すると，他の加盟国も関与を縮小し，77年には解体に至った。

【関連項目】 米中和解 〔井原伸浩〕

### 東南アジア諸国連合（ASEAN）
Association of Southeast Asian Nations

1967年に発足した東南アジア諸国を加盟国とする地域協力機構。事務局はジャカルタ。60年代半ばまで対立が続いた原加盟国の関係を，平和で安定的なものにするべく設立された。設立宣言で謳われた経済・社会・文化などでの協力に加え，76年の第1回首脳会議では政治協力にコミットすることが示された。

また，ASEAN拡大外相会議，ASEAN地域フォーラム，ASEAN＋3及び東アジアサミットなど域外国との関係構築を進め，アジアの重層的な地域協力の推進役を担っている。

さらにASEAN共同体の創設に向け，2008

年にASEAN憲章が発行された。憲章では，国家主権の尊重，内政不干渉及び協議とコンセンサスによる意思決定など，伝統的なASEANの行動原則が維持された一方で，民主主義，グッド・ガヴァナンス及び法の支配の強化や，人権と基本的自由の促進・保護が目的に加わり，人権機構や紛争解決メカニズム設置も謳われた。ただし，強制力に欠ける憲章の目的が実現するかは，依然不透明である。

【関連項目】 グッド・ガヴァナンス／人権／法の支配

〔井原伸浩〕

## 東南アジア非核兵器地帯 (SEANWFZ)
Southeast Asia Nuclear-Weapon-Free Zone

ASEAN10ヵ国を構成国とする1997年に発効した東南アジア非核兵器地帯条約に基づいて設立された非核兵器地帯のことで，ASEANを平和・自由・中立地帯 (ZOPFAN) とする構想の一環として位置づけられている。ASEAN10ヵ国はすべて加盟している。

他の非核兵器地帯と異なり，条約の対象となっている国の排他的経済水域と大陸棚を含む領域内での核兵器の開発，製造，配備，所有，実験をすべて禁止しているほか，対象となる領域内での放射性物質の投棄や大気中への放出も禁止している。また，5核兵器国に対しては，議定書により，東南アジア非核兵器地帯条約を尊重し，条約または議定書の締約国による条約違反行為に寄与せず，条約の締約国に対し核兵器の使用もしくは使用の威嚇を行わないことを求めている。2015年3月31日現在，議定書に署名した核兵器国はまだないが，これは条約の内容に問題があるためというよりも，条約の対象となっている領域内に核兵器国が関係する領土問題が存在しているため，核兵器の配備が禁止されるべき地域が未確定であることが理由であるとされている。

【関連項目】 東南アジア諸国連合（ASEAN）／非核兵器地帯

〔広瀬訓〕

## 東南アジア友好協力条約 (TAC)
Treaty of Amity and Cooperation

国家主権の尊重，内政不干渉，紛争の平和的解決，武力による威嚇又は武力行使の放棄など，署名国の行動原則を謳った条約。1976年の第1回東南アジア諸国連合（ASEAN）首脳会談で，当時のASEAN加盟5ヵ国によって初めて署名された。ただしTACは，東南アジア諸国の条約であってASEANの条約ではない。TACで示された行動原則に，ASEAN諸国のみならず，将来は全東南アジア諸国から合意を得たいとの考えからだった。これは90年代，ASEAN加盟を前にヴェトナム，カンボジア，ラオス，ビルマ（ミャンマー）が，また，2007年に東ティモールがTACに署名したことで実現している。

21世紀に入ると，ASEAN諸国は，主要な域外国にもTACの署名を積極的に求めるようになり，東アジアサミットの参加基準にもTAC加盟が盛り込まれた。今日までにアメリカ，中国，ロシア，日本，インド，韓国，オーストラリアなどが加入している。

【関連項目】 東南アジア諸国連合（ASEAN） 〔井原伸浩〕

## 東方外交 Ostpolitik [独]／Eastern Policy

西ドイツのブラント首相によるソ連・東欧諸国との二国間関係正常化を指向した外交政策。以後，本格的にソ連・東欧諸国とのデタント（緊張緩和）が進展した。

「より多くのデモクラシー」を唱えたブラントは，ベルリン危機及びキューバ危機以後の緊張緩和の潮流において，対外政策を根本的に転換。ドイツを正当に代表するのは西ドイツのみであり，東ドイツと国交を結ぶ国家とは外交関係を結ばないという従来の基本方針（ハルシュタイン原則）を超え，1970年8月にはソ連との間で，武力不行使の相互確認と現状における国境不可侵，経済的・文化的交流などに合意したモスクワ条約に署名。同年12月には，ポーラン

ドとの国境としてオーデル・ナイセ線を政治的に承認し，ナチスによる侵略の対象となった隣国との歴史的和解に繋がるワルシャワ条約を締結した。

東ドイツとの間では，国際法上の国家承認に固執したウルブリヒトの後任としてホーネッカー第一書記が就任すると，国家統一問題を棚上げした上で，対等な主権国家としての両国間の政治・経済・文化協力の合意が成立。72年に「基本条約」を締結し，両ドイツは常設代表部による外交関係を樹立し，相互訪問の道を開き，73年に両国とも国連に加盟した。ブラントは，71年にノーベル平和賞を受賞。

西側諸国との同盟関係を維持した上での一連の二国間条約締結は，通常兵器と核兵器の軍事的均衡維持と軍備管理交渉を並行させるNATOによる新同盟政策の枠組に対しても，政策具体化に寄与した。ただし，その後西独議会による批准過程において，与野党間の対立が激化した。東独では，ホーネッカーによる2つの民族論など体制引き締め政策が行われた。

【関連項目】 ドイツの戦後分割／ハルシュタイン原則／ベルリン危機／ベルリンの壁　　　　　　〔大庭千恵子〕

▌同盟　alliance
　複数国家間で成立する安全保障のための協力関係。中核的な目的は，第三国からの武力攻撃に対する共同防衛である。そのために，戦略概念の共有や共同作戦計画の策定，共同演習，軍事援助などが行われる。一般的に同盟は，共通の脅威に直面し，それに共同で対処することに共通利益を見出した国家が，同盟条約を締結して成立する。典型的な例として，北大西洋条約機構（NATO）や日米同盟がある。同盟条約に基づかない安全保障面の緊密な協力関係は，「事実上の同盟」と呼ばれる。その1例として米国・イスラエル関係がある。安全保障協力に関する加盟国の権利・義務に着目すると，それが対称的な同盟と非対称的な同盟がある。共通の脅威が消滅した場合，同盟が解消されるとは限らず，加盟国が安全保障環境の変化に応じて同盟を進化させることもある。国家は同盟を組むことにより，抑止力や防衛力を強化し，安全保障上のリスクを低減できるだけなく，そのコストを他国と分担することもできる。しかし，その一方で同盟には，自らが望まない同盟相手国の戦争に巻き込まれる不安や，同盟相手国に見捨てられる不安がつきまとう。それゆえ同盟管理が同盟を有効に機能させる上で重要になる。

【関連項目】 北大西洋条約機構（NATO）／同盟のディレンマ／日米安全保障体制　　　　　　〔黒崎輝〕

▌同盟のディレンマ　alliance security dilemma
　同盟形成の動機が，共同防衛を通じた現状の維持にあるのか，それとも同盟国の支援を見込んだ現状の変更にあるのかということは，同盟の締約国の間ですら自明ではない。それゆえに，同盟内部において，盟邦に「見捨てられる不安（fear of abandonment）」に苛まれることなく，それに「巻き込まれる不安（fear of entrapment）」を拭えない。これを一般に同盟のディレンマと言う。

　20世紀における武力行使の違法化の文脈において，国連憲章の下で，集団安全保障体制の作動に関わる安保理決議の成立を単独で阻止できる権限（拒否権）が常任理事国に認められると，武力不行使原則の例外も個別的自衛権の行使から集団的自衛権の行使へと拡大した。

　冷戦期の米国は，欧州では北大西洋条約機構という単一の多国間同盟を形成したが，アジア太平洋では，基軸となる米国が，その同盟国を，日米，米韓の同盟のように別個に束ねる同盟構造（ハブ・アンド・スポークス）を構築した。日米安保条約は，集団的自衛権の行使を認めない憲法9条の制約の下で，基地を提供する日本と，軍隊を提供する米国が，共同して日本

の防衛を図るという非対称な構図を作り出した。この非対称性は、在日米軍の軍事行動によって、その意に反して戦争に巻き込まれるのではないかという日本の不安を掻き立てた。この不安を拭い去るための仕掛けとされたのが、「新安保条約の実施に関する交換公文」(1960年1月19日) に規定された事前協議制度である。「核の持ち込み」については、60年から2009年に至るまで、政府は密約否定答弁を繰り返したものの、日本政府は事前協議なき核搭載艦船の日本寄港を黙認していたことが、密約調査報告 (10年) によって明らかにされている。

【関連項目】 安全保障のディレンマ／事前協議制度／集団的自衛権

【参考文献】 石田淳「安全保障の政治的基盤」遠藤誠治・遠藤乾編『シリーズ日本の安全保障 第1巻 安全保障とは何か』岩波書店, 2014年／波多野澄雄『歴史としての日米安全保障条約』岩波書店, 2010年／Snyder, Glenn H. "The Security Dilemma in Alliance Politics," World Politics, Vol. 36, No. 4, 1984

〔石田淳〕

## 同和問題　problem of Buraku discrimination

近世賤民の居住地区 (被差別部落) の住民や出身者に対する差別への行政的呼称で、一般的には部落問題と呼ばれる。「同和」という語は、1926年の昭和天皇の「践祚後朝見御儀の勅語」の「人心惟レ同シク民風惟レ和シ汎ク一視同仁ノ化ヲ宣ヘ」に由来する。

近世における身分制の下で、「穢多」「非人」など様々な呼称を与えられていた被差別部落の住民、及びその出身者に対し、近代以降現代に至るまで、社会的な差別が存在している。本来は、1871年に賤民の身分呼称は廃止され、身分・職業ともに平民と同様になったのだが、彼らは皮革産業などの職業的特権も失い、急速な資本主義化が進むなかで貧困化し、それが従来の差別意識を温存させる一因となった。また、近代天皇制が確立されるなかで、皇族、華族という特権身分が法制化され、血筋による差別が再編されたことも旧賤民への差別意識の残存を助長した。

日露戦後、貧困対策の一環として被差別部落の改善が求められた際、行政用語として、被差別部落に対し「特種 (殊) 部落」という呼称が使用され、発展する帝国のなかで、それについて行けない劣等な種の人間が居住する集落という認識が国民のなかに浸透した。これにより近世の差別意識の残存の上に、近代の新たな差別意識が重ねられ、ここに近代の社会問題とし部落問題が成立した。結婚差別や就職差別も封建遺制というだけではなく、劣等な人間を排除するという意味からも継続されていった。

戦後においても、被差別部落の零細な小作農は農地改革の対象外とされ、また、就職差別により生じた失業者・半失業者の存在は、高度経済成長期の安価な労働力を支える役割を果たし、被差別部落は戦後経済の発展からも取り残されていった。

1965年、「同和対策審議会答申」は、同和問題の解決は「国の責務」であり、「国民的課題」であると述べ、この答申に基づき、69年に同和対策事業特別措置法が制定され、国、自治体による被差別部落に対する環境改善や低金利融資、奨学金の給与、同和教育の推進などの事業が進められ、被差別部落と一般地区との環境や経済、教育面での格差は縮小された。しかし、現在もインターネットを利用した身元調査や差別的言辞は続発していて、差別解消には至っていない。

【関連項目】 全国水平社

【参考文献】 黒川みどり『近代部落史』平凡社, 2011年

〔藤野豊〕

## 毒ガス兵器　poison gas

致死性の毒性を持つガスは、古代より兵器として用いられ、ペロポネソス戦争 (BC431-404) でスパルタ軍がアテネ軍にタールと硫黄の混合物を燃やした亜硫酸ガスを使用したのが最古だといわれる。兵器として本格的に使用さ

れるのは20世紀以降で、第一次世界大戦では連合軍、同盟軍双方により約30種類、12万トン以上の毒ガスがボンベや6500万発の砲弾に詰めて使用され、死傷者130万人（うち死者約10万人）を出した。

兵器の分類としては化学兵器にあたり、化学剤（殺傷能力の高い毒性を持つ化学物質）を、ミサイル弾頭や砲弾に詰めて飛ばし、あるいは散布器で放出して拡散させ、呼吸器からの吸入、経口からの摂取、皮膚や粘膜からの接触で、敵の兵士の無能力化または殺傷を図る。化学剤には神経剤、びらん剤、窒息剤、血液剤などの種類があり、固体、液体、気体など形態はさまざまで、使用すると瞬時、あるいは数分から数時間で効力が発生するが、気象や地形条件に左右され、制御が困難。化学兵器禁止条約で規制されている。

【関連項目】化学兵器禁止条約（CWC）　　〔水本和実〕

### 特定通常兵器使用禁止制限条約（CCW）Convention on Certain Conventional Weapons

過剰な傷害や不必要な苦痛を与える特定通常兵器の使用禁止又は制限を定める条約。1980年に採択され、83年に発効した。第1議定書では検出不可能な破片を利用する兵器、第2議定書では地雷・ブービートラップ等、第3議定書では焼夷兵器の使用禁止や規制がそれぞれ定められた。

冷戦終結後、通常兵器の規制強化を求める声が高まるなか、失明をもたらすレーザー兵器を禁止する第4議定書が追加されたり、第2議定書が改正され地雷規制が強化されたりした。クラスター弾が問題視されると、第5議定書において爆発性戦争残存物に関するルールを整備するなど、本条約は通常兵器規制の中心的役割を担ってきた。

ただし、CCWとは別プロセスで、NGO等が求める対人地雷禁止やクラスター弾規制が達成されるなどしたこともあり、近年その意義が揺らいでいる。

【関連項目】クラスター弾条約／対人地雷禁止条約（オタワ条約）／通常兵器　　〔足立研幾〕

### 特定秘密保護法 Act on the Protection of Specially Designated Secrets

2013年12月6日に、安倍政権が制定した法律で、正式名称は「特定秘密の保護に関する法律」（14年12月施行）。本法は、国家の安全保障に関する防衛・外交・警察情報を行政機関が一方的に秘密指定し、この漏洩・取得行為を懲役10年以下に処するものである。また、秘密を扱う者には適性評価制度も導入した。本法制定の背景には、日米軍事同盟一体化の進展のみならず、テロ対策を強める警察の要望があり、本法は軍事立法と治安立法の両者の性格を併せ持つ法律といえる。

本法は、①主権者国民（憲法前文・1条）の知る権利（憲法21条）を制限し、②国家情報にアクセスするメディアの取材の自由・報道の自由（憲法21条）を制限し、③適性評価対象者のプライヴァシー権（憲法13条）を制限し、④国民の代表機関（憲法43条）である国会（両議院）の国政調査権（憲法62条）を制限し、⑤裁判になっても非公開で裁判することで裁判公開の原則（憲法82条）を崩し、⑥そもそも非軍事が原則の憲法の平和主義（憲法9条）を歪める可能性があり、国民主権、基本的人権の尊重、平和主義、三権分立、民主主義との関係でことごとく反憲法的な性質を有する法律と批判されている。

1972年に米国が沖縄を日本に返還するにあたっての日米間の密約情報を、西山太吉毎日新聞記者が外務省事務官から入手して暴露した外務省公電漏洩事件があった。米国は2000年に情報公開によって、また日本でも06年に当時の当事者（吉野文六元外務省北米局長）が密約の存在を認めたが、歴代の自民党政権は密約の存在を否定し続けた。軍隊を持ち戦争をする米国

は，一方で国民の知る権利に応えて情報公開法を整備してきたが，情報公開法に知る権利の明記を拒む自民党政権の下で，秘密保護法制が強化されることには強い批判がある。

【関連項目】　外務省公電漏洩事件／国家秘密保護法制／情報公開法／日米密約

【参考文献】　右崎正博ほか編『秘密保護法から「戦争する国」へ』旬報社，2014年／海渡雄一ほか編『秘密保護法　何が問題か』岩波書店，2014年／清水雅彦「国家秘密の管理と改革構想」法律時報増刊『改憲を問う』2014年　〔清水雅彦〕

### 特攻隊（とっこうたい）　Tokkotai/special attack forces

特別攻撃隊の略称。特に，連合軍の反攻により戦況が悪化した太平洋戦争末期，米軍の作戦に対抗すべく，爆弾を着装した飛行機や潜航艇などで敵に体当たり攻撃を行った日本陸海軍の部隊を指す。戦争初期から個人の決断で体当たり攻撃する兵士もいたが（真珠湾攻撃の潜航艇が先駆け），1944年10月のレイテ沖海戦の際に第1航空艦隊司令長官・大西瀧治郎中将の主張で軍の組織的戦法として採用された。この時に編成されたのが神風（しんぷう）特別攻撃隊であり，以後，「特攻」や"Kamikaze"が日本軍の体当たり攻撃の代名詞となった。

10月25日，関行男大尉率いる敷島隊が初出撃。翌11月には，海軍に続いて陸軍も特別攻撃隊を編成した。太平洋戦争中に出撃した特攻機は陸海軍合わせて約2500機で，その約77％が沖縄戦に投入。3500人余りの特攻隊員が戦死した。また，航空機だけでなく，戦艦大和などの海上特攻，人間魚雷（回天）や特攻艇（震洋）のような水中特攻ほかの特攻兵器も実戦投入された。特攻作戦は米海軍に衝撃と恐怖を与えたが，作戦遂行を断念させるには至らなかった。

〔永井均〕

### ドミノ理論（りろん）　Domino Theory

「もしドミノを並べ最初の1個を倒せば，非常にすばやく最後のドミノが倒れるのは確実である」とアイゼンハワー大統領は，1954年4月7日に記者会見で自由主義世界にとってのインドシナの重要性を問われ，こう説明した。これがドミノ理論の原型であり，ある地域の1国が共産化されると，周辺の他の国が連鎖的に共産化するという考え方が土台にある。そのためにアメリカは，同年9月，西側陣営諸国と東南アジア条約機構（SEATO）を結んだ。

このようにドミノ理論は，冷戦時代のアメリカの外交政策を正当化するためのもので，多くの政策形成者に共有されていた。インドシナが共産主義の手中におちれば，ビルマ，タイ，カンボジア，ラオス，マレーシア，インドネシアと東南アジア地域が危機的状況に陥り，さらに日本やフィリピンのみならず，オーストラリアやニュージーランドもドミノ倒しのように共産化の恐れがあると説明し，最初のドミノであるインドシナの共産化を阻止することが死活的に重要であると強調した。

具体的には同年春，フランスがディエン・ビエン・フーの戦いで敗退し，7月にインドシナ休戦のジュネーヴ協定が締結され，フランスはヴェトナムから撤退したが，アメリカと南ヴェトナムは同協定の調印を拒否し，アメリカはフランスに代わって南ヴェトナムのゴ・ジン・ジエム政権の後ろ盾になり，巨額の軍事援助を供与することになった。やがてアメリカはヴェトナム戦争に大々的に介入してゆくことになったが，75年4月にサイゴンが陥落し，南ヴェトナムは崩壊し，アメリカは撤退し，南北ヴェトナム統一の動きが加速した。

このように75年はドミノ理論が実現した年である。3月にはカンボジアの親米ロン・ノル政権が倒れ，ポル・ポト派が権力の座につき，ラオスでは年末に人民革命党が政権を握り，国王は退位したが，それ以上のドミノの展開はみられなかった。その理由は，それぞれの国が目指す社会主義像に相違があるとともに，経済的にはASEAN諸国の経済発展を挙げることができる。

またアメリカは，このドミノ理論の考え方を後継の民主党政権も引き継いだ。ケネディ大統領はその正当性を支持し，南ヴェトナムへの軍事援助を大幅に拡大し，ジョンソン大統領も共産化阻止の政策を展開した。この背景には単なる東南アジアの赤化の波及だけでなく，ソ連や中国による革命の輸出の懸念が色濃く存在したと言えよう。

【関連項目】ヴェトナム戦争　　　　　　〔臼井久和〕

## トランスナショナル・リレーションズ
transnational relations

非国家アクターも含めた多様なアクターが，国家という枠組を超えて織りなす関係のこと。脱国家・超国境関係などとも表現される。国家間関係に限定されてきた狭義の国際関係では説明できなくなった状況を表す言葉として用いられるようになった。

交通・通信技術の発達が不十分だった時代，国家以外のアクターが国境を超えた活動を行うことは物理的に困難であり，国外の情報は在外公館のネットワークを有する国家によってほぼ独占されてきた。また，そうした時代は国家の生存そのものに直結する軍事・安全保障問題が高等政治（high politics）と位置づけられ，それを担う国家がもっぱら国際関係上のアクターと捉えられてきた。

それに対し，1970年代頃より多国籍企業など国境を超えて活動する非国家アクターの存在感が高まり，国際社会に大きな影響を与えていることが指摘されるようになってきた。80年代に入ると，環境，開発など国家が単独では解決できないグローバルな課題の重要性が指摘されるようになり，それらに取り組むNGOなどにも注目が集まるようになる。他にも，宗教的，エスニックなアクターやテロ，犯罪に関わるアクターなども，トランスナショナルなアクターと位置づけられている。

グローバル化の進展とともに，ヒト，モノ，カネ，情報のボーダーレス化には一層拍車がかかり，国家がそれらの国境を超える動きをコントロールすることは極めて困難になった。結果として，非国家アクターがトランスナショナルな関係を取り結ぶ度合いが一層高まるとともに，国家間関係の地位は相対的に低下せざるを得なくなった。こうした関係の深まりは，地球市民社会という予定調和的可能性を期待される一方で，国際社会に恐怖と混乱，分裂をももたらしうるという両面性を有している。

【関連項目】グローバリズム／地球市民社会／非政府組織（NGO/NPO）

【参考文献】吉川元編『国際関係論を超えて』山川出版社，2003年／Keohane, Robert O. and Joseph S. Nye eds. *Transnational Relations and World Politics*, Harvard University Press, 1972
〔吉田晴彦〕

## トリウム　thorium（元素記号 Th）

原子番号90，原子量232.03の元素。灰色の重い金属（比重11.5），融点1755℃，沸点4788℃，天然に存在する同位体はトリウム232だけであり半減期$1.41 \times 10^{10}$Yと非常に長く地殻中にも豊富（10ppm前後）に存在し特にモナズ石に多く含まれる（10％にも達する）。主な産地はオーストラリア，インド，ブラジル，マレーシア，タイである。金属は空気中で強熱すれば酸化物を生じる。また細かく切られたThは空気中で自燃性があるので加工時の切屑には注意を要する。塩酸，王水には溶解するが，硝酸には溶けない。しかし少量のフッ素添加で溶解する。真空管の熱電子放出促進のためにフィラメント表面への塗布や，X線血管造影剤等に用いられたが放射性のため他に置き換えられ現在は高級耐火物や特殊合金に用いられている。トリウム232は中性子を吸収して核分裂性のウラン233に変わるので親物質としての重要性が原子力分野で注目されている。この場合，ウラン・プルトニウム系核燃料サイクルとは異なり，原子炉内でトリウム232の熱中性子吸収によって$^{232}$Th→$^{233}$Th→$^{233}$Pa→$^{233}$Uの変

換で生じた$^{233}$Uは熱中性子で核分裂を生じる。しかし中性子吸収断面積の大きい$^{233}$Paや$^{228}$Thも生成するため複雑になっている。主な反応を溶融塩内で行う方式が有力視されていたが溶融塩の腐食性，高放射性のため軽水炉より大がかりな遮蔽を必要とすることから1960年代から試験研究がアメリカ，ドイツ等で進められたが現在はインドなど限られた国で試験が進められて実発電には至っていない。トリウム資源が豊富であること，プルトニウム等核兵器に用いられる核物質の発生が少ない等の長所があるものの上記の困難さが伴っている。最近，中国がウランの次の核燃料として着目し大がかりな試験を計画していることが注目される。

【参考文献】桜井弘『元素111の新知識』講談社，2009年／ベネディクト，M.ほか（清瀬量平訳）『核燃料サイクルの化学工学』日刊工業新聞社，1983年　　　　　〔蔦木泰宏〕

## トリチウム　tritium（化学式は$^3$H，又はTにて表記）

質量数3の水素の同位体をトリチウムと呼ぶ。地球環境では酸素と結びついたトリチウム水（HTO）として広く存在する。トリチウム自体は$\beta$崩壊（半減期：12.32年）の放射性核種である。トリチウムは宇宙線による生成（$^{14}$N+n ➡ $^3$H+$^{12}$C，及び$^{16}$O+n ➡ $^3$H+$^{14}$N），核実験によって放出されいまだに残っているトリチウム，また原子力発電に伴って発生し大気中に放出されたトリチウムが主な発生源である。主に水として存在することから人間体内にも取り込まれやすい。生物的半減期が短く$\beta$崩壊によるエネルギーが低い（0.0186MeV）ことから比較的毒性の少ない放射性核種と捉えられていたが，内部被曝による致死例が報告されている。三重水素から発する低いエネルギーの$\beta$線は人間の皮膚を貫通できず外部被曝の危険性がほとんどないため，その酸化物であるトリチウム水（HTO）は放射性夜光塗料の材料などに用いられている。またトリチウムは核融合反応（$^3$H+$^2$H ➡ $^4$He+n）の核燃料であったり，またこの反応自体が水爆の起爆反応に用いられる。三重水素（トリチウム）は原子炉においては，炉内の重水（HDO）の二重水素（D）が中性子捕獲することでトリチウム水（HTO）の形で生成される。しかしながら，トリチウム水（HTO）は，化学的性質が水（H$_2$O, HDO）とほぼ同一であるため，化学的（chemical）には水とトリチウム水を分離することはできない。同位体分離技術を用いてトリチウム水を濃縮することは可能であるがコストの面で難しい。比較的良く知られたトリチウムの生成方法としては，原子炉内でリチウムLiに中性子を当て（中性子捕獲させ），トリチウムとヘリウム4に分裂させた上で得るという方法（$^3$Li+n ➡ $^3$T+$^4$He）がある。最近では東日本大震災による福島第一原子力発電所からトリチウムを含んだ水の取り扱いが問題となっている。

【関連項目】核融合／水爆（水素爆弾）
【参考文献】松岡理『放射性物質の人体摂取障害の記録』日刊工業新聞社，1995年　　　　　〔蔦木泰宏〕

## トルーマン・ドクトリン　Truman Doctrine

1947年3月12日，トルーマン大統領は上下両院合同議会に特別教書を発表し，ギリシャとトルコに対する4億ドルの軍事・経済援助と民間・軍事要員派遣の権限を認める内容の立法化を求めた。大統領教書は，戦後世界を，多数者の意志に基づく自由な生活様式と「武力によって押しつけられた少数者の意志」に基づく生活様式との闘いとして描きだし，国民に二者択一を迫った。ソ連をアメリカ的生活様式や価値に挑戦する敵として捉え，究極的には，ソヴィエト共産主義との闘いに勝利することを宣言する外交原則は一般に，トルーマン・ドクトリンと称されるが，それはまた，冷戦の公式宣言でもあった。

この原則の表明を戦後米国の外交政策として定式化したのは，国務省内に新設された政策企

画室 (PPS) 初代室長に就任したケナンである。ケナンは同年7月、外交専門誌『フォーリン・アフェアーズ』に「ソ連行動の源泉」と題する匿名論文を発表し、「ソ連の膨張主義傾向に対する長期の辛抱強い、しかも確固として注意深い封じ込め」が必要だとして、対ソ封じ込め政策を提唱した。

〔菅英輝〕

## トルコ・ギリシャの住民交換
Greco-Turkish population exchange

　第一次世界大戦直後にギリシャとトルコの間で行われた、合計160万人に上る住民交換。第一次世界大戦後、ギリシャとトルコの戦争を経て1923年1月30日、ギリシャとトルコ間で住民交換協定が結ばれ、両国政府はトルコのギリシャ正教徒とギリシャのムスリームの住民交換に合意した。この時点ですでに、アナトリア（トルコ）のギリシャ正教徒およそ80万人、及び東トラキアのギリシャ正教徒20万人がギリシャへ避難していたが、上述の住民交換協定に基づきアナトリアに残る19万人のギリシャ系住民、及びギリシャのムスリーム38万8000人がトルコへ移動させられた。合計160万人にものぼるこうした大規模な住民交換に両国政府が合意したのは、利害が一致したからである。トルコではギリシャ系住民が避難した結果、各地の村落で人手不足が深刻化し、それを解消するためにギリシャからトルコ人の移住が求められた。一方ギリシャが合意したのは、トルコから避難してギリシャにたどり着いた100万人近くのギリシャ人難民の収容場所を必要としていたからである。

〔吉川元〕

## トルストイの平和思想
peace thought of Tolstoy

　トルストイ（1828～1910年）は、ロシアの作家・思想家で、代表作に『戦争と平和』、『アンナ・カレーニナ』等がある。彼の作品には貴族階級の寄生的生活への疑問と、汗して働く純朴な一般民衆の生活への強い関心や共感が描かれ、不正で反民衆的な支配秩序や支配階級の道徳的退廃、額に汗して働く民衆の素朴な精神に関する記述が特徴的である。また、民衆を虐げ傷つける戦争や国家支配には懐疑的で、『イワンの馬鹿』ではイワンの国に攻め入った兵隊に対し、国民は皆、一切武器をとらず、兵隊に対して「お前さんたちの国で生活に困るようならここに来て暮らしたらいい」と勧める。それでも兵隊が家や穀物を焼き家畜を殺し始めると、泣きながら「何のためにそんなことをするのか、もしお前さんが入り用だというならみんな持って行って使ったらええだに」と答える。この結果、兵隊たちは皆哀しい気持ちになり、戦争が継続できず、侵略に失敗した。この物語は、戦争目的の不当性、非暴力抵抗・無抵抗による兵隊の忠誠相克、正当性のない支配が継続できないことなどを示唆している。彼の思想はロマン・ロランやガンディーなどの非暴力主義にも影響を与えた。

【関連項目】ガンディーの平和思想／非暴力主義／ロマン・ロランの平和思想
〔河上暁弘〕

## ドレスデン空襲
bombing of Dresden

　1945年2月13～15日、英米が3回にわたり行った大規模な空襲。死者数は、公式に2万5000人と推定されている。「軍需産業と無縁の芸術文化都市に、連合国が突如襲い掛かった空前絶後の、軍事的に無意味な蛮行」というナチスが宣伝したドレスデン空襲のイメージは、東独時代も保持された。1980年代に入り、国家による戦災記憶の道具化に批判的な地元の市民が、ドレスデン空襲を捉え直す活動を始め、ドイツ統一後は、かつてドイツが空襲で破壊したスペインのゲルニカやイギリスのコヴェントリーと市民間の和解事業を進めた。他方で、ドイツの戦争責任を否定するネオナチは、旧来の「被害者言説」に便乗して、ドレスデン空襲を

利用するようになった。このため2010年より毎年2月13日,「人間の鎖」に市民が多数参加し,ネオナチに反対する勇気や,他者への敬意・寛容の重要性を確認している。こうしてドレスデンは,単なる「空襲犠牲者の追悼の場」から,「ナチズムと戦争の犠牲者の想起の場」へと転回した。この空襲で崩落し05年に再建された聖母教会は,英独和解の象徴となる一方,ナチ時代の負の過去にも向き合うようになった。

【関連項目】 コヴェントリー大空襲　　　〔木戸衛一〕

## ナ

### 内閣府国際平和協力本部事務局
Secretariat of the International Peace Cooperation Headquarters, Cabinet Office

内閣総理大臣を本部長として内閣府内に設置された国際平和協力本部の下で,関連業務を実施する行政事務組織。同組織は,1992年8月10日,日本で施行が開始された国連平和維持活動協力法(正式名:「国際連合平和維持活動等に対する協力に関する法律」)に基づいて,当時の総理府(2001年の中央省庁再編に伴い内閣府の一部に統合)に設置された経緯を持つ。同法に基づいて国際平和協力業務を実施する国際平和協力本部は,国連平和維持活動への人員派遣等,人道的な国際救援活動,国際的な選挙監視活動,といった3つの活動業務の実施を担っている。また,同事務局には,02年に内閣に提出された「国際平和協力懇談会報告書」の提言内容を受けて,05年より,国際平和協力研究員制度による任期付研究員を雇用している。このことは,内閣官房長官の私的諮問機関として設置された同懇談会が,将来的に国際平和協力業務で活躍できる人材を育成することを提言したこ

とを受けている。

【関連項目】 国連平和維持活動(PKO)／国連平和維持活動協力法(PKO協力法)　　〔山根達郎〕

### 内閣法制局　Cabinet Legislation Bureau

前身の法制局は,1885(明治18)年の内閣制度の創設に伴い内閣に置かれた部局で,所掌事務は法令案の審査,立案,内閣総理大臣への意見具申などであった。戦後の一時期,連合国最高司令官の書簡により司法省と合体し,法務庁(府)の一部局になったこともあったが,サンフランシスコ平和条約発効後の1952年8月1日に再び内閣に復活し,呼称も内閣法制局となった。内閣法制局の仕事は,①閣議に附される法律案,政令案及び条約案が違憲,違法の誹りを受けぬよう審査すること,②憲法解釈問題について政府部内の最高有権解釈権者として意見を述べることである。

内閣法制局は,憲法9条の下でも個別的自衛権の行使は容認されており,自衛のための必要最小限度の実力組織(自衛力)を保持することは憲法9条の禁止するところではないとする「自衛力合憲論」を打ち出し,自衛隊を合憲と解する一方,同論理に基づき集団的自衛権の行使や海外派兵の違憲性も導き出した。内閣法制局は憲法9条2項が交戦権を否認していることから,自衛隊は「普通の意味の軍隊ではない」と強調,対米配慮を優先させる政治に妥協する形で9条解釈の幅を広げてきたが,9条の本来のあるべき姿を念頭に解釈の一貫性と体系性を保持しているとの構えである。

【関連項目】 自衛力／日本国憲法と平和主義　〔中村明〕

### 内戦　civil wars

国内における対立が武力紛争化する原因を,紛争当事者が武器をとる動機に着目して整理すれば,それは公憤か私益であろう。統治領域の再編の帰結として,領土や個人の法的地位を巡る対立が武力紛争化する場合は前者に,国家破

綻の帰結として、政権掌握に伴う利権を巡る対立が武力紛争化する場合が後者に該当する。

前者については、冷戦終結期に、ソ連やユーゴ連邦のような社会主義連邦の解体に伴う統治領域の再編が、国籍問題をはじめ、個人や集団の法的地位を争点とする対立、あるいは分離独立や帰属変更の可否など、領域の法的地位を争点とする対立を生んだ。このような紛争の核心には、リンスとステパンが「国家性問題（stateness problem）」と呼んだ問題、すなわち、政治共同体にとっての国家の領域的範囲、あるいは国家が市民権を保障する人的範囲についての関係諸集団の同意の不在と、それに起因する少数者の不安という問題があった。

これに対して後者については、冷戦終結後、領域統治の国際分業体制の一翼を担うことのできない破綻国家（所定の領域において実効的な統治能力を持たない国家）の存在が、利権を巡る内戦の原因とも結果ともなった（例えば、シエラレオネ内戦）。国家破綻の程度が深刻である国家ほど、周辺諸国への難民流出の規模は大きいこともあって、一国の国家破綻は周辺諸国のそれに連鎖しかねない国際問題であると認識されている。

【関連項目】 安心供与／難民／破綻国家／未承認国家
【参考文献】 塩川伸明『多民族国家ソ連の興亡（Ⅰ・Ⅱ・Ⅲ）』岩波書店2004―07年／リンス，J・ステパン，A（荒井祐介ほか訳）『民主化の理論』一藝社，2005年／Brubaker, Rogers, "National Minorities, Nationalizing States, and External National Homelands in the New Europe," *Daedalus*, Vol. 124, No.2, 1995／Collier, Paul, and Nicholas Sambanis, eds., *Understanding Civil War*, Two Volumes, The World Bank, 2005.

〔石田淳〕

## 内発的発展（論） endogenous development/ development from within

外発的な刺激による開発・発展ではなく、その地域に根ざした内発的要因を重視した開発・発展のこと。1960年代に本格化した国際開発協力は、外部（先進国）から途上国に対して資金や技術を投入（援助）するものであった。それは、欧米の成功をモデルとする近代化論に基づき、海外からの援助を用いて国家が上からの開発を促すことで、経済の波及効果が社会の隅々にまで及ぶ（均霑効果）という、いわば二重のトリックル・ダウン論でもあった。こうした外発的な開発・発展観に対し、70年代以降、開発・発展とは外から押しつけられるものではなく、当事者自身が内面から湧き起こる動機に基づき、主体的に関与する、下からの、内発的なアプローチこそが重要だとの考えが打ち出されるようになってきた。

なお、近年では、先進国途上国を問わず、地域社会活性化を考える際のキーワードとしても用いられるようになってきている。

【関連項目】 開発 NGO 〔吉田晴彦〕

## 内部被曝 internal exposure to radiation

ラジウム、ウラン、プルトニウムなど種々の放射性物質はγ線、α線、β線、中性子線を放出しており、その性質を放射能と呼んでいる。そのような放射性物質を体内に取り込んだ場合、その物質の性質により特定の人体部位（臓器）に蓄積し、そこで放射線を出して細胞のDNAを損傷する。

最も典型的な事例として放射性ヨウ素（ヨウ素131、ヨウ素134）の内部被曝を説明すると、空気中にガス状になって漂うヨウ素131及びヨウ素134を呼吸で肺に吸い込んだ場合、放射性ヨウ素は血液中に溶け込んで、甲状腺に選択的に分布する。ここでγ線とβ線を出して、甲状腺の細胞のDNAを傷つける。

これまでの放射線被曝事故で最も大規模であった内部被曝は1986年のチェルノブイリ原発事故による放射性ヨウ素の放出である。100万人を超える小児が被曝し、その4年後から甲状腺癌が多発し、現在までに総数は約7000例に達している。

放射性ヨウ素は甲状腺ホルモンの原料となる

天然のヨウ素と化学的性質が同じであるため，間違って甲状腺が取り込む結果，甲状腺のみに放射能が分布するのである。

このほかプルトニウムの場合も吸入すると肺や骨に沈着して，そこで$\alpha$線を出し続ける。プルトニウムの半減期は約2万年であり，人の一生の間放射線を出し続けることになる。肺癌や白血病を引き起こすことになる。旧ソヴィエト連邦のプルトニウム工場の爆発事故で最大規模の被害が出た。

外部被曝と内部被曝のどちらが危険かは放射性物質の種類によっても異なる。例えばセシウムは地上に降り注いで，土壌の表面に固着して除染は比較的困難であり，そこから$\gamma$線を出して人体を長期にわたって被曝させる。半減期は60年である。一方，食物や空気中の塵埃に着いたセシウムを体内に取り込んだ場合は，血液中に吸収され全身を巡り筋肉組織などに広く分布する。しかし約60日程度で半分は尿中に排泄されて放射能は半減する。このような性質からいまだセシウムによる内部被曝によって特定の臓器の癌が発生した事例は知られていない。しかしセシウムの$\gamma$線を全身に大量被曝した場合は，アルゼンチンのゴイアニアで87年に発生した医療用セシウム廃棄物で多くの住民が被曝した事件のように，急性放射線被曝による死者と皮膚の局所被曝による重症潰瘍の発生がみられた。

【関連項目】 ウラン／プルトニウム／放射性物質／放射能
【参考文献】 多田順一郎『《疑問が解ける》放射線・放射能の本』オーム社，2014年　〔朝長万左男〕

## 永井隆の平和思想
Dr. Takashi Nagai's thought on peace

永井隆（1908～51年）は出雲の出身。長崎医科大で放射線医学を学び，旧「潜伏キリシタン」組織の「帳方」の娘・森山緑と出会いカトリックに改宗し結婚。原爆で重傷を負いながら医大第11医療隊を率いて被爆者を救助し治療した。永井が病床で書いた『長崎の鐘』は，GHQ（連合国軍最高司令官総司令部）の検閲下でベストセラーとなり，翻訳されて，国の内外で永井はナガサキの象徴的存在となった。

永井隆のキリスト教的平和思想は「如己愛人」（なんじの近き者を己の如く愛すべし）の揮毫に遺憾なく発揮されている。妻を亡くしながらも，敵を憎まず「如己愛人」を忠実に踏み行った永井隆の姿は今日なお若い世代に感化を与え続けている。ただし，長崎原爆の特異な解釈（「原子爆弾合同葬弔辞」）については，被爆50周年を機に論争がある。また，その楽観的な核時代の展望（「明るい明るい平和の原子時代！希望に満ちた原子時代！」『生命の河』結び）については，2011年の福島第一原発での事故後の新しい文脈で再吟味と論及がなされつつある。

【関連項目】 秋月辰一郎の平和思想　〔高橋眞司〕

## 中江兆民の平和思想
peace thought of Chōmin Nakae

中江兆民（1847～1901年）は，1872年にフランスにわたり，パリ・コミューン瓦解直後のフランスと，欧州諸国の植民地支配下にあるアジアの実情を視察した後，帰国した。その後ルソーの『社会契約論』を翻訳して思想を紹介し「東洋のルソー」と称された。論説「論外交」（1882年）では，「富国」と「強兵」が両立しないことを説き，日本は欧米のように軍備を強化して力でアジア人を支配する歪んだ「文明国」の仲間入りをしてはならないことを訴えた。さらに，『三酔人経綸問答』（1887年）では，登場する洋学紳士の口を借りて，サン＝ピエール，ルソー，カントなどの世界の平和思想の潮流を詳細に紹介し，民主，平等の制度の確立，軍備の撤廃を基本とした国家構想を描き出した。同書では，南海先生の発言として，民権には民衆が下から勝ちとる「恢復の民権」と君主など政府が上から与える「恩賜の民権」の2つがある

が，まずは「恩賜の民権」を得てそれを「恢復の民権」に変えるべきだとの主張を紹介している。前者には思想家，後者には実践家としての顔が現れている。その後，兆民は，第1回衆議院選挙に出馬し当選した。「恩賜的民権を変じて，進取的民権と成さざる可からず」と行動したものの民党（野党）の実態に呆れ果て，「恢復の民権」を目指さない議員たちの国会を「無血虫の陳列場」と皮肉り，「小生近日アルコール中毒の為め表決の数に加はり兼ね候に付き」と，痛烈な辞表を叩きつけて議会を去った。しかし，その後も実践的な多くの著作を残している。

【関連項目】 カントの平和論／田中正造の平和思想
〔河上暁弘〕

## 長崎原子爆弾被爆者対策協議会（公財）
Nagasaki Atomic Bomb Casualty Council

原爆投下直後から被爆者に対する医療活動は主に長崎医科大学（現長崎大学医学部）によって提供されていたものの，戦後の混迷のため国・県・市による法令に基づく総合的医療支援は1952年まで全くなかった。

52年の講和条約発効を契機に，長崎県・市において放射線後障害に対する治療を中心に支援策が議論され，53年5月長崎市原爆障害者治療対策協議会が設置され，無料の診療が開始された。

57年4月，国も原爆医療法を制定し被爆者援護をスタートした。これを受けて長崎市は58年3月新たな財団法人長崎原爆被爆者対策協議会（原対協）を発足させた。61年2月からは完成した中央検診センターにおいて定期検診業務が開始された。68年からは医療部門に加えて福祉部門が設置され被爆者支援は充実していった。

88年から長崎大学原爆後障害医療研究施設と被爆者検診データ表示システムの運用を開始し，癌検診を含む健康管理の精度が格段に進歩した。その結果被爆者の平均寿命の延長がもたらされている。また種々の福祉施設が整い，福祉面の事業も展開され，高齢化の著しい被爆者の支援を続けている。
〔朝長万左男〕

## 長崎原爆資料館
Nagasaki Atomic Bomb Museum

長崎原爆資料館は，長崎市の原爆被爆50周年記念事業の1つとして，1996年4月に，それまで被爆資料等を展示していた長崎国際文化会館を建て替えて開館した。

資料館は，爆心地を臨む高台に位置し，鉄筋コンクリート・一部鉄骨造で，地上2階，地下2階からなり，被爆体験講話や映像などによって平和について学ぶことができる原爆資料館ホール等を設けるなど，世界恒久平和を願う長崎市の平和の発信拠点施設となっている。

地下2階の展示室内は，「1945年8月9日」「原爆による被害の実相」「核兵器のない世界を目指して」などのテーマに沿って，被爆の惨状をはじめ原爆が投下されるに至った経過，核兵器開発の歴史，平和希求などストーリー性を重視した展示内容となっている。

また，原爆投下で時が止まったままの「永遠の11時2分」の時計のほか，移設されている折れ曲がった工場の鉄骨や原子爆弾によって破壊された建物の一部などの大型原爆被災資料，被爆した浦上天主堂の南側壁面一部の再現模型などにより，被爆直後の長崎の惨状を再現しているほか，映像資料を使ってわかりやすく解説している。

開館から約20年が経ち映像機器等の老朽化も見られることから，被爆から70周年となる2015年を目途に，液晶パネルやデジタル映像機器，LED照明等を導入するなど，機器の入れ替えを中心とした整備に取り組んでいる。

さらに，資料のデジタル化を図り，米国国立公文書館で収集した写真や映像資料等や被爆者が書いた絵など，新たな資料の展示を行うことも検討している。

また，観光客船の長崎寄港の大幅増加により，外国人観光客が増加していることから，wi-fi環境を整えたほか，より一層わかりやすい解説を行うため，来館者がスマートホンやタブレットで解説文を閲覧できるよう多言語（11言語）対応のシステムを導入した。

〔長崎原爆資料館〕

## 長崎国際文化会館
### Nagasaki International Culture Hall

長崎国際文化会館は，長崎国際文化都市建設法の1事業として，原爆の悲惨から立ち上がった長崎市民の復興への意欲と世界平和の願いを象徴する建物として，爆心地から150mの平野町の丘の上に1955年2月に建設された。

会館は，鉄筋コンクリート造地下1階，地上6階の建物で，2階から5階までは，原爆の悲惨さを訴え，世界恒久平和の理想達成に寄与することを目的として，原爆被災資料等約3650点と写真パネル約250点を収集，保存し展示。5階はビデオコーナーを備えた視聴覚室，6階は平和関係，原爆関係の図書資料に重点を置いた図書室として一般開放している。

年間100万人以上の観光客や修学旅行生が訪れていたが，建物の老朽化と展示機能の充実を図るため，被爆50周年にあたる95年度を目途に建て替えられることになり，93年9月解体工事が完了した。

跡地には現在の長崎原爆資料館が建設され，96年4月の開館以来，世界恒久平和を願う長崎の新たなシンボル的な施設となっている。

〔長崎原爆資料館〕

## 長崎国際文化都市建設法
### Nagasaki International Culture City Construction Law

原爆被爆直後の混乱と虚脱を乗り越えて，長崎の街を再建しようとの機運が芽生え，県市協調の下，1945年度100万円の予算で調査測量に着手した。また，同年11月12日には戦災115都市の「戦災復興計画基本方針」が閣議決定され，この国の基本方針に基づき，長崎では貿易，造船，水産を産業の基盤とした地方中核都市を想定し，復興計画の立案に着手したが，被爆都市として他の戦災都市よりも手厚い補助を得るため，49年第5回国会において，原爆被爆都市長崎市を国際文化都市として建設する目的で「長崎国際文化都市建設法」が可決された。憲法の規定により，49年7月7日，この法律の賛否を住民に問う住民投票が実施されたが，73.5％の高投票率で，しかも98.5％という圧倒的賛成率により，法律が確定し，同法に基づき本格的な復興が可能となった。

51年4月，建設省告示により，戦災復興土地区画整理事業が実施され，急速に都市の復興が進められた。代表的平和記念施設としては，原爆炸裂直下の松山町を中心に平和公園が建設されたほか，長崎国際文化会館，長崎国際体育館，市営野球場，庭球場，陸上競技場などが挙げられる。

〔長崎原爆資料館〕

## 長崎大学核兵器廃絶研究センター
### (RECNA) Research Center for Nuclear Weapons Abolition, Nagasaki University

2012年4月に長崎大学に設立された，核兵器廃絶のための研究に特化したユニークな研究施設である。通称RECNA（レクナ）と呼ばれており，初代のセンター長は梅林宏道である。

専任の教員が3～4名と，兼任，客員の教員，研究員を持ち，規模としては大きくはないが，核軍縮・不拡散分野の調査・研究，教育及び市民向けの啓蒙，情報発信などの活動を行っている。

具体的には，NPT再検討プロセスや核兵器の人道的側面に関する国際会議，国連総会第一委員会などの国際会議のモニタリング，北東アジア非核兵器地帯構想に関する国際共同研究，世界の核弾頭や兵器級核分裂性物質の状況に関するプロジェクト等を進めている。

また，学生の教育だけでなく，一般市民向けの情報発信，核軍縮を担う次世代の育成にも力を入れており，日英両語でのニュースレターの発行の他，一般市民にも使いやすい情報源を目指す「市民データベース」の整備や市民講座，長崎の若者が海外で核廃絶を伝える「ナガサキ・ユース」の研修なども実施している。

RECNAの活動の多くは，ウェブサイト (http://www.recna.nagasaki-u.ac.jp/recna/) から確認できる。

【関連項目】 長崎大学原爆後障害医療研究所／広島市立大学広島平和研究所（HPI） 〔広瀬訓〕

## 長崎大学原爆後障害医療研究所 Atomic Bomb Disease Institute, Nagasaki University

長崎大学原爆後障害医療研究所（原研）は，1962年の創設から51年目の2013年に，大学院医歯薬学総合研究科附属施設から大学附置研究所へ独立した。その間，原爆被爆者の後障害研究から，1986年の旧ソ連邦チェルノブイリの原子力発電所事故を契機に，国際レベルでの放射線医療支援，分子疫学調査にも活動範囲を広げてきた。さらに2011年の福島原発事故後は，今まで原研が原爆被爆者・旧ソ連邦ヒバクシャを対象として蓄積してきた被ばく医療の実績を生かすべく，事故直後から人材を派遣し，福島県立医科大学の緊急被ばく医療再構築，福島県民へのリスクコミュニケーション，さらには福島県民健康調査立ち上げなどに奔走してきた。現在，事故後の復興期に入り，福島県川内村に復興支援長崎大学拠点を設置するなどして，福島復興の支援を継続している。組織は4部門「放射線リスク制御部門」・「細胞機能解析部門」・「ゲノム機能解析部門」・「原爆・ヒバクシャ医療部門」と「放射線・環境健康影響共同研究推進センター」である。「放射線リスク制御部門」には，「放射線生物・防護学分野」を新設し，「ゲノム機能解析部門」には「ゲノム修復学分野」を新設した。 〔三根眞理子〕

## 長崎の原水禁運動 campaign against atomic and hydrogen bomb in Nagasaki

長崎市で核廃絶運動が始まったのは，被爆後10年目に設立された長崎原爆青年乙女の会の山口仙二らを中心とする活動からである。この会はその後長崎原爆被災者協議会（被災協）に移行し，今日まで，被爆地長崎を代表する核廃絶運動団体となってきた。日本原水爆被害者協議会の下部組織である。

1954年のビキニ環礁の水爆実験で再び多数の日本の船員が被曝したことから国民運動が盛り上がり，翌55年第1回原水爆禁止世界大会が開催された。長崎でも毎年世界大会が開催され，地元の被災協などが運動に参加した。しかし61年の第7回大会に際して，日米安全保障条約の下で原子力発電所の推進を進める民社党（当時）系あるいは自民党系の団体が脱退し，分裂が始まり，第8回大会では旧ソ連の核実験に対する意見の違いが表面化した結果，63年の世界大会は開かれなかった。長崎の地元でも，核廃絶運動団体の結束が難しくなった。

日本原水爆禁止協議会（原水協）と原水爆禁止日本国民会議（原水禁）に大きく分かれた核廃絶運動は，運動の衰退を招いたが，長崎でも同様であった。このような状況を憂えた地元の被爆医師秋月辰一郎は「死の同心円」と「長崎原爆記」の著書によって長崎の核廃絶運動をリードする立場となっていた。秋月は，世界大会の分裂の原因であった政党色を背景とした意見の相違を「小異」と捉え，核廃絶運動の本道を「大同」と表現し，「小異を残し，大同につく」ことを各運動団体に呼びかけた。その後平和推進協会を本島市長，松永照正氏らと設立，さらに平和大行進を小池スイらと開始した。高校生平和大使も開始された。また被爆者の証言を定期的に発信する「長崎証言の会」をスタートさせた。

82年ニューヨークで開催された第2回国連軍縮特別総会では，被災協代表の山口仙二が，被

爆者を代表して演説し、核廃絶を訴え、締めくくりに「ノーモアヒロシマ、ノーモアナガサキ、ノーモアヒバクシャ、ノーモアウォー」と叫んだ。その後、諸団体と被災協などの先行団体を緩い結合でまとめ、これに自治体の県・市と平和推進協会も参加する「核廃絶地球市民集会ナガサキ」実行委員会が設立されたのは2000年であった。2～3年に1回世界のNGO代表を長崎に招き国際シンポジウムを開催するほか、10年と15年にはニューヨークで開催されたNPT再検討会議に代表団を派遣した。

【関連項目】 原水爆禁止運動／広島の原水禁運動

〔朝長万左男〕

## 長崎の原爆遺跡・追悼碑 relics and peace statues of the atomic bombing of Nagasaki

原子爆弾によって長崎街は壊滅的な被害を受け、多くの人々の命を奪ったことは言うまでもないが、原爆の驚異的な破壊力は、街の姿を一変させた。戦後復興の経過のなかで破壊された街からも徐々に原爆の爪痕が薄らいできたが、被爆の生々しい痕跡を今に伝える4つの被爆遺跡が2013年8月、長崎原爆遺跡として国の文化財に登録された。旧城山国民学校校舎、浦上天主堂旧鐘楼、旧長崎医科大学門柱、山王神社二の鳥居の4つの原爆遺跡は、それぞれ爆心地に近く被爆当時と同じ場所に保存され、原爆の熱線、衝撃波や爆風といった凄まじい破壊力を目の当たりにすることができる。

平和公園の北側に原爆犠牲者の追悼と世界恒久平和を願い北村西望氏により制作された平和祈念像は、原爆落下中心地碑とあわせ、原爆犠牲者追悼碑として修学旅行の生徒等の追悼の場となっている。祈念像の前で毎年挙行される平和祈念式典では、長崎市長による「平和宣言」が国内外に発信されている。また、2003年7月には、原爆犠牲者を追悼する国立の施設が設置され、死没者名簿や遺影の永久保存、手記・体験記などの収集と公開が行われている。

〔長崎原爆資料館〕

## 長崎の原爆と映画 cinema on the atomic bombing of Nagasaki

長崎原爆を扱った最初期の映画としては、大庭秀雄監督『長崎の鐘』(1950年)が挙げられる。これは、長崎医科大学教授・永井隆の同名手記に基づく作品で、同年の邦画第7位の興行成績を記録した。

敬虔なクリスチャンでもあった永井の議論の特徴は、原爆投下を「神の摂理」とみなすことにあった。被爆者たちにすれば、こうした論理に「救い」を見出すしかないほどの体験の重さがあったわけだが、同時にこれは占領下において、米軍の投下責任を不問に付すものでもあった。映画『長崎の鐘』も、被爆体験の凄惨さや責任追及ではなく、「人類愛」のような叙情的な要素に重きが置かれた。52年3月には田坂具隆監督『長崎の歌は忘れじ』が公開されたが、大衆的な心情に重きを置く点で、『長崎の鐘』に通じていた。

しかし、GHQの占領が終結すると、被爆の後遺症や原爆投下責任に言及した関川秀雄監督『ひろしま』(53年)が作られた。広島原爆を扱ったこの映画は、先の長崎原爆映画とは対照的であったが、奇しくも、占領下では「祈りの長崎」が描かれ、占領後には対照的に「怒りの広島」が描かれた。

〔福間良明〕

## 長崎の原爆と音楽 music on the atomic bombing of Nagasaki

長崎では被爆直後から、被爆者自身により原爆の悲惨さや反核・反戦を訴える歌曲が積極的に作られ、発表されている。占領期にあっては復興や平和を主題にした作品の多かった広島の場合とは、異なる点である。

原爆投下当時、長崎市議会事務局に勤務していた木野普見雄は、原爆によって妻子を失った。友人の歌人、桑名茗童がその心情を3首に

詠み，そのうち「鬼の哭く」と題する一首に木野自らがメロディーを付け，1946年2月に初演した。おそらく，広島と長崎の原爆を表現した音楽のなかで，最も早く発表された作品とみられる。木野はその後も，島内八郎，永井隆，福田須磨子らによる数々の原爆詩に曲を付けて発表し，56年にはそれらの歌曲をまとめた『原爆歌集』も発行した。

そのほか，被爆体験を歌のなかに表した美輪明宏や，被爆二世であることを表明するとともに被爆クスノキの歌を創作発表した福山雅治など，自らの原爆との関わりから反戦・反核を歌に込めた歌手が多いことは注目に値する。

【関連項目】戦争と音楽／広島の原爆と音楽〔能登原由美〕

### 長崎の復興 reconstruction of Nagasaki from the atomic bombing

戦後初期の長崎市の復興事業は，市ではなく県が主体となって進められた。市の厳しい財政事情や技術者の不足等がその理由であり，県は海外貿易や造船業，水産業を基盤に，地方における行政・文化・経済の中心都市として長崎市を復興させる計画であった。

広島では原子爆弾は市の中心部に投下されたが，長崎は市街中心部から北へ約3km離れた浦上地区が爆心地となった。戦後初期の自治体の史料からは，爆心地の浦上地区を「余り市街化していなかった区域」として，当初の復興計画において重要視せず，県庁や市役所のある市中心地域の復興に主眼が置かれていた事実が読み取れる。

この姿勢に一定の変化が生じるのが1948年から49年にかけてである。48年，広島市は原爆罹災からの復興において，原爆被災の世界史的意味と日本国憲法の平和理念を掲げ，広島を「平和記念都市」として建設するために国の財政的援助を引き出す特別法の制定を国に働きかけた。この動きに呼応して長崎市も国からの援助を受けるための働きかけを開始し，49年8月，「広島平和記念都市建設法」と同時に「長崎国際文化都市建設法」が住民投票を経て成立し，施行される。長崎国際文化都市建設法では，「国際文化」と「平和」が重視され，51年に策定された「国際文化都市建設計画」では，爆心地を含む浦上地区周辺4ヵ所を平和公園とする計画が提示された。これにより長崎市は，それまで積極的に復興に着手しなかった浦上地区に「平和」や「国際文化」と名のついた施設を造るようになる。しかし，この事業は同地区に居住する被爆者に強い違和感を持って迎えられた。

復興事業は，49年の長崎国際文化都市建設法公布に伴い，平和記念施設の建設などを盛り込んだ長崎国際文化都市建設計画により，5カ年計画で推進された。55年には平和公園が完成し，同年に公園の一角に鉄筋コンクリート造り，地上6階建ての長崎国際文化会館（現在の原爆資料館）が建設された。これをもって長崎の復興は完了したとする見方がある一方，援護のないなかで被爆者が原爆に起因する障害を抱えながらも自力で生活を立て直さなければならなかった状況が，住民の証言や手記から読み取れる。

【関連項目】広島の復興

【参考文献】桐谷多恵子「長崎の原爆被爆に関する研究史を巡る一考察」『広島平和研究』1号，2013年／長崎市議会『長崎市議会史 記述編 第3巻』長崎市議会，1997年／長崎市都市計画部『長崎市都市計画史』長崎市，1999年〔桐谷多恵子〕

### 長崎の平和教育運動 peace education movement in Nagasaki

長崎の平和教育運動は第1期（1945～70年），第2期（1970～2000年），第3期（2001年以降）に分けることができる。

アジア・太平洋戦争が終わったとき，被爆地長崎においては，原子野に立って，子どもも父母も教師も，戦争を憎み，原爆（ピカ）は「もういやだ」の思いは共通であった。これが長崎

の平和教育運動の原点である。しかし，東西冷戦を背景に，自衛隊が発足し，教科書検定が強化され，教科書から戦争や原爆に関する記述が「希薄化」した。この事態をうけて広島県教組は1969年，「今こそ原水爆問題をすべての教室で，すべての地域で積極的にとりあげよう」とアピールした。これを受けて，長崎では70年に「長崎県原爆被爆教師の会」が発足。原爆の「風化」に抗して『沈黙の壁をやぶって』を出版し，小中学生のための教材『ナガサキの原爆読本』（72年）などを陸続と刊行した。

だが，平和教育のこの高揚を危惧する文教関係者もいた。長崎市教育委員会は78年「平和に関する教育の基本三原則」を策定した。その第1は「いわゆる『原爆を原点とする』ものではない」であった。これはヒロシマ・ナガサキを焦点から外して，いわば官製の平和教育をもって置き換えようとするものであった。被爆教師の立場からすれば，それは「擬装の平和教育」（石田明）でしかなかった。この事態は，長崎市教委自らそれを削除した2001年まで続く。この間，長崎の平和教育は「空洞化」した。以後，長崎市教委の主導する平和教育は，小中学校で年に1度の被爆者講話，小学校5年生で「長崎原爆資料館」見学，平和教育「研究指定校」の制度等にとどまり，かつての熱気は感じられない。

今日，長崎の平和教育に求められているものは何であろうか。それは平和教育運動の第1期，第2期の歴史的な成果を掘り起こし，引き継ぎ，さらに3.11後の新しい文脈のなかで，人間の尊厳とあらゆる生命の多貴を心に刻み，核兵器と原発を含む「核暴力」のない平和な社会を作るために行動する主権的市民を育てることにある，と言えよう。

【関連項目】　広島の平和教育運動
【参考文献】　高橋眞司「平和教育」『季刊国連』25号，2001年／永井隆編『原子雲の下に生きて』講談社，1949年／山川剛『私の平和教育覚書』長崎文献社，2014年　〔高橋眞司〕

## 長沼ナイキ基地訴訟
Naganuma Nike Missile Site Cases

防衛庁は，第3次防衛力整備計画の一環として，北海道夕張郡長沼町に航空自衛隊第3高射群施設（地対空ミサイル・ナイキJ基地）を建設するため，1968年6月12日，同町に所在する馬追山保安林（水源かん養用）の一部について国有保安林指定解除の申請を行った。指定解除には法律上の制約があり，森林法26条2項のいう「公益上の理由」でなければ指定解除はできない。農林大臣は「公益上の理由」に該当するとして指定解除処分を行った。

憲法9条に違反する自衛隊の基地建設を目的とした保安林指定解除は，森林法26条2項にいう「公益上の理由」の要件を欠くものであるとして，農林大臣による解除処分の取り消しを求め地域住民が提起した行政訴訟が長沼ナイキ基地訴訟である。

第1審札幌地裁判決（札幌地判昭和48年9月7日）は，憲法9条が放棄する「戦力」を「外敵に対する実力的な戦闘行動を目的とする人的，物的手段としての組織体」と定義し，自衛隊が「戦力」に該当する違憲な存在と判断。憲法前文における平和的生存権の裁判規範性を認め，同権利が森林法の目的に読み込まれ，住民に原告適格があると判断した。

控訴審判決（札幌高判昭和51年8月5日）は，平和的生存権の裁判規範性を否定。保安林の代替施設整備により原告適格性も否定し，「一見極めて明白に侵略的なものであるとはいい得ない」という意見を付加した。

最高裁は，82年9月9日，原告らの原告適格の基礎を「保安林の存在による洪水や渇水の防止上の利益に対する侵害」という点に求め，代替施設の設置によってその危険が解消され，解除の取消を求める訴えの利益は失われたこと，また，基地建設による平和的生存権の侵害は原告適格を基礎づけないとして控訴審判決を支持した。最高裁は訴えの利益の観点からのみ

原告の主張を斥けており，自衛隊の合憲性を巡る憲法判断には一切立ち入らない形で訴訟を終結させた（最判昭和57年9月9日）。

学説では，権利の主体，内容，性質等の点で不明確として，平和的生存権の具体的権利性・裁判規範性につき慎重論・反対論が少なくないが，肯定論も有力である。

本件では，平賀健太札幌地裁所長が福島重雄裁判長に対し訴えの却下を示唆する書簡を送付し，裁判官の独立を侵害するという「平賀書簡事件」も問題となった。

【関連項目】　自衛隊違憲訴訟／平賀書簡事件／福島判決／平和的生存権
【参考文献】　長谷部恭男ほか編『憲法判例百選（第6版）』有斐閣，2013年
〔麻生多聞〕

## ナゴルノ・カラバフ紛争（ふんそう）
Nagorno-Karabakh conflict

アゼルバイジャン共和国のナゴルノ・カラバフ自治州を舞台に，アルメニア人とアゼルバイジャン人の間で，同自治州の分離独立を巡って展開された武力紛争。エスニック政治が民族紛争へ発展していく典型的な事例である。ナゴルノ・カラバフ紛争の直接のきっかけは，1988年2月，ナゴルノ・カラバフ自治州の最高会議が同自治州のアルメニア共和国への帰属替えを求める決議を行ったことにある。以後，アルメニア共和国とアゼルバイジャン共和国を巻き込んで，アルメニア人とアゼルバイジャン人のエスニック紛争に発展した。91年12月10日にナゴルノ・カラバフ自治州では独立を問う住民投票が行われ，翌92年1月6日，ナゴルノ・カラバフ議会は正式に独立を宣言した。そして国外のアルメニア人ディアスポラから支援を受けたアルメニア人側が92年春から攻勢に転じ，ナゴルノ・カラバフとアルメニアを結ぶラチン回廊をはじめ，ナゴルノ・カラバフ全領域を支配下に置いた。その間，双方向の民族浄化が徹底して進められた。94年5月にはロシアとフランスの仲介で停戦が成立し，その後ナゴルノ・カラバフはアゼルバイジャン領のおよそ20%を占領したまま，「戦争でも平和でもない」状態が今日まで続いている。
〔吉川元〕

## ナショナリズム　nationalism

アンダーソンがネーションを「想像の共同体」と呼んだように，ネーションは他の共同体とは違って，想像においてのみ実在的である。一般的な共同体が直接の知覚や感覚の体験を通じて，実在性を確保しているのに対し，ネーションは想像を媒介にして確保される抽象的な政治的共同体である。そのネーションの尊重と維持を主張するのがナショナリズムであり，ネーションという政治的共同体への帰属を強調し，その存続を図る運動である。ナショナリズムは，主権国家の確立，国家の統一，失地の回復，異民族の排除，アイデンティティの確立など，あらゆる政治目的と繋がっているため，具体的な目的によって定義することは困難であるとされる。

人が政治的共同体，特に国家に帰属していると感じ，帰属しようと志向する感情，あるいは，人が帰属する対象として，他のものより国家を優先させるイデオロギーや運動である。祖国，歴史的事件，宗教説話などの土着的な文化的シンボルを権力が利用し，操作することによって，人々の深層心理に訴えかけ，国家に対する忠誠心を強めさせてきた。愛国主義の主張はその典型である。

ナショナリズムは，独立や民族自決，国家統一の動きなど，多くの民族が政治や文化の主体となる契機となる肯定的な側面がある。しかし，反対に，全く同じ文化的シンボルが，排他的な自民族中心主義を刺激し，国内における民族的少数派の抑圧，異質な文化を持つ外国への蔑視，侵略戦争などに人々を駆り立てるなど否定的な側面も併せ持つ。冷戦終結に伴う旧ユーゴの解体と，それに伴うバルカン半島での血

血を洗う民族紛争などは，民族自決の過激なナショナリズムがもたらした結果でもある。

最近では，偏狭なナショナリズムを打破する可能性のあるリージョナリズム，グローバリズムの動きも活発化している。しかし，国家の終焉が始まっているとは考えにくく，国家の主権を維持しつつ，同時にそれを共有し合う，自民族中心のナショナリズムを相対化し，国家を超えて，国境を横断するヒト，モノ，カネの自由な流れを広げていくリージョナリズム（地域主義）へ活路を見出すべきだとの考えもある。

【関連項目】 エスニック政治
【参考文献】 アンダーソン，ベネディクト（白石隆・白石さや訳）『増補 想像の共同体』NTT出版，1997年／大澤真幸・姜尚中編『ナショナリズム論・入門』有斐閣，2009年

〔中園和仁〕

## ナショナル・トラスト運動
national trust movement

自然環境や歴史的建造物を後世に残そうとする市民運動。1895年，産業革命下の英国において，自然環境や歴史的建造物の保護を目的に設立された「ザ・ナショナル・トラスト」から始まったと言われている。その後，世界各地に広がりを見せ，同様の趣旨を持って活動する運動を「ナショナル・トラスト運動」と呼ぶようになった。日本では，1964年に古都・鎌倉の保護を掲げた活動が最初の事例と言われている。各国のナショナル・トラスト間の協力促進，そして経験の共有を図るために，2007年，英国の首都ロンドンに「国際ナショナル・トラスト機構」(International National Trusts Organization; INTO) が設立された。INTOには50を超える国のナショナル・トラストが加盟している。

【関連項目】 環境保護運動／非政府組織（NGO/NPO）

〔古澤嘉朗〕

## ナショナル・ミニマム national minimum

一般に，ウエッブ夫妻の提言や「ベヴァリッジ報告」に起源が求められる概念であるが，わが国では，憲法25条の「健康で文化的な最低限度の生活」の保障に憲法的基礎がある。

人権（権利）としての社会保障が認められるとしても，その規範的内容及び裁判規範性について諸説が存在するため，人間の尊厳を始めとする種々の基本的人権保障と相まって，国民の生存権・生活権を最大化・最適化するために，様々な憲法具体化法律・政策を方向づける傾向的概念の側面は否定できない。

ただ，国際レベルでは，すでに「社会保障に対する権利（right to social security）」が人権として承認されており，日本も，いくつかの国際人権条約の批准国として，この権利の保障義務を負っているところでもある。

憲法25条の具体化法として，生活保護法，児童福祉法，身体障害者福祉法などの諸法律があるが，近時の「社会福祉基礎構造改革」，「地方分権改革」，「地域主権改革」などの影響の下，社会保障給付の主体・水準・方法などの変容が顕著である。現代的な貧困と格差の深刻化が，改めて社会保障のナショナル・ミニマムにかかる国と地方公共団体の重畳的責任を問うている。

〔白藤博行〕

## ナチズム Nazism

第一次世界大戦後，ドイツのミュンヘンを起点に発展した，ナチ党（国民社会主義ドイツ労働者党の略称・通称）の運動と思想を指す。一般的には，さらにこの政党が権力を掌握した後の「ナチ体制」も含意する。1919年1月に誕生した極右政党であるドイツ労働者党への同年10月オーストリア生まれの独陸軍上等兵ヒトラーの入党から，ナチズムの歴史は始まると言ってよい。翌20年2月24日，党綱領25ヵ条を公表したナチ党は，党総統に就任したヒトラーの演説能力に依拠した。23年11月の武装一揆は挫折し

たものの，彼のカリスマ的リーダーシップが下党組織を固め，29年以降の世界恐慌がもたらした破局的危機のなかで「ヴェルサイユ体制打破」の運動を主導することで党勢を一挙に拡大させていく。ナチズムの思想的特徴は，戦闘的反マルクス主義・反自由主義・民族的帝国主義・人種論的反ユダヤ主義，「中間層社会主義」，排他的「民族共同体」構築等にあったが，軍隊式上意下達の組織原則たる「指導者原理」，街頭を支配するための突撃隊の暴力と制服着用の示威行進の活用は，従来の政党政治にはみられない新しい「運動」戦術があった。それでもヴァイマル民主制下の自由な選挙では議会過半数には達せず，得票率38％を超えられなかったが，33年1月末，保守反動派の国家国民党との連立内閣としてヒトラー政権を樹立した。一月後「国会放火事件」を利用してヴァイマル共和国憲法の人権・国民の基本権条項をすべて停止し，共産党や社会民主党を弾圧，3月には議会の立法権や条約批准権を奪う全権委任法を成立させ，保守政党含め他のすべての政党，労働組合等自立した諸団を強制解体し，あるいはまた「自主」解散に追い込んで，同年7月には「新党設立禁止法」を通じナチ一党独裁を確立した。その後ヒトラーはドイツ民族の「生存権」を獲得するため，四ヵ年計画を通じ軍備を整えて準戦体制を固め，39年のポーランド侵攻を皮切りに第二次世界大戦を引き起こした。戦時中のナチ体制は，秘密警察と強制収容所を軸とする「親衛隊国家」を前面に押し出し，ヨーロッパ・ユダヤ人の絶滅政策，「安楽死計画」による障害者はじめ社会的弱者の大量抹殺や占領地住民からの犯罪的強奪を重ねた。さらにソ連軍兵士や戦時捕虜の虐待殺害，外国人労働者への奴隷的労働の強要に突き進み，支配人種としての「アーリア人」の帝国を構築するために被支配諸民族に対する極めて非人道的諸措置を展開した後，45年5月敗戦によって壊滅した。

【関連項目】 第二次世界大戦（WWⅡ）／反ユダヤ主義

【参考文献】 石田勇治『ヒトラーとナチ・ドイツ』講談社，2015年／フライ，ノルベルト（芝健介訳）『総統国家』岩波書店，1994年／山口定『ファシズム』岩波書店，2006年
〔芝健介〕

## ならず者国家　rogue state

冷戦末期から，国際社会のルールに従わない国家を非難する際に用いられるようになった言葉。攻撃的な反西洋的信念を信奉する独裁的指導者に支配され，テロリストを支援し，核兵器や生物化学兵器などの大量破壊兵器の獲得を目指す第三世界の国を指すことが多いが，学術用語というより，背後に政治目的をもつ用語と理解した方が良い場合が多い。

アメリカの外交・安全保障政策の基軸をなしていたソ連との敵対関係が終わりつつあった冷戦末期から，アメリカ及び同盟国への脅威の源泉として，「ならず者国家」や「無法者国家（outlaw state）」が用いられるようになった。具体的には，イラク，イラン，リビア，キューバ，北朝鮮などを指していたが，核保有が疑われるイスラエルは含まれない。

その後の変化のため，当初の概念に当てはまるのは北朝鮮のみとなったが，類似の概念に9.11後にブッシュ政権が用いた「悪の枢軸（axis of evil）」があるように，支配的な国際秩序への挑戦者を批判する際には，類似の概念が導入される可能性が高いと思われる。
〔遠藤誠治〕

## 南極の軍事利用の禁止　prohibition of military use of the Antarctic Area

国際観測年（1957年）を契機として，南極の平和的利用，科学的調査の国際協力及び領土権・請求権の凍結等を目的とした南極条約交渉が行われた。交渉が妥結した1959年に署名開放された南極条約は，南極地域（すべての氷だなを含む南緯60度以南の地域）が平和的目的にのみ利用され，軍事基地及び防衛施設の設置，軍

事演習の実施並びにあらゆる型の兵器の実験のような軍事的性質の措置を禁止しており（1条），さらに，南極地域における核の爆発及び放射性廃棄物の同地域における処分を禁止している（5条）。この条約により核実験禁止を含む軍事利用が禁止されるのみならず，同条約の目的の促進及び規定の遵守の確保といった実効性を確保するために査察制度が設けられている。この査察制度の下で，締約国から指名された監視員は南極地域のすべての地域（これらの地域におけるすべての基地，施設及び備品並びに南極地域における貨物又は人員の積卸し又は積込み地点にあるすべての船舶及び航空機を含む）を査察する権利を認められているほか（7条2及び3項），地上での査察に加えて，空中監視による査察の権利も認められている（7条4項）。　　　　　　　　　　　〔福井康人〕

## 南京虐殺記念館　Memorial Hall of Victims in Nanjing Massacre by Japanese Invaders

南京事件は，日中戦争期に1938年の南京攻略戦時に生起した日本軍による中国人虐殺事件で，犠牲者数を中国側は30万人としているが，当時の南京市の人口などから犠牲者数には諸説がある。

日中戦争は37年夏に上海に飛び火し，同年暮れに南京攻略が中支那派遣軍（松井石根司令官，上海派遣，軍第10軍）に下命され，本事件につながった。まず南京攻略戦は国民党政府の首都攻防戦で激戦となったが，占領後も残敵掃討の間に便衣隊（軍服を着用しない軍事要員）や敗残兵，捕虜などのほかに民間人の殺害や婦女暴行などの殺戮や乱暴があったとされ，これが今日も日中間の歴史問題として心の傷が疼く問題となっている。

中国は82年に日本の中国侵略の記念碑とし愛国主義教育を推進するためとして「南京虐殺記念館（中国名：侵華日軍南京大屠殺遇難同胞紀念館）」の建立を決め，85年に抗日戦勝利40周年を記念して南京市江東門の記念館を開館した。

敷地面積2万5000m²の大規模な戦争博物館で，正面玄関の巨大な「300000」の数値が中国側の主張を強調している。展示内容は写真，歴史公文書，現物，祈念碑，記録フィルムなどのほかに発掘された状態を残す散乱した遺骨など多数が陳列されている。記念館は日常的に子どもたちの愛国教育の場にも活用されている。

【関連項目】　南京虐殺事件／日中戦争　　　　〔茅原郁生〕

## 南京虐殺事件　Nanking（Nanjing）Massacre

南京大虐殺事件，南京大虐殺，南京虐殺ともいう。南京事件と略称される。日中戦争初期，当時の中国の首都南京を占領した日本軍が，中国軍の兵士・軍夫ならびに一般市民・難民に対して行った戦時国際法や国際人道法に反した不法，残虐行為の総体。

南京を攻略すれば中国は屈服すると考えた日本軍は，住民を巻き込んだ包囲殲滅戦を展開した。このため，総数15万人といわれた南京防衛軍の兵士・軍夫のなかで，すでに戦闘を放棄した膨大な敗残兵，投降兵，捕虜，負傷兵が殺害された。さらに一般の成年男子も便衣兵（民間服を着た兵士）の嫌疑をかけられて連行され，集団殺害された。日本軍の軍紀が乱れたため，女性を強姦，輪姦する婦女凌辱事件と，食糧・物資の略奪や，人家を放火・破壊する不法事件も多発した。

南京事件は，日本の大本営が南京攻略を下令し，中支那方面軍が南京戦区に突入した1937年12月4日前後から始まり，終焉は，38年3月28日の中華民国維新政府（中支那方面軍から編制替した中支那派遣軍が工作した傀儡政権）の成立時である。南京事件発生の区域は，南京城区とその近郊の6県を合わせた行政区としての南京特別市全域であり（中国の特別市は省と同レベルで中央政府に直属する），それは南京戦区であり，南京陥落後における日本軍の占領支配

地域であった。

　南京事件は，事件当時南京に残留していた外国人記者や外国大使館員，さらには難民や市民の救済にあたった南京安全区国際委員会のメンバーたちによって海外で報道され，国際世論は，日本軍の残虐行為を厳しく批判した。しかし，日本では，厳しい報道管制と言論統制下におかれ，南京事件の事実は報道されず，日本国民には知らされなかった。

　極東国際軍事裁判（東京裁判）では，人道に対する罪として南京事件が裁かれ，松井石根中支那方面軍司令官が戦争法規違反の不作為の責任を問われて死刑となった。中華民国国民政府国防部戦犯軍事法廷（南京軍事裁判）では，4人の将校が死刑となった。南京事件における中国軍民（兵士と民間人）の犠牲者数は，東京裁判の判決書では「20万人以上」，南京軍事裁判の判決書では「30万人以上」とした。

【関連項目】　家永教科書裁判／極東国際軍事裁判（東京裁判）(IMTFE)／南京虐殺記念館／日中戦争
【参考文献】　笠原十九司『南京事件』岩波書店，1997年／笠原十九司『南京難民区の百日』岩波書店，2005年／南京事件調査研究会編『南京大虐殺否定論13のウソ』柏書房，2012年
〔笠原十九司〕

## ナンセン国際難民事務所
Nansen International Office for Refugees

　第一次世界大戦，ロシア革命，また疫病の流行などから，戦後のヨーロッパでは多くの難民が生じ，この救済が問題となった。まず，事態の救済に動いたのは国際赤十字委員会などの民間組織であったが，より中心となる組織が必要だということで，国際連盟は1921年8月，関係諸国からなる会議を招集し，南極探検で名を馳せたナンセンを高等弁務官に任じた。ナンセンは戦争捕虜の帰還運動に携わっており適任とされた。

　各団体と活動を調整するための救済事務所がアテネやコンスタンティノープルなどの都市に設けられた。また国際連盟は，難民問題を討議する会議を開き，難民の法的地位を確定することの必要性から代替パスポート（ナンセン・パスポート）を発行し，29年には51の政府がこのパスポートを認めるようになった。ナンセンは30年に死去するが，31年に連盟事務局に付属する機関として正式にナンセン国際難民事務所が設置された。

【関連項目】　国際連盟（LN）／人権／難民
〔篠原初枝〕

## 南北問題　North-South problem

　南北問題とは，地球の北半球に位置する先進工業国と多くが北緯30度以南に集中している発展途上国との間の経済的格差から生ずる緊張関係の総称である。第二次世界大戦後，植民地解放により独立を達成したアジア・アフリカの多数の新興国は，政治的に独立したが，経済的には自立できなかった。その結果，世界で「貧困」の深刻化が問題視された。1949年トルーマン米大統領は就任演説で「低開発地域の開発」を強く訴えた。10年後の59年にイギリスのロイズ銀行頭取フランクスは，ニューヨークで「新しい国際均衡」と題して演説し「北の先進工業国と南の低開発地域との関係は，南北問題として，東西対立とともに，現代世界の当面する2大問題の1つである」と述べ，初めて南北問題に言及した。人口の8割を占める途上国は，世界のGNPの約2割を占めるにすぎなかった。

　冷戦という時代情況の中で東西両陣営は新興独立国で援助競争を展開したが，新興国はいずれの陣営に与することなく，相対的に独立を志向し，「第三世界」を形成した。60年代に国連は，ケネディ米大統領の提案により途上国の経済発展を助けるために10年ごとに「国連開発の10年」を採択し，開発目標を設定したが，途上国は，植民地体制下のモノカルチャー構造から脱することができず，北との格差は縮小するどころか拡大し，「国連開発の10年」は挫折した。

　この間，国連を舞台に「南」の国は「北」に攻勢をかけ，64年には国連貿易開発会議（UNC-

TAD）の開催，77ヵ国グループ（G77）を誕生させ，国連は「南北対立の場」に化した。70年代のオイルショック後，産油国を中心に「資源ナショナリズム」を拠り所に世界経済体制の改革を求めて「新国際経済秩序（NIEO）」を提唱し，国連総会はその樹立宣言を採択した（74年）。一方で途上国は，オイル危機を契機に分化し，「南南問題」が表面化，第三世界の国々はNIEs（新興工業経済地域）と後発発展途上国に分断された。このようななか「南北サミット」（81年）が開催されたが，南北対話は行き詰まったままである。冷戦終結後，経済のグローバル化が進む21世紀，第三世界や南北問題はかつての輝きを失い格差は拡大しているが，内外の貧困の解消は喫緊の人類的課題である。

【参考文献】　川田侃『南北問題研究』東京書籍，1997年／室井義男『南北・南南問題』山川出版社，2002年　〔臼井久和〕

## 難民　refugees

主権国家を基本単位とする国際社会にあって，人は生まれながらにいずれかの国と結びつき，その国の保護を受けるものとされている。難民は，無国籍者と並んで，そうした保護を欠く代表的な存在である。

国際社会共通の難民の定義は，1951年に作成され67年に修正された難民条約に定められている。すなわち，人種，宗教，国籍，特定の社会的集団の構成員であること又は政治的意見を理由に迫害を受けるおそれがあるという十分に理由のある恐怖を有するため本国に戻ることができない者，である。アフリカやラテンアメリカでは，客観的な情勢に焦点を当てた広い定義も採用されているが，普遍的には難民条約の定義が妥当する。

もっとも，同条約は迫害の中身について沈黙し，その判断は各国に委ねられた。このため，難民の認定には主権的裁量が強く働き，冷戦期にあっては，共産主義体制を非正統化する政治目的を持って利用されることになった。西洋自由民主主義の選好を反映する難民条約は，自律した個人という人間像を前提に，公的領域で国家から危害を受ける大人の男性を難民の典型として暗黙裏に設定していたが，共産圏からの難民はこのモデルにことのほかよく適合する人々でもあった。

だが，冷戦が終結し21世紀に入ると，民族集団や犯罪者集団といった非国家主体からの危害を逃れ出る者など，庇護を求める人々が多様化し，各国の認定実務は時代に即応した新たな対応を迫られるようになっている。

他方で，難民の圧倒的多数は「南」の諸国で生じ続けているところ，「北」に移動できる者は今もそのなかのごく一部である。欧米諸国は，国内の人種主義的主張を背景に，難民の入域を阻止しようと様々な措置を講じているが，「北」への移動圧力が縮減していないため，危険な渡航手段に訴え，結果として欧米に到達する前に命を落とす者も少なくない。

日本も1982年の難民条約加入に伴い認定手続きを設けるとともに，インドシナ難民やミャンマー難民の第三国定住受入れを図ってきた。しかし，避難の地を日本に求めようとする者の数は僅少で，難民として保護される者もほとんどいない実情が常態化している。

【関連項目】　国連難民高等弁務官事務所（UNHCR）／難民
【参考文献】　難民研究フォーラム編『難民研究ジャーナル』現代人文社／本間浩『難民問題とは何か』岩波書店，1990年
〔阿部浩己〕

## 二国間原子力協力協定　bilateral nuclear cooperation agreement/bilateral agreement

原子力の平和利用の推進と核不拡散の観点から二国間で締結された協定の一般的な呼び方で，2015年3月末現在，日本は，米国，英国，カナダ，オーストラリア，フランス，中国，欧州原子力共同体（ユーラトム），カザフスタン，韓国，ベトナム，ヨルダン，ロシア，

UAE，及びトルコとの間で締結している。なお，二国間原子力協定とも言う。当該二国間原子力協力協定により，原子力平和利用に関する様々な義務を負っているが，最も代表的な義務は，保障措置及び核物質防護の受け入れであるが，特に保障措置については，国際原子力機関（IAEA）との保障措置よりも広範な義務が課せられている。代表的なものとしては，核物質の国籍管理に関する報告の義務や協定で提供された技術や資機材の第三国移転の制限などである。特に，日本と米国との原子力協力協定においては，米国の核不拡散法に基づき，再処理や濃縮に関する技術の管理などを目的とした条項を二国間原子力協力協定に盛り込んでおり，一方，日本以外の他国との二国間協定上では再処理及び濃縮を認めない内容になっている。それらが認められている日本においても，その技術を利用する施設については，米国による合意がない場合は建設後の運転は困難となる。

【関連項目】 欧州原子力共同体（EURATOM）　　　〔礒章子〕

### 日独伊三国同盟　Tripartite Pact

日独伊三国同盟とは，1940年9月27日に日本，ドイツ，イタリアとの間で結ばれ，相互協力と援助が定められた軍事同盟である。

36年の日独防共協定を対ソ軍事同盟に発展させようという交渉が38年から39年にかけて行われたが，8月の独ソ不可侵条約締結によって凍結された。しかし，第2次近衛文麿内閣の外相松岡洋右は同盟締結を希望し，ドイツ外相のリッベントロップも同盟を外交圧力として利用しようと考えていたため，同盟は締結されることになった。

日独伊三国の同盟に対する思惑は大きく食い違っており，十分な協力はなされなかったが，三国同盟は戦時中，日本外交の中核として扱われ，単独不講和や軍事・経済協力が日独伊三国の間で申し合わされた。最終的には，43年にイタリアが，45年5月にドイツが，8月に日本が連合国に降伏することによって，三国同盟は消滅した。

【関連項目】 アジア・太平洋戦争／第二次世界大戦（WWⅡ）／日米開戦　　　〔手嶋泰伸〕

### 日米安全保障体制　Japan-US Security Arrangements

外務省のホームページは，「日米安全保障体制」を「日本の安全とともに，地域の平和と安定にとって不可欠」なものであり，条約・協定や取り決め，宣言などからなる制度と安全保障上の協力の実体で構成されるものとして説明している。歴史的には，第二次世界大戦後の日米関係がある種の強固な構造をもち，その結果，日本の対米従属を不可避的とする関係が固定化されてきたとの観点から思惟される概念であったと言える。強固な構造の中心にあると考えられるのが，日米安全保障条約に基づく日米の安全保障関係である。だがこの関係は決して一定不変ではなく，安保条約の調印から21世紀初頭まで，大きく3つの段階を経て発展してきた。

第1段階は安保改定までの時期である。当初，日米は米軍の日本駐留をあくまで暫定的な措置とみなし，日本の防衛力向上と引き換えに米軍が撤退することを想定していた。だが1950年代後半から，日本は自衛力を漸進的に整備する一方で，基地の提供と運用の枠組をより双務的かつ対等なものに修正しつつ主として米海空軍基地を日本本土に維持することが，両政府の方針となっていく。新安保条約及び関連協定は，基地を中核とする日米の安全保障関係を基本的には変えることなく，形式的には日米間に集団的自衛の関係を設定するとともに，基地の運用を通じて日本が米軍の極東戦略に協力する基盤を作った。

第2段階は冷戦終結までの約30年間である。米ソデタント，さらに米中関係改善を背景に，日米安保条約は地域の平和と安定を支える装置

という性格を強めていった。同時に，米国のパワーが相対的に低下するなかで，70年代に入って米国のアジア関与に縮小の傾向が生じたことは日本政府に不安を抱かせ，米国との安全保障関係の強化を志向させた。1つは米軍の基地運用とプレゼンス維持への協力である。もう1つは日本の負担分担，具体的には防衛力整備であった。防衛費の対GNP比1％方針など制約の枠内ではあったが，米国の装備品購入を伴いつつ防衛力の整備が進んだ。

この間，日米間では外交・防衛当局の実務者間協議が試みられ，相互の意思疎通を図り安全保障協力を推進する仕組が徐々に形成されていった。その到達点が78年の「日米防衛協力の指針（ガイドライン）」の策定である。ここでは，侵略の防止及び日本有事に際しての協力に関する方針が定められた。70年代末から米ソ対立が再び激化したとき，日米の安全保障上の協力関係が強化されていたことは，極東地域でソ連を牽制する意味を持った。日本の政治指導者が日米の安全保障関係を「日米同盟」と表現するようになったのは，この頃からである。

第3段階は冷戦終結から21世紀初頭まで，日米の安全保障関係が地域安全保障を支える枠組として再定義され，多層的に協力関係が実体化した時期である。冷戦が終結しても同盟が解消されなかったのは，すでに日米の安全保障上の協力関係が日米関係全体，さらに地域秩序を支える制度として強靱なものになりつつあったことと，朝鮮半島と中国という不安定要因が存在したことによると考えられる。90年代半ば，日米両国は同盟の維持・強化をそれぞれの基本方針として確認する一方で，政府間の協同作業を通じて冷戦後の日米同盟の役割を再定義した。96年4月に発表された「日米安全保障共同宣言」は，日米の安全保障関係がアジア太平洋地域の平和と安定の基礎となることを確認している。この宣言に基づいてガイドラインの見直しが行われ，97年9月には極東有事における日米

協力のあり方を規定した新ガイドラインが合意された。さらに2000年代に入ってからは，日米協力はグローバルな安全保障分野へと拡大しつつある。

集団的自衛権の行使を容認する安倍晋三内閣の閣議決定（14年7月），ガイドライン改定（15年4月），平和安全保障法制（15年9月成立）は，安全保障における日米協力の深化と拡大の延長線上にとらえられるべきであろう。日米安保体制とは，日本が憲法の枠内で自己の役割を増大させつつ，地域及びグローバルな安全保障環境の変化に対応して日米が形成してきた協力の実体である。中国の台頭や北朝鮮，国際的なテロの脅威などは，日米間の安全保障協力を強化する方向に作用すると考えられる。他方で，沖縄に集中する基地負担の分担問題や米国の外交政策の振幅は，この「体制」を弱体化させる可能性を持っている。

【関連項目】 安保改定／事前協議制度／集団的自衛権行使容認の閣議決定／日米安保条約／米軍基地問題（沖縄）

【参考文献】 楠綾子『吉田茂と安全保障政策の形成』ミネルヴァ書房，2009年／公益財団法人世界平和研究所編『日米同盟とは何か』中央公論新社，2011年／竹内俊隆編著『日米同盟論』ミネルヴァ書房，2011年／中島琢磨『沖縄返還と日米安保体制』有斐閣，2012年／吉田真吾『日米同盟の制度化』名古屋大学出版会，2012年

〔楠綾子〕

## 日米安保条約　Treaty of Mutual Cooperation and Security between Japan and the United States of America

「日本国とアメリカ合衆国との間の相互協力及び安全保障条約」の略称。現在の日米安保条約は，1960年1月19日に署名され，同年6月23日に発効したが，これに先立つものとして，51年9月8日に署名され，翌年4月28日に発効した旧日米安保条約がある。この旧安保条約は，アメリカ軍の日本駐留を認めるとともにいわゆる内乱条項も規定し，他方でアメリカの日本防衛義務については明記しないという片務的なものであった。しかも，駐留米軍の地位などを定

めた行政協定は国会の承認を経ないで締結された。これに対して、60年に安保反対闘争が繰り広げられるなかで締結された現行日米安保条約は、両国の平和友好関係の発展や経済協力の促進をうたった上で、アメリカ軍が日本及び極東の平和と安全に寄与するために日本に駐留することを認める（6条）とともに、日本の施政権下にあるいずれか一方に対する武力攻撃に対して両国は共同して行動することを定めた（5条）。また、内乱条項を削除するとともに、在日アメリカ軍の配備や装備の重要な変更、日本から行われる戦闘作戦行動のための基地の使用は、事前協議によることが「交換公文」で定められた。この条約は、10年の固定期間が付されていたが（10条）、70年以降も自動延長されて、現在に至っている。ただ、冷戦終結後には、日米安保条約の運用は条約の規定とは少なからず異なった形でなされてきている。2015年4月に策定された「日米防衛協力のための指針」（日米ガイドライン）は従来の日米ガイドラインにはなかった日本による集団的自衛権行使を容認するとともに、「日米同盟のグローバルな性格」をも明記している。このような日米ガイドラインは、憲法はもちろんのこと、日米安保条約をも逸脱するのではないかという批判が出されている。

【関連項目】　安保改定／安保再定義／日米安全保障体制

〔山内敏弘〕

## 日米開戦　outbreak of the war between Japan and the United States

　日米開戦とは、1941年12月8日（アメリカ時間7日）の真珠湾攻撃によって日本とアメリカとの間に戦端が開かれたことを指す。これによって、アメリカは第二次世界大戦に参戦することになった。

　日米間での開戦原因については分厚い研究の蓄積があり、ヨーロッパを含めた世界規模での国際政治の駆け引きや、日米間の利害対立から議論されている。ただし、そうした研究では、日米間の対立要因を説明することはできるが、日本が開戦に踏み切った要因を説明することができないという問題がある。

　フランス領インドシナ半島南部に日本軍が進駐したことを発端として、41年7月にアメリカが石油の対日禁輸を決定してから、日米間ではアジアでの日本の主導的地位を容認するかどうかということと、アメリカが日本に石油の輸出を再開するかどうかということで交渉が活発化した。その過程のなかで、第3次近衛文麿内閣は総辞職し、東条英機内閣のもとで開戦は決定された。この日本の開戦決意について、近年は内政要因や政府内政治の要素が重視されている。例えば、当時の「国策」文書が両論併記的で曖昧な文章であったことから、結局はその時々の政府内での力関係によってその実施が左右されるという「非決定」の構図や、統治機構内部で業務の棲み分けがなされているという状況が開戦を抑止する勢力を生み出さない一方で、組織利害の関係から開戦もやむを得ないという雰囲気が作り出されていったことなどが指摘されている。いずれにせよ、甚大な犠牲を払い、戦後の国際秩序の形成にも大きな影響を及ぼした戦争であるため、日米開戦の経緯と要因には大きな関心が寄せられている。

【関連項目】　アジア・太平洋戦争／真珠湾攻撃／第二次世界大戦（WWⅡ）

【参考文献】　日本国際政治学会太平洋戦争原因研究部『太平洋戦争への道　開戦外交史7　日米開戦』朝日新聞社、1963年／森茂樹「大陸政策と日米開戦」歴史学研究会・日本史研究会編『日本史講座9　近代の転換』東京大学出版会、2005年／森山優『日米開戦の政治過程』吉川弘文館、1998年

〔手嶋泰伸〕

## 日米韓防衛実務者協議（DTT）　Japan-US-Republic of Korea Defense Trilateral Talks

　日米韓防衛実務者協議（DTT）は、日本、米国、韓国の三国間の情報共有と政策協調を強

化するための会議である。DTTは3ヵ国の次官補級が首席代表として参加しており、2008年から14年の間に6回開催された。初回の会議は08年に米国のワシントンで開催され、各国の国防政策の紹介と地域安保情勢の評価、3ヵ国の国際社会への貢献策などを議論した。09年7月17日、東京で開かれた第2回会議では、北朝鮮の核・ミサイル問題、3ヵ国の保有戦力の概要、情報の保護、海賊の対処法、DTTの今後の方向性などについて議論した。3回目の会議は10年9月13日、ワシントンで開催され、3ヵ国の安保協力体制の調整・統制強化、人道的支援・災害救援に関する情報共有などが議論された。12年1月30日に韓国の済州島で開かれた第4回会議では、地域の安保情勢の評価と日米安保協力増進などが議論された。また、人道的支援・災害救援の情報共有に関する実務チームの活動も報告された。13年1月に日本の東京で開かれた第5回会議では、北朝鮮のミサイル問題に関する情報を共有し、3ヵ国の安保協力の強化対策について討議が行われた。3ヵ国は共同合意文を通じて、北朝鮮の追加核実験の強行と弾道ミサイル開発が、朝鮮半島だけではなく北東アジア地域及び世界の平和と安定を阻害する深刻な脅威であることで意見が一致した。また「北朝鮮が核実験を含むさらなる挑発行為を行う場合には、北朝鮮は国際社会からの懸念を無視することで直面する結果に対し責任を負うことになる」と警告した。さらに、「北朝鮮の核実験の抑止と弾道ミサイルの脅威に対する共同で対応するため緊密に連携しながら、中国、ロシアなどを含む国際社会とも協力していく」と明らかにした。14年4月17~18日、ワシントンで開催された第6回の会議では、北朝鮮の核は不用だという確固たる立場と、北朝鮮のさらなる核・ミサイル開発と挑発行為を抑止するために3ヵ国が緊密に連携していくことを再確認した。また、日米韓は三国間の調整された対応と国際社会との協力の必要性も再確認した。加え

て、人道支援、災害救援、海賊対処など非伝統的な脅威に対する協力と共同対応の重要性についても認識を共有することに合意した。

〔孫賢鎮〕

### 日米犯罪人引渡条約
Extradition Treaty between Japan and the United States of America

日米間の犯罪人引渡条約は、19世紀末に締結された旧条約と1970年代に締結された新条約とがある。旧条約は、1886年に米国からの逃亡犯罪人がわが国に逃れてきた事件をきっかけとして締結されたものである。第二次世界大戦中は、本条約は一時的に効力を停止していたが、対日平和条約の締結の後（1953年以後）、本条約は日米間において引き続き有効とされた。他方、旧条約の対象となるのは殺人や強盗などの古典的な重大犯罪に限定されており、テロや国際犯罪などの新しいタイプの犯罪の増加に対応していない感が否めず、また実際にもクアラルンプール事件（75年）など過激派によるテロ事件への対応が重大な懸案とされたので、旧条約を改訂して78年に新たに日米間で犯罪人引渡条約を締結することになった。

本条約により両国は、自国の法令により死刑又は無期もしくは長期1年を超える拘禁刑に処するものについて外交ルートを通じて容疑者等の引渡しを行う。引渡犯罪は、旧条約では15種類であったが、46種類に増え、これらの未遂、共犯等にも拡大されることになった。また政治犯不引渡し原則を明記している他、自国民については引き渡さないことができると定めており、事情次第では自国民であっても引渡しの対象とされることを認めている。

〔北村泰三〕

### 日米密約
secret agreement between Japan and the US

日米安全保障関係における密約への国民の注目は、2009年9月に誕生した民主党を中軸とす

る連立政権誕生がもたらした結果の1つであった。同政権で外務大臣となった岡田克也が，同月16日に「国民の理解と信頼に基づく外交を実現する必要」から，当時のメディアで取り上げられていた4つの密約①1960年1月の安保条約改定時の，核持込みに関する「密約」，②60年1月の安保条約改定時の，朝鮮半島有事の際の戦闘作戦行動に関する「密約」，③72年の沖縄返還時の，有事の際の核持込みに関する「密約」，④72年の沖縄返還時の原状回復補償費の肩代わりに関する「密約」の存在有無についての調査を外務次官へ命じた。具体的には，外務省内の調査に加えて，外部の有識者による委員を設置して，内部調査の検証とそれを踏まえた調査を行い，2010年1月中旬を目処に調査結果を公表するとした。

外務省は有識者委員会の調査結果報告書の提出を受け，10年3月，外務省内で設置された調査チームの報告書を公表した。同時に，4つの密約に関する2つの報告書に登場する文書（報告対象文書）として35件，関連する文書（その他関連文書）として296件を公開した（両報告書，公開文書とも外務省HPにて公開）。

調査チーム報告書は，見つかった35件の文書の解説と事実の提示を行うにとどまった。他方，有識者委員会報告書は，4つの密約を示す記録の有無に焦点を当て歴史研究者の立場で検証した。同報告書では，公表されている合意や了解と異なる重要な内容を持つものを密約と定義し，文書化されている「狭義の密約」と文書化されていないが暗黙のうちに存在する合意や了解である「広義の密約」双方とも検証対象とした。結論では，4つの密約を「狭義」の密約ではないとした。

同報告書によれば，核持込みについて日米で明確に「合意」した文書が存在しないことが挙げられた。朝鮮半島有事の際の日本からの出撃を事前協議の対象としない文書の存在を確認したが，もはや有効性を持たないため，過去の「密約」だったと判断した。沖縄返還に合意した1969年11月の佐藤・ニクソン会談で交わした有事の際の沖縄への核兵器再投入に合意文書は，同会談で出された共同声明の内容を超えていないため，密約とは言えないとした。71年6月に調印された沖縄返還協定の4条にて定める沖縄での原状回復補償費の米国負担を日本が肩代わりする合意文書は，外務省には存在しない，また米側で公開された文書でも日本負担を確認できないとした。

外務省の密約関連の公開はほぼこれで終わった。こうした判断について，研究者やメディアは，報告書で外務省の文書公開を不十分だと指摘しながら，密約存在を否定する方向で結論を導いた分析と論理へ批判が集中した。

【関連項目】　外務省公電漏洩事件
【参考文献】　太田昌克『日米「核密約」の全貌』筑摩書房，2011年／外岡秀俊ほか『日米同盟半世紀』朝日新聞社，2001年／豊田祐基子『日米安保と事前協議制度』吉川弘文館，2015年
〔我部政明〕

## 日満議定書　Japan-Manchukuo Protocol

1932年9月15日に日本と「満洲国」両国の基本的関係を定めるために結ばれた条約。日本軍（関東軍）は中国東北を領有する意図から31年9月に「満洲事変」を開始したが，まもなく傀儡国家を樹立する方針へ転換した。32年に入り日本政府もその方針を承認し，3月1日に満洲国の建国が宣言された。しかし当時の犬養毅内閣は国際的配慮から「満洲国」を国家として承認することに消極的であった。五・一五事件の後，斎藤実内閣は早期承認に傾いていき，リットン調査団の報告書が国際連盟に提出される前に国家として承認し，既成事実化する路線がとられた。9月15日，関東軍司令官・関東長官・特命全権大使である武藤信義陸軍大将と満洲国国務総理鄭孝胥が日満議定書に署名した。議定書は前文で，「日本国ハ満洲国カ其ノ住民ノ意思ニ基キテ自由ニ成立シ独立ノ一国家ヲ成スニ

至リタル事実ヲ確認シタ」と謳い，満洲国領域内において日本国臣民が有する「一切ノ権利利益ヲ確認尊重」すること（第1条），日満両国が「共同シテ国家ノ防衛ニ当ル」ため「日本軍ハ満洲国内ニ駐屯スル」こと（第2条）を謳った。　　　　　　　　　　　　〔伊香俊哉〕

## 日露戦争　Russo-Japanese War

　1903年4月，ロシアが満洲からの第2期撤兵を守らなかったことは，日本の態度を硬化させた。日本政府は，桂太郎首相が満洲と韓国（大韓帝国）という「2つの品物」を日露で分け合うという露骨な帝国主義的発想を抱いていたことからわかるように，韓国を日本の，満洲をロシアの勢力範囲として認め合う「満韓交換」を方針としていた。しかし，8月から始まった日露交渉では，ロシア側のスタンスは，満洲は日本の利益範囲外として，あくまで日露協商の範囲は韓国問題に限定するというものであった。

　日露交渉が停滞するなか，ロシアへ完全対等な「満韓交換」を即時提議しつつ韓国への限定出兵を主張する元老（山県有朋・伊藤博文）側と，日露交渉を継続しつつ，海軍の準備が整う以前の韓国出兵には反対する内閣（山本権兵衛海相・桂首相・小村寿太郎外相）側との間で対立がみられた。この対立は翌04年1月まで続いた。

　04年2月の日露開戦とともに，日本軍は仁川に上陸，漢城を制圧した。同月に締結した日韓議定書によって，日本は朝鮮内における軍事行動と韓国政府の「便宜」供与，「施政改善」の名による内政干渉の権利を韓国政府に承認させた。韓国駐剳軍は7月，軍用電信線・軍用鉄道を破壊した者を死刑に処する軍律を施行（翌05年1月には日本軍に不利益な行動をする者などにも適用）し，実行した。このような日本軍による韓国軍事占領下の05年2月，島根県告示により，日本政府は竹島（韓国名：独島）を島根県に編入した。

　さて，05年5月の日本海海戦によって日本海軍がロシア海軍を撃滅したタイミングで，アメリカ大統領T.ルーズヴェルトが仲介に入り，8月からアメリカのポーツマスで日露講和交渉が始まった。ロシア側は賠償金支払いと領土割譲に頑強に反対したため，結局，賠償金はなく，樺太南部を割譲する線で妥結に至った。9月5日に調印されたポーツマス講和条約の主な内容は，①韓国に対する日本の指導・保護・監理措置の承認，②関東州租借地と長春・旅順間鉄道の日本への譲渡，③南樺太の日本への譲渡，④沿海州沿岸における漁業権の日本への許与，などであった。

【関連項目】　韓国併合（日韓併合）／義和団事件
【参考文献】　千葉功『旧外交の形成』勁草書房，2008年／和田春樹『日露戦争（上）（下）』，岩波書店，2009-10年〔千葉功〕

## 日ロ平和条約交渉　Japan-Russia Peace Treaty negotiations

　第二次大戦後の戦後処理を巡る日ロ交渉は，1955年に始まり，現在まで続いている。56年の日ソ共同宣言により日ソ両国は戦争状態を終結し，国交を回復したが，領土問題で決着がつかず，平和条約を締結していない。ソ連崩壊後の93年に両国は係争地である4島の帰属問題を解決し，平和条約を締結するという東京宣言に署名した。その後，90年代後半に両国は交渉を進展させたが，ロシア側は択捉島以北に国境線を画定する案を受け入れなかった。2001年のイルクーツク声明において，平和条約締結後に2島（色丹島・歯舞群島）を引き渡すとした日ソ共同宣言の有効性を確認し，引き続き行動計画等を議論したが，領土問題の解決に至らなかった。その後は双方の立場が強硬になり，北方領土特措法の改正やメドヴェージェフ大統領による国後訪問等が続いて，11年まで交渉は停滞した。12年にロシアではプーチンが，また日本では安倍晋三が政権に復帰すると，両国は双方が受け入れ可能な領土問題の解決策が重要であると

認め，あらゆるレベルにおいて協議を積極化する姿勢を示した。14年にウクライナ危機を巡ってロシア・欧米関係は緊張状態に陥ったが，日ロ両国は交渉の機会をうかがっている。
【関連項目】　北方領土問題　〔ヤロスラブ・シュラトフ〕

## 日韓国交正常化交渉
Japan-ROK normalization talks

　植民地支配という歴史を共有する日韓両国が，脱植民地化という状況に対応して，一方で，過去の歴史に起因する諸問題に取り組むことによって新たな二国間関係を確立するための交渉。1965年6月22日，日韓基本条約が締結，国交が正常化された。戦後の冷戦という状況に対応して，アメリカ合衆国との同盟関係を共有し同じ反共自由主義陣営に属する日韓両国が，経済協力によって相互の政治的安定を図ることを指向し，結果として南北体制競争における韓国優位が確実になった。植民地支配の法的効力や南北朝鮮の法的地位など日韓の基本関係，在日韓国人の法的地位，漁業の管轄権，竹島・独島の領有権，船舶や文化財の返還などが争点となったが，日韓双方が自分の都合のよい解釈ができるように決着した。

　交渉において一貫した最大の難関は，日本から韓国に移転する財産的価値の名目と金額をどのようにするのかという問題であった。当初，韓国は戦時「賠償」もしくは植民地支配に対する「補償」を念頭に置いたが，この問題がサンフランシスコ平和条約の枠内に位置づけられることにより，植民地支配によってもたらされた未解決の財産関係の清算としての請求権問題として位置づけられるほかなかった。請求権として供与できる金額に関して日韓間に乖離があったため，アメリカ合衆国の仲介の下，韓国が名目にこだわらない代わりに，日本は「経済協力」という名目で，無償3億ドル，有償2億ドル，商業借款3億ドル以上という，韓国政府の要求金額に近づけるということで妥協が図られた。

　日本では，南北朝鮮の対立に日本が巻き込まれることで日本の平和が脅かされるという論理で左派勢力が反対した。韓国では，野党や学生運動が，日本の謝罪や補償が不十分で脱植民地化が不徹底であるにもかかわらず，韓国外交が低姿勢，屈辱的であるという理由で反対した。

　日韓基本条約によって諸問題が法的に完全解決されたとみる日本政府の立場は一貫するが，韓国政府，社会では，従軍慰安婦問題などが未解決であり，それに対する日本の取り組みを求める動きが90年代以降展開される。
【関連項目】　日朝平壌宣言
【参考文献】　李鍾元ほか編『歴史としての日韓国交正常化(I)(II)』法政大学出版局，2011年　〔木宮正史〕

## 日系人強制収容
internment of Japanese Americans

　第二次世界大戦中に，アメリカ合衆国の日系アメリカ人12万人が「軍事上の必要性」を理由に移住を強制された。米国籍を持たない一世のみならず，国籍を有する二世・三世も強制移住か，その対象になった。米国以外にも，ラテンアメリカ諸国や英連邦諸国で日系移民に対する迫害や強制収容が行われた。

　1941年12月に太平洋戦争が始まると，初戦で優位に立った日本軍への不安と，以前からの日本人移民に対する反感から，日系人の退去を求める声が広がった。連邦政府内には反対もあったが，42年2月19日には行政命令第9066号が成立し，西部防衛司令の命令で太平洋沿岸のワシントン州，オレゴン州，カリフォルニア州，さらにアリゾナ州に居住する日系人が，内陸部への移住を強制された。第一次世界大戦中にドイツ系アメリカ人などが拘束されたことはあるが，日系人の強制収容ははるかに大規模であった。ただし，多数の日系人が居住したハワイでは，一部を除いて収容や強制移住は行われなかった。

軍事地域からの退去を命じられた日系人は，強制移住が実施される前に自ら移住先を見つけた「自由立ち退き者」約9000人を除き，戦時転住局（WRA）などが管理する10ヵ所の「転住所」（relocation center）と呼ばれた収容所へ移住した。わずかな荷物とともに移住した日系人は，湿地や砂漠などに急造された収容所で生活を送った。日本への送還を望む者が現れ，収容所生活への不満から暴動が起こったこともある。一方で米国への忠誠を証明しようとする日系人も多く，ヨーロッパ戦線で活躍した二世から成る第442戦闘部隊は特に有名である。

44年12月，最高裁が忠誠を誓う日系人の強制収容を禁止し，同月に軍部が翌年1月をもって立ち退き命令を撤回すると発表した。WRAも45年末までの収容所閉鎖を発表し，最後の収容所が46年3月に閉鎖された。

移住を強制された日系人への限定的な補償は戦争直後からあったが，連邦政府による謝罪はなかった。これに対して公民権運動などの影響を受けた三世を中心に反対運動が70年代に活性化し，88年の市民自由法で政府の謝罪と補償金の支払が行われた。

【関連項目】　強制収容所／第二次世界大戦（WWⅡ）
【参考文献】　飯野正子『もう一つの日米関係史』有斐閣，2000年／竹沢泰子『日系アメリカ人のエスニシティ』東京大学出版会，1994年／Hayashi, Brian M., *Democratizing the Enemy*, Princeton University Press, 2004　　〔倉科一希〕

## 日清戦争　Sino-Japanese War

日本が軍事面で対外戦争に踏み切る能力を持つようになった1894年，朝鮮半島では4月に朝鮮農民軍が蜂起，全州を占領した（甲午農民戦争）。6月1日，閔泳駿が袁世凱に，清軍の派遣を要請した。陸奥宗光外相は朝鮮半島のバランス・オブ・パワーを維持するため対抗出兵を自明視していたが，一方西欧列強に対して日本の正当性を主張するため，「被動者の地位」に立とうとした。清の李鴻章（直隷総督）が全州に近い牙山に歩兵2000人を上陸させる一方，日本も第五師団（広島）の一部から構成した先発軍1050人を漢城に近い仁川に上陸させていた。しかし，漢城は全くの平穏であり，大鳥圭介（駐朝公使）は大部隊派遣の見合わせを陸奥に打電したが，陸奥からすれば大軍を派遣した以上，何の利益もなく撤兵するのは不得策であった。伊藤内閣は6月15日，清に対して日清共同による朝鮮内政改革を提議することを閣議決定するが，清・朝鮮間の宗属関係を「近代」的に再編しようとしていた清にとって，このような提議は十分挑戦的な行為であった。清から拒否回答が届いた翌日の22日，御前会議で，対清交戦の決意と軍隊増派が正式に決定された。この後，イギリスやロシアによる仲介の動きがあったが，失敗に終わった。

かたや朝鮮半島では，大鳥ら公使館側は，内政改革問題を口実として日本軍が朝鮮王宮を包囲することで，日清両軍の衝突から対清開戦に持ち込もうとしていた。7月23日，日本軍2個大隊は景福宮を占領，閔氏政権を倒して大院君政権を樹立した。

7月25日，豊島沖で日清両軍が交戦に至り，日清戦争が始まった。9月の平壌会戦と黄海海戦の圧勝後，日本軍は鴨緑江を越え，満洲に侵攻した。朝鮮半島では，日本軍の軍事的侵略と牛馬・食糧の徴発などにより，朝鮮人民の抵抗に遭い，場合によっては交戦することもあった。また，10月に再度蜂起した朝鮮農民軍に対しては徹底的な殲滅を図った。さらに，日本軍が11月に旅順を陥落させた過程で，清側に4500人を超す死亡者を出した（旅順虐殺事件）。

1895年3月から開かれた下関講和会議の結果，下関条約が調印され，日清戦争は終わった。

【関連項目】　甲午農民戦争／下関講和会議
【参考文献】　大谷正『日清戦争』中央公論新社，2014年／千葉功「日清・日露戦争」『岩波講座日本歴史16巻』岩波書店，2014年　　〔千葉功〕

## 日中関係 Sino-Japanese relations since 1949

ここでは1949年に成立した中華人民共和国(以下，中国)と日本との関係を述べる。第二次世界大戦に敗れた日本にとって，最大の戦争被害国たる中国との関係再構築は重要な外交課題であった。しかし米中関係の悪化によって日中関係も影響される。52年4月，日本は台湾の中華民国(以下，国府)との間で日華平和条約を締結した。以後約20年間，日本は国府との外交関係を保つ一方で，中国とは「政経分離」を前提に，経済・文化面での民間関係の拡大を目指した。

71年7月の米中接近によって日中両国を取り巻く環境も変化し，72年9月には日中国交正常化が成立した。だが，続く日中平和条約の締結交渉は難航する。中国が反ソ連包囲網に日本を取り込もうとしたことに対して，日本は対中・対ソ関係の両立を志向したためである。78年8月に締結された日中平和友好条約は，内容としては72年の日中共同声明を超えるものではなかったが，文化大革命後の中国の近代化路線を市場進出の機会と捉えていた日本財界にとって制度的保証となった。また同条約は中国側にとって対ソ連戦略の強化に寄与した。79年1月に米中国交正常化が成立し，日米中によるソ連包囲網が形成され，アジアは新冷戦への道を辿ることになる。

70年代を通じて日中両国では各種政府間協定が締結され，79年から第一次対中円借款が開始されるなど，経済関係の結びつきが強まった。しかし，80年代に入ると教科書問題や靖国問題など歴史問題が周期的に浮上するようになる。東西冷戦が終結し90年代に入ると中国の経済発展によって貿易額や人的交流はさらに拡大した。だが，経済的相互依存が深化するなか，両国間では政治面での対立が深まり「政冷経熱」と呼ぶべき状態が続いている。21世紀入り，中国の急速な台頭によって日中間のパワーシフトが進行していると指摘されている。また日中両国でのナショナリズムの高揚によって，国民相互のイメージも悪化し，歴史問題や領土問題の解決を困難にしている。

【関連項目】日中共同声明／米中和解
【参考文献】国分良成ほか『日中関係史』有斐閣，2013年／高原明生・服部龍二編『日中関係史 1972-2012 (1)政治』東京大学出版会，2012年

〔井上正也〕

## 日中共同声明
Sino-Japanese Joint Communique of 1972

1972年9月29日に北京で発表された日中国交正常化のための声明。条約の形式はとられなかったが，前文で両国の戦争状態終結が言及されており，日中関係の「重要な基礎」と位置づけられている。日中両国の国交正常化を阻んできた争点は，日米安保条約(安保問題)と日華平和条約(台湾問題)の存在であった。だが，米中接近によって状況は変化する。72年7月に田中角栄政権が発足すると，中国は国交正常化の前提条件として，日米関係には触れず，賠償請求権を放棄する，というメッセージを日本側に伝える(竹入メモ)。これによって田中政権は台湾との外交関係を「終了」させ，日中国交正常化に踏み切る決意を固めた。

北京で合意された日中共同声明の内容は前文と本文9項目からなる。本声明における合意の核心は台湾問題にあった。第2項で日本政府は，台湾の中華民国政府を中国の正統政府とみなしてきたこれまでの立場を翻し，中華人民共和国政府が中国の「唯一の合法政府であることを承認すること」を受け入れた。ただし，台湾の法的地位に関しては玉虫色にとどめられた。すなわち，第3項で中国側が，台湾が中国の領土の「不可分の一部」であると表明する一方で，日本側は中国の立場を「十分理解し，尊重」するにとどめている。

共同声明の文面作成で難航した点は，両国のこれまでの立場をいかに整合させるかであった。戦争終結時期や賠償請求問題について，日

本側は日華平和条約ですでに決着したとの立場をとり，法的立場を崩さない範囲での政治的な処理を求めた。しかし日華平和条約を「不法」かつ「無効」と主張してきた中国政府はこれに強く反発する。交渉では双方が対立する場面もあったが，最終的に共同声明の文面において妥協が図られた。

日中共同声明は両国関係の基本的枠組を形成した点で大きな意義があった。だが，国交正常化を急ぎたい両国の思惑から，多くの争点が政治的に処理されたことから，日本の戦争責任や賠償放棄の意義を巡って，両国の歴史認識にねじれを残すことになった。

【関連項目】　日中関係／米中和解
【参考文献】　井上正也『日中国交正常化の政治史』名古屋大学出版会，2010年／服部龍二『日中国交正常化』中央公論新社，2011年　　　　　　　　　　　　　　〔井上正也〕

## 日中戦争　Sino-Japanese War of 1937-45

1937年7月7日の盧溝橋事件を契機として日中間で展開された戦争。41年12月8日以降はアジア・太平洋戦争の一部を構成した。中国では盧溝橋事件から日本敗戦に至る戦争を「抗日戦争」と呼ぶのが一般的である。

35年以降日本軍が華北分離工作を展開したことが直接的原因となって盧溝橋事件が発生した。同事件を契機に日中戦争が開始され，7月末には日本軍は華北の制圧を開始，8月に開始された第二次上海事変を契機として華中・華南をも含む日中全面戦争へと発展し，38年以降は100万人以上の兵力を中国大陸に常駐させるようになった。

日本の戦争目的は当初は華北での権益拡大にあったが，その後は華中・華南も含めて権益拡大や日本軍の駐屯，国民政府の「親日化」を求めることに置かれた。日本軍は37年12月には首都南京を陥落させたが，日本政府は38年1月にはトラウトマン和平工作を打ち切って，「爾後国民政府を対手とせず」と声明し，以後国民政府の軍事的屈服と新中央政府樹立を目指した。しかし38年の徐州作戦，武漢作戦などによっても国民政府を降伏させることはできず，持久戦段階へ移行した。また国民党有力者の汪兆銘を引き出して和平を実現しようとしたが，戦争終結には至らなかった。国民政府の戦時首都となった重慶に対して39年春以降戦略爆撃を本格化したが，国民政府は降伏しなかった。日本軍の支配は都市と交通線にとどまり（「点と線」の支配），共産党軍（八路軍，新四軍）が農村地域に根拠地を建設して日本軍への抗戦を継続した。

外交面では，日中戦争開始以来，中国は国際連盟に対して，日本を侵略国と認定して制裁を発動することと，対中支援を実施することを求めた。38年9月には連盟理事会議長報告によって，実質的に日本の侵略を認定して各連盟国が制裁を発動できることが表明された。日中戦争の拡大を通じて，日本が中国で排他的支配を拡大し，東南アジアへの軍事的進出を開始したことは，英米仏などとの対立を深めた。とりわけ40年春以降ヨーロッパを席巻しつつあるナチス・ドイツと40年9月に軍事同盟を締結したことは，アメリカの危機感を高めることとなり，アジア・太平洋戦争開戦に繋がっていった。42年以降は，中国で展開する米航空部隊の基地の覆滅が日本軍の主要な作戦目的となった。捕虜や非戦闘員の虐殺，毒ガスや細菌兵器の使用，市街地への無差別爆撃，性暴力といった戦争犯罪が多数発生したのもこの戦争の特徴であった。中国側では，抗日戦争における中国軍民の死傷者数は3500万人以上としている。

【参考文献】　伊香俊哉『戦争の日本史22　満州事変から日中全面戦争へ』吉川弘文館，2007年／日本国際政治学会太平洋戦争原因研究部『太平洋戦争への道　開戦外交史（新装版）3　日中戦争（上）』朝日新聞社，1987年／日本国際政治学会太平洋戦争原因研究部『太平洋戦争への道　開戦外交史（新装版）4　日中戦争（下）』朝日新聞社，1987年　　〔伊香俊哉〕

## 日朝平壌宣言
Japan–North Korea Pyongyang Declaration

　2002年9月17日，小泉純一郎首相が訪朝し金正日国防委員長との首脳会談の結果，発表された共同宣言。北朝鮮は，米国クリントン政権と韓国金大中政権との間で対米，対南関係改善に向けた明るい見通しが開けたが，米ブッシュ政権の登場に伴い対米関係改善が不透明になる状況に直面し，日本との経済協力の可能性を視野に入れた対日関係改善を模索したのに対して，日本も，拉致問題解決を促進し朝鮮半島における日本の外交的プレゼンスを高めることなどの思惑もあり，両者の思惑が一致した。

　国交正常化に向けた相互の決意を確認した第1項，過去の植民地支配に対する反省を表明し，日韓国交正常化において実施された無償，有償，商業借款という経済協力方式による請求権問題の解決という方法の踏襲を明記した第2項，「日本国民の生命と安全にかかわる懸案問題」として日本人拉致問題に言及した第3項，北朝鮮と日米などとの関係正常化の交渉を通して，核ミサイル問題の解決を図ることを明記した第4項からなる。

　金正日自身が拉致犯罪の事実を認めると共に，生存が確認された5人以外の拉致被害者の死亡が伝えられたが，日本国内では，拉致被害者は全員生存しているという前提で北朝鮮に対する圧力を強めるべきだという強硬論が台頭した。さらに，北朝鮮が核開発を凍結していなかったことが明らかになり，第2次核危機が生まれた。04年5月の小泉第2次訪朝に伴い，帰国拉致被害者の家族の帰国が実現したが，国交正常化交渉は進まなかった。第2次核危機に対応する6者協議が開催され，05年9・19共同宣言などで，日朝，米朝の関係正常化と北朝鮮の核放棄との相互履行に言及されるなど，日朝平壌宣言は，国際的な波及効果を持つ合意になっている。

　しかし，6者協議は08年以後開催されず，06年，09年，13年と3度に及ぶ核実験が実施されるなど，北朝鮮の核保有が既成事実化されるなか，日朝国交正常化交渉の前提となる北朝鮮の核ミサイル開発の凍結が履行されないなど，日朝平壌宣言の前提が無意味化されつつあるが，日朝両政府とも，宣言が有効であるという立場を堅持する。

【関連項目】　日韓国交正常化交渉／米朝協議
【参考文献】　朴正鎮『日朝冷戦構造の誕生』平凡社，2012年／和田春樹ほか『検証日朝関係60年史』明石書店，2005年
〔木宮正史〕

## 新渡戸稲造の平和思想
Inazo Nitobe's pacifism

　新渡戸稲造（1863～1933年）の平和思想をつちかったのは，キリスト教の宗教的基盤と，豊富な国際的経験であろう。新渡戸は，アメリカのジョンズホプキンス大学，ドイツのハレ大学に留学し，台湾では彼の専門である農政学を活かし植民地行政に参加した。

　このような経験から彼は，国際理解を促進することで国家間の誤解を解き紛争の防止につながるという信念を抱いた。国際連盟成立後，事務次官に就任すると，国際理解についての演説を各国で行い，また知的協力国際委員会では，キュリー夫人等の当代一流の知識人の協力を得て知的交流の促進に努め，エスペラント語の普及にも尽力した。

　クェーカー教徒であった新渡戸は，軍国主義には反対ではあったが，満洲事変後，日本の立場を説明するアメリカでの講演旅行に参加した。オールド・リベラルと言われるように，新渡戸の平和主義は，国家という枠組を尊重しエリート層の交流を重視した上で，国家間協調を目指すものであった。

【関連項目】　国際主義（インターナショナリズム）／国際連盟（LN）／平和主義
〔篠原初枝〕

## 二・二六事件　February 26 Incident

　1936年2月26日に陸軍皇道派の青年将校が起こしたクーデタ。五・一五事件後に挙国一致内閣が成立すると，陸軍の国家改造勢力は，合法的に高度国防国家の樹立を目指す「統制派」と，「天皇親政」をうたい，精神主義的傾向が強く，青年将校の強い支持を集める「皇道派」へと分岐していった。両派は陸軍の主導権掌握を巡り対立を深めたが，林銑十郎陸相の下で統制派が主流派を形成，34年には士官学校事件（十一月事件）などを通じて，皇道派への圧迫を強めた。35年には統制派の中核的存在永田鉄山軍務局長を皇道派相澤三郎中佐が惨殺する事件が起きるまでに対立は激化した。その後皇道派青年将校の牙城と目されていた第一師団を中国東北「満洲」に派遣する方針を陸軍中央が決定すると，青年将校は派遣前にクーデタによる軍事政権の樹立を図った。36年2月26日未明，青年将校は東京及び近県から部下の兵計約1400名を率いて，岡田啓介首相，高橋是清蔵相，斉藤実内大臣，渡辺錠太郎教育総監などを襲撃（岡田以外は死亡），三宅坂一帯を占拠し，統制派首脳の罷免や皇道派首脳を首班とする内閣樹立などを陸軍上層に伝えた。それに対して陸軍統制派はクーデタを鎮圧することを通じて逆に陸軍が政治的影響力を拡大するという方針を堅め，29日に反乱軍は無血鎮圧された。事件後，陸軍統制派は次期内閣の組閣に介入し，発足した広田弘毅内閣で政治的発言力を高め，一方では「粛軍」により皇道派の高官を予備役に編入し，その影響力を低下させた。　〔伊香俊哉〕

## 日本国憲法　Constitution of Japan

　日本国憲法は，①徹底した平和主義，②豊かな現代的人権保障，③充実した民主主義を求める国民主権，④諸権力の濫用を阻止する権力分立，を原理とする注目に値する現代市民憲法である。

　①は，②・③の前に，「第2章　戦争の放棄」として保障されている。それは，第二次世界大戦後の現在，戦争が国民の人権・国家の独立を保障する手段としての役割を失っていることを踏まえて，侵略戦争・自助の戦争のみならず，自衛戦争をも放棄している。また，現在においては，最新鋭の軍備が経済・財政を破綻に導く再生産外消耗であることをも踏まえて，一切の戦力の不保持をも定める。

　②は，明治憲法が欠いていた不可侵の人権の保障だけでなく，近代市民憲法段階における性差別・低賃金長時間労働・周期的経済恐慌・平均寿命の低下・非和解的階級闘争・市場再分割を巡る帝国主義戦争などの悲惨な経験を踏まえて，すべての国民に「人間らしい生活」の保障を求め，性差別の禁止・「社会国家」（福祉国家）の具体化をも求め（特に25条から28条），また第31条以下で刑事手続による人権侵害を厳しく規制している。

　③上記の①②の的確な保障のために国民主権の原理を導入している。前文第1段の第2文でその国民主権が「人民の，人民による，人民のための政治」であることを表示し，15条1項で公務員の選定・罷免権を「国民固有の権利」として保障し，前文第1段と96条1項で国民が憲法制定権と改正権の主体であるとしている（これらの規定では「国民」の英訳はすべてpeopleとされている）。「人民の，人民による，人民のための政治」を最も行いやすいのは，地方公共団体である。日本国憲法が他国に先行して「第8章地方自治」を保障していることにも注目したい。

　④「権力を担当する者がすべて権力を濫用しがちであるということは永遠の経験の示すところである」（モンテスキュー『法の精神』1748年）。権力の濫用を阻止するために，日本国憲法は，国会・内閣・裁判所のそれぞれに立法権・行政権・司法権を分担させ（第4章・第5章・第6章），その三者間に多様な抑制・均衡の関係を設けて，そのいずれもが暴走しないよ

うにしている。衆議院の内閣不信任決議権，内閣の衆議院解散権，裁判所の違憲・違法行為審査権が，その代表的なものである。

日本国憲法運用の現実は，「憲法軽視・無視の歴史」と言えるほどに憲法からの離脱続きであった。その動向は，憲法の全分野にわたっているが，特に①「第2章　戦争の放棄」，②「第8章　地方自治」，③25条以下の「社会国家」（福祉国家）に関する憲法政治において際立っている。①と関係しては，日本の軍事支出は2012年度で世界で第5位と言われる。②については，憲法施行後「3割自治」・それに類する事態が事務・財源の配分につき指摘されている。③についても，社会的格差の増大，社会保障関係費や文教科学振興費の冷遇などが目立つ。

このような反憲法的な政治の動向は，「立憲主義」を軽視・無視する日本的手法とも言うべき「解釈改憲」の政治手法によって推進されている。憲法改正（明文改憲）をしなければできないはずの政治を，憲法の解釈を不可能なまでゆがめることによって正当化する憲法政治である。この点については「解釈改憲」の項目を参照されたい。

【関連項目】解釈改憲／憲法改正／大日本帝国憲法
【参考文献】家永三郎『歴史のなかの憲法（上）（下）』東京大学出版会，1977年／杉原泰雄編『新版体系憲法事典』青林書院，2008年／文部省『あたらしい憲法のはなし』，1947年

〔杉原泰雄〕

## 日本国憲法と平和主義
Constitution of Japan and pacifism

日本国憲法における平和主義規定は，前文の平和的生存権と9条の戦争放棄・戦力不保持からなる。これらの規定は占領下の複雑な国際・国内政治のなかで生まれた。天皇制の存続が占領政策にとって有益だと判断したマッカーサーは，その天皇制が軍国主義天皇制にならない国際的保証として，武装解除を憲法によって永続化することとしたと言われてきた。戦争に疲弊した日本国民は，この平和主義を静かに受け入れ，歓迎した。やがて，国民は憲法の平和主義を積極的に活用して，米軍駐留や再軍備に反対する平和運動を展開するようになっていった。

日本国憲法は，人権保障や権力分立に関する3章以下の通常の立憲主義的部分と，外見的立憲主義の系譜と繋がる1章の象徴天皇制と，通常の立憲主義と異なる2章9条の戦争放棄からなると理解することができる。

憲法学界の多数説は，9条は一切の軍事力を否認していると解釈してきた。侵略のための軍事力のみ否認しているとする佐々木惣一・芦田均説は，少数説である。それに対して，政府は警察力論や近代戦争遂行能力論によって再軍備を正当化した。1954年の自衛隊発足後は，自衛力＝「自衛のための必要最小限度の実力」の保持・行使は合憲だとする立場をとるようになった。この立場は一定の学説から支持を受けるようになっている。

実際の平和主義の運用を見ると，政府の平和主義解釈に基づいて，憲法9条2項によって禁止されている「戦力」は，日本の軍事力であるとして，駐留米軍は合憲化されてきた。また自衛隊は「自衛力」論によって合憲化されつつ，交戦権の否認，集団的自衛権の否認，海外派兵の禁止などの憲法的制約が課されてきた。国民世論でも安保体制や自衛隊を支持する層が増え，しかし同時に憲法の平和主義規定削除には反対する立場が多くみられるようになっている。それに対して，2014年7月1日の閣議決定によって，政府は集団的自衛権の限定的容認の解釈を打ち出した。また憲法9条を改正して，軍事力に対する憲法上の制約を外そうとする動きも出されている。

【関連項目】自衛力／平和的生存権
【参考文献】浦田一郎編『政府の憲法九条解釈』信山社，2013年／深瀬忠一『戦争放棄と平和的生存権』岩波書店，1987年

〔浦田一郎〕

## 日本国際政治学会（JAIR）
Japan Association of International Relations

　国際政治史，国際関係論，地域研究を中心に，国際関係の様々な問題に関する研究の推進を目的として，1956年に設立された学術団体。会員の報告を中心とする研究大会を毎年1回開催するとともに，和文の学会機関誌『国際政治』（年4回）及び英文機関誌 *International Review of the Asia-Pacific*（年3回，オクスフォード大学出版部）を発行している。2008年より，若手研究者による優れた研究論文に対して，日本国際政治学会奨励賞を授与している。また，韓国国際政治学会，北米を基盤とする国際関係学会（ISA），各国の国際政治学会から構成される国際関係学世界委員会（WISC）などとも学術交流を展開している。学会として『太平洋戦争への道』（全8巻，朝日新聞社，1962—63年）や『日本の国際政治学』（全4巻，有斐閣，2009年）を刊行している。

〔大芝亮〕

## 日本のエネルギー問題と原子力
energy issue and nuclear power in Japan

　20世紀以降1950年代まで，日本の主要な一次エネルギーは石炭で，大半は国内炭だった。太平洋戦争時代には石油が軍用燃料として珍重されたが，その一次エネルギーに占める比率は，石炭，水力，薪炭に続く第4位にとどまった。敗戦後も政府は国内炭を優先し，外貨割当制度によって石油輸入を厳しく制限してきたが，欧米諸国政府や国内産業界の要求をのんで60年に輸入自由化を決定し，エネルギーの主役は石炭から石油へと交代した（炭主油従から油主炭従へ）。「エネルギー革命」と呼ばれ「燃料転換，原料転換」とも呼ばれた。

　ところが70年代に，二度にわたる石油危機（73年，79年）が起き，石油依存度を低めエネルギー源の多様化を推進する「石油代替エネルギー政策」が導入され，石炭（海外炭），天然ガス，原子力発電の利用が拡大した。70年には石油（71.9％），石炭（19.9％），天然ガス（1.2％），原子力（0.3％），水力（5.6％）という一次エネルギー供給の構成比だったのが，90年には石油（58.3％），石炭（16.6％），天然ガス（10.1％），原子力（9.4％），水力（4.2％）となった。さらに2010年には石油（44.4％），石炭（22.1％），天然ガス（17.5％），原子力（11.1％），水力（3.3％）となった。

　原子力発電の比率は，高度経済成長期（1955～73年）には無視できる程度だった（73年は0.6％）が，2000年代には一次エネルギー供給の10％前後を占めている。発電電力量（自家発電含む）に占める比率は25％前後となり，原子力発電は日本のエネルギー供給の重要な一翼を担うようになった。背景には国策民営による原子力発電の拡大があった。日本の発電用原子炉は1960年代1基，70年代20基，80年代16基，90年代15基，2000年代4基，10年代1基と着実に増設され，福島事故直前には54基に達した。

　特に1970年から97年までは，発電設備容量がほとんど直線的に伸び，日本ではあたかも完璧な計画経済が貫徹されているかの如く，原子力発電の設備容量の「直線的成長」が四半世紀にわたり続いてきた。政府が業界に強い指導力を持ち，経済情勢・エネルギー情勢の如何にかかわらず原子力発電を拡大する政策を首尾一貫して取り続け，それに電力業界が協力したため，このパターンが出現したと見られる。

　政府の原子力政策が変わらなかった理由は，原子力利用の担当省庁（通産省，科学技術庁）が草創期から将来の有望産業として原子力技術の育成に努め，その間に「原子力共同体」（又は原子力村）と呼ばれる利益集団が担当省庁を頂点として形成され，「原発建設のための原発建設」が政策目的と化したためと考えられる。自由民主党政権が長期間続き，原子力担当官庁が高度な裁量権を与えられて拡大政策を進めた。98年以降は原子炉の新増設ペースが従来の

4分の1程度に下落した。バブル経済崩壊後の経済停滞の下で電力需要が飽和状態に達し、電力自由化が始まり電力会社が設備投資を全般的に抑制するようになったためである。原子力政策の拡大路線は変わらなかった。

2011年に東日本大震災に誘発されて発生した福島原発事故を契機に、日本の一次エネルギー供給に占める原子力発電の比率は急落し、12年0.7％、13年0.4％、14年0.0％となった。その反動で石油・石炭・天然ガスの火力発電所での焚増しが実施されたが、12年の化石燃料消費量は福島事故前のピーク年（07年）よりも少ない。その原因は世界金融危機（08～09年）の影響と、東日本大震災後の日本のエネルギー節約の推進である。12年の一次エネルギー供給は、ピーク年（04年）と比べ10.6％も減少した。これは原子力発電分に匹敵する減少幅である。今後も人口減少や産業構造の変化などで、日本のエネルギー供給は減少し続けるとみられる。

11年の福島原発事故により、周辺住民や国民全体に深刻な被害が及んだが、原子力発電も大打撃を受けた。15年までに54基中11基の廃炉が決定し、残る43基のうち再稼働できない原子炉も多数にのぼることが確実である。原子炉の新増設も困難となった。国民の原子力発電に対するリスク認識が大きく変化し、中小規模の事故やトラブルでも多数の原発が長期間停止する可能性が高まった。原子炉稼働ゼロでも電力供給に支障がないことも実証された。再生可能エネルギーという強力な競争相手も出現している。日本の原子力発電の将来の衰退は避けがたい。

【参考文献】 吉岡斉『新版 原子力の社会史』朝日新聞出版、2011年　　　　　　　　　　　　　　　　〔吉岡斉〕

## 日本の核政策　Japan's nuclear policy

日本の核政策は、4つの政策からなる。それは、非核三原則、核軍縮の促進、米国の核抑止力への依存、核エネルギーの民生利用である。1968年1月30日、佐藤栄作首相は国会答弁のなかで、これらを核政策の4本柱と位置づけた。現在に至るまで、この核4政策に変化はない。そのなかで核政策の基本となってきたのは、「核兵器を持たず、つくらず、持ち込ませず」という非核三原則である。これは、核兵器に対する国民の拒否感情に根ざした政策であり、被爆国・日本の「国是」とみなされている。原子力基本法（55年制定）は、原子力の利用を「平和目的」に限定しており、核兵器の製造・保持は国内法上も禁止されている。また、76年に批准した核不拡散条約（NPT）の下、日本は核兵器を製造・保持しない義務を負っている。ただし、岸信介内閣以来、日本国憲法第9条の下でも「戦力に至らない必要最小限の実力」の範囲内で核兵器を保有することは可能である、との憲法解釈が政府見解となっており、政策変更と法律改正によって日本が核保有する余地は残されている。しかも、原子力平和利用の一環として原子力発電を推進してきた日本は、核兵器の製造に転用可能な核物質や技術を持つ潜在的核保有国とみなされてきた。しかし、非核三原則のなかで最も実効性が疑われてきたのは、核持ち込みを許さない原則である。背景には、日本政府が日米安全保障体制を日本の安全保障の基軸とみなし、米国が同盟国に提供する核抑止力、いわゆる「核の傘」の下で日本の安全を確保しようとしてきたという事情がある。このことはまた、国民の反核感情を反映した核軍縮の促進という政策の実施にも影を落としてきた。

これまで日本政府は、被爆国の立場から核軍縮の促進に積極的に取り組む姿勢を国内外にアピールしてきた。しかし、その一方で「核の傘」依存政策を採る日本政府は、核兵器の先制不使用など、米国の核抑止力を損ないかねない軍縮措置への支持を慎重に避けてきた。日本政府は、日米安全保障体制の堅持と「核の傘」依存を、非核三原則や核軍縮の促進の前提と位置づけてきたと言える。なお、2010年以降、日米間では「核の傘」を含む拡大抑止について協議

する場として、日米拡大抑止協議が定期的に開催されている。原子力政策を巡る動きとしては、11年3月の東京電力福島第一原子力発電所事故を受け、脱原発が政治争点として浮上したことが注目される。

【関連項目】日米安全保障体制／日米密約／日本のエネルギー問題と原子力／非核三原則

【参考文献】黒崎輝『核兵器と日米関係』有志舎、2006年／黒崎輝「『非核』日本の核軍縮・不拡散外交」波多野澄雄編『日本の外交 第2巻』岩波書店、2013年／吉岡斉『新版 原子力の社会史』朝日新聞出版、2011年　　　　〔黒崎輝〕

## 日本の国連への加盟
accession of Japan to the UN

日本は1956年12月18日に80番目の加盟国として、国連に加盟した。これはドイツを除く同じ枢軸国のなかでは1年遅く、東西両ドイツの加盟より17年早い。

当時の日本にとって、国連加盟は国際舞台への復帰を象徴する大きな出来事であり、その後の日本の外交は国連中心主義として表明された。57年の外務省『外交青書』によると「我が国の国是は自由と正義に基づく平和の確立と維持」にあるとされ、外交の三大原則として「国際連合中心」は、「自由主義諸国との協調」及び「アジアの一員としての立場の堅持」の筆頭に置かれた。

加盟以降日本は国連内での地位向上に努め、安全保障非常任理事国に選任された年数はブラジルと並んで最大であり、その他国連の主要機関のメンバーにもなっている。国連の通常予算への分担金は70年代以降拡大して米ソに続き3番目となり、90年代以降はアメリカに次いで2番目に多く、2015年現在11％の割合である。他方で日本の対国連姿勢は受け身であると同時にアメリカに追従する傾向を否定できず、AAグループから批判を受けることもある。

〔大島美穂〕

## 日本の平和運動・平和主義
peace movements and pacifism in Japan

平和運動は、その消長が戦争の危機などの国際関係の動向に左右される点で、国際的な共時性を持つ。19世紀に入って欧米で平和運動が活発化するのとほぼ同じ頃、日本は開国し国際社会に参入する。こうして明治期から、北村透谷が参加したクウェーカー派の日本平和会をはじめ、キリスト者や社会主義者によって欧米の平和運動の摂取が行われた。

国際関係と並んで各国別の平和運動の消長に大きな影響を与えるのは、その国の政治的自由度である。英国のような政治的に寛容な国では平和運動は盛んになりやすい。軍国的専制体制下の日本では、平和運動は厳しい取締の対象となった。しかし、むしろ軍国体制においてこそ、平和運動の意義は一層強く自覚される。

日本で最初の本格的な平和運動と目されるのは、日露戦争期における幸徳秋水らの平民社である。その活動は政府の弾圧でごく短期間に終わる。しかしその思想水準は高く、絶対非戦を説く一方で、平和運動に国際連帯活動が欠かせないことを自覚し、ロシアの社会主義者との対話を試みる。ロシア側が革命的暴力を容認するのに対して、平民社は、これを人道に反するとして非暴力に徹すべきことを説いた。幸徳ら平民社の運動は、最も徹底した平和運動の理想型を示している。

軍国体制下の平和運動のもう1つの重要な事例は、1929年に創設され35年に活動を停止した日本反帝同盟である。反帝同盟は、中国侵略反対や植民地朝鮮の解放を訴え、中国や朝鮮の人士とともに反帝国主義闘争に取り組んだ点に特徴があった。しかし、生命の危険すら伴うこうした活動は、主に共産党系の人々によって担われることになり、革命運動と区別される平和運動の維持は困難であった。

戦後の民主化・自由化と国民の悲惨な戦争体験は、平和運動が広まる有利な環境をもたらし

た．特に原爆被災体験を踏まえて，絶対平和主義的指向は広く国民に浸透していった．他方で，日本の安全保障政策に関して，再軍備と米軍駐留を支持する保守支配層と，平和運動を主導し平和憲法擁護と中立を主張する革新勢力との間で厳しい政治対立を生じた．

戦争体験に由来する国民の平和指向は根強く，原水爆禁止運動の広がりのなかで，報道や学校教育，文化芸術，自治体行政などにおいて平和活動が普及していった．この平和主義的文化は，憲法の戦争放棄条項をそのままにして，安全保障の最低限の備えとしての自衛隊の保持と在日米軍への依存という形で，国防上の必要への折り合いをつけた．こうして成立した「平和国家」体制は，「平和で豊かな」社会をもたらし，広く国民の支持を得るようになった．

しかし，ここには2つの重要な問題が残されていた．第1に，平民社や反帝同盟の活動が示唆するように，平和主義の理念は，周辺国との安全保障共同体の形成の裏付けがあって初めて現実的意味を持ちうる．しかしこの「平和国家」体制は，米国の軍事力に依存する一方，アジア諸国との和解と連帯を欠いていた．

第2に，日米安保体制は米軍基地の受け入れという重い負担を伴うが，日米両政府は日米安保体制の安定的維持のために日本本土の基地を縮小し，沖縄に基地を集中させた．沖縄の基地負担に対して，日本政府は金銭による解決を図ってきた．このように「平和国家」体制を支える安保政策は，政治倫理的に大きな歪みを持っている．

90年代以降，このアジアとの和解と沖縄基地問題の解決が日本の政治外交上の重要案件として浮上する．同時に，中国の台頭などから日米安保体制強化の動きも出てくる．日本とアジアが共に平和と発展を享受できるようにするにはどうすべきかという，開国以来の課題に日本の平和主義は改めて直面している．

【関連項目】　原水爆禁止運動／広島の原水禁運動／平和運動／

平和主義
【参考文献】　家永三郎責任編集『日本平和論体系1〜4』日本図書センター，1993年／井上學『日本反帝同盟史研究』不二出版，2008年／藤原修『ヒバクシャの世紀―ヒロシマ・ナガサキ・ビキニ』『岩波講座 アジア・太平洋戦争　第8巻』岩波書店，2006年／藤原修「日本の平和運動―思想・構造・機能」『国際政治』175号，2014年／藤原修「戦後日本平和運動の意義と課題」『平和研究』45号，2015年　　〔藤原修〕

## 日本の平和研究　peace research in Japan

丸山眞男が「悔恨共同体」と名づけたように，日本の平和主義は「もう二度とあのような戦争はごめんだ」という，戦争体験に基づく強い感情によって支えられてきたといえる．しかし，このような体験に基づく平和主義は，戦争体験者が少なくなるにつれ衰退するという宿命を持っている．学問運動としての日本の平和研究は，これら貴重な戦争体験をさらに学問という説得の論理として定着させ，世界の次世代のために発展させるという使命を持っている．

しかし，近年それ自体が紛争となっている歴史認識問題に見られるように，日本人の戦争や暴力をめぐるこれまでの体験を相互に関連づけ，より普遍的な平和の論理や課題として構築する作業は，依然として十分実現しているとはいえない．

なぜ日本はアジアを侵略し多大な暴力の加害者となったのか，なぜ日本の国民は戦争を防ぎ得なかったのか，数々の空襲の被害，そしてヒロシマ，ナガサキの被爆経験とは何であったのか，アジアや沖縄をいわば切り捨てることによって成立した戦後の「平和」とは何であったのか，世界にも稀な絶対的な平和主義を謳う日本国憲法とは何であったのか，軽武装で戦後の経済成長を遂げた日本は経済大国が必ずしも軍事大国である必要はないことを証明したが，その背後に存在した米国との軍事同盟とはいったい何であったのか，戦後の経済成長が生み出したミナマタをはじめとする公害問題やアジアへの新植民地主義とは何であったのか，さらに

は，これらヒロシマ，ナガサキ，ミナマタに加え，先のフクシマの悲劇をつなげる論理は存在するのか，そしてあるとすればそれは何であるのか。これら無数の問いを解きほぐし，普遍化し，世界に発信する作業は，日本の平和研究にとって依然として最大の課題である。逆に，このような問題と格闘する国内の学問的営みは，すべからく広義の「日本の平和研究」であるともいえる。

戦後日本の平和研究の源流は，日本国憲法の平和主義に基づき，当時の講和問題におけるオルタナティブを探究した，「平和問題談話会」(1949年設立) に辿ることができる。さらに，66年に川田侃，関寛治，坂本義和，石田雄，武者小路公秀，細谷千博，浮田久子らの社会科学者が中心となって「日本平和研究懇談会」が結成され，また73年，ユネスコ（UNESCO）等の支援を受けて「日本平和学会」が設立されたことによって，平和研究の制度化が大きく進展した。現在では日本の多くの大学や研究機関で，平和研究関連の講座や平和研究所，ミュージアム等が開設されている。

【関連項目】世界の平和研究／日本の平和運動・平和主義／日本平和学会（PSAJ）／北欧の平和研究

【参考文献】川田侃『平和研究』東京書籍，1996年／日本平和学会編『平和研究』（第1号〜44号）早稲田大学出版部，1976年〜2015年
〔佐々木寛〕

## 日本の領土問題　territorial disputes of Japan

一般に，「領土問題」とは他国との間で解決すべき領有権を巡る問題を意味する。この意味で，「日本の領土問題」という場合，日本政府の立場に従えば，尖閣諸島は日本固有の領土であり，また，現にわが国はこれを有効に支配しており，尖閣諸島を巡り解決すべき領有権の問題はそもそも存在しないことになる。したがって，日本が関わる領土問題は，ロシアとの間の北方領土問題及び韓国との間の竹島問題に限られることになる。

しかし，以上のような日本政府の主張に対しては，中国及び韓国両政府が異議を唱えている。具体的には，まず中国政府は，尖閣諸島（中国名：釣魚島及びその付属島嶼）の領有権を主張している。また，尖閣諸島の場合とは異なり，竹島（韓国名：独島）は韓国政府が実効支配しており，かつ，独島は韓国固有の領土であり，独島を巡り解決すべき領有権の問題はそもそも存在しないとの立場をとっている。

【関連項目】尖閣諸島問題／竹島問題／北方領土問題
〔西田竜也〕

## 日本被団協　Japan Confederation of A- and H-Bomb Sufferers Organizations

正式名称は日本原水爆被害者団体協議会。1956年8月10日，第2回原水爆禁止世界大会があった長崎国際文化会館で結成大会を開き，「かくて私たちは自らを救うとともに，私たちの体験をとおして人類の危機を救おうという決意を誓いあった」と宣言した。

ともに日本被団協の柱となる広島県原爆被害者団体協議会は同年5月27日，長崎原爆被災者協議会は同6月23日に結成され，愛媛，長野の被害者団体に呼び掛け，組織化を進めた。

広島県被団協の結成総会では，「被害者・犠牲者への国家補償」「原水爆禁止運動の促進」を掲げた。今日に続く国家補償に基づく被爆者援護法と核兵器廃絶を求める運動の根幹は，被爆地でも社会の片隅に追いやられていた被爆者らが立ち上がったときから始まった。

全国組織化の背景には，原水爆禁止への国民的なうねりがあった。54年のビキニ水爆被災を機に1年余で約3259万人が禁止署名に賛同。原爆被害が改めて注視され，第1回原水禁世界大会が55年8月に広島市で開かれ，広島県被団協の結成へと至った。

日本被団協は，原水禁運動の分裂を受けて内部対立もあったが66年，「原爆被害の特質と『被爆者援護法』の要求」（「通称つるパンフ」）

をまとめる。原爆による「複合的障害」「貧困の悪循環」を説き、原爆投下に至った国の責任を問う運動に結束した。しかし、戦争被害の「受忍論」が立ちふさがった。

自民、社会両党の連立政権のもと94年に成立した被爆者援護法は、国家補償を明記せず、原爆死没者への個別弔意も認めなかった。

2003年からは原爆症認定集団訴訟に取り組み、相次ぐ勝訴で新しい審査方針を引き出した。11年には援護法の改正要求を決め、運動を続けている。

核兵器の非人道性を粘り強く訴える被爆者組織は、ノーベル平和賞の候補に84年から2015年にかけ海外から8回推薦されるなど高く評価されている。一方、被爆者の高齢化に伴い、47全都道府県にあった加盟組織は、奈良、滋賀に続き、和歌山が15年6月に解散した。子どもや孫、被爆の記憶を受け継ごうとする市民との連携が、運動継承への重要な課題となっている。

【関連項目】　原爆症／被爆者援護法／被爆者運動（広島）
〔西本雅実〕

## 日本平和委員会　Japan Peace Committee

連合国軍総司令部（GHQ）占領下の1950年に結成された、戦後平和運動の草分けとも言える団体。

東西冷戦への危機感から49年4月にパリとプラハで開かれた「平和擁護世界大会」が発端。社会運動家の大山郁夫らが呼応し「平和擁護日本大会」を開催した。これを機に50年2月、広範な勢力を結集させ「日本平和を守る会」が発足し、核兵器禁止を求める「ストックホルム・アピール」の賛同署名を全国で集めた。同年8月、「平和擁護日本委員会（日本平和委員会）」に改組した。

55年の第1回原水爆禁止世界大会の開催に中心的な役割を果たすとともに、50年代後半から原水爆禁止運動とともに日米安保条約廃棄・在日米軍基地撤去闘争を展開した。

超党派で発足したが、日本共産党との関係が深く、社会党系との路線対立による原水禁大会の分裂問題にも大きく関わった。全国に地域や職域単位の組織があり、核兵器廃絶や米軍基地監視などの活動に取り組んでいる。

【関連項目】　原水爆禁止運動／ストックホルム・アピール
〔金崎由美〕

## 日本平和学会（PSAJ）　Peace Studies Association of Japan

1965年の「国際平和研究学会（IPRA）」の創設をはじめ、当時の平和研究の世界的な展開に刺激を受け、「日本の平和研究の立ちおくれについて自覚せざるをえない状況に立ちいたった」（設立趣意書）とし、73年9月、日本平和学会（PSAJ）が設立された。初代会長には関寛治（当時、東京大学東洋文化研究所教授）が就任し、創立総会には、ラポポートやアイザードらが記念講演を行った。学会の発足にあたっては、川田侃、関寛治、坂本義和、石田雄、武者小路公秀、細谷千博、浮田久子などの「日本平和研究懇談会」（66年設立）のメンバーのほかに、「国際平和科学協会（PSSI）」（63年設立）の経済学者、地域研究者なども加わった。東西冷戦期に展開した日本平和学会は、当初より左右イデオロギーにとらわれない独立した価値としての「平和」の条件を探究し、また「単なる政策科学にとどまることに同意しない」「批判科学」を謳い、他学会と比較しても極めて広範な分野からの参加者が特徴であった。

1970～80年代は、平和研究の世界的な活況に呼応しつつ、「新国際軍事秩序（NIMO）」の分析や日本のODA批判など、世界の構造的把握による批判的分析枠組が提起され、また、平和教育や安全保障政策の転換など、実践的かつ政策志向型の研究成果も生み出された。冷戦後は、国連や世界秩序の平和的変更をめぐる問題、グローバル化時代の市民社会やデモクラシーの役割、拡散する地域紛争やアイデンティ

ティ，あるいはジェンダーをめぐる問題など，さらにテーマが拡大しつつあるが，ヒロシマ・ナガサキと沖縄の米軍基地をめぐる問題は，当初から一貫して継続的なテーマであり続けてきた。

現在，創立から40年以上経って課題も多く，特に拡散した現代の平和概念をどのように再定義するべきか，という理論的問題に加え，創設当初に存在した国際的連携や学問分野の多様性をいかに再生させるかという実践的課題も残っている。しかし現在，中国や韓国などの海外平和研究者との提携の模索，対外的な発信手段としての「学会賞」や「平和フォーラム」の創設，平和教育や「3.11」といった今後も持続的取り組みが必要なテーマについての常設委員会（「平和教育プロジェクト委員会」及び「『3.11』プロジェクト委員会」）の設置といった新たな試みも見られる。なお，2015年10月現在，1976年より刊行されている学会誌『平和研究』は第44号を数え，会員も900名余を擁している。

【関連項目】 国際平和研究学会（IPRA）／日本の平和運動・平和主義／日本の平和研究

【参考文献】 日本平和学会編『平和研究』（第1号～44号）早稲田大学出版部，1976年～2015年　　〔佐々木寛〕

## ニュージーランドの非核法(ひかくほう)
### New Zealand Nuclear Free Zone, Disarmament, and Arms Control Act

ニュージーランドは第二次世界大戦後，豪州とともに米国とアンザス（ANZUS）条約を締結して軍事同盟関係を維持し，米国の核兵器搭載艦船の寄港を受け入れていた。しかし1984年に発足した労働党のロンギ政権は，世論の支持を背景に積極的に非核化政策を進め，1985年には核搭載可能な米駆逐艦ブキャナンの寄港を拒否し，ラロトンガ条約（南太平洋非核地帯条約）に署名した後，87年に非核法を制定した。同条約を履行する国内法の性格を持ち，ニュージーランドを非核地帯として核爆発装置の取得，配備，実験などを禁止し，核兵器搭載艦船の入港を拒否できる規定を設けた。だがこうした措置はニュージーランドと米国の間に「ANZUS危機」と呼ばれる緊張を招き，事実上，ANZUSは停止状態となり，米国はニュージーランドへの防衛義務を打ち切るに至った。

【関連項目】 アンザス条約（ANZUS条約）／ラロトンガ条約
〔水本和実〕

## ニュルンベルク原則(げんそく)（諸原則(しょげんそく)）
### Principles of International Law Recognized in the Charter of the Nuremberg Tribunal and in the Judgment of the Tribunal

ニュルンベルク原則とは個人の国際法上の刑事責任に関する諸原則のことである。第二次世界大戦の戦闘が終了したのち，ドイツ及び日本の戦争指導者に対して国際軍事裁判が行われたが（いわゆるニュルンベルク裁判及び東京裁判），ニュルンベルク裁判所憲章と判決によって認識された国際法の諸原則は，1946年国連総会決議によって確認され（決議95（Ⅰ）），国連国際法委員会によって定式化された。原則1から7までで構成されており，①国際法において犯罪を構成する行為を犯した者はそれに対して責任があり，刑罰を受ける，②国内法によって罰則が科せられないということはそれを行った個人に国際法上の責任を免れさせるものではない，③罪となる行為を行った者が国家元首または国家の責任ある官吏として行ったということによってその国際法上の責任を免れさせることはない，④国家又は上官の命令によってそのような行為を行ったとしても，その者に道徳的選択の余地が存在したのであれば，国際法上の責任を免れさせない，⑤国際法上の犯罪の容疑をかけられている者は事実と法の前に公正な裁判を受ける権利を有するといった原則のほか，⑥平和に対する罪，戦争犯罪，人道に対する犯罪や⑦それらの共犯が国際法上の犯罪であるとしている。

【関連項目】 戦争犯罪　　　　　　　　　〔洪恵子〕

## ニュルンベルク国際軍事裁判
International Military Tribunal at Nuremberg/Nuremberg Trial

　第二次世界大戦で最初の侵略攻撃を受けたポーランドをはじめ、ナチ・ドイツによる残虐な犯罪行為や破局的な惨害を被っていたヨーロッパ諸国の亡命政権9ヵ国は、1942年1月イギリス・セントジェームズ宮殿に集まり、かかる戦争犯罪処罰のため犯罪調査を組織的に行った上で公正な国際裁判を開くことを戦争目的として戦争続行することを公式に宣言した。連合国の大戦勝利を主導した米英ソ仏4ヵ国（対独占領管理理事会構成国）は、1945年8月8日、ロンドンで「ヨーロッパ枢軸国の主要犯罪人追及及び処罰に関する協定」を結び、「国際軍事裁判所（International Military Tribunal; IMT）憲章」を制定した。同年11月20日から翌46年10月1日までドイツのニュルンベルクに同4ヵ国が裁判官・検察官をそれぞれ派遣する形で国際軍事裁判を開廷した。IMT憲章の中核をなす第6条は、侵略戦争の計画、準備、開始、遂行、共同謀議を「平和に対する罪」（a項）、通常の戦争法規慣例違反を「戦争犯罪」（b項）、「戦前または戦中」における「すべての一般住民に対する非人道的犯罪」もしくは「政治的、宗教的、人種的理由にもとづく迫害行為」を「人道に対する罪」（c項）と規定していたが、実際の検察側の訴追ではa・b・c項に、侵略戦争に関する「共同謀議」も訴因に加え、軍備の総責任者で一時はヒトラーの後継者と目されたゲーリングをはじめ「第三帝国」のナチ党幹部・政府大臣・軍責任者・親衛隊指導者等、22名を起訴した。判決は12名の被告人に死刑、3名に終身刑、4名に20〜10年の有期刑、3名に無罪を宣告した。死刑判決は言い渡し2週間後の1946年10月15日未明、10名に対して執行された（ゲーリングは執行直前に自殺。当時行方不明とされたボルマン被告に対しては欠席裁判死刑判決が下された）。さらに判決は、親衛隊（SS）、秘密国家警察（Gestapo）・保安部（SD）、ナチ党政治指導者団を犯罪組織と認定。ニュルンベルク国際軍事裁判の公判中から、この裁判で裁かれなかったクルップはじめナチ体制協力巨大軍需企業を中心的断罪対象とする、第2の国際軍事裁判が計画されていたが、英国の反対で実現せず、管理理事会法第10号に基づく各占領地区での戦犯裁判が開廷された。なかでも占領米軍による12のニュルンベルク継続裁判は、ニュルンベルク国際軍事裁判に優るとも劣らぬ法理的内容と規模を有したと言っても過言ではない。

【関連項目】　極東国際軍事裁判（東京裁判）（IMTFE）／国際裁判
【参考文献】　芝健介『ニュルンベルク裁判』岩波書店、2015年
〔芝健介〕

## 人間開発指数（HDI）
human development index

　所得や経済成長といった指標では十分考慮されてこなかった「人間開発」の度合いを測る新たな目安として、UNDPが1990年に発表した包括的経済社会指標。自らの意思に基づいて人生の選択と機会の幅を拡大させることが「開発」であると位置づけ、経済に加え、保健・衛生、教育の水準を確保することが必要という考えに基づく。
　具体的には平均余命、成人識字と就学、購買力平価換算の1人当たりGDPの平均達成度を合成指数として算出するのが狭義の人間開発指数であり、さらに、ジェンダーの不平等に焦点を当てたジェンダー開発指数（Gender-related Development Index; GDI）、女性の社会的、政治的、経済的なエンパワーメントを測定するジェンダー・エンパワーメント指数（Gender Empowerment Measure; GEM）、経済以外の貧困に着目する人間貧困指数（Human Pover-

ty Index; HPI）をあわせて，広義の人間開発指数と呼んでいる。これら数値は，毎年UNDPが発行する『人間開発報告書』で公表されている。　　　　　　　　〔吉田晴彦〕

### 『人間・国家・戦争』（ケネス・ウォルツ）
Man, the State, and War（Kenneth Neal Waltz）

アメリカの国際政治学者K. ウォルツが，博士論文をもとに1959年に公刊した。国際政治に関する多数の理論的・思想的著作を狩猟しながら，戦争原因として考えられるものを人間本性（第1イメージ），国内体制（第2イメージ），国際システム（第3イメージ）の3つに分類し，最終的に第3イメージの優位性を説く。さらには，この分析に基づき安全保障戦略として勢力均衡を擁護し，戦後の米国リアリズムの代表的著作として認知されている。

ウォルツはその後，本書の結論を敷衍しつつ，それを科学的手法により理論化する方法を洗練させ，国際政治学の展開に多大な影響を与えた（『国際政治の理論』）。その意味で本書は，ウォルツの理論的発展における過渡的段階にあるものと映るかもしれない。とはいえ，方法論的にはともかく，戦争原因の3つの区別や，第3イメージこそ国際政治の分析における核心であるとする本書の議論は，賛否も含めて様々に応用されており，その重要性は今日も全く薄れていない。

【関連項目】戦争原因論
【参考文献】ウォルツ, ケネス（渡邉昭夫・岡垣知子訳）『人間・国家・戦争』勁草書房，2013年　　〔松元雅和〕

### 人間の安全保障　human security

人間の安全保障委員会の定義によると，「人が生きてく上でなくてはならない基本的な自由を擁護し，広範かつ深刻な脅威や状況から人間を守ること」であり，「人間に本来備わっている強さと希望に拠って立ち，人々が生存・生活・尊厳を享受するために必要な基本的手段を手にすることができるよう，政治・社会・環境・経済・軍事・文化といった制度を一体化としてつくり上げていくことをも意味する」と書かれている。

人間の安全保障委員会は2000年9月のミレニアム・サミットにおけるアナン国連事務総長の要請で設立された。委員会自体は翌年1月に発足し，同年6月から開始された。日本政府の資金提供で，緒方貞子・元国連難民高等弁務官とアマルティア・セン・ケンブリッジ大学トリニティーカレッジ学長を共同議長に，国連，各国政府から独立した存在で活動を行い，03年5月に国連事務総長に報告書を提出している。

また，人間の安全保障を国際社会に知らしめる大きな役割を果たしたのが国連開発計画発行の『人間開発報告書』（1994年版）であった。「人間の安全を保障する『持続可能な開発』がなされない限り，国際社会が大きな目標を達成することはできない」，「『人間の安全保障』で求めているものは，開発であって武力ではない」と，人間開発の視点から人間の安全保障を特集した。

人間の安全保障の主要な柱は「恐怖からの自由」と「欠乏から自由」である。つまり，従来の国境侵犯への脅威に対応する国家安全保障では，現代の様々な脅威から人々の安全を守ることができない現実を踏まえた考え方である。様々な脅威とは，世界共通の脅威である。具体的には，飢餓，病気，汚染，麻薬取引，テロ，民族紛争，社会の崩壊などで，単独で対応できない国境を超えた問題である。

『人間開発報告書』では，経済，食糧，健康，環境，個人，地域社会，政治の7種類の安全保障を分類している。いずれも「人間中心」の安全を基本に据えた保障である点で，個人の人権が前面にでる。その点で，国家主権の強い国々からは内政不干渉の原則から反発もあり，むしろ「非伝統的安全保障」という呼び方をす

る場合も多い。
　日本政府は「人間の安全保障」を外交の重要な柱に据えている。99年には国連に「人間の安全保障基金」を設置し，2003年改定の政府開発援助（ODA）大綱，15年の新大綱においても援助政策の基本に据えられている。

【関連項目】　恐怖からの自由・欠乏からの自由／国連開発計画（UNDP）／国家安全保障／政府開発援助（ODA）
【参考文献】　国連開発計画（UNDP）『人間開発報告書』（1994年版）国際協力出版社／人間の安全保障委員会報告書『安全保障の今日的課題』朝日新聞社，2003年　　　　〔山田満〕

## 人間の基本的ニーズ（BHN）
basic human needs

　衣食住を満たすための物資や，保健衛生環境，教育，上下水道などの社会サービスといった，人間が生きていく上で不可欠とされるニーズのこと。基礎生活分野とも訳される。
　国際開発協力が本格化し始めた当初，国家レベルの経済成長が最優先され，その成果が次第に貧困層にも及んでいくとするトリックル・ダウン（均霑効果）仮説が有力であった。しかし，そうした均霑効果は必ずしもうまく機能せず，国内の貧富格差が拡大したことから，1970年代に入ると米国の国際開発庁（USAID）や世界銀行，国際労働機関（ILO）などから，所得再分配の必要性や，貧困層に直接届く援助＝BHN戦略が唱えられるようになった。
　これに対し，開発途上国側からは，援助の安上がりを意図したもの，分配構造の機能不全という途上国側への責任の押しつけである，といった反発も生じた。そのため，80年代は一時停滞がみられたものの，90年代以降はアフリカや南アジアにおける絶対的貧困層の増大が深刻化したことから，再び注目を集めるようになった。
　　　　　　　　　　　　　　　　〔吉田晴彦〕

## ヌチ ドゥ タカラ（命どぅ宝）

　日本語訳をすれば，「この世で命にまさるものなし」という意。現代の沖縄の人々が平和を願うときの象徴的な表現である。
　1930年代の沖縄で沖縄の言語で演じられる芝居「首里城の明け渡し」「国難」のなかで登場した歌「戦世も済まちみろく世もやがて嘆くなよ臣下，命ど宝」から来ているとされる。「戦世」とは戦乱の時代，「みろく世」とは平和で豊かな時代だと言われる。芝居では，薩摩藩ないし明治政府から沖縄退去を命じられた琉球王国の国王が，琉球を離れるときに部下たちに向けた歌であった。
　沖縄戦を生き残った沖縄の人々の間で「ヌチドゥタカラ」が使われるようになったのは，70年代末だと言われる。内外で知られる契機の1つは，84年6月に伊江島に会館した「反戦平和資料館・ヌチドゥタカラの家」であろう。そこには，沖縄戦で伊江島に投下された爆弾，伊江島の射爆場に米軍が訓練で使った模擬原子爆弾，土地闘争の頃の写真，反戦の彫刻などが展示されている。
　この表現は，琉球王国時代あるいはそれ以前から存在し，幾世紀にわたり語り継がれたのではない。むしろ，沖縄戦や米国の戦争に関わってきた戦後沖縄社会が育んできた沖縄の人々のアイデンティティの1つだと言える。

【関連項目】　沖縄戦／沖縄の平和思想　　　　〔我部政明〕

## ノーベル平和賞　Nobel Peace Prize

　スウェーデンの科学者・発明家アルフレット・ノーベルの遺産をもとに，平和のために貢献した人物又は団体に贈られる賞。1901年創設。ノーベルはダイナマイトの発明により多くの死者が出たことを悔いて平和賞を設けたとされる。ノーベルの遺言では「諸国民間の友愛や常備軍の全廃あるいは削減，平和会議の開催と促進のために最も尽力した」人物に贈られることとされるが，狭義の平和解釈を超え，人権問題や貧困問題，環境・労働問題の解決，人道支援に尽力した者へも授与される。他の部門がス

ウェーデンで選考されるのと異なり，平和賞はノルウェー議会によって選ばれた5名からなる委員会により選考され，授賞式も同国で行われる。受賞者は賞金とメダルを授与される。2015年までに103の個人と23の団体が受賞した。このうち赤十字国際委員会は3度，国連難民高等弁務官事務所は2度受賞している。1935年度のカール・フォン・オシエツキー（ドイツ）や2010年度の劉暁波（中国）が獄中にありながら受賞し，当該政府への批判だとみなされたことや，オバマ米大統領や欧州連合の受賞など，平和賞の政治性が批判の対象となることがある。

〔竹本真希子〕

## ノーモア・ヒロシマズ運動
No More Hiroshimas movement

　「広島の惨状を繰り返すな」を意味する「ノーモア・ヒロシマズ運動」は1948年，米国のキリスト教関係者により広まり，8月6日を「世界平和デー」とするよう世界に呼びかけ，計26ヵ国で第1回世界平和デー集会が実施された。同日の広島の平和祭式典でもノーモア・ヒロシマズの看板が掲げられ，市民約1000人がプラカードを手に行進した。

　きっかけは広島の牧師で被爆者の谷本清が47年に提唱した「8月6日に世界の平和を祈る」運動。48年3月，UP通信の記者により「ノーモア・ヒロシマズの訴え」として米国に紹介された。谷本は46年にジャーナリストのハーシーが執筆し米国の雑誌に掲載されたルポ「ヒロシマ」の登場人物として知られ，カリフォルニア州オークランドの国際法学者アルフレッド・パーカーが谷本の訴えに応じて世界平和デー委員会を結成した。48年7月にはミルウォーキーでの北米バプティスト教会連合大会で36州の代表が8月6日を「ノーモア・ヒロシマズの日」とすると決議した。英国では同年8月6日に国際反戦連盟の30ヵ国の代表がノーモア・ヒロシマズを宣言するなど，運動は盛り上がり，反核平和運動のスローガンとして定着した。

【参考文献】宇吹暁『ヒロシマ戦後史』岩波書店，2014年

〔桐谷多恵子〕

## ノモンハン事件
Nomon-khan Incident（Soviet-Japanese War in the area of Khalkhin-Gol）

　1939年5月から9月にかけて満洲国とモンゴル人民共和国の国境地帯で発生した国境線を巡る小競り合いが，各背後の日本軍とソ連軍との大規模な軍事衝突に発展したもの。当初の2ヵ月間は日本軍（第23師団）が優勢だったが，ソ連側は最高指導部が介入し，ジューコフを派遣して現地軍を立て直し，大量の武器・弾薬を移送した。日本側は参謀本部の不拡大方針に関東軍幕僚が従わず，ソ連軍を侮り，兵力の小出し投入で国境線変更を維持できると誤算していた。7月の戦闘は互角だったが，ソ連側は情報収集と情報攪乱工作も進めつつ反転攻勢を準備し，8月19日から全面攻撃に出た。こうして日本軍（第23師団を増強した第6軍）はハルハ河東岸に押し戻され，戦略的な高地を奪回され，第23師団は包囲殲滅される危機に陥った。時あたかもソ連は23日に対独不可侵条約調印に成功し，同時に「東方の安全」を確実にする打撃を日本軍に与えたことになる。参謀本部も収拾に乗り出すとともに，国境問題を外交交渉に委ね，9月16日には停戦協定が結ばれた。ただし，物量作戦による日本軍の一方的敗北という評価はあたらず，ソ連軍の損害も甚大だったことが最近明らかになってきた。

〔富田武〕

# ハ

## ハーグ万国平和会議
### Hague Peace Conference

　ハーグ万国平和会議は，軍縮，武力紛争法，戦争犯罪等の法典化に貢献した重要な国際会議であり，第1回目は1899年に，第2回目は1907年に開催されたものの，第3回目は第一次世界大戦勃発のため開催されなかった。国際人道法体系のなかでハーグ法と称される一連の武力紛争法を採択したことが特筆され，第1回会議では，陸戦の法規慣例に関する条約，1864年ジュネーヴ条約の原則を海戦に応用する条約，窒息性ガス又は有毒性ガスの散布を唯一の目的とする投射物の使用禁止宣言，いわゆるダムダム弾禁止宣言等が採択された。さらに，第2回会議では，開戦に関する条約，戦時海軍力を以ってする砲撃に関する条約，海戦時の中立国の権利及び義務に関する条約が採択されたほか，第1回平和会議で採択された条約の改正も採択されたが，これらの戦時国際法はニュルンベルク裁判及び東京裁判でも判決に引用されている。また，紛争の平和的解決についても，国際紛争の平和的処理に関する条約が採択され，ハーグに常設の国際仲裁裁判所が設立された。同裁判所は国際公法のみならず国際私法分野でも利用可能な司法機関として機能している。

【関連項目】　国際裁判／戦時国際法　　〔福井康人〕

## ハーグ平和アピール市民社会会議（ハーグ平和会議）　Hague Appeal for Peace Civil Society Conference

　第1回ハーグ万国平和会議の100周年にあたる1999年に，オランダのハーグで開催された平和NGOの会議がハーグ平和アピール市民社会会議である。

　冷戦後の90年代は平和NGOの活動が活発化した時期であるが，このモメンタムを受けて，4つの平和NGO，すなわち，国際平和ビューロー，国際反核法律家協会，核戦争防止国際医師会議，世界連邦運動（World Federalist Movement）が中心になって，ハーグ平和アピール組織委員会・調整委員会がつくられ，この委員会が世界中の平和NGOに呼びかけて，ハーグ平和アピール市民社会会議が準備された。

　会議を準備する過程で，組織委員会は「21世紀の平和と正義のためのハーグ・アジェンダ」という文書を起草し，世界中のNGOと協議しながら，最終版をまとめた。この文書は，世界中の平和NGOが取り組んでいる課題の総覧であるが，冷戦後の平和創造においてNGOが果たしている役割の大きさゆえに，21世紀初頭における重要な平和構想・平和政策となっている。この文書は，平和課題を，①戦争の根本原因／平和の文化，②国際人道法・人権法及び制度，③武力紛争の予防・解決・転換，④軍縮及び人間の安全保障，という4つの領域に整理し，全部で50項目の個別課題を挙げている。課題は平和教育から世界経済の脱軍事化まで多岐にわたる。世界の平和NGOの活動を包括的に捉え，それらを有機的に関連づけた点に特徴と意義がある。

　99年5月11～15日，オランダ・ハーグのコングレス・センターで開催されたハーグ平和アピール市民社会会議には，世界100ヵ国以上から9000人を超える市民が参加し，5日間で400以上のセッション，ワークショップ，集会が開催された。日本の多くの平和NGO，秋葉広島市長，伊藤長崎市長，土井社民党党首らの参加も重要な貢献であった。会議は全体として，20世紀末の時点でそれまでの平和課題・平和NGOの活動を総括し，21世紀における課題・活動の方向性を探るという内容であった。

　会議最終日の5月15日に，5日間にわたる討

議のハイライトとして,「公正な世界秩序のための10の基本原則」が発表された。この第1原則は「各国議会は,日本国憲法9条のような,政府が戦争をすることを禁止する決議を採択すべきである」と述べている。これ以降,世界の平和NGOの宣言や行動計画が日本国憲法9条に言及することが多くなった。

【関連項目】 核戦争防止国際医師会議（IPPNW）／国際反核法律家協会（IALANA）／国際平和ビューロー（IPB）／世界法廷プロジェクト
【参考文献】 君島東彦編『平和学を学ぶ人のために』世界思想社,2009年／リアドン,ベティ・カベヌード,アリシア（藤田秀雄・淺川和也監訳）『戦争をなくすための平和教育』明石書店,2005年　　　　　　　　　　　　　〔君島東彦〕

## ハーグ陸戦規則 Convention respecting the Laws and Customs of War on Land

ハーグ陸戦規則（戦争ノ法規慣例ニ関スル条約）は,1899年の万国平和会議において第2条約として採択され,1907年の第2回同会議において微調整のうえ第4条約として採択された「戦争の法規慣例に関する条約」の附属書である。

同条約は,附属書たるハーグ陸戦規則の遵守について締約国として負う義務,及び一般条項を規定する。ハーグ陸戦規則は交戦者の資格に関する「交戦者」,戦闘の方法手段,休戦,占領等に関わる「戦闘」という2つのセクション（款）からなっており,19世紀を通じて発達してきた陸戦に関する国際慣習法を成文化したものであると考えられる。実際に,同規則の内容は,1863年の米国リーバー法典,74年のブリュッセル宣言,80年の国際法学会オックスフォード・マニュアルなど,それ以前に行われた法典化の試みの成果によるところが大きい。ただし,非正規兵への捕虜資格付与など諸国の見解が対立した点もあり,マルテンス条項（文明国間の慣習,人道法則,公共良心に常に従うという前文中に置かれた誓約）による補完を要した。

また総加入条項が付されているため,非締約国が参加した両次大戦において,形式的には条約規則として適用されなかったが,ニュルンベルク裁判は同規則が国際慣習法化しており,その内容が交戦国を拘束するものであると認めた。今日では戦闘の方法手段に関わる「ハーグ法」は,1977年の第1追加議定書によりさらに発展したが,米国やイスラエルなどが同議定書非締約国であるため,ハーグ陸戦規則自体の慣習法規則としての意義は現在でも大きい。

ハーグ陸戦条約3条に基づいて戦争損害に関する個人の請求権が主張されることもあるが,同条約起草当時の実行に照らせば,同条約を根拠にそのような請求権を認めることできない。しかし,今日では戦争被害者個人に対する賠償の重要性は重視されつつある。

【関連項目】 占領／ハーグ万国平和会議／ハーグ平和アピール市民社会会議（ハーグ平和会議）／捕虜（POW）／陸戦法規
【参考文献】 藤田久一ほか編『戦争と個人の権利』日本評論社,1999年　　　　　　　　　　　　　　〔新井京〕

## 排出権取引 emissions trading

環境政策における経済的手法の1つ。排出量（枠）取引とも呼ばれる。国家・事業者など主体ごとに排出削減対象の排出権を設定し,各主体の余剰分を他主体と金銭で売買できる制度。市場メカニズムを使い,費用効果的に対象物質の削減が期待できるところに特色がある。

地球温暖化問題の国際合意である京都議定書17条では,同議定書の附属書B締約国同士が,同3条で規定された温室効果ガス排出抑制・削減の約束を履行するために,排出権取引に参加できることが記載されている。同議定書では,共同実施（6条）やクリーン開発メカニズム（12条）とあわせて「京都メカニズム」に位置づけられる。

温室効果ガス排出削減については,同議定書で規定する世界規模・国際レベル以外に,EUによる欧州連合排出量取引制度EU ETSのよ

うな地域レベル，日本の環境省自主参加型排出量取引制度（JVETS：2013年終了）などの国家内レベル，東京都や埼玉県の排出量取引制度のような地方レベルなど様々なレベルで，また，温室効果ガスだけでなく大気汚染・水質汚濁物質など様々な対象での制度が試行，実施されている。

【関連項目】　京都議定書／京都メカニズム／地球温暖化問題
〔中島清隆〕

## 排他的経済水域（EEZ）
exclusive economic zone

排他的経済水域（EEZ）の主張は，中南米諸国やアフリカ諸国によって開始された。1972年のカリブ海諸国のパトリモニアル（世襲）海理論やアフリカ諸国による沿岸国が200海里水域の天然資源に対する主権的権利を持つとの主張が，やがて先進国に踏襲された。

海洋法条約は，EEZの制度を認め，EEZを領海に接続する水域であって，その幅は領海基線から測って最大200海里までと定義した（55条・57条）。同時に，沿岸国は，①海底の上部水域並びに海底及びその下にある天然資源（生物・非生物を問わない）の探査，開発，保存，管理のほか，海水・海流・風によるエネルギー生産など，この水域の経済的な探査，開発のための主権的権利と，②人工島，施設及び構築物の設置と利用，海洋の科学的調査または海洋環境の保護及び保全について管轄権を有すると規定した（56条1項）。

このように，経済的側面について領海に準じた主権的権利を持つとする一方，それ以外の分野，例えば，航行及び上空飛行の自由，海底電線及び海底パイプラインの敷設については，すべての国が公海に準じた利用の自由を持つ「特別の法制度」による水域とされた（55条・58条1項）。
〔坂元茂樹〕

## ハイドパーク協定　Hyde Park Agreement

ルーズヴェルト米大統領とチャーチル英首相が第二次世界大戦中の1944年9月18日，米ニューヨーク州ハイドパークで会談し，日本への原爆使用と将来の核管理について申し合わせたもので，72年に初めて資料が公開された秘密協定である。

資料は原爆開発を示す「チューブ・アロイズ（TUBE ALLOYS）」という表題と「ハイドパークでの大統領と首相の会談の覚書」の説明の後に以下の3項目が明記されている。

①原爆開発は引き続き最高機密とし，使用可能になった場合は日本に使用すること，②原爆開発に関する米英両国の協力は，軍事目的及び商業目的を含め，日本の敗北後も継続すること，③ソ連に関しては原爆開発の情報を絶対に漏らさないこと。

もともと米国はドイツの原爆先行開発を危惧して原爆開発に着手したが，ハイドパークでの会談で正式に投下目標が日本に絞られた。さらに戦後の米ソの核軍拡を予見して対ソ情報管理の徹底が確認された。
〔水本和実〕

## 廃炉　decommissioning

廃炉とは，原子炉が運転期間を終了した後，原子炉を解体，除染し，廃棄物を処分して，安全な状態にまで処理・処分することを指す。

通常の廃炉措置は，使用済み燃料の取り出しから始まり，圧力容器等主要な機器の除染・解体，発生した廃棄物の処分までが含まれる。日本では即時解体・廃炉方式をとり，敷地も再利用可能とする（「グリーン・フィールド」と呼ぶ）方針が基本となっている。国際原子力機関（IAEA）によると，放射能レベルの減衰を待ってから廃炉を開始する方式として「密閉管理」（ステージ1）や「遮蔽管理」（ステージ2），「解体・除染」（ステージ3）という3段階で取り組むとされている。廃炉費用は，運転期間中に電気料金で積み立てる方式がとられて

いる。現在日本でも，東海第一原子力発電所，新型転換炉「ふげん」などの廃炉措置が進められているが，廃炉過程から出てくる廃棄物処分の見通しが立っていないために，廃止措置が計画通りには進んでいない。

一方，事故を起こした原子炉の廃炉は容易ではない。米スリーマイル島原発では，溶融燃料が取り出されたものの，現在も貯蔵中であり，原子炉そのものの廃炉措置は進んでいない。旧ソ連チェルノブイリ発電所は，溶融燃料を石棺で閉じ込めたものの，完全密封管理ができていないことがわかり，密閉管理を確保すべく，現在は巨大ドームを建設中である。

福島第一原子力発電所の場合も，これまでに経験したことのない困難な作業が続いている。第1段階は貯蔵プールに入っている使用済み燃料の取り出し，第2段階に炉内の状況把握と溶融燃料の取り出しの準備，第3段階に溶融燃料の取り出し，そして除染・解体という作業工程が計画されており，最低でも40年程度かかるとみられている。

現在の主な課題として注目されているのが汚染水問題である。毎日，400tに上る地下水が敷地内に流入しており，原子炉建屋内で汚染された水がたまり続けている。汚染水は多核種除去装置（ALPS）で除染され，タンクに貯蔵されているがトリチウムは除去されておらず，最終的な処分法は決まっていない。また，根本的な解決法として，流水地下水を止水するため建屋周囲を凍土壁で囲む手法を採用して，現在工事が進められている。一方，ロボット技術をはじめ，最先端技術を用いて炉内や溶融燃料の状況を把握する作業を進めている。廃炉体制も，「原子力損害賠償機構」を改組して「原子力損害賠償・廃炉等支援機構」が2014年に設立されている。

【関連項目】 軽水炉（LWR）／福島第一原子力発電所／放射性廃棄物の処理・処分

【参考文献】 廃炉・汚染水対策関係閣僚等会議「東京電力（株）福島第一原子力発電所の廃止措置に向けた中長期ロードマップ」2015年

〔鈴木達治郎〕

## 破壊活動防止法
### Subversive Activities Prevention Act

公共の安全の確保という目的の下，「団体の活動として暴力主義的破壊活動を行った団体」に対する規制措置を定めた1952年7月制定の法律。「破防法」と略称される。敗戦後の連合国による占領下では，46年2月にポツダム命令として制定され，49年に全面改正された「団体等規正令」（略称・団規令）が，政治団体規制立法として，日本共産党や在日本朝鮮人連盟の弾圧に猛威を振るった。破防法は，朝鮮戦争の勃発と東西対立の激化のなか，占領終結に伴い効力を失う団規令を引き継ぐものとして，52年に吉田内閣によって策定され，激しい国会審議の末，成立した。団体の活動として「暴力主義的破壊活動」が認定されると，集団行動，集会，機関誌紙の印刷・頒布の禁止などの制限が課されるほか，団体の解散の指定や団体のためにする行為の禁止が定められており，制定当時から，集会・結社の自由，表現の自由を侵害する恐れがあるとして違憲論が出されている。また，同法に基づく「公安調査庁」によるスパイ・監視活動も人権侵害の恐れの強いものである。95年にサリン事件を起こしたオウム真理教に対して，同法に基づく団体活動規制処罰が検討され公安審査会も開かれたが見送られ，オウム真理教（と後継のアレフ）に対しては，99年12月制定の「無差別大量殺人を行った団体の規制に関する法律」（団体規制法）が適用されている。

〔小沢隆一〕

## パキスタンの核開発
### Pakistan's nuclear development program

パキスタンの核開発計画は，1956年にパキスタン原子力委員会（PAEC）が設立されて以降今日に至るまで，インドの核武装に対抗するこ

とを主要な動機として推進されてきた。さらに，度重なる印パ戦争もあり，特に1971年にバングラデシュの分離独立に繋がった第3次印パ戦争ではインドに敗北を喫したこと，また1974年にはインドが平和目的であるとして核実験を実施したこともあり，当時のブットー大統領は核爆発装置開発のさらなる加速化を指示した。

このような国家レベルの政治的支持の下で，パキスタンの核開発に大きな貢献をしたのがPAEC委員長を務めたカーン博士である。同博士はオランダのウレンコ社勤務で得た知見をパキスタンのウラン濃縮技術開発に利用し，パキスタンは既に80年代前半には独自に濃縮技術を確立したのみならず84年には核爆発装置の開発に成功していたとされる。また，パキスタンは中国からウラン濃縮装置，核弾頭設計情報を含めたミサイル関連技術も入手し，後の2004年にはカーン博士による核関連技術闇市場で暗躍したとして知られることになったが，パキスタンからイラン，北朝鮮，リビアに核関連技術の不法移転を行った。

98年5月のインドによる核実験の直後に，パキスタンはバローチスターン州チャガイ地区の丘陵において横穴坑道方式により核実験を実施した。その後，5月28日の核実験では4個の爆発威力が1kt以下の核爆発装置及び1個の核融合型装置を，さらに30日には爆発威力が12ktの爆発装置を核実験に使用したことを公表した上で，インドに対抗しうる信頼性のある最小限度の抑止力が必要であるとして，一連の核実験実施の理由を明らかにしている。

今日のパキスタンの核戦力についてみると，2014年版SIPRI年鑑は100-120発としており，インドの核弾頭保有推定数よりも約10発多いものと推定されている。これらの核弾頭のプルトニウムの製造にはShahabに所在するIAEA保障措置の下に置かれていない重水炉施設が使用されているものとみられているが，パキスタンは以前からインドの核戦力が脅威になるとして，軍縮会議では兵器用核分裂性物質生産禁止条約（FMCT）交渉の開始をブロックし続けている。なお，パキスタンは射程2500kmのシャヒーン2型中距離弾道ミサイルを既に配備ずみであり，同ミサイルは搭載重量が700kgであり核弾頭も搭載可能である。

【関連項目】インド・パキスタン戦争（印パ戦争）／ジュネーブ軍縮委員会（会議）（CD）／兵器用核分裂性物質生産禁止条約（カット・オフ条約，FMCT）
【参考文献】Chakma, Bhumitra, *Pakistan's Nuclear Weapons*, Routledge Security in Asia Pacific, 2010　〔福井康人〕

## パグウォッシュ会議 Pugwash Conferences on Science and World Affairs

1955年7月，イギリスの哲学者ラッセルは，物理学者アインシュタインら世界的に著名な科学者22名が署名した声明を発表した。この「ラッセル＝アインシュタイン宣言」は，核兵器と戦争の廃絶を訴え，戦争回避の方途を探るための科学者会議の開催を提唱した。この呼びかけに基づいて57年7月にカナダのパグウォッシュで開かれた科学者会議をきっかけに，パグウォッシュ会議として知られるトランスナショナルな科学者団体は誕生した。現在の正式名は「科学と世界問題に関する会議」である。冷戦時代には核戦争の回避と軍縮の促進に努め，東西の垣根を超えて平和や軍縮の問題について討議・提言を行う場を科学者に提供した。95年には東西間の緊張緩和や軍縮への貢献が認められ，元会長で創設者の1人ロートブラットとともにノーベル平和賞を受賞した。冷戦後は核兵器のない世界の実現を目指し，核軍縮・不拡散や地域紛争の解決に精力的に取り組んでいる。日本では75年に京都，89年に東京でパグウォッシュ・シンポジウムを開催した。さらに，原爆投下50年，60年にあたる95年と2005年に広島で，70年の節目となった15年には長崎で世界大会を開いた。

【関連項目】科学者京都会議／ラッセル=アインシュタイン宣言
〔黒崎輝〕

## 爆心地復元　recovery of hypocenter

広島市の平和記念公園は原爆の爆心地周辺であり，被爆により壊滅的な被害を受けた地域の跡地である。一瞬にして破壊された街並みは，戦前は広島有数の繁華街であった。1966年8月，NHK広島放送局は，爆心地周辺に暮らしていた人々を取材し，被爆直前の生活と被爆時の再現を試みた，番組『カメラリポート・爆心半径500メートル』を中国地方で放送した。さらに翌67年8月には，同じ意図の番組『現代の映像・軒先の閃光』を全国で放映した。番組は大きな反響を呼び，爆心地復元の取り組みへの市民の協力を得る契機となった。この番組制作の企画段階である67年の春頃から，爆心地調査の企画を温めていた湯崎稔を中心とした広島大学原爆放射能医学研究所（現「原爆放射線医科学研究所」原医研）のメンバーは，NHKとの連携体制を組み始めた。原医研のグループにより，復元調査は爆心地追跡調査として発展し，68年3月には「被爆地図復元調査委員会」が発足した。さらに翌69年4月からは広島市による原爆被災復元事業として引き継がれていった。

この復元調査の反響が及び，長崎においても復元調査が着手された。70年には，松山町と山里町で被爆市民の自主的な復元地図作成の運動が起こった。一部の市民が行っていた復元運動は，やがてより多くの市民と行政を巻き込んだ調査へと発展していく。その契機となったのは，NHK長崎放送局や朝日新聞長崎支局などの地元マスコミによる積極的な報道によるところが大きい。70年度に長崎市は復元調査事業を企画し，71年1月には長崎市役所内に原爆被災復元調査室が設置された。3月には「長崎市原爆被災復元調査協議会」が結成され，これはその後，市民と自治体が一体となった復元運動へ

と発展する。調査に携わった市民たちの動機には，原爆によって一瞬にして奪われた各町内居住者の隣人探しがあり，死者たちへの追悼や慰霊の要素が強く存在していた。

【関連項目】長崎の復興／広島の復興　〔桐谷多恵子〕

## 舶用炉　ship propulsion reactor

原子力を船舶の推進に利用する研究開発は，少ない燃料で大出力で長期の航行が可能であり，また動力機関に酸素を必要としないことから，発電利用に先駆けて米国で潜水艦の動力源として開発がされ，1954年に初の原子力を動力として搭載した船舶となる原子力潜水艦ノーチラス号が進水した。

原子力船は，陸上での原子炉開発と原子力潜水艦で構築された技術を基に研究開発が進められ，加圧水型の原子炉が採用されている。動力源としては，原子炉で発生した高温高圧の熱水を，ポンプを用いて蒸気発生器に伝達し，蒸気を発生させ，その蒸気をタービンに当てることにより直接スクリューを回して推進力を得ている。またこの蒸気を用いて発電機で発電し，この電気でモータを回して推進力を得る電動駆動推進方式を採用している原子力船もある。

民生用の原子力船の開発においては，米国，ロシア，日本，西ドイツ等で開発が実施された。日本の原子力「むつ」は，国産舶用炉の第1号として開発が行われた。放射線漏れ等技術的なトラブル等があったが，基本計画に定められた目的を達成し，実験航海を終了した。

現在の原子力船については，民生用利用としては，ロシアにおいて砕氷船として採用されているのみとなる。

【関連項目】軽水炉（LWR）／原子炉の構造　〔須田一則〕

## 覇権　hegemony

一般に，一国又はある団体が軍事的，経済的，政治的に他者に優越する力を持ち，支配することを指す。国際政治の面では，古くはギリ

シャの都市国家において同盟間の覇者を示す用語として用いられた。19世紀のヨーロッパのウィーン会議で外交のルールとなった勢力均衡概念はこうした覇者を産み出さないための絶対君主間の工夫として生まれた。20世紀においても，ヨーロッパでのナチスドイツやアジアにおける日本の軍事侵略は覇権獲得の地域的な試みであるということができる。

冷戦期の米ソ対立のなかでは両国それぞれが世界的な覇権を目指しているとして相互に非難の応酬を行った。また中国では1975年に「超大国の覇権主義反対」を憲法に盛り込み，米ソ両大国が各々自国に有利な形で国際政治を動かし，それを秩序として形成することで帝国主義的支配を強化していると非難した。

他方国内政治における覇権については，イタリアの共産主義者A. グラムシが戦間期に獄中ノートで，主体性を持つ人々がなぜ意見を異にする権力に従属するのかを問い，覇権には単に強制だけではなく，同意による従属の側面があると指摘し，後のカルチュラル・スタディーズなどに影響を与えた。〔大島美穂〕

## バタアン「死の行進」 Bataan "Death March"

1942年4月9日にフィリピン（比）・ルソン島のバタアン半島で日本軍に降伏した米比軍兵士が，その後，収容所までの道程を徒歩で行軍させられ，移動中と収容後に多数の死者が出た事件を指す。42年1月，日本軍はバタアンに退いた米比軍の掃討戦を実施したが，激しい抵抗に遭い中止。4月の再攻撃で陥落させた。米国・フィリピン軍の降伏が想定より早く，投降兵が予想外に多かったこともあり，日本軍は受入態勢が不十分なまま膨大な数の捕虜への対処を迫られた。米比軍の主力はマリベレスで投降し，サンフェルナンドまでの約100kmを徒歩で行軍，そこから貨車でカパスまで移送され，最終目的地オードネル収容所までの12kmを徒歩で移動した。捕虜の多くはマラリア等で衰弱しており，灼熱のなかの行軍や収容所内での劣悪な処遇，日本軍の暴力などで相次いで落命した。東京裁判の検察側立証では，米比軍捕虜7万3000人のうちオードネル収容所までの移動中に1万7200人が，収容から42年8月までに3万522人が死亡したとしている。今日フィリピンでは4月9日は「バタアン・デー」と呼ばれ，「勇者の日」として祝日になっている。

〔永井均〕

## 破綻国家 failed states

一般に，主権国家としての統治能力を失い，安全の確保をはじめとする公共サービスを国民に対して提供できず，国民からも正当な政府とみなされない状態に陥った国家のこと。失敗国家とも呼ばれる。ただし，英語でのcollapsed statesとfailed statesとを区別するためにそれぞれ破綻国家，失敗国家と呼ぶことがある。関連して，脆弱国家（weak states）など，細かく定義を分類して議論される場合もある。

破綻国家では，最悪の場合，内戦が生じ，その結果，多くの死傷者を招くだけでなく，長期的に難民や国内避難民を抱える状態に陥ることがある。こうした事態においては，武器や麻薬など紛争を助長する誘因が働き，テロの温床となりやすいとする認識から，国際秩序の不安定化の文脈で語られることがある。関連して，紛争解決，紛争後復興，開発，平和構築といった観点から，破綻国家は，その修復のため，民主化，法の支配，人権促進といった理念に基づくガヴァナンス強化の対象として国際社会によって位置づけられる傾向にある。

だが，どの国家が破綻国家であるかという決定的な定義づけはなく，それぞれの観察者の基準によるところが大きい。複数の研究機関が独自の指標によって調査している。平和基金（Fund for Peace）は，2005年から毎年，「破綻国家インデックス（Failed States Index; FSI）」と称して国別ランキングを発表している。暴力

的紛争を予防し，持続可能な安全保障を確立することを目的として活動する同組織は，独自に開発する紛争アセスメント評価分析に沿って，紛争の早期警戒を促すため，FSIを発信している。これによれば，最高警戒レベルの対象国として，14年には，南スーダンを第1位として，順にソマリア，中央アフリカ共和国，コンゴ民主共和国，スーダンが挙げられた。なお，05年のFSIでは，順にコートジボワール，コンゴ民主共和国，スーダン，イラク，ソマリアが上位であった。

【関連項目】 主権国家／テロリズム
【参考文献】 稲田十一編『開発と平和』有斐閣，2009年／武内進一「国家の破綻」藤原帰一ほか編『平和構築・入門』有斐閣，2011年 〔山根達郎〕

## 八月革命（説） theory of August revolution

憲法学者の宮沢俊義（1899〜1976年）が，1945年8月14日に日本がポツダム宣言を受諾したことにより法的な意味での革命が日本に起きたと説いた見解。宮沢は，ポツダム宣言は，明治憲法が採用していた天皇主権を否認し，新たに国民主権を採用することを内容としたものであって，そのような主権原理の根本的な変更は憲法改正手続によっては行うことはできず，法的には革命として説明することが適切であるとした。明治憲法は73条で改正手続を定め，日本国憲法もこの改正手続を経て46年11月3日に公布されたが，しかし，もともと憲法改正権には限界があり，形式的に改正手続を踏まえたとしても，それによって法的な連続性を明治憲法と日本国憲法との間に認めることはできないとしたのである。このような説は，明治憲法から日本国憲法への根本的な変革を説明する学説として広く受け入れられてきたが，ただ，憲法改正権には限界がないとする説からは批判が出された。また，国民主権が正式に採用されたのは日本国憲法によってであること，さらに日本国憲法が施行された47年5月3日までは明治憲法が形式的には効力を持っていたことを八月革命説はどう説明するのかといった疑問も出されている。

【関連項目】 憲法改正／憲法改正の限界／国民主権
〔山内敏弘〕

## 八紘一宇 hakko ichiu（all eight corners of the world under one roof）

1930年代における日本の対外侵略の進展に伴い，侵略や異民族支配を正当化する国策理念として浮上・喧伝されたスローガン。『日本書紀』にある「掩八紘而為宇」（八紘を掩ひて宇にせむこと）という神武天皇の令の一節を典拠とする。もともと日蓮主義者・田中智学が13年に初めて造語したものである。『八紘一宇の精神』（内閣・内務省・文部省，37年）によれば，天皇を戴く日本の「国体」が無限に拡大し，全世界を覆うことによって真の世界平和が実現するとされ，「八紘一宇」は西洋の帝国主義とは異なり，各国家・各民族の「自立自存」を前提に「皇化」によって世界を「一家」とする理念とされる。当時からその意味内容の曖昧さを批判する声はあったものの，第2次近衛文麿内閣がまとめた「基本国策要綱」（40年7月26日）などで国家方針として位置づけられ，権威化されていく。45年12月15日，いわゆる神道指令によって公文書における使用が禁止された。

〔昆野伸幸〕

## 発展の権利 right to development

包括的な福利向上過程に人々が参加し，貢献し，これを享受する権利。1986年に国連総会が採択した「発展の権利宣言」決議（41/128）は，発展を「福利向上をめざす包括的な経済的，社会的，文化的，政治的過程」と捉え，すべての個人・人民に対して発展に参加し，貢献し，これを享受する「普遍的かつ不可譲の権利」を認めた。同決議はまた国に対して，発展の権利の実現に資する国内的・国際的諸条件を

創り出す責任，及び発展を確保しそれへの障害を撤廃するために相互に協力する義務を課している。発展の権利は自決権に由来する人権であり，そこにおいて発展はもはや経済成長を意味するにとどまらず，人々の福利の継続的改善を目的とする包括的な過程とみなされている。このような発展の権利はアフリカ人権憲章（1981年）、ウィーン宣言（93年）、先住人民の権利に関する国連宣言（2007年）で言及され，今では「持続可能な開発」原則の構成要素である「世代間・世代内衡平」に包摂されている。

【関連項目】　人民の自決権／先住民族　　〔西海真樹〕

## パブリック・ディプロマシー（広報外交こうほうがいこう）
public diplomacy

政府間で行われる通常の外交ではなく，他国の世論に直接働きかけて影響を与えることを目的に行われる公開外交。伝統的な外交とは働きかけの対象も外交形態も異なるが，両者は相補的な関係にある。パブリック・ディプロマシーの用語が広く知られるようになったのは，1965年に元アメリカ外交官ガリオンが使い始めて以降である。

第一次世界大戦後に「新外交」時代が幕を開けると，世論や国家イメージが重要な意味を持つようになり，冷戦下では各国が「人心（hearts and minds）」を掌握する争いを重視したため，自国や自陣営の情報を積極的に発信した。冷戦後に各国は情報発信に費やす予算を軒並み削減したが，2001年の同時多発テロ事件後は積極的な活動に転じている。

パブリック・ディプロマシーの手法は多様である。例えば，イギリスの「クール・ブリタニア」戦略や日本の「クール・ジャパン」戦略はマーケティング的手法を重視する国家ブランド戦略の一例であり，産業政策的な側面も強いが，国家イメージの改善を通して有利な外交環境を創造することも目的とされる。その他，ボイス・オブ・アメリカ（VOA）やイギリス国営放送（BBC）のような国際放送による情報発信も重視される。文化交流や教育交流を通した人的交流も，直接的な関係構築の主要な手段である。

近接する概念として，プロパガンダやソフト・パワーがある。対外的な情報発信を行う点でプロパガンダとパブリック・ディプロマシーは類似し，しばしば交換可能な概念としても使用されるが，否定的な響きを持つために政策用語としては対外的な使用が限定されている。また，ソフト・パワーと異なり，近年のパブリック・ディプロマシー論は一方的な情報発信や他国世論の説得より，双方向的なコミュニケーションと他国の市民社会との長期的な関係構築を重視している。

【参考文献】金子将史・北野充編『パブリック・ディプロマシー』PHP研究所，2007年／Melissen, Jan et al. eds., The New Public Diplomacy, Palgrave Macmillan, 2007／Snow, Nancy and Philip M. Taylor eds., Routledge Handbook of Public Diplomacy, Routledge, 2009　〔齋藤嘉臣〕

## パリ憲章けんしょう　Charter of Paris for a New Europe

1975年のヘルシンキCSCE首脳会議以来15年ぶりに開催された，90年11月のパリ首脳会議で採択された「新しい欧州のためのパリ憲章」。米ソ首脳が冷戦終焉を宣言したマルタ首脳会談の直前に開催されたパリ首脳会議は，東側ブロックの崩壊を受けて，冷戦の分断と対立の時代の終焉を高らかに宣言した。それは，ヘルシンキ宣言では登場し得なかった，民主主義，法の支配，そして市場経済といった理念が数多く憲章で言及されていることからもうかがえる。

具体的には，「参加国の政府の唯一のシステムとして民主主義を建設し，強固に」することを参加国は約束し，人権と基本的自由の「尊重は，過度の力をもつ国家に対する不可欠の障壁である。それらの遵守と完全な実行は，自由，正義及び平和の基礎である」ことを確認した。

さらに「民主主義は，人間の尊重及び法の支配を基礎とする。民主主義は，表現の自由，社会のすべての集団の寛容，及びすべての人のための機会の均等のための最善の手段である。代表的及び多元的性格をもつ民主主義は，選挙民に対する責任，公権力が法に従う義務，及び公正に執行される司法を必然的にともなう」とし法の支配の確立を求めた。

市場経済については，「市場経済に基づく経済協力が参加国間の関係の基礎的な要素を構成し，繁栄しかつ統一的欧州の建設の助けになるであろうことを強調する」とし，「民主制度と経済的自由が経済的・社会的進歩を促進」することを確認した。さらに移行期にある民主主義国（旧東側諸国）に市場経済と自立的な経済的・社会的成長を創造するための支援を継続する必要性を再確認している。

パリ憲章は総じて，ヘルシンキ宣言のような東西間の苦悩の連携の産物とは全く異なり，当時の欧州が目指した西側的な社会システムの確立を規範化したものであった。冷戦期のようなプロパガンダ合戦もなく，またユーゴスラヴィア紛争の影もまだ小さかった。米加及び欧州のほぼすべての首脳が東西隔てることなく自ら理想を語ることができたのは，戦後初めてのことであった。

【関連項目】 欧州安全保障協力機構（OSCE）／人権保障の国際化／信頼・安全醸成措置（CSBMs）／ヘルシンキ宣言
【参考文献】 杉江栄一「CSCEと欧州CSBMの経験」『中京法学』33巻2号，1998年／吉川元『ヨーロッパ安全保障協力会議（CSCE）』三嶺書房，1994年　　〔宮脇昇〕

## パリ講和条約（第二次世界大戦）
Paris Peace Treaties

1947年2月10日にパリで締結された講和条約。前年7月のパリ講和会議を受け，第二次世界大戦期の枢軸国のうちイタリア，ルーマニア，ブルガリア，フィンランド，ハンガリーと連合国との間に結ばれ9月に発効した。

講和条約によりイタリアは海外植民地を失い，エチオピアとアルバニアの独立を認めた。イストリア半島に獲得していた領土はユーゴスラヴィアへ割譲されるか，自由地域（トリエステ）となった。フィンランドはペッツァモとカレリア地峡を失い，ポルカラをソ連へ貸与した。ハンガリーはウィーン裁定で割譲されたスロヴァキア南部をチェコスロヴァキアへ，北トランシルヴァニアをルーマニアへ返還した。ルーマニアがブルガリアに割譲していた南ドブロジャは同国に返還されず，ベッサラビアと北部ブコヴィナはソ連に割譲した。

軍備について，イタリアは陸軍25万，海軍2万5000，空軍2万5000の制限，フィンランドは陸軍3万4400，海軍4500，空軍3000の制限とオーランド諸島の非軍事化，ハンガリーは陸軍6万5000，空軍5000の制限，ルーマニアは陸軍12万，海軍5000，空軍8000の制限，ブルガリアは陸軍5万5000，海軍3500，空軍5200の制限が課された。条約発効後90日以内の占領軍撤退が定められたが，オーストリア駐留軍との連絡維持を名目に，ソ連軍はルーマニアとハンガリー残留が認められた。

戦時賠償について，イタリアはソ連に1億，ギリシャに1億500万，ユーゴスラヴィアに1億2500万，アルバニアに500万，エチオピアに2500万，フィンランドとルーマニアはソ連に3億，ハンガリーはソ連に2億，チェコスロヴァキアとユーゴスラヴィアに1億，ブルガリアはギリシャに4500万，ユーゴスラヴィアに2500万が課された（単位はドル）。

冷戦勃発により，条約中の条項のうち軍備制限や賠償金支払，戦犯の扱い等については履行されなかったものも多い。

【関連項目】 講和条約（平和条約）／サンフランシスコ講和会議／第二次世界大戦（WWⅡ）
【参考文献】 フェイト，フランソワ（熊田亨訳）『スターリン時代の東欧』岩波書店，1979年／細谷雄一『戦後国際秩序とイギリス外交』創文社，2001年　　〔齋藤嘉臣〕

## バルーク案 Baruch Plan

バルーク案は，米国が1946年6月14日に国連原子力委員会（UNAEC）に提出した原子力の国際規制を目指す提案である。同提案はアチソン国務長官，及び産業界を代表する形でトルーマン大統領に指名されたリリエンソールTVA（テネシー峡谷開発公社）総裁による提案を発展させたものである。その目的は，国連の下に原子力開発機構を設立し，核分裂性物質の取引及び核兵器製造能力を有する施設を監視すると同時に，原子力の平和的利用を行う国に対しては，適切な手続きの下で原子力の民生利用を促しつつ，核兵器製造目的の原子力の禁止を担保することであった。また，バルーク案は，いかなる国に対しても核兵器能力の開発を行わないことを要請するものであり，原子力開発機構に各国の原子力施設や関連資材を差し押さえる権限を付与し，核兵器禁止に違反した国への制裁として国連安保理から拒否権を奪うという強化された措置を内容としていた。バルーク案はソ連が拒否したため日の目を見ることはなかったものの，同案が核兵器規制に関する国際的な論議の端緒となった。　　　　　〔福井康人〕

## ハルシュタイン原則 Hallstein Doctrine

1955年12月，西ドイツ外務省事務次官ハルシュタインが公式に提起した同国の外交原則。米国の中国・北ヴェトナム・北朝鮮敵視政策を範とし，西ドイツがドイツ全体を単独で代表するとの立場から，東ドイツを承認した国家とは外交関係を結ばないとするもの。実際に適用されたのは，ユーゴスラヴィア（57年10月）及びキューバ（63年1月）との断交の2例にとどまる。60年代末には東側諸国だけでなく非同盟諸国（カンボジア，イラク，シリア，アラブ連合共和国）も東ドイツを承認，ハルシュタイン原則は明らかに機能不全に陥った。1969年10月27日に成立したブラント（社会民主党）政権は，同原則を破棄して東方外交を推進した。1970年3月19日の両ドイツ首脳会談，1972年12月21日の両ドイツ基本条約締結を経て，73年6月に東ドイツが133番目，西ドイツが134番目の国連加盟国となり，74年5月，双方の首都にそれぞれの常駐代表部（事実上の大使館）が設置された。89年当時，東ドイツは139ヵ国と外交関係を樹立していた。

【関連項目】冷戦　　　　　　　　　〔木戸衛一〕

## パルチザン partisan

イタリア語のpartigiano（党員，仲間）を語源とする，外国軍や国内反革命軍に対して自発的に武装闘争や破壊活動を行う，正規軍ではない軽装備の兵及び非正規の軍事活動。別働兵，遊撃兵，ゲリラ隊員と呼ばれる場合もある。本来は特定の集団を意味しないが，歴史上，パルチザンと言及されるものとして，ロシア革命後の内戦期における赤軍の別働隊，イタリア・ファシズム体制への武力抵抗運動，第二次世界大戦期のソ連におけるドイツ占領地域での抵抗活動，枢軸軍占領下のバルカン半島（ユーゴスラヴィア，ギリシャ，ブルガリア，アルバニア）における共産党系武装抵抗運動，朝鮮半島における抗日非正規軍などがある。

なかでも，1941～45年に枢軸軍に対してユーゴスラヴィア共産党が主導した武装解放闘争はパルチザン戦争と呼ばれた。枢軸軍占領下では，王国軍系のセルビア人将兵チェトニクによる抵抗運動と，非合法ながら国内全域に下部組織を持つ共産党系の抵抗運動が展開された。43年のテヘラン会議で連合国はパルチザン支持を決定し，同年11月にチトー主導によるユーゴスラヴィア人民解放反ファシスト会議が立法機関として，臨時政府形成と連邦制度を宣言し，戦後国家の基盤となった。ただし，91年以降のユーゴスラヴィア国家解体過程において，セルビアとクロアチアでは，チェトニクとパルチザンの相違が相対化されるなど，その評価については議論が行われている。

【関連項目】 反ファシズム運動　　〔大庭千恵子〕

## パル判事と極東国際軍事裁判
Justice Radhabinod Pal and the International Military Tribunal for the Far East

　パル判事（ラダビノド・パル）は，インドのベンガル出身の法律家。1886年1月，ノディア県クシュティア郡に生まれ，1967年1月，カルカッタで死去した。極東国際軍事裁判（東京裁判）でインド代表判事を務め，被告人全員無罪の意見書を提出した。

　パルは陶器作りを伝統的な生業とするカーストに生まれた。父を早く失ったために少年時代は貧困に苦しみ，苦学してカルカッタ大学を卒業した。同大学では数学を専攻し，カレッジの数学教員の職を得た。同時に法学を学び，同大学の修士試験に優等で合格すると，1917年3月，カルカッタ高等裁判所に弁護士登録をし，所得税法の専門家として名をなすようになった。カルカッタ高裁では2度，臨時の職である判事代行に任命された（在任：41年1月〜42年9月，42年12月〜43年6月）。他方，カルカッタ大学法学部で教鞭を執り，44年3月，副学長に任命された（〜46年3月）。46年4月，インドの植民地政府により東京裁判インド代表判事に任命され，同年5月東京に着任。インドの独立（47年8月）をはさんで，48年11月の判決言い渡しまで在任した。晩年は，国連国際法委員会の委員に任じられ（52年8月〜67年1月），ニュルンベルク原則の法典化に反対した。

　パルは，弁護士としては所得税法の専門家として知られ，法学者としての関心はヒンドゥー法史研究にあった。国際法の著作は，実は，東京裁判後に，意見書をもとにしてまとめたものであり，裁判以前には国際法の研究業績も実務経験も全くない。裁判官としては，高裁の臨時の職に短期間在任したにすぎない。政治的には，右翼政党のヒンドゥー大協会の人脈に連なり，ベンガルのアジア主義者グループと接点を持ち，また，チャンドラ・ボースとインド国民軍に共感を示しているところから，比較的穏健な右派ナショナリストであったと考えられる。このような法律家が東京裁判の判事に選任されたのは，インド植民地政府が，2人の候補者に辞退されたために拙速に走り，選任手続き上の誤りを犯したためであった。

　東京裁判では，開廷早々，被告弁護団が，「平和に対する罪」と「人道に対する罪」は事後法にあたるとして，裁判所の管轄権そのものを問題にする動議を提出したが，パルはこの動議を大筋において支持する見解を表明した。パルが，ボースに共感するような政治的志向を持ち，裁判所の管轄権も認めない以上，被告人全員無罪の結論を導き出すのは当然であった。

　裁判後，パルは3度来日し，下中彌三郎などの大亜細亜協会系の人物，A級戦犯容疑者であった岸信介をはじめとする右派の保守政治家などと交流した。意見書はこれらの勢力によって「日本無罪論」として広められた。

【関連項目】 アジア主義／ニュルンベルク原則（諸原則）
【参考文献】 東京裁判研究会『共同研究　パル判決書』講談社，1984年／戸谷由麻『東京裁判』みすず書房，2008年／中里成章『パル判事』岩波書店，2011年　　〔中里成章〕

## バルフォア宣言　Balfour Declaration

　1917年に英国の外相バルフォアが有力ユダヤ人ロスチャイルド卿宛の書簡で，ユダヤ人の「ナショナル・ホーム」をパレスチナに建設することを英国が支持するとした宣言。化学者ワイツマン（イスラエル初代大統領）らシオニズム活動家が，第一次世界大戦終了後のオスマン帝国領パレスチナにユダヤ人国家建設を目指し，英国政府の支持を働きかけていた。宣言は「ユダヤ人国家」ではなく「ナショナル・ホーム」と曖昧な表現を使った。それでも宣言はシオニズム運動にとって大きな勝利だった。

　第一次世界大戦中，英国はフランスと東アラブ分割を約束したサイクス・ピコ協定を結び，

メッカの太守フセインには東アラブとアラビア半島にアラブ王国の建設を約束しており（フセイン・マクマホン往復書簡），「英国の三枚舌外交」と呼ばれている。大戦後，英仏は東アラブを分割し，パレスチナは英国の委任統治領となった。英委任統治終了直後の48年，イスラエルが独立した。

【関連項目】　エルサレム問題／中東戦争（アラブ・イスラエル紛争）
〔立山良司〕

## パルメ委員会　Palme Commission

スウェーデンの首相を務めたパルメを委員長とし，1980年9月に国連内に設置された「軍縮と安全保障に関する独立委員会」の通称。委員会は16名から構成され，委員にはサイラス・ヴァンス（アメリカ合衆国），エゴン・バール（西ドイツ），グロ・ハーレム・ブルントラント（ノルウェー），オルシェグン・オバサンジョ（ナイジェリア），森治樹（日本）らの政治家や大使経験者から起用された。

パルメ委員会の活動時期は，米ソ対立が深刻化した新冷戦と一致し，ヨーロッパでは平和運動が高まった期間であった。82年に国連事務総長に提出された『共通の安全保障』は，核戦争の回避から平和維持機能の強化まで幅広く扱った。なかでも重要なのは，核抑止論は平和の長期的基盤にならないとし，相手国の安全保障に理解を示すことで双方の安全保障を高め合う必要を訴えるもので，国家安全保障に代わる「共通の安全保障」概念と呼ばれる。

【関連項目】　協調的安全保障／共通の安全保障／国際安全保障
〔齋藤嘉臣〕

## パワー　power

国際政治や安全保障の分野でパワーは主役の座を占めているが，それは極めて曖昧に使用されている。しばしば力，権力，国力，勢力などと表記される。

もともと社会科学においてパワーの概念を析出したのは哲学者B. ラッセルの著作 *Power* (1938) である。ラッセルは，パワーを「意図した効果を作り出す」ことと定義し，物理学における「エネルギー」と同じ意味であると考えたが，それはパワーの「原型」にすぎないのである。

国際政治の世界ではパワーは，あるアクターが自己に有利な結果をもたらすために他のアクターに影響力を行使することである。H. モーゲンソーは，物理的強制力としてのパワーを「他者の心と行動に対するコントロール」と定義し，パワーの構成要素として地理，天然資源，工業力，軍備，人口，国民性，国民の士気，外交の質，政府の質の9つを挙げているが，質的側面を含むのでパワーを単純に機械的に集計することは難しい。

70年代に相互依存論の旗手として登場し，多くの刺戟的作品を著した J. ナイは，パワーを「ハードパワー」と「ソフトパワー」に分けて論じた。前者は計量化可能な軍事力や経済力を指し，後者は国の文化，伝統，価値観，制度，他国を引きつける魅力などであり，日本で言えば大衆文化，技術力，和食，そしてソフトパワーとしての憲法9条を挙げることができる。またナイは，オバマ大統領に「軍事力を中心とするハードパワーと，文化などのソフトパワーを融合した『スマートパワー』を行使すべき」と提言した（『日本経済新聞』2009年1月11日）。情報通信時代の現在，サイバー・パワーの重要性も指摘されている。

国際政治の理論的観点からパワー論を見てみると，パワー構成のなかで重視される側面は変わる。リアリストは軍事力，リベラリストは経済力や文化力，コンストラクティヴィスト（社会構成主義者）は文化や価値観の有効性を重視する傾向がある。

【関連項目】　権力政治（パワー・ポリティクス）／国際協調主義
【参考文献】　ナイ，ジョセフ・S.（山岡洋一・藤島京子訳）

『スマート・パワー』日本経済新聞出版社，2011年／モーゲンソー（原彬久監訳）『国際政治』岩波書店，2013年

〔臼井久和〕

## 反基地運動　anti-base movement

　自国の軍より，外国軍が駐留する基地に反対して基地周辺地域の住民が展開する運動。軍事活動だけでなく，駐留兵士や軍属，また基地の存在によって生活や安全が脅かされる状況の改善を求めて住民が組織する運動が多い。運動が取り組む主な問題には，駐留国による接受国の主権の侵害，土地の強制徴用，兵士の犯罪や性暴力などとそれらが処罰されない法制度，軍事活動による環境汚染や健康被害，基地の閉鎖と返還などがある。

　日本国内では米軍基地が集中している沖縄県での住民による反基地運動が最も大きい。世界に1000以上の基地・施設を置く米軍に対しては韓国やフィリピン，また未編入領土のグアムやプエルトリコで反対運動があり，中南米では1960，70年代に米国が抑圧的な軍事政権を支援したことから，民主化後，米軍基地・駐留に反対する運動が強まった。欧州ではチェコ，ドイツ，イタリア，スペインなどで米軍だけでなくNATO軍に対する運動もある。

　基地や駐留に反対するだけでなく，安全保障概念や政策の再定義を目指す運動や，基地の集中や駐留の背景である植民地主義批判への反基地運動へと発展しているケースも少なくない。

〔秋林こずえ〕

## 反原発運動　anti-nuclear power movement

　日本で反原発運動が全国的に組織化されたのは1970年代半ばである。商業用原発を巡る最初の大規模な反対運動は，60年代半ばの中部電力芦浜原発（三重県）を巡る運動で，原発建設断念をもたらした。70年代に入ると立地予定地で例外なく，地元住民と都市住民が連携した激しい反対運動が展開され，新規立地が極めて困難となり，既設地点でも裁判闘争などが戦われた。ローカルな運動の多くは，地元住民と都市住民（科学者，技術者，弁護士ら）が連携する形をとった。その蓄積の上に全国組織として，反原発運動全国連絡会や原子力資料情報室などが結成された。原水爆禁止日本国民会議（原水禁）も連携を推進した。日本の反原発運動は，多くの団体（全国的，地域的）が課題ごとに連携する分権的構造を持つ。86年にソ連（現ベラルーシ）でチェルノブイリ原発4号機が過酷事故を起こし，それを境に世界では原発導入計画を中止したり，原発からの脱却を決めたりする国々が増えた。この頃から脱原発という言葉が普及したが，反原発との特段の区別はない。

【関連項目】脱原発

〔吉岡斉〕

## 万国公法　international law/law of nations

　International Law, Law of Nations の漢訳として造り出された用語。米国人宣教師ウィリアム・マーティンによって―中国人の助手たちの助力を得て―ヘンリー・ホィートンの著作の漢訳が1864年に出版されたのが最初である。その4年後には3種類の日本語訳が，そして，その後，80年代の終わりまでに，フィッセリング，ケント，ヘフターなど，多くの日本語訳が，『万国公法』という書名で出版された。ただ，これ以外にも，「宇内の公法」，「外国交際公法」，「列国交際法」などという用語も存在した。1868年の五箇条の誓文の「天下ノ公道」は，万国公法よりも広い意味を持つと解するのが現在では一般的である。

　現在使用されている「国際法」は，箕作麟祥が73～75年に翻訳出版した，ウールシーの『国際法，一名万国公法』が最初である。81年には東京大学で「国際法」という授業科目が設置された。もっとも，90年代の終わり頃まで『万国公法』という書名の著作が相当数出版されている。中国や韓国でも，「万国公法」に代わって，「国際法」という用語が次第に広く使用さ

れるようになっていった。

【関連項目】 国際法学会　　　　　　　　〔柳原正治〕

## 犯罪人引渡条約　extradition treaty

　犯罪人引渡条約とは，ある国の法の下で犯罪の容疑を問われている者又は有罪の判決を受けた者が，国外に逃亡した場合に，逃亡先の国に対して外交上の経路を経て容疑者等の引渡しを請求することにより，逃亡先の国家から身柄の引渡しを受けることを約束した条約をいう。捜査共助とともに国際司法共助の取り組みの1つである。

　近代の犯罪人引渡しは，1794年の米英間の通商航海条約（ジェイ条約/Jay Treaty）により規定されたのが最初である。その後，19世紀の前半から半ばにかけて欧州諸国間においては，交通機関の発達により逃亡犯人が国境を越えて他国に逃亡する機会が増えてきたことに対応して，2国間の犯罪人引渡条約が締結されるようになった。今日，欧州諸国間，及びラテンアメリカでは地域的な犯罪人引渡条約も締結されているが，国際社会一般には犯罪人引渡に関する条約は存在しない。なお，わが国は，米国（1978年）と韓国（2002年）との間で犯罪人引渡条約を締結しているだけである。

　犯罪人引渡しの義務は，条約上の義務であって，一般国際法上の義務ではない。したがって，特別の条約がない場合には，逃亡犯罪人が所在する国家は，引渡請求があった場合でも，同人を引き渡すべき法的義務があるわけではない。各国の刑法の原則，犯罪の定義をはじめとする刑事司法制度は，かなり異なるために，条約上の関係が存在しなければ引渡しの法的義務は存在しない。もっとも，犯罪人引渡条約が締結されていない場合であっても，各国は犯罪必罰の要請を考慮して，引渡しを行う場合がある。これは，任意の自発的な協力によるものであり，国際刑事司法共助の一環として又は国際礼譲として行われるものである。

　犯罪人として引渡しの対象となるのは，比較的に重罪であり，軽微な犯罪は除外される。犯罪人引渡法上の一般的原則として，引渡犯罪は，請求国と被請求国の国内法において犯罪とされる行為に限られる（双方可罰の原則）。また，引渡しの対象となった犯罪人は，引渡しの理由となった犯罪についてのみ処罰の対象とすることになる（特定主義）。大陸法系の諸国では自国民の引渡しが請求された場合には，引き渡さないことを原則とする国が多いが，英米法系の国では属地主義を基本としているので相互主義を条件として自国民でも引き渡す。またEU諸国間で運用されているEU逮捕状制度の下では，自国民でも引き渡すことを原則とする。国際刑事裁判所（ICC）において逮捕状が発給された者が自国内に所在する場合にも，同裁判所へ引渡しを行うことが定められている（ICC規程89条，わが国の国際刑事裁判所協力法19条〜33条）。国家間の犯罪人引渡しを水平的引渡しと言い，国際刑事法廷への引渡しを垂直的引渡しとも言う。

【関連項目】 政治犯不引渡の原則／日米犯罪人引渡条約
【参考文献】 森下忠『犯罪人引渡法の研究』成文堂，2004年
　　　　　　　　　　　　　　　　　　　　〔北村泰三〕

## 反戦運動　anti-war movement

　戦争に反対する運動。進行中の戦争を終結させる目的で行われるもののほか，戦争が勃発しそうなときにこれを防止するもの，今後一切起こらないようにすることを目的とするものがある。しばしば「平和運動」という言葉と同義語として，あるいは「反戦平和運動」というふうにあわせて用いられる。反ファシズム運動，抵抗運動など，戦争を遂行中の政府に対する反対運動も反戦運動に含まれることがある。個人レベルから組織的なものまであり，戦争反対の言論活動や，街頭デモ，ダイ・イン，軍事施設の囲い込み，ストライキ，不買運動，サボタージュ，良心的兵役拒否，ハンガー・ストライ

キ，署名運動など，様々な行動によって戦争に対する抗議の意志が示される。

　日本国憲法9条擁護の運動も，反戦運動のひとつとみなすことができる。戦争反対の意志は，すでに古代ギリシャのアリストファネスによる戯曲『女の平和』にも示されている。近現代においては，日露戦争時の日本の「非戦論」やシベリア出兵反対運動，社会主義インターナショナルによる「戦争に対する戦争を」を唱える反帝国主義の反戦運動，第一次世界大戦時のクエーカーによる兵役拒否などがある。第一次世界大戦後にはロマン・ロランら欧米の左派の知識人を中心に，反戦運動が活発に行われた。第二次世界大戦後は，戦争の危機がさらに強く感じられ，反戦運動が大規模かつ国際的なものとなり，朝鮮戦争，ヴェトナム戦争，コソヴォ紛争，イラク戦争時に大規模な反対運動が行われた。特にヴェトナム戦争に反対する運動は規模が大きく，日本で「ベトナムに平和を！市民連合」（ベ平連）の活動を生んだほか，アメリカやフランスをはじめとする各国で1968年の学生運動や社会的な変革をもたらすなど，社会的に大きな影響力を持つこともあった。NGOによる核廃絶・軍縮，人道支援，地雷除去，難民支援などの活動も一部反戦運動と重なることがある。

【関連項目】　反ファシズム運動／平和主義
【参考文献】　道場親信「『反戦平和』の戦後経験」『現代思想』第31巻第7号，2003年6月
〔竹本真希子〕

## 反体制運動
opposition（dissident）movement

　独裁国家又は権威主義国家など非民主的な国でみられる，体制改革又は体制転覆を目的にする政治運動。政治的自由，なかでも結社の自由が保障されていない国では，反政府勢力は民主化，自由化，体制改革を目標とする反体制運動を展開する。反体制運動の目標は体制変革や自由化にあるが，こうした目標は政府権力者の側には容認できるものではない。権力者による反政府勢力への弾圧が強まることから，反体制運動は弾圧から逃れるために地下活動を余儀なくされる傾向にある。政治的自由が保障されない国では，反体制活動家を弾圧し国内の治安を維持する上で，秘密警察の役割が重要である。過去の例では，ナチスドイツの秘密国家警察（ゲシュタポ），ソ連の国家保安委員会（KGB），東独の国家保安省（シュタージ）のような秘密警察の役割は広く知られている。

　東西イデオロギー対立の冷戦期，米ソ両国は戦略援助外交の一環として，敵対陣営に与する国の反政府勢力に対して軍事支援を行った。しかし1970年代頃から，社会主義諸国の反政府勢力の運動の性格が変化を見せ始める。国家体制に対して正面から挑戦すると政権による弾圧を避けられない。そのため，特に社会主義諸国の反体制運動は生き残りをかけて，70年代に国際基準となった人権の尊重を目指す人権運動に転じ，人権運動の国際化を図るようになった。

　人権尊重は，欧州安全保障協力会議（CSCE）のヘルシンキ宣言で歴史上，初めて国際関係原則に取り入れられ，しかもヘルシンキ宣言がソ連の「ブレジネフ外交の勝利」と内外に喧伝されたことから，ソ連の人権運動はヘルシンキ宣言履行監視運動（ヘルシンキ運動）へと転換を図る。ヘルシンキ運動はチェコスロヴァキアの憲章77，ポーランドの連帯運動など，東側諸国内での協調関係を築く一方で，西側で設立された国際ヘルシンキ人権連盟とも連携し，国際的なヘルシンキ運動に広がっていった。その結果，東欧諸国に徐々に市民社会が形成されることとなり，ヘルシンキ運動の広がりがやがて東欧民主革命の遠因となる。

【関連項目】　援助外交／欧州安全保障協力機構（OSCE）
【参考文献】　吉川元「デタントとソ連人権運動」『国際政治』81号，1986年／吉川元『ソ連ブロックの崩壊』有信堂，1992年／宮脇昇『CSCE人権レジームの研究』国際書院，2003年
〔吉川元〕

## バンドン会議（アジア・アフリカ会議）
Bandung Conference/Asian-African Conference

アジアへの冷戦拡大を危惧した，いわゆるコロンボ・グループ（ビルマ（ミャンマー），セイロン（現スリランカ），インド，インドネシア及びパキスタン）の提唱で，インドネシアのバンドンで1955年4月に開催された国際会議。計29の参加国のうち，日本にとっては，講和独立後，初めての本格的な国際会議となった。

アジア・アフリカ諸国の相互連帯を目的に開催された同会議だが，東西対立を色濃く反映した議論が展開された。例えば，共産主義への接近を意味する「平和共存」の文言は，NATOやSEATOなど反共集団防衛組織を批判するものとして，いくつかの自由主義諸国が反対し，最終コミュニケに採用さていない。「反植民地主義」についても，ここで否定される植民地主義の定義に，共産主義国の植民地主義が含まれるかを巡り激しい議論が生じた。しかし，最終的には，平和十原則を含む最終コミュニケが採択され，同会議で謳われた原則や理念は，「バンドン精神」と呼ばれるに至る。
【関連項目】 平和五原則／平和十原則／冷戦　　〔井原伸浩〕

## 反ファシズム運動　anti-fascist movement

ファシズムに反対する運動。ファシズム体制の打倒や，ファシズム国家による攻撃及び侵略からの防衛を目的として行われる。組織化されたものと，自然発生的なものがある。個別には，ドイツの反ナチ抵抗運動やナチ・ドイツと協力するヴィシー政権に反対したフランスのレジスタンス，ソ連，イタリア，ユーゴスラヴィアでナチ・ドイツやイタリアのファシストと戦った非正規軍であるパルチザンや人民解放軍，スペインのフランコ政権に反対した人民戦線と国際旅団などが挙げられる。中国や朝鮮における抗日パルチザン，アウン・サンの下での反ファシスト人民自由連盟なども反ファシズム運動とみなすことができる。各国とも反ファシズム運動の主な担い手は共産主義者や無政府主義者であったが，ヒトラー暗殺未遂事件を起こしたドイツの国防軍と保守エリートなどによる反ナチ運動もここに含まれることがある。その他，ペン・クラブを中心とした文学者たちの反ファシズムと民主主義のための統一戦線，亡命組織による反ナチプロパガンダも反ファシズム運動の例とみなされる。

第二次世界大戦そのものを，民主主義国家を中心とした反ファシズム運動であると捉えることもできるため，戦後，大戦中の反ファシズム運動は，欧米各国の国家アイデンティティ形成に重要な役割を担った。フランスでは，レジスタンス神話が事実上内戦状態であったフランス国民を再統合することに繋がった。西ドイツにおいては，反ナチ抵抗運動はすぐに評価されたわけではなかったが，次第に同国がナチズムとの決別を明確にするなかで評価されるようになり，反ナチ運動の経験は，西ドイツにおいて抵抗権や市民的不服従の思想の普及をもたらすことに繋がった。一方で共産主義者や社会主義者の反ファシズム運動が，東西冷戦下のイデオロギー対立の影響により長い間評価されないなど，反ファシズム運動の評価自体が政治的な意味を持つこともあった。日本については，日本型軍国主義をファシズムとみなすかどうかについては議論があるが，いずれにせよ人民戦線事件など一部を除き，反ファシズム運動の例は少なく，戦後の国家アイデンティティにもその経験は反映していないと受け止められている。
【関連項目】 人民戦線事件／ナチズム／パルチザン／ファシズム
【参考文献】 シュタインバッハ，ペーター・トゥヘル，ヨハネス編（田村光彰ほか訳）『ドイツにおけるナチスへの抵抗 1933-1945』現代書館，1998年／山下公子『ヒトラー暗殺計画と抵抗運動』講談社，1997年　　〔竹本真希子〕

## 反ユダヤ主義　anti-Judaism/anti-Semitism

ユダヤ教，ユダヤ人を邪悪なものと嫌悪し，

敵視する考え方。こうした先入観・偏見に基づく観念、言説、行動、政策などを意味する。反ユダヤ主義には歴史上、宗教的動機による反ユダヤ主義（anti-Judaism）と、ユダヤ人を独自の人種と捉え、その観点から敵視する人種的反ユダヤ主義（anti-Semitism）の2つの形態が存在する。今日では両者が渾然一体となって現れる場合も多い。

　宗教的反ユダヤ主義の始まりは、ユダヤ教を起源とするキリスト教が誕生した古代ローマ帝国に遡る。そこでキリスト教徒は、イエスを救世主と認めないユダヤ人を侮蔑し、イエスが磔の刑に処せられた責任をユダヤ人に押しつけた。ユダヤ教徒への迫害が本格化した直接的な契機は、ローマ帝国によるキリスト教の国教化と十字軍遠征である。こうしてユダヤ人はヨーロッパの内なる異教徒として、キリスト教への改宗を強いられ、それを拒めば迫害と差別の対象となった。

　ユダヤ教徒は住む場所も特定の区域（ゲットー）に限られ、一般的法秩序の枠外に置かれていたが、18世紀の啓蒙思想の発展とフランス革命をきっかけに差別の撤廃＝法的同権を求める動きが進んだ。次第に自由を得たユダヤ教徒のなかには斬新な商売で成功する者も多く、これが社会の多数派を占めるキリスト教徒の恨みを買った。ドイツでは1870年代、一旦与えられたユダヤ教徒の公民権の撤回を求める運動が起きるが、そのとき、彼らは「同化不能の集団」、「改宗してもユダヤ人はユダヤ人」、「自分たちとは本質的に異なる人種に属する」との主張が現れた。これが人種的反ユダヤ主義である。

　反ユダヤ主義はキリスト教世界ならどこでも見られる現象だが、19世紀後半のロシアでは集団的暴力（ポグロム）となって猛威を振るい、多くのユダヤ人が西欧諸国さらには米国へ移住していった。20世紀初頭、ユダヤ人が世界支配を企んでいるという根拠のない言説（『シオン長老の議定書』）が登場すると、各国の反ユダヤ主義者はこれに飛びつき、ユダヤ世界陰謀説が世界中に広がった。ヒトラーもこれを信じた1人だが、その独裁下、人種的反ユダヤ主義はドイツの国是となり、やがてホロコースト（ユダヤ人大虐殺）を引き起こした。

　人種的反ユダヤ主義の台頭とホロコーストの惨禍は、生き延びたユダヤ人の集団的アイデンティティを強化し、イスラエル建国を促す要因の1つとなった。同時に反ユダヤ主義は、イスラエルに反発するイスラーム諸国にも広がった。「ホロコーストはユダヤ人が捏造した物語」、「アウシュヴィッツのガス室はなかった」という類の歴史否定の言説は、今日的な反ユダヤ主義の一形態である。

【関連項目】　人種主義／ホロコースト

【参考文献】　石田勇治『ヒトラーとナチ・ドイツ』講談社、2015年／芝健介『ホロコースト』中央公論新社、2008年／ベンツ、ヴォルフガング（斉藤寿雄訳）『反ユダヤ主義とは何か』現代書館、2013年　　　　　　　　　　〔石田勇治〕

## パン・ヨーロッパ運動
Pan-Europe Movement

　第一次世界大戦後に高まった運動で、ヨーロッパの統合あるいは結びつきの強化を図る運動。特に、クーデンホーフ＝カレルギー伯を中心にした統合運動を指す。

　第一次世界大戦はヨーロッパを弱体化させたが、その再生を目指す多様な統合運動も生み出した。なかでも、1923年に『パン・ヨーロッパ』を著したクーデンホーフ＝カレルギーは、英ロ以外からなるヨーロッパ統合と独仏和解を目指してパン・ヨーロッパ連合を結成し、多くの知識人や政治家の賛同を得た。ブリアン・フランス外相が名誉総裁を引き受けたことは連合の知名度を高め、29年には国際連盟で連邦秩序構想が提案された。

　30年代に入ると保護主義や国家主義が強まり、パン・ヨーロッパ運動はナチス・ドイツの

弾圧を受け，クーデンホーフ＝カレルギーもアメリカに亡命して運動を支えた。戦間期の運動は最終的に失敗し，戦後のヨーロッパ統合は中東欧を含み入れないものとなった。〔齋藤嘉臣〕

## ピースデポ　Peace Depot

「市民の手による平和のためのシンクタンク」を標榜し，平和問題に関する情報・調査研究活動を通じて草の根活動に貢献する目的で1998年に設立された非営利法人（NPO）。事務局は横浜市，創設者は梅林宏道。

中心的事業は月2回の情報誌『核兵器・核実験モニター』と，年鑑『核軍縮・平和』の発行である。核軍縮の分野においては，核不拡散条約（NPT）再検討会議のモニタリング，北東アジア非核兵器地帯構想の提言活動などの実績がある。日本非核宣言自治体協議会に加盟する自治体や，核軍縮・不拡散議員連盟に参加する日本や韓国の国会議員らと密に連携しており，北東アジア非核兵器地帯に関する国際ワークショップ等を多数開催している。

情報公開法を使った調査活動においては日本での先駆的存在である。これまでに横須賀母港の米イージス艦の弾道ミサイル防衛のための動きを解明したり，日本の自衛隊の補給艦が対イラク作戦に従事する米空母に間接給油していた問題を暴くなどした。

【関連項目】　北東アジア非核兵器地帯構想　〔川崎哲〕

## ピースボート　Peace Boat

船旅を通じた国際交流を展開している日本のNGO。1983年に創設。創設者の1人は現・衆議院議員の辻元清美。地球一周の船旅を中心に，寄港地でのスタディーツアーや船内での講座を通じて平和教育に取り組んでいる。国内外の大学と提携した地球大学プログラムを実施。2005年以降は韓国「環境財団」と共に日韓クルーズも行っている。

国連の特別協議資格を持つNGOとして，様々な提言活動に取り組んでいる。地雷廃絶キャンペーン，広島・長崎の被爆者による「証言の航海」，国連ミレニアム開発目標の普及，紛争予防などである。米国やスイスに海外事務所を持つ。08年には9条世界会議，12年には脱原発世界会議を日本国内で開催する中心的な役割を果たした。

東日本大震災の後に災害ボランティアセンターを設立，国内外での緊急災害支援や防災訓練に力を入れている。

【関連項目】　グローバル9条キャンペーン／武力紛争予防のためのグローバルパートナーシップ（GPPAC）　〔川崎哲〕

## 非核神戸方式　nuclear-free Kobe formula

神戸市議会は1975年3月，「核兵器積載艦艇の神戸港入港拒否に関する決議」を採択し，核兵器を搭載した艦船の神戸港への入港を拒否している。また同決議に基づき神戸港に寄港しようとする外国軍の艦船に対し，核兵器を搭載していないことを証明する「非核証明書」の提出を義務づけている。この自治体レベルで核兵器の持ち込みを禁じる対応の仕方は「非核神戸方式」と呼ばれている。

外国軍の艦船に限らず，神戸港に入港する船舶は神戸市港湾施設条例により，一定の書類の提出を義務づけられるが，「非核証明書」は条例の規定ではなく，市会決議に基づくもので，法的拘束力はない。しかし，決議採択後，2015年3月までの40年間にインド，オーストラリア，フランスなど7ヵ国の軍隊の艦船20隻が入港したが，98年に入港したカナダ軍の補給艦以外は全て「非核証明書」を提出した。一方，1962年から1974年までのべ112回入港していた米国軍の艦船は，核兵器搭載の有無を明らかにしない方針をとり，決議採択後1度も入港していない（『神戸新聞』2015年3月17日）。

【関連項目】　自治体外交／非核三原則　〔水本和実〕

## 非核三原則　Three Non-Nuclear Principles

　核兵器を持たない，作らない，持ち込ませないという非核三原則は，1967年12月11日の佐藤栄作首相の国会答弁で表明された。71年11月24日に衆議院で決議され，以来日本の国是とされている。

　非核三原則は，核軍縮への努力，アメリカの核抑止力への依存，原子力平和利用の推進と並ぶ日本の核の4つの基本政策の1つである。日本は原子力基本法で原子力利用を「平和目的に限る」としており，また，核不拡散条約に非核兵器国として加盟している（76年批准）。それゆえ非核三原則のうち「持たない，作らない」については国内法と国際条約の両面から法的義務を負っている。ただし政府の憲法解釈は「自衛のための必要最小限度の範囲」であれば核兵器の保有は憲法上許容されうるというものである。

　「持ち込ませない」に関しては日米両政府間に密約が存在し，かつては核を搭載した米艦船の寄港が黙認されていた。60年の日米安保改定の際在日米軍の装備の重要な変更は日米間の事前協議とするとされたにもかかわらず「艦船・航空機の寄港・通過は対象外」とされたのである。このような密約の存在は米元高官の証言や公文書で明らかになっていたが，日本政府は長く否定してきた。

　しかし民主党の岡田克也外相はこの問題の調査に取り組み，2010年の報告書は，日本政府は米軍の核搭載艦船が事前協議なしに寄港することを事実上黙認してきたことを認定し，明確な文書はないが「暗黙の合意」という広義の密約が存在していたとした。

　この密約はいまだ撤回されていない。実態としてアメリカは1990年代以降洋上艦に核を搭載していないので，今日では核が日本に持ち込まれることはない。それでもアメリカは核の存在を「肯定も否定もしない」政策ゆえに，非核証明を求めても応じない。非核三原則の法制化（非核法）を求める運動があるが，最大の問題は「持ち込ませない」ことの法的担保を得ることの難しさである。

【関連項目】「核抜き，本土並み」／核持ち込み（疑惑）／核不拡散条約（NPT）／事前協議制度／日米密約／日本の核政策

【参考文献】太田昌克『盟約の闇』日本評論社，2004年／黒崎輝『核兵器と日米関係』有志舎，2006年／杉田弘毅『検証 非核の選択』岩波書店，2005年　　　　〔川崎哲〕

## 非核自治体　nuclear free local authorities

　非核自治体とは，核兵器廃絶や非核三原則の遵守などを求める内容の自治体宣言や議会決議を行った地方自治体である。日本では，2015年8月1日現在，宣言自治体数は1587，宣言率は88.8％とされる（日本非核宣言自治体協議会ホームページ）。日本初であり世界初の非核平和都市宣言は，愛知県半田市（1958年6月6日）による「原水爆実験禁止並びに核兵器持込み反対核非武装宣言に関する決議」である。これは，第五福竜丸事件（54年）や米国・ソ連・英国による度重なる核実験の余波・影響・批判を受けたものである。

　非核都市宣言が，運動として急速に広がったのは，冷戦期の80年代初頭である。欧州全土への反核平和運動（西ドイツ等への中距離核戦力の配備への反対運動）の空前の広がりを受け，また，「第2回国連軍縮特別総会」（82年6月）に向けて，世界中で核廃絶を求める運動が広がり，そのなかで，英国マンチェスター市による非核都市宣言（80年11月）以降，欧州，北米，オセアニアなどに非核自治体が広がった。また，81年10月の「第1回全英非核自治体会議」開催や，84年4月の「第1回非核自治体国際会議」開催なども非核自治体増加の契機となっている。核兵器の配備，貯蔵，持ち込みが行われている基地が周辺にあったり，または核搭載艦の寄港，核搭載機の離発着地，核兵器の輸送路がある自治体などでは，住民の安全と健康を守るという視点から，自治体の非核政策が論議さ

なお，非核自治体宣言は，日本の場合，原子力や原発については触れず，核兵器についてのみを簡潔に記すものが多いが，「核兵器の廃絶」と「原子力の平和利用」を併記するものもある（茨城県東海村「原子力平和利用推進／核兵器廃絶／宣言の村」）。

東日本大震災と福島第一原子力発電所の事故以降，東京都多摩市の「多摩市非核平和都市宣言」（2011年11月1日）のように，脱原発の視点を持つ非核都市宣言も現れた。今後は「非核」宣言の多様化も注目される。

【関連項目】 自治体外交／第五福竜丸事件とビキニ水爆実験／脱原発／地方分権一括法／非核三原則／福島第一原子力発電所
【参考文献】 加藤哲郎『日本の社会主義』岩波書店，2014年

〔河上暁弘〕

## 非核兵器地帯 nuclear weapon free zone

地理上の一定区域において，国際条約によって核兵器を禁止した区域を非核兵器地帯と呼ぶ。非核兵器地帯の定義について，1975年の国連総会決議3472B（XXX）は次の3点を掲げている。①地帯の境界を明示し境界内での核兵器の完全な不在を規定していること，②順守を確保するための検証と管理を行う機関を設置していること，③地帯が確立した後において，核不拡散条約（NPT）上の核兵器国は，核兵器の完全不在規定の尊重や，地帯を形成する国家に対して核兵器の使用や使用の威嚇をしない（消極的安全保証）などの義務を負うこと。③は，通常は条約の議定書において規定されている。また，上記の国連総会決議や99年の国連軍縮委員会報告書は，地帯は属する国家の自由意思によって形成されるべきものであることを強調している。

非核兵器地帯の提案は，56年にソ連が中央ヨーロッパに非核兵器地帯を形成することを国連軍縮委員会に提案したことに始まるとされる。翌年，当事国であるポーランド自身がソ連，チェコスロヴァキア，東ドイツの支持を得ながら，中央ヨーロッパに核兵器を禁止する地帯を形成する提案をした。提案者であったポーランド外相ラパツキーの名をとってしばしば「ラパツキー案」と呼ばれている。これは，地帯を形成する当事国が提案した最初の非核兵器地帯案であった。

現在，世界には5つの国際条約による非核兵器地帯が設立されている。条約の締結署名の年代順に記すと以下の通りである。ラテンアメリカ及びカリブ地域における核兵器禁止条約（通称：トラテロルコ条約，67年），南太平洋非核地帯条約（通称：ラロトンガ条約，85年），東南アジア非核兵器地帯条約（通称：バンコク条約，95年），アフリカ非核兵器地帯条約（通称：ペリンダバ条約，96年），中央アジア非核兵器地帯条約（2006年）。国際条約ではないが，国連総会決議と国内法の制定によってモンゴルは非核兵器地位を国際的に認知されている。

【関連項目】 東南アジア非核兵器地帯（SEANWFZ）／ラテンアメリカ核兵器禁止条約（トラテロルコ条約）（LANWFZ）／ラパツキー案／ラロトンガ条約
【参考文献】 梅林宏道『非核兵器地帯』岩波書店，2011年／藤田久一・浅田正彦編『軍縮条約・資料集』有信堂，2009年

〔梅林宏道〕

## 東アジア共同体構想 idea of the East Asian Community

東アジアに共同体を創設するという構想として，1992年にマレーシアのマハティール首相が提唱した東アジア経済協議体（EAEC）構想を挙げることができるが，必要性が強く認識される契機となったのは，97年に生じたアジア通貨危機である。危機に対処するための地域協力として示された新宮沢構想を受けて，域内金融協力のための二国間通貨スワップ取極ネットワークであるチェンマイ・イニシアティブが2000年に発足し，10年には支援の迅速化等を目指した多国間契約に切り替わっている。

この地域では「東アジア」「拡大東アジア」「アジア太平洋」という異なる3つの地域概念に基づく統合制度が交錯しており，主要アクターの国際政治経済上の利益が絡み合っている。主要なアクターとして日本，中国，米国，ASEANを挙げることができるが，それぞれが主導権を争っていると言える。中国はASEANと日中韓3ヵ国によるASEAN＋3を基軸としているが，日本は地域概念を太平洋にまで広げ，1989年にはアジア太平洋経済協力会議（APEC）の設立に深く関わるとともに，ASEANに日中韓印豪ニュージーランドを加えたASEAN＋6という枠組を重視し，その枠組の下での東アジア地域包括的経済連携（RCEP）を推進している。一方，中国の動きを牽制したい米国は，環太平洋パートナーシップ協定（TPP）を推進して関与を深めている。ASEANについては，統合を主導してきたのは大国ではなくASEANである，という「ASEAN中心性」を主張する見解がある。

金融・通貨面での協力関係は強化されたが，貿易面では複数の枠組が交錯している。また安全保障については，米国と中国の競争が激化することが予想される。領土・歴史認識問題も横たわったままで，共同体の実現にはまだ多くの課題が残されている。

【関連項目】 アジア太平洋経済協力会議（APEC）／環太平洋パートナーシップ協定（TPP）／東南アジア諸国連合（ASEAN）

【参考文献】 宇野重昭「東アジア共同体論の課題序言」『北東アジア研究』別冊2号，2013年／谷口誠『東アジア共同体』岩波書店，2004年／寺田貴『東アジアとアジア太平洋』東京大学出版会，2013年　　　　　　　　　〔大平剛〕

## 東ティモール紛争
conflicts of Timor-Leste

東ティモール民主共和国は，インドネシア領西ティモールとの国境線を有し，人口100万人程度，面積は約1万4000km²，メラネシア系中心の小国である。宗教は99％以上がキリスト教で，その圧倒的多数がカトリック教徒である。

1974年のポルトガル無血革命で，独裁政権を倒した革命政権は植民地解放政策に転換した。これを契機に東ティモールでも独立への気運が高まった。即時独立を求める東ティモール独立革命戦線（フレテリン），ポルトガルとの連邦を望んだティモール民主同盟（UDT），インドネシアとの統合を求めるティモール人民民主協会（アポディティ）が設立された。しかし路線闘争で内戦化し，75年11月にフレテリンが制して独立を宣言した。

しかし，翌月には米国大統領から事実上の了承を得たスハルトは，東ティモール侵攻を開始し，99年8月の独立に繋がった住民投票までの24年間にわたる併合と，その間戦闘による直接間接の犠牲者数は20万人を超えたと言われている。

内政不干渉主義に基づくASEAN諸国は東ティモールのインドネシア併合を黙認する一方で，オーストラリアもティモール海域の石油，天然ガスの利権を理由にインドネシアへの併合を受け入れた。

97年のアジア通貨危機を引き金に，スハルト政権は崩壊する。後継大統領のハビビは国際社会からの経済支援を得るために長くインドネシアの「ぬけない棘」であった東ティモール問題の解決に動く。特に91年11月のインドネシア軍によるディリ，サンタクルス墓地での無差別殺戮が国際世論から厳しい批判を受け，国際援助の停止を誘因していたこともハビビの決断の背景にあった。

ハビビは，特別自治案を問う住民投票を東ティモールに提示し，否決された場合は，同国の分離を国民協議会に提案する旨を示した。99年に実施された住民投票の結果は，8割近い東ティモール人が自治案を拒否する，つまり独立の選択をした。住民投票の選挙手続は国連が担ったものの，治安はインドネシア警察・軍が担当したことにより，投票結果に不満なインド

ネシア統合派民兵と彼らを背後で支えたインドネシア警察・軍による，1000人以上の独立派に対する殺戮，70％以上のインフラの破壊，20数万人に及ぶ西ティモールへの住民強制連行などが行われた。

国連安保理は，オーストラリア軍を中心にした東ティモール国際軍を送る一方で，司法，立法，行政の全権を委託する国連東ティモール暫定行政機構（UNTAET）を設立し，2002年5月の独立をもって，全権が東ティモール政府に移譲された。

【関連項目】　国連東ティモール暫定行政機構（UNTAET）
【参考文献】　松野明久『東ティモール独立史』早稲田大学出版部，2002年／山田満編『東ティモールを知るための五十章』明石書店，2006年
〔山田満〕

## 非政府組織（NGO/NPO）
non-governmental organization/non-profit organization

軍縮や平和，人権，人道支援，開発，貧困，地球環境保全など，「地球公共財（global public goods）」に関わる分野で自発的に活動する市民等によって創設，運営される民間団体。その多数は非営利団体であることから，非営利組織（NPO）の呼称が用いられることもある。一国内で活動する組織も含まれるが，複数国にまたがる構成員と活動範囲を持つ国際NGOが，第二次世界大戦後に国連経済社会理事会の協議資格を得て以降，現業活動（operational activities）だけでなく，国際的なアドボカシー，政策提言，基準設定，規範創設等への関与を深め，東西冷戦終結や交通・情報通信手段の発達を受けてその社会的影響力を増してきた。The Yearbook of International Organizations (2014-2015) によれば，国際NGOの数は2万4000を超えるという。各国や国際機構の活動もNGOとの連携が不可欠となっており，平和作りを担う重要な非国家主体として，ノーベル平和賞を受賞した団体も少なくない。

【関連項目】　国連経済社会理事会（ECOSOC）／国連非政府組織（国連NGO）／市民社会／地球市民社会〔清水奈名子〕

## 非同盟運動（NAM）　Non-Aligned Movement

東西の軍事ブロックいずれにも加盟しない諸国が，東西対立の解消，反植民地主義，民族自決主義，反覇権主義，反人種差別などを掲げて国際平和と国際関係の民主化を求めた運動で，1961年9月のユーゴスラヴィアでの第1回非同盟首脳会議を創始とするが，その源流としてはアジア・アフリカ中立外交の結実としての55年のバンドン会議を挙げることができる。

非同盟運動は発足当初から参加国の間で「平和共存」と「反植民地主義」のいずれを優先させるかを巡って対立もみられたが，大国主導の権力政治，冷戦政策への異議申し立てを共通項に，国連加盟国の3分の2を包摂する幅広い運動を展開し，70年代に入ると東西対立に加えて南北問題の解決を前面にかかげ，先進諸国の経済搾取を告発し，貧困の克服と新国際経済秩序を唱え「闘う非同盟」を打ち出した。

他方その背後で，反帝国主義・反植民地主義の姿勢を貫きソ連を非同盟運動の本来の盟友とする「急進派」諸国と，非同盟の原点を維持し米ソ両軍事ブロックに異議を唱える「穏健派」諸国の対立が深まり，80年代には運動の連帯と結束力が弱まっていった。こうしたなかで，国際社会は80年代末の東西冷戦の終結，91年のワルシャワ条約機構の解体を目の当たりにした。まさに非同盟運動の唱えてきた冷戦の解消と一方のみではあるが軍事ブロックの消滅であったが，非同盟運動が分裂状況にあり，これらの事態を運動の成果として積極的に評価する気運はみられなかった。

冷戦後の非同盟運動は，経済のグローバル化のなかで運動の目標及び役割を再構成するとともに，首脳会議も92年の第10回ジャカルタ会議から2012年の第16回テヘラン会議へと回を重ね，現在に至るまで120ヵ国ほどの正式参加国

を結集している。ジャカルタ会議は，冷戦の終結を非同盟運動の的確性，妥当性が実証されたものと捉え，平和と正義に基づく新たな国際秩序構築に向けた運動のさらなる役割を明示した。また，非同盟運動の今日的な使命として，グローバル時代における貧困の解決と公正な経済発展，核軍縮と兵器移転の規制，国際規範や原則の順守などを掲げ，新国際秩序構築への参画，積極的な挑戦を謳っている。そこには冷戦の終結によって非同盟の存在理由は決して終わるものではなく，冷戦の終結は運動の成果であると同時に通過点であって，大国の支配から脱却した国際関係の民主化，公正な世界秩序の構築が明確に捉えられている。

〔関連項目〕　非同盟中立主義／バンドン会議（アジア・アフリカ会議）
〔参考文献〕　岡倉古志郎『非同盟研究序説』新日本出版社，1989年／奥野保男『非同盟』泰流社，1980年　〔定形衛〕

## 非同盟中立主義　nonaligned neutralism

第二次世界大戦後の冷戦期にあって米ソいずれの軍事ブロックにも加盟せず，東西間のイデオロギー的対立，政治経済体制の選択，軍事的紛争に対して中立的立場を掲げた外交上の考え方で，国際法で規定される中立とは区別される。植民地支配から独立まもないアジア・アフリカの諸国の多くは，自国の独立を維持し，東西間の対立においては局外中立を堅持すべくこうした考え方に基づいた外交政策をとった。

1953年2月インドのネルー首相は「第三地域論」を公表し，両軍事ブロックに加わらない第三地域の拡大が世界の平和に貢献するとの判断を示し，さらに54年4月ネルー・周会談で提唱された「平和五原則」によって非同盟中立外交を採択する国家が拡大した。当初は「アジア・アフリカ中立主義」と呼ばれることが多かったが，61年9月にユーゴスラヴィアが主催国となり非同盟諸国首脳会議が開かれると，それ以後「非同盟中立主義」の呼称が一般的に用いられ

るようになった。しかし，これらの諸国の間にも東西間対立での局外中立的な姿勢を消極的外交として批判し，より積極的に両ブロックの解消と冷戦の克服を求める国家もあって，冷戦への対応も一様ではなかった。

〔関連項目〕　平和五原則／平和共存　〔定形衛〕

## 人質防止条約　International Convention against the Taking of Hostages

人質行為とは，人を略取，誘拐又は監禁することにより，その解放と引き替えに第三者に対して作為又は不作為を要求する行為をいう。1970年代以降，世界各地で大使館や領事館を襲撃占拠する事件が多発した。こうした問題に対応するために西ドイツが国連において人質行為を条約によって禁止する案を提唱し，79年の国連総会において人質防止条約（正式名「人質をとる行為に関する条約」）が採択された（締約国174ヵ国）。同条約では，人質行為を犯罪化し，人質犯罪の重大性を考慮した適切な刑罰を科すことを締約国に義務づける。犯罪が自国領域内で行われた国家，強要の対象国，被害者の国籍国にも裁判権を認めている。容疑者が所在する国は，容疑者を引き渡さない場合には，例外なしに訴追のために自国の権限ある当局に事件を付託する義務を負っている。今日領域的な支配権を主張する非国家的武装集団による人質行為を伴う拉致，監禁等の犯罪行為が多発しており，その防止と処罰のための体制強化が国際的な課題となっている。わが国の国内法としては，日本赤軍による日航機ハイジャック事件（ダッカ事件，1977年9月）をきっかけとして「人質による強要行為等の処罰に関する法律」（1978年）が制定されている。　〔北村泰三〕

## ヒトの国際移動　international migration

19世紀の東アジアは，清朝を中心とする華夷秩序から西欧近代による世界システムへと編入され，人の国際移動が始まった。アヘン戦争後

の南京条約（1842年）が締結され，中国人苦力が英領の海峡植民地や新大陸に非公式に登場し，アロー戦争後の北京条約（60年）によって海外移民が公式に解禁された。日本もまた日米和親条約（54年）で開国し，68年の元年組がハワイ渡航を決行し海外移民の先駆けとなるが，公式には85年の官約ハワイ移民がその嚆矢となった。朝鮮の開国は遅れたが，19世紀中葉から「満洲」への入植やウラジオストック建設に伴う出稼ぎが始まり，人の国際移動の前兆となった。

19世紀の米大陸や「南洋」では欧米帝国の植民地支配や「開発」に伴い労働力需要は高まっていたが，大西洋の両岸では奴隷貿易・奴隷制が廃止され，従来の労働力供給システムが崩壊して代替労働力への強い需要が生じていた。西欧諸国や米大陸の諸政府は労働力として定評のある中国人苦力やインド人（後に日本人）に注目し，彼らは代替労働力として世界労働市場に呑みこまれていった。他方，西欧近代に少し遅れて帝国化する日本帝国の膨張によって人の移動は刺激され，東アジアは国際移動の時代となった。もっとも，近代化による身分社会からの解放，現金収入を必要とする日常生活の拡がり，西欧的な価値観の導入等々が，人々の伝統的な生活や価値観を揺り動かし，伝統的村落からの地域移動や社会移動をもたらしていった。しかも，国内移動だけでなく，国境を越えての移動も同時に刺激されていったことは注目すべき点だ。

日本を巡る国境を越える人の移動は，一方では世界的労働力市場と結びつくことで生じた海外移民であり，他方では，日清戦争・日露戦争を契機とする日本帝国の膨張とともに20世紀前半における帝国を巡る人の移動となった。後者は「内地」から「外地」への人の移動，「外地」から「内地」への移動，「外地」間の移動といったように，多様で大規模な人の移動であった。なかでも植民地・勢力圏への日本人の移動は他の欧米帝国と比べて際立っていた。やがて，アジア・太平洋戦争という世界史的事件によって人の移動は規定されるし，その終戦・帝国崩壊によって国境線が再画定され，復員・引揚げそして送還等々という約900万人にも及ぶ大量な人の移動が短期間のうちに劇的に生じたのである。

【参考文献】蘭信三編『日本帝国をめぐる人口移動の国際社会学』不二出版，2008年／カースル，S.・ミラー，M. J.（関根政美・関根薫監訳）『国際移民の時代（第4版）』名古屋大学出版会，2011年　　　　　　　　　　　　　　　〔蘭信三〕

■ 日の丸・君が代強制　mandatory respect for the Hinomaru and the Kimigayo

明治期以来，日の丸・君が代は事実上（確たる法的根拠なしに），国旗・国歌の扱いを受けてきた。戦後，天皇主権の大日本帝国憲法の下で対外的な軍国主義のシンボルとなった日の丸・君が代を，日本国憲法の下で国旗・国歌として扱うのはふさわしくない，という意見が有力に主張された。だが1999年にいわゆる国旗・国歌法が制定され，日の丸・君が代は法的に国旗・国歌とされた。

その後，国と各自治体の教育委員会による強力な行政指導により，全国の学校現場で卒業式・入学式における国旗掲揚と国歌斉唱の実施率がほぼ100％とされた。その過程で，職務命令に従わずに起立しない教員やピアノ伴奏を行わない音楽専科教員が多数，懲戒処分を受けた。この職務命令が憲法19条の保障する内心の自由を侵害するとして，多くの訴訟が提起された。だが最高裁は，2007年のピアノ伴奏命令事件判決（最判平成19年2月27日）と，11年の一連の起立斉唱命令事件の諸判決（最判平成23年5月30日，最判平成23年6月6日，最判平成23年6月14日）で，各職務命令を合憲と判断した。ただ，12年の同日の2つの不起立懲戒処分事件判決（最判平成23年1月16日）で，職務命令違反に対する懲戒処分が重すぎる場合を違法

だとした。

【関連項目】国旗・国歌法／思想・良心の自由〔佐々木弘通〕

### 被爆教師の会 Association of Teachers of the Atomic Bomb Survivors

　原爆被爆体験を持ち，語り部として活動する元教職員によって構成される諸組織。全国原爆被爆教職員の会，広島県被爆教師の会，長崎市被爆教員の会，ひろしまを語り継ぐ教師の会などがある。1969年広島県被爆教師の会，72年全国原爆被爆教職員の会が結成され，広島で被爆した石田明（2003年10月27日逝去）が両会の会長に就いた。1970年5月には長崎市被爆教師の会，同年8月には長崎県被爆教員の会が結成された。また，82年6月には広島高教組被爆二世の会，86年7月には長崎県被爆二世教職員の会，88年3月には全国被爆二世教職員の会がそれぞれ発足している。当初のそれぞれの被爆教職員の会は，それまで教員個々で取り組んできた平和教育の組織的実践を主に目指した。特に，長崎の場合は，広島と異なり，長崎市教育委員会の「平和に関する教育の基本3原則」の第1項において原爆を原点とするものではないとした。「原爆を原点とすべき」とする県教組，被爆教師との間でいわゆる「原点論争」が繰り広げられた。2000年以降になると原爆体験を語り，それを後世に残そうとする元教師の組織が誕生してくる。例えば，01年11月に発足した「ひろしまを語り継ぐ教師の会」がそれである。
〔川野徳幸〕

### 被爆者（被曝者，ヒバクシャ） atomic bomb survivors

　「被爆者」は，1945年8月6日に広島，その3日後に長崎に米軍が投下した原子爆弾により被爆した人たちを指す。このうち被爆者援護法の対象となる被爆者は，被爆した区域や期間など所定の条件を満たして被爆者健康手帳を取得した人に限定している。一方，同法の条件を満たしても，あえて手帳を取得しない人や，被爆事実を証明する書類あるいは第三者の「証明人」の証言が不十分だとして申請を却下された人もいる。指定区域外で放射性降下物を含む「黒い雨」を浴びた人たちは，深刻な健康被害を受けているとして，「被爆者」に含めるよう厚生労働省，広島県，広島市に強く訴えている。

　一方，「被曝者」は一般的には，核実験や原子力発電所の事故，ウラン鉱山での採掘作業などで放射線被曝をした人を指し，「被爆者」と区別される。だが，双方を「核被害者」と捉えて「ヒバクシャ」と呼び，世界各地の「ヒバクシャ」の実態に光を当てようとする動きが平和運動や研究の領域において目立ってきている。

【関連項目】グローバル・ヒバクシャ／被爆者援護法／被爆者健康手帳
〔金崎由美〕

### 被爆者運動（広島） atomic bomb survivors' movement in Hiroshima

　原爆被害者の活動は慰霊から始まる。生徒353人が死去した県立広島一中（現国泰寺高）の親たちは1946年に遺族会をつくり，「追憶之碑」と刻んだ碑を2年後，校内に建立した。最多の学徒犠牲者666人が出た市立高女（現舟入高）の遺族は48年，「平和塔」と呼んで碑を設けた。原爆の惨禍を巡る報道を封じた連合国軍総司令部（GHQ）の占領政策を，慰霊行事すら意識せざるを得なかった。

　対日講和条約が発効した4ヵ月後の52年8月，「原爆被害者の会」が発足する。米メディアが「原爆1号」と呼んだ吉川清や，『原爆詩集』を著した峠三吉が組織化を進め，生活実態も調査した。被爆牧師の谷本清は，自ら呼び掛けた「原爆乙女の会」の9人を連れて6月に上京。地元では批判も出たが，報道を通じて支援への関心を促した。さらに独身女性25人は，原爆孤児を支援する「精神養子」を提唱したノーマン・カズンズら米国市民の協力を得て55年渡

米治療に臨む。この事業は援護行政実施への呼び水ともなった。

56年5月には広島県原爆被害者団体協議会が結成され，8月の日本原水爆被害者団体協議会へと繋がる。国家補償に基づく被爆者援護法制定と原水爆禁止を代表委員に就いた森滝市郎や藤居平一らは推し進めていく。

子どもたちと「折鶴の会」をつくった河本一郎は60年，原爆ドームの保存に向けた行動を先駆けて起こした。米国から移り住んだバーバラ・レイノルズは，被爆者の「世界平和巡礼」を62年と64年に実現させ，医師原田東岷らとヴェトナム戦傷児の救援も行った。

80年代に入ると，原水禁団体と距離を置く被爆者も証言をするようになる。市の外郭として発足した広島平和文化センターは83年から修学旅行生らへの体験講和者を募った。2012年からは市の「被爆体験伝承者」の育成も始まる。原爆体験に基づく訴えや運動の礎を築いた人たちが次々と亡くなり，行政が活動を担う面が進む。

「原爆は威力として知られたか　人間的悲惨として知られたか」。東西両陣営が核開発を競った60年代，広島のジャーナリスト金井利博が発した痛切な問い掛けである。核兵器を巡る問題を国家の側からではなく間の側から見つめる市民の行動が一層必要となっている。

【関連項目】原水爆禁止運動／日本被団協
【参考文献】今堀誠二『原水爆時代（上）・（下）』三一書房，1959-60年／宇吹暁『ヒロシマ戦後史』岩波書店，2014年／中国新聞社『検証ヒロシマ』中国新聞社，1995年〔西本雅実〕

## 被爆者援護法
### Atomic Bomb Survivors Support Law

被爆50年を控えた1994年12月9日成立，95年7月1日施行の「原子爆弾被爆者に対する援護に関する法律」。原爆医療法と原爆特別措置法を1本化し，自民，社会両党などの連立政権による政府提案で制定された。

前文で「核兵器の究極的廃絶に向けての決意を新たにし，原子爆弾の惨禍が繰り返されることのないよう，恒久の平和を念願する」と掲げ，「国の責任において」総合的な援護対策を講じることを明記。74年9月末までの死没者の遺族で被爆者健康手帳所持者に特別葬祭給付金の支給や，追悼事業などを新設した。

援護法案の国会提出は59年，社会党の提案から。日本被団協が「被爆者援護法案のための骨子請求」を発表した翌74年，共産，公明，民社との4野党が初めて共同提案し，国家補償に基づく援護法制定の動きが高まる。しかし，政府と自民党は，戦争被害の受忍論と一般戦災者との均衡論を根拠に退け，廃案と撤回を24回も繰り返し，社会党首班の村山富市内閣の下で実現した。しかし，「国家補償」は明記されず，特別給付金は「生存被爆者対策の一環」と位置づけられるなど政治的な妥協も図られた。

【関連項目】受忍論／被爆者運動（広島）〔西本雅実〕

## 被爆者健康手帳
### Atomic Bomb Survivor's Certificate

被爆者であることの法的な証明として原爆に遭った生存者を対象に各都道府県知事（広島・長崎市は市長）が1957年から交付している。

申請は，広島・長崎市内又は隣接地域での「直接被爆者」①原爆投下時から2週間以内（広島は45年8月20日まで，長崎は同23日まで）に爆心地から約2km以内の「入市者」②「救護・看護，死体処理の従事者」③左記の被爆者の胎児（広島は46年5月31日，長崎は同年6月3日までに誕生）が対象。当時の罹災証明書や公的機関発行の証明書，書簡などの記録書類，第三者2人以上の証明書，申立書などのいずれかの提出が求められる。

交付されると医療費が支給され，「原爆症」と認められた場合には医療特別手当（2015年度月額13万8380円）を，運動機能など11障害を伴う疾病では健康管理手当（同3万4030円）を受

けることができる。
　手帳所持者は、最高時の80年度は37万2264人にいたが99年度に30万人を割り、2014年度末は18万3519人、平均年齢は80.13歳となった。
　援護の対象外となっていた在外被爆者は、02年から手帳交付申請などの渡日費用が支給され、08年からは在外公館で申請手続に応じている。

〔関連項目〕　外国人被爆者／被爆者援護法　　〔西本雅実〕

## 被爆者差別
discrimination against atomic bomb survivors

　被爆者による証言、手記等から被爆者に対する様々な差別があったことが理解できる。実際、どの程度の被爆者が、どのような差別を受けたのか、明らかになっているわけではない。しかしながら、2005年3月・4月に朝日新聞社が実施した「被爆60年アンケート調査」によると、アンケート回答者1万3204人の内、2674人が差別・偏見の経験ありと回答した。その内訳であるが、1966人が結婚時の差別・偏見を挙げていた。原爆熱傷の特徴は熱傷範囲の広さとケロイドであるが、この消せないケロイドで偏見・差別を受け、結婚を諦めた被爆者は少なくない。また、幸いに外見上は無傷であったとしても、被爆者であるが故の結婚時の差別を経験した被爆者は決して少なくないのである。
　ある福岡在住の被爆者は「被爆者であることをかつて交際相手の両親に反対され、結婚できなかった。忘れもしない」と証言している（『朝日新聞』2005年7月17日、女性）。また、平岡敬元広島市長は、著書『無援の海峡』のなかで、1953年頃のお見合いにまつわる思い出を次のように回想した。「私に縁談を持ち込んでくる世話好きな老人が、私の家に何人か出入りしていた。彼らは私の母をつかまえては、相手の家柄からけいこごと、趣味にいたるまで滔々と並べたてたあと、たいていこうつけ加えるのであった。『ええ（良い）娘さんでしょう。

ちょうど疎開しとりましてのう、ピカには遇うとらんのですよ』」。
　これらの証言が示すように、結婚適齢期を迎えた被爆者たちは、新たな原爆被害を体験することとなる。結婚時の差別・偏見体験者の7割以上は74歳以下（調査時）であった。45年の被爆当時14歳以下であった被爆者は、50年頃から結婚適齢期を迎える。平岡は、「原爆被害の初公開」という特集号により原爆被害の地獄の様相を戦後初めて写真で伝えたとされる52年発行の『アサヒグラフ』(56 (32)、朝日新聞社）と54年のビキニ被災によって、原爆と放射能の恐怖が国民に初めて理解され、それによって広島・長崎の被爆体験が国民的体験へと変遷を遂げると指摘する。

〔関連項目〕　被爆者（被曝者、ヒバクシャ）／被爆者の心理的衝撃　　〔川野徳幸〕

## 被爆者対策事業
policies to support atomic bomb survivors

　被爆後間もなく、広島・長崎では地元の医師によって地道な被爆者の治療や研究が行われてきたが、1953年の両市での原爆障害者治療対策協議会の設立、56年の日本赤十字社広島原爆病院、58年の長崎原爆病院の完成により、組織的な原爆障害の研究や診療が開始された。こうしたなか、広島・長崎両市長、両市議会議長の連名により「原爆障害者援護法制定に関する陳情書」を政府に提出するなどした結果、57年原爆医療法が施行され、医療面における被爆者対策は大きく進展した。さらに、61年に広島大学原爆放射能医学研究所、62年に長崎大学医学部附属原爆後障害医療研究施設が設置され、放射線の人体への影響とその対策、放射線障害の予防などについての基礎医学的な研究が大きく進んだ。68年原爆特別措置法が施行され、特別手当、健康管理手当等の支給が開始された。95年原爆医療法と原爆特別措置法が一本化され、被爆者援護法が施行され、被爆者に対する総合的

な援護対策が実施されることとなった。
　広島市では57年，長崎市では59年原爆被害対策を所管する部署を設置，67年原子爆弾被爆者援護措置要綱を制定し被爆者援護に取り組んでいる。　　　〔広島市原爆被害対策部調査課〕

## 被爆者の健康被害
health effects in atomic bomb survivors

　原爆被爆者における原爆被災による健康被害は，爆発の物理力（爆風，熱線，放射線）による外傷（打撲，裂傷，火傷）と急性放射線障害によって引き起こされ，多くの死亡者が出た。これらは原爆症とも呼ばれた。昭和20年末までに急性放射線障害はほぼ収束したが，生存した被爆者の多くが外傷の後遺症に悩まされた。代表的なものは火傷の瘢痕治癒によるケロイドである。若い被爆者にとって結婚の機会の妨げとなった。
　数年後からは白血病の発生が，まず子どもの被爆者において始まった。次第に大人にも増加し，昭和30年までにピークになり，約15年持続した。白血病の減少と逆に昭和30年代ころから徐々に種々の臓器の癌が増加し始めた。例えば少女期に被爆した女性被爆者における乳癌の増加である。癌の種類はほとんどの臓器にわたる。この癌の増加は白血病が一旦減少したのと異なり，全く収束することなく現在に至るも持続しており，結局は放射線被爆による健康障害は生涯持続性であることが明白となっている。
　一旦減った白血病も被爆者の高齢化と共に，平成時代に入ると骨髄異形成症候群（MDS）という白血病類縁疾患として増加しつつある。小児期に被爆した人が60歳以上になってから，高齢者に特有のMDSが増加して来た原因として考えられるのは，1945年に各臓器の細胞のうち最も根源的な幹細胞が放射線被爆によりそのDNA（遺伝子）に損傷を受けたことが起点である。さらに多くの遺伝子に変異が生じ，半世紀の潜伏期間を経て癌やMDSを発症するに至る発癌過程である。臓器幹細胞標的仮説と呼ばれている。
　被爆から70年を経た被爆者では現在心筋梗塞などの血管病が増加してきており，被曝線量との相関が証明され，悪性腫瘍（癌，白血病，MDS）以外の原爆後障害として現在，研究が展開されている。なぜ血管病が増加するのか，そのメカニズムは未解明である。
　このほか原爆50年目の頃に行われた原爆体験の心理的・精神的影響の調査によって，半世紀以上続く抑鬱状態などの精神的影響の存在が明らかにされた。外傷後ストレス障害（PTSD）と診断される例も存在する。
　原爆の物理力による障害と被爆体験は70年という長い期間にわたって様々な健康影響を被爆者に与え続けてきたことが長期の観察でやっと解明されたが，その解明途上では被爆者の種々の健康異常の訴えは正しく評価されてこなかった状況もみられた。

【参考文献】放射線被曝者医療国際協力推進協議会編『原爆放射線の人体影響（改訂第2版）』文光堂，2012年
〔朝長万左男〕

## 被爆者の心理的衝撃
mental health of atomic bomb survivors

　被爆者の精神的・心理的影響に関する調査は，被爆後の15年間に数回行われたのみで，その後ほとんど行われていない。1949年，奥村らは国立大村病院において50名を調査し，神経衰弱様症候からノイローゼへの発展があったことを報告している。62年，エール大学の心理学者リフトンは広島の被爆者を訪問し，羞恥心や罪意識，精神的不安，肉体的恐怖の拡大などを見出した。77年，NGOによる被爆者調査が実施された。100人を対象として生活史及び精神史を調べ，被爆前，被爆後及び現在の意識に関する事例分析を行った。
　内科医が被爆者を診療する際に，多くの被爆者がかなりの不安を訴えていた。被爆距離にか

かわらず，癌になるのでないかという不安である。科学的な結果を残すべきであると，被爆50周年を迎えた95年，被爆者の平均年齢は65歳となった。これを機に被爆者のこころの問題が取り上げられるようになってきた。長崎大学が中心となった調査は，第1段階として約7600人を対象に，GHQ-12項目を用いて精神的健康度が調べられた。第2段階として対象者をしぼり，半構成面接と臨床医による面接をもとに精神疾患の診断がつけられた。98年，本田純久らが精神的健康度と被爆距離の関係を報告した。2km以内の被爆者は精神的健康度が低いことが示唆された。さらに本田らは，この被爆距離に隠された他の要因を探るために郵送調査を実施した。その結果，精神的健康度に関連する要因は被爆距離，家屋の被害程度，急性症状の有無，家族の死であることを報告した。三根眞理子らは長崎市の健康調査（97年）から，被爆体験に関する質問と精神的健康度との関連を分析した。精神的健康度と強い関連を示したのは近親者の死亡，健康不安，被爆体験想起であることを見出した。この結果は本田らの報告とほぼ一致していた。95年に開催された第36回原子爆弾後障害研究会シンポジウム「被爆50周年―その歩みと将来の展望」のなかで太田保之らが「被爆中高齢者の生活実態と精神心理学的問題」に関して報告を行った。被爆者の精神的健康度をGHQ-30項目で評価した初めての報告であった。ストレスに対する不安反応が高く，自己の健康喪失感，生活環境への不満感がGHQ得点を押し上げている可能性が示唆されたとしている。

【参考文献】　リフトン，ロバート・J．（湯浅信之ほか訳）『死の内の生命』朝日新聞社，1971年／日本準備委員会『被爆の実相と被爆者の実情』朝日イブニングニュース社，1978年／本田純久ほか「長崎原爆被爆者の精神的・心理的影響に関する調査」『広島医学』51巻，1998年　　　　　　　　　〔三根眞理子〕

## 被曝線量　exposure dose

　放射線被曝は日常生活においては自然放射線や医療におけるCT検査などによる外部被曝と，食物に含まれる微量の放射性物質（K40など）による内部被曝がある。自然放射線は地球の内部から出るラドンガスなどの吸入による内部被曝と宇宙から降り注ぐγ線などによる外部被曝がある。その年間平均総量は日本人では約2.5mSvである。

　原発事故などの災害に遭遇すると余分な放射線被曝が生じてくる。この余分な被曝による線量は日本の放射線防護の法令では年間平均1mSv内に止めるべきことが定められている。

　被曝の様式にも，原爆のように瞬間的な外部被曝が生じる場合と，福島第一原子力発電所事故で典型的にみられた発電所内の従事者が毎日種々の線量を被曝し続けることによる慢性被曝があり，それらの積算線量が重要となってくる。

　福島県の住民の場合は，同様に毎日の行動によって種々の程度の被曝線量を受けるため　積算線量が重要となる。さらに毎日の食事で摂る食物の放射能汚染の濃度（1kg当たりのベクレル数で表される）が重要となり，その結果生じる内部被曝をベクレル数から換算できる。空気中に放出された放射性ヨウ素（ヨウ素131，ヨウ素134）は呼吸で肺に吸い込まれ血中に吸収され，主に甲状腺に取り込まれる。これもベクレルから被曝線量を計算することができる。

　被曝線量の単位にはGy（グレイ）とSv（シーベルト）がある。Gyは放射線が当たった物体が受けた吸収エネルギーの量を表している。Svは生物学的線量とも言われ，人体が受ける放射線で細胞に与えられるエネルギーが，放射線の種類によって異なることに配慮して，Gyに換算係数を掛けて人体が吸収したエネルギーを算定できる。例えばγ線の係数は1.0で，GyとSvの線量は一致する。しかしα線は係数が20であり，1Gyが20Svと吸収エネ

ギーは大きい．中性子線はエネルギースペクトラムが様々であり，係数は 2～20 までと幅が広い．

被曝線量の測定は，空中線量はガイガーミューラー測定器で，個人の被曝線量は時間単位で測定し積算線量が出る個人線量計，放射線の種類を $\gamma$ 線と $\beta$ 線に分けて測定できるスペクトロフォトメーター，体内に存在する放射性物質が出す $\gamma$ 線を測定できるホールボデイーカウンター等がある．また体内に入った放射性物質が尿などで体外に排出される量を測定する機器や食物 1kg を密閉してベクレル数を測定する機器がある．

【関連項目】福島第一原子力発電所
【参考文献】多田順一郎『《疑問が解ける》放射線・放射能の本』オーム社，2014年　〔朝長万左男〕

## 被爆体験継承活動（長崎）
activities to pass down atomic bomb survivors' experiences in Nagasaki

長崎における被爆体験継承活動の主要な担い手として，長崎被災協（長崎原爆被災者協議会，結成1956年，以下同じ），「長崎の証言の会」(69年)，そして官民一体型の任意団体「長崎平和推進協会」(83年，財団法人84年）を指摘することができる．

被爆体験継承活動の歴史を見渡すと，大きな転換点が 2 つある．1 つは 77 年 NGO 被爆問題国際シンポジウムが東京，広島，長崎で開催され，82 年には第 2 回国連軍縮特別総会（SSD-II）の場で，山口仙二が日本の被爆者を代表して「ノーモア・ヒバクシャ！」演説を行った．この一連の出来事は，「被爆の実相と被爆者の実情」が国際的環視の下に置かれ，グローバルな関心事となった象徴である．いま 1 つは「高校生平和大使」(98年) と「高校生 1 万人署名活動」(2001年) の始動である．これらは被爆から半世紀を超えて被爆者の高齢化が進み，若い世代が「微力だけれど無力ではない」を合言葉に，被爆体験の継承に自ら積極的に関わる転換点となった．

ところで，継承を考える上で留意すべき問題がある．長崎ではかつて一人芝居「命ありて」を演じる被爆者に対して野次が飛びアメが投げつけられ，最近では原爆の遺構巡りを案内する被爆者に対して「死にそこない！」などの暴言が吐かれた．さらに「平和推進協会」では 06 年，「継承部会」に属する被爆者に対して「被爆講話での政治的発言の自粛」が通達された．これはいわば官と民の組織の亀裂から噴き出たもので，幅広い被爆者・市民の抗議によって撤回された．

長崎には反核を訴える流儀として（「岩松方式」改め）「長崎方式」というものがある．長崎の被爆者・岩松繁俊が提唱した「反核を訴えるときには，必ずその前に，日本の戦争犯罪を自己批判しなければならない」という定式に基づく．長崎市立「長崎原爆資料館」とならんで，近代日本のアジア侵略戦争の実態を展示した民間の「岡まさはる記念長崎平和資料館」はこの流儀を示している．

【参考文献】岩松繁俊『反核と戦争責任』三一書房，1982年／長崎新聞社編集局ほか『高校生一万人署名活動』長崎新聞社，2003年／濱谷正晴『原爆体験』岩波書店，2005年〔髙橋眞司〕

## 被爆体験継承活動（広島）
activities to pass down atomic bomb survivors' experiences in Hiroshima

被爆体験継承が被爆地の課題として意識されるのは 1990 年代からで，92 年の平和宣言には「若い世代に原点・ヒロシマを伝え続けたい」（広島）「核兵器廃絶こそ世界平和の第一歩であることを青少年に教えてください」（長崎）などの表現が盛り込まれた．このころ被爆者団体も「被爆体験をつなぐ」活動に力を入れはじめ，被爆二世を継承者として育成し，若い世代に被爆体験を伝える活動を重視するようになった．

被爆体験継承に相当する活動は70年代から存在する。78年度に財団法人広島平和文化センターが修学旅行生を対象に始めた「被爆体験講話」もその一つ。同センターは83年に被爆者8人による証言者組織を発足，87年には講話内容充実のため学習・交流組織「被爆体験証言者交流の集い」を設立。毎年数回の研修会を開いて証言者を育成し，2000年頃には約30人が登録証言者として活動した。

一方，被爆者の高齢化に伴い証言者が減少したことを受けて，広島市は14年度から被爆体験伝承者養成事業を開始した。被爆体験を語る「証言者」と，それを伝える「伝承者」を市民から募集し，3年間かけて養成するプログラムだ。初年度には証言者に32人，伝承者に137人の応募があり，17年度から約50人が伝承者一期生として講話活動を開始した。その後も毎年，募集を継続している。

体験記や被爆証言ビデオを用いた活動もある。国立広島原爆死没者追悼平和祈念館と国立長崎原爆死没者追悼平和祈念館が08年，ウェブサイト上に「平和情報ネットワーク」を開設し，両館が所蔵する約13万編の被爆体験記と約1600編の証言映像の一部を，日本語のほか英語，中国語，韓国・朝鮮語に翻訳して公表しており，15年10月現在，被爆体験記は日本語263編，英語78編，中国語と韓国・朝鮮語各50編，被爆証言映像は日本語532本，英語と韓国・朝鮮語各131本，中国語130本を掲載している。

【関連項目】　被爆者運動（広島）／被爆体験継承活動（長崎）
【参考文献】　広島県原爆被害者団体協議会『広島県被団協史』，2001年／財団法人広島平和文化センター『広島平和文化センター20年誌』，1997年
〔水本和実〕

**被爆建物（広島）** atomic-bombed building

「広島市被爆建物等保存・継承実施要綱」に基づいて被爆建物台帳に登録された，爆心地から5km以内に現存する建物。2014年11月現在，原爆ドームをはじめ86件（公共所有20件，民間所有66件）が登録されている。

1946年度市政要覧によると，被爆前の広島市内には7万6327件の住宅があったが，原爆投下によって，9割に当たる7万147件が焼失又は破壊された。95年の調査では，被爆直後に残った非木造建物は157件とされている。

その後，使用に耐えないほど崩れたものは取り除かれ，応急修復して使用されたものも，土地区画整理等による取り壊しや建て替えにより，65年頃から90年頃にかけて次々と姿を消していった。

被爆建物保存のさきがけとなったのは原爆ドームである。長く放置状態が続いた後，保存の機運が高まり，被爆21年後の66年7月，広島市議会が原爆ドームの保存を満場一致で決議し，翌年，保存工事が行われた。

広島市は当初の原爆ドームのみを被爆建物として保存するという姿勢であったが，1つひとつの被爆建物が，被爆前の街と暮らしを伝え，被爆直後の救護や復興を支えた，市民の記憶の道標であるとの認識が高まった。90年3月には，広島市議会が「被爆の実相を広く伝えるために，被爆建物に対する対応の仕方については，慎重かつ十分な調査研究の上にたって，この歴史的財産を公正に残すべきである」との決議を行った。

これを受けて，93年5月に「広島市被爆建物等保存・継承実施要綱」と「広島市被爆建物等保存・継承検討会議設置要綱」が定められ，被爆建物台帳への登録が始まった。広島市は，被爆建物の所有者に保存・継承への協力を呼びかけ，保存工事の際に費用助成を行っている。

【関連項目】　広島の復興
【参考文献】　広島市『ヒロシマの被爆建造物は語る』広島市，1996年
〔志賀賢治〕

**被爆地の救護活動（長崎）** relief activities after the atomic bombing in Nagasaki

長崎での原爆炸裂直後における医療救護活動

は，まず爆心地帯の周辺から市医師会を中心とした医療救護関係者によって始まった。主な救護治療所となったのは新興善，勝山，稲佐などの国民学校救護所や三菱病院，悟真寺であった。市北部では退役軍医の活動が見られた。

次いで1，2時間後には，爆心地帯において，医科大学関係は附属病院の裏手の丘で，浦上第一病院は焼け跡の一室で，秋月辰一郎医師らが，被爆の翌朝から診療を開始した。三菱浦上分院は銭座方面の防空壕で，負傷者の救護にあたった。

さらに4，5時間後には応援救護の第1陣として諫早海軍病院救護隊が伊良林国民学校において治療を始め，また爆心地帯には，大村海軍病院救護隊と国立小浜診療所救護班が入り，最初の救護班として活躍した。

新興善国民学校救護所で初期の医療活動の中心となったのは同地区担当の医師・薬剤師らの救護要員だった。市外から第1次針尾海兵団救護隊が到着したのは8月11日の夕方のことであった。12日に到着した佐世保海軍病院武雄分院救護隊の軍医は，ここで被爆者の治療にあたった。応援救護の第1陣として諫早海軍病院救護隊が伊良林国民学校で，爆心地帯では大村海軍病院救護隊が入った。

本格的な医療救護活動は，10日以降となった。陸海軍の大量の救護隊，各大学及び県内，県外救護班が相次いで到着した。

多くの救護所では救護活動は主に針尾海兵団，佐世保海軍病院，日本赤十字社看護婦長崎班，九州帝国大学医学部，熊本医科大学，山口県立医専，その他多くの大学や医療機関からの応援により行われた。これに関しては『長崎原爆戦災誌第1巻』に詳細な記録がある。長崎医科大学では戦時中に11個隊からなる医療救護隊が組織されていた。しかし，原爆は市の救護体制の中核とも言える大学全体を破壊し，大多数の医師や看護婦を殺傷した。かろうじて生き残った2個隊が奮闘した。調来助教授を隊長と

する第6医療救護隊16人は滑石を拠点として活動を行った。詳細は『原爆被災復興日誌』にまとめられている。永井隆助教授を隊長とする第11医療救護隊12人は長崎市郊外の三ツ山地区を拠点として救護活動を行った。詳しくは『原子爆弾救護報告』にまとめられている。そのほか長崎医科大学附属専門学校の仮卒業の学生たちが学長の特別許可を受けて行った巡回診療活動がある。県内外の海軍病院をはじめ，学校，寺院などおよそ80ヵ所にのぼる施設で負傷者の手当てが続けられた。

【参考文献】 長崎市『長崎原爆戦災誌第1巻総説編（改訂版）』藤木博英社，2006年／長崎大学医学部原爆復興50周年医学同窓会記念事業会『原爆復興50周年記念長崎医科大学原爆記録集第1巻』昭和堂印刷，1996年　　　　〔三根眞理子〕

| **被爆地の救護活動**（広島） relief activities after the atomic bombing in Hiroshima

原子爆弾により広島市内は壊滅的状況に陥り，陸軍や警察，主要官公庁も機能を失った。初期の救援救護活動では，爆心地から4km離れた宇品の陸軍船舶司令部（通称・暁部隊）や近郊から駆けつけた警防団が市内に散乱する遺体を回収，火葬する一方，生存者を臨時の救護所へ運送した。救護従事者は入市被爆している。しかし医療施設が原爆により大きな被害を受け，医療従事者や医療物資が不足したため，可能な救護活動は限られていた。市内で大きな役割を果たした病院には広島赤十字病院，広島逓信病院，陸軍共済病院などがあり，学校は郊外のものも含め臨時の救護所となった。広島湾に浮かぶ似島にあった似島検疫所にも大勢の負傷者が運ばれた。6日のうちに市内外には241ヵ所の救護所が開設され，近郊町村からは食糧も届けられた。

敗戦により日本軍が解体すると救護活動は行政に委ねられたが，戦時災害保護法では戦災時の救護期間は2ヵ月と定められていたため，1945年10月5日には多くの救護所が閉鎖され

た。なお，赤十字国際委員会駐日主席代表であったスイス人医師マルセル・ジュノーは来日していたが，広島の惨状を知り，連合国最高司令官総司令部（GHQ）と掛け合って15tの医療物資を調達し，9月8日に広島入りした。ジュノーの医薬品は多くの人を救ったとされるが，市内が壊滅の状況に陥り，多くの放射線障害に苦しむ市民を抱えた広島においては十分ではなかった。〔桐谷多恵子〕

**被爆二世** second generation of the atomic bomb survivors

一般に，被爆者を両親又はどちらかに持ち，両親又はどちらかが被爆後に命を授かった者とされる。被爆者援護法には規定はないが，厚生労働省の通達にもとづき，全都道府県で実施されている被爆二世健康診断では，両親のいずれかが被爆者であって，広島被爆は1946年6月1日，長崎被爆は同6月4日以降に生まれた人が対象者とされている。

政府による被爆二世の実態調査は行われておらず，正確な数は不明で，30万人とも50万人とも言われている。放射線の遺伝的影響は認められないとして，被爆二世に対する政府による施策は年1回の健康診断にとどまる。その根拠は，日米共同の研究機関，放射線影響研究所（放影研）の調査結果にある。放影研は非被爆者の子らとの比較調査を行い，被爆二世における死亡率や癌発症率の増加は認められないと報告した。しかし近年の鎌田七男（広島大学名誉教授）らによる研究では，両親共に被爆した広島の二世は，どちらかの親が被爆した場合より白血病の発症率が高いことが示されている。

被爆二世の組織は，73年に全電通広島被爆二世協議会が発足したのが始まりで，82年には広島県被爆二世団体連絡会が，88年には全国被爆二世団体連絡協議会（二世協）が発足した。二世協は，国家補償と被爆二世・三世への適用を明記した被爆者援護法への改正や，被爆二世健診への癌検診追加と実態調査等を政府に求める活動を展開した。しかし，二世運動が大きな流れになっているとは言い難く，労働組合が主体であったり，差別と偏見を恐れ，被爆二世と名乗りにくい状況も存在する。〔桐谷多恵子〕

**非武装地帯（DMZ）（朝鮮半島）**
demilitarized zone

非武装地帯（DMZ）は，国際的な条約や協定により武装が禁止された地域である。朝鮮半島非武装地帯は，1953年7月27日に締結された朝鮮戦争の停戦協定によって設定され，同地帯では，武力衝突を防止するために軍の駐留，武器の配置，軍事施設の設置などが禁止されている。停戦協定は，1条1項で，軍事境界線を確定し，南北双方が境界線からそれぞれ2kmずつ後退して非武装地帯を設定し，これを緩衝地帯として規定している。軍事境界線は約200mの間隔で立てられた1292個の杭で示し，非武装地帯は西側の臨津江河口から東海（日本海）の高城までの計248kmとし，軍事停戦管理委員会の管理下に置くように規定している。非武装地帯の最北の境界線を「北方限界線」（NLL），最南の境界線を「南方限界線」（SLL）という。北方限界線と南方限界線には鉄柵が張られており，南北の軍隊がそれぞれ駐留し，相手の軍事活動を監視・偵察する前方監視警戒所（GP）がある。軍事停戦委員会の特定の許可を得ない限り，いかなる軍人や民間人も非武装地帯のなかに入ることができない（停戦協定1条9項）。非武装地帯は60年以上，出入りが厳しく統制され，開発が停止された状態であり，その結果，自然の生態系がそのまま保存され，アジア最大の自然保護地域として注目されるなど，自然の宝庫として，また生態系の研究対象としてその価値が改めて認識されている。

〔孫賢鎮〕

## 非武装平和主義　unarmed pacifism

非武装平和主義は，民衆のいのちと平和的生存の保障を最優先する視点にたって，国家の軍事力の保持及び行使を禁止し，軍事的手段によらず外交や非暴力抵抗等の方法によって，平和・安全保障を実現させることが特に核時代である現代において相対的に優位性を持つ政策であるとする思想・理論である。非武装平和主義は戦争放棄・戦力不保持・交戦権否認を定めた日本国憲法9条の平和主義の内容・性質を説明するときにも使われてきた。

この立場に対しては，一国のみが軍備を全面的に放棄すれば，侵略で得られる期待利得を増大させ，また非武装によって生じた力の空白は，周辺地域を含めて不安定化し，武力紛争の危険をもたらすといった批判もある。だが，次のような非武装平和主義の現実性・優位性を説く立場（小林直樹）もある。例えば，①仮想敵を作らないから原則的にはどこの国をも刺激せず，善隣友好を通じて紛争の原因を解決して行くことができる，②日本がアジア地域に安全空間を広げ，ひいては世界の非核化と軍縮への道を実現して行く足がかりをも作りうる，③軍事費という巨大な非生産的費用を不要にし，その分だけ平和教育や国際協力など積極的な文化施策に投じることになり，平和の拡大再生産を可能にする，④軍事費よりも国民の福祉と教育に力を注いで豊かな民主社会を建設すれば，間接侵略などの憂慮はなくなる，⑤軍国主義化から生ずる文化弾圧，自由・人権の蹂躙，軍産複合体の形成，軍事クーデタの危険等のマイナスが消滅する，⑥侵略の可能性を著しく減少でき，核戦争へ巻き込まれることを防ぎ，民族としての壊滅を避けることができる，など。日本は狭い国土に住宅等が密集し，原発や石油備蓄基地などもある。「都市型社会」の過熱した日本では，電力，食糧，石油等の供給ルートが断たれれば，買いだめ・売り惜しみ・略奪・放火などが出現し，多くの難民の出現もありうることか

ら，戦争ができない安全保障環境にあるとして，軍事的防衛論の非現実性を指摘する見解（松下圭一）もある。

【関連項目】憲法9条

【参考文献】河上暁弘『平和と市民自治の憲法理論』敬文堂，2012年／小林直樹『憲法第九条』岩波書店，1982年／長谷部恭男『憲法（第6版）』新世社，2014年／松下圭一『都市型社会と防衛論争』公人の友社，2002年　　〔河上暁弘〕

## 非暴力主義　nonviolence

非暴力主義とは，非暴力的方法で紛争を解決しようという立場であり，生命を尊重し，簡素な生き方をし，対等な人間関係を構築しようとする態度や行動でもある。非暴力行動とは，単に暴力を用いないだけではなく，他者の共感や正義感覚に訴える行為形態である。非暴力主義は，実践と密接に結びついた原理であり，暴力を徹底的に克服しようとする立場である。

非暴力主義の特徴としては，第1に，不条理な暴力に対しても暴力で報復すべきでないとする非報復主義が挙げられる。非暴力主義は，悪に抵抗するなというトルストイの無抵抗主義から，不正に対して非暴力手段で積極的に立ち向かう，ガンディーやキング牧師の非暴力不服従思想まであるが，次第に，圧政や抑圧に対して非暴力で闘うことが重視されるようになった。第2に，友敵関係の克服が挙げられる。非暴力闘争では，ストライキ，ボイコット，抗議行動など非暴力手段によって不正に立ち向かうことになるが，その際不正を行う人間を敵視せず，たまたま対立する関係にあるとみなすことが，その特徴である。非暴力の闘いは，相手の良心に訴え，共通の人間性への信頼を基底に置いている。第3に，非暴力主義には，実践をとおして自己の暴力性を克服していくという自己変革的要素がある。非暴力主義は，物質的欲望にとらわれず，他者の人格を尊重し，信頼と協力に基づく人間関係を構築しようとする生き方の問題でもあり，非暴力の規範を自覚し，実践する

ことによって自分自身をも変えていくことができるのである。

平和主義が戦争の廃絶を軸にして形成された概念であるのに対し，非暴力主義は戦争だけでなくあらゆる形態の暴力を克服しようとする立場である。平和主義が戦争や武力行使の正当化という矛盾に陥らないようにするためには，平和主義の根底に非暴力を据え，非暴力手段の有効性を高めていかねばならない。

【関連項目】ガンディーの平和思想／ジーン・シャープの非暴力論／抵抗・不服従／平和主義
【参考文献】阿木幸男『世界を変える非暴力』現代書館，2010年／ガンディー，マハトマ（森本達雄訳）『わたしの非暴力(1)，(2)』みすず書房，1970-71年　　　　　　〔寺島俊穂〕

## 非暴力的介入　nonviolent intervention

暴力的な紛争を抑制・克服するために，第三者が紛争当事者間に介入することが積極的な役割を果たすことがある。広い意味では，国連平和活動もそのような介入の一種であり，また，いわゆる人道的介入もそのような性格を持っていると言えよう。これらの介入は軍事力を使う点で，平和主義の立場から異論が出されることがある。

それに対して，非武装の文民が紛争地に入っていくことによって，紛争の暴力化を防ぎ，住民を保護しようとする活動がある。このような活動は，非暴力的介入（nonviolent intervention）あるいは非武装の文民による平和維持（unarmed civilian peacekeeping）と呼ばれる。

このような活動の起源は，ガンディーにある。ヒンドゥー教徒とイスラーム教徒の対立に悩まされたインドにおいて，ガンディーは，対立・紛争に非武装，非暴力で介入して紛争の収拾をめざすシャンティ・セーナ（Shanti Sena，平和隊）の構想を1920年代から持っていた。この構想は彼の死後実現された。50年代にシャンティ・セーナがインド各地で設立され，60年代を通じて活発に活動したと言われている。70年代に入ると指導部における見解の相違が生じて，シャンティ・セーナの活動は衰退していった。しかし，シャンティ・セーナの構想は西洋の平和活動家に継承され，世界各地の紛争に非暴力的に介入する国際NGOの設立という形でグローバル化していった。

非暴力的介入に従事する国際NGOとしては，国際平和旅団（Peace Brigades International），平和のための証人（Witness for Peace），クリスチャン・ピースメーカー・チームズ（Christian Peacemaker Teams），非暴力平和隊（Nonviolent Peaceforce）の4つが主要なものであろう。それぞれのNGOごとに，設立・支持の母体，活動方針，活動地域等の違いがあるが，いずれのNGOも，紛争地において，非軍事・非暴力による住民保護・平和創造の活動を支援していることは共通している。これらのNGOは，紛争地のフィールドに，多国籍のフィールドチームメンバーを派遣して，このメンバーが地域の人々に寄り添うことによって，その地域の暴力を抑止しようとしている。

非暴力的介入のNGO活動については，とりわけ2つの点に留意する必要がある。1つは，NGOによる非暴力的介入は，武力介入よりも問題が少ないとしても，先進国＝北の資金によって北の人間が途上国＝南の紛争地に入っていくという構図になりがちであり，北が南をコントロールするものとならないよう最大限の注意が要る。もう1つは，NGOによる非暴力的介入は，紛争に対する対症療法であり，紛争を克服するためのより根源的，構造的なアプローチ（武装解除，和解，政治参加，法制度構築等々）が同時に必要であるということである。

【関連項目】ガンディーの平和思想／国際平和旅団（PBI）／人道的介入（干渉）／保護する責任（R2P）
【参考文献】Moser-Puangsuwan, Yeshua and Thomas Weber eds., *Nonviolent Intervention Across Borders*, Spark M. Matsunaga Institute for Peace, University of Hawaii, 2000／Weber, Thomas, *Gandhi's Peace Army*, Syracuse University Press, 1996　　　　　　〔君島東彦〕

## ひめゆり平和祈念資料館
### Himeyuri Peace Museum

　沖縄師範学校女子部及び沖縄県立第一高等女学校の同窓会により沖縄県糸満市に設置された民立民営の平和博物館。1989年6月23日に開館。初年度の入館者は48万人，99年には100万人を超えた。「ひめゆりの塔」に隣接して建てられている。建設計画書（88年）では，①ひめゆり以外の学徒隊にも可能な限り言及する，②少年少女を進んで戦争に協力させた教育の役割を明らかにする，③実相を語り継ぐことで悲劇を繰り返さないようすることが犠牲者への鎮魂になる，と，館の理念の骨子が整理された。「鎮魂」と題された展示室には200余名の犠牲者の遺影が壁にかけられ，生存者の証言も読むことができる。

　元ひめゆり学徒による証言活動が積極的に行われてきた一方で，証言活動が行えなくなったときのことについても早くから意識され，2001年，映像記録の制作，展示のリニューアル，語り継ぐ後継者育成事業という「次世代プロジェクト」への取り組みが始められた。元学徒による証言活動は15年3月に終了した。

【関連項目】　沖縄戦／沖縄の平和思想／平和博物館・平和のための博物館　　　　　　　　　　　　　　　〔福島在行〕

## 百里基地訴訟　Hyakuri airbase case

　アジア太平洋戦争中は海軍航空隊基地だった茨城県霞ヶ浦に近い土地が戦後開拓農民の入植地になっていた。これを自衛隊発足直後から自衛隊の航空基地に転換する再軍備過程で百里農民たちの基地反対闘争が起きた。

　百里基地訴訟は，自衛隊の基地建設用地のために，国が土地を取得した行為は憲法違反で無効だという農民（石塚ら）側の主張が，裁判所によって否認された事例である。石塚側主張には2つの柱があった。国がその土地を取得した行為は，①「国務に関する行為」（憲法98条）で，憲法9条その他の憲法条項の直接適用により違憲無効である，あるいは②「平和的生存権」を侵害するもので，民法90条の公序良俗に反し無効である。この主張が審理対象になったことで，百里基地訴訟は単なる民事訴訟でなく重要な憲法訴訟になった。

　1審水戸地裁は，石塚側の憲法上の主張をすべて否定して，自衛隊の合憲解釈を示した（1977年2月17日）。2審東京高裁は，私契約に憲法適用はないという特異な公序良俗論でもって憲法判断を回避した（81年7月7日）。最高裁もほぼ2審判決を踏襲した（89年6月2日）。こうして自衛隊の合憲判断は示されなかった。

　31年に及ぶ裁判で，被告農民側はいずれも敗訴したが，この事実を乗り越えて，いまなお弁護団とともに，「く」の字に曲がった滑走路を引きずる百里基地で，日々の闘争を持続している。

【関連項目】　憲法9条／長沼ナイキ基地訴訟　　　〔浦田賢治〕

## 平賀書簡事件　problem of Hiraga note

　1973年9月7日，長沼ナイキ基地訴訟1審判決において，札幌地裁は，自衛隊が憲法9条により保持が禁じられた陸海空軍に該当し違憲であるため，保安林指定解除は公益上の理由がなく無効という判断を下した。札幌地裁所長・平賀健太が，訴訟審理の過程で担当裁判官・福島重雄裁判長宛に書簡を送付し，訴訟を巡る私見とともに，被告国の判断を尊重し訴えを却下することを示唆したとして，福島が当該書簡を公表し問題化するに至った。これが平賀書簡事件である。

　長沼ナイキ基地訴訟は，平賀が総括裁判官を務める第一部に係属するものであったが，合議部の構成としては，平賀を除く福島，木谷，石川の3判事によるものであり，平賀は本件については局外者であった。当該書簡は「助言」という体裁をとるものではあったが，福島はこれを，実質的に事件の処理方向を指示する内容と

して解釈し，裁判干渉事件として公表した。

これに対しては，1969年9月13日の札幌地裁裁判官会議による平賀所長に対する厳重注意，そして9月20日の最高裁による注意及び更迭処分が下された。しかし，国会の裁判官訴追委員会では，平賀のみならず福島も書簡の公表行為を巡って訴追申立の対象となり，委員会は平賀を不訴追とする一方で，福島に対し訴追猶予の決定をするという逆転的な政治的決定を下すこととなる。この決定を受けて，札幌高裁も同様の理由で福島を口頭注意処分とするのである。

書簡事件の後，鹿児島地裁所長の地位にあった飯守重任が「平賀書簡事件の背景」と題する見解を自民党の政治資金団体「国民協会」機関紙に公表し，福島が反体制集団である青年法律家協会（青法協）に加入していた事実を問題視して以降，メディアでは裁判官の青法協加入批判が顕著となった。裁判所内部でも，69年11月に最高裁により青法協加入の裁判官に脱会勧告が行われ，70年の1月には石田最高裁長官が「新年のことば」で裁判官の「中立・公正」を強調し，3月には青法協会員の司法修習生が判事補任官を拒否されるという事件も起きている。裁判官の人事権を掌握する最高裁事務総局は司法行政の官僚的統制を強め，青法協を辞めない裁判官や最高裁の判例とは異なる判決を書いた裁判官に対し，任地や昇給といった処遇において差別的処遇を行うこととなる。かような状況は「司法の危機」と呼ばれた。

【関連項目】　司法権の独立／長沼ナイキ基地訴訟〔麻生多聞〕

## 広島市立大学広島平和研究所（HPI）
Hiroshima Peace Institute, Hiroshima City University

被爆地・広島に学術的な平和研究機関を設置すべきだとの要望を踏まえ1998年4月，広島市立大学の附置機関として開設された。「基本構想」では原爆被害・核廃絶研究，紛争分析・安全保障問題研究など5つの研究領域を設定。明石康・初代所長以来，現在の吉川元・第4代所長（学長事務取扱を除く）まで学外から所長を迎え，共同研究や個人研究の成果を出版や教育，シンポジウム，市民講座などに還元している。

2015年12月現在，研究員は所長以下12人（うち外国人4人）。専門分野は国際政治，国際関係，法律，歴史，国際文化，社会学など。「核・軍縮研究」「人間の安全保障」「北東アジアの信頼安全醸成」などの共同研究を実施している。長崎大学核兵器廃絶研究センター（RECNA）と連携しているほか，広島県，広島市，広島平和文化センター，広島平和記念資料館などの活動に協力している。

【関連項目】　長崎大学核兵器廃絶研究センター（RECNA）／広島平和記念資料館／広島平和文化センター（公財）

〔水本和実〕

## 広島大学原爆放射線医科学研究所
Research Institute for Radiation Biology and Medicine, Hiroshima University

1961年4月に設立され，被爆者が発症する疾患の解明と治療法に関する研究を行っている。2002年4月に，21世紀の新しい生命医科学であるゲノム科学（再生医学・分子疫学等）を放射線影響研究に導入し，名称を「広島大学原爆放射能医学研究所」から「広島大学原爆放射線医科学研究所」に改め，10年4月から2大研究部門，2大研究センター，17研究分野，2附属施設の研究体制をとっているほか，広島大学病院に「血液内科」「呼吸器外科」「消化器外科」「乳腺外科」の診療科を持ち，診療活動を行っている。

また広島大学の大学院教育では「放射線障害医学」などのカリキュラムを担当し，放射線障害とそれに起因する疾患発症に関する研究成果を踏まえた講義と研究指導を行っている。

〔鎌田七男〕

## 広島大学平和科学研究センター　Institute for Peace Science, Hiroshima University

　広島大学の全学的施設として平和科学に関する研究・調査と資料の収集を行うことを目的として，1975年7月8日学内措置により発足した。広島大学平和科学研究センターは，平和学の学術的研究機関としてはわが国最初のものであり，国立大学では現在なお唯一の研究機関である。同センターは，次の3点に重点を置いた活動を行っている。

　①平和科学に関する研究，特に学内外の研究者を組織した平和科学研究の推進と組織化

　②平和科学に関する文献資料及びデータの収集と整理

　③平和科学に関する研究成果，情報の提供

　2014年4月1日付けで西田恒夫前国際連合日本政府代表部特命全権大使をセンター長（特任教授）として迎えた。15年1月1日現在の構成員は，特任教授2名，教授1名，准教授1名，助教1名の計5名。その他，広島大学学内の兼任研究員22名，学外の客員研究員40名，顧問3名がいる。
〔川野徳幸〕

## 広島・長崎講座　Hiroshima-Nagasaki Peace Study Courses

　広島・長崎の原爆被爆者の高齢化が進むなか，被爆体験の風化や若い世代を中心とした平和意識の低下・希薄化が懸念されている。

　広島市及び長崎市では，大学（大学院を含む）の講座で，広島・長崎の被爆の実相や戦争の悲惨さ，核兵器の非人道性，平和の尊さなどについて平和学や政治学，文学，芸術学，建築学などの分野で取り上げたものを「広島・長崎講座」として認定し，その普及を図っている。2015年8月1日現在，広島・長崎講座は，国内48大学，海外17大学の計65大学で開設されている。

　講座の認定と実施支援に関する事務は，両市の委託を受け広島平和文化センター（公財）が行っている。講座を実施する大学には，教材の提供，被爆体験証言者及び学術研究者等の紹介，広島・長崎における現地学習のための手配等の支援を行っている。なお，費用負担を伴う支援については，講座の認定後1年間予算の範囲内で行うこととしている。

【関連項目】広島平和文化センター（公財）／平和首長会議
〔小溝泰義〕

## 広島の原水禁運動　campaign against atomic and hydrogen bombs in Hiroshima

　1954年杉並から始まった原水爆禁止運動は，翌年広島での世界大会を機に被爆体験を運動の基盤に据え，被爆地を運動の集結・発信拠点とするようになる。しかし，広島には，終戦直後から独自の平和運動の歴史がある。

　占領時代，原爆被災は占領軍によって厳しい言論統制の対象になっていた。しかし，原爆被災の人類史的意義を直感した広島の青年，文化人らは，当局の弾圧に抗して被爆体験を記録し公にする多様な活動を行った。広島青年文化連盟の大村英幸と峠三吉，中国文化連盟の栗原唯一・貞子夫妻，被爆手記の山代巴と川手健，「原爆の図」の丸木位里・俊夫妻などの活動成果は，すべて，後に日本の平和文化の重要な資産となっている。浜井信三市長や県婦連の迫千代子らも，広島の平和文化形成に先駆的足跡を残した。

　原水禁運動の分裂などの困難は広島にも及んだ。しかし広島には，安保闘争の最中に生まれた「原水爆禁止広島母の会」から湾岸戦争後に問題となる劣化ウラン弾への取り組みまで，全国レベルの原水禁運動の動向とは別に，独自の平和運動を維持し発展させてきた歴史がある。被爆地広島の原水禁運動は，日本を代表しつつ，それを超える発信力を持ち続けている。

【関連項目】原水爆禁止運動／日本の平和運動・平和主義／平和運動／平和主義
〔藤原修〕

## 広島の原爆資料保存・白書運動　movement to preserve materials/publish a white paper on the Atomic Bombing of Hiroshima

核兵器の恐怖と被害を世界に訴えるとともに，被爆者援護対策の確立を期するために，被爆被害の実態を国家事業として調査・研究し，被災白書を作成して世界に公表することを求めた運動。

1963年の第9回原水禁世界大会で原水爆禁止運動が分裂した直後，64年の原水爆被災3県連絡会議の席上，当時中国新聞論説委員であった金井利博が「原爆は威力として知られたか。人間的悲惨として知られたか」とし，「人間的悲惨さ」を科学的に明らかにし，原水爆被災の実態を世界に伝えようと改めて提案した。白書作成は実現しなかったが，原爆被災資料返還運動や原水爆被災資料センター設立運動に繋がった。同時に，白書作成の基盤として，68年2月に広島の民間人を中心に原爆被災資料広島研究会が結成され，原爆被災関係資料の散逸を防ぐとともに，資料の集大成が目指された。成果として『原爆被災資料総目録』第1集から，第4集までが，69年から83年までの間に刊行されている。

なお原爆被災資料広島研究会による活動は，金井利博自ら私財を投じたものの資金面で行き詰ることが多く，金井と親交のあった広島出身の作家・梶山季之が数度にわたり寄付金を送り，活動を援助している。

【関連項目】　原水爆禁止運動／広島の原水禁運動／広島平和記念資料館　　〔小池聖一〕

## 広島の原爆と映画
cinema on the atomic bombing of Hiroshima

GHQ占領下の原爆映画では，主に長崎を舞台に，責任追及や被害の悲惨さよりも，登場人物の心情に重きを置くものが多かった。しかし，占領終結後になると，広島を舞台に後遺症や責任の問題に触れるものもみられるようになった。

被爆体験を有する児童たちの作文集（長田新編『原爆の子』）をもとにした関川秀雄監督『ひろしま』（1953年）は，その代表的なものである。新藤兼人監督『原爆の子』（52年）も同じ手記集を原作とし，被爆者の困苦を描いていたが，それへの飽き足らなさを抱く向きも根強く，被爆の惨状や原爆投下責任，そして，それまであまり知られていなかった後遺症の問題を提起した『ひろしま』が製作された。

その後，ビキニ事件を契機に原水禁運動が高揚したが，60年代に入るとソ連や中国の核実験を巡って，運動内部の党派対立が激化した。それへの嫌悪感から，社会的に高く評価された文学作品が，井伏鱒二『黒い雨』（63年）であり，89年に今村昌平によって映画化された。この映画も，原水禁運動の政治主義とは異質な心情の静謐さが高く評価されたが，批評家の絶賛とは裏腹に，興行成績は芳しくなかった。

〔福間良明〕

## 広島の原爆と音楽
music on the atomic bombing of Hiroshima

広島の原爆を主題とする音楽作品，あるいは広島の原爆に関わるイベントなどから生まれた音楽作品は，被爆後の半世紀間だけを見ても500曲以上にのぼる。

これらの音楽作品を見ると，日本の政治的・社会的背景や，核を巡る世界情勢の変化が音楽にも反映されていることがわかる。まず，占領中はプレスコードにより表現の自由が制限されたため，原爆による被害よりも復興と平和への希望を主題にしたものが多い。例えば，〈歌謡ひろしま〉（山本紀代子作詩，古関裕而作曲），〈ひろしま平和の歌〉（重園贇雄作詩，山本秀作曲），〈ヒロシマ平和都市の歌〉（大木惇夫作詩，山田耕筰作曲）などである。だが1952年の対日講和条約の発効とその後の原水爆禁止運動の高まりに伴い，原爆に対する怒り，反核など

の主張が強く打ち出されるようになる。原水爆禁止運動とともに世界的に広がった〈原爆を許すまじ〉(浅田石二作詩，木下航二作曲)をはじめ，「ヒロシマ」の言葉を込めつつ反核を訴えた歌曲が数多く創作されている。

60年代になると，外国の作曲家による作品が徐々に増加する。軍拡競争の激化やベルリンの壁設置，キューバ危機など，核戦争の脅威が一層高まったことなどがその一因だろう。タイトルは作品完成後に付されたものだがクシシュトフ・ペンデレツキの〈広島の犠牲者に捧げる哀歌〉もこの時期の作品で，音楽上の革新性と相まって今なお世界中で繰り返し演奏され続けている。

反核運動が世界的潮流となった80年代には，音楽による核への抗議運動も高まった。「ノーモア・ヒロシマ」を冠したコンサートが全国各地で行われるようになり，さらに82年には，反核を表明した職業音楽家による団体「反核・日本の音楽家たち」が結成され，1000名近い会員が各地で創作と上演活動を行った。

被爆50年を迎えた95年には，広島の原爆や反核を主題にした音楽創作が一挙に増加する。だが，その後はこうした作品は徐々に減少するとともに，歌詞内容に一層広がりがみられるようになり，非暴力や非差別など広い意味での「平和」が歌にこめられるようになっていく。

【関連項目】 芸術と平和／原水爆禁止運動／戦争と音楽／長崎の原爆と音楽／平和運動

【参考文献】 芝田進午ほか編『反核・日本の音楽』汐文社，1982年／『ヒロシマと音楽』委員会編『ヒロシマと音楽』汐文社，2006年　　　　　　　　　　　〔能登原由美〕

## 広島の復興　reconstruction of Hiroshima from the atomic bombing

市中心部に原爆が投下された広島市では，市内の建物の約90％が破壊または焼失するなど壊滅的な被害を受けた。年内に約14万人が死亡したとされる。多くの市民が原爆に起因する障害を抱えながら復興を模索しなければならない状況に置かれた。

広島の復興事業は，国の戦災復興計画に基づき，市と県がほぼ同時に着手した。市では1945年11月，市議会議員で構成される戦災復興委員会が，翌年1月には市復興局が設置された。県では都市計画課長・竹重貞蔵により復興構想が練られた。45年12月，市内の町内会を中心とした広島市戦災復興会も組織された。占領軍からも復興顧問が招かれたほか，個人でも多くの復興構想が発表されたが，財政難のため復興は難航した。この状況を打開する方策として，広島市は財政支援を国に求める。その結果，49年8月6日，広島平和記念都市建設法が成立した。

同法は，広島市を恒久的な平和を記念する都市として建設することを目的とした法律であり，この目的に沿って進められる都市計画に他の戦災都市よりも多くの財政支援を与えるものであった。また，法案の提案理由にあるように，日本国憲法の平和理念がこの法の前提にあるとされたことも見逃してはならない。同法を受けて広島の復興計画は，平和記念都市建設計画へと修正された。

しかし，この都市計画は生活に困窮する市民の感覚からは外れた面もあった。代表的な例が平和大通り建設を巡る対立である。当時，全国的にも数少ない100m幅の道路建設は，道路よりも住宅建設を願う住宅難の市民たちからの非難の対象となるなどして，市長の落選という結果を招いた。

広島市は，50年代を通じて活況を取り戻したと評価されており，58年には戦前の最大人口を超えるまでになった。58年に広島復興大博覧会が開催されたのはその象徴であると言われている。また，市内各所にみられたバラック住宅も，復興事業の一環で換地や立退き措置が取られ，徐々に撤去されていった。ある時期から原爆による被災の象徴的存在とみなされてきた「原爆スラム」も，78年に完了した基町地区の

再開発に伴い，その姿を消した。

原爆戦災からの広島の復興は，被爆の実相とならんで海外からの関心が高く，県や市により現代の紛争終結地域の復興に生かすための研究が模索されている。

【関連項目】　長崎の復興
【参考文献】　広島市『広島新史　都市文化編』広島市，1983年／広島市『広島新史　歴史編』広島市，1984年／広島市企画調整局『都市の復興　広島被爆40年史』広島市，1985年／広島市『戦災復興事業史』広島市，1995年／国際平和拠点ひろしま構想推進連携事業実行委員会編『広島の復興経験を生かすために』国際平和拠点ひろしま構想推進連携事業実行委員会，2014年
〔桐谷多恵子〕

## 広島の平和教育運動
peace education movement in Hiroshima

広島の平和教育運動は，被爆体験の継承を中心に展開されてきた。その出発点は1951年にある。広島市教委は「学校努力目標」を定め，人類史上初めて原爆を経験した広島市民が「平和への教育」を追求するよう努力すべきことを示した。また長田新は，子どもたちの被爆体験記『原爆の子』を出版した。

55年になると，広島平和記念公園が整備され，平和記念資料館が開館した。また市民による反核平和運動も始まった。原水協が結成され，核兵器廃絶を求める署名運動が行われた。第1回原水禁世界大会が広島で開催された。また佐々木禎子の死を契機に，子どもたちによる平和運動も始まった。折鶴をシンボルとした慰霊碑の建設に向けた運動である。そして58年，原爆の子の像が建立された。

ところが68年，広島の教師たちは生徒たちの平和意識の変化に衝撃を受けた。広島の子どもに対する意識調査の結果，原爆投下の年月日時刻が正しく答えられない生徒が増えているなど，被爆体験の継承が不十分であることが判明した。危機感を抱いた教師たちは，69年に広島被爆教師の会を結成した。また広島県教委と広島県総務部は，県内の子どもが平和への関心を深めることの教育的意義とその具体的な指導事項を示すため，県内の各校長宛に通知「8月6日の『原爆の日』の指導について」を出した。広島市教委は「平和教育，ならびに国際平和都市にふさわしい広島の教育を発展的に創造して推進する」という目標を掲げ，市内の各学校での平和教育実践を充実させるための手引書や事例集を発行した。71年には日教組の支援で全国被爆教師の会が，翌年には広島平和教育研究所が設立された。73年には日教組と全国被爆教師の会によって第1回全国平和教育シンポジウムが広島市で開催され，翌年には日本平和教育研究協議会が設立された。

さらに76年，全国被爆教師の会によって「被爆地広島，長崎の両市を修学旅行で訪れる運動」の展開が決議された。これを契機に79年から広島への修学旅行が急増し，修学旅行を通じた平和教育が浸透することで，広島が平和教育の推進拠点となったのである。

【関連項目】　長崎の平和教育運動／平和教育
【参考文献】　村上登司文『戦後日本の平和教育の社会学的研究』学術出版会，2009年
〔卜部匡司〕

## 広島平和記念資料館
Hiroshima Peace Memorial Museum

広島市の平和記念公園内に位置する平和博物館。広島市が設置。2006年から公益財団法人広島平和文化センターが指定管理者として管理・運営を行っている。メディアや市民からは「原爆資料館」と呼ばれることも多い。広島平和記念資料館条例1条は，「原子爆弾による被害の実相をあらゆる国々の人々に伝え，ヒロシマの心である核兵器廃絶と世界恒久平和の実現に寄与する」ことを館の目的として掲げている。開館以来の入館者総数は6583万6448人（～15年3月）。国内外の政治家・著名人の来館も多い。約2万点の被爆資料の他，約7万点の写真，約5000点の「市民が描いた原爆の絵」を所蔵している。

後に初代館長となる長岡省吾と彼を支援する市民の手により被爆資料の収集が開始され，それを基に1949年9月，中央公民館の一室に「原爆参考資料陳列室」を開設。これらの資料を引き継ぎ，55年8月24日，広島平和記念資料館が開館した。73～75年にかけて最初の大規模な改修を行い，同時期に返還された米軍接収資料も新たに展示資料に加わった。91年に2度目の大規模改修が行われ，さらに94年6月1日，新たに東館を開館した。丹下健三設計の本館は2006年7月，戦後建築として初めて国の重要文化財に指定された。

展示と見学者とを媒介する試みとして1999年からボランティアガイドが活動を開始し，一般団体や平和学習の生徒を案内している。この他，94年に日本平和博物館会議の開催を呼びかけるなど平和博物館のネットワーク化にも関わっている。

【関連項目】 平和博物館・平和のための博物館 〔志賀賢治〕

## 広島平和記念都市建設法 Hiroshima Peace Memorial City Construction Law

広島平和記念都市建設法（昭和24年法律219号）は，「恒久の平和を誠実に実現しようとする理想の象徴として，広島市を平和記念都市として建設することを目的」（1条）として，長崎国際文化都市建設法と並び，住民投票の賛成を経た憲法95条の「地方特別法」として制定された。これを契機に，1949～52年の間に，上述2法のほか旧軍港市転換法など18都市に関する計15の地方特別法が成立した。

広島平和記念都市建設法には，平和記念都市建設事業への国と自治体関係諸機関の援助義務（3条）や広島市長の（住民の協力と関係諸機関の援助を通じた）平和記念都市建設完成への不断の活動義務（6条）なども規定されている。特に重要なのは，4条に国有財産の有償譲渡を定める国有財産法28条の例外として無償制（無償譲渡）を定めて戦後の都市復興を促進した点である。平和記念都市の建設・完成は，同法制定に加え，人と街の壊滅的な破壊をもたらした原爆投下を今後「世界中の誰にも」経験させないための市民・自治体・国の一致した取り組みや事業が不可欠であろう。

【関連項目】 長崎の復興／広島の復興 〔河上暁弘〕

## 広島平和文化センター（公財） Hiroshima Peace Culture Foundation

広島の被爆体験を継承し，国内外の平和研究機関，関係団体と連携して平和思想の普及と国際相互理解・協力を推進することにより，世界平和と人類の福祉増進に貢献することを目的とする公益財団法人である。

1967年に広島市の組織として「広島平和文化センター」が発足。76年，関係諸団体との連携促進のため財団化。98年に国際交流・協力に携わる財団法人広島市国際交流協会と統合し，2011年に公益財団法人となる。

平和推進の分野で，国内外での原爆展の開催，平和首長会議の運営，20年までの核兵器廃絶を目指す2020ビジョンキャンペーンの展開，平和学習ワークブック等の作成・配付，被爆体験講話，被爆体験記の朗読事業，「広島・長崎講座」設置協力プログラム等を実施。国際交流・協力の分野では，国際交流・協力の日の開催，外国人市民の総合相談窓口事業等を行う。また，財団の目的に資する施設の管理を受託し，広島平和記念資料館，国立広島原爆死没者追悼平和祈念館及び広島国際会議場の管理運営を行っている。

【関連項目】 広島・長崎講座／平和首長会議 〔小溝泰義〕

## ファシズム fascism

ファシズムとは，狭義にはイタリアのムッソリーニを指導者とする国民ファシスト党の思想・運動・支配体制を指すが，広義にはこれに範をとったドイツのナチ党（国民社会主義ドイツ労働者党），ルーマニアの鉄衛団，ハンガ

リーの矢十字党、クロアチアのウスタシャ、スペインのファランヘ党など、1920年代〜45年にかけて欧米を中心に世界各地に広がった類似の思想・運動・体制を意味する。

　ファシズムを構成する主な思想的要素は、超ナショナリズム、社会的ダーウィニズム、反自由主義、反議会主義、反民主主義、反共産主義であり、その行動様式を特徴づけるものは指導者原理と直接行動主義である。

　ファシズムは第一次世界大戦の所産である。すなわち、未曾有の総力戦の過重負荷がもたらす深刻な社会的・経済的混乱、英国・フランス・米国に代表される「持てる国」（先進的帝国主義国）が築いた戦後国際秩序（「ヴェルサイユ＝ワシントン体制」）に敵対するドイツ・イタリア・日本の「持たざる国」（後発帝国主義国）の不満と反発、総力戦下で政治意識に目覚めた大衆の急進化と戦後民主主義の未熟さ、ロシア革命の勃発と国際共産主義運動への警戒感の高まりなどが、ファシズムを育む土壌となった。

　ファシズム運動の主な担い手は戦前の左翼崩れ（ムッソリーニ）か、従軍兵士（ヒトラー）である。かれらは第一次世界大戦を新時代の曙と捉えたが、戦後秩序に適応できず、現状への強い不満から急進右翼運動、疑似軍事組織に身を投じた。そこでは集団行動を重視する軍隊的規律が息づき、全体に対する個の犠牲が英雄的行為として賛美された。ファシズムは議会制民主主義、政党政治を否定し、左翼の革命運動（マルクス主義）を敵視した。既成の資本主義体制にも批判的な姿勢をとり、農民、手工業者、商店主など中間層に運動の社会的支持基盤を見出した。

　ファシズム体制は、国王・軍部・官僚・財界・教会など既存の保守派勢力と野合して成立することが多い。共通の敵である左翼指導者・共産主義者を一掃し、国家と社会の均制化を進める一方で、国民の幅広い支持をとりつけるため、国民統合を強引に進め、福祉政策にも力点を置いた。イタリアでは「ドポラヴォーロ」、ドイツでは「歓喜力行団」が労働者の日常生活に介入し、余暇の組織化まで行った。ドイツの場合、ユダヤ人など「共同体異分子」と貶められた人々はここから容赦なく排除された。

【関連項目】　ナチズム
【参考文献】　パクストン、ロバート（瀬戸岡紘訳）『ファシズムの解剖学』桜井書店、2009年／山口定『ファシズム』有斐閣、1979年　　　　　　　　　　　　〔石田勇治〕

## 封じ込め政策　containment policy

　冷戦期に米国が資本主義陣営と協力してソ連及び共産主義陣営の拡大を既存の圏内にとどめるためにとった「抑止」と並ぶ二大外交政策。「封じ込め」という用語が初めて用いられたのは、米国の外交官でソ連の専門家ジョージ・ケナンが『フォーリン・アフェアーズ』誌（1947年7月号）に発表した「ソヴィエトの行動の源泉」と題する論文である。ケナンは「米国のソ連に対する政策の主要な要素は、ロシアの膨張的傾向に対する長期の、忍耐強く強固で慎重な封じ込めでなければならない」と述べた。この政策は47年3月のトルーマン・ドクトリンや同6月のマーシャル・プランなどで具体化された。アイゼンハワー政権では、封じ込めるだけでなく積極的に共産主義の支配から解放するという「巻き返し政策（rollback policy）」が提唱されたが、56年のハンガリー動乱への介入を拒否し、封じ込め政策に回帰していった。

【関連項目】　アイゼンハワー・ドクトリン／デタント（緊張緩和）／トルーマン・ドクトリン　　〔小倉康久〕

## フェミニズム　feminism

　女性がその性により差別・抑圧されているとみなし、その状況を改めようとする社会運動・思想。思想的系譜や時系列により分類され、その多様性ゆえに英語では複数形で表記されることもある。

フェミニズム思想の系譜は3つに大別できる。近代民主主義・資本主義のシステムを肯定しつつ、参政権や教育の機会均等によって男女平等の実現を図るリベラル・フェミニズム、このシステムを「階級支配」による抑圧体制とみなし、その抜本的転換なしには男女平等が不可能だとする社会主義・マルクス主義フェミニズム、新左翼や学生運動で経験した男性による「性支配」を問題にし、女性限定の場で女性独自の運動を追求するラディカル・フェミニズム。他方、1970年代以降のフェミニズム運動とその文脈で生まれた女性学という学問領域において、これらの系譜を批判的に継承したり、横断したりする思潮も出現した。レズビアン・黒人・途上国などの女性の批判やポスト構造主義の影響によって、フェミニズムの暗黙的な主体が先進国の中産階級・異性愛・白人女性であったことが明らかになり、それまで運動の前提であった男・女、支配・被支配といったカテゴリーが揺るがされることになった。

フェミニズムの歴史的な展開は3つの高まり、つまり「波」として語ることもできる。第1波は19世紀から20世紀初頭のリベラル・フェミニズムが主流となり、社会主義・マルクス主義フェミニズムも始まった運動をさし、1960年代に始まった第2波はラディカル・フェミニズムに特徴づけられ、第3波は90年代に出現し、以前よりも多様で再帰的な動き。第1波から、フェミニズムは欧米諸国をはじめ、その植民地や日本などでも発生した。各時代におけるナショナリズムや戦争への加担は顕著だが、当初から国境横断的な動きが見られ、女性平和運動も各国・各時代に芽生えた。70年代以降では世界女性会議が開催され、国境・南/北・東/西を横断する活動に拍車がかかり、トランスナショナルな女性組織は国連等にロビー活動を行い、国際・国家レベルで影響を及ぼしている。

日本では、明治期に始まる第1波は欧米の女性との連携が中心であったが、第二次世界大戦後には社会主義系の国際民主婦人連盟（WIDF）との関わりもあって、この偏りが解消され始めた。アジアとの連携は第二波のリブ運動で唱えられ、90年代以降の日本軍慰安婦問題に関わる活動で大いに活気づいた。

【関連項目】グリナムコモン／ジェンダー／従軍慰安婦問題／女性解放運動／世界女性会議

【参考文献】天野正子ほか編『新編 日本のフェミニズム全12巻』岩波書店、2009-2011年／竹村和子『フェミニズム』岩波書店、2000年　〔ウルリケ・ヴェール〕

## フェルミ炉
Enrico Fermi Fast Breeder Power Reactor

アメリカ・ミシガン州デトロイト郊外にある高速増殖炉フェルミ発電所1号機。エンリコ・フェルミ炉とも称される（以下、フェルミ炉と略称）。物理学者のフェルミがシカゴ大学内に建設し、1943年に実験を行った世界初の原子炉とは別物。後者が「フェルミの炉」と紹介される場合もあり注意が必要である。アメリカでは高速増殖炉の開発が早くから目指され、51年には実験炉のEBR-1型炉が発電を開始、63年には使用済み核燃料の再処理施設を併設したEBR-II型炉が臨界に達した。こうしたなか、デトロイト・エジソン社を中心とする企業連合が、フェルミ炉を56年12月に着工、数年で完成し、63年8月に臨界させた。だが同炉は66年10月、燃料集合体が溶融破損する事故を起こし、70年5月に修理が完了したものの、すぐにナトリウム冷却材が漏れる事故が発生、10月には運転再開したが、72年8月、運転延長の認可が下りず、翌9月には恒久停止した。

【関連項目】原子炉過酷事故／高速増殖炉／再処理
〔友次晋介〕

## 不干渉義務　non-intervention

干渉とは、命令的関与であって、強制の要素をもって他国の国内政策及び対外政策に変更を迫るものである。主権国家平等に基礎を置く国

際社会では，国家は原則として不干渉の義務を負う。かつて干渉は，武力干渉として行われたが，現代国際法の武力不行使原則の下では武力行使や武力による威嚇以外の強制方法が問題となる。軍事的活動への資金援助といった間接的な支援や他国領海内での掃海作業などは干渉にあたるとされるが，経済的な手段によるものが干渉となるか否かについては具体的な事例ごとに見解が分かれる。

不干渉義務の例外として，論者によって，同意に基づく干渉，集合的干渉，不干渉義務違反への復仇としての干渉，自決権行使支援のための干渉，自国民保護のための干渉などが言及されるが，一致した見解はない。大規模な人権侵害に対して武力行使を伴って行われる人道的干渉については，その合法性を巡って従来から争いがあるが，近年，新たに「保護する責任」の議論として注目を浴びている。

【関連項目】 国際関心事項／保護する責任（R2P）

〔小沼史彦〕

## 武器貿易条約　Arms Trade Treaty

武器貿易条約は，通常兵器の国際貿易の規制のために可能な限りの共通の国際的基準を確立することにより，その不正な取引を防止する条約である。同条約は2回にわたる国連主催の外交会議により交渉が行われたものの，条約案に合意できなかったため，2013年4月に国連総会により採択された後に署名開放され，14年12月に発効した。15年8月には第1回締約国会議が開催された。この条約の適用範囲は，国連軍備登録制度が対象とする通常兵器（戦車，装甲戦闘車両，大口径火砲システム，戦闘用航空機，攻撃ヘリコプター，軍艦，ミサイル及びその発射装置）及び小型武器の8カテゴリーの通常兵器が対象で，輸出の禁止（6条）や輸出の評価基準（7条）などの規定は，弾薬類，部品や構成品にも適用される。また，武器貿易条約の対象とする国際貿易の活動（移転）は輸出，輸入，通過，積替え及び仲介からなるとされ，締約国は通常兵器の国内の管理制度（管理リストを含む）を確立し，通常兵器の移転を規制することが義務づけられている。

【関連項目】 小型武器／通常兵器

〔福井康人〕

## 武器輸出三原則
Three Principles on Arms Exports

武器輸出三原則とは，①共産圏諸国，②国連決議による武器等の輸出が禁止されている国，③国際紛争の当事国またはその恐れのある国，に対する武器輸出を認めないという原則のことである。67年4月21日の衆議院決算委員会において，佐藤栄作首相が表明した。1976年2月27日，三木武夫首相が，①三原則対象地域については武器輸出を認めない，②三原則対象地域以外の地域については，武器輸出を慎む，③武器製造関連設備の輸出については武器に準じて取り扱う，とする武器輸出に関する政府統一見解を示した。以後，平和国家日本として国際紛争等を助長することを回避するため，原則として武器や武器製造に関わるものの輸出を禁止することが政府方針となった。

武器輸出の禁止に例外が認められなかったわけではない。例えば，83年，後藤田正晴官房長官は「対米武器技術供与についての内閣官房長官談話」を発表し，アメリカ軍向けの武器技術供与を緩和するとした。また，2004年には，アメリカとの弾道ミサイル防衛システムの共同開発・生産は三原則の対象外とする官房長官談話が発表された。

武器輸出三原則の見直しを求める声も少なくなかった。その根拠としては，主流となりつつあった武器の国際共同開発への参加が妨げられること，生産数が少数になりコスト高になっていることがしばしば挙げられる。こうした声を受けて，11年12月27日，民主党の野田内閣は，国際共同開発・共同生産への参加と人道目的での装備品供与を解禁するとする官房長官談話を

発表し，三原則を緩和した。12年に発足した第2次安倍内閣は，さらに検討を進め14年4月1日，武器輸出三原則に代わる新たな政府方針として，防衛装備移転三原則を発表した。武器輸出を原則禁止する武器輸出3原則と異なり，防衛装備移転3原則は，武器の輸出入を基本的に認めるものである。その上で，①移転を禁止する場合を明確化し，②移転を認めうる場合を限定し厳格に審査するとともに情報公開し，③目的外使用及び第三国移転に係る適正管理を行うとした。

【関連項目】ワッセナー・アレンジメント（WA）
【参考文献】森本正崇『武器輸出三原則』信山社，2011年
〔足立研幾〕

## 福祉国家　welfare state

国家の機能を外交・軍事・治安などに限定する（夜警国家）のではなく，労働保護，社会保障，衛生環境，公教育などの整備を通じて国民生活の安定・向上を図る国家のこと。19世紀末から20世紀の初頭にかけて，先進資本主義国で思想的・制度的な整備が進み，第二次世界大戦後，主要な資本主義国家の特徴となった。その成立には，古典的自由主義の思想を脱却し，社会主義・共産主義思想と競合・競争関係に立つ「社会民主主義」の思想が大きな役割を発揮し，国民の経済生活を主権国家が掌握する「国民国家」体制が基盤となった。福祉国家体制は，第二次世界大戦後の経済成長が終焉する1970年代以降，経済のグローバル化の進展と新自由主義の台頭によって危機にさらされ，見直しを余儀なくされる。その後，新自由主義とその政策の限界が露呈するなかで，福祉国家の再評価とその研究の深化が進み，今日に至るまで「福祉国家の類型化」（社会民主主義型・自由主義型・保守主義型など），「福祉レジーム」論などが盛んに論じられている。そうしたなかで，戦後日本国家の特徴としては，福祉国家的性格の弱さ，「企業社会」と「開発主義国家」によるその代替が指摘されている。

【関連項目】新自由主義
〔小沢隆一〕

## 福島第一原子力発電所
Fukushima Daiichi Nuclear Power Plant

東京電力の最初の原子力発電所で，福島県双葉郡の大熊町と双葉町に6基の商業用原子炉が建設・運転された。12km南方の同郡楢葉町（敷地の一部は富岡町）に福島第二原子力発電所ができるまでは，福島原子力発電所と呼ばれた。立地過程は福島県の東京電力への誘致表明（1960年）に始まり，それを受けて大熊町・双葉町の両町議会も誘致表明し，用地取得も東京電力の依頼により福島県開発公社の手で順調に進められ，65年に引き渡された。大半の住民は原子力発電所の立地に賛成し，住民の反対運動はほとんどなかった。福島第二原子力発電所については67年の用地取得までは目立った抵抗はなかったが，70年頃より本格的な反対運動が起こる。

福島第一原子力発電所の6基の原子炉は，すべて米GE社設計の沸騰水型炉（BWR）である。1号機（電気出力46.0万kW）は，日本原子力発電東海（GCR，66年），同敦賀1号機（BWR，70年），関西電力美浜1号機（PWR，同）に次ぎ，日本で4番目に運転開始（71年）した商業用原子炉である。東京電力はこの敷地に79年までに合計6基（2〜5号機78.4万kW，6号機110万kW）の商業用軽水炉を設置し，総設備容量469万6000kWに達した。主契約者は1号機はGE，2・6号機はGE／東芝，3・5号機は東芝，4号機は日立である。当時は原子炉の主契約者は，型式が更新されるたびに最初の炉は米国メーカー，2番目は米国と日本のメーカーが共同，3番目以降は日本メーカー，と推移した。

大きな事故・事件としては，2002年8月に発覚した東京電力自主点検虚偽記録事件がある。福島第一・福島第二の全ての原子炉と，新潟県

柏崎刈羽原子力発電所の一部の原子炉の自主点検記録において，原子炉圧力容器内のシュラウドやジェットポンプなどのひび割れが隠蔽されていた。この件で南直哉社長ら最高幹部5名が辞職した。これを契機に福島第一1号機の格納容器漏洩率検査での不正（1991年，92年），また3号機での制御棒5本の脱落による再臨界事故（78年）などが相次いで発覚した。

2011年3月11日の東日本大震災により，福島第一原子力発電所は全機停止し，外部からの送電も途絶えたため，原子炉冷却機能が危機の状況に陥り，1号機，3号機，2号機の順で炉心溶融を起こした。3基とも圧力容器・格納容器の双方が破れ，大気中及び水中に大量の放射能を漏洩させた。また4号機建屋も水素爆発で吹き飛び，建屋内の核燃料プールが崩壊の危機に瀕した。5・6号機については，福島第一原子力発電所でただ1台機能した6号機の空冷式ディーゼル発電機による非常用炉心冷却系の稼働により，炉心溶融を免れた。1〜4号機は12年4月19日に廃止され，5・6号機は14年1月31日に廃止された。しかし核燃料デブリなど高濃度の放射能を環境から隔離する作業は難航しており，事故収束の見通しは立たない。

【関連項目】　軽水炉（LWR）
【参考文献】　中嶋久人『戦後史のなかの福島原発』大月書店，2014年
〔吉岡斉〕

### 福島判決　Fukushima case

自衛隊の違憲性が争われた長沼ナイキ基地訴訟で，第1審の札幌地裁（福島重雄裁判長）は1973年9月7日に自衛隊の違憲性を真正面から認める画期的な判決を言い渡した。この判決は裁判長の名前をとって，福島判決と言われている。この訴訟の発端は，防衛庁が，北海道長沼町に航空自衛隊のミサイル基地を建設するために同町馬追山の国有保安林の指定解除を農林大臣に申請したところ，農林大臣が69年7月に指定解除の処分を行ったことにある。これに対して，地元住民らは，憲法違反の自衛隊の基地建設のための国有保有林の指定解除処分を行うことは森林法に言う「公益上の理由」を欠くとして指定解除処分の取消しを求める行政訴訟を提起した。この訴訟において，福島判決は，平和的生存権の裁判規範性を認めるとともに，自衛隊は憲法9条で保持を禁止された戦力に該当して違憲であり，そのような自衛隊の基地建設は公益性がないとして原告の主張を認める判決を言い渡した。ただ，国側の控訴により事件を審理した札幌高裁は，76年8月5日に代替施設の完備により原告等の訴えの利益はなくなったとして訴えを却下したし，また原告等の上告を受けた最高裁も，82年9月9日に同様の理由で上告を棄却する判決を言い渡し，自衛隊の違憲性についてはなんらの判断も示さなかった。

【関連項目】　自衛隊違憲訴訟／長沼ナイキ基地訴訟
〔山内敏弘〕

### ブシェール原発　Bushehr Nuclear Power Plant

イランのブシェールにおいて建設された原子力発電所。2015年4月現在，設備容量100万kWのロシア製加圧水型軽水炉1基が運転中である。もともとは西ドイツのKWU社が2基の軽水炉を受注，1975年5月に着工したが，79年のイラン革命で，建設は中断，同社はプロジェクトから撤退した。さらに80〜88年のイラン・イラク戦争の際，同発電所サイトは数回にわたりイラク軍の空爆を受け，破壊された。しかし，イランは93年1月，ロシアとの間で原子力発電所の完成に関する協定を締結，同じサイトにおいてロシアの軽水炉が建設されることになった。96年1月に再着工，工事は大幅に遅延したものの完成にこぎつけ2011年5月8日に初臨界，同年9月3日に系統接続，13年9月には商業運転を開始した。イランとロシアは14年11月，ブシェールの原発サイトに，運転を開始した1号機を含め，計4基の原子炉を建設するこ

とで合意したことを発表した。

【関連項目】軽水炉（LWR） 〔友次晋介〕

## 不戦条約（ケロッグ＝ブリアン条約／パリ条約）General Treaty for Renunciation of War as an Instrument of National Policy/Kellogg-Briand Pact

不戦条約（戦争抛棄ニ関スル条約）は，1928年8月27日に署名され，翌29年7月24日に発効した条約である。この条約成立の起源はフランス外相のブリアンの27年の米国への呼かけに始まる。ブリアンは，レビンソンらの侵略・自衛・制裁のあらゆる戦争の違法化を目指す「戦争非合法化（outlawry of war）」運動が史上最大の盛り上がりをみせていた米国に対して，米仏の「二国間で『戦争を非合法化する（outlaw war）』相互協定を結ぶ」ことを呼びかけ，ケロッグ米国国務長官が2ヵ国ではなく多国間条約にしようと応え，その後，すべての主要国も参加して実現した。

条約は，「締約国ハ国際紛争解決ノ為戦争ニ訴フルコトヲ非トシ且其ノ相互関係ニ於テ国家ノ政策ノ手段トシテノ戦争ヲ抛棄スルコトヲ其ノ各自ノ人民ノ名ニ於テ厳粛ニ宣言スル」（1条），「締約国ハ相互間ニ起コルコトアルベキ一切ノ紛争又ハ紛議其ノ性質又ハ起因ノ如何ヲ問ハズ平和的手段ニ依ルノ外之ガ処理又ハ解決ヲ求メザルコトヲ約ス」（2条）と規定している。条文本文には不戦の例外規定や，制裁規定はなかったが，成立当初から参加国の声明等により自衛権の発動は制限されず，自衛の範囲は植民地や利害関係地域まで含むなどと解釈・運用された。また，戦争に至らぬ武力行使（事変）は含まれないとの解釈も生じ，結局第二次世界大戦を止められなかった。しかし，歴史的にみれば，戦争を一般的に違法化し，戦争を行う国には少なくともこの条約に違反していないことを立証する責任が生まれた点は重要である。

不戦条約には，あらゆる戦争の非合法化を目指す思想と集団安全保障論を前提とした侵略戦争の違法化の思想（ジェームズ・ショットウェルら）の両者が混在したとも評価しうる。だが，厳密な意味での戦争違法化論が不戦条約に「潜在・混在」し，それが日本国憲法9条1項の戦争放棄規定に反映したとみることも可能であろう。不戦条約が本文にあえて例外規定や制裁規定を置いていない点を含めて，不戦条約の背景にある「戦争非合法化」論の意義は再注目すべきだろう。

【関連項目】憲法9条／司法的解決／ジョン・デューイの平和思想／戦争非合法化論 〔河上暁弘〕

## 武装解除・動員解除・社会復帰（DDR）disarmament, demobilization, and reintegration

内戦や地域紛争を終結させる和平合意後に紛争当事者であった元戦闘員（ex-combatants）を武装解除（disarmament），動員解除（demobilization），社会復帰（再統合，reintegration）を目的として実施される一連の平和支援活動のこと。この場合の「元戦闘員」とは，正規軍隊のみならずその他の武装集団に属していた人々をも含んでいる。紛争の再発防止のために元戦闘員から着実に武器を回収し，いかにして彼らを社会に有益な人材として育成するのか，という課題を解決するための政策ツールとしてDDRが国連によって編み出された。

国連においてDDRという呼び方で本格的に議論されたのは，1999年7月の国連安全保障理事会会合が最初である。これを受けて，99年10月にシエラレオネへの派遣が国連安保理で決定された国連シエラレオネ・ミッションの職務権限としては初めて「DDR」という言葉が登場した。

それ以降，コンゴ民主共和国，リベリア，コートジボワール，ハイチ，ブルンジ，スーダンなど，DDRを含む職務権限が国連平和維持活動（PKO）で主流化した。他方，PKOが

派遣されていない武力紛争後地域でも，アフガニスタンやインドネシア（アチェ）など，PKO以外の支援主体が実施したDDRもある。

また，DDRは，武装解除や動員解除などの軍事に関する作業である一方，元戦闘員の社会再統合における非軍事的な開発に関する作業でもある。そのため，こうしたDDRの現場では，武装解除や動員解除など，軍事的な専門知識が不可欠な作業には，国連PKOなどの軍事に精通した要員が担当する傾向があるのに対し，再統合の側面からは，国連開発計画や国連移住機関などの国際機関がより長期的な観点からDDRを統括し，再統合分野を専門とする非政府組織（NGO）と共にその履行を担当することが多い。

【関連項目】　国連安全保障理事会（国連安保理）／治安部門改革（SSR）／平和構築
【参考文献】　山根達郎「元戦闘員が再統合される社会の検討」『国際政治』149号，2007年　　　　〔山根達郎〕

### 武装警察隊（FPU）　Formed Police Unit

武装警察とは，分権的国家志向の英米法系諸国ではなく，集権的国家志向の大陸法系諸国や旧植民地諸国にみられる国内の準軍事組織の一形態。性質上，対外的脅威に対応するために最大限の武力行使が許され，隊列を組み指揮官の命令に従って行動する「軍隊」と，法執行業務の遂行のため必要最小限の武器使用にとどめられ，基本的に個人単位で活動する「警察」の中間に位置づけられる組織である。フランスのジェンダルムリ（gendarmerie）などが有名であり，軍隊組織の一部となっていることが多い。

武装警察が国連PKOにも武装警察隊（FPU）として，近年，配備されるようになった。FPUの主な役割としては①公共秩序の維持（例えば，デモ対策等），②国連要員・施設の保護，そして③通常の警察要員では対応が困難な状況の対応（例えば，暴動時の対応等），以上の3つが挙げられる。FPUは不安定な状況下においても活動が可能であり，部隊単位で採用されるため，警察要員を一人ひとり採用するより迅速に展開できるという利点がある。また，2005年以降，武装しているFPUの派遣が増えたことにより従来使われていた国連の警察要員を指す「文民警察」（CIVPOL）という名称が使われなくなり，「国連警察」（UNPOL）という表現が使われるようになった。

【関連項目】　国連平和維持活動（PKO）／治安部門改革（SSR）／平和構築
〔古澤嘉朗〕

### 負担分担論　burden-sharing

冷戦期の米国が直面した戦略上の課題は，国際関係を巡る戦後の理論的言説を方向づけた2つの概念——コミットメント問題と「集合行為（collective action）」問題——とを生んだ。1つは，拡大抑止（相手国に対する反撃の威嚇によって，当該国の同盟国に対する攻撃を相手国に自制させる政策）における核反撃という「言明された意図」の説得力の問題であった。当時の米国にとっては，反撃という予告の実行は，ソ連に対する威嚇の断行となると同時に，西側の同盟国に対する約束の履行ともなるもので，米国は二重のコミットメント問題に直面していたのである。

そしてもう1つが，西側同盟における防衛負担分担の問題であった。M. オルソンは，共著者R. ゼックハウザーとともに，北大西洋条約機構（NATO）を事例に，同盟を基盤とする共同防衛は加盟国にとって公共財（public goods）であることに着目して，加盟国のなかでも大国の負担は突出して重いものとなる傾向があると論じた。この議論を，オルソンは主著『集合行為論』（1965年）において，共通の利益を共有する集団の間では，ただ乗り（free ride）という形で，《弱者による強者の搾取》という逆説が生まれると定式化していることは興味深い。国家間に共通の利益など存在せず，

関係国間の勢力分布が政治的帰結を左右するとしたリアリストの議論とは対照的に，共通の利益を共有する集団ですら，その集団利益を実現できるものではないとしたのがリベラルの集合行為論であり，この集合行為の不合理を緩和する条件（例えば覇権の存在）の解明こそがリベラルの分析課題となったのである。

【関連項目】　拡大抑止政策／仕掛線論
【参考文献】　石田淳「国際関係論はいかなる意味においてアメリカの社会科学か」『国際政治』160号，2010年／オルソン，マンサー，（依田博・森脇俊雅訳）『集合行為論』ミネルヴァ書房，1996年／Olson, Mancur, Jr. and Richard Zeckhauser, "An Economic Theory of Alliances," *Review of Economics and Statistics*, Vol. 48, No. 3, 1966 〔石田淳〕

## 復仇 reprisals

復仇は，国際法違反によって被害を受けた国が，加害国に対して，違法行為の中止や再発防止，賠償その他の救済を求めるために，自国が被った被害に見合う国際法違反よって対抗する措置である。武力行使が違法化される以前の国際法においては，平時においても，必要に応じて，領土の一次占領や平時封鎖，船舶抑留などの軍事的な手段が用いられた。

20世紀以降，紛争の平和的解決義務が確立し，国家による戦争及び武力行使が禁止されるにしたがい，武力と強く結びついた伝統的な「復仇」概念は，「対抗措置」概念に取って代わられる。対抗措置は，軍事的措置を伴わない点を除いては，発動の要件も均衡性の原則による制限も，復仇とほぼ同様である。

現代における復仇は，「対抗措置」概念の歴史的基盤としての意味と，武力紛争時にとられる戦時復仇を指す場合とがあり，二重性のある概念であるとされる。戦時復仇においても，あまりに非人道的な行為は慎む必要があるが，均衡性の原則の制限を考える場合，軍事的必要との衡量という独自の問題がある。〔小沼史彦〕

## 仏教の平和思想
Buddhist peace philosophy

仏教の創始者は仏陀（紀元前563〜483年）。仏教は東南アジアを中心とする小乗仏教，北東アジアを中心とする大乗仏教，そしてチベットを中心とするチベット仏教に大別できる。

中心テーマは，苦しみの克服による心の平穏の達成である。人間が直面する様々な問題の原因は心にあり，その原因とは無知（この世に対する正しい智慧の欠如）と執着（特定の物や考え方への固執）と考える。

紛争や暴力の原因は，自己の考え方や思想の絶対化と，異なる思想や考え方を持つ他者への偏見や憎悪，恐怖心にある。紛争は絶対化された異なる思想や考え方同士の衝突だと仏教は理解する。

平和への道は先ず，自らの心の動き（感情や思考など）を冷静に見つめ，制御することである。自らの心を制御し，他者の思想，価値観への理解を深め，相違が恐怖や憎悪の対象ではなく新しい学びの機会であると気づくことが重要である。さらに，自己の属する集団を超えてあらゆる人間との相互依存関係に目覚め，他人の苦しみや悲しみを自己のものとして感じる力（愛）と他者の平和や幸福なしには自己の平和や幸福はないという非二元論的思考の実践が平和の根本だと仏教は主張する。〔田辺寿一郎〕

## ブッシュ・ドクトリン　Bush Doctrine

ブッシュ・ドクトリンは，ジョージ・W．ブッシュ大統領が2002年1月29日行った一般教書演説の内容を指す場合と，同年9月20日にブッシュ政権が発表した「米国国家安全保障戦略」を指す場合があるが，ともに01年の9.11同時多発テロを受けて打ち出された新たな安保戦略であるので，両者をあわせてブッシュ・ドクトリンと呼ぶのが適切であろう。9.11直後の10月9日米英軍はアフガンへの空爆を開始し，12月上旬には一応戦争を終結させて国連主催のボ

ン会議とアフガニスタン復興支援国際会議（東京）を経てアフガンの国家再建計画が始動した。こうした状況を背景に翌年1月の一般教書演説でブッシュ大統領は、以前から米国がテロ支援国家と定義していたイラン、イラク、北朝鮮を大量破壊兵器を開発・獲得・拡散して世界に深刻な脅威を与えつつある「悪の枢軸」と決めつけ、「テロ支援国家はもちろん、反テロ行動に参加しない国家もテロ支援国家である」と断定した。さらに9月の安保戦略では米本土防衛のためには自衛権発動による単独先制攻撃もためらわない決意を表明し、これを機に03年3月イラク戦争に踏み切っていった。〔滝田賢治〕

### 部分的核実験禁止条約（PTBT）
Partial Test Ban Treaty

　正式名称は大気圏内、宇宙空間及び水中における核兵器実験を禁止する条約。1963年にアメリカ、イギリス、ソ連の間で署名、批准され、発効した。地上を含む大気中、宇宙空間及び海中を含む水中での核爆発を伴う実験の禁止を目的とした条約である。

　50年代に入ると、米ソ、及び後に英も加わり、核兵器の開発、生産とそれに伴う核実験が増加し、国際社会から厳しい批判を受けるようになった。特に54年に日本の漁船が南太平洋で米の水爆実験の放射性降下物を浴びた第五福竜丸事件は、核実験による環境汚染に対して深刻な懸念を呼び起こした。このような状況を背景に、米英ソは核実験の禁止に関し断続的に協議を続けたが合意には至らず、結局58年11月から61年9月まで3ヵ国が自発的に核実験を停止するモラトリアムに踏み切った。

　しかし、米ソ間の対立と60年のフランスの核実験を背景に米英ソによる核実験が再開され、62年には170回にものぼる核実験が実施された。これに対し、国際社会の批判が高まるとともに、米ソ間でも緊張緩和の必要性で意見が一致し、検証制度を巡り見解が対立していた地下核実験を除く大気中、宇宙空間及び水中での核実験を禁止する部分的核実験禁止条約（PTBT）が米英ソにより作成された。

　大気中、宇宙空間及び水中での核爆発は探知が容易であることから条約独自の検証制度は設けられていない。地下実験の継続が認められたことから、米英ソの核兵器開発を効果的に抑制することはできず、核軍縮に果たす効果は限定的であったが、核実験による環境汚染を地下に封じ込めるという意味では国際社会の要求に応じるものであった。

　地上での核実験に比べ、地下核実験の実施は技術的に難度が高く、核実験の経験が少ない国が有効な実験を行うことは難しいという点で、新しく核兵器の開発を進めようとする国にとって、PTBTは一定の歯止めを設ける効果があり、不拡散には有効であるとされた。実際に後発の核兵器国であるフランス、中国は自国の核兵器開発の障害となり、米英ソの核の優位を固定するものであるとして、PTBTへの参加を拒否し、地下以外での核実験を継続した。

　PTBTは条約交渉の経緯及び地下核実験を禁止の対象から外すという「抜け穴」を認めていることから、核実験の全面禁止に至るまでの間の暫定的な性格が強い条約であった。

【関連項目】　核実験／第五福竜丸事件とビキニ水爆実験／地下核実験／包括的核実験禁止条約（CTBT）

【参考文献】　ゴールドブラット、ジョゼフ（浅田正彦訳）『軍縮条約ハンドブック』日本評論社、1999年／武谷三男『原水爆実験』岩波書店、1957年／広瀬訓「核実験の禁止」黒澤満編『軍縮問題入門（第4版）』東信堂、2012年　〔広瀬訓〕

### 普遍的国際機構
universal international organization

　普遍的国際機構とは、特定の地域を対象とせず、国連にみられるように多数国間で設立される国際機構である。国際機構の用語は日本政府公定訳では国際機関とされている。国際組織とも言う。国際法委員会（ILC）が起草した2011年国際機関責任条文の「国際機関は条約その他

の文書により設立され，国際法により規律され，独自の法人格を有する組織をいう」とする定義を踏まえると，国家間の合意として条約その他の文書により設置される，国際法により規律される，独自の国際法上の法人格を有する，との3つの条件を満たす普遍的な政府間組織である。さらに，このような普遍的国際機構は一般的な性格を有するものと特定の分野・領域を所掌するものに二分され，第二次世界大戦前に設立された国際連盟や，今日の国際連合（国連）が前者の一般的な普遍的国際機構の典型的な事例である。他方で後者の事例としては，万国郵便連合（UPU），国際労働機関（ILO），国際民間航空機関（ICAO），国際保健機関（WHO），国際海事機構（IMO）等，多様な分野をカバーする多くの専門機関が挙げられるほか，国際連合貿易開発会議（UNCTAD）のように国際システム内に設立された専門機関に類似した補助機関と称する組織もある。

【関連項目】　国際連合（国連）（UN）　　　〔福井康人〕

## 部落差別　Buraku discrimination

日本の封建的身分階層制の最下層に置かれた人々の集団である部落民（「同和関係住民」）及びその子孫に対する差別を言う。差別の根拠は，被差別部落（「同和地区」）に出生し，または当該者の血筋をひき，もしくはひいているとみなされるという「出生」や「家系」等にある。

被差別部落又は部落差別の起源については，異民族起源説や職業起源説，宗教起源説，社会的起源説，政治起源説等があるが，異民族起源説は否定されているほか，政治起源説が一般的である。また，部落差別の始期に関し，中世起源説と近世起源説がある。

1871年の太政官布告（「解放令」）は，法制度上の賎民制度を廃止したが，この布告には，生活環境の改善や偏見の除去等のための施策が伴うことはなく，差別や部落の劣悪な生活環境は残存した。それが改善に向かうのは日本国憲法の制定・施行後，特に1965年の同和対策審議会の答申以後のことである。

同答申は，部落差別の早急な解決が「国の責務」であり，「国民的課題」であるとし，その後，答申に従い国と地方で同和対策事業が実施された。この事業は，同和地区の生活環境の改善や社会福祉の増進，教育の充実，人権擁護活動の強化等により，地区住民の社会・経済的地位の向上の阻害要因の除去を目的とし，そのための一連の事業が展開された。その結果，被差別部落の生活環境は一定程度改善され，特別措置としての同和対策事業は，2002年3月末で一般的な施策に吸収された。しかし，部落差別はなお解消されず，生活面での実体的格差（教育水準・生活水準等）や，就職や結婚等における差別，部落差別に関わる偏見も残存している。また，住宅購入を巡る差別やインターネット上の差別情報の流布等は後を絶たない。

なお，国際社会では，部落差別は，インド等におけるカースト差別等とともに，「世系（descent）に基づく差別」や「職業及び世系（work and descent）に基づく差別」として一般化されることがあり，その概念形成と展開には日本の部落解放運動が寄与した。

【参考文献】寺木伸明『部落の歴史　前近代』解放出版社，2002年／ひろたまさき『差別から見る日本の歴史』解放出版社，2008年／部落解放・人権研究所編『日本から世界への発信　職業と世系に基づく差別』解放出版社，2006年　〔村上正直〕

## ブラジル・アルゼンチン核物質計量管理機関（ABACC）　Brazilian-Argentine Agency for Accounting and Control of Nuclear Materials

ブラジル・アルゼンチン核物質計量管理機関（ABACC）は，原子力の平和限定利用に関するアルゼンチン共和国とブラジル連邦共和国との間の協定（グアダラハラ宣言）に基づき設立された。アルゼンチンとブラジル両締約国が，あらゆる核兵器もしくはその他の核爆発装置の

試験，使用，製造又は取得を，それぞれの領域内で禁止及び阻止し，それらの実施，推進又は参加を放棄し，かつ共通の核物質計量管理システムを確立し，特に，両締約国のすべての原子力活動における核物質がこのグアダラハラ宣言で禁止されている目的に転用されていないことを検認するため，ABACC を設立し，相互査察を実施している。この協定は1991年に発効した。

アルゼンチン，ブラジル，ABACC 及び国際原子力機関 (IAEA) との間で包括的保障措置協定を締結し，この協定に欧州原子力共同体 (EURATOM) と同じような議定書を追加して，両国施設に対する査察を IAEA と ABACC の査察員が実施している。査察の対象としている両国の施設は，2014年の時点で4つのウラン濃縮施設及び6基の発電炉を含む合計67施設であり，これらの施設に対し年間107回の査察を実施している。

ABACC の本部はリオデジャネイロにあり，ブエノスアイレスにも事務所が置かれている。

【関連項目】 欧州原子力共同体 (EURATOM) ／国際原子力機関 (IAEA) ／保障措置協定
【参考文献】 ABACC 年次報告書　　　〔菊地昌廣〕

### プラハの春　Prague Spring

1968年にチェコスロヴァキアで共産党が主導した一連の政治経済改革。

同国では48年に共産党支配体制が確立し，ソ連型の社会主義体制が築かれた。60年代に同国の経済停滞は顕著となり，その後半には改革派が経済改革を提案したが，それは保守派に阻止された。67年には作家同盟が体制批判を行うなど体制への不満が高まり，68年1月に保守派のアントニーン・ノボトニー党第一書記が解任され，後任にはアレキサンデル・ドゥプチェクが就いた。

共産党内では次第に改革派が主導権を握り，検閲が廃止され，言論の自由が回復した。4月に共産党は「行動綱領」を発表し，政治・経済改革や連邦制導入などが提案された。また6月には共産党の改革政策を支持する知識人が中心となって「二千語宣言」が起草され，多くの人々がそれに署名した。

そのような改革の影響が自国に及ぶことを警戒したソ連・東欧諸国は，チェコスロヴァキアの指導部に改革の抑制を求めたが，ドゥプチェクらは「人間の顔をした社会主義」を唱え，改革の正当性を主張して譲らなかった。

8月にソ連を中心とするワルシャワ条約機構軍はチェコスロヴァキアへの軍事干渉を実施し，同国は占領下に置かれ，ドゥプチェクら指導部はソ連に連行された。占領下の9月に共産党大会が秘密裏に開催され，改革派指導部はそこでも支持されたが，モスクワで交渉に臨んだドゥプチェクらはソ連の要求を受け入れ，モスクワ議定書に署名した。その後，ソ連の軍事介入を正当化する論理は「ブレジネフ・ドクトリン」と呼ばれるようになる。

69年4月にドゥプチェクは解任され，グスターフ・フサークが後任となった。抑圧的な共産党体制が復活し，それは「正常化体制」と呼ばれた。介入前に提唱された改革のほとんどは否定されたが，連邦制の導入だけは軍事干渉後に実施され，69年から同国はチェコとスロヴァキアからなる連邦国家となった。

【関連項目】 ブレジネフ・ドクトリン（制限主権論）／ワルシャワ条約機構 (WTO)
【参考文献】 林忠行「プラハの春」歴史学研究会編『講座世界史10　第三世界の挑戦』東京大学出版会，1996年／福田宏「チェコスロヴァキア―プラハの春」西田慎・梅崎透編『グローバル・ヒストリーとしての「1968年」』ミネルヴァ書房，2015年
　　　　　　　　　　　　　　　　　　〔林忠行〕

### ブラヒミ報告書　Brahimi Report

2000年8月17日付で国連事務総長に提出された国連平和活動に関するパネル報告書 (Report of the Panel on United Nations Peace Operations) のこと。同報告書は，国連による平和

## フランス人権宣言　Declaration of the Rights of Man and of the Citizen

　米国の独立宣言などとともに人権保障の嚆矢をなす文書。1789年8月26日にフランスの国民議会において採択された。ロックやルソーらの説く自然権思想と社会契約の理論を背景にしている点等において，1215年の英国マグナ・カルタとは性格を異にする。近代市民革命の典型というべきフランス革命を主導する理念・原則が前文と本文17ヵ条にわたって宣明されている。「人は，自由かつ権利において平等なものとして出生し，生存する」と定める1条は，自由・平等という人権の根本原理を明瞭に宣言したものにほかならない。身体の自由，精神的自由，財産権などの自由権を中心とする諸権利が不可侵の権利として宣言されるとともに，政府が人権を保障する手段として設けられることが明示され，政府の原理として国民主権と権力分立が明示されている。フランス人権宣言は2年遅れて制定された1791年憲法の一部を構成するだけでなく，第四共和政を経て今日の第五共和政に至るまで憲法的価値を有し続けているところに大きな特徴がある。だがこの宣言の真の価値は，フランスを超えて世界大にみてとれる。

　その象徴的な例は1948年12月10日に採択された世界人権宣言である。この宣言の起草にはノーベル平和賞を受賞したフランス人ルネ・カッサンが大きな役割を果たした。同宣言を採択した国連総会の開催された地もまたパリであった。「すべての人間は，生まれながらにして自由であり，かつ，尊厳及び権利において平等である」と1条で謳う世界人権宣言には，まぎれもなくフランス人権宣言の伝統が取り込まれている。また，植民地支配の名残というべきところがあるにしても，アフリカのフランス語圏諸国のなかにも憲法のなかにフランス人権宣言に明文で言及するものが少なくない。

　他方で，フランス人権宣言には，封建体制を脱して勃興する中産階級の利害を色濃く映し出

　活動の能力評価，並びにこの能力の強化に向けた具体的な提言を求めるために，00年3月にアナン国連事務総長（当時）の招集により，アルジェリアの元外務大臣を務めたブラヒミ氏を議長とする10名の有識者によって議論がなされ，作成されたものである。国連事務総長への提出後に同報告書は，00年8月21日付で国連総会並びに国連安全保障理事会の両公式文書（A/55/305-S/2000/809）として公表されるとともに，同年9月に国連本部で開催されたミレニアム・サミットでも取り上げられた。

　同報告書では，国連が過去10年間に実施してきた紛争対応が必ずしも十分でなかった点を率直に認め，紛争予防，平和維持，平和構築の諸側面についての現行制度についての見直しと実現可能な改善について検討された。冷戦終結後の1990年代以降に急速に活動数が増加した国連平和維持活動（PKO）であったが，内戦や地域紛争といった性格を帯びた紛争下の当事者において締結された和平合意はあまりに脆弱で，紛争が再発する危険性のなかでの活動は，困難を極めた。92年にガリが国連事務総長報告書として著した「平和のための課題」など，国連を通じた過去の検討内容を踏まえ，ブラヒミ報告書では，紛争予防と平和構築の戦略と支援をより重視する内容の勧告が提起された。複雑な紛争構造のなかにあって，コミュニティや国家の戦争から平和への円滑な移行を促すためにも，複合的平和活動を支える長期的な紛争予防や平和構築の要素を組み込んでいく大切さが訴えられた。また，平和維持活動の現実的職務権限の精査と，不測の事態に対応できる能力強化のための制度化が提起され，併せて国連事務局の新たな情報管理と戦略分析能力の強化策などが提起された。

【関連項目】　国連平和維持活動（PKO）／国連ミレニアム・サミット／「平和のための課題」（ガリ事務総長報告）
【参考文献】　山下光「PKO概念の再検討」『防衛研究所紀要』8巻1号，2005年　　　　　　　　〔山根達郎〕

した時代的制約があることは言うまでもない。また、この宣言は女性の権利を保障したものではないと批判を加えたオランプ・ドゥ・グージュは、1791年9月に「女性及び女性市民の権利宣言」を公刊している。

【参考文献】 ブラン，オリヴィエ『オランプ・ドゥ・グージュ』信山社，2010年／モランジュ，ジャン『人権の誕生』有信堂，1990年 〔阿部浩己〕

### フランスの核戦力　nuclear forces of France

フランスは計300発の核弾頭を保有する。このうち、核弾頭「TN75」240発が潜水艦発射弾道ミサイル（SLBM）「M45」「M51」に積まれ、フランス西部ロング島を母港とするトリオンファン級原潜4隻に配備されている。このほか、航空機搭載型の核弾頭「TNA」も50発配備されている。

フランスは1950年代後半までに核兵器を作る方針を固め、58年のドゴール政権誕生とともに開発に乗り出した。60年にはアルジェリアのサハラ砂漠レッガーヌで原爆実験に成功した。66年に実験場を南太平洋のムルロア、ファンガタウファ両環礁に移し、68年には水爆実験にこぎつけた。シラク政権時代に実施した95年から96年にかけての最後の核実験は、軍縮ムードが高まっていたときだけに世界から非難を浴びた。

英国が曲折を経つつも核開発で米国と密接な関係を結んだのに対し、フランスは核兵器をむしろ、米国の影響から独立する手段として位置づけた。フランスは66年、北大西洋条約機構（NATO）軍事機構からの脱退を表明するが、それは独自の核戦力に裏打ちされてのことだった。軍事機構には2009年に復帰した。

【関連項目】 アフリカ非核兵器地帯条約（ペリンダバ条約）／ラロトンガ条約（南太平洋非核地帯条約） 〔国末憲人〕

### フリーダム・ハウス　Freedom House

世界の自由と人権を守るべく1941年に設立されたアメリカ合衆国の超党派非政府組織で、創設メンバーにはルーズヴェルト米国元大統領夫人のエレノア・ルーズヴェルトや、40年の共和党大統領候補であったウェンデル・ウィルキーなどが含まれる。同分野の米国民間団体としては初の団体で、世界各国の自由度を調査・分析し、啓蒙活動や政策提言を行っている。フリーダム・ハウスが特に有名なのは、73年より発行されてきた年次報告書『世界の自由（Freedom in the World）』によってである。本報告書は各国における政治的権利と市民的自由を7段階の指標で測定し、その結果に基づき各国を自由、一部自由、非自由に分類している。測定結果はバイアスがみられると批判されることもあるが、学者、ジャーナリスト、政策決定者などに幅広く用いられており、自由・人権に関するデータの提供のみならず、アジェンダセッティングを行う上でも強い影響力を有している。

【関連項目】 自由権（政治的自由）／人権／デモクラティック・ガヴァナンス 〔市原麻衣子〕

### 武力攻撃事態対処法
#### Armed Attack Situation Response Act

「武力攻撃事態等における我が国の平和と独立並びに国及び国民の安全の確保に関する法律」（2003年）の略称。この法律は、「武力攻撃事態」、「武力攻撃予測事態」、「緊急対処事態」という3つの事態を想定して、それぞれの事態に対処する措置を定めている。ここにおいて、「武力攻撃事態」とは「武力攻撃が発生した事態又は武力攻撃が発生する明白な危険が切迫していると認められるに至った事態」をいい、「武力攻撃予測事態」とは「武力攻撃には至っていないが、事態が切迫し、武力攻撃が予測されるに至った事態」をいい、「緊急対処事態」とは武力攻撃に準ずる手段で多数人を殺傷する行為が発生した事態等で、国家として緊急に対処することが必要なものをいうとされる。

武力攻撃事態等が発生した場合には、政府は、対処基本方針を定めて、武力攻撃事態等対

策本部を設置して対処措置を実施することとなる。対処措置には，自衛隊に対して防衛出動命令や防衛出動待機命令などを発することのほかに，地方公共団体などに指示や統制を行うとともに，国民に対しても，「国民の保護のための措置」を行うことなどが含まれる。ただ，武力攻撃事態等の意味が曖昧であることに伴って，その認定がどのようになされるか，国会の民主的統制は十分か，さらには国民の人権制限は適正になされるかどうかなどの問題点が指摘されてきた。

ところが，2015年には「安全保障法制」の一環として武力攻撃事態対処法にも新たに集団的自衛権の行使が可能となる「存立危機事態」が加えられて，このような事態の際にも防衛出動命令とそれに基づく武力行使が可能となる改定がなされた。この改定によれば，「存立危機事態」とは，「我が国と密接な関係にある他国への武力攻撃が発生し，これにより我が国の存立が脅かされ，国民の生命，自由及び幸福追求の権利が根底から覆される明白な危険がある事態」をいうとされるが，しかし，そのような集団的自衛権の行使は歴代の政府の下では認められなかったものであり，憲法の平和主義と立憲主義に照らして重大な疑義が提起されている。

【関連項目】　国民保護法／自衛隊法／集団的自衛権行使容認の閣議決定／周辺事態法／有事法制　　〔山内敏弘〕

## 武力行使の禁止　prohibition of use of force

武力行使の禁止の試みは中世にまで遡ることができる。領土的野心に基づくような私的な戦争を防止するため，神学者たちが戦争発生防止のための理論を展開した。例えば，アウグスティヌスが正戦論を展開したほか，アクィナスが『神学大全』により，①君主のみが戦争宣言の資格を有する（私的戦争の禁止）こと，②戦争の原因が正当であること，③戦争は正しい意図で遂行されることの3原則を提唱し，これを満たさない戦争を禁止している。近代に入って

からも戦争の惨禍を可能な限り緩和しようとする努力がなされ，19世紀の後半から20世紀の初めにかけて，多数の交戦行為を規制する交戦法規が合意された。さらに，実定法として史上初の不戦条約とされる，債務取り立てを理由とする戦争を禁止したポーター＝ドラゴミール条約，米仏間の二国間条約から発展した不戦条約であるケロッグ＝ブリアン条約が作成された。

もっとも，第一次世界大戦後の国際連盟による平和実現の試みや，初代の軍縮会議等の活動もあったものの，当時の大国の利益追求主義の前には無力で，最終的に第二次世界大戦の勃発を防ぐことができなかった。第二次世界大戦が終結した後，中世以来の長年にわたる戦争違法化の試みの結果として，国連憲章2条4項が「国際関係において，武力による威嚇又は武力の行使を，如何なる国の領土保全又は政治的独立に対するものも，また，国際連合の目的と両立しない他のいかなる方法によるもの」も禁止したのは画期的なことであった。

同規定では，開戦宣言を伴わない戦争も含めて「武力の行使」とすることにより，国際紛争に限定されているが，広く武力行使が禁止されている。その結果，今日では国連憲章に照らして武力行使が認められるのは，憲章51条に基づく集団的自衛権の行使及び憲章第7章に基づく安保理決議による強制措置に限定される。なお，ここでいう武力について，国連憲章の交渉経緯から経済戦争は含まないとされるが，サイバー攻撃は武力の行使と同様の破壊効果を伴うため禁止されるとの解釈が有力である。

【関連項目】　国連憲章／集団的自衛権／戦争非合法化論／不戦条約

【参考文献】　藤田久一『国際人道法』有信堂，1993年／松井芳郎「国際法における武力規制の構造」『ジュリスト』1743号，2007年／Simma, Bruno et al. eds., *The Charter of the United Nations*, 3rd ed., Oxford University Press, 2012　〔福井康人〕

## 武力不行使原則　principle of non-use of force

国際連合憲章2条4項は，国際関係における

ブリョクフ

武力の行使及び武力による威嚇を禁止する。20世紀初頭以来の戦争違法化の進展を経て国連憲章において確立した本原則は，今日では慣習国際法上の原則として普遍的に受け入れられている。

ここでいう武力（force）は軍事力を指し，政治的・経済的圧力等のその他の力は含まない。しかし，禁止される軍事力の範囲は広く，直接的な武力行使（典型的には正規軍による他国領域への侵入・砲爆撃）のみならず，他国領域侵入のために不正規軍や武装集団を組織・奨励すること等の間接的な形態も含まれる。このことは友好関係原則宣言や国際司法裁判所（ICJ）ニカラグア事件本案判決（1986年）で確認された。なお，海上での外国船舶取締りに伴う実力の行使は，国内法令の執行措置であれば武力の行使にはあたらないということが，国際判例上明らかにされてきた。

武力による威嚇については，ICJ核兵器の威嚇・使用の合法性勧告的意見（96年）において，ある状況で武力の行使がなされれば違法となる場合には，当該武力の威嚇のみでも違法だということが示されている。

本原則は国際関係における武力行使・威嚇を禁止するもので，一国内の実力の行使は一般的には規律対象外である。もっとも，内戦への第三国の介入の法的評価については議論が分かれる。

本原則の例外として国連憲章に明示されているのは，安全保障理事会の決定に基づく軍事的措置（42条），国家による個別的・集団的自衛権の行使（51条），旧敵国に対する措置（53条1項但書後段，107条）である。ただし旧敵国条項は今日では死文化しているとされる。このほか，在外自国民の保護や人道的干渉が例外として主張されることがある。

【関連項目】　国連憲章第7章／国連憲章と武力行使／戦争非合法論／集団安全保障
【参考文献】　Brownlie, Ian, *International Law and the Use of Force by States* Oxford University Press, 1963／Dinstein, Yoram, *War, Aggression and Self-Defence*, 5th ed., Cambridge University Press, 2011／Gray, Christine, *International Law and the Use of Force*, 3rd ed., Oxford University Press, 2008
〔田中佐代子〕

## 武力紛争　armed conflict

武力紛争は，国家等の組織性を有する集団間の暴力を用いた闘争であると一般には認識される。しかし，定義の目的次第で様々な意味を与えることができ，社会学，政治学や法学その他における定義は同じではない。国際法が武力紛争を定義するのは国際人道法（武力紛争法）適用事態を確定する必要からである。武力紛争が始まれば国際人道法の適用があり，一定の範囲で他の国際法規則に優位して適用される。

伝統的な国際法は，国際法が禁止しない限りであらゆる殺傷と破壊が許容される事態を法上（国際法上）の戦争（*de jure* war）と呼び，それはそのような戦争を行う意思の表示で始まった。この戦意表明があれば戦時国際法（国際人道法に実質的に同じ）のみが支配した。法上の戦争は，一方的戦意表明で始まるが終了には当事国の合意が必要で，その合意を講和（平和）条約と言う。法上の戦争以外を事実上の戦争（*de facto* war）と呼び，そこでは戦闘があっても戦時国際法の全面的適用が疑問視されることもあった。事実上の戦争は，意思表示と無関係に戦闘等の敵対行為の間にのみ存在する。例えば日華事変は日中とも戦意表明をせず事実上の戦争にとどまった。

国連憲章（1945年）で戦争違法化が完成し，法上の戦争の存在は否定されるに至った。つまり事実上の戦争のみが存在しこれを武力紛争とも言う。国家の軍隊同士の衝突の事実があれば武力紛争になり国際人道法適用がある。しかし，どの程度の激しさや期間を要するかや，警察の撃ち合いの場合にどう考えるかに議論が残る。国家間等に生じる武力紛争を国際的武力紛

争というが，そこでは戦闘員は相手方戦闘員や軍事目標を殺傷破壊しても法的責任を問われないという戦闘員特権が認められるので，国際的武力紛争がいつ開始されるかは依然重大な問題となる。内戦のような非国際的武力紛争では主に国内法で暴力行為が処理され，戦闘員特権はないから武力紛争の事態を定める必要性は高くはない。それでも限定的に国際人道法適用があるためその始期と終期を決める法的必要性はある。武力紛争を定義する条約規定はないので，国家実行の他，旧ユーゴスラヴィア国際刑事裁判所タジチ事件判決のような関連判例が重視されている。

【関連項目】　国際人道法（武力紛争法）（IHL）／宣戦布告／内戦

【参考文献】　石本泰雄「いわゆる事実上の戦争について」高野雄一ほか編『現代国際法の課題』有斐閣，1958年／Greenwood, Christpher, "The Concept of War in Modern International Law," *International and Comparative Law Quarterly*, Vol.36, Pt.2, 1987／*Prosecutor v. Tadic*, ICTY Case No.IT-94-1-AR72, 2 Oct. 1995
〔真山全〕

## 武力紛争の際の文化財保護のための条約 Convention for the Protection of Cultural Property in the Event of Armed Conflict

ユネスコの主導によって，ハーグにおける外交会議で採択（1954年5月14日署名，8月7日効力発生）。2つの世界大戦において，文化財が重大な損傷を受けたこと及び戦闘技術の発展による文化財破壊の危険性の増大を踏まえ，文化財の保護が，領域国の人民を越えて，世界のすべての人民にとって重要であるという考え方に基づいて作成された。保護の対象は，①文化財として極めて重要な動産または不動産，②動産文化財の保管施設や文化財防護のための避難施設，③文化財が多数集中する地域である。日本は，保護対象の文化財に自然環境を含めることを主張したが容れられなかった。同時に採択された第1議定書は，被占領地域の文化財の保護を目的とする。99年には，武力紛争の変化に応じ，非国際的武力紛争にも適用可能な第2議定書を採択，2004年に発効した。日本は，イラク戦争における文化財破壊と略奪によって高まった文化財保護の意義及び文化財保護への国際協力の必要性を認め，07年9月に批准。
〔小沼史彦〕

## 武力紛争への児童の関与に関する児童権利条約選択議定書 Optional Protocol to the Convention on the Rights of the Child on the Involvement of Children in Armed Conflict

「武力紛争における児童の関与に関する児童の権利に関する条約の選択議定書」。人権委員会が1994年に発議し起草，第54回国連総会（2000年）で採択後，02年に効力発生。日本は04年に批准。前文及び本文13ヵ条からなる。

この議定書は，児童権利条約で15歳未満の者を対象とした子ども兵士に関する禁止事項を18歳未満の者に対象を拡大する。締約国は18歳未満の自国の軍隊構成員が敵対行為に直接参加しないことを確保するためのすべての実行可能な措置をとり（1条等），18歳未満の者を強制的に徴集せず（2条等），自国軍隊に志願する者の採用最低年齢を引き上げ（3条等），国の軍隊と異なる武装集団による18歳未満の者の採用及び使用を防止するためにすべての実行可能な措置をとること（4条等）が義務づけられる。

【関連項目】　子どもの権利条約／子ども兵士　　〔稲角光恵〕

## 武力紛争予防のためのグローバルパートナーシップ（GPPAC） Global Partnership for the Prevention of Armed Conflict

紛争予防と平和構築に貢献する市民社会のネットワーク。オランダ・ハーグに本部を置く。世界15の国・地域に分割された支部を，国際運営委員会が統括している。アナン元国連事務総長が事務総長報告書『武力紛争の予防』（2001年）のなかで，「紛争予防に関心を有するNGOが国際会議を開催すること」を提言した

ことが契機となり，05年に正式に発足した．分野としては紛争予防活動や紛争調停，平和教育，人間の安全保障，ジェンダーなどの問題に取り組んでいる．11年には，紛争予防や平和構築に取り組む世界各地の人々やNGOによるオンライン上の情報交換を目的とした「ピース・ポータル」(Peace Portal) を立ち上げた〈www.peaceportal.org〉(16年1月31日アクセス)．

【関連項目】 非政府組織 (NGO/NPO) ／紛争解決／平和構築

〔古澤嘉朗〕

## プルトニウム　plutonium (元素記号 Pu)

原子番号94の元素．1941年にシーボルグ(米)らが，ウラン238に重水素の原子核を衝突させてプルトニウム239を発見した．いくつかの同位体が存在するがプルトニウム239，プルトニウム241は核分裂性核種である．ウラン鉱石中にごくわずかに含まれることが知られる以前は完全な人工元素と考えられていた．半減期はプルトニウム239の場合約2万4000年 ($\alpha$ 崩壊)，比重は19.8で金属プルトニウムは銀白色の光沢を持つ重い金属である．融点は639.5℃，沸点は3230 ℃，硝酸や濃硫酸には酸化被膜ができ溶けにくい．塩酸や希硫酸などには溶ける．原子価は+3～+6価 (+4価が最も安定)．金属プルトニウムは，特に粉末状態において自然発火することがある．塊の状態でも，湿気を含む大気中では自然発火することがあり，過去のプルトニウム事故の多くが，この自然発火の結果とされている．プルトニウムとその化合物は人体にとって非常に有害とされている．化学的な毒性は他の一般的な重金属と同程度であるが，プルトニウムは放射性崩壊によって $\alpha$ 線を放出するため，体内，特に肺に蓄積されると強い発癌性を示すとされている．プルトニウムは核兵器の原料やプルサーマル発電における MOX 燃料として使用される．人工衛星の電源として原子力電池のなかに使用され

たこともある．最も重要な同位体は核分裂性のプルトニウム239で，原子炉内でウラン238が中性子を捕獲してウラン239となり，それが $\beta$ 崩壊してネプツニウム239になりさらに $\beta$ 崩壊してプルトニウム239ができる．プルトニウムを核燃料として用いるときの一般的な方法は酸化物 ($PuO_2$) にして $UO_2$ と混合して使用する．混合酸化物燃料 (MOX) と呼ばれる．これを軽水炉燃料として使用する (プルサーマル利用) 場合は，核分裂性プルトニウムの含有量は約5％，高速炉燃料は約20％である．プルトニウムの大きな特徴として核兵器に用いられる点である．臨界量がウランに比べて少ない事 (プルトニウム239金属で数キロと言われる)，製造工程がウラン235の同位体濃縮工程に比べて小規模ですむことが特徴である．しかし，ウランがガンバレルタイプ (広島型：リトルボーイ) に対して，プルトニウムの場合はプルトニウム240が早期に核分裂して兵器として威力を発揮できないことからインプロージョンタイプ (長崎型：ファットマン) の開発が必要であった．このためプルトニウム239の割合の高い (90％以上) プルトニウムは兵器級プルトニウムと呼ばれる．

【関連項目】 ウラン濃縮／混合酸化物燃料 (MOX 燃料)

〔蔦木泰宏〕

## ブルントラント委員会
Brundtland Commission/World Commission on Environment and Development

1984年に国連に設置された「環境と開発に関する世界委員会」(World Commission on Environment and Development; WCED)，通称，国連環境特別委員会のこと．81年から96年の間に3度ノルウェーの女性首相を務めたブルントラントが委員長であったことから，ブルントラント委員会と呼ばれている．この委員会は，82年に開催された国連環境計画 (UNEP) 管理理事会特別会合 (ナイロビ会議) において，日本政

府の提案により設置された。各国から選ばれた21名の有識者により構成され，8回の会合が開催されている。

　この委員会が87年に発表した報告書 *Our Common Future*（邦題『我ら共有の未来』）では，環境保全を考慮した節度ある開発が重要であるという考えに基づき「将来世代の欲求を満たしつつ，現在の世代の欲求も満足させるような開発」という「持続可能な開発」の概念を中心的な考え方として提言し，その後国際的に広く認識されるようになった。

【関連項目】国際連合（国連）（UN）／国連環境計画（UNEP）／持続可能な開発（発展）　　〔小倉亜紗美〕

## ブレジネフ・ドクトリン（制限主権論）
Brezhnev Doctrine ("limited sovereignty" theory)

　1960年代後半，当時のソ連による社会主義諸国への介入主義を正当化する政策論理を指す西側諸国での通称。

　最初に明示的にこの議論が現れたのは，チェコスロヴァキアの民主化運動（「プラハの春」）に対してワルシャワ条約機構軍が介入を行った後の68年9月26日付のソ連共産党機関紙『プラウダ』紙に発表された論文「社会主義諸国の主権と国際的責務」（筆名：S. コヴァリョフ）であった。次いで同年11月13日，ポーランド統一労働者党大会に招待されたブレジネフ・ソ連共産党書記長は，ある社会主義国家が資本主義への転換を含めて内政危機にある場合，それはすべての社会主義諸国に共通する問題であって，問題の解決には軍事力行使を含む内政干渉も辞さない，との趣旨の発言を行った。以後この「ブレジネフ・ドクトリン」は，56年のハンガリー動乱への介入に遡って言及されたり，後年には79年のアフガニスタン軍事介入を正当化する論理としても使われた。

　西側諸国はもとより，中国やユーゴスラヴィアなどソ連と同盟関係にない社会主義諸国は，主権国家体制の原則を侵害する論理として警戒。他方，ポーランドでの独立自主労組「連帯」の勢力拡大に伴う同国の民主化に対し，結果としてソ連の軍事介入が回避され，ポーランド軍による戒厳令という形で事態が収拾されたことは，制限主権論の適用が選択的なものであることを示していた。

　85年3月に発足したゴルバチョフ政権による外交改革（新思考外交）は，社会主義陣営の国々の主権を尊重し，内政不干渉原則を確認するプロセスでもあった。88年3月，ユーゴスラヴィア訪問中のゴルバチョフは制限主権論を明確に否定。その後もソ連政府は東欧諸国の自立的な体制選択を促す政策を維持した。このようなソ連の姿勢は，後にアメリカの歌手フランク・シナトラの曲「マイウェイ」にちなみ「シナトラ・ドクトリン」と称され，89年の連鎖的な東欧諸国の体制転換（東欧革命）へ繋がる論理となった。

【関連項目】ウェストファリア体制／新思考外交／中ソ対立／プラハの春

【参考文献】岩下明裕『「ソビエト外交パラダイム」の研究』国際書院，1999年／Ouimet, M., *The Rise and Fall of the Brezhnev Doctrine in Soviet Foreign Policy*, The University of North Carolina Press, 2003　　〔湯浅剛〕

## ブレトン・ウッズ＝ガット体制
Bretton Woods-General Agreement on Tariffs and Trade System

　ブレトン・ウッズ＝ガット体制とは，国際経済分野の通貨，金融，貿易が多国間で自由に展開するように，第二次世界大戦後に構築したルールとその運用機関を指す。1930年代に各国が自国経済を優先して他国との対立も辞さず，戦争へと転落した教訓に基づいていた。

　IMFは，金融・資本取引や貿易決済のために各国通貨の交換を円滑化すべく，固定相場制を採用した。IBRDは，戦後のヨーロッパ復興を支援するために有利な融資を提供し，その後は発展途上国の開発支援を主な任務とした。

IMFとIBRDに加えてITO（国際貿易機関）を創設する予定であったが，それが失敗したため，貿易分野の関税削減取決めに一定のルールを加えて，暫定的にガット（GATT：関税と貿易に関する一般協定）を設けた。

このブレトン・ウッズ＝ガット体制は，60年代の顕著な国際経済の成長を支えた。しかし，それに伴ってアメリカのドルが国際的に流出し，ヴェトナム戦争がこれを加速した。ドルの国際的信用は危機的段階にまで低下し，71年8月にアメリカは一方的にドルと金の兌換停止などに踏み切る（ニクソン・ショック）。これを契機に固定相場制は崩壊し，73年に変動相場制に移行してブレトン・ウッズ体制の根幹は形骸化した。

【関連項目】世界貿易機関（WTO） 〔大矢根聡〕

## プロレタリア独裁
dictatorship of the proletariat

プロレタリアートによる革命が資本主義社会を転覆させた後，共産主義社会が実現するまでの「移行期間」に必要とされると，マルクスが1875年に『ドイツ労働者党綱領への欄外註釈』で述べた国家統治の形態。このいわゆる『ゴータ綱領批判』には，「政治的移行期間」の「国家は，プロレタリアートの革命的独裁でしかありえない」とある。

ここで言われるプロレタリア独裁は，マルクスがすでに1850年前後に，ドイツ革命の挫折に対する反省を踏まえて，革命後の過渡期には国家権力をプロレタリアートが手中に収めることの必要性を主張していたのを，みずから改めて定式化したものと言える。プロレタリア独裁そのものは，1840年代にはフランスの社会主義者によって唱えられていた。独裁の語は，古代ローマの共和制において，非常時に立法権と行政権の双方を掌握するとされた独裁官に由来する。

実際マルクスは，1871年に成立したパリ・コミューンとその政府軍による鎮圧を念頭に，「移行期間」という非常時には，旧体制の支配階級が引き起こすと予想される反革命的な反乱を鎮める一時的手段として，プロレタリア独裁の国家体制が必要であると考えていた。彼の労働者による全権掌握の主張は，過渡期においてすら国家の存在を認めないアナーキズム（無政府主義）を論ばくする意味もあった。

しかし，アナーキズムの立場に立つバクーニンによれば，マルクスは，プロレタリア独裁の体制が，プロレタリアートの国際的な連合社会（アソツィアツィオーン／アソシアシオン）の実現という目的へ向けて自己を解体する道筋を示していない。そして，その限りにおいて，プロレタリア独裁は自己目的化し，少数のエリート共産主義者がプロレタリアートを抑圧する体制に堕する危険をはらんでいる。

このようなバクーニンのマルクス批判は，皮肉にも，20世紀に成立した共産主義国家の行く末を予言していた。レーニンが，プロレタリアートの革命的独裁を共産主義の絶対的な立脚点とし，その承認がコミンテルンの加入条件とされたことは，前衛党の一党支配をプロレタリア独裁として正当化する道を開いた。マルクス＝レーニン主義に依拠する形で生まれたソヴィエト型の共産主義国家は，スターリン治下のソヴィエト連邦の姿が端的に示すように，粛清を伴う国民の抑圧によって一党独裁体制を維持するに至った。

【関連項目】国際共産主義運動／スターリン主義／マルクス主義／ロシア革命
【参考文献】バクーニン，ミハイル（左近毅訳）『国家制度とアナーキー』白水社，1999年／マルクス，カール（細見和之訳）「ゴータ綱領批判」『マルクス・コレクションⅥ』筑摩書房，2005年／レーニン（角田安正訳）『国家と革命』講談社，2011年 〔柿木伸之〕

## 文化大革命　Great Cultural Revolution

文化大革命は，1966年から毛沢東死去直後の76年まで続き，後の81年に，毛沢東が誤って発

動した内乱と規定された。

　当初は毛の後ろ盾と，林彪及び毛夫人の江青らの庇護下で，学生による紅衛兵が組織され，党幹部からの権力を奪う目的で，暴力により中央の幹部を吊し上げ，追放した。

　国家主席の劉少奇はその攻撃対象となり，座を追われて獄死し，既存の国家機構は破壊され，代わって革命派による革命委員会が成立した。フルシチョフ以来のソ連修正主義に反対する毛沢東は，ソ連の影響を極度に警戒し，劉少奇も「中国のフルシチョフ」として批判された。ナンバー2となった林彪は，71年にクーデタ未遂で逃亡中，モンゴルで墜落死している。

　「継続革命」を唱える毛沢東は，国防では，核保有と「人民戦争」による体制を敷いたが，この時期の中国では，69年にソ連との国境での武力衝突，71年にはアメリカとの関係改善，直後に国連への加盟を遂げるというように，国際関係で大きな変化がみられた。　〔飯塚央子〕

## 紛争解決　settlement of disputes

　近代国際法が国家間の関係を規律する法として完成されていった19世紀において，最大の問題は国家間の戦争についての法的規律をどのようにするかということであった。その際の，なによりも重要な論点は，戦争を国家間の紛争解決の最後の手段として位置づけることができるかということであった。位置づけることができるという見解をとれば，それはいわば，戦争を「決闘」とみなすことを意味した。決闘（＝戦闘）の結果勝利した国家が，自国に有利なように—法的には，自国の権利を実現するという説明がされるであろうが—紛争を終結できるということである。自国の国際法上の権利の内容を自国の実力で実現するという「自力救済（自助）」を広く容認する考えである。

　現代の国際社会では武力不行使原則が確立し，戦争はすべて国際法に違反するとみなされている。国際紛争を平和的に解決する義務が現在では確立している。国連憲章には，交渉，審査，仲介，調停，仲裁裁判，司法的解決，地域的機関または地域的取極の利用，国連安保理への付託が挙げられている（33条1項，37条1項）。

　これらのいずれの手段を選択して紛争を解決しようとするかは，基本的には関係国に委ねられている。紛争両当事国はどこかの時点で，これらのうちの特定の手段をとることに合意しなければならない。紛争両当事国の合意は，特定の解決手段をとることを定めている条約（二国間条約と多数国間条約）の締結国となっているという形でも示される。例えば，国連海洋法条約は，国際海洋法裁判所や国際司法裁判所などの国際裁判所による解決を規定している。

　ただ，現在でも，国際裁判（仲裁裁判と司法的解決）にはかなりの数の，技術的及び本質的な問題点が残されているという事実を見逃してはならない。

　また，国際紛争でいまひとつ留意すべきなのは，そもそも紛争の存在そのものについて関係国で一致がみられないことがあるという点である。この点を克服する法的仕組は現在存在しないと言わざるを得ない。

【関連項目】　国際裁判／国際司法裁判所（ICJ）／国際紛争平和的処理条約
【参考文献】　宮野洋一「国際法学と紛争処理の体系」国際法学会編『日本と国際法の100年　第9巻　紛争の解決』三省堂，2001年／柳原正治「紛争解決方式の一つとしての戦争の位置づけに関する一考察」杉原高嶺編『紛争解決の国際法』三省堂，1997年　〔柳原正治〕

## 紛争鉱物　conflict minerals

　紛争当事者が紛争実行の資金源として利用している鉱物のこと。1996年から周辺国も巻き込む激しい内戦が継続するコンゴ民主共和国（DRC）は，スズ鉱石，コンバイト・タンタライト（タンタル鉱石），タングステン鉱石，金の4種類の鉱物について世界有数の原産国となっている。これら4種類の鉱物が現地から世

界各国へ向けて不透明に輸出されることが，武装勢力の紛争のための資金源の調達に繋がるとされる。このような事態が紛争を長引かせ死傷者の数を増大し，現地の人々の重大な人権侵害に繋がる要因になるとして，紛争鉱物のグローバル・レベルでの経済的管理・規制の必要性が問われている。

一部で製品管理の動きも出始めている。米国は，製品に使用した紛争鉱物の原産地を調査し，DRCとその周辺国産のものでないかどうかを報告する義務を米国証券取引所に上場する製造企業に課す内容を，2010年7月21日に制定された金融規制法（ドッド・ブランク法）の1502条に盛り込んだ（最初の開示時期として14年5月31日までに報告するよう義務づけ）。同法に従って，指定の紛争鉱物を使用していない製品であることが明白に判明すれば，その製品は，「DRCコンフリクト・フリー」であると認定される。

同法は世界の紛争鉱物の輸出入に関わるサプライ・チェーンの公開による健全化のための第一歩であったが，調査に輸入経路の追跡が困難など，要件を満たしにくい面もある。なお，リベリアやシエラレオネ紛争でダイヤモンドが紛争資源になった事例を考えれば，紛争に繋がる鉱物の種類は上記に限らないと言える。

【関連項目】　シエラレオネの紛争／リベリアの紛争
【参考文献】　白戸圭一『ルポ資源大国アフリカ』朝日新聞出版，2012年／Bøås, Morten, *The Politics of Conflict Economies*, Routledge, 2015　　　　　　　〔山根達郎〕

## 紛争防止・危機管理・予防外交
conflict prevention, crisis management, preventive diplomacy

紛争予防や危機管理は，様々な文脈で使われ得る用語であるが，予防外交と並んで，平和・安全保障の分野では，国家間の対立を紛争や戦争へとエスカレートさせないための措置・手段という意味で用いられることが多い。また，初期の国連平和維持活動（PKO）について，国連はそれを preventive diplomacy と呼び，邦訳語としては防止外交が充てられていた。

これらの活動が組織的に整備されたのは，1992年以降に制度化が進んだ欧州安全保障協力会議（CSCE，後の欧州安全保障協力機構）であり，冷戦後のヨーロッパ域内の安定を図る手段の1つとして，紛争予防，危機管理及び紛争解決の機能が強化された。さらにOSCEになると早期警戒（early warning）や監視団・調査団の派遣を通じた紛争の早期解決努力を任務の1つに加えた。

国連憲章には，紛争防止等の用語は出てこないが，2条3項が加盟国に「国際紛争を平和的手段によって国際の平和及び安全並びに正義を危くしないように解決しなければならない」との義務を課していること，さらに紛争の平和的解決手続きを規定した6章において，各種の平和的解決手段（33条）と並んで，安全保障理事会による調査（34条）や加盟国から安全保障理事会への注意喚起（35条），事務総長から安全保障理事会への注意喚起（99条）を考えれば，国連も紛争の未然防止・拡大の阻止を任務の1つにしていると考えてよい。特に冷戦後の安全保障における国連の役割の強化策を打ち出した，1992年の報告書「平和のための課題」は，副題に予防外交が掲げられているほか，情報収集，信頼醸成措置，事実調査，早期警戒及びPKOの予防展開を予防外交の具体策として提案しており，国連憲章では必ずしも明確ではない，6章下の手段をとる前の段階で実施されるべき諸活動を具体的に列挙した点が注目に値する。

【関連項目】　欧州安全保障協力機構（OSCE）／国連平和維持活動（PKO）／総合安全保障
【参考文献】　吉川元『国際安全保障論』有斐閣，2007年／納家政嗣『国際紛争と予防外交』有斐閣，2003年　〔山田哲也〕

## 文民 civilian

日本国憲法66条2項は、「内閣総理大臣その他の国務大臣は文民でなければならない」と規定する。文民とは、本来、「国家における武力組織に職業上の地位を有しない者」、換言するならば「職業軍人ではない者」を意味する語である。文民は、「民主主義原則に基づいた政治による軍の統制」を意味する「文民統制」(civilian control) のキーワードである。政軍関係をいかに律するかという課題は、国家権力拘束規範としての憲法典による市民の人権保障をテーマとする近代立憲主義と不可分の関係にある。

しかし、文民の意味を先述のような本来の意味、すなわち「職業軍人でない者」と解釈した場合、戦争放棄・軍備不保持・交戦権否認を定め、職業軍人の存在がそもそも想定されていないはずの憲法9条との間で齟齬が生じることになり、憲法66条の文民規定は無意味なものとなってしまう。さらに、戦前の職業軍人も文民に含められることになり、戦前の軍国主義との決別を出発点とする日本国憲法の解釈としては妥当でないとの見地から、当初は、文民の定義を「職業軍人の経歴を有しない者」と解釈する説が広くみられた。

そもそも日本国憲法原案には存在しなかったこの文民規定が憲法典に書き込まれるに至った経緯は、極東委員会が採択した「日本の新憲法についての基本原則」(1946年7月2日) における、「国務大臣が軍人であってはならない」という原則に端を発している。日本側は、憲法9条2項の軍備不保持規定がある以上、軍人の存在を前提とした文民規定は不要という立場を示し、一旦はGHQ側の了解を得た。しかし、極東委員会は、軍備不保持・交戦権否認を規定する憲法9条2項の冒頭に、「前項の目的を達するため」という文言が挿入されたこと (芦田修正) を受け、「前項の目的」が9条1項の全体ではなく「国際紛争解決手段としては」という一部分のみにかかるとすると、「自衛という口実」による再軍備が文理解釈上可能になるという指摘を重視し、文民条項の追加挿入を要請。貴族院における修正を経て、憲法66条2項の文民条項が追加されるに至った。

近年では、現実の実力組織である自衛隊の成長とともに自衛官も文民ではないという見地から、文民の定義を「現在職業軍人でない者と、これまで職業軍人であったことがない者」とする説が有力となっている。

【関連項目】シヴィリアン・コントロール
【参考文献】杉原泰雄編『新版・体系憲法事典』青林書院、2008年　　〔麻生多聞〕

## 文民保護 protection of civilians

文民とは、一般的に軍隊構成員以外の者を指す。非戦闘員 (non-combatant) という用語もあるが、ハーグ陸戦規則では軍隊構成員のうち直接戦闘に参加しない者 (経理部員、法務部員、医師等) を意味するために用いられ、文民とは区別される。戦闘員と文民の区別は国際人道法の基本原則であり、後者を直接の攻撃対象とすることは厳に禁止されてきた。1977年のジュネーヴ諸条約第1追加議定書は、この原則を再確認した (51条2項)。また、軍事目標と文民を区別しないような無差別攻撃も禁止される (51条4項)。復仇の手段としても文民を攻撃対象とすることは禁止される (51条6項)。食糧、作物、家畜、飲料水の施設など文民の生存に不可欠な物やダム、堤防、原子力発電所など危険な力を内蔵する施設等を攻撃することも原則として禁止される (54条、56条)。さらに、攻撃の際には文民に損害を与えないよう予防措置をとることなども義務づけられている (57条2項)。

【関連項目】交戦法規／国際人道法 (武力紛争法) (IHL)／ハーグ陸戦規則　　〔小倉康久〕

## 文明化の使命　civilizing mission

　帝国主義時代の欧州列強が海外膨張した時代に植民地化（帝国主義的支配）を正統化するために用いた議論。帝国的植民地拡大については資本主義発展の最高段階と位置づけるレーニン的発想と資本主義の発達とは切り離して，軍事・社会的膨張主義とする見方など様々であるが，欧州列強に共通した意識としてアジア・アフリカ有色人種に対する白人の優越感，有色人種蔑視の姿勢があった。近代的な政治制度と産業革命による物質的な発展はヨーロッパの人々に世界のリーダーとしての自負を育成させ，植民地支配は「搾取」ではなく，列強の庇護の下にある人々は「文明の恩恵」を受けて文明化されるべきであるとされた。特に19世紀後半の英仏ベルギーなどの海外進出の論調を支配した。英国詩人ラドヤード・キプリングは文明化は「白人の責務」と礼賛した。

　フランスではフェリー内閣が，「文明化の使命」の名の下に北アフリカの植民地化に邁進した。『八十日間世界一周』で有名なジュール・ヴェルヌの作品は冒険活劇の夢多き物語であると同時に，フランス植民地拡大の肯定論となっていることは改めて言うまでもない。

　植民地化による現地での差別や弾圧が，こうした先進的文明の優越感によって相殺されることは「擬制」にすぎなかった。しかしそうした矛盾ですら，意に介しない心性が当然とされたのが当時の欧州列強国民の心理であり，これを「帝国意識」（木畑洋一）と呼ぶ。　〔渡邊啓貴〕

## 文明国標準　standard of civilization

　19世紀後半に国際法を文明諸国間の法として定式化した欧米諸国は，政治・経済・法制度のみならず社会慣習も含めて欧米の水準に達していない人々に対して，時に武力を背景に欧米の基準の採用を要求した。その実情は，未開人や野蛮人に分類したアジア・アフリカの人々への植民地支配と不平等条約の強要に端的に現れている。欧米資本家の通商・投資活動の拡大による富の集積が当時の国際法に託された重要な政治的任務であった。

　20世紀に入ると，民族自決が唱えられようになる一方で，国際連盟は「文明の神聖な信託」たる委任統治制度を導入することによって文明国標準を制度的に維持した。第一次世界大戦後にトルコとドイツが有していた植民地が，欧米型の政治経済制度に近い順からA式，B式，C式とランク分けされ，委任統治受任国の指導の下に欧米型主権国家に接近し，やがて独立を果たすという線型進化論的思考がその背景にあった。制度目的たる「人民の発達」とは市場経済の浸透にほかならなかった。委任統治下の人々は，独立後も不均衡な国際政治経済構造に組み込まれ，新植民地主義的な支配を受けることになった。国際連盟の時代には，常設国際司法裁判所の裁判基準である法の一般原則にも文明国標準が露骨に採用されている。国連体制に入ると委任統治は信託統治に名を変えるが，1960年に植民地独立付与宣言が採択され，94年にパラオが独立すると，信託統治制度は終了した。もっとも，米英等は同宣言の適用対象になる非自治地域を依然として手離していない。

　国連体制下で委任統治制度を継承したのは，実質的には世界銀行や国際通貨基金といった国際金融機関であるとも言われるが，実際に，文明国標準は，欧米型自由民主主義と市場経済，法の支配を主権国家の標準形とする現代国際社会に形を変えてより深く浸潤していると言ってよい。欧米的価値と企業活動を支援する国際法の本質はなお変わらずにある。だがその一方で，多国籍企業の規制や先住民族の権利回復など，現代版文明国標準を揺さぶる潮流も次第に勢いを増している。

【参考文献】阿部浩己『国際法の暴力を超えて』岩波書店，2010年／ウォーラーステイン，I.（北川稔訳）『近代世界システム』岩波書店，1981年　〔阿部浩己〕

『文明の衝突』（サミュエル・P. ハンティントン）　The Clash of Civilizations?（Samuel P. Huntington）

米国の政治学者ハンティントンが米誌 Foreign Affairs 1993年夏号に発表した論文。冷戦の終焉を自由民主主義の勝利と捉え，冷戦後は普遍的意義のある紛争は起こらないとするフランシス・フクヤマの「歴史の終焉」（89年）への反論であった。同論文を基に後に書籍化された。ハンティントンは，冷戦後世界では，近代化やグローバル化によって国家の凝集力が弱まるために国家相互間の対立や紛争は後退するが，逆に，文明内部の凝集性が高まるために，文明間の紛争が起こりやすくなると主張した。世界全体は，西洋，儒教，日本，イスラーム，ヒンドゥー，スラブ・ロシア正教，ラテンアメリカという7つ，又はアフリカを加えた8つの文明に分かれ，その内部では紛争は起こりにくく，文明相互間，特にそれらが地理的に接する所で激しい紛争が起こるとした。当時激化していたボスニア＝ヘルツェゴヴィナ紛争の説明としても大きな反響を呼んだが，文明を不変のものとする本質主義と差異は必ず紛争化するという論理展開には，強い批判が寄せられた。

〔遠藤誠治〕

## 分離核変換

nuclear transmutation with partitioning

核変換とは原子核が放射性崩壊や人工的な核反応によって他の原子核に変わることを言う。特に使用済核燃料に含まれる半減期が極めて長い核種を短寿命の核種に変え，管理しやすいようにグループ化することを群分離と言う。長寿命の放射性核種を核変換によって短寿命核種あるいは安定核種に変えてしまう技術を核変換技術（transmutation technology）と呼ぶ（かつては消滅処理と呼んだ）。方法としては，中性子による（n, γ），（n, 2n）反応を利用してより短寿命の核種に変換させるいわゆる中性子・燃焼法が代表的で，1964年にブルックヘブン国立研究所（BNL）のシュタインベルグらのグループによって，中性子源として原子炉を利用する形で提案されたものが核変換技術の最初である。この軽水炉を用いる方法では，核分裂生成物は主に熱中性子の捕獲反応（(n, γ) 反応）によって核変換される。しかしながら，核分裂生成物の熱中性子に対する捕獲断面積は小さいため，核変換を効率良く行わせるためには，熱中性子の照射対象をできるだけ核変換処理の対象の核種（$^{85}$Kr, $^{90}$Sr, $^{137}$Cs など）に絞る，すなわち群分離をする必要がある。核分裂生成物のなかには1000年程度の長寿命核種であり相対的毒性が高い $^{90}$Sr 及び $^{137}$Cs 並びに超ウラン元素のなかにはさらにそれを超える超長寿命核種で相対的毒性も高い α 核種が含まれており，一口に放射性物質と言っても毒性や半減期など性質が異なるものが放射能高レベル廃液に混在して含まれている。そのため，放射能高レベル廃液を長年月にわたって安全管理するには，放射能高レベル廃液をいろいろなものが混在したままの状態で扱うよりも①α核種群，②長寿命の主要核分裂生成物核種である $^{90}$Sr, $^{137}$Cs 群，③短寿命核種群，などの群にまず大きく分離し（これを群分離（partitioning）と呼ぶ），分離したものについて個別に扱う方法が検討されている。群分離することにより，性質に応じた処分法を選択することが可能で，対象によっては核変換技術を適用することにより長期毒性を減らせる可能性があり，放射性廃棄物の処分面積を減らすことができると試算されている。現状は，実験室レベルの技術開発に成功しているが，今後，加速器，あるいは高速増殖炉を用いた試験が計画されている。

【関連項目】　高レベル放射性廃棄物（HLW）　〔蔦木泰宏〕

## 分離主義　separatism/secessionism

分離主義は，一般的には民族単位での分離独立を意味する。民族の分離独立の歴史は，19世

紀半ばに起こったオスマン帝国，ロシア帝国，オーストリア・ハンガリー帝国における民族自決の動きに始まる。政治的自治又は分離独立を求める活動的な民族マイノリティが国内に存在する場合，分離主義運動に発展する傾向にある。民族集団間に経済格差がある場合，政府による強硬な同化政策が始まった場合，あるいは特定のエスニック集団による排他的かつ集権的な権威主義体制が成立した場合など不公正な事態が発生すると，それがきっかけとなって民族（エスニック）紛争へ発展する。

20世紀後半になると，国際社会が民族マイノリティの権利を認めず，また民族問題を封印したことから，民族の分離独立は事実上，認められなくなった。人民の自決権が確立され，この原則に基づいて植民地の無条件解放が実現するが，人民の自決権は，植民地からの分離独立の際には一度限り行使できる権利とみなされるようになった。その結果，パキスタンからのバングラデシュの独立，マレーシアからのシンガポールの独立などの例外を除き，国際社会では分離主義の動きは抑えられていった。それは，領土保全原則が国際関係の規範になったことから領土保全原則を盾に分離主義運動が弾圧され，それを国際社会が容認したからでもある。しかし冷戦末期にソ連とユーゴスラヴィアで，住民投票による分離独立がなし崩し的に実行されたことを機に，1990年代以降，新たな分離主義の動きが世界各地で発生している。

ところで，アフリカの分離主義運動が成功する例はまれである。アフリカでは植民地独立後にさらなる分離独立に成功した例は，エリトリアと南スーダンの2例しかない。これはアフリカの分離主義運動の真の目的が分離独立ではないからである。アフリカの分離主義運動は独立を求めているのではなく，旧植民地支配の境界線を根拠に，サブナショナルなアイデンティティに基づくエスニック政治を展開しているにすぎない。アフリカ各地の分離主義運動は，実際には旧植民地支配の境界線内に居住する住民に対して旧植民地領域へのアイデンティティを覚醒させ，その領域の住民を政治的に動員することで国内政治に一定の影響力を保持しようとするエスニック政治の手法である。

【関連項目】　住民投票と民族独立／民族自決／領土保全原則
【参考文献】　吉川元『民族自決の果てに』有信堂高文社，2009年／矢澤達宏「アフリカにおける分離主義の実像をめぐる試論」吉川元・矢澤達宏編『世界の中のアフリカ』上智大学出版会，2013年　〔吉川元〕

| **分離プルトニウム**　separated plutonium／extracted plutonium

原子炉で核燃料を使用すると核分裂によりウランが別の元素に変換する。それら核分裂生成物もアルファ崩壊やベータ崩壊による核種変換により，別の物質へと変化してゆく。そのため使用済み核燃料棒内には，多数の元素が混在する状態となる。このような状態の燃料棒から未反応のウラン，及び生成したプルトニウムを分離・抽出し，回収する作業が（核燃料の）再処理であり，それを行う工場が再処理工場である。回収されたウランとプルトニウムは，再び核燃料に加工される。このうち，特に回収されたプルトニウムは分離プルトニウムとして使用済燃料内にとどまっているプルトニウムと区別される。各国の再処理工場で多く採用されている方法はピューレックス（PUREX）法と呼ばれるもので，酸に溶かした燃料棒からウランとプルトニウムをリン酸トリブチル（TBP）で抽出・分離する方法である。日本では日本原子力研究開発機構の東海再処理施設と日本原燃の六ヶ所再処理工場の2ヵ所がある。東海再処理施設では既に1000tの使用済燃料を処理した実績があるが今後事業を縮小する方向を打ち出している。また六ヶ所再処理工場は試験中であり商用運転を目指している。PUREX法により硝酸溶液としてプルトニウムは抽出されるが，核兵器国の再処理工場では二酸化プルトニウム

（PuO₂）に転換して再処理工場の製品とするのが一般である。しかし，二酸化プルトニウムは原爆の材料となる金属プルトニウムへの転換が容易であることから日本の再処理工場ではウランとプルトニウムの混合硝酸溶液から混合脱硝してウラン・プルトニウム混合酸化物（MOX）を最終製品として金属プルトニウムへの転換を難しくして核拡散の抵抗性を高めている

【関連項目】再処理　　　　　　　　〔蔦木泰宏〕

## 兵役拒否　conscientious objection

狭義には，個人が，自らの信仰や信条によって軍隊での役務を拒否することを指す。歴史的には，古代ローマ時代にキリスト者が帝国軍への従軍を拒否した例に遡るが，兵役拒否が社会問題として顕在化したのは，2つの世界大戦時である。欧米諸国において数万人もの人々が武器を手にすることを拒否して投獄や重労働などを科せられ，なかには処刑された人も少なくなかった。この経験を経て第二次世界大戦後，兵役拒否は，世界人権宣言や国際人権規約等に基づく権利として尊重されるべきと考えられるようになった。さらに，すでに軍務に就いている個々の軍人・兵士についても，違法／非人道的な命令を拒否する国際法上の権利及び義務があるとされるに至っている。

兵役拒否の制度は，歴史，文化，時代によって異なるが，①個人の内面の自由を保障する「自由主義的兵役拒否」，②非戦闘役務に就く「代替役務型兵役拒否」，③非軍事の分野での役務に就く「民間役務型兵役拒否」，④軍人・兵士が特定の命令を拒否する「選択的兵役拒否」に，大きく分類することができる。

【関連項目】徴兵制　　　　　　　　〔市川ひろみ〕

## 米韓相互防衛条約　US-ROK Mutual Defense Treaty

米韓相互防衛条約は，米国と大韓民国との間で1953年10月1日に締結され，54年11月18日に発効された相互防衛条約である。同条約は93年7月27日，朝鮮戦争の休戦協定以降，米韓両国が朝鮮半島の軍事的な緊張状況に共同対応するために締結されたもので，同条約に基づき韓国に米軍が駐留して，朝鮮半島で武力衝突が発生した場合，米国が国連の討議と決定を経ることなく，すぐに介入することができることになった。米韓相互防衛条約は，前文と本文6条及び付属文書で構成される。この条約の前文で「太平洋地域におけるより包括的かつ効果的な地域の安全保障組織が発生するまで平和と安全を維持するために集団的防衛の努力を強化する」と規定している。2条は，「いずれか一方の締約国の政治的独立又は安全が外部からの武力攻撃によって脅かされているといずれか一方の締約国が認めたときはいつでも協議する」と規定している。3条は，「いずれかの締約国に対する太平洋地域における武力攻撃が自国の平和及び安全を危うくするものであることを認め，自国の憲法上の手続に従って共通の危険に対処する」と規定している。4条は，「米国の陸・海・空軍を，相互の合意により定めるところに従って，大韓民国の領域内及びその附近に配置する権利を韓国は許与する」と規定している。これによって，韓国での米軍の駐留と米韓連合司令部の設置が認められた。この条約締結は韓国の防衛の中核を成し，これを基にして韓国の防衛力の増強に繋がっている。　〔孫賢鎮〕

## 米機の新型爆弾による攻撃に対する抗議文　protest against the attack of a new-type bomb by American airplane

1945年8月6日の米軍機による広島への原爆投下を受け，日本政府が米国政府に送付した抗議文。外務省外交史料館所蔵の抗議関係文書によれば，8月8日には文案が準備され，10日午前1時に東郷外務大臣の名前による「大至急，別電」で発出。中立国のスイス政府を通じて米国に手交された。日本政府は07年のハーグ陸戦

規則に立脚して原爆投下の無差別性，非人道性を糾弾し，「即時かかる非人道的兵器の使用を放棄すべきことを厳重に要求」した（これより先，日本は44年10月の那覇空襲や45年3月の東京大空襲についても対米抗議文を提出）。原爆攻撃に関する抗議文をめぐる米側対応は，日本政府に応答せず，スイス政府に文書受領の事実だけを通知するにとどめるというものだった。なお，広島と長崎の被爆者が国を相手に原爆被害の損害賠償を求めた民事訴訟（いわゆる原爆裁判，63年12月判決）では，同抗議文の内容を巡っても検察・弁護間で応酬がなされた。ちなみに2007年7月の政府答弁書（閣議決定）によれば，日本政府は戦後，原爆投下について米国政府に直接抗議を行ったことはない。〔永井均〕

## 兵器用核分裂性物質生産禁止条約（カット・オフ条約）（FMCT）
Fissile Material Cut-off Treaty

核兵器の製造に使用可能な高濃縮のウラン及び分離プルトニウムの生産及びその取り引き，生産への協力などを禁止するための条約である。核兵器の製造に必要な核分裂性物質の生産を禁止することは，実質的に核兵器の新規生産を禁止する効果があり，核軍縮・不拡散の推進に重要な意味を持っているが，いまだに交渉すら行われていない。

1995年にジュネーヴ軍縮会議において具体的な条約案の作成作業の開始に合意が成立したものの，条約の対象範囲や作業の進め方等を巡っての意見の対立を解消することができず，条約案の作成の合意から20年が経過しているにもかかわらず，実質的な交渉を開始できないままとなっている。主な対立点は，条約の対象となる核分裂性物質の範囲を，新規生産の禁止のみに限定するのか，すでに生産されている備蓄分（ストックパイル）も規制の対象として廃棄を求めるのかという問題である。新規生産のみの禁止では，すでに十分な備蓄を確保している核兵器保有国にはあまり影響がないため，備蓄分も対象に含めることが核軍縮の上から望ましいことは言うまでもない。しかし，この点で合意が成立する見通しは立っていない。

【関連項目】 ウラン濃縮／ジュネーヴ軍縮委員会(会議)(CD)／分離プルトニウム　　　　　　　　　　　〔広瀬訓〕

## 米軍基地問題（沖縄）
US military bases issue on Okinawa

沖縄における米軍基地問題とは，沖縄（本）島の約20%の面積を占める基地があるゆえに起きる犯罪，騒音，土壌・水質汚染，環境破壊，そして基地周辺地域の社会・経済への影響などを指す。ことに，沖縄戦以来の戦後を通じて維持されている米軍基地の存在は，歴史的にも政治的にも戦後沖縄の社会への影響を与え続けている。

沖縄以外の在日米軍基地は，元来，日本軍の基地であった。これらの基地には，日本の敗北（1945年8月15日以降）と同時に米軍が配置された。その多くが国有地であるのに対し，沖縄では私有地や市町村有地（山林は国有地）を接収して米軍基地が建設された。

在日米軍の専用施設（米軍のみが使用する施設を指し，提供の形態により日本の施設を米軍が使用する場合，米軍の施設を日本が使用する場合もある）の73%が，国土面積の0.6%の沖縄に集中している。米軍が使用する飛行場（弾薬庫を含む）の面積で言うと，沖縄の嘉手納基地（4647ha）だけで沖縄以外のすべての飛行場（三沢，横田，岩国の合計で2850ha）の倍近い。その嘉手納基地ですら，沖縄の全米軍基地の2割でしかない。

沖縄における米軍基地の建設は，45年4月1日，沖縄本島への米軍上陸と同時に開始された。日本軍の建設した飛行場（嘉手納，読谷）は占拠され，4月6日には米軍機の作戦行動へと使われた。ほとんどの場合，こうした飛行場の転用が米軍基地の始まりとなった。狭隘な島

にあって，比較的広くて平坦な土地は，農地として適性を持つと同時に飛行場や軍施設としても適していた。そのため，米軍基地は，沖縄の農業生産，人々の暮らし，その後の経済発展を阻害することになる。

そのため米軍は，戦闘によって占領地を拡大しながら，生き残った沖縄の人々を指定した住民キャンプに集めた。沖縄戦の終了後に民間地域を拡大し，元の居住先への移動を認め，これらの住民キャンプを46年6月までに順次閉鎖した。民間地域の拡大とは，換言すれば住民の立ち入りを禁じた米軍基地の確定であった。沖縄の人々は，沖縄戦以前に暮らしていた場所に戻れた人と，戻る場所がなく基地の周辺に集団で暮らす人とに分かれることになる。

例えば，米海兵隊の飛行場である普天間基地は，沖縄戦当時に米軍が村落を潰して飛行場を建設し，さらにキャンプから戻ってきた周辺村落住民の強制移住を行って拡張を行い，現在に至っている。そのため，これらの住民たちは普天間基地周辺に生活の場を求めざるを得なかった。

沖縄における米軍人・軍属の犯罪は，酒と性に関わる傾向にある。最近では交通事故が犯罪の大半を占める。沖縄での米軍人・軍属による凶悪犯や粗暴犯などの刑法犯検挙数は，77年には沖縄返還後では最大の342件であったが，2005年以降は50〜70件まで低下している。

とはいえ，沖縄を含む全国では起訴されないケースが指摘され，2011年では米兵・軍属の一般刑法犯の起訴率が13.4％に対し，国内刑法犯の起訴率（2010年）は42％であった。

【参考文献】 明田川融『沖縄基地問題の歴史』みすず書房，2008年／仲村清司『本音の沖縄問題』講談社，2012年／前田哲男ほか『沖縄基地問題を知る事典』吉川弘文館，2013年
〔我部政明〕

## 米軍再編
### transformation of the US Armed Forces

米軍再編は冷戦後の新たな安全保障環境に対応する必要からグローバルな規模で開始された。ソ連の脅威に代わって，伝統的な国家間紛争に加えて，地域紛争，テロ，大量破壊兵器拡散など，多種多様な脅威に対処するために，国防体制の見直しを余儀なくされた。米軍再編の考え方が公式に打ち出されたのは，『4年ごとの米国防見直し（QDR97）』（1997年5月），『統合ビジョン2010』（96年7月），『統合ビジョン2020』（00年5月）においてであり，軍事革命（RMA）の活用を通じて長期にわたる軍事的優位を確保すべく各軍（陸・海・空各軍，海兵隊）の統合や作戦教義，組織構造の変革を図るものであった。

これに伴い，在外米軍の再編は，①柔軟性，②即応性，③作戦区域における地域間の壁の撤廃，同盟諸国との関係強化の4原則で進められることになった。欧州とアジアの米軍兵力は陸軍を中心に削減されたが，95年の第一次東アジア戦略報告（EASR-Ⅰ）で10万人態勢の維持を確認，在日米軍（約4万人）と在韓米軍（2.8万人）は拠点基地と位置づけられ，海兵隊や陸軍緊急展開部隊の中継拠点としてグアム基地の強化が図られた。

9.11米国同時多発テロ事件によって，国防計画は「脅威ベース」から「能力ベース」重視に変更，さらにテロの脅威の未然防止措置として先制攻撃論（ブッシュ・ドクトリン）が打ち出され，伝統的抑止理論は修正を余儀なくされた。また，本土防衛の優先順位が高まったのに伴い，ミサイル防衛システムのさらなる強化が目指された。

日米再編協議は，抑止力の維持と沖縄の基地の負担軽減という2原則の下，02年12月に開始され，05年10月に中間報告，06年5月に最終報告が出された。これによると，米陸軍第一軍団司令部（ワシントン州）の改編による座間基地

（神奈川県）への移転，在沖縄海兵隊のグアム移転と普天間飛行場の返還のための代替基地建設などで合意をみたが，沖縄県民の強い反対で普天間の辺野古への移転計画が進まないことから，12年4月の日米安全保障協議委員会の共同発表で最終報告の一部見直しが行われ，在沖縄海兵隊のグアム移転と普天間飛行場の代替施設に関する進展は切り離して進められることになった。

【関連項目】 ブッシュ・ドクトリン
【参考文献】 久江雅彦『米軍再編』講談社，2005年／森本敏『米軍再編と在日米軍』文藝春秋，2006年　　〔菅英輝〕

## 米国エネルギー省（DOE）
### Department of Energy

米国エネルギー省（DOE）は，現在（2015年4月末時点）15設置されている内閣レベルの連邦行政機関の1つであり，1997年10月に創設された。革新的科学及び技術的解決を通じて，エネルギー，環境及び原子力に関する諸課題に対応し，同国の安全保障及び繁栄を確保することをミッションとしている。

DOEは，連邦エネルギー庁，及び原子力委員会の一部を承継したエネルギー研究開発庁を統合する形で発足している。このような経緯等から，DOEは，エネルギー効率改善やエネルギー資源確保等といったエネルギー政策一般に関わる事項はもとより，サイエンス及び技術革新並びに原子力の安全及び核セキュリティの確保に係る事項をも所掌業務とする。

DOEには，同国が保有する核兵器の信頼性及び安全性の確保，核不拡散の推進並びに国際的な原子力安全の促進を目的とした，国家核安全保障局（National Nuclear Security Administration; NNSA）が外局として設置されている。

【関連項目】 国家核安全保障局（NNSA）　　〔田邉朋行〕

## 米国原子力発電運転協会（INPO）
### Institute of Nuclear Power Operations

米国原子力発電運転協会（INPO）は，商業用原子力発電所の運転における最高水準の安全性と信頼性の推進をミッションとし，原子力発電事業者，メーカー等を会員とする民間の非営利法人である。1979年3月に発生したスリーマイル原発（TMI）事故における事故調査委員会（ケメニー委員会）の勧告を受けて，業界内におけるプラント評価及び支援を行う組織として，同年12月に設立された。本部はアトランタに置かれ，約400名のプロパー社員と約60名の米国内の原子力発電事業者からの出向者によって構成されている。

INPOの主な活動は，①評価チームによるピア・レビュー（2年に1回，各発電所に出向き約6週間かけて実施）を通じたプラント評価，②各種訓練の実施及び認証の提供，③あらゆる重要事象の分析及び事業者間の情報交換，並びに④各発電所からの要請に基づく，具体的な技術又は管理に関わる支援である。

なお，INPOは，2012年8月に「福島第一原子力発電所における原子力事故から得た教訓」と題する報告書を公表している。　〔田邉朋行〕

## 米国の核戦力　nuclear forces of the US

1945年7月16日，米国は人類史上初の核実験をニューメキシコ州アラモゴード核実験場で成功させた。

米国の核戦力は陸海空の三本柱から構成され，2014年1月時点で，①陸上発射型大陸間弾道ミサイル（ICBM）ミニットマンⅢ450基，②トライデントⅡ型弾道ミサイル（SLBM）260基搭載のオハイオ級潜水艦（SSBN）14隻（太平洋8，大西洋6），③戦略爆撃機89機を保有，配備している。弾頭保有総数は約4785発である。

米国の核戦略は軍事技術の発達と脅威認識の変遷に伴い変化してきた。54年には，米国の圧

倒的核優位を背景に大量報復戦略が採用され，60年代には米ソ間の核の手詰まりを反映して，相互確証破壊（MAD）戦略が出現した。その後，米ソの核戦略バランスの安定化を図るため，軍備管理・軍縮が重要になり，72年のABM条約，第一次戦略兵器制限条約（SALT Ⅰ），79年のSALT Ⅱ（批准されず），87年の中距離核戦力条約（INF条約）91年の第一次戦略兵器削減条約（START Ⅰ），93年のSTART Ⅱが調印され，核戦力の上限設定や削減を行ってきた。だが冷戦後は，核拡散やテロの危険性が増大するなか，核不拡散体制の強化が急務となっている。

オバマ大統領は2009年4月のプラハ演説で「核のない世界」を目指すと宣言，10年4月にはロシアとの間に新戦略兵器削減条約に署名し，戦略核弾頭1550発，運搬手段800基を上限とすることで合意した。だが今後は，いくつかの障害を克服する必要がある。①米国によるMD配備によって，米ロ間の戦略バランスがロシア側に不利になった場合，ロシアはこの条約から離脱することを明らかにしている。②米ロ間の戦略核の削減が進展した場合，ある時点で中国の交渉への参加が不可欠となるが，その見通しは立っていない，③新条約では，戦術核は交渉の対象から除外されているが，ロシアは，NATOや中国の通常戦力における優位に対抗するために戦術核での優位を追求してきたという経緯がある。④米国は通常戦力では中ロに対して圧倒的優位にあるが，核兵器の削減が進めば米国が有利だとの考えがあり，問題は核兵器の削減にとどまらない，⑤核保有国間で削減交渉が進展しても，イランのような非核保有国が核開発を断念するかどうかの見通しは立っていない。

【関連項目】　戦略兵器制限交渉（SALT）／戦略兵器削減条約（START）／中距離核戦力（INF条約）

【参考文献】　ゴールドブラット，ジョゼフ（浅田正彦訳）『軍縮条約ハンドブック』日本評論社，1999年／SIPRI Yearbook 2014, Oxford University Press, 2014

〔菅英輝〕

## 米州機構（OAS）
Organization of American States

米州機構は，米州の平和と安全の強化，紛争の平和的解決，加盟国の経済・社会・文化の発展を目指し，1947年の米州相互援助条約とあわせて，国連システムのなかで総合的機能を担う地域組織として48年に設立された。同機構は，19世紀以来，米州において米国主導の汎米連合の下で発展した様々な地域協力の枠組を制度化・体系化したもので，事務局はワシントンに置かれ，主な機関には総会，外相協議会，理事会，米州人権委員会等がある。加盟国は，当初20ヵ国にその後独立したカリブ諸国やカナダが加わり，現在35ヵ国である。米州機構は，創設以来，ラテンアメリカ諸国間の紛争調停には一定の効果を発揮したが，米ソ冷戦期には，西半球における覇権国米国によるラテンアメリカの革命政権等に対する介入の正当化にもたびたび利用された。冷戦後は，経済統合や人権・民主主義の推進が主要なイシューとなり，米州機構は，米州内での選挙監視や人権保障等に重要な役割を果たしている。キューバに関しては，62年の同機構からの追放以来，2009年に米国とラテンアメリカ側との妥協によって復帰決議が成立したが，民主化や人権尊重等の復帰条件を嫌うキューバ側が拒否し，米・キューバ間の2015年の国交正常化後も復帰は実現していない。

【関連項目】　安全保障／国連憲章51条／集団的自衛権／地域的国際平和

〔上村直樹〕

## 米・ソの核戦略
nuclear strategies of the US and the USSR

核戦略とは核兵器の製造，保有と使用を通じて特定の政治目的を達成しようとするもの。核兵器は膨大な核エネルギーを利用した大量破壊兵器の一種であり，核戦略とは戦略爆撃機，弾道ミサイル等の運搬手段を含めた核兵器の破壊

力を活用するための戦略である。

しかし，米ソ両超大国が大量の核兵器を保有し，戦争のコストが飛躍的に増大すると，核戦略の中心は核抑止に移行したと言ってよい。核抑止の柱は，核兵器の先制的な使用に対し，相手国が核戦力を生き残らせ報復する能力を持つことで，完全に破壊し合うことを確実にする相互確証破壊にある。

主要な核戦略として，相手から攻撃を受けた場合に，報復として耐え難い損害を与えるという大量報復戦略，通常戦力による小規模な武力紛争から全面核戦争に至るまでのエスカレーションの管理を可能にするべく，通常戦力，戦術核，戦域核，戦略核等の報復手段と能力を整える柔軟反応戦略等がある。

【関連項目】 核戦争／核戦力／核抑止　　〔西田竜也〕

## 兵站 logistics

兵站は軍隊の行動に対する物的支援を意味する軍事用語である。戦争では戦闘を行う部隊の行動への支援として物資の補給や火器の整備，兵員の輸送や衛生，施設の構築や維持などを必要とし，後方支援とも表現される。

一般に軍隊の作戦行動は，戦闘行動だけでなく部隊の作戦行動を支援する戦闘支援，作戦行動を行う部隊の軍事的な機能を保持させる後方支援があり，兵站は後方支援に戦闘支援の一部も加えたより広い概念になる。

軍隊が作戦行動を起こす場合，弾薬，燃料，糧食，資機材など膨大な物量を消費するが，継続した消費物資の補給や兵器車両などの故障の整備などが必要になる。兵站を軽視した軍隊が作戦に失敗した戦史の例は多く，近代戦では作戦行動は量的に膨大で多種多様な物量を消費し，作戦に必要な物資を適材適所に充足させることの成否が勝敗を決すると言われている。米軍は第二次世界大戦時から兵站を重視し，軍事装備の調達，補給，整備，修理及び人員・装備の輸送，展開，管理運用など総合的な兵站力が

作戦成功に導いた。兵站機能は，自給自足型，現地調達型，補給基地型に分類され，特に物量に関しては補給，輸送，管理が主要な3要素とされている。

〔茅原郁生〕

## 米中和解 Sino-US rapprochement

朝鮮戦争以来，アジア国際政治は米中対立を軸に展開してきた。しかし，1960年代後半，ヴェトナム戦争が泥沼化するなか，米国は巨額の財政赤字と国際競争力の低下に苦しめられていた。69年2月に成立したニクソン政権は，ヴェトナムからの「名誉ある撤退」を実現すべく，新たなアジア戦略を模索する。一方中国でもソ連との関係が悪化し，69年3月に中ソ国境の珍宝島（ダマンスキー島）で武力衝突が発生した。ソ連の軍事的脅威に直面した中国は，ソ連を最大の脅威とみなすようになる。

中ソ武力衝突の発生を受けて，ニクソン政権は米中関係を転換する決意を固めた。ニクソン政権は，対中貿易と渡航制限緩和を発表し，中国政府も対米関係転換へと舵を切り始めた。71年7月のキッシンジャー大統領補佐官の電撃訪中は世界中に大きな衝撃を与えた。その後，72年2月にニクソン大統領が訪中し，米中共同声明（上海コミュニケ）が発表されたことで新しい米中関係の枠組が定められた。

【関連項目】 中ソ国境紛争／デタント（緊張緩和）

〔井上正也〕

## 米朝協議 US-DPRK talks

北朝鮮の核開発問題と米朝関係の正常化を巡る米朝間の直接交渉の総称。米朝間に国交はないが，ニューヨークの国連代表部を舞台とする場合もあるし，特使を派遣して米朝もしくは第三国で行われる場合もある。また，北京の6者協議のなかで，米朝の直接協議が行われる場合もある。

北朝鮮は基本的に米朝国交正常化を指向するために米朝直接協議を選好するが，アメリカ合

衆国を交渉テーブルにつかせる手段として，核やミサイルの開発カードを利用することを考える。それに対してアメリカ合衆国は，一方で，北朝鮮の瀬戸際政策に応えることになってしまうので，米朝協議の開催には従来慎重であり，その代わり6者協議などの多国間の国際的枠組の方を選好し，問題解決を中国や韓国の主導に委ねることが多かった。他方で，北朝鮮の核ミサイル開発が既成事実化し自国の安全保障にとって直接の脅威になるのに伴い，米朝協議に積極的になる可能性もある。ただし，米朝国交正常化には，北朝鮮の非核化が前提条件だとして慎重な姿勢を堅持する。

【関連項目】日朝平壌宣言 〔木宮正史〕

## 平頂山事件　Pingdingshan Massacre

1932年9月16日に中国遼寧省撫順炭坑近くの平頂山村などの住民約3000人を日本の関東軍が虐殺した事件。31年9月に日本軍が「満洲事変」を開始した後，中国東北では張学良軍系勢力や共産党系勢力，また大刀会などの各地の武装集団などが抗日闘争を展開し，その勢力は32年には30万人以上に増大した。日本の傀儡国家である満洲国成立後も関東軍は抗日勢力に対する「掃蕩」に力を注いでいた。32年9月15日深夜，抗日武装勢力約2300人が日本が経営する撫順炭坑の事務所や社宅を襲撃した。翌朝，付近の住民が抗日勢力に繋がっていると判断した日本軍は，平頂山村などの住民約3000人を集め，機関銃で掃射し，さらに銃剣で突き刺した。村々も焼き払われた。大量の遺体は当初焼却が図られたが，その後土砂で覆われた。同年11月以降，中国やイギリスなどでも事件が報道され，国際連盟においても問題とされたが，日本は虐殺の事実を否定した。戦後，国民政府は戦犯裁判で事件関係者7人を死刑に処したが，うち6人は民間人で，軍人は含まなかった。71年には虐殺現場に平頂山殉難同胞遺骨館が建設された（のち平頂山惨案遺址記念館に改称）。

〔伊香俊哉〕

## ヘイトスピーチ　hate speech

ヘイトスピーチとは，人種，民族的出身，国籍，皮膚の色等の違いにより，憎悪を含む表現のことである。有形力を伴わない言論による差別的表現である点で，暴行等の行為を伴う憎悪犯罪（ヘイトクライム）とは区別される。

ヘイトスピーチは，人種差別であり許されないことではあるが，他方で表現の自由の観点から，言論の内容により法的規制又は罰則化の対象とすることには困難がつきまとっている。

各国の対応をみると，EUは2008年に人種差別的な憎悪の唱道を法的に規制するよう求める枠組決定を採択している。英国，ドイツ等のEU諸国，カナダ，オーストラリア等ではヘイトスピーチを規制する立法を行っている。米国では，ヘイトクライム予防法により人種等を理由として他人の身体を傷つける者を処罰しているが，言論の自由への考慮からヘイトスピーチ自体を規制する法は存在しない。

わが国には，ヘイトスピーチを規制する法律は存在しないが，日本も加入している人種差別撤廃条約によれば，各締約国は，すべての適当な方法（状況により必要とされるときは立法も含む）により，いかなる個人や集団，組織による人種差別も禁止し，終了させる義務を負っている。また，同条約4条2項では，人種的優越や皮膚の色や民族的出身を同じくする人々の集団の，人種的憎悪・差別を正当化したり助長しようとしたりする宣伝や団体を非難することが求められている。しかし，従来の日本政府の対応としては，わが国の現状において一般的な法律によりヘイトスピーチを規制することが必要とされるほどの状況にはなっていないとされてきた。ヘイトスピーチを規制することにより表現の自由との均衡をどのように測るかが困難であるために，表現の自由を尊重する立場からは，言論の内容による規制には慎重な姿勢が求

められている（わが国は4条2項を留保）。

他方で、わが国でもヘイトスピーチ問題は、近年社会的な問題となっているなかで、最高裁は14年12月の判決によって京都朝鮮学校に対するヘイトスピーチ等の差止請求事件において、ヘイトスピーチを含む威圧的かつ侮蔑的な発言を人種差別であると認め、被告に対して損害賠償を認めた。

国連の自由権規約委員会は、14年7月、日本政府報告書審査において「差別、敵意あるいは暴力の扇動となる人種的優越あるいは憎悪を唱える宣伝のすべてを禁止」するように勧告した。続いて、同年8月の人種差別撤廃委員会による日本政府報告書審査でも憎悪及び人種差別の表明、デモ・集会における人種差別的暴力及び憎悪の扇動に確固とした対応をとることを求める意見を公表した。これを受けてわが国でも、法的規制を含めてどのような対応をとるかが課題となっている。

【関連項目】　人種差別撤廃条約
【参考文献】　師岡康子『ヘイト・スピーチとは何か』岩波書店、2013年／「[特集] ヘイトスピーチ／ヘイトクライム」『法学セミナー』7月号、2015年　〔北村泰三〕

## 平和　peace

平和の定義は、時代と文明によって異なる。平和はいつの時代も、ほぼすべての社会にとって切実な願いであり理想であったが、この「総論としての平和」に対して個別具体的な「各論の平和」は相互に一致しないことも多く、しばしば実現されるべき平和の定義自体をめぐって紛争が起こる。

平和は、例えばユダヤ教やキリスト教、イスラームなどの一神教の伝統においては、神の意思や正義を地上に実現するという能動的意味を伴う傾向が見られ、それは「ローマの平和（Pax Romana）」や「イギリスの平和（Pax Britanica）」などのように、力による秩序概念を伴う場合もある。これと比較し、例えばヒンドゥー教や仏教などの伝統においては、内面的・静態的な意味合いが強くなる傾向が見られる。前者の伝統からは、良心的兵役拒否（C.O.）のような強固な平和主義が生み出される一方、妥協を許さない「正義のための戦争」を導く可能性も高い。比較的多様な価値の調和や共存を許容する後者の平和観からは、ジェノサイドのような原理主義的暴力は生まれにくいが、概して権力に抗する強固な平和運動も生まれにくい。しかしリッチモンドが指摘するように、現代の多岐にわたる平和問題に対処するためには、世界中の各地域、各文化ごとに息づく多様な平和概念の伝統を再生させ、これら異質な伝統同士を融合する「ハイブリッドな平和」の思想が必要となっている。

また平和は、健康と同様、通常それが失われた状態から逆にその意味を明らかにするという特徴を持つ。それゆえ平和の条件を科学的に探究しようとする平和研究（平和学）においては、平和の定義を「暴力の極小化」と定義することで、その定義に輪郭を与える。つまり、戦争や暴力のリアルな把握は、常に各時代における有効な平和の定義にとって必要条件となる。平和理論の体系化に努めたガルトゥングは、目に見える紛争や「直接的暴力」が存在しない状態を「消極的平和（negative peace）」、さらにこれに加え、抑圧や貧困、格差や差別など、社会構造に潜在し可視化が難しい「構造的暴力」をも存在しない状態を「積極的平和（positive peace）」と呼んだ。それは現代世界の特に発展途上地域においては、平和を考える上で単に紛争がないという状態のみならず、暴力事象の社会構造的な認識の必要性が自覚されたためである。

これに関連し、宗主国と植民地、首都と地方、政府と民衆、エリートと非エリートなどの関係性に見られるように、現代において社会システムの中心部にとっての平和が周辺部にとっての平和ならざる状態（peacelessness）、ある

いはその犠牲を意味する場合も多い。戦争を終結させる政治的指導者同士の「平和協定（pact）」が，必ずしも民衆の生活や生命の基盤に基づく平和，すなわち「サブシステンス（subsistence）」としての平和を意味しないのはそのためである。このような国際平和と個人や社会にとっての平和との深刻な矛盾は，近年国連を中心に，従来の国際安全保障概念に加えて「人間の安全保障（human security）」概念が提起された背景ともなっている。

また平和概念は，文明概念と同様，人類が生み出したテクノロジーによってもその意味内容に本質的な影響を受ける。ベックが指摘したように，核／原子力テクノロジーや生命科学の発展は，人間社会の条件そのものに根源的なインパクトを与え，グローバルな規模で「リスク社会」を生み出した。チェルノブイリや福島の原発事故，あるいは地球環境問題に見られるように，「文明」そのものが平和を破壊する原因となる時代において，平和の意味は，「戦争と平和」の次元から次第に「リスクと安全」の次元をも包含するようになった。

【関連項目】 人間の安全保障
【参考文献】 石田雄『平和の政治学』岩波書店，1968年／千葉眞編『平和の政治思想史』おうふう，2009年／ベック，ウルリッヒ（東廉・伊藤美登里訳）『危険社会』法政大学出版局，1998年／Richmond, Oliver, *Peace*, Oxford University Press, 2014
〔佐々木寛〕

## 平和運動　peace movement/campaign

平和の思想は，ブッダや墨子，キリストなどの時代にまで遡ることができるが，平和を目的に掲げる活動が，1つの独自で持続的な社会運動としての形態をとり，政治・社会に対して無視できない程度の影響力を持つようになるのは，19世紀の英国をはじめとする欧米においてである。

それまでの長い間，平和思想は，宗教的な個人倫理か，思想家たちの机上の平和構想か，政治支配者の対外的野心を正当化するものにとどまっていた。平和への真摯な願望を持つ者であっても，現実の世界では戦争は避けられない運命であるという諦観が長く支配的であった。

しかし，18世紀から19世紀にかけて，ヨーロッパを中心とする国際関係が国家間の力関係や領土配分に関して安定化し，持続的な国際平和の可能性が高まる一方，諸国家内部における政治・経済・文化各方面での進歩発展により，戦争が例外的で異常な現象と受け止められるようになる。こうして，戦争は人間の社会的な働きかけによって廃絶することが可能であるとの考えが力を得るようになった。特に自由で寛容な政治文化を持つ英国において，世界で最初の平和運動が起こった。

19世紀の欧米における平和運動では，2つの大きな流れを区別することができる。1つは，古代以来の宗教倫理的な平和主義の流れを汲むキリスト教系の平和運動であり，これは社会における世俗化の進行とともに，宗教信仰そのものよりも人道的立場からする平和運動として発展していく。もう1つは，戦争をもたらす政治経済体制の変革を通じて平和の実現を図る政治的な立場による平和運動であり，その最も有力なものは，社会主義者によって組織された第二インターナショナルであった。

政治的実践において圧倒的な強みを持つのは，労働運動や議会政党という政治的梃子を有する社会主義者の平和運動である。しかし，20世紀を迎えて戦争の危機が迫ってきたとき，社会主義者たちの平和運動を心情的に支えたのは，革命やゼネストの決意ではなく，むしろ教会などと足並みをそろえることのできる人道主義であった。第一次世界大戦の勃発に際し社会主義者たちは，結局各国のナショナリズムにからめとられていった。戦争の現実の前に，人道的平和運動も政治的平和運動も等しく無力であった。

2つの世界大戦を経て，平和運動を巡る状況は大きく変わった。

第1に，破滅的な戦争の体験を通じて，戦争の回避は最優先の政治課題となった。反核運動に見られるような広範な民衆参加による大規模な平和運動が現れ，防衛政策にも影響を及ぼすようになる。

第2に，平和問題は貧困や人権，健康・環境問題などとの結びつきを深め，多様な専門家や文化人が恒常的に平和問題に関わるようになった。こうして国防政策の伝統的な特権的優越性は，市民的価値観による強い制約を受けるようになった。

第3に，古代以来持続的だが政治的に非力であった宗教倫理的な平和主義は，ガンディーによってインド独立という巨大な政治事業を動かす役割を担い，非暴力抵抗（市民的不服従）という形で新たな生命を得た。平和主義の倫理を現代世界の文脈において活かしていく実践は，その後もキング牧師や禅僧ティク・ナット・ハン，マザー・テレサ，ネルソン・マンデラらによって受け継がれてきている。

しかし，20世紀の平和運動はカタストロフを後追いするという「時差」を常に伴っており，次々と生起し，深刻化する政治暴力，大量の難民，貧困・格差，生態系破壊などに追いつけない。運動の多様化と支持の広がりに見られる発展は，核軍縮などの古い課題と新たな人間の悲惨を同時に抱え込む平和運動の窮境をむしろ示しているとも言える。

【関連項目】　原水爆禁止運動／日本の平和運動・平和主義／広島の原水禁運動／平和主義

【参考文献】　ガンディー（森本達雄訳）『獄中からの手紙』岩波書店，2010年／西川正雄『第一次世界大戦と社会主義者たち』岩波書店，2013年／藤原修「平和運動の意義と役割」『立命館国際研究』9巻4号，1997年／Ceadel, Martin, *The Origins of War Prevention*, Oxford University Press, 1996／Ceadel, Martin, *Pacifism in Britain 1914-1945*, Oxford University Press, 1980 〔藤原修〕

## 平和学の方法
method of peace research/peace studies

平和は願い（祈り）であり理想であるが，平和研究（peace research）あるいは平和学（peace studies）は，その条件や方法を客観的，科学的に探究しようとする学問運動である。両者の呼び名はほぼ区別なく使用されているが，平和研究と比較して平和学は，学問的な体系性を強調する場合に用いられる傾向がある。

ウォーラーステインが指摘するように，近代の学問は専門分化を進めることで発展を遂げてきたが，特に20世紀の2つの世界戦争を経てその限界が明らかとなった。個別学問分野や科学の合理的発展が，必ずしも人類全体の合理性や幸福と結びつかないという反省は，戦争を推し進めた科学や学問への反省から誕生した平和研究も共有していた。

もとより平和という多面的な価値の条件を探究するためには，各学問分野を横断する包括的な思考が要求される（平和研究の包括性）。例えば，世界を「トータル・システム」として理解すべきだと説いたボールディング，「囚人のディレンマ」のゲーム理論を用い，核戦略理論家たちがいかに「合理的な愚か者」であるのかを証明したラポポート，世界政治を重層的な「帝国システム」として分析したガルトゥングなど，これら平和研究の素地を築いた研究者たちは，経済学，数学，社会学などいずれも異なる学問分野の出身であるだけでなく，それぞれが多学応用的なアプローチによって独自の平和理論を展開した。

また，平和研究は，暴力と平和をめぐる現実的な要請に応じて，各時代ごとに平和問題の焦点を変化させ，常に平和の再定義を行ってきた（平和研究の歴史性）。平和研究のテーマは，米国で産声をあげた1950年代は，米ソ冷戦下での全面核戦争の恐怖，南北問題が顕在化した70年代は世界的な格差や構造的暴力，さらにグロー

バルな内戦の時代となった90年代以降はアイデンティティや文化的暴力へと拡大を遂げてきた。

また，平和研究は既存の社会秩序や規範に対して常に批判的な視座を提示してきたことにも大きな特長が見られる（平和研究の批判性）。それは平和研究が常に社会的弱者や周辺の立場から世界を分析するからであり，さらには，その批判的視点に基づき，オルタナティブな方法や世界を構想しようとしてきたからである（平和研究の構想性）。このように，常に「誰にとっての平和か」を明確に自覚する平和研究は，グローバル化が進み，大国中心の世界秩序や国際平和の構想が機能不全に陥りつつあるなかで，いま一度世界各地の暴力と平和の現実，民衆の「声なき声」から再出発する必要に迫られている（平和研究の臨床性）。

【関連項目】 世界の平和研究／日本の平和研究／平和／北欧の平和研究
【参考文献】 岡本三夫『平和学』法律文化社，1999年／高畠通敏『平和研究講義』岩波書店，2005年／高柳先男『戦争を考えるための平和学入門』筑摩書房，2000年／日本平和学会編『平和を考えるための100冊＋α』法律文化社，2013年

〔佐々木寛〕

## 平和教育 peace education

平和教育とは，平和で持続可能な社会の構築を目指して行われる教授・学習活動の総称である。「平和」と「教育」の関係に注目すると，平和教育は，①平和に関する教育（知識の習得），②平和に向けた教育（態度形成），③平和を尊ぶ教育（個性尊重の学習），④教育における平和（いじめのない教室），⑤積極的平和としての教育（貧困・差別・不公正をなくす教育）に分類される。

平和教育の概念をどう規定するかについては論者によって様々な見解があるが，従来の平和教育は，主に第二次世界大戦の経験者たちが自らの戦争体験を後世に伝えることであった。そうすることで次世代の人たちの平和意識を喚起することが期待された。ところが時代の経過とともに戦争体験世代が減少し，戦争体験の直接的な継承が困難になりつつある。また社会のグローバル化に伴い，テロ事件や環境問題など，平和な社会生活を脅かす新たな問題が出現している。いまや平和をテーマとした学習は，戦争や紛争解決，軍縮問題のみならず，開発や環境の問題，人権問題，多文化や異文化を含む国際理解，地球市民としてのシティズンシップ，地球のサステイナビリティなど，非常に幅広く多岐にわたるものになっている。

こうした状況の中で，平和教育はもはやその存在意義が見失われつつある。戦争体験の直接的継承が困難になれば，平和教育で扱われる学習課題は，社会科（地理歴史・公民）や総合的な学習の時間をはじめ，既存の教科でも十分に扱うことができるはずである。したがって，今後の平和教育の存在意義は，新たな学びのスタイルのなかに見出さざるを得ない。例えば，従来のインプット型の学びの延長線上に，自らの思考や判断を表現するようなアウトプット型の学びを準備する。そうすれば，学習者たちは，持続可能で平和な社会づくりに役立つアイデアを提案することができる。こうした平和を提案するための未来志向の教育が，これからの平和教育に求められている。

【関連項目】 長崎の平和教育運動／広島の平和教育運動
【参考文献】 竹内久顕編著『平和教育を問い直す』法律文化社，2011年／村上登司文『戦後日本の平和教育の社会学的研究』学術出版会，2009年

〔卜部匡司〕

## 平和共存 peaceful coexistence

資本主義陣営の国家と共産主義陣営の国家は共存しうるという考え方。第二次世界大戦後，東西対立が深まるなか，資本主義と共産主義は共存できないという考えが有力であった。しかし，1953年のスターリン死去，核開発競争により核戦争の恐怖が高まったこと，そして，核開発競争に伴う巨額の軍事費の負担などにより，

ソ連の指導部は，特にフルシチョフを中心に「平和共存」の姿勢を示した。具体的には米国を中心とする北大西洋条約機構（NATO）諸国と，ソ連を中心とするにワルシャワ条約機構諸国が共存しうることを示した。

また，中国はこの原則を社会主義諸国間の関係に適用し，54年にインドとの関係で平和共存を含む平和五原則を謳った。もともとソ連が資本主義諸国との関係で提唱した「平和共存」を中国が社会主義諸国との関係で適用したことは，中ソ論争や中ソ対立へと向かわせることになったとの指摘もある。

【関連項目】 スターリン批判／平和五原則／冷戦 〔西田竜也〕

## 平和研究 peace research/peace studies

平和を創り出すための知的・学問的運動。厳密な科学的手続により客観性は維持しつつも，平和の実現という目的と用いる手段の平和性を知的探求の基礎に置く価値指向性を基本的特色とする。また，平和の探求のために，哲学，法学，政治学，経済学，社会学，人類学，教育学，哲学，自然科学などの既存の学問の枠を超えた協同（学際性）も大きな特色である。

平和研究は，第二次世界大戦の惨禍を受けて戦争の再発を防止することを目的として発展した。冷戦と核軍拡競争という文脈のためもあり，第三次世界大戦の回避が最大の課題とされた。1960年代後半，ガルトゥングによる平和概念の再構成を経て，開発の欠如，貧困，人権侵害など人間が自らの能力を発揮できない状況（構造的暴力）が，研究対象とされるようになった。それにより研究対象となる分野・範囲が大きく拡大した。

図式的にいえば，戦争の防止という課題については，統計・数理・ゲーム理論・心理学などの手法を駆使する研究が北米を中心として発展した。A. ラパポート，Q. ライト，C. オズグッドらの研究がそれに当たる。他方，平和の構造的条件に関する研究は，ガルトゥング，フランクフルト学派の批判理論を受容した D. ゼンクハースら欧州からの問題提起を経て発展した。日本では，北米と欧州の知的成果を積極的に受容しつつ，日本自身の植民地支配，侵略戦争，戦争被害，被爆，沖縄の歴史と現状などの歴史的経験に基礎を置く平和研究が発展してきた。

冷戦後は，人道的介入や保護する責任論などにより，暴力的手段を用いた人権の実現という問題が現れるようになり，平和研究にとっては大きな挑戦となっている。

一般的には，開発や人権の実現は抑圧的な現状の変革を課題とすることが多いのに対して，戦争の防止や回避では現状維持が課題とされることが多い。しかし，稀少な資源や価値の配分方法を巡って紛争が発生することを踏まえると，正義や公正に見合う形で，暴力行使によらず価値配分を変更する方法を見出し，不断に再構築していくことが平和研究に課された課題だと言える。

【関連項目】 安全保障／構造的暴力（間接的暴力）／平和学の方法／保護する責任（R2P）
【参考文献】 ガルトゥング，ヨハン（高柳先男ほか訳）『構造的暴力と平和』中央大学出版部，1991年／坂本義和『平和研究の未来責任』岩波書店，2015年／高柳先男『戦争を知るための平和学入門』筑摩書房，2000年／ラパポート，アナトール（関寛治編訳）『現代の戦争と平和の理論』岩波新書，1969年
〔遠藤誠治〕

## 平和構築 peacebuilding

紛争の再発を防ぐために，紛争を引き起こす可能性のある芽を摘むことである。その意味で，紛争予防と一体化される。

米ソ冷戦後，国連は平和活動を積極的に展開する。1992年に当時の国連事務総長ガリは「平和のための課題」を発表する。そのなかに「紛争後の平和構築」が含まれていた。

冷戦終結後は，従来の国家間紛争とは異なる国内紛争が，新興独立諸国のなかで頻発する。そこで国連は紛争の量的・質的変化に対応した「平和のための課題の追補」（95年）を提出す

る。あわせて「開発への課題」(95年) が出され，平和と開発が国際協力の主要な双子の主題とされた。

　このような国連の平和活動は2000年の「国連平和活動に関するパネル報告」(ブラヒミ報告者) における平和維持と平和構築の不可分性の指摘を受け，時間軸ではなく，多様なアクター間の複合的な取り組みとして理解されるようになった。

　つまり，平和構築は紛争再発を防止する紛争予防のための有用な取り組みと認識される。上記「追補」では，非武装化，小火器の管理，制度改革，警察・司法制度の改善，人権の管理，選挙改革，社会的・経済的発展，国民和解などが，紛争の再発を防ぐ紛争後の平和構築の中身として指摘されている。

　また，ブラヒミ報告書では，具体的変革として，平和活動における文民警察に関する理念の変更と法の支配部門の活用，法の支配と人権尊重の堅持，紛争終結後のコミュニティにおける国民和解の支援に関するチーム・アプローチの重視のほか，複合型平和活動の初期段階から武装解除・動員解除・社会復帰 (DDR) プログラムを分担金予算に組み入れること，統治機構支援に向けた幅広い戦略に選挙支援を統合することなどの提言が含まれている。

　04年の「脅威・課題・変化に関する国連事務総長ハイレベル・パネル報告書」では，平和構築の諸課題解決には国連，国際金融機関やドナーの政策が反映される点で，広範な側面からの平和構築戦略に基づく献身的で長期間にわたる支援が，特に法の支配に関わる領域を中心に求められると指摘されている。

　なお，05年12月に，紛争後の平和構築と復旧のための統合戦略の助言と提案を行う平和構築委員会 (PBC) が，国連総会と国連安保理の両機関の政府間諮問機関として採択され，設立されている。

【関連項目】　国連平和構築委員会 (PBC) ／武装解除・動員解除・社会復帰 (DDR) ／ブラヒミ報告書／紛争解決／紛争防止・危機管理・予防外交／「平和のための課題」(ガリ事務総長報告)
【参考文献】　藤原帰一ほか編『平和構築・入門』有斐閣，2011年／ブトロス＝ガーリ, ブトロス「平和への課題」(A/47/277-S/24111, A/50/60-S/1995/1) 国際連合広報センター，1995年
〔山田満〕

## 平和構築基金 (PBF)
United Nations Peacebuilding Fund

　2006年10月に紛争終結後の平和構築を目指して設立された常設の基金である。平和構築委員会と平和構築支援事務局とあわせて国連の平和構築を支える3本柱の1つである。

　平和構築基金 (PBF) の管理責任は平和構築支援事務局に委託され，同事務局がプロジェクトやプログラムの認可，監視を行っている。また，国連開発計画マルチパートナートラストファンド事務所が基金の管理を担当している。

　現場レベルの基金管理は，当該国政府，幅広く国内外の利害関係者の代表と国連が共同議長を務める合同運営委員会に委託されている。また，国連事務総長に任命された平和構築基金諮問グループ (10名) が，基金分配の迅速性や適切性の管理と助言を行うとともに，成果や財政報告を審査している。

　PBF が支援する優先分野は，和平合意や政治的対話の実施支援，紛争の平和的解決や共存の促進，経済の活性化と当面の平和への配当を助成すること，必要不可欠な行政サービスの再生である。

　基金拠出総額は5億7500万ドルで，日本は第5位の4250万ドルを拠出している (2014年8月現在)。

【関連項目】　国連平和構築委員会 (PBC) ／平和構築／平和構築支援事務局 (PBSO)
〔山田満〕

## 平和構築支援事務局 (PBSO)　United Nations Peacebuilding Support Office

　2005年に設立された平和構築支援事務局

(PBSO) には主に3つの役割が期待されている。まず第1に紛争後国家の支援を目的に設立された平和構築委員会 (PBC) を支援することである。第2に、紛争後国家の平和構築の継続性を求めた機能、活動、計画、組織を支援するために始動した平和構築基金 (PBF) を管理することである。第3に、平和構築活動を進める国連諸機関の調整を行う国連事務総長の努力を支援することである。14年9月に平和構築支援のための国連事務総長代理が任命されている。

なお、PBSO の設立決議において、国連総会と安全保障理事会は PBSO を国連事務総長直属下に置き、PBC を支援する専門家スタッフを配置した。また、PBSO は PBC 支援部門、政策・計画・申請部門、平和構築融資部門で構成され、紛争後国家と国際社会が紛争直後の時期に直面する難題に焦点を当てた国連事務総長報告書の作成にも関与している。平和構築における若者の参加、天然資源と平和構築、平和構築における女性参加などの政策協議にも積極的に参加している。

【関連項目】 国連平和構築委員会 (PBC) ／平和構築／平和構築基金 (PBF) 〔山田満〕

## 平和五原則
Five Principles of Peaceful Coexistence

①主権と領土保全の相互尊重、②相互不可侵、③相互の内政不干渉、④平等と相互利益、⑤平和共存からなる原則。1954年4月に中国の周恩来とインドのネルーによって妥結されたチベットを巡る協定の前文で初めて明示され、同年6月に周がインド及びビルマを訪問した際の共同声明にも盛り込まれた。同原則は、中国とインドという体制の異なる2つの地域大国による平和共存を実現したものとして国際的関心を集めた。その影響は、翌年のバンドン会議で採択された平和十原則に、平和五原則の内容が文言を変えて盛り込まれたことにも見てとれる。また、五原則の理念の下、中国はそれまでのアジア各地における、共産党の武力闘争への支援を放棄した。ただし、中印関係は50年代後半から国境紛争で悪化し、軍事衝突に発展したことから、両国間において平和五原則の理念は後退を余儀なくされた。

【関連項目】 中印国境紛争／バンドン会議（アジア・アフリカ会議）／平和十原則／領土保全原則 〔井原伸浩〕

## 平和十原則 Ten Principles of Bandung

1955年4月に開催されたバンドン会議（アジア・アフリカ会議）最終コミュニケの「G. 世界平和及び協力の推進に関する宣言」（バンドン宣言）で掲げられた原則。バンドン会議後、平和十原則は、反帝国主義・反植民地主義を実現する理念として繰り返し言及され、非同盟運動活性化の端緒にもなった。

その内容は①基本的人権、国連憲章の目的及び原則を尊重する、②すべての国家の主権及び領土保全を尊重する、③すべての人種の平等及び大小問わずすべての国家の平等を承認する、④他国の内政に介入もしくは干渉しない、⑤国連憲章に基づく集団的・個別的自衛権を尊重する、⑥(a)集団的防衛の協定を大国の特定の利益に資するために利用しない、(b)いかなる国家も他国に圧力を加えない、⑦侵略、侵略の威嚇、もしくは武力行使によって、他国の領土保全もしくは政治的独立を侵さない、⑧国連憲章に即した平和的手段によって国際紛争を解決する、⑨相互利益及び協力を促進する、⑩正義及び国際義務を尊重する、である。このうち②、③、④、⑦及び⑨は、54年に中国とインドの間で合意された平和五原則と一部内容が重複している。ただし、同五原則で謳われた「平和共存」は、バンドン会議において、主に自由主義陣営の参加国による反対にあい、十原則はおろか同会議の最終コミュニケ全文にわたって言及されていない。自由主義諸国にとって平和共存は、共産主義への接近を意味するうえ、共産主義や中立主義のバンドン会議参加国が、この概

念を用いてSEATOやNATOのような自由主義陣営の集団防衛枠組みを批判しようとしたためである。結局，バンドン会議では，自由主義諸国の主張が受け入れられ，集団的自衛権は平和十原則⑤に盛り込まれたものの，⑥(a)で，制約がかけられた。

【関連項目】　国連憲章／バンドン会議（アジア・アフリカ会議）／平和五原則

【参考文献】　岡倉古志郎編『バンドン会議と五〇年代のアジア』大東文化大学東洋研究所，1986年／宮城大蔵『バンドン会議と日本のアジア復帰』草思社，2001年　　〔井原伸浩〕

## 平和主義
pacifism (pacificism) / peace-loving

　一つの体系的・実践的な思想としての平和主義は，紀元前5～4世紀頃に活動したインドのブッダ及び中国の墨子に遡ることができる。ブッダと墨子がそれぞれに説いた慈悲とアヒンサー（非暴力），兼愛と非攻（侵略の否定）は，博愛と非戦という平和主義の2つの礎石を明らかにしている。

　原始仏教は，サンガ（集い）を通じた悟りのための修行を中心にその後も連綿と続いていくのに対して，戦国の世の政治実践を本務とする墨家は，非戦の世の実現を自らの責任として引き受けた結果，その思想に殉じて短期のうちに消滅する。

　ここには，平和を求める倫理的正当性への強い確信と，その政治的実践の絶望的なまでの困難という平和主義に内在する根本矛盾がすでに現れている。その後の平和主義の歴史に決定的な重みを持つことになるキリスト教においても，アウグスティヌスに見られるように，平和主義を政治的現実に適応させる方向がとられ，平和主義は，長く非政治的・宗教的個人倫理にとどまることになる。

　16世紀の代表的人文主義者エラスムスは，宗教改革に共鳴しつつも，破壊的な改革者であったルターとは一線を画し，狂信からの自由と寛容を重んじた。革命と戦争という激しい政治暴力に彩られる近代世界にあって，どこまでも平和的な解決を指向するエラスムスは，近代平和主義の祖と位置づけられる。他方，同時代のマキアヴェリが説いた国家理性は，外部からの制約を受けない至高の権力を持つ近代国家の行動原則を基礎づけ，没倫理的な権力政治の時代への転換を告げた。これに対し，エラスムスの平和の主張は，政治の外からの個人の良心への訴えにとどまるものであり，現実政治における平和主義の非力を示していた。

　しかし強大な近代国家の形成は，一方における国内外の政治秩序の安定と，他方でなお起こりうる戦争の破壊性への恐れをもたらし，平和主義はここに初めて有力な政治的地歩を得る。特に核兵器の出現は，国家権力の絶対性を過去のものとし，平和主義は国家理性に対する強力な制約原理となる。

　しかし，一方で「抑止力」の名の下に国家による政治暴力の独占と強化はなお維持され，他方でグローバル化の進展とともに紛争やテロが国境を越えて拡散・浸透するなかで，政治暴力の破壊性と無軌道性は一層深刻化している。こうして，平和主義の倫理的正当性は広い支持を得つつも，効果的な政治的実践との結びつきは，むしろ困難さを深めている。

【関連項目】　原水爆禁止運動／日本の平和運動・平和主義／広島の原水禁運動／平和運動

【参考文献】　内垣啓一ほか訳『ツヴァイク全集15　エラスムスの勝利と悲劇』みすず書房，1975年／藤原修「平和主義とは何か」藤原修・岡本三夫編『いま平和とは何か』法律文化社，2004年／湯浅邦弘『諸子百家』中央公論新社，2009年
〔藤原修〕

## 平和首長会議　Mayors for Peace

　1945年8月，広島・長崎両市は一発の原子爆弾により一瞬にして廃墟と化し，両市合わせて21万人を超える多くの人々の尊い命が奪われた。原子爆弾は，その投下から70年が経過した現在でも，放射線による後障害や精神的な苦し

みを市民に残している。このような原子爆弾による悲劇が二度と繰り返されることのないよう，広島・長崎両市は一貫して世界に核兵器の非人道性を訴え，その廃絶を求め続けてきた。

82年6月24日，ニューヨークの国連本部で開催された第2回国連軍縮特別総会において，広島市長が，世界の都市が国境を越えて連帯し，共に核兵器廃絶への道を切りひらこうと，「核兵器廃絶に向けての都市連帯推進計画」を提唱し，世界各国の都市に連帯を呼びかけた。

平和首長会議は，この趣旨に賛同する都市で構成される機構であり，91年に国連経済社会理事会のNGOに登録されている。

会長は広島市長，副会長は長崎市長ほか海外14都市の市長が務めている。加盟都市数は，2015年8月1日現在，161ヵ国・地域の6779都市であり，増加を続けている。

平和首長会議は，2020年までの核兵器廃絶を目指す行動指針「2020ビジョン（核兵器廃絶のための緊急行動）」を策定し，世界の都市，市民，NGO等と連携しながら，核兵器廃絶に向けた様々な活動を展開している。

13年8月には，第8回総会を広島で開催し，「平和首長会議行動計画（2013年～2017年）」等を決定するとともに，ヒロシマアピールを採択した。行動計画では，「加盟都市の拡大と平和首長会議運営体制の充実」，「核兵器廃絶の国際世論の拡大」，「『核兵器禁止条約』の早期実現を目指した取組の推進」という3つの柱の下，様々な取り組みを定め，その推進を図っている。

また，世界各地において地域特性を踏まえながら主体的・自主的な活動を展開するため，地域のグループ化を図り，地域の活動を牽引するリーダー都市の選定に取り組んでいる。これにより，平和首長会議のネットワークをより強固で実効あるものとし，将来にわたる継続的かつ効果的な活動の展開を目指している。

【関連項目】　広島・長崎講座／広島平和文化センター（公財）

〔小溝泰義〕

## 平和宣言（広島・長崎）
peace declaration（Hiroshima/Nagasaki）

毎年8月6日の広島市平和記念式典と8月9日の長崎市平和祈念式典で市長が「平和宣言」を読み上げ，核兵器廃絶や恒久平和実現を訴える。広島では1947年の「第1回平和祭」，長崎では翌年の「文化祭」で最初の宣言が発表されて以来，朝鮮戦争で両市の式典が中止された50年を除いて毎年，世界へ向けて発信されている。

内容は，広島市が有識者の意見をもとに市長が決め，長崎市は市民らの起草委員会で決めている。日本が占領下に置かれた52年まででは表現も連合国軍最高司令官総司令部（GHQ）の制約を受けたが，54年の第五福竜丸事件以降，原水爆禁止運動が盛り上がり，訴えも多様化した。以来，核兵器の危険性を指摘し，国際社会に核兵器廃絶の実現や核兵器禁止条約の締結などを訴え，日本政府に被爆者援護の強化や積極的な核軍縮外交を求めるとともに，近年は内外に被爆体験継承の重要性を訴えている。

【関連項目】　核兵器廃絶運動（反核運動）／原水爆禁止運動／第五福竜丸事件とビキニ水爆実験　〔水本和実〕

## 平和的生存権　right to live in peace

平和的生存権とは，日本国憲法前文第2段末尾の，「全世界の国民が，ひとしく恐怖と欠乏から免かれ，平和のうちに生存する権利を有する」という規定にある「平和のうちに生存する権利」を指す。この呼称は，1960年代に提唱されたものであるが，今日では定着をみている。その直接の淵源は，いずれも第二次世界大戦中の41年に，戦後世界秩序の基礎として提起された米大統領F.ルーズヴェルトの「四つの自由」教書（言論の自由，信教の自由，欠乏からの自由，恐怖からの自由），及び，米英間の大西洋憲章（あらゆる人間が恐怖と欠乏からの自由の

うちにその生命を全うするための保証となる平和の確立）に求められる。

ここにみられる平和と人権の密接不可分性の認識（「平和への権利」）は、「一生のうちに二度まで言語に絶する悲哀を人類に与えた戦争の惨害」（国連憲章前文）を味わった20世紀の世界各国で共有されたものであるが、日本では特に、46年憲法が恒久平和を基本原理とするものであったがゆえに、平和のうちに生存することが、人々の主観的権利として憲法規範化された。そこにいう「平和」とは、とりもなおさず、9条が公権力に命じている戦争放棄と戦力不保持及び交戦権否認を意味する。したがって、政府がこれに反して戦争の遂行、武力の行使や戦争の準備等の行為に出たとき、平和的生存権が侵害されたことになり、国民は裁判を通してその救済を求めることができる。

もっとも、このような理解が深まってきたのは近時のことである。平和的生存権の規定を含む憲法前文については、法的規範であっても裁判規範性（具体的権利性）は認められないとするのが、判例・学説の従来からの通例の見解であった（消極的判例として百里基地訴訟最高裁判決。他方、肯定したものに長沼訴訟札幌地裁判決がある）。この状況が、漸次変化をみせ、特に、自衛隊イラク派兵違憲訴訟における名古屋高裁の2008年4月17日判決は、平和的生存権が、自由権的・社会権的・参政権的態様を持つ複合的な権利として、裁判による保護、救済を求めうる具体的権利であることを明確に認めた。これを画期として、現在、この権利の可能性を積極的に追究しようという傾向が顕著である。

政府は、一貫してこの権利の具体性を否定してきた。特に今日、平和的生存権そのものを削除する憲法改正構想も提示されている（12年公表の自由民主党憲法改正案）。平和的生存権については、それを取り巻く政治的環境をも視野に入れて考察することが欠かせない。

【関連項目】　日本国憲法と平和主義／平和／平和主義／平和への権利
【参考文献】　小林武『平和的生存権の弁証』日本評論社、2006年／深瀬忠一『戦争放棄と平和的生存権』岩波書店、1987年／山内敏弘『平和憲法の理論』日本評論社、1992年　〔小林武〕

### 平和と正義　peace and justice

万人が支持し、遵守すべきだとする表向き反対することのできない理想主義的な原理であり、宗教においても、頻繁に言及される。例えば、カトリック平和と正義教会は、1995年の声明文「新しい出発のために」において、平和と正義を実現する試みとして、「歴史の検証」及び「経済侵略」を重要な取り組み課題としている。

他方、一党独裁の権威主義的国家においてさえ、平和と正義を遵守すべきことが高らかに宣言される。2014年、中国の王毅外相は国連総会での一般討論演説で、現代世界は平和と正義を必要としていることを訴えており、中国が平和と正義を守る方式・方法を打ち出したことを強調している。実際の行動が平和と正義とはかけ離れているように見られても、立場が違えば、平和と正義を遵守していると公言できるような極めて曖昧な政治的概念でもある。

しかし、1999年、ハーグ開催の「21世紀の平和と正義」をテーマとした国際平和会議には、100ヵ国から1万人以上が参加し、平和と正義の実現に果たす市民社会・NGOの役割が強調され、理念の具現化へ向けた努力がなされている。軍縮と人間の安全保障、国際人道法と制度、武力紛争の防止と解決及び民生転換、戦争の原因と平和の文化などの議題が討議された。そして、以下の目標に向かって、戦争を廃絶し、力の支配を法の支配に変えるための最終段階を一緒に取り組むことが宣言された。①核兵器、地雷及びその他の国際人道法と矛盾する全ての兵器を廃絶すること。②兵器取引の全廃もしくは少なくとも国連憲章に述べられている攻

撃の禁止に矛盾しないレベルにまで兵器取引を削減すること。③戦争のない世界を実現するまでの移行期間中に，国際人道法とその制度を強化すること。④紛争の原因を究明し，紛争防止及び解決する創造的な方法を考案すること。⑤あらゆる形の植民地主義を克服し，軍備拡大競争の停止または削減により得られる膨大な資源を貧困，新植民地主義，新奴隷制度，新アパルトヘイトの根絶のために，そして地球の環境保護，すべての人々の平和や正義のために使用すること。

ハーグ会議は平和構築のための最大のイベントであり，核兵器も戦争も貧困もない，そして人間の信頼をとりもどせる平和な21世紀を創造することを求めている。　　　　　〔中園和仁〕

### 平和に対する脅威　threat to the peace

平和に対する脅威は，国連の安全保障理事会が，国際の平和及び安全を維持し，又は回復するための措置をとるか否かを決定する際の構成要件の1つである。具体的には，安全保障理事会の一般的権能を定める国連憲章第7章39条は，「平和に対する脅威，平和の破壊又は侵略行為の存在を決定し…（中略）…いかなる措置をとるかを決定する」とする。

「平和に対する脅威」の具体的内容は憲章では定められていないが，他国による軍事攻撃や侵略といった伝統的脅威のほかに，自国民の迫害（イラクに関する安保理決議第688号），内戦（ソマリアに関する安保理決議第733号），国際人道法違反（ユーゴスラヴィアに関する安保理決議第827号），大量虐殺（ルワンダに関する安保理決議第918号）などがある。また，近年，国際テロリズム（9.11に関する安保理決議第1368号）や核実験の強行などの大量破壊兵器の拡散（北朝鮮に関する安保理決議第1718号）なども平和に対する脅威として認定されている。

【関連項目】　国連安全保障理事会（国連安保理）／国連憲章／ユーゴスラヴィア紛争　　　　　　　　　　〔西田竜也〕

### 平和の礎

沖縄戦終結から50周年となる1995年6月23日に，沖縄県の記念事業の最大イベントとして建立された戦没者慰霊碑。平和祈念公園の整備とともに平和祈念資料館（完成），国際平和研究所（企画のみ）などと一体として構想された。平和の礎には，国籍，軍人，民間人，老若男女を問わず沖縄戦で犠牲になった者の名前が刻まれている（沖縄出身者だけは，満洲事変以降の「十五年戦争」や「太平洋戦争」での死者をも刻銘）。完成当時は，23万4283人（沖縄14万7110人，沖縄を除く日本7万2907人，米国1万4005人，台湾28人，北朝鮮82人，韓国51人）。20年を経た2015年には，7153人増えて，24万1336人となる。原則として遺族からの申請による刻銘。

死者数は1968年にまとめられたが，一家全滅，乳幼児などの沖縄出身者に漏れがあるとされ，95年の建立にあわせて市町村単位で調査が行われた。2003年に申請要件が緩和され，ハンセン病患者の団体申請が認められ，15年までに388人が刻銘された。

慰安婦を含む朝鮮半島から強制動員された人のうちの死者の遺族への確認作業は，建立時に開始され，04年に終了した。その後10年までに刻銘呼びかけの新聞広告を行った。平和祈念公園内にある韓国人慰霊塔には1万余が動員され，戦死，虐殺されたと記される（死者数は数千人と思われている）一方で，平和の礎への刻銘は韓国と北朝鮮をあわせて447人である。

【関連項目】　沖縄戦／沖縄の平和思想　　　　〔我部政明〕

### 「平和のための課題」（ガリ事務総長報告）　An Agenda for Peace

国連第6代事務総長ガリによる報告書。1992年に開催された安全保障理事会首脳会議の要請を受けて作成された。報告書では，冷戦後の国際社会において平和を求め維持する考えとして，予防外交，平和創造，平和維持，紛争後の

平和構築などが提唱され，また国連憲章40条（暫定措置）に基づく平和強制を行う平和執行部隊の利用が勧告された。さらに国連の機能強化を目指し，国連の組織改革も提案された。

「平和のための課題」は，国連の役割や機能について新しい考え方を提唱しており，平和維持の分野に与えた影響は小さくない。一方，ソマリアに展開された平和執行部隊は失敗し，報告書の構想は必ずしも成功しなかった。95年の「平和のための課題の追補」では，従来の平和維持活動の原則の重要性が再確認された。

その後，様々な機能を持つ平和維持活動が設立され，また平和構築委員会が設立されるなど，この報告書は，国際の平和と安全に関する国連の組織や活動に影響を与えた。

【関連項目】　平和構築／平和構築支援事務局（PBSO）

〔望月康恵〕

## 平和のための結集決議
"Uniting for Peace" Resolution

1950年の朝鮮戦争の際，安保理はソ連の欠席を奇貨として朝鮮国連軍の結成を勧告した（安保理決議83及び84）。しかし，ソ連が安保理に復帰し，拒否権の行使によって安保理が機能麻痺状態になったため，安保理が憲章24条に基づく「国際の平和及び安全の維持に関する主要な責任」を負えない場合には，安保理に代わって総会が一定の集団的措置を勧告するための審議を行うことができるようにするために採択された，決議377（国連総会第5会期，50年11月3日）を指す。

この決議に基づく総会の行動としては，56年における国連緊急軍（UNEF）の設置勧告に至る緊急特別会期の招集を挙げることができ，その後も，総会はたびたび緊急特別会期を開催している。冷戦後にこの決議が活用されたことはないが，99年のコソヴォ空爆の合法性を巡る議論のなかで，人道目的での軍事的強制措置が安保理によって決定できない場合に，この決議の活用が改めて提唱されたことがある。

〔山田哲也〕

## 平和の配当　peace dividend

国家を取り巻く安全保障状況が好転し，軍事支出削減によって生じた財政上の余剰がつくり出す利益の分配を指す。財政負担の軽減分によって，減税の実施，インフラの整備，教育や福祉関係予算の増額といった国内向けの政策が行われたり，途上国援助や国際協力といった国外向け資金の拡充に振り向けたりするといった使途が考えられる。

米ソ冷戦が終結した直後の1990年代には期待を持って盛んに議論されたが，世界中で紛争やテロが多発すると軍事支出は増加に転じた。状況が好転しても軍事支出は高止まりする傾向が見られるとともに，教育や福祉などの生産的支出は抑えられるようになった。とりわけ米国では同時多発テロ以降，軍事支出は劇的に増加し，軍需産業へと巨額の資金が流れる状況が生み出されている。近年では和平合意成立後の社会再建に向けた取り組みに必要となる資金や物資を指して用いられるなど，平和構築の文脈で用いられることも多い。

【関連項目】　平和構築

〔大平剛〕

## 平和博物館・平和のための博物館
peace museum/museum for peace

平和博物館は，簡潔に言えば，平和を目的とし，各種の活動を行う博物館（あるいはそれに類する施設）のことである。その定義は論者により異なり，必ずしも定着を見ていない。世界史的に見れば20世紀初頭のスイス・ルサーンや第一次世界大戦後のベルリンに開設されているが，日本において平和博物館が開設されるのは第二次世界大戦後のことである。平和博物館という言葉が日本で受容されるのは1980年代のことであるが，日本の平和博物館の歴史は55年の広島平和記念資料館及び長崎国際文化会館の開

設まで遡って捉えられるのが一般的である。広島・長崎そしてそれ以後に開設された同様の施設は、いわゆる戦争体験の継承に大きな役割を果たしてきたと評価されている。この役割に加え、90年代に登場する新たな平和博物館では、平和学における平和概念（積極的平和）の受容も見られる。戦争体験の継承だけでなく、貧困や格差といった構造的暴力と、それを支える文化的暴力も、平和博物館の取り組むべき課題として捉える動きである。立命館大学国際平和ミュージアムや川崎市平和館などがこの課題に積極的に取り組んでいるが、いまだ少数であり、日本の平和博物館の多くでは、いわゆる戦争体験の継承に力点が置かれている。なお、平和博物館を支える市民運動においては十五年戦争を批判的に捉える意識が強い。平和博物館の展示内容を巡っては社会的な対立が根深く存在し、国内的にも国際的にもたびたび争点化している。

　90年代には国際的にも国内的にも平和博物館同士の連携が進み、92年に平和博物館国際ネットワーク、94年に日本平和博物館会議、98年に平和のための博物館・市民ネットワークが結成された。日本国内で平和博物館のガイドブック類が刊行されるようになるのも90年代である。

　なお、平和博物館の範囲は、理念的には平和概念の捉え方次第で広くも狭くもできる。実際的には、積極的平和の諸課題について取り組む諸施設・運動との連携を進めるため、平和博物館よりも幅広く緩やかな、平和のための博物館という概念が提唱されている。これを受け、平和博物館国際ネットワークは2005年に名称を平和のための博物館国際ネットワークに改めて活動している。

【関連項目】　長崎原爆資料館／ひめゆり平和祈念資料館／広島平和記念資料館／立命館大学国際平和ミュージアム
【参考文献】　福島在行「平和博物館の〈再発見〉に向けて」小田博志・関雄二編『平和の人類学』法律文化社、2014年／福島在行・岩間優希「〈平和博物館研究〉に向けて」『立命館平和研究別冊』、2009年
〔福島在行〕

## 平和への権利　right to peace, right to live in peace, right of people to peace

　平和への権利は、第二次世界大戦後の国連設立によって平和と人権保障が密接な関連を持つという、新しい概念を背景に登場した。国連憲章は、「平和の維持」と「人権保護」の不可分性という理念に基づき、武力行使の禁止を原則とするとともに、それまで国が独自に決定する、いわば国の主権に属すると考えられていた人権保護の義務（基本的人権と個人の尊厳、男女の同権）を加盟国に課している。こうした基盤の上に、1970年代の東西冷戦構造や南北問題を背景に、主として途上国から主張されたのが「平和への権利」である。84年には「平和への権利宣言」が国連総会で採択された。この宣言は、平和への権利を「地球上の人々が有する神聖な権利」と定義し、すべての国は平和を維持し促進する義務があると定め、すべての政府に対して、戦争や核を含む武力行使の禁止の義務を課している。

　90年代に入ると、国際人権保障の進展とともに、国連においては「人間の安全保障」や「積極的平和（ガルトゥング）」という平和概念に基づく平和構築の重要性が認識されるようになった。そうした平和概念に基づき、2012年、国連人権理事会は、同理事会決議（A/HRC/RES/20/15）として新たな「平和への権利宣言」の採択を定め、現在、審議中である。草案の骨子は以下の3点である。①すべての人は差別なく平和への権利を有し、各国政府、国際組織はその権利の保護の義務を負う。②すべての人は「人間の安全」を保障される権利を持つ。この権利は、恒常的な平和とは、武力紛争の廃止だけで維持できるものではなく、民主主義の不備や貧困、差別などによっても脅かされるという考え方にたっている。③軍縮。各国政府は核を含む武力廃絶の義務を負い、少なくとも武力行使について透明性が保たれコントロールされていることが求められる。すなわち平和への

権利は，武力行使による人権侵害が起きる前に，政府に対して「武力行使の禁止」を個人の権利保護を根拠として要請し，また漸進的な武力廃絶を進めていくことができる権利である。

その後，人権理事会において，宣言案を審議する作業部会が設けられ，この作業部会において各国政府が宣言案について議論してきた。ここでは，平和への権利を主張する諸国と平和への権利の「権利性」を認めない諸国（米国，EU，日本等）との対立が激しい。15年5月の時点で，作業部会の議長による宣言の提案がなされている（A/HRC/29/45）。それは詳細な前文と全4条からなる簡潔なものである。これは以前の案が持っていた豊かな内容は含んでいない。

【関連項目】　軍縮条約／平和学の方法／平和的生存権／「平和のための課題」（ガリ事務総長報告）　　〔建石真公子〕

## 平和目的地下核実験制限条約（PNET）
Treaty Between the USA and the USSR on Underground Nuclear Explosions for Peaceful Purposes

部分的核実験禁止条約（PTBT）で禁止されていない地下核実験に一定の制限を加えるため，米ソは1974年，地下核実験制限条約（TTBT）に署名した（90年発効）。1回の地下核実験の爆発規模の上限を150ktとし，実験の回数を最小限にするのが主な内容である。だがTTBTの規制の抜け穴として，核不拡散条約（NPT）5条で実施が認められる「平和目的核爆発」が利用されるのを防ぐため，米ソは76年，平和目的地下核実験条約（PNET）に署名した（90年発効）。

PNETはTTBTと補完関係にあり，地下核爆発の1回の規模の上限をTTBTと同じく150kt以内としたが，短時間に連続して実施される爆発は「グループ爆発」とみなし，個々の爆発が150kt以下であれば1回に合計1.5メガトンまでの爆発を認めている。PNETに基づき行われた平和目的核実験はない。

【関連項目】　地下核実験／部分的核実験禁止条約（PTBT）　　〔水本和実〕

## 平和問題談話会　Committee on the Peace

日本の平和条約問題・日米安保条約問題は，東西冷戦（米ソ核軍拡競争），中国革命，朝鮮戦争が展開する状況下で提起された。それは，日本国憲法の徹底した平和主義を根底から脅かすものであった。日米安保条約とセットにされた平和条約は，ソ連・中国等の社会主義諸国をも含む「全面講和」ではなく，東西冷戦のうちに日本も入りこむ「単独講和」（片面講和）であった。

安倍能成，大内兵衛，清水幾太郎，都留重人，中野好夫，南原繁，湯川秀樹らを含む平和問題談話会は，1950年1月「講和問題について平和問題談話会声明」を発表して，全面講和，経済的自立，中立不可侵，国連加入，特定国への軍事基地提供反対を説き，「日本の運命は，日本が平和の精神に徹しつつ，而も毅然として自主独立の道を進む時のみ開かれる」としていた。また，50年9月には「三たび平和について」を発表して，憲法9条の下で国連による安全保障，核時代における戦争の手段性喪失を説き，世論に大きな影響を与えた。

59年12月の安保条約改定反対声明の後，同会はその役割を終えた。

【関連項目】　片面講和・全面講和（論）／「三たび平和について」（丸山眞男）　　〔杉原泰雄〕

## 辺野古問題　Henoko issue

1990年代の冷戦の終わりを機に，沖縄では米軍基地削減という「平和の配当」を求める声が高まっていた。また，95年8月に米兵3名による少女レイプが起き，沖縄で高まる基地返還要求に対し，日米両政府は翌96年4月に沖縄県内移設を条件にした米海軍海兵隊の普天間飛行場の返還を目玉にした沖縄基地の削減計画で対応

した。

　日米の作業チーム（SACO）は，同年12月，その移設先を名護市辺野古にある米海兵隊基地キャンプ・シュワブの沖合の水域を指定した。埋め立て事業は知事の認可事項となっているため，同計画の受け入れを巡り，98年11月の知事選以来，争点の一つとなってきた。軍民共用，15年使用期限の条件付で受け入れを承認する県政が誕生したものの，その後の日米協議では条件については言及されなかった。

　ブッシュ政権下で進められた米軍再編の一環として普天間の移設計画が練り直しされ，日米安全保障協議委員会は2006年5月，同キャンプ・シュワブの海岸線の埋め立て計画を発表した。14年の完成を目指し，ヘリ部隊の辺野古移駐後に，普天間の返還そして在沖縄海兵隊の半数規模となる8000名（発表後に9000名へ変更，その家族9000名を含む）のグアム移転，いくつかの基地返還が織り込まれた。つまり，辺野古で飛行場建設がなければ，グアム移転に伴う兵力削減や基地返還もないとされ，これらの3つがパッケージだと強調された。この計画に対して，06年と10年の知事選でどの候補者も容認しなかった。その間の衆参国政レベル選挙で，新基地受け入れを表明する候補者はいなかった。

　沖縄で計画への同意が得られないこと，環境影響評価に時間を費やしたこと，そしてグアムでの基地建設が米議会での承認を得られない事態が続いたことなどで，計画実施の遅れが出ていた。日米は，12年4月にワシントンで計画の見直し発表を行った。辺野古移設とグアム移転とを切り離し，完成時期の延期や半分規模に縮小したグアム移転などへと計画変更を行った。沖縄では12年12月に埋め立ての認可申請が出され，13年12月，普天間の県外移設を唱えて再選された知事が許諾する決定を行った。14年11月の知事選で新基地反対を主張した候補者が，建設推進を初めて訴えた現職を大差で破った。

　沖縄の民意に支えられて新基地建設を阻止しようとする知事と，民意ではないとする安倍政権との間で対立が深まっている。普天間飛行場を抱える宜野湾市での市長選挙で，2016年1月，移設への態度を白紙とする現職市長が当選し，民意のねじれが生じている。依然として，沖縄と日本の溝は深まり戦後70年にわたる基地集中を巡る両者の和解は依然として遠い。

【参考文献】　NHK取材班『基地はなぜ沖縄に集中しているのか』NHK出版，2011年／高橋哲哉『沖縄の米軍基地』集英社，2015年／宮本憲一ほか編『普天間基地問題から何が見えてきたか』岩波書店，2010年　　　　　　〔我部政明〕

## ヘルシンキ宣言　Helsinki Final Act

　第二次世界大戦終結からわずか9年後，欧州安全保障協力会議（CSCE）に繋がる全欧州集団安全保障体制構想がソ連外相モロトフによって提唱された。翌年東側は，ワルシャワ条約の前文で「欧州のすべての国が社会及び国家制度に関係なく参加する（中略）欧州の集団安全保障体制を樹立する願望を再確認」した。その企図は，大戦でソ連側に有利に拡大した戦後国境を含む，欧州の政治的現状の西側による承認と駐欧米軍撤退にあった。1966年のWTOのブカレスト宣言，69年のブダペスト・アピールで東側は，会議開始の条件を具体化した。東側の提案攻勢に対し，69年以降西側は，中部欧州相互兵力削減交渉（MRFA）の開始を前提に，米国・カナダの会議参加，体制選択権，人・情報・思想の自由な流れ促進の議題化を求めた。

　東西の提案合戦を経て72年にCSCE準備会議がヘルシンキで開催され，①欧州の安全保障，②経済協力，③人道面での協力，④再検討会議，の4つを本会議の主要な議題群（バスケット）として勧告した。

　73年に始まったCSCE本会議は2年に及んだ。それは，コンセンサス方式を前提に，早期終了を狙うソ連から具体的譲歩を引き出す西側の戦術であった。最終的に75年8月にCSCEの参加国35ヵ国首脳が勢揃いした首脳会議で採

択されたヘルシンキ宣言では，以下の点が合意された。

第1バスケットでは，国境不可侵，内政不干渉，人民自決を含む10の国際関係原則が合意された。そのうち，第7原則で参加国は「人権と基本的自由を尊重する」ことを約束し，さらに「個人がその権利と義務を知り，これに基づき行動する権利」も合意され，後の同宣言履行監視団体の設立の根拠規定となる。

第2バスケットでは，国家間の経済，科学及び技術並びに環境分野の協力が合意された。

第3バスケットでは，前文で「参加国の国民・機関及び団体間のより自由な移動と接触を容易にすること」が目標とされ，旅行促進，出国申請手数料引き下げ，出国申請者保護，口頭・印刷・映像・放送に情報普及の改善，外国人ジャーナリストの追放禁止等も規定された。

アメリカでは，同宣言の国境不可侵の規定がソ連によるバルト諸国併合の正当化に繋がるとして批判が高まった。しかしフォード大統領はヘルシンキで，この会議の評価が「我々がなす約束によってではなく，我々が守る約束によって」定まると演説し，同宣言を東側諸国に「守らせる」という外交手段を明確にした。それは，米議会に置かれたヘルシンキ委員会，カーターの人権外交に繋がる。また東側反体制派は，76年に初の監視団体（NGO）をモスクワで設立する。「何を履行し何を無視するかを決めるのは我々だ」と豪語したブレジネフは，その後人権問題の批判に戸惑うことになった。同宣言は，弾圧に苦しむ東側の社会運動を勇気づけ，後のベルリンの壁崩壊に繋がった。

【関連項目】 欧州安全保障協力機構（OSCE）／人権／人権保障の国際化／デタント（緊張緩和）

【参考文献】 吉川元『ヨーロッパ安全保障協力会議（CSCE）』三嶺書房，1994年／宮脇昇『CSCE人権レジームの研究』国際書院，2003年 〔宮脇昇〕

## ベルリン会議（アフリカ分割）
Berlin Conference/Congo Conference/West Africa Conference

1884年11月から85年2月にかけてベルリンで開催された，アフリカに関する欧米列強の会議。イギリス，フランス，ドイツ，オーストリア，ベルギー，デンマーク，スペイン，アメリカ合衆国，イタリア，オランダ，ポルトガル，ロシア，スウェーデン＝ノルウェー，及びオスマントルコが参加した。本会議は，イタリアやドイツの統一を契機として欧州国際関係が激変し，アフリカの植民地獲得への関心が急速に高まるなかで開催された。中心議題の1つはコンゴ川流域の帰属であったが，列強諸国に通商，航行の自由が保証される一方で，ベルギー国王レオポルド2世が設立したコンゴ国際協会に統治権が認められ，当該領域は事実上同国王の私有領となった。これが今日のコンゴ民主共和国の起源である。会議の結果，列強の間でアフリカの勢力圏が決まり，その後1900年頃までに植民地境界の画定作業が進められた。ベルリン会議は，列強によるアフリカ植民地分割の画期をなす。

【関連項目】 植民地主義 〔武内進一〕

## ベルリン危機 Berlin Crisis

第二次世界大戦後，ベルリンの米英仏ソ4国共同管理に端を発する国際問題。第1のベルリン危機は，西ドイツ政府の樹立方針を明確にした西側諸国が西ドイツ・西ベルリンの通貨改革を断行したことにソ連が反発し，1948年6月24日から翌年5月12日にかけて，西ベルリンに通じる鉄道・道路を封鎖した事件を指す。封鎖は，かえって西ドイツ国民・西ベルリン市民の憤激を買い，西側の空輸作戦によって失敗に終わった。

第二のベルリン危機は，1958年11月27日，連合国軍隊のベルリンからの撤退とドイツとの平和条約締結，西ベルリンの「非軍事自由都市」

化を求めるフルシチョフ・ソ連首相の要求を機に生じた。ソ連は，6ヵ月以内に要求が満たされなければ，東独と平和条約を結び，西ドイツ・西ベルリンを結ぶ通行管理を東ドイツ政府に移譲すると迫ったが，西側三国は，12月14日の外相会談で駐留軍隊を撤退させないことで合意，翌々日北大西洋条約機構も，西ベルリンを防衛範囲に含むことを確認した。

【関連項目】 ベルリンの壁／冷戦　　〔木戸衛一〕

## ベルリンの壁 Berlin Wall

両独分断国家の成立後も可能だった東西ベルリン間の通行を遮断するため，1961年東独当局が，西ベルリンの周囲168kmにわたって建設した壁。

52年3月10日，統一・中立ドイツを容認するスターリン覚書が発表されたことに危機感を抱いた東独指導部は，同年7月の社会主義統一党第2回党協議会を機に，独自の社会主義国家建設を進めた。労働ノルマの引き上げに対する労働者の反発に端を発する53年6月17日の民衆蜂起は，駐留ソ連軍の出動で乗り切ったものの，東ドイツからベルリンを経由した農民や技術者の出国が相次ぎ，その数は国家成立から「壁」建設までに260万人に及んだ。また，東西別々の通貨の並存も，市民生活に混乱を与えた。

第2次ベルリン危機の余韻が残る61年6月3～4日米ソ首脳会談で，米国は，西ベルリンへの自由なアクセス，西ベルリンにおける西側軍隊の駐留継続，西ベルリン市民の自由の確保を絶対条件とした。これに抵触しない措置として，東ドイツは8月13日，「壁」を建設し，人口流出を食い止めた。

「壁」の建設に，ヴィリー・ブラント西ベルリン市長は強く反発し，30万人の市民とともに抗議デモを行った。他方，コンラート・アデナウアー西ドイツ首相は，住民に平静を呼びかけ，8月22日にようやく現地を視察した。西側占領国の反応も抑制的であった。ジョン・F．ケネディ米大統領が西ベルリン市庁舎前で「私はベルリン市民だ」と演説し，聴衆の熱狂的な喝采を浴びたのは，63年6月26日のことである。

「壁」建設後，東独は政情が安定し，飛躍的な経済成長を示した。だが，2ヵ月前（6月15日）の時点で，ヴァルター・ウルブリヒト社会主義統一党第一書記が明確に否定していたにもかかわらず，「反ファシズム防御壁」の名で「壁」の建設が正当化されたことは，東独国家への信頼性を著しく傷つけた。

89年夏，東ドイツの体制に不満を抱く市民が，ハンガリーなどを経由して西ドイツに出国した。人口流出を食い止めるために，東独当局は旅行の自由を認めることを余儀なくされたが，その発表の不手際から，11月9日，東ドイツ市民が国境地帯に殺到し，「壁」が崩壊した。

2008年に発表された調査によると，東独からの脱出を図って「壁」際で亡くなった死亡者の数は，合計136人とされている。「壁」が走っていたベルナウ通りには現在，「ベルリンの壁」記念館が設置されている。

【関連項目】 ベルリン危機／冷戦
【参考文献】 ヴォルフルム，エトガー（飯田収治ほか訳）『ベルリンの壁』洛北出版，2012年／ヒルトン，クリストファー（鈴木主税訳）『ベルリンの壁の物語』原書房，2007年
〔木戸衛一〕

## 包括的核実験禁止条約（CTBT）
Comprehensive Nuclear Test Ban Treaty

場所と目的を問わずに，核爆発を伴うすべての核実験を禁止するための条約で，ジュネーヴ軍縮会議（CD）において起草作業が行われた。インドの反対によりCDでは採択できなかったために，1996年の国連総会で改めて採択するというやや変則的な手順で成立した。しかし，2016年1月31日現在，まだ発効していない。

CTBTはすべての核実験を禁止すること

で，核兵器の開発を抑制し，核軍縮・不拡散に貢献することを目的としているために，技術的に核実験が可能な国すべての参加が条約の有効性を確保する上で望ましいとされた。その結果，国際原子力機関（IAEA）のリストで原子炉を有するすべての国による批准が条約発効の条件とされている。しかし，アメリカ，中国，インド，パキスタン，イスラエル，北朝鮮などの批准の目途が立たないために，現在のところ発効の見通しは立たない。

CTBTは探知が難しいとされてきた地下核実験を含め，あらゆる核爆発を監視するために，地下核実験で発生する地震波，海中の爆発で発生する水中音，大気中の爆発で発生する微気圧振動及び核爆発から放出される放射性降下物を計測するための国際監視ネットワークとそこから得られたデータを収集，解析，発信するための国際データセンター，及び核実験の疑いが発生した時に実施される現地査察の2つを中核とする条約独自の検証制度を有している。また，検証制度を中心とする条約の実施のために，総会，執行理事会及び技術事務局からなるCTBT機関という条約独自の国際機構を設けており，本部はオーストリアのウィーンに置かれている。条約の発効後，スムーズに条約を施行する目的で，準備委員会と暫定技術事務局が設置されており，条約自体は未発効であるが，検証制度は実質的にはほぼ機能している。

2011年の東日本大震災の際に，国際監視ネットワークが地震，津波及び福島第一原発の事故に関する詳細なデータをほぼリアルタイムでモニタリングし，提供することで，核実験の監視以外に，災害や事故の際のデータの収集にも貢献できることが明らかとなった。このような国際監視ネットワークの幅広い活用や，設計から20年が経過した検証技術の見直し等，条約改正の必要性も指摘されているが，条約自体が未発効のために正式な条約改正手続きを始めることは困難である。このような観点からも早期発効が望まれている。

【関連項目】　核実験／地下核実験／部分的核実験禁止条約（PTBT）
【参考文献】　広瀬訓「核実験の禁止」黒澤満編『軍縮問題入門（第4版）』東信堂，2012年／Dahlman, Ola et al., *Nuclear Test Ban*, Springer, 2010／Ramaker, Jaap et al., *The Final Test*, Technical Secretariat of the Preparatory Commission for the CTBTO, 2003　　　　　　　　　　　　　　　〔広瀬訓〕

## 放射性降下物　radioactive fallout

核爆発や原子力発電所の事故などで放出されて上層大気中に拡散し，地上に降下した微細な放射性物質を放射性降下物と言い，フォールアウトあるいは死の灰とも言われる。放射性降下物は核分裂生成物が主体であるが，ほかにも核爆弾構造物，放射化生成物あるいはウランやプルトニウムが爆発しないで残った残渣などがある。

さらに，地殻に存在する天然ウランやトリウムとそれらの壊変生成物（アクチニウム（Ac）228，ラジウム（Ra）226，ビスマス（Bi）214，鉛（Pb）210，など）が気象変化によって大気中に拡散して再び地上に降下したものや，宇宙線と地球大気との核反応で生成するベリリウム（Be）7や炭素（C）12などの放射性物質が降下したものも放射性降下物とされる。

環境放射能測定ではエアサンプラーにより空気中浮遊物質をろ紙に収集して，ゲルマニウム半導体検出器を用いて空気中の放射性物質を分析しているが，福島第一原子力発電所事故以後に検出されるγ線は，主にセシウム（Cs）137とCs134に由来する。

【関連項目】　残留放射線　　　　　　　　　　〔持地敏郎〕

## 放射性廃棄物　radioactive waste

一連の原子力活動から排出される廃棄物で，放射線を放出する核物質や放射性同位体（ラジオアイソトープ：RI）を含む。

原子炉等規制法によると，放射性廃棄物は含有する放射性物質の量（放出される放射線の

量）によって，低レベル放射性廃棄物と高レベル放射性廃棄物に分けられ，低レベル放射性廃棄物はさらに発電所廃棄物，ウラン廃棄物，TRU廃棄物に分類される．

発電所廃棄物は，発電所内で放射線管理区域に設定された区域内で使用され，核物質が付着している可能性や中性子によって放射化された可能性のある機器や衣類，衣類の洗濯水などが含まれる．形態は，気体廃棄物，液体廃棄物，固体廃棄物に分けられ，放射線レベルを測定して管理されている．放射線管理区域内の大気のフィルターなども固体廃棄物に含まれる．

ウラン廃棄物は，発電炉等で使用されるウラン燃料が原料となるウラン鉱石から精錬，転換，濃縮，再転換，成型加工などの工程を経て製造される際，各工程の施設の運転・解体に伴い発生する放射性廃棄物を指す．ウラン廃棄物はウランやウランを含む物質が付着したものなどであり，含まれる放射性核種がウランに限定されるため，国内のウラン燃料加工施設，再処理施設，MOX燃料加工施設から廃棄される．

TRU廃棄物は，放射線レベルは低いが半減期の長い核種（超ウラン元素）を含む廃棄物で，再処理施設やMOX燃料加工施設から排出される．

一方，高レベル放射性廃棄物は，発電炉等でウラン燃料が中性子照射され，核分裂を起こした後生成される核分裂生成物（Fission Product; FP）を含む廃棄物のことで，照射済ないしは使用済燃料から再処理され，核燃料とし使用可能なウランやプルトニウムを分離抽出した後の廃液中やガラス固化体中に存在する高放射能核種を指す．

RIは，原子力のほか様々な分野で利用されており，医療分野では検査や治療に，研究等の分野ではトレーサーとして用いられる．放射線を照射することによる滅菌処理や非破壊検査等にもRIが利用され，加速器によるRIの製造等も実施されている．RIの利用は，放射性同位元素等による放射線障害の防止に関する法律（放射線障害防止法），医療法，薬事法，臨床検査技師，衛生検査技師等に関する法律（臨床検査技師法）の規制を受ける．現在，国内でRIを利用している事業所数は5000を超えており，事業所からは，RIが付着した試験管，注射器，ペーパータオルや使用済みの密封線源等が廃棄物（RI廃棄物）として発生している．

放射性廃棄物の区分は，正常に運転されている原子力関連施設に適用され，福島第一原子力発電所は，事故後，災害時の応急措置を講じた後も特別な管理が必要な施設として，原子炉等規制法に基づき特定原子力施設として指定され，原子力規制委員会の監視の下，放射性廃棄物管理が実施されている．

【関連項目】核物質／原子炉等規制法／高レベル放射性廃棄物（HLW）／福島第一原子力発電所　　　〔菊地昌廣〕

## 放射性廃棄物の処理・処分
treatment and disposal of radioactive waste

放射性廃棄物には，放射能レベルに応じて，日本では大きく「低レベル廃棄物」と「高レベル廃棄物」の2つに分類されている．国際原子力機関（IAEA）などでは，「中レベル廃棄物」を定義している場合もある．

「高レベル廃棄物」は，日本では再処理工場において，高レベルな廃液をガラス状に固化した「ガラス固化体」を指すことが一般的であるが，海外では使用済燃料そのものも高レベル廃棄物として扱う国も多い．「低レベル廃棄物」は，それ以外のすべての廃棄物を指すが，具体的には発電所からの液体，気体，固体の廃棄物，病院や大学からのアイソトープ廃棄物，原子炉の廃止措置から出てくる廃棄物，などが含まれる．

原子力発電所からの低レベル廃棄物については，気体はフィルターで処理，液体は十分低い濃度に希釈・処理された後，環境に放出されている．固体については，ドラム缶に詰め，敷地

内で一時所蔵した後，青森県六ヶ所村の「低レベル放射性廃棄物埋設センター」へ運搬し埋設処分が進められている。再処理工場から排出される廃棄物で，ややレベルが高く，また長期の半減期を持つ廃棄物（TRU廃棄物と呼ばれる）については，高レベル廃棄物処分と一緒に処分されることが決まっている。それ以外の低レベル廃棄物処分についてはまだ最終処分の見通しが立っていない。

高レベル廃棄物については，放射能レベルが極めて高く，許容される放射能レベルまで減衰するのに10万年以上かかると推定されている。そのため，人間環境から隔離することが適切であるとされ，現時点では地下深く安定した地層に処分する「地層処分」が最も有力な方法とされている。日本では，2000年に「特定放射性廃棄物の最終処分に関する法律」が成立し，これに基づき「原子力環境整備機構（NUMO）」が実施主体として設立された。しかし，その後立地が思うように進まず，13年には日本学術会議が抜本的見直しを提言し，現在その見直しが進められている。

高レベル廃棄物の地層処分については，諸外国でも見通しが立っていない国が多く，15年3月現在，立地が決定している国はフィンランドとスウェーデンの2ヵ国しかない。超長期にわたる事業の安全性評価における不確実性，立地プロセスや原子力政策を巡る社会合意の難しさ等が，大きな障害となっている。

【関連項目】　核燃料／核燃料サイクル／高レベル放射性廃棄物（HLW）／放射性廃棄物／地層処分
【参考文献】　日本学術会議叢書21『高レベル放射性廃棄物の最終処分について』日本学術協力財団，2014年　〔鈴木達治郎〕

## 放射性物質　radioactive substance

放射性物質は，労働安全衛生法及び労働安全衛生法施行令の規定及び，同法を実施するための電離放射線障害防止規則によって，「α線，β線，γ線，中性子線及びエックス線などの放射線を放出する同位元素（放射性同位元素），その化合物及びこれらの含有物」と定義されている。主な元素は，ラドン220（55.6秒），ラドン222（3.8日），ニオブ95（35日），ストロンチウム90（29年），セシウム137（30年），アメリシウム241（430年），炭素14（5715年），アメリシウム243（7400年），プルトニウム239（2.4万年），ウラン233（16万年），テクネチウム99（21万年），ジルコニウム93（153万年），ネプツニウム237（214万年），ヨウ素129（1570万年），カリウム40（約13億年），ウラン238（約45億年）（カッコ内は半減期）である。

放射性物質は放射線放出とともに自己崩壊し，安定した（放射線を放出しない）物質へと変化するが，長期にわたって放出する放射線の被曝による人体への影響が懸念される。被曝には外部被曝と内部被曝があり，外部被曝は放射性物質が体の外にあり体外から放射線を受けることで，被曝線量は地域の空間線量率と被曝した時間によって決まる。内部被曝は，放射性物質が体の中に入り体内で放射線を受けることで，被曝線量は吸気中や摂取した水・食品中の放射性物質の種類や量，摂取経路，物理的半減期や代謝等による減少の程度などによって決まる。放射線被曝による人体への影響は，被曝した放射線により細胞内の遺伝子（DNA）が損傷を受けることによって，癌などを発症し得ることである。

自然界には，ウラン238，トリウム232，カリウム40などの天然の放射性物質が含まれており，これらは，約46億年前の地球誕生に由来するものといわれている。また，地球外からの宇宙線が大気中の窒素などにあたることで，トリチウム（三重水素）や炭素14などの天然の放射性物質が常につくられている。

しかし，定義されている放射性物質の多くは自然界に存在することは少なく，原子炉等内の核反応で人為的に生成された物質である。

福島第一原子力発電所の事故では，本来封じ

込めておかなければならなかった人為的に生成された放射性物質が，炉心の水素爆発により炉心外に放出され，大気及び周辺環境を放射性物質で汚染した。これにより，周辺地域の住民の被曝問題や農作物への汚染問題が起こり，放出された放射性物質の除染回収が急がれている。

【関連項目】　内部被曝／福島第一原子力発電所　〔菊地昌廣〕

### 放射線影響研究所（公財）（RERF）
Radiation Effects Research Foundation

正式名称は，公益財団法人放射線影響研究所。定款によれば，日本国政府とアメリカ合衆国政府との間の交換公文（1974年12月27日，東京。議事確認を含む）に基づき，両国の政府の支援により設立及び運営が行われるものであり，平和的目的の下に，放射線の人に及ぼす医学的影響及びこれによる疾病を調査研究し，原子爆弾の被爆者の健康保持及び福祉に貢献するとともに，人類の保健の向上に寄与することを目的とする。その目的のため，主に次の4事業を実施する。

①被爆者の寿命に関する調査研究，被爆者の健康に関する調査研究，被爆者に関する病理学的調査研究，その他放射線の人に及ぼす影響及びこれによる疾病に関する調査研究を総合的に行う研究所を広島市及び長崎市に設置し，運営すること

②大学，大学附置の研究所又はその他の研究機関と共同して放射線の人に及ぼす影響及びこれによる疾病に関する調査研究を行うこと

③放射線の人に及ぼす影響及びこれによる疾病に関する調査研究の成果の管理，報告及び公表並びに研修を行うこと

④被爆者の健康診断を行うこと

2015年4月現在の理事長は大久保利晃。理事会等の下，広島研究所，長崎研究所を置く。広島研究所には，臨床研究部，遺伝学部，疫学部，統計部等8研究部を有する。長崎研究所は臨床研究部，疫学部，生物資料センターによって構成させている。役員，研究員，職員を合わせ211名。

【関連項目】　原爆障害調査委員会（ABCC）　〔川野徳幸〕

### 放射線加重係数　radiation weighting factors

放射線により生物が受ける効果の程度は，その放射線の種類やエネルギー，さらには放射線を受けた生物の放射線感受性などの要因に依存する。このような要因を考慮して，国際放射線防護委員会（International Commission on Radiological Protection; ICRP）は放射線により物質が吸収するエネルギー量（吸収線量）を放射線被曝線量（等価線量）に換算する係数を勧告している。これが放射線加重係数である。

等価線量(Sv) ＝ 放射線加重係数×吸収線量(Gy)

ICRP2007年勧告による放射線加重係数は次の通りである。γ線などの光子，電子（β線）及びμ粒子の放射線加重係数は1であるのに対して，陽子，荷電π中間子は2，α粒子，核分裂片，重イオンは20である。中性子の場合は連続関数となり，放射線加重係数はエネルギーに依存して2.5～20と変化する。例えば，同じエネルギー量の放射線を人体が吸収したとすると，α線のほうがγ線よりも20倍多く被曝することを示している。　〔持地敏郎〕

### 放射線強化弾頭　enhanced radiation warhead

中性子爆弾とも呼ばれる。熱線と爆風の効果と放射性降下物の放出を大幅に減少させる一方，核爆発により放出される中性子の量を大きくした小型核融合兵器。中性子の物質浸透力により戦車や建屋内部にいる人間を殺傷する。コーエンの発明として知られる。アメリカの水爆開発を主導したテラーはこの兵器を放射性物質の放出の少ない「きれいな」爆弾などと呼び，1960年代初めより開発を支持した。命中精度の向上したSS20をソ連がヨーロッパの正面に配備したことを受け，アメリカのカーター政

権は西側ヨーロッパ諸国における核抑止の信頼性向上を図るため，放射線強化弾頭を装填したミサイルの配備を決定した．だが西側ヨーロッパ諸国で反核運動が広がりを見せると，カーター大統領は78年4月，この兵器の生産を延期した．しかし続くレーガン政権は81年8月に生産再開を決定した．アメリカのほかフランス，中国が生産技術を持っている．

【関連項目】　水爆（水素爆弾）　　　〔友次晋介〕

## 放射線障害　aftereffect of radiation

人体が放射線に被曝すると被曝線量に応じて細胞レベルの障害が発生する．それは細胞の核の中にあるDNAの損傷である．低線量ではDNA損傷は完全に元通りに修復されることが多いと考えられている．被曝線量が高い場合はDNAの修復が不可能となり，細胞はアポトーシスと呼ばれる死を迎える．これが臓器全体で起こると臓器不全となり，人は死亡する．

低線量から高線量までの被曝による人体障害は極めて幅が広い．線量が300～400mSvを超えると白血球の一部のリンパ球がアポトーシスで死に始める．これを閾値と呼び人体影響の最小量である．一方，個体である人の死まで引き起こす7000mSv以上では多臓器のアポトーシス死が生じる．これによって多くの原爆被曝者が死亡した．以上の細胞死を引き起こす放射線障害は総称して確定的影響と定義される．骨髄や消化管の臓器不全で人は死に至るが，このほかにも目の水晶体の混濁（白内障）による失明や睾丸の精子の減少による不妊症なども確定的影響である．

一方，低線量から高線量までの被曝線量を受けた人において，急性の障害から回復した後，数年から数十年経って種々の晩発障害が生じてくる．代表的なものは各臓器の癌であり，骨髄の場合は白血病である．もう1つ動物実験では明確になっている遺伝的な影響がある（原爆被爆者ではいまだ証明されていない）．奇形や癌の発生が被曝した親から生まれた子どもに増えてくる現象である．癌や奇形の発生率はもともとかなり低く，その発生率がわずかにあるいは多少上昇することはDNA損傷の結果起こる確率的影響と定義されている．

放射線による癌の発生は原爆被爆者（約10万人）で詳しく研究されており，100～200mSv程度の被曝線量が癌の発生率の上昇を観察できる最小線量とされている（ICRPの見解）．線量が増加するにつれ癌の発生率は直線的に上昇する．

一方，100mSv以下の被曝線量において，どの程度の低線量まで癌が引き起こされるかは，まだ明確な知見が得られていないため，ICRPでは1mSv（人の1年間の許容量）から100mSvの間も直線的に発癌のリスクが高まるものと仮定した「直線閾値なし仮説」を採用している．したがって福島第一原発事故などのように低線量被曝の住民に対して種々の放射線防護の対応をとる場合，この直線仮説にのっとってできるだけ低い被曝線量（例えば20mSv）に抑える対策をとることを政府は行っている．

〔朝長万左男〕

## 放射線の遺伝的影響
genetic effect of radiation

原爆放射線による遺伝的影響に関しては，これまでに放射線影響研究所（放影研）によって戦後50年以上にわたって6次の大規模研究が行われてきた．そのいずれのデータからも遺伝的影響を確認することはできなかった．

両親の被曝線量が判っている被爆二世の集団を数十年追跡することにより，先天奇形，白血病，癌の発生頻度が解析されているが，それらの発生頻度が被曝線量に比例して増加する証拠は得られていない．

両親の被爆状況は，2人とも被爆，片方のみ被爆の組み合わせがある．これら両親の被曝線量は概して低く，これが陽性所見の得られない

原因となっているかもしれない。両親の結婚の機会と妊娠の時期など戦後の混乱期にあって,放射線被曝による遺伝的影響を心配した被爆者が子どもを産む決心をする過程も複雑多岐にわたったと想像できる。

一方,これまでにマウスやラットなど小動物を用いた放射線被曝実験による観察は動物の系統により差異があるものの,被曝線量が相当高い場合は,明らかに仔マウス・ラットに癌が増えることが証明されている。このような動物実験は,被曝直後に妊娠させるグループから期間をあけて妊娠させるグループなど,およそ人の場合には不可能な条件を設定できることから,科学的研究としては理想的なものと言える。しかし上述したように被爆者の場合は,被曝直後には妊娠する機会は稀であったと想われる。

動物の系統が異なると被曝の影響が出にくくなることも観察されており,これは放射線への感受性の差(あるいは抵抗性の差)と考えられているが,人の場合は抵抗性があるために被爆者においては陽性所見が得られにくいのか,全く推測の域を出ない。

以上のような状況において,被爆者及び被爆二世の人々においては,放射線が子孫に遺伝的影響を及ぼすとする動物実験の結果は広く知れ渡っており,被曝直後から自らの結婚により子どもに遺伝的影響が現れる可能性を心配する人たちは多かったことが知られている。妊娠出産のたびにこのことを心配しながら結婚生活を続けて,子どもの奇形のないことに安堵し,また健康に育ったことを見てやっと安心する,というような経過をたどってきた。

現在被爆二世の平均年齢は50歳代であり,これから癌が増えてくる時期が訪れるため,これからも研究の継続が重要である。放影研では現在約1万人の被爆二世の多因子病(癌,心筋梗塞,狭心症,高血圧症,糖尿病など)を今後10年以上にわたって追跡する大規模研究が進められている。

【参考文献】 放射線被曝者医療国際協力推進協議会編『原爆放射線の人体影響(改訂第2版)』文光堂,2012年

〔朝長万左男〕

## 放射線の健康影響　health effects of radiation

放射線による健康影響は「誰に」影響が現れるかに注目すると本人の身体的・精神的影響と子孫への遺伝的影響に,被曝してから「症状が出現するまでの期間」に着目すると早期影響と晩発影響に,そして「線量と放射線の影響の現れ方」に着目すると確定的影響と確率的影響に分類される。

被曝者本人への身体的影響は,その現れ方に早期のものと晩発性のものがある。早期影響は被曝直後,または数日ないし数週間以内に現れる影響で,被曝した線量とよく相関する。末梢血のリンパ球減少は500mSv以上の被曝で出現し,悪心・嘔吐は1000〜2000mSv被曝3時間後頃より,骨髄障害による出血・感染・脱毛は2000〜6000mSvで1〜2週間後頃より,消化管障害による下痢・下血は6000〜10000mSvで1〜2週間後に出現している。これらの症状はいずれも被曝した線量と相関するので確定的影響と言われている。晩発影響の例として,広島・長崎の原爆では数年から十数年以上の期間を経て白内障,被爆7〜8年後にピークを示した白血病,その後にピークを示した甲状腺癌(10年後より),肺癌(20年後より),乳癌(20年後),胃癌,結腸癌(30年後),皮膚癌(40年後)などがある。白血病や癌はたとえ高線量を被曝した人でも必ず罹患するものではなく,たまたま発病してくるもので,確率的影響と言われている。

被曝者本人の精神的影響には,被曝直後の症状として興奮,茫然,健忘症などがみられる。晩発性の精神的影響はどのような状況で被曝したかによって,その程度は大きく異なっており,特定することはできない。広島原爆被爆者を例にとると「当時,助けを求めている人を助

けることができなかったことへの後悔と罪の意識」，「原爆症で亡くなっていく人を見て，いずれは自分にも同じ結末が来るのでは，という限りない不安」，「二度とあの場面に遭遇したくないという気持ちから，強い光，大きな音，独特の異臭などに対する拒絶反応」，「自分の身代わりとして死者を受けとめ，強い尊敬と畏敬の念を持つ」などが挙げられる。

　子孫への遺伝的影響は，動物実験レベルでは種々の影響的現象が見出されているが，ヒトにおいて証明された現象は今のところない。

【関連項目】　原爆症
【参考文献】　鎌田七男『広島のおばあちゃん』シフトプロジェクト，2005年　　　　　　　　　　　　　〔鎌田七男〕

## 放射線被曝の許容量
radiation dose limits

　人が放射線に被曝する場合に許容できる線量（実効線量）の限度が国際放射線防護委員会（ICRP）から勧告（1990年）されている。確定的影響の防止と確率的影響を可能な限り小さくすることを目的としている。

　原爆被爆者の疫学データから100mSv（シーベルト）以上の被曝で，初めて癌リスクの上昇を統計学的に検出できることを根拠としている。100mSv 未満の被曝線量域の人体影響については，放射線被曝はたとえ低線量であってもなんらかの影響を与え得るという「直線閾値なし仮説」に則っている。

　事故の状況に応じて1mSv〜100mSv の間では，可能な限り低目の線量を設定して，防護策を実施することを勧めている。日本政府はこれに準拠して放射線防護策を実施している。
①一般公衆の被曝：年間1mSv とされている。これは自然放射線被曝を除く過剰の被曝線量はこれ以下に抑えることを意味する。水晶体は15mSv/年，皮膚は50mSv/年と別枠。
②緊急被曝事故での一般住民：空中線量が高い時期は20〜100mSv の範囲において，最も低い線量を設定して低減に努め，最終的には年間1mSv を目指す。現在の福島の状況がこれに当たる。
③放射線作業現場の従事者：原発などの日常作業では，5年間の平均で年間被曝線量が20mSv，すなわち5年間の総量は100mSv，かつある1年は50mSv 以下とする。緊急被曝事故ではこれまで100mSv を上限としてきたが，原子力規制委員会は過酷事故では250mSv まで上げる提案をしている。
④被曝者救援に当たる医療従事者など：緊急時の高い線量のなかでの救護活動を可能とするため年間換算40mSv までを許容する。
⑤食物の放射線許容量：種々の放射性物質に汚染された食物1kg当たりの放射能をベクレル数で測定し上限を定めて，規制が行われる。セシウムの場合，一般食品100Bq，飲料水10Bq，牛乳50Bq，乳幼児食品50Bq。

　以上の放射線被曝の許容量は必ずしも安全な量ということではなく，事故の場合にできる限り被曝量を低減する目標値と考えるべきもので，その意味では我慢する線量の上限値という表現が当てはまる。

　一般公衆の被曝限度の年1mSv 以下の被曝では有意の人体影響はないとされているが，人の一生では，その積算総量は70〜80mSv となり，これに自然放射線被曝の総線量と医療被曝の総線量が加わり，数百mSv を被曝する。

〔朝長万左男〕

## 放射能　radioactivity

　放射能とは，放射線を放出する能力のことを言い，強い放射線を放出する放射性物質は，高い放射能を持つという。放射能の強さや放射線の影響を表すには，「Bq（ベクレル）」や「Sv（シーベルト）」という単位が使われる。

　Bq は，物質中の放射性物質が持つ放射能の強さを表す単位で，1秒間に1つの原子核が崩壊して放射線を放つ放射能を1Bq としている。

Bq値が高い放射性物質ほど強い放射能を持つ。

Svは，人が受けた放射線の健康への影響を表す単位である。一般に放射線が「もの」に当たるとその放射線が持つエネルギーがものに移動する。この量を「グレイ（Gy）」で表し，「もの」が単位質量当たり放射線から受けるエネルギー量を示す値であり，吸収線量と呼ばれている。Gyはジュール／キログラム（J/kg）とも表され，1Gyは物質1kg当たりに1Gy（エネルギー量を表す単位）のエネルギーを吸収したことを意味する。シーベルトの値は，まず人間の各部位（臓器等の組織）の吸収線量（Gyの値）を求め，受けた放射線の種類（放射線加重係数）や体の部位ごと（組織加重係数）に係数を掛けて求める。すなわち，シーベルトの値＝組織のグレイ値×放射線加重係数×組織加重係数で計算できる。ここで，放射線加重係数とは，放射線の種類による影響の違いを表したもので，$\gamma$線，$\beta$線が1，$\alpha$線が20，中性子線が2.5～21とされている。また，組織加重係数とは，臓器の各部の影響の受けやすさを示したもので，事例として肺，骨髄，胃，結腸，乳房が0.12，生殖器が0.08，甲状腺，食道，肝臓，膀胱が0.04，皮膚，骨表面，脳が0.01で，人体のすべての組織を合算すると1となる。

放射線関連の業務に従事しない一般国民が許容される被曝量については，国際放射線防護委員会（ICRP）が1年間の被曝量は1mSv以下とすべきだと勧告している。また，放射線を扱う業務に従事し，被曝線量を常時観測できる人には，5年間に100mSvという限度を定めている。

放射能（ベクレル）を直接測定することは難しいので，放射される粒子の数やエネルギーの強さを測定して，間接的に放射性物質の量を測定している。$\alpha$線の測定には，液体シンチレーションカウンタや硫化亜鉛シンチレーション検出器，半導体検出器が用いられる。$\gamma$線の測定には，Ge半導体検出器やNaIシンチレーションカウンタが用いられる。また，表面汚染を検出するには，ガイガー・ミュラー検出器が用いられる。

【関連項目】　放射線加重係数　〔菊地昌廣〕

## 法の支配　rule of law

前近代的な人による統治を排斥し，法に基づく統治を唯一とする原理で，多くの近代国家が憲法にこの原理を含ませている。沿革的には，13世紀のブラクトンの「国王は，何びとのもとにあるべきではないが，神と法のもとにはあるべきである」という名言が，この原理を示している。ここで使用されている法とは裁判所によって形成されたコモンロー（判例法の体系）を意味しており，普遍的な効力を持っていた。イギリスの近代史を形作ったのは，この「法の支配」の確立と軌を一にしている。

後に「権利の請願」の起草者であるクックが，王権に対抗してブラクトンの言葉を引用したのは有名である。絶対的な人の統治を認めない意味からして，法治主義ないし法治国家と同様の意義を有しているが，後者は議会制定法を母体としている関係で，法の内容と作用を異にしている。やがて，法の支配は，英米法として世界に伝播し，法治主義は大陸法として確立されていく。19世紀，イギリス憲法の特徴となった法の支配を，ダイシーは以下の3点に要約していた。①権力者は，広汎，恣意的，裁量的な強制権を行使するものではない。②すべての者が等しく法に服し，通常裁判権に服する。③憲法の一般原則は司法の解決によって導かれているので，憲法には法の支配が含まれている。こうした点は，市民革命の結果，議会主権が確立されてくるに伴って，国法（憲法）の優位という近代的な法の支配の内容に変容することになる。

この近代的な法の支配を受け継いで，近代的特性を最も顕著なものにしたのは，アメリカ大陸であった。すでに1780年のマサチューセッツ

州憲法では,「人による統治ではなく,複数の法による統治」の条項が成立していた。1803年,アメリカ連邦最高裁判所が,裁判官の職務執行令状の発給を巡って争われた,マーベリ対マディソン事件において,世界で初めて法令審査権を行使して,憲法の優位を実証することになる。こうして法の支配は,議会制定法に対する憲法の優位を表すことになった。

大日本帝国憲法は,近代立憲君主制の流れを汲む欽定憲法であった関係で,部分的に法治主義の観念を受け継いだが,「法の支配」の原理は明確ではない。日本国憲法になって,近代的な意味での「法の支配」の原理が顕著になった。それは,最高法規の観念（98条）,人権尊重（11・97条）,適法手続（31条）,司法審査権（81条）で条文化されている。

【関連項目】 憲法規範／大日本帝国憲法／日本国憲法
【参考文献】 伊藤正己『法の支配』有斐閣,1954年／ダイシー,A. V.（伊藤正己・田島裕訳）『憲法序説』学陽書房,1983年
〔石村修〕

## 補完性の原則 principle of complementarity

国際社会の最も重大な犯罪について管轄権を有する国際刑事裁判所（ICC）は,各国の刑事裁判権を補完するものとして設立された。ICC規程17条は,「当該国に捜査又は訴追を真に行う意思又は能力がない場合」に初めて事件を受理できる旨を明記している。これを補完性の原則と言う。国連安保理の下で設置された旧ユーゴスラヴィア・ルワンダ両国際刑事裁判所が「国内裁判所に優越する」とされていたのとは,文言上対照的である。補完性の原則の導入は実務的及び政治的理由によって促された。実務的理由とは,ICCがあらゆる国際犯罪の実行者を裁く能力を持ち合わせていないことを意味し,政治的理由とは,犯罪の訴追・処罰に関わる主権国家への配慮を指す。補完性の原則には,ICCの介入を免れさせるため各国に裁判管轄権を適切に行使させる触媒としての機能が期待されてきた。この観点からICCは「最後の法廷」と位置づけられており,初代検察官モレノ・オカンポが逆説的に述べていたように,ICCの成功は,すべての事件が国内裁判所で実効的に処理され,付託される事件が皆無になるという事態によって証されることになる。だが現実には,国家の側が刑事裁判権の適切な行使を意図的に怠り,事件を進んでICCに付託するかのような事例も出てきている。これではICCは「便宜の法廷」にも等しい。

それ以上に留意すべきは,この原則の鍵となる「意思又は能力」の有無についての決定権限がICCに留保されていることである。このため,「補完」という謙抑的な言葉の響きにもかかわらず,この原則は実際にはICCに介入の権限を付与しているに等しいものになっている。2010年のICC規程検討会議以降は,さらに,「積極的補完性」という概念を用いてこの原則に基づくICCの活動が強化されることになった。各国はICC主導の下に国内刑事司法の実効性の整備・強化を促されるようになっているのだが,こうした活動の焦点はアフリカ諸国など非西洋圏に向けられている。補完性の原則は,こうして,脆弱な国内制度を持つ非欧米諸国への国際的介入を正当化し,促進していく力学を増幅させている。

【関連項目】 国際刑事裁判所（ICC）
【参考文献】 東澤靖『国際刑事裁判所』明石書店,2007年／古谷修一「国際刑事裁判システムの国際秩序像」『法律時報』85巻11号,2013年
〔阿部浩己〕

## 補完性の原理 principle of subsidiarity

今日的な意味での補完性原理の概念的基礎は,ローマ教皇社会回勅"Quadragesimo Anno"（1931年5月15日）にあるとされる。個人の意思決定・行動は可能な限り奪われてはならず,やむなく社会共同体に移譲される場合でも,個人により近い下位の社会共同体が優先されるべきであり,より広域の上位の社会共同体

は，下位の社会共同体の機能不全を補完・補助・支援する機能を担う義務を負うにすぎない。国家権力もまた然りであり，国家本来の重要な事務をもっぱら処理し，その他の事務はより小さな下位の社会共同体に委ね，その指導，監督，奨励及び制御を通して階層的社会秩序の維持が可能となり，国家自身もよりよく，幸福になるという内容で，一種の社会哲学あるいは社会政策大綱が示される。

その後，欧州統合の歴史過程において，もっぱら欧州共同体とその構成国との関係を規律する原理として重用され，特に欧州連合の生成過程において，マーストリヒト条約（92年）で初めて明文化され，アムステルダム条約，リスボン条約による改正を経て現在に至る。欧州連合の意思決定は，補完性原理に従い，できる限り市民に近いところで行い，加盟国等で目的が十分に達成できず，連合レベルでよりよく達成される場合に限って行われるという趣旨が明確化され，もはや法的原理として確立している。地方自治との関係では，欧州地方自治憲章（85年）が，補完性原理を明文化した嚆矢であると解されている。

このように補完性原理に共通する内容は，①市民に最も身近な行政体への公的事務の優先的配分（市民近接性原則），②下位行政体の上位行政体による機能補完と権限行使の基準明確性の確保，及び③下位行政体への上位行政体の関与の必要最小限原則である。

日本の補完性原理は，かなり違う展開を見せた。確かに，かつてのシャウプ勧告における市町村優先主義や近時の分権改革の初めに制定された地方分権推進法では，「国が本来果たすべき役割を重点的に担い，地方公共団体においては住民に身近な行政は住民に身近な地方公共団体において処理するとの観点」が明示され，補完性原理の萌芽を見ることができたが，その後，市町村合併論が分権改革の中心となるにつれ，地方公共団体の最適規模論や総合行政主体論が席巻し，なかには市町村合併に伴う事務権限の移譲の受け皿論や市町村の規模拡大論の正当化論として補完性原理を位置づけるものまで現れた。地方自治法に国と地方公共団体の適切な役割分担の原則の規定はあるものの（1条の2），憲法が保障する地方自治の指導原理としての補完性原理論は未完のままである。

【参考文献】　全国知事会自治制度研究会『地方自治のグランドデザイン』全国知事会・財団法人都道府県会館，2004年

〔白藤博行〕

### 北欧の平和研究　peace studies in Nordic countries/peace studies in Nordic region

北欧諸国にはそれぞれ，国際関係研究所と平和研究所の2つが並存し，特に後者を中心として広く平和研究が行われ，国際的にも影響を与えてきた。すなわちスウェーデンのストックホルム国際平和研究所（SIPRI），ノルウェーのオスロ国際平和研究所（PRIO），フィンランドのタンペレ平和研究所（TAPRI）である。ただし，デンマークでは，1985年に制定された法案で設置されたコペンハーゲン平和研究所（Copenhagen Peace Research Institute; CPRI，デンマーク語では平和紛争研究所 Center for Freds- og Konfliktforskning）が，2002年に新設のデンマーク国際関係研究所（Dansk Institut for Internationale Studier）に統合され閉鎖になった。CPRIはウェーヴァーやバリ・ブザンを中心としたコペンハーゲン学派と言われる研究者グループをうみ出した独立機関で，彼らは「安全保障化」概念や「地域的安全保障複合体理論」を展開し，冷戦体制崩壊前後の安全保障議論に影響を与えた。フィンランドのTAPRIでは1990年代初期のバルト3国の安定を企図した環バルト海協力を，ヨエニエミらが唱道し，地域の新たな秩序形成並びにEUとロシアの関係の形成に貢献した。

国境を超えた取り組みとしては，北欧4ヵ国の平和研究者が協力して65年に刊行した季刊誌

*Cooperation and Conflict* がある。だが冷戦体制の崩壊以降同誌は一般的な国際関係研究や理論研究への傾斜を強め，現在では平和研究の旗印は掲げていない。

権力政治の跋扈する国際関係のなかで，小国である北欧が生き残るために政府自身も仲介外交や対外援助，国連への貢献などを通し国際モラルの追求に励む傾向があり，その過程では国際NGOや平和運動との協力も必要とされる。こうした事情から特にポスト冷戦以降あえて平和研究が独自に存在感を示す場が見出しにくくなっている。また平和研究者自身も権力政治の場での発言権獲得による実際の影響力行使を望み，現実の舞台での提言や活動に乗り出すことが増えている。

【参考文献】児玉克哉「学会動向　北欧の平和研究所の動向から」『平和研究』25号，2000年／大島美穂「北欧の市民社会」山本武彦編著『市民社会の成熟と国際関係』志學社，2014年

〔大島美穂〕

## 北東アジア非核兵器地帯構想　Northeast Asia Nuclear Weapon Free Zone Initiative

冷戦終結後，北東アジア非核兵器地帯構想について具体的な提案が行われるようになった。1991年に，米国が韓国に配備していた戦術核兵器がすべて撤去され，92年に朝鮮半島の南北非核化共同宣言が発せられたことが1つの重要な契機となった。

95年，米国ジョージア工科大学のジョン・エンディコットらの研究グループは，朝鮮半島の板門店を中心に半径約2000kmの円を描き，そのなかを「限定的」非核兵器地帯にするという円形地帯の提案をした。「限定的」という修飾語は，非核化の対象を非戦略核に絞る意味でつけられた。その後，金子熊夫，アンドルー・マック，梅林宏道，俵載晶，ピーター・ヘイズなどによって様々な提案が出された。梅林が96年に提案した案は，日本，韓国，北朝鮮が非核兵器地帯を形成し，米国，ロシア，中国が地帯への消極的安全保証を提供するというもので「スリー・プラス・スリー」構想と呼ばれる。今日，この構想やその変形が現実的な案としてしばしば論じられている。

2011年末，ノーチラス研究所の委託を受けて，米国の著名な国際政治学者モートン・ハルペリン（元大統領特別補佐官）が，北東アジア非核兵器地帯の設立を含む「北東アジアにおける包括的平和安全保障協定」を提案したことによって，北東アジア非核兵器地帯を設立するプロセスへの関心が広がった。

非核兵器地帯は，構成国のいずれかが提案することによって初めて国際的な公式議題となる。その意味において構想は未だ国際的議題になっていない。しかし，13年7月，国連軍縮諮問委員会が「北東アジア非核兵器地帯の設立に向けた適切な行動を検討する」よう国連事務総長に勧告した。これは画期的な意味を持つ前進であった。

日本では北東アジア非核兵器地帯の設立を求める声が強い。民主党核軍縮議連は08年にスリー・プラス・スリー構想に基づく条約草案を発表した。14年4月，田上富久長崎市長は543名の自治体首長の支持署名を潘基文国連事務総長に手渡した。

【関連項目】朝鮮半島の非核化／ピースデポ
【参考文献】梅林宏道『非核兵器地帯』岩波書店，2011年

〔梅林宏道〕

## 保護する責任（R2P）　Responsibility to Protect

1999年のコソヴォ紛争を契機とした北大西洋条約機構（NATO）による旧ユーゴスラヴィア空爆で先鋭化した人道的干渉（介入）を巡る議論の流れを受けて，2000年にカナダ政府が設置した「介入と国家主権に関する国際委員会（ICISS）」の報告書が提唱した概念である。同報告書によれば，国家主権には領域内の人々を保護する責任を伴うが，当該国家がその責任を

果たす能力がない場合、その責任は国際社会が負うことになり、かかる責任は当該国家の不干渉原則に優先する、というものである。この考え方に沿うと、住民に対する大規模な抑圧を行う国家に対しては、国際社会が介入を行い、抑圧を止めさせる行動が正当化されることになる。

その際、武力行使を可能にするには国連安保理決議による許可が必要だとするが、これはコソヴォ紛争での武力行使の合法性という人道的干渉（介入）論の核心的論点との関係ではなんら新味はないと言わざるを得ない。

冷戦終結後に世界各地で頻発する国内紛争において、一般住民、とりわけ女性や子どもといった社会的弱者の保護が論点となり、国連安保理においてもこれに関する決議が採択されているほか、2005年の国連首脳会合成果文書においても保護する責任の概念そのものには言及があるものの、武力行使との関係では安保理決議による明示の授権（許可）が必要であるとするのが大多数の加盟国の見解であり、保護する責任概念によって、国連憲章2条4項などの下での武力不行使原則に例外が設けられたわけではない。

また、具体的な文脈では、2011年のリビア情勢に関連して、リビア政府の「住民を保護する責任」に言及した安保理決議1970（2月26日採択）があるが、これも一般的な文脈で言及されたのか、それともICISSの提唱する意味での保護する責任であるのか判然とせず、規範的位置づけは不明確なままである。

【関連項目】　コソヴォに関する独立国際委員会（IICK）／国連安全保障理事会（国連安保理）／人道的介入（干渉）
【参考文献】　長有紀枝『入門人間の安全保障』中央公論新社、2012年／最上敏樹『人道的介入』岩波書店、2001年
〔山田哲也〕

## ポジティブ・アクション　positive action

アメリカではアファーマティブ・アクション（AA）、EU諸国や日本ではポジティブ・アクション（PA）、国連では暫定的特別措置（Temporary Special Measures）と称する。AAはもともと米国で「過去の社会的・構造的差別により不利益を被ってきた」人種的マイノリティを救済する積極的差別是正措置を指していたが、今日では、「一定の範囲で特別の機会を導入すること等により、実質的平等を実現するための暫定的な積極的措置」（人種的マイノリティや女性に対する格差是正措置）のように定義される。AA・PAには、①強い措置（強制型クオータ制、パリテ（男女同数）等）、②中庸な措置（ゴール＆タイムテーブル方式、プラス要素方式等）、③穏健な措置（両立支援策）など多様な形態があり、多くの国で採用されている。

日本では、1999年制定の男女共同参画社会基本法2条で「積極的改善措置」を定め、主に②③を採用してきた。政治・行政・学術分野等での男女格差が著しく、国連女性差別撤廃委員会からPA導入勧告を受けた。外国ではクオータ制違憲判決などもあり、逆差別やスティグマ（劣性の烙印）の危険もあるため、有効適切なPAの導入が求められている。〔辻村みよ子〕

## 保障措置・核査察　safeguards

保障措置は、国際原子力機関（IAEA）憲章で次のように規定されている。「機関がみずから提供し、その要請により提供され、又はその監督下若しくは管理下において提供された特殊核分裂性物質その他の物質、役務、設備、施設及び情報がいずれかの軍事的目的を助長するような方法で利用されないことを確保するための保障措置を設定し、かつ、実施すること並びに、いずれかの二国間若しくは多数国間の取極の当事国の要請を受けたときは、（中略）その国の原子力の分野におけるいずれかの活動に対して、保障措置を適用すること」（第3条任務A5項）。

原子力研究開発の初期段階では，二国間原子力協力協定の中に保障措置に関する条項が含まれ，供給国による確認行為として査察が実施された。その後，IAEAにおいて保障措置協定のモデル文書が次々に開発され，61年の保障措置の基本制度を示したINFCIRC/26，64年の大型原子炉施設の事項を追加したINFCIRC/26/Add.1を経て，65年にINFCIRC/66型保障措置協定で基本的な制度が確立され，66年にそのRev.1で再処理設備に関する規定を加え，68年にRev.2で転換施設と加工施設に関する規定を加えた文書が開発された。このINFCIRC/66/Rev.2には，憲章に規定されている2国間もしくは多数国間の取り決めからの要請による保障措置の実施が規定され，供給国と受領国はこの規定に従って検証機能をIAEAに移管した。

核不拡散条約（NPT）が成立した段階で，この精神に従って当該国の領域内にあるすべての核物質を保障措置の対象と置く旨の包括的保障措置協定モデル文書が公開され，NPT加盟国はモデル文書に沿った保障措置協定をIAEAと締結した。この協定において資機材は対象外となり，その代わり，核兵器ないしは核爆発装置の原料となる当該国内のすべての核物質を検証の対象とした。核物質を抑えることで核兵器ないしは核爆発装置の製造は阻止できるとの精神に立つものである。

包括的保障措置協定に基づく保障措置は，90年代初めまでは良好に実施された。各国の施設で実施する査察行為を効果的かつ画一化するため，保障措置クライテリアが開発され運用された。しかし，冷戦終了後のイラクや北朝鮮での核開発疑惑問題から，保障措置協定締約国から自国領域内のすべての核物質として申告された対象物が不十分であった事実が判明し，申告の正確性だけでなく，申告そのものに欠損がないかどうかの検証も必要であるとの認識が，IAEAにおいて示され，追加議定書が開発された。IAEAは，追加議定書により申告の完全性を確認し，申告漏れがないことを確認し，包括的保障措置協定によりその申告の正確性を確認して，NPTの約束履行を保証している。

【関連項目】核不拡散条約（NPT）／国際原子力機関（IAEA）／二国間原子力協力協定
【参考文献】菊地昌廣「国際保障措置強化に向けて」黒澤満編『大量破壊兵器の軍縮論』信山社，2004年　　〔菊地昌廣〕

## 保障措置協定　Safeguards Agreement

核物質等が核爆弾やその他の核爆発装置に利用されていないことを確認するための保障措置を適用するための基礎となる協定で，現在，国際原子力機関（IAEA）がその保障措置実施を担っているため，IAEAと保障措置協定を締結している。この保障措置協定は，現在，3種類あり，核不拡散条約（NPT）を批准した非核兵器国がIAEAと締結する包括的保障措置協定（CSA），NPTでの核兵器国がIAEAと締結するボランタリー保障措置協定（VOA）及びNPTに未加盟の国（インド，パキスタン及びイスラエル）が締結しているINFCIRC/66タイプの保障措置協定がある。各々の協定の特徴は以下の通り。包括的保障措置協定は，当該国にあるすべての核物質を対象として設計された保障措置適用のための基礎であり，基本的に核物質の計量管理を中心とした保障措置である。また，核不拡散条約（NPT）の第2条に基づき未申告の核物質がないことも確認する必要があるということから，追加議定書が作られ，現在，CSA国に対して批准が求められている。ボランタリー保障措置協定は，NPT加盟の非核兵器国から核兵器国への不満解消の一環及び非核兵器国に適用する保障措置手段のテストを目的としてIAEAと核兵器国が締結する協定であり，その協定の範囲は包括的保障措置協定とは異なり，限定的である。INFCIRC/66タイプの保障措置協定は，協定でその対象物が二国間原子力協力協定に従って移転された核物質や資機材に限定されるため，核爆弾やその他の核

爆発装置が作られていないことを完全に確認するためには一般的には不十分である。

【関連項目】 核爆発装置／核不拡散条約（NPT）／国際原子力機関（IAEA）／二国間原子力協力協定　　〔礒章子〕

## ボスニア紛争 Bosnian Conflict

1990年代初頭，ユーゴスラヴィア社会主義連邦共和国の崩壊に伴って発生した武力紛争であり，ボスニア・ヘルツェゴヴィナ共和国の民族構成が複雑であったこともあって，特に激しい戦いとなった。91年の国勢調査によれば，民族構成はムスリム44％，セルビア人（セルビア正教）32％，クロアチア人（カトリック）17％。スロヴェニア共和国，クロアチア共和国の独立を経て，92年2月末，ボスニア・ヘルツェゴヴィナ共和国も独立の可否について国民投票を実施。独立に反対するセルビア系住民がボイコットしたため圧倒的多数で独立賛成の結果となり，戦闘は住民投票の当日から始まりすぐに激化した。

三つ巴の紛争では，民族浄化（ethnic cleansing）として知られる他民族を追い出す戦略がとられ，難民約120万人，国内避難民約100万人を生み，当時の共和国人口の約半数が家を追われた。捕虜収容所における拷問や紛争の武器としての女性に対する性的暴力も横行した。ボスニア東部のスレブレニツァでは国連軍が安全地帯を宣言していたにもかかわらず，ムスリムの男性推定約8000人が殺害され，この事件は国際司法裁判所，旧ユーゴスラヴィア国際刑事法廷のいずれによってもジェノサイドと認定されている。地域，時期によって3つの集団の連携や敵対関係が異なる大変複雑な紛争であった。

欧州主導の和平交渉は何度も行われ，いくつかの和平案が提示されたものの奏功しなかった。米国による和平交渉の結果，95年12月，平和のための包括的枠組合意（General Framework Agreement for Peace），通称デイトン合意（Dayton Agreement）がボスニア・ヘルツェゴヴィナ，セルビア，クロアチアの大統領署名により締結され，武力紛争は終結した。政治的不安定さは続いているものの，20年間紛争は再発していない。

【関連項目】 安定化部隊（SFOR）／ユーゴスラヴィア紛争／和平合意
【参考文献】 ロバート，ドーニャ・ジョン，ファイン（佐原徹哉訳）『ボスニア・ヘルツェゴヴィナ史』恒文社，1995年／Toal, Gerard and Carl T. Dahlman, *Bosnia Remade*, Oxford University Press, 2011　　〔片柳真理〕

## 北海道旧土人保護法

Hokkaido Former Aborigines Protection Act

1899年法律27号。日本側によるアイヌの公称は近世には「蝦夷」，幕末には「土人」と変遷し，78年開拓使が「旧土人」に統一した。和人の本格的な北海道移住が進み，先住民族アイヌは少数者になった。主食だったサケやシカの捕獲禁止，北海道全域の官有地化などアイヌの生活は大打撃を受けた。この結果，「保護」の名の下に生業の転換を迫る勧農政策が展開された。制定時は全13ヵ条からなり，希望者への農耕を条件とした土地の給与（1万5000坪以内の土地の下付，相続以外での譲渡の禁止，未開墾の場合の没収，農具や種子の貸付など），日本語だけで教授するアイヌ学校の設置（1937年に全廃）が主な内容。アイヌは独自の言語，文化，社会を維持することが困難となり，30年代以降，民族差別を避けるために自称として「ウタリ」（仲間の意味）を使用するようになった。戦後の農地解放では同法による給与地も対象とされた。数度の改正を経て，97年アイヌ文化振興法（略称）の施行と同時に廃止された。

【関連項目】 アイヌ民族／少数民族保護条約／先住民族
〔田村将人〕

## ポツダム宣言 Potsdam Declaration/Proclamation Defining Terms for Japanese Surrender

1945年7月26日に米英中三国首脳の名前で発出された対日降伏勧告。ドイツ・ベルリン郊外ポツダムで開かれたトルーマンとチャーチル、スターリンの巨頭会談で採択された。当時、ソ連は日本と中立条約を結んでおり、両国は戦争状態になかったため、公表時には名前を連ねず、代わりに中国の蒋介石が署名した（ソ連は8月9日の対日宣戦直後に宣言に参加）。宣言には、軍国主義の除去や連合国軍による保障占領、カイロ宣言の継承、日本軍の武装解除と復員、戦争犯罪人の処罰、賠償と経済の非軍事化などが明記されていた。7月26日、鈴木貫太郎首相は「黙殺」を声明。連合国側はこれを「拒否」と捉えて戦闘を継続し、8月6日に米軍機が広島に原爆を投下。9日にはソ連が対日参戦し、長崎に2発目の原爆が投下された。衝撃を受けた日本政府は終戦の検討を加速化させるも、陸軍など継戦派と外相らポツダム宣言受諾派の間で鋭く激しく意見が対立。連合国側から「国体護持」保証の示唆を得て、8月14日の御前会議における昭和天皇の「聖断」で受諾を決定。同日中に連合国に受諾を通告し、ここに日本の降伏が決定した。　〔永井均〕

## 北方領土問題 Northern Territories disputes

第二次世界大戦後、日ロ（ソ）間の係争となった択捉、国後、色丹の各島及び歯舞群島をめぐる領土問題の日本側の呼称。

江戸時代の北方探検・蝦夷地開発や漂流民保護などを通じ日本はロシア帝国と接点を持つようになり、1855年には外交交渉により日露通好条約（日露和親条約とも）を締結し、択捉・ウルップ（得撫）島間を日ロの国境とした。さらに日本は、75年の樺太千島交換条約で千島列島全体を、また日露戦争後のポーツマス条約で南樺太（サハリン）を領土とした。ロシア帝国の領土を継承したソ連は1945年2月のヤルタ協定で南樺太の返還と「千島列島」の引き渡しを第二次世界大戦での対日参戦の条件とし、同年8月8日の日本への宣戦布告とともに満洲・樺太・千島列島に侵攻。日本のポツダム宣言受諾後も千島侵攻は続き、29日までに択捉を占領。9月2日の日本の降伏文書調印後も続く侵攻により国後、歯舞、色丹もソ連支配下となった。

戦後、米国主導で進められたサンフランシスコ講和会議で、全権代表の吉田茂は南樺太と千島列島の放棄を受け入れる一方、歯舞・色丹を北海道の一部であるとし「千島列島」から除外することで領土権を主張した。次いで鳩山一郎政権下の日本政府は、シベリア抑留者帰還問題や国連加盟という案件を抱え、ソ連との国交回復を急いだ。また、ソ連側も歯舞・色丹2島の返還に応じる姿勢を見せたが、日ソが妥協し早期に平和条約の締結へ動くことを米国が牽制。また、日本国内でも日魯通好条約での国境画定に遡り国後・択捉を含めた4島が日本固有の領土であるとする見解が主流となっていった。この流れのなかで日本政府が初めて4島を一括し「北方領土」という語を適用したのは56年3月のことである。

同年10月、鳩山首相はモスクワを訪問し、日ソ共同宣言に調印（批准は12月）。これにより、歯舞と色丹は将来の平和条約締結後に引き渡されるものと約束された。しかし、60年1月の日米安保改定以降、ソ連は情勢変化を理由に、日本からの外国軍隊の撤退を2島返還の新たな条件として、日ソ共同宣言での約束を事実上白紙化した。その後、対ソ領土交渉が再活性化するのは、日本を含めた対西側諸国との関係改善姿勢を強めたゴルバチョフ政権の登場まで待たねばならなかった。

【関連項目】　サンフランシスコ講和会議／新思考外交／日ロ平和条約交渉／ヤルタ会談

【参考文献】　岩下明裕『北方領土問題』中央公論新社、2005年／木村汎『新版・日露国境交渉史』角川書店、2005年／長谷川

毅『北方領土問題と日露関係』筑摩書房，2000年　〔湯浅剛〕

## 捕虜（POW）　prisoner of war

　正規軍の構成員は，戦闘員資格を有しており，戦争犯罪を行わない限り，敵対行為に参加した事実のみを理由に法的責任を問われず，敵軍の権力下に置かれても，犯罪者として処罰されるのではなく，捕虜として処遇されねばならない。紛争当事者は，拘束した敵戦闘員（捕虜）を再び戦闘に参加させないため，武力紛争が終結するまで抑留することが許される。抑留中の捕虜は，人種，国籍等による差別なく，常に人道的に処遇されなければならない。このような捕虜資格を，非正規兵にも拡大するべきだとの主張が，長らく中小国・途上国によりなされてきたが，先進国はこのような捕虜資格条件の緩和がテロを助長すると批判している。1949年の捕虜条約は厳しい条件つきで捕虜資格の対象を拡大し，77年の第1追加議定書は，正規・非正規の別を問わず，責任ある司令部の下に組織され内部規律制度に服するすべての兵力を軍隊と定義し，その構成員が，自己を文民から区別している場合に捕虜となりうるとした。

【関連項目】ジュネーヴ法／対テロ戦争　　　〔新井京〕

## ホロコースト　Holocaust

　ホロコーストとは，ナチ体制下（1933～45年）ドイツのユダヤ人，並びに第二次世界大戦でドイツ勢力下に置かれたヨーロッパ各地のユダヤ人に対する絶滅政策，大量虐殺を指す。ユダヤ人ジェノサイド，ショアーとも呼ばれる。

　この近代的蛮行の根底には，19世紀のヨーロッパに生まれたレイシズム（人種主義），優生思想，人種的反ユダヤ主義の考え方があった。これらがホロコーストの長期的要因だとすれば，その短期的・直接的な要因はヒトラー独裁体制と第二次世界大戦に求められよう。

　ナチ体制下のドイツでは，前述の3つの考え方が国家的原理となり，「人の価値には生来的に優劣の差があり」，ユダヤ人は宗派集団ではなく「劣等な異人種である」と政治宣伝・公教育・メディアを通じて社会の隅々まで叩き込まれた。ユダヤ人は職業官吏再建法で公職追放され，ニュルンベルク人種法でドイツ人との結婚を禁じられ公民権も奪われた。

　ヒトラー政権はユダヤ人なき「民族共同体」を樹立するため，ユダヤ人の国外移住政策を強引に推進した。当初は難航したが，ユダヤ人への組織的暴力事件となった「帝国水晶の夜」（38年11月）を機に一気に加速した。

　ホロコーストに道を開いたのはヒトラーとナチの親衛隊である。ドイツ警察長官を兼任する親衛隊全国指導者ヒムラーは，全警察機構にナチズムの原理を徹底させた。

　39年9月，ドイツ軍がポーランドに侵攻して第二次世界大戦が始まると，ヒムラーはドイツ勢力下のポーランドにゲットーを設置してユダヤ人をそこへ押し込んだ。

　41年6月の対ソ戦のはじまりは，ユダヤ人の移住政策が絶滅政策へと切り替わる契機となった。ソ連との戦争をナチズムとボリシェヴィズムの生死を賭けた「世界観戦争」と捉えたヒトラーは，ユダヤ人をボリシェヴィズムの根源とみなし，ユダヤ人をソ連とともに撲滅すべき存在に位置づけた。ドイツ軍の後方から展開する親衛隊行動部隊は，ソ連領内のユダヤ人住民を次々と殺害していった。

　ドイツの電撃的勝利を期待して始まった対ソ戦が長期化し，ゲットーの食糧事情・衛生環境が劣悪化し，ユダヤ人をもはやどこへも移送できなくなった41年の秋から冬にかけて，ヒトラーはユダヤ人の絶滅を決意した。

　ホロコーストの主な現場はポーランドであり，死の工場と呼ばれるアウシュヴィッツ絶滅収容所もそこにあった。各地の強制収容所，ゲットー，戦場・占領地において射殺，ガス殺，飢餓，疫病などで命を奪われたユダヤ人犠

性者の総数は559万～586万人と推定されている。

【関連項目】強制収容所／ジェノサイド／ジェノサイド条約
【参考文献】石田勇治『ヒトラーとナチ・ドイツ』講談社，2015年／芝健介『ホロコースト』中央公論新社，2008年／ベーレンバウム，マイケル（石川順子・高橋宏訳）『ホロコースト全史』創元社，1996年　　　　　　　　〔石田勇治〕

## 香港返還　reversion of Hong Kong

アヘン戦争を契機に，イギリスは清から香港島，九龍を獲得し，1898年には，99年の期限で新界を租借した。こうして，2つの割譲地と，全土の92％を占める租借地とからなる香港は，イギリスの植民地となり，第二次世界大戦後もその統治下に置かれた。しかし，新界の租借期限が近づくにつれて，香港の行方に注目が集まった。1982年のサッチャー訪中により開始された交渉で，イギリスは新界の租借期限延長を求めたが，中国は香港に関する条約を「不平等条約」として認めなかった。交渉の結果，イギリスは香港の継続統治を断念し，97年に香港を中国に返還することに同意した。中国は返還後の香港を「一国二制度」の下，中国の「特別行政区」とし，香港住民に外交と国防以外の「高度の自治」を与えた。しかし，返還後，中国は香港の民主化を制限してきており，2017年に実施予定の行政官選挙（普選）においても，候補者に制限を設けることを表明したため，14年には，学生を中心として「雨傘革命」と呼ばれる民主化運動が起こった。　　　〔中園和仁〕

# マ

## マーストリヒト条約　Maastricht Treaty

マーストリヒト条約すなわち欧州連合条約（Treaty on European Union; TEU）は1992年署名，93年発効した。EUでは，超国家的な性格を有する欧州共同体（EC）に基礎を置く一方，政府間協力に基づく共通外交・安全保障政策及び司法・内務協力により補完される三本柱構造が導入された。加盟国首脳が会合する欧州理事会の政治的指針の下，閣僚級の理事会，直接選挙される欧州議会及び独立の委員からなるコミッションが，3つの柱ごとに異なる権限を行使した。特にEC分野では経済通貨同盟（EMU）として，欧州中央銀行（ECB）の設立と単一通貨ユーロの導入が規定された。

その後，ニース条約，アムステルダム条約による本条約の改正により，冷戦終結後に民主主義に移行した中東欧諸国の加盟に備えて，理事会の特定多数決の範囲拡張，及び，欧州議会の権限強化が進められた。欧州憲法条約の批准失敗を経て，リスボン条約（2007年署名，09年発効）により三本柱構造が廃止され，単一のEUが成立した。

【関連項目】欧州憲法条約／欧州連合（EU）　〔庄司克宏〕

## マイノリティ　minorities

普遍的に妥当するマイノリティの定義は存在しないが，この概念が客観的な要素と主観的な要素からなることについては広範な合意がある。客観的要素とは，当該集団が社会の中で被支配的な地位にあり，かつ，人種，宗教，言語，エスニシティなどの属性を共有していることを意味する。他方で主観的要素とは，当該集団への帰属意識を指す。マイノリティとして認められるために，特定の地域に集住していることや居住国の国籍を保持していることは必要ない。また，国家がその管轄下にあるすべての者に市民権を完全に保障する法制を採用しても，それによってマイノリティの存在が消滅することはない。マイノリティの権利擁護は歴史的には東欧を舞台に第一次世界大戦後の主要な政治課題であったが，今日にあってマイノリティに

保障される権利は,「市民的及び政治的権利に関する国際規約」や1992年に国連総会で採択されたマイノリティ権利宣言といった文書を通して普遍的に承認されている。障害者や特定の性的指向あるいは政治的意見を有する人々などが法的概念としてのマイノリティを構成するのかについては議論があるものの,国際人権法上,現段階では消極に解されている。

マイノリティを特別の集団・個人として認知し,その権利保障を特別に図るのは,国家・社会が多数者によって支配されているという現実を踏まえてのことであり,また,それによって国際平和が促進されると考えられているからである。ユネスコは文化の多様性を求める条約によってその点を明確にしているが,国連も2005年の世界サミット成果文書で,マイノリティの権利擁護が政治的・社会的安定と平和に寄与し,文化の多様性と社会の遺産を豊かにする旨を謳い上げた。単一の文化ではなく多文化が対等に共存する包摂的な社会こそが平和に資するとされており,そのために国家は中立を保つのではなく,マイノリティのための措置を積極的に講ずることを求められる。ただし,マイノリティへの配慮が当該集団の社会的分断に繋がらないよう,教育における平等の実現と政治過程への効果的な参加の確保が特に重要視されている。

【参考文献】 吉川元『民族自決の果てに』有信堂, 2010年／窪誠『マイノリティの国際法』信山社, 2006年　〔阿部浩己〕

## マクリーン事件　McLean case

アメリカ人のマクリーンは,英語教師として入国し,1年後に在留期間の更新を申請したところ,法務大臣が,在留中の無届転職及び(ヴェトナム反戦等の)政治活動を理由に更新を拒否したため,裁判で争った事件。1973年に東京地裁は,転職・政治活動の実体が,在留期間の更新を拒否すべき事由に当たらないとして,法務大臣の裁量を違法とした。しかし,2年後,東京高裁は,政治活動を消極的資料とすることも裁量の範囲内として適法とした。78年に最高裁も,適法とし,①国際慣習法上,特別の条約がない限り,外国人の受け入れは,国家の裁量による,②外国人に対する憲法の人権保障は,権利の性質で判断する,③国の政治的意思決定に影響を及ぼす政治活動の自由は,外国人には及ばない,④外国人に対する憲法の人権保障は,在留制度の枠内で与えられると判示した。しかし①その後の人権条約により,国家の裁量の幅は狭まる,②権利の性質の判定根拠が不明であり,外国人の態様によって保障の程度は違う,③適法なデモへの参加で在留更新が不許可となったその後の例は聞かない,④入管法の在留制度を憲法の人権に優越させる転倒した議論である点などが批判されている。　〔近藤敦〕

## マザー・テレサの平和活動
Mother Teresa's activities for peace

マザー・テレサの本名はアグネス・ゴンジャ・ボアジュ。1910年にオスマン帝国コソヴォ州ユスキュブ(現・マケドニア共和国の首都スコピエ)のアルバニア系商人の家庭に生まれた。熱心なカトリック教徒で,18歳でアイルランドのロレット修道女会に入会し,29年から47年までインド・カルカッタの高校の教師として地理とカトリック教義を教え,44年から校長も務めた。46年に休暇中の列車内で「最も貧しい人のために働きなさい」との神の啓示を受けたことがきっかけで48年,独立修道女となり50年にカルカッタで貧しい人々を支援する「神の愛の宣教者会」を創設し,52年には死にゆく人や孤児のための施設を建てて活動を始め,57年からはレイプされた女子の保護活動も行った。65年以降は活動をアフリカや中南米など世界各地に広げた。民族・宗教を問わず貧者を救済した活動に対し79年にノーベル平和賞が授与された。97年に亡くなり,2003年にローマ教皇から聖人に準ずる福者の称号を与えられた。

【関連項目】 ノーベル平和賞　　　　　〔水本和実〕

## マッカーサー草案（GHQ草案）
GHQ Original Draft

GHQが日本政府の憲法改革作業の基礎として1946年2月上旬に作った憲法草案。

ポツダム宣言に沿った憲法改革を日本政府が行えないと判断したGHQは，46年2月4日民政局に，法務・行政の実務経験豊かなスタッフからなる憲法草案作成の作業体制を立ち上げ，9日間で草案を作成した。この突貫作業を可能にしたのは，対日戦争開始後から積み上げられていた戦後日本の改革課題について軍官民を上げての系統的な調査研究の蓄積であった。特に国務省では，天皇制を含む統治構造の改変，基本的人権の保障について系統的な政策が用意され，これらを踏まえ45年秋には憲法改革についての政策文書SWNCC228「日本の統治体制の改革」が準備されていた。民政局は憲法研究会など民間における憲法改革の動きも注目していたが，作業はこのSWNCC228を参照して進められた。なお，戦争放棄・非武装条項はSWNCC228にはなく，これは当時の国務省が英ソ中3ヵ国に提案していた日本非武装化条約案の内容にそってGHQが独自に設けたものであった。　　　　　　　　　　〔三輪隆〕

## マッカーシズム　McCarthyism

1940年代後半から50年代前半にかけて，アメリカ合衆国で生じた保守的な反共運動である。50年にソ連のスパイが政府内に蔓延していると主張した共和党の上院議員に因んで，マッカーシズムと呼ばれる。

第二次世界大戦後のスパイ事件やソ連の核兵器開発，中華人民共和国の成立を契機に，ソ連のスパイや親ソ・親共産主義勢力が暗躍しているとのパニックが広がり，これを共和党保守派が政権攻撃に利用した。多数の連邦政府職員にスパイ容疑がかけられ，不確かな証拠による告発の犠牲になった。監視は民間人にも広がり，政府機関や民間機関による思想・心情の自由の侵害が頻発した。

民間を巻き込む広範な運動になった理由として，米国の政治・経済体制を絶対視して異質な制度を認めない排外主義感情や，拡大する連邦政府を牛耳る「リベラル・エスタブリッシュメント」に対する大衆的な反エリート主義・反知性主義の影響が指摘されている。

【関連項目】 ソ連の核開発／封じ込め政策／冷戦
　　　　　　　　　　　　　　　　〔倉科一希〕

## マニラ市街戦　Battle of Manila

第二次世界大戦の末期，1945年2月から3月にかけてフィリピンの首都マニラで行われた日米両軍の攻防戦。44年10月のレイテ沖海戦を制した米軍は45年1月にルソン島に上陸し，2月3日にマニラに進撃した。その兵力は約3万5000人で，主力の第1騎兵師団と歩兵第37師団は，同胞が抑留されていたサント・トマス民間人抑留所とビリビッド捕虜収容所を相次いで解放した。対する日本軍は陸海混成のマニラ海軍防衛隊を主力とし，約2万の兵力であった。マニラには当時，約70万人の市民がいたとされ，市街戦は市民を巻き添えにしながら，日本軍が米軍に掃討される3月3日まで続いた。その特徴は，日米両軍の激しい戦闘や米軍の砲撃による首都の破壊に加え，追い込まれた日本軍による残虐行為が多発したところにある。市街戦のなかで約10万人の市民が犠牲になったとされる。マニラ戦体験者や遺族は終戦50周年を期して「メモラーレ・マニラ1945」財団を創設し，1995年2月にマニラのイントラムロスに追悼記念碑を建てた。近年，2月から3月にかけて記念碑において追悼式が営まれている。〔永井均〕

## マルクス主義　Marxism

狭義には，マルクスとその協力者エンゲルスの共同作業によって形成された思想と，そこか

ら引き出される革命的実践の理論とに依拠する思想的立場を指す。広義には，両者の学説に基づくと称する思想や政治的実践の理論全般を指す。

近代資本主義社会の内在的批判とその超克へ向かうマルクスとエンゲルスの思想は，ヘーゲルの法哲学を中心とするドイツ観念論哲学，スミスやリカードらのイギリス古典派経済学，サン=シモンやフーリエらのフランス社会主義思想の研究を源泉としている。基本的には，初期マルクスによる，ブルジョワ社会における労働者の疎外の構造の解明に基づいて，そこからの人間の解放を目指すものとして形成された。そして，人間の類的解放への道筋は，エンゲルスとの協働の下で，史的唯物論として構想されることになる。

史的唯物論は，物質的生産力とそれに対応する生産関係を，社会の現実的な基礎構造（下部構造）と捉えるとともに，その上に政治的構造のかたちで，社会の意識的な形態（上部構造）が生じると考える。その歴史観によると，生産力はその発展のある段階で，現存の生産関係ないし所有関係と矛盾し始め，生産の障害と化した経済的基礎構造の変革としての革命の時代が到来する。そして，経済的構造の変革は，政治体制の刷新に結びつく。

こうして革命に至る過程が，近代資本主義社会の必然であることを示したのが，マルクスの主著『資本論』である。それによると，資本家は，資本の源泉としての剰余価値を追求するが，その結果として周期的な恐慌をもたらし，労働者に一層劣悪な労働条件を強いるようになる。そのなかで労働者が階級意識に目覚め，団結を強めていくと，資本主義社会は自己崩壊し，その後プロレタリアートの手で共産主義社会が建設される。

このように，史的唯物論に基づいて階級闘争論を提示し，共産主義革命への展望を示すマルクスとエンゲルスの思想は，マルクス＝レーニン主義などの解釈の潮流を生み，19世紀後半から20世紀末まで世界の社会変革運動を主導した。1989年の東欧民主革命と1991年のソヴィエト連邦の解体後は，マルクス主義の影響力は後退したが，グローバリゼーションが不平等を世界的に拡大させつつあるなかで，現代の思想家によるマルクスの読み直しも進んでいる。

【関連項目】　国際共産主義運動／プロレタリア独裁／ローザ・ルクセンブルクの平和思想／ロシア革命
【参考文献】　マルクス，カール，エンゲルス，フリードリヒ（廣松渉編訳，小林昌人補訳）『新編輯版ドイツ・イデオロギー』岩波書店，2002年／マルクス，カール（木前利秋訳）『経済学批判要綱』『マルクス・コレクションIII』筑摩書房，2005年／ネグリ，アントニオ（清水和巳ほか訳）『マルクスを超えるマルクス』作品社，2003年　　　〔柿木伸之〕

## マルテンス条項　Martens Clause

1899年及び1907年の陸戦ノ法規慣例ニ関スル条約（陸戦法規慣例条約・ハーグ陸戦条約）の前文の一節。1899年の第1回ハーグ万国平和会議の際に，ロシア代表のマルテンスが読み上げた声明の内容が，同条約前文の一節として採用されたことからこの名称がある。

同条項は，「一層完備シタル戦争法規ニ関スル法典ノ制定セラルルニ至ル迄ハ，締約国ハ，其ノ採用シタル条規ニ含マレサル場合ニ於テモ，人民及交戦者カ依然文明国ノ間ニ存立スル慣習，人道ノ法則及公共良心ノ要求ヨリ生スル国際法ノ原則ノ保護及支配ノ下ニ立ツコトヲ確認スルヲ以テ適当ト認ム」と述べて，同条約に明文の規定がない場合にも，人民や交戦者が依然として慣習や人道の法則及び公共良心の要求から生じる国際法の原則の保護の下に置かれていることを確認している。

このマルテンス条項は，同条約附属書である陸戦ノ法規慣例ニ関スル規則（ハーグ陸戦規則）1条と2条を解釈する際に考慮すべきものとして認識されていた。これらの条文では，国家の正規軍に加えて，一定の条件を満たす非正規兵にも交戦者資格が認められたが，占領軍に

抵抗する人民については起草時に合意が得られず，かかる者の処遇についても条約効力を反映させるための妥協として，同条項が条約前文に記された経緯が存在する。

同条項の精神は，1949年ジュネーヴ諸条約（第1条ası63条など）や77年追加議定書（第1追加議定書1条2項，第2追加議定書前文），80年特定通常兵器使用禁止制限条約（前文）にも引き継がれており，また，国際司法裁判所などの国際裁判所においても援用され，その重要性が注目されている。

【関連項目】　国際人道法（武力紛争法）（IHL）／ハーグ万国平和会議／ハーグ陸戦規則／陸戦法規
【参考文献】　江藤淳一「マルテンス条項」村瀬信也・真山全編『武力紛争の国際法』東信堂，2004年／Cassese, Antonio, "The Martens Clause," *EJIL*, Vol. 11, 2000／Meron, Theodor, "The Martens Clause, Principles of Humanity, and Dictates of Public Conscience," *AJIL*, Vol. 94, 2000　〔髙嶋陽子〕

## 満洲国　Manchukuo

満洲事変を契機に，1932年3月1日，中国東北部（満洲）に建国された日本の「傀儡」国家。

日本は，日露戦争以来，同地域を日本国民の生存に不可欠な「特殊地域」とし，また，軍需資源の供給地及び対ソ戦略上の基地として排他的独占を要求，手段として関東軍では武力解決が策された。当初，関東軍は，満洲を領有する計画であったが，31年9月，少数の兵力での単独占領が困難であり，内外からの批判をかわすためにも，清朝の廃帝・宣統帝（溥儀）を擁する政権樹立に変更した。関東軍は，満洲事変直後より，現地勢力の糾合を図り，東北行政委員会を組織，建国宣言を行わせている。建国の理念は，日本人・漢人・朝鮮人・満洲人・蒙古人よりなる五族協和と王道楽土であり，首都は長春（新京と改称），年号は「大同」であった（34年3月，溥儀の皇帝即位後は康徳）。

32年9月，日本は，日満議定書に調印し，満洲国を正式に承認した。日満議定書は，日本の在満既得権益と，日本軍の駐留を認め，秘密協定で関東軍に統治実権を与えるものであった。しかし，33年3月，国際連盟が満洲国否認のリットン調査団報告を採択したことから，同連盟から脱退している。満洲国は，その後，ドイツ，イタリア，タイ王国等と国交を樹立。35年，ソ連との間でも，北満鉄路を買収し，比較的安定した国際環境下にあった。

満洲国は，国務院・参議府・監察院などの国家機関を置き，国務総理と各部長（大臣）に満洲人等が就任したが，実権は，総務長官と各部次長の日本人にあった。また，関東軍司令官は，在満全権大使と関東長官を兼ね，34年12月の対満事務局の設置を受けて実質的指導権を握っていた。

満洲国では軍事優先の経済開発が行われ，37年度より産業開発五カ年計画が実施され，満洲重工業開発株式会社による総合開発が，また，同年度，農産物の蒐荷政策と，日本人農業移民政策も強行された。この間，関東軍は，東北抗日連軍などの抵抗に対して各種治安政策を進め，満洲国協和会による思想動員等を行い，戦時体制を強化した。しかし，日中戦争の長期化と，1941年12月の太平洋戦争開始により，鉄・石炭・農産物等の対日供給量確保が優先され，経済的収奪が先行した。そして，日ソ中立条約を一方的に破棄したソ連軍の侵攻により，関東軍は総崩れとなり，日本人開拓団等を置き去りにしたまま，日本の敗戦から3日後の45年8月18日，溥儀が退位し，満洲国は滅亡している。

【関連項目】　日満議定書／日中戦争／満洲事変／満蒙開拓
【参考文献】　塚瀬進『満洲国』吉川弘文館，1998年／満洲国史編纂刊行会『満洲国史』満蒙同胞援護会，1970年／山本有造編『「満洲国」の研究』緑蔭書房，2014年　〔小池聖一〕

## 満洲事変　Manchurian Incident

日本・関東軍が行った中国東北部（満洲）への謀略による武力侵略。1931年9月18日，関東軍は，自ら柳条湖で満鉄路線を爆破した上で，

中国軍のしわざだとの口実で奇襲攻撃を開始し(柳条湖事件)，19日には満鉄沿線を制圧。同日，政府は事態の不拡大方針を決定したが，21日，朝鮮軍部隊の独断越境により，それを否定し，中国が国際連盟に提訴したことで国際的に批判が高まるなか，10月8日，錦州を空爆して幣原外相の国際協調路線に打撃を与えた（錦州爆撃事件）。32年1月8日，米国・ステムソン国務長官は，九ヵ国条約とパリ不戦条約に違反する日本の軍事制圧を一切承認しない旨を日中両国に通告したが（スティムソン・ドクトリン），関東軍は2月にハルビンを占領し，東三省の主な都市と鉄道沿線を支配下に置いた。1月28日に第一次上海事変を起こし，3月1日には，満洲国の建国を宣言させている。リットン報告書が可決され，33年3月27日，日本が国際連盟脱退を通告した後も河北省に侵攻し，5月31日，塘沽停戦協定が調印されてやっと関東軍は長城線へ撤収した。

この間，国民は，軍部発表そのままのマスコミ報道に熱狂し，排外主義と軍国主義が急激に台頭することとなった。

【関連項目】張作霖爆殺事件／満洲国／ワシントン体制
〔小池聖一〕

| 満鉄　South Manchurian Railway

正式の名称は南満洲鉄道株式会社。1905年9月，日本は日露戦争後のポーツマス条約によりロシアから東清鉄道南部支線の寛城子—大連・旅順口間とその支線及び撫順炭鉱などを，同年12月日清満洲善後条約により清から安奉線（安東—奉天）を獲得，これらをもとに日本政府が株式の半分を保有する半官半民の国策会社として満鉄を06年11月に設立し，07年4月から営業を開始した。初代総裁に後藤新平が就任，交通と鉱工業を二本柱に，ヤマトホテルの経営，『満洲日々新聞』の発刊，調査研究機関の運営など多角的な事業を展開し鉄道付属地の経営・管理も担当した。20年代後半，中国における民族運動の高揚のなか，張学良が国民政府に合流して満鉄の包囲線計画を進めると，経営悪化に危機感を抱いた満鉄は日本政府に強硬外交を求め，関東軍との繋がりを強化，1931年満洲事変が勃発すると軍事輸送や情報収集の面で関東軍に全面的に協力した。32年の満洲国建国後は中国の鉄道を接収し，35年には東支鉄道を買収して鉄道路線を拡大，鉄道以外の事業とあわせて満洲国を支える巨大コンツェルンに成長した。37年，満洲重工業開発株式会社の設立によって満鉄は事業を鉄道・炭鉱部門に縮小させる一方，調査機関を大調査部に拡充して中国で総合調査を実施した。45年，日本敗戦により9月満鉄は消滅し，鉄道は中ソに接収された。

〔小林元裕〕

| マンハッタン計画　Manhattan Project

マンハッタン計画は第二次世界大戦中にアメリカが極秘で実施した原爆設計・製造計画のコードネームである。計画はF.ルーズヴェルト大統領の命により1939年に公式に始動したが，計画が劇的な推進をみせたのは，アメリカの参戦後，グローブス陸軍准将に計画指揮権が与えられてからである。グローブスは計画の規模を大幅に拡大し，テネシー州オークリッジにウラン235精製工場，ワシントン州ハンフォードにプルトニウム生産工場，ニューメキシコ州ロスアラモスに原爆設計・製造工場を作った。さらに，新設したロスアラモス国立研究所の所長にオッペンハイマーを任命した。何万人もの従業員がマンハッタン計画に従事したが，計画の目的を知る者は1000人にも満たなかった。マンハッタン計画につぎ込まれた費用は，第二次世界大戦中のアメリカの戦費のうち単一の事業としては最も多く，20億ドル以上にのぼった。

ハンフォードにはプルトニウム生産に向けて世界初の原子炉が3基建設され，その後，高濃縮ウランとプルトニウムが大規模に生産されるようになった。一方ロスアラモスの科学者たち

は2種類の原爆を設計した。ウラン235を使用した砲身型と，プルトニウムを使用した爆縮型で，前者が広島に落とされた。設計者たちは爆縮型の性能に確信が持てなかったため，45年7月16日にニューメキシコ州で爆縮型原爆の実験を実施した。この実験は「トリニティ実験」と呼ばれ，最初の核兵器爆発の例となった。実験は成功し，爆縮型プルトニウム爆弾は長崎に投下された。戦後アメリカで製造された核兵器の「第一世代」はすべて爆縮型である。

マンハッタン計画の核兵器設計・製造場所は，後にアメリカの巨大な核兵器製造・貯蔵計画の基盤となり，アメリカが保有する核兵器の数は一時，4万発を超えた。

〔ロバート・ジェイコブズ〕

### 満蒙開拓 Japanese emigration to Manchuria and Mongolia

1932年の満洲国建国直後から45年敗戦までに内地から満洲国・内蒙古に27万人の開拓移民が送出され「開拓」に従事した。これを満蒙開拓という。満蒙開拓事業は，農村恐慌で疲弊する内地農村の救済，及び屯田兵移民によって満洲国の治安維持と対ソ戦兵站地の形成を狙う加藤完治・関東軍が主導した。初期は在郷軍人が主の屯田兵移民だったが，二・二六事件後の広田弘毅内閣で国策となり，二〇ヵ年百万戸送出が計画され，37年に満蒙開拓青少年義勇軍創設，39年に満洲開拓政策基本要綱が設置されるなど，矢継ぎ早に制度が整えられ，本格化した。だが，41年末の戦線拡大に伴う労働力不足から送出は困難となり，敗戦で事業は崩壊した。

開拓地は既耕地を強制的に買収された土地が過半で，土龍山事件に象徴されるように日本帝国主義の尖兵とみなされて襲撃されるなど，開拓団は満洲の在地社会から強い抵抗を受け，そこでの「五族協和」は遠かった。ソ満国境に配置された開拓団が多く，45年8月9日のソ連軍侵攻後は難民化し，引揚げまでの1年間で約8万人が死亡し，1万数千人が中国に残された。72年国交正常化後に6880人の残留孤児・残留婦人が帰国し，家族も含め約15万人が日本に定住している。

〔蘭信三〕

### ミサイル missile

目標に向かって飛翔する兵器全般を指すが，主に自らの推進機構で飛翔し，衝突や爆発などによって損害を与えるものを指す。ミサイルは弾道軌道（放物線）を描いて飛翔する弾道ミサイル，固定翼を持ち，ジェット推進などによって水平に飛行する巡航ミサイル，航空機などに搭載され，目標に向かって誘導される誘導ミサイルなどに分類される。ミサイル技術管理レジーム（MTCR）では500kg以上の弾頭を運搬できる射程300km以上のミサイルを大量破壊兵器運搬目的のミサイルとして定義している。

また，ミサイルが発射されるプラットフォーム（ミサイル発射母体）と目標によって航空機（空），地上（地），艦船（艦）などの略称を組み合わせ，空対空（航空機から発射され，他の航空機を目標とする）といった組み合わせによる分類方法もある。なお，国連の通常兵器登録制度のミサイルの条項には地対空ミサイル，すなわち地上から発射され，航空機や飛来するミサイルを目標とするミサイルは防衛目的のミサイルとして登録対象にはなっていない。

ミサイルは遠隔地の目標に対して高速で攻撃できるため，その防御が難しく，冷戦期には相互確証破壊（MAD）を基礎づける兵器として位置づけられていた。しかし，近年では主要な国家のみならず，テロリストや非国家組織であってもミサイルを製造，運用できるようになっている。ただし，ミサイルを運用するためには索敵装置や誘導装置などのシステムが必要であり，それらを使って効果的な運用をするためには財政的・技術的な基盤が必要となる。

1970年代には核ミサイル施設や主要都市を弾道ミサイルから防護する弾道弾迎撃ミサイル

（ABM）が開発され，MADが不安定化した。そのため72年に米ソ間でABM条約が結ばれ，ミサイルに対する脆弱性を維持することが定められた。また80年代にレーガン政権が提唱した戦略防衛構想（SDI）によってミサイル防衛システムの開発が進められたが，そのシステムは完成しなかった。しかし，近年では北朝鮮やイランなどが核兵器運搬可能なミサイルを持つようになり，それらに対するミサイル防衛システムを進めるため，アメリカは2002年にABM条約から脱退している。

【関連項目】弾道弾迎撃ミサイル（ABM）／相互確証破壊（MAD）
【参考文献】黒澤満編『軍縮問題入門（第4版）』東信堂，2012年　　　　　　　　　　　　　　〔鈴木一人〕

## ミサイル技術管理レジーム（MTCR）
Missile Technology Control Regime

　MTCRは，核兵器等の大量破壊兵器不拡散の観点から，大量破壊兵器の運搬手段となるミサイル及びその開発に寄与しうる関連汎用品・技術の輸出を規制すること目的とするレジームである。1987年に発足した。参加国は，ミサイル及び関連汎用品・技術に関して輸出管理すべき品目について調整を行い，合意された品目については，各国国内法に基づいて輸出管理を実施する。また，リスト規制品目以外であっても，大量破壊兵器の運搬システムに関連して使用が意図されている可能性がある場合には，当局の輸出許可の対象となるキャッチオール規制が行われている。ただし，MTCRはあくまで各国が自発的に参加・協力するもので，法的拘束力はない。2014年12月時点で，34ヵ国が参加している。

【関連項目】ミサイル　　　　　　　　〔足立研幾〕

## 未承認国家　unrecognized state

　新国家の成立に際して，他の国家が明示又は黙示にこれを国際法上の国家として認めることを国家承認と言う。未承認国家とは，こうした承認が得られていない国家を指す。国家承認は他の国家に課せられた国際法上の義務ではないので，新国家を承認する国がある一方で，いずれかの理由により承認を控える国もある。例えば，朝鮮民主主義人民共和国（北朝鮮）は2015年8月現在で160以上の国家から国家承認を受けているが，日本はこれを行っていないので，日本にとっては未承認国家のままである。このほか，パレスチナ国は130ヵ国以上から国家承認を受け，サハラ・アラブ民主共和国も80ヵ国以上から国家承認を受けているが，日本はいずれについても国家承認を行っていない。

　国家承認の法的性格については，長く，創設的効果説と宣言的効果説が対立してきた。前者は，国家承認を受けることによって新国家は初めて国際法上の地位を得ると説くのに対して，後者によれば，国家は一定の要件を具備することによって国際法上の地位を取得するのであり，国家承認はその地位を確認・宣言するにすぎない，とされる。20世紀初頭までは，国家承認にはキリスト教文明国への仲間入りの手続きとしての性格が付されていたが，国際連盟設立後，こうした政治的機能は希薄化していく。現在では，理論的にも実証的にも，国家承認は宣言的効果を持つにすぎないという理解が一般的と言ってよい。国際法上の国家は，確定した領域，永住的住民，実効的政府，外交能力を備えることによって成立するのであり，未承認国家であっても一般国際法上の基本的権利義務を現に享受することに変わりはない。ただし，国家承認がなければ外交関係は開設されず，また，著作権保護に係るベルヌ条約のような多数国間条約の適用が当該国間で排除されることもある。なお，満洲国に対して適用された不承認主義がそうであったように，違法な武力行使や人民の自決権の侵害を伴って国家が樹立される場合には，国家承認は控えられなくてはならない。このような場合には，集団的不承認に創設

的効果の可能性が例外的に認められている。

【参考文献】田畑茂二郎『国際法における承認の理論』日本評論社, 1955年／王志安『国際法における承認』東信堂, 1999年

〔阿部浩己〕

## 「三たび平和について」(丸山眞男)

平和問題談話会が1950年12月に発表した東西対立下で日本の中立主義を提唱する声明。

ユネスコが招請した東西両陣営の社会科学者8名による平和に関する声明（48年7月）に呼応して、日本では48年秋に50数名の社会科学者により戦争と平和に関する諸問題の基礎的研究が開始され「戦争と平和に関する日本の科学者の声明」が出された（49年1月）。これを機に平和問題談話会が結成され、同談話会は研究を深めた上で「講和問題についての声明」を発した（49年12月）。翌年の朝鮮戦争勃発と東西危機の深化を受けて「三たび平和について」が発表された。全体（前文と4章）のうち第1・2章は丸山眞男が、第3章は鵜飼信成、第4章は都留重人が執筆した。

特に丸山による前半2章は、日本の平和主義を原理的に表現し、全面講和論に理論的に貢献した論考として名高い。核兵器の出現で戦争が手段として意味を失い、平和が最高価値となったとの認識を基礎に、東西対立不可避論の認識枠組みを批判し、「二つの世界」の並存を高度化する可能性と、日本の中立が世界と日本の平和に貢献する論理を示した。

〔遠藤誠治〕

## ミッドウェー海戦　Battle of Midway

ミッドウェー海戦とは、1942年6月5日から7日にかけて、中部太平洋のミッドウェー諸島を攻略しようとした日本海軍の機動部隊と、それを待ち受けていたアメリカ海軍の機動部隊で戦われた海空戦である。

積極的攻勢姿勢を維持しようとする山本五十六率いる連合艦隊司令部は、準備段階においてアメリカの反攻能力を過小評価していた。また、直前のポートモレスビー攻略戦において航空兵力が減少していたのにもかかわらず、作戦計画に変更は加えられなかった。加えて、戦闘中も重要な判断ミスが続いたことで、日本海軍はそれまで戦果を挙げてきた主力空母4隻を一挙に失うことになり、致命的な打撃を受けた。

このミッドウェー海戦は、アジア・太平洋戦争においてそれまで優勢だった日本海軍の最初の大敗北であり、戦争の主導権がアメリカへと移っていくきっかけとなる戦闘であったと評価されることが多い。

【関連項目】アジア・太平洋戦争／日米開戦　〔手嶋泰伸〕

## 三矢研究

正式名称は「昭和38年度統合防衛図上研究」。1963年に行われた自衛隊の大規模な図上演習である。統裁官は統幕事務局長田中義男陸将を長とし、統合幕僚会議の佐官級16名、研究部として陸海空の幕僚監部から佐官級36名が参加した。60年の新安保条約5条という日米共同作戦実施の根拠条文の登場を背景として、朝鮮半島で武力紛争が発生し（第2次朝鮮戦争）、これが日本に波及する場合を想定して、非常事態に対する日本防衛のための自衛隊の運用（「自衛隊としてとるべき措置」）と、これに関連する諸般の措置及び手続き（「とるべき国家施策の骨子」）を統幕の立場から研究することを目的とした。日米共同作戦の実行が想定され、リストアップされた87件の「非常事態諸法令」（有事法制）の国会提出及び速やかな可決により国家総動員体制が確保されるという想定を含むものであった。この「非常事態諸法令」としては、第二次世界大戦時の天皇制軍国主義時代に存在していた戦時法制のなかから主要なものが選ばれていた。文書の一部が65年に社会党所属衆議院議員岡田春夫らによって暴露され、問題視された。

〔麻生多聞〕

## 緑の革命　Green Revolution

　高収量品種（HYV種 = High Yielding Varieties）に代表される革新的農法の研究，開発，技術移転によって，穀物の大量増産を図る農業革命のこと。ソヴィエトの「赤の革命」，イランの「白色革命」に対抗する形で命名された。1940年代から60年代にかけて，ロックフェラー財団など米国系財団の資金提供によって設立された研究機関が主導して開発を進めたコムギや稲，トウモロコシは，主に途上国によって採用され，在来品種に比べ収穫量の大幅増に成功した。奇跡の米と呼ばれたIR8は，その代表例である。

　一方で，収量を上げるためには大量の化学肥料や農薬，水を必要とすることから，それらを継続的に導入し続けることが難しい貧困層などにはその恩恵が伝わりにくく，採用した富裕層との格差拡大に繋がるといった問題も，特に導入初期には生じたとされる。さらに，収量増は豊作貧乏に繋がるなど，緑の革命を意義あるものにするためには，技術革新だけでなく，社会的問題の解決にも同時に留意する必要がある。

〔吉田晴彦〕

## 緑の党　Alliance '90/The Greens

　脱原発，環境保護，反核平和，フェミニズムなどの新しい運動と新左翼運動とが結集して，1980年1月にドイツで結党。最初の綱領では，すべての核施設の閉鎖，一方的軍縮，東西両軍事同盟の即時解体などを掲げた。83年国会に進出，翌々年州政権に参加しつつ，任期半ばでの国会議員の交代や，女性だけによる地方党組織の執行部などの新機軸を打ち出した。産業社会からの脱却や，連邦軍解体・NATO脱退などの当初の主張は「非現実的」と見なされ，「現実派」が「原理派」を凌駕していった。ドイツ統一後，東独の「90年連合」と92年11月23日に結んだ統合協定が，党員投票を経て，93年5月14日に発効，正式党名は「90年連合／緑の党」となった。

　旧ユーゴスラヴィア内戦を機に，軍事介入の肯定に転換，98〜2005年，社会民主党との「赤緑連合政権」で，第二次世界大戦後初の戦闘行動であるユーゴ空爆に踏み切り，「9.11」を契機とするアフガニスタン派兵にも道筋をつけた。02年に採択された基本綱領は，エコロジー・自己決定・公正・民主主義の基本価値に標榜，反資本主義的な主張を退け，NATOや連邦軍の国外派兵を認めた。
【関連項目】新しい社会運動／脱原発
〔木戸衛一〕

## ミドルパワー　middle power

　中規模国家，中級国家，中間国家とも言う。大国や強国ではないものの，国際的影響を穏やかに行使することができる主権国家を指すが，定義的は曖昧である。16世紀後半にイタリアのボテロが最初に提唱したと言われ，20世紀に入り国際連盟で使用され，第二次世界大戦末期以降国連を巡る議論のなかで頻繁に使われることになった（J.W. Holmes, *Canada: A middle-aged power*, Carleton, University Press, 1976）。そこでは「大国が国連で持つ拒否権は有さないが，小国以上の貢献をする国家」を意味し，カシミールやインドネシアなどの地域紛争の仲介者的役割を期待された。

　しかし，その存在は国際政治の変動に沿って毀誉褒貶を繰り返し，東西対立が激しさを増すと対立陣営に利するものとして活動の余地を減じた。だが緊張緩和の時期にはカナダやスウェーデン，ポーランドなどがミドルパワー外交を自称して，国連平和維持軍や仲介外交を積極的に行い，多国間外交の牽引として世界への発信力を強めた。さらに，現在でもミドルパワー外交は人権擁護などモラルの重視を内包し，国連など国際機構の強化や国際協力推進を目的としたものとして評価されている。

〔大島美穂〕

## 南アフリカ国民統一政府（GNU）
Government of National Unity

1994年4月に実施された南アフリカ史上初の全人種参加総選挙後に成立した連立政権。国民統合政府とも訳される。

アパルトヘイト体制を終わらせるための民主化交渉により93年に合意された暫定憲法において，国民議会（National Assembly）選挙で全400議席中80議席（20％）以上を獲得した政党が副大統領を，20議席（5％）以上を獲得した政党が議席数に比例した数の閣僚を出す権利を持つことが定められた（84条及び88条）。この規定に基づき，94年4月の総選挙で252議席を獲得したアフリカ民族会議（African National Congress; ANC），82議席を獲得した国民党（National Party），43議席を獲得したインカタ自由党（Inkatha Freedom Party）の3党が国民統一政府を形成した。大統領にはANCのマンデラが，副大統領はANCのムベキと，国民党の前大統領デクラークが就任した。また，閣僚ポストはANC，国民党，インカタ自由党の3党に議席数に応じて割り当てられ，インカタ自由党党首のブテレジは内務大臣に就任した。

国民統一政府の期間は暫定憲法の下で国民議会が発足してから5年間（94～99年）の予定であった。しかし，96年5月に新たな恒久憲法が議会で可決された直後，国民党は国民統一政府からの離脱を表明し，同年6月末の国民党の政権離脱により，国民統一政府は実質的に2年余りで終了した。

国民統一政府は，政治学者レイプハルトが提唱した多極共存型民主主義（Consociational Democracy），すなわち深刻な亀裂のある社会で安定的な民主主義を実現するには，単純な多数派支配よりも，集団間で権力を分有し，コンセンサスに基づく意思決定を行うことが望ましい，との考え方を下敷きとしたものであった。アパルトヘイト体制からの移行期に，一定期間，国民統一政府による統治が行われたことは，南アフリカにおいて比較的順調に民主化が実現した1つの要因となった。

【関連項目】アパルトヘイト（人種隔離政策）／対南アフリカ制裁
【参考文献】佐藤誠編『南アフリカの政治経済』明石書店，1998年／峯陽一「紛争処理における多極共存型統治モデルの可能性」峯陽一・畑中幸子編著『憎悪から和解へ』京都大学学術出版会，2000年　　　　　　　　　　　〔牧野久美子〕

## 南アフリカの核開発
nuclear development of South Africa

南アフリカは，いったん核兵器の製造に成功し，自らそれを廃棄した，世界で唯一の国である。開発した際にも廃棄した際にも，自国を取り巻く国際環境が大きく作用したと考えられている。南アは国内に豊富なウラン資源を抱えていることもあり，戦後の原子力研究で世界をリードする国の1つとなった。しかし，アパルトヘイト（人種隔離政策）を強化したことで世界から孤立し，周辺諸国に誕生した社会主義政権とも対立した。特に，1975年に独立したアンゴラにキューバ軍が駐留したことを，国家安全保障上の深刻な脅威と受け止め，これを抑止することが「核爆発装置」の開発に乗り出す大きな動機となった。

南アは78年，核爆発装置を抑止力と位置づける戦略を秘密裏に策定した。ウラン濃縮を進め，カラハリ砂漠に核実験場を準備しつつ，広島原爆と同じ砲身型原爆を89年までに6発完成させた。7発目の高濃縮ウランも用意した。長崎原爆と同じ爆縮型の原爆開発も目指したが，理論的研究にとどまったとみられる。

しかし，85年にゴルバチョフ政権がソ連に誕生し，東西冷戦は大きく緩んだことにより，南部アフリカの緊張も緩和に向かった。88年にアンゴラ，キューバ，南アフリカの和平協定が結ばれ，89年にはキューバ軍もアンゴラからの撤退を開始した。南アにとって，核爆発装置を持つ意味が急速に薄れた。

核爆発装置によって守るべきアパルトヘイト

体制の維持自体も困難になっていた。89年，南アフリカに誕生したデクラーク政権は，アパルトヘイトの廃止による民主化を進めるとともに，南アフリカが国際社会に復帰する戦略を練り始めた。そのためには核爆発装置の廃棄が不可欠だと考えたデクラークの主導で，90年に6つの核爆発装置の解体が始まり，翌年すべての作業が終了した。一連の経緯は93年，デクラーク自身によって公表された。これに先立つ91年，南アは核不拡散条約（NPT）に加盟し，以後は軍縮不拡散外交の分野で主導的な役割を務めている。

この間に核実験は実施していないと，南アフリカは言明している。ただ，アメリカの衛星が79年，西インド洋で核実験に似た閃光を観測した出来事があった。南アフリカかイスラエルによる実験説，観測装置の誤作動説が出され，現在も決着をみていない。南アフリカ当局は一貫して関与を否定している。

【関連項目】　アパルトヘイト（人種隔離政策）
【参考文献】　太田正利「南アフリカ共和国をめぐる『核』問題」今井隆吉ほか編『ポスト冷戦と核』勁草書房，1995年／Reiss, Mitchell, *Bridled Ambition*, Woodrow Wilson Center Press, 1995　　　　　　　　　　　　　　〔国末憲人〕

## 南シナ海の紛争
territorial disputes over the South China Sea

南シナ海には，東沙諸島，西沙諸島，中沙諸島，南沙諸島があるが，1947年12月1日に中華民国内政省地域局が作成し，国民政府が公布した「南海諸島新旧名称対照表」と「南海諸島位置図」には，11段のU字線が描かれ，これらの諸島が取り込まれていた。48年2月，「中華民国行政区地図」にも掲載・公刊された。49年，中華人民共和国も公式地図としてこれを発行した。

53年にトンキン湾のBai Long Wei島の領有権を中国からヴェトナムに移転した際，中国の地図では11段線が9段線に書き換えられた。

中国は21世紀の「海洋強国」を目指している。「海洋強国」とは海軍大国のみならず海洋権益を確保しうる体制の国家を意味する。世界第2位の経済大国となった中国は，その経済発展のために海洋資源を必要としている。その対象海域の1つが，南シナ海である。

中国は，南シナ海でASEAN諸国との間で南沙諸島や西沙諸島を巡る領有権紛争を繰り広げている。これらの諸島の陸地面積はたかだか10km²程度であるが，その海域面積は16万km²に及ぶ。しかも，ある調査によれば，南沙海域は，石油・天然ガス資源の宝庫と言われている。南沙諸島を巡る領有権紛争の本質は，海洋資源を巡る争いと言える。

中国は，58年9月4日の「中国領海宣言」により，東沙諸島，西沙諸島，中沙諸島，南沙諸島の領有と12海里領海を宣言した。92年2月の「中国領海・接続水域法」でもこれを踏襲した。

中国政府は，9段線を海洋法条約の適用が及ばない中国の歴史的権利と理解している。中国は，海洋法条約は10条6項（歴史的湾に関する規定）や15条（領海の境界画定における歴史的権原の不適用）を除いて，歴史的権利に関する規定を有しておらず，9段線は海洋法条約の適用によって解決できないとの議論を展開する。海洋法条約は94年に発効したものであり，中国政府が正式に公布した47年から数えてもすでに47年が経過している。9段線が海洋法条約に適合しないとの主張は国際法の根拠を欠いていると主張する。

2013年，フィリピンは，南シナ海におけるフィリピンと中国との間の紛争を，国連海洋法条約附属書Ⅶに基づく仲裁手続に付託した。これに対して中国は，仲裁手続に応じない姿勢を示している。その背景には，中国が06年に行った歴史的権原に関する紛争を仲裁手続の管轄権から除外するとの宣言の国連事務総長への寄託がある。

【関連項目】　国際海洋法裁判所（ITLOS）／国際司法裁判所

(ICJ)／尖閣諸島問題／領海
【参考文献】 浦野起央『南シナ海の領土問題［分析・資料・文献］』三和書籍, 2015年／Talmon, Stefan and Jia, Bing Bing. The South China Sea Arbitration A Chinese Perspective, Hart, 2014 〔坂元茂樹〕

## 南スーダン独立 independence of the Republic of South Sudan

1956年の独立以来，スーダンは南北間で第1次，第2次内戦を経験した。「アフリカ最長の内戦」とも呼ばれる。そもそも，南北間の対立・衝突・武力紛争は南部が自治・独立の獲得を志向して生じた側面もある。背景には，言語・文化・宗教（北部のイスラーム教と南部のキリスト教，伝統宗教）・住民の属性（北部のアラブ系と南部のアフリカ系）といった相違や英国植民地時代に構築された政治・経済格差が存在する。

第2次内戦の終結に際しスーダン政府とスーダン人民解放運動・軍（SPLM/A）が締結した2005年6月包括的和平合意（CPA）には，6年間の暫定期間ののち，南部独立の是非を問う住民投票を実施することが盛り込まれていた。11年1月9～15日に実施した住民投票では約99％の住民が独立賛成票を投じた。これを受け，7月9日，南スーダン共和国は独立を果たし，アフリカで54番目の一番若い国家となった。国連にも同年に加盟している。首都はジュバ。南スーダン独立に伴い，05年以来スーダンに展開していたPKO「国連スーダンミッション」（UNMIS）は終了し，11年7月より「国連南スーダンミッション」（UNMISS）として新たに活動を開始した。

独立後の南スーダンにとっての課題として，経済面では同国で産出される石油による収入への依存度が高い点が挙げられる。この石油を巡っては，アビエ地域の南北帰属問題ともからみ，スーダン共和国との紛争の火種となっている。また，国内政治においても，反政府勢力と政府側との武力衝突がしばしば発生している。13年12月19日にはジョングレイ州のアコボ（Akobo）でUNMISSの施設に国内避難民が駆け込むも，民間人やUNMISS要員が死傷する事態となった。

【関連項目】 スーダン内戦
【参考文献】 栗田禎子「南スーダンの独立」『アフリカ NOW』No. 96, 2012年／村上裕公「緊急報告 南スーダン情勢」『SRID ジャーナル』6号, 2014年／International Crisis Group, "Politics and Transition in the New South Sudan," Africa Report, No.172, 4 April 2011 〔井上実佳〕

## ミャンマー民主化運動 democratization in Myanmar

ミャンマーは，2008年の新憲法制定や10年11月の総選挙実施に象徴されるように，民主化の道をたどっている。民主化のプロセスは，かつて実権を握っていた軍事政権が「民主主義へのロードマップ」として1994年に着手したのが始まりだ。総選挙以前のミャンマーは上級大将タン・シュエ率いる軍事政権が国を治めていた。タン・シュエ政権の前はネ・ウィンが実権を握っていたが，それまでの社会主義政権の崩壊と民主化を求めるデモの高揚により88年に失脚したため，事実上タン・シュエが実権を握ることとなった。デモは武力をもって鎮圧され，アウンサンスーチー率いる国民民主連盟（NLD）が圧勝した90年の総選挙は無効とされた。

軍事政権時代，88年の暴動やアウンサンスーチーら反政府勢力の政治家の拘留を受け，英米をはじめとする西側諸国はミャンマーに対する経済制裁に踏み切った。このときの西側諸国の要求はまず，政治犯の釈放と，民主的統治の回復であった。これ以後，ミャンマーでは多数の政治犯が釈放されたり，2007年から首相を務めたテイン・セインが反政府勢力や政治亡命者に対し融和姿勢をとったことなどから，西側諸国は経済制裁を徐々に解除していった。このような民主化プロセスが最高潮に達したのは，12年の補欠選挙でアウンサンスーチー率いる国民民

主連盟（NLD）が45議席中43議席を獲得したときだ。以来，アウンサンスーチーは国会野党の公式な党首となっている。

民主化の動きは政界以外にもみられる。報道や経済の著しい自由化がそれだ。また政府は，政府と対立していた16の少数民族と対話の機会を持ち，15年3月には和平合意を結び，政治的対話への道を開いた。この和平交渉では，EUやノルウェーのイニシアティヴによって設立されたミャンマー・ピース・センターが仲介に当たり，外向的意識を持つビジネス界も交渉を支援した。

順調にみえた10年以来の民主化だが，外国籍の家族を持つ者には被選挙権が与えられていなかったという理由で，野党から08年の総選挙の結果について異議が唱えられた。このため，野党はこれに関する憲法改正を市民社会や少数民族に訴えた。あわせて，軍人が国会議員の25%を占める，軍が国内や国境の治安維持や国防を担う，防衛の問題には国会は関与しない，といった規定の改正も求めており，15年終盤に予定されている総選挙までの実現を目指している。

このほかに民主化プロセスを阻むものとして，民族・宗教問題がある。特にラカイン州では10年から，仏教徒とバングラデシュから移住してきたイスラーム教徒の間で，暴動が繰り返し起こっている。僧侶らが率いる「969運動」は，イスラーム教徒のコミュニティや経済活動に対する嫌悪感を煽っている。対立関係は少数民族の間だけでなく，ミャンマー政府と少数民族との間にもある。政府との武力衝突が続くカチン独立軍（KIA）やタアン民族解放軍（TNLA）はいまだ政府との和平協定を実現しておらず，最近ではコーカン族が多く住むコーカイ自治区の区庁所在地ラオカイでも15年に反乱が起こった。また，15年3月には政府と少数民族勢力との間で全土停戦の合意がなされたにもかかわらず，カチン州やシャン州では依然として武力衝突が続いている。

【参考文献】　Taylor, Robert, *The State in Myanmar*, Hurst, 2009／Ganesan, Narayanan, "Interpreting Recent Developments in Myanmar as an Attempt to Establish Political Legitimacy," *Asian Journal of Peacebuilding*, Vol. 1, No. 2, 2013

〔ナラヤナン・ガネサン〕

## ミュンヘン会議　Munich Conference

1938年9月29日から30日にかけて，チェコスロヴァキア領ズデーテン地方のドイツへの割譲や，ポーランドとハンガリーによる領土要求を議論した，英独仏伊の四国首脳会談。近隣小国におけるドイツ人居住地域のドイツへの割譲を，当事国であるチェコスロヴァキア政府参加のないまま決定，直後にドイツ軍がズデーテン地方へ侵入し，チェコスロヴァキア国家解体の契機となった。小国を犠牲にしたこの判断は，当時は，欧州戦争の危機を回避するための「宥和政策」と評価された。

チェコ北西部のズデーテンに居住するドイツ人は，1910年代以降はズデーテン・ドイツ人という名称を使用し，18年のチェコスロヴァキア国家成立以後は自治を承認されたが，ドイツ系資本の国家返還やチェコ語公用語化により圧迫された。このため，33年にはドイツとの連帯強化をしつつ自治拡大を要求する動きが広まった。

38年3月オーストリアのドイツ合邦（アンシュルス）後，9月12日に，ヒトラーがズデーテン・ドイツ人の民族自決支持演説を行い，15日の英首相チェンバレンとの直接会談で正式にドイツとの併合を要求した。チェンバレンは，戦争回避のため，チェコスロヴァキア政府に対し要求受諾を通告したがチェコスロヴァキア政府は翌日これを拒否，政権交代した。ヒトラーはズデーテン地方の引き渡し時期を早めるよう再度要求したため，当時ヒトラーを牽制する発言を行ったソ連とチェコスロヴァキア政府を外す形で29日に開かれたのが，四国首脳による

ミュンヘン会議である。

同会議は，ズデーテン地方など国境地帯のドイツ人居住地域をドイツに割譲，ポーランドにチェシーン地域，ハンガリーに南スロヴァキアとルテニアの一部をそれぞれ割譲することを認める協定に調印し，30日に通告した。これにより欧州の全般的和解，すなわち「平和」は一旦確保されたようにみえたが，チェコスロヴァキア領土の3分の1，軍事要塞線，工業生産の4割が失われた。

翌10月1日にドイツ軍がズデーテン地方に侵入，5日にチェコスロヴァキア大統領ベネシュは辞任し国外へ亡命した。6日には同じく自治要求を強めていたスロヴァキアやルテニアの自治拡大も認められ，一方，すべての政党活動が禁止された。39年3月，スロヴァキアが独立を宣言，ドイツと保護条約を締結して，その保護国となった。チェコ地方も「ボヘミア及びモラヴィア保護領」としてドイツ支配下に置かれ，チェコスロヴァキア国家は，事実上解体した。チェンバレンはミュンヘン会議の合意事項ではなかったと抗議したが，軍事的措置はとらなかった。ドイツは，続いて第一次世界大戦後に失ったグダンスク（［独］ダンツィヒ）を含むポーランド回廊を要求，英仏政府は39年9月のドイツ軍によるポーランド侵攻を防げず，第二次世界大戦が勃発した。

【関連項目】宥和政策／第二次世界大戦（WWⅡ）
【参考文献】綱川政則『ヨーロッパ第二次大戦前史の研究』刀水書房，1997年／南塚信吾編『ドナウ・ヨーロッパ史』山川出版社，1999年／ベネット，ジョン・W.ウィラー（酒井三郎訳）『悲劇の序幕』日本出版サービス，1977年　〔大庭千恵子〕

## ミレニアム開発目標（MDGs）
Millennium Development Goals

2000年9月の国連ミレニアム・サミットにおいて採択された国連ミレニアム宣言に基づいてまとめられた，国際社会が取り組むべき開発目標のこと。①極度の貧困と飢餓の撲滅，②初等教育の完全普及の達成，③ジェンダー平等の推進と女性の地位向上，④乳幼児死亡率の削減，⑤妊産婦の健康の改善，⑥HIV／エイズ，マラリア，その他の疾病のまん延防止，⑦環境の持続可能性確保，⑧開発のためのグローバルなパートナーシップの推進，が主たる8目標とされ，その下にはより具体的な21のターゲットと60の指標が設定された。ほとんどの目標は1990年を基準年とし，2015年を達成期限として設定された。

1990年代に開催された国際開発に関する主要な国際会議やサミットなどの成果を統合し，人間を開発の中心に置くようになった国際潮流に基づいて打ち出された。先進国・途上国双方を含む世界の指導者が，達成期限と具体的数値目標を定めて実現を公約したこと，その後も首脳レベルで達成に向けた努力を謳ってきたことに，大きな意義があるとされる。

毎年その進捗状況が確認・公表されており，1日1.25ドル未満で生活する人々の割合が半減するなど，一部目標は2015年の期限を待たずに達成された。一方で，サハラ以南のアフリカでは多くの目標を達成できていないなど地域差がみられ，また都市部と農村部の格差や貧富の格差が拡大するといった課題も残った。

15年9月には国連持続可能な開発サミットが開催され，MDGsの成果をもとに，残された課題を2030年までに達成すべく，17の目標と169のターゲットからなる持続可能な開発目標（Sustainable Development Goals; SDGs）が採択された。

【関連項目】国連ミレニアム・サミット
【参考文献】勝間靖編著『テキスト国際開発論』ミネルヴァ書房，2012年／United Nations, *The Millennium Development Goals Report*, 各年版　〔吉田晴彦〕

## 民間軍事会社（PMSC）
private military/security company

民間軍事会社とは，伝統的に国家の独占領域

と理解されてきた「正当な物理的暴力行使の独占」といった国内秩序の維持において，軍隊や警察を補佐する，もしくはその代役を務める民間企業である。冷戦終焉に伴い各国軍事部門の余剰人員が民間に流れ，効率的な軍隊経営の観点から「外部委託」の流れが加速した。PMSCの請け負う業務は①軍事顧問・訓練，②戦闘任務，③兵站・後方支援，④警備・警護，⑤犯罪予防・情報収集に分類される。1990年代には南アフリカのエグゼクティブ・アウトカムズ社（Executive Outcomes）のようにシエラレオネやアンゴラの内戦において戦闘任務に直接従事した，傭兵に限りなく近いPMSCも存在した。だが，国際世論の非難もあり，戦闘任務を請け負うPMSCは現在ではほとんど存在しない。アフガニスタンにおいてダインコー社（DynCorp）が要人警護などを担っていたように，要人警護や輸送，軍事訓練・情報についてのコンサルティング業務などといった軍事支援・コンサルタント業務に従事するPMSCが多い。2008年9月には，PMSCによる国際人道法・国際人権法の遵守を担保するための指針として「モントルー文書」が採択された。

【関連項目】　イラク戦争／シエラレオネの紛争／治安部門改革（SSR）
〔古澤嘉朗〕

## 民軍協力（CIMIC）
civil-military cooperation

　国際的な人道活動や平和活動を目的とした民間組織と軍事組織との間の協力を指す。冷戦終結後，内戦や地域紛争に対する紛争解決，平和維持，平和構築の各分野をまたぐ中長期的で統合的な平和活動が国際社会に求められるようになった。多様な主体が現地の平和活動を通じて協調する必要が生じるなか，民間組織と軍事組織との間の協力も実践に移されるようになっている。

　広く人道活動や平和活動と捉えられるCIMICについて，より細かく見れば，協働を試みる主体によって，また対応する事態の性格によって，その定義の内容には異同がある。例えば，国連平和維持活動（PKO）を活動主体の念頭に置く場合には，国連ミッションの遂行に関わる軍事部門と民間部門との間の調整が，北大西洋条約機構（NATO）であればNATOの指揮下で実施される軍事的任務を遂行する上で重要となる民間組織との連携の観点からCIMIC像が描かれることになる。

　他方，国連人道問題調整事務所は，独自に国連人道民軍調整（United Nations Humanitarian Civil-Military Coordination; UN-CMCoord）と称して，「人道原則を保護，促進し，競合を避け，矛盾した活動を最小限に留め，適切な場合には共通の諸目的を追求するために必要な民間と軍事の主体間の対話と相互作用」の重要性を，人道問題の調整という立場から提唱している。

　紛争後の地域において人道目的で活動する非政府組織（NGO）の立場からは，軍事組織との連携を通じて自らの活動の中立性，不偏性，独立性が損なわれる危険性が高まるようなCIMICについては慎重な態度をとる意見も存在する。しかし，近年の内戦の事例が明らかにしているように，和平合意後に紛争当事者間で衝突が生じ治安が不安定化する場合も少なくないことから，こうした環境下での民と軍の両主体が連携することの意義と課題がCIMICを通じて提起されている。

【関連項目】　国連平和維持活動（PKO）
【参考文献】　上杉勇司・青井千由紀編『国家建設における民軍関係』国際書院，2008年／小柳順一『民軍協力（CIMIC）の戦略』芙蓉書房出版，2010年
〔山根達郎〕

## 民衆殺戮　democide

　民衆殺戮とは，政府（政権）または占領軍の軍政による人民の大量殺戮を意味するR. J. ランメルの造語である。人民の大量殺戮を意味する用語には，ホロコースト及びジェノサイドが

あるが，近年，新たに民衆殺戮，政治殺戮，階級殺戮といった概念が使用されるようになった。民衆殺戮とは，本来のジェノサイドの定義にとどまらない，より包括的な意味での大量殺戮を指す概念である。具体的には，銃殺，ジェノサイド，強制労働による虐待死といった政府による意図的な人民殺戮に加え，強制収容所での過酷な労働に起因する政治犯の死，拷問死，強制移動の最中に行われる暴行死，工業化優先のため農作物を過度に収奪することでもたらされた農民の餓死など，政府が意図的に無視したことで，あるいは死に至ることを知りつつも救済しようとはしなかったことで生じる人民の殺戮を意味する。民衆殺戮は主として独裁国家及び権威主義国家で発生する傾向にある。ランメルは1900年から87年までに発生した政治権力による民衆殺戮の犠牲者数を，およそ1億6900万人と推計している。その後，87年から99年の間に新たに生じた民衆殺戮130万人，中国の大躍進の際に発生した農民を標的とした階級殺戮3800万人，そしてアジア・アフリカ各地の植民支配下で行われた民衆殺戮5000万人を含め，20世紀の民衆殺戮の犠牲者の合計は，およそ2億6000万人にのぼると推計される。

【関連項目】ジェノサイド／政治的殺戮
【参考文献】クルトワ，ステファヌほか（高橋武智訳）『共産主義黒書』恵雅堂出版，1997年／クルトワ，ステファヌ・ヴェルト，ニコラ（外川継男訳）『共産主義黒書』恵雅堂出版，2001年／Rummel, Rudolph J., *Death by Government*, Transaction Publishers, 1994／White, Matthew, *The Great Big Book of Horrible Things*, W.W. Norton, 2012　　〔吉川元〕

## 民主化支援
democracy assistance／democracy support

共通の定義は存在しないが，概してある国における民主主義的政治制度の発展・定着を目的に，国外のアクターが提供する支援を指す。非民主主義国に対しては民主化を促進するための支援，すでに民主制への移行を開始した国に対しては民主改革のさらなる推進及び民主制の定着・質的向上などを目的とした支援が行われる。支援を提供するアクターには，国家，国際機構，市民社会組織などがある。

民主制を促進しようとする活動一般では，外交的・経済的・軍事的手段が用いられることがある。外交的・経済的手段は報酬（賞賛や市場開放など）のみならず制裁（批判や貿易規制など）としても用いられ，軍事的手段は強制性が高い。日本では，民主化支援の用語がこれら手段を用いた民主制促進活動の全てを指すものとして用いられることが多い。ただし，元来「支援」の語が労力や金銭を用いて他者の活動を助ける意味を持つことに鑑み，民主制の促進を目的とした活動のなかでも民主化「支援」と呼ばれるものは，被支援側と支援側の間である程度の合意があり，平和的なリソースの移転を目指す活動のみを指すべきと言える。その意味で民主化支援を捉えれば，用いられる手段は上記のような手段ではなく，民主的な制度・能力構築のための技術・資金・物資提供を行う対外援助である。なお，この手段は民主制を促進する活動一般のなかで最も頻繁に用いられている。

民主主義概念を巡って論争があることから，支援の目的となる民主制のあり方についても定まった見解が存在せず，それが民主化支援の共通定義確立を阻んでいる1つの要因となっている。しかし，選挙制度を備えただけの手続的民主主義や非自由主義的民主主義は通常民主化支援が達成しようとするものではなく，透明性・説明責任・参加が確保された国家制度の構築や市民社会の監視能力の強化などを目的とした支援が行われる。

【関連項目】援助外交／国際民主化選挙支援機構（International IDEA）／選挙監視活動／選挙システム支援
【参考文献】杉浦功一『民主化支援』法律文化社，2010年／Burnell, Peter, ed., *Democracy Assistance*, Routledge, 2000／Carothers, Thomas, *Aiding Democracy Abroad*, Carnegie Endowment for International Peace, 1999　　〔市原麻衣子〕

## 民主主義の平和　Democratic Peace Theory

民主主義国は他の政治体制をとる国よりも平和愛好的か。この問いに答えるべく、第二次世界大戦後、戦争・紛争データの計量分析が行われたが、有意な結果は得られなかった。

そこで、B.ラセットらは、国家と国家の組み合わせ＝対（dyad）に注目し、第二次世界大戦後の国家間戦争を対象とし、データを分析した結果、民主主義国同士では、他の組み合わせの場合と比べ、戦争の確率は低いという、統計的にも有意な結果を得た。

ラセットらは、その理由として、第1に、民主主義には紛争の平和的解決を行うという規範があり、相手国も民主主義であれば、やはり紛争の平和的解決を望んでいることから、双方ともに、武力行使を控える。その結果、民主主義国では戦争は起こりにくいとの仮説を立てた。第2の仮説は、民主主義国では、権力分立や透明性確保のための制度が発達しており、それゆえに民主主義国同士の戦争は起こりにくいとする。この2つの仮説を暫定的に統計分析した結果、民主主義の規範からの説明のほうがより妥当であるという結果を得ている。

ラセットらの研究に対しては、国家間戦争のみが分析対象とされており、第二次世界大戦後の植民地独立戦争が含まれていないことなどが批判された。こうした戦争では、欧米の民主主義国が戦争の一方の当事者であることが多かったからである。

冷戦後、旧社会主義国や開発途上国における民主化及び国際社会による民主化支援が関心を集めると、民主化と戦争の関係が議論された。そして、民主化の過程ではかえって紛争・戦争が勃発する可能性が高まるとの見解も提示されたが、民主化の過程にあることと民主主義が確立していることは概念的に異なるものであり、このことは民主主義の平和論に対する批判とはならない。

ラセットらは、民主主義の平和論に対する様々な議論を踏まえ、民主主義、経済的相互依存関係、国際組織への加入度の3つの要因が、国家間での戦争勃発の可能性を低くするとする、リベラル・ピース論を展開した。

【関連項目】　平和／民主化支援／リベラル・ピース
【参考文献】　カント（宇都宮芳明訳）『永遠平和のために』岩波書店、1985年／ラセット、ブルース（鴨武彦訳）『パクス・デモクラティア』東京大学出版会、1996年　　〔大芝亮〕

## 民族自決　national self-determination

近代の人民主権概念の普及とともに、特定の国や地域の住民がその帰属や政体を自ら決するという人民の自決権の主張が現れた。19世紀後半、中・東欧で特定の言語集団に基礎をおく民族運動が高揚し、ドイツやイタリアで国家統一が進行した。その影響を受けつつ、ハプスブルク帝国やロシア帝国内でも様々な民族集団の自治要求が高まった。しかし、全体としては、独立よりも帝国の民主化や連邦化を求める主張が主流をなしていた。

第一次世界大戦が長期化し、政治経済環境が悪化すると、諸帝国内の様々な民族運動は急進化し、帝国の解体と独立を志向するようになった。交戦両陣営とも民族運動を戦争遂行に利用すべく、民族性原理や民族自決論を唱え始めた。1917年にロシア臨時政府や、それに続くソヴィエト政府は民族自決を提唱し、それを受けてアメリカのウィルソン大統領は18年1月の十四ヵ条で、欧州の領土問題の民族性原理に配慮した解決案を提示した。十四ヵ条で自決という語は使われなかったが、同年2月の同大統領の演説は自決論に言及し、従属的な地位にあった諸民族集団の自立志向を鼓舞することになった。

第一次世界大戦後、中・東欧では民族性原理を基礎とする多くの新興国が独立したが、各国は多くの民族的少数者を抱え、それを巡って隣接諸国間の対立が続いた。また、第二次世界大戦直前に、ドイツのナチ政権は民族自決を根拠

に，オーストリア併合とチェコスロヴァキアのズデーテン地方併合を行った．

民族自決論は植民地住民の独立志向も鼓舞したが，両大戦間期にそれはほとんど顧みられず，第一次世界大戦の敗戦国の植民地は国際連盟の委任統治として戦勝国に委ねられた．

第二次世界大戦後，国際連合は憲章1条2項で「人民の自決」を謳った．また様々な民族運動は民族自決を独立の主張の論拠としている．しかし，民族自決は国際法上で定立された権利とはなっていない．どこまでを法的に民族とするのかを確定することが困難で，その援用は果てしないエスニック紛争を触発する恐れがあるからである．

【関連項目】 ウィルソン十四ヵ条／エスニック紛争／住民投票と民族独立／人民の自決権

【参考文献】 吉川元『民族自決の果てに』有信堂，2009年／塩川伸明『民族とネイション』岩波書店，2008年　〔林忠行〕

## ミンダナオ紛争　conflict on Mindanao

一般に，ミンダナオ紛争は，フィリピン南部のミンダナオ島において，フィリピン政府と現地の武装勢力とが絡む武力闘争を指す．ミンダナオ島は，15世紀にイスラーム教を統治基盤とする王国の支配地域の一部であったことから，その後もムスリムの人々が同地に居住する経緯をたどった．1946年にフィリピンが国家としての独立を果たすと，首都マニラを中心に多数派を占めるキリスト教徒が中心となる統治構造が強化されるなか，ミンダナオ島ではキリスト教徒の入植が進められた．こうした状況に不満を募らせた一部の現地住民は，1970年代に同国政府に対して分離・独立を訴えて「モロ国民解放戦線（Moro National Liberation Front; MNLF）」を結成し，武装闘争を展開した．その後，MNLFから分派し，後に最大党派となった「モロ・イスラーム解放戦線（Moro Islam Liberation Front; MILF）」が，2014年にフィリピン政府との間に包括和平合意を締結し，16年6月までに「バンサモロ（Bangsamoro）」と呼ばれるイスラーム系自治政府の設立に向けた作業が開始された．　〔山根達郎〕

## 民兵　militia

一般に，民間の人々で構成された非常時における軍事要員のことを指す．国家における正規の軍隊を補完するための軍事組織のほか，正規軍などに対して反抗するために構成された軍事組織もまた民兵として分類される．歴史的にみれば，絶対王政下の常備軍から近代国家の国民軍へと変容する過渡期に正規軍を補完する，もしくは対抗する両義的な存在として民兵の制度化が進んだ．戦時国際法としてのハーグ陸戦規則の付属書第1章1条では，条約で規定される交戦者の資格要件として，上官として責任者が存在し，遠方からも認識できる特殊徽章の着用や公然と兵器を携帯し，その動作において戦争法規を遵守していれば，正規軍だけでなく，民兵や義勇兵も当てはまると規定されている．近年，内戦や地域紛争で現れる民兵が国際安全保障上の脅威として，テロリズムの問題とからんで問題化している．

【関連項目】 テロリズム／ハーグ陸戦規則　〔山根達郎〕

## 無差別戦争観
Idea of Non-discriminating War〔独〕Nicht-diskriminierender Kriegsbegriff

1950年代以降，祖川武夫，田畑茂二郎，石本泰雄などがカール・シュミットの理論を，それぞれの問題意識に基づき解釈し，19世紀における戦争観を表わすものとして作り出した理論．ところが，奇妙なことに，「無差別戦争観」には，2通りの意味があること（自助としての戦争という田畑系列の解釈と，法の規律外と捉える石本系列の解釈）が必ずしも明確に意識されないまま，さらには，その理論の起源がシュミットにあることに注意が向けられることもほとんどないまま，わが国において通説として流

布するようになっていった。

しかし，19世紀においては理論の上でも国家慣行の上でも様々な戦争の捉え方が存在していた。ただ，そこに共通しているのは，ユス・アド・ベルム（どのような形で戦争を開始できるかについての法）と切断されて，ユス・イン・ベロー（戦時国際法）は，戦争当事者に無差別に適用されるという点であった。無差別戦争観の理論はその点を表わすものとしては意味がある。

【関連項目】正戦論／戦争非合法化論／武力不行使原則

〔柳原正治〕

## 霧社事件 Musha Incident/Wushe Incident

1930年，日本植民地統治下台湾の台中州能高郡霧社における台湾原住民族タイヤル族（現・セデック族）による抗日武装蜂起に始まる一連の事件である。

当時，原住民居住地域は特別行政区であり，理蕃警察が専制支配していた。タイヤル族の6社（集落）が，警官による強制労働や原住民女性に対する横暴等に不満を募らせ，圧政に抗して決起し，モーナ・ルーダオをリーダーとする蜂起側は，10月27日，恒例の合同運動会場であった霧社公学校等を襲撃して日本人134名を殺害した。理蕃の模範地域とみなしていた霧社の反乱に驚愕した台湾総督府と台湾軍司令部は，軍及び警官約4000名，漢族系住民と蜂起不参加の原住民「味方蕃」約5000名を動員し，銃器や空爆，国際法で禁じられていた毒ガスをも使用して苛烈な報復攻撃を行った。蜂起側の戦死・戦病死・自殺者は644名にのぼり，日本側は石塚英蔵台湾総督が引責辞任した。

翌年4月，日本側当局の教唆により「味方蕃」が，収容されていた生存者514名を襲撃してわずかに生き延びた298名は川中島への移住を強いられた（第二霧社事件とも言われる）。

この事件は，日本の台湾植民地統治に対する内外の反響を招き，特に警官の綱紀粛正や原住民教育の普及等原住民政策の転換をうながすこととなった。

〔大浜郁子〕

## 無人機 unmanned systems

戦争における無人機の活用は，歴史上多くの空想を掻き立て，人類の夢の1つであった。今日想定される無人機は，陸，海，空等の領域において無人で作戦行動を実施するシステムであり，自動化装置から人工知能（AI）を活用した自律化兵器まで幅広いシステムが想定される。人型ロボットのヒューマノイドによる地上戦闘や自律化兵器による「戦場の無人化」を，戦争の将来の姿とする意見もあるが，国際人道法の観点からこれを問題視する意見も多く，2014年以降，特定通常兵器使用禁止制限条約（CCW）の締約国会議では自律型致死兵器システム（LAWS）の規制問題が議論されている。

初期に戦場での使用が想定された無人機としては，第一次世界大戦中に米陸軍が配備した無人空中魚雷のケタリング・バグがある。その後，標的機や偵察機の開発・運用が進められると共に，航空機以外の分野でも無人機の開発が進展した。無人機は人間が搭乗していない機体を意味し，航空，宇宙，水上，水中（潜水）など，人間の操作が困難な状況や極限状況の下での活動に適している。攻撃型の無人機であるUCAVの開発が進んだのは21世紀に入って以降とされ，アフガニスタンやパキスタンでMQ1プレデターやMQ9リーパーなどが使用されている。

無人機の操作方法には自律型と遠隔操作型，さらにはプレセットされたプログラムに従って稼働するもの等が存在し，無人機が一律に同じ技術特性を有するものではない。操作方法に加え，動力源，操作環境，作戦目的に応じて多様な種類の無人機が存在しており，人工知能やロボット技術を導入した兵器開発の進展が期待されている。無人航空機のドローンは，20世紀はラジオ波管制が中心であったが，WiFiなどの

管制方法が普及するなかで小型化され，一般商品として入手が容易になった。

米国が公表している，21世紀中葉の無人機を展望した「無人システムのロードマップ」では，将来的に戦場認識，兵力展開，防護，兵站の各分野で統合作戦が必要になり，それに向けて三軍による無人機の活用を調整する必要があることを強調している。無人機に必要な技術として，相互運用性とモジューラー化技術，通信システムとその堅牢性，安全（RITP），レジリエンス，自律性と認知行動，そして兵器を挙げている。

【関連項目】 安全保障
【参考文献】 Williams, Robert E. and Paul R. Viotti, *Arms Control*, Praeger, 2012
〔佐藤丙午〕

# ムスリム muslim

ムスリムとは，イスラームの信徒を意味するアラビア語で，「（神に）絶対的に服従する者」を意味する。その女性形はムスリマ（muslima），複数形はムスリムーン（muslimun）である。イスラーム成立期において，ムスリムの宗教的な義務を巡って論争があったが，その後五行（ムスリムに課される宗教上の義務で，第1は信仰告白，第2は礼拝，第3は喜捨，第4は断食，第5は巡礼である）の第1番目の信仰告白（「アッラー以外に神はなし」と私は証言する。「ムハンマドはアッラーの使徒である」と私は証言する）を公言する者はすべてムスリムとみなすとの原則が確立し，今日に至っている。

イスラームが7世紀アラビア半島で興って以降，西は北アフリカを経てイベリア半島へ至り，北は中央アジア，東はインダス川流域に至る地域まで伝播し，その領域の拡大に伴って人口も急増した。そして，13世紀から17世紀に西アフリカや東南アジア，19世紀から20世紀には交通・通信手段の飛躍的な発達に伴って，特に移民として南北アメリカ，ヨーロッパ，オーストラリアなどへ渡り，移住先で大きな影響力を持つに至っている。現在，世界の全ムスリム人口はおおよそ16億人，キリスト教徒に次ぐ人口で，5人に1人はムスリムと考えられている。

ムスリムが多く暮らす地域は，発展途上の国々が多く，特に19世紀以降ヨーロッパ列強による植民地主義・帝国主義支配の下に置かれたことで，第二次世界大戦後多くの国が誕生した後も国家の枠組みが脆弱で，伝統的部族社会，多民族，多宗教・宗派社会の中に多くの問題が埋め込まれることになった。そして，多くのムスリムはそれらの問題の原因を作り出した欧米に対する被害者意識を強く持ち，これを共有してきたことも見逃せない。70年代末頃まで，イスラーム世界でみられた政治運動の中心は親欧米，反欧米，いずれもが世俗主義的なものであったが，1979年に起こったイラン・イスラーム革命及びソ連によるアフガニスタン軍事介入，そして89年ソ連邦の崩壊以降，イスラーム主義がその前面に躍り出るに至った。その変化の背景に，彼らの世俗主義イデオロギーへの失望，裏を返せばイスラーム主義イデオロギーによる変革の期待と反欧米感情が複雑に絡み合っていた。その流れは，アラブ世界では，2011年12月チュニジアから始まる民主化運動「アラブの春」が，その後のイスラーム主義運動の隆盛を導き，また反体制運動を含む政治運動にイスラーム主義が介在し，多くのムスリムを巻き込み，ムスリム対非ムスリムの対立が各地で発生する事態になっている。そして，社会主義・共産主義思想がその影響力を失う一方，イスラーム主義思想が拡散して，諸々の政治運動に大きな影響力を持つとともに，既存の国家を脅かす存在になっている。

【関連項目】 アラブの春／イスラーム国（IS/ISIS/ISIL）／イスラーム復興運動
【参考文献】 大塚和夫ほか編『イスラーム辞典』岩波書店，2002年／佐藤次高ほか編『新イスラム事典』平凡社，2002年
〔宇野昌樹〕

## 村山談話 Statement of Prime Minister Tomiichi Murayama

1995年の終戦記念日に発表された村山富市首相の談話（戦後50周年談話）を指す。その核心部分は、日本の「植民地支配と侵略」によって被害を受けたアジア諸国民に対する「痛切の反省」と「心からお詫び」の表明である。それまで首相や閣僚による謝罪や反省は珍しくなかったが、その言葉の「軽さ」が目立っていた。しかし、村山談話は一時しのぎではなく、政権交代によっても踏襲されるべき政府の意思表明として首相官邸を中心に立案され、閣議決定を経たものである。それだけに、その後の政府首脳の発言をかなり拘束した。国内の歴史認識の分裂を統合に向かわせるものではなかったものの、「侵略戦争か否かは、考え方の問題だ」といった発言は少なくとも閣僚からは聞かれなくなった。

靖国神社参拝に固執していた小泉首相も、歴史問題に関する公的発言では村山談話に忠実であった。最初の参拝時の首相談話、2005年4月のアジア・アフリカ首脳会議におけるスピーチ、同年の終戦60年談話などは村山談話の内容を踏襲していた。さらに、近隣諸国にもかなり浸透し、98年の日韓共同宣言（21世紀に向けた新たな日韓パートナーシップ）の案文作成の基礎ともなった。

談話の背景には、冷戦の終焉、自民党支配のゆらぎ、いわゆる戦後補償問題の噴出といった90年代の内外情勢の大きな変化があった。特に戦後補償問題では、従軍慰安婦問題のように、韓国や中国の被害者が個人の賠償請求権は放棄されていないとして日本政府を提訴する案件が続出していた。この問題に直面した宮沢喜一内閣は、サンフランシスコ平和条約等の政府間和解の法的枠組を堅持しつつも、アジアの被害者の訴えに誠実に応えない限り、日本のアジア太平洋外交の発展もあり得ず、経済大国としての国際的責任も果たし得ないという問題意識を持つに至り、それは歴代政権に継承されていた。つまり、社会党首班の連立政権であったから談話が可能であったというより、90年代以降の歴代政権の問題意識が底流にあった。

村山談話は、アジア太平洋諸国との相互理解と信頼を培うための「平和友好交流事業」の展開も約束している。前年8月末に村山首相が発表したもので、その中心事業が歴史研究支援のための「アジア歴史資料センター」構想であった。紆余曲折を経て、日本のアジア関係の歴史公文書をデジタルアーカイブに集約し世界に公開する施設として同センターが2001年に開設されている。

【関連項目】歴史認識
【参考文献】服部龍二『外交ドキュメント　歴史認識』岩波書店、2015年／村山富市『村山富市回顧録』岩波書店、2012年

〔波多野澄雄〕

## 明治学院大学国際平和研究所 International Peace Research Institute, Meiji Gakuin University

日本における平和研究の学術的研究機関として、広島大学平和科学研究センター（1975年）、創価大学平和問題研究所（76年）に続いて、86年に設置された。同年明治学院大学に国際学部が新設されるとともに、その付属研究所としてスタートし、88年には、大学直属の研究所となって、今日に至る。初代所長は核物理学者の豊田利幸。その後、国際政治学者の坂本義和、浅井基文、武者小路公秀の歴代所長の下で、学問的追究とともに、市民社会との交流を重視するという特色を示してきた。さらに戦争だけでなくあらゆる暴力に対抗するというこの研究所の志向性は、アフリカ地域研究・開発経済学の勝俣誠、比較文化論の竹尾茂樹の両所長の下で一層明らかになった。2015年現在の所長は高原孝生。所員は各学部に属する現役の明治学院大学教員が兼務し、15年現在は34名。プロジェクト研究を進め、学生・市民を対象とした

シンポジウムやセミナーを随時開催。明学共通科目の「現代平和研究」（広島・長崎講座など）を責任開講するほか，フィールドスタディ等の平和教育も実践する。刊行物に機関誌『PRIME』，随時発行の『南を考える』，Occasional Papers Seriesがある。　　　〔高原孝生〕

## 毛沢東主義　Maoism

　毛沢東主義は，しばしば毛沢東思想と混同されるが，中国で正式に使用されているのは毛沢東思想であり，マルクス・レーニン主義と並び，中国建国当初から一貫して党規約に掲げられ，また憲法でもこれが謳われている。中国において毛沢東の「思想」は，当時のソ連共産党の「スターリン主義」と明確に区別され，マルクス・レーニン主義の理論から学び，中国革命の実践を重視する戦略指導の思想となった。

　ここでは，毛沢東の「人民戦争」に代表されるように，世界において大国間政治の結果として，不平等を強いられた第三世界の武力革命が支持され，民族の独立を守るための武力革命が奨励された。中国は，ソ連の衛星国とならない，アジア・アフリカにおける独立国家を目指す革命を擁護し，また，1950年代末の中東紛争でも，米英の「帝国主義」に対抗したアラブの団結を訴えた。

　だが国際的には，毛沢東の「思想」も「主義」も毛沢東主義に収斂し，とりわけスターリン死後の60年代以降，毛沢東主義は，第三世界でゲリラ式武力による革命を目指す共産主義者を生み出していった。こうして東南アジア，インド各地で毛沢東主義者が国家権力の獲得に向けて武装蜂起した。

　ところが実際には，中国は71年にソ連に対抗して「米中接近」を果たしたように，大国間の現実政策を遂行し，第三世界の擁護は，中国の利益を最大化する手段となっていた。毛死後の中国でも，79年の米中国交回復直後の，ソ連を後ろ盾としたヴェトナムとの戦争にみられるように，毛沢東主義は，中国の第三世界支持とは矛盾していた。

　現在の中国は依然として毛沢東思想を掲げ，第三世界の支持を表明するが，78年の改革開放政策採択以後，経済発展を重視し，毛沢東の武力革命路線は否定している。ただし，経済を追求する中国で毛沢東主義の矛盾が未解決のまま，インド東北部のインド共産党のように，毛沢東主義の極左武装組織は現存し続け，今なお国際問題として顕在化している。

【参考文献】ショート，フィリップ（山形浩生訳）『毛沢東』白水社，2010年／『毛沢東選集　第五巻』外文出版社，1977年
〔飯塚央子〕

## モデル核兵器条約
Model Nuclear Weapons Convention

　モデル核兵器条約（Model Nuclear Weapons Convention; mNWC）は1997年4月，国際反核法律家協会（IALANA），拡散に反対する技術者と科学者の国際ネットワーク（INESAP），核戦争防止国際医師会議（IPPNW），この3団体が共同で発表した。同年10月コスタリカが国連に提出した（UN Doc.A/C.1/52/7）。2007年には3団体が改訂版を発表し，コスタリカとマレーシアが国連に提出した（A/62/650）。その後国連総会では毎年マレーシアなどが提出した核兵器禁止条約の交渉開始を求める決議が採択されている。

　mNWCは，前文と本文19ヵ条，2つの選択議定書で構成されている。前文は「核兵器の存在そのものが全人類に対する脅威」だという文章で始まる核時代の至上命題を網羅している。

　本文規定の要点は次の通りで，締約国は核兵器の開発，実験，製造，備蓄，移譲，使用，使用の威嚇をすべて禁止される。核保有国は段階に沿った核軍備の廃棄と申告の義務を負う。全廃に至る以下の5段階の指定がある。①核兵器の警戒態勢を解除する，②配備核兵器を撤廃する，③核弾頭を移送手段（ミサイルなど）から

取り外す，④核弾頭を使用不能にし核ピットも使用不能にする，⑤核分裂物質（ウラン235やプルトニウム）を国際管理下に置く。初期の段階では，米ロが核兵器数を大幅に削減する必要がある。

核兵器禁止条約の最広義と最狭義の両者の間に，「モデル核兵器条約または同様の包括的な核兵器を禁止する法的な枠組み」という表現でいう条約がある。この「モデル核兵器条約または同様の包括的な核兵器を禁止する法的な枠組み」のことを，単に核兵器禁止条約（NWC）と呼んでいる。

【関連項目】 核軍縮／核兵器禁止条約／核兵器使用禁止決議／核兵器の非人道性
【参考文献】 ダータン，メラフほか（浦田賢治編訳）『地球の生き残り』日本評論社，2008年 〔浦田賢治〕

## 門戸開放宣言　Open Door Notes

米西戦争（1898年）の勝利によって大国として国際政治への本格的参入を開始した米国は，日清戦争（94〜95年）後，ヨーロッパ列強による中国への排他的勢力圏設定への動きが続くなかで，列強による中国分割と中国市場からの排除の可能性に危機感を覚え，中国における通商上の機会均等（99年）と中国の独立と領土保全（1900年）を求める外交通牒をヨーロッパ列強及び日本に発した。これが世に言う「門戸開放宣言」である。中国最大の権益を持つイギリスも中国分割に反対であり，他の列強からも強い反対はなく，米国は「門戸開放」原則が国際的に認められたと声明した。その後，中国の通商上の機会均等と領土的・行政的保全を目指す「門戸開放政策」は，第二次世界大戦までの米国の対中政策の基本となり，9ヵ国条約（22年）にも「門戸開放」原則が盛り込まれ，第一次世界大戦後のアジア太平洋の地域秩序である「ワシントン体制」の基盤となる。しかし，戦前の日米関係においては，満蒙の「特殊利益」を唱えて対中進出を強める日本との間で「門戸開放」は常に緊張の種であり，両国間でたびたび妥協が図られたものの，満洲事変（31年）以降，次第に日米間の深刻な論争の的となり，日米開戦の一因ともなる。 〔上村直樹〕

## モンゴルの非核兵器地帯
nuclear-weapon-free status of Mongolia

モンゴルのオチルバト大統領は，1992年9月の国連総会で自国の「一国非核兵器地帯」化を宣言し，5核兵器国に対し，非核化の尊重と消極的安全保証の供与を求めた。モンゴルは核兵器国ロシアと中国に挟まれ，核の脅威にさらされていたが，同年1月，新憲法を採択して社会主義体制から民主主義体制に移行し，国名をモンゴル人民共和国からモンゴル国に改め，12月にはモンゴル駐留ロシア軍が撤退を完了するなかでの非核の選択だった。これに対し98年12月，国連総会で同宣言を歓迎する決議（53/77D）が採択された。非核兵器地帯は複数国家で構成する概念のため，モンゴルにはそれと異なる「非核兵器地位」を認め，各国に協力を求める内容だった。5核兵器国は2000年，モンゴルの非核兵器地位の実現に協力し，消極的安全保証の提供を約束する共同声明を発表した。さらに12年，5核兵器国とモンゴルの国連代表は，その声明を再確認し，モンゴルの非核兵器地位を尊重してこれに反するいかなる行為も行わないとする宣言に署名した。 〔水本和実〕

## モントリオール議定書　Montreal Protocol on Substances that Deplete the Ozone Layer

正式名称「オゾン層を破壊する物質に関するモントリオール議定書」の通り，成層圏にあるオゾン層を破壊する化学物質であるフロンなどの放出をなくすことを最終的な目標とする（前文）。同議定書で「オゾン層の保護のためのウィーン条約」を強化する具体的な規制が盛り込まれた。この国際交渉の進め方と成果は，国際環境法の考え方である「枠組条約・議定書方

式（アプローチ）」の一例と理解される。1987年採択、89年発効。批准国は2015年現在で197ヵ国。

同議定書2条のAからIまでに掲載された規制物質を全廃する（消費量・生産量をゼロにする）スケジュールが設定されている。他に、4条で締約国による非締約国との貿易の規制、6条で締約国による1990年と同年以降少なくとも4年ごとの規制措置の評価及び再検討、10条で締約国に対する資金協力及び技術協力の制度などが規定されている。

モントリオール議定書の採択後、規制強化として同議定書における4回の「改正」（amendment: 新たな規制物質・規制措置の追加など）と6回の「調整」（adjustment: 既存の規制物質の規制スケジュール変更）が行われた。

【関連項目】　国際環境法　　　　　　　〔中島清隆〕

## ▎モントルー宣言　Montreux Declaration

1947年に「世界連邦政府のための世界運動（WMWFG）」第1回大会がスイスのモントルーで開催され、そこで採択されたのがモントルー宣言である。宣言文は、基本理念、運動の原則、活動方針の3つからなる。そこでは、世界連邦の6原則として、①全世界の諸民族を全て加盟させること、②世界的問題について立法・行政・司法権を世界連邦政府に委譲すること、③世界法は国家に対してではなく個人を対象として適用されること（人権保障、連邦の安全を侵す試みの鎮圧）、④各国の軍備は全廃し世界警察軍を設置すること、⑤原子力の世界連邦政府による所有・管理、⑥世界連邦の経費は各国政府の供出ではなく個人からの税金で賄うこと（歳入の直接徴収権）が採択された。また実現のためのアプローチとして、国連を改革して世界連邦政府に発展させる方法と、世界人民の世論を喚起して人口比例の代表により「世界憲法制定のための人民会議」を招集する方法の2つが採択された。その後、WMWFGは、

「世界連邦世界協会（WAWF）」となり、91年7月には、「世界連邦運動（WFM）」へと改称されている。ニューヨークに本部を置き、国連との協議資格を持つ。現在、平和の確立に加えて、人権、飢餓、貧困、環境問題等にも積極的な取り組みを行っている。

【関連項目】　世界連邦（世界政府）　　〔河上暁弘〕

## ▎モンロー宣言　Monroe Doctrine

1823年12月2日、アメリカ合衆国のモンロー大統領が議会宛の教書で発表した、米国とヨーロッパの相互不干渉を唱えた外交方針である。後に、ヨーロッパへの介入を否定する孤立主義の根拠と理解された。

この宣言は、アラスカから太平洋沿岸を南下するロシアや、ウィーン体制を支える神聖同盟がラテンアメリカ諸国の独立阻止を目指して介入することを警戒し、これに対抗する姿勢を打ち出すために発表された。モンローはヨーロッパにおける神聖同盟と革命勢力の対立に介入しないと約束する一方、西半球に対する介入が米国の平和と安全を脅かすものとみなした。モンローはこのような介入を、米国に対する「非友好的意向の表明」であると宣言したのである。

米国はモンロー宣言によってラテンアメリカ諸国への介入を阻止したと自賛した。しかし後に、米国がラテンアメリカの保護者であるとの議論に転じ、これらの国々への介入を正当化する根拠ともみなされるようになる。

【関連項目】　ウィーン体制　　　　　　〔倉科一希〕

# ヤ

## ▎靖国神社（靖國神社）　Yasukuni Shrine

1869年、戊辰戦争の官軍側の戦没者を祀る神社として、東京九段に東京招魂社が創建され

た。その後75年には、幕末維新国事殉難者（吉田松陰など）をも祀ることとなり、79年別格官幣社の社格が与えられ靖国神社と改称された。靖国神社は日清戦争以降、主に日本の対外戦争の戦没者を祭神とする神社となり、陸海軍省管轄の唯一の神社であったが、第二次世界大戦後は独立の一宗教法人となった。今日では日中全面戦争（1937年〜）以降の戦没者が主な祭神で、約246万人余を祀っている。

靖国神社問題は大きく二系列に分かれる。第1は信教の自由問題であり、その保障としての政教分離問題である。これは個人の信教の自由を守るため、政府や公共機関が宗教団体に保護を与えたり経済的援助をすることを日本国憲法20条、89条によって禁止するという内容である。しかし1956年から厚生省では、秘密裏に靖国神社への戦没者の合祀事務を推進した。また69〜74年には自民党の議員立法として、靖国神社を国家護持する法案が国会に連続上程されたが、憲法違反の恐れがあり廃案となっている。さらに愛媛県知事が靖国神社と護国神社に公費で玉串料を献呈した事実に対し、97年4月最高裁大法廷は違憲判決を下した。この判決によって首相の公的資格での参拝は違憲となり、その後は首相参拝が争点となる。

第2は日本の戦争の歴史認識問題である。52年4月発効のサンフランシスコ講和条約第11条で日本は、極東国際軍事裁判（東京裁判）をはじめすべての戦犯裁判の判決を受諾した。これに対し靖国神社では、78年に十五年戦争の責任者である東京裁判の被告のA級戦犯刑死者・獄死者14名を合祀する。85年には中曽根首相が靖国神社へ公式参拝を行うが、中国・韓国などからは日本の首相の靖国神社参拝は、祭神となったA級戦犯を讃美し、日本軍国主義を肯定するものであるとの批判がなされている。

【関連項目】　極東国際軍事裁判（東京裁判）（IMTFE）／信教の自由／政教分離／靖国神社関連訴訟

【参考文献】　国立国会図書館調査及び立法考査局『新編靖国神社問題資料集』国立国会図書館、2007年／田中伸尚『靖国の戦後史』岩波書店、2002年
〔赤澤史朗〕

## 靖国神社関連訴訟
Yasukuni Shrine-related lawsuits

1945年12月15日のいわゆる「神道指令」は、国家神道を解体した。そのため靖國神社も、翌46年に、私的主体たる宗教法人として存立することになった。その靖國神社に、国又は地方公共団体がかかわり合いを持つことは、日本国憲法20条・89条の定める政教分離原則に反しないかが問題となる。

愛媛県玉串料事件は、靖國神社の例大祭・みたま祭に際して、県知事が県の公金から支出して玉串料・献灯料を奉納した行為が、違法でないかを争った住民訴訟だった。97年の最高裁判決（最大判平成9年4月2日）は、概要次のように述べて、同行為を憲法上の政教分離原則に反すると判断した。玉串料等の奉納行為は明らかに宗教的意義を持ち、社会的儀礼にすぎないものには到底なっておらず（戦没者の慰霊や遺族の慰謝という目的で同行為が行われたとしても、その点は変わらない）、同行為に対する一般人の評価もまたそうである。同行為により県は意識的に特定の宗教団体と特別のかかわり合いを持った。そのことは一般人に対して、県が特定の宗教団体を特別に支援しているとの印象を与える。ゆえにこのかかわり合いは相当とされる限度を超えて違憲だ、と。

住民訴訟は、原告が、自己の主観的利益の侵害の有無と無関係に、住民という資格で、地方公共団体の執行機関及び職員の行為の客観的な違法性を争い、その是正を求める訴訟である。だが国については、住民訴訟の仕組を法律上設けていない。国家賠償請求等の訴訟では、国が政教分離原則に違反する行為を行っても、同行為が原告のなんらかの主観的利益を侵害したと言えない限り、原告は勝訴できない。

首相の靖國神社への参拝行為について、政府

見解は、85年8月15日の中曽根康弘首相のそれのみが「公式参拝」であり（かつ合憲）、それ以前及びそれ以後の各首相によるそれらは、すべて私的行為だと説明している。この問題について最高裁は、2001年8月13日の小泉純一郎首相による靖國神社への参拝行為を対象に、06年に初めて判断を示した（最判平成18年6月23日）。同判決は、他人が特定の神社に参拝することで自己の心情ないし宗教上の感情を害されても、それは損害賠償の対象たりうる法的利益でないとして請求を棄却し、参拝行為が違憲かどうかの判断に立ち入らなかった。

近年は、靖国神社を相手に、戦没者の合祀の取消し等を求める訴訟も提起された。ここでは、公権力の行為を規律対象とする政教分離原則は問題とならず、神社側の「信教の自由」（合祀行為の自由）主張と、戦没者（の遺族）側のなんらかの被侵害利益の主張、という私人間対立の構図となる。これまで、後者に軍配を上げた裁判例はない（例、大阪高判平成22年12月21日）。この問題に対する最高裁の判断は示されていない（例、前記判決の上告審、最決平成23年11月30日）。

【関連項目】　自衛官合祀拒否訴訟／信教の自由／政教分離／靖国神社（靖國神社）

【参考文献】　阪田雅裕編著『政府の憲法解釈』有斐閣、2014年／田中伸尚『靖国の戦後史』岩波書店、2002年／ジュリスト848号（緊急特集・靖国神社公式参拝）、1985年

〔佐々木弘通〕

## ヤルタ会議　Yalta Conference

ルーズヴェルト米大統領、チャーチル英首相、ソ連のスターリンが1945年2月4日から8日間、黒海沿岸の保養地ヤルタで開催した会談。国際連合、ドイツの占領管理や東欧の処理、ソ連の対日参戦などについて協議が行われた。

会談の結果、ポーランドをはじめドイツから解放された地域には、自由選挙を通じて国民を代表する政府を樹立することが合意された。また米英はポーランドの東西国境線の西方移動を了承した（西側国境については確定せず）。極東については、米ソ間の秘密協定によって、ソ連は対日参戦の見返りに南樺太の返還や千島列島の引き渡し、遼東半島や満洲の諸権益などを約束された（中国の主権に関わる項目は国民党との交渉が必要とされた）。

一方国連については、拒否権問題での合意が成立した。ソ連が要求していたソ連邦16共和国の加盟については、白ロシアとウクライナのみ加入させることで決着した。

ヤルタ会談での諸合意は、自由選挙の定義など曖昧な点が多かった。国境の線引きが、大西洋憲章との整合性で問題があったことは否めない。それゆえに、この会談はのちに米国ではソ連に対する過大な譲歩だとして批判の的となったし、冷戦の起源とみなす議論もある。だが、ソ連軍がすでにポーランドを占領下に置き、ベルリンに迫っていた段階での会談で、米英の選択肢は限られていた。それに国連創設に向けての主要な障害が解消したこと、ソ連が国民党政権を中国政府として認めたことは、米英にとっては大きな収穫であった。その意味で、ヤルタ会談での諸合意は双方の妥協の結果であり、大国間協調の最後の成果だったと理解するのが適当である。

【関連項目】　国際連合（国連）（UN）／冷戦

〔楠綾子〕

## 友好関係原則宣言　Declaration on Principles of International Law concerning Friendly Relations and Co-operation among States in accordance with the Charter of the United Nations/Friendly Relations Declaration

正式名称は「国際連合憲章に従った諸国間の友好関係と協力に関する国際法の諸原則についての宣言」。1970年に国連創設25周年を記念し、憲章に含まれた7つの原則の漸進的発達及び法典化を目的として、国連総会決議2625（XXV）の付属書としてコンセンサスにより採

択された。

7つの原則とは，①武力による威嚇・武力の行使の禁止，②紛争の平和的解決，③不干渉義務，④国家の相互協力，⑤人民の同権及び自決，⑥主権平等，⑦国際義務の誠実な履行である。多くの原則は憲章の規定を具体化ないし発展させており，例えば①では，不正規軍の組織や叛徒の支援といった間接的武力行使も禁止の対象に含まれることが明確化された。③は経済的・政治的強制のような非軍事的形態の干渉にも言及している。⑤では，自決を単なる政治的原則ではなくすべての人民の権利と認めたことが重要である。

もっとも，本宣言は当時の国際社会の対立構造（冷戦，南北問題）のなかで作成された妥協の産物であり，一般的かつ曖昧な文言にとどまる部分も多い。また，総会決議そのものには（内部運営や予算に関する決議を除き）法的拘束力がなく，本宣言の憲章解釈における位置づけや慣習法形成への効果に関しては争いがある。しかしながら，本宣言はその後の総会決議等の多くの国連文書で再確認され，遵守が求められてきた。国際司法裁判所のニカラグア事件本案判決（86年）において諸国の法的確信を示すものとして扱われるなど，同裁判所の判決・勧告的意見でもたびたび言及されている。本宣言が国際法の発展に大きく寄与してきたことは間違いない。

【関連項目】　植民地独立付与宣言／人民の自決権／不干渉義務／武力不行使原則
【参考文献】　Lowe, Vaughan and Colin Warbrick eds., *The United Nations and the Principles of International Law*, Routledge, 1994／Arangio-Ruiz, Gaetano, *The United Nations Declaration on Friendly Relations and the System of the Sources of International Law*, Sijthoff & Noordhoff, 1979

〔田中佐代子〕

## ユーゴスラヴィア紛争

wars in the former Yugoslavia

1990年代のユーゴスラヴィア社会主義連邦国家解体過程及び各共和国の独立前後に生じた，民族的事由を主とした紛争，軍事的衝突，民族的少数派排除である「民族浄化」，それらへの国際社会や国際組織による介入が複雑に絡み合った諸戦争・紛争の総称。

①スロヴェニア共和国独立宣言（91年6月）後に同共和国国防軍と，国家の領域的保全を目的に出動したユーゴスラヴィア連邦人民軍との間で生じた，国境コントロールを巡る武力衝突。欧州共同体（EC）の仲介により紛争は短期間で収束した。

②クロアチア共和国独立宣言（91年6月）後に，領内セルビア人地域において武装した住民とクロアチア警察隊との武装衝突として始まり，7月より連邦人民軍が介入し，クロアチア国防隊・警察隊との間で衝突が大規模化した。国連事務総長個人特使ヴァンスの仲介により停戦合意し，92年2月，クロアチア領内に国連保護地区を指定し，国連保護軍（UNPROFOR）が展開した。

③主権の担い手としてのイスラーム教徒「ムスリム人」（当時の名称；現ボシュニャック人），セルビア人，クロアチア人が混住するボスニア・ヘルツェゴビナ共和国の独立宣言（92年3月）後，三つ巴の民族紛争が展開し，難民約250万人，死者約20万人の犠牲を出した。

旧ユーゴ国際会議が，93年1月及び8月に同共和国の分割統治による和平案などを提示すると，分割統治領域範囲を巡り，「陣取り合戦」が本格化，内戦構造は複雑化した。この過程でそれぞれの支配領域からの民族的少数派の強制的排除，「民族浄化（ethnic cleansing）」が行われた。

94年2月にサラエヴォ市場への砲弾により多数の市民が犠牲になると，セルビア人悪玉論が定着。95年7月には国連安全地帯に指定されていたスレブレニツァで大量殺害（ジェノサイド）がおき，北大西洋条約機構（NATO）軍による初めての同盟国域外空爆が，セルビア人

勢力に対して実施された。アメリカ主導の和平交渉は，95年11月にデイトンで合意，ボスニア・ヘルツェゴヴィナ共和国を，「ムスリム人」とクロアチア人からなるボスニア・ヘルツェゴヴィナ連邦と，セルビア人主体のスルプスカ共和国からなる連邦国家とし，両者の境界線を定めた。

④セルビア共和国内コソヴォ自治州の9割を占めるアルバニア人居住地域では，91年のコソヴォ共和国成立宣言を経て，武力による独立を掲げたコソヴォ解放軍が台頭し，セルビア内務省治安部隊との間で武力紛争が長期化した。99年3月，NATO軍がコソヴォ域内及びセルビア共和国各地に対して空爆を実施し，約86万人のアルバニア人難民が発生した。6月に米ロEUによる和平案をセルビアが受諾して，国連コソヴォ暫定行政支援団（UNMIK）と，国際治安部隊（KFOR）が派遣された。

【関連項目】新しい戦争（メアリー・カルドー）／コソヴォ紛争／人道的介入（干渉）／ボスニア紛争
【参考文献】柴宜弘『ユーゴスラヴィア現代史』岩波書店，1996年／佐原徹也『ボスニア内戦』有志社，2008年／月村太郎『ユーゴ内戦』東京大学出版会，2006年　〔大庭千恵子〕

## 有事法制 contingency legislation

「有事」に備えるための立法のこと。「有事」とは「平時」ではない事態で，戦争などを含む緊急事態や非常事態とほぼ同じである。そのような事態に備えるための立法としては早くは自衛隊法（1954年）と防衛庁設置法（54年）があるが，政府は，それだけでは不十分であるとして，その後も新たな有事立法の研究と制定に取り組んできた。63年の三矢作戦研究は自衛隊の制服組が秘密裏に行った有事立法研究で当時大問題となったが，政府は，78年以降は公然と有事立法の研究を行ってきた。冷戦時代に政府が想定した「有事」は主として日本が外部から武力攻撃を受ける「日本有事」であったが，冷戦終結後は「極東有事」にも備えるための「有事立法」の必要性が唱えられた。99年に制定された周辺事態法は「我が国周辺の地域における我が国の平和及び安全に重要な影響を与える事態」に備えるための有事立法の一種ということができるが，その後，2001年には，テロ対策特措法がアメリカのアフガニスタン攻撃を支援するための立法として制定された。さらに，03年には武力攻撃事態等に対処するための立法として武力攻撃事態対処法が自衛隊法改正や安全保障会議設置法改正と並んで「有事三法」として制定された。また，同年には，アメリカなどのイラク戦争への後方支援などを定めたイラク特措法が制定され，さらに04年には，国民保護法などの「有事七法」が制定された。

その後，14年には，安倍内閣が「切れ目のない安全保障法制」の整備のために集団的自衛権の行使容認を含む閣議決定を行い，それを踏まえて，15年には一連の「安全保障」関連の法律が成立した。それらは，大きく「国際平和支援法」と「平和安全法制整備法」の二つに分かれるが，前者は，従来はテロ対策特措法のように特措法で対応してきた立法に変えて，「国際平和共同対処事態」に際して自衛隊が協力支援活動を行うことを可能とする恒久法であり，また後者は，自衛隊法，武力攻撃事態対処法など10本の法律の改正を内容とする一括法である。とりわけ，自衛隊法と武力攻撃事態法の改定によって，従来は違憲とされてきた集団的自衛権の行使が可能とされたことは，憲法の平和主義と立憲主義に照らして多くの疑義が提起されている。また，この「切れ目のない安全保障法制」が構築されたことに伴い，「有事」と「平時」の区別も曖昧にされるという問題も生じることになる。いずれにしても，これらの有事立法が制定されたことにより，自衛隊は様々な理由によって海外に（地球の裏側まで）派遣されることになり，海外での武力行使を行うことが可能となる。こうして，戦後日本の有事立法は，大きな歴史的な岐路を迎えている。

【関連項目】　自衛隊法／集団的自衛権行使容認の閣議決定／周辺事態法／日米安保条約／武力攻撃事態対処法
【参考文献】　全国憲法研究会編『法律時報増刊・憲法と有事法制』日本評論社，2002年／水島朝穂編『世界の「有事法制」を診る』法律文化社，2003年／山内敏弘『有事法制を検証する』法律文化社，2002年／山内敏弘『「安全保障」法制と改憲を問う』法律文化社，2015年
〔山内敏弘〕

## 有志連合　coalition of the willing

　有志連合は，国連安全保障理事会決議による授権がないまま，2003年3月20日にイラク制裁のための軍事行動を実施した英米に協力した国家集団を指す言葉としてしばしば用いられている。フセイン大統領下のイラク政府が国連安保理決議に反して大量破壊兵器の武装解除を進めなかったことに対し，米国のG.W.ブッシュ大統領が米国主導の「自由の不朽作戦」に支持・協力を表明する関心国を総称するために，有志連合という言葉を表明した。同年3月27日付の米国政府のウェブサイト上に掲示された情報によれば，イラク戦争における有志連合の参加国数は49にまで達した。ただし，同年3月18日の米国によるイラクへの最後通牒について，フランス，ドイツ，ロシアは正当化できないと主張していた。国連安保理決議によらずに共同で軍事行動を実施した国家集団という意味において，有志連合は多種多様な事例が存在していると考えられる。

【関連項目】　イラク戦争／多国籍軍
〔山根達郎〕

## 優生学　eugenics

　人間の遺伝構造を医学的に改良することで，人類の進歩を促そうとする社会改良運動のこと。19世紀半ば以降の社会進化論の影響を受け，生物学者や医学者が積極的に人間社会に介入し，社会の変革を目指す社会工学的発想が特徴である。優生学という語は，ギリシャ語の「良い種」に由来し，1883年にF.ゴルトンが初めて用いた。これ以降，優生学的な発想は欧米各国で広く受容された。

　最初に大がかりな優生学研究に着手したのはアメリカである。カーネギー財団は，傘下に実験進化研究所（1904年），優生記録所（10年）を設置し，各地から集めた膨大な数の家系図を分析，アルコール中毒者や犯罪者，障害者が現れる頻度を調べた。またC.ダベンポートは，ジャマイカにおける混血児を調査し，彼らが生物学的に劣等であると主張した。彼の主著『人種改良学』（11年）は大学の教科書として国内外で広く読まれた。

　こうした知見に基づいて，全米各州では断種法が相次いで制定された。23年までに32の州で法制化され，30年代にかけて約1万2千件の断種手術が行われた。この動きに呼応する形で，北欧やカナダなどでも優生法制の整備が進んだ。

　そのなかでもアメリカの影響を強く受けたのがドイツである。27年にカイザー・ヴィルヘルム人類学・優生学・人類遺伝学研究所が設置され，所長には植民地における混血研究の経験があるE.フィッシャーが就任した。これを資金面で援助したのがロックフェラー財団であったことは，この分野で米独が密接な関係にあったことを示している。

　しかしナチ体制下でドイツの優生政策は独自の展開をみせる。ヒトラー政権は断種法を制定し，のべ20〜35万人に強制断種手術を施したが，それだけではない。第二次世界大戦が勃発する39年以降，「生きるに値しない生命」として約7万人の障害者が強制収容所で殺害された。T4作戦と呼ばれるこの施策は，ユダヤ人絶滅政策などと並んで人類史上稀にみる国家犯罪とされている。

【関連項目】　社会進化論／人種主義
【参考文献】　アダムズ，M. B. 編著（佐藤雅彦訳）『比較「優生学」史』現代書館，1998年／米本昌平ほか『優生学と人間社会』講談社，2000年
〔磯部裕幸〕

## 宥和政策　appeasement policy

　勢力均衡の変化のなかで，台頭してくる国家の要求に応じることによって，国際秩序の維持を図る方策。ヒトラーのドイツに対してイギリスが採用した一連の譲歩策は，結局，第二次世界大戦を回避できなかった。また，ヒトラー政権がその後行ったユダヤ人などの大虐殺は，人権や自由といった価値から見て許容しがたいものであった。そのため，宥和政策を誤った政策あるいは非道徳的な政策とする考え方が定着し，特に冷戦期の米国では，ソ連に対する柔軟な姿勢が宥和政策として非難されることが多かった。

　しかし，国力を拡大している国に対して可能な譲歩をして，戦争を回避することは，国際関係のなかでしばしば行われ，有効に機能した場合もある。したがって宥和政策自体は非難されるべきものではない。また，イギリスの対独宥和政策自体も当時の文脈では合理的だったとの再評価が定着しつつある。

　多様な要因が影響するため，宥和政策の成否を分ける条件を確定することは困難だが，国際秩序の再編成期においては，軍事的対抗措置のみが有効とは限らない以上，宥和政策もオプションと捉えられる必要がある。

【関連項目】　安心供与／『危機の20年』（E.H. カー）

〔遠藤誠治〕

## 傭兵　mercenary (soldier)/mercenaries/hired soldier

　金銭を得ることを目的として契約し，雇われた兵士のこと。職業軍人とは区別される。傭兵は古代オリエント諸国家にすでに存在していたと考えられ，古代ギリシャのペロポネソス戦争時のアテネの傭兵や，5世紀に西ローマ帝国を滅ぼしたゲルマン人のオドアケルを隊長とする傭兵の例，また三十年戦争時のイタリア人及びスイス人傭兵の例が知られるなど，古代から中世のヨーロッパの軍事体制のなかで大きな役割を果たした。フランス革命期に国民軍が登場したことで制度としては衰退したが，個々の事例はみられ，特に1990年代以降，民間の軍事請負業者に雇われた傭兵の存在が注目されている。彼らのなかには軍隊や情報機関の出身者が多く，高度に訓練を受けている場合がある。イラクやリビア，コンゴ，アンゴラといった内戦・紛争下の軍事政権に雇われたり，アメリカの中央情報局（CIA）のような情報機関に協力して軍事行為を請け負うなどして，軍事顧問官や軍用飛行機のパイロットといった軍事スペシャリストとして戦闘に参加している。現代では傭兵の存在は，戦争の民営化とビジネス化の例として問題視され，平和を阻害する要因にもなっている。

〔竹本真希子〕

## 吉田ドクトリン　Yoshida Doctrine

　日米安保・軽武装・経済中心を基軸とする戦後日本外交の基本路線を示す概念。米国との同盟関係によって防衛負担を軽減し，その余力を経済発展に向けるという外交路線は占領・講和期の首相である吉田茂によって選択された。日米安保条約の締結によって，日本は自由主義陣営への帰属を明確にし，米国主導による国際経済体制の枠内で経済復興を果たした。

　吉田の選択は1950年代前半の国際情勢や米国の冷戦戦略を前提になされたものであった。しかし，60年代以降，吉田の選択した外交路線は，吉田路線として戦後日本外交のアイデンティティとしての地位を確立する。安保闘争による岸信介政権の退陣後，池田勇人政権は憲法改正を棚上げし，所得倍増政策に象徴される経済中心路線を選択した。日米安保体制を堅持し，経済大国ではあるが軍事大国を目指さないという吉田路線は，日本外交の基本路線として定着したのである。

　吉田ドクトリンという言葉は，80年代前半に永井陽之助が用いたことで一般的となった。この当時新冷戦を背景に，米国からの防衛力分担

の圧力が強まり，論壇でも日本外交における戦略性の欠如を巡る批判がなされていた．永井は日米安保・軽武装・経済中心からなる吉田路線が戦後日本の一貫した外交戦略であったと論じ，この吉田ドクトリンが80年代においても有効であると主張した．

吉田ドクトリンは，その中庸さゆえに，対米従属を批判する左派と，ナショナリズムを重視する右派の双方から批判された．90年代，吉田ドクトリンの是非を巡る論争は一層高まりを見せる．冷戦後も続く米軍基地負担や駐留経費といった安保体制のコストの起源を吉田外交に求める議論がある一方，湾岸戦争における日本の「小切手外交」を批判し，吉田ドクトリンからの脱却を唱える論調も登場した．しかし，様々な批判に揺らぎを見せながらも吉田ドクトリンは今なお日本外交の基本路線である．吉田ドクトリンを考察することは現代日本の外交・安全保障政策を問うことにほかならない．

【関連項目】 片面講和・全面講和（論）／日米安全保障体制
【参考文献】 添谷芳秀「吉田路線と吉田ドクトリン」『国際政治』151号，2008年／中西寛"吉田ドクトリン"の形成と変容」『法学論叢』152巻5・6号，2003年　〔井上正也〕

## 四つの自由 (フランクリン・ルーズヴェルト)　Four Freedoms

アメリカ合衆国のF. ルーズヴェルト大統領が1941年1月6日の一般教書演説で提唱した，四つの人間的自由である．言論と表現の自由，信仰の自由，欠乏からの自由，及び恐怖からの自由からなる．

39年9月に勃発した第二次世界大戦に米国は中立を維持したが，民主主義を否定するナチス・ドイツへの警戒は強かった．40年春のフランス降伏後，ヨーロッパ情勢への懸念がさらに強まり，イギリスへの援助を拡大するために武器貸与法が検討された．

この法律は，「貸与」の名目で軍需品を当面無償で提供するものだった．41年の一般教書演説は，この法律の成立のために行われた．ルーズヴェルトは，「米国の安全が，外部から史上に例のないほど深刻に脅かされている」と注意を喚起した．さらに議会に，軍需品生産の増加，軍事予算の拡大，「侵略国と実際に戦う」国々への軍需品の供給を提案した．

武器貸与法の必要性を訴えた後，大統領は経済的・社会的問題の重要性に触れ，「健康で安定した民主主義」の基盤を挙げる．具体的な政策として，年金や医療，失業者への手当を例示している．その上で，戦後を見据えて「四つの自由」を挙げるのである．

一般教書演説の眼目はイギリス支援にあり，「四つの自由」は修辞にすぎない．しかし，ルーズヴェルトが「欠乏からの自由」を取り上げ，経済的・社会的問題に言及していることは注目に値する．彼は3年後の一般教書演説でも「第2の権利章典」の確立を訴え，具体的に医療の確保，年齢・疾病・失業からの保護，教育の提供などを挙げている．従来の政治的な権利にとどまらず，経済的・社会的権利まで視野に入れたものとして，「四つの自由」を評価することができるだろう．

この「四つの自由」は後に大西洋憲章にも反映され，連合国の戦後秩序構想の一端をなした．さらに1994年の『人間開発報告書』にもその一部が盛り込まれた．

【関連項目】 恐怖からの自由・欠乏からの自由／大西洋憲章／第二次世界大戦（WWⅡ）
【参考文献】 Dallek, Robert, *Franklin D. Roosevelt and American Foreign Policy, 1932-1945*, Oxford University Press, 1979／Woolner, David, *et al.* eds., *FDR's World*, Palgrave Macmillan, 2012　〔倉科一希〕

## 予防戦争　preventive war

守勢に立たされているという認識が生み出す攻勢は，予防型（preventive）あるいは先制型（preemptive）の武力行使を生み出す．予防型の武力行使とは，特定国との戦争が長期的に不可避であり，なおかつ時間の経過に伴って勝算

が低下するという条件の下で選択される武力行使を指す。これに対して先制型の武力行使とは、兵力の動員が察知されるなど、目前に迫った敵国の攻撃が生み出す損失を回避するには他に手段がないという条件の下で選択される武力行使である。

先制戦争については、武力不行使原則の例外として認められる自衛に、先制自衛も含まれるのかどうかということは国際法学における論点である。予防戦争については、2001年の9.11テロ事件以降、自爆も辞さないテロリストを、事後の報復の威嚇によって抑止できるものではないとして、「予防」型の先制攻撃論がブッシュ・ドクトリンという形で提唱された（米国の2002年の政策文書『アメリカ合衆国国家安全保障戦略』参照）。

【関連項目】ブッシュ・ドクトリン／武力不行使原則
〔石田淳〕

## 四ヵ国条約　Four Power Treaty

第一次世界大戦後、戦争中に日本が中国で勢力を拡大し、また国際連盟の設立によって新たな国際秩序が出現したことにより、アジア太平洋地域に特化した形での国際関係再編を目指したのがワシントン会議であった。

ワシントン会議では、中国問題に関し九ヵ国条約、海軍軍縮について五ヵ国条約が締結されたが、同時に四ヵ国条約も締結された。その直接の経緯は、日英同盟の廃棄問題であった。旧態依然たる日英同盟に代わりアジア太平洋の現状を規定するために、特にアメリカが、イギリス、日本との合意形成を望んだが、より一般的な形にするためにフランスが加わった。その内容は、太平洋地域の諸島や領地について4ヵ国が相互に権利を尊重すること、共同会議によって紛争を解決すること、侵略に対して協議することが定められた。

締結時における各国の合意を確認した政治的条約であり、規範形成を意図したものではなく、その後の太平洋地域国際関係においての重要性はそれほど高くはなかった。

【関連項目】ワシントン体制
〔篠原初枝〕

# ラ

## 拉致問題　abduction issue

北朝鮮による拉致は韓国、日本をはじめ、東南アジア、ヨーロッパなど多くの国や地域で、北朝鮮の当局によって組織的、体系的に行われた。北朝鮮は冷戦時代、日本人になりすましたスパイを韓国へ送るため、日本語教育の教官として日本人が必要であった。日本では1970年代から80年代にかけて、日本人が行方不明になる事件が多発した。日本政府の捜査と脱北した北朝鮮工作員の証言などにより、事件の多くは北朝鮮による拉致の可能性が高いことが明らかになった。この事実は、2002年9月17日に平壌で行われた日朝首脳会談で金正日国防委員長が日本の小泉純一郎首相に「1970年代から80年代初め頃に、（北朝鮮の）特殊機関の一部の妄動主義者が英雄主義に走って、このような事件を起こした」と日本人拉致を認め、公式謝罪と再発防止を約束した。そして翌月の2002年10月には、拉致された日本人のうち、生存が確認された5人が日本に一時的に帰国した。しかし、帰国した5人は日本への残留の意思を明らかにしたため、日本政府は彼らの永住帰国（帰還拒否）を決定し、04年5月、小泉首相が平壌を再訪し、第2回日朝首脳会談を経て、北朝鮮内の残留家族5人の追加送還が実現した。04年11月、第3回日朝実務者協議が行われたが、北朝鮮は安否不明の拉致被害者12人のうち、8人は死亡、4人は北朝鮮に入国した事実はないと従来の立場を繰り返した。また北朝鮮は、工作員

に拉致された日本人被害者の遺骨などを日本側に渡したが，日本側のDNA鑑定の結果，遺骨が別人のものであることが明らかになり，論議を引き起こした。他方，北朝鮮当局は，日本人の拉致被害者の問題は解決されたと主張している。

韓国でも北朝鮮による拉致被害者が数多く存在している。韓国の場合は，拉致被害者は朝鮮戦争が勃発した1950年6月25日から休戦協定が結ばれた53年7月27日の間に拉致された人を「戦時拉北者」，休戦協定以降に拉致された人を「戦後拉北者」と区別する。戦時拉北者の数は，調査の時期と調査機関によって大きな差があるが，全員の名簿が掲載された52年の『大韓民国統計年鑑』によると，戦時拉北者は8万2595人にのぼる。一方，戦後拉北者は3835人に及び，そのうち3319人が帰還し，2014年7月現在，516人の韓国人が北朝鮮に抑留されているとされる。

北朝鮮による拉致行為は人間の尊厳，人権及び基本的自由の重大かつ明白な侵害であり，国際人権規約に違反する最も重大な人権侵害の問題である。14年2月17日，「北朝鮮における人権に関する国連調査委員会」は報告書を公表し，北朝鮮の人権問題を指摘した。この報告書では，北朝鮮による拉致及び人権侵害の問題について，北朝鮮政府及び最高指令部による「組織的，広範かつ重大な人権侵害」（人道に対する犯罪）が長期にわたり行われており，現在も進行中だと指摘。そしてこのような犯罪行為は，国際刑事裁判所の管轄対象犯罪または保護する責任の対象となると指摘した。

【参考文献】 政府拉致問題対策本部『北朝鮮による日本人拉致問題』日本国外務省，2010年／『2013통일백서』통일부，2013／남북피해자보상및지원심의위원회，『전후남북피해자보상 및 지원백서』남북피해자지원단，2011　　　　〔孫賢鎮〕

## ラッセル＝アインシュタイン宣言
Russell-Einstein Manifesto

哲学者ラッセルと物理学者アインシュタインの名を冠したこの宣言は，1955年7月9日，ロンドンで発せられた。前年3月に日本漁船第五福竜丸が米国の水爆実験による放射能被害に遭ったビキニ事件が宣言のなかで言及され，核兵器による被害は世界のすべての人に及ぶことが強調されているため，核兵器の廃絶を訴える内容であったと誤って記憶されがちだが，宣言が求めているのは戦争の廃絶である。すなわち宣言は，核兵器禁止には一定の意味が認められるものの，核兵器に関する知識を人類が獲得した以上，将来の戦争において製造が再開されることは避けがたいと述べ，今日諸国は，自ら主権に制限を課して戦争を放棄するか，それとも人類の絶滅に向かうのか，という深刻な選択を迫られていると，警告を発している。起草者は名文家として知られたラッセル。署名者11名のうち当時9名がノーベル賞受賞者で，ラッセル以外は自然科学者である。49年に物理学賞を受賞した日本の湯川秀樹博士も名を連ねている。（なお，後に95年，署名者のロートブラット博士もノーベル平和賞を受賞し，非受賞者は1名となった）。

〔高原孝生〕

## ラテンアメリカ核兵器禁止条約（トラテロルコ条約）（LANWFZ）
Treaty for the Prohibition of Nuclear Weapons in Latin America and the Caribbean

1962年のキューバ危機で核戦争に巻き込まれる危機感を抱いた中南米諸国が64年に交渉を開始し67年に署名した。複数の独立国による世界最初の非核兵器地帯条約。核物質と核施設の使用を平和目的に限定し，核兵器の実験・使用・製造・生産・取得・配備を禁止し（1条），条約の実施機関としてラテンアメリカ核兵器禁止機構（OPANAL）を設立した（7条）。国際原子力機関（IAEA）の保障措置を適用し（13

条),半年ごとの報告を義務づけた(14条)。条約には米英仏オランダの領域が含まれるため附属議定書Ⅰで4ヵ国に地域の非核地位の尊重を求めた(92年までに批准)。附属議定書Ⅱで5核兵器国に対し,締約国への核兵器の使用や威嚇を禁じる消極的安全保証の提供を求めた(79年までに批准)。2002年にキューバが批准し地域内全33ヵ国で条約が発効した。〔水本和実〕

## ラテンアメリカ諸国の紛争
armed conflicts in Latin America

20世紀以降のラテンアメリカの武力紛争は,主として国境紛争と国内紛争であった。1932~35年にボリビアとパラグアイの間で戦われ,約10万人の死者を出したチャコ戦争以来,ラテンアメリカで大規模な国家間戦争は起きておらず,そのためにラテンアメリカ,特に南米は「平和地帯」(zone of peace)と見られることが多い。しかし41年,81年,95年のペルー,エクアドル間の戦争や,82年のアルゼンチン,イギリス間のフォークランド/マルビナス戦争など,小規模な国家間武力紛争はしばしば起こってきたし,78年のチリとアルゼンチンなど,国境を巡って戦争の一歩手前まで行った例もある。また,各国の軍は,国境問題を抱えている隣国を互いに仮想敵国としてきた。

国内紛争に目を転じると,ラテンアメリカは他の地域と比較して,民族的憎悪や宗教対立が果たす役割が小さく,イデオロギーや政治的・経済的権力を巡る争いの性格が強いという特徴がある。冷戦期には,国内の左右対立が激化し,左翼ゲリラなどによる国内武力紛争が多く発生した。これに対して米国が大量の軍事援助などを通じて間接的に,時には直接的に介入し,犠牲が拡大した。しかし冷戦期の左翼ゲリラはほとんど鎮圧され,ニカラグア,エルサルバドル,グアテマラの内戦も90年代に和平協定で終結した。ペルーの極左武装勢力,センデロ・ルミノソは90年代前半から大幅に弱体化し,60年代から続くコロンビアの左翼ゲリラも2000年代に弱体化して,本項目執筆時点で和平交渉中である。現在のラテンアメリカ諸国の暴力は,武力紛争とはみなされない低強度の紛争や人権侵害,及び麻薬マフィアなどによる犯罪に関係するものが多くなっている。

【関連項目】「汚い戦争」/中米カリブ海地域の紛争
【参考文献】Fauriol, Georges ed., *Latin American Insurgencies*, Georgetown University Center for Strategic & International Studies and the National Defense University, 1985/Mares, David R., *Latin America and the Illusion of Peace*, Adelphi Paper 429, International Institute for Strategic Studies, 2012/Scheina, Robert L., *Latin America's Wars*, Brassey's, 2003 〔大串和雄〕

## ラテンアメリカの民主化
democratization in Latin America

多くのラテンアメリカ諸国の民主化の歴史は,19世紀前半に欧州諸国から独立したときに始まる。ラテンアメリカ諸国はブラジルを例外として「共和制」として出発したため,早期に選挙の仕組を取り入れることになったからである。しかし19世紀の選挙は制限選挙であるだけでなく,選挙の帰趨が政府による選挙干渉,不正操作,または生身の暴力によって決まることも多かった。また,選挙で成立した政権でも,一旦政権に就くと,反対派を弾圧することがあった。しかし時代とともに選挙権が拡大し,自由で公正な選挙が行われるようになり,政敵への迫害も減っていく。こうして20世紀の前半になると,民主制と呼べる政権が登場するようになる。

もっとも,民主化の歩みは平坦ではなく,民主制はしばしば独裁政権によって中断された。第二次世界大戦後からは民主制が増えたものの,1960年代半ばから再び独裁政権が増え,70年代後半に民主制と呼べるのはコスタリカ,ベネズエラ,コロンビアの3ヵ国にすぎなくなった。これは,当時の国際冷戦を背景として国内で左右の対立が激化し,国内の左派勢力を敵視

する軍部が政権を握って弾圧に乗り出すことが多かったためである。しかし70年代末からラテンアメリカ諸国は次々と民主制に移行し，2000年にはキューバを除いてすべてのラテンアメリカ諸国が一応民主制と呼べるようになった。

民主化を遂げた国々は，過去の人権侵害にどう対処するかという難題に直面した。この問題は2000年頃から「移行期正義」と呼ばれるようになるが，その流れに先鞭をつけたのは，1983年の民主化後に強制失踪に関する真相究明委員会を立ち上げ，旧軍事政権のトップを訴追したアルゼンチンである。しかしどの国でも，生まれたばかりの民主制を軍のクーデタから守る必要性とのバランスに苦慮した。

【関連項目】移行期正義／真実糾明委員会（ラテンアメリカ）
【参考文献】大串和雄「罰するべきか許すべきか」『社会科学ジャーナル』40号，1999年／杉山知子『移行期の正義とラテンアメリカの教訓』北樹出版，2011年／松下洋・遅野井茂雄編『1980年代ラテンアメリカの民主化』アジア経済研究所，1986年

〔大串和雄〕

## ラパツキー案(あん) Rapacki Plan

世界で最初の非核兵器地帯提案といわれる。1957年10月，ポーランド外相ラパツキーが国連総会で「ポーランド及び東西ドイツにおける核兵器の製造・貯蔵・配備・使用の禁止」を提案し，直後にチェコスロヴァキアや東独が提案に沿った非核化の用意があると表明した。ソ連も12月，東西ドイツ，ポーランド，チェコスロヴァキアの4カ国の非核化を支持する意向を示した。ラパツキーは58年2月領域を「ポーランド，チェコスロバキア及び東西ドイツの領域内」に拡大し，「米ソ英仏4カ国は領域への核兵器の配備や使用を行わない義務を負う」ことを加えた第2次案を提示した。背景には，ワルシャワ条約機構軍の大規模通常戦力に対抗して西独に核兵器配備を進める北大西洋条約機構（NATO）への，東側の懸念があった。これに対し米仏西ドイツは，ドイツ分断の固定化を招き非核地帯の範囲が狭すぎるなどの理由で拒絶

した。また米国はソ連の通常戦力や対象地域外の東欧核戦力を規制せぬままでの西ドイツの核兵器撤去に反対し，実現しなかった。

〔水本和実〕

## ラロトンガ条約(じょうやく) South Pacific Nuclear Free Zone Treaty

1985年に南太平洋フォーラムで合意され，86年に発効した南太平洋に世界で2番目の非核兵器地帯を設置する条約である（南太平洋非核地帯条約）。世界初の非核兵器地帯条約であるトラテロルコ条約が認めていた平和目的の核爆発を含むすべての核爆発を禁止しただけでなく，地域内の放射性廃棄物の投棄も禁止している。そのため「非核兵器地帯」ではなくより包括的な「非核地帯」という枠組を用いている。フランスによる南太平洋での核実験の継続と日本による放射性廃棄物の海洋投棄計画が条約交渉の背景となっていたために，このように幅広い内容を持つ条約として成立した。

核兵器国に対しては，条約の締約国に対する核兵器の使用及び使用の威嚇，また条約の対象地域内での核実験の禁止を議定書により求めている。英仏ロ中はすでに議定書を批准しているが，米は署名のみで2015年3月31日現在未批准である。アメリカと安全保障条約を有するオーストラリアも条約に参加しており，非核兵器地帯への参加と「核の傘」の両立が可能であることを示すものと考えられている。

【関連項目】核実験／非核兵器地帯／放射性廃棄物／ラテンアメリカ核兵器禁止条約（トラテロルコ条約）（LANWFZ）

〔広瀬訓〕

## 陸戦法規(りくせんほうき) rules of land warfare

主に陸上における武力紛争に適用される戦時国際法又は国際人道法（武力紛争法）の総称。この他に，海上における武力紛争に適用される海戦法規，航空戦に適用される空戦法規がある。陸戦法規は，交戦者資格，兵器の規制，攻

撃対象，害敵手段行使の形態，捕虜の資格・待遇，傷病者等の保護・尊重，文民及び一般住民の保護，財産の保護・取扱い，占領地行政などについて定めている。これらの規則の多くは国際慣習法として成立してきた。1899年及び1907年のハーグ万国平和会議では多くの規則が条約化され，この作業は現在も続けられている。

代表的な条約としては，ハーグ陸戦規則，1949年ジュネーヴ諸条約，1977年のジュネーヴ諸条約第1追加議定書などがある。特に近年は保護の対象が拡大されており，例えばジュネーヴ諸条約第1追加議定書は，ダム，堤防，原子力発電所など危険な力を内蔵する施設等に対する攻撃を原則として禁止した。

【関連項目】 海戦法規／国際人道法（武力紛争法）（IHL）／ハーグ陸戦規則　〔小倉康久〕

## 理想主義（国際政治における）
idealism in international politics

平和を達成するために，人間や国家の行動を特定の規範や制度に適合させようとする思考様式。多様な潮流が含まれるため，単純化は危険だが，合理的計算に基づいて行動すれば，個人や国家の利益は最終的には調和するとの前提から展開される議論が多い。

国際政治における理想主義は，現実主義との対比で用いられ，カーはユートピア主義，モーゲンソーは国際政治に対する法律家的道徳家的アプローチと呼んで批判した。両者の批判の焦点は異なるが，いずれも戦間期から第二次世界大戦の経験を背景に，19世紀以来の自由主義の思想潮流が激しい利益対立を含む国際政治の現実に対応できない点を批判した。ただしカーは，ユートピア主義を現実世界を変革しようとする情熱に由来し，政治に関する健全な思考に不可欠の要素と位置づけた。

理想主義的議論の多くは，勢力均衡や同盟などを基礎にした国際システムが，第一次世界大戦において破綻したという現実をふまえて成立したものである。そのなかには，軍縮，外交の民主的統制，世界連邦主義，国際法の強化，国際機関の強化，自由貿易論などがある。いずれも規範や制度が，国家や個人の行動をコントロールする力が強化されれば，戦争を起こすことが困難・不可能となることを期待するとともに，国家や個人の利益は調和すると想定されている。例えば，自由貿易論は，貿易が自由化されると国境を超えた主体間に利益が共有され，戦争が不合理な選択となると主張した。しかし，国際機関に強制力を与えようとする議論と軍縮論の間のように，理想主義的とされる議論相互間に対立がある場合もあり，理想主義内部の多様性にも配慮が必要である。

現実主義と理想主義との論争は，国際政治学史においては「第一の論争」と位置づけられ，前者が後者を圧倒したと考えられてきたが，近年では両者間に激しい論争があったということ自体が疑問視されている。

【関連項目】『危機の20年』（E.H.カー）／『国際政治』（モーゲンソー）／国際制度（国際レジーム）

【参考文献】 ロング，デーヴィッド，ウィルソン，ピーター編著（宮本盛太郎・関静雄監訳）『危機の20年と思想家たち』ミネルヴァ書房，2002年／Ashworth, Lucian M., *Creating International Studies*, Ashgate, 1999／Schmidt, Brian C., *The Political Discourse of Anarchy*, State University of New York Press, 1998　〔遠藤誠治〕

## 立憲平和主義　constitutional pacifism

立憲主義は通常，国民の権利・自由を保障するために国家権力を憲法によって制限することに主眼を置いて主張される概念である。この立憲主義と平和主義を整合的に理解するのが立憲平和主義である。特に，日本国憲法においては，従来，国家権力の中核的権限であるとされてきた戦争・軍事権限を徹底的に否認している（9条）。「普通の国」の立憲主義は，「人権＋国民主権＋軍事力の統制」からなるが日本国憲法における立憲主義は，権力統制の方向性をさらに強めて「人権＋国民主権＋軍事力の放棄」を

要求している。また，同憲法の立憲平和主義の規範構造は，前文や9条以外にも様々な規定（あるいは規定そのものを置いていないこと）のなかに見出される（積極的な禁止と授権の否定）。例えば，①平和的生存権の保障（前文），②戦争放棄・戦力不保持・交戦権否認（9条），③特別裁判所（軍法会議）設置の禁止（76条2項），④開戦・講和に関する規定の不存在（戦争に関連した国家機関の特別権限や例外手続等が否定される），⑤兵役義務の不存在及び徴兵制の禁止（政府解釈でも徴兵制は憲法13条や18条の規定から違憲としている），⑥軍事・国防秘密に関する例外規定の不存在，⑦国防目的のための人権制約規定や国民に（徴兵義務以外の）特別の防衛義務を課す規定の不存在，⑧国家緊急権に関する規定の不存在などである。

深瀬忠一は，この「立憲平和主義」を，「近代立憲平和主義」「現代立憲平和主義」「将来の立憲平和主義」の3段階に分けて議論をしている。①「近代立憲平和主義」は，人権保障とそのための権力制限，外交・戦争権限などの権力行使の対外的な抑制，征服戦争禁止の憲法条項化，②「現代立憲平和主義」は，民主主義・人権保障の拡大深化，国内・国際の法と裁判の進歩，侵略戦争禁止の国際法の確立，③「将来の立憲平和主義」は，人権保障という目的の達成とその確保にふさわしい手段の整備強化，目的を圧殺する戦争や軍隊そのものの縮小・廃止，平和に生きる固有の権利の承認，国家主権の制限，恒久平和の世界組織化を，その特徴として挙げている。また，日本国憲法は，「核時代の平和を先取りした立憲平和主義」として「将来の立憲平和主義」のモデルとなりうると指摘している。

これに対し，近代立憲主義を「根底的に異なる価値観をもつ人々が平和的に共存し公平に社会的コストと便益を分かち合う枠組みを築くための考え方」という意味に捉えて，それと絶対平和主義は整合しないことを説く見解（長谷部恭男）も出されている。

【関連項目】 憲法9条／非武装平和主義／立憲平和主義
【参考文献】 浦田一郎『現代の平和主義と立憲主義』日本評論社，1995年／河上暁弘『平和と市民自治の憲法理論』敬文堂，2012年／長谷部恭男『憲法と平和を問いなおす』筑摩書房，2004年／深瀬忠一「戦後50年の世界の『諸憲法と国際平和』の新たな展望」『法律時報』68巻1～4号・6～8号，1996年／山内敏弘・古川純『憲法の現況と展望（新版）』北樹出版，1996年
〔河上暁弘〕

## 立命館大学国際平和ミュージアム
Kyoto Museum for World Peace, Ritsumeikan University

1980年代，日本各地で，戦争体験の継承を目的として，「平和のための戦争展」を開催する市民運動が起こった。これらの運動は常設の平和博物館を求める動きとなり，各地で自治体の運営する平和博物館が開設された。京都では，「平和と民主主義」を教学理念とし，戦没学生記念像〈わだつみのこえ〉を擁する立命館大学が，市民の声に応えて，社会に開放された施設として，国際平和ミュージアムを1992年5月に開設した。

「平和のための京都の戦争展」運動が収集・展示した約4000点の資料を当初の収蔵品としてスタートした同ミュージアムは，戦争展運動の特徴を継承・発展させるものである。すなわち，アジア・太平洋戦争（十五年戦争）を加害と被害の両面からトータルに捉えること，戦争に抗して平和を目指した努力に光を当てること，戦争責任の問題に誠実に向き合うこと等々を展示の中心としている。2005年に展示の大規模なリニューアルがなされ，第二次大戦後の世界の戦争を捉える展示，平和をつくり出す地球市民の様々な努力（NGO活動）の展示等が拡充された。また，同ミュージアムは，立命館大学及び附属校における平和教育・研究の拠点の役割も果たしている。

【関連項目】 アジア・太平洋戦争／平和教育／平和博物館・平

和のための博物館　　　〔君島東彦〕

## リビアの大量破壊兵器
Libya's weapons of mass destruction

　リビアのカッザーフィ（カダフィ）政権は2003年12月，核を含む大量破壊兵器の開発・製造計画の全廃を宣言した。これを受け国際原子力機関（IAEA），化学兵器禁止機関（OPCW）などによって関連機材や資材が廃棄された。

　リビアは核不拡散条約（NPT），化学兵器禁止条約（CWC），生物兵器禁止条約（BWC）などに加盟していた。しかし核についてはIAEAに無申告のまま，1980年代からパキスタンの「核開発の父」カーン博士のネットワークを含む国際闇市場から関連機材やノウハウを入手し開発に取り組んでいた。また化学兵器についても一定量保有していた。

　リビアの突然の全面廃棄宣言の背景には，以前から米英が秘密交渉で経済的見返りを約束したことが指摘されている。また大量破壊兵器の開発・保有を理由にイラクのサッダーム・フセイン体制が攻撃・転覆されたことも影響したとみられている。いずれにしてもリビアの事例は，大量破壊兵器の拡散防止体制の不十分さを改めて示した。

【関連項目】　核拡散防止体制　　　〔立山良司〕

## リベラル・ピース　liberal peace

　平和構築研究において，「法の支配」や「国家建設」といった政策用語に象徴される，社会的文脈に関係なく民主主義などの自由主義的な価値規範に根ざしたアイデアが存在し，そのアイデアを技術的な手法によって実現することにより問題は解決されるとする立場を「リベラルな平和構築」（liberal peacebuilding），そしてそのアイデアのことを「リベラル・ピース」と呼ぶ。「自由主義的平和」とも表現される。このリベラル・ピースという表現自体は，問題提起を行う際に使われることが多い。

「リベラルな平和構築を巡る論争」，もしくは「リベラル・ピース論争」とも呼ばれるこの論争は平和構築が築いている平和の質を巡り，①政策志向の「効果」（effectiveness）を追求する「問題解決理論型」（problem-solving）の研究，そして②前者の政策の前提を批判的に検証しようとする「批判理論型」（critical）の研究に大別される。「批判理論型」は，平和構築において，実現すべき目標として平和が語られることにより，なぜ・誰が・誰のために・どのような平和を創ろうとしているのかという平和の主観的側面に着目し，築かれる平和の質を問うことの重要性を説く。つまり，リベラル・ピースを唯一の所与の枠組として認識していることを問題視するのである。リベラル・ピースと問題提起を行う側は必ずしも一枚岩ではないが，例えば持続可能性を考慮し，現地の慣習や文化を踏まえた多様な平和構築のあり方（ハイブリッド・ピース）の必要性を指摘する流れも存在する。

【関連項目】　人間の安全保障／平和構築
【参考文献】　Newman, Edward et al. eds., New Perspectives on Liberal Peacebuilding, United Nations University Press, 2009／Richmond, Oliver P., Peace in International Relations, Routledge, 2008／Tadjbakhsh, Shahrbanou ed., Rethinking the Liberal Peace, Routledge, 2011　　　〔古澤嘉朗〕

## リベリアの紛争　Liberian Civil Wars

　リベリアは2回の武力紛争を経験した。第1次リベリア紛争（1989〜96年）はチャールズ・テイラー率いる「リベリア愛国戦線」（National Patriotic Front of Liberia; NPFL）の蜂起で始まる。当時の大統領サムエル・ドーは民族的に偏った政治を実施し，暴力的に政敵を排除した。テイラーも排除された1人であった。NPFLの蜂起後，かつての政治エリートに主導された複数の武装勢力が台頭した。

　この紛争では西アフリカ経済共同体（Economic Community of West African States; ECOWAS）がECOWAS停戦監視団（ECOW-

AS Ceasefire Monitoring Group; ECOMOG）を派遣し，武力を用いて紛争を終わらせようとした。

和平交渉，和平合意の締結，その反故が繰り返されたが，96年のアブジャII合意（Abuja II Accord）以降，安定化を見せた。翌年には総選挙によってテイラーが大統領に選出された。

第2次リベリア紛争（99年頃〜2003年）はテイラー政権に反発する「リベリア民主和解連合」（Liberians United for Reconciliation and Democracy; LURD）の蜂起によって始まる。LURDから分派した「リベリア民主運動」（Movement for Democracy in Liberia; MODEL）も勢力を伸ばした。リベリア政府は両勢力との和平交渉を余儀なくされ，03年8月にはアクラ包括和平協定（Accra Comprehensive Peace Agreement）を締結する。テイラーも退陣し亡命した。05年には紛争後初の総選挙が開かれ，エレン・ジョンソン・サーリーフが大統領に選ばれた。
〔岡野英之〕

## リムパック　Rim of the Pacific Exercise

リムパック（環太平洋合同演習）は，ハワイ，グアムなどの周辺海域で1971年より実施される米国主催の多国間軍事演習。毎年開催が74年より2年ごととなった。同演習の目的は，参加する環太平洋諸国間の相互協力を増大し，合同作戦能力を向上し，主要シーレーンの安全を確保して合同即応能力を高めることとされる。

日本が参加した80年以前までは，演習参加国は米国，カナダ，オーストラリア，ニュージーランド4ヵ国のみ。88年以降，ニュージーランドが不参加（2010年から再参加）となり，1990年に韓国が参加した。南米より新たにチリが参加した98年には，中国，タイ，シンガポール，メキシコ，ペルーなどがオブザバーを派遣した。2014年には22ヵ国参加の最大規模となった。中国が初めて参加をした。

参加国の海軍艦艇や航空機だけでなく，1998年より米空軍や米海兵隊などの参加により，海と空そして強襲上陸作戦を含む演習となった。2000年には，人道支援が演習に組み入れられ，赤十字や国連からの関係要員が参加した。

日本の海上自衛隊は，集団的自衛権に関連する多国間演習には参加せず，もっぱら米軍との合同演習を行ってきた。10年に潜水艦救難のような戦闘以外の分野での多国間枠組に参加して以来，訓練範囲を拡大してきた。また，14年には陸上自衛隊が派遣され，米海兵隊との間での水陸両用機能の強化を図る演習を行った。
〔我部政明〕

## 領域権原（りょういきけんげん）　territorial titles

ある一定の地域を自国の領域と主張する，国際法上の根拠となる事実。一定の地域とは陸地を指す。陸地が領域権原のいずれかを根拠として領域（領土）とされるときに，それに付随して，領水と領空が確定することになる。

こうした領域権原論は，19世紀後半から20世紀初頭にかけて，基本的には所有権移転に関する古代ローマ法の理論を類推適用しつつ，整備されていった理論である。それは，ヨーロッパ諸国間で領域の変動がある場合，あるいは，非ヨーロッパ地域（北米地域やオーストラリア・ニュージーランドなど）をヨーロッパ諸国の領域に編入しようとする場合などに，用いられた理論であった。

領域権原として多くの論者が従来挙げてきたのは，先占，添付，割譲，時効，そして征服という5つの権原である。これらのうち，戦争の違法化により征服が現在では認められなくなった。時効を認めるかについては意見が大きく分かれる。従来主張されることのあった発見は現在では「未成熟の権原」とみなされるのが一般的である。

【関連項目】　先占／領域国家／領海　　〔柳原正治〕

## 領域国家　territorial state

近代国家にはその国家の国籍を持つ国民がおり、そうした国民から成り立つ国家、つまり「国民国家」の領域は国境によって画されている。「明確な領域」が国家の資格要件の１つである。近代ヨーロッパ国際法上の国家はすべて領域国家である。

領域の基本は陸地（＝領土）である。この陸地の周辺の一定の海域が領水（領海と内水と群島水域）である。空については、飛行機で人間が実際に空を飛べるようになる20世紀初頭になって、領土と領水の上の空間を領空とする考えが生まれた。

これらの領域には、国家の主権が及ぶ。この主権のうち、領域に関わる権利が領域主権と呼ばれる。国家管轄権と重なる部分もあるが、完全に同一ではない。なお、領土と領水が地下のどこまで及ぶのか、領空が空のどこまで及ぶのかはいずれも明確ではない。前者は議論する実益が現状ではほとんどないが、後者については、領空と宇宙空間の境界をどこにするかという現実の問題がある。

【関連項目】　国民国家／領域権原／領海　　〔柳原正治〕

## 領海　territorial sea

海洋法条約２条１項は、「沿岸国の主権は、その領土若しくは内水又は領海といわれるものに及ぶ」と規定する。このように国家の主権は、内水と内水に接して沖合に広がる領海（両者を併せて領水とも呼ぶ）に及ぶ。

国家は、みずからの領域においてその領域主権に基づき、国際法上特別の制限のない限り、その国家管轄権（立法・執行・司法管轄権）を排他的かつ包括的に行使することができる。

海洋法条約は、この領海の幅につき、「いずれの国も、この条約の定めるところにより決定される基線から測定して12海里を超えない範囲でその領海の幅を定める権利を有する」（同３条）と規定する。

慣習法上、沿岸国は、領海で水産動植物の採捕や鉱物資源の採掘について独占権を持ち、沿岸運輸の禁止や税関の配置など、資源開発、経済活動、警察、関税、公衆衛生、安全保障上の包括的な権能を行使する。

日本は、海洋法条約を批准した1996年に、旧領海法（1977年）を改正し、「領海及び接続水域に関する法律」を制定し、直線基線と接続水域を採用した。なお、旧領海法以来、宗谷海峡や津軽海峡などの特定海域は、当分の間３海里とするものの、他の領海では12海里を採用している。

〔坂元茂樹〕

## 領土保全原則
principle of territorial integrity

各国はお互いに他国領域の現状をそのまま維持しなければならない義務、言い換えれば、主権平等の原則に基づいて他国の領土保全を尊重し、武力による介入や妨害を差し控える義務を持つという原則。領域主権に関わる国際法上の原則として確立している２つの原則のうちの１つ。もう１つは、自国領域における活動が他国の領域及び権利を侵害することがないように、確保する責任があるという、領域使用の管理責任原則である。

領土保全原則は、政治的独立や武力による干渉の否定と結びつけられて確立した。国連憲章２条４項で、武力による威嚇または武力の行使は「いかなる国の領土保全または政治的独立に対するものも」慎むべきであると規定されている。この原則は、現在では慣習国際法上の原則になっているとみなされる。最近ではこの原則を拡大して、いまだ国家を形成していない植民地人民の「国土」、武力の行使に該当しない領域侵犯、さらには越境環境損害の原因となる領域使用などにも適用できるとの主張がなされている。

【関連項目】　領域国家／北方領土問題　　〔柳原正治〕

## 累積債務問題 accumulating debt problem

　他国政府や民間金融機関，国際金融機関などからの借り入れが累積したにもかかわらず，外貨が十分に稼げないことから国際収支状況が悪化し，期限が来ても返済ができないような状態になること。債務不履行（デフォルト）又はそれに近い状況下では新たな借り入れができなくなるため，当該国の経済運営破綻，政情不安を引き起こすなどの危険性が高まる。また，貸し手側も資金回収が滞ると，金融機関としての健全性を失墜し，最悪の場合経営破綻する可能性も出てくることから，連鎖的に危機感が拡大し，国際金融制度そのものを不安定化させる要因ともなりうる。

　このような状況に至る背景として，主に以下の3点が挙げられてきた。①海外資金調達の行き過ぎ。1970年代，中南米の中所得国などでは積極的な工業化を軸とする高度経済成長・所得再分配政策を推し進め，その過程で海外からの借り入れが過熱，結果として返済能力を超える債務が滞留し，金融不安を当該国の内外で引き起こすこととなった。②国際的なマクロ経済状況の変化。70年代前半は世界的な低金利・高インフレ率状況にあったことから，債務国にとって実質的な金利負担が低く，資金を借りやすい環境にあった。ところが，70年代後半以降の世界経済停滞により，債務国の対先進国輸出は減少，80年代前半には先進諸国の財政政策変更を背景に高金利，低インフレ率状況となり，債務国の利子負担は急速に拡大した。債務国の主要輸出項目である一次産品価格下落も状況の悪化に拍車をかけた。③「国家は破綻しない」という考え方が広く共有されていたこと。「ソブリン貸付」と呼ばれる政府や政府系機関，政府の信用保証が付いた対民間企業貸付には状況悪化後も新規貸し付けに歯止めがかかりにくかった。

　こうした債務状況の悪化を受けて，80年代以降，世界銀行やIMF等は救済にあたり債務国に厳しい条件（コンディショナリティ）を課す構造調整政策を実施。成果を挙げる事例があった一方で，国内投資の低迷，失業増加や貧困層切り捨てが生じるなど問題も多く，90年代にはジュビリー2000など市民レベルのネットワークによる債務削減運動も国際的な盛り上がりをみせた。20世紀末頃からは，パリクラブなど国際的な枠組合意に基づき，重債務貧困国に対しては包括的債務削減，低・中所得国に対しては各債務国の状況に見合った個別措置が検討されるようになっている。なお，近年では先進諸国における累積債務問題も深刻化しており，グローバルな課題としての性格が強まっている。

【関連項目】　政府開発援助（ODA）／世界銀行
【参考文献】　河合正弘『国際金融論』東京大学出版会，1994年／『ODA白書』（各年版）　　〔渡邊頼純〕

## ルーマニア革命　Rumanian Revolution

　1965年から続いたルーマニアのチャウシェスク政権は，89年12月の国民蜂起によって打倒された。12月16日，南西部のティミショアーラで，秘密警察（セクリターテ）がハンガリー系少数民族のトケシュ牧師を逮捕しようとし，それに対する抗議運動が反体制デモへと発展していった。12月21日に首都ブカレストで行われた官制集会の翌朝，チャウシェスクの辞任を求めるデモ隊が共和国広場に押し寄せ，軍が国民側に寝返ったため，チャウシェスク夫妻はヘリコプターで逃走した。反チャウシェスク派の元共産党幹部イオン・イリイェスクを議長とする救国戦線が組織され，チャウシェスク夫妻は逮捕されたが，夫妻に忠実な治安部隊が諸都市で攻撃を開始したため，救国戦線は軍事法廷を開いてチャウシェスク夫妻を処刑した。この政変に関する解釈は3つに分かれる。ティミショアーラに始まる一連の国民蜂起により，チャウシェスク政権のみならず共産体制そのものが崩壊したとする革命説。国民蜂起による革命が，途中で，元共産党幹部らによるクーデタで盗まれた

とする「盗まれた革命説」。ソ連やハンガリーなど諸外国のエージェントによって政権が打倒されたとする，国際的陰謀説である。

〔六鹿茂夫〕

## ルワンダ内戦　civil war in Rwanda

1990年10月に反政府武装勢力ルワンダ愛国戦線（RPF）の侵攻により勃発した内戦。94年4月に大統領暗殺事件をきっかけとしてトゥチを標的とした大量虐殺（ジェノサイド）を引き起こした。同年7月にRPFの軍事的勝利によって終結した。

ルワンダのエスニックな人口構成は，1割強がトゥチ，8割強がフトゥ，1％弱がトゥワとされる。集団間に言語，宗教の差はなく，混住して生活する。植民地化以前の王国時代，トゥチとフトゥの境界は比較的曖昧だったが，19世紀末以降ルワンダを統治したドイツとベルギーがトゥチを「支配する人種」とみなして優遇し，エスニックな対立が醸成された。1959年，フトゥの蜂起をきっかけに内乱となり，多数のトゥチが国外に流出した。62年の独立後は，フトゥ・エリートが政治権力を握り，トゥチ難民の帰還を許さなかった。

90年10月1日，北隣のウガンダでトゥチ難民の第二世代が中核となってRPFを組織し，同国の支援を得てルワンダに侵攻した。当時のルワンダは，フトゥのハビャリマナが大統領の座にあった。難民帰還や権力分掌を定めた和平協定が93年8月に締結されたが，政権内急進派の抵抗のため協定の履行は遅れた。そうしたなか，94年4月6日夜，ハビャリマナ大統領の搭乗機が撃墜される衝撃的な事件が起こった。政権側はRPFの行為だと決めつけ，報復としてRPFの支持者であるトゥチの殺害を呼び掛けた。これに呼応して民兵や大衆が殺戮に参加し，少なくとも50万人を超える膨大な数のトゥチが虐殺された。このとき，和平協定推進を目指したフトゥの政治指導者も多数殺害された。大量殺戮は，RPFとの和平推進を拒むハビャリマナ政権急進派の主導により実行されたものと言える。ジェノサイドによって再発した内戦は，RPFの軍事的勝利によって終結した。RPFは，2015年現在政権与党としてルワンダの統治を続けている。

【関連項目】　権力分掌／サブサハラ・アフリカの紛争／ジェノサイド
【参考文献】　武内進一『現代アフリカの紛争と国家』明石書店，2009年／Straus, Scott, *The Order of Genocide*, Cornell University Press, 2006
〔武内進一〕

## 冷戦　Cold War

モーゲンソーやアロンは冷戦を「平和は不可能であるのに戦争も起こりえない状況」と定義した。ハリディの「熱い戦争と最大限の和解という両極端の中間段階」という定義もモーゲンソーなどの定義と基本的には同じである。武者小路公秀は「米ソをリーダーとする二つの国家群の間の全面戦争を回避する形を取った慢性的な紛争」と定義している。これらを踏まえてみると「イデオロギー対立と核兵器による人類絶滅の脅威を背景とした，米ソ間のコミュニケーション機能の低下により発生した直接軍事衝突に至らない緊張状態」と冷戦を定義できよう。その特徴は，第1にあくまでも米ソ超大国間の対立・緊張である。第2に武者小路が指摘するように米ソをリーダーとするブロック対立であり，米ソはブロック構成国に軍事・経済援助を行う反対給付として構成国を統制する。第3に，熱戦は開始と終結が特定の一時点で明確であるが，冷戦はそれらに幅があり不明確である。第4に冷戦状況は一定不変ではなく，コミュニケーション機能が変化することにより緊張が緩和しデタントが進行することがある。

1947年3月の「トルーマン・ドクトリン」発表により米ソ冷戦が開始されたとする解釈が一般的である。しかし第3の特徴として指摘したように，開始には幅があり，第二次世界大戦中

の米（英）ソの間の潜在的対立・不信感を背景に，終結期の勢力圏形成，とりわけドイツ問題を巡る緊張がチャーチルの「鉄のカーテン演説」や「トルーマン・ドクトリン」に繋がり，さらに49年夏にソ連が核兵器を保有してアメリカの核の独占が破れたことが冷戦を本格化させたというべきであろう。しかし非同盟諸国の台頭や反核平和運動の世界的盛り上がりに押されて，米ソはコミュニケーション機能を回復させ，核軍備管理交渉が行われ数度にわたりデタントが実現し，米ソが一定程度の相互理解に達したのも事実である。それには全欧安保協力会議（CSCE）の成果やレーガン（米国），ゴルバチョフ（ソ連），サッチャー（イギリス），ミッテラン（フランス）やコール（ドイツ）ら主要国首脳間の一連の対話が，米ソ間に信頼醸成を生んだからである。冷戦開始にも幅が有ったように終結にも幅があり，80年代後半に，レーガンの「歴史に名を残したい」という意欲やゴルバチョフ革命，さらには「ヨーロッパ・ピクニック計画」を契機にした「ベルリンの壁の崩壊」が最終的にソ連崩壊を加速化させ冷戦は終結したのである。

【関連項目】　北大西洋条約機構（NATO）／デタント（緊張緩和）／トルーマン・ドクトリン／ベルリンの壁／ワルシャワ条約機構（WTO）
【参考文献】　塩川伸明『冷戦終焉20年』勁草書房，2010年／滝田賢治「冷戦概念と現代国際政治史」細谷千博・丸山直起編『ポスト冷戦期の国際政治』有信堂，1993年／永井陽之助『冷戦の起源』中央公論社，1978年／武者小路公秀『国際政治を見る眼』岩波書店，1977年　　〔滝田賢治〕

## 歴史教科書問題（れきしきょうかしょもんだい）　history textbook issue／history textbook controversy

　日本では，家永教科書検定訴訟，「日本を守る国民会議」編『新日本史』や扶桑社の『新しい歴史教科書』の出現等，戦後の歴史教科書を巡る国内の諸論争・諸問題が「教科書問題」と呼ばれてきた。しかし，日本近現代史の歴史教科書記述を巡って1982年に東アジア諸国との間で軋轢が生じて以来，歴史教科書問題の国際問題としての側面が意識されるようになっている。

　82年の歴史教科書問題は，文部省による81年度教科書検定の結果が公表され，主として高等学校用の社会科教科書の近現代史の記述について検定強化が報じられたことに端を発する。これは日本国内の従来の教科書問題の文脈に即したものだったが，特に近代日本のアジアに対する軍事行動を表す用語（「侵略」，「進攻」，「進出」等）の使用について中国，韓国等から抗議が寄せられ，外交問題に発展した。「近隣諸国条項」は，この問題の収束にあたり，近隣諸国との相互理解の促進と友好協力の発展のために教科書検定基準の改訂を行う考えを示した宮沢談話を受けて導入されたものである。

　歴史教科書作成における国際協調の精神と，近代国民国家の自国中心的な歴史教科書への批判の始まりは，19世紀末の欧米の平和主義運動，社会主義労働運動に遡る。第一次世界大戦後には，総力戦の惨禍を前に教育・文化面で平和を求める活動が活発化し，教科書の内容改善を求める国際連盟のカサレス決議が出されたほか，世界各地で国際歴史対話が行われた。

　第二次世界大戦後，自国の歴史教科書を改善するための国際対話を積極的に進めた例としては，ゲオルク・エッカート国際教科書研究所を中心にドイツがフランス，ポーランド，イスラエル等の諸国と行った対話が知られる。独仏間では共通歴史教科書も刊行された。東アジアでは，比較史・比較歴史教育研究会をはじめとする歴史研究者の対話，『日韓交流の歴史』等の共通教材作成の活動がある。

【関連項目】　家永教科書裁判／近隣諸国条項／歴史認識
【参考文献】　近藤孝弘『国際歴史教科書対話』中央公論社，1998年／阪東宏『戦争のうしろ姿』彩流社，2006年／三谷博『歴史教科書問題』日本図書センター，2007年　〔川喜田敦子〕

## 歴史認識　recognition of history

歴史認識とは，現在に生きる「我々」が，過去の事実をどう認識するかという問題である。歴史認識が問題となるのは「他者」との関係においてである。「我々」や「他者」は個人の場合も，集団や社会や政府の場合もあるが，ここでは政府の歴史認識を取り上げる。

日本政府の歴史認識が対外的に問われた主な事例は，①1982年及び86年の歴史教科書，②85年の中曾根首相，2001年以降の小泉首相による靖国神社公式参拝，そして③1990年代以降の従軍慰安婦などであろう。80年代の①②の場合，政府は平和憲法に基づく「平和国家」の道を歩む決意や，サンフランシスコ講和体制による法的枠組の遵守を説くのみで，積極的に自らの歴史認識を表明することはなかった。

そもそも戦後の日本政府は，言論や価値観の多様性を保障する新憲法の下，ナチス時代を明確に「逸脱」の時期とみなすドイツのような公的な歴史認識の確立は困難であった。それは歴史教科書の検定制度によく表れている。検定制度には検定基準はあるものの法的拘束力はなく，もっぱら記述の改善を促すのみである。

とはいえ，アジア諸地域に甚大な被害を与えた戦争や植民地支配について，公的検証の必要性が国会等で指摘されてきたが，政府はそれを避け続け，よるべき統一的な見解を形成できなかった。その結果，歴史認識問題に関する政府の説明は著しく一貫性を欠き，閣僚や政府要人による「失言」と「謝罪」の悪循環に陥る。

95年の村山談話は閣議決定に基づき，「植民地支配と侵略」によって被害を受けたアジア諸国民に対する反省と謝罪を明確に表明したもので，揺らいでいた政府の歴史認識を一応確立させた。国内の歴史認識の分裂を統合に向かわせるものではなかったが，その後の政府首脳の発言を抑制した。冷戦の終焉や自民党支配の揺らぎを背景に，アジア諸国民の被害に誠実に向き合おうとした90年代の歴代政権の問題意識が底流にあった。

③の慰安婦問題では，反省や謝罪にとどまらず，個人補償を求める被害者に具体的な「償い」を求められた。法的枠組としての講和条約体制に収まるギリギリの選択が，95年の国民基金方式によるアジア女性基金であった。慰安婦問題は，日韓問題から国際的な人道・人権問題として展開し，国連等では慰安婦を「性奴隷」(sex slaves) とする用語が定着しているが，日本では政府も国民の大多数もこれを受け容れていない。歴史認識を巡る国際レベルと国内レベルの乖離を象徴している。

【関連項目】　村山談話
【参考文献】　木村幹『日韓歴史認識問題とは何か』ミネルヴァ書房，2014年／服部龍二『日中歴史認識』東京大学出版会，2010年　〔波多野澄雄〕

## レズビアン・ゲイ・バイセクシャル・トランスジェンダー（LGBT）
lesbian, gay, bisexual, transgender

LGBTとは，レズビアン（女性同性愛者；Lesbian），ゲイ（男性同性愛者；Gay），バイセクシュアル（両性愛者；bisexual）及びトランスジェンダー（性転換者；transgender）の頭文字をあわせた言葉であり，性の多様性を反映させた言葉である。米国では1990年代から性的指向による差別の否定を含意する言葉として使われている。

かつては欧米でも同性愛者は種々の法的保護の対象外に置かれてきたが，2002年に欧州人権裁判所は性別の変更を認めない英国法が人権条約に違反すると判示して以後，欧州では同性婚又は登録パートナーシップを認める動きが広がった。合衆国連邦最高裁判所も15年6月に同性婚を認めないオハイオ州など4州の州法が連邦憲法に違反するとした。他方でイスラーム原理主義を掲げる諸国では男性同性愛を厳しく処罰の対象とする傾向もみられる。

このようにLGBTの人々に対する各国の対

応は分かれているが，国際人権法の立場から性的自認を理由として差別されない権利を求める動きは広がりつつある。06年に人権NGO及び国際人権法の専門家によって「性的指向並びに性自認に関連した国際人権法の適用に関する原則宣言」（ジョグジャカルタ原則）が起草され，国連の人権機関等においても尊重するよう呼びかけている。日本の性同一性障害者特例法（03年）では性転換者の戸籍上の性別変更を認めたが，法律では同性婚およびパートナーシップは認めていない。なお，15年，東京の渋谷区は同性パートナーシップ条例を施行した。

〔北村泰三〕

## 劣化ウラン弾（DU）
depleted uranium ammunition

　劣化ウラン（DU）弾は，湾岸戦争，旧ユーゴ紛争，イラク戦争のみならず，世界各地の米軍やNATOの射爆場などの演習において使用されてきており，癌や先天障害などの増加を引き起こしているのではと懸念されている。

　DU弾は放射性廃棄物の軍事利用であるが，鉛よりも重く鉄より固いDUを貫通体に用いた砲弾の破壊力は「革命的」と言われる。衝突後，燃焼し，微粒子となって拡散してしまうが，内部被曝の解明が困難であるため，その有害性がWHOによっても十分に認められてきていない。しかし，そもそもウランは重金属として強い毒性を有しており，1日も早く禁止されるべきである。製造国は少なくとも米，ロ，英，仏，中，それにインドの6ヵ国，保有国は約20ヵ国にのぼる。

　2003年にはICBUW（ウラン兵器禁止を求める国際連合）が結成され，30ヵ国以上から160を超えるNGOが参加し活動してきている。その結果，国連総会においても，07年以降5度にわたり，予防的アプローチや使用地域などに関する情報公開を呼びかける決議が圧倒的多数で採択されている。一貫して反対しているのは，アメリカ，イギリス，フランス，イスラエルの4ヵ国のみである。

【関連項目】イラク戦争／内部被曝／湾岸戦争　〔嘉指信雄〕

## レバノン内戦 Lebanon War

　レバノンは地中海東岸に位置し，シリア，イスラエルと国境を接する人口450万ほどの小国である。長くオスマン帝国のアラブ属州の一部であったが，1920年フランスに委任統治され，その後43年独立する。独立して以降，二度の内戦を経験している。最初の内戦は58年に起こり，約5ヵ月後に終結，次の内戦は75年に起こり，断続的に90年まで続く。これら2つの内戦は，19世紀中頃に起こったキリスト教マロン派とイスラーム・ドゥルーズ派間の宗派紛争とフランスなどヨーロッパ列強の軍事干渉を起源とするが，独立時に国内諸勢力の間で結ばれた国民協約（大統領をはじめ政府の主要ポストや国会議席数を宗派ごとに配分する不文律）によって規定された宗派体制の矛盾が主な要因であった。

　75年に起こった内戦は，度重なる中東紛争により流入したパレスチナ人諸勢力の肥大化を抑え込もうとしたマロン派勢力の攻撃をきっかけに起こり，隣国のシリアやイスラエル，周辺アラブ諸国，イラン，欧米，ソ連などを巻き込み，多数の民兵組織間の戦闘へ発展した。そして，82年にはイスラエルが軍事侵攻したことから国家分裂の危機に直面し，南部レバノンではヒズボッラー（神の党）をはじめとするイスラーム・シーア派勢力が台頭する結果となった。しかし，89年サウジアラビアの仲介で内戦の終結を目指すターイフ合意が結ばれ，翌90年シリア軍が同合意を拒否していたマロン派勢力を制圧し，内戦は終結した。しかし，内戦の主要因である宗派体制の改革は，大きな課題として残っている。

〔宇野昌樹〕

## 連合国軍最高司令官総司令部（GHQ/SCAP） General Headquarters/Supreme Commander for the Allied Powers

第二次世界大戦後，ポツダム宣言の執行のために日本を占領した連合国軍の機関。その施策は戦後日本の非軍事化と民主化に大きな役割を果たした。1945年8月14日，日本のポツダム宣言受諾を受け，トルーマン米大統領は米太平洋陸軍（AFPAC）総司令官マッカーサー元帥を連合国軍最高司令官（SCAP）に任命した。9月2日の降伏文書調印に伴い，日本政府はSCAPの管理下に置かれ，10月2日，東京に総司令部（GHQ）が設立された。連合国の対日占領政策は米ワシントンの極東委員会（米中英ソなど11ヵ国で構成）が決定した。東京のGHQの任務は，日本政府に指令や覚書等を発し，同政府を通じて政策の実施に当たらせることにあり，各地に占領部隊が進駐して政策の実施状況を監視した。GHQの主体は米軍であり，SCAPをはじめ各部局の構成員の多くはAFPAC（及び後継の極東軍（FEC））の米軍人が兼務するなど「GHQの二重構造」と呼ばれる陣容であった。こうした組織構造の作用として，米国の対日政策が占領行政に影響を与える局面が少なくなかった。GHQは52年4月28日，日本の主権回復とともに廃止された。

〔永井均〕

## 連帯（ポーランド） Solidarity

1980年代にポーランドで組織された在野の自由労組で，89年の体制転換を主導した。

80年に食肉値上げに抗議するストが起き，スト委員会と共産党政府間で交渉が行われた。8月に政府はストを主導した自主労組連帯を承認した。連帯はレフ・ワレサの指導の下で政治的要求を拡大し，それに対して政府は81年12月に戒厳令を発し，連帯は非合法化され，指導者は逮捕された。83年に戒厳令は解除され，その後に政府主導の改革が進行したが，87年に実施された国民投票で政府の改革案が否決されたことを契機に，政府は在野勢力との対話に向かった。

89年春に政府側と連帯を中心とする在野勢力との円卓会議が始まり，その合意に基づき6月に部分的な自由選挙が実施された。連帯はこの選挙で勝利を収め，8月に連帯出身のタデウシ・マゾヴィエツキを首相とする連立政権が誕生し，90年末の直接選挙でワレサが大統領に就任した。しかし，この時期から連帯の下に集まっていた諸勢力は分裂を始め，その後，いくつもの党派に分かれていった。

【関連項目】東欧民主革命　　〔林忠行〕

## ローカル・オーナーシップ local ownership

現地社会のことは，現地社会の人々に委ねるべきという原則。「主体性」と表現することもある。現地社会の人々が自らの社会に責任を持ち続けるという戦略的方向性を示している。

オーナーシップを論じる際に，「誰の」オーナーシップなのかという点については，解釈が狭義と広義に分かれる。狭義の理解では，改革を実施する能力を有し，国民からの広い支持を受けている政治指導者のオーナーシップと解釈するのに対して，政治指導者も含めた社会全般と広義では解釈する。伝統的には，オーナーシップの主体は，狭義の理解に基づき「国家／政府」と仮定され「国家のオーナーシップ」（national ownership）と表現された。しかし，脆弱国家において「国家のオーナーシップ」が必ずしもその国の人々の声を反映しないことから，「ローカル・オーナーシップ」という表現が使われるようになりつつある。

広義の理解については，社会の中の分断について軽視しているという批判がある。ローカル・オーナーシップという概念自体に社会が一枚岩であるという前提が存在しているという指摘もあるが，紛争後や移行期社会が一枚岩であることは少ない。広義の意味でオーナーシップ

という際に，どこまでをオーナーシップの主体と定義するのかは重要な点である．

【関連項目】 開発／平和構築
【参考文献】 篠田英朗「平和構築における現地社会のオーナーシップの意義」『広島平和科学』31巻, 2009年／Donais, Timothy, *Peacebuilding and Local Ownership*, Routledge, 2012

〔古澤嘉朗〕

## ローザ・ルクセンブルクの革命思想
Rosa Luxemburg on revolution

ローザ・ルクセンブルク（1871～1919年）は，ポーランドに生まれドイツで活動したマルクス主義の政治・経済理論家，革命運動家である。ロシア支配下のポーランドに生まれたユダヤ人女性という「三重の苦難」を背負って生きた。『世界政策の転移』（1899年）の中で，資本主義が地球上のあらゆる非資本制地域に経済進出して支配しようとする傾向を描き，帝国主義批判の先駆的な経済分析を行い『資本蓄積論』で理論をより体系化した。また，『ロシア革命論』においては，レーニンやトロツキーらの革命理論がテロリズムと官僚制支配に陥る危険性を感じて警告を発し，普通選挙，無制限な表現・批判の自由の必要性を強く主張している。また，レーニンの「民族自決論」に自らの「民族自治論」を対置し，ポーランド独立そのものよりも民主主義・社会主義ロシア建設を提案した。いかなる国家もマイノリティを抑圧する機関となりうることや，常に一民族が独立した一国家の樹立を目指すことには純血主義・排他主義に繋がる危険性を指摘した。同論において真の民主主義と諸民族の共生をもたらすのは地域・民族の自治であると主張した点は注目すべきだろう．

〔河上暁弘〕

## ローデシア問題　issue of Rhodesia

英領植民地であったローデシア（南ローデシア，現ジンバブエ）が，白人入植者の圧力から宗主国の意に反してアフリカ人による多数支配を認めず，一方的に独立を宣言した問題。ローデシアは，英国人セシル・ローズ率いる特許会社（イギリス南アフリカ会社）による南部アフリカ征服に起源を持つ．白人入植者が国土の約半分を所有し，国内及び周辺国のアフリカ人を労働力として利用することで，入植植民地として発展した。1950年代には隣接する北ローデシア（現ザンビア）及びニアサランド（現マラウイ）とともにローデシア・ニアサランド連邦を結成したが，南ローデシアでは白人入植者勢力が急進化し，65年に「一方的独立宣言」（UDI）を行うに至った．国連などが経済制裁を実施したが，同じ人種隔離政策をとっていた南アフリカが従わず，骨抜きにされた。72年以降武装闘争が激化し，交渉の結果，80年の選挙でジンバブエ・アフリカ民族同盟（ZANU）が勝利して独立への主導権を握った。

【関連項目】 アパルトヘイト（人種隔離政策）　〔武内進一〕

## ローマ・クラブ　Club of Rome

ローマ・クラブは，長期的展望を欠く先進国の政策に疑問を呈し，人類の危機に対して回避の道を探求することを目的とした民間の独立組織．1968年に設立された。具体的には，人口，資源，環境破壊といった相互に絡み合う地球システムの問題群の現状を見極め，将来に向けた長期的なシナリオや選択肢を評価し，効果的な解決策を提示すること，分析による知見を政策決定者や市民に向けて伝えることを目的とした活動を行っている。世界各国の自然科学者，経済学者，教育者，経営者，政治家などにより緩やかに構成され，学際的なアプローチを重視している。

ローマ・クラブは定期的に報告書を公表しており，72年にメドウズらによる国際チームが公表した報告書『成長の限界』はその代表である。同報告書では，世界人口，工業化，公害，食糧生産，資源の利用が幾何級数的に増大した場合，今後100年以内に地球上の成長は限界点

に達し，特に人口と工業力の統制不可能な減少が起こりうるというシナリオを提示，経済と環境の関係や長期的視点から警鐘を鳴らして議論を喚起し，ベストセラーとなった。

【関連項目】宇宙船地球号／国連人間環境会議　〔横田匡紀〕

### ▍盧溝橋事件　Marco Polo Bridge Incident

1937年7月7日夜から北京近郊の盧溝橋で開始された日中両軍の衝突事件。日中戦争の発端となった。35年，日本軍（関東軍と支那駐屯軍）は華北を国民政府の支配から切り離し日本の勢力下に置くための華北分離工作に着手した。同年6月，日本軍は，梅津・何応欽協定と土肥原・秦徳純協定により国民党の地方組織や軍の一部を察哈爾省と河北省から撤退させた。こうした情勢に中国側では，日本が中国本部への侵略を本格化したとの危機感が市民・学生の間でも高まり，8月1日に中国共産党は抗日民族統一戦線結成を呼びかけた。36年春に日本軍は盧溝橋近隣の豊台に中国側の反対を押し切って1大隊を駐屯させ，以降現地では小規模な軍事衝突が生じた。37年7月7日，同大隊の1中隊が盧溝橋脇の河原で夜間演習を行っていたのに対し，何者かが銃撃を加えた。日本軍は，銃撃が中国軍によるものである証拠を得て，華北分離工作の進展に資するとの考えから，臨戦態勢をとりつつ，盧溝橋脇の中国軍駐屯地（宛平県城）の捜索などを実施した。8日未明，日本軍は，中国軍が再び銃撃を加えてきたことを理由として，中国軍に対する攻撃を開始した。現地で断続的に戦闘が起きるなか，11日に現地停戦協定成立に向けた協議が進捗を見せたが，同日夕方，近衛文麿内閣は華北への派兵を声明し，戦争の拡大に踏み出した。　〔伊香俊哉〕

### ▍ロシア革命　Russian Revolution

世界初のマルクス主義に基づく共産党一党独裁体制の成立をもたらした一連の政治変動。狭義では1917年11月のレーニン率いるボリシェヴィキ（ロシア民主社会労働党多数派，のちのソ連共産党）による政権奪取（ユリウス暦にちなみ「十月革命」と呼称）を指すが，広義には同年3月の皇帝退位と臨時政府成立以降の過程（同「二月革命」），さらに遡って05年の政治自由化運動（第一次ロシア革命）も含む。

革命は対外戦争やそれに伴う民衆レベルの不満の噴出に起因する諸事件を軸に展開した。第一次革命は日露戦争での劣勢により政府批判が増大。中央アジアなど異民族地域を含む帝国各地でストライキや死傷者を伴うデモ，反乱が発生したことにも起因した。このとき，スト委員会の自発的連合体として主として都市部にソヴィエト（労兵評議会）が形成された。05年10月，市民的自由と議会開設を約束する詔書が示され，革命は終息。しかし，第一次世界大戦ではドイツに対して劣勢が続いたため皇帝の権威が失墜し，再度革命状況に陥ることになる。17年3月の皇帝退位後に成立した臨時政府は戦争継続の姿勢を示したことで，国民の支持を集めることに失敗した。11月に政権奪取したレーニンは，ウィルソン米大統領に対抗するように民族自決論の実践を進め，18年3月にはブレスト・リトフスク条約をもって講和を締結。しかし，その後も農民からの抵抗や旧軍人・帝政派との内戦，日本を含む列強による干渉戦争が続いた。21年3月，レーニンは急激な体制移行（戦時共産主義）を一旦停止し，「新経済政策（ネップ）」と呼ばれた政治・経済統制の緩和策を採用。戦争と革命で疲弊した国内生産力の回復を図った。その一方で，共産党内の分派を禁じ，後年のスターリン体制のような特定指導者への権限集中を促す政治制度が作り上げられていった。国際的にはボリシェヴィキの夢想した世界革命が果たされることはなく，24年1月のレーニン死後は一国社会主義路線が本格的に進められた。

【関連項目】ウィルソン十四ヵ条／シベリア出兵／スターリン主義／第一次世界大戦（WWⅠ）　〔湯浅剛〕

## ロシア・グルジア戦争
Russian-Georgian War/South Ossetia War

2008年8月に起こったロシアとグルジアの間の紛争。グルジア領内の南オセチア自治州のグルジアからの分離・独立を巡り戦われたため、南オセチア紛争とも呼ぶ。背景として、1991年1月、グルジアのガムサフルディア政権はグルジアからの分離を求める南オセチア自治州に対して、州都ツヒンヴァリに軍隊を投入した。紛争はロシアの支援を受けた南オセチアが戦況を有利に進めた。92年6月、ロシア、グルジア、南北オセチア四者による紛争の調停がなされた。事実上グルジアの主権が及ばない地域になった南オセチアでは憲法が採択され、大統領が選出された。

2008年に多くの欧米諸国がコソヴォの独立を承認したため、南オセチアでも独立の要求が高まり、ロシアの関与も強まってきた。グルジアのサアカシュヴィリ政権も軍備拡充を進めていた。8月、グルジア軍が南オセチア領内に侵入して戦闘が開始された。戦闘はロシア側が圧倒して収束した。その後ロシアは南オセチアの独立を承認したが、欧米諸国のほとんどが未承認のままである。

【関連項目】 アブハジア紛争／コソヴォ紛争／未承認国家

〔野田岳人〕

## ロシアの核戦力 nuclear forces of Russia

原爆開発で米国に先を越されたソ連は1949年8月29日、カザフスタン共和国のセミパラチンスク核実験場で初めて原爆実験に成功した。1980年代にはソ連の核弾頭は4万発を超えたが、冷戦終結期及びソ連崩壊期の前後から削減に向かい、2011年2月に発効した米ロの新戦略兵器削減条約（新START条約）では、18年までに核弾頭数1550以下、運搬手段数800以下（未配備含む）にすると規定。この条約に基づく15年7月の米国務省報告によれば、ロシアの戦略核弾頭数は米国より15少ない1582。運搬手段は配備数515で、未配備を含めると890。核弾頭のタイプ別は各種調査から、ICBMは約1000、SLBMは約400、戦略爆撃機約200と推定されている。このほか、保有する戦術核は2000発とも言われ、その対象は欧州だけでなく、長い国境を接する中国も想定している。

オバマ米政権はさらなる核削減を提唱しているが、ウクライナ危機で米ロの対立が先鋭化し、核削減交渉は停滞している。プーチン大統領はクリミア併合時に核兵器使用の準備を検討していたと公表するなど、逆に核への依存度を強めている。

〔副島英樹〕

## ロスアラモス国立研究所（LANL）
Los Alamos National Laboratory

ロスアラモス国立研究所（LANL）は、第二次世界大戦で米国が使用する原子爆弾の設計及び製造を目的に米国ニューメキシコ州ロスアラモスに設立された研究機関である。マンハッタン計画における重要施設として1943年に設立され、当初は「プロジェクトY」というコードネームで呼ばれていた。初代所長はマンハッタン計画を主導したオッペンハイマーが務めた。

LANLでの研究・開発は43年から45年にかけて急速に進み、45年7月16日にアラモゴード砂漠で実施されたトリニティ実験や広島・長崎で使用された原子爆弾は、いずれもLANLで製造された。広島・長崎への原爆投下の際、爆撃機にはLANLの職員も搭乗しており、上空で直前の投下準備を担った。

マンハッタン計画の時点では、LANLの施設及び人事は一時的なものとされていたが、45年の第二次世界大戦終結後、米軍により常設の原爆開発施設の設立が決定され、LANL敷地内に集中工事で建設された。以来、LANLは米国の核兵器製造施設のなかでも重要施設であり、水素爆弾の開発や米国全土の軍需工場の拡大において重要な役割を果たしている。また、LANLの管理・運営は長年にわたりカリフォ

ルニア大学に委託されていた。現在 LANL には大量の核廃棄物が貯蔵されており，特に毎年のように発生する森林火災の際など，周辺環境への脅威となっている。

〔ロバート・ジェイコブズ〕

## 六ヶ所村　Rokkasho Village

六ヶ所村は下北半島の太平洋側の青森県上北郡に位置し，核燃料サイクル施設が集中立地している。主要な施設は，核燃料再処理工場（3000tの収容能力を持つ使用済核燃料貯蔵プールを併設），ウラン濃縮工場，低レベル放射性廃棄物埋設センター，高レベル廃棄物貯蔵管理センターの4つである。MOX 燃料加工工場も建設中である。下北半島には他に，東北電力東通原子力発電所1号機（東通村）が設置されており，日本原電大間原子力発電所（大間町），及び使用済核燃料中間貯蔵施設（むつ市）が建設中である。

六ヶ所村は無名の寒村だったが，1969年5月に閣議決定された新全国総合開発計画（新全総）に，むつ小川原総合開発計画が盛り込まれたことを契機に，全国に知られるようになった。石油コンビナートを核とする大規模工業基地を六ヶ所村に建設するという構想が打ち出された。しかし2度の石油危機（73年，79年）により，エネルギー多消費産業の成長は困難となり，この開発計画は水泡と帰した。残されたのは，唯一立地した石油備蓄基地と，青森県が出資する第三セクターであるむつ小川原開発株式会社の所有する広大な遊休地と巨額の赤字だった。

この広大な遊休地に目をつけたのが電力業界である。84年，電気事業連合会（電事連）から青森県及び六ヶ所村に対して，核燃料サイクル施設立地協力要請が提出された。その骨子は，核燃料再処理工場，ウラン濃縮工場，低レベル放射性廃棄物貯蔵センターの，いわゆる核燃料サイクル3施設を，六ヶ所村に建設するという

ものであり，事業主体は電力系企業とされた（最終的に日本原燃が設立される）。この立地協力要請に対して，青森県及び六ヶ所村の自治体関係者は前向きの姿勢を示し，86年4月に青森県知事は立地受諾を正式回答した。それを受けて立地協力に関する五者協定（青森県，六ヶ所村，日本原燃サービス，日本原燃産業，電事連）が締結された。なお原燃2社は92年に合併して日本原燃となった。86年のチェルノブイリ事故を契機に核燃反対運動が盛り上がったが91年の知事選挙における反核燃候補の敗北を境に鎮静化した。

核燃料サイクル基地建設は一瀉千里に進み，92年にウラン濃縮工場と低レベル放射性廃棄物埋設センターの操業が始まり，95年に高レベル廃棄物貯蔵管理センターが続いた。しかし施設群の中核である再処理工場は当初97年頃の操業開始を目指していたが，度重なるトラブルなどにより2015年時点でも完成時期を見通せず，MOX 燃料加工工場も完成していない。

【関連項目】　ウラン濃縮／核燃料サイクル施設／高レベル放射性廃棄物（HLW）／混合酸化物燃料（MOX 燃料）／再処理／使用済燃料貯蔵／放射性廃棄物

【参考文献】　舩橋晴俊ほか著『「むつ小川原開発・核燃料サイクル施設問題」研究資料集』東信堂，2013年　〔吉岡斉〕

## ロベルト・ユンクの反核平和運動
anti-nuclear movement by Robert Jungk

ドイツ出身のユダヤ人ジャーナリストであるロベルト・ユンク（1913〜94年）は，原爆開発に関わった科学者たちを取材した『千の太陽よりも明るく』（56年）などの著書で巨大な科学プロジェクトが民主主義に敵対すると指摘し，科学者の倫理を追及した。57年に初来日し，広島の被爆者を取材して『灰燼の光』（59年）を執筆。のちに同名のテレビドキュメンタリーを制作し，被爆者の苦悩と広島の復興をヨーロッパに伝え，広島情報の伝播に重要な役割を担った。復活祭行進などの欧州反核運動のリーダー

となり，70年代からはヨーロッパでの原子力発電を含めた核エネルギー批判を展開。『原子力帝国』（77年）で原子力政策が市民を管理する全体主義社会を生み出す危険性を訴えた。草の根民主主義の実践や環境問題に取り組み，その活動が認められ，第二のノーベル賞と言われるライト・ライブリフッド賞を受賞した（86年）。1992年，オーストリア大統領候補。2011年の福島第一原子力発電所の事故後，脱原発に関する議論のなかで，改めてその著作の意義が見直されている。

【関連項目】 欧州反核運動／脱原発／緑の党　〔竹本真希子〕

## ロマン・ロランの平和思想
pacifism of Romain Rolland

　フランスの作家ロマン・ロラン（1866～1944年）は，『ジャン・クリストフ』（04～12年）などの小説により15年のノーベル文学賞を受賞したことで知られる作家であると同時に，反戦・反ファシズムの知識人として20世紀前半の西欧文明を担った1人であった。ヨーロッパ的視野から書かれた文学作品やヒューマニズムに基づく政治評論，政治活動を通して国際平和を唱え，第一次世界大戦中には『戦いを超えて』（15年）により仏独双方に停戦を呼びかけた。資本主義的・軍事的帝国主義を批判し，大戦中からロシア革命とソ連，共産党への支持を表明した。著書『マハトマ・ガンジー』（23年）で非暴力の抵抗をヨーロッパに知らしめ，ガンディーと交流を持つ。32年，同国人の作家アンリ・バルビュスらとともに反戦世論を喚起するため，党派を超えた団結をうながすアムステルダム反戦大会（戦争反対全党派世界会議）を組織し，ファシズムと戦争に対する闘争を呼びかけた。『革命によって平和を』（35年）で革命的平和主義を唱える。第二次世界大戦が勃発すると，フランスと世界の民主主義擁護のためにナチとの戦いに賛成した。

【関連項目】 反ファシズム運動　〔竹本真希子〕

## ロンドン海軍軍縮会議
London Naval Conference

　ロンドン海軍軍縮会議とは，主にアメリカ，イギリス，日本で海軍の補助艦制限を話し合った国際会議のことである。1930年の第1次と，35年の第2次の会議があるが，通常は前者のことを指す。

　21年のワシントン海軍軍備制限条約で主力艦である戦艦の保有量について各国の上限が設定されたことを受けて，巡洋艦以下の補助艦の制限を行うことが目指され，最終的に，条約によって成文化された。

　日本海軍は補助艦総保有量対米7割などの強硬案を主張して譲らず，日本国内でも統帥権干犯問題などで紛糾したが，結局，そうした日本海軍の主張は達せられなかった。そのことが，海軍内部での対米英感情の悪化と，純軍事的な論理を前面に押し出す強硬なグループの台頭を招くことになった。ワシントン海軍条約とロンドン海軍条約は日本が延長を拒否して36年に期限切れとなり，太平洋の軍縮体制は崩壊した。

【関連項目】 真珠湾攻撃／日米開戦　〔手嶋泰伸〕

## ロンドン・ガイドライン
London guidelines/NSG guidelines

　1974年5月に，核兵器の不拡散に関する条約（NPT）に未加入であったインドが，カナダから供給された保障措置が適用された研究用原子炉から得た使用済燃料（自国産のものであり保障措置対象外）の再処理によって得られたプルトニウムを利用した核爆発実験を行った。これにより，当時の原子力資機材等の供給国が「原子力輸出規制専門家会議」を開催し，78年1月に原子力供給国グループ（NSG）を設立した。NSGは非核兵器国への原子力関連資材や技術の供給にあたってIAEA保障措置の適用を条件とする指針（いわゆるロンドン・ガイドライン）を作り，NSG参加国は自発的な国内の輸出管理制度を作ることを合意した。なお，NSG

は当該ロンドン・ガイドラインを原子力関連技術の進展に伴い，その改訂（パート1）及び汎用品で原子力に利用可能な技術の規制のためのガイドライン（パート2）などを新規に作るなど，現在でも活動している。なお，最近はNSGガイドラインとも呼ばれる。当該ガイドラインは，IAEAに報告されINFCIRC/254,Part1及びNFCIRC/254, Part2として公開され，更新されている。

【関連項目】 核不拡散条約（NPT）／プルトニウム〔礒章子〕

## ロンドン宣言
London Declaration/Declaration concerning the Laws of Naval War

1909年にロンドンで採択された捕獲封鎖等の海上経済戦及び海上中立に関する条約である。宣言は，ハーグ国際捕獲審検所設置条約（07年，未発効）で設けられる審検所が適用する国際法規則確定を第1の目的としていた。このため宣言総則において，署名国は宣言が「一般に承認された国際法の原則にかなったものであることに合意する」として国際慣習法規則の条約化を目指したが，作成の音頭をとった英国が批准せず，仏独伊日露米を含む他の全署名国も批准を見送り，未発効のままに終わった。

宣言は，戦時封鎖，戦時禁制品，非中立的役務，捕獲中立船破壊，国旗移転，敵性，軍艦護送，臨検への抵抗や補償に関する71条からなる。交戦国と中立国の利益の均衡を図ったものでこれに従った諸国の実行もある。しかし，ほとんどの国が交戦国となった両次大戦では尊重されず，国連憲章による戦争違法化完成で中立法がすたれたとされたことも重なり，その後は関心が向けられなかった。ところが80年代のイラン・イラク戦争等で海上経済戦が行われたことから再び注目され，各国海戦法規マニュアルや海上武力紛争法サンレモ・マニュアルもこの宣言を引き続き参考にしている。

【関連項目】 海上武力紛争法サンレモ・マニュアル／海戦法規

／中立法規 〔真山全〕

# ワ

## ワシントン海軍軍縮会議
Washington Naval Conference

1921年11月12日より翌22年2月6日まで開催された，大戦後の海軍拡張競争に終止符を打つことを目的とした海軍軍備制限会議。条約には，日米英仏伊の5ヵ国が調印し，翌年8月17日に発効した。

21年11月12日の会議冒頭，アメリカ全権国務長官ヒューズは，10年間の建艦休止等を盛り込んだ大胆な軍縮と日米英仏伊の主力艦（戦艦）の保有総トン数の比率を3対5対5対1.75対1.75とする提案を行った。後者の比率は，対米比率7割を主張する日本側要求を下回り，加藤寛治中将（海軍首席委員）は強硬に反対した。しかし，加藤友三郎首席全権（海軍大臣）は，国力に対する現実的な認識と合理的な国防観を背景に，対米6割比率を受諾した。

日本にとっては，対米7割要求は通らなかったものの，当時最大の16インチ砲を搭載した新鋭戦艦2隻（長門，陸奥）の保有と太平洋諸島の軍事施設の現状維持が決められたことで制海権を維持しえた。また，軍艦製造費についても，いち早く次の軍縮の対象となる補助艦艇に費目を変えて予算化に成功したため，海軍部内の不満も解消されていった。しかし，加藤友三郎の国防観は海軍部内に定着せず，対米7割論はドグマ化していったのである。

【関連項目】 ジュネーヴ海軍軍縮会議／ロンドン海軍軍縮会議／ワシントン体制 〔小池聖一〕

## ワシントン体制 Washington Treaty System

ワシントン体制とは，1921年11月12日から翌

22年2月6日にかけて行われたワシントン会議で締結された3つの条約によって構成されている。3つの条約とは，日英米仏伊5ヵ国の主力艦の保有量及び比率を決めた海軍軍縮条約。太平洋と中国における列国勢力・権益の現状維持を決めた四ヵ国条約と九ヵ国条約であり，東アジアでの列国等の行動を規定したことから「体制」と呼ばれる。

ワシントン会議は，アメリカ大統領ハーディングの提唱により開かれ，第一次世界大戦後の東アジア国際秩序の再編成が目指された。開催の直接的な契機は，第3次日英同盟の更新問題であり，大戦後の海軍拡張競争に終止符を打つことでもあった。

日本は，大戦中に獲得した中国における権益等を失うことを恐れ，参加に消極的であったが，加藤友三郎海相を首席全権とする全権団を送った。加藤友三郎首席全権は，大局的立場から対米6割比率を受諾（ワシントン海軍軍縮条約）。

太平洋の現状維持を規定した四ヵ国条約では（日英米仏），日英同盟の廃棄が決まり，中国に関する九ヵ国条約では大戦中に締結された石井・ランシング協定が廃棄された。

会議により日本は日英同盟を失ったものの，不平等条約の改正を目指す中国（北京政府）を抑えこんだ上で，対米関係を改善し日英米三国を中心とする協調システムをつくった。

このようにワシントン体制は，成立した時から中国の不満等を含んでいたが，1920年代を通じて，その維持・発展が目指された。まず，海軍軍縮の点では，補助艦の制限交渉が引き続いて行われた（ロンドン海軍軍縮会議）。

一方で，東アジア国際環境では，北伐と張学良の東三省易幟によって，国民政府が中国の統一を果たした。日本は，英米との協調関係を維持しつつ，中国との関係強化（日中提携）が重光葵駐中国臨時代理公使（満洲事変直前の31年8月に公使）を中心に図られた。

しかし，30年のロンドン海軍軍縮条約の締結にあたって政府と海軍軍令部が衝突，いわゆる統帥権干犯問題により，国内政治体制が変容し，さらに，翌31年9月18日，満洲事変が勃発したことで経済を中心とした国民政府との提携交渉も完全に頓挫することとなった。とはいえ，英米との協調関係は太平洋戦争直前まで模索され，日中提携も「和平工作」に形をかえて続いた。

【関連項目】 九ヵ国条約／国際協調主義／四ヵ国条約／ワシントン海軍軍縮会議
【参考文献】 北岡伸一「国際協調の条件」『国際問題』423号，1995年／小池聖一『満洲事変と対中国政策』吉川弘文館，2003年／細谷千博「ワシントン体制の特質と変容」細谷千博ほか編『ワシントン体制と日米関係』東京大学出版会，1978年

〔小池聖一〕

## 忘れられる権利　right to be forgotten

「忘れられる権利・削除権」とは，インターネット上に現れる個人データの削除を求める権利を意味する。

EUでは，1995年に個人データ処理に関する個人の保護及びそのようなデータの自由移動に関する指令95/46が出された。2012年に個人のデータ処理に関する個人の保護及びそのようなデータの自由移動に関する規則案が欧州委員会から提出され，15年11月現在，欧州議会及び理事会で審議中である。そのなかの17条において，「忘れられる権利・削除権」が定められている。

EU司法裁判所の欧州司法裁判所は，Google事件（Case C-131/12 Google v. AEPD [2014] ECR I-nyr）において上述した95/47指令12条(b) 及び14条1項(a) を解釈して，いわゆる「忘れられる権利・削除権」を導き出した。

同事件では，G氏が，Google社に対し，検索エンジンにG氏の名前を打ち込むと，過去の新聞記事へのリンクが表示されることに対して削除を求めた。欧州司法裁判所は，プライベートな生活を尊重する権利を定めるEU基本

権憲章7条及び個人データ保護の権利を定めている同8条から生じるデータ主体の権利の意義が考慮されなければならないとした上で、当該指令の条文を解釈し、まだ発効していない指令案の内容を前倒しで認めた。なお、EU基本権憲章は2009年12月1日から拘束力を有している。「忘れられる権利」は、データ主体の利益、ユーザーの利益及び検索エンジン事業者の利益という、三者の利益がからんでおり、今後はその立法化が望まれる。

【関連項目】 新しい人権／欧州議会（EP）／欧州連合（EU）
〔中西優美子〕

## ワッセナー・アレンジメント（WA）
Wassenaar Arrangement

イラクのクウェート侵攻を受け、通常兵器であっても過度な蓄積は地域の不安定化を招くとの認識が広まった。そうしたなか、通常兵器や関連汎用品・技術の移転に関する透明性の増大と責任ある管理を実現することを目的とする「通常兵器及び関連汎用品・技術の輸出管理に関するワッセナー・アレンジメント」が1996年に発足した。参加国間で緊密な情報交換を行い、懸念の大きい地域への移転については、特に協調して規制を行おうとするものである。参加国は、通常兵器や関連汎用品・技術に関してワッセナー・アレンジメントで合意されたリストの品目について、国内法令に基づき輸出管理を実施している。このワッセナー・アレンジメントは条約ではないため法的拘束力を有するものではない。

【関連項目】 通常兵器　〔足立研幾〕

## 和平合意　peace agreement

一般に、互いに武力で争いを続けてきた当事者間で停戦協定が結ばれた後に、これをさらに一歩進めて紛争終結後の和平に向けた具体的取組のための内容を掲げた合意のことを指す。国家間の紛争においては、条約という形式で和平合意が結ばれるが、冷戦終結後には、内戦や地域紛争において紛争当事者間で和平合意が締結される場合に、国連などの第三者が関与することが、国際平和活動の展開の兼ね合いで増加してきている。

近代国家体系形成の原点であるウェストファリア条約（1648年）以来、ユトレヒト条約（1713年）、ウィーン条約（1815年）、ヴェルサイユ条約（1919年）など、戦後国際秩序の形成に向けた共通の理念や制度の内容を盛り込んだ和平合意としての国際条約にみられる特徴は、現代の内戦や地域紛争終結後の国家形成の枠組み（分離独立を含む）を描く包括的和平合意（comprehensive peace agreement; CPA）にも顕著にみられるようになった。

カンボジア紛争を巡る包括的なパリ和平協定（91年）では、同国の主権と独立、領土の保全と不可侵を確認しつつ、同国の国造りのための具体的な制度構築のため、国際社会によって設立された国連カンボジア暫定統治機構に同協定の履行のための権限を与えた。その後も、ボスニア・ヘルツェゴヴィナでの内戦を終結させるデイトン合意（95年）や、南スーダンの独立（2011年）のきっかけとなったスーダン内戦後に結ばれたCPA（03年）など、国連をはじめとした国際社会によって紛争後の中長期的な平和構築支援を盛り込んだ和平合意の形式が主流化している。

ただし、紛争解決を第一の目的として紛争当事者間の政治的妥協により結ばれる和平合意には課題も内在する。和平を優先させるために、軍事的実力を誇る紛争当事者に対し、刑事裁判の訴追を免除する恩赦や、来るべき国政選挙での被選挙権が認められるなどの内容は、正義の側面をないがしろにするのではないかという疑義を投げかける。このことで紛争当事者間の武力衝突が再び激化し、和平合意の脆弱性が露呈することも少なくない。

【関連項目】 国際秩序／紛争解決／平和構築

【参考文献】　篠田英朗『平和構築と法の支配』創文社, 2003年
〔山根達郎〕

## ワルシャワ条約機構（WTO）
### Warsaw Treaty Organization

　1955年5月14日に締結されたソ連，アルバニア，ポーランド，チェコスロヴァキア，ハンガリー，ブルガリア，ルーマニアと東ドイツの軍事同盟である。東ヨーロッパの崩壊と冷戦終結に伴い，91年に解散した。

　WTOは，西ドイツのNATO加盟への軍事的・政治的対抗措置として成立した。ソ連は以前から東ドイツを除く東欧諸国と相互援助条約を結んでいたが，東ドイツの国際的地位向上と，東欧諸国との関係強化のため，WTOを結成した。

　WTOにおけるソ連の優位は圧倒的で，しばしばソ連の意思を他の加盟国に伝える場として機能した。また，東欧諸国で大規模な反ソ運動が生じた場合，WTOの名の下で介入することもあった。NATOと比べて軍事的・政治的制度化も進まなかった。その一方，東欧諸国がWTOを通じてソ連に対抗した事例もある。またNATOとの通常兵力削減交渉の主体となり，90年には欧州通常戦力条約（CFE条約）に署名した。

【関連項目】　北大西洋条約機構（NATO）／ブレジネフ・ドクトリン（制限主権論）
〔倉科一希〕

## 湾岸戦争　Gulf War

　1990年8月2日，イラクのフセイン政権は，クウェートに対する債務返却問題と石油資源・領土問題を一気に解決するために，クウェートを侵略・占領した。国連安保理決議660号はすぐに占領の中止を求めたが，イラクはクウェート併合を宣言し緊張は高まった（湾岸危機）。イラク側の行動の背景には先のイラン・イラク戦争中のアメリカによる支持の経験への過信があったが，ブッシュ政権は影響力を弱めたソ連の同意を求めつつ，積極的介入を決めた。同年11月の安保理決議678号は，翌年1月15日までにイラク軍が撤退しない場合，加盟国が「必要なあらゆる手段を行使する」ことを容認した。アメリカを中心とする37ヵ国からなる多国籍軍（アラブ7ヵ国を含む）は，91年1月17日から2月にかけて，イラク軍をクウェートから排除しイラク占領下に置いた。開戦直後，イラクはパレスチナ問題を口実にイスラエルに向け43発のミサイルを発射し攪乱を図ったが，効果はなかった。イラク戦争（2003年）を経て，フセイン政権によるイラクの独裁体制は崩壊した。しかし占領体制を経て成立した民主主義的新政府は，シーア派の台頭やクルド人の自立化など宗派・エスニック対立による国内の不安定化に直面した。

〔北澤義之〕

■ 英文コラム

[1]
アジア・太平洋戦争と日本の戦後東南アジア政策
The Asia-Pacific War and Japanese politics in Southeast Asia after 1945

Japan was involved in a war of aggression in the Asia-Pacific theater as part of the Second World War. Whereas the war was promoted ideologically as the launch of a Greater Asian Co-Prosperity Sphere, it was clearly a war of aggression to expand the country's control and influence in the Asia-Pacific region. Like Germany and Italy in the European theater, Japan was anxious to reorder regional international relations to its advantage. It was equally interested in procuring the large quantities of natural resources that were available in Southeast Asia. These resources included oil, gas, timber and rubber in particular.

The earliest attacks in mainland Southeast Asia targeting Vietnam were launched in December 1937 from Japanese occupied Manchuria that had been renamed Manchukuo. From there the advance spread into neighboring countries. There were also seaborne invasions through two landing points in the east and south of Thailand. In exchange for collaboration with Japan, Thailand was not occupied. From there, one prong of the attack came down the Malay peninsula while another moved northwards towards Burma. Seaborne invasions were also launched against Indonesia and the Philippines and Papua New Guinea. The final battle that consolidated Japanese victory in Southeast Asia was the Battle of Corregidor in the Philippines in June 1942.

European Colonial powers that controlled most of Southeast Asia were no match for the Japanese and the colonies fell one after another in rapid succession. British, Dutch, French and other allied and Commonwealth forces were easily overcome by the Japanese military advance. Their air power also inflicted heavy damage on the naval assets of the allies at the start of the war. The war is remembered in the Asia-Pacific theater as one that brought massive death and destruction to the region. The period of occupation that lasted until August 1945 is deeply etched in the memories of the countries where the Japanese ruled very harshly and summarily executed large numbers of people. It was also in this theater that Japan lost the most number of troops in a single engagement at the Battle of Imphal that claimed over 130,000 lives. The Japanese construction of the "Death Railway" to bridge Thailand and Burma for the offensive is also well remembered. Large numbers of prisoners of war perished during the construction of this railway.

Japan's defeat in the War arose as a result of the country's attack on the United States and its naval fleet anchored in Pearl Harbor, Hawaii. That attack in turn led to American entry into the War that would over time turn the tables against Japan. Together with its British allies, the Americans would reverse Japanese gains and take the war back to the Pacific Islands controlled by Japan and eventually to the mainland itself. Major battles would be fought in Iwojima and Okinawa to control the seas before the onslaught on the mainland. The American narrative attributes the end of the war and the Japanese surrender to the dropping of the two atomic bombs on Hiroshima and Nagasaki in August 1945. Subsequently, Japan was occupied by the United States for six years and then signed the Treaty of San Francisco in 1951. The post-War Constitution explicitly supports renunciation of war, and the prohibition of armed forces, while excluding the right of belligerence.

The Asia-Pacific War was a major turning point in the international relations of the region. It marks a major dividing line between the pre-modern and modern period in politics and history. Major legacies of the war included the rise of nationalism in the region and very strong anti-Japanese sentiments. During the post-war period, many countries would fight for their political independence. Indonesia and Vietnam stand out as two countries where nationalist and communist forces would fight against returning colonizers. Other countries like the Philippines and the British territories of Burma, Malaya, Singapore and Brunei would achieve negotiated independence. In broader regional terms, the post-war period also coincided with the outbreak of the Cold War from 1950 that in turn altered strategic perceptions and dynamics in the Asia-Pacific.

The rise of communism in Asia and the victory of the Chinese communists over the nationalists meant that the United States increasingly began to view Japan and South Korea in East Asia, and Thailand and the Philippines in Southeast Asia, as major allies and part of a hub-and-spoke strategy to contain communism. It also concluded bilateral mutual defense treaties with these allies and launched a security alliance called the Southeast Asia Treaty Organization (SEATO) in 1954. Consequently, the Cold War spared Japan much of the ill will that it had generated for its aggression in the region.

Japanese policies towards the region after the war took their cue from the United States in matters pertaining to foreign and defense policies. In general, all the allies benefitted from the American nuclear umbrella during the Cold War, and the Americans also placed large numbers of troops in many countries in the Asia-Pacific region to prevent military adventurism in the future. Such deployments were also meant to prevent preemptive attacks on the United States from the Pacific flank.

Japan itself was burdened domestically by reconstruction efforts after the war as well as war reparations that were paid out to the countries that it had waged war against. Some of these reparations were paid out as Official Development Assistance (ODA). With an exclusive focus on economic growth and development, the country slowly began to prosper into the 1960s and began to source raw materials and develop new markets overseas. The "flying geese" model as it came to be called in the 1970s, was popular in many parts of Asia, and was based on developing countries performing a subordinate and supportive role to Japan's industrialization. The developing countries in the region sought to emulate Japan in development through exports rather than import substitution. The aggressiveness of Japanese businesses, however, did lead to some disquiet and riots in Indonesia and Thailand in the 1970s.

Japan's engagement of Southeast Asia was primarily economic and driven by the Fukuda Doctrine that sought economic development with likeminded states. Japan was an early supporter and regular dialogue partner of the Association of Southeast Asian Nations (ASEAN). Its distinctive contributions to Southeast Asia has been as a major investor and exporter of automobiles and consumer electrical and electronic products. The country has also contributed to the development of maritime safety in the Strait of Malacca where much of its shipping plies.

Other areas where Japan has made distinctive contributions is in the rebuilding of infrastructure in mainland Southeast Asia that had been ravaged by conflict until the late 1980s. Additionally, Japan played a very significant role in the resolution of the Cambodian civil war in the early 1990s for which Japanese diplomat Akashi Yasushi was appointed the commander of the United Nations Transitional Authority in Cambodia (UNTAC). It was also involved in resolving the second civil conflict in Cambodia between co-Prime Ministers Hun Sen and Norodom Ranarridh in 1997. Other than the Indochinese theater, Japan has also contributed to peacebuilding measures in Aceh in Indonesia and Mindanao in the Philippines. Most recently, Japan is at the forefront of donor countries for upgrading the educational and health infrastructure in Myanmar after the country's democratization process.

[References]　Yahuda, Michael, *The International Politics of the Asia-Pacific* (Second Revised Edition) (London and New York: Routledge, 2003)/Sudo, Sueo, *The International Relations of Japan and South East Asia* (London and New York: Routledge, 2002).　　　　　　　　　　[Narayanan Ganesan]

[2]
原爆投下と教科書　How the Atomic Bomb is Taught

In textbooks used in schools in the United States, very little is taught about the nuclear attacks on Hiroshima and Nagasaki. The attacks are placed in the context of the history of World War Two, and American political history; the effects of the bombing on the people of Hiroshima and Nagasaki are never discussed.

Two points are emphasized in the discussions of the bombings in American textbooks. The first point is that the nuclear attacks on Hiroshima and Nagasaki ended the war. American textbooks claim that the nuclear attacks led directly to the Japanese surrender. This assumption is based on the fact that the surrender came just a week after the bombings of Hiroshima and Nagasaki. This is the most widely held belief among Americans about the bombings of Hiroshima and Nagasaki: that they ended the war. Many scholars do not agree with that conclusion, but no alternative perspectives are presented in American schools.

The second point is the assertion that dropping atomic bombs on Hiroshima and Nagasaki actually "saved lives." While it seems counter-intuitive that killing hundreds of thousands of civilians can be seen as saving lives, this claim is based in the first assumption, that the attacks ended the war. The construction of this argument depends on belief that if nuclear weapons had not compelled Japan to surrender, the only possible alternative action to achieve surrender would have been a full invasion of the Japanese home islands. Following this logic, had the U.S. military invaded the Japanese home islands, the result would have been a far higher casualty count, both in terms of American servicemen and also Japanese civilians. It assumes that every Japanese citizen would have fought the invading Americans, thus all would have become combatants and far more would have been killed than died in Hiroshima and Nagasaki.

This second point is built on assumptions. There were, however, many alternate paths to a Japanese surrender besides a full military invasion. In fact, the Strategic Bombing Survey, conducted by the U.S. military in the years immediately after the war, concluded that if the U.S. had enforced a naval blockade of the Japanese home islands, the government would have surrendered by November 1945 without a nuclear attack or an invasion. Additionally, the U.S. government had intercepted top secret cables sent from the Japanese military government in Tokyo to its embassy in the Soviet Union with instructions on seeking terms for a surrender. At the time of the attacks, Japan was without sources of fuel and food, and unable to defend the skies over its territory. The idea that more people would have died in an invasion is also contentious. Much of the belief around this idea stems from an article written in 1947 by Henry Stimson, who had been Secretary of War during World War Two. Stimson claimed in his article that the U.S. military had estimated that if there had been a full scale invasion of the Japanese home islands, 1,000,000 American servicemen would have died. This figure is often repeated in America, and is even reprinted in some textbooks. Scholars have found no factual basis for this claim. In fact, research has revealed that the military's own estimates were closer to 100,000 American deaths before the defeat of Japan.

Another main focus of American schools' teaching the history of the nuclear attacks on Hiroshima and Nagasaki is to examine both the history of the Manhattan Project, and the decision to drop the bomb by American President Harry Truman. The focus on the Manhattan Project tells a tale of American exceptionalism: the brilliance of American scientists and the capacity of American industry to build whole new manufacturing complexes in a few short years. The Manhattan Project is always described as a heroic endeavor in which Americans triumphed against all odds, and made historical scientific breakthroughs. It is a story about American hard work, brilliance and accomplishments. It is never framed with any political or ethical discussion of the outcome: nuclear weapons.

The focus on Truman's decision is also similarly constructed. He is described as a wise leader weighing critical factors to be able to make a difficult and historic decision. As such, he too is an exceptional American, the paternal head of state carefully making decisions that would benefit the United States and, by implication, all the people of the world. There are lesson plans in many American high schools and university undergraduate classes that analyze this decision in the form of a debate among students. The students have to present cases for and against dropping the bomb. Generally the discussion is framed with those praising Truman's decision citing the two points above, while those arguing against the decision framing the attack as being more directed at the Soviet Union than Japan. They often argue that the attack was not the "last act" of World War Two, but was the "first act" of the Cold War. They argue that it was a bad political decision to kill Japanese civilians in pursuit of postwar dominance against an anticipated future enemy. On both sides of this debate are questions of American policy aims and not of the impact of the bombs on Japanese civilians.

Conspicuously missing from this presentation of the history of the bombings, and from the discussions related to the topic in American schools, is any discussion of the effects of the bombings on the people of Hiroshima and Nagasaki, and of any actual Japanese people at all. This is typified by the photographic illustrations that often accompany these sections of history books, which usually show photographs of the mushroom clouds of the explosions, or of the city of Hiroshima after the attack seen from an airplane. In both of these images, the perspective is that of an American looking down at the city, and subsequently the history, from an American-centric perspective. There are never any actual people present in these photographs. This creates the sense that the bombings happened to "places" and not to people.

These narrative frames emphasize the elements of the story of the nuclear attacks from traditional American perspectives. They are stories about Americans, not about Japanese people. In the American teaching of the history of the nuclear attacks on Japan, there are no Japanese people present. The Japanese are only present as numbers: the number who were killed instantly, the number who died soon afterwards, and especially the number of lives saved by the attacks. In these narratives Americans are the ones who made discoveries, made decisions, and who carried out military actions. It is a story about Americans.

For many Americans the story of American history, and especially of American foreign policy after 1945, becomes quite murky. In the Vietnam War, and in its many interventions in Latin America and the Middle East, the Americans are less sure of themselves as the "good guys." This history carries with it shades of imperialism, which American history usually portrays as something the United States has opposed, being itself born out of a revolution against a colonial power. World War Two is the last time that American history books can clearly describe Americans as a force for good, in opposition to dictatorship and racism. The fact that the final military act in that war could be seen as a war crime against civilians is not allowed to cloud the vision of itself as a moral nation in the American history classes. What could be a real lesson in the nature of warfare and politics is instead allowed to be a last gasp of exceptionalism.

[References]　Engelhardt, Tom, *The End of Victory Culture: Cold War America and the Disillusioning of a Generation* (NYC: Basic Books, 1995)/Lifton, Robert Jay and Greg Mitchell, *Hiroshima in America: A Half Century of Denial* (NYC: Avon Books, 1995)　　　　　　　　〔Robert Jacobs〕

# 和文索引

## ア

IAEA ➡国際原子力機関
愛国主義……………………………1, 369, 461, 464
愛国心（パトリオチズム）………………………1, 365
**愛国心教育**……………………………………… 1
ICC ➡国際刑事裁判所
アイゼンハワー…………………………………… 1
**アイゼンハワー・ドクトリン**………………… 1
アイデンティティ………………………………… 3
アイデンティティ・ポリティクス……………… 9
**アイヌ民族**………………………………… 2, 363
曖昧政策………………………………………… 34
アイルランド共和国軍…………………………… 2
**アイルランド紛争**……………………………… 2
アインシュタイン……………………………… 2, 3
**アインシュタインの手紙**……………………… 2
アウシュヴィッツ……………………………… 135
**秋月辰一郎の平和思想**………………………… 3
アクセス権……………………………………… 9
悪の枢軸国……………………………………… 37
悪の帝国演説………………………………… 331
アジア・アフリカ会議 ➡バンドン会議
**アジア欧州会議（ASEM）**……………………… 3
**アジア主義**……………………………………… 3
**アジア女性基金（AWF）**…………………… 4, 297
**アジア太平洋安全保障協力会議（CSCAP）**…… 5
**アジア太平洋経済協力会議（APEC）**……… 5, 120
アジア太平洋経済社会委員会………………… 237
アジア太平洋自由貿易圏……………………… 120
**アジア・太平洋戦争**…………… 5, 275, 369, 527, 636
**アジア・太平洋戦争と日本の戦後東南アジア政策**… 655
**アジア的人権**…………………………………… 6
**アジア歴史資料センター**……………………… 7
足尾銅山事件………………………………… 399
**芦田修正説**……………………………………… 7
芦田均………………………………………… 7, 266
芦部信喜……………………………………… 257
飛鳥田一雄…………………………………… 88

ASEAN ➡東南アジア諸国連合
ASEAN協和宣言………………………………… 8
ASEAN憲章……………………………………… 8
アセアン政府間人権委員会（AICHR）………… 8
ASEM ➡アジア欧州会議
新しい社会運動……………………………… 8, 117
新しい人権………………………………… 9, 318, 429
新しい戦争（メアリー・カルドー）………… 9, 53
アチェ戦争……………………………………… 10
アデナウアー………………………………… 265
アトミック・ソルジャー……………………… 10
アトムズ・フォー・ピース………………… 11, 206
アナーキー………………… 12, 24, 185, 202, 207, 408
アナーキカル・ソサイエティ………………… 12
アパルトヘイト（人種隔離政策）…………… 12
アファーマティヴ・アクション ➡ポジティブ・アクション
アフガニスタン侵攻（ソ連の）……………… 12
アフガニスタン戦争…………………………… 13
アフガニスタンの復興………………………… 13
アフガニスタン復興支援国際会議…………… 14
アブハジア紛争………………………………… 14
アフリカ人権憲章（バンジュール憲章）… 14, 212, 499
アフリカ統一機構テロ防止条約……………… 15
アフリカの経済協力共同体（RECs）………… 15
アフリカ非核兵器地帯条約（ペリンダバ条約）… 15, 511
アフリカ分割………………………………… 295
**アフリカ連合（AU）**…………… 16, 212, 263, 401, 406
安倍晋三…………………………………………… 1
アボリション2000……………………………… 110
アムステルダム条約…………………………… 29
アムネスティ ➡恩赦
アムネスティ・インターナショナル（AI）…… 16
アメリカ一極支配……………………………… 16
アメリカの国家安全保障戦略…………… 17, 541, 631
アラバマ号事件……………………………… 208
アラブ・イスラエル紛争 ➡中東戦争
**アラブの春**………………………………… 18, 19
アラブ連盟………………………………… 19, 32, 406

661

| | |
|---|---|
| アラモゴード（核実験場） | 3 |
| アリストファネス | 506 |
| アルカイダ | 13, 33, 389 |
| アルザス・ロレーヌ問題 | 19 |
| アルスター義勇軍 | 2 |
| アルメニア人虐殺 | 20, 280 |
| アンザス条約（ANZUS条約） | 20 |
| 安重根の歴史評価 | 21 |
| 安心供与 | 21, 92, 146 |
| 安全保障 | 22, 24, 57, 137, 196, 255, 377, 406, 467, 468, 488 |
| 安全保障化と脱（非）安全保障化 | 23 |
| 安全保障共同体 | 23, 24 |
| 安全保障のディレンマ | 24 |
| 安全保障の法的基盤の再構築に関する懇談会 ➡️安保法制懇 | |
| 安全保障法制 | 468, 547, 627 |
| 安全保障理事会 ➡️国連安全保障理事会 | |
| 安定化部隊（SFOR） | 25 |
| 安保改定 | 25 |
| 安保再定義 | 25, 26 |
| 安保ただ乗り論 | 26 |
| 安保法制懇 | 27 |
| 慰安婦 ➡️従軍慰安婦問題 | |
| E.H. カー | 125 |
| ESM条約（欧州安定メカニズム条約） | 113 |
| イージスシステム | 27, 28 |
| EU ➡️欧州連合 | |
| EU軍 | 25 |
| EU司法裁判所 | 28, 563 |
| EUの共通外交・安全保障政策（CFSP） | 28, 63, 137 |
| EUの自由・安全・司法領域（AFSJ） | 29 |
| 家永教科書裁判 | 29, 642 |
| 家永三郎 | 29 |
| 怒りの広島 | 458 |
| 域外共通関税（CET） | 30 |
| 遺棄化学兵器 | 84 |
| 池田＝ロバートソン会談 | 1 |
| 違憲合法論 | 30 |
| 違憲審査制 | 181, 183 |
| 意見表明権 | 261 |
| 移行期正義 | 31, 197, 634 |
| 石田雄 | 436, 484, 485 |
| 石橋湛山の平和思想 | 32 |

| | |
|---|---|
| 石橋政嗣 | 31 |
| 移住労働者権利保護条約 | 212 |
| イスラーム協力機構（OIC） | 32 |
| イスラーム原理主義 ➡️イスラーム復興運動 | |
| イスラーム国（IS／ISIS／ISIL） | 32 |
| イスラームの平和思想 | 33 |
| イスラーム復興運動 | 33 |
| イスラーム法 | 33 |
| イスラエルの核戦力 | 34 |
| 一元論 | 223 |
| 「一国社会主義」論 | 202 |
| 一国非核兵器地帯 | 622 |
| **一国平和主義** | 34 |
| 一般的受容方式 | 313 |
| 一般被爆者 | 171 |
| 一般養護ホーム | 180 |
| 伊藤博文 | 21, 293 |
| 委任統治 | 18, 226 |
| 井上ひさし | 130 |
| 猪木正道 | 377 |
| 祈りの長崎 | 458 |
| 井伏鱒二 | 530 |
| 違法性阻却事由 | 258 |
| **イラク暫定政権** | 35 |
| **イラク人道復興支援特別措置法** | 35 |
| **イラク戦争** | 35, 36, 37, 628 |
| イラク特措法 ➡️イラク人道復興支援特別措置法 | |
| イラクの大量破壊兵器 | 36, 235, 243 |
| **イラン・イスラーム革命（イラン革命）** | 37 |
| **イラン核開発疑惑** | 37 |
| イラン革命 ➡️イラン・イスラーム革命 | |
| **イラン・コントラ事件** | 38 |
| **医療用放射線** | 38 |
| イワンの馬鹿 | 451 |
| インカメラ審理 | 313 |
| インターナショナリズム ➡️国際主義 | |
| **インターナショナル・アラート** | 39 |
| インターポール ➡️国際刑事警察機構 | |
| インテリジェンス | 403 |
| **インドの核開発** | 39 |
| **インド・パキスタン戦争（印パ戦争）** | 40 |
| **ヴァージニア権利章典** | 40, 185 |
| ヴァイマル共和国 | 463 |

# 和文索引

ヴァイマル憲法 …… 463
ウィーン外交関係条約 ➡外交関係に関するウィーン条約
ウィーン世界人権会議 …… 41, 241
ウィーン宣言 ➡ウィーン世界人権会議
ウィーン体制 …… 41
ウィーン文書1992 …… 59
ウィリアム・ボーラー …… 372
ウィルソン …… 616
ウィルソン十四ヵ条 …… 42
ウィルソン主義 …… 42
ヴィルヘルム2世 …… 188, 385
植木枝盛 …… 311
上杉慎吉 …… 392
ウェストファリア会議 …… 43
ウェストファリア条約 …… 43, 653
ウェストファリア体制 …… 43, 397
ヴェトナム戦争 …… 43, 66, 71, 82, 119, 145, 179, 222, 296, 372, 373, 412, 419, 429, 448, 506, 564
ヴェトナム反戦運動 …… 44
ヴェルサイユ体制 …… 44, 304
魚釣島（釣魚島）➡尖閣諸島問題
鵜飼信成 …… 607
ウクライナ危機 …… 473
ウサーマ・ビン・ラーディン …… 13
内村鑑三の非戦論と平和思想 …… 45
宇宙救助返還条約 …… 45
宇宙5条約 …… 45, 46
宇宙船地球号 …… 45
宇宙損害責任条約 …… 45
宇宙物体登録条約 …… 46
宇宙法 …… 45, 46
ウプサラ紛争データ・プログラム（UCDP）…… 46
梅原猛 …… 130
ウラル核爆発事故 …… 381
浦和事件 …… 291
ウラン …… 2, 46, 48, 95, 96, 97, 98, 99, 111, 160, 263, 544, 560
ウラン鉱（石） …… 47, 94, 96
ウラン資源 …… 47, 59, 609
ウラン濃縮 …… 2, 38, 48, 99, 609
ウラン濃縮技術 …… 48, 111, 167, 199
ウルグアイ・ラウンド …… 49
上乗せ条例 …… 50

『永遠平和のために』 …… 121, 214
映画・ドキュメンタリーと戦争・平和 …… 50
英国の核戦力 …… 51
永住市民権説 …… 51
永住市民と人権 …… 51
永世中立 …… 52, 184
エスニシティ …… 53, 271, 399
エスニック政治 …… 52, 430, 558
エスニック紛争 …… 53, 558
エチオピア内戦 …… 54
越境環境汚染 …… 54, 55
恵庭事件 …… 55
NSG ガイドライン …… 165
NPR 報告書 …… 91
NPT 再検討・延長会議 …… 34, 110
NPT 再検討会議最終文書 …… 86
NPT の三本柱 …… 86
エネルギー安全保障 …… 198, 255
エネルギー問題 …… 55
エノラ・ゲイ号 …… 55
エリツィン …… 58
エルサルバドル内戦 ➡中米カリブ海地域の紛争
エルサレム問題 …… 56
沿岸警備隊 …… 156
エンゲルス …… 601, 602
援助外交 …… 56, 57
援助権 …… 238
遠心法ウラン濃縮施設 …… 111
エンテベ空港事件 …… 264
王権神授説 …… 57
欧州安全保障協力機構（OSCE）…… 57, 554
欧州安全保障防衛政策 …… 137
欧州議会（EP）…… 58, 652
欧州軍縮会議（CDE）…… 59
欧州経済委員会 …… 237
欧州経済共同体 …… 62, 404
欧州原子力共同体（EURATOM）…… 59, 63, 466, 544
欧州憲法条約 …… 60, 64, 599
欧州審議会（評議会）（CoE）…… 60, 61
欧州人権委員会 …… 61
欧州人権裁判所 …… 61
欧州人権条約（ECHR）…… 61
欧州石炭鉄鋼共同体（ECSC）…… 62

663

| 欧州対外関係庁 | 28 |
|---|---|
| 欧州地方自治憲章 | 286 |
| 欧州通常戦力条約 | 654 |
| **欧州反核運動** | 62 |
| 欧州評議会 ➡欧州審議会（評議会） | |
| **欧州連合（EU）** | 60, 63, 137 |
| 欧州連合条約 ➡マーストリヒト条約 | |
| オウム真理教 | 395 |
| 大内兵衛 | 185 |
| 大江健三郎 | 130 |
| OSCE ➡欧州安全保障協力機構 | |
| **大久野島** | 64 |
| オーストリアの誓約 | 109 |
| 大田昌秀 | 65 |
| 大田洋子 | 178 |
| 大野正男 | 30 |
| オーバーキル状態 | 89 |
| オープンエンド作業部会 | 236 |
| 岡倉天心 | 3 |
| **沖縄戦** | 64, 66, 489, 560, 561 |
| 沖縄代理署名訴訟 | 65 |
| 沖縄に関する特別行動委員会 | 68 |
| 沖縄の基地問題 ➡米軍基地問題（沖縄） | |
| 沖縄の平和思想 | 66 |
| 沖縄返還協定 | 67 |
| 奥平康弘 | 130 |
| 尾崎行雄 | 353 |
| 「押付け憲法」論 | 67 |
| **オスプレイ問題** | 68 |
| **オスロ国際平和研究所（PRIO）** | 68 |
| オゾン層 | 98, 622 |
| オゾン層保護のためのウィーン条約 | 285 |
| 小田実 | 130 |
| オタワ条約 ➡対人地雷禁止条約 | |
| **オックスファム** | 69 |
| オックスフォード飢餓救済委員会 | 69 |
| **オバマのプラハ演説** | 69 |
| **思いやり予算** | 69 |
| オランプ・ド・グージュ | 316 |
| 折鶴の会 | 517 |
| **オレンジ革命** | 70 |
| 恩赦 | 70, 324 |
| 温暖化 ➡地球温暖化問題 | |

| 『女の平和』 | 506 |
|---|---|

## カ

| **カーター人権外交** | 71 |
|---|---|
| **カーター・センター（TCC）** | 71 |
| 加圧重水炉 | 40 |
| 加圧水型原子炉 | 157 |
| カーン・ネットワーク ➡核の闇市場 | |
| カーン博士事件 ➡核の闇市場 | |
| 海軍軍縮条約 | 153 |
| **外交関係に関するウィーン条約** | 72 |
| 外交的庇護 | 72 |
| **外国軍基地をなくす国際ネットワーク** | 72 |
| **外国人登録** | 72 |
| 外国人登録法 | 294, 305 |
| **外国人被爆者** | 73 |
| 悔恨共同体 | 483 |
| 解釈改憲 | 73 |
| **海上交通路（シーレーン）** | 73 |
| 海上傷病者保護条約 | 213 |
| **海上人命安全条約（SOLAS条約）** | 74 |
| 海上中立 | 75 |
| 海上配備戦術核 | 111 |
| **海上武力紛争法サンレモ・マニュアル** | 74 |
| 海上保安庁 | 98 |
| 改正教育基本法 | 1 |
| **開戦条約** | 74 |
| 開戦宣言 ➡開戦条約 | |
| **海戦法規** | 75, 634, 651 |
| 海賊行為 | 75 |
| **海賊対処法** | 75 |
| **解体プルトニウム** | 75 |
| **海底軍事利用禁止条約** | 76 |
| **海底平和利用委員会** | 76, 330 |
| 害敵手段規制 | 74 |
| ガイドライン ➡安保再定義 | |
| 介入と国家主権に関する国際委員会（ICISS）➡保護する責任 | |
| **開発** | 76 |
| **開発NGO** | 77 |
| **開発援助** | 17, 41, 78, 144, 203, 233 |
| **開発援助委員会（DAC）** | 78 |
| **開発援助グループ（DAG）** | 78 |

# 和文索引

開発協力 ············································ 11
開発とガヴァナンス ···························· 79
開発独裁 ············································ 79
開発途上国 ········································ 79
開発の権利　➡発展の権利
恢復の民権 ······································ 454
外部被曝 ···························· 454, 520, 585
外務省公電漏洩事件（西山事件）······· 80, 447
海洋強国 ········································· 610
海洋航行不法行為防止条約（SUA条約）······· 80, 87
海洋生物多様性（BBNJ）···················· 81
海洋投棄規制条約 ······························ 80
海洋法条約 ········································ 81
改良型ガス炉 ··································· 113
カイロ宣言 ········································ 82
ガヴァナンス　➡グッド・ガヴァナンス
科学技術基本計画 ···························· 378
科学技術と戦争・平和 ························ 82
科学者京都会議 ·································· 83
化学兵器　➡毒ガス兵器
化学兵器禁止条約（CWC）·················· 83
核運用政策 ········································ 91
核科学者や技術者の流出 ···················· 84
核拡散抵抗性 ··································· 114
核拡散防止体制 ·································· 85
核危機軽減センター ························· 143
核軍縮 ··············································· 85
核軍縮キャンペーン ··························· 62
核軍縮不拡散イニシアティブ（NPDI）·· 86
核軍備管理 ································· 89, 642
拡散防止構想（PSI）·························· 86
核シェルター ··································· 174
核実験 ··············································· 87
核種 ··················································· 88
　学習指導要領 ··································· 30
確証破壊　➡相互確証破壊
革新自治体 ········································ 88
核戦争 ··············································· 88
核戦争防止国際医師会議（IPPNW）····· 89
核戦略 ··············································· 89
核戦力 ··············································· 90
核戦力三本柱　➡核兵器の運搬手段の三本柱
核態勢の見直し（NPR）······················ 91

拡大防止対策 ··································· 169
拡大抑止 ············································ 92
拡大抑止政策 ····································· 91
核弾頭・運搬手段 ························ 85, 374
核テロ・核セキュリティ ····················· 92
核テロリズム防止条約 ························ 93
学徒出陣 ············································ 93
「核抜き，本土並み」························· 94
核燃料 ··············································· 94
核燃料サイクル ·································· 95
核燃料サイクル施設 ··························· 96
核燃料サイクルの国際管理 ················· 97
核燃料輸送 ········································ 97
核の傘 ····························· 92, 112, 309
核の冬 ··············································· 98
核の闇市場 ········································ 99
核廃絶運動　➡核兵器廃絶運動
核爆弾の開発 ····································· 99
核爆発装置 ······································ 100
核不拡散条約（NPT）······················ 101
核不拡散条約（NPT）再検討会議 ······· 85
核物質 ············································ 102
核物質管理 ······································ 102
核物質防護 ································· 93, 169
核分裂収率 ······································ 103
核分裂生成物 ··································· 103
核分裂性物質 ····································· 59
核分裂の発見 ··································· 104
核兵器 ············································ 104
核兵器禁止条約 ······························· 105
核兵器国　➡核不拡散条約
核兵器使用禁止決議 ························ 106
核兵器の運搬手段の三本柱 ·············· 106
核兵器の合法性 ······························· 107
核兵器の先制不使用 ························ 108
核兵器の非人道性 ··························· 108
核兵器の非人道性会議 ····················· 109
核兵器廃絶運動（反核運動）············· 110
核兵器廃絶──地球市民集会ナガサキ··· 110
核兵器不拡散条約（核兵器の不拡散に関する条約）
　➡核不拡散条約
核密輸 ············································ 110
核持ち込み（疑惑）·························· 111

665

| | |
|---|---|
| 学問の自由 | 132, 285 |
| **核融合** | 111 |
| **核抑止** | 112 |
| 核4政策　➡日本の核政策 | |
| 確率論的安全評価手法 | 168 |
| 閣僚級理事会 | 126 |
| 過酷事故　➡原子炉過酷事故 | |
| **加重投票制度** | 113 |
| 加重表決制　➡加重投票制度 | |
| カストロ | 131 |
| **ガス冷却炉** | 113 |
| カズンズ | 353, 516 |
| カダフィ | 18 |
| **片面講和・全面講和（論）** | 114 |
| **ガチャチャ法廷** | 114 |
| GATT | 49 |
| カットオフ条約 | 85, 101 |
| **カディ事件** | 115 |
| 加藤周一 | 130 |
| 華北分離工作 | 476 |
| カラコシニコフ自動小銃（AK47） | 9 |
| ガラス固化体 | 75, 194 |
| 樺太千島交換条約 | 2 |
| ガリ | 249 |
| ガリ事務総長報告　➡平和のための課題 | |
| カルギール地区 | 40 |
| ガルトゥング | 310, 350, 351, 354, 387, 418, 568, 570 |
| カレ・ドゥ・マルベール | 232 |
| 環境安全保障 | 255 |
| **環境NGO** | 115 |
| **環境開発サミット** | 116 |
| **環境基本法** | 116 |
| **環境権** | 9, 117 |
| 環境と開発に関する世界委員会 | 285 |
| **環境保護運動** | 117 |
| 環境問題　➡地球環境問題 | |
| 勧告権 | 161, 162 |
| **韓国原爆被害者協会** | 118 |
| 韓国人被爆者　➡韓国・朝鮮人被爆者 | |
| **韓国・朝鮮人被爆者** | 118 |
| **韓国の兵役** | 118 |
| **韓国の平和研究** | 119 |
| **韓国併合（日韓併合）** | 120 |

| | |
|---|---|
| 慣習国際法　➡国際慣習法 | |
| 関税譲許表 | 352 |
| 関税と貿易に関する一般協定（GATT）　➡ブレトン・ウッズ＝ガット体制 | |
| 間接的暴力　➡構造的暴力 | |
| 感染症 | 255 |
| **環太平洋パートナーシップ協定（TPP）** | 120 |
| **ガンディーの平和思想** | 121 |
| 関東軍 | 187 |
| **カントの平和論** | 121 |
| **環日本海圏構想** | 122 |
| カンボジア特別裁判部 | 204 |
| **カンボジア内戦** | 122 |
| γ（ガンマ）線 | 160 |
| 管理ライン（停戦国境） | 40 |
| 機関委任事務 | 65, 412 |
| **帰還兵問題** | 123 |
| **帰還法（ドイツ）** | 124 |
| 危機管理 | 28 |
| **危機管理イニシアティブ（CMI）** | 124 |
| **『危機の20年』（E.H.カー）** | 125 |
| 気候変動に関する政府間パネル（IPCC） | 125, 409 |
| 気候変動枠組条約（UNFCCC） | 125, 409 |
| 旗国 | 81 |
| 旗国主義 | 80 |
| 岸信介 | 25 |
| 岸－ハーター交換公文 | 284 |
| 規制機関 | 161 |
| 期待される人間像 | 1 |
| **北大西洋条約機構（NATO）** | 126 |
| **北朝鮮の核開発問題** | 126 |
| **北朝鮮の飢饉** | 128 |
| **北朝鮮の兵役** | 128 |
| **「汚い戦争」** | 128 |
| 汚い爆弾　➡ダーティー・ボム | |
| **基地騒音訴訟** | 129 |
| きのこ会 | 176 |
| 基本権保護義務 | 277 |
| 基本抑止 | 91 |
| 金大中 | 119 |
| 金泳三 | 189 |
| 客観的属地主義 | 380 |
| キャップストーン・ドクトリン | 247 |

和文索引

『ギヤマン・ビードロ』……………………………… 179
キャンベラ委員会……………………………… 129
九カ国条約……………………………… 130
　9条世界会議……………………………… 150
九条の会……………………………… 130
　急性障害……………………………… 173
休戦……………………………… 130
　9段線……………………………… 610
旧敵国条項……………………………… 131
　9・11同時多発テロ事件 ➡ 同時多発テロ事件
キューバ革命……………………………… 56, 131
キューバ危機……………………………… 131
　急迫性……………………………… 237
　旧ユーゴスラヴィア国際刑事裁判所…………… 189, 549
教育基本法……………………………… 1, 132
　教育振興基本計画……………………………… 132
教育勅語……………………………… 1, 132
教育の権利と自由……………………………… 132
教員の地位に関する勧告……………………………… 133
　教科書裁判 ➡ 家永教科書裁判
強行規範（ユス・コーゲンス）……………………………… 133
　共産主義インターナショナル ➡ 国際共産主義運動
共生……………………………… 77, 134, 363
　行政機関の保有する情報の公開に関する法律 ➡ 情報公開法
　強制失踪委員会……………………………… 135
　強制失踪条約 ➡ 強制失踪防止条約
強制失踪防止条約（強制失踪条約）……………………………… 134
強制収容所……………………………… 135, 341, 598, 615, 628
強制措置（国連安保理）……………………………… 136, 362, 422, 547
　強制的裁判管轄権……………………………… 291
　匡正的正義……………………………… 214
協調的安全保障……………………………… 136
共通安全保障・防衛政策（CSDP）……………………………… 137
　共通外交・安全保障政策……………………………… 63
共通の安全保障……………………………… 137, 503
　協定永住……………………………… 268
京都議定書……………………………… 138, 492
京都メカニズム……………………………… 138, 492
恐怖からの自由・欠乏からの自由……………………………… 139
「恐怖の均衡」……………………………… 139
漁業及び公海の生物資源の保存に関する条約……………………………… 139
　極東委員会……………………………… 140

極東軍事裁判 ➡ 極東国際軍事裁判
極東国際軍事裁判（東京裁判）（IMTFE）……………………………… 140
　極東国際軍事裁判所条例……………………………… 204
　極東有事……………………………… 284, 468, 627
拒否権（国連安保理）……………………………… 141
　清宮四郎……………………………… 185
　魚雷……………………………… 28
機雷……………………………… 73, 141
キリスト教の平和思想……………………………… 141
義和団事件……………………………… 142
　緊急援助隊……………………………… 142
緊急人道支援……………………………… 142, 240
　緊急避難……………………………… 75
　緊急炉心冷却装置……………………………… 167
キング牧師……………………………… 121, 525
　均衡性……………………………… 237
　金銭賠償……………………………… 258
　緊張緩和 ➡ デタント
　金融活動作業部会……………………………… 434
近隣諸国条項……………………………… 143
　グアテマラ内戦 ➡ 中米カリブ海地域の紛争
　クウェート侵攻（イラクによる）➡ 湾岸戦争
偶発戦争……………………………… 143
　9月30日事件……………………………… 143, 336, 341
　草の根組織……………………………… 78
草の根無償資金協力……………………………… 144
　クック……………………………… 590
グッド・ガヴァナンス……………………………… 144, 430, 433, 444
　クナシリ・メナシの戦い……………………………… 2
　クメール・ルージュ ➡ カンボジア紛争
クラスター弾条約……………………………… 144, 154
クラスター爆弾……………………………… 105, 145
　グラスノスチ……………………………… 438
　グラムシ……………………………… 497
クリーン開発メカニズム（CDM）……………………………… 138, 145
　グリーンピース……………………………… 116
グリーン・ポリティックス……………………………… 145
GRIT モデル……………………………… 146
グリナムコモン……………………………… 147
　栗原貞子……………………………… 178
クリミア併合……………………………… 147, 648
　クリントン……………………………… 17, 155, 402
グルジア紛争……………………………… 53, 148

667

| | | | |
|---|---|---|---|
| クルド（人）問題 | 148 | ゲーム理論 | 158, 568 |
| クロアチア内戦　➡ユーゴスラヴィア紛争 | | ゲットー | 598 |
| 黒い雨 | 148, 516 | ケナン | 451 |
| 『黒い雨』 | 530 | ゲバラ | 131 |
| 『黒い卵』 | 178 | ケベック協定 | 158 |
| グローバリズム | 149, 210 | ケベック分離問題 | 329 |
| グローバリゼーション　➡グローバリズム | | ゲルニカ | 159, 366, 375, 451 |
| グローバル 9 条キャンペーン | 150 | ゲルニカ爆撃 | 159 |
| グローバル・タックス | 150 | ケロイド | 519 |
| 「グローバルに考え，ローカルに行動する」 | 151 | ケロッグ＝ブリアン条約　➡不戦条約 | |
| グローバル・ヒバクシャ | 151 | 権威主義体制 | 159 |
| 軍産官学複合体　➡軍産複合体 | | 原子核 | 159, 331, 557 |
| 軍産複合体（MIC） | 83, 152 | 『原子雲の下より』 | 178 |
| 軍事衛星 | 152 | 原子爆弾（原爆） | 160, 518, 521, 533, 573, 587, 648 |
| 軍事的強制措置　➡国連の軍事的措置 | | 原子爆弾症　➡原爆症 | |
| 軍事目標主義 | 172 | 原状回復 | 80 |
| 軍縮（軍備縮小） | 153 | 検証措置 | 59 |
| 軍縮委員会　➡ジュネーヴ軍縮委員会（会議） | | 原子力安全委員会 | 161 |
| 軍縮条約 | 90, 153 | 原子力安全条約 | 161 |
| 軍縮大憲章 | 153 | 原子力委員会（国内） | 162, 320 |
| 軍縮と安全保障に関する独立委員会　➡パルメ委員会 | | 原子力開発 | 95, 162 |
| 群島航路帯通航権 | 154 | 原子力開発利用長期計画（長計） | 163 |
| 群島国家 | 81 | 原子力規制委員会 | 164, 168, 584 |
| 軍都広島 | 154 | 原子力規制庁 | 164 |
| 軍備管理 | 155, 335, 563, 642 | 原子力基本法 | 164, 481, 510 |
| 軍備管理軍縮局（ACDA） | 155 | 原子力供給国グループ（NSG） | 40, 97, 165 |
| 軍備・軍縮・国際安全保障年鑑 | 335 | 原子力災害対策特別措置法 | 165 |
| 軍備縮小　➡軍縮 | | 原子力事故早期通報条約 | 166 |
| 軍備の透明性に関する決議 | 243 | 原子力政策大綱 | 162 |
| 軍部大臣現役武官制 | 275 | 原子力損害賠償法 | 166, 167 |
| 警戒態勢解除 | 86 | 原子力損害補完的補償条約 | 166 |
| 警告射撃 | 75 | 原子力の軍事利用と平和利用 | 167 |
| 経済安全保障 | 255 | 原子炉圧力容器 | 157 |
| 経済制裁 | 38 | 原子炉安全性研究 | 167 |
| 経済的自由権　➡自由権（政治的自由） | | 原子炉格納容器破損 | 168 |
| 警察・刑事司法協力 | 282 | 原子炉過酷事故 | 168 |
| 警察（力）と軍隊 | 155 | 原子炉等規制法 | 169, 583 |
| 警察予備隊 | 156, 265 | 原子炉の構造 | 169 |
| 警察予備隊違憲訴訟 | 156 | 原水爆禁止運動 | 171 |
| 警察力 | 137 | 減速材 | 48 |
| 刑事裁判権 | 407, 591 | 剣道受講拒否事件判決 | 320 |
| 芸術と平和 | 157 | 原爆　➡原子爆弾 | |
| 軽水炉（LWR） | 157, 450, 537, 538, 550 | 原爆 1 号 | 516 |

| | | | |
|---|---|---|---|
| 原爆医療法 | 171 | 権力分掌 | 186 |
| 原爆乙女の会 | 516 | 小泉純一郎 | 313, 477, 625, 631 |
| 原爆裁判 | 172 | 五・一五事件 | 186, 471 |
| 原爆詩集 | 178 | 公安調査庁 | 494 |
| 原爆実験 | 51, 546 | コヴェントリー大空襲 | 187, 375 |
| 原爆死没者慰霊碑 | 172 | 公害対策基本法 | 116 |
| 原爆症 | 173 | 江華島事件 | 187 |
| 原爆傷害調査委員会（ABCC） | 173 | 黄禍論 | 187 |
| 原爆小頭症 | 176 | 公共の福祉 | 30, 298 |
| 原爆症認定疾患 | 173 | 攻撃的兵器 | 188 |
| 原爆資料館　➡広島平和記念資料館 | | 皇国史観 | 189 |
| 原爆とアメリカの核の文化 | 174 | 甲午農民戦争 | 189, 474 |
| 原爆投下 | 175 | 高坂正堯 | 377 |
| 原爆投下と教科書 | 657 | 講座派 | 436 |
| 原爆ドーム | 172, 176, 517, 522 | 公衆衛生局長402号通知 | 264 |
| 原爆ドームと世界遺産 | 176 | 光州事件 | 189 |
| 原爆特別措置法 | 176 | 後障害 | 173 |
| 原爆と漫画・アニメ | 176 | 公序良俗論 | 527 |
| 原爆の絵 | 177 | 甲申事変（甲申政変） | 189, 398 |
| 『原爆の子』 | 178 | 交戦規則（ROE） | 190, 191 |
| 原爆被爆者対策基本問題懇談会 | 178 | 交戦権 | 190, 276, 452, 479 |
| 原爆病院 | 178 | 交戦団体承認 | 190 |
| 原爆文学 | 178 | 交戦法規 | 191, 213, 327, 362, 398, 547 |
| 原爆放射線量 | 179 | 構造的暴力（間接的暴力） | 35, 192 |
| 原爆養護ホーム | 180 | 高速増殖炉（FBR） | 40, 193 |
| 原爆落下中心地碑 | 458 | 高速炉 | 113, 268, 550 |
| 憲法改正 | 180 | 構築主義 | 24 |
| 憲法改正の限界 | 181 | 皇道派 | 478 |
| 憲法規範 | 181 | 河野談話　➡従軍慰安婦問題 | |
| 憲法9条 | 181 | 幸福追求権 | 117 |
| 憲法9条の提案者 | 182 | 広報外交　➡パブリック・ディプロマシー | |
| 憲法裁判所 | 183 | 皇民化政策（朝鮮） | 193, 425 |
| 憲法審査会 | 184 | 公民権運動とキング牧師 | 194 |
| 憲法訴訟 | 183 | 拷問等禁止条約 | 212 |
| 憲法調査会 | 183 | 公用地法 | 423 |
| 憲法の変遷 | 180 | 高レベル廃棄物 | 195 |
| 憲法平和条項（各国の） | 184 | 高レベル放射性廃棄物（HLW） | 194, 410, 585 |
| 憲法問題研究会 | 185 | 講和会議 | 114 |
| 憲法優位説 | 314 | 講和条約（平和条約） | 44, 195, 367 |
| 憲法律 | 180 | ゴーリズム | 195 |
| 権利の請願 | 590 | 五箇条の御誓文 | 392 |
| 原料物質 | 59 | 小型化 | 89 |
| 権力政治（パワー・ポリティクス） | 185 | 小型核融合兵器 | 586 |

669

| | |
|---|---|
| 小型武器 | 196, 536 |
| 小型武器行動計画 | 196 |
| 小型炉 | 95, 191 |
| 国際安全保障 | 196, 236, 364, 567 |
| 国際安全保障学会 | 197 |
| 国際移行期正義センター（ICTJ） | 197 |
| 国際移住機関 | 244 |
| 国際エネルギー機関（IEA） | 197 |
| 国際海事機関 | 74 |
| 国際海洋法裁判所（ITLOS） | 198, 208, 553 |
| 国際科学技術センター | 84 |
| 国際核燃料サイクル評価（INFCE） | 97, 199 |
| 国際環境法 | 199, 285 |
| 国際慣習法 | 107, 200, 281 |
| 国際関心事項 | 200, 230, 328 |
| 国際観測年 | 463 |
| 国際機関・国際組織・国際機構 | 201 |
| 国際規範 | 201, 385 |
| 国際共産主義運動 | 202, 534 |
| 国際協調主義 | 202, 209 |
| 国際協力 | 203 |
| 国際協力機構 | 203 |
| 国際極東軍事裁判　➡極東国際軍事裁判 | |
| 国際緊急援助隊（JDR） | 204 |
| 国際軍事裁判 | 204, 327, 487 |
| 国際警察　➡武装警察隊／国際刑事警察機構 | |
| 国際刑事警察機構（ICPO）（INTERPOL） | 205 |
| 国際刑事裁判所（ICC） | 205, 327, 505 |
| 国際刑事裁判所規程 | 205, 327 |
| 国際刑事裁判所協力法 | 206, 505 |
| 国際原子力エネルギー・パートナーシップ | 163 |
| 国際原子力開発機構 | 11 |
| 国際原子力機関（IAEA） | 11, 92, 206 |
| 国際公共財 | 207 |
| 国際貢献 | 207 |
| 国際裁判 | 208 |
| 国際自治体連合 | 286 |
| 国際司法裁判所（ICJ） | 208 |
| 国際司法裁判所勧告的意見 | 107 |
| 国際社会　➡アナーキカル・ソサイエティ | |
| 国際主義（インターナショナリズム） | 209 |
| 国際女性平和自由連盟 | 296 |
| 国際人権規約 | 210 |

| | |
|---|---|
| 国際人権条約（性質） | 52, 211 |
| 国際人権条約（類型） | 212 |
| 国際人権法 | 213 |
| 国際人道法（武力紛争法）（IHL） | 105, 213 |
| 国際人道法条約 | 212 |
| 国際正義 | 214 |
| 『国際政治』（モーゲンソー） | 214 |
| 国際制度（国際レジーム） | 215 |
| 国際赤十字委員会 | 109, 465 |
| 国際赤十字・赤新月連盟（IFRC） | 216 |
| 国際組織犯罪防止条約 | 216 |
| 国際治安支援部隊（ISAF） | 217 |
| 国際秩序 | 6, 217, 439 |
| 国際仲裁裁判所 | 491 |
| 国際通貨基金（IMF） | 218 |
| 国際的正当性 | 218 |
| 国際的武力紛争 | 107, 549 |
| 国際テロ組織　➡テロリズム | |
| 国際電気通信連合 | 201 |
| 国際熱核融合実験炉（ITER） | 219 |
| 国際反核法律家協会（IALANA） | 220, 491 |
| 国際復興開発銀行（IBRD） | 220 |
| 国際紛争処理一般議定書 | 220 |
| 国際紛争平和的処理条約 | 221 |
| 国際平和共同対処事態 | 627 |
| 国際平和協力法 | 203, 248 |
| 国際平和研究学会（IPRA） | 221 |
| 国際平和支援法 | 627 |
| 国際平和ビューロー（IPB） | 221 |
| 国際平和旅団（PBI） | 222 |
| 国際法学会 | 222 |
| 国際放射線防護委員会 | 179 |
| 国際法と国内法（の関係） | 223 |
| 国際民主化選挙支援機構（International IDEA） | 223 |
| 国際立憲主義 | 223 |
| 国際レジーム　➡国際制度 | |
| 国際連合（国連）（UN） | 224 |
| 国際連盟（LN） | 225 |
| 国際連盟規約 | 153, 226 |
| 国際連盟脱退 | 604 |
| 国際労働機関（ILO） | 226 |
| 国際労働機関行政裁判所 | 208 |
| 国際労働基準 | 226 |

# 和文索引

国事行為 ………………………………… 312
国籍管理制度 …………………………… 169
国籍自由の原則 ………………………… 226
国籍主義 ………………………………… 227
国籍条項 ………………………………… 227
国籍非強制の原則 ➡国籍自由の原則
国体護持 ………………………………… 228
国内管轄事項 …………………………… 229
国内事項不干渉の原則 ………………… 229
国内避難民（IDP）……………………… 230
国内類推論 ……………………………… 230
国防会議 ………………………………… 256
国防高権 ………………………………… 277
国民国家 ……………………… 148, 231, 537, 639
国民主権 ………………………………… 231
国民の教育権論 ………………………… 29
国民保護法 ➡国民保護法制
国民保護法制 …………………………… 232
国力 ➡パワー
国連 ➡国際連合
国連アジア太平洋平和軍縮センター …… 414
国連安全保障理事会（国連安保理）… 115, 233, 545
国連安保理 ➡国連安全保障理事会
国連イラク特別委員会 ………………… 235
国連宇宙空間平和利用委員会（UNCOPUOS）… 233
国連開発計画（UNDP）………………… 233
国連海洋法条約 ➡海洋法条約
国連環境開発会議（UNCED）………… 234
国連環境計画（UNEP）………………… 234
国連監視検証査察委員会（UNMOVIC）… 235
国連教育科学文化機関（UNESCO）… 235
国連緊急軍（UNEF）…………………… 235
国連グローバルコンパクト …………… 236
国連軍縮委員会 ………………………… 236
国連軍縮特別総会（SSD）…… 236, 457, 574
国連軍備登録制度 ……………………… 536
国連経済社会理事会（ECOSOC）…… 236
国連警察 ➡武装警察隊
国連憲章 …………… 136, 200, 229, 237, 547, 639
国連憲章51条 …………………………… 237
国連憲章第7章 ………………………… 238
国連憲章と武力行使 …………………… 239
国連原子力委員会（UNAEC）………… 239

国連国際法委員会（ILC）…… 206, 240, 327, 502
国連児童基金（UNICEF）……………… 240
国連人権高等弁務官（事務所）（UNHCHR）… 241
国連人権理事会（UNHRC）…………… 241
国連人権理事会特別報告者制度 ……… 242
国連人道民軍調整 ……………………… 614
国連世界食糧計画（WFP）……………… 242
国連総会 ………………………………… 242
国連大量破壊兵器廃棄特別委員会（UNSCOM）… 243
国連通常軍備委員会 …………………… 243
国連通常兵器移転登録制度 …………… 243
国連難民高等弁務官事務所（UNHCR）… 244, 490
国連人間環境会議 ………………… 117, 244
国連の軍事的措置 ……………………… 245
国連の非軍事的措置 …………………… 246
国連パレスチナ難民救済機関 ………… 244
国連PKO局（DPKO）………………… 246
国連東ティモール暫定行政機構（UNTAET）… 247, 513
国連非政府組織（国連NGO）………… 247
国連フィールド支援局 ………………… 246
国連兵力引き離し監視軍（UNDOF）… 247
国連平和維持活動（PKO）…… 248, 452, 614
国連平和維持活動協力法（PKO協力法）… 248
国連平和維持軍（PKF）………………… 249
国連平和構築委員会（PBC）…………… 249
国連貿易開発会議（UNCTAD）……… 250
国連放射線影響科学委員会（UNSCEAR）… 250
国連保護軍（UNPROFOR）…………… 251
国連ミレニアム・サミット ………… 139, 251
国連ミレニアム宣言 …………………… 79
国連予防展開軍（UNPREDEP）……… 251
護憲運動 ………………………………… 252
五・四運動 ………………………… 252, 386
コシャマインの戦い …………………… 2
個人通報制度 ……………… 252, 298, 316
個人の尊重 ……………………………… 132
御前会議 …………………………… 228, 253
コソヴォ空爆 ……………………… 254, 577
コソヴォに関する独立国際委員会（IICK）… 254
コソヴォ紛争 ……………………… 254, 593
子弾 ➡クラスター爆弾
国家安全保障 …………………………… 255
国家安全保障会議（NSC）……………… 255

671

| | | | |
|---|---|---|---|
| 国家安全保障ドクトリン | 129 | 根本規範 | 132 |
| 国家核安全保障局（NNSA） | 256, 562 | | |
| 国家管轄権（立法・執行・司法管轄権） | 76, 81, 379, 639 | **サ** | |
| 国家緊急権 | 256 | サーチライト作戦 | 40 |
| 国家支援テロ ➡テロリズム | | 在外自国民の保護 | 263, 548 |
| 国家主義（ナショナリズム） | 1 | 在外被爆者 | 264, 518 |
| 国家承認 | 257, 344 | 再軍備（ドイツ） | 264 |
| 国家神道 | 258, 320, 340 | 再軍備（日本） | 265 |
| 国家責任 | 222, 258 | 罪刑法定主義と遡及処罰の禁止 | 266 |
| 国家責任条文草案 | 258 | 最高法規 | 73 |
| 国家総動員法 | 194, 258 | 在庫差 | 103 |
| 国家通報手続 | 210, 212 | 最後通牒 | 266 |
| 国家同一性の原則 | 344 | 在住外国人の選挙権・被選挙権 | 267 |
| 国家の教育権論 | 30 | 再処理 | 95, 163, 267 |
| 国家の経済的権利義務憲章 | 259, 322 | 最大多数の最大幸福 | 320 |
| 国家秘密保護法制 | 259 | 在日韓国人の法的地位及び待遇に関する協定 | 268 |
| 国家報告書審査 | 298 | 在日韓国・朝鮮人 | 268 |
| 国家報告手続 | 210, 212 | 在日米軍基地 | 269, 486 |
| 国家法人説 | 392 | サイバー攻撃 | 83 |
| 国旗国歌法 | 260, 515 | サイモン・ヴィーゼンタール・センター | 270 |
| 国境管理 | 29, 57, 305 | 坂本義和 | 221 |
| 国共内戦 ➡中国（国共）内戦 | | 佐々木惣一 | 396 |
| 国境なき医師団（MSF） | 260 | 査察（核査察） | 99, 206, 235, 243 |
| COP7 | 139 | サッチャー | 437 |
| 子どもの権利 | 240, 260 | サティヤーグラハ | 121 |
| 子どもの権利条約（児童の権利条約） | 241, 261 | 佐藤栄作 | 80 |
| 子どもの最善の利益 | 260 | サブサハラ・アフリカの紛争 | 270 |
| 子ども兵士 | 241, 261, 549 | サミット ➡主要先進国首脳会議 | |
| 小林直樹 | 30, 358 | サラエボ事件 | 385 |
| 個別的自衛権 ➡集団的自衛権 | | 澤地久枝 | 130 |
| 個別誘導多（核）弾頭（MIRV） | 262, 376 | 三・一五事件 | 271 |
| コミュニティ・ポリシング | 262 | 三・一独立運動 | 271, 425 |
| コミンテルン（第三インターナショナル）➡国際共産主義運動 | | 参議院憲法調査会 | 183 |
| | | 産業検証 | 84 |
| コミンフォルム ➡国際共産主義運動 | | サンクト・ペテルブルク宣言 | 272 |
| コルチャック | 260 | 『さんげ』 | 178 |
| ゴルバチョフ | 89 | 三光作戦 | 272 |
| 混合刑事裁判所 | 262 | 三国干渉 | 120 |
| 混合酸化物燃料（MOX 燃料） | 263, 410, 550 | 『三酔人経綸問答』 | 454 |
| 混合法廷 ➡混合刑事裁判所 | | 暫定的特別措置 ➡ポジティブ・アクション | |
| コンゴ国連軍 | 248 | 山東出兵 | 272 |
| コンストラクティヴィズム | 215 | サン・ピエール | 454 |
| コンディショナリティ | 41 | サンフランシスコ講和会議 | 273, 598 |

## 和文索引

- サンフランシスコ講和条約……2
- 残留放射線……273
- シーア派……33, 35, 148, 274
- CNN 効果……274
- シーレーン防衛……73
- ジーン・シャープの非暴力論……274
- シヴィリアン・コントロール……275
- 自衛官合祀拒否訴訟……275
- 自衛権発動三要件……276
- 自衛権否認説・自衛権留保説……276
- JCO 臨界事故……161, 165
- ジェイ条約……208
- 自衛隊違憲訴訟……277
- 自衛隊イラク派遣違憲訴訟……278
- 自衛隊合憲論……8
- 自衛隊の PKO……278
- 自衛隊法……55, 141, 278
- 自衛力……73, 279, 364, 452, 479
- ジェノサイド……279, 327, 341, 394
- ジェノサイド条約……280, 327, 394
- シエラレオネ特別裁判所……204
- シエラレオネの紛争……9, 281, 453, 554, 614
- シェンゲン条約……281
- ジェンダー……39, 119, 282, 342, 487
- ジェンダー・フリー……282
- シオニズム……38, 56, 502
- 仕掛線論……283
- シカゴ草案……353
- 死活的利益防衛説……301
- 『屍の街』……178
- 死刑廃止条約……283
- 重光葵……25
- 事後法の禁止　➡罪刑法定主義と遡及処罰の禁止
- 資産凍結……224
- 事実上の承認……257
- 事実認定……291
- 自主憲法の制定……183
- 自然遺産……347
- 事前協議制度……284
- 自然状態……294
- 自然法……181
- 自然保護運動……284
- 思想・良心の自由……285, 342, 436

- 持続可能な開発（発展）……77, 116, 285, 488, 551
- 持続可能な開発委員会……237
- 自治体外交……286
- 自治体国際活動　➡自治体外交
- 実験用原子炉……286
- 失地回復主義……287, 338
- 失敗国家　➡破綻国家
- 実力の行使……239
- 指定情報処理機関……103
- 史的唯物論……295, 602
- 幣原喜重郎……182
- 幣原喜重郎の平和思想……288
- 児童買春・児童ポルノ……288
- 児童買春・児童ポルノ禁止法……288
- 指導原則……230
- 児童の権利条約　➡子どもの権利条約
- 『死の内の生命—ヒロシマの生存者』（ロバート・J. リフトン）……289
- 死の灰……273
- ジハード……33, 290
- 自発的帰還……244
- 磁場閉込め方式……112
- シビアアクシデント……158, 168
- SIPRI　➡ストックホルム国際平和研究所
- シベリア出兵……290, 372
- シベリア抑留……290, 597
- 司法権の独立……291
- 司法審査……61
- 司法的解決……291, 396, 553
- 『資本論』……602
- 姉妹都市……286
- 島ぐるみ闘争……292
- 市民運動……88, 117, 150, 292, 318, 462, 578, 636
- 市民が描いた原爆の絵　➡原爆の絵
- 市民革命……184, 231, 292, 342, 545, 590
- 市民社会……8, 78, 118, 293, 321, 348, 351, 410, 485, 491, 506, 549, 575, 620
- 市民主権説……232
- 市民的不服従……431, 432
- 市民的防衛……275
- 下関講和会議……293
- 指紋押捺問題……294
- シャウプ勧告……592

673

| | |
|---|---|
| 社会開発委員会 | 237 |
| 社会契約 | 57, 295, 545 |
| 『社会契約論』（ルソー） | 294, 454 |
| 社会権規約 | 210 |
| 社会主義の平和論 | 295 |
| 社会進化論 | 188, 295 |
| シャクシャインの戦い | 2 |
| ジャコバン憲法 | 231 |
| ジャスミン革命 | 18 |
| ジャネット・ランキンの平和運動 | 295 |
| 上海協力機構 | 420 |
| 上海事変（第一次） | 296, 604 |
| 上海事変（第二次） | 296, 476 |
| ジャン・ボダン | 231 |
| ジャンムー・カシミール藩国 | 40 |
| 衆議院憲法調査会 | 183 |
| 宗教上の人格権 | 276 |
| 従軍慰安婦問題 | 4, 296, 473 |
| 重慶爆撃 | 297 |
| 自由権（政治的自由） | 297 |
| 自由権規約 | 210, 298 |
| 自由権規約委員会 | 298 |
| 自由権規約第2選択議定書　⇒死刑廃止条約 | |
| 十五年戦争 | 298, 578, 624, 636 |
| 囚人のディレンマ | 299 |
| 重水炉（HWR） | 38, 87, 170, 299, 495 |
| 終戦の詔書 | 228 |
| 重大な違反行為 | 308 |
| 集団安全保障 | 42, 136, 300, 346, 372, 539 |
| 集団安全保障（国際連合の） | 230, 233, 237, 245, 248, 301, 405, 445 |
| 集団安全保障（国際連盟の） | 27, 225, 245 |
| 集団安全保障（冷戦期の） | 265, 580 |
| 集団殺害　⇒ジェノサイド | |
| 集団自決 | 65 |
| 集団的自衛権 | 52, 301, 372, 572, 573 |
| 集団的自衛権（国連憲章と） | 106, 277, 301, 406, 442, 445, 547 |
| 集団的自衛権（日本国憲法と） | 27, 52, 181, 238, 279, 302, 364, 369, 445, 452, 468, 479, 547, 627 |
| 集団的自衛権行使容認の閣議決定 | 27, 302 |
| 集団的自衛権と憲法（解釈） | 302 |
| 集団の措置 | 136 |

| | |
|---|---|
| 柔軟反応戦略 | 564 |
| 周辺事態法（重要影響事態法） | 26, 183, 303 |
| シューマン | 62 |
| 住民基本台帳法 | 72 |
| 自由民権運動 | 311 |
| 住民投票と民族独立 | 303 |
| 十四ヵ条　⇒ウィルソン十四ヵ条 | |
| 主観的属地主義 | 380 |
| 主権国家 | 304 |
| 主権在民　⇒国民主権 | |
| 主権平等 | 43 |
| 主体性　⇒ローカル・オーナーシップ | |
| 出陣学徒壮行会 | 93 |
| 出入国管理及び難民認定法 | 294, 305 |
| 出入国管理制度 | 305 |
| 受忍論 | 306, 485 |
| ジュネーヴ海軍軍縮会議 | 306 |
| ジュネーヴ議定書　⇒ジュネーヴ毒ガス議定書 | |
| ジュネーヴ海洋法条約 | 198 |
| ジュネーヴ軍縮委員会（会議）（CD） | 307 |
| ジュネーヴ諸条約第1追加議定書 | 156 |
| ジュネーヴ毒ガス議定書 | 84, 307, 345 |
| ジュネーヴ法 | 307 |
| 主要先進国首脳会議（サミット，G7/8） | 308 |
| 受理許容性 | 253 |
| 巡航ミサイル | 309 |
| 準戦略核兵器 | 363 |
| ショアー，ユダヤ人ジェノサイド　⇒ホロコースト | |
| 浄化（法） | 309 |
| 障害者権利条約 | 211 |
| 蔣介石 | 82 |
| 消極的安全保証 | 309, 310 |
| 消極的・積極的安全保証 | 309 |
| 消極的・積極的平和 | 310 |
| 消極的（受動的）属人主義 | 227 |
| 消極的平和主義 | 35 |
| 条件付開戦宣言 | 266 |
| 小国主義 | 310 |
| 少国民 | 311 |
| ショー・ザ・フラッグ | 27 |
| 少数民族高等弁務官（HCNM） | 311 |
| 少数民族保護条約 | 311 |
| 使用済燃料貯蔵 | 312 |

和文索引

常設国際司法裁判所（PCIJ）　➡国際司法裁判所
常設理事会 126
象徴天皇制 312
少年兵　➡子ども兵士
常備軍の撤廃 121
傷病兵保護条約 213
情報開示請求権 313
情報公開法 313
条約勧告適用専門家委員会 226
条約法に関するウィーン条約 313
条約優位説 313
昭和天皇 228
初期放射線 314
植民地主義 314
植民地独立付与宣言 315
職務執行命令訴訟 65
女子に対するあらゆる差別の撤廃に関する条約（CEDAW） 315
女性解放運動 316
女性差別撤廃条約　➡女子に対するあらゆる差別の撤廃に関する条約
女性と女性市民の権利宣言 316
女性の地位委員会 237
ジョン・デューイの平和思想 317
地雷禁止（廃絶）国際キャンペーン（ICBL） 317
自力救済（自助） 553
自律型致死兵器システム 618
知る権利 318
新アジェンダ連合（NAC） 318
辛亥革命 319
深海底制度 81, 322
『神学大全』 547
新型転換炉（ATR） 319
信教の自由 320
人権 6, 41, 60, 181, 210, 341, 360, 320, 406, 499, 545
人権NGO 321
人権外交 58, 71
人権高等弁務官事務所 241
人権の主流化 241
人権保障の国際化 321
人権理事会諮問委員会 242
人工衛星 321
信仰の自由　➡信教の自由

新国際経済秩序（NIEO） 322
新思考外交 322
真実からの疎外 318
真実糾明委員会（ラテンアメリカ） 323
真実和解委員会（TRC） 323
新自由主義 324
人種及び人種的偏見に関する宣言 324
人種隔離政策　➡アパルトヘイト
人種差別撤廃委員会 325
人種差別撤廃条約 324
人種主義 325
真珠湾攻撃 325
人身取引 325
人身売買　➡人身取引
新START条約 326
神聖同盟 41, 623
新戦略兵器削減条約（新START）　➡新START条約
迅速な釈放 199
信託統治理事会 224
神道指令 258
人道的介入（干渉） 327
人道に対する罪 327
人民主権　➡国民主権
人民戦線事件 328
人民の自決権 328
信頼・安全醸成措置（CSBMs） 329
信頼醸成措置　➡信頼・安全醸成措置
侵略戦争放棄 184
侵略の定義 330
侵略犯罪 330
人類全体の共通資産 45
人類の共同遺産 330
新冷戦 331
水中核実験 87
水中実験 87
水爆（水素爆弾） 331
水爆開発 331, 381
水爆実験 51
水平社　➡全国水平社
スーダン内戦 332
末川博 396
スエズ危機　➡スエズ動乱

675

| | |
|---|---|
| スエズ動乱（スエズ戦争） | 332 |
| 杉原千畝とユダヤ人 | 332 |
| 杉本判決 | 29 |
| 鈴木茂三郎 | 156 |
| スター・ウォーズ計画 | 333 |
| スターリン | 202 |
| スターリン主義 | 333, 622 |
| スターリン批判 | 202, 333, 383 |
| スティムソン・ドクトリン | 604 |
| ステルス爆撃機 | 334 |
| ストックホルム・アピール | 62, 334, 486 |
| ストックホルム国際平和研究所（SIPRI） | 334, 351, 592 |
| ストライキ | 18 |
| ストラドリング魚類資源 | 81 |
| 砂川事件 | 314, 335 |
| スノーデン | 430 |
| スハルト体制 | 143, 336 |
| スハルト体制の崩壊 | 10, 336 |
| スフィア・プロジェクト | 336 |
| スプートニク | 233 |
| スペイン内戦 | 159, 191, 337 |
| スペンサー | 295 |
| スポイラー | 337 |
| スマート・サンクション | 246 |
| スミソニアン航空宇宙博物館 | 56 |
| 棲み分けによる平和 | 338 |
| スリー・プラス・スリー | 594 |
| スリーマイル島原子力発電所事故 | 162, 167, 168, 562 |
| スリランカ紛争 | 339 |
| スンナ派 | 33, 35, 148, 274, 339 |
| 西欧主権国家体系 | 43 |
| 政教分離 | 276, 298, 320, 340 |
| 制限主権論 ➡ ブレジネフ・ドクトリン | |
| 政治的殺戮 | 341 |
| 政治的自由 ➡ 自由権 | |
| 政治難民 | 341 |
| 政治犯不引渡しの原則 | 342 |
| 精神的自由権 ➡ 自由権（政治的自由） | |
| 精神薫子 | 516 |
| 正戦論 | 342, 398, 547 |
| 聖断 | 228 |
| 正当防衛 | 75 |
| 性奴隷 | 297, 362, 643 |

| | |
|---|---|
| 青年トルコ党 | 20 |
| 青年法律家協会 | 528 |
| 「青年よ、再び銃をとるな」（鈴木茂三郎） | 343 |
| 政府開発援助（ODA） | 144, 204, 343, 489 |
| 政府承認 | 344 |
| 生物多様性 | 81, 285, 344 |
| 生物多様性条約 | 285, 344 |
| 生物兵器禁止条約（BWC） | 34, 154, 307, 345, 395, 637 |
| 精密誘導兵器（PGM） | 345 |
| 生命権 | 277 |
| 勢力均衡 | 12, 137, 196, 215, 346, 408, 488 |
| 勢力交代 | 346 |
| 世界遺産条約 | 176, 347 |
| 世界遺産リスト | 347 |
| 世界気象機関 | 125 |
| 世界恐慌 | 347, 463 |
| 世界銀行 | 14, 79, 144, 324, 347, 489 |
| 世界自然保護基金 | 116 |
| 世界市民法 | 122, 348 |
| 世界社会フォーラム（WSF） | 8, 72, 348 |
| 世界宗教者平和会議（WCRP） | 349 |
| 世界サミット（世界首脳会議） | 139 |
| 世界女性会議 | 316, 349, 535 |
| 世界人権宣言 | 41, 133, 210, 350, 406, 545 |
| 世界政府 ➡ 世界連邦 | |
| 世界秩序モデル・プロジェクト（WOMP） | 350 |
| 世界の平和研究 | 351 |
| 世界平和アピール七人委員会 | 351 |
| 世界貿易機関（WTO） | 210, 285, 308, 352 |
| 世界法廷運動 ➡ 世界法廷プロジェクト | |
| 世界法廷プロジェクト | 352 |
| 世界保健機関（WHO） | 353 |
| 世界保健機関憲章 | 353 |
| 世界連邦（世界政府） | 353 |
| 世界連邦政府のための世界運動 | 623 |
| 赤軍 | 354, 439, 501, 514 |
| 赤十字 ➡ 国際赤十字・赤新月社連盟 | |
| 赤十字国際委員会 | 109 |
| 赤十字社・赤新月社 | 216 |
| 赤新月社 ➡ 国際赤十字・赤新月社連盟 | |
| 積極的安全保証 | 309 |
| 積極的（能動的）属人主義 | 93 |
| 積極的平和主義 | 35, 310, 354 |

和文索引

| 積極的補完性 | 591 |
| --- | --- |
| 接続水域 | 81, 354, 639 |
| 絶対的貧困 | 77, 355 |
| 瀬戸際外交 | 355 |
| セミパラチンスク | 87, 148 |
| 戦域ミサイル防衛 | 402 |
| 尖閣諸島 | 356, 484 |
| 尖閣諸島問題 | 355 |
| 1977年追加議定書 | 492 |
| 1924年移民法 | 188, 357 |
| 1949年ジュネーヴ諸条約 | 213 |
| 選挙監視活動 | 71, 357, 358, 452 |
| 選挙権 | 52 |
| 選挙支援　➡選挙システム支援 | |
| 選挙システム支援 | 358 |
| 全国革新市長会 | 88 |
| 全国憲法研究会 | 358 |
| 全国水平社 | 359 |
| 戦後政治の総決算 | 1 |
| 戦後賠償・補償（ドイツ） | 359 |
| 戦後賠償・補償（日本） | 360 |
| 戦後レジームからの脱却 | 1 |
| 戦時国際法 | 153, 182, 191, 361, 464, 491, 548 |
| 戦時性暴力 | 362 |
| 戦時復仇 | 107, 541 |
| 先住権と権原 | 362 |
| 先住民族 | 2, 362, 387, 556, 596 |
| 戦術核兵器 | 105, 131, 363, 419 |
| 戦術と戦略 | 364 |
| 専守防衛 | 156, 364 |
| 潜水艦発射弾道ミサイル | 51 |
| 先制自衛 | 237 |
| 先占 | 50, 314, 356, 364, 638 |
| 宣戦布告 | 142, 330, 365, 385, 597 |
| 戦争画 | 365 |
| 戦争原因論 | 366 |
| 戦争権限の民主的統制 | 184 |
| 戦争裁判 | 367, 394 |
| 戦争神経症 | 384 |
| 戦争責任 | 6, 67, 367 |
| 戦争と音楽 | 368 |
| 戦争の記憶 | 369 |
| 戦争の放棄 | 181 |

| 戦争犯罪 | 31, 327, 368, 370, 371, 476, 486, 487, 491, 521 |
| --- | --- |
| 戦争犯罪及び人道に対する犯罪に対する時効不適用条約 | 371 |
| 戦争非合法化論 | 317, 371 |
| 戦争文学 | 372 |
| 戦争法 | 191 |
| 戦争漫画・戦記漫画 | 373 |
| 『戦争論』（カール・フォン・クラウゼヴィッツ） | 373 |
| 船体射撃 | 75 |
| 選択条項 | 209, 291 |
| 選択的正義 | 373 |
| 戦闘行為免責 | 172 |
| 戦闘部隊 | 28 |
| 船舶抑留 | 541 |
| 全米戦争防止協議会 | 296 |
| 全面核戦争 | 564, 568 |
| 戦略援助外交　➡援助外交 | |
| 戦略核戦力（戦略核兵器） | 374 |
| 戦略核兵器　➡戦略核戦力 | |
| 戦略攻撃兵器制限暫定協定 | 376 |
| 戦略攻撃力削減条約（モスクワ条約）（SORT） | 375 |
| 戦略爆撃 | 82, 375 |
| 「戦略爆撃」思想 | 391 |
| 戦略兵器削減条約（START） | 86, 154, 323, 375, 563 |
| 戦略兵器制限交渉（SALT） | 90, 376 |
| 戦略防衛構想（SDI）　➡スター・ウォーズ計画 | |
| 占領 | 120, 376, 427, 439, 645 |
| 憎悪犯罪（ヘイトクライム） | 565 |
| 掃海作業 | 536 |
| 総括所見 | 211, 298 |
| 相互依存（論） | 376 |
| 総合安全保障 | 377 |
| 総合科学技術会議（日本）（CSTP） | 377 |
| 総合行政主体論 | 592 |
| 相互確証破壊（MAD） | 378 |
| 創氏改名 | 379 |
| 『想像の共同体』 | 461 |
| 相対的政治犯罪 | 342 |
| 双方可罰の原則 | 505 |
| 草莽隊 | 30 |
| 総力戦 | 379 |
| 属人主義 | 93, 227 |
| 属地主義 | 93, 227 |

677

| | |
|---|---|
| 属地主義・属人主義 | 379 |
| 阻止原則宣言 | 86 |
| ソ朝友好協力相互援助条約 | 380 |
| ソフトパワー ➡パワー | |
| ソマリア紛争 | 381 |
| ソマリランド ➡未承認国家／ソマリア紛争 | |
| 空知太神社事件 | 340 |
| ソ連のアフガニスタン侵攻 | 13 |
| ソ連の核開発 | 381 |
| ソ連の対日参戦 | 382 |
| ソ連の崩壊 | 382 |
| ソ連民族強制移動 | 383 |
| 損害賠償措置 | 166 |
| 孫文 | 4 |
| 存立危機事態 | 547 |

## タ

| | |
|---|---|
| ダーウィン | 325 |
| タータ基礎研究所 | 39 |
| ダーティー・ボム | 383 |
| ターリバーン | 13, 384, 389 |
| 第一次世界大戦（WWI） | 2, 384 |
| 第1追加議定書 | 156, 261 |
| ダイ・イン | 505 |
| 対外主権 | 43 |
| 大学の自治 | 385, 396, 436 |
| 対華二十一か条要求 | 385 |
| 大韓航空機撃墜事件 | 331 |
| 大気圏外実験 | 87 |
| 大気圏内実験 | 87 |
| 対共産圏輸出統制委員会（COCOM） | 386 |
| 対抗措置 | 258, 541, 654 |
| 第五福竜丸 | 87 |
| 第五福竜丸事件とビキニ水爆実験 | 386 |
| 第三国移転の制限 | 467 |
| 第三国への再定住 | 244 |
| 第三世界の平和研究 | 387 |
| 『第三の波』（サミュエル・ハンティントン） | 387 |
| 対人地雷禁止条約（オタワ条約） | 317, 388 |
| 体制移植 | 388 |
| 大西洋憲章 | 6, 389, 390 |
| 対世的 | 211 |
| 大セルビア主義 | 389 |

| | |
|---|---|
| 対テロ戦争 | 17, 242, 384, 389 |
| 大東亜会議 | 390 |
| 大東亜共栄圏 | 4, 390 |
| 大東亜共同宣言 | 390 |
| 大東亜戦争 ➡アジア・太平洋戦争 | |
| 対内主権 | 43, 305 |
| 第二インターナショナル | 202 |
| 第二次世界大戦（WWII） | 6, 19, 82, 140, 160, 308, 359, 391, 463, 469, 486, 507, 598, 604, 628, 630 |
| 第2追加議定書 | 70, 191, 603 |
| 第二の性 | 317 |
| 大日本帝国憲法 | 228, 340, 391, 393, 516, 591 |
| 太平洋戦争 ➡アジア・太平洋戦争 | |
| 大本営 | 154, 253, 392 |
| 大本営政府連絡会議 | 253, 392 |
| 対南アフリカ制裁 | 393 |
| 泰緬鉄道 | 393 |
| 大陸間弾道ミサイル（ICBM） | 376, 381, 393, 402, 562 |
| 大陸棚 | 81 |
| 代理処罰 | 227 |
| 大量虐殺（大量殺戮） | 9, 394, 598, 641 |
| 大量漁獲 | 199 |
| 大量殺戮 ➡大量虐殺 | |
| 大量破壊兵器（WMD） | 36, 85, 92, 395, 420, 463, 542, 563 |
| 大量報復戦略 | 92 |
| 台湾総督 | 395, 618 |
| 台湾総督府 | 395, 618 |
| 高津判決 | 30 |
| 高柳賢三 | 183 |
| 滝川事件 | 396 |
| 滝川幸辰 | 396 |
| 竹下登 | 207 |
| 竹島（独島） | 396 |
| 竹島問題 | 396, 484 |
| 多国間主義 | 397, 402 |
| 多国籍軍 | 25, 26, 136, 217, 247, 389, 397, 434, 654 |
| 他国防衛説 | 301 |
| タシケント宣言 | 40 |
| タジチ事件判決 | 549 |
| 『正しい戦争，不正な戦争』（マイケル・ウォルツァー） | 398 |
| 脱亜論 | 398 |
| 脱原発 | 398 |

678

## 和文索引

伊達判決 … 335
田中角栄 … 475
田中義一 … 271
田中耕太郎 … 336
田中正造の平和思想 … 399
谷川徹三 … 353
WTO ➡ 世界貿易機関
多文化主義 … 399
ダムダム弾禁止宣言 … 400
ダルフール国連・AU合同ミッション（UNAMID） … 401
ダルフール紛争 … 401
ダレス … 265
単位放射線量 … 179
炭酸ガス冷却炉 … 113
男女共同参画社会基本法 … 283, 594
炭疽菌事件 … 395
団体規制法 … 494
弾道弾迎撃ミサイル（ABM） … 401
弾道弾迎撃ミサイル制限条約（ABM制限条約） … 402
弾道ミサイル ➡ ミサイル
弾道ミサイル防衛 … 326
弾道ミサイル防衛システム … 333
単独行動主義 … 402
治安維持法 … 285, 328, 396, 403
治安部門改革（SSR） … 217, 247, 403
地域主義 … 3, 122, 231, 404
地域的安全保障 … 404
地域的機関 ➡ 地域的取極
地域的国際平和・安全保障機構 … 405
地域的人権条約 … 212, 406
地域的取極（地域的機関） … 17, 131, 238, 405, 406, 553
地位協定（SOFA） … 65, 67, 69, 72, 406, 423
地位法（ディアスポラ法） … 407
チェチェン紛争 … 407
チェルノブイリ原発事故 … 151
地下核実験 … 87, 408, 542, 579, 583
地下核実験制限条約 … 408, 579
地下実験 … 87
力による平和 … 408
地球温暖化問題 … 409
地球環境サミット … 116
地球環境市民会議 … 116

地球環境問題 … 116, 117, 216, 409, 567
地球サミット … 54
地球市民社会 … 118, 321, 410, 449
地球の友 … 116
チキン・ゲーム … 410
地上配備戦術核 … 111
地籍明確化法 … 423
地層処分 … 312, 410, 585
『父と暮らせば』 … 179
知的財産権 … 120, 352
チベット問題 … 411
地方自治法 … 50, 411, 592
地方分権 … 122
地方分権一括法 … 411
チャーチル … 82
チャガイ地区 … 495
チャド内戦 … 412
中印国境紛争 … 412
中印紛争 … 39
中越戦争 … 412
中央アジア非核兵器地帯条約（CANWFZ） … 86, 413
中央集権 … 54
中距離核戦力条約（INF条約） … 86, 413, 563
中堅国家構想 … 110
中国残留孤児 … 413
中国人強制連行 … 414
中国（国共）内戦 … 415
中国の核戦力 … 415
中国の兵役 … 416
中国の平和研究 … 416
中国の平和文化 … 417
中国の民族問題 … 418
中性子爆弾 … 62, 418, 586
中ソ国境紛争 … 419
中ソ対立 … 419
中東戦争（アラブ・イスラエル紛争） … 56, 420, 421
中東非核・非大量破壊兵器地帯 … 420
中東非大量破壊兵器地帯 ➡ 中東非核・非大量破壊兵器地帯
中部欧州相互兵力削減（交渉）（MBFR） … 421
中米カリブ海地域の紛争 … 421
「中立日本の防衛構想」（坂本義和） … 422
中立法規 … 191, 362, 422

679

| | | | |
|---|---|---|---|
| 駐留軍用地特別措置法 | 65, 423 | 敵対行為 | 25 |
| チュチェ思想 | 423 | デタント（緊張緩和） | 71, 331, 432, 444, 641 |
| チュニス・モロッコ国籍法事件 | 229 | テニアン島 | 55 |
| 長計 ➡原子力開発利用長期計画 | | デニズンシップ | 51 |
| 超国家主義 | 258, 424 | デモクラティック・ガヴァナンス | 433 |
| 　超国家組織 | 62 | デモクラティック・ピース ➡民主主義の平和 | |
| 張作霖爆殺事件 | 425 | デュナンの平和運動 | 433 |
| 　調整理論 | 223 | 寺内正毅 | 120 |
| 朝鮮植民地支配 | 425 | テロ支援国家 | 427 |
| 　朝鮮人強制連行 | 414, 426 | テロ資金供与防止条約 | 434 |
| 朝鮮戦争 | 114, 156, 265, 426, 559 | テロ対策特別措置法（テロ特措法） | 279, 434, 627 |
| 朝鮮総督 | 193, 306, 395, 427 | 　テロ特措法 ➡テロ対策特別措置法 | |
| 　朝鮮総督府 | 120 | テロリズム | 434 |
| 　朝鮮統一問題 ➡朝鮮半島の分析 | | 天安門事件 | 6, 435 |
| 朝鮮半島の非核化 | 427 | 　天下ノ公道 | 504 |
| 朝鮮半島の分断 | 427 | 天皇機関説事件 | 392, 436 |
| 　朝鮮半島非核化共同宣言 | 427 | 天皇制とファシズム | 436 |
| 　朝鮮半島有事 | 284 | 電離放射線 | 437 |
| 徴兵制 | 52, 118, 194, 231, 265, 425, 428 | 電力自由化 | 437 |
| 　直接的暴力 | 77 | ドイツ再統一 | 438, 440 |
| 　直接被爆者 | 517 | 　ドイツの戦後分割 | 439 |
| 　全斗煥 | 189 | 東亜新秩序（論） | 439 |
| 『沈黙の春』（レイチェル・カーソン） | 429 | 　等位理論 | 223 |
| 　通常経済制裁 | 246 | 　ドゥーリトル空襲 | 442 |
| 通常兵器 | 429 | 　東欧革命 | 126 |
| 　通信の秘密 | 429 | 東欧の民族問題 | 439 |
| 通信傍受法 | 429 | 　東欧民主革命 | 323, 440, 506, 602 |
| ツーレ水爆事故 | 430 | 東海村 | 113, 161, 441 |
| 　月協定 | 46 | 　投棄物積み込み国 | 81 |
| 　償い金 | 4 | 　東京裁判 ➡極東国際軍事裁判 | |
| 　償い事業 | 4 | 東京大空襲 | 64, 375, 441, 560 |
| 　対馬丸 | 64 | 東京フォーラム報告 | 442 |
| 　恒藤恭 | 396 | 　峠三吉 | 178 |
| 　都留重人 | 579, 607 | 同時多発テロ事件 | 5, 13, 17, 92, 442 |
| 　鶴見俊輔 | 130 | 　投資紛争処理センター | 208 |
| 　ディアスポラ | 53, 407, 430 | 　東条英機 | 390, 414 |
| ディアスポラ政治 | 430 | 　鄧小平 | 356 |
| 　ディアスポラ法 ➡地位法 | | 　統帥権干犯問題 | 187, 652 |
| 低強度紛争（LIC） | 431 | 統帥権の独立 | 275, 392, 443 |
| 抵抗権 | 57, 431, 507 | 　統制派 | 478 |
| 抵抗・不服従 | 431 | 　統治機構 | 79, 181, 247, 376, 395, 469, 571 |
| 帝国主義 | 432 | 　統治権 | 43 |
| 　デイトン和平合意 | 186 | 　盗聴法 ➡通信傍受法 | |

和文索引

| | |
|---|---|
| 東南アジア条約機構（SEATO） | 443, 448 |
| 東南アジア諸国連合（ASEAN） | 3, 443 |
| 東南アジア非核兵器地帯（SEANWFZ） | 86, 444, 511 |
| 東南アジア友好協力条約（TAC） | 444 |
| ドゥブナ合同原子核研究所 | 127 |
| 東方外交 | 288, 432, 444, 501 |
| 東方拡大 | 58, 440 |
| 同盟 | 445 |
| 同盟のディレンマ | 445 |
| 同和問題 | 446 |
| ドーハ・ラウンド | 250, 352 |
| 毒ガス兵器 | 446 |
| 特殊核分裂性物質 | 59, 102 |
| 独ソ不可侵条約 | 332 |
| 特定公共施設等利用法 | 232 |
| 特定通常兵器使用禁止制限条約（CCW） | 447 |
| 特定秘密保護法 | 447 |
| 特別永住 | 268 |
| 特別永住者 | 51 |
| 特別手続 | 242 |
| 特別被爆者 | 171 |
| 特別養護ホーム | 180 |
| ドゴール | 126 |
| 土地収用法 | 423 |
| 特攻隊 | 448 |
| ドミノ理論 | 448 |
| トライデント | 51, 562 |
| トラテロルコ条約 ➡ ラテンアメリカ核兵器禁止条約 | |
| トランスナショナル | 535 |
| トランスナショナル・リレーションズ | 449 |
| トリウム | 449 |
| トリガーリスト | 165 |
| トリチウム | 450 |
| トリニティ実験 | 100, 605, 648 |
| トルーマン | 140, 334, 501 |
| トルーマン・ドクトリン | 450 |
| トルコ・ギリシャの住民交換 | 451 |
| トルストイの平和思想 | 451 |
| ドレスデン空襲 | 443, 451 |
| トロツキー | 202 |
| トンキン湾事件 | 259 |

## ナ

| | |
|---|---|
| ナイ | 503 |
| 内閣憲法調査会 | 183 |
| 内閣府国際平和協力本部事務局 | 452 |
| 内閣法制局 | 190, 227, 452 |
| 内水 | 80, 154, 639 |
| 内政不干渉原則 | 6, 420 |
| 内戦 | 54, 123, 332, 338, 405, 452, 611, 626, 641, 644, 653 |
| 内鮮一体 | 193 |
| 内発的発展（論） | 453 |
| 内部被曝 | 151, 453, 520, 585, 644 |
| 内乱条項 | 25, 468 |
| 永井隆の平和思想 | 454 |
| 中江兆民の平和思想 | 454 |
| 長崎アピール | 110 |
| 長崎原子爆弾被爆者対策協議会（公財） | 455 |
| 長崎原爆資料館 | 178, 455, 521 |
| 長崎原爆被災者協議会（被災協） | 457, 484 |
| 長崎国際文化会館 | 456 |
| 長崎国際文化都市建設法 | 456, 533 |
| 長崎大学核兵器廃絶研究センター（RECNA） | 456, 528 |
| 長崎大学原爆後障害医療研究所 | 457 |
| 『長崎の鐘』 | 178 |
| 長崎の原水禁運動 | 457 |
| 長崎の原爆遺跡・追悼碑 | 458 |
| 長崎の原爆と映画 | 458 |
| 長崎の原爆と音楽 | 458 |
| 長崎の復興 | 459 |
| 長崎の平和教育運動 | 459 |
| ナガサキ・ユース | 457 |
| 中曽根康弘 | 1, 207, 363, 624 |
| 長沼ナイキ基地訴訟 | 460, 527, 538 |
| ナゴルノ・カラバフ紛争 | 53, 461 |
| ナシオン主権 | 232 |
| ナショナリズム | 1, 10, 19, 21, 42, 66, 148, 186, 209, 252, 288, 295, 338, 369, 382, 424, 461, 466, 475, 534, 630 |
| ナショナル・トラスト運動 | 462 |
| ナショナル・ミニマム | 462 |
| ナチズム | 257, 369, 431, 452, 462, 507, 598 |
| 『夏の花』 | 178 |
| 731部隊 | 30 |

681

ナポレオン戦争 … 41
ナミビア事件 … 328
ならず者国家 … 463
南極条約 ➡南極の軍事利用の禁止
南極の軍事利用の禁止 … 463
南京虐殺記念館 … 464
南京虐殺事件 … 464
ナンセン国際難民事務所 … 465
南原繁 … 114
南北問題 … 77, 78, 79, 322, 351, 387, 465, 568, 626
難民 … 466
難民認定手続 … 305
ナン・ルーガー法 … 111
ニース条約 … 599
ニーバー … 353
ニカラグア事件 … 238
二元論 … 223, 541
二国間原子力協定 ➡二国間原子力協力協定
二国間原子力協力協定 … 47, 169, 466, 595
西サハラ事件 … 328, 365
西ドイツのNATO加盟 … 265
二重決定 … 62
二千語宣言 … 544
日独伊三国同盟 … 467
日独伊三国同盟条約 … 390
日米安全保障条約 ➡日米安保条約
日米安全保障体制 … 467, 481
日米安保共同宣言 … 26
日米安保条約 … 25, 65, 67, 94, 185, 265, 270, 303, 335, 423, 468, 475, 485, 579, 629
日米開戦 … 390, 469
日米ガイドライン … 303
日米韓防衛実務者協議（DTT）… 469
日米地位協定 … 69
日米犯罪人引渡条約 … 470
日米物品役務相互提供協定（ACSA）… 26
日米密約 … 111, 470
日満議定書 … 471
日露戦争 … 74, 120, 188, 253, 372, 392, 399, 472, 482, 506, 597, 603, 604
日口平和条約交渉 … 472
日露和親条約 … 2, 470
日韓議定書 … 120, 407

日韓基本条約 … 360
日韓協約 … 120
日韓国交正常化交渉 … 473
日韓併合 ➡韓国併合
日系人強制収容 … 473
日清戦争 … 45, 120, 154, 319, 356, 372, 392, 395, 474, 622
日ソ中立条約 … 382, 603
日中関係 … 475, 476
日中共同声明 … 143, 360, 415, 475
日中戦争 … 6, 93, 130, 193, 253, 272, 359, 365, 369, 372, 375, 391, 392, 415, 425, 439, 464, 476, 603, 647
日朝修好条規 … 120
日朝平壌宣言 … 477
新渡戸稲造の平和思想 … 477
二・二六事件 … 478
日本国憲法 … 478
日本国憲法と平和主義 … 479
日本国際政治学会（JAIR）… 480
日本赤十字社 … 178, 414, 518, 523
日本のエネルギー問題と原子力 … 480
日本の核政策 … 481
日本の国連への加盟 … 482
日本の平和運動・平和主義 … 482
日本の平和研究 … 483
日本の領土問題 … 484
日本被団協 … 171, 176, 484, 517
日本平和委員会 … 485
日本平和学会（PSAJ）… 221, 484, 485
2020ビジョン … 574
入管法 … 269, 600
ニュージーランドの非核法 … 486
入市者 … 517
ニューディール政策 … 348, 414, 519, 524
ニュルンベルク原則（諸原則）… 486, 502
ニュルンベルク国際軍事裁判 … 487
ニュルンベルク裁判所憲章 … 486
ニュルンベルク継続裁判 … 487
ニュルンベルク裁判 … 31
任意規範 … 133
人間開発 … 77
人間開発指数（HDI）… 487
『人間・国家・戦争』（ケネス・ウォルツ）… 488
人間の安全保障 … 22, 77, 139, 197, 255, 488, 491, 528, 567, 575

682

人間の顔をした社会主義·············544
人間の基本的ニーズ（BHN）·········77, 489
認定被爆者·····················176
ヌチ ドゥ タカラ（命どぅ宝）·········66, 489
熱核兵器················101, 104, 106, 331
熱蛍光法（TLD）················180
熱線・爆風・放射線·················104
ネバダ核実験場··················10, 174
燃料集合体······················94
燃料ピン························94
濃縮ウラン······················48
ノーベル平和賞·····2, 150, 221, 244, 411, 434, 489, 495, 513
ノーモア・ヒロシマズ運動············490
ノモンハン事件···················490
ノンルフールマン（nonrefoulement）の原則···244

## ハ

ハーグ万国平和会議··············491, 602, 635
ハーグ平和アピール市民社会会議（ハーグ平和会議）
······················150, 491
ハーグ平和会議 ➡ ハーグ万国平和会議
ハーグ法·····················213, 308
ハーグ密使事件···················120
ハーグ陸戦規則·······130, 175, 272, 362, 492, 555, 559, 635
ハーグ陸戦条約··············192, 492, 602
ハードパワー ➡ パワー
ハーバーマス····················293
排出権取引·····················492
排出枠······················138, 492
背信行為禁止規則·················191
排他的経済水域（EEZ）·······81, 140, 167, 445, 493
ハイドパーク協定·················493
排日移民法 ➡ 1924年移民法
ハイブリッド法廷 ➡ 混合刑事裁判所
廃炉····················399, 481, 493
破壊活動防止法··················494
パキスタン・タリバーン運動（TTP）······384
パキスタンの核開発················494
パグウォッシュ会議·············83, 351, 495
爆心地復元·····················496
朴正熙······················79, 189
爆発性戦争残存物·················447
舶用炉······················95, 496

覇権················26, 174, 217, 377, 496, 541
橋本龍太郎·····················442
バタアン「死の行進」···············497
『はだしのゲン』··················176
破綻国家················9, 381, 453, 497
八月革命（説）··················498
八紘一宇······················498
ハッチンス·····················353
発展途上国 ➡ 開発途上国
発展の権利················8, 321, 498
発展の権利宣言··················498
鳩山一郎······················25
パブリック・ディプロマシー（広報外交）···499
破防法 ➡ 破壊活動防止法
原民喜·······················178
パリ憲章······················499
パリ講和条約（第二次世界大戦）········500
パリ首脳会議····················58
パリ条約 ➡ 不戦条約
パリティ（均衡）·················402
パリ不戦条約 ➡ 不戦条約
バルーク案·····················501
ハルシュタイン原則············288, 444, 501
パルチザン···················501, 507
ハルハ河戦争 ➡ ノモンハン事件
パル判事と極東国際軍事裁判···········502
バルフォア宣言··················502
パルメ委員会·················137, 503
パレスチナの壁事件················238
パレルモ条約····················217
パワー·······················503
パワー・ポリティクス ➡ 権力政治
反核運動 ➡ 欧州反核運動, 核兵器廃絶運動
ハンガリー動乱··············334, 534, 551
反基地運動·····················504
反原発運動··················63, 110, 504
万国公法··················21, 190, 311, 504
万国国際法学会 ➡ 国際法学会
バンコク条約 ➡ 東南アジア非核兵器地帯
バンコク宣言····················7, 41
犯罪人引渡条約················470, 505
反シオニズム····················38
バンジュール憲章 ➡ アフリカ人権憲章

| | | | |
|---|---|---|---|
| 反戦運動 | 44, 119, 222, 505 | 日の丸・君が代強制 | 515 |
| 反戦平和運動　➡反戦運動 | | 被爆教師の会 | 460, 516, 532 |
| 反体制運動 | 506 | 被爆者（被曝者，ヒバクシャ） | 516 |
| ハンティントン | 387 | 被爆者運動（広島） | 516 |
| バンドン会議（アジア・アフリカ会議） | 387, 507, 513, 572 | 被爆者援護 | 149, 171, 455 |
| | | 被爆者援護法 | 171, 485, 517, 518 |
| 反ファシズム運動 | 505, 507 | 被爆者健康手帳 | 178, 180, 264, 516, 517 |
| パンプキン爆弾 | 55 | 被爆者差別 | 518 |
| ハンブルク大空襲 | 442 | 被爆者対策事業 | 518 |
| 反ユダヤ主義 | 270, 325, 463, 507, 598 | 被爆者の健康被害 | 519 |
| パン・ヨーロッパ運動 | 508 | 被爆者の心理的衝撃 | 519 |
| ピアノ伴奏命令事件 | 515 | 被曝線量 | 179, 520 |
| PKO　➡国連平和維持活動 | | 被爆体験継承活動（長崎） | 521 |
| ピースデポ | 509 | 被爆体験継承活動（広島） | 521 |
| ピースボート | 150, 509 | 被爆建物（広島） | 522 |
| 非核神戸方式 | 509 | 被爆地の救護活動（長崎） | 522 |
| 非核三原則 | 481, 510 | 被爆地の救護活動（広島） | 523 |
| 非核自治体 | 110, 286, 510 | 被爆二世 | 459, 516, 524, 587 |
| 非核兵器国 | 48 | 被覆粒子燃料 | 113 |
| 非核兵器地位 | 511 | 非武装地帯（DMZ）（朝鮮半島） | 524 |
| 非核兵器地帯 | 511 | 非武装中立 | 387, 411 |
| 東アジア共同体 | 4 | 非武装平和主義 | 524 |
| 東アジア共同体構想 | 511 | 『非武』の文化 | 66 |
| 東ティモール | 248, 304, 512 | 碑文論争 | 173 |
| 東ティモール紛争 | 512 | 非暴力主義 | 66, 141, 451, 525 |
| 非軍事自由都市 | 581 | 非暴力的介入 | 222, 526 |
| 非軍事的強制措置　➡国連の非軍事的措置 | | 非暴力不服従運動　➡非暴力主義 | |
| 非国際的武力紛争 | 191 | 秘密保護法　➡特定秘密保護法 | |
| 庇護国での定住 | 244 | ひめゆり平和祈念資料館 | 527 |
| 非国家主体 | 83 | 百万人救済論 | 175 |
| 避止義務 | 422 | 百里基地訴訟 | 527 |
| ヒズボッラー | 38 | 表決手続 | 141 |
| 非政府組織（NGO/NPO） | 347, 349, 513, 540, 546, 614 | 表現の自由 | 61 |
| 非戦闘員 | 135, 187, 297, 379, 398, 476, 555 | 平賀書簡事件 | 527 |
| 非戦略核兵器 | 363 | 平塚らいてう | 316 |
| 非大量破壊兵器地帯 | 34 | 広島市立大学広島平和研究所（HPI） | 442, 528 |
| 非伝統的脅威 | 197, 255, 435 | 広島赤十字・原爆病院　➡原爆病院 | |
| 非同盟運動（NAM） | 513, 572 | 広島大学原爆放射線医科学研究所 | 496, 528 |
| 非同盟中立主義 | 514 | 広島大学平和科学研究センター | 529, 620 |
| 人質防止条約 | 514 | 「ヒロシマというとき」 | 179 |
| ヒトの国際移動 | 514 | 広島・長崎講座 | 529, 533 |
| 人の自由移動　➡ヒトの国際移動 | | 広島・長崎の原爆災害 | 118 |
| ヒトラー | 257, 463 | 『ヒロシマ・ノート』 | 178 |

| | |
|---|---|
| 広島の犠牲者に捧げる哀歌 | 531 |
| 広島の原水禁運動 | 529 |
| 広島の原爆資料保存・白書運動 | 530 |
| 広島の原爆と映画 | 530 |
| 広島の原爆と音楽 | 530 |
| 広島の復興 | 172, **531**, **532**, 650 |
| 広島の平和教育運動 | **532** |
| 広島平和記念資料館 | 177, 528, **532**, 577 |
| 広島平和記念都市建設法 | 154, 172, 459, **531**, **533** |
| 広島平和都市記念碑 | 172 |
| ひろしま平和の歌 | 530 |
| 広島平和文化センター（公財） | 517, 522, 528, 529, **533**, **533** |
| ファシズム | 347, 366, 379, 431, 437, 501, **533**, 650 |
| ファットマン | 100, 104 |
| 封じ込め | 1, 2 |
| 封じ込め政策 | 57, 451, **534** |
| プーチン | 147 |
| ブーツ・オン・ザ・グラウンド | 27 |
| プルトニウム管理指針 | 167 |
| ブービートラップ | 447 |
| プープル主権 | 232 |
| フェミニズム | 147, 282, 283, 292, 317, **534** |
| フェルミ炉 | **535** |
| フォールアウト | 583 |
| 不干渉義務 | 229, **535**, 626 |
| 溥儀 | 603 |
| 武器貿易条約 | 196, **536** |
| 武器防護 | 75 |
| 武器輸出三原則 | **536** |
| 福沢諭吉 | 398 |
| 福祉国家 | 295, 324, 478, **537** |
| 福島重雄 | 461 |
| 福島第一原子力発電所 | **537**, 562, 583, 584, 586 |
| 福島判決 | **538** |
| プシェール原発 | **538** |
| 藤田省三 | 436 |
| 付随的違憲審査制 | 183 |
| 不戦条約（ケロッグ＝ブリアン条約／パリ条約） | 130, 182, 184, 224, 263, 317, 372, **539** |
| 武装解除・動員解除・社会復帰（DDR） | **539** |
| 武装警察隊（FPU） | **540** |
| 負担分担論 | **540** |
| 復仇 | 107, **536**, **541**, 555 |

| | |
|---|---|
| 仏教の平和思想 | **541** |
| 物質収支区域 | 103 |
| ブッシュ（ジョージ・W） | 36 |
| ブッシュ・ドクトリン | **541**, 631 |
| 沸騰水型原子炉 | 157 |
| 普天間返還 | 292 |
| 不当な支配 | 132 |
| 不服申立手続 | 242 |
| 部分的核実験禁止条約（PTBT） | **542**, 579 |
| 普遍的国際機構 | 257, **542** |
| 普遍的定期審査 | 242 |
| プライバシーの権利 | 9 |
| 部落差別 | **543** |
| ブラクトン | 590 |
| ブラジル・アルゼンチン核物質計量管理機関（ABACC） | **543** |
| プラズマ | 112, 219 |
| ブラッド・ダイヤモンド ➡紛争鉱物／シエラレオネの紛争 | |
| プラットフォーム（ミサイル発射母体） | 605 |
| プラハの春 | 419, **544**, 551 |
| ブラヒミ報告書 | **544**, 571 |
| フランコ | 159 |
| フランス革命 | 42 |
| フランス人権宣言 | 231, **545** |
| フランスの核戦力 | **546** |
| ブラント | 288, 444 |
| フリーダム・ハウス | **546** |
| 武力攻撃事態対処法 | 232, **546**, 627 |
| 武力行使の禁止 | 133, 217, **547**, 578 |
| 武力行使の三要件 | 276 |
| 武力不行使原則 | 136, 224, 238, 239, **536**, **547**, 553, 594, 631 |
| 武力紛争 | **548** |
| 武力紛争の際の文化財保護のための条約 | **549** |
| 武力紛争への児童の関与に関する児童権利条約選択議定書 | **549** |
| 武力紛争法 ➡国際人道法 | |
| 武力紛争予防のためのグローバルパートナーシップ（GPPAC） | 150, **549** |
| フルシチョフ | 132 |
| ブルジョア革命 ➡市民革命 | |
| プルトニウム | **550** |
| ブルントラント委員会 | **550** |

| | | | |
|---|---|---|---|
| ブレジネフ | 506, 551 | 米朝協議 | 564 |
| ブレジネフ・ドクトリン（制限主権論） | 551 | 平頂山事件 | 565 |
| ブレトン・ウッズ＝ガット体制 | 551 | ヘイトクライム　➡︎憎悪犯罪 | |
| ブレトン・ウッズ体制 | 308, 552 | ヘイトスピーチ | 565 |
| プロレタリア独裁 | 552 | 平民社 | 482 |
| 文化遺産 | 347 | 平和 | 566 |
| 文化大革命 | 341, 552 | 平和安全法制整備法 | 303 |
| 紛争解決 | 553, 555 | 平和維持　➡︎国連平和維持活動 | |
| 紛争鉱物 | 553 | 平和運動 | 567 |
| 紛争防止・危機管理・予防外交 | 554 | 平和学の方法 | 568 |
| プントランド　➡︎未承認国家／ソマリア紛争 | | 平和教育 | 1, 569 |
| 分配的正義 | 214 | 平和共存 | 569 |
| 文民 | 145, 213, 249, 275, 307, 327, 370, 527, 555 | 平和研究 | 119, 192, 351, 354, 387, 416, 566, 569, 570, 592 |
| 文民統制　➡︎シヴィリアン・コントロール | | 平和構築 | 570 |
| 文民保護 | 555 | 平和構築委員会 | 572 |
| 文明化の使命 | 556 | 平和構築基金（PBF） | 571 |
| 文明国標準 | 556 | 平和構築支援事務局（PBSO） | 571 |
| 『文明の衝突』（サムエル・P. ハンティントン） | 557 | 平和五原則 | 572 |
| 分離核変換 | 557 | 平和十原則 | 572 |
| 分離主義 | 557 | 平和主義 | 573 |
| 分離プルトニウム | 558 | 平和首長会議 | 573 |
| 兵役拒否 | 559 | 平和条約　➡︎講和条約 | |
| 米韓相互防衛条約 | 559 | 平和宣言（広島・長崎） | 574 |
| 米機の新型爆弾による攻撃に対する抗議文 | 559 | 平和的核爆発 | 39 |
| 兵器用核分裂性物質 | 85 | 平和的生存権 | 574 |
| 兵器用核分裂性物質生産禁止条約（カット・オフ条約）（FMCT） | 560 | 平和と正義 | 575 |
| | | 平和に対する脅威 | 576 |
| 米軍基地問題（沖縄） | 560 | 平和に対する罪 | 140 |
| 米軍行動円滑化法 | 232 | 平和の礎 | 576 |
| 米軍再編 | 561 | 平和の強制　➡︎「平和のための課題」 | |
| 米原子力委員会 | 151 | 「平和のための課題」（ガリ事務総長報告） | 576 |
| 米国エネルギー省（DOE） | 562 | 平和のための結集決議 | 577 |
| 米国原子力発電運転協会（INPO） | 562 | 平和のための原子力 | 59 |
| 米国の核戦力 | 562 | 平和の配当 | 577 |
| 米国の国家安全保障戦略　➡︎アメリカの国家安全保障戦略 | | 平和博物館・平和のための博物館 | 577 |
| 平時封鎖 | 541 | 平和への権利 | 578 |
| 米州機構（OAS） | 563 | 平和目的地下核実験制限条約（PNET） | 579 |
| 米州人権条約 | 212 | 平和問題談話会 | 579 |
| 米州相互援助条約 | 563 | 平和擁護世界大会 | 334, 485 |
| 米・ソの核戦略 | 563 | 平和擁護日本大会 | 485 |
| 兵站 | 564 | ヘーゲル | 293 |
| 米中和解 | 564 | 北京議定書 | 142 |
| | | ペドラ・ブランカ事件 | 365 |

# 和文索引

辺野古問題……579
ベ平連……506
ペリンダバ条約 ➡アフリカ非核兵器地帯条約
ヘルシンキ首脳会議……311
ヘルシンキ宣言……580
ベルファスト和平合意……2
ベルリン会議（アフリカ分割）……581
ベルリン危機……581
ベルリンの壁……582
ペレストロイカ……382
変形方式……313
保安隊……156
防衛供用物損壊罪……55
防衛権……238
防衛省防衛研究所……7
防衛庁……538
包括的核実験禁止条約（CTBT）……582
包括的保障措置協定……544, 595
法源……180
防止外交……554
防止義務……422
放射性降下物……583
放射性廃棄物……583
放射性廃棄物の処理・処分……584
放射性物質……585
放射線影響研究所（公財）（RERF）……586
放射線加重係数……586
放射線強化型核爆弾 ➡中性子爆弾
放射線強化弾頭……586
放射線障害……587
放射線障害防止法……179, 584
放射線の遺伝的影響……587
放射線の健康影響……588
放射線被曝の許容量……589
放射能……589
法的信念（確信）……200, 259, 322
法の支配……590
法の不遡及……266
法律上の争訟……183
法律先占論……50
法律的紛争……209
ポーツマス条約……2, 597
ボーボワール……317

補完性の原則……591
補完性の原理……591
北欧の平和研究……592
北東アジア非核兵器地帯構想……593
保護する責任（R2P）……593
ポジティブ・アクション……594
保守合同……183
保障措置・核査察……594
保障措置協定……595
ポスト・モダン……320
ボスニア紛争……596
細川護熙……25
北海道旧土人保護法……596
ポツダム宣言……597
ホッブズ……230
北方領土問題……597
輔弼……392
ホメイニー……37
捕虜（POW）……598
ボリシェヴィキ……42, 385, 647
ホロコースト……598
香港返還……599
本土ミサイル防衛……402

## マ

マーシャル・プラン……534
マーストリヒト条約……29, 63, 137, 599
マイノリティ……53, 280, 282, 311, 321, 431, 558, 594, 599, 646
マグナ・カルタ……545
マクリーン事件……227, 600
マザー・テレサの平和活動……600
マッカーサー……156
マッカーサー草案（GHQ草案）……601
マッカーシズム……601
マニラ市街戦……601
マハティール……511
麻薬委員会……237
マルクス……202
マルクス主義……57, 436, 534, 535, 601, 646, 647
マルテンス条項……220, 492, 602
丸山眞男……114
満洲……32
満洲国……413, 439, 603

687

満洲事変 …………………… 203, 298, 316, 576, 603
満洲某重大事件　➡張作霖爆殺事件
満足による賠償 ………………………… 258
満鉄 …………………………………… 603, 604
マンハッタン計画 ……… 2, 51, 100, 152, 160, 162, 167, 604
満蒙開拓 ………………………………… 413, 605
未回収地回復運動　➡失地回復主義
三木睦子 ………………………………… 130
ミサイル ………………………………… 605
ミサイル技術管理レジーム（MTCR）… 85, 394, 605, 606
未承認国家 ……………………………… 14, 606
「三たび平和について」（丸山眞男）……… 114, 579, 607
ミッテラン ……………………………… 642
ミッドウェー海戦 ……………………… 391, 607
三矢研究 ………………………………… 607, 627
緑の革命 ………………………………… 608
緑の党 …………………………………… 146, 398, 608
ミドルパワー …………………………… 608
南アフリカ国民統一政府（GNU）……… 609
南アフリカの核開発 …………………… 16, 609
南シナ海の紛争 ………………………… 610
南スーダン独立 ………………………… 611
みなみまぐろ事件 ……………………… 198
蓑田胸喜 ………………………………… 396
美濃部達吉 ……………………………… 392
美濃部亮吉 ……………………………… 88
宮沢一尾高論争 ………………………… 232
宮沢俊義 ………………………………… 185
ミャンマー民主化運動 ………………… 611
ミュンヘン会議 ………………………… 612
ミレニアム開発目標（MDGs）… 77, 79, 251, 355, 509, 613
民間軍事会社（PMSC）………………… 124, 613
民軍協力（CIMIC）……………………… 217, 614
民事裁判権 ……………………………… 406
民衆殺戮 ………………………………… 57, 614
民主化援助　➡民主化支援
民主化支援 ……………………… 58, 223, 358, 433, 615
民主主義の平和 ………………………… 616
民主制度・人権事務所 ………………… 58
民族自決 ………… 9, 42, 359, 385, 390, 461, 556, 558, 616, 646
民族自決主義 …………………………… 271
民族主義　➡ナショナリズム
民族浄化 ………………………………… 254

民族紛争　➡エスニック紛争
ミンダナオ紛争 ………………………… 617
民兵 ……………………… 2, 9, 184, 401, 416, 419, 513, 617, 641
民本主義 ………………………………… 436
無過失責任主義 ………………………… 167
無国籍者 ………………………………… 227
無差別戦争観 …………………………… 367, 617
霧社事件 ………………………………… 618
ムジャヒディーン ……………………… 12
ムシャラフ ……………………………… 99
無主地先占 ……………………………… 314
無人機 …………………………………… 390, 618
ムスリム ………………………… 20, 280, 400, 619
ムスリム同胞団 ………………………… 18
ムッソリーニ …………………………… 533, 534
無防守都市 ……………………………… 172
村山談話 ………………………………… 620
村山富市 ………………………………… 4, 620
明治学院大学国際平和研究所 ………… 620
明治憲法　➡大日本帝国憲法
明治天皇 ………………………………… 132, 392
メイヤー ………………………………… 353
メディアの自由代表（OSCE の）……… 58
メンドロヴィッツ ……………………… 350
申立の受理可能性 ……………………… 61
毛沢東 …………………………………… 252, 412
毛沢東主義 ……………………………… 412, 621
モーゲンソー …………………………… 24
黙示的承認 ……………………………… 257
黙認義務 ………………………………… 422
モスクワ条約　➡戦略攻撃力削減条約
MOX 燃料　➡混合酸化物燃料
モデル核兵器条約 ……………………… 220, 621
モノカルチャー ………………………… 314, 465
門戸開放宣言 …………………………… 622
モンゴルの非核兵器地帯 ……………… 622
モントリオール議定書 ………………… 622
モントルー宣言 ………………………… 623
モントルー文書 ………………………… 614
モンロー宣言 …………………………… 403, 623

## ヤ

靖国神社 ………………………………… 623

和文索引

|  |  |
|---|---|
| 靖国神社関連訴訟 | 624 |
| 靖国神社参拝 | 1, 369, 620, 624 |
| 柳井俊二 | 27 |
| 矢内原忠雄 | 185 |
| ヤルタ会議 | 439, 625 |
| UNHCR ➡国連難民高等弁務官事務所 | |
| 友好関係原則宣言 | 239, 548, 625 |
| ユーゴー | 260 |
| ユーゴスラヴィア国際刑事法廷 | 362, 596 |
| ユーゴスラヴィア紛争 | 626 |
| 有事法制 | 206, 627 |
| 有志連合 | 36, 628 |
| 優生学 | 295, 628 |
| 誘導放射能 | 148 |
| ユートピア主義 | 125, 635 |
| 『夕凪の街 桜の国』 | 177 |
| 宥和政策 | 125, 629 |
| 湯川秀樹 | 3, 632 |
| ユス・コーゲンス ➡強行規範 | |
| ユネスコ ➡国連教育科学文化機関 | |
| ユネスコ協会 | 235 |
| ユネスコ憲章 | 235 |
| ユネスコ国内委員会 | 235 |
| 傭兵 | 9, 330, 342, 428, 614, 629 |
| ヨーロッパ協調 | 217 |
| 横出し条例 | 50 |
| 吉田茂 | 32, 629 |
| 吉田ドクトリン | 629 |
| 吉野作造 | 436 |
| 四つの自由（フランクリン・ルーズヴェルト） | 389, 630 |
| 予防外交 ➡紛争防止・危機管理・予防外交 | |
| 予防戦争 | 155, 347, 630 |
| 四カ国条約 | 631 |
| 47教育基本法 | 1 |

ラ

|  |  |
|---|---|
| ラザフォード | 160 |
| 拉致問題 | 631 |
| ラッシュ－バゴット協定 | 153 |
| ラッセル＝アインシュタイン宣言 | 62, 83, 110, 495, 632 |
| ラテンアメリカ核兵器禁止機構（OPANAL） | 632 |
| ラテンアメリカ核兵器禁止条約（トラテロルコ条約） | |

|  |  |
|---|---|
| （LANWFZ） | 86, 632 |
| ラテンアメリカ諸国の紛争 | 563, 633 |
| ラテンアメリカの民主化 | 633 |
| ラパツキー案 | 511, 634 |
| ラロトンガ条約 | 20, 511, 634 |
| リアリズム | 23 |
| リー・クアンユー | 6 |
| リーバー法典 | 492 |
| リーブス | 353 |
| リーマンショック | 17 |
| 陸戦規則 ➡ハーグ陸戦規則 | |
| 陸戦法規 | 634 |
| 李鴻章 | 293, 474 |
| 李承晩ライン | 396 |
| リスボン条約 | 28 |
| 理想主義（国際政治における） | 422, 575, 635 |
| 立憲君主制 | 312 |
| 立憲主義 | 181, 223, 231, 256, 258, 340, 479, 627, 635, 636 |
| 立憲平和主義 | 635 |
| リットン調査団 | 225, 603 |
| 立命館大学国際平和ミュージアム | 578, 636 |
| リトルボーイ | 100, 104 |
| リビアの大量破壊兵器 | 637 |
| リフトン | 289, 519 |
| リベラリズム | 150, 377 |
| リベラル・ピース | 616, 637 |
| リベリアの紛争 | 637 |
| リムパック | 638 |
| 柳条湖事件 | 604 |
| 領域権原 | 364, 638 |
| 領域国家 | 639 |
| 領域使用の管理責任原則 | 639 |
| 領域的庇護 | 341 |
| 領海 | 639 |
| 良心的兵役拒否権 | 185 |
| 良心の囚人 | 16, 319, 437, 591 |
| 領土保全原則 | 558, 639 |
| 旅順虐殺事件 | 474 |
| 臨界前実験 | 87 |
| 累積債務問題 | 640 |
| ルーズヴェルト（セオドア） | 472 |
| ルーズヴェルト（フランクリン） | 381, 389 |
| ルーマニア革命 | 640 |

689

| | |
|---|---|
| ルソー | 260, 454, 545 |
| ルメイ | 442 |
| ルワンダ国際刑事裁判所 | 115, 328 |
| ルワンダ内戦 | 271, 280, 328, 362, 641 |
| レイキャヴィク会談 | 333 |
| 冷却材喪失事故 | 167 |
| 冷戦 | 641 |
| レイテ沖海戦 | 448 |
| レーガン | 38, 642 |
| レーザー兵器 | 402, 447 |
| レーニン | 295, 333, 432, 552, 556, 647 |
| 歴史教科書問題 | 642 |
| 歴史認識 | 643 |
| レズビアン・ゲイ・バイセクシャル・トランスジェンダー（LGBT） | 643 |
| 劣化ウラン弾（DU） | 644 |
| レバノン特別裁判所 | 204 |
| レバノン内戦 | 19, 644 |
| レビンソン | 317 |
| 連合国軍最高司令官総司令部（GHQ/SCAP） | 454, 574, 645 |
| 連帯（ポーランド） | 506, 551, 645 |
| 連盟規約16条適用の指針 | 300 |
| ローカル・オーナーシップ | 645 |
| ローザ・ルクセンブルクの革命思想 | 646 |
| ローソン条件 | 112 |
| ローデシア問題 | 646 |
| ローマ規程 | 205, 206 |
| ローマ規程検討会議 | 205 |
| ローマ・クラブ | 646 |
| ロールズ | 214 |
| 6者会合（協議） | 427 |
| 盧溝橋事件 | 296, 476, 647 |

| | |
|---|---|
| ロシア革命 | 14, 354, 501, 534, 647, 650 |
| ロシア・グルジア戦争 | 14, 648 |
| ロシアの核戦力 | 91, 648 |
| 炉心溶融 | 158, 538 |
| ロスアラモス国立研究所（LANL） | 604, 648 |
| 六ヶ所村 | 48, 585, 649 |
| ロック | 57, 431, 545 |
| ロベルト・ユンクの反核平和運動 | 649 |
| ロマン・ロラン | 451 |
| ロマン・ロランの平和思想 | 650 |
| ロンドン海軍軍縮会議 | 650 |
| ロンドン・ガイドライン | 650 |
| ロンドン条約　➡ロンドン海軍軍縮会議 | |
| ロンドン宣言 | 651 |

ワ

| | |
|---|---|
| 和解　➡真実和解委員会／移行期正義 | |
| 和解斡旋 | 61 |
| 我妻栄 | 185 |
| 枠組条約・議定書方式（アプローチ） | 138, 622 |
| ワシントン会議 | 44, 301, 386, 631, 652 |
| ワシントン海軍軍縮会議 | 651 |
| ワシントン条約　➡ワシントン海軍軍縮会議 | |
| ワシントン体制 | 44, 533, 622, 651 |
| 忘れられる権利 | 9, 652 |
| ワッセナー・アレンジメント（WA） | 386, 653 |
| 和平合意 | 654 |
| ワルシャワ条約 | 432, 445, 580 |
| ワルシャワ条約機構（WTO） | 405, 440, 513, 544, 551, 570, 654 |
| ワロン | 260 |
| 湾岸戦争 | 654 |

# 欧文索引

## A

ABACC ··········· 543
ABCC ··········· 173
ABM ··········· 113, 378, 379, **402**, 403, 433, 563, 605
ACDA ··········· 155
ACSA ··········· 26
AEC ··········· 332
AFSJ ··········· 29
AI ··········· 16
AICHR ··········· 8
ANZUS ··········· 20
APEC ··········· **5**, 120
ASEAN ··········· 3, 8, 24, 137, 213, 336, 404, 405, **443**, 512
ASEM ··········· 3
ATR ··········· 319
AU ··········· 14, 15, **16**, 201, 263, 401, 404
AWF ··········· 4

## B

BBNJ ··········· 81
BHN ··········· **77**, 489
BWC ··········· 34, **345**

## C

CANWFZ ··········· 413
CCW ··········· 388, **447**
CD ··········· 85, 106, **307**, 582
CDE ··········· 59
CEDAW ··········· 315
CET ··········· 30
CFSP ··········· **28**, 63, 137
CIMIC ··········· 614
CMI ··········· 124
CoE ··········· 60
CSBMs ··········· 59, **329**
CSCAP ··········· 5
CSDP ··········· 137
CSTP ··········· 377
CTBT ··········· 34, 39, 85, 86, 87, 395, **582**
CWC ··········· 34, **83**

## D

DAC ··········· **78**, 79, 343
DDR ··········· 539
DFS ··········· 246
DMZ ··········· 524
DOE ··········· 562
DPKO ··········· 246
DTT ··········· 469
DU ··········· 644

## E

ECHR ··········· 61
ECOSOC ··········· 16, **236**, 240, 244
ECSC ··········· 59, **62**, **63**, 424
EEZ ··········· 493
EP ··········· 58
EU ··········· 3, 28, 29, 30, 38, 51, 58, 59, 60, 61, 62, **63**, 84, 113, 115, 137, 147, 201, 218, 220, 282, 308, 404, 424, 505, 652
EURATOM ··········· **59**, 63, 162, 544

## F

FBR ··········· 40, **193**
FMCT ··········· 75, **560**
FPU ··········· 540
FTA ··········· 120

## G

GATT ··········· 49
GHQ/SCAP ··········· 50, 67, 132, 258, 288, 317, 340, 403, 454, 485, 555, 574, 601, **645**
GNU ··········· 12, **609**
GPPAC ··········· 150, **549**

## H

HCNM ··········· 58, **311**
HDI ··········· 487

| | | | |
|---|---|---|---|
| HLW | 194 | | |
| HPI | 528 | **J** | |
| HWR | 299 | JDR | 204 |
| **I** | | **L** | |
| IAEA | 11, 38, 60, 86, 97, 101, 103, 111, 165, 206 | LANL | 648 |
| IALANA | 220 | LANWFZ | 632 |
| ICBL | 317 | LGBT | 643 |
| ICBM | 105, 262, 375, 376, 381, **394**, 402, 562 | LIC | 431 |
| ICC | 70, **205**, 280, 330, 401, 505, 591 | LN | 225 |
| ICJ | **208**, 220, 291, 352, 548 | LWR | 157 |
| ICPO | 205 | **M** | |
| ICRP | 179, 180, 250 | MAD | 139, 376, **378**, 402, 605 |
| ICSID | 208 | MBFR | **421**, 433 |
| ICTJ | 197 | MD | 333, 402 |
| ICTR | 115 | MDGs | 251, **613** |
| IDEA | 223 | MIC | 152 |
| IDP | 230 | MIRV | **262**, 376 |
| IEA | 197 | MOX | 96, **263**, 411, 550, 584, 649 |
| IFRC | 216 | MTCR | 85, 394, **606** |
| IHL | 213 | **N** | |
| IICK | 254 | NAC | 318 |
| ILC | 222, **240**, 542 | NAM | 513 |
| ILO | 133, 208, 212, 225, **226**, 430, 543 | NATO | 13, 17, 25, 58, 62, 88, 106, **126**, 137, 147, 196, 217, 254, 265, 327, 331, 421, 441, 445, 507, 540, 563, 573, 594, 654 |
| IMF | 113, 196, **218**, 324 | | |
| IMO | 74, 543 | NGO | 4, 16, 32, 39, 41, 63, 69, 77, 78, 89, 105, 110, 116, 117, 142, 146, 197, 201, 203, 247, 255, 337, 410, 458, 506, **513**, 519, 550, 574, 614 |
| IMT | 487 | | |
| IMTFE | **140**, 367, 624 | | |
| INF | 86, **413** | NIEO | 322, 466 |
| INFCE | 97, **199** | NNSA | 256 |
| INPO | 562 | NPDI | 86 |
| INTERPOL | 111, **205** | NPO | 410, **513** |
| IPB | **221**, 352 | NPR | **91**, 108 |
| IPCC | 125 | NPT | 16, 37, 39, 48, 85, 86, 87, 90, 100, **101**, 102, 105, 109, 155, 169, 206, 309, 427, 456, 481, 509, 579, 595, 610 |
| IPPNW | 89, 352 | | |
| IPRA | **221**, 351, 387, 485 | | |
| IRA | 2 | NSC | 255 |
| IS/ISIS/ISIL | 32 | NSG | 39, 49, 85, 87, 97, **165** |
| ISAF | 217 | **O** | |
| ITER | 219 | OAS | 201, 301, 405, **563** |
| ITLOS | 198 | ODA | 78, 143, 203, 204, 207, **343**, 485, 489 |
| IULA | 286 | | |

692

| | | | |
|---|---|---|---|
| OECD | 78, 197, 198, 434 | SUA | 80 |
| OIC | 32 | | |
| ONUC | 248 | **T** | |
| OSCE | 24, **58**, 70 | TAC | 444 |
| | | TCC | 71, 199 |
| **P** | | TPP | 120 |
| PBC | 249 | TRC | 323 |
| PBF | 250, **572** | TTP | 384 |
| PBSO | 250, **572** | | |
| PCIJ | 208, 229 | **U** | |
| PGM | 345 | UCDP | 46 |
| PHWR | 40 | UN | 224 |
| PKF | 249, 278 | UNACE | 239 |
| PKO | 14, 181, 183, 203, 207, 225, 236, 246, 247, **248**, 277, 278, 540, 545, 554 | UNAMID | 401 |
| | | UNCED | 234 |
| PMSC | 613 | UNCOPUOS | 233 |
| PNET | 579 | UNDOF | 247 |
| POW | 598 | UNDP | 77, 144, **233** |
| PSAJ | 485 | UNEF | **235**, 248, 577 |
| PSI | 85, 86 | UNEP | 125, **234**, 550 |
| PTBT | 85, 87, 408, **542**, 579 | UNESCO | 176, **235**, 387, 484 |
| | | UNFCCC | 125 |
| **R** | | UNHCHR | 241 |
| R2P | 327, **593** | UNHCR | 244 |
| RECNA | 457 | UNHRC | 241 |
| RECs | 15 | UNICEF | 240 |
| RERF | 586 | UNMOVIC | 235 |
| ROE | 190, 191 | UNPREDEP | 251 |
| | | UNPROFOR | 251 |
| **S** | | UNSCEAR | 250 |
| SACO | 68 | UNSCOM | 243 |
| SALT | 90, 155, 262, **376**, 393, 402, 433, 563 | UNTAET | 247 |
| SCO | 420 | | |
| SEANWFZ | 444 | **W** | |
| SEATO | **443**, 448, 507, 573 | WA | 653 |
| SFOR | 25 | WCRP | 349 |
| SIPRI | 39, 68, **334**, 495 | WFP | 242 |
| SOFA | 406 | WHO | 353 |
| SOLAS | 74 | WMD | 3, **395** |
| SORT | 374 | WMO | 125 |
| SSD | 236, 307, 521 | WMWFG | 623 |
| SSR | 403 | WOMP | 350 |
| START | 69, 105, 154, 262, 323, 375, **376**, 563 | WSF | 349 |

693

WTO〔Warsaw Treaty Organization〕····· 126, 580, **654**
WTO〔World Trade Organization〕········ 210, 285, **352**

WWI ·········································· **384**
WWII ········································· **391**

# 欧文略語表

## A

ABACC〔Brazilian-Argentine Agency for Accounting and Control of Nuclear Materials〕 ブラジル・アルゼンチン核物質計量管理機関
ABCC〔Atomic Bomb Casualty Commission〕 原爆傷害調査委員会
ABM〔anti-ballistic missile〕 弾道弾迎撃ミサイル
ACDA〔Arms Control and Disarmament Agency〕 軍備管理軍縮局
ACSA〔Acquisition and Cross-Servicing Agreement〕 物品役務相互提供協定
AEC〔Atomic Energy Commission〕 米原子力委員会
AFSJ〔Area of Freedom, Security and Justice〕 EUの自由・安全・司法領域
AI〔Amnesty International〕 アムネスティ・インターナショナル
AICHR〔ASEAN Intergovernmental Commission on Human Rights〕 アセアン政府間人権委員会
ANZUS〔Security Treaty between Australia, New Zealand and the United States of America〕 アンザス条約
APEC〔Asia-Pacific Economic Cooperation〕 アジア太平洋経済協力会議
ASEAN〔Association of Southeast Asian Nations〕 東南アジア諸国連合
ASEM〔Asia-Europe Meeting〕 アジア欧州会議
ATR〔advanced thermal reactor〕 新型転換炉
AU〔African Union〕 アフリカ連合
AWF〔Asian Women's Fund〕 アジア女性基金

## B

BBNJ〔Biological diversity Beyond Areas of National Jurisdiction〕 国家管轄権外区域の海洋生物多様性
BHN〔basic human needs〕 人間の基本的ニーズ
BWC〔Biological Weapons Convention〕 生物兵器禁止条約

## C

CANWFZ〔Treaty on a Nuclear Weapon Free Zone in Central Asia〕 中央アジア非核兵器地帯条約
CCW〔Convention on Certain Conventional Weapons〕 特定通常兵器使用禁止制限条約
CD〔Committee/Conference on Disarmament〕 ジュネーヴ軍縮委員会（会議）
CDE〔Conference on Confidence and Security-Building Measures and Disarmament in Europe〕 欧州軍縮会議
CEDAW〔Convention on the Elimination of All Forms of Discrimination against Women〕 女子に対するあらゆる差別の撤廃に関する条約
CET〔common external tariff〕 域外共通関税
CFSP〔Common Foreign and Security Policy〕 EUの共通外交・安全保障政策
CIMIC〔civil-military cooperation〕 民軍協力
CMI〔Crisis Management Initiative〕 危機管理イニシアチブ
CoE〔Council of Europe〕 欧州審議会（評議会）
CSBMs〔confidence and security building measures〕 信頼・安全醸成措置
CSCAP〔Council for Security Cooperation in the Asia Pacific〕 アジア太平洋安全保障協力会議

CSDP〔Common Security and Defence Policy〕 共通安全保障・防衛政策
CSTP〔Council for Science and Technology Policy〕 総合科学技術会議
CTBT〔Comprehensive Nuclear Test Ban Treaty〕 包括的核実験禁止条約
CWC〔Chemical Weapons Convention〕 化学兵器禁止条約

## D

DAC〔Development Assistance Committee〕 開発援助委員会
DDR〔disarmament, demobilization, and reintegration〕 武装解除・動員解除・社会復帰
DFS〔Department of Field Support〕 国連フィールド支援局
DMZ〔demilitarized zone〕 非武装地帯（朝鮮半島）
DOE〔Department of Energy〕 米国エネルギー省
DPKO〔United Nations Department of Peacekeeping Operations〕 国連PKO局
DTT〔Japan-US-Republic of Korea Defense Trilateral Talks〕 日米韓防衛実務者協議
DU〔depleted uranium ammunition〕 劣化ウラン弾

## E

ECHR〔European Convention on Human Rights〕 欧州人権条約
ECOSOC〔United Nations Economic and Social Council〕 国連経済社会理事会
ECSC〔European Coal and Steel Community〕 欧州石炭鉄鋼共同体
EEZ〔exclusive economic zone〕 排他的経済水域
EP〔European Parliament〕 欧州議会
EU〔European Union〕 欧州連合
EURATOM〔European Atomic Energy Community〕 欧州原子力共同体

## F

FBR〔fast breeder reactor〕 高速増殖炉
FMCT〔Fissile Material Cut-off Treaty〕 兵器用核分裂性物質生産禁止条約
FPU〔Formed Police Unit〕 武装警察隊
FTA〔Free Trade Agreement〕 自由貿易協定

## G

GATT〔General Agreement on Tariffs and Trade〕 関税と貿易に関する一般協定
GHQ/SCAP〔General Headquarters/Supreme Commander for the Allied Powers〕 連合国軍最高司令官総司令部
GNU〔Government of National Unity〕 南アフリカ国民統一政府
GPPAC〔Global Partnership for the Prevention of Armed Conflict〕 武力紛争予防のためのグローバルパートナーシップ

## H

HCNM〔High Commissioner on National Minorities〕 少数民族高等弁務官
HDI〔human development index〕 人間開発指数
HLW〔high level nuclear waste〕 高レベル放射性廃棄物
HPI〔Hiroshima Peace Institute, Hiroshima City University〕 広島市立大学広島平和研究所
HWR〔heavy water reactor〕 重水炉

## I

IAEA〔International Atomic Energy Agency〕 国際原子力機関
IALANA〔International Association of Lawyers Against Nuclear Arms〕 国際反核法律家協会
ICBL〔International Campaign to Ban Landmines〕 地雷禁止国際キャンペーン
ICBM〔intercontinental ballistic missile〕 大陸間弾道ミサイル
ICC〔International Criminal Court〕 国際刑事裁判所
ICJ〔International Court of Justice〕 国際司法裁判所
ICPO〔International Criminal Police Organization〕 国際刑事警察機構
ICRP〔International Commission on Radiological Protection〕 国際放射線防護委員会
ICSID〔Internaitonal Centre for Settlement of Investment Disputes〕 投資紛争処理センター
ICTJ〔International Center for Transitional Justice〕 国際移行期正義センター
ICTR〔International Criminal Tribunal for Rwanda〕 ルワンダ国際刑事裁判所
IDEA〔Institute for Democracy and Electoral Assistance〕 国際民主化選挙支援機構
IDP〔internally displaced persons〕 国内避難民
IEA〔International Energy Agency〕 国際エネルギー機関
IFRC〔International Federation of Red Cross and Red Crescent Societies〕 国際赤十字・赤新月連盟
IHL〔International Humanitarian Law〕 国際人道法（武力紛争法）
IICK〔Independent International Commission on Kosovo〕 コソヴォに関する独立国際委員会
ILC〔International Law Commission〕 国連国際法委員会
ILO〔International Labour Organization〕 国際労働機関
IMF〔International Monetary Fund〕 国際通貨基金
IMO〔International Maritime Organization〕 国際海事機関
IMT〔International Military Tribunal〕 国際軍事裁判所
IMTFE〔International Military Tribunal for the Far East〕 極東国際軍事裁判（東京裁判）
INF〔Intermediate-range Nuclear Forces Treaty〕 中距離核戦力条約
INFCE〔International Nuclear Fuel Cycle Evaluation〕 国際核燃料サイクル評価
INPO〔Institute of Nuclear Power Operations〕 米国原子力発電運転協会
INTERPOL〔International Criminal Police Organization〕 国際刑事警察機構
IPB〔International Peace Bureau〕 国際平和ビューロー
IPCC〔Intergovernmental Panel on Climate Change〕 気候変動に関する政府間パネル
IPPNW〔International Physicians for the Prevention of Nuclear War〕 核戦争防止国際医師会議
IPRA〔International Peace Research Association〕 国際平和研究学会
IRA〔Irish Republic Army〕 アイルランド共和国軍
IS/ISIS/ISIL〔Islamic State〕 イスラーム国
ISAF〔International Security Assistance Force〕 国際治安支援部隊
ITER〔International Thermonuclear Experimental Reactor〕 国際熱核融合実験炉
ITLOS〔International Tribunal for the Law of the Sea〕 国際海洋法裁判所
IULA〔International Union of Local Authorities〕 国際自治連合

## J

JDR〔Japan Disaster Relief Team〕 国際緊急援助隊

## L

LANL〔Los Alamos National Laboratory〕 ロスアラモス国立研究所
LANWFZ〔Treaty for the Prohibition of Nuclear Weapons in Latin America and the Caribbean〕 ラテンアメリカ核兵器禁止条約（トラテロルコ条約）
LGBT〔lesbian, gay, bisexual, transgender〕 レズビアン・ゲイ・バイセクシャル・トランスジェンダー
LIC〔low intensity conflict〕 低強度紛争
LN〔League of Nations〕 国際連盟
LWR〔light water reactor〕 軽水炉

## M

MAD〔mutual assured destruction〕 相互確証破壊
MBFR〔Mutual and Balanced Force Reductions〕 中部欧州相互兵力削減
MD〔Missile Defense〕 弾頭ミサイル防衛システム
MDGs〔Millennium Development Goals〕 ミレニアム開発目標
MIC〔military-industrial complex〕 軍産複合体
MIRV〔multiple independently-targetable reentry vehicle〕 個別誘導多（核）弾頭
MOX〔mixed oxide fuel〕 混合酸化物燃料
MTCR〔Missile Technology Control Regime〕 ミサイル技術管理レジーム

## N

NAC〔New Agenda Coalition〕 新アジェンダ連合
NAM〔Non-Aligned Movement〕 非同盟運動
NATO〔North Atlantic Treaty Organization〕 北大西洋条約機構
NGO〔non-governmental organization〕 非政府組織
NIEO〔New International Economic Order〕 新国際経済秩序
NNSA〔National Nuclear Security Administration〕 国家核安全保障局
NPDI〔Non-Proliferation and Disarmament Initiative〕 核軍縮不拡散イニシアティブ
NPO〔non-profit organization〕 非政府組織
NPR〔Nuclear Posture Review〕 核態勢の見直し
NPT〔Nuclear Non-Proliferation Treaty〕 核不拡散条約
NSC〔National Security Council〕 国家安全保障会議
NSG〔Nuclear Suppliers Group〕 原子力供給国グループ

## O

OAS〔Organization of American States〕 米州機構
ODA〔official development assistance〕 政府開発援助
OECD〔Organisation for Economic Co-operation and Development〕 経済協力開発機構
OIC〔Organization of the Islamic Cooperation〕 イスラーム協力機構
ONUC〔United Nations Operation in the Congo〕 コンゴ国連軍
OSCE〔Organization for Security and Co-operation in Europe〕 欧州安全保障協力機構

## P

PBC〔(United Nations) Peacebuilding Commission〕 国連平和構築委員会
PBF〔(United Nations) Peacebuilding Fund〕 平和構築基金
PBSO〔(United Nations) Peacebuilding Support Office〕 平和構築支援事務局
PCIJ〔Permanent Court of International Justice〕 常設国際司法裁判所
PGM〔precision-guided munition〕 精密誘導兵器
PHWR〔pressurized heavy water reactor〕 加圧重水炉
PKF〔peacekeeping forces〕 国連平和維持軍
PKO〔(United Nations) Peacekeeping Operations〕 国連平和維持活動
PMSC〔private military/security company〕 民間軍事会社
PNET〔Treaty Between the USA and the USSR on Underground Nuclear Explosions for Peaceful Purposes〕 平和目的地下核実験制限条約
POW〔prisoner of war〕 捕虜
PSAJ〔Peace Studies Association of Japan〕 日本平和学会
PSI〔Proliferation Security Initiative〕 拡散防止構想
PTBT〔Partial Test Ban Treaty〕 部分的核実験禁止条約

## R

R2P〔Responsibility to Protect〕 保護する責任
RECNA〔Research Center for Nuclear Weapons Abolition, Nagasaki University〕 長崎大学核兵器廃絶研究センター
RECs〔Regional Economic Communities〕 アフリカの経済協力共同体
RERF〔Radiation Effects Research Foundation〕 放射線影響研究所
ROE〔rules of engagement〕 交戦規則

## S

SACO〔Special Action Committee on Okinawa〕 沖縄に関する特別行動委員会
SALT〔Strategic Arms Limitation Treaty〕 戦略兵器制限交渉
SCO〔Shanghai Cooperation Organization〕 上海協力機構
SEANWFZ〔Southeast Asia Nuclear-Weapon-Free Zone Treaty〕 東南アジア非核兵器地帯条約
SEATO〔Southeast Asia Treaty Organization〕 東南アジア条約機構
SFOR〔Stabilization Force〕 安定化部隊
SIPRI〔Stockholm International Peace Research Institute〕 ストックホルム国際平和研究所
SOFA〔Status of Forces Agreement〕 地位協定
SOLAS〔International Convention for the Safety of Life at Sea〕 海上人命安全条約
SORT〔Treaty Between the United States of America and the Russian Federation on Strategic Offensive Reductions〕 戦略攻撃力削減条約(モスクワ条約)
SSD〔Special Sessions of the General Assembly devoted to Disarmament〕 国連軍縮特別総会
SSR〔security sector reform〕 治安部門改革
START〔Strategic Arms Reduction Treaty〕 戦略兵器削減条約
SUA〔Convention for the Suppression of Unlawful Acts against the Safety of Maritime Navigation〕 海洋航行不法行為防止条約

## T

TAC〔Treaty of Amity and Cooperation〕 東南アジア友好協力条約
TCC〔The Carter Center〕 カーター・センター
TPP〔Trans-Pacific Partnership〕 環太平洋パートナーシップ協定
TRC〔truth and reconciliation commission〕 真実和解委員会
TTP〔Tehrik-e Taliban Pakistan〕 パキスタン・タリバーン運動

## U

UCDP〔Uppsala Conflict Data Program〕 ウプサラ紛争データ・プログラム
UN〔United Nations〕 国際連合（国連）
UNACE〔United Nations Atomic Energy Commission〕 国連原子力委員会
UNAMID〔African Union/United Nations Hybrid Operation in Darfur〕 ダルフール国連・AU合同ミッション
UNCED〔United Nations Conference on Environment and Development〕 国連環境開発会議
UNCOPUOS〔United Nations Committee on the Peaceful Uses of Outer Space〕 国連宇宙空間平和利用委員会
UNDOF〔United Nations Disengagement Observer Force〕 国連兵力引き離し監視軍
UNDP〔United Nations Development Programme〕 国連開発計画
UNEF〔United Nations Emergency Force〕 国連緊急軍
UNEP〔United Nations Environment Programme〕 国連環境計画
UNESCO〔United Nations Educational, Scientific and Cultural Organization〕 国連教育科学文化機関
UNFCCC〔United Nations Framework Convention on Climate Change〕 気候変動枠組条約
UNHCHR〔United Nations High Commissioner for Human Rights〕 国連人権高等弁務官（事務所）
UNHCR〔United Nations High Commissioner for Refugees〕 国連難民高等弁務官事務所
UNHRC〔United Nations Human Rights Council〕 国連人権理事会
UNICEF〔United Nations Children's Fund〕 国連児童基金
UNMOVIC〔United Nations Monitoring, Verification and Inspection Commission〕 国連監視検証査察委員会
UNPREDEP〔United Nations Preventive Deployment Force〕 国連予防展開軍
UNPROFOR〔United Nations Protection Force〕 国連保護軍
UNSCEAR〔United Nations Scientific Committee on the Effects of Atomic Radiation〕 国連放射線影響科学委員会
UNSCOM〔United Nations Special Commission〕 国連大量破壊兵器廃棄特別委員会
UNTAET〔United Nations Transitional Administration in East Timor〕 国連東ティモール暫定行政機構

## W

WA〔Wassenaar Arrangement〕 ワッセナー・アレンジメント
WCRP〔World Conference of Religions for Peace〕 世界宗教者平和会議
WFP〔United Nations World Food Programme〕 国連世界食糧計画
WHO〔World Health Organization〕 世界保健機関
WMD〔weapons of mass destruction〕 大量破壊兵器
WMO〔World Meteorological Organization〕 世界気象機関
WMWFG〔World Movement for World Federal Governmnet〕 世界連邦政府のための世界運動
WOMP〔World Order Models Project〕 世界秩序モデル・プロジェクト
WSF〔World Social Forum〕 世界社会フォーラム

WTO〔Warsaw Treaty Organization〕 ワルシャワ条約機構
WTO〔World Trade Organization〕 世界貿易機関
WWI〔The First World War〕 第一次世界大戦
WWII〔The Second World War〕 第二次世界大戦

Horitsu Bunka Sha

## 平和と安全保障を考える事典

2016年3月20日 初版第1刷発行

| 編　者 | 広島市立大学広島平和研究所 |
| --- | --- |
| 発行者 | 田靡純子 |
| 発行所 | 株式会社 法律文化社 |

〒603-8053
京都市北区上賀茂岩ヶ垣内町71
電話 075(791)7131　FAX 075(721)8400
http://www.hou-bun.com/

＊乱丁など不良本がありましたら，ご連絡ください。
お取り替えいたします。

印刷：中村印刷㈱／製本：㈱吉田三誠堂製本所
装幀：白沢　正
ISBN 978-4-589-03739-8
Ⓒ2016 広島市立大学広島平和研究所 Printed in Japan

JCOPY 〈(社)出版者著作権管理機構 委託出版物〉
本書の無断複写は著作権法上での例外を除き禁じられています。複写される
場合は，そのつど事前に，(社)出版者著作権管理機構（電話 03-3513-6969，
FAX 03-3513-6979, e-mail: info@jcopy.or.jp）の許諾を得てください。

日本平和学会編
# 平和を考えるための100冊 +α
A5判・298頁・2000円

平和について考えるために読むべき書物を解説した書評集。古典から新刊まで名著や定番の書物を厳選。要点を整理・概観したうえ，考えるきっかけを提示する。平和でない実態を知り，多面的な平和に出会うことができる。

吉川 元・首藤もと子・六鹿茂夫・望月康恵編
# グローバル・ガヴァナンス論
A5判・326頁・2900円

人類は平和構築・予防外交などの新たなグッド・ガヴァナンスに希望を託せるのか。地域主義やトランスナショナルな動向をふまえ，グローバル・ガヴァナンスの現状と限界を実証的に分析し，求められるガヴァナンス像を考察する。

上村雄彦編
# グローバル・タックスの構想と射程
A5判・198頁・4300円

地球規模の問題を解決する切り札となりうるグローバル・タックスの実現へ向け，学際的に分析し，実行可能な政策を追究。公正で平和な持続可能社会の創造のための具体的な処方箋を提起する。

ヨハン・ガルトゥング著／藤田明史・奥本京子監訳，トランセンド研究会訳
# ガルトゥング紛争解決学入門
―コンフリクト・ワークへの招待―
A5判・268頁・3000円

平和学のパイオニアである著者による平和的紛争転換論の実践的入門書。日常生活（ミクロ）からグローバルな領域（マクロ）にわたる様々な紛争の平和的転換方法（＝トランセンド法）を具体的な事例に即して丁寧に概説。

ヨハン・ガルトゥング著／木戸衛一・藤田明史・小林公司訳
# ガルトゥングの平和理論
―グローバル化と平和創造―
A5判・282頁・3300円

平和を脅かすあらゆる紛争を平和学理論に基づいて整理し，紛争転換のための実践的方法論を提示したガルトゥング平和理論の体系書。国家や民族の紛争だけでなく，開発や文化に内在する問題にも言及。

―― 法律文化社 ――

表示価格は本体(税別)価格です